本套书为

河南省民间文化遗产抢救工程系列成果

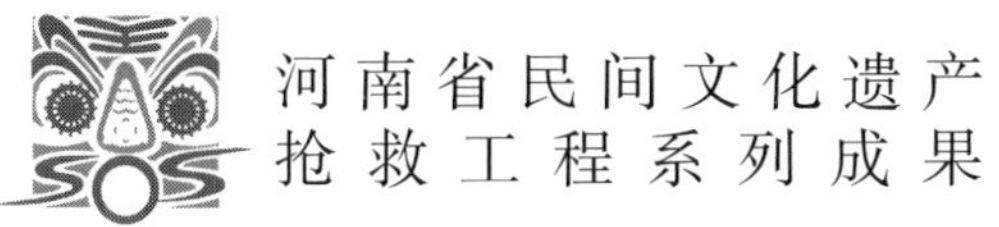

嵩山文化大系

主编　梅耀元

嵩山古遗存

梅耀元　编著

河南人民出版社

图书在版编目(CIP)数据

嵩山古遗存/梅耀元编著.—郑州:河南人民出版社,
2019.8
(嵩山文化大系/梅耀元主编)
ISBN 978-7-215-11368-8

Ⅰ.①嵩… Ⅱ.①梅… Ⅲ.①嵩山-文化遗址 Ⅳ.①K928.3

中国版本图书馆CIP数据核字(2018)第015266号

河南人民出版社 出版发行
(地址:郑州市郑东新区祥盛街27号 邮政编码:450016 电话:65788098)
新华书店经销 河南瑞之光印刷股份有限公司印刷
开本 889毫米×1194毫米 1/16 印张 56.5
字数 1 653千字
2019年8月第1版 2019年8月第1次印刷

定价:360.00元

“嵩山文化大系”编撰单位与工作人员名单

领导机构 河南省民间文化遗产抢救工作委员会 河南省民间文艺家协会

参与单位 登封市科普作家协会 嵩山文化研究会 国际少林武术家协会

工作策划 程健君 刘爱芳 李松坤 吴聚财 段玉山

学术指导 张振犁 民间文艺学家、河南大学教授

夏挽群 民间文艺学家、中国民间文艺家协会顾问、河南省民间文艺家协会名誉主席

张国臣 嵩山文化学者

周昆叔 环境考古学家、国家文物局专家组成员

谢均祥 族史研究专家、河南中原姓氏文化研究所所长、研究员

程健君 民间文艺学家、中国民间文艺家协会副主席、河南省文联副主席

陈江风 民间文艺学家、河南省民间文化遗产抢救工程专家组组长

高有鹏 民间文艺学家、上海交通大学教授

耿相新 历史学家、民间文艺学家、中原出版传媒集团公司总编辑

马世之 考古学家、河南省社会科学院考古研究所研究员

徐金星 嵩洛文化专家,《洛阳市志·文物志》(主编)、《洛阳市志·白马寺志》(主编)

魏 敏 民间文艺学家、河南省文联编审

总编审 梅淑贞

总 编 梅耀元

副总编 秦慧君 李振亮

美 编 梅淑贞 宋瑞敏 梅耀元 李振亮

统 筹 姜献永 赵镇威 张松波 靳银东

参与工作 李春敏 焦红波 王向民 邢希芬 吕宏军 韩有治

赵爱娟 王雪宝 弋梅荣 耿　直 阎锦木 陈　明

宋瑞敏 刘振海 王丽霞 唐仁福 景新源 郝焕斌

王占敏 李振敏 王昭渠 常松木 杨朝玲 孙宏欣

贾艾莉 郜明朝 吴卫永 陈俊杰 黄天弘 郝晓科

付秋红 尚自昌 孙淑霞 曹书敏

“嵩山文化大系”(全十册)

《嵩山通志》	梅淑贞	主编
《嵩山三教志》	梅淑贞　秦慧君　梅耀元	编著
《嵩山艺文志》	梅耀元	编著
《嵩山神话传说》	梅淑贞	主编
《嵩山古遗存》	梅耀元	编著
《嵩山民俗》	梅淑贞	编著
《嵩山古诗》	梅淑贞	主编
《少林武术发展史》	李振亮　焦红波	编著
《嵩山碑刻》	梅淑贞	编著
《嵩山名人传》	梅耀元	编著

作 者 简 介

梅耀元,女,1984 年生。中国地质大学(北京)第四纪地质学专业地质景观规划与评价方向理学博士,研究领域为地质环境。现任教于郑州大学旅游管理学院。在生态环境、旅游景观规划与评价、遥感方面等开展有多项地质科学考察与研究,发表有多篇学术论文。如中国地质大学出版社出版的科学研究专著《克什克腾植被分布与地貌关系研究》;八一电影制片厂和中国地质大学(北京)联合制作出版的《阿尔山国家地质公园》《呼伦贝尔地质公园》《鄂伦春地质公园》《扎兰屯地质公园》等多部地质科学纪录片和光盘的解说词。

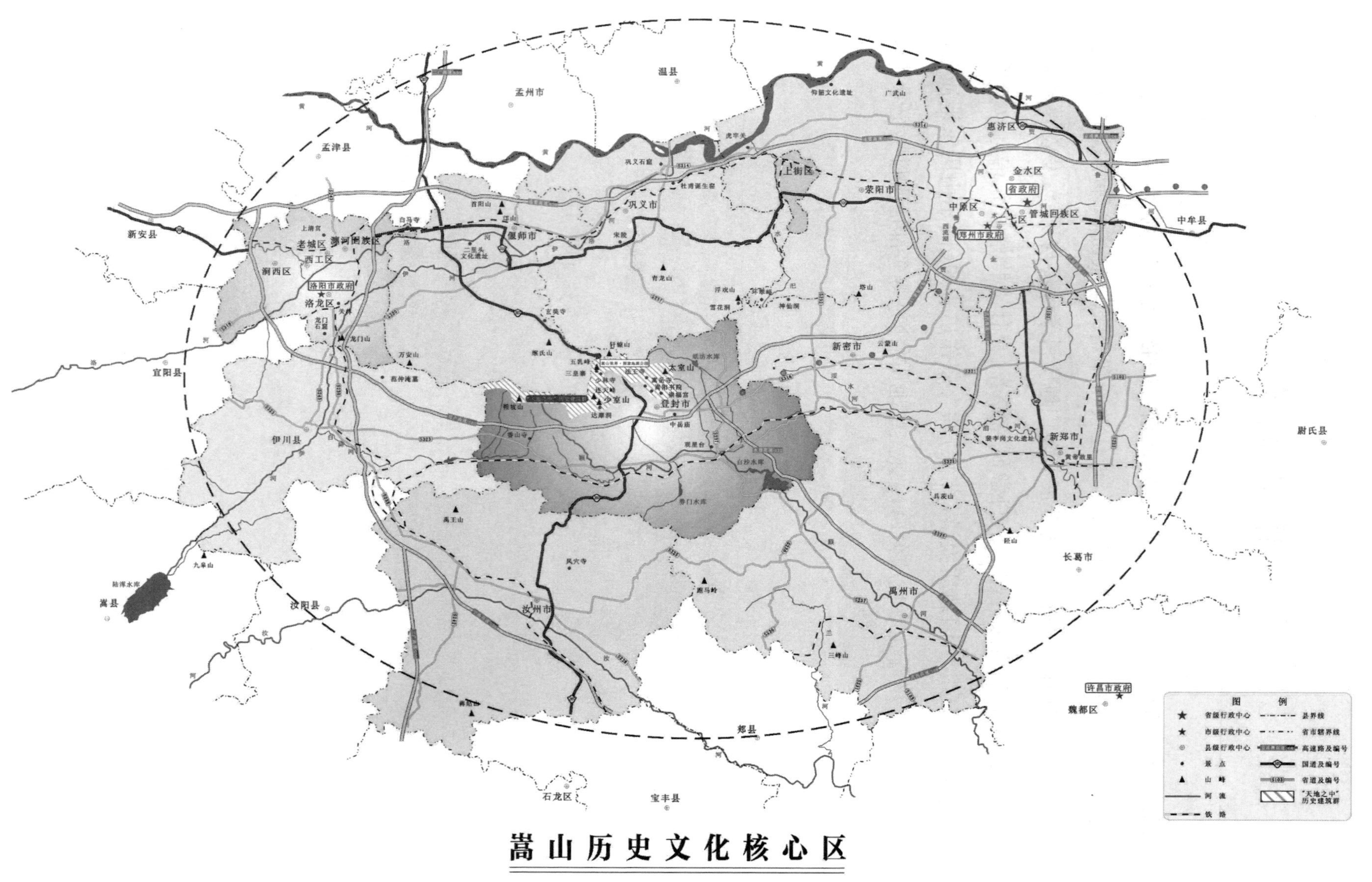

温县
孟州市
孟津县
新安县
宜阳县
伊川县
嵩县
汝阳县
汝州市
郏县
宝丰县
石龙区
禹州市
长葛市
许昌市政府
魏都区
尉氏县
新郑市
新密市
中牟县
惠济区
金水区
省政府
管城回族区
中原区
二七区
郑州市政府
荥阳市
上街区
巩义市
偃师市
老城区
瀍河回族区
西工区
涧西区
洛阳市政府
洛龙区
登封市
太室山
少室山
中岳庙
观星台
少林寺
嵩阳书院
崇福宫
会善寺
达摩洞
五乳峰
三皇寨
轩辕山
箕山
白沙水库
紫云山
具茨山
陉山
三峰山
鹿马岭
风穴寺
禹王山
九皋山
陆浑水库
龙门山
龙门石窟
万安山
范仲淹墓
香山寺
首阳山
邙山
白马寺
二里头文化遗址
玄奘寺
青龙山
浮戏山
雪花洞
神仙洞
塔山
云蒙山
广武山
仰韶文化遗址
巩义石窟
杜甫诞生窑
宋陵
裴李岗文化遗址
黄帝故里
图例
省级行政中心
市级行政中心
县级行政中心
景点
山峰
河流
铁路
县界线
省市辖界线
高速路及编号
国道及编号
省道及编号
"天地之中"历史建筑群

嵩山历史文化核心区

中国文化的神圣大山

——“嵩山文化大系”序

高有鹏(上海交通大学人文学院教授,中央电视台百家讲坛主讲人)

嵩山文明是中国文化的核心内容,被誉为天地之中。司马迁在《史记·封禅书》中说,昔三代之居皆在河洛之间,就是这个意思。《孟子·万章上》《古本竹书纪年》《世本·居篇》《史记·夏本记》《今本竹书纪年》都提到“禹都阳城”,也是这个意思。如今,嵩山洛口伏羲台、八卦台、力牧台、夏朝的古钧台及汉石阙、周公测影台等古老的文化遗迹,都有力证明了这些历史的真实。

嵩山是一个文化整体,包括以嵩山主要山脉的太室山与少室山,和周围地区以嵩山为地望的登封、伊川、偃师、巩义、荥阳、新郑、禹州、新密、汝州等广大地区。黄河、颍河、伊河、洛河、溱河、洧河、汝河等河流在大山中分布,融入黄淮大平原,成为中华民族的心脏。历史上,从夏王朝开始,商、西周、东周、东汉、曹魏、西晋、北魏、隋、唐、后梁、后唐、后晋等朝代相继在嵩山地域建立政治文化中心,西周、西汉、新莽和十六国后赵、五代后梁、后唐、后晋、后汉、后周以及北宋、金等朝代,也都以嵩山为文化中心,设立中央政权。《诗经》《周礼》《史记》等浩瀚的典籍,包括清代景日昣的《说嵩》,都详细记录了这些历史。近年来的考古发现,更进一步以实物的形制,证明了嵩山与嵩山文明的谱系特征及其特殊价值。

嵩山以五岳中的中岳而闻名,是集结中华民族信仰的大山,是天然的中国文化博物馆。嵩山是中国文化的神山、圣山,被称为崇山、崇高、天室山,见证着中华民族的重要形成与发展壮大。考古发现,100 万年前,嵩山地域就有旧石器时代早期的张湾猿人。这里分布着 9000～7000 年的裴李岗文化、磁山文化,分布着 7000～5000 年的仰韶文化,分布着 5000～4000 年的龙山文化,分布着 4000～3700 年的二里头文化。从遗存的动物化石、火迹灰坑与石器、骨器、陶器等原始文化遗址中,可以看到,这里很早就有我们的祖先在这里生活,是我国原始文明密集分布区。

笔者曾经考察嵩山文明的历史。轩辕黄帝是较早的嵩山神,他在这里留下许多神话遗迹和众多的神话传说故事,诸如具茨山、风后岭、大隗山、演兵洞等神话风景。后人建立中岳庙,把黄帝称作天中黄帝,就是对轩辕黄帝统一天下丰功伟绩的纪念。传说中的尧、舜、帝喾也都在这里活动。禹都阳城不仅是一则传说,而且是一种文化谱系的表达。大禹的父亲鲧,是中国上古时期的重要历史人物,是黄帝的后裔,是颛顼的儿子,曾经被尧封于崇地,即嵩山为伯爵,所以历史上称为崇伯鲧,或崇伯。神话传说中的大禹视嵩山为他治理天下洪水的大本营,他在嵩高山开辟大山通道,让河水浚流,平息水患，化作大熊，被妻子涂山氏误解，“石破北方而生启”，形成启母石和启母庙的传说故事。当年，大禹与涂山氏在此相会，涂山氏高歌“候人猗兮”，形成一场轰轰烈烈的爱情，这应该是中国文化最早的神话史诗。

嵩山是诗歌的大山，这里有传说中的《击壤歌》《箕山歌》《涂山女歌》《嵩高八章》《顺伊洛河吹箫》和《诗经》中的《大雅》《小雅》《桧风》《郑风》等诗篇，保存许多关于嵩山的歌唱。如《诗经·大雅·崧高》歌唱道：“崧高维岳，峻极于天。维岳降神，生甫及申。维申及甫，维周之翰。”东汉张衡在这里留下《轩辕道》；三国曹植在这里留下《黄帝赞》《帝喾赞》；北朝庾信在这里留下《黄帝见广成子于崆峒山》；唐朝卢照邻在这里留下《中和乐九章：歌登封》，刘希夷在这里留下《嵩岳闻笙》，宋之问在这里留下《登嵩山岭应制》《嵩山天门歌》《幸少林寺应制》，李白在这里留下《送别嵩山七首》《送裴十八图南归嵩山》《送于十八应四子举落第还嵩山》《嵩山采菖蒲者》《赠嵩山焦炼师》《题嵩山逸人元丹丘山居》，杜甫在这里留下《寄张十二山人彪》《凭孟仓曹将书觅土娄旧庄》《奉寄河南韦尹丈人》，白居易在这里留下《嵩阳观夜奏霓裳》《从龙潭寺至少林寺题赠同游者》《梦上嵩山时足病未平》《观嵩洛有叹》《早春题少室东崖》；宋朝欧阳修在这里留下《嵩山杂咏》《赠嵩山许道人》《箕山》，苏轼在这里留下《少林寺》《将军柏》《启母石》等，如琳琅满目。这里山山水水，一草一木，都有诗篇与歌声相伴，成为中国诗歌文化的宝库。

在人文教化发展中，嵩山以博大的胸怀拥抱世界，有佛教禅宗祖庭少林寺，有道家洞天中岳庙，还有儒学圣地嵩阳书院。嵩山不是中国道教文化的发源地，但是有众多道教领袖在这里传经布道。如唐代《三洞珠囊》卷五引《道学传》卷二《张天师传》称：“张天师弃家学道，负经而行，入嵩高山石室，隐斋九年，周流五岳，精思积感，真降道成，号曰天师。”张道陵的五斗米道，起源于嵩山。北魏太平真君年间，嵩山道士寇谦之改革道教，“清整道教，除去三张（张陵、张衡、张鲁）伪法”，“专以礼度为首”，佐国扶命，使道教由民间宗教转化为国家宗教。不用说，毗邻白马寺，嵩山汇聚了早期的佛教与佛教文化，达摩在这里面壁十年，留下了美好的传说。

少林寺钟楼前开元碑阴刻“混元三教九流图赞”，释迦牟尼、孔子、老子三圣合体图像；少室山安阳宫主殿洞有三皇洞，供奉释迦牟尼、孔子、老子；宗教与武术相融，与音乐和舞蹈相融，与社会风俗相融，与医术和中药相融，与各种人文艺术相融。嵩山既有体现原始文明生殖崇拜的摸摸会，又有佛教文化与道教文化共为一体的中岳庙会，在大山的怀抱中，历史与时代一同见证文化多元共存。

嵩山是屹立天地间的一部大书，是中国文化神圣的碑石，是刻写在大地上的天书。这里发现了中原地区珍贵的岩画。这里诞生了河图洛书的神话传说，成为中华民族重要的文化图腾。而且，嵩山现存的太室山庙阙、启母庙阙、少室山庙阙的铭记，都是我国最早的刻石，已纳入《世界文化遗产名录》。这里出土了《东汉侍廷里父老僤买田约束石券》，见证汉代社会的土地制度；这里保存了《熹平石经》《袁安碑》《汉故安乡侯张公碑》《东汉袁敞碑》《甘陵相尚府君（博）之碑》《仙人王子乔碑》和《夷齐庙碑》，见证汉代文化的灿烂辉煌；这里保存了校正五经文字、统一诸家经本的《洛阳太学石经》，保存了记录管理水利的《王诲碑》、堂溪典请雨嵩高山的《汉堂溪典嵩高山石阙铭》，这里保存了《韩仁铭碑》《河南梁东安乐肥君（致）之碑》，见证汉代社会的风风雨雨。这里的《正始石经》，以古、篆、隶三种不同的字体对照刊刻，展现出我国书法从篆书到隶书发展变化的历史轨迹。这里的《大晋龙兴皇帝三临辟雍皇太子又再莅之盛德隆熙之颂碑》，记录了晋武帝司马炎在太学中举行乡射礼的教育历史；《西晋韩寿墓表》《东武侯王基墓碑》《晋故处士成君（晃）之碑》《晋武帝贵人左棻墓碑》《荀岳墓志》《中岳嵩高灵庙之碑》《中岳嵩阳寺伦统碑》《北齐姜纂造像题记》和《韩寿墓表》《元怀墓志》《元怿墓志》《高猛墓志》《元肥墓志》以及《巩义石窟》《北齐刘碑造像碑》《在孙寺造象记》《库庄造像记》《北齐造佛像碑》《东魏造佛像碑》《北齐姜纂造像碑记》《齐造神碑记》《齐宋买造像记》《孟阿妃造像记》等，都是书法的精品、经典。大唐一代，李世民、李治、武则天、李隆基、李豫、颜真卿、王行满、李邕、徐峤、徐浩、徐珙、颜师古、褚遂良、刘禹锡、薛稷、薛曜、王知敬、钟绍京、狄仁杰、欧阳通、柳公权、张旭、孙过庭等；大宋一代，欧阳修、司马光、程颢、程颐、邵雍、鲜于侁、文彦博、苏轼、苏辙、王曾、孙崇望，等等；元明时期的赵孟頫、董其昌、朱载堉，都在这里留下珍贵的墨宝。嵩山是中国书法艺术与书法文化的宝库。

嵩山是中国文化的大山，是中华民族神圣的大山。它不仅属于中原，也不仅属于中国，而是人类文明的一部分，是中华民族对人类文明的重要贡献。

了解嵩山与嵩山文化，是打开中国文化的一条重要通道。

文化是民族的灵魂和血脉，是中华民族的精神家园。中国优秀传统文化蕴藏着中华民族千百年来的聪明才智、情感、意志和信念，对于实现中华民族伟大复兴事业中的文化自信、理论自信，具有重要的价值意义。中国文化走向世界，与世界进行平等对话、交流、沟通，需要弄清自己的文化家底，懂得自己的价值意义。深入挖掘中国优秀传统文化的价值，成为中华民族伟大复兴的重要基础。因此，面对这座中国文化的神圣大山，深入挖掘嵩山文化的底蕴和内涵，盘点整理博大精深的嵩山文化，是时代赋予我们的一项艰巨的工作。尤其值得赞扬的是"嵩山文化大系"的编撰者们，完全是出自于对嵩山文明的热爱，自发地组成一个团队，近十年时间，有的是利用工作的业余时间，有的是在退休以后，以坚韧不拔的精神，遍查历史文化典籍，通过对嵩山文化景观和自然风光的深入考查，不断挖掘、整理、研究嵩山文明，编撰出这套卷帙浩繁的"嵩山文化大系"，给中国文化，给人类文明，在文化遗产的保存与传承上增添了不可或缺的内容与光彩。

"嵩山文化大系"主要从山水与文明、神话传说故事、名人史迹、古代诗选、综艺文释、碑刻文释、民俗风情、古文化遗存、宗教发展、少林武术等多个方面梳理嵩山文化的历史脉络，勾陈历史文献，辨析其中的历史文化疑案，全方位描绘出嵩山文化的历史地理与文明现状。因为这套书中的内容有世界文化遗产、世界非物质文化遗产，有国家民间文化遗产，有国家文化遗产和非物质文化遗产项目，还有全国、河南省重点文物保护单位，具有丰富深厚文化底蕴。既有历史的挖掘，又有现实的记录。将古老的历史文化不断激活，这是展示、介绍、宣传、保存中国优秀传统文化的一部力作。

中华传统文化源远流长，其遗留与积存，为数极多，但系统展示区域文化的史料不多。"嵩山文化大系"的问世，使人们通过阅读，能够世代相传地吸取、传承、弘扬嵩山文化，这对促进嵩山文化进一步的挖掘和研究，开展国内区域间和世界各国间的文化交流等方面，都有着极为重要的作用，具有不容忽视的历史价值。

2017 年 1 月

总　　序

文化是人类在社会历史发展过程中所创造的物质财富和精神财富的总和。文化是不断向前发展的，是社会生活的物质要素和精神要素的统一，是人的生命活动发展的特殊方式。有了人类社会才有文化，文化是人们社会实践的产物。一定文化（指观念形态的文化）是一定社会的政治和经济的反映，又给予伟大影响和作用于一定社会的政治和经济。

这里所说的文化，是关于嵩山的文化。现在学术界有很多争论，有人认为嵩山地域的范围很大，河洛地区就在嵩山地域之内，所以嵩山文化包括了河洛文化；也有人认为，河洛文化是嵩山文化的中心；还有人认为，嵩山地处洛阳盆地盆沿之上，距洛阳60公里，是处在河洛文化的地盘上，应该从属于河洛文化……编者认为，嵩山文化与河洛文化有很多相同之处，如地域上的重叠性、形式上的多样性、文化上的侧重性、内容的多元化等。但嵩山文化与河洛文化各有自己的体系，说嵩山地域在河洛地域也好，还是说河洛地域在嵩山地域也好，这两种说法的地域概念似乎并不矛盾。但与河洛文化稍有不同的是，嵩山文化则是以嵩山为中心而辐射在嵩山地域的一种有着其独特渊源的社会历史因素所形成的文化，与河洛文化相比，更加强调突出了嵩山在这一地域文化中的源头和先导作用，她应当属于区域文化范畴。

在中华民族的文明发展史上，从黄帝统一中原部落开始，嵩山地域逐渐成为我国古代政治、经济和文化的活动中心，嵩山地域都占有不可取代的的源头与核心地位。在此地域产生的嵩山文化，是指孕育、诞生、发展、繁荣、传承于以嵩山为中心及其周围的黄河、伊河、洛河、颍河上游流域的嵩山地域文化，经历了距今100万~1万年之间的旧石器时代，经历了距今1万~3600年之间的新石器时代中的距今9000~7000年的裴李岗文化、距今7000~5000年的仰韶文化、距今5000~4000年左右的龙山文化、距今4000~3600年二里头文化的发展序列，以华夏先祖尊奉信仰的嵩山“山”文化和“中”文化为渊源，以闻名天下的嵩山称号“神山”“祖山”和“天地之中”为根本，以轩辕黄帝、华夏部族以及后来商、周部族的文化系统为先导，涵盖了古代各历史时期的山水文化、神祇信仰、礼乐制度、三教源流、军事战争、文学艺术、文献典籍、民俗风情、少林武术以及姓氏、名人、建筑、教育、科技、考古、天文等多种传统文化元素的根基文化。著名民俗学家丁慰南说：“嵩山文化的本体决不是某单一的文化现象的遗迹，而是我国几千年来历史上多种文化‘元素’积淀融合而成的产物。”正因为嵩山地域在历史上占据着这么多文化元素的源头，故被当今考古、历史、政治、文化界称之为天地之中、文明之源、华夏之根。

一、嵩山与嵩山区域文化

中岳嵩山的名称,历来变化甚多。黄帝时期称太室;尧舜时称外方、嵩高、中岳嵩高,夏朝时称为外方、崇山、崇高,商称嵩高中岳,夏、商、周三代尊称嵩山为太室、天室、大室。西周时称黄室、嵩高中岳、中岳嵩高,称嵩山地域为地中、天地之中、中国。周平王由镐京东迁洛阳以后,定嵩高太室山为“中岳”,称中岳嵩高,以后历代均沿称嵩高为中岳。嵩山位于天地之中,泰、华、衡、恒四山拱卫四方,故嵩山也称“天中之山”,自古即为华夏民族所奉祀的名山。

嵩山东西绵亘200公里,主体面积约450平方公里,地域面积约11110平方公里。嵩山地跨河南省的巩义、偃师、伊川、登封、新密、新郑、荥阳、禹州、汝州等县市,与郑州、洛阳相连,嵩山主体部分太室山和少室山位于登封市境内。嵩山北瞰黄河、洛水,南临颍水、箕山,东通郑汴,西连十三朝古都洛阳,素为京畿之地,是古都洛阳重要的东方屏障,具有深厚的文化底蕴,是宋代程朱理学的发祥地之一,也是中国佛教禅宗的发源地和道教圣地。

嵩山属秦岭山脉伏牛山系东延的系列山脉,向东北、东、东南方向扇形展开,地势自西向东逐渐降低。区内地势起伏较大,地貌类型复杂多样。《山海经·中次山经》中说:嵩岳西起昆仑,过秦岭,进入河南后,经熊耳山、伏牛山、大苦山,自龙门以东有香山、万安山、八风山、马鞍山、五佛山、青龙山、挡阳山、少室山、轩辕山、君子山、太室山、讲山、牛山、东龙门山、浮戏山等,北至巩义、偃师的北邙山、敖仓山。山体到登封分为三支,往东有新密青屏山、新郑的风后岭,东北有新密的浮戏山,往南有马岭山、密岵山、荟萃山,东延为具茨山、大隗山,西延隔颍水为箕山、大小鸿山、风穴山,诸多支系山脉构成矗立中原大地的庞大的嵩山山系。嵩山各大山脉的高度一般为700米~1500米之间。其中最高的少室山最高峰连天峰海拔1512.4米,太室山主峰峻极峰海拔1492米,而黄帝居住的具茨山峰海拔793米,上古名人许由所在的箕山峰海拔仅723米。嵩山山脉呈东西向横贯全区,各大山脉绵延起伏,如一条巨龙盘踞在中原腹地。

嵩山不仅有连绵起伏的山峰和丘岭,还有庞大密集的水系。其中,挡阳山与少室山相连,称少室通阜,为颍水发源地;鸿山贯宝山南麓是洗耳河的发源地;八风山是洭水的发源地,洭水西流入伊河;阳城山是洧水的发源地,洧水入新密后,纳溱水,称双洎河;轩辕山北麓的休水河、五指岭北麓的石子河、东西泗河,均北流入洛河;伊河、洛河在巩义神堤村汇流,叫伊洛河;黄河、洛河在巩义神都山下汇流的地方,叫洛汭。在嵩山主要的分支山脉之间,都有独立的水系分布,蜿蜒着黄河、洛河、伊河、颍河、汝河、溱水、洧水等河流。山脉与水系相间,水流河谷与盆地相互串连,形成了地势低凹的开阔地带和较为平坦的盆地,这里有充足的水源,有繁茂的林木,地理位置优越,生态环境良好,是中华文明的天然“摇篮”,为华夏的原始先民聚居、生产与生活提供了极为有利的条件,也为嵩山区域文化的形成和发展,奠定了由自然要素与人文因素作用而形成的一个综合性的基础。

嵩山远古时期人们崇信的“天室”,是祭祀华夏民族先祖的“祖山”,也是历代帝王进行“祭天法祖”的神圣之山。古人认为,嵩山是大地距离上天最近的地方,圣地灵境,天地相通,得天独厚。嵩山地域不但处于“天地之中”优越的地理位置,融四方文化于一体的中心地带,又率先跨入“文明的门槛”,而且在以后的数千年里,长期是我国政治、经济、文化、交通的中心,这不但使嵩山文化在“野蛮”进入“文明”的大变革时期,抢占了先机,充分展示了她的先导性,并为她最终成为中华民族的主体文化,为她的正统地位打下了宽厚坚实的基础。

嵩山文化是产生于嵩山地域的一种区域性文化,关于嵩山文化区域的界定,从大的范围说,我国著名民俗专家张振犁教授称:“嵩山文化,狭义指包括北至黄河,南至河南襄城一带,东至虎牢关,西至华山,方圆数千里的(包括河洛文化)的地域。广义就是中原文化的泛称。简单地说,嵩山文化区基本上涵盖了中原腹地的沿黄河、颍河、洛河、伊河、汝河、溱水、洧水两岸的广大河谷、盆地、平原的肥沃地带。嵩山地域之所以被称为中原文化及后来华夏文明的摇篮,是因为炎黄先民在这块土地上开发、经营了近万年。就像埃及原始先民开发尼罗河流域,巴比伦先民开发美索不达米亚(希腊语:底格里斯河和幼发拉底河中间的地方,意为两河之间)和印度先民开发洹河、印度河流域,而创造世界文明古国一样,中国中原地区的‘嵩山区’先民开创华夏文明,首先是由独特的地理环境和自然条件所造就。”

从小的范围说,嵩山地域就是当今我国考古界、地质界、历史界的一些专家将以嵩山主要山脉的太室山与少室山所在的登封以及嵩山余脉的所在地伊川、偃师、巩义、荥阳、新郑、禹州、新密、汝州的九个县级市,以及为邻的古都郑州和洛阳的这个地域,称之为“嵩山历史文化核心区”或“嵩山文化圈”。这与考古中发现的以嵩山为中心及其周围的黄河、颍河、洛河、伊河、溱水、洧水一带的中原腹地的范围完全一致,实际上也是秦汉以前以“中国”一词称名的小“中国”。嵩山地域从上古以后各历史时期的古代文明不断代,原始文化序列清晰,历史遗迹随处可见,她不但是一部完整的嵩山区域文化史,还是中华文明史的一个完整的缩影。完全可以说,这是一个在中华民族发展史上占据着重要位置的地域。因此,我国著名环境考古学家、国家文物局专家组成员、中华文明探源工程专家组组长周昆叔称“嵩山文化是中华文化的发动机、孵化器”。

孕育、诞生、发展、繁荣、传承于嵩山区域的嵩山文化,就是嵩山区域在一定的历史、经济条件下产生的古代文明,这一文明的产生、发展,奠定了华夏民族文化的基本模式,同时也包容了几乎整个奴隶社会、封建社会主体文化的发展和演变历史。嵩山文化不同于其他区域文化,如山东齐鲁文化、河北燕赵文化、山西晋文化、陕西秦文化、两湖荆楚文化、江浙吴越文化、川渝巴蜀文化等,嵩山文化不是一般性的区域文化,她对中华民族文化的形成和发展起着巨大的奠基作用。因此有人说,嵩山文化以黄帝统一古华夏部落,与炎帝成为我国远古时代华夏民族的共主,具有中华传统文化的根源性;以夏文化和商周文化为主干,具有中华传统文化的厚重性;以秦汉三国两晋南北朝隋唐的分裂融合为兼容并蓄的全面繁荣,具有中华传统文化的博大性。从黄帝竖起中国大一统的旗帜,到大禹开国建立夏朝,再到嵩山区域的民族融合的与时俱进,外来佛教的中国化,及“河洛”南迁等一系列重大的事件说明,嵩山文化既有强大的吸收、包容、凝聚的力量,把周围的文化吸纳进来,同时也有很强大的辐射作用,把自己的文化传播、渗透出去,影响周围地区,乃至海内外,具有中华传统文化的辐射性。

嵩山文化不仅是名山文化、中央文化、国都文化,在历史上长期处于主导和核心地位,它还是中华文明的摇篮,是中华民族的根亲文化、母体文化、主流文化,是中国传统文化的源头与核心,是构成中国传统文化最主要的组成部分,是华夏五千年文明的源泉与主脉,在中国古代文化史上占有十分重要的地位。中国民俗学会名誉会长、中国民间文化遗产抢救工程专家委员会副主任、文化部中国民族民间文化遗产保护工程专家委员会委员乌丙安说:“嵩山的中岳之中,占据了五行方位中央的最佳位置,理应在发扬和开拓中华名山文化的跨世纪文化建设中发挥领头羊的导引作用。在积极倡导中华名山文化的大潮中,建设并发展嵩山文化。”

二、三十六亿年的嵩山地质

地球的年龄约为46亿年,远古时的地球全是被水包围着,后来地壳不断运动后才形成陆地、海洋。据地质学家研究,嵩山是世界上最早出露大海的古陆地。35亿年左右,当地球尚处在天地茫茫、混沌未开、一片汪洋之时,嵩山在大海中已经形成了小块的陆核,之后在漫长的造陆和造山运动中碰撞、裂变、聚集,山体开始在海水中沉浮慢慢地发育成长。

嵩山地域清晰地保存着发生在距今25亿年的“嵩阳运动”、距今18亿年的“中岳运动”、距今5.6亿年的“少林运动”等三次前寒武纪造陆和造山运动所形成的角度不整合接触面及典型的构造形态遗迹。嵩山一次又一次地浮出水面,又一次又一次地沉入海底,历经千万次激烈的起伏、颠簸、沉积、褶皱,历经无数回剧烈的碰撞,终于横空出世,成为世上山龄最长的山脉之一。嵩山经历了这三次大的造山运动,其独特的地质地貌景观,成为世上绝无仅有的地质经典之作。

据中外地质学家考察,嵩山经过这三次大的造山运动,才结束了地质史上的元古代,进入了古生代的寒武纪和奥陶纪。又经过约两亿年,此处地壳上升至海平面以上,因其受风化和剥蚀作用,形成了嵩山地区的含煤地层。

大约在6亿年前后,当时的陆地还没有完全浮出地表,但是北边的中国已开始浮出地表,这里面也包括了嵩山。也就在这一时期,嵩山最后一次升出海面矗立于世间时,以高著称于世的喜马拉雅山和整个秦岭都还在海底沉睡。

大约在2.3亿年前后,中国的版土上,又发生了一次延续很长时间的地壳运动,即南北广大地区的“燕山运动”,嵩山受到南北方向的推挤,在这里已经形成了1500多米的高度,成就了今天瑰丽多姿的山势及地质地貌,确定了嵩山地质的基本格局。

嵩山地域内连续完整地显露着太古代、元古代、古生代、中生代和新生代五个历史时期的变质岩、沉积地层,加之伴随历次构造运动,形成了地球上独一无二的嵩山“五代同堂”的地质奇观。嵩山地质构造以其岩龄古老、类型齐全、构造复杂、形迹各异、发育完整、出露良好而闻名中外,被国际地学界誉为“地学百科全书”和“天然地质博物馆”。嵩山地域位于天地之中心,上下数十亿年,大自然所造就的嵩山各地质时期千变万化的地质遗存和类型多样的地势地貌,使嵩山成为世界地质史上的一枝奇葩。

嵩山复杂的地质地理条件,经过漫长的地质作用,形成了独特的气候条件,造就了种类繁多的地质遗迹。内外力的地质作用形成了宏伟壮阔的构造形迹、典型的地层层型剖面、灭绝的动植物化石、重岩叠峰的断块山体、千尺飞泻的悬流瀑布、清流晶莹的素湍绿潭、幽静宜人的湖光山色。嵩山地质不仅给地质科学的研究留下了各历史时期千姿百态的地质变化遗迹,而且为人类提供了适宜居住的生活环境。

鉴于嵩山地质在世界地质的独特性,世界上许多国家著名的地质科研部门和地质大学都将嵩山列为科研、考察、教学的基地。2004年2月13日被联合国教科文组织列为世界地质遗产,命名为“嵩山世界地质公园”。

三、嵩山文化一万年

以嵩山为中心的嵩山地域是东方文明的重要发祥地,这里不但最早进入文明时代,而且在以后的漫长时期里,成为我国政治、经济、文化、交通的中心。在史前考古学文化方面,从旧石器时代文化遗址说起,大约在100万年以前,嵩山地域就有了人类生活的史迹。在嵩山地域汝州张湾村发现的旧石器时代早期的简单石器劳动工具,是人类早期的活动遗物。洛阳北窑旧石器文化遗址除了出土有动物化石及人类用火痕迹,还有近800件石制品连续分布在黄土地层内,在国内外十分罕见,这就把旧石器考古与黄土研究紧密联系起来,对研究全球气候变化和探索黄土时期的人类生活环境有着重大的意义。荥阳织机洞遗址展示了旧石器时代与新石器时代的过渡和交替,对于追溯嵩山古文化的渊源和研究嵩山古代环境面貌及其与人类的关系提供了珍贵的史料。

大约距今一万年左右,嵩山地域进入新石器时代。新石器时代与旧石器时代相比,人类社会有质的飞跃,首先是陶器的出现、石器的精致化;其次是原始农业的产生,我们的先民已进入了农业定居阶段,早期的聚落已经形成。到了新石器时代中晚期,出现阶级分化,王权开始形成,文明在嵩山地域最先产生。人类在进入新石器时代后,嵩山作为中国史前文化最发达的地区之一,孕育了原始社会最著名的裴李岗文化、仰韶文化、龙山文化和二里头文化等,使嵩山区域最早成为原始文化的核心部分,在中国文化发展史上,占有相当重要的地位。嵩山文化核心区内,嵩岳高山纵横,河(黄河)、颍、洛、伊、溱、洧诸水纵横其间,这就形成了原始先民们居住、生产、生育、繁衍的最理想的地区。嵩山地域现在保存的大量的古文化遗存就足以证明,嵩山地域经历了距今100万~1万年之间的旧石器时代,经历了距今1万年~3600年之间的新石器时代中距今9000~7000年的裴李岗文化、距今7000~5000年的仰韶文化、距今5000~4000年的龙山文化、距今4000~3600年二里头文化等,从1万年至今,一直延续不断,前后相接,形成了一个完整的文化发展系列。其遗址数量之多、分布之密,居全国之冠,它们充分反映了嵩山地域原始社会时期的繁荣景象。

从考古学上看,嵩山地区的新石器早期文化是裴李岗文化,在此基础上形成仰韶文化、龙山文化、二里头文化。从考古成果看,嵩山地域的新石器时代文化遗址有1000余处,每处遗址一般包含着几个文化层的堆积。各文化层的叠压层次清晰,具有明显的时代连续性,如郑州的林山寨遗址、吴湾遗址,洛阳的矬李遗址,登封的袁村遗址,汝州的中山寨遗址等,其中每个遗址上都堆积有新石器时代的多种文化遗存,其类型有裴李岗文化、仰韶文化遗存;有仰韶文化、龙山文化遗存;有裴李岗文化、仰韶文化、龙山文化遗存;有仰韶文化、龙山文化、二里头文化和商代文化遗存等等,对研究嵩山地域中的各文化之间的发展过渡和承袭关系具有重要价值。

中华民族史前时期的"英雄人物"——"三皇""五帝"生活在这里,"河图洛书"的传说也发生在这里。大量的考古发掘和田野调查资料证明,人类生活环境早在8千至1万年以前,这里已经是农业文化的稳定时期,物质文明和精神文明已达到了相当高的水平。从传说中的燧人氏、伏羲氏、神农氏的"三皇",到中华民族始祖黄帝、颛顼、帝喾、尧、舜的"五帝",他们是远古人类始祖和人文始祖,他们在嵩山的活动情况,皆是嵩山文化的源头和组成部分。相传上古之世,有龙马负图出于河,伏羲据此画八卦。上古时代的主要生产之事,都萌生于伏羲手中。如神农氏在嵩山地域尝百草、制造耒、耜等农具、始种五谷。如生于嵩山地域的炎、黄二帝,《国语·晋语四》载:"昔少典娶于有蟜氏,生黄帝、炎帝。”“黄帝都新郑”。如尧帝巡狩,崩于阳城。如舜帝迁居负黍城,《世说》载:舜迁于负黍(今登封大金店一带)。如帝喾都西亳(今偃师)。在中国文明早期阶段的历史上,远古人类以不屈不挠的顽强意志、勇于探索的精神和卓越的聪明才智,绘就了人类文明史上光辉绚丽的画卷。

炎黄文化是华夏文明的前身,而炎黄帝族系的形成和发展,却经历了漫长的复杂演变过程。在中原聚居的众多部族之间,由于利益的冲突,经历了长期的斗争。黄帝部落的大发展,为中华民族的物质文明奠定了牢固的基础。以后历经颛顼、帝喾、尧、舜、禹、文王、武王的对以嵩山为中心及其周围的河洛、伊洛平原以及整个中原文化的开发,便成就了古代华夏文明繁荣昌盛的壮丽景象。

远古时代各部落的融合与分化过程,打破了部落的地方隔绝,完成了地区性部落联盟向国家与民族的过渡。公元前21世纪,中国历史上的第一个王朝——夏王朝在嵩山地域诞生,夏为中国历史上第一个奴隶制国家。夏王朝的建立,标志着人类社会由“野蛮”跨入“文明”。从考古发现来看,此时的生产力有了一次突飞猛进的发展,出现了青铜礼器、文字和城市,率先进入了文明时代,并从此在相当长的时期内,成为中国古代文明的核心。著名历史学家刘庆柱说:“学术上严格意义的古代文明起源、形成,实质上就是国家的起源、形成,因此说古代文明起源与形成是个政治范畴的问题。”嵩山之所以称为华夏文明的摇篮,就因为嵩山地域的华夏先辈不断繁衍生息,逐渐发展进步,形成疆域,出现“国家”。史料记载,夏王朝的统治区域西至华山之东,东到豫东平原,北达济水之南,南抵淮河沿岸,方圆千里,展示了人类社会的文明和进步。

嵩山地域作为中华民族的发源地,从一开始就具有非同寻常的生命力。通过继承发展的凝聚性和相互交流的多样性,终于形成了以商周文明为核心的主体部分,并导致多民族的统一国家的形成和壮大。因此,我国文物考古界的有关专家称黄河为中华民族的母亲河,称嵩山为中华民族的父亲山,称“天地之中”的嵩山地域为中华民族形成的中心!

由夏以降,商、西周、春秋、战国、东汉、曹魏、西晋、北魏、隋、唐、武周、后梁、后唐、后晋均曾建都于嵩山地域,许多影响中国历史的重大政治、军事事件发生在这里,许多彪炳史册的民族英才生活在这里,许多光耀千秋、泽被万世的科学文化成果诞生在这里。嵩山地域号称是“举手摸到秦文化,抬脚踢到汉砖瓦”的“文物之乡”,古代文化遗存数量之多,分布之密,为全国之冠。从夏王朝到春秋战国,从汉魏两晋到南北朝,从隋唐五代到宋金元明清,都清晰地记录了华夏民族的先祖们在这里繁衍生息、生产活动和后来炎黄子孙自强不息、发展壮大的历史足迹。从一定意义上讲,一部嵩山地域史,就是一部中国发展史;嵩山文明5000年,就是中华文明5000年。

以中岳嵩山为中心的黄河、颍河、伊河、洛河、溱水、洧水、汝河流域孕育、产生、繁衍的“嵩山文化”,正是在这一土地上孕育、产生、繁衍的一种中国最古老、最权威的文化。嵩山文化从古到今,一脉相承,延绵不断,流传至今。有学者认为,广义的嵩山文化产生于史前原始社会时期的旧石器时代,距今至少有170万年的历史,是目前所知世界上产生和形成最早的文化之一。即使从新石器时代的裴李岗文化算起,迄今也已延续了大约一万年之久,这是世界文明、文化史上仅有的现象。

四、天室、祖庙、地中、华夏、中国

嵩山地域是人文始祖黄帝的主要活动区域,为嵩山成为政治中心及“天地之中”奠定了基础。距今5000年前后,轩辕黄帝在嵩山地域修德振兵、抚万民、度四方、融炎帝、一统天下,建都有熊(今新郑),带领先民们创文字、织丝帛、分州土、立朝市、定历律、制舟车、撰《内经》等等,创造了最为先进的氏族文化,奠定了中华民族的根基。

黄帝建都于嵩山地域之后,即把太室当做祭天的神山。《史记·封禅书》说“天下名山八,而三在蛮夷,五在中国。中国华山、首山、太室、泰山、东莱,此五山,黄帝之所常游,与神会。”可以说,从黄帝时期开始,就开创了祭祀嵩山的先例。正由于此,嵩山成为了中华民族的文化圣山。

《五帝本纪》载,黄帝打败了炎帝(族)、蚩尤,统一了华夏,天下万国的诸侯都尊黄帝为天子。据历史记载和文物佐证,黄帝统一天下,奠定中华,肇造文明,缔造了最早华夏族的核心。从黄帝开始有了民族融合,有了国家雏形,有了制度草创,有了农业大发展,有了物质和文化建设。相传尧、舜、禹、皋陶、伯益、汤等均是他的后裔,因此黄帝被奉为中华民族的共同始祖。《礼记·郊特牲》载:“万物本乎于天,人本乎于祖。”由于黄帝开创华夏文明的功绩,夏、商、周、秦、汉时都把黄帝作为共同的祖先进行祭祀。

嵩山古时称嵩高、宻(古写的“崇”)山,据《唐汉字解字·汉字与日月天地》解释,“嵩”字原本指对男性生殖器的崇拜,故音“耸”。而“崇”字是一个会意字兼形声字,从古写的“宻”字可以看出,宻本身就是以宗在上,山在下,顾名思义,有山之宗的意思。崇的称名起源很早,《国语·鲁语》载:“在昔有虞,有崇伯鲧。”相传,“鲧作城郭”,其地因山为名,故址就是现在登封的王城岗夏代遗址。崇,古音从宗声。宗,《说文》载:尊祖庙也。从字源学的角度看,祭祀祖先的所在叫宗,祭祀天帝的所在也应该叫宗。因此,后人理解的嵩山是天人合一,具有“天室”与“宗庙”双重的尊贵地位。一方面,嵩山古称“天室”,是天帝居住的地方,是神宗所在,也是上天与人间沟通的地方;另一方面,嵩山又称崇高山,是华夏民族的宗庙,宗庙祭祀的主神为华夏始祖轩辕黄帝。在华夏文明起源与形成过程中,存在着两条主线:一是神祇信仰,二是祖先崇拜。而嵩山恰恰是集这两条主线的条件于一身。换句话说,嵩山祖庙所祭祀的始祖主神和古人祭祀的嵩山天神是一个天人合一的人物——即轩辕黄帝。因此,在敬仰天神、崇拜祖先的远古时期,“嵩高山”“崇高山”即为华夏民族所祭天法祖的神山和祖山,是我们华夏民族的族根和精神归属。

“天有心,地有胆,天心地胆在告县”,这是登封广为流传的一首民谣,民谣中所说的天心地胆即位于登封市东南12公里处的告成周公测影台。即3000年前的西周初年,周公因营建洛邑选址时,曾在此建测影台,据地表、测日影、求地中。《周礼·地官·大司徒》:“以土圭之法测土深,正日景(影),以求地中。”郑众注:“土圭之长,尺有五寸。以夏至之日,立八尺之表,其景(影)适与土圭等,谓之‘地中’。”“地中”即国家的中央地区。在古代人们还没有认识到地球是圆的之前,我们中国人传统的宇宙观就一直认为,地球直观上看是一个平面,进而认为平面为方形,而方形必然有一个中心点,这个中心点则与圆形天的中心相对应。《周礼》中说:“谓之地中,天地之所合也,四时之所交也,风雨之所会也,阴阳之所和也。”所谓的“地中”,与天相对应,就是“天地之中”,是天地相合之地、四时交汇之地、风雨相会之地、阴阳相和之地,是圣山灵境,而阴阳相和之地意义更为深远,古代以为万物乃阴阳相和而生,因而“地中”作为阴阳相和之地,也就是天地万物发生发展的根源之地。

华夏、中国的名称据考证源于嵩山地域。

“华夏”之名,源于夏代。其“夏”的得名,显然与夏王朝的建立有关,古人解释“夏”为“大国”,乃自称美名;周人往往自称为“夏”,历史上有“周人尊夏”的记载。

至于“华夏”之“华”名,似由一望可辨的服饰而来,夏人冠冕衣大带采饰,《周礼》解“冕服采章曰华”,亦当为自称美名。《左传》定国十年:“中国有礼仪之大,故称夏,有服章之美,故称华。”故“华”为美好之意。《左传》载:“冕服采章曰华,大国曰夏。”《疏》:“华夏为中国也”。系释“华夏”,乃文物典章制度最盛的炎黄中国而言。

有专家考证“华”与“夏”二字之初源,应为地名、国名,亦民族部落名之转化,民族愈发展,地理范围愈广大,滋“大国曰夏”之意,后逐衍称“中国”。

说华,非今陕西之华山,陕西之“华”,古称“太华”,似乎东周始而显名;华夏之“华”,是另一地,当在嵩山一带。《国语·郑语》云:“前华后河,右洛左济。”说的是公元前773年,郑桓公姬友见西周衰败,西周将乱,诸侯多叛,为预避国难,求教于太史伯。太史伯救之曰:只有出居“前华后河,右洛左济”之地,“主芣騩而食溱洧”才能逢凶化吉,兴旺发达。即《史记》中所说之“独雒之东土,河济之南可居”之地。芣騩,山名,溱、洧,水名,皆在嵩山地域的密、郑一带。然而,此地当时已先有东虢、郐国两个国家居住,因其国君皆贪心好利,有失民心。这为后来郑桓公灭两国创造了有利条件。此地西陲与东周王室为邻。考东虢、郐两国具体位置,《国语·郑语》说“其济洛、河颍之间,是其子男之国,虢、郐为大”;《史记·郑世家》裴骃解,“虢在成皋,郐在密县”,“右洛左济”其左陲,在黄河与济水交汇处,与“夏桀之居”之“左河济”,两左陲东疆正相一致。因此,可证虢、郐两国国土,正处在夏桀时的国土之内,不言而语,“前华后河”的“华”地,也必然在嵩山地域的范围之内。

嵩山地域古有华国。同样是《国语·郑语》记载,公元前773年,郑桓公见西周衰败,诸侯多叛,问太史伯:郑国何处可以立国。太史伯对桓公曰:“虢、郐十邑,华其一也”。华,即指华国。太史伯谓郑桓公曰:“华,君之土也。”华,西周时期封国,都城为华阳。简称“华”或“莗”。考其地望,“华”应在嵩山之南,在今新郑、新密一带。《潜夫论·志氏姓》云:“华氏……子姓也。”《水经注·洧水》对华城的记述颇详:洧水又东与黄水合,《经》所谓潧水(溱水),非也。黄水出太山南黄泉,东南流迳华城西。

华阳故城位于新郑市区北20公里的郭店镇华阳寨村周围一带,平面呈南北长方形,各面城墙中部均有折曲,周长2300余米,面积约36万平方米。华阳故城城南、城东是一条古河道,宽20米~70米,深4米~8米,古名华水,现今潮河的源头。华阳故城就座落在古华水北面较高的岗地,距其源头郭店村南仅1.5公里。据《水经注》《新郑县志(乾隆版)》记载“为七虎溪,亦谓之为华水也”。西晋史学家司马彪曰:“河南密县有华阳山”。国在山水间,故而名华。

华阳故城春秋属郑,战国归韩。秦灭六国后堕城毁门,华阳故城遭到严重破坏。隋代伊斯兰教徒入住城内。唐以后对城墙整修,局部增高并增加马面设施。清咸丰年间华阳寨村建清真寺,整修南门,门上刻青石门额“古华邑”。华阳城自古就是很重要的城邑。2013年5月被国务院核定为第七批全国重点文物保护单位。

华夏之“夏”,是指夏民族所分布的地区。从禹的族源上说,禹也是始祖黄帝的后裔。《史记·夏本纪》云:“禹之父鲧,鲧之父曰帝颛顼,颛顼之父曰昌意,昌意之父曰黄帝。禹者,黄帝之玄孙而帝颛顼之孙也。”由此可知,同在嵩山地域的夏族和黄帝族一脉相承。其“夏”得名,显然与夏王朝的建立有关。《史记·夏本纪》之《索隐》引《连山易》载:“鲧封于崇”,史书称夏部族的祖先鲧和禹为“崇伯鲧”和“崇禹”,说明他们曾是崇山即嵩山地域的部落酋长。《太平御览·地部四》嵩山条引韦昭注云:“崇、嵩古通用。夏都阳城,嵩山在焉”。史料记载,夏代第一个帝王大禹在嵩山地域治理洪水,辟山筑道,开拓了夏朝统治的基地,而且夏启、太康、胤甲、孔甲、帝皋、夏桀6个帝王先后都居于此,同时连后羿、寒浞、少康都攻占过这里。

“华”在西周时期有文献记载。周穆王时的命簋铭云:“唯十又一月初吉甲辰,王在华,王锡命鹿,用作宝彝,命其以多友饲飤。”著名考古学家唐兰也在他的《西周青铜器铭文分代史徵》中说:“华,地名……在河南省密县，西为嵩山，是夏族旧居，所以华即夏，中华民族起源于此。”

而“中国”一词，最早见于《尚书·梓材》和1965年在陕西宝鸡县贾村塬出土的西周青铜器《何尊》，其底部铸有一篇122字的铭文，其中有“宅兹中国”四个字，就是指嵩山周围及伊洛河一带。“中国”的本意为“天地之中”“中央之国”，与“四方”相对，故文献又称之为“土中”。在嵩山地域文化中，有两个概念特别突出，一是自然的“嵩山”，二是西周都城“洛邑”。著名河洛文化学者徐金星在谈到嵩山与洛阳的关系时，曾经有过一个形象的比喻。他说洛阳是一个天然的盆地，而嵩山则是在这个天然盆地的盆沿之上，它们之间是无法分割的。在古人以天为命的理念中，嵩山就是古都洛阳所依附的一座神山和祖山。夏、商、周三代之所以要在嵩山地域建都，首先是以“天室”“祖庙”“天地之中”的嵩山为根本，必须是在“毋远于天室”的前提下，依靠嵩山来建立国家，以取得天神和祖先的庇护。如司马迁《史记》所载：“昔三代之居，皆在河洛之间，故嵩高为中岳，而四岳各如其方。”于是作为“天地之中”的嵩山地域，很自然地就成为实际意义上的“中国”，成为夏、商、周三代的中心。

由于夏、商、周的疆域面积小，《孟子·商公孙丑（上）》曰：“夏后，般、周之盛，地未有过千里者也。”《诗经·商颂》曰：“邦畿千里，维民所止。”据史料记载，夏代的疆域面积为210万平方公里；商代的疆域面积为300万平方公里；周代的疆域面积为320万平方公里，三代的疆域面积均未超过400万平方公里。所以，秦汉以前，以“中国”一词称名的嵩山地域，实际上是一个小中国；秦汉以后，经过华夏民族的发展，随着国家的统一，疆域和版图的扩大，过去的“中国”已经成为了一个大中国。而原来以“中国”称名的嵩山地域，在统一帝国后，连同整个河南，已经成为属于大中国的“中原”或“中州”。

故“中国”一词的初义来自“天地之中”。“惠此中国，以绥四方”是《诗经》中的古训。“宅此土中”，是包举宇内、一统山河的象征；“迁宅土中”，更是寄托了一代代贤圣“囊括四海、并吞八荒”的伟大抱负。正是在大自然恩赐的这块小“中国”的丰土吉壤上，产生了华夏民族的先祖。

历史发展与文献证明，以嵩山为中心的嵩山地域是华夏祖先最早生活的地方，是中华民族的摇篮。经过夏、商、周三代文明的发展，嵩山文化成为了中华民族的文化之根。

夏、商、周以降，对嵩山的祭天法祖已成定习。太室祠（中岳庙）成了古代帝王祭祀远古始祖、中岳主神—轩辕黄帝而设的官方庙宇。从周时的太室祠到公元前110年，汉武帝刘彻祭祀嵩山，起神官斋戒七日，“闻嵩山呼万岁者三，登礼罔不答。其令祠官加增太室祠（周时旧祠），赐山下三百户为之奉邑，祠衔合一，专奉祭祀”，至今香火已绵延3000余年。从北魏孝文帝迁都洛阳，亲撰祭文，认定“轩辕曜哲，伊祁载形。逮于有周，实光洛征”，到武则天封禅中岳，尊中岳主神为“天中黄帝”；从宋太祖赵匡胤向中岳主神黄帝敬献衣冠剑履、冕服，令祀官按宗庙谥册之制、详定中岳仪注及冕服制度，到元世祖忽必烈为中岳神加封号“中岳中天大宁崇圣帝”；从明代历任皇帝即位及有关国家大事对中岳主神黄帝的祭告，到创造“康乾盛世”的乾隆皇帝亲祭中岳，这一系列漫长的嵩山朝圣活动，都说明了华夏始祖和中岳嵩山主神轩辕黄帝在后世帝王心目中的崇高地位。尤其是在那种“天人合一、君权神授”的大一统封建社会中，他们之所以要到嵩山祭天法祖，主要是为了向世人宣布，他们统治的权力和正义性来自于上天和先祖的赐予和庇护，他们正统至尊的地位不可动摇。

五、河图·洛书·太极·八卦与洛汭

在古人心目中，嵩山是神秘的“天室”，嵩山地域也是神秘的历代统治者封禅祭拜天地山川的中心。闻名古今的洛汭就是嵩山北麓神都山下黄河与洛水的交汇处,这也是中国文明起源中太极图、伏羲八卦和上古时期帝王们修坛沉璧,出现“龙马负图”“神龟献书”的河出图、洛出书之处,反映了嵩山地域的史前文化在中华文明史上具有独特的地位。

河图洛书的出现及历代皇帝祭祀河流山川的地点就在巩义市南河渡村、北至神堤村、黄河以南的洛河湾的“洛汭”,周围称为洛汭地区。这一地区早在远古时代便是人烟稠密、物产丰富的地方,从考古发现的裴李岗文化遗址、仰韶文化遗址、龙山文化遗址,以及夏、商、周的众多遗址便是最好的证明。据先秦典籍记载,洛汭是中华文明发源的集中地,又是向四面八方辐射华夏文化的核心地区。河图、洛书、太极图、八卦,在科学家心目中,有着博大精深的文化内涵。

相传伏羲氏时,神都山下的黄河与洛河交汇处的洛汭中,有一匹龙马从黄河浮出,背负“河图”;还有一只神龟从洛河中浮出,背负“洛书”,伏羲依此“图”和“书”画“太极”与“八卦”,这就是后来《周易》一书的来源。《易经·系辞上》曰:“河出图,洛出书,圣人则之。”孔安国认为:“河图则八卦是也,洛书则九畴是也。”

有人发表文章说太极图起源于洛汭,认为太极图虽然含有深奥的哲理,但它的图像是来自于自然、受自然的启发而形成的。具体一点说,在洛汭黄河水暴涨时,堵截洛水倒流,如洛水同时暴涨,黄、洛两水在洛汭交汇撞击,形成旋涡,清浊分明。通过这个自然现象触发灵感,启迪了伏羲创造出“太极”和“八卦”。太极是中国古代的哲学术语,意为派生万物的本源。太极图形象化地表达了阴阳轮转、相反相成是万物生成变化根源的哲理。而八卦是表示事物自身变化的阴阳系统,用“一”代表阳,用“--”代表阴,用这两种符号,按照大自然的阴阳变化平行组合,组成八种不同形式,叫做八卦。八卦其实是最早的文字表述符号。它在中国文化中是与“阴阳五行”一样用来推演世界空间时间各类事物关系的工具。每一卦形代表一定的事物。乾代表天,坤代表地,巽代表风,震代表雷,坎代表水,离代表火,艮代表山,兑代表泽。八卦互相搭配又变成六十四卦,用来象征各种自然现象和人事变动。《易经·系辞上》曰:“易有太极,是生两仪,两仪生四象,四象生八卦。”伏羲依河洛而画八卦,文王依八卦而演《周易》,遂使河洛八卦成为华夏文明的源头活水。

河图洛书神话中所包含的哲理,是我国上古游牧时代(伏羲时代)广大牧民在生活实践中创造的文化结晶。它是我国自然科学的萌芽,也是人文科学发展的基础和起点。

除伏羲氏外,洛汭还跟远古时代帝王祭天、决策国家重大事件有关,因而成为上古帝王祭天的圣地,是“君权神授”传统文化现象之源。史料记载,黄帝、尧、舜、大禹、商汤、周武王都曾在洛汭祭天,修坛沉璧,受命、禅位,均得到了自然界赐予的龙马负图、神龟负书的奇观圣景,达到了君权天授的目的。尽管上述记载传说性、神话性很强,但是这些帝王们利用古人对天神的信仰,来达到自己的政治目的,则是完全可信的。可见,这里是中华文明的发祥地之一,又是向外辐射的文化核心地区。至今这里尚有神都山、伏羲台、羲皇池、羲圣祠、图门、龙峰、图录文、洛壁书、河渎庙等遗址。

河图洛书是以天地之数的奇妙组合来涵盖天人合一思想的宇宙图式。图中数字的结构和方位,是按照阴阳五行相生相克的原理配置的。河图洛书的基本内容是代表“天命”“神意”,应帝王圣君出世而出现。《三国志·魏志·文帝纪》:“君其祗其大礼,飨兹万国,以来承天命。”裴松之注引《献帝传》:“河图洛书,天命瑞应。”后世人将其内容总结为:一是天文占验,二是地理情况,三是受命帝王的祥瑞、符命之类的神话。河图洛书的文化性质是古代神话传说与古代历史传说的结合体,在神话外衣里,包含古代各方面的文化知识。后经过东汉《七纬》对其内容加以充实,使其内容更加丰富,涉及古代哲学、史学、文学、地理、天文、历法、气象、几何、数字、预测、礼制、宗教、歌谣、民俗等,是极有价值的文献资料。这是河图洛书长期存在、流传的根本原因。

河图洛书之说,文字部分距今已有2000余年,图样部分距今已经1000多年,是嵩山文化中的重要组成部分,有着重要的文化价值。2000多年来,它不仅对我国古代多种学科起到了极为重要的奠基作用,而且对现代的哲学、预测学、数学、物理、化学、生物学等也有很大影响。因此,以“河图”“洛书”和太极、八卦起步的《易经》,历来被尊为中华文明之始、中国文化的百科全书,甚至被人誉为“中国先民心灵的最高成就。”河图洛书所反映的天人合一思想是东方哲学的精髓,因而对我国古代的政治、经济、军事、科技、文化等,都产生了深刻的影响。尤其是在当今,河图、洛书、太极、八卦,在海内外已成为中华文化独特的文化标志。

六、神话传说故事

神话、传说、故事是一个民族古老的记忆。远古时代,在进入有文字记载的历史之前,实质上是一个“传说的时代”。虽然文字还没有产生,但有关史实靠口耳相授而流传下来。

嵩山地域是中华先祖最早的集聚地,我国古代黄帝、帝喾、唐尧、虞舜、夏禹等神话,多传于此。从原始社会到奴隶社会,这里产生了大量的神话。盘古、女娲的《盘古开天地》《盘古初分》《女娲补天》《滚磨成亲》,有巢氏的《落地而居》,燧人氏的《钻木取火》,伏羲氏的《伏羲八卦》《神农播五谷》,黄帝的《指南车》,嫘祖的《养蚕造丝》,仓颉的《仓颉造字》以及夏朝时的《大禹治水》《启母石》等神话在这里广泛传播。

古老的嵩山地域是产生神话的沃土,许多有关盘古、女娲、伏羲、夸父、黄帝、尧、舜、许由、大禹、商汤、周公、老子等的远古神话和丰富多彩的民间传说、民间故事、寓言、笑话是嵩山文化的精华。它们不但具有源头文化的价值,而且曲折、生动地展现了中华民族的先民们为生存而进行斗争的古代文化风貌,这些具有原始文化特色的民间口头创作,无不闪耀着中华民族文明智慧的光辉。从夏、商、周起,历经秦汉、三国、魏晋六朝、隋唐五代、宋、金、元、明、清各代,在嵩山地域中发生的重要事件、出现的伟大人物、学术思想、文献典籍、文学作品、碑碣石刻以及风景名胜等,在当地的民间都流传有与之相应的神话、传说、故事。它们伴随着历史的脚步,一直保留至今,成为嵩山文化的重要组成部分。

嵩山地域流传的远古神话,反映了这一地区漫长的远古中原人类居住、活动的社会生活的实际,表现了中华民族不断与自然、灾难、环境作抗争的英雄气概,歌颂了“劳动创造生活,人民创造世界”的光辉历史,展示了我们的祖先不惧恶魔,不怕困难,战天斗地的大无畏精神,从而探寻了人的生命和命运这一永恒的主题,表达了先民的心理愿望和生活渴求,折射出中华民族的信仰与追求。

七、主要学术成就与宗教信仰

在中国文化史上,儒学长期以来居于正统地位。嵩山地域在儒学发展过程中,有着非常重要的意义。嵩山地域既是儒学的发源地,又是其传播、发展、演变的重要地区。追根溯源,周公是儒家文化的先驱,孔子在继承殷、周文化的基础上而创立了儒家理论学说。

依据传统说法,儒家学派的创立者是春秋战国末期的重要思想家和教育家孔子。然而,在孔子以前已经出现了诸多儒学思想的要素。礼乐是儒家思想的核心内容,而追寻礼乐产生就成为追寻儒学发展脉络的一个关键。在华夏文明的起源与形成过程中,存在着两条主线。一是以神祇信仰为内核的非礼乐系统文化由盛而衰,二是以祖先崇拜为内核的礼乐系统文化从无到有、由弱到强,二者形成鲜明对比。而夏商两代的礼乐文化的勃兴与扩展,成为礼乐文化的集大成者,使礼乐文化成为华夏文化的主流。这在儒学乃至整个华夏文明的发展过程中,均具有里程碑式的作用。

在礼乐制度发展过程中,周朝是最早对“礼”和“乐”作出规定的时代。周公制礼作乐,奠定了儒家学说的基础,对巩固周王朝发挥了重大作用。成王、康王之时,天下安宁,40 年不用刑罚,史称“成康之治”。正是因为周公封于鲁、周公后人治理于鲁,故鲁国成为保存西周典籍及文物制度最多、最丰富的国家,成为周公思想、儒家思想的根基深厚之国,所谓“周礼尽在鲁也”。后鲁国诞生孔子,孔子向往周,故又有了“孔子入周问礼乐”之事。就是说,孔子不但长期受周文化熏陶,还不远千里到周王室学习。孔子向老子请教诸如“先王之制”“礼乐之源”“道德之归”等许多事情。在此基础上,孔子倾毕生精力,丰富、发展、弘扬周公开创的礼乐学说,整理编订《诗》《书》《礼》《易》《乐》《春秋》等古代典籍,兴办教育,诲人不倦,成为一位伟大的思想家和教育家。鉴于周公在儒家学说中的创始作用,历代儒家尊周公为“元圣”。因此说,嵩山地域实为儒学渊源之乡。

经学本系阐释儒家经典之学,在汉、魏、晋以后的相当长的一个时期内,一直是中国文化的正统,对我国传统文化的哲学、史学、文学、艺术等产生过重大的影响。东汉时,今文经学派和古文经学派在洛阳展开了空前热烈的大讨论。当时古文经学大师辈出,最有名的如桓谭、班固、王充、贾逵、张衡、许慎、马融、服虔、郑玄等。许慎的《说文解字》是文字学、古文经训诂的一大总结;郑玄则是古文经学的集大成者,“郑学”成为魏晋以后经学的主流;而东汉洛阳太学则是当时讲授儒经、抒发己见、著书立说、相互诘难最重要的学术场所,立于洛阳太学的《熹平石经》,更是经学的范本。

魏晋时期,以国都洛阳为中心,玄学大为流行。这种哲学思潮用唯心主义解释天道自然,以老庄思想糅合儒学经义,以虚无玄远的“清淡”相标榜,引领当时的社会风尚。早期的代表人物是何晏和王弼。何晏撰有《论语解释》《道德论》等;王弼撰有《周易注》《老子注》《老子指略》等。他们认为“无”是宇宙万物的本体,“凡有皆始于无”,名教出于自然。接下来的代表人物有嵇康、阮籍,他们反对司马氏为夺权而标榜的名教,“非汤武而薄周孔”,主张“越名教而自然”。再后来,经西晋重臣曾任中书令、尚书令等诸多要职的王衍的大力提倡,玄学更为盛行,其势力甚至已超过原来的经学,从而取得了思想上的支配地位。西晋玄学的另一派代表人物是向秀、郭象。向秀认为万物自生自化,主张合儒道为一,撰有《庄子注》等;洛阳人郭象,将向秀的《庄子注》述而广之,阐发老庄思想。

理学是佛学和道家学说渗透到儒家学说后而形成的一种新儒家学派。它不但是两宋 300 多年的支配思想,而且对宋以后的中国社会、中国文化都产生过重大影响。宋代理学的创立者邵雍和程颢、程颐兄弟祖籍都在嵩山地域,他们长期在嵩山地域聚徒讲学,著书立说,进行理学研究、讲学传播。嵩山的伊川书院和嵩阳书院是他们传播理学的重要场所。

程颢、程颐兄弟创立了一套系统的客观唯心主义体系。程颢著有《明道文集》《明道先生语录》等;程颐著有《伊川文集》《易传》《经说》等。后人收集整理,编为《二程全书》。他们把儒学提高到了“本体论”的层面,把“理”或“天理”作为哲学的最高范畴,“理”是宇宙天地万物的本源,是人类社会的最高准则。理是第一性的,它产生出天地万物,又存在于天地万物之中,“一草一木皆有理”,“理”是永恒的。他们又把理作为封建伦理道德的最高准则,认为“为君尽君道,为臣尽臣道,过此则无理”,“父子君臣,天下之定理”;还把“三纲”“五常”纳入“理”的范畴,进行“饿死事小,失节事大”的说教。

理学中有价值的内容，是它包含有朴素辩证法的因素，认为事物的矛盾具有普遍性，对立面相互作用是事物发展变化的原因，“万物莫不有对”“天地间无一物无阴阳”，还提出了“动静相因”“物极必反”的辩证观点。同时理学重视气节，把气节置于生命之上，有它积极的一面。宋代理学对中国影响很大，对塑造中国文化，对塑造中国民族性格起了重要作用。

老子是公认的道家学说和道教的鼻祖。姓李，名耳，字伯阳，亦称老聃，曾作过京都洛阳周王室守藏室之吏。他生活的时代，社会动荡。他纵观社会的治乱祸福、历史兴衰成败，并融合多种思想观点，创立自己的学说。他认为：“道”是世界万物的根本。“道生一，一生二，二生三，三生万物”，而“道”则是“先天地生”“惚兮恍兮”“寂兮寥兮”“不可名状”“视之不见、听之不闻、搏之不得”的精神实体。“道”创生万物，在万物创生后，还要守着“道”的精神，依“道”而行。“万物道既是万物之母，又是万物之宗，道是天地万物的根源，又是天地万物的依据。”《道德经》五千言，又名《老子》，被称作道家学说或道家学派的最高经典。道家构筑了中国历史上第一个严格意义上的形而上学体系，是中国哲学、科技、政治、宗教、文学艺术及风俗习惯得以创生及发展的活水源头。不仅对中国文化产生了重大而深刻的影响，而且对世界文明的发展也具有积极影响。

道教在嵩山的形成与发展，主要与古代人们对山神的崇拜有关。道教是在汉代及以后特定的历史条件下，在中国原始宗教信仰的基础上，以“道”为最高信仰，综合古老的巫史文化、鬼神信仰、民俗传统、各类方技术数，以道家黄老之学为旗帜和理论支柱，囊括儒、道、墨、医、阴阳、神仙诸家学说中的修炼思想、功夫境界、信仰成分和伦理观念，构成度世救人、长生成仙，进而追求体道合真的总目标下的神学化、方术化的宗教体系。

史料记载：道学创始人张道陵先是在嵩山古洞里修炼九年，后在四川鹤鸣山继续修炼，创立了天师道（即五斗米道）。张道陵创立的天师道，常被农民用作组织和发动起义的号召，统治阶级对它怀有戒心，也深为当时士大夫所不满。北魏时寇谦之居嵩山修道，声名渐著。神瑞二年（415 年），他宣称太上老君亲临嵩山授予他“天师之位”，赐《云中音诵新科之戒》20 卷，传授导引服气口诀诸法，并令他整顿道教，除去伪法，专以礼度为首，而加之以服食闭炼。寇谦之亦依之对道教进行整顿；泰常八年（423 年），他又称老子玄孙李谱文降临嵩山，亲授《录图真经》60 余卷，赐以劾召鬼神与金丹等秘法，并嘱其辅佐北方太平真君（北魏太武帝）。始光中（424～428 年），寇谦之亲赴魏都平城（今山西大同），献道书于太武帝拓跋焘，倡议改革天师道、五斗米道，制订乐章，建立诵戒新法。帝赐于平城东南建立新天师道场，重坛五层，遵其新经之制，后人称为“新天师道”；太延年间（435～444 年），太武帝听从寇谦之的进言，改年号为“太平真君”，并亲至道坛受箓，成为道士皇帝，封寇谦之为国师。至此，天师道大盛。终北魏之世，崇信不衰。后周承魏，崇奉道法，每帝受箓，如魏之旧。由此，寇谦之的改革使民间道教走向官方道教。中岳庙内被称为道教立碑之始的《中岳嵩高灵庙碑》记述的就是寇谦之改革道教的事迹。而后金代王重阳的全真教在嵩山地域兴起后，王重阳所传七弟子，其四在嵩山地域为开教祖庭：丘长春在嵩阳崇福宫传全真龙门派；谭长真在宜阳韩城传全真南无派；孙不二在洛阳三井洞传全真静修派；刘处玄在洛阳云溪观传全真随山派。《云笈七签》载：“北邙为天下七十二福地之第七十，中岳嵩山为道教三十六小洞天之第六小洞天。”嵩山中岳庙是我国最大的道教建筑群，嵩山崇福宫是我国北宋时期最大的道宫，邙山上的上清宫是我国的四大道观之一。修真胜地，分列南北，堪称钟灵毓秀。今天，我们仍然可以看到当年的胜迹。

在我国历史上，发生于东汉时期的古代印度佛教的传入，是一次大规模的外来文化输入。佛教的教义，包括苦集灭道“四圣谛”、灵魂不灭、生死轮回、因果报应、慈悲为本等。佛教初传于东汉的国都洛阳，最先在当时的政治、经济、文化中心区——嵩山地域生根、开花，经过魏晋南北朝数百年的吸收消化，逐步与中国传统文化融合为一体后开始枝繁叶茂，至隋唐之际，佛教便蓬蓬勃勃地发展起来。在佛教初传时期，一些著名的外来译经大师聚集在嵩山地域，译出了大量的佛教经典，形成了以嵩山地域为中心的大规模的译经和传经活动。正是这些大量的汉译佛经，为佛教推向全国提供了基础。

在中国佛教史上，嵩山地域有许多寺院闻名遐迩。白马寺是中国早期佛经翻译、佛教传播和进行各种佛事活动的中心，法王寺是东汉时期全国广建寺院的首唱，永宁寺是一座接待安置外国僧人译经的重要场所，嵩阳寺是北魏孝文帝的离宫，永泰寺是全国第一所皇家尼僧寺院，会善寺在唐代则以佛教戒坛而著称于世。著名的禅宗祖庭少林寺早期则是以译经而闻名于佛教丛林，后则以禅宗与武术结合而名扬天下。从嵩山地域历史遗存的白马寺、法王寺、慈云寺、少林寺、刘碑寺、石窟寺、风穴寺、卢崖寺、清凉寺、灵岩寺、香山寺、唐僧寺等众多的名家寺院看，就知道嵩山地域曾经有过的高僧云集，寺院密布，佛教辉煌。无论是在不同文化的协调中和佛教经典的最初翻译中，还是在佛教寺院的广建中，嵩山地域为中国佛教的传播与发展，都做出了巨大的贡献。

佛教在中国传播与发展的过程中，外来佛教对中国文化的影响是多方面的，虽然也一直存在着与中国传统文化的冲突，但最终与中国传统文化融合，密不可分。尤其在一般民众心中，佛教观念已成为日常生活的价值观念。时至当代，佛教文化已成为传统文化的一部分，在中国这块土地上扎下了根。嵩山地域和嵩山文化在推动佛教民族化、中国化过程中起到了不可忽视的重要作用。

自中国原始社会解体，进入文明时代后，中国思想学术史上先后出现了儒学、经学、玄学、道学、佛学、理学等学派。嵩山文化在历史上，出现了五次大的文化演变：一是中国传统文化的官学化，二是吸收和改造佛学并使儒、道、佛融为一体，三是寇谦之在嵩山将原来民间的五斗米改革为官方的新天师道，四是宋儒理学对中国文化彻底全面地加以改造，五是金末元初的儒释融会。这些学术思想和文化演变，对形成中华民族、中国人民的思想观念和“品格”，对中国人民的社会生活、文化生活都产生了关键性的影响。古代的嵩山三教荟萃，多种学说和学派共存与发展。

八、民俗风情

以嵩山为中心的嵩山地域，是中国古代文明的发祥地。进入文明时代之后，逐步成为中国政治、经济、文化、交通的中心，因此不管是在姓氏开始形成的时期，即三皇五帝时期，还是在姓氏发展的夏商二代、在姓氏普及时期的周代，以及北魏孝文帝实行汉化政策等时期，嵩山地域均是姓氏形成、起源的一片沃土，给形成姓氏的种种方式（如：以图腾取姓，以氏族、部落取姓，以封国、邑、亭、乡名取姓，以先人名或字、先人谥号、爵位、官职、技艺取姓，赐姓，改姓等）提供了最理想的条件。伏羲氏、有河氏、有洛氏生活于此，黄帝族生活于此，帝喾居于此（偃师），夏后氏生活于此，涂山氏也生活于此。《史记·五帝本纪》载：“自黄帝至舜、禹，皆同姓而异其国号”“帝禹为夏后而别氏，姓姒氏；契为商，姓子氏；弃为周，姓姬氏”，以上姓氏均与嵩山地域有渊源关系。夏、商、周三代，嵩山地域为王畿之地，封国甚多，不少姓氏渊源于此。北魏太和二十年（496 年），孝文帝在国都洛阳下诏，将鲜卑族 117 个（或说 118 个）复姓改为汉族单姓，共改得 114 个姓。著名学者袁义达先生说：“姓氏是中国人一直使用的代表血缘关系的一种符号，代表中国几千年来父系相传的一种文化。”众多姓氏，根在嵩山地域，充分证明了嵩山地域在“中华民族形成和进化”过程中的重大作用。

由于嵩山地域奴隶制最早取代原始公社制，在以后的长时期里，又是我国境内各地区、各民族以至境外不少地区、国家、民族交往的中心，这就决定了嵩山地域的民风民俗，必然会具有表率及示范作用，从而对周边及其他地区甚至境外产生深远的影响。同时，各地的民俗时尚也流传到嵩山地域，而被有选择地、程度不同地吸纳和接受。

嵩山地域的民风民俗是在漫长的时期内逐渐形成、演变，反映在广大人民群众一年四季日常生活的方方面面，内容极为丰富多彩。如农业、手工业、餐饮业、商业等经济活动，日常生活中的衣、食、住、行，节日庆典，集会结社，人生礼仪，婚丧嫁娶，信仰崇拜，邻里乡亲，游戏娱乐，民间艺术等无处不在，无时不有，和广大民众的生活水乳交融。嵩山民俗文化既受不同时期政治、经济、文化、宗教等发展变化的影响，又具有相对的独立性，能够多侧面、多角度地反映各个时期的社会现实。嵩山民俗特有的先导性、正统性、开放性，是和嵩山地域独特的历史地位、嵩山文化独有的特征和优势相吻合的，但它同时也在更多方面体现了我们民族共同的风俗时尚。

九、名人文化

以嵩山为中心的嵩山地域，作为中国古代文明的发祥地，长时期是中国政治、经济、文化的中心，历史上有许许多多对中国历史产生过重大影响，或对中国文化做出重大贡献的政治家、军事家、哲学家、史学家、文学家、艺术家、科学发明家等长期生活或活动在这里。翻开嵩山历史名人谱，我们可以看到，从三皇五帝到大禹商汤，从周武王到汉武帝，从曹操到孝文帝，从隋炀帝到武则天，从后周柴荣到宋徽宗，从忽必烈到清乾隆……这些历史上的王者，既是一个国家的统治者，又是一个历史的创造者，他们以自己的心血与睿智，与天下人民一起，塑造了中华民族不朽的精神内涵，推动着历史的车轮滚滚向前。

在彪炳史册、享誉时代的名人行列中，和嵩山地域相关的名人有炎黄二帝、唐尧、虞舜、帝喾、大禹、夏启、后羿、杜康、商汤、伊尹、贾谊、华佗、韩非子、子产、弦高、郑国、庄子、周文王、周平王、周武王、周公、老子、孔子、吕不韦、刘邦、项羽、张良、田横、陈胜、刘秀、刘彻、桑弘羊、司马懿、鬼谷子、苏秦、孙膑、庞涓、郑国、韩擒虎、宇文凯、蔡伦、马钧、李冲、班固、张衡、马援、司马迁、陈寿、蔡邕、张道陵、曹操、曹植、曹丕、袁绍、董卓、吕布、司马师、刘禅、拓跋宏、裴秀、左思、钟繇、达摩、寇谦之、李世民、李治、武则天、柳宗元、张旭、褚遂良、李龟年、杜甫、李白、吴道子、白居易、李商隐、元稹、韩愈、刘希夷、宋之问、孟浩然、玄奘、神秀、僧一行、潘师正、赵匡胤、赵炅、赵恒、李诫、文彦博、范仲淹、欧阳修、苏洵、苏轼、苏辙、蔡京、颜真卿、赵普、王安石、司马光、吕蒙正、邵雍、程颢、程颐、朱熹、李纲、杨时、李诚、丘处机、元好问、耶律楚材、赵秉文、李纯甫、王重阳、忽必烈、完颜彝、赵孟頫、姚枢、郭守敬、董其昌、王应鹏、俞大猷、唐顺之、高拱、王铎、冯时可、程宗猷、汤斌、耿介、景冬暘等，他们有的是雄才大略的开国君臣，有的是潜心治学的文化圣人，有的是叱咤风云的英雄豪杰，有的是胸怀大义的仁人志士……这些历朝历代的名人堪称中华文明的火炬，千百年来，指引着一代又一代的中国人自强不息、百折不挠、奋勇前进。

十、碑刻文化

碑刻是一种特殊的历史文化的传播载体，以其独特的方式记录着当时社会政治、经济、文化，乃至军事、宗教、民俗等方方面面的信息，它在补史证史、记载各时代书法艺术方面，在我国传统文化史上有着重要的、不可替代的作用。嵩山的碑刻漫山遍野，这些碑刻文字所反映的社会经济和历史文化领域的内容十分广泛，是嵩山地域文化研究中的第一手原始资料，具有较高的历史、科学和艺术价值。嵩山碑刻主要分布在嵩山的太室、少室、邙岭之中，由此向四周放射，由密集到疏散，逐渐分布在嵩山系列山脉及其所在县市区的寺庙宫观、园林建筑、城镇村庄、丧葬墓地及古文化遗址上。嵩山碑刻作为嵩山文化的重要组成部分，在数量、质量、品类、内容、规模、年代诸方面占天下之先。嵩山碑刻不仅是我国石刻档案的大宗，也是我国书法演变发展的真实记录。嵩山碑刻向来以数量庞大、内容丰富、书法精湛、史料性强而著称于世，是我国重要的文化遗产和旅游资源。

嵩山地域的现存碑刻上自东汉、三国、西晋、北魏，下至唐、宋、金、元、明、清，时代绵延不断，碑刻发展变化明显，碑刻形式多种多样，书法遗迹充分。碑文内容十分丰富，涉及面很广。既有人物传记、改朝换代经过、军事战争纪实、重大历史事件纪实、自然灾害实录、建筑物兴废史记、官方诏令和牒文、典章制度、道家经箓、佛教经典、民间守则，又有民间生产组织机构及分配形式、诗赋名作等。涉及哲学、宗教、历史、地理、经济、政治、军事、文化、艺术、教育、科学、技术、民族等许多方面，它们以石刻的形式记录了古代文明。这些重要的石刻不但有其重要的政治意义，也有着珍贵的历史价值、文学价值和书法价值，能代表各个历史时期的史实和时代精神。它们不仅对纂志征事、正经补史、考字习书、研究嵩山古代社会发展史和中国书法演变发展史有着重要的实证作用，还给社会发展提供极为详实的历史依据。

嵩山地域中有众多的石窟及摩崖、造像、石碑、刻石、碑刻、石阙、石经、墓志、画像石等，还有满布纹饰的陛石、碑额、石柱、额枋等，这些珍贵碑刻文物，反映了 2000 多年来历代石刻艺术创作的伟大成就。据不完全统计，嵩山历史文化核心区的碑刻现有 2600 余通，有龙门石窟、巩义石窟及分散于嵩山各市县的造像题记 3500 余品，还有出土的古代墓志 5000 余方。石刻文献，林林总总，堪称是一部绵延 2000 余年的中华石刻通史。

十一、史料典籍与科学艺术

历数中国五千年文明史，文化艺术瑰宝如繁星盈天，举世瞩目。寻根溯源，博大精深的中国文化——哲学、历史、伦理、政治、医学、农桑、文学、美术、书法、音乐、舞蹈等，大都发端于嵩山地域。

嵩山地域诞生了中国最古老的文化经典，孕育了中国最原始、最具生命力的艺术萌芽。素有美术起源之称的仰韶文化中的陶绘代表作《鹳鱼石斧图》，就是出土于嵩山汝州。在洪荒时代，人类就已经知道利用声音的高低、强弱等来表达自己的意思和感情。随着人类劳动的发展，逐渐产生了统一劳动的节奏号子和相互间传递信息的呼喊，这便是最原始的音乐雏形。音乐与诗歌、舞蹈同源。产生于黄帝时期的二言诗《弹歌》，是我国最早的诗歌。我国最古老、最具代表性的舞蹈，用于国家大典和宫廷祭祀活动的《六代乐舞》（包括黄帝时期的《云门大卷》、唐尧时期的《大咸》（也称《大章》）、虞舜时期的《韶》、夏禹时期的《大夏》、商汤时期的《大濩》以及周武王时期的《大武》），是远古时期华夏族乐舞，也是周公制礼作乐时所继承和依据的经典之乐。《易经》与哲学，《尚书》与史学，《诗经》与文学，《道德经》与伦理学，《山海经》与地理、民俗学，《周礼》与政治学，蔡邕的《笔论》与书学等，这些占据着源头地位的经典之作，其根大都在嵩山历史文化核心区内。

同样，嵩山地域也是中国典章文化的策源地。历史上，许多著名的史学典籍都是出自于嵩山地域，而后流播于全国。西周时，周公姬旦营建洛邑后，在主持东都政务时，制定《礼乐》，成为西周奴隶制国家的统治纲领；东周时，孔子入周问礼于老聃(老子)，访乐于苌弘；道祖老子在这里写出了千古名篇《道德经》，成为道家哲学思想的重要来源；西汉司马迁在洛阳受命写《史记》；大学者蔡邕鉴于"经典去古久远，文字多谬，俗儒穿凿频误后学"的情况，于熹平四年(175年)奏定《七经》文字，刻《熹平石经》立于东汉太学，作为法度森严的官定标准范本。东汉班固撰《汉书》，许慎撰《说文解字》，三国陈寿撰《三国志》，北宋司马光撰《资治通鉴》，欧阳修撰《新五代史》与《新唐书》等，这些历史上的皇皇巨著，都与嵩山地域有着不解之缘。

嵩山地域的古代科学技术成果作为嵩山文化的一个重要组成部分，同样有着惊人的辉煌历史，并处于当时那个时代的最前列。从早期的仰韶文化历经龙山文化到二里头文化，反映了从黄帝的农耕、陶绘，尧、舜的农业开发，到夏王朝文化巨大成就的取得，无一不是在以嵩山为中心的广大中原地区发展起来的。从上古时期起，聪明智慧的嵩山人就有了许多发明创造。如旧石器时代的石器，新石器时代的陶器、骨器、青铜器，夏代杜康(少康)酿造的美酒等，都是人类历史上最早的智慧结晶。

嵩山以其沟通天地的神奇和奥妙，使其一批又一批纵横八方、威名远播的名人志士和英雄豪杰，在嵩山开始了科学与艺术的创造，百舸争流，绵延不绝。春秋时期的老子在嵩山写出了千古名篇《道德经》，标志诸子散文的出现；战国时期水利专家郑国奉命在秦国设计修筑了我国第一条长300多里的大运河——"郑国渠"；西周初期，周公姬旦通过古阳城测景(影)台的测影，确定了嵩山地域为"天地之中"；西汉小说家虞初在这里根据《周书》写成了小说集《周说》，被推为中国古代小说家鼻祖；东汉太史令张衡因探索天文奥秘而创制天文测具浑天仪、候风地动仪，撰写天文著作《灵宪》，绘制我国第一张完备的星图《灵宪图》等，被称为"地动仪的鼻祖"；东汉蔡伦在这里发明了造纸术，创制成"蔡侯纸"，成为世界发明的先驱；东汉水利家王景主持治理的黄河，后世评价："王景治河，千年无患"；蔡邕在嵩山古洞里学书三年，写出了流传千古的论著《笔论》《九势》与《篆书势》《隶书势》，为后世书法发展奠定了基石；文学家曹植在这里撰写的《洛神赋》，成为我国文学史上不朽的名篇；魏晋时期的机械制造家马均在这里发明、改进、制作的指南车、织绫机、龙骨水车、水转百戏、翻车、转轮式发石机等，创下了我国科技制造业的奇迹；魏晋数学家刘徽注《九章算术》，太医令王叔和著《脉经》，西晋司空裴秀创制《制图六体》，当时在国家引起了巨大轰动；著名的"建安七子""竹林七贤""金谷二十四友"等文学名流在这里谱写了最华彩的篇章；左思一篇《三都赋》，曾一度导致"洛阳纸贵"；散文家杨衒之以京城洛阳佛寺的兴废而撰写的《洛阳伽蓝记》，用优美的文笔描绘出一幅京都洛阳的巨幅图画，成为后世研究北朝城市经济地理的珍贵资料；唐代天文学家和佛学家僧一行在这里观天测雨，计算子午线，编制《大衍历》，成为天文学史上的一大创举；"诗仙"李白在这里寻仙访道，赏景咏诗，为嵩山留下了千古不朽的诗篇；杜甫从这里走出，沾着嵩山泥土的芬芳，带着乡亲的眷顾和牵挂，最终成为"诗圣"；诗人白居易以所作大量感叹时世、反映人民疾苦的诗篇，成为唐朝现实主义诗歌的巅峰人物；画圣吴道子用嵩山自然的水墨和色彩，使其"吴带当风"成为画作艺术的永恒；出自于嵩山地域的"唐三彩""汝瓷""钧瓷"是唐宋时期朝廷专用的贡品，他们的光彩和美丽至今还是中国陶瓷业的骄傲；北宋王安石、欧阳修、司马光、苏洵、苏轼、苏辙、范仲淹、梅尧臣等一批思想和文学大家相继在这里著书作诗，他们的诗文与嵩岳同高、与日月同辉；北宋建筑大师李诫所写的建筑巨著《营造法式》，成为当时建筑科学技术的一部百科全书；金元时期被称为"北方文雄"的元好问，正逢国家危难、山河破碎之时，和其文友们一起在嵩山腹地创作了大量的忧患诗，用诗记录了当时国破家亡的现实，成为嵩山文化特有的一道风景；天文学家郭守敬在这里建造观星台，主持编订的《授时历》，比西方发明的、当今世界上通用的公历《格里高利历》要早300多年；旅行家、地理学家徐霞客在这里旅行考察，所写的嵩山游记，给嵩山留下了永久的纪念……他们每个人都在中华民族的历史上留下了浓墨重彩的一笔。嵩山地域的古代科技成就与艺术成果，不但对于中华民族几千年来屹立于世界民族之林做出了巨大贡献，而且对东方各国乃至西方世界都产生了重要影响。这些千古不朽的壮举，这些人类智慧的结晶，在华夏民族漫长的历史长河中，世代传唱，历久弥新。

十二、少林武术

少林武术是指在嵩山少林寺这一特定佛教文化环境中形成的以佛教信仰为基础、以佛教禅宗智慧为文化内涵、以少林武术完整的技术和理论体系、以少林寺武术技艺和套路为主要表现形式，是中国武术界各大派系中历史最悠久、种类最繁多、体系最庞大的门派。

佛教作为异国宗教，自汉时传入中国，它与中国传统文化产生了互动互融的影响，并最终形成了中国化的佛学宗派——禅宗。禅宗简单易行的修行方法，使传统佛教摆脱了繁琐高深的理论和严酷的修行戒律，迅速融于中国社会，这为僧人习武现象的出现营造了理论依据，从而为少林武术的诞生奠定了基础。佛教以普度众生、大慈大悲为主旨。禅宗以宽容开放的精神接纳了武术，并集寺院武术、民间武术、军事武术于一体，在汇集百家武术的基础上创造了少林武术。

少林武术源于北魏，然而嵩山作为华夏文明的发源地，早已是中国政治、经济、文化的中心。从黄帝起，到大禹在此建立第一个华夏王朝，在漫长的人类历史中，人与天斗，人与兽斗，人与自然环境斗，嵩山人民的生活与原始武术的萌生相辅相成。早在少林寺建寺之前，少林寺北侧的轩辕关自周至秦汉都是军事重镇。在冷兵器时代，武术与军事的关系十分密切，少林寺地区频繁发生战争，两军对垒力者胜，这对居住在这里的人们习武风俗的形成和少林武术的孕育产生起到了巨大的影响与促进作用。少林武术的产生由跋陀落迹嵩山、达摩面壁少林、寺僧的生存生活及禅宗的世俗化缘起，到习武维护寺产经济的需要，体现了少林武术健身与护教的价值；从唐初少林僧人助唐平定王世充，到明代少林僧人御敌抗倭，体现了少林武术在军事实践中的价值。少林武术不但使少林武僧超越与世隔绝的修行生活，英勇报国，更使少林武术同搏斗格杀的武术融为一体，在众多的武术流派中独树一帜，成为中国武术的杰出代表。可以说，少林武术的发展过程是传统的中国文化与异国宗教文化的融合与张扬的过程。

翻阅少林武术发展史，少林僧人正义、爱国的精神，始终贯穿于少林武术发展提高的过程中。少林武术得以名扬天下，除了武技高超之外，还因为少林武僧在民族危难的时刻能挺身而出，为民族、为人民而赴沙场、洒热血。少林寺僧人从唐初帮助李世民战王世充至明代镇守边关、平叛抗倭、抵御外敌，保家卫国，使少林武林一直受到社会的广泛尊重和重视。清廷禁武，使少林武术从历代政治的重心中游离出来，但在复杂的社会民族矛盾中，依托民间强烈的爱国热情，少林武术产生了新的发展动力，促进了少林武术更快地传播发展。

回顾少林武术发展史，少林武僧在历次大的争战中，都充分体现了佛教禅宗教义中慈悲为怀、普渡众生、扶正祛邪、弃恶扬善等思想。这与中国传统文化中儒家思想的核心“仁”是一致或相通的。“仁”与“禅”相融合，形成了少林武术“武德”的主要精神。

武以禅魂，禅以武传，禅武相融，相得益彰。这就是少林武术的特点“禅武合一”。

所谓“拳者小拳，禅者大拳”，一代代禅宗祖师将禅宗智慧赋予少林功夫，使之从优化人体运动技能和攻防格斗的武艺，到两军对垒时排兵布阵的武学，在持戒修行的武德约束下，提升为放下我执的武道，最终追求的至高境界是无我、空性的“禅武合一”。所以，少林功夫的最终主体是禅者，禅心运武，透彻人生，内心无碍无畏，表现出大智大勇的气概。禅武合一不仅将少林功夫提高到民间武术难以企及的精神品格的高度，更重要的是，它为相当大的一类人群提供了一条有着完整方法的内在超越之路。“天下功夫出少林”作为民间流传的说法，透露出传统社会对“禅武合一”理念与方法的广泛认可。少林武术以禅入武、以武扬禅、禅武不二的文化内涵，已得到世界武术界的赞同，当今，少林武术作为中国传统文化的杰出代表和人类文明的生动展示，已经成为中华民族的精神财富和全人类共同享有的文化遗产。

结束语

嵩山，有许多思想信仰从这里发端，有许多文化种类从这里起源，有许多帝王将相、英雄豪杰在嵩山活动，有许多名人志士为嵩山提笔赋诗，呕歌吟唱……正因为有了那么多，人们才称它为文化之源、华夏之根！

一万年岁月的烟雨风尘在嵩山文化的山野上留下了深刻的痕迹，这些痕迹的文化内涵则为中华民族精神的源泉。从《盘古开天辟地》《伏羲降龙》《二郎神担山赶太阳》《后羿射日》《明火的发明》，到《黄帝治国》《大禹治水》《子产执法》等远古神话与传说中，就隐藏着一个民族精神起源的密码，体现出了一种“战天斗地”“自强不息”与“厚德载物”的精神。在漫长的历史长河中，嵩山的文化精神是伴随着环境的变化而变化，特别是随着文化的发展而发展，嵩山文化精神是在“邈彼嵩华，维岳之峻。岩岩高大，配天作镇”的嵩山文化背景下，通过众多标志性人物的具体行为体现出来的：大禹治水三过家门而不入的奋争精神，许由拒绝荣禄、谦让隐退的高风亮节，伯夷叔齐互让王位、信崇仁义、忠孝节烈的圣贤道德，田横和500壮士“富贵不能淫，威武不能屈”的崇高情操，达摩在山洞面壁九年的坚强意志，玄奘西天取经历经磨难、百折不挠的高贵品质，杜甫“三别”“三吏”中的忧国忧民的忧患意识，李白“黄河之水天上来，奔流到海不复回”的豪迈气慨，南宋英雄岳飞抗金凛然无畏的民族气节，女真族英雄完颜彝为在抗击蒙古军入侵的战争中，勇敢杀敌，慷慨赴死不低头的钢铁意志，以及嵩山文化所体现的系列精神和品质，诸如仁爱豁达，笃行纲纪；自力更生，自强不息；天下兴亡，匹夫有责；抗击强暴，英勇不屈；同甘共苦，团结互助；勤俭节约，艰苦奋斗；尊祖睦亲，爱国爱乡；不怕吃苦，勇于开拓；辉煌大气，厚重深沉；崇尚自然，天人合一等等，都是我们中华民族面向未来、面向世界厚重而宝贵的精神动力。

我们通过对嵩山历史文化和自然风光等方方面面的考查和研究，主要从自然山水、文化遗存、神话传说、名人史迹、宗教发展、民俗风情、碑文石刻、少林武术及古代散文和诗词等十个方面突出地相互印证而又有所侧重地表现中国传统文化渊源的嵩山文化，编撰《嵩山通志》《嵩山神话传说故事》《嵩山三教志》《嵩山名人传》《嵩山古诗》《嵩山艺文志》《嵩山碑刻》《嵩山民俗》《嵩山少林武术发展史》《嵩山古遗存》，结集为一套“嵩山文化大系”丛书。

历史上有关嵩山文化的资料浩如烟海，一套书的内容和篇幅毕竟有限；嵩山有太多的自然风景、神话传说、宗教学术、英雄伟人、民俗风情、碑碣石刻、少林武术、典籍诗文、文化遗存等，更难以把博大精深的嵩山文化全部都选入书中,有很多东西我们只能忍痛割爱。在撰写“嵩山文化大系”过程中,我们尽可能从多方面吸纳历史、文物、考古学界多年来的史学研究和考古发掘的最新成果,参阅和征引了不少古人和今人的著作。对资料显示的不同之处,我们反复地查找了多种不同的资料,并进行反复的对照和论证后,都在这本书中进行了编校。行文中一般不做过多考证,寓观点精神于叙述之中。力争做到雅俗共赏,科学性、知识性、可读性兼备。尽管我们作了很大的努力,但对于全套书仍难免存在疏漏之处,敬请有关专家学者、同仁朋友以及广大读者不吝赐正。

文化的自觉与繁荣不仅是中华民族复兴的重要标志,更是民族安顿心灵、寻求意义的精神归属。因此,我们有必要重新审视嵩山文化的意义和价值,不遗余力地捍卫中华民族自己的文化根脉和特性,努力使大家对嵩山文化有全面的认识并充满敬意。

写于 2012 年 8 月

修改于 2017 年 12 月

目　　录

前　言

亿万年的嵩山地域以其得天独厚的地理和环境优势孕育了中华先民，勤劳智慧的中华先民在这方神奇美丽的沃土上创造了气壮山河的不朽业绩，积淀了丰富多采的文化遗存，蕴藏了深沉厚重的历史记忆，彰显着光耀千秋的文化之魂，映射着芳华万代的文明之光。走进嵩山地域，犹如走进散落在辽阔原野上的内涵深邃的博物馆，让你静静地领略每一件文明瑰宝的夺目光芒。走进嵩山，犹如走进穿越了万年时空的内容浩繁的历史长卷，让你细细品味每一幅艺术杰作的绚丽光华。

嵩山，古称嵩高、崇山、崇高、外方、太室、天室，居五岳之中，自古即为华夏民族所奉祀的名山。《史记·封禅书》称："昔三代之君，皆在河洛之间，故嵩高为中岳。"传说作为古华夏族之一的炎帝族（神农氏、姜姓），在远古从西北进入黄河中游，曾长期居住在嵩山附近的伊水、洛水流域。其中有一支奉伯益为始祖的部落，号称四岳，以崇拜山岳为特征。后来西周时的齐、吕、巾、许四个姜姓国，据说即四岳的后裔。《诗经·大雅·崧高》有云："崧高维岳，峻极于天。"从中可知嵩山在古人心中的神圣与崇高，故《左传》昭公四年云："阳城、太室、荆山、终南，九州之险也。"而诗中"维岳降神，生甫及申。维申及甫，维周之翰"，按"申""甫"即申氏、吕氏。诗中说他们都是嵩岳神的子孙，是辅佐西周王室的大臣。又据《史记·周本纪》及《逸周书·作之篇》载：周武王初灭商后，曾计划在伊水、洛水一带靠近"天室"的地方建造城邑，以定保天命。所谓"天室"，即天帝的居所，古人认为能够沟通人与天的神山。

有周一代，以天室嵩山为中心的周围是当时全国的中心地区，从"西土"而来的周武王根据民心所向，尊重现实，于是会同各方诸侯登"天室"，祭天帝，行"巡守"，告"封禅"，在"惟依天室"之地建新都为洛邑，宣告周王朝取代商王朝的合法性，必然性，借以推动周革殷命迅速取得成功，为建立统一的西周王朝奠定坚实的政治和理论基础。西周灭亡后，东周又建洛邑为都城。这时期的天室嵩山不但是全国的政治、经济和文化中心，而且是古人心目中的神山和祖山。

自古以来，被人们认定为"嵩山文化核心区的嵩山地域"，素有"天地之中"和"中国之中"之称。占得天独厚之利，据四方交通经营之便，是新旧石器文化交会的重要地区。南来北往，东播西传，都要经过中原沃野。嵩山地域古时为亚热带气候，有遮风避雨的洞穴，有茂密的树木，有发达的河流，有温暖的气候，其环境非常适合于人类的繁衍生息。嵩山地域有着从早更新世到晚更新世发育良好的黄土堆积和河湖相堆积，这里是远古人类赖以生存的自然背景。地理位置的适中和自然环境的优越、居住环境的安稳和农业生产的发展，为嵩山原始文化的发展提供了一个自然的基础。据考古证明，在100万年前就有旧石器时代早期的汝州张湾猿人。嵩山地域的古文化遗址星罗棋布，是我国分布最为密集的地区。从嵩山地域发现的旧、新石器遗址和从遗址中出土的大量动物化石、火迹灰坑及石器、骨器、陶器等古遗存,就可知嵩山地域的旧、新石器时代的文化序列清楚:经历了距今100万~1万年之间的旧石器时代;经历了距今1万年~3600年之间的新石器时代中的距今9000~7000年的裴李岗文化、距今7000~5000年的仰韶文化、距今5000~4000年左右的龙山文化、距今4000~3600年二里头文化的发展序列,时间大约有5000年之久。大量的古遗址的发掘,说明嵩山地域是华夏先民最早的生存聚集地,在华夏民族起源与发展过程中,曾起到过重要的作用。

从嵩山地域发掘的旧、新石器遗址出土的大量动物化石、火迹灰坑和石器、骨器、陶器等文物可知,嵩山地域经历了距今100万年至1万年之间的旧石器时代和距今9000年至3700年之间的新石器时代中的裴李岗文化、仰韶文化、龙山文化、二里头文化等历史发展时期。嵩山地域发现的旧、新石器遗址非常密集,这些原始人类在地层中遗留下来的所有遗存,都是我们认识远古的钥匙。其中,从洛阳北窑旧石器遗址中出土有动物化石和人类用火痕迹,还有近800件石制品连续分布在黄土地层内,在国内外十分罕见,这就把旧石器考古与黄土研究紧密联系起来,对研究全球气候变化和探索黄土时期的人类生活环境有着重大的意义。荥阳织机洞遗址展示了旧石器时代与新石器时代的过渡和交替,对于追溯嵩山文化的渊源和研究嵩山古代环境面貌及其与人类的关系十分重要。当人类进入新石器时代后,嵩山作为中国史前文化最发达的地区之一,孕育了著名的裴李岗文化、仰韶文化、龙山文化、二里头文化、二里岗文化等,其遗址数量之多,分布之密,保护等级之高为全国之冠,它们反映了嵩山地域原始社会时期的繁荣景象。嵩山地域最早的原始文化,鲜明地突出了它的稳定性、传统性和先进性特点,这些众多的具有代表性的旧、新石器时代遗址使嵩山地域成为名副其实的中华民族重要的发祥地。

远古时期,许多古国都建都于嵩山地域。这里古称天地之中,中者为土,诚如《太平御览》所载:"王者受命创始,立都建国必居中土,所以控天下之和,据阴阳之正,均统四方,以制万国者也。"由于山川阻隔,交通极为不便,周王朝为了有效地控制广大被征服的地区和部族,分封姬姓贵族、功臣和联盟的异姓部落首领为诸侯,到各被征服地区去建立政权。西周以来实行分封制,在嵩山地域形成了封国密集、都城林立的局面。如夏、商、周王朝在嵩山地域建都的有羲、昆吾、西莘、陆浑、扬、费、辗、邬、费滑、刘、斟鄩、巩、东周、鬲、补、郐、密、郑氏、梅、华、有熊、郑、韩、嵩、纶氏、程、颍、蛮氏等几十个封国。在长期的历史发展中,各诸侯国创造的光辉灿烂的物质文明成果,是嵩山文化发展的基础。分封制凝聚了各国古老的人群,建立了统一的政治后,文化的统一和精神的统一才上升为历史的主导趋势。因此,春秋时代的文化是以诸子百家为代表的,以各个重要的诸侯封国为中心,逐渐形成了各具浓郁地方色彩的封国文化。这些封国文化像小溪汇入江河一样,使嵩山文化源远流长,博大精深。近年来,随着考古工作的开展,许多古国的城址、墓葬和带铭器物的发现,使我们看到了古国的史实。将文献记载与考古资料相结合,使我们对于嵩山地域中的一些古国的兴亡、迁徙、历史状况和文化特征,有了概括性的了解。

有国家,就有都城。城,除了人口密集、工商业发达,是周围地区政治、经济、文化的中心等特点以外,在历史上作为一种大规模的永久性防御设施,这一历史久远的社会形态在人类文化发展中起着里程碑的作用。嵩山地域中的古国虽然大都狭小,但却均有一个城邑作为国家的都城。《太平御览》载:"王者受命创始,立都建国必居中土,所以控天下之和,据阴阳之正,均统四方,以制万国者也。"在古代历史上,嵩山地域中的新郑、登封、阳翟(今禹州)、巩义、偃师市(县)及郑州、洛阳市都曾为国家的都城,也是当时的政治、经济、文化中心。嵩山历史文化核心区内保存的新石器时代和历代王朝的古城址很多，它们清晰地勾画出中国古代城市发展的轮廓。大量的历史文献记载和文物佐证，嵩山地域的新郑是中华人文始祖轩辕黄帝出生、创业、建都之地，他带领先民们在这里奠定了中华民族的根基，肇造了光辉灿烂的中华文明。考古学家们根据黄帝时期的国家、居住、世袭、年代等史料记载，在调查了大量的郑州大河村类型仰韶文化遗址之后，将黄帝文化与大河村仰韶文化遗址的测试年代、活动范围等相比较后，认为黄帝都有熊的历史阶段，对应考古学文化就是大河村类型仰韶文化。距今5000余年的仰韶文化时期的郑州西山城址，是目前我国发现的惟一一座仰韶文化城址。距今4000余年的龙山文化时期的登封王城岗、新密古城寨等一批夏代早期古城址的发现，标志着嵩山地域已从村落文化步入城邑文化阶段。偃师二里头文化遗址是迄今可以确认的最早的具有明确规划且后世中国古代都城的营建规制与其一脉相承的都邑遗址，其布局开启了中国古代都城规划制度的先河。

在历史上，嵩山历史文化核心区从黄帝建都于有熊（新郑）时期开始，到中国最早的夏、商、周王朝的活动范围大多在以嵩山为中心的周围，已发现的夏代都城遗址有登封的阳城、禹州的阳翟、偃师的二里头、巩义的稍柴等多处，商代遗址有偃师商城、郑州商城两座都城遗址，西周和春秋战国时期的有西周东都洛邑成周遗址、东周都城洛邑王城与成周遗址。新郑的郑韩故城遗址曾是春秋战国时期郑、韩两国的国都所在地，时间长达500年之久。这些都城遗址的发现，说明了嵩山地域是夏商周王朝的活动中心和建都的重要之地。从嵩山地域考古取得的成果看，夏商周时期的城址不但传承了更早的古国文明精华，又开启了秦汉帝国文明的先河。秦汉以降，先后有东汉、曹魏、西晋、北魏、隋朝、唐朝、后梁、后唐、后晋等朝代相继在嵩山地域建都，嵩山地域是中国建都时间最早、朝代最多、地点最密集、都城历史最长的一个地域。其中东汉王朝在洛阳建造的汉魏洛阳城是当时全世界最大的城市，隋唐时期的隋唐洛阳城和与嵩山地域相邻的北宋开封东京城都是当时世界上最大、最繁华的都城，它们在中国古代城市发展史上都占有举足轻重的地位。

随着原始社会晚期生产力的发展及生产技术的提高，手工业从农业、畜牧业中脱离出来成为一门独立的行业，冶炼铸造、烧制陶瓷器、制酒、制骨等作坊应运而生。从仰韶文化和龙山文化时期的青铜冶铸遗存和大量陶器的出土，到战国至汉、唐、宋时期的几十处冶铁遗址和近百处烧制陶瓷器的作坊遗址，都充分表明嵩山地域的冶铸工艺和制陶技术之早及其成熟与发达的程度。它们的发现，为研究嵩山地域的古代经济发展及其制造工艺技术等提供了宝贵的资料。

嵩山地域位居天地之中，很自然地成为历史上的帝王将相、英雄豪杰安营扎寨、争霸中原的军事要地，因而出现有充满刀光剑影的古战场，惊心动魄的古关隘，防守坚固的古山寨，至今还有遗迹可寻的古长城，传递物流信息的古驿递等等，这些都是嵩山文化的重要组成部分。相传黄帝时期的伏羲台、八卦台、力牧台，是我国最早的古台。而西周的周公测景台，则说明了周公通过测日影而定“天地之中”的史实。元代郭守敬创制的观星台，是我国唯一保存至今的科技天文建筑物。汉代太室阙、少室阙、启母阙是我国少有的保存至今的庙前石阙。北魏嵩岳寺塔是我国现存最古老的一座十二边形砖塔。洛阳白马寺为佛教东传中国后的第一座佛寺，有着“中国佛教之源”之说。位居嵩山腹地的少林寺塔林是世界上现存最大的塔林。登封的中岳庙是国家祭祀嵩山的大庙，也是全国现存最大的庙宇。嵩山地域的宗教建筑保存实物最多，在全省的国家级、省级重点文物保护单位总数中占半数以上，而且时代连续性强，文化品位性高。著名的嵩阳书院是北宋时期全国“四大书院”（另外三大书院为河南商丘的应天书院、湖南的岳麓书院、江西的白鹿洞书院）之一，现仍保存着封建社会晚期民间教育形式的珍贵实物，是研究中国古代教育发展史的重要内容。这些不胜枚举的嵩山古遗存闻名遐迩，神秘奇异。如今它们静默在无声的岁月中，或沉淀着美丽动人的传说，或集聚着聪明睿达的智慧，不断牵引着人们去探寻悠远的历史。

享有“地学百科全书”之称的嵩山有30亿年的地质演变历史，历经自然的“中岳运动”“少林运动”“燕山运动”三大造山运动，其间六次成陆，六次成海，以海洋开始，以陆地结束，最终以连续出露着太古宙、元古宙、古生代、中生代、新生代五个地质历史时期岩石地层序列的登封嵩山国家地质公园于2004年6月是正式被联合国教科文组织正式授予首批“世界地质公园”称号。在这块神奇的地域上，从旧石器时代和新石器时代以及东汉、北魏、北齐、隋、唐、五代、宋、金、元、明、清等朝代中遗留下来的文物宝藏，其种类繁多，内容丰富，令人叹为观止，有多种遗存已被列入世界文化遗产。其中，有以延续时间长、跨越朝代多、以大量的实物形象和文字资料从不同侧面反映了中国古代政治、经济、宗教、文化等许多领域发展变化的中国四大石窟之一的龙门石窟(另外三大石窟为：甘肃敦煌莫高窟、山西大同云冈石窟、天水麦积山石窟)。有历经汉、魏、唐、五代、宋、元、明、清等朝代，构成了一部中原地区上下2000余年的建筑史，真实体现了华夏先民独特宇宙观和审美观的观星台、嵩岳寺塔、中岳庙(包括太室阙)、少室阙、启母阙、嵩阳书院、会善寺、少林寺(包括塔林和初祖庵)等8处11项“天地之中”历史建筑群。有世界上里程最长、工程最大、唯一一个为确保粮食运输(漕运)安全，以达到稳定政权、维持帝国统一目的的中国大运河，嵩山地域的通济渠郑州段、洛阳回洛仓遗址、含嘉仓遗址都同时被列入大运河世界文化遗产点。还有横贯欧亚大陆几世纪的贸易交通线，促进了欧亚非各国和中国友好往来的被称之为世界上最伟大的贸易、对话、和平、发展之路的古丝绸之路，作为起始段上的汉魏洛阳城遗址、隋唐洛阳城定鼎门遗址也同时被列入丝绸之路世界文化遗产点。

嵩山地域在历史上名人辈出，多少帝王将相、英雄豪杰、伟人志士或生长于此，或活动其间，后人为缅怀他们的历史业绩，将他们的出生乡里、居住之所留存下来，作为瞻仰、寄托崇敬之情的场所与接受教育的课堂。黄帝故里新郑、张良故里禹州、玄奘故里偃师、杜甫故里巩义、白居易故里新郑等一大批优秀宅院是一个时代有才能的匠师辛勤创造的建筑文化，在古建筑上具有很高的艺术和科研价值。嵩山历史文化核心区的民居建筑在历史上独具特色，康百万庄园、秦氏旧宅、苏氏故居等建筑布局规整，建造讲究，为了解和研究历史上嵩山地域的民居建筑特点、经济文化、雕刻艺术、民风民俗等提供了生动的实物例证。

嵩山地域的历代墓葬已调查、发掘几万座，这些不同历史时期的墓葬多层次地反映了中国古代丰厚的历史文化，从一个侧面体现了源远流长的华夏文明。自夏王朝肇始到宋金灭亡，先后有十几个全国或地方王朝在嵩山地域建都，因而留下的帝王陵墓相当丰富，著名帝陵有洛阳东周王陵，洛阳邙岭的东汉、曹魏、西晋、北魏四代帝陵，偃师的唐恭陵，伊川、禹州、伊川、新郑的五代帝陵，巩义的北宋皇陵等，它们为研究我国历代的政治、经济、文化和社会生活，研究历代建筑和各类手工工艺水平，研究历代皇室的陵寝制度、丧葬制度和葬俗提供了重要的实物资料。嵩山地域因其地理位置的优越，使历代的文化大家，如许由、杜甫、白居易、欧阳修、范仲淹、邵雍、程颢、程颐等都长眠于嵩山，这些名人史迹犹如撒在嵩山地域上的灿烂明珠，闪闪发光。嵩山地域的《洛阳西汉壁画墓》《新密打虎亭汉墓》《后士郭壁画墓》等几十处古代壁画墓，不仅反映了古人高超的绘画艺术，而且深刻地反映了当时人们的思想、情感、意趣、观念，为研究古代的绘画艺术和各代的社会生活提供了可贵的参考。除了帝王、诸侯、名人墓、壁画墓葬以外，嵩山地域还有大量的上自新石器时代下至明清时期的墓葬，内容丰富，形式多样，对研究古代各历史时期的社会中下层、民间及其他各种人物的丧葬习俗具有重要意义。

嵩山地域的石刻是嵩山古遗存的重要组成部分。嵩山地域的碑刻，上自东汉、三国、两晋、南北朝，下至隋、唐、五代、宋、金、元、明、清，时代绵延不断，内容庞杂，涉及祭祀礼制、人物传记、军事战争、地理疆域、水文天象、自然灾害、文化教育、古文考辨、书法作品、文章诗歌等社会各个方面，是一部记录历史的碑刻档案，对纂志征事、正经补史、考字习书、研究社会历史具有重要的历史价值和文物价值。嵩山石刻的代表作品为龙门石窟，以规模宏伟、艺术精湛而蜚声全世界。著名的巩义石窟、“汉代三阙”和《东汉袁安碑》《东汉袁敞碑》《汉循吏故闻熹长韩仁铭》《东汉洛阳太学石经》《大晋龙兴皇帝三临辟雍皇太子又再莅之德隆熙之颂碑》《中岳嵩高灵庙之碑》《大唐嵩阳观纪圣德感应之颂》《大唐二帝圣教序碑》以及女皇武则天的《升仙太子之碑》等等，它们作为重要文明载体，集历史资料、书法艺术、刻石工艺于一身，以数量庞大、内容丰富、书法精湛著称于世。嵩山地域现存的大量石窟及摩崖造像、碑刻、墓志、画像石等，反映了我国两千年来历代石刻艺术创作的伟大成就，是我国重要的文化遗产和旅游资源。

嵩山地域的古遗存种类丰富多彩，从旧、新石器文化遗址的发掘到嵩山地域的寺、庵、塔、庙、宫、观、祠堂、宫殿、寺庙、会馆、桥梁、戏楼、古台、古关、古寨、作坊、古地名、古战场、古县衙、园林、名人故居、民居、石窟、碑刻、皇陵、名人墓葬、壁画墓、古国、古城址等各类古遗存，都从不同侧面反映了我国封建社会的政治、经济、宗教、文化等多个领域的发展变化，为绵延的嵩山文化增添了无穷的内涵。

在历史发展的进程中，嵩山地域在各历史时期的文化发展一脉相承，具有自己的优良传统，而各个历史时期的文化在全国乃至全世界又一直居于人类领先地位，这些源于人类早期的文明现象和各个历史时期的文化成果在本书中都有不同程度的展示。通过这本书，可以清楚地看到，嵩山文化从远古一路风尘地走来，历经历史的变奏和时代的洗礼变得愈益深刻，到公元前 21 世纪左右，夏王朝的建立使嵩山文化终于以巨人的恣态在中国最先进入文明时代，为中国乃至世界的古代文明创造了灿烂的文化财富，留下了蔚为壮观的文化遗产，并深深地影响着今天的我们。作为人类文明的物化成果，嵩山文化是中华民族源远流长的历史见证和生存发展的精神基因，蕴含着中华民族特有的人生价值和思维方式，体现着中华民族的想象力和创造力，是人类智慧的结晶，也是全人类文明的瑰宝，是不可再生的珍贵资源。

随着经济全球化趋势和现代化进程的加快，各地文化生态发生着巨大变化，尤其是在经济发展的汹涌浪潮中，在城市化进程的滚滚烟尘中，怎样把重要的文化遗产传承下去，是我们面临的一个现实而严峻的课题。20 世纪 50 年代梁思成先生曾在北京城墙被拆时抱住一块城墙砖大哭，为行将消逝的老北京城而泣，更为历史文化遗产的多舛命运而悲。为了少一些悲怆，少一些哀伤，少一些文化古迹的消亡，少一些无法弥补的文化灾难，我们怀着对历史的敬畏和虔诚之心，夙兴夜寐地编纂此书，以呼唤更多的人们自觉珍藏这渐行渐远的历史，珍藏历史赐予我们的丰厚礼物，珍藏这些弥足珍贵的文化遗产，从而留住人类生存的历史文脉，留住社会发展的生命根基，留住这一片宝贵的精神家园。

2014 年 8 月

凡　例

一、“嵩山文化大系”是在河南省民间文化遗产工作委员会的领导和关怀下立项编写的。目的是帮助读者了解、研究嵩山的历史状况，以促进嵩山地域政治、经济和文化的发展。

二、《嵩山古遗存》所写范围为“嵩山历史文化核心区”，其地域划分是以嵩山为中心，其所涉及面积主要涵盖了以嵩山主要山脉太室山和少室山所在的登封以及嵩山余脉所在地伊川、偃师、巩义、荥阳、新郑、禹州、新密、汝州9个县级市以及与之为邻的古都郑州市和古都洛阳市。也就是被史学界、考古界、地学界所说的“嵩山文化圈”，书中简称“嵩山地域”。

三、为全面反映嵩山古文化遗存，一般在列出古遗存景观之后，又单例了同类的已经消失了的遗存“遗址”，以便对同类的古文化遗存有一个大致的了解。

四、对在历史上曾经有过的古国，一部分有都城遗存，还有一部分什么都没有，完全消失。但为了反映夏、商、西周以及春秋、战国时期中古国存在的真实历史，将其单列一章，以典籍记载的古国史料和现有的古国遗存，对古代方国进行简述。

五、书中所选嵩山地域各类古文化遗存按其现有遗存景观、遗址、史迹等进行分章分节，对具体遗存的保护等级，按世界文化遗产、全国重点文物保护单位、河南省重点文物保护单位所属，在每一个遗存辞条简述前注明。没有注明的，为地、县（市）级重点文物保护单位、近年来新发现的重要遗址和稀有类遗址。

六、本书在选录嵩山地域的古文化遗址时，主要是以郑州市、洛阳市及相关的市（县）地方志书为主，其他选录主要参考了省、地、县出版的发掘遗址的资料集。

七、本书中所说的古代洛阳，为洛阳京畿辖域，而非今日的洛阳。其大致范围是：南始中岳嵩山，北至太行王屋，东及虎牢，西迄函谷。按现在的区划是南达临汝、登封，北至济源，东及荥阳、巩义，西迄三门峡陕县、灵宝。

八、本书主要内容为嵩山古文化史迹与遗存，故此书所选史迹、遗存时间为先秦至清代。

九、清代以前用中国干支及帝号纪年、民国纪年用括号加注公元纪年；1949年始用公元纪年。

十、数字运用：时间、计量表述用阿拉伯数字。计量名称用法定计量单位，如：公里、米、公斤等。

第一章　旧石器文化遗存

恩格斯说，当古猿制造出第一把石斧，便标志着人类脱离了动物界，完成了从猿到人的过渡。这说明了一个千真万确的真理：劳动创造了人类。也只有劳动，能够使古猿摆脱纯粹的动物状态而成为人类。劳动创造了人类的证据就是石器。它是人类劳动的“化石”。在人类社会的金属工具出现以前，人类遗留下来的最早的工具就是石器。因为石头硬度大，能产生像刀刃似的锐利的刃缘，并且在河谷地带还比较容易寻找得到。早期人类在长久的实践中，多选择优质的硅质岩、石英岩、砂岩、角页岩等石料制作石器。

在人类发展进化的历程中，曾经经历过一个童年期，这就是考古学上所说的“石器时代”。生活在石器时代的人类赖以生存的主要工具都是用石头加工成的，这些石质工具就叫作“石器”。整个石器时代按石器制作方法的不同又分为旧石器时代和新石器时代。

近代考古学证实，人类诞生至今大约300万年之久，与之相随，石器的出现也有这么长久的历史。人类真正使用金属工具，是在近四五千年以来的事。也就是说，石器伴随人类经历了人类史99%以上时间的历程。因此可以说，石器在促进人类的演化和发展，在促进社会生产力的进步和变革中，起到了重要的作用。

考古学研究说明，约在距今260万年延续到1万多年以前的漫长时期，人类使用的石器是打制石器，称为旧石器。人类以石器为主要劳动工具的早期时代叫做旧石器时代。旧石器时代处在原始社会的初级阶段，当时人们以渔猎和采集坚果、浆果和种子为主要生活来源，寄居洞穴，无固定聚落。当时，人类的生产力十分低下，抵御自然的能力十分有限，人们用粗笨的石斧砍伐树木，削制成棒棍同猛兽搏斗，或围猎野兽以作食物。大约在五六十万年以前，人类开始利用自然火，把猎获的动物用石器肢解后，烤为熟食。熟食大大地改善了人类的营养状况，促进了古人类的体质和脑髓的发展。有时，原始人类围猎不到兽类，就采集植物果实吃。旧石器时代人类的最大进展是在智力方面。人脑的进化使人类有了抽象思维的能力。由于大脑的主观能动性，又支配人类不断改进生产工具，提高劳动生产效率，同时还不断发展和丰富语言。因此，从旧石器遗址中，发掘原始人类在地层中给我们遗留下来的所有遗物，包括石器、食物残积物，用火的灰烬等等，都是我们认识远古的钥匙，是十分珍贵的文化遗产。

人类社会的演进是和人类体质的发展相一致的。到了距今二三十万年前，进入人类学上的古人阶段。古人又称早期智人，相当于考古学上的旧石器时代中期。这一时期延续到距今四五万年前，其最大特点是猿人体质上遗留下来的原始特征逐渐趋于消失，石器制作方面也有较明显的进步。距今五万年左右，古人进化为新人，新人又称晚期智人，在考古学上属旧石器时代的晚期阶段。这时，人类体质形态的原始性质完全消失，现代人开始形成。与新人阶段相一致的是氏族公社的形成，它是人类战胜自然的有力保障。

在几万年以前，人类的生产工具有了很大的进步，出现了复合工具。人们用打制的石箭头，缚扎在木杆上，与皮绳配合，创造了弓箭。弓箭的发明无疑为人类向大自然索取的手段加强了，等于人的双手向前延伸了几十米，利用弓矢，可较容易地搏获食物。因而弓矢的发明是一件破天荒的大事，具有重大意义和深远的影响。

嵩山地域是人类起源和发展的重要区域。旧石器时代的人类化石和文化遗物分布广泛，材料极为丰富。从嵩山地域挖掘的旧石器文化遗址中，荥阳织机洞是为一原始洞穴，洞内有厚 20 多米的第四纪堆积物。上层为新石器时代堆积，出有裴李岗文化和仰韶文化陶片，中下层为旧石器时代晚期堆积，并有多处用火烧痕迹。有专家认为，织机洞是中国北方地区目前发现的规模最大、遗存最丰富的一万到几十万年间古人类居住的洞穴遗址，从出土的旧石器和相关遗存观察，其文化面貌传承性明显，是中国猿人文化的继承和连续发展的结果。荥阳织机洞展示了旧石器时代与新石器时代的过渡和交替，对于追溯嵩山古文化的渊源和研究嵩山古代环境面貌及其与人类的关系都十分重要。洛阳北窑旧石器文化遗址位于洛阳市瀍河区北窑村，坐落于瀍河西岸的三级黄土堆积阶地上。该遗址面积约 4 万平方米，根据古土壤序列及石制品的分布推测，该遗址在 10 万年 ~3 万年间，跨越了 7 万年的漫长时光。而从洛阳北窑遗址出土石制品近 800 件，还发现有动物化石及人类用火痕迹。石制品连续分布在黄土地层内，这在国内外都是十分罕见的，这就把旧石器考古与黄土研究紧密联系起来，对研究全球气候变化和探索黄土时期的人类生活环境有着重要的意义。新密李家沟遗址的发现，从地层堆积、工具组合、栖居形态到生计方式等多角度提供了嵩山地域旧、新石器时代过渡进程的重要信息，较清楚地揭示了该地区史前居民从流动性较强、以狩猎大型食草类动物为主要对象的旧石器时代，逐渐过渡到具有相对稳定的栖居形态、以植物性食物与狩猎并重的新石器时代的演化历史，展示了本地区这一阶段历史发展的特殊性，填补了旧石器时代晚期文化和新石器时代裴李岗文化之间的缺环与空白。

尤其是近年来新发现的两处旧石器时代文化遗址，几乎震惊了我国考古界。登封西施旧石器时代石叶遗址是发现距今 25000 年的史前人类生产石叶的加工场，完整保留了旧石器时代居民在此处理燧石原料、预制石核、剥片、直至废弃等打制石叶的生产线或称操作链，是我国及东亚大陆腹地首次发现典型的旧石器时代晚期石叶工业遗存。而郑州老奶奶庙遗址及嵩山东麓旧石器遗址群的新发现确切证明，早在距今 3 ~5 万年前中原地区，已有繁荣的旧石器文化与复杂的栖居形态，同时也发掘出土一系列与现代人行为密切相关的文化遗存，为探讨我国及东亚地区现代人类出现与发展等史前考古学核心课题提供了非常重要的新证据。

嵩山地域位于中原腹地，气候温和，土地肥沃，是我们祖先理想的生息、繁衍、劳动的区域，也是我国旧石器文化交汇的重要区域。由此可以看出，嵩山地域在全国旧石器文化研究中，尤其是在时空关系上，有着无可替代的重要地位。嵩山地域有着从早更新世到晚更新世发育良好的黄土堆积和河湖相堆积，这是远古人类赖以生存的自然背景。从嵩山地域发现的旧石器遗存点来看，荥阳、新密、巩义、偃师、登封等地的旧石器遗存比较密集，特别是近年来，在登封、新密调查发现就有 100 多处旧石器地点。旧石器文化遗址的不断发掘说明，旧石器文化遗址主要分布在河南中部的嵩山地域，这预示着嵩山地域将会发现更多的旧石器文化遗址。同时，也更加有力地说明人类的原始文化自此就在嵩山地域诞生了。

第一节 洞穴遗址

古代人类利用山岩自然洞穴，在其中生活，或一度埋葬死者，从而留有原生文化堆积的一种遗址类型。洞穴遗址的年代主要为旧石器时代和新石器时代，个别的可到较晚时期。它们反映出人类生产力低下、依赖洞穴作为栖息地、就近利用所处地理环境进行狩猎和采集活动的历史。在嵩山地域旧石器时代文化遗址中，有代表性的著名洞穴遗址主要有织机洞遗址、灵羊洞洞穴遗址、莪沟化石洞遗址、蝙蝠洞洞穴遗址。其中织机洞旧石器时代遗址为全国重点文物保护单位。

一、织机洞遗址

全国重点文物保护单位。织机洞遗址位于荥阳市南20公里的崔庙镇王宗店村北500米，大路山北端西坡，这里为嵩山北麓浅山丘陵地带。洞穴呈石厦状，洞口宽13～16米，高5米，现存进深22米，面积约为300平方米。

织机洞遗址，于1984年初在文物普查中发现，1990～1995年郑州市文物考古研究所多次进行考古发掘，发掘面积100平方米。文化层堆积达24米以上，发现用火遗迹17处，发掘出土大角鹿、披毛犀、羚羊、野牛、大角肿骨鹿、斑鹿、中华鬣狗、獾、鸵鸟、披毛犀、丁氏鼢鼠等动物化石2000余件，刮削器、尖状器、石锥、砍砸器、雕刻器、石锤等石器2万余件。

织机洞遗址文化层可以分为五大段23层，经专家考察确定，其上部第4层为距今10万年的第一埋藏土；其下的20米堆积层应早于10万年。织机洞穴遗址的发现和发掘，不仅为旧石器考古提供了珍贵的资料，而且为嵩山地域人类学研究提供了珍贵资料。织机洞是我国旧石器考古的重要发现之一，其地层堆积之厚、文化遗迹、遗物之丰富程度仅次于中国猿人遗址，可以说它是继北京周口店之后旧石器洞穴遗址的最重大发现。同时，一个洞穴遗址内既有旧石器时代文化，又有新石器时代早中期文化，在中国尚属首例。由于织机洞内出土的丰富的烧火痕迹、石制品和动物骨骼化石在研究古人类方面有很大的价值，在考古界被誉为“河南第一洞”。

织机洞旧石器时代文化遗址

现代人究竟起源于何处是目前古人类热点问题之一，而就现代人起源来看，中国还缺乏距今10万～5万年间的材料，织机洞遗址正好包含这个时段的文物。织机洞遗址出土的文物弥补了文物考古界有关“中国人的发展是连贯的”这一观点证据不足的缺撼，为中国人类是从中国最早的猿人发展而来的观点提供了有力的证据。有专家认为，织机洞是中国北方地区目前发现的规模最大、遗存最丰富的2万到10万年间古人类居住的洞穴遗址，从出土的旧石器和相关遗存观察，其文化面貌传承性明显，是中国猿人文化的继承和连续发展的结果。织机洞晚于周口店中国猿人文化和大荔人石制组合，又早于南阳小空山组合，这表明它具有旧石器文化南北交流甚至于哺乳类南北迁徙的“驿站”作用。

织机洞遗址目前还有50%没有发掘。

二、灵羊洞洞穴遗址

灵羊洞洞穴遗址位于新密市南8公里的灵崖山上，又名天爷洞，为一处洞穴群。内有一个名叫小龙眼的石洞涵，高1.5~2米，宽2.3米，深约10米。洞中出土动物化石骨器1件及打制石器3件。经鉴定属旧石器时代晚期文化，相当于地质时代的新生代更新世晚期，距今3万~5万年。

三、莪沟化石洞遗址

莪沟化石洞遗址位于新密市南8公里超化镇莪沟村。有两个洞穴，分别称为麻参洞、龙洞。洞内发现有鱼、鹿、马、野驴、牛、鬣狗、鼢鼠等动物化石。据传，洞内曾发现有人头盖骨化石，在洞外西50米处也发现人骨化石，可惜已经丢失。

四、蝙蝠洞洞穴遗址

蝙蝠洞洞穴遗址位于荥阳市庙子乡东沟，东距织机洞不远。1992年4月河南省文物考古研究所进行试掘，试掘面积8平方米。地层厚度2.1米，分4层：第一层为浅黄色黏土质砂层，化石较少；第二层为灰黄黏土质粉砂层，化石、石制品多出于此；第三层为微红色砂质黏土层；第四层为浅黄色粉砂层，均含少量化石。该遗址共出土石制品17件，类型有石核、石片、刮削器等；出土化石400余件，动物种类有鹿、羊、鬣狗等。

第二节　地表遗址

嵩山地域旧石器时代文化遗址中，有代表性的地表遗址主要有北窑遗址、新密李家沟遗址、胡家脑遗址、洪沟遗址、郑州老奶奶庙遗址和登封西施遗址等。

一、北窑遗址

全国重点文物保护单位。北窑遗址位于洛阳市瀍河区北窑村。1998 年发现,该遗址地层累积界限明显,从距今 100 万年到距今 5 万年的人类化石和石器连续分布。证明人类在这里长期演化和成熟。

遗址面积约 4.5 万平方米,地层堆积共分 5 层。第一层为灰黄色黄土,厚约 1.5 米。第二层为棕红色古土壤,厚约 2.2 米。第三层为灰黄色黄土厚约 2.4 米。第四层为深灰色黄土,厚约 2.2 米。第五层为棕红色古土壤,厚约 2 米。遗址发掘出土石制品 800 件,并发现有少量的动物化石及人类用火遗迹。石制品在各层中均有发现,第一、二层以小型为主,第三、四、五层大、小型均有。这些石制品多为石核、石片、石块。石器主要为刮削器,还有一些尖状器和砍砸器。

北窑遗址连续黄土地层的发现,对研究全球气候变化和探索黄土时期的人类生存环境十分重要。同时,该遗址的石器制作技术具有明显的南方旧石器文化的某些特征,为旧石器时代文化交流提供了重要线索。此外该遗址的发掘,对研究旧石器时代向新石器时代过渡时期环境与人类的关系也提供了重要的实物资料。

二、新密李家沟遗址

新密李家沟遗址

全国重点文物保护单位。新密李家沟遗址位于河南新密岳村镇李家沟村西。该处地形为低山丘陵区,海拔高约 200 米。地势由东北向西南部倾斜,属于淮河水系溱水河上游的椿板河自北向南流经遗址西侧。李家沟遗址即坐落在椿板河左岸以马兰黄土为基座的 2 级阶地堆积的上部。该遗址是 2004 年年底郑州市文物考古研究院进行旧石器考古专项调查时发现。遗址所处位置有因煤矿采矿形成的塌陷,加之降水与河流侧蚀等自然因素的影响,临河一侧已出现严重垮塌。2009 年秋,北京大学考古文博学院与郑州市文物考古研究院联合组织实施本次抢救性发掘,共揭露遗址面积近 30 平方米。发现距今 10500 ~ 8600 年连续的史前文化堆积。堆积下部出土有细石核与细石叶等典型的细石器遗存,上部则含绳纹及刻划纹等装饰的粗夹砂陶及石磨盘等。经过为期 2 个多月发掘,揭露面积近 30 平方米。发掘探方分南北两区。其主剖面均包括了从旧石器向新石器时代过渡的地层堆积。经碳 - 14 年代测定法测定结果,进一步提供了过渡阶段的年代数据。采自细石器文化层的 3 个木炭样品的测定结果,均分布在距今 10500 ~ 10300 年期间(经过树轮校正,下同)。采自新石器时代文化层木炭样品的测定结果，分别为距今9000年（第5层）和8600年（第4层）。

旧石器文化遗存主要发现在南区第4层，南区3层与北区7层也有少量旧石器发现。李家沟细石器的发现显示该遗址早期居民拥有十分精湛的石器加工技术。旧石器阶段，在发现典型细石器文化的同时，也有反映相对稳定栖居形态的大型石制品及人工搬运石块。细石器的发现显示该遗址早期居民拥有十分精湛的石器加工技术。所用原料多是不见于本地的优质燧石，而是远距离采集运输所得。数量较多的大型石制品加工简单，器物形态亦不稳定。除有明确人工打制痕迹的石制品以外，还有数量较多的人工搬运石块。这种情况并不见于时代较早、流动性更强的旧石器遗址，而与稍晚的新石器时代的发现比较接近，应该是过渡阶段新出现的有标志性意义的文化现象。

新石器文化遗存除了数量众多的文化遗物，北区还发现有很清楚的人类活动遗迹。其中最具特色的是石块聚集区。遗迹中心由磨盘、石砧与多块扁平石块构成。间或夹杂着数量较多的烧石碎块、陶片以及动物骨骼碎片等等。带有明显人工切割痕迹的食草类动物长骨断口，清楚显示遗迹区进行过加工动物骨骼的活动。大量烧石的存在则说明这里亦具有烧火的功能。而从本阶段发现的石磨盘残段观察，部分扁平砂岩石块应是加工这类石制品的原料或荒坯。但更多的石块还应与当时人类的居住或建筑活动相关。

李家沟新石器阶段主要发现是较成熟的制陶技术的突然出现，以及细石器技术的明显变化。北区仅10平方米的发掘区内发现100多片陶片。已发现的陶片均为粗夹砂陶。部分陶片的质地较坚硬，显示其烧成火候较高。虽然还有少量的燧石与石英类原料的石制品发现，但基本不见刻意修整的精制品。显然，这是早期新石器遗存的新发现。大量的脊椎动物骨骼、动物化石和大型的陶制罐类等贮藏容器的出现，也暗示本阶段的生计方式的主要方面与早期相比，业已发生明显变化，即从以大型食草类动物为对象的专业化狩猎转向采集植物类的食物与狩猎并重的发展趋势。

中原地区联结着我国及东亚大陆的南北与东西，是探讨中华文明起源的核心地带。然而在这一地区旧石器时代晚期文化和已发现的新石器时代裴李岗文化之间，却存在着明显的缺环。这一缺环严重制约着史前学界对于该地区旧、新石器时代过渡与农业起源等重大学术课题的探讨，形成对该阶段文化面貌认识上的空白。李家沟遗址发掘的重要意义，首先是发现包含旧石器时代晚期到新石器时代早期文化叠压关系的地层剖面，其遗址正在于其从地层堆积、工具组合、栖居形态到生计方式等多角度提供了中原地区旧、新石器时代过渡进程的重要信息，比较清楚地揭示了该地区史前居民从流动性较强、以狩猎大型食草类动物为主要对象的旧石器时代，逐渐过渡到具有相对稳定的栖居形态、以植物性食物与狩猎并重的新石器时代的演化历史，展示了本地区这一阶段历史发展的特殊性，填补了本地区对于过渡阶段地层堆积特点认识的空白，为继续发现这类遗址提供了地层学方面的参照。

三、胡家脑遗址

河南省重点文物保护单位。胡家脑遗址位于郑州市二七区侯寨乡上李河胡家脑村南约100米处，贾鲁河上游北岸台地。在贾鲁河上游北岸有一条南北向的小冲沟，冲沟宽30余米。该处地形为低山丘陵区，地势呈西北向东南部倾斜，马兰黄土发育。在冲沟东西两侧断崖剖面均发现有古人类活动面。经考古专家认定，系旧石器时代遗址。

胡家脑遗址文化层分布范围南北长150米，东西宽120余米，面积约2万平方米。以冲沟东侧断崖剖面为主，顶部距冲沟底部高约10米，地层堆积从上往下依次为：一层，表土层，厚0.30～0.40米；二层，马兰黄土堆积层，厚5米；三层，钙质结核层，厚0.20～0.50米；四层，为文化层，马兰黄土堆积层，厚2～3米，文化层下为活动面，由北向南呈北高南低，局部有凹坑。人类活动面下部为马兰黄土堆积层。文化层内暴露出的有石制品和动物化石。地层内采集石制品标本27件，石制品岩性有硅质岩、石英、灰岩、砂岩、燧石；其中硅质岩9件，石器类型有石片、断块；石英8件，石器类型有石核、石片、断块；灰岩4件，石器类型有石核、石片、石锤、断块；砂岩3件，石器类型有石片；燧石3件，石器类型有石核、石片、断块。其石器加工技术多为锤击法，另有少量的石器为砸击法，但锤击法特征多不明显。动物化石30余件，石化程度较深，大多数较破碎，部分化石外部胶结着一层钙皮。

胡家脑遗址发现有活动面、灰烬面、石制品及动物化石等遗迹遗物，是一处确认的有火遗迹的原地埋藏的露天地点。

四、洪沟遗址

河南省重点文物保护单位。洪沟遗址位于嵩山巩义市南河渡镇洪沟村中部，东距洛河约1公里，东北距黄河2公里。遗址埋藏于黄土之下，面积约45平方米。据北京专家采用铀系法测量，这是距今11万～13万年前早期智人生活的场地。专家认为，在这么深厚的黄土下，尤其是河洛交汇处的更新世晚期黄土下发现较完整的古人类生存、生活场地至今罕见，它很可能是旧石器时代“洪沟”人利用自然沟壁挖“陷阱”而猎取大象的聪明之举，洛汭一带可能是古人类的“猎食场”。

该遗址发现于1994年，1994年和1996年曾两次发掘。其文化层堆积情况是：第一层，从洪沟村南岭的顶端至包含石器与动物化石堆积层，厚为10多米的细砂质黄土，属第四纪晚更新世马兰黄土层。层内最下部含石器和动物化石。第二层，为厚约5米的细砂质泛红色黄土，形成时间略早于第一层，仍属于第四纪晚更新世马兰黄土层。该层中有一东西向水沟，呈不规则形分布。已探明部分水沟长30米，宽2～5米，深4.5米。水沟上部为黄色淤土层，厚0.3～0.5米，含大量石器和动物化石。下部为暗绿色或铁锈色淤土层，亦含有石器和动物化石等。在沟内还有木炭屑、烧土碎块和灰烬等烧火痕迹。第三层，为浅黄色土层，不见石器和动物化石。

在该遗址第二层发掘中出土石器550件。其中石片和尖状器231件，石核和砍砸器46件。出土动物化石多数为纳玛象，其次是赤鹿、羚羊，还有少量斑鹿、猪和小型偶蹄类动物及蜗牛等。动物化石虽然数量很多，但堆积杂乱，未见较完整的动物遗骸。

五、登封西施遗址

登封西施旧石器遗址制造场局部为河南重点文物保护单位。登封西施遗址位于登封市大冶镇西施村村南，嵩山东麓的低山丘陵区。2004年年底郑州市文物考古研究院进行旧石器考古专项调查时发现。遗址所处位置的黄土堆积因砖窑场取土而遭到了比较严重的破坏，取土后留下的剖面上暴露出数量较多的石制品，地表也可以采集到少量脱层的遗物。

2010年5至7月，北京大学考古文博学院与郑州市文物考古研究院合作发掘登封市大冶镇西施旧石器遗址，揭露遗址面积近50平方米，出土各类石制品8500余件，发现距今25000年的史前人类生产石叶的加工场。该遗址地层清楚、文化遗物典型丰富，史前人类生产石叶各环节的遗存均有发现，完整保留了旧石器时代居民在此处理燧石原料、预制石核、剥片、直至废弃等打制石叶的生产线或称操作链，是我国及东亚大陆腹地首次发现典型的旧石器时代晚期石叶工业遗存。

登封西施遗址所处位置属于低山丘陵地带，区域地势整体上呈北高南低。海拔高度约270米，黄土堆积发育。遗址北边出露的基岩为石英砂岩，南边则属于石灰岩，部分石灰岩基岩中夹杂有燧石团块，是西施遗址生产石叶的原料产地。遗址位于两座低山之间的平缓谷地上，属于淮河水系的洧水河发源于遗址西北方的石板道，由西北向东南流经遗址的南侧，上游部分目前已经干涸，但河道仍清晰可辨。西施旧石器遗址就坐落在洧水河该河段左岸的二级阶地之上。

登封西施遗址包含上下两个文化层。上文化层应是人类在此处经过时偶然丢弃的结果，下文化层在距地表250～280厘米的深度范围内集中出土了8000余件石制品，是人类在较短时间内打制加工石器的结果，构成西施旧石器遗址的主要文化层。除上面文化层出土1件燧石石片外，西施遗址出土的各类石制品，均发现自下文化层。石制品种类包括石锤、石核、石片、石叶、细石叶、工具，以及人工搬运的燧石原料等。数量更多的是石器生产的副产品，即断、裂片、断块、残片与碎屑等。这些石制品及其分布状况，清楚地展示出该遗址石器加工的技术特点，完整地保留了石叶生产的操作链。

制造场的石制品大小混杂、且以生产石器的副产品占主导地位的情况说明，西施遗址的主要功能区应该是石叶加工场。部分石制品，包括石核与石片等可以拼合，以及石制品主要堆积的厚度有限等特点则说明该遗址的占用时间很有限。旧石器时代晚期的人类利用附近富集的燧石原料，集中生产石叶与石叶石核。并将适用的石叶以及石叶石核带离遗址去其他地点使用。

该遗址出土的工具多以石片、石叶或残片为毛坯，修理方式以正向加工为主。成品工具在整个石器组合中所占比例之低，也进一步证明该遗址的主要功能是石叶的加工场所。除了大量的石叶石核与石叶，该遗址还出土有数件细石核和一些细石叶，还有高比例的石叶石核或石叶石核的断块，还有数量较多的生产或再生台面石片，以及带背脊的鸡冠状或羽状石叶等，这些遗存都是西施石叶工业直接证据。

石叶工业是西亚、北非至欧洲等旧大陆大部分地区旧石器时代晚期文化最具代表性的文化因素，以至于成为这些地区旧石器时代晚期文化的代名词。石叶技术的广泛应用也是现代人行为出现的重要标志。然而在目前已公布的中国旧石器时代考古遗存之中，典型的石叶工业仅见于地处西北地区的宁夏灵武水洞沟遗址一处。虽然我国其他地方也有石叶的发现，但均是与其他石器技术共存，且不占主导地位，在地理分布上也多处于西北、华北至东北等边疆地区。因而石叶技术往往被视为外来因素，与中国旧石器文化发展的主流无关。地处中国及东亚大陆腹心地带的西施遗址的典型石叶工业的新发现，无疑是中国以及东亚地区旧石器时代考古一项非常重要的突破。这一发现将改写已有的对中国及东亚地区旧石器时代晚期文化发展的传统认识，为这一地区现代人类行为的出现等史前考古的重大课题的研究提供全新的视角。

登封西施遗址新发现的石叶工业清楚显示，中国及东亚大陆的主体部分的旧石器时代晚期文化发展与现代人类行为特点，与同期的旧大陆大部分地区并无明显区别，也已熟练掌握了被西方史前学者称之为石器技术模式四的石叶技术。西施的新发现为该地区旧石器时代晚期存在着典型石叶工业提供了确切的证据，进一步修改与完善了中国北方旧石器时代晚期文化发展的编年序列。西施新发现的另一项重要的学术意义是其与石叶工业共存的细石器因素，这些新发现的细石器的年代早，技术特征典型，为探讨我国及东北亚细石器技术的起源与发展等课题提供了非常重要的新证据。

六、郑州老奶奶庙遗址

2011 年十大考古新发现。郑州老奶奶庙遗址位于河南省郑州市西南郊二七区侯寨乡樱桃沟景区内,东南距代家门村约 500 米,西邻贾鲁河上游九娘庙河,坐落在河旁二级阶地之上。遗址西北角建有一座小庙,当地称老奶奶庙。遗址地处郑州西南部的嵩山余脉向东延伸地带,属低山丘陵区,地势呈东高西低,区内黄土堆积发育。该遗址的考古发掘推翻了中国人源自非洲的说法。为中国及东亚地区现代人起源研究提供了新的视角。

郑州老奶奶庙遗址

嵩山东南麓位于中原核心地区,是联结我国及东亚大陆南北与东西的枢纽,也是中华文明起源与东亚地区现代人类出现与发展的关键区域。2011 年 4 至 8 月,北京大学考古文博学院与郑州市文物考古研究院合作发掘位于嵩山东麓的郑州西南郊老奶奶庙遗址,揭露面积近 50 平方米,发现 3000 多件石制品、1.2 万多件动物骨骼及碎片、20 余处用火遗迹,以及多层迭压、连续分布的古人类居住面。这处新发现非常清楚地展示了当时人类在中心营地连续居住的活动细节,将近年来在嵩山东南麓新发现的 300 多处旧石器地点完整地连接起来,不仅系统地再现了郑州地区晚更新世人类的栖居形态,同时也发掘出土一系列与现代人行为密切相关的文化遗存,为探讨我国及东亚地区现代人类出现与发展等史前考古学核心课题提供了非常重要的新证据。

该遗址东侧的马兰黄土断崖剖面高近 20 米,马兰黄土之上还迭压着新石器至历史时期的文化层。但在发掘区内,由于雨水冲刷与当地村民取土的破坏,大部分马兰黄土以上的堆积已不存在,已接近旧石器文化层。仅局部尚保留有 1 ~3 米不等的残余堆积。

该遗址主要文化层经碳 -14 年代测定法测定年代结果为距今 4 万年前后,结合附近遗址光释光测年数据来看,该遗址经碳 -14 测定法测定结果的实际年龄应早于距今 4.5 万年。老奶奶庙遗址的主要发现是以灰烬堆积为中心的居住遗迹,以及数量众多的石制品与动物化石遗存。

郑州老奶奶庙遗址中 20 余处用火遗迹,以及多层叠压、连续分布的古人类居住面,填补了中原地区及东亚大陆这一阶段旧石器文化发现的空白。老奶奶庙遗址及嵩山东麓旧石器遗址群的新发现确切证明,早在距今 3 万 ~5 万年前中原地区,已有繁荣的旧石器文化与复杂的栖居形态。

七、汝州张湾遗址

汝州张湾遗址位于汝州市寄料镇郭沟村张湾,燕子河东岸龙骨山上,北距市区 25 公里。面积

5000～6000平方米。表层为第四系早更新统晚期红色细砂石沉积层。出土有犀牛、猪、猎狗的骨骼化石，人类原始的生活生产工具尖状器、刮削器、砍砸器等。采集到的标本有原始人类的生活生产工具尖状器、刮削器、砍砸器等，这些工具一般只经过略微加工后使用。遗址另有牛、猪、猎狗化石，而且还发现了极其罕见的三趾马化石。据河南省文物研究所考古队鉴定，此文化遗址距今约100万年左右，早于山西蓝田人，晚于云南元谋人。

八、洛阳西工区凯旋路遗址

洛阳西工区凯旋路遗址位于洛阳市西工区凯旋路东端南侧，即市建设公司机械施工处所在地，南去洛河约550米，地势北高南低。遗址于1978年在修筑防空洞挖隧道时发现，距地表深约10米，但却高出河岸2～4米。

该遗址发现的主要收获之一是纳玛象化石。其中两根完整而弯曲的大牙，长2.1米，另有下牙床、脊椎骨、肋骨和臼齿。臼齿高冠中等大小，呈长椭圆形，齿板频率数不高，侧面为5.5厘米，嚼面为6厘米，嚼面最宽为9厘米；其中第四齿板最长为24厘米，臼齿垂直高度为22厘米。

在纳玛象化石旁边伴有旧石器31件，其质料主要为石英石、沉积岩、燧石等。一般是用锤击法打制而成。其中石核石器13件，石片石器18件，有圆刮器、长刮器和尖状器。许多石器可明显看出有打击台面、打击点、疤痕、半锥体、辐射线、破裂面痕迹等。1979年秋，经中国科学院古脊动物和古人类研究所所长裴文中教授鉴定，确认这些石器属于旧石器文化遗存。又依据象化石的石化程度，初步估计这处旧石器文化遗存距今在5万年以前。

九、伊川穆店遗址

穆店遗址位于伊川县穆店村。1988年6月，考古工作者在此发现两件旧石器，一件为石核，一件为刮削器。石核长12厘米，宽8厘米，最厚处达4.41厘米，石质为灰岩。石核上有多次剥片后遗留的疤痕。从打击点清晰、放射线明显看，应为锤击法打片。刮削器长6.70厘米，宽6.50厘米，最宽4.80厘米，最厚处2.70厘米，石质为灰岩。刮起削器用石片制成，一侧刃部用锤击法进行修理。其方法是用石锤从石片的背面向劈裂面方向进行修理，疤痕较平整。由于仅修理了一侧刃部，且刃部稍向外凸出，故叫单刀刮削器。经观察，刃部有使用痕迹。从伴存的梅氏犀牛化石看，这两件石制品的时代为旧石器时代早期。

十、田河遗址

河南省重点文物保护单位。位于郑州市二七区马寨镇阎家嘴行政村田河自然村东北约200米处，贾鲁河西源圣水峪河东南岸台地。遗址地处郑州市西南部的低山丘陵区，嵩山余脉延伸的东北部地带，第四纪黄土发育，属于黄土高原向东部延伸的边缘地带。遗址地势为南高北低，在南部局部暴露出基岩，黄土覆盖在基岩之上并延伸至河边，形成山前坡状堆积。田河遗址是一处旧石器晚期文化遗存，发现有丰富的石制品和动物化石，时代距今约1万多年。

田河遗址所在周边环境优美，附近分布有冰泉和暖泉，在20世纪80年代之前，河水一直没有断流。优越的自然环境使郑州二七区的先民们选择这样的一个地方繁衍生息，并过着采集、渔猎的生活。

田河遗址暴露的地层堆和人剖面可以清晰地了解到其文化埋藏情况。遗址临近河边断崖剖面高约18米，从上到下地层堆积可分为四层：一层为厚3米的河湖相沉积层；二层为厚6米的河湖相沉积层；三层为厚2.50米的马兰黄土堆积层；四层为厚6米多的离石黄土堆积层。在第二层的中部有一层厚0.30～0.80米的钙质结核层内发现有丰富的石制品及动物化石等。根据遗物分布情况，确定该遗址文化层分布范围东西长150米，南北宽80米，面积约1.2万平方米。遗址的 中部有一条南北向的小冲沟打破文化层。地层内采集石制品标本丰富，石制品岩性有燧石（含玉髓）、石英、砂岩、石片、细石叶、刮削器、雕刻器、断块、碎屑等，其中石片、碎屑、断块所占比例较大。在燧石制品中，发现有细石叶的出现，应为细石器的特征，石器加工技术以压剥法为主。在发现的石制品中，发现一件砂岩断块两侧表面磨光，似是有磨制石器的出现。发现动物化石也较为丰富，种类多为小型动物。另外，还发现有鸵蛋化石等。

田河遗址文化堆积层厚，遗存丰富，其时代为旧石器时代晚期，发现于晚更新世晚期的沉积地层内。通过对该遗址地层的观察，石制品可能经过自然因素的搬运，已不是原地埋藏，但石制品韧部多较锋利，可能是受水的作用很短距离的搬运，也可能是河漫滩相堆积。

田河遗址是一处旧石器的文化遗存，尤其是细石叶技术和磨制石器的出现，对于我们研究旧石器晚期向新石器时代早期过渡，以及新石器时代早期农业起源等问题具有重要的价值和现实意义。该遗址为旧石器时代晚期，发现于晚更新世的河湖相沉积地层内，对于研究现代人类起源、石器工业类型、古环境、古气候、古地貌等具有重要的科学和历史价值。

十一、下李河东南旧石器地点

位于位于郑州市二七区侯寨乡桐树洼行政村下李河自然村东南300米处，贾鲁河东岸台地，北临一条东西向的张村公路。在台地的北侧有一条东南至西北间的小冲沟，与贾鲁河形成东南夹角地带。该处地形为低山丘陵区，地势呈东高西低，黄土发育。此处地形原为斜坡状堆积，后因当地搞旅游开发把前面的斜坡铲去，留出断崖剖面，并挖有窑洞。断崖剖面高约15米，上部为12米多在的马兰黄土堆积层。下部暴露出近3米厚的河湖相沉积层分布范围南北长约150米，东西宽约100米，面积约1.5万平方米。在河湖沉积地区内发现有石制品及动物化石分布，文化层厚约3米，地面铲出的河湖相沉积地层土废墟内也发现有动物骨骼化石及石制品。地层内采集有石制品标本，岩性有石英、砂岩、灰岩，石器类型有石片、石核、石砧等。动物化石较为丰富，石化程度较深，大多数较破碎，为古人类敲骨吸髓所致，有椎骨、肋骨、肢骨、臼齿等，可辨动物种类有羚羊、马等。结合埋藏情况和出土遗物等分析，该地点的时代应与郑州老奶奶庙旧石器遗址属同一时期文化遗存。

十二、梨园河遗址

位于郑州市二七区马寨镇阎家咀行政村梨园河自然村的西南部约500米处，暖泉、冰泉的西北部，南部与新密市白寨镇接壤，西、北部临圣水峪河，东临圣水峪河支流，圣水峪河在遗址的西北部由南向北折向东流。遗址东西长400米，南北宽200米，面积8万平方米。遗址地处郑州西南部的低山丘陵区，嵩山余脉延伸的东北部地带，地势由西南向东北部倾斜。在东、北部断崖剖面发现有灰坑和文化层分布。文化层厚1.30米，黄褐土，土质较松，包含物有陶片等。灰坑填土为黑灰土，夹有大量的草木灰及红烧土块，土质较松，包含物丰富，有陶片、兽骨等。陶质有泥质陶和夹砂陶；陶色有灰陶、红陶、褐陶等。纹饰有绳纹、弦纹、附虽堆纹及素面等。可辨器形在陶罐、瓮、钵、盆等遗物。另外，在遗址附近及周边断崖剖面不安现有旧石器时代中晚期文化遗存分布。该遗址是一处裴李岗文化、仰韶文化时期的遗址，结合遗址周边发现的旧石器时代晚期文化遗存，该区域对于探索中原地区旧石器时代向新石器时代过渡时期的研究有重要意义。

十三、赵庄遗址

河南省重点文物保护单位。赵庄遗址地处郑州市南部与许昌市接壤处，新郑市梨河镇三刘行政村赵庄自然村西北约500米，一处旧石器时代晚期文化遗存，时代距今3万年左右。该遗址2006年发现，2009年进行发掘，发掘面积51平方米。在遗址发现有大量的石制品和动物化石分布；还发现了裴李岗文化时期的灰坑两处，出土了少量的陶片。其中最重要的发现是在发掘区的西南部发现了以象头骨为中心的遗物密集区域，包括数以万计的石制品和动物化石。根据埋藏情况判断，应为一处屠宰场遗址。该遗址是中原地区发现的一处遗存丰富的旧石器晚期的活动画面遗迹。

十四、郑州古象化石地

郑州古象化石地位于郑州市中原区的董寨村。1970年2月发现。这批古象化石埋藏在距地表12米深处，共出土10余件。经过修剔整理，其中一对象的门齿保存完好，一个长达3.1米，一个长达2.9米，还有象的臼齿齿板、肢骨、枕骨、骨盆等零散碎骨；此外，还伴有其它动物化石，如赤鹿角、犀牛、马齿及鸵鸟蛋等。经鉴定，古象化石属纳玛象，为老年象。

纳玛象生活在距今40万～50万年前第四纪更新世晚期，广泛分布在亚热带地区。纳玛象化石在郑州的发现，说明当时的嵩山一带属于温暖、湿润、河道纵横、草木茂盛的亚热带气候区。森林茂盛、湖泊密布、河流交织，象群栖息、野兽出没。纳玛象化石的出土，说明远古时期的郑州地区曾是大象的家园。夏代大禹划分九州时，把当时的河南及其周围地区称“豫州”，“豫”字为形声字，左边“予”是音符，右边是一头大象，这和当时河南境内多象有一定的联系。

第二章 新石器时代聚落遗址

考古学研究说明，大约1万年以来到距今四五千年以前，人类使用的石器由打制变为磨制，这种磨制石器称新石器，使用磨制石器的时代叫做新石器时代。新石器时代与旧石器时代相比，人类社会有质的飞跃，首先是陶器的出现，石器的精致化；其次是原始农业的产生，我们的先民已进入了农业定居阶段，早期的聚落已经形成。到了新石器时代中晚期，出现阶级分化，王权开始形成，文明在嵩山地域最先产生。

新石器时代的居民从事生产活动，与自然界抗争求生存的技能有了空前的进步，这主要表现在：一是他们已经掌握了磨制石器的制作技术，磨制石器成为各种生产活动的主要工具；二是已经掌握了烧制陶器的工艺和技术，各式各样的陶质器皿成了他们日常生活中必不可少的用器；三是新石器时代的居民已经有了人工栽培的原始农业并且开始饲养家畜。

自中华人民共和国成立以后，嵩山地域在基本建设中发现了很多新石器时代聚落遗址，其中包括裴李岗文化、仰韶文化、龙山文化、七里岗文化等，确立了黄河中下游新石器时代文化的考古编年序列，反映了嵩山地域原始社会时期的繁荣景象。

距今9000～7000年的裴李岗文化是以河南新郑裴李岗遗址命名的，属于新石器时代早期偏晚的文化。嵩山地域已经发现了多处裴李岗文化遗址，主要集中在新郑、新密、登封、偃师、巩义等县市，其中有不少处的裴李岗文化遗址，发现有向仰韶文化过渡的迹象。裴李岗遗址的发现早在8000年前，人类已进入以原始农业、畜禽饲养业和手工业生产为主，以渔猎业为辅的原始氏族社会。

距今7000～5000年的仰韶文化遗址遍布嵩山地域。据不完全统计，嵩山地域发现的仰韶文化遗址就达几百处。郑州大河村遗址、荥阳青台遗址、伊川土门遗址、郑州西山遗址等，都是重大的考古发现，而洛阳王湾遗址的考古发掘，证实了仰韶文化末期逐渐过渡到河南龙山文化的发展方向。

距今5000～4000年的龙山文化，是距仰韶文化之后在黄河中下游发展起来的一种新石器时代晚期文化。龙山文化在嵩山地域的分布也很广泛，而且大都是叠加在仰韶文化层之上，集中分布在嵩山中心地带的登封和新密等地。此外，还发现有龙山文化晚期城址，可能已经进入到夏代早期。

距今1800前后的夏商文化，包括有二里头文化、二里岗文化等，涵盖了夏代中晚期和商代前后期。嵩山地域发现的夏商聚落遗址也很多，作为夏商都邑和城址之外的聚落遗址，它从一个侧面反映了当时社会经济的面貌。

嵩山地域的考古学文化，其自身的源流较清晰，并且自成体系。嵩山地域的新石器早期文化是裴李岗文化，在此基础上形成仰韶文化、龙山文化、二里头文化。嵩山地域的新石器时代文化遗址有300

多处，主要分布在嵩山周围的黄河、溱河、洧河、伊河、洛河、瀍河、涧河两岸及汝河等河流的附近地区，一般包含着几个文化层的堆积。各文化层的叠压层次清晰，具有明显的时代连续性，如洛龙区的矬李遗址，其文化堆积依次为仰韶文化、龙山文化、二里头文化等。

嵩山地域的新石器时代聚落遗址证明：我们的祖先在这里最先跨过了文明的门槛。

第一节　裴李岗文化遗址

裴李岗文化是分布在黄河流域中游的新石器时代早期偏晚段文化。在嵩山地域的偃师、新郑、巩义、新密、登封发现有数量很多的遗物。1977 年春，发掘了新郑裴李岗遗址，展现了一种特殊的文化面貌，但又与仰韶文化早期有着某些相似之处，引起了学术界的关注，其后被命名为裴李岗文化。

在考古学上的裴李岗文化时期，距今 9000 ~ 7000 年前，相当于传说中的伏羲时期，这一时期的基本特征，就是新石器文化的出现。嵩山核心区经过发掘的重要遗址有新郑裴李岗遗址和唐户遗址、新密莪沟遗址和马良沟遗址、巩义水地河遗址、汝州中山寨遗址等，发掘有七孔骨笛、刻符龟甲等许多重要的文物。这些遗址密集地环嵩山分布，初步统计有 43 处之多，其数量之多和分布之密为全国之冠。它们的发现填补了我国考古学上新石器时代早期文化的空白。

裴李岗文化作为中国新石器时代的较早遗存，拉开了中国农耕文化的帷幕，孕育了中华民族 8000 年的农耕文明。裴李岗文化具有自己的独特风格。数量众多造型又很特殊的石磨盘，石磨棒是识别裴李岗文化明显的标志之一；舌形或长形两端有弧刃的石铲、弧北锯齿刃石镰也是石器中的代表作。与此同时，裴李岗文化还拥有三足钵、又耳壶等一组陶器群，这些东西反映出氏族社会早期的面貌。

在嵩山地域的一些裴李岗文化遗址中发现有仰韶文化层压在裴李岗文化层之上，二者有些遗物也相似，可推断裴李岗文化是仰韶文化的源头之一，仅此一点，就表明裴李岗文化在中国古代文明发展史中占有重要地位。

一、新郑裴李岗遗址

新郑裴李岗文化遗址

全国重点文物保护单位。新郑裴李岗遗址位于嵩山东南、新郑市区西北约 7.5 公里的新村镇裴李岗村西侧的岗地上，双洎河（古洧水）经遗址西侧自北向南折流向东，在这里形成河湾，遗址就在河湾中部的岗地上，高出河床 25 米。遗址居岗地中部，由西北向东南狭长分布。1972 年裴李岗村群众在遗址中部自南向北修建水渠一道，把遗址分为东西两部分。

该遗址在 1958 年由裴李岗村群众耕

地发现，20 世纪六七十年代，此地又先后出土过石磨盘、石磨棒，文物工作人员随后前往调查，因未发现其他可断代的遗迹，就把出土的石磨盘和石磨棒定为原始社会末期遗物。1977 年春，裴李岗村民在平整土地时，再次发现了人骨、石磨盘、石磨棒和陶器，农民李铁蛋于 4 月 2 日将这些文物古迹送交新郑县文化馆，并引起文物考古界的重视。

1977 ~ 1979 年，开封地区文物管理委员会、新郑县文物管理委员会、郑州大学历史系考古专业、中国社会科学院考古研究所等单位先后对裴李岗遗址进行大规模的发掘，先后发掘面积 3000 平方米，发现墓葬 114 座，陶窑 1 座，灰坑 22 个和几处残破的穴居房基，出土各种器物 400 余件。

遗址东半部为居住遗址，遗址面积约 2 万平方米，文化层厚 1 ~ 2 米，内含遗物极少；西半部为氏族墓地，埋葬相当密集，有上下两层墓葬。墓葬绝大多数都有随葬品，随葬品多少不一，均为石器和陶器之类的生产工具和生活用具，也有个别的墓葬随葬有装饰品或艺术品。另发现陶窑 1 座，由窑室、烟道孔、火道等部分组成。灰坑分布较分散，形状大多是不规则的圆形坑，有少数椭圆坑，个别的为圆角方形坑。坑口大于坑底，斜直壁，底近平，灰坑中填土为灰土，包含物较少，主要有烧土块、木炭屑、陶片、石器、动物遗骨、炭化果核等。在遗址的东半部发现不少含有草秸和植物秆痕迹的烧土，应是房屋墙壁残块。

裴李岗遗址出土的生活用具主要是陶器，多出于墓葬和灰坑中。以红陶为主，有少量的褐陶，火候较低，陶质疏松。陶器又分泥质和夹砂陶两种，泥质陶多于夹砂陶。制法均为手制，陶胎厚薄不均，多为素面。纹饰主要有篦点纹、指甲纹、划纹、乳钉纹等。器形主要有鼎、钵、壶、罐、碗、勺等。生产工具主要是石器，以磨制为主，琢磨兼制次之，打制石器较少。主要有石铲、斧、镰、凿、磨盘和磨棒、弹丸等。装饰品和艺术品主要有骨簪、绿松石珠和陶塑猪、羊头等。其他遗物主要是动物骨骼和植物果核。

中国社会科学院考古研究所放射性实验室对裴李岗遗址出土的木炭标本经碳 - 14 年代测定法测定的年代有效数据为距今 7145 ± 300 年、7885 ± 480 年、9300 ± 1000 年。据此分析，裴李岗遗址距今约 8000 年左右，早于仰韶文化 1000 多年。该遗址出土的器物有独具一格的文化面貌，被考古学界命名为“裴李岗文化”。在以后的调查中，发现裴李岗文化有着广泛的分布，它的发现填补了我国仰韶文化以前新石器时代早期的空白，在我国考古学上有着重要的地位。

裴李岗遗址的发掘，证明裴李岗文化时期已形成了聚居的村落，先民们从事着以原始锄耕农业、手工业和家畜饲养业为主的氏族经济生产活动。它的发现，对研究我国农业史、制陶史、纺织史以及仰韶文化的来源提供了新的资料。

二、唐户遗址

全国重点文物保护单位。唐户遗址位于新郑市观音寺镇唐户村南部和西部，溟水河与九龙河两河交汇的夹角台地上，历代相传称该地为“黄帝口”。遗址三面环水，为河旁台地，北高南低，高出河床 12 ~ 13 米。

唐户遗址又叫唐户南岗，文化遗存堆积丰富，包含有裴李岗文化、仰韶文化、龙山文化，二里头文化及商周文化遗存，是一处跨时代的聚落群址，延续年代长达 6000 余年。遗址南北长近 2000 米，东西宽近 1000 米，面积 100 余万平方米，文化层厚 4 米。1975 年发现，1977 年开封地区文物管理委员会、郑州大学历史系、新郑县文物管理委员会在唐户遗址举办了一次文物培训班，为配合平整土地进行抢救性发掘。1976 年，河南省文化局文物工作队试掘 3 座春秋墓葬；1976 年 12 月，开封地区文管会等单位在此清理西周墓葬 39 座，马坑 1 个；其后，又发掘春秋墓葬 16 座。1978 年中国社会科学院考古研究所对该遗址进行过一次调查。1982 年春，又进行调查并试掘。1997 年、2003 年、2004 年，新郑市文物管理局、河南省文物考古研究所新郑工作站多次对唐户遗址进行调查。

唐户村南偏西侧是裴李岗文化堆积，文化层厚 2 米，到仰韶文化时期将部分裴李岗遗址叠压覆盖，聚落中心向南扩展，面积达 30 万平方米，文化层现存厚度约 3 米。龙山文化时期，聚落中心又再次南移，一直延伸拓展到遗址的南部，龙山文化层厚 2 ~ 4 米。到龙山文化晚期以后的新砦期，则更向南，直抵石洞寺与溟水河的交汇处。此后的二里头文化及商周文化层叠压或打破仰韶文化及龙山文化层。

唐户遗址

2006 ~ 2007 年，郑州市文物考古研究院配合南水北调中线工程，对遗址进行全面调查和考古发掘，发现旧石器加工地点 4 处，其中裴李岗文化遗存面积达 30 万平方米，是我国目前发现的面积最大的裴李岗文化时期的聚落遗址。裴李岗文化时期大型居住基址 5000 平方米，出土了一批重要文化遗物。发现可以确认的裴李岗文化时期的房址 63 座，灰坑（窖穴）230 多个，排水沟 2 条，壕沟 1 条。这些新发现的房址，不仅数量多，而且形制多样，单间式房址 60 座，双间式 3 座。房址分布较有规律，分 4 组布局，其中 2 组具有排状布局的特征，是新石器时代早期聚落考古的重大发现。

新郑唐户遗址发现了距今最早的房子和居住排水系统，反映了较为先进的建筑理念。过去发现的裴李岗文化时期的遗迹都以墓葬为主，极少发现有房址。新郑唐户遗址是新石器时代早期聚落考古的重大发现，进一步丰富了裴李岗文化的内涵，对研究裴李岗文化时期的聚落形态，房屋建筑方式，特别是裴李岗文化时期的社会组织结构和家庭形态，对深入研究裴李岗文化的性质、分期具有重要意义，对解决旧石器文化向新石器早期文化的过渡，农业文明的起源等具有重大学术价值。这个遗址是中原先祖从森林穴居走向临水建房、从茹毛饮血到刀耕火种、从愚昧走向文明的最好见证，是研究中华文明起源的重要环节之一。

唐户遗址面积较大，文化内涵丰富，时代延续长，是中原地区较为罕见且十分重要的古文化遗址。尤其重要的是遗址南部历代传为"黄帝口"之所在，新郑为黄帝故里，而仰韶时代相当于文献记载的黄帝时代，该遗址的仰韶文化是此遗址的鼎盛时期，因此该遗址可能与文献记载的黄帝氏族的重要中心聚落有一定的关系。

该遗址入选 2007 年度全国十大考古新发现。

三、水地河遗址

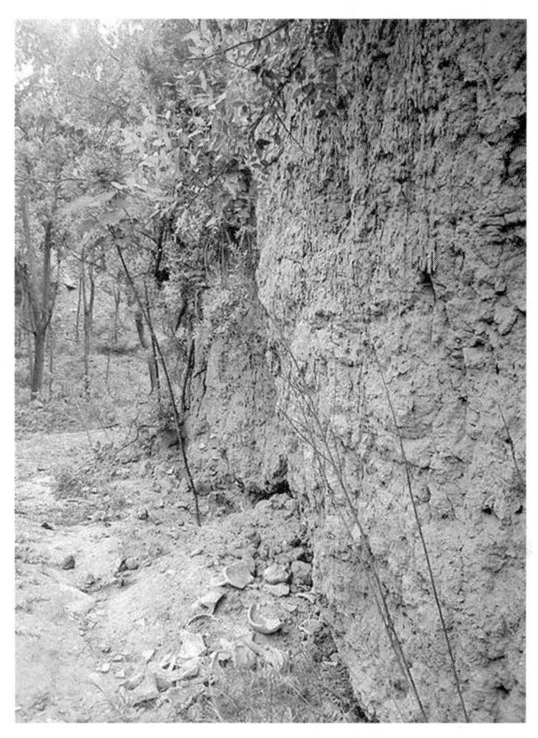
水地河遗址

河南省重点文物保护单位。水地河遗址位于巩义市东8公里北山口镇水地河村西部310国道北侧。这里属于丘陵地区，黄土堆积较厚，丘陵起伏，沟壑纵横，山泉、小溪和季节河遍布，水源充沛。白冶河自南向北流经310国道白河桥后在遗址南部转为东西流向，在遗址西北部与遗址北侧的水地河汇合转向北流。遗址就分布在白冶河与水地河夹角的台地上，高于河床约30米。整个遗址走向是东南高西北低。

该遗址是1985年文物普查时发现。遗址东西长500米，南北宽300米，面积约15万平方米。在北部和中部断崖上发现裴李岗文化和仰韶文化遗存直接叠压的文化层，断崖上暴露出仰韶文化房基、灰坑和墓葬10余处。

从遗址的断崖上看，文化遗存因区域不同而堆积厚薄不均，一般都在1～2米之间，四、五级阶地上最为丰富，多在2～3米左右。文化内涵以仰韶文化为主，裴李岗文化和龙山文化次之。最早为裴李岗文化层，发现有房基4座，窑穴2个。出土有钵、三足钵、深腹罐等陶片，火候较低，并有少量红烧土粒和炭屑。仰韶文化层堆积最为丰厚，涵盖早中晚期。发现仰韶文化房基2座，灰坑6处。成人土圹墓16座，幼儿瓮棺葬58座（多为两件器物扣合而成），采集文物标本数10件，能看出器形的有：钵、鼎、罐、小口尖底瓶、碗、杯、短、纺轮等。陶质以泥质红陶、夹砂灰褐陶为主，其次为夹砂红褐陶；纹饰有绳纹、方格纹、篦点纹等，其余多为素面，早期陶器制作粗糙，厚胎，火候低。这些不同阶段的文化遗存，反映了该遗址的文化内涵具有明显承袭关系。还发现一座规模较大的蓄水池，反映当时人们改善生活环境，增强生存能力而采取的措施。

在遗址上部，还发现有少量龙山文化陶片，以及战国、秦汉和唐宋时期遗存。

经考古界认定，这是嵩山地域一处重要的以仰韶文化遗存为主，兼有裴李岗文化和龙山文化遗存的新石器时代聚落遗址，有着重要的考古研究价值。

四、马良沟遗址

河南省重点文物保护单位。马良沟遗址位于新密市来集镇马良村西约100米处。遗址东临茹堂庙河，西临瓦窑沟河，处于这两条小河的中间地带，高出河床约60米。遗址南北长224米，东西宽57米，面积约1.28万平方米。

此遗址发现于1978年。1979年5月,开封地区文管会和密县文管会对其进行试掘,发掘面积80平方米,文化厚层0.65~0.7米,清理灰坑2个,灰坑呈圆形。出土的陶器主要是夹砂红陶和泥质红陶,还有少量灰陶。夹砂陶砂质较细,内羼和有云母片;泥质陶是经过淘洗后的细泥制成,陶质松软,火候不高。器形主要有罐、碗、三足钵、双耳壶等。其中有4件三足钵器底都钻有孔眼,最多者为7孔,而且都是两面施钻而成,孔眼不垂直。出土石器有斧、铲、磨盘和磨棒等。马良沟遗址经碳-14年代测定法测定,距今6825±100年。属裴李岗文化遗址,马良沟遗址的发现和试掘为裴李岗文化的研究提供了新的资料,丰富了裴李岗文化的内容。

五、中山寨遗址

河南省重点文物保护单位。中山寨遗址位于汝州市东7.5公里的纸坊乡中山寨村北汝河北岸的土岗上。遗址依山傍水,地势北高南低,中山寨村位于遗址中心。面积15万平方米。1975年发现,之后曾进行多次调查。1978年10月,洛阳地区文管处曾经进行试掘,获得一批红陶和彩陶,器形以曲腹盆、钵、罐和小口瓶最多,属于仰韶文化。发现的墓葬多为单人直肢葬,随葬品有少量陶釜形鼎和陶夹砂罐;另有瓮棺葬,以小口尖底瓶和罐、钵等陶器为葬具。遗址北部为居住区,房基为方形或圆形,地坪用火烧过房基周围有陶窑遗址。

1984~1986年,由中国社科院教研研究所在此进行了3次发掘,揭露面积515平方米,文化层厚约6米。村旁渠边断崖上的袋形灰坑,夹杂着大量红陶片、黑陶片、石器等,连绵不断,地表还散有数量颇多的彩陶片、夹砂、泥质红陶片,残断石器及西周、汉代陶片,内涵丰富。从南部采集到石锯齿镰和红陶双耳壶、钵等属裴李岗时期遗物。1982年临汝县博物馆对廖遗址又进行调查,采集的标本有弧刃石铲、拱背石镰、圆柱形石磨棒、近方形石磨盘、陶深腹罐等。证明这是一处遗址文化内涵属新石器时代的裴李岗文化、仰韶文化、龙山文化。文化性质从母系氏族社会早期一直延续到父系氏族社会。从文化特征推测该处是裴李岗文化和仰韶文化过渡时期遗址,经碳-14年代测定法测定年代距今7300±100年。

发掘者将这里的仰韶遗存分为四期,即遗址的二至五期。这次发掘,再次发现了裴李岗文化和仰韶时代文化的地层叠压关系,并对这一带的仰韶时代遗址排出了大致序列,为研究这一地区仰韶时代遗迹的来源及发展,提供了新的重要资料。

六、莪沟北岗遗址

莪沟北岗遗址位于新密市城南约7.5公里的超化乡莪沟北的山岗上。周围岗岭连绵,南有洧水,北有绥水,遗址坐落在5公里长的大龙岗东商,岗顶平缓而较宽,下有数米厚的黄土层。岭下洧水在其南,绥水位其北,遗址就位于两水交汇的三角形岗顶上,南距洧水约400米,高出现在的河床约70米。1975年,原河南省文物工作队和密县文化馆进行文物普查时发现该遗址,遗址东西长110米,南北宽70~76米,面积约8000平方米。文化层较薄,在其表层和断面上均看不见遗物和灰土,偶见有红烧碎粒和质地极差的碎陶片。1977年冬平整土地时,在这里发现了墓葬,出有与裴李岗遗址相同的遗物。同年11月至翌年春夏之季，由河南省文物工作队会同密县文化馆对这处遗址进行发掘，揭露面积2747平方米。清理房基6座、灰坑44个、墓葬68座，出土陶器、石器等文化遗物370余件。

莪沟北岗遗址

莪沟北岗遗址发现的房基共6座，比较集中地分布在遗址的中部，在南北长25米，东西宽10米的范围内分布5座，南北排列，均为半地穴式，有圆形和方形两种。圆形房基直径2.28～3.8米，壁残高5～40厘米，有斜坡状或阶梯状门道；底部中间有黄泥或草拌泥筑的灶圈；方形房基南北长2.4米、东西残宽1.32米，壁残高35～40厘米，地面铺垫一层黄灰色土，北部有直径1.2米圆形火烧硬面。

该遗址发现灰坑44个，大多集中于遗址的南部，即房基的南面。从坑口形状可分为圆形、椭圆形、不规则形三种，其中以圆形为主，椭圆形次之，其他较少。个别的还有二层台，圆形坑21个，口径0.6～1.96米，深0.22～1.28米，形制较规整，多为大口底小，也有7个小口大底的袋形坑。椭圆形坑13个，一般形制较大，口大底小，口径1.08～2.24米，底径0.92～2.18米，坑深0.14～0.7米，斜壁，圜底。墓葬68座，主要分布在遗址西部和西北部。形制皆为口大底小方竖穴土坑，四壁整齐，底近平，一般长1.48～2.82米、宽0.5～1.32米、深0.16～0.8米。68座墓葬中，9座墓有壁龛。葬式除一座2人合葬外，余皆单身葬，仰身直肢。其中，有60座有随葬品，随葬品的组合大致分3种类型：第一种是石磨盘、石磨棒和陶器。这种墓形制较大，墓长2～2.82米，宽2.7～1.14米，深0.24～0.58米。随葬品较为丰富，除石器外，往往增加4～12件陶器，增加的陶器多是三足钵，其次才是侈沿罐等。第二种是石铲、斧、镰和陶器。墓室较第一种为小，墓长1.94～2.36米，宽0.5～0.88米，深0.3～0.64米。随葬品一般3～6件，最多8件，最少仅2件。第三种仅有陶器，此墓形制较小，墓长1.48～2.4米，宽0.5～0.8米。随葬品不多，一般2～4件，最多7件。随葬的陶器组合为：小口双耳壶；三足钵、小口双耳壶；小口双耳壶、三足钵深腹罐；三足钵、深腹罐等。

从遗址遗存的半地穴房屋、灰坑、陶器、石器看，当时已有先民定居。其经济生活是以原始的锄耕农业为主，狩猎和采集为辅，还从事制陶、制作石器、纺织等手工业生产活动。社会发展已进入母系氏族社会的繁荣时期。

莪沟遗址属于裴李岗文化。经对出土的两个木炭标本进行碳-14年代测定法测定年代距今7240±80年、7265±160年。

七、瓦窑嘴遗址

瓦窑嘴遗址位于巩义市区西环路西侧，东西长500米，南北宽约350米，面积约17.5万平方米。

1995年6月～1996年5月，巩义市文物保护管理所与郑州考古研究所共同进行了3次发掘，发掘面积1100平方米，清理灰坑27个，西周墓葬2座，陶窑1座，2座大型晋墓。

裴李岗文化的灰坑，一般距地表0.3～0.5米，均为直壁筒形坑，多为平底，口径在1.6～2.5米之间，本身深度在0.3～1.1米之间，底径均略小于口径。填土多系浅灰色，有的底部为深灰色，还有较多的草木灰。包含物主要是陶片，此外有石器、骨器、蚌壳、烧土块、兽骨、鱼骨、木炭等。陶器全部为手制，以泥质红陶为主，多呈桔红色，约占50%；其次为夹砂褐陶，约占30%；再次为泥质黑陶，约占15%；此外有少量浅灰陶。一般陶色不纯，部分陶器器表红褐相间，多数泥质红陶器为上黑下红，一般烧制火候较低，特别是夹砂褐陶，刚出土时触手即碎，少部分泥质红陶干后稍搓即见陶末，部分泥质红陶器表面有剥落现象。主要器形有盆、罐、钵、碗、壶、杯、鼎、勺、匕形器等。器表多为素面，大部分泥质陶器表面作磨光处理，特别是火候较高、制做精细的泥质黑陶器，多为内壁磨光或内外壁均磨光，漆黑而有光泽。常见纹饰有放射状直线划纹、篦点纹、戳刺纹、连续折线纹、点线纹、乳钉纹等。作为生产工具的石器有斧、铲、凿、磨盘、磨棒、匙形器、饼形器、条形器和有使用痕迹的砾石等。此外，有少量打制石器。骨器仅发现骨锥一件。

瓦窑嘴遗址的发现与发掘，引起了学术界的高度重视，其中约占15%的黑陶器物，器形规整，造型优美，制作精细，火候较高，构成了瓦窑嘴器形文化遗存的一个显著特点。部分陶器，器表饰连续折线纹、乳钉纹、篦点纹等，显示出了与其他裴李岗文化遗存之间的差异。大量的梭形器，是这处遗址特有的一种器物，锯齿蚌镰、骨匕等，在裴李岗文化遗址中属首次出土。瓦窑嘴类型的发现和确认，是中原地区新石器时代考古的一个新的进展。

八、坞罗西坡遗址

坞罗西坡遗址位于巩义市西村镇坞罗村西南坞罗河西岸。文化遗存主要分布在第三台地上，距河床约200米。该遗址于1991年发现，东西宽150米，南北长200米，约3万平方米。

该遗址偏西部文化层较厚，包含遗物也较多，东部、南部包含物甚少。地面下0.5～1.2米见文化层，文化层厚1～1.5米。经调查，发现房基1座，墓葬2座。其中房基地坪厚18～23厘米，分两层，上层为暗红色烧土，部分呈青灰色，厚约10厘米，非常坚硬；下层为含烧土块颗粒的红土，厚约10厘米。遗址南部发现灰坑一个，圆底，口径约1.2米，填浅灰土。

采集的陶片中，泥质红陶约占90%，其次为夹砂红陶和夹砂褐陶，个别为泥质浅灰陶。小型器物主要有钵、碗、陶质细腻，陶土似经淘洗，陶器均系手制，烧制火候低，陶质疏松易碎。夹砂陶呈暗红色，色不纯正。泥质红陶的特点是外壁呈红色，胎内和内壁多呈浅灰色，器表多为素面。一些泥质红陶器，口沿下部多饰凸棱一周，个别饰细条状附加堆纹。除钵、三足钵、碗形器外，还有盆、鼎、罐等。

该遗址具有自身特点，如陶器火候低，质松易碎，器类少，器形简单，红陶占绝对多数，采用手制方法，陶土经过淘洗，器胎薄，器类有大口浅腹钵、薄胎碗等。另外发现有豫中地区仰韶文化早期遗存中常见的房基地坪铺垫之后经火烧烤的现象，它显示了裴李岗文化向仰韶文化过渡的特征。因此这处遗址的发现，对了解裴李岗文化和仰韶文化的关系具有重要的考古价值。

九、宋庄遗址

宋庄遗址位于郑州市中原区须水乡宋庄村西北100多米，东西长150米，南北宽300米左右，总面积约4.5万平方米，是一处包含裴李岗、河南龙山、商代等不同时代文化遗存的遗址。因各时期文化堆积多被破坏，遗留下来的仅有一部分文化层和少量的灰坑。1983年，此遗址出土石磨盘1件。1988年调查时，发现了三足钵、双耳壶、夹砂罐等器物相同，属于裴李岗文化遗址。

十、北营遗址

北营遗址位于巩义市南20公里夹津口镇北营村南头、坞罗河东岸台地上，距河床约300米。遗址面积约2万平方米。

文化层距地面0.7～1米，土质为坚硬的深黄色黏土。文化层厚0.5～0.7米，包含物有陶片、烧土块、木炭、石器残块。采集的石磨棒残块为红砂岩，圆柱状，直径3.7厘米。陶器残片有泥质红陶深腹三足钵、大口浅腹三足钵，烧制火候很低，稍微触摸即见陶末。深腹罐残片较多，均为夹砂褐陶，手制，圆唇，直口弧腹，口径13厘米。

该遗址出土物和铁生沟裴李岗文化遗址相似，两遗址距离又近。出土的筒形深腹罐与长葛石固遗址第三期三式罐相似；石磨棒和新郑裴李岗遗址出土的相同。

十一、东山原遗址

东山原遗址位于巩义市南20公里夹津口镇铁生沟以南的东山原村。遗址分布在坞罗河东岸距河床100米的土岗上，高出河床约30米，东西宽150米，南北长150米，面积约2.25万平方米。文化层在地表下0.7～1.2米，厚0.5～1.3米，土质为暗红色硬土，包含物有陶器残片、烧土块、兽骨、草木灰、木炭等。有石器和陶器残片。陶器残片数量最多，其中泥质红陶占90%，夹砂褐陶占8%，还有少量浅灰陶，器表多为素面，有少数戳刺纹和直线纹。火候很低，胎质疏松易碎，均为手制，内壁多留手捏痕。除小型器物如碗、勺外，一般制作粗糙。

东山原遗址出土遗物与铁生沟裴李岗文化遗存的内涵和文化面貌是一致的。出土的石磨盘、石磨棒和新郑裴李岗、长葛石固遗址出土的器物形制完全相同，可以认定它们是同类的文化遗存。

十二、高崖遗址

河南省重点文物保护单位。高崖遗址位于偃师市伊河南岸高龙镇高崖村，包括高崖西台地和高崖东台地两处地点。均处在伊河南岸的一、二级台地上，总面积约105.5万平方米。

遗址东段地势南高北低较为平缓，遗址平面形状略呈长方形，南北长约550米，东西宽约480米，总面积约为26万平方米。该遗址东北部的断崖上，有深厚的文化堆积，地层厚约3～4米，含有灰褐色土、烧土颗粒、草木灰等及大量遗物。采集标本主要有泥质灰陶、磨光黑陶、夹砂灰陶等，纹饰有方格纹、绳纹、内壁饰麻点纹，可辨器形有深腹盆、罐等。遗址西段南距320省道约700米，207国道从其东侧穿过。遗址平面近似三角形，东西最长达1700米，南北宽约1000米，面积约79.5万平方米。地面散落大量的陶片，有泥质褐陶和夹砂红陶，纹饰有篮纹、方格纹、绳纹及素面，器形有豆、高领罐、盆等，并在断崖处发现有灰坑遗迹。该遗址文化内涵丰富，涵盖了裴李岗、仰韶、龙山、二里头、商、周几个时期的文化，为研究伊河流域当时先民的生产生活状况提供了重要的实物资料。

十三、槐树尹遗址

板树尹遗址位于汝州市骑岭乡槐树尹村南1500米处，西面紧靠洗耳河，南距市区约2公里。此处河床呈S形，地势北高南低，东西约200米，南北约500米，文化层厚约1米。

遗址断崖处层次分明，灰层内还夹着大量质地松软的红陶片和磨制精良的石器。遗址内涵颇为丰富，但文化性质较为单纯，从目前采集到的标本来看，仅有石器、陶器两类。石器有石磨棒、碾米工具等，均用粗砂石磨成圆柱形，多残，有些明显使用过。石镰多拱背、平刃，排列有细小而规整的锯齿，造型精美。石铲的舌形圆弧刃，大而薄。陶器，常见为泥质红陶，制作方法多泥条盘筑，后经慢轮修整，有敞口深腹壶、直口深腹壶、双耳圆底壶等典型器物。

该遗址文化性质属原始社会新石器时代裴李岗文化，距今8000年。它的发现为研究我国古代历史提供了有利条件。

十四、沙窝李遗址

沙窝李遗址位于新郑市区北约35公里的沙窝李村西北，遗址面积约1万平方米。1972年发现，1981～1982年两次发掘，揭露面积850平方米，发掘灰坑20个，墓葬32座。

灰坑分布在遗址南部和西南部。其中7个灰坑出土的多数陶片有篦点纹、划纹；其余灰坑出土的陶片无纹饰，还出土有石矛、石球、黑陶杯、红陶杯及残损的石磨盘和石磨棒。

墓葬分布在遗址的中西部，墓坑呈长方形竖坑，死者放置为头南脚北。遗骨除牙齿残存外，其余均腐朽无存。随葬品有石镰、石铲、石凿、石锤及石磨盘、石磨棒。另有用石英石、水晶石打制的细石器。陶器有双耳壶、圈足壶、三足壶等。

遗址还出土有猪和鹿的骨骼。地层中发现有比较密集的似粟粒大的粮食炭化颗粒。灰坑中出土不少核桃、酸枣的炭化果核。出土的木炭标本经中国社会科学院考古研究所的碳－14年代测定法测定年代距今7000多年，属裴李岗文化类型。1982年，新郑人民政府公布该遗址为县级重点文物保护单位。

十五、双庙沟遗址

双庙沟遗址位于登封市东南15公里告成镇双庙沟村。东西长500米，南北宽70～200米，面积约7公顷。1976年河南省博物馆进行试掘，清理出灰坑6个。

该遗址既有裴李岗文化遗存，又有仰韶文化遗存。遗址上层属仰韶文化早期遗存，陶片以砂质和泥质红陶、棕陶为主，其次为灰黑陶；陶胎厚薄不均，皆为手制，火候较低；器形有陶罐、陶钵、长颈双耳壶和小口尖底瓶类残片，经碳－14年代测定法测定年代为距今5780±130年。下层属裴李岗文化遗存，陶片中砂质红陶和砂质棕陶较多，器表皆为素面，器形多为陶罐和陶钵，陶胎厚薄不均，火候较低，皆系手制，具有原始特征。

十六、朝阳沟遗址

朝阳沟遗址位于登封市区东约15公里大冶镇朝阳沟村。曾多次出土石磨盘、石磨棒、石铲、石镰及陶器多件。石磨盘最大的长80厘米，宽约45厘米；磨棒长约50厘米，直径约8厘米；舌形石铲长约25厘米，宽约10厘米；锯齿刃石镰长约10厘米，宽约4厘米，呈月牙形。出土的石器及陶器均距地表约2米，为墓葬随葬品。根据出土器物判断，此地应是墓葬区。经初步调查，当时居住区在墓葬区的东北部，但地面不见遗存物。此遗址的发现为研究裴李岗文化提供了珍贵的实物资料。

十七、店张遗址

店张遗址位于新郑市东北18公里店张村东北，遗址东北临来河，中部有一条水溪由西南向东北穿过。遗址长约500米，宽约150米，面积7.5万平方米。大部分为黄沙覆盖，形成许多高低起伏的沙丘。遗址东南部，暴露的文化层厚约1米，包含物较丰富。1985年文物普查时曾发现石磨盘残片及红烧土块、陶盆等物，陶器纹饰以绳纹为主。该遗址属新石器时代裴李岗文化、龙山文化时期遗址。

十八、新密老城遗址

新密老城遗址在嵩山之阳、新密城东北约500米处。面积约3万平方米。出土有石磨盘、石磨棒等10多个，还有大量泥质陶片与夹砂红陶片等。据测定，其文物与莪沟北岗出土的器物相似，属裴李岗文化遗存。

十九、高沟遗址

高沟遗址位于新密市城南5公里七里岗乡高沟村北化肥厂北院内，东有高沟河，西有湾子河，遗址坐落在中间地带的岗地上，高出河床约30米。东西长约60米，南北宽约50米，面积约3000平方米。高沟村农民李金池发现。

遗址出土石磨盘、石磨棒各3件、石铲1件、泥质夹砂灰陶器3件。陶器火候低，陶质疏松，有两件陶器已残，另一件弯月形双耳壶保存完整。出土的石磨盘，均有柱状四足，整体如鞋底，由黄灰色砂岩琢磨而成；石铲呈扁平长条状，上部窄而尖，下部弧形刃，通体磨光；弯月形双耳平底壶，为夹砂灰陶，似施有白衣。小口高领，圆肩鼓腹，肩两侧附对称新月形耳，有圆也，通高9.5厘米，口径4.7厘米，腹径8.6厘米，平底径4.4厘米。该遗址出土的器物，与莪沟北岗遗址出土的器物相同，属裴李岗文化跌破。出土的白衣弯月形双耳壶极为罕见，为探讨裴李岗文化与仰韶文化的渊源关系，提供了新的实物资料。

二十、槐树荫遗址

槐树荫遗址位于临汝市骑岭乡槐树荫南1500米处，西面紧靠洗耳河，南距市区约4公里。遗址依山傍水，地势北高南低，东西约200米，南北约500米，文化层厚约1米。遗址断崖处层次分明，灰层内还夹杂着大量质地松软的红陶片和磨制精良的石器。文化性质属新石器时代裴李岗文化，距今约8000年。

二十一、安沟遗址

安沟遗址位于临汝市东北18公里，安沟水库大坝南部的黄涧河西岸黄土台地上，高出河床约10米，遗址北依山坡，地势北高南低，总面积约1.8万平方米，文化层厚约6米，东部临河的断崖上，袋形敞口灰坑连绵不断，层次分明，内涵丰富。遗址中包含有石器、陶器两种。石器均采用石灰岩石精磨而成。石斧近圆柱形，略弧刃，边沿稍内收；石铲器身偏宽，弧形刃，有使用痕迹；石环扁状近圆，中间有一圆孔。陶器多为泥条盘筑法制造的泥质红陶，外部均有打磨，器表饰有细线纹。器形有小口、双唇、尖底瓶、大口钵、敛口盆、直壁罐、彩陶盆、釜形鼎、彩陶罐、罐形鼎等。遗址面积较大，居住、烧陶、葬区分布明显。其文化性质属裴李岗文化和仰韶文化。

第二节　仰韶文化遗址

1921年春，在河南渑池仰韶村首次发现了一处含有彩陶与红陶和磨光石器共存的新石器文化遗址，从此以仰韶村遗址而得名的仰韶文化便闻名天下。在考古学上被称为距今7000～5000年以前仰韶文化时期，相当于炎帝和黄帝时期，正是中国原始社会发生重大变革的时期，是中国社会由农牧业经济过渡到以农业经济为主的时期。

仰韶文化遗址是分布在黄河中下游地区的一种新石器时代晚期文化，涵盖了母系氏族社会从繁荣到解体甚至迈入父系氏族社会门坎的漫长发展历程。20世纪50年代以来，在嵩山地域发现了多处仰韶文化遗址，其中洛阳王湾遗址、偃师高崖遗址、汝州大张遗址及洪山庙遗址、禹州谷水河遗址、郑州大河村遗址和西山遗址、荥阳青台遗址和点军台遗址等，都经过考古发掘，并有不少重要发现。通过考古发掘，大致可以看出，仰韶文化以原始农业为主要生产方式，畜牧、渔猎和采集在经济生活中也占有一定比重；以各种磨制石器作为主要生产工具；烧制陶器以红陶为主，以彩陶为一大特色，拥有一组别具一格的陶器群；人们定居的村落有一定的布局形式，并有一定的基地和埋葬方式，显示了其建筑的工艺水平。

仰韶文化从产生、发展到消亡，经历了2000多年的漫长岁月。正是由于仰韶文化延续时间很长，分布地域又广，文化内涵较为复杂，就构成了多种既相近又有区别、既互相联系又互相分离的文化面貌，因而学术界根据各地文化面貌的差异，将其划分成不同的文化类型。在嵩山地域就有洛阳以西的庙底沟类型、洛阳与郑州之间的大河村类型等，它们各自都有以红陶为主、包括彩陶在内的具有不同特色的陶器群。

仰韶文化向前上溯与裴李岗文化关系密切，向后延伸发展为龙山文化，起着承前启后的作用，与此同时，仰韶文化还与东方的大汶口文化、南方的屈家岭文化和大溪文化、北方的红山文化和西方的马家窑文化相互影响，息息相通，随着史前聚落考古研究的深入，随着中国古代文明的起源和早期形成研究的提高，仰韶文化已经被列入中国古代文明起源的发展阶段。

一、大河村遗址

全国重点文物保护单位。大河村遗址位于郑州市东北郊柳林乡大河村西南1公里的漫坡岗上，北距贾鲁河约2.5公里，南距市区12公里，西距古汴水14公里，在107高速公路交叉处的东南隅。遗址范围东西长700多米。南北宽约600米，面积40万平方米。文化层堆积厚度中部为7～12.5米。1964年发现，1972～1987年，郑州市博物馆等先后共进行考古发掘21次，揭露面积4738平方米。清理各个时代房基47座、灰坑297个，成人墓葬186座、瓮棺葬171座，出土陶、石、骨、蚌、玉、角器3500件。

文化内涵包括仰韶、龙山、二里头和商代4种不同时期的文化遗存，上下连续叠压不间断，先民在这里居住延续时间达3300多年之久。其中仰韶文化遗址可分为一脉相承的7期，经历了仰韶文化的产生、发展和消亡的全过程。仰韶文化的4个类型可分为7期：前1～3期、第1期，相当于仰韶文化早期，距今6800～6500年；第2期相当于庙底沟文化，距今6500～5000年；第3期相当于秦王类型，距今5000～4700年；第4期为仰韶文化向龙山文化过渡期，距今4700～4500年；可分为早、中、晚三期。由于其文化面貌独特，因而称之为“大河村文化”。河南龙山文化、夏文化、商文化紧接其后。第3期文化除秦王寨类型外，还发现有山东大汶口和湖北屈家岭文化的遗物。

该遗址中部窖穴密集，房基相迭，是仰韶文化时期先民的居住区。四周边沿多为龙山、二里头和商代文化堆积层,遗址的东北、西北部和居住区附近发现的有氏族公共墓地两处。葬俗流行成人单人仰身直肢葬和儿童瓮棺葬,用鼎豆或盆罐、大口尖底瓶作瓮棺葬具有较强的地方特色。

清理仰韶文化时期房基10间,除两间为单个房子外,其余为套间,8间分为3组。一组为4间相连,另两组是两间相连。建筑工序是先挖基槽,在基槽内栽木柱、缚横木、加芦苇束,再涂草拌泥构成墙壁,然后用火烧烤,即"木骨整塑"陶房。对保存较好的房基,经碳-14年代测定法测定年代为距今5040±100年,对研究家庭的起源提供了宝贵资料。

大河村遗址

出土遗物数量极多,主要是生活用具、生产工具和装饰品。生活用具主要是陶器,陶器以褐陶为主,红陶次之。器形有鼎、罐、盆、钵、碗、豆、壶、缸、瓮、尊、甑、盉、背壶和大口尖底瓶、小平底等。鼎类器发达,器形多样,发展演变序列清晰。陶器多为手制或手轮兼制,晚期出现轮制。器物表面多素面或磨光,纹饰有绳纹、弦纹、划纹、附加堆纹和彩绘等。彩陶数量前期较多,后期明显下降,不见白衣彩陶,只有少数红衣黑彩和灰衣红彩。陶器制法前期多为手制或手轮兼制,后期出现轮制。彩陶图案极其丰富,主要有宽带纹、平行线纹、圆圈纹、锯齿纹、弧边三角纹、网带纹、S纹、X纹、睫毛纹、菱形方格纹、古钱纹、六角星纹、曲线纹、禾苗纹、水波纹、豆点纹、旋纹、星座纹等,多达30多种。彩陶纹样中的太阳纹、日晕纹、月亮纹、星座纹等天像图案,为研究我国天文史增添了新的资料。生产工具有石器、骨角器、蚌器和陶器等。生产工具与前几期相比较有显著进步,特别是农业生产工具,数量不断增加,而且新出现了双肩石铲、长方形石刀、蚌刀、石镰等。装饰品有石器、骨器、蚌器、玉器等。大河村遗址出土的遗物,特别是陶器,在陶质、陶色、羼和料和器形、纹饰等诸多因素中,既有从早到晚一脉相承的发展演变规律,又有明显的阶段性。

大河村遗址的发现,成为仰韶文化大河村类型和代表。大河村类型包括了分布于以嵩山为中心的嵩山地域的仰韶时代文化遗存从产生、发展到消亡的全过程。大河村遗址对研究中国原始社会到奴隶社会的历史发展有重要意义,遗址的发掘与研究工作,也为探讨中原地区仰韶文化的发展序列、文化类型的划分以及与黄河下游、江汉流域诸原始文化的关系提供了珍贵实物和确凿的地层依据。

二、青台遗址

全国重点文物保护单位。青台遗址位于荥阳市广武镇青台村东、桃园村南、砾石溪(俗称枯河)北岸的岗地上,南距荥阳市区11.5公里,是我国较早发现的新石器时代仰韶文化遗址之一。原有面积约15万平方米,由于遭到平整土地的毁坏,面积减少,现存近10万平方米。

1922 年，瑞典人 T. J. 阿尔纳发现，并编写出《河南石器时代之着色陶器》一书。1951 年，中国科学院考古研究工作所夏鼐等又来此进行考古调查，并进行小面积试掘。在当年的《科学通报》第 2 卷第 7 期发表了《河南成皋广武区考古纪略》一文。1981 ~ 1984 年及 1987 ~ 1988 年，郑州市博物馆对青台遗址进行较大规模的考古发掘，揭露面积 2700 平方米。遗址文化层一般厚 1 ~ 3 米，而在中南部凸起处堆积最厚，最深达 9 米左右。出土房基 30 余座，陶窑 12 座，灰坑 200 余座，成年人墓葬 260 余座，儿童瓮棺葬 500 余座。同时出土了一大批相当珍贵文物。据文化层叠压与打破关系以及出土遗物的类比分析，青台是仰韶文化中期限延续到晚期的遗址，从早到晚分类三期：一期，陶器多为红色和灰色，彩陶数量较少，彩绘图案简单，多见红色宽带纹，均饰于钵、碗和分的口部。陶器有釜形鼎、罐、尖底瓶、盆、钵等。鼎足有凹槽；尖底瓶多为杯状口和蒜头口，瓶腹圆鼓；盆为折沿、浅腹、圆满底内凹。二期：陶器样式增多，出现了盆形鼎、罐形鼎，腹部圆满鼓，足多为鸭嘴状；尖底瓶腹部内收，口平内折，还出现了绳纹夹砂陶缸。灰陶与彩陶的数量增多，彩陶图案多为圆点纹、弧线三角纹、网带纹白衣彩陶，还有虫纹、树叶纹、变形植物纹等。三期：陶器中多罐形鼎，鼎足除鸭嘴状外，还有圆柱状；钵的形制有了变化，同时出现了灰陶钵，盆腹部变深，小平底；小口尖底瓶减少，为缸和大口尖底瓶取代。灰陶比例明显增大，并占据主导地位；彩陶除二期的图案外，又出现了红衣黑彩波浪纹、S 纹、X 纹。

经国家文物局保护科学技术研究所碳 - 14 试验室，1983 年对二、三期木炭标本测定结果表明，二期遗存的年代距今 5330 ± 120 年，三期遗存距今 5120 ± 120 年。青台遗址是从仰韶文化中期一直延续到晚期的文化遗存，属于仰韶文化而有着郑州地区鲜明特点的一种原始文化遗存。一期约相当或稍早于庙底沟早期，二期约与秦王寨类型早期相近，三期则与秦王寨类型晚期相同。

青台遗址

青台遗址因发现早，规模大，遗存丰富，地理位置重要和曾多次进行考古发掘而在中国新石器时代考古研究中占有重要位置。同时对研究仰韶时期的社会性质、婚俗、建筑与纺织技术水平提供了重要的实物资料，也对嵩山地域的仰韶文化的分期、类型划分、发展阶段等方面的研究，具有重要的参考价值。

三、土门遗址

全国重点文物保护单位。土门遗址位于伊川县城东南 2.50 公里伊河的白元乡土门村。东西长 800 米，南北宽 250 米，总面积 20 万平方米。自西向东依次堆积有河南龙山文化和仰韶文化遗址，文化层呈灰褐色，厚度 2 ~ 5 米不等，个别处达 5 米以上。

该遗址于 1965 年被发现。此后，中国科学院考古研究所，洛阳地区文物工作队、洛阳市文物工作队相继进行了调查与发掘。共发现房基4座,瓮棺葬3座(2座系残缺葬具),其中一座采用泥质红陶缸加器盖相扣作为葬具。灰坑有袋状和锅状两种,均呈圜底。出土器物数量较多,有红陶15件。釜2件、釜形鼎3件、彩陶盆3件(残)、罐3件、器盖8件。另有红顶钵、尖底瓶、高领瓶等。瓮棺上彩绘的图案新颖别致,在仰韶文化类型中甚为罕见,被权威人士命名"伊川缸"。

从文化特征上看,土门遗址与洛阳王湾遗址的仰韶文化和河南龙山文化相近。

四、尚岗杨遗址

全国重点文物保护单位。尚岗杨遗址位于郑州市东南部管城区南曹乡尚岗杨村西的土岗上,面积约7.5万平方米,文化层厚1~3米。

这里地势坦荡,地表有零星低矮土岗、沙丘分布,遗迹遗物非常丰富。通过1984年的文物调查和1993年配合郑州至新郑高速公路建设所进行的考古发掘发现,该遗址有房基、灰坑、墓葬等。房基为"木骨整朔",墙壁与地坪经大火烧呈砖红色,十分坚固。灰坑形状多为桶状和袋状,填灰土和烧土块或深灰色草木灰。墓葬约为竖穴土坑墓。

在遗址范围内,地面上散存大量烧土块、陶片、残石器、兽骨等。陶器以泥质红陶和夹砂褐陶为主,泥质灰陶次之,器形有鼎、钵、碗、盆、瓮、小口尖底瓶、缸等,另有石铲、石斧、石凿、鹿角等。陶器表面多素面,磨光或施陶衣。部分罐、钵、盆、瓮的腹部饰弦纹、鸡冠纹;小口尖底瓶饰弦纹;缸的外壁饰粗线纹,口部饰附加堆纹;部分盆、钵、碗、罐上腹部饰白衣,并绘黑、褐或红彩圆点、弧线三角纹、花卉纹、同心圆纹、水波纹、网格纹、平行线纹等。

该遗址是嵩山地域目前保存较好的一处重要的仰韶文化中晚期大型聚落遗址。

五、秦王寨遗址

全国重点文物保护单位。秦王寨遗址位于荥阳市北邙乡秦王寨村西部。遗址西临黄河,南依哑巴沟,北是寨沟村,东为平坦的农田。其东西长300米,南北宽200余米,总面积约3万平方米,文化层3至4米,最厚处达7米。

该遗址最早于1921~1922年由瑞典人安特生派人调查发现,是中国最早发现的4处仰韶文化遗址之一。国内许多专家多次前往调查,至今虽一直未进行过考古发掘,但遗址的地表、台地周围崖壁上散存不少烧土块、陶片和残石器。遗迹可见灰坑、墓葬和房基。断崖上暴露灰坑4个、墓葬6座、房基1座,灰坑为口小底大袋状坑,墓葬多为单人仰身直肢竖穴土坑墓。房基为"木骨整塑"建筑,墙壁内留有清晰的立柱、横木和芦苇构成的"木骨"痕迹。墙壁被烧成坚硬的红色陶质。

秦王寨遗址的文化内涵,可以初步分为3期,分别和大河村遗址的2、3、4期相同。从采集的标本看,其主要文化特征是:陶系仍以红陶为主,约占60%,灰陶约占40%。但与早期文化的陶系相比,它的红陶比例下降,灰陶比例上升。器形盛行三足器,常见器物如罐形鼎、盆形鼎、敛口曲腹钵、平沿折腹盆及S纹、X纹罐、小喇叭口圆瓮、镂孔折腹盆等。出现了薄胎陶器,胎厚仅1~2毫米。纹饰以彩陶居多,约占泥质红陶的40%。最具代表性的图案是S纹、X纹、方格纹、网纹、同心圆纹、睫毛纹等。

彩绘多施于钵、罐、壶、碗、盘等器的肩部或上腹部，颜色多为棕、红、黑兼用，少量为红陶磨光施黑彩和灰陶磨光施红彩。其中最突出的是白衣彩陶，内容丰富，色彩绚丽，花样繁多，构图匀称，为彩陶工艺中的上品。

秦王寨遗址

秦王寨遗址，作为一处典型的仰韶文化遗址，不仅发现时间早，而且还因它是考古界“秦王寨类型”的命名地，代表了仰韶文化时期分布于今郑州、洛阳、南阳之间豫中地区的一种文化类型，一直享有较高的知名度，曾为仰韶文化的分布范围、文化特征、类型划分等许多重要历史课题的研究，起到过较大的推动作用。

六、后庄王遗址

全国重点文物保护单位。后庄王遗址位于郑州市西北约 20 公里后王村东北土岗上。遗址面积约 5 万平方米。索须河靠土岗北侧由西向东流过，形成高约 10 米的断崖，岗顶为向南倾斜的慢坡。岗顶和断崖上暴露出仰韶文化层和窖穴、灰坑、瓮棺葬等遗存。

1958 年 2 月，原河南省文物工作站曾在遗址南部进行发掘，清理了一些瓮棺葬和灰坑。1975 年 6 月，河南省博物馆和郑州市博物馆联合在遗址东部边沿又进行了发掘，前后两次发掘面积 600 多平方米。是一处仰韶文化遗址。文化层厚 1 ~ 3 米，可分为上中下层。

下层时代最早，发掘出涂草拌泥长方形房基、涂有草拌泥的圆形窖穴或灰坑、成人墓、儿童瓮棺葬等。出土的生活用具有鼎、盆、豆、小口尖底瓶、釜、瓮、钵和器盖等。以泥质红陶和砂质棕陶最多，泥质灰陶较少，其中有部分白衣彩陶。出土的生产工具主要是石器，其次是骨器。器形有石斧、石铲、石刀、骨镟、骨针、陶纺轮和陶弹丸。另有骨簪与残陶环等装饰品。

中层发掘出涂草拌泥夹木骨墙的房基和圆形窖穴、成人墓、儿童瓮棺葬等。此期的瓮棺葬出土数量较多，用作葬具的陶器种类也比较多，有尖底罐、尖底瓶、平底缸、瓮、罐、钵、盆、鼎、器盖等。出土的生活用具有鼎、罐、瓮、盆、钵、豆、尖底缸、平底缸、尖底瓶、碗和器盖等。陶器仍以砂质棕陶与泥质红陶最多，泥质灰陶次之，并有一些施白衣绘红彩与黑彩的彩陶。生产工具有石铲、石刀、石凿、石纺轮以及骨镞、陶弹丸和鹿角锥等。下、中两层属仰韶文化中期的庙底沟类型。

上层年代较晚，发掘出涂有白灰面地坪的圆形和长方形房基、圆袋形窖穴、灰坑和瓮棺葬等。出土的生活用具有鼎、罐、瓮、钵、小口尖底瓶、豆、碗和器盖等。以泥质灰陶较多，砂质或泥质红陶和棕陶较少，部分泥质红陶绘黑彩。器表纹饰有绳纹、弦纹、锯齿纹和附加堆纹。生产工具中石器有石铲、石斧、石凿、石刀、石弹丸、蚌镰、骨镞和陶纺轮，另有石环、陶环和蚌环等装饰品。下层属仰韶文化晚期的秦王寨类型。

该遗址属仰韶文化中、晚期的一处原始聚落遗址。文化层较厚,有早晚之分,标明是一处居住时间较长的农业生产为主的定居氏族聚落。

七、王湾遗址

王湾遗址

全国重点文物保护单位。王湾遗址位于洛阳市老城西 15 公里的西郊王湾村北涧河南岸的台地上,面积约 8000 平方米。1958 年夏,由中国科学院考古研究所洛阳工作队调查小组发现。此后,北京大学历史系考古专业曾进一步复查。1959 年秋、1960 年春两次对王湾遗址进行发掘,揭露面积 3350 平方米,据发掘可知,遗址包含仰韶、龙山、西周、春秋、战国、晋、北朝等各个时期的文化遗存。其中属仰韶时代的有王湾一期和二期前段,主要遗迹有新石器时代的房基、灰坑、窖穴、陶窑、墓葬等该遗址的发掘,是嵩山地域仰韶时代遗址较早做大面积的揭露,因而首次在地层上确立了嵩山地域的编年及与周围地区各类仰韶时代遗存的相互关系与年代,为深入研究本地仰韶时代文化打下了基础。

王湾遗址面积约 4. 5 万平方米。最重要的发现为新石器时代文化层,厚达 3 米左右,划分三个阶段,即王湾一期文化、王湾二期文化和王湾三期文化。经研究认为,王湾一期文化属仰韶文化,王湾三期文化属河南龙山文化,而王湾二期文化介于两者之间,具有中间过渡的性质和特征。

王湾一期文化土的遗物石器有石斧、石刀、石铲、石磨棒、石凿、砍伐器、盘状器、石镞、石弹丸、石纺轮。陶器有夹砂罐、灶、釜、鼎、甑、卷沿盆、大口罐、钵、碗、器盖、小口平底器、小口尖底瓶、小杯。另外还有骨针、骨匕、骨锥、陶坠、陶环、陶球,还发现有兽骨等。

王湾二期文化发现有穿孔石铲、石镰、蚌刀、蚌铲等。出土陶器以夹砂灰陶最多,泥质黑灰陶逐渐增加,红色陶最少。主要器形有鼎、甑、罐、双腹盆、单耳杯、小口平底罐、瓮、碗、豆、盘等。

王湾三期文化发现有肩石铲、穿孔石刀、三棱镞等。此层陶器尽管保留着第二期文化的某些因素,但已显出巨大的质变。陶器中以泥质和加砂灰黑陶为主,不见红陶。纹饰以拍印方格纹、竖篮纹为主。出现新的器形,有领瓮、夹砂小瓮、鬲、鬶、盉和镂孔器座等。

王湾遗址还发现了周代文化层、北朝及隋代文化层和一座晋墓,表明遗址延续时间较长。

王湾遗址提供了由仰韶文化到龙山过渡期文化的资料,证实了龙山文化和仰韶文化的承袭关系,在新石器时代考古学上占有重要地位。

八、点军台遗址

河南省重点文物保护单位。因楚汉相争，刘邦在此点军，故名。点军台遗址位于荥阳市广武镇南城自然村东南1公里。发现于20世纪20年代初。东西长约300米，南北宽200米，面积约6万多平方米。遗址最高处高出地面近3米，文化层厚4～6米，最厚达7米以上，属新石器时代仰韶文化和龙山文化遗存。

文化层可分为四期，出土有房基、瓮棺、陶窑、灶坑、灰坑等遗迹和遗物。其中属于一期的4座长方形房基，东西排列，保存较好，结构清楚。房基长5.15～6.04米，宽5.12～5.4米，墙厚20～32厘米，墙壁保存最高处为45厘米。房内中央正对门均有方形烧火台，边长1.1米左右。台的4角有较大柱洞，东西各有一道挡风墙。房基墙壁内外均被火烧成红色，非常坚硬。房基为方形地面建筑，使用整体木骨泥塑并经大火烧烤的技术，房内迎门处设烧火台，中期开始出现套间的排房，地坪一般都经过加工，即用料礓粉、河沙、黏土铺垫，最厚者达19层，十分平坦坚固。其中3号房基出土木炭，1980年，经国家文物局文物保护科学技术研究所用碳－14年代测定法测定年代为距今5370±103年，是迄今嵩山地域发现的时代最早的红烧土房基。在房基周围，出土14个瓮棺葬、1座陶窑。房基东部发现一个直径1.9米的圆形坑，坑内有相互叠压杂乱埋葬的10余人体骨架，其中有儿童、少年和成年。

点军台遗址的主要文化内涵，属新石器时代仰韶文化和龙山文化遗存。出土的生活用具以陶器为主，分泥质和夹砂两大陶系。器形丰富，主要有鼎、釜、盆、钵、碗、缸、罐、尖底瓶、器座、器盖、鏊、瓮、甑、壶、杯等，尤其鼎的种类多，数量大。此外有少量的石、骨、蚌类工具和装饰品等。该遗址第一、二期以红陶为主，均为手制。彩陶比较发达，白衣居多，红衣次之，图案繁杂，以圆点纹弧线三角纹、钩叶纹为主。其中一件彩陶盆比较突出，具有庙底沟类型的风格。第三期文化堆积最厚，彩陶很丰富，以红陶黑彩或红彩为多。纹饰最多的是网带纹，属秦王寨类型。第四期以灰陶为主，多为轮制，彩陶较少。生产工具有石斧、石铲、石锛、石凿与陶纺轮、石弹丸、陶弹丸以及石镞、骨锥、骨针等。龙山文化遗存发现较少，遗迹主要为灰坑，遗物主要为陶质生活用具，如鼎、甗、罐、盉、钵、甑、釜、杯等。点军台还发现多处汉代空心砖墓。

点军台遗址先后于1934年、1951年和1980年进行过考古发掘，对整个嵩山地域的文化研究提供了十分重要的材料。

九、沙石嘴遗址

河南省重点文物保护单位。沙石嘴遗址位于新密市东20公里处的岳村镇苇园村南侧的沙石嘴台地上，周围丘陵环抱，西、北两面临河。南北长250米，东西宽100米，面积2.5万平方米。文化层厚1～3米。在遗址地表和沟壕断崖上暴露出堆积很厚的文化层，内含成堆的陶片红烧土块，还发现有有残陶窑基3个和许多用以储藏的窖穴坑等遗迹。采集到的生产工具有石铲、石斧、石刀等遗物，其中大小石铲7件，均磨制，刃部锋利，最大的石铲长29厘米，宽11厘米，上部有肩带柄。采集到的生活用具，多为陶器，陶器有红陶和灰陶两种，器表多数磨光，少量施绳纹或白衣彩绘，器形有鼎、罐、钵、缸、盆、小口尖底瓶、澄滤器等，还有大小不同的陶环。从器物的形制和纹饰特点看，属仰韶文化遗存。在仰韶文化层之上还叠压有龙山早期文化层，在遗址北部沿河岸边还有宋代采煤井遗存。

十、东马沟遗址

河南省重点文物保护单位。东马沟遗址位于洛阳市西郊孙旗屯乡东马沟村西 1.5 公里，此地有条荣河（涧河的支流）自西南向东北穿村而过。在村南、村西和村北的荣河两岸上，分布着甲、乙、丙三处古文化遗址。总面积约为 5 万平方米，文化层厚 1～2 米。

遗址甲处于村西头的荣河上，“文革”时期的“农业学大寨”运动中因平整土地遭到破坏，没有进行发掘过。仅从历年来田野调查中采集到的遗物和断崖上暴露出的灰坑可知，文化层较深，范围不清。地面无任何遗迹和遗物，地势南高北低。在荣河东岸的断崖上暴露有文化层及袋形灰坑。包含物多为河南龙山文化的篮纹和方格纹陶片。

遗址乙位于村西南约 0.5 公里的荣河支流上游的台阶上，是一处仰韶文化遗址。该遗址破坏严重，文化层较薄，残存有少数圆形灰坑。地面遗物有红陶钵、罐等彩陶片及石釜、石刀等。

遗址丙是一处二里头文化墓葬区，位于村东北的 1 公里的台地上，地势南高北低，荣河到此折向东流。文化层较厚，地面遗物甚少。遗址东西长 200 米，南北宽约 150 米，面积约 3 万平方米。

1966 年，因洛阳市修建秦岭防洪排水工程，在工程穿过遗址区长 100 米、宽 10 米的范围内，洛阳博物馆派人前往配合进行抢救性考古发掘。在上层的文化层中采集到二里头类型的陶鼎、深腹罐、花边罐、盆、大口尊、澄滤器、器盖、瓮、三足盘、平底盆、豆、爵等陶器和二里岗期的尊、鬲、罐等。在下层文化中，清理出二里头文化类型的墓葬 11 座，其中双人墓 2 座，单人墓 9 座。均为长方形竖穴土坑墓，除 2 座为东西向外，其余均为南北向。墓圹一般长 1.9～2.1 米，宽 0.47～0.77 米，残深 0.2～0.3 米。墓葬出土有成套的酒器。在 8 号和 9 号墓的底部残存有木椁痕迹。随葬品较普遍。多数墓的随葬品组合为三足盘、平底盆和鬶，有少数墓用爵或盉取代鬶。个别墓还有罐和杯。

这批墓形制较小，属平民墓，但出现了用木棺作葬具。随葬品不见炊具鼎、罐、甑，多为酒器，如白陶盉、鬶和爵等。出现白陶以高岭土的陶系比例增加，器表呈白色。盛具有三足器，平底盆和豆。这些器物在当时饮酒已相当普遍。从随葬陶器的形制考察，东马沟遗址的发掘，为探索夏文化增添了新资料。

十一、史家湾遗址

河南省重点文物保护单位。史家湾遗址位于洛阳市西郊史家湾村东的台地上，面积约 6 万平方米，文化层厚 1～2 米。遗址南部断崖下的涧河由西南向东北环流而过，隔河与王湾遗址相望，二者相距不足 1 公里。

该遗址没有进行过发掘。据勘探得知，在遗址东部距地表 0.3 米以下，有大面积的居住面，土质坚硬，夹以杂物，南北长 60 米，东西宽约 40 米。从台地上和断崖中暴露出的灰层中，发现不少陶器残片。陶片为泥质红陶、泥质灰陶和夹砂灰褐陶。纹饰有线纹、弦纹、宽带纹、三角纹、粗绳纹、细绳纹、篮纹、斜格纹、乳钉装饰及彩绘等。可辨器形有小口尖底瓶、豆、钵、盆、杯等。还采集到石斧、石刀等遗物。在遗址北部缓坡道路处有新石器时代的路土面两层，土质细末呈鱼鳞片状，东西长 30 米，厚 0.2～0.3 米，上下两层路土面均间隔 0.5 米左右，这是原始先民上下台地时所走的道路。

史家湾遗址与王湾遗址距离较近，他们之间应有密切的关系，文化性质亦当类同。从历年来调查采集的文物和遗迹看，这里是一处仰韶、龙山时代的文化遗址。

十二、大张遗址

河南省重点文物保护单位。大张遗址位于汝州市城西 7.5 公里处大张村西南，北汝河北岸，洗耳河与荆河之间的黄土台地上。遗址北依土坡，西近荆水，地势北高南低。遗址高出河床近 3 米，总面积 14 万平方米，文化层厚 1～2 米。

遗址内所见石器均系河卵石精磨而成，有石斧、石凿、石刀、石铲等。陶器以泥制红陶为主，夹砂陶次之，还散存着部分泥质黑陶及灰陶。仰韶文化晚期的陶器为红陶。但器内多为灰色，质地紧密，器形趋于灵巧。有些陶器有彩绘，但纹理简单。龙山文化晚期的陶器以磨光黑陶为主，灰陶次之。纹饰大多为篮纹、细绳纹，间有少量的方格纹。器形有高领罐、敛口钵、大口缸、鬲、鼎、深腹缸等。

1959 年秋，河南省文物工作队在此进行了试掘，揭露面积 320 平方米，发现比较单纯的仰韶时代晚期和龙山时代早期的地层堆积，其中，清理出房基 1 座，窖穴 531 个，墓葬 20 座。房墓葬中有成人单人墓、母子合葬墓和儿童瓮棺葬。有的墓内有随葬品。出土文物 600 余件，其中有生产工具、生活用具及骨、玉、石装饰品。石器有磨制的打制的耜、锸等。据调查发掘资料表明，上层接近龙山文化，下层为仰韶文化，是一处仰韶文化向龙山文化发展过渡的一个聚落遗址，对研究仰韶文化与龙山文化的承袭关系具有重要价值。

十三、八方遗址

河南省重点文物保护单位。八方遗址位于登封市区东南 15 公里的告成镇西约 1 公里八方村东南。附近地势平坦，南临颍河，北部由八方至告成的大道从遗址中穿过，现存面积约 2 万平方米。1954 年发现，1975 年进行了科学发掘，现存面积近 2 万平方米。根据所出土陶器的特征，分为前后两期。

早期：生活用具主要是陶器残片。有泥质红陶、夹砂红陶、夹砂棕陶、夹砂灰陶、泥质灰陶等。器表以素面与磨光者最多，有少量陶钵口沿处饰一周红彩，尖底瓶多饰细绳纹。可看出的器形有鼎、罐、瓮、盆、钵、尖底瓶等。

晚期：生产工具有石铲、石球、骨锥。生活用具主要是陶器，陶质有夹砂红陶、泥质红陶、夹砂棕陶、泥质灰陶等。陶器表面以素面与磨光为主，少数饰弦纹，有部分彩陶。以手制为主，能够看出的器形有鼎、尖底瓶等。

八方遗址的早期遗存是一处以仰韶文化为主的聚落遗址，晚期遗存直接承袭前期文化发展而来，兼有河南龙山文化的遗存，这就说明了它与王城岗遗址有着先后的承袭关系，河南龙山文化时期八方聚落的先民们逐渐东移进了王城岗，它对研究我国仰韶文化向河南龙山文化过渡具有重要史料价值。

十四、阎村遗址

河南省重点文物保护单位。阎村遗址位于汝州市东南12.5公里的纸坊乡北500米的阎村东黄涧河西岸台地上。总面积2.86万平方米，文化层堆积1～3米。1964年发现，1978年在此发现鸟鱼石斧图彩陶缸，因而引零点锋云卢学术界的重视。经1980年复查，发现这里的文化遗存大体属于仰韶时代中期，有人还将嵩山地域的仰韶时代中期文化称之为"阎村类型"。鸟鱼石斧图彩陶缸的发现，对研究仰韶时代的宗教、艺术、社会性质及组织等都有重要价值。尤其是在此出土的鸟鱼石斧图彩陶缸，器表绘有"鹳鱼石斧图"，属目前发现的我国原始社会最大的彩画陶缸，美术界有人把"鹳鱼石斧图"作为我国发现的最早的美术作品。

阎村遗址是仰韶文化中、晚期的聚落遗址，分布有居住、墓葬、手工业区。遗物多为石器、陶器。石器均采用质地坚硬的河卵石磨制，有石斧、石铲、石凿。陶器多泥质红陶、夹砂红陶，均采用泥条盘筑法，后经慢轮修整打磨。器表多采用红、褐、黑、白间施进行彩绘。花纹有勾叶、垂弧、三角、网状、圆点、几何、S条形等几何图案。器形有尖底瓶、敛口钵、直壁缸、尖底器、釜形鼎、罐形鼎等。陶缸、尖底器均为葬具，底部中间都有一个小孔。

十五、颍阳遗址

颍阳遗址

河南省重点文物保护单位。颍阳遗址位于登封市颍阳镇南300米处，北部洛许公路横穿东西，东、西、南三面临河沟，北临街区民居。遗址坐落在台地上，面积约405万平方米。1984年春，文物普查时发现。

遗址南北长约300米，东西宽150～240米，面积近6万平方米。遗址的东、西、南三面断崖上暴露着灰坑和文化层，文化层堆积5～7米。北部文化堆积1～2.5米，南部多为3～3.5米。遗址北部发现一些房基，早期为半地穴式，平面为方形或圆角方形，穴壁多有加工，地坪中心有1个或5个柱洞；晚期房基多平地起建，亦为方形。灰坑多圆形袋状坑，也有方形和圆形直壁坑及圆形袋状坑。遗址南部曾发掘18座土坑墓和12座瓮棺葬，其中早期墓葬有迁葬现象，还有两座墓有比较清晰的棺木痕，排列有序，可能是氏族墓地。

遗迹有灰坑、房基等。灰坑多为袋状坑。房基地坪为多层砂灰面构成。遗址出土陶器丰富，以泥质陶为主，夹砂陶次之。陶色以红褐陶为主，灰陶次之，同时也有彩陶。制法以手制为主，口沿多经慢轮修整。器形有鼎、罐、盆、钵、碗、豆、尖底瓶、缸、盆、灶、壶等。纹饰以素面为主，还有弦纹、线纹、附加堆纹，晚期出现绳纹。石器有石斧、石铲等。

经过发掘得知，该遗址是一处比较单纯的仰韶文化中晚期聚落遗址，其文化遗存可分两期，每期又可分为早晚两段。其中早期属仰韶文化庙底沟类型，晚期属仰韶文化秦王寨类型。遗址居住区和氏族墓地保存完整，布局分明，具有较高的历史、科学和研究价值。

古颍阳丞印

十六、楚湾遗址

河南省重点文物保护单位。楚湾遗址位于荥阳市15公里的崔庙镇楚湾村东、西和北的三座大土岗上，北有三山河，东有七寸河，两河均为纵贯荥阳南北的索河的支流，遗址处在两河交汇地带。这是新石器时代仰韶文化时期的一处重要村落遗址，总面积约15万平方米。

东岗俗称哑巴岗。文化层一般厚2～3米，最厚处达5米以上，最下层发现有仰韶文化早期遗存。从断崖上观察，遗址有房基、灰坑、土坑墓、瓮棺葬等。地面上散落的遗物很多，其中白衣彩陶片相当丰富。西岗文化层厚2.5～3米，东南角最厚处达4米以上。遗址有房基、灰坑、土坑墓、瓮棺葬等，从地表采集标本看，多属仰韶文化中晚期。北岗文化层厚1.5～2米，遗址有房基、灰坑、墓葬等。遗物主要属仰韶文化中晚期和晚期。

楚湾遗址，遗迹遗物十分丰富，是荥阳市南部索河流域乃至郑州地区近年发现的面积较大的一处以仰韶文化秦王寨类型遗存为主的典型村落遗址。它将为研究郑州至中原地区仰韶文化的分布范围，探讨仰韶文化的社会结构与性质以及仰韶文化向龙山文化过渡等，提供重要的参考资料。

十七、前后户遗址

河南省重点文物保护单位。前后户遗址位于汝州市陵头乡前户村、后户村两村之间，荆河东岸台地上。前后户遗址的文化堆积十分明显，整个遗址地势较为平坦，东高西低，遗址平面形状为长方形，南北长800米，东西宽300米，总面积为24万平方米，文化层厚度为2～5米。在地表散存着十分丰富的遗迹、遗物。

地层共分为四层：一层为耕土层，土色为黄灰色。二层为文化层，厚约2～4米，发现有灰坑等遗迹。遗物内涵相当丰富，其中陶器中以泥质红陶和夹砂红陶最多，灰陶次之。常见的器物有小口尖低瓶、罐、钵、盆、鼎等，属中原地区仰韶文化常见的典形器物。三层厚为0.8～1米，有少量的红褐色陶片及人工打击的石片。四层为生土层，根据文物调查与现存的文化内涵，遗址可定为以仰韶文化为主，还有少量裴李岗文化遗存。

十八、向阳遗址

河南省重点文物保护单位。向阳遗址位于登封市东北约15公里处的勺河北岸。1978年,开封地区文物管理委员会专题调查时,在此发现了1件完整的石刨。据《河南开封地区新石器时代遗址调查简报》报道,向阳遗址"在勺河北约1公里的土岗上,面积约5万平方米",文化内涵丰富,文化层厚度1~3米。"这处遗址的文化遗存相当丰富,主要为仰韶文化遗物,有大量的红陶、彩陶、鼎足、红烧土、石斧、石铲,以及红烧土地面(是一处仰韶遗址)";石刨呈"丁字形,两侧为把手,微凹,中部为器刃,单面磨刃,刃呈斧状,极为锋利。柄长25.8厘米,刃长6厘米,宽3.2厘米"。此石刨形体规整,亦系选用1块较大的石片打制而成,刃端磨光。该文称其为"刨形器",定名较为准确,本文则直称其为石刨。经文物部门多次调查得知:向阳遗址是一处仰韶文化聚落遗址,同时兼有龙山文化遗存。

十九、袁村遗址

河南省重点文物保护单位。袁村遗址位于登封市市区南约12公里的东华镇袁村村东的河岸二级台地上。1984年文物普查时发现。台地北约200米有少林河,南约1公里有颍河,两河在其东约2公里处汇合,因此,遗址处在两河夹角的台地上。遗址东西长约350米,南北长约300米,面积约10万平方米。台地边缘因当地村民取土而直立起来,因此文化堆积层非常明显地暴露在外。遗址处在岗地上,周围地势较低,在遗址的西断崖和北断崖上可明显地看出大量的灰坑及文化堆积,文化层厚度2~3.5米,最厚处达5米。文化堆积层的上面一层颜色略浅的,是3000年以来的黄土堆积,下面的红土是仰韶文化堆积层,在这一层里,很明显可以看到有不少的红陶片。从遗址的下层还发现了裴李岗文化时期的堆积,将遗址的起始时间上推至裴李岗文化时期。虽然采集遗物较少,但对认识裴李岗文化与仰韶文化之间的渊源关系具有一定帮助。

袁村遗址的文化层里的堆积物非常丰富,在这里发现的有陶罐、陶鼎、陶鬲的足,另外就是大小不等的红陶片。还有石斧、石铲等。从陶质、陶色、器形种类和纹饰等方面看,均表现出鲜明特色:以红陶为主;以鼎为主要炊具,以罐、盆、瓮、小口尖底瓶、缸等为盛储器,以钵、碗、豆、杯等为饮食器;纹饰有线纹、弦纹、附加堆纹和彩陶;彩陶在早期多为白衣彩绘,晚期流行红衣绘黑彩或红彩,图案以圆点弧边三角纹、弦纹、网纹、花卉纹、水波纹和宽带纹为主。这些均反映了豫中地区仰韶文化类型的基本特征。同时从房屋布局、结构、建筑工序、施工方法,从成年人墓葬盛行长方形土坑、单人仰身直肢一次葬,婴幼儿全部使用瓮棺葬,以及灰坑较多出现圆形袋状坑等因素观察,也与豫中地区仰韶文化特征一致。说明这个地区虽与郑州地区有大山阻隔,但仍属同一文化类型。

经调查获知:该遗址是一处包含有裴李岗文化、仰韶文化、龙山文化的大型聚落遗址,绝对年代为公元前6000~公元前2000年,先民们在此延续居住长达4000年。

二十、赵城遗址

河南省重点文物保护单位。赵城遗址位于巩义市区西南鲁庄镇赵城水库附近的台地上，西临干沟河，南有赵城水库，其他三面均为农田、山沟等丘陵地带，面积10万平方米，属于仰韶文化晚期遗存。

赵城遗址于1958年修赵城水库时发现，因修水库，遗址南部遭到部分破坏。1959年河南省文物工作队对其进行试掘，发现有墓葬、房基等，其文化层厚2～5米，出土有红陶鼎、盆、罐、钵和石斧、刀、蚌镰、骨镞等遗物。以泥质红陶、泥质灰陶为主，器形尖底瓶、钵、罐、碗纹饰有绳纹、划纹、附加堆纹、网纹、弦纹等。彩陶纹饰图案有网纹、带纹、弦纹、方格纹、日、月等，属于仰韶文化晚期遗存。典型器物有罐：园唇，斜肩，弧壁，颈下绘黑彩平行线纹和网纹。口径16厘米。碗：夹砂褐陶，轮修口沿，敞口，尖唇，斜壁，素面，口径22厘米。

赵城遗址是休水流域一处重要的仰韶文化遗存，对了解休水流域先民的生存、生活提供了重要的实物依据，与其他休水流域遗存一起展示休水流域新石器文化的连续性和阶段性，显示了豫中地区仰韶文化的地域特点及其前承后继，自成一系的文化传统。该遗址的发现对研究新石器时代聚落遗址具有重要价值。

二十一、喂庄遗址

河南省重点文物保护单位。喂庄遗址位于巩义市南约10公里芝田镇喂庄村西南部坞罗河东岸上三角台地上。1986年调查时发现。遗址西部的部分文化层已塌入河道。

现存遗址南北长约250米，东西宽约100米，面积约2.5万平方米。遗址呈南窄北宽，西部断崖暴露的文化层距地表0.4～0.7米，文化层厚1.5～2米。为浅灰色土，土质较松，包含物相当丰富。有陶片、残石器、烧土块、木炭、兽医骨、蚌壳等。发现灰坑6个，均遭到不同程度的破坏，多是小底大口的袋形坑，也有不规则形坑。采集的陶器残片，以泥质褐陶为主。其次为夹砂褐陶和泥质红陶，有一定数量的泥质灰陶。器形在夹砂褐陶罐、泥质褐陶深腹罐、浅盘豆、盆形鼎、泥质褐陶缸、平沿深腹盆。器表多素面，部分器表磨光，常见纹饰有附加堆纹、弦纹、线纹等。

该遗址属仰韶文化中、晚期遗存。

二十二、王垌遗址

河南省重点文物保护单位。王垌遗址位于新郑市区北15公里的新村镇王垌村北300米略偏东。1977年发现，王垌遗址南北长400米，东西宽300米，面积12万平米。2003年5月中华文明探源研究调查，调查中发现该遗址仰韶文化和二里头文化遗存，采集到罐、盆、器盖、豆、缸等陶器残片。

根据东部断崖文化层判断，厚约1～2米，文化堆积丰富，上部为耕土层，二层为扰土层，下有二里头文化层和仰韶文化层，现场采集陶片，可辨器型有罐、盆、鬲、大口尊等，还采集有仰韶文化石凿、石铲、石斧、彩陶片和兽骨等残片。根据钻探调查,初步判断东部文化层有堆积较厚,西部较薄,现场采集陶片可辨器形的有:仰韶时期的彩陶罐、罐、杯、高领罐、小口尖底瓶,泥质夹砂灰陶,彩陶罐为红衣黑彩,还采集有石凿、石铲、石斧、彩陶片和兽骨等残片。二里头时期的鬲、缸、罐等,泥质灰陶,纹饰主要有绳纹、附加堆纹。

王垌遗址是新石器时代仰韶文化至夏代先民居住遗址。遗址文化遗存非常丰富,具有非常重要的保护和研究价值,对研究仰韶文化特别是大河村类型具有重要意义。

二十三、马鞍河遗址

河南省重点文物保护单位。马鞍河遗址位于新密市老城西 2 公里城关镇马鞍河村西侧的台地上。东临马鞍河,南距绥水约 2 公里,高出河床约 15 米。遗址东西长约 180 米,南北宽约 150 米,面积约 2.7 万平方米,文化厚层 1 ~2.5 米。

该遗址属仰韶文化早期遗存。遗迹和遗物相当丰富。台地四周断崖上,东部和南部暴露有草拌泥筑成的房基和大面积烧土层,为居住区。北部发现较多的人骨,可能是墓葬区。还发现瓮棺墓一座,并出土彩陶、灰陶瓮棺各 1 个。在遗址区域内采集到的陶器有鼎、深腹罐、盆、钵、尖底瓶和缸等。彩陶多施白衣,多饰弧七三角纹;石器有斧、铲等。从遗址出土的房基、陶器和墓葬等遗迹看,属仰韶文化早期遗存。

二十四、伏羲台遗址

伏羲台遗址

河南省重点文物保护单位。伏羲台遗址位于巩义市东南 20 公里河洛口村东部台地上。1986 年文物普查时发现。遗址分布在东西宽 160 米、南北长 400 米、面积约 6.4 万平方米的黄土岗上,高出黄河河床 80 多米。遗址西北有一土岗,平面呈圆形,高 15 米,东西长 50 米,南北宽 48 米,四周陡崖峭壁,传说是伏羲画八卦的地方,俗称“伏羲台”。

该遗址文化层厚 0.5 米左右,包含大量陶片,有泥质灰陶、泥质红陶、夹砂红陶,器形有罐、盆、碗、钵、鼎、豆、杯、纺轮等,彩陶有白衣红彩、黑彩、绘曲线纹、水波纹。石器有斧、铲、凿、弹丸、磨石以及兽骨磨制的锥、簪、针等。遗址偏北断崖上距地表 1 米处有一建筑基址,由上下两层相叠压的白灰面构成。

还有房基3座，墙壁与地坪均经火烧烤，呈暗红色，墙壁残块上多有圆木痕。岗沿暴露灰坑6座，多遭不同程度地破坏。一灰坑底部发现完整猪骨架，并列另一灰坑发现成堆散乱羊骨。

该遗址属仰韶文化遗存、仰韶文化向龙山文化过渡期遗存和河南龙山文化遗存。

二十五、杨村遗址

河南省重点文物保护单位。杨村遗址位于登封市城南10公里东华镇杨村西北约150米的台地上。西南临少阳河，东北靠丘岭，南北长约380米，东西宽约270米，面积约10万平方米。

杨村遗址于1984年春文物普查时发现，并采集了部分文物标本。从遗址东断崖和中部一条小土沟的断崖上可以明显看出文化层堆积，文化层厚2～3米，内涵丰富，保存较为完整。采集到一批陶片和石器标本。陶片以泥质红陶为主，也有少量夹砂褐陶、泥质灰陶、夹砂灰陶和彩陶。采集到的陶器残片，可辨认的器形有罐形鼎、碗、钵、瓮、尖底瓶、碗、罐、澄滤器等。彩陶纹饰以彩绘弧线纹为主。纹饰以刻划纹为主，其次有绳纹、篮纹、方格纹。石器有石斧、石铲、石镰等，另外遗址中还发现大量的草拌泥烧土块和蜗牛壳及兽骨等自然遗物。

从遗址东偏北的断崖上暴露墓葬数座，根据其分布情况，应为墓葬区。经调查发现，该遗址是一处仰韶文化为主的聚落遗址，还兼有一些裴李岗文化、龙山文化遗存。

二十六、米北遗址

河南省重点文物保护单位。米北遗址位于巩义市东南25公里米河镇米北村北城岭台地上。1985年发现，1986年巩县文物管理所和郑州市文物工作队又联合进行调查，采集了大量文物标本。遗址东西宽110米，南北长350米，面积近4万平方米。从断崖上发现距地表2米为文化层，最厚处达3米以上，包含有仰韶文化、仰韶文化向龙山文化过渡的文化以及二里头文化、商代和战国等不同时期的文化遗存。

该遗址没有经过正式发掘，平整土地时被破坏。从历史调查和采集的标本看，遗址文化层上暴露房基1座、成人墓1座、小儿瓮棺葬1座、窖穴3个。采集到的石器有铲、凿、斧、刀、饼形器，陶器有釜形鼎、罐形鼎、宽沿盆、大口钵、缸、罐、小口尖底瓶、豆、杯等。陶器可分为三期：一期的陶器与陕西庙底沟、大河村一二期、点军台一二期的同类器相同或相似，相当于仰韶中期遗存；二期的陶器如网带纹彩陶罐、盆、缸、鸭嘴形鼎足、大口尖底器等与大河村三期、王湾二期（早）、点军台三期的同类器相同，属于“秦王寨类型”；三期的深腹罐、彩陶罐、钵、缸、豆等陶器以及彩陶纹饰的风格都与大河村四期、王湾二期（晚）、郑州林山寨的同类器相同，属豫中地区仰韶文化向龙山文化过渡时期的遗存。除此之外，遗址还发现有很多灰陶豆柄和灰陶大瓮口沿等残片，属战国时期遗存。

该遗址所在在的台地叫北城岭，传说一度是城，隔河相望的米河镇，南召地叫南城岭，遗址上有许多战国砖瓦。在古城墙基上，清同治年间又修一寨，寨门上刻有“古城寨”三字。

米北遗址处于豫中地区的腹心地带，各历史时期遗存从早到晚的连续发展与阶段性变化都相当明显，是豫中地区仰韶文化中、晚期遗址。

二十七、塌坡遗址

河南省重点文物保护单位。塌坡遗址位于巩义市康店镇解放岭自然村北2500米,地处邙山北麓、黄河南岸的台地上,当地人称“庙洼”,北低南高,遗址区位置向南凹进成一个自然坡地。

该遗址东西长200米,南北宽200米,面积约40000平方米。1937年,中国现代考古团体河南古迹研究会对塌坡遗址进行发掘后进行回填。遗址文化层明显,文化层厚约2~2.5米,发现有房基、灰坑,采集有泥质红陶、泥质灰陶等陶器残片。保存基本完好,现遗址被辟为农田。采集的标本有泥质红陶、灰陶、夹沙红陶、夹沙褐陶等,器形有钵、盆、罐、小口尖底瓶等。钵,泥质红陶,手制,斜直壁、圜底。文化层厚约2.5米,遗存非常丰富,有明显的房基、红烧土,说明当时古人类生活在河边并进行生产和生活。

因遗址所在地于五十年代大面积滑坡,国家出资当地居民全部迁出后安置地叫解放岭,而当地村民把遗址所处地称为塌坡,故遗址命名为塌坡遗址。三十年代发现,后中国早期考古学家多次进行调查。1937年,中国现代考古团体河南古迹研究会郭宝钧对塌坡遗址进行发掘,在东西南北各挖一条探沟,这批发掘遗物保存在当时省会开封,后日本侵入中原,研究所迁移,这批发掘品辗转藏匿后下落不明。

1978年文物出版社出版的《中国新时器时代》记载:塌坡遗址为建国前已发现的37处遗址中的一处。该遗址是中国第一代考古学家发现并进行发掘的较早的一处重要的新石器时期仰韶文化遗址,为研究当时人类生活环境及生活状况,提供了重要资料。

二十八、孙旗屯遗址

河南省重点文物保护单位。孙旗屯是洛阳西部稍偏南的一个自然村,座落在秦岭将尽处的东坡上。孙旗屯遗址就位于孙旗屯村东面大约300米处的梯形台地上。一条有时水深及膝、有时干涸的小溪经由孙旗屯村内,由西而东在遗址中部穿过。这里地势高,水源足,土地也很肥沃,是古人类十分理想的居住地。

孙旗屯遗址是发现较早的一处古遗址。早在1954年7月至9月曾配合防洪工程动土发掘,1955年原河南省文物工作二队再次对孙旗屯遗址进行发掘和清理。该遗址东西宽约180多米,南北长500米,总面积约9万平方米。从1955年3月中旬开始的第二次发掘清理工作,主要是在溪水北岸宽约10米、长约400米的范围内进行的。这里北高南低,形成一处向阳坡地。由发掘资料看,这里文化堆积层厚,内涵丰富,既包含着仰韶文化(在发掘范围的北面)、仰韶向龙山过渡期文化(在发掘范围的中部)以及龙山文化等新石器时代文化,甚至包含着商代文化(在发掘范围南部)的堆积。当时发掘者把孙旗屯遗址的发掘内容和资料,分成了仰韶文化、仰韶晚期文化、商代文化三个类型。

在仰韶文化层中,发现有椭圆形和袋形窖穴,其中发现有白灰面层。出土有大量陶器、骨器、石器以及兽骨、烧土等等。例如,圆柱状石斧、石片、骨椎等生产工具,小口尖底红陶罐,小口短颈平底灰陶罐,大口平底罐、钵等生活用具。陶器以红陶为主,并有彩陶,其中也有极少量为白底黑彩陶。纹饰主要有弧线勾叶纹和弧线三角纹。

仰韶向龙山文化过渡文化,亦称“王湾二期文化”。孙旗屯遗址发现的这个时期的文化遗址,主要为袋状窖穴，窖穴中常有烧土平面和烧土碎块以及草拌泥，亦有一窖穴底部铺一层鹅卵石。该期遗物中主要为灰色或红色素面陶、彩陶，极少数为蛋壳陶、磨光陶。陶器器形主要为平底器。有彩陶（红陶）钵、小口短颈灰陶罐、小口尖底红陶罐以及甑、直壁杯、高圈足豆、平底碗等等。此外还有骨镞、石斧、石刀等生产工具以及猪骨等。

孙旗屯商代遗迹，主要为葫芦形灰坑，由浅而深成斜坡。坑内出土商代遗物。如石铲、石片、陶纺轮、骨镞、卜骨、骨斧、陶环。陶器多绳纹，多圆底器，平底器次之，三足器较少。器形如盆、罐、瓮、小口长颈大腹罐等。

该遗址类似王湾遗址，它的发现对于研究嵩山地域原始社会人们的生产、生活以及社会形态提供了重要依据，也为了解仰韶文化与龙山文化的承袭关系找到了又一个实例。

二十九、西尚岗阳遗址

西尚岗阳遗址位于郑州东南约 5 公里西尚岗阳西北土岗上，高出周围地面 3 米。西靠七里河，向东约 150 米从吴家族坟向北至农村大路约 185 米。

1965 年发现，除东部和北部局部被平掉之外，整个地貌没有大动。地面暴露许多灰坑、陶片、石器和大量的红烧土块。陶片中多为灰陶，红陶较少，也有彩陶，可分为泥质和砂质两种。纹饰有绳纹、弦纹和附加堆纹，还有红陶黑彩和红陶红彩网纹兼弦纹彩陶。主要器形有鸭咀形鼎足，足根饰 1 个坑窝而近底部半周又饰 4 坑窝或半周饰 6 个坑窝而中部饰竖槽的沙质鼎足。还有扁圆形和半圆形陶纺轮、圈足呈喇叭口形陶豆、线纹尖底瓶、陶鼎、器盖、陶罐和带肩石铲等。

从七里河东岸断崖看，文化层厚 1 米多，是一处仰韶文化中晚期的文化遗址。

三十、汪沟遗址

河南省重点文物保护单位。汪沟遗址位于荥阳市区北 2 公里的城关汪沟村南约 300 米的索河支流东岸台地上。遗址西约百米是荥（阳）广（武）公路，南约 70 米为索河支流故道。遗址东西长 600 米，南北宽 500 米，面积 3 万平方米，文化厚层 1 ~3 米。

遗址地面散存许多红烧土块，并有明显的草拌泥痕。遗址东、西部高地断崖上，有排列整齐的柱洞，柱洞直径均在 30 厘米左右，中空，洞底填石块和一层料疆粉末夯层。整体就为“木骨整塑”。遗址的东部和南部断崖壁上发现许多灰坑。灰坑中含有人骨、兽骨和大量陶器残片。地表面暴露遗物有白衣彩陶、红衣彩陶、泥质和砂质红陶等，陶器中可看出器形的有豆、钵、鼎足和罐口沿等。

根据遗物特点，断定此遗址属仰韶文化秦王寨类型。

三十一、谷水河遗址

谷水河遗址位于禹州市西北 18 公里谷水河村西。颍水距遗址 500 米左右，从西北流向东南，南有由西向东注入颍水的涌泉河又称谷水河，遗址在两河交叉的三角洲略为隆起的台地上，面积约8万平方米。

1950年故宫博物院陈万里来此调查，1959年中国科学院考古研究所徐旭生也来此调查。1976年河南省博物馆派人在该遗址中心进行试掘，开南北宽4米，东西长7米的探沟一条，发现两个灰坑和一座墓葬。

据发掘得知：该遗址包含仰韶文化晚期到龙山文化早期的文化遗存。出土器物有：骨簇、骨簪、陶球、陶环、蚌饰、石斧、石铲、石凿、陶纺轮。石器与骨器为磨制。罐、鼎、钵、甑、盆、豆、瓮、杯、鬶等，红陶居多，少数黑灰陶。彩陶中有施红衣黑彩或红衣白彩。其他纹饰单调，多为素面，绳纹为多，少量弦纹、附加堆纹和篮纹。有3座房基，均为长方形，单间排房连接在一起。房基地层为红烧土面，厚4厘米，下有一层浅黄色细土铺垫，墙头为红烧土垒成，以鹅卵石为柱础面。发现一具曲卷的男性壮年骨骸，旁埋一个小儿瓮棺葬，这个成年男子与儿童合葬还是一个孤例。

三十二、唐庄遗址

唐庄遗址位于登封市区东15公里唐庄乡东岗岭的山坡地带台地上。南有溪水河、北为缓坡，东西为丘岭。1975年发现。东西宽约200米，南北长约400米，面积8万平方米。在遗址范围内的地堰上可见文化层，包含物相当丰富。地面上散布有大量的遗物，如鬲足、鼎腿、石斧、石铲和红烧土、地面砖等，陶器有彩陶钵、尖底瓶、釜形鼎、盆、罐等残片。1979年在遗址内曾采集到一石质刨形器。连年来，在这里采集的还有石磨盘、石磨棒、石斧、石钵、石刨子等器物。与其他地方同类器物相似，形状较规整。

该遗址属仰韶文化遗存。

三十三、野狼沟遗址

野狼沟遗址位于巩义市西5公里康店镇康南村南洛河西岸台地上，高出河床约50米，面积约6.5万平方米。经调查，发现的房基为半地穴式建筑。地坪经大火烘烧，房中间有火塘和挡火用的矮墙。房内面积7~8平方米。窖穴一般为口小于底覆碗形土坑，内含大量陶器残片、石器残块、兽骨、烧土块、草木灰、砾石、蚌壳等。成人墓葬为单人仰身直肢葬，头向不一，无随葬品。幼儿为瓮棺葬，葬具多为大口尖底瓶，器口有一周啄形钮。采集的石器有刀、斧、铲、凿、弹丸、纺轮等。陶器一般形体较小，器形简单，器表面多素面，烧制火候低，陶质疏松，稍搓即见陶末，器表有成片剥落现象，陶色也不纯正。以夹砂褐陶鼎、罐为炊器，盛储器有钵、瓮、缸等。饮食器为豆、碗、杯等。兽骨主要是猪骨，其次为羊骨。表明当时已出现家畜饲养业，另有少量属于野生动物的鹿骨、兔骨。

该遗址属仰韶文化中期遗存。

三十四、喂庄西遗址

喂庄西遗址位于巩义市南 10 公里芝田镇喂庄村西北约 1 公里坞罗河西岸台地上。高出河床 10 米左右。遗址东西长 500 米,南北宽 300 米,面积约 15 万平方米。遗址东部和南部紧靠坞罗河,文化层厚 1.5 ~2.5 米。填土为浅灰色土,土质疏松,包含物相当丰富,有陶片、残石器、烧土块、木炭、兽骨、蚌壳等。发现灰坑 7 个,多呈不规则形,有的为口小底大的袋状坑,均遭不同程度的破坏。遗址南部发现成人墓葬 1 座,3 座瓮棺葬分布在遗址东部断崖上,瓮棺为两件器物扣合,葬具有夹砂褐罐、大口尖底器、泥质褐陶盆、泥质红陶钵等。采集的陶器以泥质褐陶和泥质红陶为主,夹砂褐陶次之。另外有部分夹砂红陶。主要器形有缸、瓮、罐、钵、盆、鼎、大口尖底器等。器表多素面,部分磨光,纹饰有弦纹、划纹和附加堆纹、鸡冠耳等。

采集的陶器残片,以泥质褐陶为主,其次为夹砂褐陶和泥质红陶,有一定数量的泥质灰陶。器形有夹砂褐陶罐、泥质褐陶深腹罐、浅腹豆、盆形鼎、泥质褐陶缸、平沿深腹盆。器表多素面,部分器表磨光,常见纹饰有附加堆纹、弦纹、线纹等。

该遗址属仰韶文化中、晚期和向河南龙山文化过渡期的遗存。

三十五、仓西遗址

仓西遗址位于巩义市东北 10 公里站街仓西村岭上,遗址北百余米即洛水南岸,南约 1 公里为陇海铁路和开洛高速公路。遗址高出河床 15 ~25 米,面积约 4.5 万平方米,文化层距地表约 1 米,厚 1.5 ~3 米,为暗红色黏土,土质坚硬。

调查发现 3 个灰坑、5 座成人墓,采集文物标本百余件,主要是陶器和石器。文化内涵主要是仰韶文化早期和中期遗存。其中灰坑为口小底大的袋状坑,内填深红色黏土,土质较硬,包含物较少。

采集的陶器残片以泥质红陶为主,夹砂红陶次之。陶色有红陶、褐陶、灰陶、黑陶,有部分白衣彩陶,器形主要有钵、盆、罐、鼎、甑等。

该遗址属仰韶文化早期和中期遗存。

三十六、董沟遗址

董沟遗址位于巩义市东北约 15 公里洛河北岸南河渡镇董沟村的西部和东部。遗址东西长约 200 米,南北宽约 150 米,面积约 3 万平方米。文化层保存基本完好,厚约 30 厘米。经调查,发现灰坑三处,其中一处灰坑为口小底大的袋状坑。填土均为浅灰色,包含物主要为陶片,其次为残石器、烧土块、兽骨等。在灰坑内采集到完整骨锥一件。

在遗址内采集到遗物标本近百件。陶器以泥质红陶为主,其次为夹砂褐陶和泥质褐陶,其他为夹砂红陶。陶质疏松,部分陶器表面有成片剥落现象。器形主要是钵,数量较多。其次为盆、缸、瓮、罐等以及小口尖底瓶、鼎。器表多素面,少部分磨光,有少量弦纹、划纹、彩陶。

该遗址属仰韶文化早期遗存,和秦王寨类型遗存。

三十七、坞罗西坡遗址

坞罗西坡遗址位于巩义市西村镇坞罗村西南坞罗河西岸。1992 年 10 月,巩义市文管所的业务人员对市境内坞罗河流域进行考古调查时发现。文化遗存主要分布在第 3 级台地上,距河床约 200 米。遗址东西宽 150 米,南北长 200 米,面积约 3 万平方米。该遗址偏西部文化层较厚,包含遗物也较多,东部、南中包含遗物甚少。地面下 0.5 ~1.2 米见文化层,文化层厚 1 ~1.5 米。经调查,发现房基 1 座、墓葬 2 座。其中房基地坪厚 18 ~23 厘米,分两层,上层为暗红色烧土,部分呈青灰色,厚约 10 厘米,非常坚硬;下层为含烧土块颗粒的红土,厚约 10 厘米。遗址南部发现灰坑 1 个,圜底,口径约 1.2 米,填浅灰土。

采集的陶片中,泥质红陶约占 90%,其次为夹砂红陶和夹砂褐陶,个别泥质浅灰陶。小型器物主要有钵、碗,陶质细腻,陶土似经淘洗,均系于制,烧制火候低,陶质疏松易碎。夹砂陶呈暗红色,陶色不纯正。泥质红陶器物外壁多呈红色,胎内和内壁多呈浅灰色,器表多为素面。另有一些泥质红陶器,口沿下部多饰凸棱一周,个别饰细条状附加堆纹。器形多钵、三足钵、碗、盆、鼎、罐等。

该遗址具有自身特点,如陶器火候低、质松易碎、器类少、器形简单、红陶占绝对多数、采用手制方法、陶土经过淘洗、器胎薄、器形有大口浅腹体、薄胎碗等。另外又新出现豫中地区仰韶文化早、中期常见的房基地坪铺垫之后经火烧烤现象。该遗址的遗迹、遗物显示了裴李岗文化向仰韶文化过渡的特征,因而,对了解裴李岗文化和仰韶文化的关系,具有重要的考古学价值。

三十八、滩小关遗址

河南省重点文物保护单位。滩小关遗址位于巩义市东北 20 公里河洛镇小关村南岭台地上,北临黄河,西接七里铺东岭,东为隋唐洛口仓城,南部为一条深沟。遗址东西长 600 米,南北宽 500 米,面积约 30 万平方米。文化层距地表 1.5 ~2 米,厚 1 ~3 米。

经调查,发现多处房基、墓葬、灰坑等遗迹。房基地坪上层是料礓粉末层,厚约 12 厘米,异常坚固。遗址偏南部发现长 43 米的烧土层,均为房屋建筑的残块堆积。采集到的陶器有盆形鼎、罐形鼎、釜形鼎、盆、罐、钵、碗、豆、缸、瓮、杯等。其中钵、碗、盆、罐均为泥质红陶,多有彩绘;石器有石斧、石铲、石刀、石凿、石纺轮、石弹丸、钻帽、研磨器等,还发现有兽骨、鹿角、猪骨、羊骨、蚌壳等;另外还发现有兽骨、鹿角、猪骨、羊骨、蚌壳等。在遗址中部发现有裴李岗文化层,采集到陶胎较薄、火候很低的三足钵和作为炊器的夹砂厚胎卷沿罐以及泥质红陶碗等。

该遗址主要是属仰韶文化遗存。

三十九、申河遗址

河南省重点文物保护单位。位于郑州市二七区马寨镇申河村西南部的山顶上。遗址地处郑州西南低山丘陵丘，嵩山东部延伸的余脉地带。遗址东部为贾鲁河西源上游圣水域河，西部、南部为圣水域河支沟。该遗址东西长500米，南北宽400米，面积约20万平方米。遗址所在地是一处经过平整土地形成的四层台地。在台地的三层及四层均发现有文化遗存，包括灰坑及文化层等。在遗址地表发现大量红烧土块及陶片，陶色有褐、红和灰色等，还发现有彩陶。该遗址是一处原始面貌保存相对完整的史前仰韶文化聚落遗址。

四十、林山寨遗址

林山寨遗址位于郑州中原区林山寨村周围的岗坡上。遗址原东西长100米，南北宽100米，面积约1公顷。由于被城区所压，文化层破坏严重。1956年，河南省文化局文物工作队进行了发掘，发掘面积1400余平方米，出土房基、陶窑、灰坑和一大批遗物。主要是陶片，石器、骨器较少。完整或可复原的陶器有鼎、缸、碗、钵、盆、瓮、豆、环、纺轮等。部分泥质红陶钵、盆、缸的器表用黑、红、紫三色绘成各种图案，其中有一片白衣彩陶；还出土少部分素面磨光蛋壳陶片。石器有铲、斧、纺轮等，有一件石铲长近50厘米，磨制精细，十分锐利。

该遗址属仰韶文化向河南龙山文化过渡时期的遗址。

四十一、康村遗址

康村遗址位于登封市区东约8公里，距中岳街道办事处康村东南500米的焦河东岸（俗称龙找河）的台地上。20世纪60年代被发现。该遗址东西宽200米，南北长约200米，面积约4万平方米。遗址的断崖上暴露着文化层，文化层厚1～2.5米，地表散见陶片、烧土块及磨制石器。采集到的文物标本多陶器和石器，其中陶器有钵、罐、尖底瓶、罐形鼎、盆、碗、豆等；陶质为泥质红陶、泥质灰陶、夹砂灰陶、夹砂褐陶；纹饰有刻划纹、方格纹、篮纹、绳纹等；也有红衣黑陶、白衣彩陶；石器有斧、铲等，均为磨制。

该遗址属仰韶文化和龙山文化遗存。

四十二、于村遗址

于村遗址位于登封市区东约6公里的于村南约100米的台地上，东临于村水库，北有小河沟，南有村间小路。1989年文物普查时发现，并采集有文物标本。

该遗址南北长约300米,东西宽约150米,面积约4.5万平方米。遗址的东部,修水库时挖掉一部分。文化层厚1~3米,内含草木灰和草拌泥烧土块。采集有尖底瓶、彩陶钵、彩陶罐、鼎、碗、豆、澄滤器、盆等生活用具残片;器表饰有刻划纹、篮纹、方格纹等。石器有斧、铲等,均为磨制。

该遗址属仰韶文化、龙山文化遗存。

四十三、袁桥遗址

袁桥遗址位于登封市区南10公里大金店镇袁桥村西北300米处。西南距大金店镇3公里,西临顾家河,南距颍河1.5公里。遗址南北长350米,东西宽250米,面积约8.75万平方米。1977年夏,河南省文物研究所登封工作站在颍河两岸调查时发现。遗址地表散存大量仰韶文化、龙山文化、二里头文化和二里岗商代早期的陶器残片。遗址文化内涵丰富,文化层厚1米余。出土陶器有鼎、鬲、盆、彩陶钵、尖底瓶、杯、罐、澄滤器等生活用具残片。纹饰有刻划纹、篮纹、方格纹、绳纹等。陶质有泥质红陶、灰陶、夹砂陶、褐陶、磨光黑陶。生产工具有石斧、石铲,均为磨制。

该遗址属仰韶、龙山、二里头和商代4种文化遗存。

四十四、纸房遗址

纸房遗址位于登封市区东南约8公里告成镇纸房村西约100米的台地上,西北距黄楼村1公里,东临焦河,南临五渡河。1989年文物普查时发现,并采集有文物标本。

遗址东西长约300米,南北宽约250米,面积7.5万平方米。文化内涵丰富,文化层堆积1~3米不等,遗址南半部断崖上可明显看到文化层和灰坑。特别是遗址东部提灌站处的断崖上,文化层中含有大量的陶器残片、烧土块和草木灰。采集到的标本可辨器形有尖底瓶、甑、罐、盆、鼎、鬲、大口尊、瓮等。陶质为泥质夹砂灰陶、泥质红陶,还有磨光黑陶、棕色夹砂陶等;纹饰以绳纹居多,刻划纹较少,有的盆、尊的口沿下饰附加堆纹,彩陶杯的口沿外侧多饰一周暗红带状纹饰,生产工具有磨光的石斧、石铲等。

该遗址属仰韶文化晚期和二里头文化遗存。

四十五、西范店遗址

西范店遗址位于登封市区东南约7公里告成镇西范店村东北台地上,西有一条南北向的自然河沟,南临颍河,距河岸约300米,北靠山坡丘岭。地势北高南低,东西长约150米,南北宽约100米,面积约4.5万平方米。

该遗址1979年发现。保存较好,文化内涵丰富。从遗址内地堰的断面上河明显看到文化层堆积,厚度在0.5~1.5米,内含有烧土块。采集到的文物标本,陶器有彩陶盆、彩陶钵、鼎、壶、罐、澄滤器等;陶质为夹砂灰陶、泥质褐陶。器表饰以方格纹、篮纹、绳纹等。

该遗址属仰韶文化和龙山文化遗址，其上部还叠压有商、春秋至汉代的文化遗存。

四十六、登封向阳遗址

河南省重点文物保护单位。向阳遗址位于登封市区东北约 15 公里唐庄乡向阳村东北的山岗台地上，南临勺河，北为缓坡，东西为丘陵，遗址东西最长处 330 米，南北最宽处 430 米，面积达近十万平方米。1975 年发现。向阳遗址是一处仰韶文化聚落遗址，同时兼有龙山文化遗存。绝对年代约公元前 4000 年前至公元前 2000 年。

遗址文化内涵丰富，文化层厚度 1 ~ 3 米，南部堆积明显较厚，文化层厚度在 2 ~ 3 米；最厚处达 4 米以上，在断崖上发现了大量的灰坑堆积，几乎灰坑相连，灰坑内夹杂有黑陶、灰陶、红陶残片及红烧土块。瓮棺葬多暴露于遗址的南部断崖的崖壁上及中部路沟的断崖上，葬具多为小口尖底瓶、缸、罐等。在遗址区内的南部地表散落遗物较多的主要是陶器，也有少量石器。绝大多数陶器为残片，可复原的很少，其中以泥质红陶为最多，夹砂红陶次之，泥质灰陶和夹砂灰陶也有及夹砂黑陶较少。泥质红陶上多为刻划纹和素面磨光。彩陶可分白衣彩陶和红衣彩陶。器形主要有钵、碗、缸、鼎，小口尖底瓶、盒等。石器大多已残。发现有铲、斧、纺轮、刨形器等。

向阳遗址中发现的红烧土块地面，充分反映原始社会时期人们的居住环境状况，对研究我国原始社会的建筑形式及建筑材料具有一定的价值。遗址中出土的石质刨形器，应是当时制作石器的工具，是同类遗址中首次发现，对研究当时的石器制作具有重要的价值。

四十七、盆窑遗址

河南省重点文物保护单位。位于偃师市缑氏镇盆窑村寨东南，处于马涧河南岸的二级台地上，地势平坦。顾刘路从遗址东侧通过，一条村级公路从其中南部贯穿直达盆窑寨村。遗址平面略呈长方形，东西长约 500 米，东西长约 300 米，总面积约 15 万平方米。文化层厚约 2 –3 米，地面散落的遗物较少，采集的陶片主要出自马涧河南岸上现代人挖坟取土翻出来的土堆之中，有泥质红陶、泥质灰陶、夹砂褐陶、夹砂灰陶和磨光黑陶，纹饰有绳纹、素面，器形有杯、罐、盆、尊等。从发现的陶片来看，该遗址保存完整，文化内涵丰富，涵盖了仰韶、龙山、二里头、商、周几个时期的文化遗存，为研究该地区先民的生产生活状况提供了重要的实物资料。

由于常年遭受自然风雨剥蚀、水土流失、大气、环境污染等，对遗址造成一定程度的破坏。同时，遗址地处河岸台地、紧邻村庄，加之当地群众的文物保护意识比较落后，其生产生活活动和其他人为因素，均对遗址本体造成了不同程度的破坏，遗址的完整性及附近的环境风貌均受到很大的影响，亟待加强保护和管理。

四十八、寨湾遗址

河南省重点文物保护单位。寨湾遗址位于河南省洛阳市偃师市大口乡曹寨村寨湾村(自然村),分布于该村东北和东南两片,总面积约12.8万平方米。

村东北遗址内基本为农田,地势平缓,遗址平面略呈长条型,东北西南长约500米,面积约5.3万平方米,地面散落大量的陶片有泥质红陶、泥质灰陶、夹砂灰陶、夹砂褐陶,纹饰有绳纹、蓝纹、方格纹、线纹,器形有罐、盆、鬲等。

村东南遗址南段西侧为一泄洪沟,总面积约7.5万平方米,地势较为平缓。在断崖上发现有多出灰坑,形状不一,有袋状、长方形等。灰坑内包含物丰富,有陶片和少量的烧土颗粒。在地表散落大量陶片,有泥质红陶、泥质灰陶、泥质黑陶及夹砂灰陶等,纹饰多样,有粗、细绳纹、蓝纹、方格纹、附加堆纹、线纹等。可辨的器形有刻槽盆、罐、豆等,另采集有残石镰一件。

从采集的陶片可以看出,该遗址保存完整,延续时间较长,文化内涵丰富,涵盖了仰韶、龙山、二里头、商、周几个时期的文化遗存,为一处保存较好的古文化遗址,对研究当时先民的生产生活状况提供了重要的实物资料。

四十九、洪府遗址

洪府遗址位于新郑市孟庄乡洪府村南约200米处。发现于1985年。

遗址西南部地势略高,从西南往东北部渐低,并有一条从东南向西北流向的古河道。遗址西南部地势略高,往东北渐低,有一条古河道从遗址北侧通过。遗址面积约2万平方米,文化层1~2米厚。北部因平整土地挖去约1米厚,南部基本保持原貌。地表遗有大量烧土块、草拌泥块和陶片。陶片中可辨的器形有鸭嘴形鼎足、夹砂鼎足、缸、盆、钵等;石器有石斧、石刀、石铲等,亦发现个别残石磨棒。彩陶多施白衣,图案有网带纹、圆点纹等。还有不少贝壳、蚌壳、兽骨、鹿角等。据当地群众说,平整土地时还挖出不少墓葬和瓮棺葬,随葬的有陶器、石器等。

该遗址大量的是仰韶文化遗存,也有少量裴李岗文化遗存。

五十、高坡岩遗址

高坡岩遗址位于新郑市北25公里小乔乡高坡岩村西南,东侧近邻水库。1976年发现。遗址南北长约300米,东西宽约100米。面积约3万平方米。文化层厚1~2米,地表散存烧土块、草拌泥块。采集到石器有:石斧、石铲、石凿等;陶片中有红胎白衣黑彩和红胎白衣褐彩的彩陶片、釜形鼎陶片、鸭咀鼎足、小口尖底瓶陶片。当地群众还挖出不少瓮棺葬具以及鹿角、蚌壳等。

此遗址属于仰韶文化遗存。

五十一、郭村遗址

河南省重点文物保护单位。郭村遗址位于登封市区东北部唐庄乡郭村南部，地表均为农田，为仰韶文化至龙山文化时期的聚落遗址，面积约10万平方米。郭村遗址1996年被发现，经过多次调查，发现了夯土层和灰坑，为探讨仰韶文化至龙山文化时期聚落建筑的构筑方法及形式和当时的社会形态都提供了重要资料。郭村遗址发展序列完整，保存完好，为研究仰韶文化，探索夏文化及中华文明探源提供了场所及实物资料。

五十二、古城村古城遗址

河南省重点文物保护单位。古城村古城遗址位于新郑市龙湖镇古城村东北300米处。1960年发现。遗址东西长403米，南北宽319米，面积12.5万平方米。文化层厚1～3米，其中东部平整土地时遭到破坏。出土石器有斧、铲等；陶器有鼎足、缸、瓮及彩陶等残片，其中陶缸内发现有碳化谷物。该遗址兼有仰韶文化、龙山文化和二里头文化遗存。

五十三、岳庄遗址

岳庄遗址位于新郑市东北约15公里岳庄村西部。1977年发现，南北长200米，东西宽150米，面积约3公顷。文化层厚1～2米。遗址北部平整土地时被破坏。出土石器有斧、铲(个别有钻孔)。陶器有彩陶、鼎、钵、罐、缸等。1985年出土一件精致完好的陶杯，另有鹿角、蚌壳等。

该遗址属仰韶文化遗存。

五十四、槐树洼遗址

板树洼遗址位于荥阳市区西南10公里乔楼镇槐树洼村西南部。面积约5万平方米。遗址范围内的断岸上，暴露着文化层，发现有灰坑、墓葬以及烧土。并采集到石斧、石凿、骨针、纺轮，以及红陶钵、尖底瓶、彩陶片等。彩陶多施白衣，纹饰有弧线三角纹、S纹、网带纹等。

该遗址属仰韶文化和仰韶文化向河南龙山文化过渡时期的遗存。

五十五、竖河遗址

竖河遗址位于荥阳市区西北13公里高村乡竖河村南部。遗址南北宽350米，东西长500米，面积约17.5万平方米。遗址南临旃然河(今名枯河),北至土岗。土岗断面上可见文化层,文化层厚2~3米,包含遗物相当丰富。地表亦散见鼎足、白衣彩陶和罐的残片以及斧、镰、铲等残石器。

该遗址属仰韶文化秦王寨类型遗存。

五十六、惠沟遗址

惠沟遗址位于新密市新城东惠沟东岸杞(杞县)密(新密)公路两侧岗地上。1972年发现。遗址东西长250米,南北宽240米,总面积约6万平方米,文化层厚0.8~0.2米。经调查,采集的遗物有鼎、深腹罐、敛口罐、小口高领罐、钵、折腹盆及白衣彩陶片等。

该遗址属仰韶文化遗存。

五十七、程庄遗址

程庄遗址位于新密市东南26公里曲梁乡程庄村南部的台地上,东临溱水,南依洧水,柳溪水经其西,高出河床约30米。遗址南北长约217米,东西宽约149米,面积约3万平方米。在遗址南面4米高的断崖上,暴露着仰韶文化的房基和红烧土,地面有仰韶文化节、龙山文化和二里头文化的遗物。以仰韶文化遗物为多,采集到仰韶文化的陶器有鼎、深腹罐、大口罐、敛口罐、小口高领罐、钵、折腹盆、、小盆、筒形器、缸等。纹饰多弦纹、附加堆纹。其中彩陶多饰网格纹,有的施白衣,属龙山和二里头文化的陶器有篮纹鸡冠耳鼎、鼓腹罐、盆等。

程庄遗址文化内涵丰富,从器物形制看有仰韶文化、龙山文化、二里头文化不同时期的遗存。该遗址处于郐国故城、郑国故城之间,据史籍记载,轩辕黄帝定居的轩辕丘、古郑城的地理位置,均在此遗址的周围。

五十八、陈家沟遗址

河南省重点文物保护单位。位于郑州市二七区马寨镇张河行政村陈家沟自然村的北部,东部临贾峪河,西、北两面临贾峪河的支沟。遗址东西长100米,南北宽300米,面积12万平方米。遗址地处郑州西南郊区的低山丘陵区,嵩山余脉延伸的东北地带。地势为中部高、四周低,后经平整形成梯田。遗址地表发现有丰富的遗物,断崖剖面暴露有文化层、灰坑、墓葬、房基、红烧土堆各层等。文化层厚3~4米,局部厚达6米以上。遗物有陶片、兽骨和石器等。陶片陶质有泥质陶和夹砂陶,以泥质陶为主。陶色有灰陶、红陶、褐陶、彩陶等。纹饰有绳纹、篮纹、附加堆纹、素面等。可辨器形在陶罐、盆、甗、鼎、尖底瓶及陶环等遗物。此遗物的文化内涵丰富,文化堆积比较厚,为单一的仰韶文化遗址。该遗址是郑州西南郊区遗存暴露最为丰富的一处仰韶文化遗址。

五十九、毛寨遗址

毛寨遗址位于临汝市陵头乡毛寨村，距市区 14 公里。依山傍水，北风向阳，地势北高南低，总面积约 1.5 万平方米。文化层厚约 2 米，断崖处灰坑多见，地表散布有仰韶文化及商、周、汉代陶片。采集到的实物标本有石器、陶器。其文化性质属新石器时代的仰韶文化，距今约 6000 年以上。

六十、槐庄遗址

槐庄遗址位于伊川县彭婆乡槐庄村北大寨上，东西长 400 米，南北宽 300 米，总面积 12 万平方米，文化节层厚度为 1 米。曾在此采集到夹砂灰陶鼎口沿及腹部残片、磨光红陶钵口沿残片、红陶钵口沿残片等。属仰韶文化遗址。

六十一、水寨遗址

水寨遗址位于伊川县水寨子村东寨上。东西长 400 米，南北宽 300 米，总面积 12 万立方米。灰层堆积一般在 3 米左右，遗址发现有灰层坑和墓葬，但破坏较甚。该遗址 1958 年被公布为县(市)级文物保护单位，1985 年 6 月，洛阳市第二文物工作队和伊川县文化馆再次对其进行考古调查。先后出土泥质红陶缸、彩陶豆、彩陶盆、尖底瓶口沿、折腹罐、夹砂罐残片、釜、鼎等物。属仰韶文化遗址。

六十二、东牛庄遗址

东牛庄遗址位于位于伊川县彭婆乡东牛庄村北窑底垴上。总面积 7.5 万平方米，文化层厚 1 米。洛阳地区文物考古队和伊川县文物普查小组分别于 1978 年和 1984 年对其进行普查。属仰韶文化遗址。

六十三、白沙遗址

白沙遗址位于伊川县白沙村东。东西长 250 米，南北宽 300 米，总面积 7.5 万平方米，文化厚层 1.5 米。遗址中间地段有灰坑 3 处，灰坑内有陶器、石器残片等物，属于仰韶时期文化类型。

六十四、白寨遗址

河南省重点文物保护单位。位于郑州市中原区须水镇白寨村南的须水北岸。遗址东西长700米，南北宽400米，面积28万平方米。白寨遗址文化内涵丰富，文化堆积较厚，为多时期的文化遗址，有仰韶文化、二里头文化、夏代至东周时期遗存，有较高的考古价值。

第三节　龙山文化遗址

龙山文化因1928年首先在山东省章丘县龙山镇城子崖遗址发现而得名。龙山文化是继仰韶文化之后在黄河中下游发展起来的一种新石器时代晚期文化。河南龙山文化遗址的文化面貌以饰绳纹、篮纹、方格纹的灰陶器为显著特征，与山东地区发现的以磨光黑陶为主要特征的龙山文化有所不同，大约在20世纪50年代后期，考古学家就称之为“河南龙山文化”，这与其他地区的龙山文化相区别。

河南龙山文化是龙山文化的主要类型之一，大体上分布在河南省境内，时代距今4600～4000年，以表面饰有绳纹、篮纹和方格纹的灰色陶器为突出特征。该时期的经济生活以农业为主，种植粟类作物。生产工具多用石、蚌、骨料制造。常见穿孔石刀、石镰、蚌镰、骨铲等。也有木耒一类工具。居民饲养猪、狗、羊、牛等家畜，以养猪最为普遍。制陶业进步，大量使用轮制技术。多灰色陶，常见鼎、鬲、斝、豆、甑、盆与双耳罐等陶器。房屋多是涂抹白灰地面的建筑，一般10～20平方米，适合小家庭居住。房子周围有储藏东西的窖穴。该时期的城址已经大量出现。这时的社会处在文明化的早期阶段，它孕育发展了原始社会的青铜文化，是探索夏文化渊源的重要载体。

嵩山地域已发现的龙山文化遗址有很多处，其中新郑人和寨，汝州李楼、煤山，荥阳娘娘寨，洛阳矬李，登封王城岗、告成北沟，禹州瓦店等遗址都经过考古发掘，有不少重要发现。嵩山地域发现的龙山文化遗址有着长达千年的历史进程，涵盖了父系社会由新石器时代向着青铜时代发展过渡，使生产关系开始有所改变，使生产力有所提高。加之一批城址出现，当为防御设施，反映了私有制和阶级的产生。此时，父系氏族社会已经崩溃，已开始出现了国家、进入了文明社会。

嵩山地域的龙山文化内涵复杂，其中最能代表其文化来源和发展去向的是前面仰韶文化中所列的洛阳王湾遗址，其自身从仰韶文化发展为龙山文化再发展为新砦期文化和二里头文化。文物考古界将其称之为王湾类型。这一类型的分布区域正与历史文献记载中夏族活动的地域相吻合，一般认为属于夏（族）文化范畴，对于研究中国古代文明起源与发展有着无可替代的重大学术价值。

关于龙山文化的社会性质，学术界认识不一，有的学者认为处于原始社会解体阶段，也有的学者认为已进入文明时期。

一、人和寨遗址

全国重点文物保护单位。人和寨遗址位于新郑市辛店镇人和寨村西,北起双洎河南岸,南至村西南自然沟,西至村西田间南北小路,东至村西部基督教堂东侧南北一线。遗址南北长700米,东西宽300米,面积20万平方米,文化层厚1.5米。晚清至民国时期,人和寨村民因取土修筑寨墙对遗址中部有一定程度的破坏。遗址东半部被人和寨村民宅占压,中部被清代护城河沟破坏。2003年6月,发现一座古城址,城址平面呈不规则长方形。地面残存部分城墙为北城墙的东段,向西延伸的地下墙基长98米,北墙总长248米。西墙墙基残长约260米,宽26~50米。东墙被村庄破坏,墙基残长约270米,可复原长度490米。南墙墙基残长约110米,宽30米。城址面积约7万平方米。城址为堆筑,夯打坚实,夯层厚6~7米厘米不等,夯层面上多见有植物茎秆的褐红或灰白色痕迹,还发现有分块堆筑痕迹,墙堆筑分块一般2米左右。可能属于龙山文化城址。

人和寨遗址

该遗址是多时代内涵丰富的古聚落和古城址,起自龙山文化时期,止于商代,涵盖龙山文化、新砦期文化、夏商文化等历史时期。各时期文化堆积分布为西南部是龙山文化遗址,新砦期文化、二里头文化、商代文化主要分布在中东部。试掘和采集龙山文化遗物陶器可辨器形有鼎、罐、盆、钵、碗、甑、器盖、瓮、鬶、豆、圈足、盘、壶、缸、澄滤器、觚、杯等,以砂质和泥质为主,次之为黑灰陶,褐陶、红陶较少,石器有斧、铲、刀、凿、杵、砺石等。新砦期文化遗物可辨器形有鼎、罐、盆、钵、碗、豆、器盖、澄滤器、鬶、觚等,多为泥质灰陶,次之为夹灰陶和泥质黑衣陶,石器有斧、铲、刀等。二里头文化和商文化遗物可辨器形有鼎、罐、鬲、甑等,以砂质灰陶为主。

二、李楼遗址

全国重点文物保护单位。李楼遗址位于汝州市区西南18公里的杨楼乡李楼村北500米。东临河沟,北为汝河,向南为石(太)虎(头)公路。整个遗址高出四周约4米。遗址南北长525米,东西宽355米,总面积约19万平方米,文化层最厚处达5米,薄的地方1~2米。

李楼遗址的文化遗存可分为一、二期。李楼一期文化遗迹有房址、灰坑、土坑墓、瓮棺葬等。文化遗物石器有刮削器、斧、锛、刀、镰、磨棒、磨盘、镞等,陶器有鼎、罐、甑、瓮、平底盆、刻槽盆、折腹盆、圈盘、高圈足豆、盒、壶、觚、简形杯、折腹杯、纺轮、斜腹碗、器盖等。纹饰有篮纹、方格纹、绳纹、刻划纹、戳印纹和指甲纹等。还有骨器、蚌器、骨角器等。李楼二期文化遗迹有房址、灰坑、墓葬等。该期文化

李楼遗址

遗物石器有斧、铲、锛、凿、镰、磨棒、磨盘和镞等，陶器主要有鼎、碗、盆、盘、罐、杯和器盖等，骨器有锥、匕、簪、饰品等，蚌器有镰、刀两种。

该遗址属河南龙山文化晚期至二里头文化早期遗址。它的发掘，补充、丰实了临汝煤山遗址的实物资料，为探索夏文化中的二里头文化是从河南龙山文化晚期的煤山类型发展而来提供了新的证据。

李楼遗址中出土炭化稻米标本，确认是人工栽培的籼型稻和粳型稻，这表明河南龙山文化的农业生产是以粟作为主，兼营水稻和其他粮食作物的多种经济。这对研究新石器时代黄河流域的水稻的起源栽培和河南龙山文化的农业生产，都具有重要的意义。

三、煤山遗址

煤山遗址

全国重点文物保护单位。煤山遗址位于汝州市区西北 500 米北刘庄西地，洗耳河西岸台地上。整个遗址呈丘状，高出周围约 4 米，东西长 500 米，南北宽 430 米，面积约 21.5 万平方米，文化层厚度 4 ~ 5 米，地势北高南低。断崖上袋形、敞口灰坑多见，文化堆积层次明显，地表还散存有大量的龙山、二里头以及商代、西周、汉代陶片及螺壳、鹿角等遗物。由于古代人类长久居住，地层呈黑灰色，故有“煤山”之名。

1970 ~ 1975 年，中国社会科学院考古研究所和洛阳博物馆在此进行过 6 次发掘，其后，河南省文物考古研究所配合基建也在此发掘。发现房基、窖穴、陶窑、水井、墓葬等，一些龙山文化墓葬内还出土有随葬品。

遗址分为四层，最下面两层为龙山文化晚期煤山一、二期，上面两层为二里头一、二期。各期的遗物基本为石器、陶器和一些骨器生产工具。石斧多近柱形，仅磨刃部。石镰作弯月形，通体磨光。石凿通体磨光，单面刃。石刀呈方扁状，多有钻孔。另外还出现有少见的玉戈、玉铲，及一些龙山文化晚期的铸铜遗存。生活器皿可分为炊具、盛具，均为陶质黑色，火候较高，器壁较薄，造型灵巧、工整，快轮制作，有泥质、夹砂两种。纹饰多拍印条纹、方格纹。器形有小口高领罐、罐形鼎、鸡冠耳足鼎、敞口甑、圈足盘、觚、单耳罐。还发现有大量的骨镞、锥、笄、陶纺轮等。

该遗址的绝对年代为夏代,距今4500~3700年,文化性质为新石器时代龙山文化晚期煤山类型及二里头文化。煤山遗址的发掘,证明二里头由河南龙山文化发展而来,对探索夏文化很有价值。

四、娘娘寨遗址

全国重点文物保护单位。娘娘寨遗址位于荥阳市豫龙镇杨村西北约200米。遗址于2004年8月份配合南水北调文物调查时发现,南水北调中线干渠从遗址西南角穿过,占压遗址面积为10万平方米,确认其为一座西周至东周时期的古城址。

2004年年底至2005年年初,郑州市文物考古研究院对其进行了初步考古调查及钻探,发现该遗址文化层堆积较厚,为1~5米,保存有两周时期夯土城墙。遗址西北索河环绕而过,南部为龙泉寺冲沟。遗址现仍保留一个高出周围地表约4米×250米见方的台地,该台地隔河与前袁垌、寨河而望,传说为北朝时一个叫武威娘娘的军寨,娘娘寨因此得名。寨墙基本上保存较好,部分墙体经过夯打,夯层明显。在夯层中见到有大量两周时期的陶片,断面暴露有墓葬、灰坑等遗迹现象。

娘娘寨遗址

同时,经钻探发现该城址外有一宽近50米的护城河,该护城河最深处达8米,加上城址土台高度可达12米,绕城址一周。娘娘寨遗址是一个有重大考古价值的古城址,具有十分重要的学术意义。因其文化层堆积较厚,南水北调干渠占压面积较大,文化内涵重要,被列入南水北调干渠先期发掘的文物点之一。2008年6月以来,郑州市文物考古研究院在对娘娘寨遗址城墙、夯土基址等进行重点解剖的同时,组织数十位探工对娘娘寨遗址进行了详细的勘探。经勘探娘娘寨遗址发现有外城墙和护城河,城址总面积近100多万平方米。内城内发现有城门、夯土基址、道路、陶窑等作坊遗迹等。发掘面积近15000平方米,共清理各类遗迹1600多个,遗迹主要有城墙、城门、房址、夯土基址、墓葬、道路、排水设施、陶窑、灰坑、水井、灰沟、土灶等。出土遗物多为陶器,还有石器、骨器、蚌器、小型铜玉器等。

荥阳娘娘寨遗址是郑州地区发现的第一座西周城址,对西周考古研究具有重大的突破意义。据有关文献记载,西周初期封国东虢国在荥阳境内索河附近,学术界多次探讨未果。娘娘寨遗址发现有西周时期的城墙和遗物,且地理位置和文献记载东虢国相符,极有可能就是东虢国故址,因此,该遗址对探讨郑武公灭东虢国也具有重要的研究价值。

该遗址入选2008年度河南省五大考古新发现。

五、稍柴遗址

全国重点文物保护单位。稍柴遗址位于巩义市西南10公里洛水南芝田镇稍柴村周围及小訾殿村附近。遗址南北宽500米,东西长2000米,面积100万平方米,文化层厚2~4米。1959年发现,1960~1963年,河南省文物工作队、北京大学历史系考古专业实习共同进行试掘,发掘面积6900平方米,发掘窖穴45个,墓葬7座,出土陶、石、蚌、骨等各种遗物500多件。

该遗址文化遗存分上下两层,上层为商代早期遗存,下层系龙山文化遗存。龙山文化遗存中出土砂质陶罐较多,另有深腹罐、高柄豆、平底盆、三足器、平底罐、折肩瓮和器盖等陶器,其中有的陶器属于二里头文化遗存。商代文化遗存中的陶器主要有鬲、双耳罐、高圈足豆、大口尊和碗,出土遗物中还有石器、骨器和蚌器。可将稍柴遗址分为四期,其中一、二、三期相当于二里头一、二、三期文化,四期相当于郑州二里岗上层文化。

六、瓦店遗址

全国重点文物保护单位。瓦店遗址位于禹州市老城西7公里火龙乡瓦店村,在其北面约1公里处颍河由西向东南流过,遗址北、东两面濒临颍河故道,南面0.5公里处为许昌至洛阳的公路,滑济河(又称麻地河)位于遗址和公路之间,由西向东汇入颍河。遗址长1500米,宽300米,面积45万平方米,文化厚层2~3米,是一处较大的新石器时代文化遗址。

瓦店遗址

1980~1982年对该遗址进行了多次发掘。出土器物有中原地区同期遗址出土的陶三足鼎、鼓腹罐、灰或黑素面磨光折腹盆、高领壶、碗、盘等生活用器,还有属于“礼器”之类的器物,有黑光高柄领陶器、红陶刻纹风头盉,其造型设计、制作工艺在国内均少见。

瓦店遗址文化堆积初步分为四期:第一期文化遗存属龙山文化早期,第二期文化遗存属龙山文化中期,第三、四期文化遗存均属龙山文化晚期,为同一文化类型的不同发展阶段。瓦店一期所出的高扁足鼎、横篮纹深腹罐、圈足圜底罐具有明显的龙山文化早期遗存的特点,其相对年代与登封告成北沟遗址及偃师二里头遗址中的龙山文化早期遗存的年代大体一致。瓦店一期遗存与二、三、四期遗存衔接较为紧密。

瓦店遗址二、三、四期中部分器物组合,如矮足鼎、罐、钵、盆等,与豫西地区同一文化类型的王城岗遗址的同类器物有着较多一致性,但瓦店遗址其他部分的器物组合则有着明显的自身特征,如瓦店一期所出的以横篮纹为主体装饰的各类器形，附加圈足的罐类器等；二、三期中的磨光黑陶、灰黑陶或灰陶觚形器、大袋足甗等，在豫西地区及颍河上、中游是极少见的，而在豫东地区同时代遗存中则可以看到相近的器形。瓦店二、三、四期中存在着磨光黑陶或黑灰陶及灰陶两种陶系，不同的两种陶系中的器物组合基本上是一致的，这种现象有可能是由于使用者身份不同所造成的。

瓦店遗址是探索夏文化的重要遗址，经碳－14 年代测定法测定年代为距今 4000 年左右。瓦店遗址的发掘，对于探索研究豫东、豫西及颍河流域的龙山文化及夏商文化，对于该时期文化的区系类型等课题研究提供了一批新颖、难得的资料。

七、南洼遗址

全国重点文物保护单位。南洼遗址位于登封市西南约 40 公里嵩山南麓的君召乡南洼村，洍水河以东，南临郑洛公路，面积约 8 平方公里的台地上。该遗址地势较为平坦，中部稍高，地表现为农田。该遗址东南与仰韶时期的后孟村遗址相接，向西南 5000 多米为仰韶时期的颍阳遗址。20 世纪六七十年代，南洼村民为修建水库及建房取土，将遗址中部破坏部分，其余保存较好。从取土形成的断面上，可以清楚地发现较为丰富的二里头文化时期的灰坑、墓葬和文化层堆积。

2004～2006 年，郑州大学历史学院、郑州文物考古研究院、登封市文物管理局联合对南洼遗址的先后进行了 5 次考古发掘：南洼遗址属于夏商至唐宋时期的古遗址，是一处以二里头文化为主，兼有殷墟、东周等时期的文化遗存。南洼遗址在我国奴隶社会的初期到二里头文化时期，先民们已开始在这里繁衍生息，历经殷墟文化、东周文化直至唐宋，从公元前 2000 年到公元 1000 年，先民们曾在这里生息达 3000 年之久。目前已经发现灰坑、墓葬近 30 处，出土有打制、磨制的石器和陶器、蚌器、骨器等标本数百件。

考古专家们已查出，南洼遗址包含二里头文化一到四期、殷墟时期、东周至唐宋时期的文化遗存，在遗址中的文化层、灰坑、墓葬中普遍发现较为丰富的白陶遗存，这一现象有力地说明该聚落可能是二里头文化时期的一个白陶制作作坊。遗址文化内涵十分丰富，延续时间较长，遗址最下层是距今 4000 余年的二里头文化，向上依次为殷墟文化、东周至唐宋时期文化。

南洼遗址 2005 年被国家列为“中华文明探源工程”“聚落形态反映的社会结构”课题项目，就充分说明了它在同类遗址中具有广泛的代表性及重要性。南洼遗址丰富的白陶遗存，已初步证实该遗址应是二里头文化的一个白陶制作地，而白陶一般是作为礼器来用的，因而说明礼制已在当时的社会初露端倪，同时反映出当时社会不同聚落之间的分工及相互关系，对研究当时社会结构和古代礼制具有重要价值。

从地理位置上说，南洼遗址地处嵩山腹地，嵩山地域又是夏王朝活动的中心，因此，它是探索夏文化的重要遗址之一，遗址内发现的二里头文化时期、殷墟时期、东周时期的遗迹、遗物是研究奴隶社会发展的重要史料，具有较高的历史、科学、艺术价值。另外，南洼遗址处于颍河谷地和洛阳盆地之间，属于文献记载和考古发掘资料证实的夏人活动的中心区域，该遗址发现的二里头一至四期文化遗存是研究夏文化、中华文明探源的主要实物资料，同时对进一步探索二里头文化的形成与演变过程都具有重要价值。

八、灰嘴遗址

河南省重点文物保护单位。灰嘴遗址位于偃师市南缑氏镇灰嘴村东，距市区约20公里。南依嵩山支脉青罗山，东靠自东南向西北蜿蜒流过的浏涧河。该遗址目前分东西两部，两者之间被巨大的冲沟分开。东址南北长约300米，东西宽约300米，面积约9万平方米。西址长宽各约200米，面积近4万平方米。

1959年，河南省文物工作队曾发掘东址，并对西址进行了调查。2002年10～12月，中国社会科学院考古所河南队为研究“早期国家赖以生存的生产工具——石器及石料的来源问题”，在遗址上进行了系统的调查和勘探，初步肯定其是个比较单纯的二里头文化遗址。并在东址的中部偏北发掘。由于近几十年的耕作和取土，遗址地面较1959年发掘时低约1米。灰嘴遗址的地层包括商代文化层、二里头文化层、新石器时代的龙山文化层和仰韶文化层。各时期文化层相叠总厚度约5米以上。

除仰韶文化层出土遗物极少外，商代文化层、二里头文化层、龙山文化层出土遗物均相当丰富。石器有斧、刀、镰、凿、镞、戈、钻帽、砺石等；骨器有刀、锥、镞、针、骨鱼钩等；蚌器有刀、镰、锯等；陶器除有鼎、罐、大口缸、尊、盆、壶、甑、瓮、鬲、碗等生活用具外，还出土有陶拍子、陶纺轮等。另外还有很多骨簪、蚌簪、鹿角和龟骨等。石器相当丰富，是二里头遗址石器的重要加工地。

《名胜志》载：“鄩城在巩县西南，禹封夏伯于此。”《汲冢古文》载“太康居斟鄩，羿亦居之，桀又居之”。《括地志》载“故鄩城在洛州巩县西南五十八里，盖桀所居也”。明嘉靖《巩县志》载：“鄩城，在县西南罗口保。昔禹封夏伯，后太康居；中康即位居此；后羿亦居之；桀都为城，废址存焉。”以上所说鄩城，指的就是这里。稍柴遗址，为探索夏都斟鄩提供了重要线索。

九、矬李遗址

河南省重点文物保护单位。矬李遗址位于洛阳市南郊古城乡矬李村北的一处台地上，台地南北长约700米，东西宽约500米，面积35万平方米，文化层厚1～3米。1975年冬至1976年春，洛阳市文物工作队试掘。从试掘情况看，该遗址可分为仰韶文化、龙山文化、二里头文化。

仰韶文化层发现灰坑，出土石器有石刀、石凿、石环、石镰等，陶器有尖底瓶、罐、彩陶钵、彩陶罐等。

河南龙山文化层发现有房基、灰坑、水井和墓葬。出土遗物有石凿、斧、锛、铲、刀、镞、磨棒、刮削器和骨锥、骨铲、骨针、玉环等。陶器有泥质黑陶、泥质灰陶及夹砂灰陶，纹饰以篮纹和素面磨光为多，器形有鼎、罐、甑、双腹盆、澄滤器、圈跳盘、豆、碗、器盖等。

二里头文化遗存内含二里头一期文化和二期文化。发现灰坑、烧灶等。出土遗物有石斧、石铲、石凿、骨矛头、蚌铲、玉铲等。陶器以泥质灰陶为主，夹砂灰陶次之。纹饰以篮纹为主，细绳纹次之。器形有鼎、深腹罐、圆腹罐、深腹盆、甑、尊、三足器、器盖、觚、白陶鬶等。

矬李遗址充分证实了二里头类型文化是由龙山文化发展而来的。该遗址处于历史文献记载中的夏都范围内，为夏文化的探索提供了重要的实物资料。

十、阎寨遗址

河南省重点文物保护单位。阎寨遗址位于禹州市花石乡阎寨村西北约 200 米处。遗址呈长方形,高出地表 1 至 2 米,长 500 米,宽 360 米,总面积 18 万平方米,文化层厚 2. 5 米。

1984 年对遗址进行了发掘,发现有成排的房基、圆形仓窖和大量的遗物。陶器以夹砂和泥质灰陶为主,纹饰以篮纹、绳纹、方格纹为主,还有弦纹、镂孔、附加堆纹等,器形有鼎、罐、盆、钵、碗、盘、盂等。从遗物可断定遗址为龙山文化中、晚期和二里头文化早期。

该遗址面积大,遗物丰富,又是处于龙山文化和二里头文化时代,对研究中华文明的形成及发展以及探索夏文化都有重要价值。

十一、吴湾遗址

河南省重点文物保护单位。吴湾遗址位于禹州市东约 7 公里褚河乡吴湾村北和东北地,坐落在颍河南岸的台地上,高出地表 1 ~2 米。遗址平面为长方形,总面积 40 万平方米,文化层厚 3 ~4 米。

根据考古工作者历年来的调查得知,遗址西部为仰韶文化遗存,东部为龙山文化和二里头文化遗存。1979 年曾对龙山文化遗存进行试掘,其下层为龙山早期,上层是龙山晚期。1981 年在遗址东部发现裴李岗文化器物石磨盘,并在遗址上挖土时发现西周铜器。据此可知该遗址有裴李岗文化至二里头文化时期的遗存,但主要是龙山文化遗存。

该遗址面积大,文化层厚,遗迹遗物丰富,从裴李岗文化到二里头文化约历时 4000 年,并以龙山文化为主,这对研究嵩山地域各古文化发展演变,特别是龙山文化的演变、分期,探索夏文化等学术问题有着重要的科学价值。

十二、马庄遗址

河南省重点文物保护单位。马庄遗址位于郑州市西郊须水镇马庄村附近,北靠须水河。该遗址于 20 世纪 60 年代调查发现,于 1966 年 1 ~3 月发掘。东西 600 米,南北 500 米,总面积为 30 万平方米。该遗址中心为一高台地,较其周边高出近 2 米,边缘区为阶梯状台地和沟豁。文化堆积以河南龙山文化为主,经调查和发掘,有少量二里头文化遗存,部分地方分的灰坑分布。遗迹以灰坑居多,还有房基和墓葬等。地表分布有较多的文化遗物,主要是陶器,还有石、骨、蚌器。

马庄遗址是郑州地区发现的面积较大的龙山文化遗址,表明其不是一个小村落遗址,应是龙山时期一个大的聚落址。对于研究龙山时期人类社会生活状况有重要的价值。该遗址文化堆积以河南龙山文化为主,有少量二里头文化遗存,部分地方分布有战国时期文化遗存。从发掘的部分遗物特征看,该遗址有河南龙山文化晚期向二里头文化一期过渡的遗存,这对研究河南龙山文化晚期向二里头一期过渡的遗存的分布以及探讨早期夏文化等学术热点问题有很大帮助。

十三、站马屯遗址

河南省重点文物保护单位。站马屯遗址位于郑州市十八里河镇站马屯村东南的岗地上。现遗址区为四周呈缓坡、中心为隆起的漫岗,岗高约2米,当地群众称这里为“马岗”。遗址东西550米,南北200米,面积11万平方米。西部有一条南北向的古河道将遗址分为东西两部分,文化层堆积度约1.5~2米。地表采集到有绳纹和方格纹陶片,器形有折沿侈口鼓腹罐、平底碗、瓮等。

1984年,文化部文物局郑州培训中心考古训练班分别在春秋两季对遗址进行了发掘,发掘面积350平方米。根据发掘结果,遗址的文化堆积除耕土层外分两层。遗址的龙山文化的遗存可以分为三期。发现有龙山文化时期的连间房屋、陶窑、窖穴、灰坑、灰沟、墓葬、瓮棺葬等遗迹以及鼎、宽折沿罐、小口高领壶、曲腹碗、圆孔平底甑、敞口碗、折腹盆、澄滤器等各类遗物200余件。

站马屯是一处十分重要的龙山文化遗址,在站马屯西北约600米处,为一范围约1万平方米的仰韶时期的遗址,其东南约800米处,为十八里河遗址。这两处遗址从地理位置上看应该与站马屯遗址一起归属于一个大的遗址区。从站马屯遗址结合十八里河遗址的情况看,此地从仰韶文化时期即有先民在此生息、繁衍,历经仰韶、庙底沟二期、龙山、早商、晚商、东周,文化堆积连绵不断,汉以后该地沦为荒野,有唐、宋时期的墓葬发现。在各时期的堆积中,龙山文化遗存是遗迹遗物最多、文化堆积最丰富的时期。从目前调查和发掘的情况看,该处在龙山文化时期有可能为一个地区性的统治中心。

十四、金钟寨遗址

金钟寨遗址

河南省重点文物保护单位。金钟寨遗址位于新郑市新村镇金钟寨村附近,东邻黄水河(古溱水),南、北、西为护寨河(现为干沟),西部部分被填平。遗址东西长420米,南北宽350米,面积14.7万平方米。四周残存有清代夯筑的土寨墙,遗址为河旁台地,高出台地15米,1985年4月文物普查时发现。清代筑寨墙及20世纪70年代平整土地时对遗址进行破坏,现存文化层厚1~3米。龙山文化堆积层多分布在西半部,新砦期文化堆积多分布在东半部。调查中发现有灰坑等遗迹,采集石器有斧、铲等,陶片中可辨器形有鼎、鬲、罐、盆、瓮、碗、澄滤器、三足盘、器盖等,纹饰主要有绳纹、方格纹,还发现有鹿角、蚌壳等遗物。

该遗址包含有龙山文化、新砦期文化等遗存,内涵丰富而且有代表性,对研究龙山文化、新砦期文化内涵及分期具有重要的学术价值。

十五、西柏社遗址

河南省重点文物保护单位。西柏社遗址位于郑州上街区峡窝镇西柏社村东150米处。遗址平面呈长方形,东西长约260米,南北宽约400米,面积约9万平方米。遗址地垫平坦开阔,西部形成的断崖,在断崖之处发现多处灰坑遗迹,内含有陶器残片,及红烧土颗粒。经过局部的钻探测量后了解,遗址南部被村办企业建造厂时破坏。遗址文化层清晰,堆积比较丰富,分布密集区在冲积沟两岸断崖上,文化层厚1~1.5米不等。

经过数次的调查和简单的试掘,在地面、断崖上均可拣到陶器残片、骨器、石器等,陶片可分为泥质陶、夹砂陶两种,陶色有灰陶、红陶、磨光黑陶。可辨器形有夹砂红陶鼎、敛口钵、磨光黑陶豆、罐等。纹饰以绳纹、方格纹居多。另有少量篮纹等。

该遗址的文化遗存丰厚,时代从龙山文化、战国到西汉时期。另从出土器物分析,陶器制作精细,纹饰精美,磨光技术较多运用;石器加工精细,多通体磨光,钻孔技术成熟,具有重要的学术价值。

十六、新寨遗址

河南省重点文物保护单位。新寨遗址位于新密市东23公里刘寨乡新寨村西部,南临洧水,东为断崖,北、西两面为农田。遗址北与苏沟遗址相连,东西长1000米,南北宽700米,面积70万平方米。断崖上暴露着房基和遗物,北部为龙山文化晚期遗存,中部和南部为二里头文化遗存。

1979年3~4月,中国社会科学院考古研究所对该遗址进行试掘,发现窖穴9个,墓葬1座和一批文化遗物。龙山文化窖穴有圆形、椭圆形和袋形3种,直径为2~3米,深0.9~1.8米,出土遗物主要是陶片,有深腹罐、鼎、甑、盆、碗等。石器较少,仅有刀、锛和镞等。二里头文化的窖穴有圆形和袋状两种,圆形者较小,直径1.3~1.7米。袋状者较大,直径2.7~2.95米。墓葬为婴儿瓮棺葬。出土遗物有高领罐、圈足盆、瓮等。

该遗址属龙山文化晚期和二里头文化早期遗存,恰是龙山文化发展到二里头文化的整个阶段。因此,是一处极具代表性的遗址。

十七、程窑遗址

河南省重点文物保护单位。程窑遗址位于登封县东10公里东华镇程窑村东北地一带,南临颍河,西傍书院河,遗址就分布在两河夹角的高台上。南北长约300米,东西宽约250米,面积约7.5万平方米。

1977年夏考古调查发现,1979年春河南文物研究所登封工作站试掘,揭露面积75平方米。生活用具均为陶器,以夹砂灰陶为主,泥质灰陶次之,兼有少量泥质黑陶和褐陶。陶器篮纹为主,方格纹次之,也有素面及磨光陶,偶尔有压印纹和指甲纹。瓮的外腹常见指甲纹和篮纹混合在一起。制法以轮制为主,兼有模制与手制;常见器形有鼎、罐、豆、碗、圈点盘、瓮、盆、澄滤器、钵等。石器有石斧、石铲、石镰等。

1996年调查时在登封程窑遗址的断崖上发现1条大灰沟,位于遗址东北部西范店砖厂取土区的西南部,在定位的中心点东104米,南32米处。开口于扰土层下,上口宽17米,沟内堆积按照土质、土色不同分为4层,沟最深处达4.30米。根据沟内包含物判断应属龙山时代。调查者认为:“因该沟位于遗址的东北部边缘,呈南北向,宽17米,深度达到4米以上,从其位置、规模、结构等方面分析,沟的用处最初可能与村落之间的防御有关。”

程窑遗址可分为4个时期,除少量春秋战国以及“二里头一期”文化遗存外,主要是第3、4层的河南龙山文化晚期遗存。

《登封王城岗考古发现与研究》则披露:“程窑遗址与西范店遗址仅相隔700米,均位于颍河与书院河的交汇处河流二级台地上,又同处于280米等高线附近,具有相同的海拔高度。程窑遗址东部的文化层由于砖厂取土而被破坏,西范店遗址西部和南部的文化层也被破坏,因此两遗址很有可能本为一体,总体面积超过10万平方米。”

十八、寨子峪遗址

河南省重点文物保护单位。寨子峪遗址位于荥阳市广武镇寨子峪村北。遗址地处黄河南岸,是一处上层为白土,下层为红胶泥的三级台地,属温带季风气候,地表种植农作物,也生长着大量的白草、蒿子等野生植物。

该遗址为三级台地,面积9万多平方米,一级台地的断岸剖面发现有文化层,而且在文化层中采集到有石铲,二三级台地的断崖上发现有灰坑,灰坑中采集到的陶片纹饰有绳纹、弦纹,可辨器形有罐、鼎、钵等。因平整土地和建盖民房对遗址破坏严重,地表极难发现遗物。陶器分泥质和夹砂灰陶两种。器形有罐、盆、钵、小罐、杯、甑等,器物以素面为主,少量上饰有弦纹、方格纹和篮纹等。尤其是出土的一件龙山文化时期石铲,石质较好,近似玉质,磨制精美,长24厘米,上宽9厘米,下宽10厘米,厚1厘米。遗迹主要为灰坑,有圆形、椭圆形、不规则形等。包含物较丰富,有较多的陶片、兽骨等。因平整土地和建盖民房对遗址破坏严重,地表极难发现遗物。该遗址为龙山晚期文化遗存,而且文化层堆积较厚,这为以后研究中原地区新石器文化提供了一条新的线索。

十九、大司遗址

河南省重点文物保护单位。大司遗址位于新郑市城北龙湖镇大司村北。南北长约300米,东西宽250米,面积约7.5万平方米,文化层厚0.5~2米。遗址基本保存完好。出土的石器有石斧、石铲、石锸。陶片有泥质陶和夹砂陶两种,可辨的器形有鼎、鬲、盆、罐等。纹饰有篮纹、绳纹、方格纹。拣到的还有鹿角、蚌壳。

该遗址属于龙山文化遗存。主要包括有龙山文化到新砦二期文化时期的遗物。

二十、于寨遗址

河南省重点文物保护单位。于寨遗址位于新郑市区西北约30公里的于寨村东北500米处。东、南、北三面临古城河，遗址南北长约150米，东西宽约100米，面积1.5万平方米。1960年发现。该遗址文化层厚约4米。1978年平整土地时被挖去约2米，现存文化层厚2米。出土的石器有石斧、石铲；陶器有鸭嘴足鼎、夹砂的鬲、盆、罐、钵。饰纹有绳纹、附加堆纹、方格纹。

该遗址属龙山文化遗存。

二十一、旮王遗址

旮王遗址位于郑州市中原区旮王村，西距贾鲁河约2.5公里，东南距金水河约2公里，遗址面积约2万平方米，现为城区所压。1956年河南省文物工作队进行发掘，开探方5个，清理灰坑40个。龙山文化时期遗物，有陶器和骨、蚌、石器等。陶器制法以轮制为主，另有模制和手制。陶质有泥质黑陶、泥质灰陶和夹砂灰陶。器表多素面或磨光，常见纹饰有方格纹、篮纹、绳纹、刻划纹等；器形有扁足鼎、甑、杯、碗、豆、圈足器、钵、尊、瓮、罐、澄滤器、箅、盖、纺轮、泥模、环、弹丸等。还有石铲、石刀、石凿、石镞以及骨凿、骨镞、骨簪、蚌镰、蚌刀等。

商代文化时期遗物，有陶器和玉、铜、石器等。陶器器形有鼎、鬲、罐、钵、簋、瓿、盆、瓮、平底器、研磨器、器盖、纺轮、陶拍子、网坠等；纹饰有绳纹、附加堆纹、刻划纹等。石器有铲、镰、斧、凿、松绿石、砺石、矿石等；玉器有残戈和残刀等；铜器有镞和凿等。

该遗址属河南龙山文化和商代二里岗文化期的文化遗存。

二十二、牛寨遗址

牛寨遗址位于郑州市区桐柏路中段，北距贾鲁河3公里，东南距金水河2公里，遗址位于两河中间的地带上。面积约0.5万平方米。发现于1953年，1954年河南省文物工作队进行发掘，共发掘探沟4条、灰坑14个。

遗址出土有大量陶器、石器、骨器、蚌器等，其中以陶器为多。陶色以灰色为主，纹饰有方格纹、篮纹、绳纹、弦纹等；器形有鼎、豆、罐、甑、尊、盆、瓮等。石器有铲、斧、凿、镰、刀、镞、砺石等。极其重要的是，遗址中出土的铜渣块和熔炉残壁块，经北京钢铁学院检验证明是熔化青铜的炉壁，可充分证明龙山文化时期我国就已开始青铜的冶炼。

该遗址属龙山文化、商代文化遗存。

二十三、阎庄遗址

阎庄遗址位于郑州市南郊阎庄村东100多米金水河西岸的台地上。遗址中心较高，是漫坡土岗状，东西长300多米，南北宽200多米，面积达6万余平方米。1979年郑州市博物馆曾在此进行发掘。

清理3座白灰房基、58个灰坑、1座墓葬、1条灰沟、3个祭祀房，出土一大批遗物。出土遗物多为陶质生活用具，其次为石器、骨器、蚌器等。陶质以泥质灰陶和夹砂灰陶为主，磨光黑陶次之，泥质红陶和棕陶极少。制法以轮制为主。陶器纹饰以绳子纹、方格纹、条纹为主，弦纹次之，别外还有掐印纹、附加堆纹等。常见器形有鼎、甑、鼓腹罐、大口罐、高领导缸、盆、双腹盆、壶、单耳杯、直筒杯、洽澄滤器、圈足盘、豆、碗、器盖、纺轮、环、器钮、陶拍及玩具等。其中以双腹盆、鼓腹罐子、碗和豆的数量最多。石器的数量较多，主要器形有斧、铲、镰、刀、纺轮、环、镞及细小石片石器等。

该遗址属河南龙山文化晚期遗存。

二十四、官寨遗址

官寨遗址位于巩义市西南20公里西村镇西坞罗河支流圣水河东岸官寨村台地上，高出河床20米，对岸是堤东金钟寺龙山文化遗址。遗址东西宽50米，南北长350米，面积约1.75万平方米，文化层厚0.5米。采集的遗物主要是陶片，以泥质灰陶为主，其次为夹砂灰陶，另有泥质黑陶，器形有夹砂陶罐、泥质灰陶碗、豆、泥质陶瓮，多素面，部分磨光，纹饰主要是方格纹、篮纹，绳纹较少。石器有石铲、石弹丸等。另有兽骨、蚌壳等。

二十五、寺院沟遗址

寺院沟遗址位于巩义市南20公里西村镇坞罗村南部坞罗河西岸的台地上，高出河床7米左右。遗址南北长500米，东西宽200米，面积约10万平方米，分布在一、二、五级台地断崖上，文化层较厚，发现9个灰坑和居住遗迹。文化层为黄色土，土质坚硬，厚0.8～1.2米。包含物主要是陶片，器形有泥质灰陶碗、夹砂灰陶方格纹罐、泥质黑陶双腹盆、甑、夹砂灰陶豆、杯，此外有残石器、烧土块等。灰坑为口小底大的袋状坑，个别为不规则形。

该遗址属龙山文化遗存。

二十六、南店遗址

南店遗址位于巩义市南15公里西村镇坞罗村南部，南店村东部，分布在坞罗河东岸的台地上，高出河床7米，东部紧靠孝许路，南部为断崖，西部为坞罗村。遗址中部有一砖厂，烧砖用土时遗址遭严重破坏。残存部分东西长约200米，南北宽约100米，面积约2万平方米。

遗址西北部的断崖上，距地表0.4米左右暴露出断断续续的文化层，厚1.5米左右，为深灰土，土质疏松。包含物中，陶器有蓝纹双耳瓮、方格纹夹砂灰陶罐、泥质灰陶碗，还有少量薄胎白陶和黑陶片，此外还有石铲坯、制陶工具、烧土块、猪骨、砾石。发现4个灰坑，从残存部分看，均为口小于底的袋状坑，容积较大，填土多为浅灰土，底部见草木灰。采集的陶器可复原的有方格纹高领瓮、蓝纹双耳瓮、盆、豆、杯等。石器有石铲半成品一件，石斧一件。

该遗址除河南龙山文化遗迹外，也散见仰韶文化遗存。

二十七、堤东金钟寺遗址

堤东金钟寺遗址位于巩义市南16公里西村镇堤东村东北部坞罗河支流圣水河西岸，这里原有金钟寺，高出河床20米，地势南高北低，形成一片缓坡，被开辟成梯田。遗址南北长500米，东西宽400米，约20万平方米。

遗址保存完好，文化层、灰坑、墓葬均暴露在第四、五级台地岗沿上。采集的陶器残片，器形有鼎、罐、豆、钵、尖底瓶等。其中彩陶多黑彩或红彩，纹样有网格纹、弧形纹、曲线纹、平行直线纹等。地面上除见大量汉唐时期砖瓦残片外，散见河南龙山文化遗物。在遗址东部断崖上距地表1.8米处暴露出文化层，长约4米，厚0.3米。内含陶片比较破碎，器形有泥质灰陶碗、盆、豆以及夹砂陶罐，还有蚌壳、兽骨、烧土块等。断崖上发现4个灰坑，坑口一般距地表0.5～1.2米，均为口小底大袋状坑，弧形坑壁，底部较平，坑形比较规整。该遗址属龙山文化遗存。

二十八、魏河遗址

魏河遗址位于荥阳市区西北2公里的城关乡魏河村北岗地上，南临索河。遗址东西长480米，南北宽375米，面积18万平方米。

采集的陶器器形有鼎、罐、盆等，陶色以灰色和黑色较多。器表磨制光滑，有光泽。除素面外，还有绳纹、方格纹和条纹等。石器有石刀、石斧等。

该遗址属龙山文化遗存。1987年，该遗址被公布为荥阳县文物保护单位。

二十九、上河遗址

上河遗址位于荥阳市区南4公里乔楼镇上河村，东临索水。遗址东西长300米，南北宽400米，总面积12万平方米。文化层厚2米，崖壁上暴露着文化层和灰坑。采集的石器有石斧、石刀、石凿等；陶器有罐、盆、鼎、豆等，主要是灰陶，纹饰有绳纹、方格纹。

该遗址属龙山文化遗存。

三十、河王遗址

河王遗址位于荥阳城北5公里处的城关镇河王村附近，分布在索河南岸。遗址南北长约300米，东西宽330米，面积近10万平方米，文化层厚1.5米。遗址中部有一道高约5米，宽约3米，长约50米的南北向古城墙（年代无考），将遗址分成两部分。

遗址呈半岛形黄土台地。遗址北部古城墙以黄土和文化层灰土筑成，每层厚约10厘米，平夯，中间夹有粗绳纹、方格纹陶片；城基压着龙山文化层。1958年4月，河南省文化局文物工作队曾在此进行拭掘，揭露面积57平方米，出土遗物62件。其中石器有石斧、石锛、石刀、纺轮、砺石和小石器；陶器有鼎、器盖、罐、鬶等，蚌器有蚌刀等。还有龟甲、彩陶片等。

该遗址主体文化以龙山文化遗存为主，兼有仰韶文化遗存。

三十一、李家村遗址

李家村遗址位于登封市区西南16公里大金店镇李家村北部，东临箭沟河，南临颍河支流后河。遗址北高南低，东西宽约85米，南北长约200米，面积约1.7万平方米。1977年夏，河南省文物研究所登封工作站调查颍河上游夏商文化遗址时发现，并采集有标本。遗址文化层堆集1～1.5米，地表散存大量的陶器残片、烧土块、石器等。采集的陶器有甑、盆、鼎、鬲、碗、钵、瓮、大口尊、豆、杯、缸、罐等，纹饰以篮纹、绳纹较多，方格纹、附加堆纹次之。石器有斧、铲等，均为磨制，青灰色石质。

该遗址属龙山、二里头时期文化遗存，而且上部覆盖有西周、春秋时期文化遗存。

三十二、石羊关遗址

石羊关遗址，又称垌上遗址。位于登封市城区东南约20公里的告成镇垌上村南约200米处的土岗上，北靠丘陵，南临颍水，东西两面为河洼地。遗址北高南低，南北长约100米，东西宽约60米，面积约6000平方米。文化层厚1～2.5米，地表散见有陶片、灰土、烧土块、石器等遗物。采集的陶器标本有鼎、鬲、罐、豆、大口尊、澄滤器等残片，另外还采集有蛋壳陶片及陶环。纹饰有篮纹、方格纹、绳纹、附加堆纹、刻划纹等。陶质有泥质灰陶、泥质红陶、夹砂灰陶、夹砂红陶等。石器有斧、石铲等，均为磨制。还采集有兽骨。

这处遗址是龙山文化晚期至二里头文化时期的遗址，文化内涵和王城岗遗址基本相同。该遗址的发现对探讨夏人活动区域、夏代文化提供了重要的实物资料。

三十三、西玉村遗址

西玉村遗址位于登封市东南25公里的告成镇颍河西岸西玉村，颍河水和玉溪水在此交汇注入白沙水库。遗址地势北高南低，南北长约200米，东西宽约150米，面积约3万平方米。文化层厚2米。

1953年4月，河南省文化局文物队曾进行发掘。文化层厚2米。出土有豆、罐、鬲、白陶爵、陶鼎、盆、纺轮、残石刀、骨镞及其他残陶器。陶器多为素面，有的饰篮纹、方格纹、弦纹、绳纹。

该遗址属龙山文化至二里头文化时期遗存，而且上层还有周代晚期遗存。

三十四、北沟遗址

北沟遗址位于登封市东南15公里告成镇北沟村西北的台地上。东临北沟河，南距石淙河、颍河约2公里，地势北高南低。遗址破坏严重，现存南北长约150米，东西宽约15米，面积约2250平方米，被春秋战国古阳城东城墙所覆压，文化层厚1～2.5米，1979年秋河南省文物研究所登封工作站进行发掘，揭露面积约40平方米。出土的陶器有鼎、豆、缸、罐、碗、杯等。生产工具有石斧、石凿、石铲、石矛、蚌矛、蚌镰、蚌刀以及骨器、陶纺轮等。陶器多为磨光黑陶、泥质夹砂灰陶、夹砂褐陶；纹饰以方格纹。篮纹为主，附加堆纹、绳纹次之。石器均为磨制。

该遗址属龙山文化早期至二里头文化时期遗存，与王城岗遗址出土的遗物基本相同，两遗址仅相距约2公里。此遗址的发现及发掘为研究夏代城址王城岗遗址提供了重要的旁证资料。

三十五、十字沟遗址

十字沟遗址位于登封市区南约10公里的东华镇十字沟台地上，南临颍河，西北有金牛岭。1977年夏，河南省文物研究所登封工作站调查发现。遗址东西长约250米，南北宽约150米，面积约3.75万平方米。

遗址北高南低，地表散存大量龙山晚期至二里头早期的陶器残片，文化内涵丰富，文化层厚约2米。采集出能分辨出的器形有鼎、罐、碗、盆、豆、大口尊、澄滤器等。纹饰有方格纹、篮纹、绳纹等。陶质有泥质、夹砂灰陶、红陶和磨光黑陶等。生产工具有斧、石铲，均为磨制。

该遗址属于龙山文化晚期至二里头文化早期的文化遗存。

三十六、西施村遗址

西施村遗址位于登封市区东约20公里大冶镇西施村南50米的台地上。遗址东西长约150米，南北宽约100米，面积约1.5万平方米，文化层厚1～2.5米。遗址南部，修西施村至大冶公路时挖毁一部分。该遗址1960年发现,1984年文物普查时进行调查,并采集有标本。后来修路时遗址南部曾被毁一部分。

从遗址的两侧断崖上可以看到文化层。遗址范围内散存着陶片、石器,可辨出的器形有鼎、鬲、盆、碗、豆、瓮等;器表纹饰以绳纹为主,格纹、篮纹次之;陶质以夹砂、泥质、素面磨光灰陶为主,泥质红陶较少。生产工具有石斧、石铲、陶纺轮等,石器均为磨制。

该遗址属龙山文化晚期至二里头文化遗存。

三十七、刘相遗址

刘相遗址位于登封市区西35公里颍阳镇刘相村南小河南岸高地上。遗址南北宽约120米,东西长约200米,面积约2.4万平方米。1984年春文物普查时发现,并采集有标本。遗址的文化层厚1~1.5米,上部曾遭破坏。在刘相至张庄的道路两侧地堰断面上可明显看到厚薄不一的文化层和灰坑,采集到的陶器有鼎、鬲、罐、盆、碗、豆、澄滤器等;陶质以泥质夹砂灰陶为主,泥质红陶次之;纹饰以绳纹为主,篮纹、方格纹次之。石器有石斧、石铲等,均为磨制。

该遗址属龙山文化至二里头文化遗存。

三十八、苏沟遗址

苏沟遗址位于新密市区东23公里刘寨镇苏沟村内。遗址东西长176米,南北宽100米,面积1.76万平方米,文化层厚2~3米。地表层下发现灰坑及墓葬遗迹,采集的陶器有豆、盘、罐、深腹罐、鼎、双耳盆、高领罐、碗、圈足盘及陶铃等残片。其中陶铃为灰褐色,饰叶脉纹,呈梭形,上有系绳的圆孔。

该遗址属龙山文化遗存。

三十九、金山坡遗址

金山坡遗址位于巩义市西南20公里回郭镇清中村南金山坡。东西长1000米,南北宽500米。东距小訾田遗址3公里,南靠八陵,北望洛河,北宋宗室陵墓群建在遗址上。由于清中居民用土,遗址的一部分遭到破坏。在断崖上发现有灰坑,深1.5~2米,直径1.5米。采集的标本有篮纹砂质灰陶罐、绳纹鬲、泥质灰陶盆等陶片。

该遗址的内涵有仰韶、龙山、二里头文化,与稍柴、小訾田遗址时代相近。在离此不远的罗庄村寨门上有“古斟鄩”石匾。该遗址的发现对探索夏文化有一定参考价值。

四十、马家村落遗址

马家村落遗址位于新密市区东26公里曲梁乡马家村北部台地上，在曲梁遗址以北约1公里处。遗址地势较高，西临溱水。南北长约500米，东西宽150米，面积7.5公顷。文化层厚1.9米。1971年10月文物普查中发现。采集的陶器有鼎、深腹罐、盆、折腹盆、钵、圈足盘、碗、大口罐、瓮和器盖等。其中深腹罐、鼎等均饰粗绳纹、方格纹、篮纹，陶色以灰、黑陶为主。

该遗址属龙山文化遗存。

四十一、五虎庙遗址

五虎庙遗址位于新密市区东约30公里的曲梁乡五虎庙村东。1977年文物普查中发现。遗址东西长250米，南北宽180米，面积约4.5万平方米，文化层厚0.5～1.5米。出土器物有鼎、深腹罐、盆、钵、折腹盆、圆足盘、碗、大口罐、瓮、器盖等。

该遗址属龙山文化遗存。

新密五虎庙遗址

四十二、白元遗址

白元遗址位于伊川县白元乡白元村东南的高台地上。背靠土岑，西距伊河支流北河10余米。遗址背依土岭，东高西低，南北长500米、东西宽400余米，总面积约20万平方米，大部分为现代村舍所压。1978年，洛阳地区文物处对该遗址进行了发掘。文化厚层2～5米，包括河南龙山文化晚期、二里头文化一、二期和二里岗期四期。发现的遗迹中有房基、墓葬、灰坑等遗迹。出土遗物有石器、骨器、陶器及铜器等。

遗址房基多为夯筑，呈方形或长方形，个别有白灰地面，其中12号房基的平面为长方形，南北宽2.8米，东西残长7.5米、由3个单间组成。南北两壁为主墙，结构相同，用草拌泥，分双层筑成，总厚度0.55米。外层下挖基槽，并有排列整齐的柱洞。室内有灶和火坑。13号房基系多层泥土夯筑而成，地坪用黄土掺细砂和礓石铺成，有的地坪为白灰面。整个建筑整齐、细致，是目前二里头文化中所发现的不可多得的小形建筑遗迹。

在该遗址中发现的墓葬中，仅少数有墓圹，多为仰韶文化时期的土坑单人仰身直肢葬。一般无随葬品，人骨架多数葬于灰土中，有肢体残缺或身首异处者。

白元遗址的发掘成功，进一步提供了河南龙山文化向二里头文化过渡期及商代文化中期文化遗址的参考样本，对研究夏文化具有重要的学术价值。

四十三、冀寨遗址

冀寨遗址在禹州火龙镇冀寨自然村南约400米处。遗址为东南向。东西宽180米,南北长约300米,时存面积为3000平方米。是第二次全国文物普查时发现的龙山文化遗址。经考古发掘,该遗址文化层距地表50~60厘米,文化层厚度1~2米,有灰坑、灰沟、房基柱坑等遗迹,出土有绳纹、方格纹、篮纹、附加堆纹及少量蛋壳陶片和石斧、石铲、石凿、石刀、石镰等生产工具。

四十四、马回营遗址

马回营遗址位于伊川县平等乡马回营村东北。东西长180米,南北宽120米,总面积2.16万平方米,文化层厚1.5米。1961年公布为县级文物保护单位。1978年洛阳地区考古队曾对该遗址进行普查。1984年伊川县文物普查小组又对其进行复查,从采集至的器物特征推断为龙山文化遗址。

四十五、南寨遗址

南寨遗址位于伊川县城东北部、彭婆乡南寨村西的坡地上,西距伊河约0.5公里,东部为低山丘陵地带。遗址平面呈圆形,东高西低,略作斜坡状。东西长400米,南北宽350米,总面积14万平方米。1959年中国社会科学院考古研究所对该遗址进行过调查和试掘。1990~1991年,河南省文物考古研究所为配合焦枝铁路复线工程的建设,在铁道部及伊川县文化局的大力支持下,对南寨遗址东北部进行了考古发掘,发掘面积1450平方米。发掘出龙山文化的灰坑、二里头文化的房基、陶窑、灰坑、墓葬等,在遗址中曾采集到许多钻孔镰残片、灰陶罐腹部残片和象牙化石等物。

该遗址属龙山文化遗址。

四十六、申坡遗址

申坡遗址位于伊川县彭婆乡申坡村北侧。遗址南北长500米,东西宽300米,总面积15万平方米,文化层厚2米。该遗址中采集有黑陶大口樽口沿残片、红陶罐残片、灰陶大口樽口沿残片等。

该遗址属龙山文化遗址。

四十七、伊川古城遗址

伊川古城遗址位于伊川县平等乡古城村。北部断壁灰坑宽1.5米、深3米,距地表80公分,文化层厚2米，整个遗址呈不规则圆形。

该遗址属龙山文化遗址。

四十八、杨砦遗址

杨砦遗址位于临汝市区西南18公里陵头乡杨砦村南300米处的河东岸台地上。遗址高出河床约6米，总面积约6000平方米，文化层厚约3米。断崖上灰层、灰坑夹着大量灰陶片。东部，当地居民挖土不断挖出大量陶片以及石质生产工具。采集到的大量实物标本，生产工具有石斧、石刀、石凿、蚌刀、石网坠。生活用具多为陶器，可分为泥质、夹砂两种类型，有炊具、盛具、水具、饮酒具等。黑陶器表面多采用拍印的方格纹、兰纹、细绳纹等。器物有折沿乳足缸形鼎、折沿深腹盆、圈足盆、折沿深腹缸等。还有少量的骨镞、骨锥、骨笄等。遗址是一处龙山文化、二里头文化并存的人类居住的遗墟。

第四节　夏商文化遗址

夏王朝是我国最早出现的奴隶制国家，是中国第一个有文字记载的历史时代，时间约在公元前21世纪~公元前16世纪之间。夏王朝建立，标志着数万年的原始社会的结束，数千年阶级社会的开始，这是我国历史上一个重要的里程碑。夏王朝在我国社会发展史上既然具有如此重要的地位，所以研究夏王朝的历史，对提示我国私有制阶级和国家的起源，对探讨中国历史的发展规律，都是十分重要的。

夏王朝的建立标志着国家的产生

商代是我国历史上第二个奴隶制王朝，是古代灿烂的青铜文化发展的历史阶段，也是我国奴隶制社会逐步上升的历史时期。根据《史记·殷本纪》《竹书纪年》等古文献记载，从商汤建国到殷纣灭亡，共经历了17世30王，约从公元前16世纪到公元前11世纪。对这一时期，除盘庚迁殷以后的商代晚期都城安阳殷墟以外，对盘庚以前的商代文化面貌，在解放以前几乎是一无所知。新中国成立以来，嵩山地域在夏商考古领域取得了重大进展。郑州商都和偃师二里头遗址的发掘，对夏商考古至关重要。

据文献记载，夏、商两代在嵩山地域都建有都城，是其主要活动区域之一。王国维曾指出：“夏商两代文化略同，文化既尔，政治亦然。”夏文化和商文化相互影响，相互促进，相互融合，虽有不少差异，但也有很多共性。考古界多数学者的观点认为，嵩山地域夏商文化大致包括河南龙山文化晚期—新砦期文化—二里头文化—二里岗文化。

新砦期文化,又称“新砦期”,即夏(二里头文化)之前的过渡期,这一考古学上的文化分期得名于新砦遗址,它位于河南省新密市东南 18.6 公里的刘寨镇新砦村,包括今梁家台、苏沟、东湾和煤土沟四个自然村的大部分区域,是嵩山周围大型史前聚落之一。由于其年代在龙山时代和夏文化之间,所以,考古学称之为“新砦期”。“新砦期文化” 有直接的承上启下关系。嵩山地域发掘的新密新砦古城遗址(列入“古城址”一章)、巩义花地嘴遗址、郑州东赵遗址等都反映了新砦文化承上启下的特质,其遗存充分证明了它在中原龙山文化和二里头文化之间的承上启下关系。

二里头文化最早于 1952 年在登封的王村遗址发现,这是最早发掘的二里头文化遗存,当时并未对此类型的文化进行命名。1956 年发掘洛达庙遗址的时候,人们注意到它在文化面貌上具有若干特色,曾一度被称为“洛达庙类型”。1959 年起在洛阳偃师二里头遗址进行科学发掘以后,发现二里头遗址更加具有典型性,故将这种类型的遗存以偃师市翟镇二里头村的二里头遗址而命名为二里头文化。二里头文化是指以洛阳市偃师二里头遗址一至四期所代表的一类考古学文化遗存,是介于中原龙山文化和二里岗文化的一种考古学文化,也是是中国跨越新石器时代和青铜时代的文化。时间为大约从公元前 21 世纪至公元前 17 世纪。二里头文化,既包含了二里头遗址的文化,又包括了二里头遗址之外具有二里头遗址文化特征的上百处遗址所反映的文化面貌。二里头遗址和二里头文化成为公认的探索夏文化的关键性研究对象。

二里岗文化是以郑州二里岗遗址商代文化遗存而命名的文化类型,又称二里岗期商文化,是一种介于二里头夏文化、殷墟晚商文化之间的青铜时代早期的一种考古文化。1950 年,考古学者在位于郑州老城东南二华里的二里岗遗址(郑州商城遗址)首次发现了一种新遗存,由于二里岗遗址是这类文化遗存最早得以发现的典型遗址,所以 1954 年提出了二里岗文化的命名。

在嵩山地域发现的夏商遗址中,大都发现有多叠层文化的遗存。夏商文化主要分布在嵩山地域的郑州,洛阳附近和伊河、洛河、伊洛河、颍河、汝河等流域以及山西南部的汾河下游一带。除了城址,在嵩山地域发现有很多夏商文化遗址,其中洛阳东干沟、新密曲梁、郑州小双桥、荥阳的西司马等遗址,在发掘中都有不少重要的考古发现,这些遗址的考古学文化延续时间之长、文化序列之连续完整,可进一步完善嵩山地域夏商周时期考古学文化分期体系与文化谱系。

一、花地嘴遗址

全国重点文物保护单位。花地嘴遗址巩义市站街镇北瑶湾村村南较为平坦的台地上,东、南远望猴山等嵩山余脉,西面紧临伊洛河,北为断崖,海拔 90 至 110 米,遗址面积约 35 万平方米,文化层厚 2.5 ~3 米。

该遗址于 1984 年进行文物普查时发现,1992 年再次进行调查,2001 ~2005 年,对该遗址进行发掘。发现新砦期文化的 4 条环壕、环壕东南大门、3 个祭祀坑、10 余个房址、数十个灰坑。祭祀坑位于门旁,灰坑主要集中遗址西南。四条环壕中的内三条相距颇近,勘探均为圆角方圆形,每条环壕的宽度也不一致;最外一条环壕距内三条环壕较远,勘探距离为 150 米左右,此条环壕较宽,剖面为梯形,表面宽度约 16 米,深 8 ~9 米。经过勘探得知,四条环壕与外界的连接通道均在东南部位,并且都在一条西北—东南方向的直线上。另从“城门”位置的初步解剖可知,内三条环壕的中间一条很窄浅,有可能是供建筑城墙时测水平所挖,另外两条较宽深,估计与城壕有关,只是由于破坏严重,尚未发现确证的城墙迹象。发现的多个祭祀坑主要为不规则的近圆形,系多次祭祀形成,目前已发现其中有数具人骨、动物牺牲骨骼和青铜残片等。

出土遗物有骨镞、骨锥、石刀、石凿、石斧、石钻、石铲、网坠及制作精细的细石器等,蚌器有镞和刀,陶器有深腹罐、高领罐、附加堆纹瓮、浅盘豆、高足或小足鼎、澄滤器、平底盆、钵、深腹碗、器盖、鬶、觚、杯、盉、甑、甗、斝等。另有玉器、珠砂绘陶礼器、诸多动物骨骼及农作物颗粒。

花地嘴遗址是在嵩山以北发现的第一个新砦期文化遗存,扩大了新砦期文化的地域分布。由于这一地区正好位于诸多文献中记载的与夏代早期“五子之歌”有关的“洛汭”地区,所以它的发现亦会对早期夏史的研究有所帮助。

二、曲梁遗址

全国重点文物保护单位。曲梁遗址位于新密市曲梁乡曲梁村北,东面有小司河,西面和南面有溱水河,两河在遗址东南相汇。遗址地势平坦,处于两河之间的高台地上,南北长约600米,东西宽400米,文化层厚2~4米,面积约24万平方米。

1988年3月,进行考古发掘,清理有灰坑、墓葬、水井等。出土二里头文化陶器有夹砂中口圆底深腹罐、小圆球腹罐、捏沿罐、鸡冠錾斜弧腹盆、刻槽盆、鼎、三足盘、细高柄豆、饰箍状堆纹缸、小口高瓴瓮、盉、爵。纹饰有麻乱状绳纹、篮纹、箍状泥条堆纹、旋纹、指甲压印纹。石器有铲、镰、斧、凿等。商代陶器有榫口鬲、折沿上有子母口的甗、榫口平底罐、折沿弧腹盆、折沿直腹簋、大口尊、直口夹砂缸、敛口斝、假腹豆、圈足盘等。陶胎较薄,纹饰规整,以粗绳纹为主,次为中绳纹,另外还有堆纹,弦纹、旋纹等。石器有铲、刀、锛、镰、斧、凿。

曲梁遗址的夏商文化堆积层厚,跨越时间长,包括河南龙山文化、二里头文化、商代文化、汉代文化,其中二里头文化堆积最为丰富。它的发掘,对于了解郑州地区夏商文化的分布及对以往所获有关资料的补充具有重要的作用,为探讨郑州地区夏文化提供了新的实物资料。

三、小双桥遗址

全国重点文物保护单位。小双桥遗址位于郑州市西北约20公里中原区石佛乡小双桥村的西南部,包括岳岗、葛寨、于庄的一部分。遗址平面基本呈椭圆形,南北长1800米,东西宽800米,面积约为144万平方米。文化层堆积厚为0.5~2米。地表为战国文化层。其下为商代文化层。1989年发现,之后,河南省文物考古研究所和郑州大学文博学院考古系组成联合发掘队,对该遗址进行了试掘,共计揭露面积1600平方米。发现有夯土建筑基址、窖穴、祭祀坑、灰坑、壕沟等文化遗迹和青铜建筑饰件、石磬、原始瓷尊、石圭等重要遗物。

小双桥遗址共发现夯土建筑基址5处,其中4处遭破坏严重。其中一处为高台形(原传为周勃墓),位于遗址东北部,黄色细腻砂土羼褐色黏土逐层夯打而成,夯土层厚0.08~0.12米,夯窝清晰,圆满形圜底,直径0.03~0.06米。夯土上部发现大面积的红烧土堆积,含丰富的夯土块、草拌泥块和

小双桥遗址

木骨泥墙的墙体和墙皮。此种堆积达1米。夯土平面略呈长方形，东西长50米。南北宽40米，面积约2000平方米，夯土厚度达12.8米左右。夯基中间有深2~3米的基槽。

在商代文化层内，发现有4座夯土建筑基址，面积大的约数百平方米，其上有柱础坑、柱洞和柱础石。祭祀坑分人祭和牲祭两种。人祭坑1处，为不规则椭圆形，坑内埋4人，分上下两层，残留头盖骨，另1具为侧身屈肢葬，下层为1具俯身屈肢葬，这两具骨架经鉴定均为女性，年龄15~17岁。牲祭坑数量较多，坑中包含大量的牛头、牛角或象头、象牙、猪、狗、鹿、鹤等动物骨骸。遗物有陶、石、骨、蚌器。其中，陶器最多。陶器类有鬲、盆、簋、豆、觚、缸、爵、罐、刻槽盆、中柱盂、甑、瓮、大口尊等；石器有铲、镰、刀、斧、圭等；青铜器有青铜建筑饰件；还发现有海贝十多枚。

小双桥遗址挖掘出土的陶器

小双桥遗址最重要的出土物是在陶器表面发现了朱书陶文约8字。这些文字均书写在陶缸表面的绳纹之间，书写工具应为毛笔，颜料为朱砂，与殷墟出土的甲骨文和朱书文字一脉相承。这是我国目前发现的商代最早的书写文字。

郑州小双桥遗址的商代遗存内涵单纯，延续时间短，其文化年代相当于郑州二里岗上层二期(即白家庄期)。也有少量二里岗上层一期或下层二期的遗物。其时代约相当于郑州商城晚期。关于小双桥遗址的性质学术界认识不一。有人认为这里距郑州商城近在咫尺，时代并存，出土遗迹遗物多与祭祀有关，缺少人们长年居住所伴生的生活垃圾，认为是与郑州商城有关的“商代王室祭祀祖先的祖庙”遗址；有人认为这里时代与郑州商城相接，一废一兴，是从郑州商城(亳都)迁到小双桥的隞都(它应是商代仲丁之隞都)；有人认为“一曰都城，二曰王陵，三曰离宫别观”。总之，它的发现为郑州商城性质的进一步探讨和研究提供许多重要线索。

四、望京楼遗址

全国重点文物保护单位。望京楼遗址位于新郑市区北6公里的新村镇望京楼水库东南，北距郑州市35公里。黄水河(古溱水)从遗址西侧折流向东，东邻杜家村，郑新公路从遗址中部穿过。遗址发现于20世纪60年代，当地群众平整土地时曾出土过一批青铜器和玉器等贵重文物，铜器有罍、爵、斝、觚、钺、锛等，其中青铜钺是我国目前出土的夏商时期最大的一件；玉器有戈、璋，其中一件铜援玉戈为和阗玉打造，制作工艺精美绝伦，如此高规格的出土物表明望京楼遗址绝非一般的聚落遗址。我国已故著名考古学家邹衡先生曾密切关注该遗址，并认为其性质为夏商时期一座方国都邑。

2010 年 9 月，为配合郑州南出口暨郑新快速通道基本建设，经国家文物局批准，河南省文物局、郑州市文物局组织郑州市文物考古研究院正式对望京楼遗址遗址进行考古发掘，共揭露遗址面积 3000 余平方米，发掘遗迹包括三重城墙及三重护城河、城门、道路、大型夯土建筑基址、房基、墓葬等计 200 余处，发现了夏代和商代两座城址，并发现了外廓城，城址总面积达 168 万平方米。

望京楼遗址

望京楼商代城址保存较为完整。城址平面近方形，方向为北偏东 15°。东城墙长约 590 米、北城墙长约 602 米、南城墙长约 630 米、西城墙长约 560 米，城墙宽度为 10 ~ 20 米，整个城址面积约为 37 万平方米。城墙外侧为宽约 15 米的护城河。东城墙偏南发现城门和道路，整座城门占地 2000 平方米，是目前我国发现早期城址中规模最大、形制最完备的城门。城门宽 4.5 米，呈凹字形，城门两侧有立柱柱洞及附属建筑设施，从整个城门的结构来看，可谓是后期瓮城的雏形，这将中国瓮城的出现向前推到了商代前期。道路为东西走向，目前发掘长度为 40 米，宽 4 ~ 6 米。在城址中南部发现大型夯土建筑基址一处，目前发掘面积为 900 平方米，为大型回廊式建筑，北部为主体建筑，西、南、东为配房，中部为庭院。

夏代城址位于商代城址外侧，紧邻商城外护城河。目前已确定该城址的东城墙及东南、东北城墙转角，其中东城墙长 625 米。城址平面亦为方形，其护城河紧贴城墙，宽约 11 米。在距夏商城址城墙东北角约 300 米处的马垌村东北部及南部钻探时发现有夯土城墙，城墙外为一条人工开凿的壕沟，为外廓城墙和护城河。护城河长约 1100 米，宽 6 ~ 25 米，深 3 ~ 4 米，经重点勘探，其东接黄沟水，西连黄水河。总体来看，望京楼遗址西、南有黄水河，东有黄沟水，惟北边与陆地相通，这样，外廓城墙、护城河与黄水河、黄沟水一起形成一个封闭的城圈，望京楼遗址的夏、商二城均在这个大城圈之内。

望京楼夏代城址面积仅次于夏代都城偃师二里头，其面积之大在夏代聚落中是极为罕见的，初步推测其性质可能为夏之某一方国都邑；望京楼商代城址是继郑州商城、偃师商城之后河南境内新发现的又一座商代前期城址，其规模虽逊于都城，但远大于其他建于同时期的城址，此可彰显出其高等级的聚落地位。望京楼商城城门设施突出体现了浓厚的军事防御色彩，为我国较早形制较为完备的瓮城。望京楼夏代城址和商代城址位于同一地点，对于探讨夏商历史、夏代晚期文化与商代早期文化更替及中国早期城池建设等问题都具有重要意义，是极为重要的考古新发现。

近 40 年来先后发现二里头文化及二里岗文化的铜器和玉器近 30 件，铜器有鼎、爵、鬲、觚、斝、罍、盘、戣等，玉器有戈、璋等。其中最大一件戈用淡青色玉做成，通长 53.5 厘米，宽 9.6 厘米，厚 0.5 厘米；最小的一件用白色冷青玉做成，通长 31.6 厘米，宽 6.6 厘米，戈柄用青铜铸造成，柄尾略向下勾，铜、玉衔接处有一圆孔，供固定用。发现石器有斧、铲、凿等，陶器残片为鼎、鬲、豆、罐、缸等，纹饰为绳纹、篮纹、方格纹等，还发现有墓葬。

五、东干沟遗址

河南省重点文物保护单位。东干沟遗址位于洛阳市西区东干沟(东涧沟)村的东、北两面,西距涧河约50米。面积15万平方米,文化层厚2米余。

1956年,中国科学院考古研究所洛阳工作队先后在这一带发现过二里头类型文化的灰坑和墓葬。较大面积的发掘是从1985年秋季开始,翌年春季和秋季又进行了第二次和第三次发掘,其中第三次是北京大学历史系考古专业实习生发掘的。三次发掘地点都在东干沟村的东面,共揭露面积1800平方米,清理龙山文化灰坑5个,二里头类型文化灰坑126座、窖址4座、墓葬5座,这表明该遗址以二里头文化为主。

该遗址的龙山文化灰坑多为袋形,亦有不规则形。出土的石器有铲、斧、刀、镞等。陶器有大口罐、高领瓮、单耳杯、筒形杯、豆、碗及圈足器等,陶器以泥质灰陶和夹灰陶为主,纹饰以篮纹和方格纹为主,均为轮制而成。

该遗址二里头文化的灰坑,有椭圆形、圆形、不规则形、方形和长方形5种。二里头类型文化的石器有穿孔刀、镰、铲、斧、锛、凿等,骨器有锥、镞、凿、鱼叉等,上述工具或武器均琢磨精细。陶器的陶质有夹砂灰陶、泥质灰陶和细泥白陶,陶器烧造温度较高,质地坚硬。纹饰早期以浅篮纹为主,晚期则流行细绳纹。器形计有深腹罐、花边罐、鼎、甑、盆、豆、三足盘、大平底盆、高领罐、圈足盘等。

六、东赵遗址

河南省重点文物保护单位。东赵遗址位于郑州市中原区沟赵乡东赵村南侧一处台地上,须水河以西约2000米,陇海铁路辅助线以南约300米,地势南高北低,20世纪70年代被当地村民平整成梯田,由北向南呈台阶形,共为3阶,每阶高度相差2米,东西地势较平坦,北部被东赵村取土形成断崖,断面高约2.5米,遗址破坏比较严重。

郑州东赵遗址由郑州市文物考古研究院、北京大学考古文博学院合作发掘,位于郑州市商城遗址附近,遗址面积100多万平方米。自2012年发掘始,迄今已有龙山文化晚期、新砦期、二里头时期、早商二里岗期、两周时期等重大发现。

遗址平面呈近方形,东西长约500米,南北约400米,面积约20万平方米。经局部钻探了解,遗址北部文化层由于平整土地被破坏,残留厚约0.5米,遗址东部文化层厚0.8米。遗址南部为该遗址区的最高点,地势平坦,文化层保存较完整,堆积厚1~3米。

新砦期城址是嵩山以北地区发现的第一座新砦期城址,从地层学角度确认了新砦期与二里头文化一期之间的早晚关系。在新砦期城址南墙外,集中发现了40余座灰坑遗迹,坑内填灰土,土质结构疏松,内含有红烧土颗粒,较多的陶器残片,坑深1.5~3米。此类遗存的性质,专家或认为是仓储类遗存,或认为与祭祀有关。这类特殊遗存为新砦期或夏代早期的首次发现。调查过程中,在地面、断崖采集有大量的陶器残片和少量的残石器。陶片有泥质陶和夹砂陶,陶色有灰陶、红陶、褐陶,可辨器形有豆、缸、盆型鼎、罐、鬲、盆等。器表纹饰以绳纹为主,另有附加堆纹、弦纹、云雷纹等。

东赵遗址

在二里头时期的城址中，发现一座非常罕见的二里头文化二期的卜骨集中埋藏坑，是目前发现的二里头时期单个遗迹出土卜骨最多的单位，对研究殷墟甲骨集中埋藏现象的形成乃至先秦时期的占卜制度具有重要意义。在二里头时期城墙基槽内还发现一儿童骨架，应与祭祀活动相关，这一现象系同时期遗址首见，对于研究延续至很晚的世界范围内的以婴幼儿、圣婴祭祀神灵的巫术行为颇具学术价值。

在发掘东赵遗址中发现一座商代二里岗期大型夯土建筑基址，是目前发现规模仅次于偃师商城的早商建筑基址，由此可见该建筑等级之高、性质之重要。该遗址的文化内涵丰富，文化堆积比较厚，时代从二里头文化、商代、西周至春秋、战国时期，历史与考古价值都很重要。该遗址入选“2014 年度全国十大考古新发现”。

七、西司马遗址

河南省重点文物保护单位。西司马遗址位于荥阳市高村乡西司马村北侧，北临古河道，东至司马小学，西至苹果园，面积约 80 平方米。

就调查与发掘的情况看，该遗址主要包括二里头文化遗存、商代晚期至西周早期墓地和战国时期墓葬等。二里头文化遗存主要为灰坑等遗迹，文化层不丰富。耕土层下即发现有二里头至商周时期灰坑及墓葬。墓葬分布比较密集，应为商晚至西周早期墓地。已清理墓葬 60 余座，均为土坑竖穴墓，平面均为长方形，口小底大，填土均经过夯打，墓葬长 2 ~ 3. 4 米，宽 0. 8 ~ 1. 7 米，深 0. 4 ~ 1. 7 米，出土有铜器、陶器、蚌器等 150 余件。每座墓随葬品多少不一，少则 1 ~ 2 件，多则 10 多件，不少墓都有海贝。器形有铜爵，铜觯、陶鬲、陶豆、陶罐、蚌器等。

根据已发掘区域的情况分析，该处墓葬排列分布比较有规律，大致分为两大类：一类为南北向，仰身直肢，均头向南，器物置放于头端。另一类为东西向，仰身直肢，均头向西，西壁置一壁龛，内置陶器。两类墓葬均无打破关系，只有晚商至西周墓葬打破二里头文化灰坑，和晚期墓葬打破晚商至西周早期墓葬现象。器物组合有交叉，南北向墓葬均无壁龛，器物组合为鬲、簋、豆、罐，而东西向墓葬均有壁龛，器物组合为簋、豆、罐，但均不出土鬲。

西司马遗址是郑州地区最新发现的夏商周重要遗址之一，遗址内排列密集的商代晚期至西周早期的墓葬，对研究商周时期的埋葬习俗、文化面貌、社会状况以及它与周围商周遗址的关系和国属等，均有重要的研究价值。

八、西连河遗址

河南省重点文物保护单位。西连河遗址位于郑州市高新技术开发区沟赵办事处西连河村北，连霍高速公路以南，东临须水河，西、北均为农田，东西长600米，南北宽400米，面积24万平方米。

此遗址的文化内涵丰富，文化堆积比较厚，为商代、春秋战国时期遗址，历史与考古价值比较重要。该遗址的发现，对于商代、春秋战国时期的研究具有重要意义。遗址区原为中间高四周低的丘状岗地，后经平整形成了南高北低缓坡状。发现的遗迹有房基、陶窑、墓葬、灰坑等，地表散落有大量的陶器残片、石器等遗物。陶质有泥质陶和夹砂陶；陶色有灰陶、褐陶、红陶等；纹饰有绳纹、附加堆纹、弦纹、素面等；器形有陶鬲、簋、豆、罐、盆、碗等。经过钻探发现文化层厚2米，土色多为黄褐色，土质较为松软，内含少量红烧土颗粒，包含物有陶片、兽骨等。

九、芦村河遗址

河南省重点文物保护单位。芦村河遗址位于郑州市二七区侯寨乡芦村河村，南四环路从遗址中部东西向穿过，面积约80万平方米，是一处二里头文化时期的大型遗址。该遗址南部约4公里即为嵩山东部余脉梅山，地貌属丘陵区向平原过渡地带，东部、南部紧临金水河，西北部为一条发源于黄龙岗的金水河支流，西南部为梅山余脉，地势较高，起伏不平，东北部为丘陵区，地势由南向北缓平。

遗址地势为中部高，四周稍低，周围是深达10余米的深沟。以南四环路为界，遗址北部地貌保存较好，东侧被芦村河村占压，南部由于当地群众取土破坏较为严重，部分遗址区被厂房等临时建筑占压。

遗址内暴露文化遗存丰富，以南四环路北侧剖面为例，一层：耕土层（含扰土层），厚0.5～0.8米，黄褐土，土质松软，为后期平整土地所致，包含物有现代砖、瓦、瓷片，也有二里头时期陶片。二层：即为文化层，厚0.8～1.5米，土色浅灰，土质较松软。包含物有二里头时期的陶片、石器、兽骨等遗物。三层，即为生土层，为更新世晚期马兰黄土堆积层，含料礓，较纯净。经过勘探发现中心区域文化层堆积厚达4～5米，遗迹有房基、灰坑、墓葬等。房基发现一处，在一处袋状形坑的底部发现有烧土面，可能与房基有关。灰坑有筒状坑、袋状坑、不规则形坑，填土多为灰褐土，夹有大量的草木灰及红烧土块等，土质较松，包含物有陶片、石器、兽骨等遗物。墓葬为小型竖穴土坑墓，发现两处，一处破坏较为严重；另一处仅暴露有头骨，坑口距地表0.60米，宽0.55米，深0.80米，壁较直，填土为五花土。据当地群众在取土过程中发现有一些墓葬内曾出土有陶器，还发现一部分人骨架涂有朱砂。采集陶片陶质有泥质陶和夹砂陶，以泥质陶为主；陶色有灰陶、红陶、黑陶等；纹饰有绳纹、弦纹、附加堆纹、篮纹、素面等，以绳纹为主，篮纹较少；可辨器形有陶罐、花边罐、盆、鬲、豆、瓮、尊及石器等遗物。根据出土器物特征判断，应属二里头文化二、三期遗存。

芦村河遗址面积大、文化遗存丰富，这是在河南境内继偃师二里头遗址、巩义稍柴遗址之后新发现的又一处大型聚落遗址。该遗址的发现在郑州地区东部尚属首次，填补了该区域无大型二里头文化聚落遗址的空白，为研究二里头文化大型聚落遗址提供了新的资料。

十、蒋寨遗址

河南省重点文物保护单位。蒋寨遗址位于郑州市荥阳市(县级市)豫龙镇蒋寨村南部。

蒋寨遗址东西850米,南北400米,2004年8月,修索河路时发现。2004年12月,试掘5×5米探方一个。该遗址时代为西周,面积约30万平方米。2007年11月起对其进行大规模考古发掘。遗址文化层厚1~2米,现已发现灰坑、墓葬、房基、陶窑、水井、祭祀坑等各类文物遗迹,出土大量陶器、石器、骨器、蚌器、骨角器和贝币、铜镞等遗物。其中陶器有陶鬲、陶盆、陶罐等,陶片以泥质灰陶为主,夹砂灰陶次之,红陶较少,纹饰有绳纹、弦纹、附加堆纹等,可辨器形有鬲、盆、罐等。石器较少,有石斧、石锛等,磨制器。

考古专家认为,蒋寨遗址是地区发现的最大西周早期的居住遗存。蒋寨遗址的发现和发掘,填补了郑州乃至中原地区西周居住址的空白,也为树立中原地区商代晚期和西周早期文化分期的标尺提供了可能性,同时,还为郑州地区西周封国的研究,提供了新的重要资料。

十一、陈沟遗址

河南省重点文物保护单位。陈沟遗址位于荥阳市广武镇陈沟村北200米。陈沟遗址地处黄土丘陵地带,属温带季风气候。遗址区地表常年生长着野菊花、蒿子等野生植物,现地表种植农作物或为果园。遗址早在1934年和1951年,就分别有河南古迹研究会陈云路和郭宝钧等前来试掘及中科院考古研究所河南调查团夏鼐、安志敏等来此调查,发现房基等遗迹及大量陶器和石器等遗物,渐被外界所知。该遗址的时代为新石器时代,面积3万多平方米,文化层厚1~5米,陶器中彩陶图案丰富,线条流畅;房基中的地面和红烧柱洞明显。

陈沟遗址分布于敖顶的3个山头,面积3万多平方米,文化层最厚处达8米,遗址内涵十分丰富。在地表和断崖上,发现有大量泥质红陶、夹砂陶、石器等遗物,以及大量红烧土块。在西山头南部断崖处,有一处陶窑暴露。在3个山头断崖发现有多处灰坑,成人墓和瓮棺葬。在东部山头文化层中发现多处房基和红烧土柱础。陶器以细泥红陶和夹砂红陶为主,纹饰以绳纹为主,另有磨光素面、彩陶等。可辨器形有盆、罐、钵等。陶窑:椭圆形,顶已塌,窑壁已烧成红烧土,较坚硬,窑内填土为红烧土块。因平整土地和种植农作物,地表遗物破坏严重。

十二、西史村遗址

河南省重点文物保护单位。西史村遗址位于荥阳市城关镇西史村西南地,东南距市区5公里。遗址高出周围地面1米左右,面积4万多平方米,文化层堆积厚2~3米。遗址于1974年发现。1979年4月18日至5月19日,郑州市博物馆对其进行了发掘,发掘面积250平方米,分作五期。发表有《河南荥阳市西史村遗址发掘简报》、《文物资料丛刊》1981年1期,该遗址的时代为夏、商,面积40万

平方米。

在该遗址范围内采集有陶片和残石器,在穿过遗址的沟壁上散布着较多的陶片,经局部铲刮,发现有文化层和灰坑分布,文化层厚2米,灰坑为斜壁环底不规则形。清理墓葬16座、灰坑28个、灶坑1个。出土生产工具和生活用具陶、石、骨、蚌器200余件。墓葬分两排,东西排列,头向朝南或朝北,墓圹一般长1.75~2.06米,宽0.38~0.75米,深0.15~0.4米。九座墓中每墓有1~5件随葬品,人体多洒朱砂,个别墓底有殉狗腰坑。墓中还出土商代早期铜觚、铜爵各1件。属商代遗址。

在调查中还发现有商代早期铜斝1件。从整个墓葬情况看,这是一处平民墓地。28个灰坑中,一期灰坑多为长方形,其他以圆形袋状坑和不规则形坑为多。发掘出土文物相当丰富。早期陶器,以深灰陶为主,晚期多灰陶,夹砂陶略多于泥质陶。陶器纹饰以绳纹为主,有早期的细绳纹和晚期的粗绳纹,还有附加堆纹、弦纹、划纹和同心圆纹。陶器主要器形有鼎、豆、簋、大口尊、缸、盆、三足盘、爵、鬲、杯等。出土大量的生产工具,其中有石铲、石镰、石刀、石凿、石弹丸、陶拍子、陶纺轮,骨针、骨锥、骨匕、骨镞、骨凿、骨针,蚌刀、蚌镞、卜骨和数量较多的骨笄。

该遗址文化遗存可分为5期:第1、2期约相当于洛达庙1、2期(二里头文化);第3、4期相当于郑州二里岗商文化的下、上层;第5期仅残存一些灰坑,应是相当殷墟早期的遗存。经过科学试掘,该遗址现保存状况较好,文物遗存十分丰富,是一处具有多方面潜在重要价值的夏商古文化遗址。

十三、关帝庙遗址

荥阳关帝庙遗址

河南省重点文物保护单位。关帝庙遗址位于荥阳市豫龙镇关帝庙村南300米。南水北调中线工程文物普查时发现。2006年8月,河南省文物考古研究所开始发掘。2006年7月,河南省文物考古研究所开始对遗址进行发掘。通过发掘,对遗址的范围、面积、各时期文化堆积的分布及同一时期的文化堆积布局特点等已有明确的认识。该遗址仰韶文化堆积很少,主要分布在遗址西北部;商代晚期遗存在遗址各处可见,但堆积较丰富的是在遗址东部和遗址南部。西周、东周、汉代、唐代等时期的遗存较少,多以灰坑、墓葬等遗迹形式存在。

该遗址的时代主要为商代,面积约69000平方米。该遗址南北宽230米,东西长300米。20世纪六七十年代村民取土,遗址北部已被破坏,破坏深度2米左右。南水北调干渠占5000平方米,遗迹有灰坑、墓葬等,出土遗物有石器、陶器、少量青铜器,陶器代表器物为鬲,圆唇、仰折沿、盘口,绳纹较粗,鬲足内勾。墓葬为圆扁长方形竖穴土坑墓,有二层台、腰坑等。帝庙遗址是黄河以南地区首次大面积发现的商代晚期聚落,发掘所见居址区、墓葬区、祭祀区、手工业作坊址布局清晰,表明了聚落内部区域之间功能的差异。围沟外围东北部商代晚期遗迹较少,似专门规划用作墓葬区的。这对于研究商代晚期聚落的功能分区、布局及当时人们的生活状况、宗教习俗、村社组织及管理、房屋建筑结构、陶窑结构及陶器烧造过程、手工业的分工及形式、墓葬制度等都具有重要的意义。

保存完整的商代晚期聚落的发现及丰富的商代晚期文化遗存的大规模发现,在商代考古发掘中尚属首次,对探讨该时期的聚落结构、社会形态等,具有重要的意义。

十四、关庄遗址

关庄遗址位于郑州市西北8公里石佛乡关庄西南土岗上。遗址南临邙山引黄入郑沉沙池,北靠公路,东至殷庄,高出东部平原8米余。在遗址东南部有一条向东北流的小河,因地理形势变迁,小河已基本填平。现存范围东西长400米,南北宽200米,面积8万平方米左右,文化堆积3~5米。

过去耕种土地中,在该遗址曾出土过商代铜斝、爵等。遗存有房基、窖穴、墓葬等,遗物多为陶器,还有铜、石、骨、蚌等器物。陶器中以灰陶为主,兼有少量红陶。纹饰多为绳纹,还有附加堆纹、划纹、弦纹等。陶器器形有鼎、鬲、豆、罐、盂、盆、尊、缸、碗等,另外还发现有青釉硬陶尊片。从器形特征看,最下层为二里头二期、三期的遗存,中层为商代中期遗存,上层为春秋战国遗存,在遗址东南部还采集到有红顶钵、红陶钵及夹砂罐形鼎等。

关庄遗址是郑州地区继郑州二里岗、郑州商城之后发现的一处较大规模的遗址,它以商代文化遗存为主,兼有仰韶文化和春秋战国文化遗存,对夏商文化研究提供了珍贵的实物资料。

十五、洛达庙遗址

洛达庙遗址位于郑州市中原区洛达庙村东北,东西长200米,南北宽约200米,面积4公顷,文化层厚1~2米,遗存有房基、灰坑、陶窑、墓葬等。

1956年5~12月,河南省文化局文物工作第一队进行试掘,发掘面积470平方米,清理灰坑15个,商代至宋代墓葬52座,陶窑3座,其中商代墓葬2座,陶窑2座。出土遗物以陶器最多,器形有扁足鼎、圜底深腹缸、平底盆、圜底盆、附加堆纹大口尊、豆、斧、瓦足簋等,以轮制为主,兼有模制和手制,陶质多泥质灰陶和夹砂灰陶。此外还有石器、骨器等。

该遗址所出土陶器的显著特征是圆底器物多,夹砂缸多,而且多数缸外表涂泥,留有烧火痕,与王龙山文化、二里岗商代文化有别,具有独立的文化特征,因此学术界将此类文化遗存命名为洛达庙类型。此遗址是中原地区最早发现的二里头文化遗存,在中国考古学研究中至今仍具有重要价值。

十六、石道遗址

石道遗址位于登封市区西约25公里石道村西，东西长150米，南北宽约100米，面积约1.5公顷，文化层厚1～3米。1984年文物普查时发现。遗址北部被颍河水冲毁。采集到的陶器可辨器形有鬲、鼎、罐、碗、盆、钵、澄滤器等，器表多饰绳纹，篮纹次之，陶质以泥质灰陶为多，泥质红陶、夹砂灰陶较少。生产工具有磨制的石铲、石斧等。

该遗址属二里头文化遗存。

十七、南石遗址

南石遗址位于巩义市西南15公里芝田镇南石村北部。1959年考古学家徐旭生发现。文化层距地表0.6米，厚0.3米。采集的陶器标本有罐、瓮、碗、豆、鼎、足等，陶质以泥质灰陶和夹砂灰陶为主，另有少量泥质黑陶和红陶，多为素面，流行方格纹、篮纹、绳纹，有少量附加堆纹、鸡冠纹。

该遗址为二里头文化遗址，而且兼有商代和战国时期的文化遗存。

十八、鳖坡遗址

鳖坡遗址位于巩义市南20公里西村镇西南鳖坡台地上，东西宽200米，南北长400米，面积约8公顷，文化层距地表0.7米，厚0.2～0.8米，浅灰土，土质疏松。1987年修陆浑灌渠时曾遭到严重破坏。发现的灰坑为口略小于底的袋状坑，底部较平坦，填浅灰土。采集的陶器残片，可辨器形有鬲、罐、簋、盆、杯等，陶质为泥质灰陶、夹砂灰陶。另有石刀、石弹丸、骨器、兽骨、烧土块等。有一件角戈，比较完整，为鹿角锯切琢磨而成，长20厘米、宽6厘米、厚3.3厘米，器形仿铜戈，制作精细，锋部扁平，中部有方銎，尾部呈长方形。

该遗址为二里头文化、商代文化遗存。

十九、阎河遗址

阎河遗址位于荥阳市区南2.5公里乔楼镇阎河村西部和北部，面积9公顷，文化层厚1～4米，并有灰坑等遗址。地表发现大量陶片及秦汉时期的板瓦、铁犁铧、铁耧足等。1986年郑州市博物馆进行试掘，证实下层属龙山文化，出土有篮纹陶罐、绳纹陶片等；中层为商代遗存，出土有陶鬲、大口尊、豆、澄滤器等；上层为汉代遗存，出土有板瓦、筒瓦等。其下层器物类型与洛达庙遗存相似，中层与二里岗文化遗存基本相同，反映了荥阳一带二里头文化和二里岗文化与周围文化的关系。

该遗址属以二里头文化和二里岗文化遗存为主，兼有丰富的战国、秦汉遗存的大型遗址。

二十、东杨村遗址

东杨村遗址位于洛阳市吉利区东杨村南，遗址总面积约16万平方米。1978年秋和1979年春，洛阳市文物工作队发掘，发掘面积150平方米。

东杨村遗址的地层堆积共分六层，其中第三层属二里头三期，第四层属二里头二期，第五层和第六层属河南龙山文化。

在龙山文化层中发现窖穴7个，均为圆形袋状。房基一座，平面呈椭圆形，人骨架2具，周围无墓圹，随葬品存于灰层之中。此层发现的遗物较多，主要有石、骨、蚌器和陶器。生产工具有斧、铲、凿、锛、刀、镰、矛等。陶器以泥质灰陶为主，夹砂灰陶次之。纹饰以素面为多，其次是篮纹和方格纹。

二里头文化层中，发现灰坑1个，墓葬7座。灰坑呈不规则形，深2.2米，坑内包含物丰富，有石器、骨器、蚌器、陶器。石器有斧、刀、镞。骨器、蚌器有骨镞和蚌刀。陶器有夹砂灰陶和泥质灰陶两大类，其中夹砂灰陶居多。纹饰以绳纹为主，约占70%。制法多轮制，极少手制。器形有深腹罐、小罐、甑、豆、盆、大口尊、小口罐等。

在二里头三期文化层中，发现房基3座，窖穴和坑穴各1个。房基均地面建筑。1号房基的平面为长方形圆角，长2.65米，宽1.90米，中间有3个柱洞，偏东北处有一椭圆形烧灶，屋内地平涂两层白灰面。2号房基为椭圆形，直径3.90米。3号房基是一椭圆形半地穴式小房基。窖穴口呈扁圆形，圜底，长3.50米，宽1.72米，深1.34米。坑穴，圆形圜底，口径0.81米，深0.48米，坑内有一蹲座状的婴儿骨架。此层出土的文化遗物有石器、骨器和陶器。石器有石铲、石球。骨器有骨镞、骨矛等。陶器中夹砂陶的比例加大，约占总数的64%。纹饰中绳纹的比例大大超过前期，占总数的83%。绳纹不仅多，而且较粗。陶器的器形主要有深腹罐、鬲、花边大口罐、盆、大口尊、汲水罐及小口罐等。

二十一、岔河遗址

岔河遗址位于郑州市邙山区古荥镇岔河村东北200米索河北岩台地上，遗址对面是索河与须水河交汇处，北连广武山山前平原。东西长约500米，南北宽约200米，面积10余平方米。文化层厚3米左右，最厚处达4米以上。遗迹有房基、灰坑、墓葬等。

该遗址地表散存大量陶器残片，其中以泥质灰陶和夹砂灰陶最多，还有部分夹粗砂褐陶和泥质黑陶。纹饰以绳纹最多，占陶片总量的60%以上，另外还有弦纹、兽面纹、同心圆纹、附加堆纹和麻点纹等。器形多鬲、大口尊、缸、瓮、簋、盆、豆、鼎、澄滤器、器盖、甑等。另外还发现大量陶坩埚片和石器等。调查结果表明，该遗址始于二里头文化，盛于二里岗文化，并发现有东周与汉代遗物，说明这个遗址到汉代仍继续沿用。

二十二、张庄遗址

张庄遗址位于新密市区东南25公里大隗乡南张庄村东北部，发现于1972年。该遗址东临小河，北距洧水约3公里，南北长约500米，东西宽约200米，面积约10万平方米，文化层厚约1.5米。出土器物有鬲、豆、罐、瓶等。器形较大，壁较厚，多饰绳纹。陶器形制具有晚商和西周早期文化特征。

该遗址属商周代文化遗存。

二十三、高村寺遗址

高村寺遗址位于荥阳市北15公里高村乡高村寺村南古旃然河（今枯河）北岸。遗址东西长300余米，南北宽150余米。面积约4.5万平方米。暴露的文化层厚3米左右。经调查，发现的商代遗物有石器、骨器和陶器。石器有斧、铲、镰等；陶器较多，有鬲、甑、鼎、缸、瓮、大口尊、平口瓮等；铜器有铜爵1件，侈口，细长腹，圜底，三空足，口上有三角形双柱，腹上部有流，前侧腹部饰凸弦纹，其间饰双线斜方格纹。

该遗址属商代二里岗期遗存。

二十四、洛阳林校西周洛邑祭祀遗址

洛阳林校西周洛邑祭祀遗址

河南省重点文物保护单位。2009年2～12月，洛阳市文物工作队在配合河南科技大学林业职业学院园林实训楼基建的考古发掘中，发现了一处西周时期的祭祀遗址，这就是洛阳林校西周洛邑祭祀遗址。该遗址西距瀍河约1千米，西北距北窑西周墓地及西周铸铜遗址约4千米。工地总发掘面积为945平方米。

地层共分为六层，其中第一层为近现代层，第二、三层为唐代层，第四、五、六层为西周层。工地共发现西周灰坑59座、沟1条、墓葬14座和唐代灰坑42座。其中31座西周祭祀坑的发现是本次发掘的重要收获。

这些灰坑中有31座为西周祭祀坑，其中23座内均有较为完整的兽骨，3座内有疑似非正常死亡的人骨，另有5座内有成堆摆放的碎兽骨。按兽骨种类的不同，这些灰坑可分为以下几种组合方式：马坑10座、狗坑2座、牛坑4座、人马组合坑3座、人猪组合坑1座、猪牛组合坑2座、马猪组合坑1座和残碎骨坑5座等。祭祀坑均开口于6层下，形状多为近椭圆形或不规则形，长径多在2米左右，短径多在1米左右，深0.5米左右，多数祭祀坑大小仅能容下祭祀所用牺牲。出土器物主要为陶鬲、陶簋、陶罐、陶甑、陶拍子等陶器碎片；另外出土卜甲碎片1片。

西周初年周公在洛阳营建洛邑，而此城址的具体位置至今未有定论。根据文献《尚书·洛诰》记载，周公营建洛邑前召公曾来洛相宅，“我乃卜涧水东、瀍河西，惟洛食；我又卜瀍水东，亦惟洛食”。即洛邑很可能是横跨瀍水两岸而建。此次大型的西周祭祀坑的发现又为寻找西周洛邑城址提供了又一线索。

二十五、堂李遗址

堂李遗址位于郑州西北郊中原区沟赵乡堂李村南约300米祥营砖场内。西至须水至古荥公路边，东达祥营苹果园内，南北宽近400米，东西长约500米，总面积近20万平方米。1985年春季文物普查中发现。遗址原为土岗，旁有一条河沟，西北流，在堂李村西北注入须水。因平整土地，土岗和河沟已不存在。

在遗址范围内，地面上散落有大量泥质灰陶片，多饰绳纹。从砖场土坑断崖上观察，现存文化堆积厚2~3米。遗存有房基、灰坑、陶窖、墓葬等。从地面上采集的遗物中，陶器有锥足分裆鬲、宽裆鬲、大口尊、豆、盆、甑、鼎足、簋等。另外，祥营砖场在取土中有空足铜斝、铜爵、铜刀以及石铲、石斧、石镰等。从遗物特征看，锥足分裆鬲、大口尊、圈足豆、罐、甑、簋与郑州二里岗同类器相近，而宽裆鬲、豆、罐则与陕西长安沣西遗址中同类器物相近。

该遗址属商周文化遗存。

二十六、官庄遗址

河南省重点文物保护单位。官庄遗址位于荥阳市高村乡官庄村西、北，遗址东西长约2000米，南北宽约900米，面积约18万平方米。1984年全国第二次文物普查时发现，分别于2004年、2010年4月至2011年进行勘探发掘。发现遗址南、东侧外壕、中部的大城、小城，发掘大量两周时期的灰坑，清理一些墓葬、马坑等，出土包括青铜器、玉石器、陶器、骨蚌制品等在内的大量重要遗物。遗存涵盖了龙山、两周、汉、唐宋及明清时期，其中以西周中晚期至春秋时期的遗存最为丰富，目前是中原地区最大的西周城址，为完善郑州地区的两周考古学文化序列提供了重要资料，对于深入探讨郑州地区两周时期考古学文化的发展演变，厘清东虢、郑、韩相关历史具有重要意义。2010年被评为“河南省五大考古新发现。

二十七、郑庄遗址

郑庄遗址位于郑州市邙山区古荥镇郑庄村西约100米的台地上。东西长约300米，南北宽200多米，面积约6公顷，文化层厚1~2米，最厚处4米以上。1985年春文物普查中发现。遗迹有陶窑、灰坑、墓葬等,地面上散存大量陶片和少量骨、石、蚌器等。陶质以泥质灰陶为主,夹砂灰陶次之,还有夹砂红陶等,器形有鬲、豆、瓮、簋、器盖等。

该遗址属周代文化遗存。

二十八、孟家沟遗址

位于新郑市城北 4 公里,新村镇孟家沟村西北,沿郑武公路两侧。因遗址在孟家沟村附近,故名。遗址面积约 35 万平方米,1958 年发现,历年不断有文物出土,如铜爵、铜鬲、钺等。

该遗址属商代遗址。

二十九、洼刘遗址

洼刘遗址位于郑州西北郊石佛乡洼刘村北地,大里村南。遗址南北长 400 米,东西宽 300 米,总面积达 12 余万平方米。1985 年文物普查中发现。遗址所在地原为一土岗,旁有一条河沟,河水自西南流经祥营遗址和堂李遗址,至堂李村西北注入须水,因平整土地,土岗与河沟已不存在。

遗址范围内的地面上散落有大量绳纹陶片,洼刘砖场取土坑断崖上暴露有大量的灰坑,还有陶窖、墓葬等。文化层一般厚 1.5 ~ 2.5 米。地面散落的陶器主要为宽档鬲残片、罐片、豆片、盆片、簋等。另外,从残灰坑中还出土有炭化粟结块及骨锥等。鬲、豆、簋、盆、罐等陶器,有明显的西周文化特征。

该遗址是一处西周文化遗址,对于研究郑州地区西周时期的文化面貌有相当重要的价值。

三十、祥营遗址

祥营遗址位于郑州西北郊沟赵乡祥营村东约 700 米的砖场区内,北靠新庄村。东西长 500 米余米,南北宽 600 余米,总面积达 30 余万平方米。1985 年春季文物普查中发现。遗址区原为土岗,土岗西南侧有一条河沟,至堂李村西北注入须水内,因平整土地,土岗与河沟已不存在。

遗址有一大部分被砖场取土破坏,地面上散落有大量的泥质灰陶、夹砂褐陶、夹砂灰陶陶片,多饰以粗绳纹,器形有鬲、罐、簋、豆、碗、盆、缸、瓮等。从土坑断崖上看,文化层堆积 2 米左右,遗存有房基、陶窑、灰坑、墓葬等。采集的遗物中,陶器多宽档鬲以及饰有 S 纹、云龙纹、重圈纹簋和豆等。这里的鬲、簋、豆、罐等陶器与陕西长安沣西西周遗址中的器物相近。

祥营遗址是以西周遗存为主,兼有春秋战国至汉代的遗存。

第三章　古国史迹与遗存

中国5000年文明史是从黄帝开始的。黄帝擒蚩尤，打败炎帝，在嵩山地域建都立国，国家的性质实际上是一种“联邦制”，是由众多酋邦王国组成的。无论以嵩山为中心的嵩山地域，还是四裔之地，均是方国林立的局面，这种局面一直延续到战国时期。继黄帝之后，颛顼、帝喾、尧、舜、禹相继为天下共主。这一时期，君主即位实行的是所谓的“禅让制”，实际上这些君王都来自黄帝族，是世袭制的一

古国史迹

种原始形式。君主的权威虽来自于个人的能力，但更需要各方国的拥戴。夏商周三代，嵩山地域一直是王畿之地，在王畿内的各城邑是由众多诸侯统治的，这些区域构成了一个个方国。

历史上，多数方国规模较小，仅仅是一些原始的氏族部落，但还有少数方国规模较大，已经具备了完善的国家机构。在诸侯林立的时代，这些诸多的小国，恰如众星捧月一样，分布在嵩山周围，与当时的大国一起，共同创造了嵩山古代文化，为嵩山历史文化核心区增添了无限的光彩。虽然这些小国在不同时期都被兼并走向统一，但它们却永远载入嵩山文化的史册。

在远古和上古时期，河流与人类的关系相当密切，河水除供饮用外，还可用来灌田，发展农业生产，水上可以行舟，提供交通运输的方便，引水护城，增添了防御设施。因而许多国家的都邑往往建于河滨台地之上。诚如《管子·乘马篇》所言：“凡立国都，非于大山之下必于广川之上。高毋近旱而水用足，下毋近水而沟防省。”离开广川大河，很难解决用水问题。因此，嵩山地域中的古国大都分布于双洎、伊洛、颍河、汝河流域，这是嵩山地域古国分布密集的必要条件。

中国古代的传统文化,自新石器时代晚期,就已在嵩山地域形成强大的文化核心。中原不仅是中国历史文化的一个位于天地之中的地域概念,更重要的还是中华民族传统文化的中心。中国在步入文明时代时,最早国家形态的载体——古代城邦就出现在嵩山地域。夏商周以降,国家由城邦到方国,由方国到中央集权的帝国。

诸侯源自春秋战国时期的分封制,最迟可以追溯到西周时期。当时土地和连同人民,分别授予王族、功臣和贵族,让他们建立自己的领地,拱卫王室。封国的面积大小不一,封国国君的爵位也有高低。诸侯必须服从周王室,按期纳贡,并随同作战,保卫王室。诸侯国,中文狭义上指中国历史上秦朝以前分封制下,由中原王朝的最高统治者天子对封地的称呼,也被称为"诸侯列国"、"列国";封地最高统治者被赐予"诸侯"的封号。广义上指封建时代及其以前人类文明时期共主(天子、皇帝)对其家族、功臣给予的封地(至中华民国成立以后取消)。现代多数情况,"诸侯"和"诸侯国"混淆使用。史料记载周灭商后,周天子分封天下,是诸侯国林立之时,《吕氏春秋・观世》谓"周之所封四百余,服国八百余";《荀子・儒效》谓"周公兼制天下,立七十一国,姬姓独居五十三人",《左传》昭公二十八年谓西周分封"兄弟之国十有五人,姬姓之国者四十人"。

嵩山古代诸侯国的统治地域较小。列宁在《论国家》中指出:"当时的社会和国家比现在小得多,交通极不发达,没有现代的交通工具,当时的山河海洋所造成的障碍比现在大得多,所以国家是在比现在狭小得多的地理范围内形成起来的。技术薄弱的国家机构只为一个版图较小、活动范围较小的国家服务。"普通方国的版图范围大小,大体如《孟子・万章下》所论那样:"天子之制,地方千里,公侯皆方百里,伯七十里,子男五十里,凡四等。不能五十里,不达于天子,附于诸侯,曰附庸。"当时的里程较后世为小,诸侯国的版图不可能太大。

汉字"国"古写为"或",古"或"与"域"通,指一块人口集聚的地盘,在一些文献中也指聚落和城邑。经长期演变后"国"才专指国家。作为一个国家,除必须有民、土及统治机构外,其统治者还必须有一定独立的自主权,能对国家实行有效统治,而不论国度大小、时间久暂、政权性质及名义上的隶属关系。中国古代的国家概念和现代是大不相同的,各类颇多,有宗主国、封国(即诸侯国)、属国、与国(盟国)、方国和附庸国等。其间独立自主权是很不一致的,有的有完全的独立自主权,有的只有部分独立自主权,甚至处于半独立状态。而有的"国"其实是地方政权;相反,有的地方政权却具有国的属性。

一般来说,古代国家分为二级。宗主国是一级国家,有完全的独立自主权。而封国、附庸国及属国则仅有不完全的独立自主权,属于二级国家。封国由宗主国封赐,一般即指诸侯国。上古诸侯国又分为若干等级。比低等级国还小,只能附属于诸侯的称为附庸,以后演化为泛指一切独立程度低的附属小国。属国并非大国封赐而是自主建立,以后附属于大国,亦可得到大国的追认封赐。与国则是大国的盟国,参与会盟,并供其驱策调遣。因此,在一定程度上,与国也是二级国家。统一大国之外建立的小国称为方国,分布大国周边。方国独立于统一王朝之外,是一级国家,但有时方国也依附于大国,独立程度降低。如各时代的诸侯国、属国、附庸国、与国、方国等,这类国家大部分属二级国家。

中国古代国家的概念与现代相比是大不相同的,其构成远比现代复杂。比如古代分封诸侯国,有大批二级国家存在,现代就没有。历史上除各时代平民起义政权建立的国家和各时代周边民族建立的国家除外,历代诸侯国、属国、附庸国、与国、方国数量相当庞大,经统计有 379 个,其中含各类二级国家 203 个,方国 176 个。

在这些国家中,较重要的方国有费国、滑国、甘国、邬国、莘国、程国等。而远古余国大多为五帝之后，如炎帝后裔的应龙、封父、三乌……，黄帝封有逢、潞氏、古霍……，尧后裔及其所封的昆吾、南唐、北唐、铸国……，舜封契（商祖先）……，帝喾后裔后稷（周祖先）……等，据《史记·夏本纪》载，夏封国有扈、斟鄩、费、有莘、薛、卞、古杞、缯、辛等国。这些封国和与国的一部分在夏末叛服于商，参加景亳会盟，助成汤灭夏。夏、商、周王朝在嵩山地域建都的有羲、昆吾、西莘、陆浑、扬、费、辗、郚、费滑、刘、斟鄩、巩、东周、鬲、补、郐、密、郑氏、梅、华、有熊、郑、韩、嵩、纶氏、程、颍、蛮氏等几十个封国。除以上所说方国和封国外，在还有涂山氏、孟涂氏，以及伊洛阴戎等建立的酋邦王国。战国时期，方国林立的局面逐渐消失。周灭亡后，秦以河洛地区为三川郡，并废除封国制度，实行郡县制和中央集权制，周王室和洛邑周围的诸多方国均灰飞烟灭。

和任何事物一样，国家也有它兴亡与更迭的历史。千百年来，历史上不知有多少国家发生、兴盛和衰亡。国家衰亡后，另一些新生国家取而代之，以后又走上兴盛与衰亡的道路，生生息息，无休无止，这是历史发展的规律。近年来，随着考古工作的开展，许多古国的城址、墓葬和带铭器物的发现，使我们看到了古国的史实。将文献记载与考古资料结合，使我们对于嵩山地域中的一些古国的兴亡、迁徙、历史状况和文化特征，有了概括性的了解。嵩山地域中的古国虽然大都狭小，但却均有一个城邑作为国都。在中国古文献中，有时城与国可以互通。《吕氏春秋·慎势篇》载："古之王者，择天下之中而立国，择国之中而立宫。"《考宫记》曰："国中九经九纬。"这里的国无不泛指都城而言。因此，都城与方国的关系密切。根据文献记载和考古资料提供的线索，尽量寻找古国的都城，弄清其城市布局、宫殿建筑及墓葬情况，再就出土文物，探讨其物质文化，从而揭示其古国的历史本来面目。

第一节 黄河中游的古国史迹与遗址

黄河发源于青海省青藏高原的巴颜喀拉山脉北麓约古宗列盆地的玛曲，呈"几"字形。自西向东分别流经青海、四川、甘肃、宁夏、内蒙古、陕西、山西、河南及山东9个省、市、自治区，最后流入渤海。

黄河中游图

黄河是我国古代文明的摇篮。黄河流域，尤其是其中下游的中原地区，土地肥沃疏松，古代气候和湿润，宜于原始农业经济的发展。中国古代文明同世界各地文明一样，最早都在紧靠着大河容易耕作的冲积平原上产生。嵩山地域符合这样的地理特征，从而成为我国古代文明的重要发祥地，国家最早在这里形成。黄河流经嵩山地域的洛阳、偃师、巩义、荥阳、郑州等市县。

在此流域内的古国，主要有华胥、河、邳、羲、曼、虎方、索、京、来、冯、东虢、胥、雀、弊、敫、祭、管、昆吾等国。

一、华胥

位于新郑市区北20公里古华城。《国语·郑语》:(太史伯曰)"若克二邑(指虢、郐),鄢、蔽、补、丹、依、騨、历、华,君之土也"历先为国后为邑后为乡,"历史"之称可见历国之古。历又作瀨今作涡。历、华并提,华就是古华胥国,后为蒙地,庄子为南华真人,《庄子》又名《南华经》。又传说舜目重瞳,是把"华"解释为眼睛人之神户。故华之南为寿,人之眉主寿称华盖。"华"居十之上,是天下之中也。

历史地理学家钱穆在《黄帝的故事》中提到:《史记》上说:"黄帝采首山之铜,铸鼎荆山之阳。"首山即河南襄城县南五里,两边逛逦直接嵩、华。这些说法都足以说明黄帝活动的范围。《列子》上说:"黄帝梦游华胥之国。"新郑附近有华阳故城,有华阳亭,可能就是古华胥国。古书上往往说豫州有华山,豫州即是河南省,所说的华山,在洛水西边,就是现在的嵩山。登封、禹、密数县间,古人称做华,这里又是夏朝的兴起地。我们自称中华,从前又称华夏,就起源于此。

《拾遗记》载:伏羲"所都之国,有华胥之洲"。因河南新密市与新郑市之间古有华城,有华阳亭,就是古华胥国。

二、河

河,或作何,夏代归姓国。《潜夫论·志氏姓》云:"归姓,胡、有、何。"河国的地域,在今荥阳、巩义一带。《东夷源流史》的作者何光岳认为,约在夏代初年,河人已经"迁到巩洛一带",又说河邑"当在密县之北和黄河之南,今荥阳县北部之河阴,唐于此置河阴县"。

河国西与洛国为邻,二国之间经常发生纠纷,历史上有一次大的战斗,后有昆吾氏从中调解,这场冲突很快宣告结束。洛伯用为了与河国和好,把自己的女儿洛嫔嫁给河伯冯夷为妻。洛嫔是一位绝色美女,有穷国君弈对她十分爱慕,为了得到洛嫔,便与河国发生一次战争,结果杀死河伯而霸占了洛嫔。《楚辞·天问》载:"帝降夷羿,革孽夏民。胡射夫河伯,而妻彼雒嫔?"王夫之《楚辞通释》称:"河伯,古诸侯,司河祀者。羿射杀河伯,而夺其妻有雒氏。"

河人作战失败后,被迫北迁至豫北鲁西一带,同商人结盟。古本《竹书纪年》载帝之世,"殷王子亥宾于有易而淫焉,有易之君绵臣杀而放之。是故殷主甲微假师于河伯以伐有易,灭之,遂杀其君绵臣也"。主甲微即上甲微,系王亥之子,是商的著名先公,为了替父报仇,便向河国借兵灭了有易,并杀死易国之君绵臣。由此可知,当时河国还有较强的军事实力。夏代末年以后,不再见到有关河伯活动的史迹,可能那时河国已经灭亡。

商周以来,"河伯"被尊崇为大河之神,受到人们的顶礼膜拜,从天子到诸侯,在祭河祈祷和盟誓的同时,盛行以璧沉河,甚至为"河伯娶妇",用人祭河神。《楚辞·九歌·河伯》云:"与女游兮九河,冲风起兮水扬波。乘水车兮荷盖,驾两龙兮骖螭。登昆仑兮四望,心飞扬兮浩荡。日将暮兮怅忘归,惟极浦兮寤怀。鱼鳞屋兮龙堂,紫贝阙兮珠宫。"在楚人的心目中,河伯乘着两龙驾御的水车,住在紫贝砌成的宫殿中,俨然一副高贵的河神模样,已不再食人间烟火,人们早已忘记他是当年的河国之君。

三、邳

邳，商周任姓国。《左传·昭公元年》载："虞有三苗，夏有观、扈，商有姺、邳，周有徐、奄。"邳与姺齐名，立国于商代之初，朱骏声《说文通训定声》颐部第五云："邳，奚仲之后，汤左相仲虺所封。"邳的地域，在今河南省荥阳市汜水镇一带。

汜水镇过去为成皋县治所在，西距洛汭约20公里，其间有一条与黄河平行的土山，即大伾山。《水经·河水注》谓："河水之东，迳成皋大伾山下。《清一统志》卷145载："大伾山，在汜水县西北一里，有大涧九曲，又名九曲山。上有成皋伯城。"由于商汤封仲虺之后于此，仲虺助商立国有功，故而《国语·周语》说："商之兴也，梼杌次于丕山。"邳因建国于大伾山下而得名。邳字或作丕、伾、不、娝、负。

商代中叶，邳国势力逐渐强大，构成对商王朝的严重威胁，从而招致武丁的征伐。商代末年，邳人被迫东徙，迁至山东省沂水县北之邳乡。西周初年，周武王就地封邳伯于此。后又迁至江苏邳县之"下邳"，战国初年才又对峙迁至山东峄县（今山东省枣庄市峄城区），是为"上邳"，于楚考烈王二年（前261年），被楚灭亡。

四、羲

羲，夏商风姓国，本伏羲氏后裔。《古今姓氏书辩证》卷2云："羲，出自三皇太皋伏羲之后为氏。"孙作云说："伏羲，风姓。"羲，亦作戏，二字音同义通。《尚书序》孔传曰："伏牺氏，伏，古作虙。牺，本又作羲，亦作戏。"张辑《字诂》谓："羲古字，戏今字。"因而羲国之君羲伯，铜器铭文中或作"戏伯"。

古羲国，春秋时为郑国之"戏"地，其地域在今河南省登封、巩义、荥阳一带。《春秋·襄公九年》载："冬，公会晋侯、宋公、卫侯……伐郑。十有二月己亥，同盟于戏。"杜预注："戏，郑地。"杨伯峻《春秋左传注》谓："戏即成十七年《经》、《传》之戏童。戏童山在今河南登封县嵩山北。"又注成公十七年《传》云："戏童即襄九年之戏，在今河南巩县东南、登封县嵩山东北。"《山海经》《水经注》等史籍记载，今登封市、巩义市和荥阳市境，分布着浮戏山，郑国之戏，似应指此"浮戏山"而言，今郑州市西南之浮戏山一带。

古文献中，"羲、和"并称。羲与和这两个著名方国，羲氏、和氏，是尧舜时期执掌历法的官吏。夏代仲康之世，曾命胤侯征伐羲、和二国。《史记·夏本纪》云："帝仲康时，羲和湎淫，废时乱日。胤往征之，作《胤征》。"今本《竹书纪年》载："帝仲康五年秋九月，庚戌朔日有食之，命胤后帅师征羲和。"由此可知，夏代初年，羲氏、和氏沉湎于酒，荒废其职，仲康五年九月初一这天，发生日蚀，他们未能预测出来，属于严重的失职行为。按照法律规定："不及时者，杀无赦。"因此遭到讨伐。

夏代末年，商的势力不断发展，羲国与商结盟，其君羲伯成了商汤的重要辅臣，在灭夏斗争中作出了很大的贡献。《史记·殷本纪》云："桀败于有娀之虚，桀奔于鸣条，夏师败绩。汤遂伐三㚇，俘厥宝玉，义伯、仲伯作《典宝》。""义"，通作"羲"。商代末年，羲国受到周武王的讨伐。《逸周书·世浮解》载，武王克商，"命吕他伐越戏方"。戏即羲，在荥阳、新密、巩义之界的浮戏山一带。《路史·国名纪六》云："戏，武王克商，命吕他伐戏方，云纣畿内。按襄九年，戏，郑地。"吕他所伐之"戏"，即古羲国，春秋时为郑国之"戏"地。

西周时期，羲国仍未灭亡，传世和新出土的青铜中，献侯鼎、义伯簋、义中方鼎、戏伯鬲、戏伯鼎、戏卣等，皆为羲国之遗器。著名学者蔡运章对羲国作过详细的考释："武王灭商以前，羲国的地望可能在今河南省郑州市一带。后来，羲国便西迁到今陕西省临潼县东的戏水沿岸。"

五、曼

曼，商周曼姓国。鄤地为春秋时期郑国邑。《左传·成公三年》载："春。诸侯伐郑次于伯牛……公子偃帅师御之，使东鄙覆诸鄤，败诸丘舆。"杜预注："伯牛、鄤、丘舆皆郑地。"高士奇《春秋地名考略》卷六云："春秋郑邑，曼伯国，为曼姓。王符《姓氏志》作曼。"

曼国得名于古鄤水，《后汉书·郡国志》河南府尹成皋县下"有鄤水"。《水经·河水注》云："汜水又北合鄤水，水西出娄山，至冬则煖，故世谓之温泉。东北流迳田鄤谷，谓之田鄤溪水，东流注于汜水。"杨守敬疏："《续汉志》云，成皋有鄤水，当在今汜水县西南。"汉成皋县及清汜水县的县治，在今河南省荥阳市汜水镇。古鄤水当在今汜水镇南，曼国地域在这一带。

何光岳的《南蛮源流史》据卜辞虢、曼连称，故云："由虢今虎牢，即荥阳县西北的虎牢关，南面即为曼伯之地，虢、曼连称；商王常到曼、虢之地游巡，知曼人主要分布于故黄河之南。"春秋初年，郑人在灭东虢的同时，一举灭掉曼国，从此曼国故城成为郑国西部的要邑。故而《路史·国名纪四》云："郑邑，曼伯国。"传世曼器有曼龏父簋、鄤仲鼎、鄤仲簋等，表明曼虽区区小国，却有较为发达的青铜文化。

六、虎方

虎方国遗址在虎牢、七虎涧一带

虎方，商代古国。其地域在今河南省荥阳市及新郑市一带。

荥阳市汜水镇古称虎牢。《左传·庄公二十一年》云："郑伯享王于阙西辟，乐备。王与之武公之略，自虎牢以东。"杜预注："虎牢，河南成皋县。"王应麟《通鉴地理通释》因谓："虎牢之险，天下之枢也，在虢曰制，在郑曰虎牢，在韩曰成皋。"关于虎牢的得名，《穆天子传》卷五说："有虎在乎葭中，天子将至。七萃之士高奔戎请生捕虎，必全之。乃生捕虎而献之。天子命之为柙，而畜之东虞，是为虎牢。"虎牢系周穆王押虎之处，乃系晚周的传说，不足为训，实则与虎方处此有关。

《殷商氏族方国志》载："则虎牢为虎，疑商末虎氏居此得名，虎牢以东，有七虎涧，有虎溪水，亦当商氏遗迹，以卜辞‘涉虎’与夫浦字从水证之，知虎氏地望，当在今虎牢、中牟、新郑三角地带。”虎方的原居地在虎牢、七虎涧一带，以后为商人所逼，被迫南徙至淮北地区。

七、索

索，商代子姓国。《路史·国名纪四》云：“索，郑之索氏。故成皋东有大索城。……今郑之荥阳有索水。”

《敦煌名族志残卷》载：“索氏，右其先商王帝甲封子丹于京索，因而氏焉。”

《春秋传》曰：“郑子皮劳叔向于索氏。即此城也。《晋地道志》所谓京有大索、小索亭。《汉书》，京、索之间也。”杨守敬疏：“《左传》但称索氏，而京相璠言，京县有大索亭、小索亭，大小索氏兄弟居之，故有小大之号。《春秋》之索氏为大索，以此为后之索氏兄弟所居，谓之小索，以别于大索。”在甲骨卜辞中，索作“剢”，商王经常到这里田猎，并祈祷平安无灾。

李学勤的《殷代地理简论》载，索国的地域，在今河南省荥阳市境，大索城位于荥阳市老城区，小索城在荥阳市张楼村北，二城相距约2公里，均在索河之滨。大索城为索国故城，小索城始建于春秋之世，为索国后裔索氏兄弟所筑。《荥阳文物志》称：“大索城即今荥阳县城。地势中高四下，半绕索河，群峰峙其南，广武横其北，东拥京襄城，西跨虎牢关，地扼中原咽喉，形势险要。”商代末年，索国为周人所灭。

八、京

京，商代子姓国。朱芳圃《甲骨学商史编》云：“京县在今河南荥阳县东二十一里，贾鲁河（一名京河）迳焉。在殷都（安阳）之西南。殷之京，当即其地。”甲骨卜辞经常提到京，如《合集》中有“贞：王勿往于京？”“京受黍年？”“乙丑贞：王令垦田于京。”据何光岳《商源流史》统计，有关京的卜辞内容为：商王往来于京、郑之间，商王常去京地，商王到京田猎，商王关心京地的风调雨顺，商王令京进贡刍草及物品，商王在京地祭祀，商王派臣子出使京地，商王在京地制磬，商王关心京国国君夫人分娩之事等。

京是同商王关系密切的属国。卜辞京地所在，就是春秋时期郑国的京邑。《正义》引《括地志》云：“京县在郑州荥阳县东南二十里，郑之京邑也。”《水经·济水注》云：“其水北流，迳金亭，厽经迳京县故城西，入于旃然之水。城故郑邑也。庄公以居弟段，号京城太叔。”杨守敬疏引《读史方舆纪要》云：“在今荥阳县东南三十里。”《清一统志》载：“京县故城在荥阳县东南。”清代荥阳县即今河南省荥阳市，京国故城在荥阳市二十里铺乡王寨村东南的京襄城村，京襄城就是京县城的讹音。京县城是春秋时期郑国要邑，可能是在原京国故城基础上兴建的。京与索为近邻，都是战略要地。京国地域在索国之东，即今荥阳、郑州交界一带。京与索二国唇齿相依，一损俱损，一荣俱荣。周武王灭商亡索的同时，也翦灭了京国。

九、来

黄河中游古国遍布

来，或作郲，商代子姓国。《世本·氏姓篇》云："来氏，分封以国为氏，其先殷之别族，食采于郲，子孙去邑为来氏。"《广韵》亦云："郲，出自子姓所食之邑，春秋郑之时来是也。"来是商王田猎之处，甲骨卜辞中多次提到来。如《京》"贞：王其田来无灾?"《合集》："……卜：王往田从来，杀豖，擒?"《甲》"乙未卜：今日不雨，在来。"来，也叫"时"。《路史·国名纪六》云："郲，郑地，时来也。"《路史·国名纪四》云："时(郲)春秋之时来，郑地，子姓。"

来国的地域，在今河南省郑州市北郊一带。《春秋·隐公十一年》载："夏，公会郑伯于时来。"《谷梁传》则谓："夏，五月，公会郑伯于时来。"《公羊传》又作"祁黎"，与"时来"音近相通。《左传·隐公十一年》云："夏，公会郑伯于郲。"由此可知，来也叫"时"，时来即郲，"郲"字表示来人已会筑城作邑。故而杜预注《春秋》谓："时来，郲也。荥阳县东有厘城，郑地也。"《春秋经》书："公会郑伯于时来，《左传》所谓厘也。"京相璠曰："今荥阳县东四十里，有故厘城也。"《清一统志》载："厘城在荥泽县东。"清代荥泽县即汉荥阳县，亦即今河南省郑州市西北的古荥镇。"厘"与"来"、"邿"音近相通，厘城即来城，或时来城，其地在今郑州市东北花园口一带。

来国约于商代末年灭亡。或云东迁至今山东省济宁市境，称之为邿国，春秋时为鲁国所灭。

十、冯

冯，周代姬姓国。《元和姓纂》说冯姓是"周文王第十五子毕公高之后，毕万封魏，支孙食采于冯，遂氏焉"。又据《后汉书·冯鲂传》注引《东观记》载："魏之别封曰华侯，华侯孙长卿食采冯城，因以氏下来。"冯字亦作𨙸，《说文》邑部云："𨙸，姬姓之国，从邑，冯声。"段玉裁注："《广韵》曰：冯，姓也，毕公高之后，食采于冯域，因而命氏。……然则𨙸为姬姓国，其后以国为氏。"𨙸字去邑为冯，其地域在今河南省荥阳市境。

《水经·济水注》云："济水又东南，砾石溪水注之，水出荥阳城西南李泽，泽中有水，即古冯池也。《地理志》曰：荥阳县冯池在西南。"熊会贞疏："《方舆纪要》冯池在荥阳县西。池果在今县西，则水东北流迳大索城北。"荥阳因位于荥水之北故名。汉代荥阳县城在今郑州市古荥镇。北魏太和年间移治至大索城，即今荥阳城。今荥阳市广武乡黄河南岸的冯沟村有一古代城址，南部尚存一段高3米多的城墙。冯沟城址正位于古荥镇之北稍偏西，即是当年的冯国故城。

十一、东虢

东虢，西周姬姓国。《左传·僖公五年》载："虢仲、虢叔，王季之穆也。"杜预注："虢仲、虢叔，王季之子，文王之母弟也。仲、叔皆虢君字。"孔颖达《疏》云："贾逵曰：虢仲封东虢，制是也；虢叔封西虢，虢公是也。马融云：虢叔，同母弟；虢仲，异母弟。"金文中除虢仲、虢叔外，还有虢白（伯）和虢季，知虢有伯、仲、叔、季四族。自来言虢，甚为纷错，大体而论，荥阳为东虢，雍州（今陕西省宝鸡县）为西虢，平陆（今山西省平陆）为北虢，三门峡市为南虢。三门峡市与平陆，夹河对岸，南虢、北虢实为一国。

虢叔

东虢的地域在今荥阳市境，东部伸入郑州市郊区古荥镇一带。由于古黄河流至今河南省原阳县西南原武镇附近折而北流，原阳位于河东，其地大部亦属东虢。《左传·隐公元年》杜预注云："虢叔，东虢君也。……虢国，今荥阳县。"《通典》曰："今郑州荥阳县，故虢国，所谓东虢也。"《春秋传》：虢仲、虢叔，王季之穆。《后汉书注》，今汜水县是东虢也。"《水经·济水注》载："索水又东，迳虢亭南。应劭曰：荥阳，故虢国也，今虢亭是矣。"

班昭《东征赋》曰："望河洛之交流兮，看成皋之旋门，既免脱于峻崄仾，历荥阳而过卷。"李善注："《汉书》，河南郡有荥阳县。应劭曰：卷，故虢国，今虢亭是也。"成皋县建制始于战国，其治所先在今荥阳市区，后在今荥阳汜水镇。汜水县建制始于隋代，其治所在今汜水镇。1949年年底，汜水县、广武县合并为成皋县，县政府设在广武，1950年迁至汜水。1954年，荥阳、成皋合并为荥阳县，县政府设在今荥阳市区。史籍所载古汜水、成皋、广武和荥阳诸县，均在今荥阳市境。

虢都地望，以前有几种说法：有说在汜水；有说在上街；有说在古荥；有说在广武。史学家根据实地调查和史料考证，推断东虢都城为今荥阳市区东北13公里南城村的平桃城。平桃，亦作平咷。平，取"虢"字之左旁，咷或即兆，取"虢"字之右旁，二字逐渐演变成"平桃"，"平桃"实即"虢"也。东虢故城平面略呈长方形，城址轮廓依稀可见，长约400米，宽约300余米。城垣墙基宽10余米，残高3米余，是一座保存较完整的古代城址。这里有著名的点军台新石器时代文化遗址，距离著名的秦王寨遗址也很近，表明这一带自古就是文化昌盛的地区。东虢故城南望嵩岳，北濒大河，西跨虎牢天险，东连黄淮平原，交通便利，物产丰富。雒东诸国中，东虢与郐的势力较强，故有"子男之国，虢、郐为大"的说法。

西周末年，王室衰微，周幽王昏庸腐败，政治十分黑暗，引起诸侯与广大民众的强烈反对，各种社会矛盾都已表面化，西周王朝面临着行将灭亡的危险。身为司徒的郑桓公为了谋求"逃死"的方略，便将其部族、民众、家属和财物迁寄到东虢与郐国等地。不久，骊山烽火骤起，周幽王与郑桓公被犬戎、申、缯联军杀死。桓公之子郑武公随同平王东迁雒邑，并乘机灭掉东虢。《汉书·地理志》臣瓒注云："幽王既败，二年而灭郐，四年而灭虢。"周平王四年（前767年），郑武公率军首先占领虢城，接着又乘胜进军，攻克制邑这个最后军事据点，虢叔战死，从此宣告东虢灭亡。

十二、胥

胥,唐虞古国。唐虞是唐尧与虞舜的并称,亦指尧与舜的时代,古人以为太平盛世。属于“蓬艾之间”的小邦,由于不服尧的统治,引起尧的不满,一度打算兴师问罪。《庄子·齐物论》载:“昔者尧问于舜曰:‘我欲伐宗、脍、胥敖,南面而不释然,其故何也?’舜曰:‘夫三子者,犹存乎蓬艾之间,若不释然何哉?’”郭象注:“司马云:宗、脍、胥敖,三国名也。崔云:宗,一也;脍,二也;胥敖,三也。”

胥国或称胥敖。《路史·国名纪六》谓:“胥臣,胥代之先,一作蓿。”《春秋图》有湑,与桧接,在虢、密之间”。《庄子》中所提到的脍,亦作桧,即是郐国,在今新密市境。胥国与郐接壤,即称“胥敖”,其地域当在古敖山一带。《史记·殷本纪·正义》引《括地志》云:“荥阳故城在郑州荥泽县西南十七里,殷时敖地也。”《水经·济水注》说:“济水又东迳敖山北,《诗》云所谓‘捕狩于敖’者也。其山上有城,即帝仲丁之所迁也。秦置仓于其中,故亦曰敖仓城也。”古代胥人建国于敖地,即今郑州市境。

十三、雀

雀,商代古国。甲骨卜辞中经常提到雀,如《合集》中有:“辛酉卜,贞:雀无祸?南土祸?告事。”“贞:雀载王事?”“雀受年?”《屯南》中有:“雀受佑?”雀是商王朝南土的重要与国,雀国之君称“雀侯”、“雀男”或“雀亚”等,经常受商王之命征伐四方,雀人不断向商王进贡,商王也祈求神祖保佑雀人,并关心雀国的农业生产。雀国的地域,在今河南省郑州市境。

《水经·济水注》云:“黄水又东北至荥泽南,分为二水,一水北入荥泽……一水东北流,即黄雀沟矣。”《穆天子传》载:“壬室内,天子东至于雀梁。甲辰,浮于荥水,乃奏广乐。……仲秋丁己,天子射鹿于林中,乃饮于孟氏,爰舞白鹤二八。还,宿于雀梁。”杨守敬疏:“《地形志》,阳武有黄雀沟。……今郑州西有小贾鲁河,盖即黄雀沟。”贾鲁河古称鸿沟,源于新密市五指岭山麓,东北流经郑州市区西北郊的石佛、老鸦陈、柳林诸乡,正位于古荥泽以南,它就是《水经注》所说的黄雀沟,亦即《穆天子传》所说的雀梁,雀国的地域就在这一带,即今河南省郑州市西北郊。

十四、弊

弊,或作蔽,商周古国。《路史·国名纪六》将它列入“商世侯伯之国”。《国语·郑语》载史伯为桓公论兴衰时指出:“其济、洛、河、颍之间乎!是其子男之国,虢、郐为大,虢叔恃势,郐仲恃险,是皆有骄侈怠慢之心,而加之以贪冒。君若以周难之故,寄孥与贿焉,不敢不许。周乱而弊,是骄而贪,必将背君,君若以成周之众,奉辞伐罪,无不克矣。若克二邑,邬、弊、补、舟、依、㽥、历、华,君之土也。”《史记·郑世家》也提到郑桓公东徙其民,虢、郐果献十邑。《集解》引韦昭曰:“后武公竟取十邑地而居之。”这里所说的十邑,实际上是十个小国,于春秋初年先后被郑兼并。“十邑”中弊的地域,在今河南省郑州市境,具体说在今郑州市东郊圃田西。

十五、隞

隞国遗址

隞，亦作敖或嚣，商周子姓国。《路史·国名纪四》载："嚣（敖），仲丁居敖也，在陈留浚仪，秦之敖仓，今郑之荥泽四十五有敖土、敖城。"《尚书序》云："仲丁迁于嚣。"古本《竹书纪年》谓："仲丁即位，元年，自亳迁于嚣。"《史记·殷本纪》说："帝仲丁迁于隞。"《尚书·序疏》则指出："史公嚣作隞者，二声相近。"王应麟《诗地理考》卷3引《括地志》道："荥阳故城在郑州荥泽县。殷时敖地，周时名北制，在敖山之阳。"《史记·项羽本纪·正义》引《括地志》云："敖仓在郑州荥阳县西十五里，县门之东北临汴水，南带三皇山，秦时置仓于敖山，名敖仓云。"据考证，隞国的地域，在今郑州市与荥阳市交界一带。

《嚣伯匜断代与隞之地望》载，商代仲丁迁隞后，隞为商都。至河亶甲自隞迁于相（今河南省内黄县境）后，隞地不再作为国都，留下一支未迁相的商人，在此建立了一个小国，其君虽称"伯"，因其地"不能五十里"，春秋时代成为郑国的附庸。

十六、祭

祭，古称祭伯城，商周古国。《路史·国名纪五》云："祭，伯爵，商代国，后为周圻内国。"祭、蔡音同相通，商甲骨卜辞中多次提及祭，如《合集》"贞：翌日庚子勿……二月，在祭。""贞：雀灾祭方？"《怀特》"癸巳贞：旬无祸，在祭卜。"胡厚宣的《卜辞中所见之殷代农业》认为商代祭方即祭国，其地在殷之西南。所谓殷之西南，就是指的今郑州市祭伯城而言。

祭国最早是商王朝的一个邦国，处在今郑州和中牟之间。商代时，祭国与商王朝关系良好，周灭商后也将祭国灭掉。武王灭商后封其弟蔡叔于此。平三监之乱后，成王改封此地给周公旦的第五子祭伯，仍称为祭国。《元一统志》也说："祭城在管城县东北十五里。周公第五子封祭城为伯。"周昭王南征荆楚，祭公随行，回师途中，船沉汉水，祭公与昭王溺水而亡。祭公之子祭公谋父是穆王时的名臣，他曾谏阻穆王不要征伐犬戎，而以德安邦。作为王臣，他虽然反对但仍陪伴周穆王西征和巡游。《左传·僖公二十四年》："凡、蒋、邢、茅、胙、祭、周公之胤也。"杜预《左传》注云："祭国，伯爵也。"《路史》载："周圻之内管城东北有古祭城。"祭国在鲁隐公元年（前722年），郑国东迁时被郑庄公所灭，成为郑国大夫祭仲的食邑。

李学勤的《祭公谋父及其德论》载:“今郑州在西周初年为管叔鲜所封,管叔灭后,管没有像蔡国那样复封。祭封于郑州东北,可能就取代了原来的管。”管地后来属桧,祭仅占有原管国东北部分疆域。今郑州市金水区祭城镇之祭城村,即古祭国都邑所在。其方位与里程均与文献记载相合。考古发现,祭国故城遗址虽然遭到破坏,但仍保留着几段夯土墙基。城址内外,有西周、春秋时期的鬲、罐、豆等陶器残片出土。清咸丰年间,曾在古城基础上修筑增补城垣。

十七、管

管国始君管叔鲜

管,周代姬姓国。西周早期周武王灭殷,建立周朝之后,封其三弟管叔鲜于管(今郑州市管城),称管国,为当时周朝之东方重镇。周公摄政后,管叔鲜因勾结蔡叔度、武庚叛乱被诛,管国由此而废为邑。管为武王为封,管叔鲜被诛无后,其国当不复存在,其地一分为二,西南部疆土划归郐国,东北地域则为祭国所有。《世本·氏姓篇》云:“管氏,周文王子管叔之后,以国命氏。”管叔鲜为管氏(姓)的开氏始祖。

据考证,管国地域在今郑州市、中牟县及荥阳市一带。刘禹锡的《管城新驿记》载,国都管城“直天下大逵,肘武牢而咽东夏”。明嘉靖《郑州志》曾录引一佚名古碑铭来概括其形胜:“嵩岳、成皋,环峙后先;济、洛、荥、河,襟带左右。”其攻守进退皆宜,战略地位十分重要。

《左传·僖公二十四年》杜预注:“管国在荥阳京县东北。”又说:“荥阳县东北有管城。”《括地志》卷三云:“郑州管城县外城,古管国也,周武王弟叔鲜所封。”《元和郡县志》载:“管城县,本周封管叔之国,自汉至隋皆为中牟县。隋开皇十六年,于此置管城县,属管州。大业二年改管州为郑州,县又属焉。”《清一统志》载:“管城故城即今开封府郑州治。”

郑州本是商代故都与要邑,周灭商后,封叔鲜于此,遂成为管国的首都。管城是利用郑州商城旧垣建立起来的。1955年和1972年,通过两次对管城的发掘,获知管城夯土垣是附加在郑州商城外侧修筑而成的,城垣的走向与范围大小亦与原商城相同。城址平面略呈南北长方形,其范围,从白家庄沿城东路程西侧向南,与郑州旧城东城墙内夯土相连;由白家庄西侧向西穿过紫荆山,沿金水大道南侧至杜岭街北端折而向南,与郑州旧城西城墙内夯土相接;在郑州旧城墙下也有相同的夯土。城垣周长近7公里。管城内发现有大型房屋基址、文化堆积层、灰坑和灰沟等遗迹,出土了大批陶器、板瓦、筒瓦等。管叔鲜系周文王一家之子、武王之弟和周公旦之兄,又是周初“三监”之一,权势显赫,其宫室建筑定然豪华无比。管城西北远郊是其墓地。司马彪《郡国志》曰:荥阳城内有大冢,名管叔冢。”《地形志》载:“荥阳有管叔冢。”此管叔冢应是管国国君叔鲜之墓,其地在今荥阳市广武乡南城附近,距管国故城约20公里。

管城于西周初年是周人在东方设置的监临殷遗民的重镇,管叔被诛之后,周公经营洛邑而代之,从此始丧失其在政治和军事上的重要地位。管国历史虽然短暂,但对中原文化却产生过深远影响。根据考古资料,获知管国物质文化,属于典型的周文化系统。从地名学提示的现象来看,郑州自西周以来,长期以管城命名,迄今市之建制,尚辖有"管城区"等,这些都同管国的历史文化有着密不可分的关系。

十八、昆吾

昆吾,系夏代封置的已姓国。颛顼的后裔吴回在帝喾高辛氏时期成为了南方的部落首领,吴回生陆终,陆终生子6人:昆吾、参胡、彭祖、会人、曹姓、季连。这6个儿子,又各成为一个氏族的首领,拥有自己的姓和氏。昆吾氏是陆终的长子,本名叫做樊,在夏朝受封夏侯伯,称昆吾氏。《史记·楚世家》说昆吾氏是颛顼的后裔。《集解》引虞翻曰:"昆吾名樊,为已姓,封昆吾。"《世本·氏姓篇》:"昆吾,古已姓之国,夏时诸侯,祝融之后。"昆吾的字义《夏小正》释为"昆小虫,又称昆者众也。"昆吾是陆终氏的分支,他们的氏族也以"众虫"为崇拜物,以"昆"为图腾。昆吾本是以制作陶器称著的氏族部落,《吕氏春秋·君守》云:"昆吾作陶。"昆吾人善于制陶、琢玉、冶金和占卜。昆吾人发明陶瓦以代替茅草盖房,是历史建房技术的创举。

昆吾始祖昆吾公

昆吾氏的活动区域,最早在今河南省新郑、新密一带。邹衡《夏商周考古学论文集》认为昆吾之居在今河南省新郑市。夏代早期,昆吾氏兴趣族北徙,迁至今河南省濮阳、滑县一带。据有关史书记载,昆吾氏经过繁衍发展,后又派生出九个姓氏,即苏、温、董父、叔安、鬷夷、旧许、顾、舟人、诸稽。昆吾国在夏中晚期很强盛,是当时诸侯国十霸之一。

夏朝末期,昆吾又举国南迁,徙至今河南许昌一带。当时昆吾的统治地区,可能包括今许昌、长葛和新郑南部,地近古祝融之墟。夏太康时,王政腐败,昆吾国组织勤王之师,联合诸侯国自为盟主,以尊王室。夏朝末年,商族势力不断发展。夏桀之世,成汤兴兵伐夏,首先对韦、顾和昆吾用兵。经数年战争,昆吾国被商汤所灭,最后灭夏。《史记·殷本纪》说:"汤自把钺以伐昆吾,遂伐桀。"《诗·商颂·长发》云:"武王载旆,有虔秉钺。如火烈烈,则昔我敢曷。苞有三蘖,莫遂莫达。九有有截,韦顾既伐,昆吾夏桀。"昆吾与韦、顾一起,被视作夏桀的"三蘖",助桀为虐,汤灭韦、顾之后,乘胜出击,一举战胜昆吾,接着夏王朝也被灭亡。

昆吾灭亡以后,其遗族被迫散居于今河南省南阳及陕西省蓝田一带。自夏商以来,因善铸剑,故世为治官。《逸周书·大聚解》载武王"乃召昆吾治而铭之金版,藏而朔之"。在周武王灭商过程中,昆吾人为之铸造兵器,做出贡献,因而颇负盛名。

第二节　伊洛河流域古国史迹与遗址

伊洛河是黄河的支流之一。洛河发源于陕西省洛南县秦岭华山草链岭南麓，自卢氏县西流入河南省境，经洛宁、宜阳、偃师、巩义等地，于巩义市马家门注入黄河，河道全长447公里，流域面积18881平方公里。洛河最大支流伊河，发源于栾川县伏牛山北麓张家村，经嵩县、伊川、洛阳、偃师，于偃师市杨村汇入黄河，河道长265公里，流域面积6029平方公里。洛河从偃师市杨村至巩义市巴家门一段称伊洛河。伊洛河流域的地势为西南高，东北低，山峰毗邻，丘陵起伏，地貌类型多种多样，可分为石山、丘陵和平原三个地貌单元，素有“五山四岭一平川”之称。伊洛地区南邻巍巍中岳嵩山，北濒万里黄河，东出虎牢，边接黄淮平原，西越函谷，可抵八百里秦川，山河控戴，制约四方，自古为帝王宅京之地，也是诸侯方国立国建都之所。《史记·封禅书》载：“昔三代之居皆在河洛间。”左思《三都赋》载：

伊洛河入黄河交汇处

“崤函有帝皇之宅，河洛为王者之里。”傅毅《洛都赋》形容此地“披昆仑之洪流，据伊洛之双川，挟成皋之严阻，扶二崤之崇山”。张衡《东京赋》载：“溯洛北河，左伊右瀍，邪径捷乎轘辕，太室作镇，揭以熊耳，底柱辍流，镡以大岯。”由此可见伊洛流域之险要。除夏商周三代王朝建都于此，伊洛河流域的古国主要有伊、涂山氏、陆浑、甘、扬拒泉皋雒之戎、费、轘、郐、费滑、刘、斟寻、巩、东周等国。

一、伊

伊，唐尧姜姓国，亦称伊国、伊侯国。《中国古代方国纪略》。“陶唐氏，帝尧，祁姓，名放勋。传说黄帝孙子帝喾之子，其父为玄嚣，生于伊水(河南西部，故亦说姓伊祁)。初居陶，后居翼方，故称陶唐氏。”

《通鉴前编》曰:“尧生于伊,故为伊祁氏,伊尹恐其后也。”《路史·国名纪一》云:“伊,盖亦上世所国。今洛之伊阳县有伊水,尧之母家伊侯国。”伊阳县始置于唐玄宗先天元年(712年),治所在今河南省嵩县旧县乡旧县村西。伊阳故城城址平面呈长方形,东西长1500米,南北宽500米。该城址位于伊河北岸,故称伊阳。《河南文物名胜史迹》称:“嵩县以地处嵩山之西而得名,历史源远流长。远在炎帝时,嵩县即为伊国之地。唐虞时称伊侯国、伊川国。”伊为尧母庆都之国,庆都以国为氏,故姓伊。《帝王世纪》云:“帝尧陶唐氏,祁姓也,母庆都,孕十四月而生尧于丹陵,名曰放勋,鸟庭河胜,或从母姓伊氏。”伊国的地域在今河南省嵩县一带。

二、涂山氏

涂山氏,虞夏古国。苏鄂《苏氏演义》引《文字音义》云:“涂山,古国名。”《世本·世姓篇》氏于国者云:“涂氏,涂山氏后。”涂山氏与夏人之间存在婚姻关系,禹娶涂山氏之女为妻,《帝王世纪》云:“涂山氏,禹之妻,夏启之母也。”

涂山氏为夏之盟国,禹在创建夏王朝过程中,得到涂山氏的大力支持,因而故而禹在涂山举行万国大会。《左·哀公七年》云:“禹合诸侯于涂山,执玉帛者万国。”涂山氏在夏王朝政权中享有崇高的地位,夏启当政时,曾任命涂人为孟国之君,史称“孟涂”。

涂山氏国石臼

涂山氏的地域,在今河南省嵩县境。涂山亦称三涂山,《史记·周本纪》载武王曰:“我南望三涂,北望岳鄙。……”即指三涂山。涂山氏是嵩山地域中的一个小国。嵩县古称陆浑,陆浑故城在今嵩县田湖镇陆浑村。《元和郡县志》载,三涂山在陆浑县西南25公里。《嵩县志》旧志载,“三涂山在今县西南十里伊水北,俗呼为崖口,又曰水门”。这个三涂山,为涂山氏都城所在。约于夏代中期,涂山氏国被莘人所灭。

涂山附近发现许多龙山文化遗址,比较重要的有城关镇的东南庄、于沟、孟村、凤凰台,库区乡的老樊店,德亭乡的南坡根、南台等,都应属涂山氏文化遗存。

三、陆浑

陆浑,春秋时期东迁戎人所建的允姓国,是由一支名为陆浑之戎居于嵩县伊水(今属洛阳嵩县)得名。《世本·氏姓篇》载:“允姓,陆浑。”陆浑之戎,又称阴戎,原居瓜州,在秦、晋西北,即今泾水上游平凉至固原一带。西周初年迁到陕西秦岭以北。西周末年乘周王室东迁之机,东迁到今陕西和河南

交界的崤山、熊耳山一带。鲁僖公二十二年(前638年),被秦晋两国强行迁到今河南以南的伊河流域。《左传·僖公二十二年》载:“秋,秦、晋迁陆浑之戎于伊川。”秦、晋两国势力强大,地近戎狄诸国,为了兼并其土地,不惜采取欺骗手段,诱使其迁徙他乡。当时“秦、晋强,兼并戎狄,故戎狄多东南迁”。东迁之戎,除陆浑氏外,尚有扬、拒、泉、皋、伊、雒之戎,地域均在今伊洛地区。

陆浑的地域,在今河南省嵩县、伊川一带。《元和郡县志》说:“陆浑县,本陆浑戎所居,春秋时秦、晋迁陆浑之戎于伊川,至汉为陆浑县,属弘农郡,后属河南尹。后魏改为伏流县,隋大业元年(605年)省伏流县,移陆浑县于今理(伏流城,即东魏的今县理城)。后魏所以改陆浑为伏流,是由于县域之北的焦涧水伏流地下,西有伏流坂,故名。南宋绍兴九年(1138年),置顺州。金皇统元年(1141年),因其地处嵩山之西,更中嵩州。明洪武二年(1369年),废州为县,始名嵩县。

陆浑故城在今嵩县城关镇东北13公里陆浑岭北麓,与《清一统志》所载“陆浑故城在今河南府嵩县东北伏流城北二十余里”内容相符。具体位置在今陆浑水库大坝北侧焦涧河与伊河夹角处,其村仍名陆浑,属田湖镇毛庄所辖。城址东南垣被伊水冲毁。西、北两面夯土城垣共残长150米,高1.5米,夯层厚20厘米。城址西南角散存大量绳纹陶片和瓦片。

陆浑地处成周以南,荆楚之北,地势险要,是兵家必争的战略要地,晋、楚争霸,往往用兵陆浑。周定王元年(前606年),楚庄王为了问鼎盛周室,曾伐陆浑之戎。陆浑在楚人的逼迫下,采取了对楚亲善的政策,却招致了晋国的不满,于是派兵伐陆浑,一举灭掉了这个戎人所建之国。亡国之后的遗民依照汉人的习惯,以国为氏,后代以陆为姓。

陆浑地域

1956年间,信阳长关台1号楚墓出土的铜编钟上,有铭曰:“唯留篙屈栾晋人,救戎于楚境。”指的就是晋人灭陆浑之事。陆浑的罪名是“其贰于楚”,晋师伐陆浑的借口,是“有事于雒与三涂”。因三涂山在陆浑境内。灭亡陆浑,被说成是“救戎于楚境”。陆浑于鲁昭公十七年(公元前525年)为晋国所灭,成了大国争霸的牺牲品。

四、甘

甘,夏代姜姓国。东周时期,惠王封少子太叔带于甘城,称甘昭公。《史记·周本纪》载:惠王子,襄王弟,封於甘,故左传称甘昭公。《括地志》载:“故甘城在洛州河南县西南二十五里。”《左传》云:“甘昭公,王子叔带也,食邑于甘。河南县西南有甘水。”甘地因水而得名。《山海经·中山经》载:“厘山之首，曰鹿蹄之山，其上多玉，其下多金。甘水出下来，而北流注于洛。”毕沅云：“山在今河南宜阳县东南。”古厘山为今熊耳山之余脉，甘水即今之甘河，为洛河支流，源于甘掌谷，水滨有甘城。《洛阳记》云：“河南县西南二十五里，甘水出焉，北流入洛。山上有甘城，即甘公菜邑也。有故甘城，在河南城西二十五里。余按甘水东十许里，洛阳南有故甘城焉。北对河南故城，世称鉴洛城，鉴、甘声相近，即故甘城也。”甘城，为王子叔带之故邑矣，是以昭叔有甘公之称焉。汉河南县城在今洛阳市王城公园一带，甘水流经其西南之宜阳县境。甘河以东的甘城，或即姜姓甘国之故地。

甘因《甘誓》而称著。《史记·夏本纪》云：“有扈氏不服，启伐之，大战于甘。将战，作《甘誓》。”《吕氏春秋·先己篇》云：“夏后伯启与有扈战于甘泽而不胜……期年而有扈氏服。《后汉书·冯衍传》说讯夏启于甘泽兮，伤帝典之始倾。”甘于何时灭国，史无详载。或谓“夏启灭扈时先灭甘氏”。

五、程

程，商周古国。《山海经·大荒北经》云：“鲧攻程州之山。”郝懿行云：“程州，盖亦国名，如禹攻共工国山之类。”鲧居崇山，在今河南嵩山一带，与程邻近。程姓的起源较为复杂，源于河南的一支出自中国最古老的姓氏——风姓。

相传太昊伏羲氏风姓部族的后裔有重和黎，他们在颛顼帝统治中原时期都曾担任过“火正”这一官职，是负责观察天象“火星”的天文官。“重司天以属神，黎司地以属民”，又称“祝融”，其后裔世袭官职。在夏代，重、黎的子孙在今河南洛阳东部建立了一个小国——程国，为夏的坚强盟国。

古程国的地望在汉晋时期的洛阳偃师境内的上程聚。《通志·氏族略》对程国地域的记载比较详尽，它说：“程氏，伯爵，风姓，重黎之后也。重黎为火正，裔孙封于程。洛阳有上程聚，即其地也。”

商汤灭夏后，程人为避商人的锋芒，西迁到陕西咸阳东的毕郢，其地约于商王文丁时被周国并吞，程人遂成为周的臣民。陕西咸阳一带有毕郢，本为周文王所居，后来文王迁都丰镐。后人为区别它们，就把洛阳的程邑称作“上程”，把咸阳的程邑称作“下程”。因此，程姓最早的起源地在偃师的古程国。

周武王灭商后，封程部落首领伯符于广平(今河北泽鸡)；周成王、康王之际，又将程人徙封于洛阳东古程国之地，为伯爵。周宣王时，西周后期著名卿士程伯休父入朝廷担任大司马的官职，曾随宣王东征，被封于程。《后汉·郡国志》：周宣王时，程伯休父入为大司马，封於程，后遂为氏，与司马氏同。《路史·国名纪三》也说：“程，商封吴回后。一云洛阳上程聚，程伯休父卿士之采邑。”程伯休甫是程的后人，由于讨徐有功，而被封于上程聚。

《竹书纪年》载：“武乙二十四年，周师伐程，战于毕，克之。”《逸周书·史记解》云：“昔有毕程氏，损禄增爵，群臣貌匮，皆而戾民，毕程氏以亡。”周、程交兵的毕地所在，潘岳《关中记》云：“高陵北有毕原，毕陌，南北数十里，东西二三百里，无山川陂池，井深五十丈，故周、程战处。”

商代后期的程国地域，在陕西关中泾、渭流域，即今咸阳市东的北阪。此乃洛阳之程在商人的逼迫下，逐渐西徙至关中地区，居于毕原之上，故称毕程。至先周王季历时，被周人所灭。西周后期，程伯休父被复封于洛阳古程国的故地。

纵览程国的历史可谓一波三折，兴于洛阳，亡于关中，逮至西周时才又出现一个程伯国。

六、洛

洛神

洛，通称有洛氏，夏代隗姓国。洛国的地域，在今河南境内洛河下游一带，建都于今洛阳附近的洛河之滨。

夏代中期，洛国与河国发生过一次大规模的冲突。作战之前。曾请昆吾氏进行占卜。《归藏》云："昔者河伯筮与洛战，而枚占，昆吾占之，不吉。"今本《竹书纪年》载：帝芬（或称帝槐）十六年。"洛阳用与河伯冯夷斗。"是说洛国之君与河国之君冯夷相遇而急。这场战斗，经过昆吾氏的调解，冲突以和亲的形式结束，河伯冯夷娶洛伯之女洛嫔为妻。

洛嫔又称宓妃，姿色出众，被后人尊为洛神。后来，河国同东夷族的有穷氏发生矛盾，洛嫔被有穷国君后羿夺去，霸占为妻。这就是《楚辞·天问》所说的："帝降夷羿，革孽夏民。胡射夫何伯，而妻彼雒嫔？"

夏代末年，洛国被商所灭。《路史·国名纪六》谓："洛氏，商伐亡之，即有雒。"《逸周书·史记解》云："昔者有洛氏宫室无常，池囿广大，工功日进，以后更前，民不得休。农失其时，饥馑无食，成商伐之，有洛以亡。"潘振《周书解义》对这段文字做了很好的诠释："无常，不久而改作也。池，停水也。囿者，蓄育鸟兽之所，其地广大。匠工之功，民日进而执之。前已成之宫室，后更改之，民不得休息，农失其春耕夏耘秋收之时，谷不熟而饥，菜不熟而馑，民无食矣。能无亡乎？"洛国之君大兴木土，劳民伤财，农失其时，连年灾荒，最终被商灭亡，是"宫室破国"的例证之一。

洛河下游地区发现的龙山文化遗存，如洛阳市郊区的西高崖、锉李、纲常、同山寨、皂角村等遗址出土的文物，为研究洛国历史，提供了珍贵的实物资料。

七、扬拒泉皋伊雒之戎

扬、拒、泉、皋、伊、雒，皆春秋姜姓戎国。春秋时期，关中的犬戎东迁至伊洛，建立一批姜姓小国。蒙文通《周秦少数民族研究》载："自秦强于西，晋强于东，日用兵以翦灭小国。而秦、晋之兵交于河。于是诸戎之在关中者，乘间东徙，以及于伊洛之间。"诸戎的势力不断强大，一度攻入王城，焚烧东门。《左传·僖公十一年》云："夏，扬、拒、泉、皋、伊、雒之戎同伐京师，入王城，焚东门。王子带召之也。秦、晋伐戎以救周。"关于这些姜姓小国的居地，杨伯峻《春秋左传注》指出："扬、拒、泉、皋四戎邑。扬即昭二十二年'刘子奔扬'之扬，去今河南偃师市不远。杜注：'今伊阙北有泉亭'，则泉当在洛阳市西南。然《郑语》云：'当成周者，北有潞、洛、泉、徐、蒲'，追念泉在洛阳市北。《汇纂》本《续汉书·郡国志》谓洛阳西南有前亭。今姑从之。伊、雒之戎,戎居于伊水、雒水(今之伊河、洛阳)之间者……诸戎皆在洛阳市西南。”这里提到的前亭,即泉亭。彼时扬、拒、泉、皋、伊、雒诸戎与允姓陆浑之戎为邻,壤地错杂,相间以居。鲁昭公十七年(前525年),晋灭陆浑之戎。与之同时,扬、拒、泉、皋、伊、雒之戎不复见,则姜姓诸戎约于陆浑戎灭亡前后而被翦灭。

八、成

成,春秋姬姓国。《路史·国名纪子》载周氏有“成”国。《读史方舆纪要》卷一云:“成,在河南府境,亦畿内国也。”清代河南府即今洛阳市,成的地域在今洛阳市附近。成国之君世为周王室卿士,周简王八年(前578年),成肃公与刘康公一道,随从晋师伐秦。这次参加伐秦的,还有齐、宋、卫、郑、曹、邾、滕等各路诸侯,诸侯之师大败秦军,一直打到泾水南岸的侯丽(今陕西省礼泉县境),方才收兵。在班师回国途中,成肃公死于晋国的瑕邑(今河南省灵宝市西北)。此后,《春秋》经传不见成国之事,大约不久成国即亡。

九、西周

西周,战国姬姓国。《史记·周本纪》说:“考王封其弟于河南,是为桓公,以续周公之官职。”皇甫谧《帝王世纪》云:“考哲王封弟揭于河南,续周公之官,是为西周桓公。……西周威公之嗣,曰惠公,始封惠公子班于巩,以奉王,是为东周惠公。周于是始分为东西。王微弱,政在西周。”西周始君为桓公揭。约建国于周考王元年,即公元前440年。

自从周显王二年在韩、赵两国支持下西周分立以来,东、西二周“各为列国”,与诸侯国家没有实质上的区别。西周是一个小国。其地域在今洛阳市、孟津、新安、偃师一带。国都河南,指汉代河南县城。《汉书·地理志》班固自注:“故河南,郏鄏地。周武王迁九鼎盛,周公致太平,营以为都,是为王城。”《后汉书·郡国志》河南尹条:“河南,周公时所营雒邑也,春秋时调之王城。”由此可知,汉河南县城即在周代王城故址上。后世所称河南,指的是西周王城。

西周洛阳王城遗址,位于涧河入洛的三角地带。北自金谷园以南,南到兴隆寨和翟家屯以北,西自七里河以西,东到洛阳市政府以西。在此范围内发现一座平面略呈正方形的春秋战国城址,具有三个城角和四面城垣。北垣保存最为完整,全长2890米;西垣北段在涧河东,南段在涧河西,两端相距约3200米;南垣与东垣各残存1000余米。城址面积约9平方公里。《周礼·

西周遗址

考工记·匠人》载:“匠人营国,方九里,旁三门。国中九经九纬,经涂九轨。左祖右社,面朝后市,市朝一夫。”规定王城“方九里”,就是说其南北与东西的长度各4.5公里,同考古发现的西周洛阳王城的规模大体相符。

王城城址地处黄河中游的伊洛盆地,依山带水,形势险要。东汉傅毅《洛都赋》形容它“被昆仑之洪流,据伊洛之双川,挟成皋之严阻,扶二崤之崇山”。张衡《东京赋》说:“昔先王之经邑也,掩观九隩,靡地不营。土圭测量,不缩不盈。總风雨之所交,然后以建王城。审曲面势,溯洛背河,左伊右瀍。西阻九阿,东门于旋。盟津达其后,太谷通其前。同行道乎伊阙,邪径捷乎轘辕。太室作镇,揭以熊耳。”王城城址实为天下之枢。北通幽燕,南抵江汉,东达举证海,西扼关陇,可谓水陆交会,四通八达,有居中御外之便。因有天然河山作障,易守难攻,使城池有险可恃,增强了它的防御职能。

东、西周两国分治以后,西周虽有王城作都,形势险要,但毕竟国小力薄,经常受到大国的欺凌。如齐与韩、魏攻秦,士兵缺少粮饷,曾向西周“乞食”。在楚攻韩雍氏的战役中,韩国竟向西周征和筹集粮饷。秦王依仗自己的权势,曾命令西周君来咸阳,西周君未敢前往,秦便打算出兵讨伐。……东、西二周之间的关系也非常紧张,东周想种稻,西周利用地处河流上游的地理优势,不予放水,加深了两国的矛盾。为了维护本国利益,西周与东周之间还不断发生战争。

《史记·周本纪》载:“周赧王五十九年(前256年),秦取韩阳城负黍,西周恐,倍秦,与诸侯约从,将天下锐师出伊阙攻秦,令秦无得通阳城。秦昭王怒,使将军摎攻西周。西周君奔秦,顿首受罪,尽献其邑三十六,口三万。秦受其献,归其君于周。周君、王赧卒,周民遂东亡。秦取九鼎宝器,而迁西周公于𢭏狐。”𢭏狐是聚落名,又称𢭏狐聚,在今河南汝州市西北20公里。西周因为参与了东方各国的合纵抗秦运动,会同多国部队出师伊阙(今洛阳市西南龙门),企图截断秦通向阳城之路,于公元前256年被秦所灭。秦国灭掉西周后,又在兼并战争中接连取得胜利。35年之后,终于完成统一大业,揭开了历史的新篇章。

自1953年以来,考古工作者在偃师、新安、孟津等地发现的战国晚期遗迹遗物,均可视作西周国的物质文化遗存。

十、费

费,夏商时期封置的嬴姓国。《史记·秦本纪》云:“秦之先,帝颛顼之苗裔孙曰女有。女修织,玄鸟陨卵,女修吞之,生子大业。大业取少典之女曰女华。女华生大费,与禹平水土。已成,帝锡玄圭,禹受曰:‘非予能成,亦大费为辅。’帝释曰:‘咨尔费,赞禹功,其赐尔皂游。尔后嗣将出。’乃妻之姚姓之玉女。大费拜受,佐舜调驯鸟兽,鸟兽多驯服,是为柏翳。舜赐姓嬴氏。大费生子二人:一曰大廉,实鸟俗氏;二曰若木,实费氏。”这则文献记载了嬴费建国的历史。

费之始君为大费,亦即伯翳。关于伯翳,《国语》《孟子》《尚书》《战国策》作益,《吕氏春秋》作后益、伯益,《汉书》作后益、柏益,《路氏》作伯翳。柏即伯,翳即益。史称伯益“知鸟兽”、“作占岁”、“作井”、“掌火,具有很高的威望,佐禹有功,本当继禹王天下,其位却被启夺去。《战国策·燕策一》载:“禹授益而以启为吏,及老,而以启为不足任天下,传之益也。启与友党攻益而夺之天下。”夏启夺位后,益避禹之子启于箕山一带。《竹书纪年》云:“帝启二年,费侯伯益出就国。”伯益始称费侯。当时费国的地域在箕山一带,即今登封市告成镇附近,此地南距夏启所都阳翟约在100余公里的距离。

伯益的玄孙费昌，在夏王朝末期为卿大夫，他曾多次劝谏夏桀，但夏桀不听，依然残暴故我，费昌大失所望，毅然“去桀奔商”。《论衡》载：“桀无道，两日并照，在东者将起，在西者将灭，费昌问冯夷曰：‘何者为殷，何者为夏？’冯夷曰：‘西，夏也；东，夷也。’于是费昌徙族归殷。”商汤非常欢迎费昌的到来，给他的封国叫作费国（今嵩山偃师缑氏镇），与河国临近，其统治地域，在今河南省偃师市境。

费国始君伯益

《水经·洛水注》谓：“（洛）水又东，休水自南注之。休水又经延寿城南缑氏县治，故滑费，春秋滑国所都也。”《史记·周本纪·正义》引《括地志》云：“缑氏故城本费城也，在洛州缑氏县南东二十五里也。”根据考古发现，费城遗址在今偃师市缑氏镇东约7.5公里的府店村北，北依邙山，越邙山即抵黄河，南临伊、洛二水交汇处，距离桀都所在（二里头遗址）只有数十里路程。费国本来建都于此，以后因滑又迁到这里，故后称“费滑”。

夏代末年，费人举族东徙，费昌去夏归商，以后一直服事于商，成为商的与国。商朝末年，费国之君费仲为纣的幸臣。《史记·周本纪》云：“帝纣乃囚西伯于羑里。闳夭之徒患之，乃求有莘氏美女，骊戎之文马，有熊九驷，他奇怪物，因殷嬖臣费仲而献之纣。纣大说……乃赦西伯。”文王因此获释，费仲也算有功于周。武王灭商后，迁费于鲁境，即今山东省费县一带。“后嬴费参与武庚的叛乱，周公东征将其殄灭。周公平叛毕，将其太姒母家的姒姓转封于费以续之，是为姒姓费国。姒姓费国初爵为伯，后被季友吞并，成为季氏的私邑，到鲁定公十二年，费邑被废除，姒姓费国至此而亡。”宣告了费国史的终结。

十一、轘

轘，商代古国。商代卜辞到的“𢀛”，金文自称“亚𢀛”，实即轘字初文。《左传·襄公二十一年》载：“（晋）栾盈过于周，周西鄙掠之。……王曰：‘尤而效之，其又甚下来。’使司徒禁掠栾氏者，归所取焉，使候出轘辕。”杜预注：“轘辕关，在缑氏县东南。”汉晋缑氏县，即今河南省偃师市缑氏镇。顾栋高《春秋大事》云：“轘辕，山名，在今河南府巩县西南七十里；其坂有十二曲，将去复还，故名。关在山上。”巩县即今巩义市。

轘辕，既是山名、坂名，也是关名。清光绪二十八年（1902年）修轘辕车路碑文云：“洛都……东虎牢，西函谷，南伊阙，东南轘辕，皆天险也。”轘辕关位于偃师市东南30公里府店乡境内的轘辕山上，东北距原巩县城（今巩义市站街镇）约35公里。因而商代轘国地域，在今偃师、巩义和登封三市交界处一带。轘国传世的青铜器有鼎、觚、爵、簋、甗、尊、卣、斝等，共11件。丁山在《殷商氏族方国志》说：“以愚管测，此十一器，宜出于河南巩县西南轘辕关附近，不然，则必安阳所出。”

十二、鄔

鄔,商周妘姓小国。《姓氏考略》载,鄔氏的源流可以追溯到陆终之子来言。依照司马迁的记载,颛顼帝为黄帝的孙子,颛顼生称,称生卷章,卷章生重黎、吴回;重黎为帝喾火正曰祝融,以罪诛,其后为司马氏。而其弟吴回复为火正,号祝融。吴回生陆终,陆终生6子:长曰樊,为昆吾;次曰惠连,为岑胡;次曰钱,为彭祖;次曰来言,为会人;次曰安,为曹姓;季曰季连,为毕姓。其中,第四子会人(即来言)受封于鄔(在今偃师县市),这个鄔即是鄔国。

《国语·郑语》载史伯为桓公论兴衰时指出:"其济、洛、河、颍之间乎!是其子男之国,虢、郐为大。……君若以成周之众,率辞伐罪,无不克矣。若克二邑,鄔、弊、补、舟、依、𫘓、历、华,君之土也。"《史记·郑世家》也提到郑桓公东徙其民,虢、郐果献十邑。《集解》引韦昭曰:"后武公竟取十邑地而居之。这里所说的十邑,实际上是十个城邦小国。十邑中的"鄔",《郑语》说它是祝融的后裔,即"妘姓鄔、郐、路、偪阳"。《路史·国名纪三》云:"鄔,妘姓。春秋二鄔:一在晋,一郑地。"妘姓鄔国,系郑地之鄔。《左传》载:王取鄔、刘、蒍、邗之田于郑。即说明鄔是郑国的鄔地。这个鄔地,指的是现在嵩山偃师市西南的一个地方。据《通志·氏族略》所载,鄔本为郑国之邑,后入周。晋国强盛时,辖地曾扩大到河南北部,鄔邑一度为晋国所有。

《左传·隐公十一年》谓:"王取鄔、刘、蒍、邗之田于郑。"杜预注鄔、刘道:"二邑在河南缑氏县,西南有鄔聚,西北有刘亭。"杨伯峻《春秋左传注》也说:"刘邑在今河南偃师市区南,鄔在刘之西南。"鄔于春秋初年被郑所灭后,成为郑的西部要邑。鄔的地域在今偃师市缑氏镇西南一带。

十三、费滑

费滑,因其迁都于费而得名,周代姬姓小国。《路史·国名纪五》云:"滑,伯爵。郑入而秦灭之。今拱之襄邑西北有滑亭,为周、秦、晋、郑更邑,本水名,后迁于费,曰费滑。"由此可知,彼时滑州还有一个滑国。《左传·襄公二十九年》载:"虞、虢、焦、滑、霍、杨、韩、魏,皆姬姓也。"滑为伯爵,其君称滑伯。《春秋·庄公三年》云:"公次于滑。"杜预注:"滑,郑地,在陈留襄邑县西北。"汉晋襄邑,即今河南省睢县。

滑国位置图

滑国的地域，原在睢县一带，相传睢县西北有滑亭，即其国旧址。后徙都于费，在今河南省偃师市西南，故而西迁后的滑国，又称费滑。清人钱大昕《潜研堂文集·答问》，对滑国变迁有过精辟论述：

滑国都于费，即汉缑氏县地。僖二十年，郑人入滑，滑遂服属于郑。三十三年，秦伯谋袭郑，灭滑而还，晋人败之于殽，自是滑属于晋。成十七年，郑予驷侵晋虚、滑是也。其后滑又属郑，此《传》所云侵费滑也。昭定以后，滑又属周。昭二十六年，王次于滑，定六年，郑伐周、冯、滑是也。滑地介周、郑之间，疆场一彼一此，固是常事，此何以独称费滑？曰郑有二滑，庄三年公次于滑。杜云：滑，郑地，在陈留襄邑县北。故此《传》称费滑以别之。

关于费，《路史·国名纪四》载："弗（费、郝），费也。一作（郝）。扶味切，今河南缑氏，滑都也。与鲁费异（鲁费音秘，陆氏之误）。《姓纂》有郝氏，并音非也。《左传·成公十三年》杜预注："费滑，滑国都于费，今缑氏县。"缑氏县在今偃师市东南部一带，周代为滑国，汉置缑氏县，宋省。县得名于缑氏山，山在今偃师市南20公里处。刘向《列仙传》云：世有肃管之声焉。休水又迳延寿城南，缑氏县治，故滑费，春秋滑国所都也。王莽更名中亭，即缑氏城也。"杨守敬疏："（缑氏）故城在今偃师县南四十五里，非今县南二十里之城也。"即今偃师市区东南20余公里的府店乡府店村一带，及巩义市区西25公里鲁庄乡四合村附近。

滑国之君曾于鲁庄公十六年（前678年）参加诸侯盟会。《春秋·庄公十六年》云："冬，古有二月，会齐侯、宋公、陈侯、卫侯、郑伯、许男、滑伯、滕子同盟于幽。"滑在当时的政治地位，略与陈、卫、郑、许、滕诸国相当。滑虽是一区区小国，但地处伊洛平原东部，依山面河，地势险要。境内有著名的轘辕山。滑国地处周、郑、卫、晋之间，备受大国的欺凌。滑曾一度依附于郑，公元前640年，滑人叛郑服卫，招致郑国重兵入侵，滑人被迫俯首听命。《左传·僖公二十年》载："夏，郑公子士、洩堵寇帅师入滑。"僖公二十四年传追记云："郑之入滑也，滑人听命。表明滑人重新沦落为郑之属国。"

鲁僖公三十三年（前627年），滑国被秦师所灭。《左传·鲁僖公三十三年（前627年）》载，郑国商人弦高去周王室辖地经商，途中得知秦军要去袭击他的祖国郑国时，他便一面派人急速回国报告，一面伪装成郑国国君的特使，以12头牛作为礼物，犒劳秦军。秦军以为郑国已经知道偷袭之事，认为郑国有了准备，偷袭没有成功的希望，就灭掉了滑国。秦国东征郑国的军队灭亡滑国，撤军回国途中，行至崤山地带（今河南陕县东），被早已埋伏在那里的晋国军队杀得全军覆没，是为秦晋肴之战。秦国虽灭滑国，却无法占领其土地。滑国土地之后由晋国所有。《左传·襄公二十九年》载晋人语："虞、虢、焦、滑、霍、杨、韩、魏，皆姬姓也，晋是以大。若非侵小，将何所取？武、献以下，兼国多矣。"可证此处所论姬姓滑国，最终为晋国所取。

历史上，滑国之灭亡曾有二说，一曰秦灭之，《左传》《史记》均主此说。二曰晋灭之。《左传·襄公二十九年》载："虞、虢、焦、滑、霍、杨、韩、魏，皆姬姓也。"杜预注"八国皆晋所灭。"《元和姓纂》亦云："滑氏，滑国后，周同姓国也，为晋所灭。"对此，《汉书·地理志补注》载，"滑本国名，姬姓伯爵。鲁僖公三十三年（前627年）为秦所灭而不能有，为晋所得。成公十七年，郑子驷侵晋虚滑。"杜注，虚、滑，晋二邑。滑即故滑国，为秦所灭时属晋，后属周。由此可知，滑国于鲁僖公三十三年（前627年）被秦所灭。此后，滑成了一个要邑，先属于晋，后又归周、郑所辖，历史上称为"费滑"，以别于郑国东部边陲的滑邑。

滑国故城位于今河南省偃师市缑氏镇东约7.5公里的府店乡府店村北，即府店北河与滑城河之间的靴形台地上。城址平面呈不规则长方形，南北长约2.5公里，东西宽0.5～1.5公里不等。部分夯土城墙尚存。城内采集有鬲、罐等春秋陶片，盆、豆等战国陶片，文化遗物相当丰富。费滑故城以东的巩义市鲁庄乡四合村附近的冯寨西沟，有一座烟雨台遗址，现存东西长27米，南北宽11米，高5米的长方形土台一个。可能是古代滑人用来观测天象的地方,也是一处军事设施,属于滑国故城的重要附属建筑。

十四、刘

刘,亦作留,春秋时期姬姓国。刘康公为周顷王的小儿子,是周匡王和周定王的同母兄弟。周定王姬瑜八年(前 599 年)前后,周定王将刘邑(今偃师),封给他的弟弟姬季子做领地。至此,姬姓刘国正式在东周王畿之内建立起来,刘康公也就成了姬姓刘氏的肇姓始祖。

刘姓始祖刘康公

《左传》《国语》等史籍记载,刘自以立国以来,历经康公、定公、献公、文公、桓公五世,相继为王室卿士,主理内政外交长达 100 多年。特别是刘文公、刘桓公父子先后拥立悼、敬二王,与王子朝之徒展开了长达 18 年旷日持久的战争,安定了周王室。这充分显示了刘氏家族在周王室的显赫地位。刘康公执掌周王室朝政期间,曾经聘于鲁,“伐茅戎”,会诸侯之师“伐秦”,功绩卓著。其子定公,曾经代表周灵王“赐齐侯命”,“逆王后于齐”。定公之子献公,在促使“平丘之盟”问题上,发挥了相当大的作用,献公庶子文公及其子桓公,在平定叛乱、安定周王室方面也有不可磨灭的功绩。

据考古资料,刘国故城位于今偃师市缑氏镇西南 4 公里许浏河西岸的陶家村一带,坐落在偃师市区西南 25 公里的缑氏岭上,它南依嵩山支脉青罗山,北眺伊洛河,东濒浏河,西临涧河的支流小西河,东西北三面都是深约 20 余米的河沟,南面是一块开阔的山前缓坡地。这样在陶家村北就形成了一个椭圆形半岛,古刘国就坐落在这个天然的半岛上。

《左传·哀公三年》载,刘氏与晋国的范氏联姻。当晋国的范氏、中行氏与赵氏、魏氏、韩氏发生冲突时,周王室站在范氏一边,大夫苌弘直接卷入了“范、中行之难”,结果范氏与中行氏战败,晋赵鞅责问周王室,周敬王将苌弘杀掉。苌弘事件与当朝卿士刘文公关系十分密切,从而成了刘国灭亡的导火线,刘国约于战国初年周贞定王时期灭亡。刘国事迹自鲁定公八年(前 502 年)以后已无记载。

十五、斟寻

斟寻,夏代姒姓国。《史记·夏本纪》云:“禹为姒姓,其后分封,用国为姓,故有夏后氏、有扈氏、有男氏、斟寻氏……”斟寻亦作斟鄩,寻旁加邑为鄩,表明彼时已筑有城邑。鄩本斟氏之墟,故夏代谓之斟鄩,以封同姓。臣瓒《汉书音义》说:“斟鄩在河南。”河南系指汉河南郡而言,其地当在洛阳附近。

斟鄩的得名,同鄩水有关。鄩水在河南省偃师城东,俗谓之温泉水,也叫暖泉沟。天一阁藏《弘治偃师县志》载:“温泉沟在县东北孙家庄堡。”孙家庄堡即孙家湾。1918 年河南商务印刷所《巩县志》引《施府志》云:“下鄩,今孙家湾,即鄩湾。”鄩水位于偃师市东北与巩义市交界处的孙家湾,北出邙山,东入洛水。

鄩水于訾城西北东入洛水。《巩县志·古迹》载:“訾城,今名訾店,俗又讹为小芝田。东北里许为罗水入洛处,在西南四十里。”訾城即今巩义市芝田镇的小芝田村,位于偃师市孙家湾南,两地隔洛河相望。訾城傍西,是古代的鄩中。《左传·昭公二十三年》载:“二师围郊。癸卯,郊,鄩溃。”杜预注:“河南巩县西南有地名鄩中。”鄩中,即今日的罗庄。考古资料表明,在罗庄附近找到了以二里头文化为主要内涵的稍柴遗址,经局部发掘证实,出土物物的时代为二里头文化1~3期。由此可知,夏代斟寻国的地域,在今河南省巩义、偃师一带。而其都邑鄩城,就在罗庄附近。直至春秋之世,周大夫鄩肸及其子鄩罗先后居此,并以鄩城为其采邑。

夏代斟鄩国的地域,夏王朝太康之世,斟鄩人举族东徙。《左传·哀公元年》提到斟鄩与斟灌。杜预注:“二斟,夏同姓诸侯。”《史记·夏本纪正义》引臣瓒曰:“斟鄩在河南,盖后世迁北海也。”斟寻氏东迁之地为北海平寿县,《后汉书·郡国志》说:“平寿有斟城。”此斟城即斟寻新都,在今山东省潍坊市西南。

夏王朝的国都本在阳翟,即今禹州市。太康继位后,徙都于伊洛地区原斟寻国境,新的都邑定名为斟鄩。《竹书纪年》曰:“太康居斟鄩,羿亦居之,桀又居之。”《竹书纪年》云:“仲康居斟鄩。”《史记·孙子吴起传》说:“夏桀之居,左河济,右泰华,伊阙在其南,羊肠在其北。”斟鄩都邑在河南偃师县西南,位于距伊河与洛河交汇处不远的台地上,后来在此地发现了二里头遗址。

夏朝从“太康失国”,“羿、浞代夏”到“少康中兴”的40多年中,斟鄩氏曾两度失国。先是在河南洛阳被后羿所灭;后是在山东潍坊被寒浞之子浇所灭。其后代有以斟为氏者;有以灌为氏者;有以鄩为氏者,后去邑为寻氏。南宋·邓名世《古今姓氏书辩证》:“寻,出自姒姓。夏后(氏)同姓诸侯,曰:斟鄩氏,后为寒浞所灭,子孙因为寻氏。”《世本》:“斟氏,夏同姓诸侯斟鄩氏之后,以国为氏;鄩氏,斟鄩氏之后;寻氏古斟鄩氏之后。”《万姓统谱》:“寻,河南古斟鄩之后,封于寻,与夏同姓。”“邑”字,据《说文解字》讲:“邑即‘阝’(今也叫右耳旁)”,在汉字结构理论中,代表着国都、城市、土地、国家。“去邑为寻氏”即表示他们是失去了国家的“寻国人”。

十六、巩

巩,春秋姬姓国。《路史·国名纪五》载:“巩,巩伯国。今河(南)巩县西,周故居。《洛地图》云,在洛之间,四面山,巩固也。”《水经·洛水注》载:“洛水又东,迳巩县故城内,东周所居也,本周之畿内巩伯国也。”《世本·氏姓篇》说:“巩氏,周王族大夫食采于巩以为氏,有巩简公。”《潜夫论·志氏姓》云:“巩氏、苌氏,此皆周王室之世公卿家也。”巩氏的起源,同东周巩国有直接关系。

巩县始祖巩简公

关于巩的名义,《说文》载:“巩,以韦束也。”《易》曰:巩且黄牛之革。从革,巩声。《诗·大雅·瞻卬》:“藐藐昊天,无不克巩。”《传》曰:“巩,固也。”《说文》云:“固,四塞也,从口,古声。”由此可知,巩即巩固之意,巩与固一声之转,音同意而通。《读史方舆纪要》说:“巩,固也,四面有山河之固。”以巩命名,是说其地河山四塞,巩不可克。

阙巩国所产的铠甲质地优良，一般箭矢不能穿透。《左传昭公十五年》："阙巩之甲，武所以克商也。"杜预注："阙巩国所出铠。"汉，陈琳《武军赋》："铠则东胡、阙巩，百炼精刚。"武王伐纣，周兵身披有"阙巩之甲"，纣军后卫的弓箭，阻止不了周兵的追击。结果纣王在兵撤朝歌寨途中，被武王擒杀。指阙巩国所产的铠甲。

巩国故城俗称"巩王城"，城址在汉代的巩县城关一带。《元和郡县志》载："巩县，古巩伯之国也。《春秋》：'晋师克巩。'战国时，韩献于秦。至汉以为县，属河南郡。隋大业十三年，李密自颍川率群盗十余万袭破洛口仓，因据巩县，仍筑城，断洛川，包南北山，周回三十余里，屯营其中。后为王士充所破，县本与成皋中分洛水，西则巩，东则成皋，后魏并焉。"明嘉靖《巩县志》载："巩县城，在县西二十五里孝义保。"汉代巩县县治设在原巩王城内，北魏时东迁至紫金山下，即今巩义市站街镇老城村。明代的孝义保，即今巩义市孝义镇。巩国故城位于孝义镇西约 3 公里的康店村，东距站街镇老村城约 15 公里，与《巩县志》所载地望一致。该城即"康北城址"，俗称"巩王城"。建在洛河西岸的邙山东坡上，平面略呈长方形，东西长约 2 公里，南北宽约 1 公里，地势由西向东渐次倾斜，城址轮廓依稀可见，保存较好。城址范围内出土的东周陶器，有乳状空足鬲、平沿鼓腹罐、浅盘细柄豆、圈足簋，以及匜、盆、盘、瓮、瓿等。

巩虽建国于河山四塞之地，但因其国小势薄，于公元前 516 年被晋所灭。《左传·昭公二十六年》载："十一月辛酉，晋师克巩。"即此。巩被晋灭后，因其距离晋都新田（今山西省侯马市西）甚远，晋国统治者鞭长莫及，便将巩送给周王，仍属王畿之地。

十七、荣

荣，春秋姬姓国。位于荣邑，即今日嵩山巩义市一带。据唐代的《名贤氏族言行类稿》记载，上古（距今 3000 多年之时）西周成王有个卿士受封于荣邑，称为荣伯，是西周初年诸侯国荣国的开国君主。荣伯的子孙便以邑为姓，相传姓荣。周文王时，荣伯已在周朝朝廷为官任职，周成王时伐东夷，成王赐荣伯作《贿息慎之命》。到了西周中期，《师永盂》记载，荣伯参与周王赏赐田地之事。后来，周厉王的卿士荣夷公是荣国的第六任国君，根据历来学者的考证，这一支荣氏是周成王的卿士荣伯的后裔。

周公彝记载，荣氏为周公后代。荣国的灭亡年代不详，但东周时荣邑不存。

十八、东周

东周国圜钱

东周，战国时期姬姓国。系周王室分裂出来的小国，其开国君主为东周惠公。关于东周惠公的身世，文献记载有二说：一曰西周惠公少子班。周考王元年（前 440 年）考王封其弟揭于王城（今洛阳），为西周桓公，以续周公之官职。桓公卒，子威公代立。威公卒，惠公代立。周显王二年（前 367 年），西周国惠公封其少子名班于巩，称东周国，班为东周国惠公。此国立于下都之东，故号“东周国”。二曰西周威公少子根。公元前367年，西周威公去世后，因兄弟不和，其小儿子根在东部争立，赵国、韩国用武力加以支持，遂从西周国分裂出来，于巩伯国旧地建国，根为东周国惠公。《韩非子·内储说下》载：“公子朝，周太子也。弟公子根甚有宠于君，君死，遂以东周叛，分为两国。”根为西周威公少子，是西周惠公之弟。东周的地域，主要在今河南巩义市境，大体上是旧巩伯国的势力范围，国势最盛时，其版图一度达到今洛阳市东郊一带。

从考古发现来看，东周故城也是在巩国故城基础上建立的。东周国故都约在今巩义市孝义镇西3公里的康北村一带。《中国文物地图集·河南分册》载：康北城址，城址平面呈正方形。东墙已被洛河冲毁，西墙以山就势，南北城界临沟，未见城墙。现存西墙北段和西北城角，城内散存较多的战国、汉代陶罐、鬲、盆类残片及板、筒瓦等，清同治五年（1866年）曾在城西基建寨中，西寨门尚存“东周故城”石碣一方，城内现存的清咸丰元年（1851年）立《东周巩王庙原委》碑，详记东周故城历史沿革。据记载，此城为战国晚期东周惠公所居之都城。

另据明嘉靖《巩县志》载：“巩王城，在县西二十五里孝义保。周惠公封少子班于巩，即此处也。城址祠堂尚在。”大约东周惠公叛立之际，时间仓促，来不及大兴土木，只好利用旧巩伯国的城池宫室，建立起一个新的军政府。

东周是一个小国，虽河山巩固，却常受大国欺凌。如秦兴师临周而求九鼎，齐又向周求九鼎，秦假道于周以伐韩，在楚攻韩雍氏的战役中，秦国出兵救韩，东周被迫给秦、韩二国筹集粮饷。据包山楚简记载：“东周之客髾绲致于栽郢。”

胙，《说文》云：“祭福肉也。”《周礼·天官·膳夫》说：“凡祭祀之致胙福者。”东周曾向楚王行臣礼，可见其政治地位之卑下。东周与西周之间，也不断发生矛盾，进行战争。西周居河上游，东周欲植稻，西周不放水，使东周农业生产受到很大的威胁。东周在外部环境异常困苦的情况下，勉为其难，维持了百余年之久。《史记·秦本纪》载，秦庄襄王元年（前249年）东周国被秦国所灭。

公元前256年，秦灭西周，赧王去世，从此挂名的周天子不复存在。公元前249年，秦灭掉建都于巩的小国东周，并出兵攻韩，取得韩的成皋、荥阳，连同原先的西周和东周故土，合建成三川郡，为秦统一全国揭开了历史的序幕。

第三节　溱洧河流域的古国史迹与遗址

溱水发源于现在的新密市东北圣水峪，洧水发源于现在的登封市东的阳城山，这两条河在新密汇合、称双洎河。由此，溱洧河流自发源地起，流经登封、新密、新郑、长葛、尉氏、鄢陵，至扶沟注入贾鲁河。溱洧河流域位于中原腹地，嵩岳耸其西，具茨屏其南，浮戏列其北，包括登封的东部、新密的大部和新郑的西北部，处于黄淮平原西部边缘地带，在新石器时代早期的裴李岗文化分布区内，裴李岗文化遗址出土有大量的农业生

溱洧

产工具,同西亚两河流域新月形地带的农业村落遗址一起,好像东西并列的两座灯塔,标志着东半球进入了“农业革命”的黎明时期。中华民族的人文始祖轩辕黄帝在此出生,打败了炎帝(族)、蚩尤,开创了华夏统一基业,并在此建都定国,缔造了华夏5000年的文明史。历史上著名的“轩辕丘”就在溱洧流域,这里是中华人文始祖黄帝的故里所在,也是炎黄文化的发祥地。嵩山地域在溱洧河流域的古国有鬲、补、郐、密、郑氏、梅、华、苑、茱、有熊、舟、郑、韩等国。

一、鬲

鬲,夏商偃姓国,史称有鬲氏部落。鬲人最早立国于河洛地区,鬲族之得名与其发明制作陶鬲有关。考古资料表明,陶鬲发明使用于中原龙山文化时期,豫西出土的隔鬲,是迄今所知最早的陶鬲。过去河南省伊川县和孟津县都出土过铸有“鬲”字的空首布币。

据《路史国名纪》第25卷引《郡国县道纪》载:“鬲国,偃姓,皋陶后”,“汉为县,齐天保七并入安德。今隶德州,西北有故鬲城”。据史料推断出,鬲姓是上古时期黄帝的直系后裔。上古时期,被司马迁称作中华民族的始祖母的华胥氏生伏羲、女娲,伏羲、女娲生少典,少典生炎黄二帝,黄帝次子昌意生颛顼,颛顼第七子即我国历史上的第一个大法官,被誉为“狱神”和“司法鼻祖”的皋陶,有鬲氏为皋陶后人。

据《史记·夏本纪·正义》引《括地志》云:“故鬲城在洛州密县界。”密县本属郑州,唐高宗龙朔二年(662年)改属洛州。《括地志》成书于唐太宗贞观十六年(642年),因而鬲城应在郑州密县界。唐代密县即今河南省新密市,古鬲国地域在今新密市境。夏王朝后来发生了后羿之乱,“因夏人而代夏政”,鬲人被迫东徙。《路史·国名纪二》云:“鬲,《郡国县道记》,古鬲国,郾姓,皋陶后。……德西北有故鬲城。”此鬲城即汉代鬲县故城,在今山东省平原县西北,系鬲人东徙后的居地。

“周武王灭商前后,封商纣王子武庚禄父以续殷礼,管辖河南中部及山东黄河以西的广大地区。武王封弟管叔鲜、蔡叔度、霍叔处于武庚封地周边,以监视武庚,史称三监。”周灭商后第二年(约前1045年),周武王病逝,管三监联合武庚、薄姑族及东方诸小国叛乱。周公率西部军旅平叛,三年诛管叔、杀武庚、流放蔡叔、荡平薄姑族。烽烟四起,满目苍夷。鬲国国都在这场战乱中毁灭,后又灭迹于大火中。

有鬲氏被周所灭时,已经发展成为了一个数字庞大的部落。后来,随着有鬲氏的灭亡,其族人多被贬为奴隶,或被流放,其辉煌便一去不复返。鬲姓便是自秦朝始,被贬至现在陕西一带的有鬲氏贵族们随着秦统治者的政令,为纪念灭亡的有鬲氏部落,以国为氏确定并发展起来的。

二、补

补,商周古国。补国的历史,可以追溯到炎黄时代,《路史·国名纪六》将“补”列入“三皇时候伯之国”。相传炎帝族势力发展到中原,曾为炎帝所伐。《路史·国名纪》:“炎帝伐补。”其中的“补”即指此国。炎帝伐补,属于历史传说,表明补人早在中国文明曙光来临之际,已在中州大地上建立了酋邦王国。补国地原为补部落人居住,夏朝建立,遂以原地相封,故名补国。

西周末年，郑桓公谋安于太史伯，史伯以为郑国应东迁，若能克虢、郐、补等国，便可立足于东方，后遂实现。《史记·郑世家》有郑桓公东徙其民，虢、郐果献十邑。《集解》引虞翻曰："十邑谓虢、郐、鄢、蔽、补、丹、依、粱、历、莘也。"这里的十邑，实际上是十个小国，补国为其中之一。

补国于春秋初年被郑国所灭。补国的地域，在今新密市牛店镇打虎亭村北补子庙西南，范围相当于今新密市西南部和登封市东部。何光岳《楚源流史》谓："补，今密县西十八里补子庙。"是说补国故城在密县老城西9公里处。《中国文物地图集·河南分册》载，新密市牛店乡谭村湾东南的补子庙遗址，面积约1万平方米，文化层厚达1~2米，地表暴露有灰坑遗迹，出土有仰韶文化的彩陶片。

三、郐

郐，亦作会、桧、侩、䢉，商周妘姓国。《国语·郑语》载：祝融其后八姓，"妘姓邬、郐、路、偪阳"。《国语·周语》云："郐由叔妘。"韦昭注："郐，妘姓之国。"《史记·楚世家》亦载："吴回生陆终。陆终生子六人……四曰会人。"《索隐》引《系本》云："四曰求言，是为郐人，郐人者，郑是。"宋忠曰："求言，名也。妘姓所出，郐国也。"《潜夫论·志氏姓》说："妘姓之后封于鄢(邬)、会、路、偪阳。"《古今姓氏书辨证》也说："《国语》祝融之后，陆终第四子求言为妘姓，封于郐。"郐的地域，《郑玄诗谱》："古高辛氏火正祝融之墟，国在禹贡豫州外方(嵩山)之北，荥波之南，居溱洧之间。"《左传·昭公十七年》："郑，祝融之墟也。"经考证，郐国的基本地域在今嵩山东北、荥阳以南和双洎河中上游之间，今新密、新郑、禹州和郑州一带。

郐国故城位于新密市密县老城东35公里的曲梁乡大樊庄古城角寨村。这一带地势平坦，溱水自北而南流去，郐国故城坐落在溱水东岸。溱水在寨南1.5公里处与自西而东的洧水相汇，那里有个村庄叫交流寨，就是溱、洧二水交汇处。古城角寨村东南两边皆为新郑境，东南距新郑市区约10公里，正处于新密与新郑的交界处。

郐是一个古老的国家。《括地志》引《毛诗谱》云："昔高辛之土，祝融之墟，历唐至周，重黎之后妘姓处其地，是为郐国。"《庄子·齐物论》说："莫者尧问于舜曰：'我欲伐宗、脍、胥敖……'"司马彪注："宗、脍、胥敖，三国名也。"脍即桧，大约在唐虞之世，妘姓之族已在郐地建起了方国，这就是人们通常所谓的首邦王国了。到了夏商时期，方才蜕变为正式国家。《清一统志》说："郐城在密县东北50里，接新郑界，周初封国。"约在西周初年，妘郐重新接受分封，成为子男爵中的大国之一。

郐国遗址

西周末年，身为周司徒的郑桓公，看到周王室日益衰败，对西边少数民族的入侵无能为力。在国难当头之时,为了给自己的妻室儿女找一条出路,打起了郐国的主意。郑桓公原来被分封在今天陕西凤翔南,一个当时叫棫林的地方,他的封国叫郑。于是选择了郐国寄放他的财产和妻子儿女,并用官爵、财物大肆贿赂郐国君臣。郐国国君贪图财物,对郑桓公一点防备都没有。公元前770年,犬戎攻打周王室,郑桓公以身殉职,他的儿子郑武公即位。这时,周王室被迫东迁洛阳,郑武公就以护驾的名义带领大军一同东迁。周平王二年(鲁孝公二十六年,郑武公二年,即公元前769年),郐国被郑武公所灭,并在此重新缔造了郑国。

郐国被郑国吞并后,其君的后代中有人就用原国名"郐"作为自己的姓氏,称郐氏;也有人因失国而去掉"邑"偏旁,用"会"字作为姓氏,称会氏。

四、密

密,周代姬姓国。密国的地域原在今甘肃省灵台县,是西周初年在商代密须国故地上分封的姬姓国家。文王之世,姞姓密须国已被翦灭。《尚书大传》说:"文王受命三年,伐密须。"《竹年纪书》载,殷帝辛三十二年,"密人侵阮,西伯帅师伐密。三十三年,密人降于周师"。

周灭密须后,封同姓于此,建立姬姓密国,成为周人捍卫西土的屏障。西周共王年间,该姬密国被灭。《国语·周语》载:"恭王游于泾上,康公从,有三女奔之。……康公不献,一年,王灭密。"陇境之密灭亡后,周共王将姬姓密国由甘肃省灵台迁至今嵩山新密市境内。早在20世纪40年代,齐思和先生对西周地理进行专门研究,他曾指出:"密本在甘肃,后封于豫西,亦曰新密。"

密国以其周围山如密室,故名。《说嵩》云:"古密,亦称密国,因山名也。"

关于嵩山密国,《汉书·地理志》河南郡密县条下,班固自注:"故国,有大騩山,溴水所出,南至临颍入颍。"王先谦补注云:"《晋志》:密,周畿内国。《周语》有密康公,王灭之。后属郑,为新密,亦曰新城。战国属韩。"臣瓒曰:"密,姬姓之国也。"春秋时,密属郑,称新密。《春秋·僖公六年》:"夏,公会齐侯、宋公、陈侯、卫侯、曹伯伐郑,围新城。"《左传》作"新密"。杜预注:"新城,郑新密。今荥阳密县。"又说:"实新密而《经》言新城者,郑以非时兴土功。齐桓声其罪以告诸侯。"齐桓公内宠密姬,可能就是密故国的女子。《新菁斗注地理志集释》云:"密故国在今开封府密县东七十里。《后汉书注》,故城在密县东南。《太平寰宇记》,东南三十里。姬姓国也。"

密国都城在今新密市区东南17.5公里的大隗镇。密城在春秋时改名新密,又叫新城。西汉时设置密县,县治设于古密城,隋大业十二年(616年),才迁至今密县老城(即法桥堡城)。《水经·洧水注》云:"洧水又东迳密县故城南,《春秋》谓之新城。《左传·僖公六年》(前654年),会诸侯伐郑,围新密,以郑不时城也。"这里提到的密县故城,即今新密市大隗镇,设于密国故城旧址之上。考古发现的密国故城,位于双洎河北岸,城址平面近似正方形,边长100余米。现残存南垣长约60米,高约4米,俗称擂鼓台。城内出土陶器有豆、瓮、鬲等。

周书灿《春秋姬密地望考》载:早在僖公六年(前654年),河南新密境内的姬姓密国已为郑所灭,成为郑国的附庸。嘉庆二十二年(1817年)《密县志》称姬姓密国"春秋时为郑所灭,曰新密,亦曰新城"。姬密于春秋时期灭亡后,其原有领土并入郑国版图,密国故城改名新密,成为郑国的一个军事重镇。

五、郑氏

郑氏，商代姬姓古国。郑在甲骨文中写作奠，奠字偏旁加邑即为郑，表示奠人已会建筑城邑。甲骨卜辞中经常提到郑氏和郑，郑是商王来往的一个重要地方。如历史博物馆藏骨臼有："郑氏，十夕出一夕。"《合集》中有"贞：今日勿步于郑?""□丑卜，行……在郑。"丁山《殷商氏族方国志》指出："奠盖是畿内的诸侯。"郑氏之地被称为"郑父之丘"，在今新郑市境。

《水经·洧水注》引《竹书纪年》曰："晋文侯二年，周宣王子多父伐郐，克之，乃居郑父之丘，名之曰郑，是曰桓公。"《汉书·地理志》京兆尹郑县条下颜师古注引臣瓒曰："幽王既败，二年而灭会，四年而灭虢，居于郑父之丘，是以为郑桓公。"这就是说，春秋郑国的得名，来源于"郑父之丘"。"郑父之丘"的具体地点不详，一般认为在今河南省新郑市境。历年来，这里先后发现有望京楼、小庄王、三里岗、下申河、郭砦、马垌等多处商代文化遗址，并出土大型铜钺和玉戈等珍贵文物。郑杰祥:《商代地理概论》中说明彼时"今新郑县境已有独立的方国存在，这些方国当与《竹书纪年》所记'郑父之丘'有着密切关系"。

六、梅

梅，商代子姓诸侯国。殷王太丁封弟于梅"时地为今安徽亳州以南"，是为梅伯。《元和姓纂》云："殷后，纣时有梅伯，以国为氏。"梅的地域，在今新郑市西北与郑州南郊一带，立国于新郑市龙湖镇（原小乔乡）梅山村附近。《元和郡县志》卷 9 管城县载："梅山，县西南三十里。春秋时楚芳子冯帅师侵费滑，左回梅山，即此山也。"唐管城县即今郑州市。《清一统志》河南开封府亦载："梅山，在郑州西南三十五里，与许州新郑县接界。"此地古属管城县，今属新郑市。

梅氏始祖梅伯

商代末年，梅国之君梅伯以忠直称著，因向商纣进谏而遇害。《韩非子·难言》云："比干剖心，梅伯醢。"梅伯因冒死直言，忠贞不屈而流芳千古，其业绩足以同箕子、比干相媲美。武王灭商后，封梅伯之裔于黄梅，号为忠侯，其后世子孙遂以祖先的封邑为氏，称梅姓。他们尊梅伯为其得姓始祖。宋濂的《梅府君墓志铭》也更详细地指出："梅本子姓，其先梅伯，为殷纣所废。周武王既伐纣，封伯诸孙黄梅，号曰忠侯，遂以梅为氏。"

梅伯被商纣王杀死后，梅国灭亡。《路史·国名纪四》云："梅，伯爵，纣所灭。"以后梅人又南迁至安徽亳州市和湖北黄梅县等地。

其济、洛、河、颍之间乎。是其子男之国，虢、郐为大，西周末年，幽王专权，政治腐败，王室衰微。郑桓公欲东迁避难，曾向周太史伯请教，欲觅一兴邦立国的安全地带，史伯向郑桓公分析了当时的形势。《国语·郑语》:(太史伯曰)"若克二邑(指虢、郐),邬、弊、补、舟、依、𩽾、历、华,君之土也。若前华后河,右济左济,主芣、騩而食溱、洧,修典刑以守之,是可以少固。"话中所论及的"前华"之"华",韦昭则注云:"华,华国也。"另据《路史·国名纪四》载:"华,华子国,郑十邑有华。"《史记·郑世家》也有类似的记载:郑桓公采纳了史伯的建议,"东徙其民雒东,而虢、郐果献十邑,竟国之。"《集解》引韦昭曰:"后武公竟取十邑地而居之,今河南新郑也。"这十邑系指东虢、郐、邬、弊、补、舟、依、𩽾、历、华等10个小国的都邑。

七、华

华,商周子姓国。《潜夫论·志氏姓》云:"华氏……子姓也。"夏商之华虽不见经传,西周时期则于史有证。周穆王时的命簋铭云:"唯十又一月初吉甲辰,王在华,王锡命鹿,用作宝彝,命其以多友簋飤。"唐兰据此而论:"华,地名。……是夏族旧居,所以华即是夏,中华民族起于此。"

华国地域,在今新郑、新密一带,西依嵩山,嵩山古称华山;南临七虎溪,七虎溪又叫华水。国在山水之间,故而名华。《水经·洧水注》对华城的记述颇详:洧水又东与黄水合,《经》所谓潧水(溱水),非也。黄水出太山南黄泉,东南流迳华城西。史伯谓郑桓公曰:华,君之土也。韦昭曰:华,国名矣。《史记》载:"秦昭王三十三年,白起攻魏,拔华阳,走芒卯,斩首十五万。"《集解》引司马彪曰:"华阳,亭名,在密县。"《正义》引《括地志》云:"故华城在郑州管城县南三十里。这里所说的华城与华阳亭,是一个地方,均因古华国而得名。但古华国地的说法不一致,史料证明,由于历史上行政区域的变化,华阳在晋代属密县,在唐代属管城县。华城今名华阳寨村,属今新郑市郭店乡,在市区北约20公里处。

华城即华阳故城,平面呈南北长方形,周长约5公里,城垣由夯土筑成,高约8米,基宽15~30米,顶宽1~3米,城的四面有门,在四角和四边中央,均有向外凸出的附属建筑。城内有许多古代建筑台基、墓葬、灰坑、水井,出土一批铜镞和陶器。城垣西面缺口处,出土许多人骨,似为古代阵亡将士遗骸。总之,这是一处保存较好的周代古城。古华水自西北而来从城南流过,今故道犹存,该城址坐落在华水以北,故名"华阳"。同《水经注》所载相符,可能是华因故都所在。

周幽王十一年(前771年),周幽王在骊山同犬戎、申、缯的联军作战中兵败而死,西周灭亡。平王东迁雒邑(今洛阳市),郑国随之东徙。《汉书·地理志》颜师古注引《春秋外传》说:"幽王既败,郑桓公死之,其子武公与平王东迁。"《汉书·地理志》注引臣瓒曰:"幽王既败,二年而灭郐,四年灭虢。"郑武公秉承父志,于公元前769年灭郐,前767年灭东虢。华国约于公元前769~前767年被郑国灭掉。

公元前375年,韩哀侯灭郑,华阳属韩。由于其所处战略地位的重要,成为兵家必争之地,战国时期秦与三晋,韩与赵、魏都曾在此发生激战,"华阳"因此而彪炳于史册。

八、苑

苑,或作宛,商代子姓国。《路史·国名纪四》载:"苑,(商高宗)武丁之子文封苑城,今苑侯,今邓之南阳,汉宛县也。"苑国的始封地,在今河南省新郑市东北一带。《史记·樊哙传》云:"攻宛陵,先登。"《正文》说:"宛陵故城,在郑州郑县东北三十八里。"考古发现的汉代苑陵故城,在今河南省新郑市龙王乡古城村东，城址平面呈长方形，周长约4公里，城墙高约10米。这是在古苑城的基础上建筑的。

周武王灭商后，苑国也被灭掉，部分苑人被迁于宛丘，成为陈国的百姓。还有一支苑人徙至今南阳市，其地称为宛城。此外，河南省长垣县西南的宛亭，河北省临漳县西的宛阳，北京市南郊的宛平县等地名，显示着一支苑人北迁的路线。

九、棐

棐，商周偃姓诸侯国。《路史·国名纪一》载，少昊后偃师国有棐，并说："棐，郑地，文公会郑伯处。说即棐林。今开封苑陵有棐林。林乡一作棐。"棐一作非，商代甲骨卜辞中经常提到非，如《合集》中有："乙丑贞：今日王步自辔于非？""王在师非彝。""辛酉卜，尹贞：王宾岁无尤？在四月，在师非卜。"此"非"当即"棐"，与后世棐林殆为一地。

棐国地域在今新郑市境内。《春秋·文公十三年》云："郑伯会公于棐。"《公羊传》作"斐"。杜预注："棐，郑地。"《春秋·宣公元年》云："宋公、陈侯、卫侯、曹伯会晋师于棐林，伐郑。"杜预又注："棐林，郑地，荥阳苑陵县东南有林乡。"《战国策》："苏代曰：'兵困于林中'，即此。……今新郑县东二十五里有林乡亭。"棐林即林乡亭，又称北林。《水经·渠水注》云："华水又东迳棐城北，即兹林亭也。"

据考证，苑陵故城在今河南省新郑市龙王乡古城村东，棐林或北林应距古城村不远，因而棐国的地域在今新郑市龙王、薛店和郭店乡一带。何光岳《秦赵源流史》说："棐国即谭的同族，即河南新郑东之蓝，即棐林，后为裴氏。"

棐国约于春秋初年为郑所灭，棐城成为郑国的要邑，是历史上兵家必争之地。棐国亡后，棐人以国为氏，史称"裴氏"。

十、有熊

有熊，夏商姬姓国。《路史·国名纪一》将有熊列为"黄帝后姬姓国"。早在远古时期，"有熊"便是中原地区一个著名的方国。由于此国的国民人人生得虎背熊腰，体魄健壮，对熊非常崇拜，所以少典就以熊为部落图腾，他们的国旗就画上熊的标记。少典生两子，一个是炎帝，一个是黄帝。炎黄二帝是我们中华民族继人祖伏羲之后，在上古时期的最主要两个帝王。因为有了他们的诸多发明，使我们中华民族迈入了空前的文明新阶段，为我中

有熊国

华民族的繁衍昌盛奠定了坚实的基础。因为黄帝继承父职当上了“有熊国”君，国的都城在“轩辕之丘”，所以黄帝的国号为“有熊”，黄帝的名号又称之为轩辕黄帝。司马贞《史记索隐》云：“（黄帝）号有熊者，以其本是有熊国君之子故也。”裴骃《史记集解》引谯周曰：“有熊国君，少典之子也。”

有熊国在今河南省新郑双洎河滨。皇甫谧《帝王世纪》载：“新郑，古有熊国，黄帝之所都，受国于有熊，居轩辕之丘，故因以为名，又以为号。”又说：“或言（新郑）故有熊氏之墟，黄帝之所都也。郑氏徙居之，故曰新郑矣。”西晋·司马彪著《续汉书·郡国志》：“河南尹新郑县，古有熊国，黄帝之所都。”宋·乐史著《太平寰宇纪》：“新郑县西南九十里，旧二乡今四乡，黄帝都于有熊即其地，又为祝融之墟，于周为郑武公之国。”

自人祖伏羲至无怀氏，历经1800余年之后，在中原一带生活的部落诸侯国主要有有娇氏、有隰氏、有辛氏、葛天氏、有熊氏、神农氏、朱襄氏、阴康氏、无杯氏，其中有熊氏诸侯国势力最强。轩辕丘为古有熊国的国都，在今河南省新郑市境。原新郑县城北关有清康熙五十四年（1715年）的“轩辕故里碑”。又清道光二年（1822年）碑记：“新郑为轩辕皇帝故都，文明肇启有自来矣。”黄帝之世，相当于仰韶文化时期。新郑市境发现的仰韶文化遗址很多，主要有唐户、大朱庄、南李庄、王垌、洪府、高坡岩、岳庄、古城村人、人和西南场等，均属有熊的物质文化遗存。

夏商时期，黄帝后裔在有熊氏之墟立国，仍称“有熊”。《史记·周本纪》载：“帝纣乃囚西伯于羑里。闳夭之徒患之，乃求有莘氏美女，骊戎之文马，有熊九驷，他奇怪物，因殷嬖臣费仲而献之纣。”《正义》引《括地志》云：“郑州新郑县，本有熊氏之墟也。”《史记》提到的“有莘”、“骊戎”皆为方国，与之并列的“有熊”，亦应为方国。有熊国约于商末周初被灭，其地归入郐之版图。有熊虽系区区小国，却因黄帝之故而久负盛名。

十一、舟

舟，或称舟人，夏商秃姓国。《国语·郑语》云：“秃姓舟人。”韦昭注：“秃姓，彭祖之别。舟人，国名。”意为秃姓舟人是大彭氏的后裔。《路史·国名纪一》谓：“秃姓亦有舟人，明为国也。”

舟国地域，在今新郑市一带。《史记·郑世家》有郑桓公东徙其民，虢、郐果献十邑。《集解》引虞翻曰：“十邑谓虢、郐、鄢、蔽、补、丹、依、鞣、历、莘也。”十邑，实为十个小国，舟国为其中之一。何光岳《楚源流史》载：“这个舟邑当为古舟人所在地而得名，离虢、郐不远，邻郑，在当今河南新郑一带，即它的始祖祝融之墟的南面，而又邻近同族郐、邬、斟、彭。……这里濒临洧水，夏商时代，中原一带正当亚热带气候，雨水丰沛，洧水流于平原，既无浩阔汹涌的波浪，也无迂回曲折的河道，正适于通行原始社会的小舟，是舟人活动的优越场所。”

春秋时期，舟国为周所灭。李平心先生在《卜辞金文中所见社会经济史实考释》中，进行了正确的诠释：《国语·郑语》：“秃姓舟人，则周灭之矣。”韦注：“秃姓，彭祖之别，舟人，国名。”是舟人明明属大彭族，为周人所灭，沦为奴隶。其后奴隶贱民遂通称舟人。《国语·郑语》：“秃姓舟人，则周灭之矣。”《诗·大东》：“舟人之子，熊黑是裘。私人之子，百僚是试。”舟人《毛传》训为舟楫之人。舟国灭亡后，许多舟人沦为奴隶，《诗·小雅·大东》中曾提及“舟人之子”在西周末年所处的政治地位，“东人之子，职劳不来。西人之子，粲粲衣服。舟人之子，熊黑是裘。私人之子，百僚是试”。将“裘”字训为求，把“舟人之子，熊罴是裘”释为：奴隶贱民冒险猎取猛兽，奉献贵族，以为娱乐。即“围场的伙计冒险拼命,帮老爷捉拿虎豹”。可见其地位之卑微,从舟船的主人变成了侍奉贵族佃猎的奴隶。

舟国灭亡后,也有部分舟人仍然保持着贵族的身份。《世本·氏姓篇》云:“舟氏,虢大夫舟水侨。舟人,国名。”舟人的一支,以国为氏,其后裔舟之侨,曾任虢国大夫,看到虢君昏愦,不纳忠言,且使国人贺梦,知其必亡,便率领全族投奔晋国,可谓“良臣择主而事”的典型。晋国有邑名曰“舟”,或作“郍”、“州”,在今河南省温县武德镇乡西张计村,俗称“州城”。距离州城不远的北平皋村,出土有“郍公”陶文。韩国在舟地铸造的货币为“舟百涅”布。《水经·沁水注》载:“沁水于县南,水积为陂,通结数湖,有朱沟水注之。……宋沟自枝渠东南,迳州城南。”朱沟水为沁水支流,“朱”是“舟”的变音,本名应为舟水。由此可知,春秋战国之际,舟人的一支曾徙居于今河南省温县境内。史籍记载舟国的事迹十分罕见。传世铜器有舟姜敦,可能是周人的遗器。

十二、郑

郑国,别名奠国,周代姬姓国,春秋战国时期重要诸侯国。郑的始封祖是周厉王的小儿子,名友。周宣王二十二年(前 806 年)封周厉王幼子友于郑(今陕西华县的东方),史称郑桓公。《史记,郑世家》载:“郑桓公友者,周厉王少子而宣王庶弟也。宣王立二十二年,友初封于郑。”《世本》载:“桓公居棫林,徙拾。”棫林或作“咸林”败下阵来“拾”均为旧地名,桓公居此,始名为郑。郑,始居棫林(今陕西凤翔南),后迁拾,在今陕西华县西北。

周幽王时期,周朝局势不稳定。身为周王室司徒的郑桓公看出西周马上就要灭亡,于是,在周太史伯的建议下,于周幽王八年(前 774 年)将郑国财产、部族、宗族连同商人、财产、百姓迁移到洛阳以东、黄河和济水以南的土地,在东虢国和郐之间(今河南嵩山以东),号称新郑(今新郑市一带),这是郑国历史上有名的大迁移。郑桓公迁国后,虢、郐等国献出 10 个邑,作为新郑国的领土。幽王十一年(前 771 年),犬戎等杀死周幽王和郑桓公。周幽王子宜臼立,为周平王;郑桓公子掘突立,为郑武公。周、郑同时东迁。继位的郑武公攻灭郐和东虢国,建立了实际独立的郑国,定首都为新郑(今新郑市)。

郑武公

郑国东迁后,当时新郑的疆域相当于今河南省之中部,北越黄河,南至许昌达禹州,东至开封,西至荥阳,为中原地区的一个大国。郑武公在位 27 年去世,儿子庄公登基。郑武公和郑庄公都是周平王手下的卿士,很好地控制了自己属下卿大夫的势力,在春秋初年,郑国非常活跃。甚至,一段时间之内,强大的齐国也对郑国礼让三分,曾跟随郑国讨伐宋国,甚至求助于郑国。庄公时代郑国内部肃清了反叛势力,外部灭了许国,败了宋国,还射中了周天子桓王的肩膀,是当时最强盛的国家,史称“郑庄公小霸”。郑庄公郑庄公在位 43 年,是郑国的极盛时期,此时郑国疆土,南建栎邑(今禹州市),东建启封(今开封),北与卫、晋交错,西控巩、洛,胁宋迫许,威加北戎,常受王命伐叛臣,抗王命主公道。

进入战国，郑国仍然得以苟延残喘。此时郑国最大之敌人已经是新兴的韩国。然郑国仍内乱内斗不止。郑哀公为国人所杀，共公、幽公相继而立。韩国攻郑，杀幽公。于是国人立幽公之弟公子骀为君，是为郑繻公。郑繻公在位时，与韩国的战争不断。繻公十五年，韩伐郑，取郑之雍丘；繻公十六年，败韩于负黍；繻公23年，围韩阳翟。郑繻公后期，郑国再次内乱。郑繻公杀其相子阳，而子阳之党又杀繻公。郑国这时根本不需要外国来灭也会自己灭亡。子阳之时，郑国已经一分为三。郑康公二年，郑负黍反，归韩；康公十一年，取阳城；康公二十一年（前375年）韩哀侯率军再次攻占郑国，郑国灭亡，国土并入韩国。立国432年，历21君。

郑国出土的青铜礼乐器

郑国故城坐落在今新郑市城关双洎河与黄水河交汇处。双洎河即古洧水。《水经。洧水注》载："洧水又东迳新城中。……《竹书纪年》载，晋文侯二年，周宣王子多父伐郐，克之，乃居郑父之丘，名之曰郑，是曰桓公。皇甫士安《帝王世纪》云：或言县故有熊氏之墟，黄帝之所都也。郑氏徙居之，故曰新郑矣。《春秋》传曰，今洧水自郑城西北入，而东南流迳郑城南。……水南有郑庄公望母台。……洧水 又东与黄水合。……黄水又南至郑城北，东转于城之东北，与黄沟合。……又南流，注于洧水也。"考古发现的郑城地望，与《水经》经所载基本相符。城址平面略呈不规则长方形，东西长约5000米，南北宽约4500米，中部有一道被称为"分国岭"的南北向的隔墙，把郑城分为东西两大城区。据考古发现，郑城的都市规划，在我国古代城市发展史上占有重要篇章。

郑国位于中原腹地，交通发达，"咽喉九州"。从地域观念上讲，西连周秦，东通齐鲁，北上燕赵，南抵楚越。依嵩山，濒黄河，形势险要，堪为"天下之中"。韩哀侯灭掉郑国，徙都郑城，鉴于郑国的历史地位及其深刻影响，因而韩亦称"郑"。今河南省会郑州的得名，也同郑国有着直接关系。郑州市区古属郑国地域，北周时期，在今荥阳县汜水镇置荥州。隋开皇三年（583年）改名曰"郑州"，是郑州作为地名的开始；隋大业二年（606年），郑州治所迁至管城县，即今郑州市；北宋王朝从安定的愿望出发，并置奉宁军；明代废管城县，只以郑州为名；民国年间改为郑县；1948年10月郑州解放，遂改为郑州市；1954年郑州成为河南省会。追根溯源，郑州与郑国之间原来存在着一定的渊源关系。

十三、韩国

韩国，周代姬姓国。韩是战国七雄之一，后世历史学家将韩、魏、赵、秦、楚、燕与齐合称战国七雄。韩国国土主要包括今山西南部及河南北部，初都阳翟（今禹州），灭郑国后迁新郑（今新郑市）。韩国疆域范围介于魏、秦、楚三国间，大致相当于今山西省南部，河南省西北部、西部和西南部。

周武王灭商后，将其子封于韩城，此西周初年所封的韩国，于春秋初年灭亡。春秋战国的韩氏，是晋曲沃桓叔之后的封国。《史记·韩世家》载："韩之先与周同姓，姓姬氏。其后苗裔事晋，得封于韩原，曰韩武子。武子后三世有韩厥，从封姓为韩氏。"韩武子韩万，乃晋亲族曲沃桓叔之子。《韵会》载："曲沃桓公之子万，食邑于韩，后分晋为国。"《史记正义佚文辑校》引《世本》云："桓叔生子万，万生胜伯，胜伯生定伯简，简生舆，舆生献子厥，并居韩。"由此可见，春秋战国之韩氏，当是晋曲沃桓叔之后，他与西周韩侯虽同为武王之后，但其宗支是明显有别的。韩武子受封于西周韩国的旧地，其后即以地为氏，故称韩氏。

韩氏自武子受封以来，到献子时仍居韩原，其地在今陕西省韩城市西南 9 公里。晋悼公七年（前 566 年），韩宣子徙居州（今河南省温县东北 15 公里的武德镇乡张计村西）。晋定公十五年，韩贞子徙居平阳，在今陕西省临汾县西北。公元前 589 年，韩武子之孙韩献子辅佐晋景公打败齐国，被封为大夫，为晋国六大夫之首。晋哀公四年（前 453 年），韩康子联合赵襄子、魏桓子一起杀了晋国君智伯，尽灭智氏之族，共分其地，逐渐形成独立国家，从此形成了三家分晋的局面。晋君反而得去朝见韩、赵、魏之君，成为三国的附庸。周武烈王十年（前 416 年），韩武子为了向中原地区扩大势力，徙都宜阳。《后汉书·光武帝纪》李贤注曰："武子，都宜阳。"宜阳是韩氏形成独立国家以后的第一座都城。周威烈王二十三年（前 403 年），周威烈王正式册命，韩、赵、魏为诸侯国。此时韩国的疆域有今晋东南和豫中地区，全境把周团团包住，西和秦、魏交界，南与楚接壤，东南与郑毗邻，东面与宋相连。韩景侯时，为了翦灭郑国，迁都阳翟（今嵩山禹州市）。《元和县郡县志》河南道条下云："阳翟县，本禹所都，春秋时郑之栎邑，韩自宜阳移都于此。"灭郑国后迁新郑（今新郑市）。

郑城是战国晚期韩国由极盛到衰亡时期的都城，也是韩国都城中规模最为宏伟的一座。周烈王元年（前 375 年），韩哀侯灭掉郑国，并从阳翟徙都于此。《史记·韩世家》载："哀侯二年灭郑，因徙都郑。迄秦始皇十七年（前 230 年）秦灭郑为止，韩国在此都 140 年。

韩都郑城，亦称郑韩故城，它是在郑国故城基础上建立起业的新都，位于今新郑市城区一带，东临黄水河，西、南两面傍依双洎河，并有陉山和风后岭相屏卫。《国语·郑语》形容这一带地势之险要时说："前华后河，右洛左济，主芣騩而食溱洧。"史称"咽喉九州"之地。韩都新郑期间，国势日盛。《战国策·韩策一》载，苏秦为合纵说韩王道："韩北有巩、洛、成皋之固，西有宜阳、常阪之塞，东有宛、穰、洧水，南有陉山，地方千里，带甲数十万。天下强弓戎弩，皆自韩出。"

韩国从战国中期起逐渐削弱，至韩王安九年（前 230 年），韩国被秦王政所灭。

第四节　颍河汝水流域古国史迹与遗址

颍河是嵩山地域一条较大的河流，以发源于登封市阳乾山和少室山麓，相传因纪念春秋时期的颍考叔而得名。从发源地登封市向东南流经流经禹州市，在禹州市境内水流变大。颍水在嵩山地域的流域面积达 1600 多平方公里。颍河是四渎八流之一，除四渎河（黄河）、江（长江）、淮（淮水）、济（济水）外，与渭水、洛水（黄河支脉）、汉水、沔水（长江支脉）、汝水、泗水、沂水（淮水支脉）同为八流之一，为四渎之支脉。出于名川，得之于天，行于王化之区，与黄河、伊洛河一同成为中华文明之源。

颍源之水流过登封市大金店、告成东入白沙水库，出水库后自西北向东南贯穿禹境中部，流经花

颍河

石、顺店、火龙、朱阁、韩城、钧台、颍川、褚河、范坡等乡、镇(办),于范坡乡前柴村入许昌境2公里,复勾回1公里,最后由范坡乡董庄村流入襄城县境。清代《禹县志》载,清代颍河可行船。河床最宽时,达二三百米。1953年,禹州登封交界修建了白沙水库,颍河如同披锁的蛟龙,逐渐变得温顺起来。颍河两岸有很多古老的中华文明遗迹,登封、禹州市境内已经发现旧石器时代文化遗址和新石器时代文化遗址几十处,是华夏民族早期生活的重要地域。颍河在登封和禹州境内的沿河途中,有很多支流汇入,使该河从小河逐渐变为大河。后因自然界的变化,如今的颍河水量和古代相比,水量小得多。

汝河,古称汝水,发源于嵩县车村乡龙池曼山天桥沟,流经嵩县、汝阳、汝州、郏县,至襄城、舞阳边界的简城汇入沙河。全长250公里,流域面积6030平方公里。上游即今北汝河,自郾城县以下,故道至西平县东会潕水(洪河),又南经上蔡县西至遂平县东会溵水(沙河);此下即今南汝河及新蔡县以下的洪河。元朝至正年间于郾城县塌断南流,上游改道东出滍水(沙河)入颍河,称北汝。下游改以潕水为源,称南汝。明嘉靖末潕水改道东出注澺水称洪河,南汝遂改溵水为源,如今势。嵩县至汝州的上游段,为“两山夹一川”之势,季节性流水,有津渡,不通航。

颍河和汝河流域的古国主要有崇、纶氏、颍、霍、梁、蛮氏、鲁、应、不羹、历、鄵、康等。

一、崇

崇,夏商姒姓国。早在唐尧之世,夏人的一支已在崇地建立了崇国。《帝王世纪》谓:“禹,姒姓也。其先颛顼,颛顼生鲧,尧封为崇伯。”《史记·夏本纪·索隐》引《连山易》云:“鲧封于崇。”《通志》卷25帝纪云:“尧封鲧为崇伯。”故《国语》谓之崇伯鲧。虞舜之世,禹承袭其父鲧为崇伯。《尚书·尧典》“伯禹作司空”。孔颖达疏引贾逵注云:“崇,国名。伯,爵也。禹代鲧为崇伯。”故《逸周书》称禹为“崇禹”。崇,亦作崧、嵩。何光岳《炎黄源流史》说:“崇字亦作宻,像高山顶上建宗庙以祭礼祖宗在天之神,祈求子孙繁衍兴旺,故可衍变为嵩、高之义。其以崧为嵩、崇者,因夏以松为神树,其祖宗神庙旁必植松树,故可通用。夏人的一支崇人,由于崇尚这个习俗,故以崇为族名,发展为国号。”夏部族时期,崇人在山地所建崇国。崇国的建立,是夏后氏势力崛起的标志,为新兴的夏王朝打下牢固的基础。祝融是颛顼的后裔,在崇人的宗庙中必然占有一席之地。故《国语·周语上》说:“昔夏之兴也,融降于崇山。”可见崇国与夏王朝之间的特殊关系。

崇国的地域,在今河南省嵩县、登封一带。《国语·周语上》韦昭注云:“崇,崇高山也。夏居阳城,崇高所近。”崇高山,即嵩山。嵩山山脉,西起洛阳龙门,东至新密东境,绵延于河南省中部,山势巍峨,特别是中段山体挺拔,高峻雄伟,号称中岳,为名山之一。《名山记》云:“嵩山中为峻极峰,东曰太室,西名少室。”《述征记》谓:“嵩,其总名也,谓之室者,山下各有石屋也。”登封市境内的嵩山,亦名外方

历史文献中的崇国

山、太室山等。金景芳《中国奴隶社会史》则断言:“崇国肯定在嵩山附近。”马世之的《史前文化研究》载,嵩山周围的浅山地区,是中国农耕文化的发祥地,适宜于粟类作物生长,为人类提供粮食之源。

《史记·周本纪·正义》引皇甫谧云:“夏鲧封。虞、夏、商、周皆有崇国。”其实,崇在商以前和西周的情况已不可考,在历史上活动的时间主要见于商代末年。陕西岐山凤雏村出土甲骨文云:“虫(崇)白(伯)。”疑即崇侯虎。崇侯虎为商末崇之国君,历史上曾有商纣王先采纳崇侯虎的建议,囚文王于羑里;后又泄密于他,使周人兴兵伐崇一事。这可能是由于当时崇国势力强大,一度造成对商纣的威胁,因而故意玩弄权术,使周、崇二强相斗,帝辛从中渔利。《史记·周本纪》载:“西伯阴善行,诸侯皆来决平……明年,伐犬戎。明年,伐密须。明年,败耆国。殷之祖伊闻之,惧,以告帝纣。纣曰:‘不有天命乎?是何能为?’明年,伐邘,明年,伐崇侯虎。而作丰邑,自岐下而徙都丰。”

陈奂《诗毛氏传疏》云:“文王受命五年伐耆,六年伐崇,七年而崩。”文王受命称西伯的第六年,开始发动对崇的战争。《说苑·旨武篇》载:“文王欲伐崇,先宣方曰:‘余闻崇侯虎蔑侮父兄,不敬长老,听狱不中,分财不均,百姓力尽不得衣食,予将来征之,唯为民。’乃伐崇,令毋杀人,毋坏室,毋填井,毋伐树木,毋动六畜。有不如令者,死无赦。崇人闻之,因请降。”尽管周人军纪严明,打着“唯为民”的旗号,却未能使崇侯虎屈服,周军遭到崇人的顽强抵抗。

当年崇城巍然高耸,周军声势浩大。《左传·僖公十九年》云:“文王崇德乱而伐之,军三旬而不降,退修教而复伐之,因垒而降。”是说周军出师不利,退而休兵,再次来战,动用了钩梯、临车、冲车等先进攻城设施,并在城外筑起土垒,作出很大的牺牲,方才使崇人降服。周人为了炫耀自己,曾经大肆宣扬文王伐崇的赫赫战功,《诗·大雅·文王有声》云:“文王受命,有此武功。既伐于崇,作邑于丰。”把伐崇与作丰并举,可见周人对伐崇的重视程度。鉴于崇人的强大,攻克崇城之后,周人尚无力灭其国。《左传·襄公三十一年》载:“文王伐崇,再驾而降为臣。”从此崇变成周的与国了。

西周初年,周人灭商之后,方才乘胜将崇国灭亡。马世之《文王伐崇考》载:崇遗民逐渐南徙,“可能即由崇退居上庸(今湖北省竹山县境)。在这里他的部族已被削弱。它已经不能再筑那样高大的崇墉了,它只能构筑像庸方城,即如垣墉那样的方城”。

二、纶氏

纶氏,或作轮氏,夏代所封诸侯国。《路史·国名纪七·杂国下》云:“轮氏,故登封西南,今洛之告成西南有轮氏城,汉轮氏县。”纶氏的地域在今河南省登封市水之滨。登封古称嵩阳,《括地志》卷三嵩

古纶氏印

阳县云:“洛州嵩〔阳〕县,本夏之纶国也,在缑氏东南六十里,《地理志》云:纶氏县属颍川。”《登封县志》载:“县西八十里夏纶国,汉设县,属颍川郡。”《登封县志简编》说:“颍阳县(今颍阳镇)夏初叫纶国。”《元和郡县志》:河南府颍阳县下记:“本夏之纶国也。”即指此国。

古纶氏国曾为夏少康之封邑,少康以此作为恢复夏国之基地,在其他力量配合下,消灭寒浞势力,恢复夏国政权。关于少康中兴时的纶邑究竟是不是登封颍阳,学术界尚有不同说法:一说今登封颍阳古纶氏国为少康邑,当地志书和古城遗址的遗存皆有说法;一说今虞城县东南义原乡古纶邑城为少康邑。《左传·哀元年》:“逃奔有虞。”司马彪云:“虞有纶城,少康邑。”

纶氏为小国,建国不久,即被翦灭,春秋战国时称“纶氏”,其地先后属郑、韩所辖。《竹书纪年》考之,楚吾得帅师及秦伐郑,围纶氏。盖郑邑也。《水经注》所记与阎氏说。《水经·洛水注》云:“(洭)水又西,迳纶氏县故城南。《竹书纪年》曰:楚吾得帅师及秦伐郑,围纶氏者也。”秦代初年,纶氏属颍阳县,东汉章帝建初四年(79 年),设纶氏县。北魏献文帝天安二年(467 年),改纶氏县为颍阳县,于是纶氏之名渐为颍阳所取代。纶氏故城在今登封市颍阳乡颍阳村附近,这里发现有面积达 4.5 万平方米的新石器时代文化遗存,表明此地有发达的远古文化。纶氏东约 40 公里左右,即为夏都阳城,由此可知,纶氏同夏王朝之间的关系是十分密切的。

三、颍

颍考叔劝郑庄公掘地见母

颍,西周古国。《路史·国名纪六》云:“颍,《春秋图》有颍国。乐云颍侯国。《通典》以为洛之颍阳,考叔邑,即城颍。”《左传·昭公元年》载:“文王使刘定公劳赵孟于颍。”杨伯峻注:“颍,本周邑,后属郑。隐元年《传》‘颍考叔为颍谷封人’之颍谷,则在河南登封县西南。”

颍国的地域在今河南省登封市境。郑国大夫颍考叔就是以国氏,颍氏故居称颍谷,颍考叔的封邑称颍阳或城颍,即古颍国都邑所在。《水经·颍水注》云:“今颍水有三源奇发,右水出阳乾山颍谷。《春秋》颍考叔为其封人。”《括地志》卷 3 嵩阳县云:“颍水源出洛州嵩(阳)县东南三十里阳乾山,今俗名颍山泉,源出山之东谷。其侧有古人居处,俗名为颍墟,故老云是颍考叔故居,即郦〔道〕元《注水经》(即《水经注》)所谓颍谷也。"颍阳故城在今登封市西约 26.5 公里的颍阳乡颍阳村。颍国于西周后期为周所灭,其都城成为周的颍邑;春秋初年,郑国向西扩展,颍又成了郑国的要邑。颍考叔曾任颍谷封人,封人为镇之地边疆之地方长官。

四、霍

霍,商代殷姓国、周代姬姓国。

商代殷姓国:霍为商汤的儿子霍侯的封地。霍侯支持商汤统一了天下,"霍"作为灭夏有功的侯国,地位得到巩固,管辖南到伏牛山东到禹州西至嵩县北至登封的广大地区。霍的国都在今嵩山南麓汝州市汝河南古城一带。霍侯的封地一直传到周武王灭商。

周代姬姓国:《路史·国名纪六》载:"霍,侯爵,武王擒之。汝之梁县西南七十(里)有故霍。"周灭商后,武王灭霍。公元前 1027 年,周武王带大军包围朝歌后,霍侯曾带兵救援,行至黄河时闻商纣王已死,便回国准备据汝水死守。周武王占领朝歌后挥师南下包围霍国,霍侯投开城降。周武王封霍侯的儿子为新的霍侯,周武王将汝州市杨楼镇一带划出一块地方让霍侯为食邑。为防止霍侯造反,周武王将自己弟弟叔处封到霍地,建立新的霍国,管理和监视霍人。霍的地域,在今河南省汝州市西南部一带。这就是中国古代地图册上汝州同时出现两个霍城的原因。

周代霍国是周王朝南鄙的小邦。《左传·哀公四年》载:"楚人即克夷虎,乃谋北方。……为一昔之期,袭梁及霍。"杜预注:"伪辞当备吴,夜结期,明日便袭梁、霍,使不知之。"《路史·国名纪五》也说:"霍,汝之梁县西南七十(里)霍阳山,汉为霍阳县,有霍故城。一夕之期袭梁及霍在是。"鲁哀公四年(前 491 年),楚昭王采取声东击西的办法,仅仅准备了一夜时间,第二天便出兵讨伐梁国与霍国,这次军事行动对霍国是一个沉重的打击。

《左传·襄公二十九年》载:"虞、虢、焦、滑、霍、杨、韩、魏,皆姬姓也,晋是以大。"杜预注:"八国皆晋所灭。"霍国于公元前 661 年被晋献公所灭。

五、梁

梁,春秋姬姓国。中国古代有三梁:大梁在浚仪(今河南开封),少梁在夏阳(今陕西韩城),南梁在汝水之旁。东周姬姓之梁,史称"南梁"。《路史·国名纪五》云:"梁,平王子唐封南梁也,今汝治梁县有梁山,梁故城在承休西南四十。"周平王迁都洛阳后,汝州的战略地位显得十分重要,就将霍地封给自己的儿子姬唐,改霍为梁,迁霍后人至杨楼一带,建小霍城安置,为梁小邑。春秋时梁国西南曼氏国兴起,一度将梁和霍纳入自己的版图。曼氏国后被楚国所灭,汝州成为楚的北部边地。再后郑国打败楚国,把汝州地纳入郑国的版土。战国时,梁城位于洛阳东南户的战略地位被军事家们所看重,梁地成为诸侯争夺的中心地带。韩国灭郑国后,梁地归韩国管辖,改梁为南梁,以区别开封的大梁和山西的西梁。

梁国的地域,在今汝州市西部一带。《水经·汝水注》云:"汝水之右,有霍阳聚。汝水迳其北,东合霍阳山水,水出南山。杜预曰:河南梁县有霍山者也。其水东北流,迳霍阳聚东,世谓之华浮城,非也。《春秋左传·哀公四年》,楚侵梁及霍。服虔曰:梁、霍,周南鄙也。”梁国与霍,为成周南鄙的两个小国。南梁故城的地望,据《括地志》载:“古梁城在汝州梁县西南(四)五十里。”又说:“周承休城一名梁雀坞,在汝州梁县东北二十六里。”沈钦韩《春秋左氏传地名补注》云:“梁县故城在汝州西南四十五里。”南梁故城在今汝州市杨楼乡的樊古城、王古城和杨古城村,城址平面略呈长方形,南北长2000米,东西宽1450米。除北垣被冲毁外,其余保存完好。城墙高4米,宽15米。城内散存有各种瓦当及陶片等遗物。

《左传·哀公四年》载:“夏,楚人既克夷虎,乃谋北方。……为一昔之期,袭梁及霍。”杜预注:“伪辞当备吴,夜结期,明日便袭梁、霍,使不知之。”霍与梁国为邻,在梁的西南,与梁同为姬姓国。公元前491年,楚昭王采取声东击西的办法,仅仅准备了一夜时间,第二天便出兵讨伐梁国与霍国,这次军事行动对梁国是一个沉重的打击。此后不久,再次出兵一举灭掉梁国。

梁国地处汝水上游,南有五垛山,北依禹王山,形势十分险要,梁人恃险不备,终于被楚灭亡。其后楚惠王曾将梁地赐予鲁阳文子,文子以险为由,辞而不受,楚王只好改赐鲁阳为其封邑。

六、蛮氏

蛮氏,又称戎蛮,春秋姜姓国。蛮氏之戎原居于瓜州,即泾水上游平凉到固原一带。戎蛮在秦人的威胁下,被迫东徙,在晋惠公帮助下,迁至伊洛之间,在今河南汝州市与汝阳县、伊川县一带。

《左传·成公六年》杜预注:“亦氏,戎别种也,河南新城县东南有蛮城。”《汉书·地理志》河南郡新成县下,班固原注:“惠帝四年置蛮中,故戎蛮子国。”《元和郡县志》河南道汝州谓:“梁县,旧县,古蛮子邑。”又说:“蛮中聚,即戎蛮子国也,在今郡西南,俗谓之麻城。”《读史方舆纪要》卷51汝州载:“蛮城,在州西南,故煜戎子国,亦曰鄤乡城,亦曰蛮中聚。俗呼麻城,蛮与麻声相近也。”汉晋新城故城,在今伊川县西南平等乡古城村。蛮氏都邑在汝州市西南的“麻城”。今汝州寄料镇有个蛮子洼村,其得名可能同蛮氏国有关。

蛮氏凭藉晋的势力在伊洛地区立国,故对晋国感恩戴德,唯命是从,一直依附于晋,成了晋人南部的屏障,因而遭到楚的强烈不满,并多次出兵讨伐。《左传·昭公十六年》载:“楚子闻蛮氏之乱也,与蛮子之无质也,使然丹诱戎蛮子嘉杀之,遂取蛮氏,既而复立其子焉。”此后戎蛮仍然同晋国睦好,引起楚人的更大愤慨,便于公元前491年出兵灭掉戎蛮。

当时,晋国的大权旁落,掌握在韩、赵、魏三家之手,内部互相争斗,无力救戎蛮,又怕同楚交战,便设计捉住蛮子赤和他的5个大夫,拱手送给楚人。蛮氏与陆浑一样,成了晋、楚政治交易下的牺牲品。诚如蒙文通在《古族甄微》所说:“楚以戎蛮之无质,遂取蛮,盖蛮之贰于晋也。晋以陆浑之贰于楚,遂灭陆浑。晋楚之争急,而蛮戎遂为鱼肉尽矣。……楚灭蛮,晋灭戎,而晋楚遂以汝为境。”从此,汝水成了晋、楚的界河。

七、历

历,商周古国。《路史·国名纪六》将它列入“商世侯伯之国”。《国语·郑语》载史伯为桓公论兴衰时指出:“其济、洛、河、颍之间乎!是其子男之国,虢、郐为大。……君若以成周之众,奉辞伐罪,无不克矣。若克二邑,邬、弊、补、舟、依、𫄸、历、华,君之土也。”《史记·郑世家》也提到郑桓公东徙其民,虢、郐果献十邑。《集解》引韦昭曰:“后武公竟取十邑地而居之。”这里所说的十邑,实际上是十个小国,历国就是其中之一。春秋初年,十邑先后被郑兼并。

十邑中历的地域,在今河南省禹州市境。何光岳《楚源统史》说:“历,一作栎,在今禹县。”

八、𫄸

𫄸,或作畴、铸、祝,西周任姓国。《国语·郑语》载史伯为桓公论兴衰时,指出:“其济、洛、河、颍之间乎!是其子男之国,虢、郐为大。……君若以成周之众,奉辞伐罪,无不克矣。若克二邑,邬、弊、补、舟、依、𫄸、历、化地,君之土也。《史记·郑世家》也提到郑桓公东徙其民,虢、郐果献十邑。《集解》引韦昭曰:“后武公竟取十邑地而居之。”当时的十邑,实际上是十个城邦小国。于春秋初年先后被郑兼并。十邑中的𫄸,郑玄《诗谱》作畴。《国语周语》云:“挚、畴之国也由太任。”汪远孙《国语发正》云:“畴亦济、洛、河、颍四水间国,去挚不远。”挚国在今河南省平舆县境,𫄸国在挚之北。

何光岳《炎黄源流史》认为,𫄸的地域在今禹州市境。禹州有水名曰渚河,又作褚河。渚、褚即祝、𫄸、畴、铸音之转,禹州境内纱布河北岸有渚河集,疑即𫄸人建国之地。《清一统志》卷149开封府载:“渚河,亦名褚河,原禹州西北山谷中,东南流经许州东,又东经襄城县北,又东经临颍县东南合颍河,又东流入陈州府西华县界”褚河位于颍水上游,属于济、河、洛、颍之间。《中国文物地图集·河南分册》载,禹州市褚河乡褚河村南的褚河遗址,位居颍河北岸,面积4万平方米,文化层厚1.50米,出土有罐、盆、豆等陶器和簋、爵等铜器,属古代国的文化遗存。

九、康

康,西周姬姓国。周武王伐纣灭商后,为了巩固刚刚建立的西周政权,防范殷人的反抗,曾在汝水流域分封几个小国:封鲁公伯禽于鲁,在今河南省鲁山县境;封蔡叔度于上蔡,在今河南省上蔡县境;封康叔封于康,在今河南省禹州市境。康与管、蔡齐名。《康诰·孔疏》说:“管、蔡、郕、霍皆国名,则康亦国名。”康国的地域在今河南省禹州市与汝州市一带,建都于康城。《太平寰宇记》卷七阳翟县下载:康城,《洛阳记》云:“夏少康故邑也。”《括地志》云:“故康城在许州阳翟县西北三十五里。阳翟,今许州府禹州。”朱骏声《说文通训定声》也说康城“在今河南开封府禹州”。

康氏始祖康叔

康国故城在今禹州市西北17.5公里的顺店镇康城村,位于颍水北岸。城垣周长3000米,城内面积50万平方米,仍保留有“里落城”“外落城”“紫禁城”“土墩台”等遗迹,现存城墙一段约

150 米，为北魏时补修。《禹州市志·文物》载：康城是夏禹五世孙少康恢复夏朝后的建都之地，史称“少康城”，距县城 35 里，旧城址北部为紫禁城，在西北数十米左右现存有耳城。东部为外城，城中有两丈多高的墩台，相传是少康点将之地。到西周时，周成王封胞弟康叔于此。南北朝魏明帝分封尚书卫臻于此，为康城侯。魏晋至唐，在此曾两次设为县城。

康的国君康叔封，是周武王的同母兄弟。《白虎通·姓名篇》说：“管、蔡、霍、成、康、南，皆采也。”康城与管、蔡一样，都是贵族的采邑。“康叔”这一称呼，也就是由于封邑“康”的地名而来。武王病逝，成王继位，周王朝发生了著名的“三监”之乱，周公奉命讨伐，诛管叔，放蔡叔，为了安定原商殷畿内一带的秩序，成王改封康叔为卫君，史称“卫康叔”。对此，《史记·卫康叔世家》载：卫康叔名封，周武王同母少弟也。……武王既崩，成王少。周公旦代成王治，当国。管叔、蔡叔疑周公，乃与武庚禄父作乱，欲攻成周。周公旦以成王命兴师伐殷，杀武庚禄父、管叔，放蔡叔，以武庚殷余民封康叔为卫君，君河、淇间故商墟。

摄政二年，康叔随周公讨伐邶、鄘、卫三国，三监败亡后，康叔仍是以康国之君的身份，代替王子禄父与蔡叔，镇守邶、卫故地。摄政七年康器铭中，均把康叔封作“康侯”，表明彼时仍未被封于卫。康叔在随同周公东征中立下赫赫战功，受到周公的赏识，卒被改封于卫，史称“卫康叔”。约于以摄政七年冬季或稍晚，康国始从历史长河中消失。

关于康的事迹，西周初年铜器铭文中多次提及。有沫司徒迭簋铭：“王来伐商邑，诞令(命)康侯鄙于卫。”王是周成王，康侯即康叔封。周公征伐商殷时，成王随军讨伐，曾命令康叔封在卫地防守边境。还有作册亩鼎铭：“康侯在柯师。”康侯丰方鼎铭：“康侯丰作宝尊。”丰即封，为康叔之名。1931 年河南省浚县出土的康器，还有康侯刀、康侯斤、康侯矛、康侯觶、康侯罍等，其中康侯刀现藏美国弗利尔博物馆，康侯觶现藏英国 bertingram 处。上述诸器铸于以摄政七年，根据唐兰《西周青铜器铭文分代史徵》计算，为公元前 1067 年。

十、许

许氏始祖许由

许，周代姜姓国。许与申、吕皆为四岳之后。《左传·隐公十一年》载：“夫许，大岳之胤也。”《国语·周语》云：“齐、许、申、吕，由大姜。”《世本》称：“许、州、向、申，姜姓也，炎帝后。”大岳即太岳，为炎帝后，以上说法是一致的。

许字古作“鄦”。许同莘《许国史地考证》指出：“推造字之意，盖其地林木丰茂，居民成聚，故从無从邑，于六书为会意。而甫侯受封于此，今之许县，犹为腴壤，豫省种秫黍及烟草者以许县所产为最佳，可证字有丰邑之义。自放勃行而鄦字废，惟《史记·郑世家》：‘鄦公恶郑于楚’。许字作鄦，犹存古义。”这里所说的“许县”，即今之河南省许昌。《春秋·隐公十一年·正义》引杜预《世族谱》说：“许，姜姓，与齐同祖，尧四岳伯夷之后也。周武王封其苗裔文叔于许。今颍阳许昌是也。”伯夷即许由。西周初年，周武王封伯夷之后文叔于许，始都许地。逮至平王迁都洛邑，郑国亦东徙新郑。许本小国，位于新兴的郑国东南，春秋以来，备受欺凌。

鲁隐公十一年（前712年），郑庄公联合齐、鲁伐许，许庄公奔卫。联军攻入许都，许大夫百里奉许叔居许东偏，郑将公孙获处许西偏。小小许城，一分为二。郑国加强对许的监督，许国从此在大国控制下谋求生存，先后依附于齐、楚、晋，最终以楚为靠山。《春秋传说汇纂》卷十六引卓尔康说："许从楚最坚，虽晋文霸业方盛，而温会、翟泉盟，皆不能致其来。即以诸侯围之，犹然弗服，盖深信楚之可恃。"但郑国为了开疆拓土，竟然接二连三地侵夺许地。《左传·成公十五年》载：公元前576年，"许灵公畏逼于郑，请迁于楚。辛丑（十一月三日），楚公子申迁许于叶"。即今河南省叶县南15公里的旧县乡。旧许之地遂为郑国所有。此后，许又多次被迫迁国，《左传》对此有明确记载。鲁昭公元年（前533年），"楚迁许于夷"。夷在今安徽省亳县西。昭公十三年（前529年），"楚之灭蔡也，灵王迁许、胡、沈、道、房、申于荆焉。平王及位，既封陈、蔡，而皆复之"。楚灵王于昭公十一年灭蔡，至昭公十三年楚平王及位，三年之间，许由夷迁至荆山，由荆归于叶。昭公十八年（前524年），"楚子使王子胜迁许于析，实白羽"。析即白羽，在今河南省西峡县城东北500米处。《春秋·定公四年》云："许迁于容城。"在今河南省鲁山县南的15公里处。长期以来，许一直寄人篱下，迁国于楚境之内。

《春秋·昭公十八年》云："冬，许迁于白羽。"而《左传》则曰："楚使王子胜迁许于析，实白羽。"杜预注："于《传》时，白羽改为析。"该地旧名白羽，后改为析。迄定公四年（前504年），许又迁于容城。许都白羽18年。白羽城位于今河南省西峡县城东北500米处的莲花寺岗上，平面略呈长方形，东、南、西、北城垣，分别长700米、500米、750米、400米。地面上遗有城垣一段，已经发现东、西、南三座城门。城墙的南、北两侧有城教育家，东、西两侧紧临陡崖。城址内出土有铜剑、镞及陶罐、瓮等遗物。该城地近析水，故又名曰"析"，后称"析邑"。历史上许曾多次迁都，其他城址情况不详。

公元前504年，郑乘吴楚之战中楚国新败、北境空虚之机，派兵侵许。《春秋·定公六年》云："郑游速帅师灭许，以许男斯归。"所谓"灭许"，并非"绝其社稷，有其土地"意义上的灭国，实即《左传·襄公十三年》义例所指的"用大师焉曰灭"。由此可见，在郑师侵许后，仅俘虏了其君，未亡其国。许之社稷尚存，仍都容城，并随楚出兵伐蔡。此后，许更进一步沦为楚的附庸。

关于许国之亡，《汉书·地理志》颍川郡许县下有班固原注，许在"二十四世为楚所灭"。顾栋高《春秋大事表·列国爵姓及存灭表》说，许在"战国时灭于楚"。何浩的《楚灭国研究》载，战国中期前段，魏国出兵攻占鲁阳，楚人为避免魏师以伐许为借口而南侵，更不能让许人继续呆在方城以北的泜水附近影响楚国的军事防御措施，便于楚肃王八年至十年，即公元前373年～前371年之间，出兵灭掉许国。

许国最早建都于今河南省许昌一带。《括地志》云："许故城，在许州许昌县南三十里，本汉许县，故许国也。"《元和郡县志》卷八许州许昌县说"故许昌城，县南四十里，即许国故城"。《括地志》所载"三十里"，应为"四十里"。唐宋时期的许昌县城，即今许昌县东北的陈曹乡许田村，村南20公里的古城村，应位于今许昌市东18公里处。民国《许昌县志》载："古城地势雄壮，分内外二城，周围十五里。"《许州志》称其"周围九里一百二十九步"。据考古调查，内城处于外城的东南部，现为一个高约2米的土台。内城东、南二面城墙与外城城墙相重叠，呈方形，周围1.5公里，约为外城的四分之一。《左传·隐公元年》孔颖达《正义》云："天子之城方九里，诸侯礼当降杀，则知公七里，侯伯五里，子男三里。"许为男爵，属小国，今内城遗址周长约1.5公里，大体上与周制规定子男之国的都城规模相同，因而应为许都故城。外城建筑时间较晚，据潘元茂《魏王九锡文》："遂迁许都，造我京畿。"它大约建于东汉末年。《太平御览》卷177引戴延之《西征记》曰："许昌城本许由所居，大城东北九里，有许由台，高六丈，广三十步，长六十步，由耻闻尧让，而登此山，邑人慕德，故立此台。”此台为后世邑人所立，当与许城有关。许国城垣迄今仍巍然高耸，蜿蜒起伏，其下叠压着新石器时代和夏商文化遗存。后汉建安元年（196 年），曹操迎汉献帝迁于此。《宋书·州郡志》载：“许昌本名许，汉时旧县，三国时魏称许昌。”即指此城。

据《考古学报》和《长沙仰天湖第 25 号木椁墓》载，1952 年 5 月，湖南长沙仰天湖 25 号楚墓出土简文中，有“鄦阳公一纺衣，绿缍之□”。仰天湖楚简属于遣册性质，即死者随葬物的清单。此简文记载鄦阳公赠了一件衣服给该墓死者。鄦即许字，楚灭许后，许国后裔受楚之封，成为许地方之封君。对于简中的“鄦阳公”，学者多释为“许阳公”，并将“鄦阳”地望定在河南省境内。或谓“鄦阳”在今湖南省芷江县北，许亡之后，楚国在此设县尹称“鄦阳公”，管理南徙的许国遗民，完全是楚的臣属和行政官员。

第四章　古城史迹与遗存

对中国古代都城而言，有了国家就有了都城。城，是中国文化的特殊产物。作为一种宏观的地理现象，它又是一种大规模的永久性的防御设施。这一历史久远的社会形态，在人类文化发展中起着里程碑的作用，占有异常重的地位。经过调查，嵩山核心区内保存的新石器时代和历代王朝的古城址很多，它们清晰地勾画出中国古代城市发展的轮廓。

都城，指封"邑"之城。而大城为"都"，小城为"邑"。所以，古代都城指国家(包括诸侯国)的首都及较大的城市。而后人亦称国都(各国及诸侯国首都)为"都城"。中国古代都城是中国历史的缩影，因为任何一个国家都有一个国家的历史。而探讨国家历史的起源，往往是从都城开始的。史料记载，嵩山地域的都城从夏代开始以来，加之春秋战国时期的诸侯国，这里相继有几十座都城。据历史记载，当时那个"国"实际比现在县还小，几乎相当于一个乡。不管是统一的帝国王朝还是亡国王朝，或者说是地方割据的一个封国政权，已经有几十座都城。既包括传统的大一统帝国的都城，也包括嵩山地域中的一些地方政权的诸侯国都城。

古代都城

早在距今5000余年的仰韶文化节时期，嵩山地域就出现了郑州西山城址，有学者认为这是属于黄帝时代的城。到了距今4000余年的河南龙山文化时期，嵩山出现了诸如登封王城岗等一批城址，根据地望和年代，学术界认为其中一些古城址属于夏代早期范畴。二里头文化的主体是夏代时期文化，在偃师二里头发现有夏代王都遗址，而郑州大师姑二里头文化城址也是重要的考古发现。偃师商城为汤灭夏之后所建的王都，距今约有3600年，据文献记载和考古发现，它很可能是商汤之亳都。郑州商城乃是汤亳之后第二座商代前期都城，距今3500年。汉魏洛阳城和隋唐洛阳城规模宏大，在中国古代城市发展史上占有举足轻重的地位。

第一节 仰韶文化与龙山文化城遗址

郑州西山城遗址,是目前我国发现的唯一一座仰韶文化城址。西山城址建于仰韶文化晚期,距今约5300年,它把中国古城址的时间提早了1000年。

郑州西山仰韶文化城址平面呈圆形,这与后来河南发现的一批较晚的龙山文化城址平面呈方形不同。圆形城址的出现,可能是古代的先民们已经意识到站在圆形的城墙上视野开阔,宜于了望,便于防御。从意识形态上考虑,“为人君,敢象于天”,因而按天圆的形态把城设计为圆形。同时,这也可能是受仰韶文化早期的圆形聚落、圆形房屋的影响所致。此外,城的位置放在河岸旁边,便于取水,城外设有城壕利于防守,而用城壕之土在旁筑城墙,就近取材,方便快捷。而用版筑法建城,实为建筑史上的一大发明。

嵩山地域发现有距今4000余年的河南龙山文化城址,其中有登封王城岗古城址和新密古城寨古城址和新砦古城址。史书记载,嵩山周围是夏部族活动的主要城域。“夏都阳城,嵩山在焉。”“禹居阳城,今颍川阳城是也。”《水经注》:“(五渡水)东南流入颖水,颍水迳县(阳城)故城南。昔舜禅禹,禹避商均,伯益避启,并于此也,亦周公以土圭测日景处。县南对箕山。”今登封告成镇王城岗遗址与此地望相合,在那里发掘出一座面积30万平方米的龙山文化晚期古城,据碳-14年代测定法测定年代距今4070年左右,很可能是夏都阳城。

嵩山地域发现的龙山文化遗址都是夯筑修建于平原或丘岗台地上,平面呈方形,这与仰韶文化中的圆形城址有别。城外有护城河,城内有高台建筑、窖穴、灰坑和炼制陶器的窑址及冶铸青铜器的遗存,有城门、道路以及水井或地下排水设施,有些还发现有祭祀遗存和墓葬等,而且具有比较规整的布局,表明这些城址除防御、宗教、祭祀的作用之外,还有生产和生活多方面的功能。众多龙山文化城址的发现,标志着嵩山地域已从村落文化步入城邑文化阶段,显示了当时社会生产力和生产关系的进步。

一、西山古城遗址

西山古城址

全国重点文物保护单位。西山古城址位于郑州市西北郊23公里枯河北岸的二级台地上。西山古城址平面略近于圆形。西墙残存约为60米;北墙西段自西角向东北方向延伸,长约为60米;中段向东圆缓折转,略向外弧凸,长约120米;东段再折东南,与西北角形状略同,残长25米。由现存地段观测,其余地段得以保存的可能性已很小。城墙现存高度保存最好的约3米,宽5~6米,城墙转角处加宽至8

米左右。发现有西城门和北城门。

西山古城各段城墙的建造顺序是西墙先于北墙，北墙系倚压在西墙北端基底内收阶面上，直接夯筑起建。分块版筑法修建夯土城墙是西山古城的一大特点。北墙中段的夯窝为圆形，底部倾城倾国斜不平，直径3厘米左右，夯窝深为0.3～0.5厘米。从一组较为清晰的夯窝痕迹分析，有可能是数根一组的集束棍夯。

西山遗址文化堆积层按顺序可分为3期：第1期遗存约相当于后岗一期文化，但多为零星分布，遗迹、遗物较少；第2期遗存最丰富，文化性质属仰韶文化庙底沟类型；第3期则为仰韶文化晚期的秦王寨类型。西山古城即始建于此期早段，废弃于此期晚段，绝对年代为距今5300～4800年。

迄今所知，西山城址属于仰韶文化秦王寨类型（或称大河村类型）遗址发现的唯一城址。学术界大多认为西山城址是黄帝时代的古城，有的学者更进一步主张该遗址为黄帝时代有熊国的国都。西山古城是我国20世纪发现的最早的城址之一，对研究我国古代文明的起源、城市的发展等具有重要的意义。

二、古城寨古城遗址

新密古城寨城址

全国重点文物保护单位。古城寨古城遗址位于新密市东南26公里的曲梁乡大樊庄古城寨村周围，城址面积17.6万平方米，呈东西长方形，规模宏大，墙高沟深，气势雄伟。至今仍较好地保存着南、东、北三面城墙和南北相对两个城门缺口，南墙长460米，高13.8～16米；北墙长460米，高至7～16.5米；东墙长345米，高13.6～16米。西墙已被溱水冲毁。城址规模宏大，墙高沟深，气势雄伟。城内地面高于溱水河床10米，高于周围地面2～5米。城的南、北、东三面都有宽34～90米、深4.5米的护河痕迹。城址规模宏大，城高沟深，气势宏伟，为中国早期筑城史所罕见。

城址外侧的南、北、东三面分布有1处仰韶文化、两处龙山文化遗址，城址内外新石器遗址面积达27.6万平方米。1997年9月至2003年上半年对该城进行调查勘探、发掘，出土了大量的玉、石、骨、蚌和陶器，并发现遗址的文化层自仰韶、龙山、二里头、二里岗、殷商、战国一直延续到汉代，遗存着各个时期的文化，其中以龙山早期到晚期遗存为主，特别是城址中心部位，建有廊庑建筑的大型宫殿基址。

根据地层堆积与文化内涵分析，证明此处在建城之前的仰韶晚期和龙山文化早期已有人类在此区域生产生活，至龙山文化中期以后始建，在二里头文化、二里岗文化、殷商文化各时期一直使用。对于研究中国文明起源、中国古代筑城史及早期夏文化都具有重要意义。

众多文物考古专家认为，此城址是历年发现中规模最大、保存最完好、文化层最丰富、意义最重大的龙山文化时期的一座古都城。有专家根据该城的地望、年代和性质认定,这里就是黄帝时期的都城轩辕丘。2001年这里被国务院定为第五批中国重点文物保护单位,2002年又被国家确定为“中华文明探源工程”。

三、新砦古城遗址

全国重点文物保护单位。新砦古城遗址位于新密市东23公里刘寨镇新砦村西部,南临洧水,东部是洧水故道,西部和北部为开阔的平原,面积约100万平方米。主要遗存为河南龙山文化晚期和二里头文化早期。1979年3~4月、1999年、2000年对该遗址进行多次发掘,取得了“新砦期文化”确认的学术成果。2002~2005年10月,又继续对新砦遗址进行了发掘,已初步确定新砦遗址是一处设有外壕、城壕、内壕共三重防御设施,中心区建有大型城址。

整座城址均掩埋在地表以下,城址平面基本为方形,南以洧水河为自然屏障,现存东、北、西三面城墙及贴近城墙下部的护城河。东墙南北残长160米,深4米。北墙东西长924米,深5至6米。西墙南北长470米,深2.5米。北墙以外220米有一条人工与自然冲沟相结合而成的壕沟,为外壕,东西长1500米,南北宽6~14米,深3~4米。城址的西南部地势较高设有内壕,现存西、北和东三面内壕。北内壕东西长约300米,东、西内壕的南部均遭破坏,长度不明。另外,在城址中心区中央偏北处坐落一座东西长92.6米、南北宽14.5米的大型建筑基址,已经清理出部分夯筑墙体、柱洞、红烧土和活动面等重要遗迹,为新砦期晚段多次使用的大型浅穴式露天活动场所。

新砦遗址发现的“三叠层”,即下层为龙山文化层,中层为新砦期文化层,上层为二里头早期文化层,证明了龙山文化与二里头文化之间确实存在新砦期,填补了龙山文化晚期与二里头文化早期缺环的空白。新砦城址的发现,对于探索早期夏都、对于判定古城寨城址和二里头遗址的年代与性质、对于研究夏代都城和夏王朝的诞生以及中国古代文明的起源问题都具有十分重要的意义。

第二节　夏商周城遗址

夏商周时期是中国历史上的重要时期,在中国古代文明起源与发展历程中,属于相当成熟的王国文明。夏商周时期中原和周边地区交流融合、相互促进,不但传承了更早古王国文明的精华,又开启了秦汉帝国文明的先河,从而奠定了中华文明形成和发展的基础。

嵩山是古人崇信的“天室”,是华夏民族始祖黄帝的“祖山”,也是历代帝王进行“祭天法祖”的神圣之山。因此,夏、商、周三代之所以要在嵩山地域建都,首先是以“天室”、“祖庙”的嵩山为先导,必须是在“毋远于天室”的前提下,以“天室”嵩山为中心,依靠嵩山来建立国家,以取得天神和祖先的庇护。除了上一节的属于夏代早期的一些龙山文化城遗址之外,还在嵩山地域发现了多处重要的夏商周时期的遗址。

夏商周的文化面貌,除了在遗址和墓葬中有所反映之外,最大的信息量都蕴藏在每一座城的遗址之中。偃师二里头遗址,是夏代晚期的都城,发现有纵横交错的道路、宫城城垣和多座大型宫殿建筑基址,还有铸铜、制绿松石器、烧陶、制骨等手工作坊,是规划明确、布局严整、规模空前的王都遗址,开启了中国古都营建规制的先河。偃师尸乡沟商城是汤灭夏后所建最早的商都，郑州商城则是继亳都之后一座商都。新郑郑韩故城等是春秋时期一些诸侯国的都邑。通过挖掘夏商周城遗址，可以看出三代文明发展的脉络。通过春秋战国城址可以看出除洛阳东周王室外，各诸侯国矛盾尖锐，战争迭起，弭兵、会盟、再战，在长达数百年的大征战、大开放、大发展、大融合的进程中，最终催生了中国历史上第一个大统一的中央集权封建制的大帝国——秦王朝。

一、王城岗古城址及阳城遗址

王城岗古城址及阳城遗址为全国重点文物保护单位。

登封王城岗古城址

1. 王城岗古城遗址

位于登封市区东南13公里告成镇西王城岗上。夏禹建都之地，因地处嵩山之南，颍水之北，故名阳城。原为舜让位于禹，禹避舜子商均之地。舜死后，禹行孝三年，遂避于此，以让天下与舜之子商均；天下诸侯却离开商均而朝禹，禹遂即天子之位于此。《孟子·万章上》有“禹避舜之子于阳城，天下之民从之”，《竹书纪年》载“禹居阳城”，均指此地。

该城址现存面积50万多平方米，岗顶最高处比周围平地高2~4米。它南临颍河，向西北12公里是嵩山太室山峰，东面紧靠五渡河，隔五渡河即是古阳城。向西至八方村是广阔的农田。1954年春登封县文化馆发现，将该城址定名为“八方遗址”。

嵩山一带是夏族最先建立夏王朝的活动区域，即“禹居阳城”“禹都阳城”。《国语·周语上》说：“昔夏之兴也，融降于崇山。”又《水经注》云：“颍水又东，五渡水注之，……其水东南迳阳城县西，昔舜禅禹，禹避商均，伯益避启，并于此也。”为探索夏文化，河南文物考古部门从1975年起，开始对王城岗遗址进行大规模发掘，在遗址东北部发现了龙山文化晚期的城堡遗址，面积约2万平方米。城堡有东西并列两座，东城因被五渡河西移冲刷，只剩下南墙西段，残长约30米，西墙南段残长约65米。西城的轮廓基本清楚，四面墙基多有保存，西城的东墙也是东城的西墙，南墙长约82.4米，南墙东端有一缺口似为城门。西城的西墙长约92米，北墙东段因水毁，残长约29米。西城垣略呈正方形，周长约400米。城墙的筑法是：先在底部挖一个口宽底窄的斜壁基槽，然后从槽底向上逐层填土夯实。夯痕清晰可见。

城内建筑虽损严重，但仍发掘到与城墙同期的夯土、奠基坑、窖穴、房基、灰坑等。文化层内包含有陶器、石器和骨器等生活用具和生产工具。陶器，质料为砂质与泥质，黑灰色，并有棕陶和黑陶。陶器表面多饰有篮纹、方格纹、指甲纹和弦纹，主要器形有鼎、砂质罐、甑、鬶、斝、盉、杯、豆、盘、钵、碗、瓮、泥质罐、盆和大口罐(或缸)。石器有铲、斧、刀、镰、凿和镞。骨器有镞、锥和针。另有蚌刀、蚌镞和陶纺轮等。还发现有青铜鬶残片。王城岗城址的发掘对探索夏文化,确立夏代早期都城均有重要价值。许顺湛先生说:“可能是鲧、禹及启初期的都城。”据说,启与益之间当年曾为争夺最高权力发生过战争,可能将此城毁掉,而迁都钧台(今禹州),后又迁都于新砦(今新密),而今新砦有100万平方米的古城遗址。

近年,为配合国家“中华文明探源工程”项目,在此地又发现一座面积为34.8万平方米的龙山文化晚期城址,将原来发现的城堡环围其中,更有可能是夏初阳城。根据文献资料记载,结合考古资料,学术界大都主张王城岗龙山文化晚期小城为鲧作之城,大城为夏代建国后的禹都阳城。王城岗城址的发掘对探索夏文化,确立夏代早期都城均有重要价值。

2. 阳城遗址

阳城城址位于登封市城东南12公里告成镇告成村东北。1976年春,河南省博物馆、登封县文物保管所在告成附近考古调查时发现。夏以后,阳城在周代为阳城邑。据《史记·郑世家》:“郑君乙立,……十一年,韩伐郑,取阳城。”《史记·韩世家》也有“文侯二年伐郑,取阳城”的记载。阳城春秋时属郑,战国时属韩,阳城是春秋时郑国和战国时韩国的西面军事重镇之一。秦统一全国后,实行郡县制,设36郡,阳城属颍川郡。两汉沿用秦制。至唐,仍称阳城县。1971年新郑县郑韩故城出土的战国青铜兵器中,发现有阳城令督造的铜戈,这说明韩国在阳城设有县令。

阳城故城城垣呈长方形,北高南低,南北长约2000米,东西宽约700米,面积约1.4平方公里。北城墙保存较好。现存地面上的墙体高约8米,底宽20~30米。城墙全为夯筑,部分城墙底部铺一层卵石,夯层厚6~9厘米,每层皆有圆形夯窝。城墙内含春秋战国时期陶片。经专家考证,城墙底部为春秋时夯筑,上部为战国时夯筑,筑法和夯窝形状与郑韩故城的城墙基本相同。在城内外遍布有东周时期陶片和砖瓦片。尤其在部分战国的豆、釜、量等陶器上,发现印制有“阳城”或“阳城仓器”的戳记和其他陶文符号。陶文证明这座城址是春秋战国时期的阳城。

阳城遗址城内中部偏北,有一处大型建筑基址。地面上还残留有成片的铺地砖,其上还堆积有较多的砖块、板瓦、筒瓦、瓦当和陶器残片。在建筑基址西侧断壁上,还发现了埋有套接的陶水管道,这属于阳城内贮水供水设施。因阳城是建筑在地势较高的坡地上,为了解决城内的供水,曾采用了多节陶质直通管、三通管或四通管在地下铺设成长长的输水管道,把水从城外引入城内。输水管道自北向南铺设在岩石层中挖好的沟槽内,长达千余米。已发掘500米左右,每隔30~50米就有一个三通管或四通管,其南端与一个贮水池相连,贮水池也是开凿在红色石层中,水池底部用河南卵石平铺了一层,用以沉积水内的泥沙。贮水池东壁底部有涵洞和阀门坑,可以向外输水。这是我国目前已经发现的比较完整的一套东周战国时期的供水设施。

阳城故城的南城墙外,还发现有一处战国时期的铸铁遗址,具体情况见本书中的“告成铸铁遗址”。

二、偃师二里头城遗址

全国重点文物保护单位。偃师二里头城址位于偃师市西南约8公里的翟镇二里头村一带,北依洛河,南距伊河约5公里。偃师二里头遗址规模之大是远古黄河流域前所未见的,也是同期考古文化中没有的。它坐落于广大的二里头文化区域的地理中心,可以视为夏代的一座都邑或大型城市。该遗址东西长约2公里,南北宽约1.5公里,包括二里头、圪垱头、四角楼、寨后和辛庄5个自然村,总面积约375万平方米。1957年被发现。1959年夏,中国科学院考古研究所在此建立工作队,进行发掘和研究工作。40多年间,二里头遗址的钻探和发掘工作持续不断,共进行了60余次的发掘,发掘面积达4万余平方米,取得了一系列重要成果。调查与发掘的资料表明,这里是介于河南龙山文化晚期和郑州二里头文化之间的一种古文化——二里头文化。遗址内丰富的文化内涵和经碳-14年代测定法的测定结果以及众多的史料记载表明,遗址的绝对年代为公元前1900~公元前1500年,属夏王朝纪年的范围,被确认为夏代中晚期都城斟鄩的故址,据传为夏太康、仲康、少康、孔甲、桀的国都。《史记·夏本纪》云:"太康居斟鄩,羿亦居之,桀又居之。"羿即后羿,为东方夷族的一个首领,他乘太康无道、夏民怨愤,入居斟鄩执政,让太康于外。太康卒,扶仲康即王位,仍居斟鄩。这里所说的斟鄩,即夏都斟鄩。

钻探发掘得知,二里头文化层堆积厚达3~4米,自下而上分为四期:第一期文化,虽保留有河南龙山文化的因素,但主体已属二里头文化。在这一期的文化层中,发现有小型墓葬、灰坑、陶器、小件青铜器及其他遗物。第二期文化层中发现有大面积建筑夯土、小型房基、水井、灰坑、中小型墓葬,以及陶器、铜刀、铜铃和镶嵌绿松石兽面纹铜牌。第三期文化层发现有大型宫殿建筑基址、中小型房屋基址、制陶窑址、水井、道路和灰坑等。遗物中,陶器又增加了一些新器形,如鬲、簋等,青铜器和玉器的数量大增,其他遗物也较前期丰富。第四期文化层发现有房基、中小型墓葬、灰坑和陶窑等,器物中玉器种类减少,陶器器形又有了明显的变化。

偃师二里头城址

二里头遗址宫城城墙的发现和其道路的初步表明,使我们对遗址的总体结构与布局有了进一步的认识,从而使我国最早的宫城遗址又提早了一个阶段。遗址中心区的东部、东南部和中部即宫城的周围为遗族聚居区,发现有大量的中小型建筑基址。在遗址中心区的东南部为铸铜作坊区。二里头遗址出土的青铜器是目前已知我国最早的一批青铜器。祭祀活动区位于遗址中、东部的宫殿区北部和西北部一带,一般居住区位于遗址的西部和北部区域。在二里头遗址已发掘的墓葬有400余座,散见于遗址各处,可分为大、中、小3种,均为长方形竖穴土坑。

二里头遗址的发现及大规模的发掘,不仅以其文化内涵的丰富和典型为代表而被命名为"二里头文化",填补了考古学上夏文化的缺环,而且为研究中国历史上国家的形成与特点,为夏都斟鄩的确认提供了可靠的依据。此遗址在考古学上占有极重要的地位,它对了解和研究夏、商文化,了解奴隶社会初期的历史,了解早期城市的面貌都有很大的科学意义。

三、大师姑城遗址

全国重点文物保护单位。大师姑城址位于荥阳市广武镇大师姑村和杨寨村南地的索河二级台地上。北距黄河、西南距荥阳市区均为13公里,东南行22公里即为郑州市区。大师姑二里头文化城址由城垣和城壕两部分组成,总面积约51万平方米。城址在商代早期继续沿用。城垣距现地表深度不一,一般在1米左右。已发现的部分为南墙西段、南墙东段的部分地段、东墙北段、西墙北段和北墙西段。城垣总周长已发现长度为2450米,复原长度为2900米。总面积约51万平方米。根据发现,城垣现存顶部宽度为7米,底部宽约16米,残存高度为3.75米。夯土城垣的结构较为复杂,经过多次的续建和修补。修筑方法为平地起建,倾斜堆筑,水平夯打。夯层的厚度不匀,约在0.1~0.4米不等,夯窝不甚清晰。城壕位于夯土城垣外侧,距夯土城垣6米左右。现存深度在2~2.8米之间,壕沟内侧因被早商环壕打破,原始宽度已不知,现存宽度在5~9米之间。形状为斜壁平底或圆底。

城址始建于二里头文化二、三期之交,在二里头文化三期早段之前进行过大规模续建,约在二里头文化四期偏晚阶段至二里岗下层偏早阶段之间被废弃。

城址内部二里头文化遗存十分丰富,文化层厚度一般在2~2.5米之间。已发掘有夯土房址、灰坑、窖穴、灰沟等多处遗迹,出土有青铜工具、玉钺、玉环及大量的石制生产工具和陶制生活用具。尤其是在城址中部发掘出土有成片倒塌的夯土墙体和大量的陶制排水管道,显示城址内部存在有规模较高的大型建筑。

大师姑二里头文化城址内早商文化遗存也很丰富,尤其是发现有早商时期的大型环壕,说明这里在早商时期仍是一处重要的聚落遗址。在城址的东北角还发现有早商文化的墓地。

大师姑二里头文化城址是我国迄今为止发现的唯一一座单纯的二里头文化城址,有可能是夏王朝的东方军事重镇或者是方国的都邑。它的发现填补了我国夏代城址考古的空白,为进一步研究我国夏代的城市发展、社会结构乃至中国古代文明的起源提供了珍贵的资料,对探讨夏文化晚期夏商文化关系、夏商交替年代等一系列我国夏商考古研究中的学术问题具有十分重要的学术价值。该项目入选2003年度全国十大考古新发现。

四、尸乡沟古城遗址

全国重点文物保护单位。尸乡沟古城址位于偃师市市区西部尸乡沟一带,北起大槐树村,南抵洛河北岸,西距洛阳汉魏故城约10公里,西南距二里头遗址约6公里。1983年春末夏初,中国社会科学院考古研究所在勘察拟建洛阳首阳山电厂选址时发现。遗址分为大、小两座城。小城临洛河,平面为长方形。大城则是在小城的基础上建立起来的,南部城墙与小城南城墙相重合,并以此为依据,北延东扩而成,平面呈菜刀形。

大城总面积为190万平方米,东、西、南、北四面皆有城墙。东墙残长1640米,西墙残长1710米,北墙长1240米,南墙残长740米,全部夯筑。已发现城门遗迹5处,其中北墙西部有1门,东、西墙各有2门,且位置基本对称。城址内道路纵横交错,已探出大道11条,东西向5条,南北向6条,道路与城门方位基本相对应。城外还有 4.6 米宽的环城路。

在大城的中部偏南地势较高的台地上，分布着三座小城，宫城居中，另两座小城位于宫城的东南部和东北部。宫城平面为方形，每面长 200 余米，面积约 4.5 万平方米。四周有 2 至 3 米厚的夯土围墙，南面正中设有宽阔的门道。中部有一座长宽各数十米的大型宫殿遗址，左右各有两座与之面积相似的宫殿基址。前面是一条直通南门外的大道，两侧各有数座小型夯土建筑基址。大型宫殿基址后面还有几座中型宫殿建筑基址。在宫城东部偏北和东南隅，发掘了 3 座宫殿基址，即 4 号、5 号、6 号宫殿基址。另两座小城，面积较宫城小，均呈方形，四围围墙厚约 3 米，围墙内分布着整齐的排房式建筑基址，为宫城之辅助建筑，应是属于营房和府库。在宫城周围还有数十座大、中型夯土建筑基址，应为贵族居住区和衙署所在地。

1997 年，在偃师商城大城的中部和南部，又发现 1 座小城，其平面大致呈长方形，南北长约 1100 米，东西宽约 740 米，面积为 80 余万平方米。它的南、西城墙以及东城墙的南段，与外城城墙重合。以前发现的宫城，正位于小城南北中轴线上的南段。铸铜作坊则放置于小城外东北部。东墙外有一水池，应是小型宫宛。通过发掘可知内城的建造早于外城，外城城墙是在内城城墙的基础上扩建而成。根据可靠的地层关系，偃师商城的大城与小城的建造年代之间，存有一段距离，它们之间的叠压打破关系，并非“同期打破”关系。大城是在小城建成并使用一段时间后，才开始建造。内城的发现对商文化上限的认定、夏商文化分界和偃师商城布局、年代及性质的研究都具有极为重要的意义。

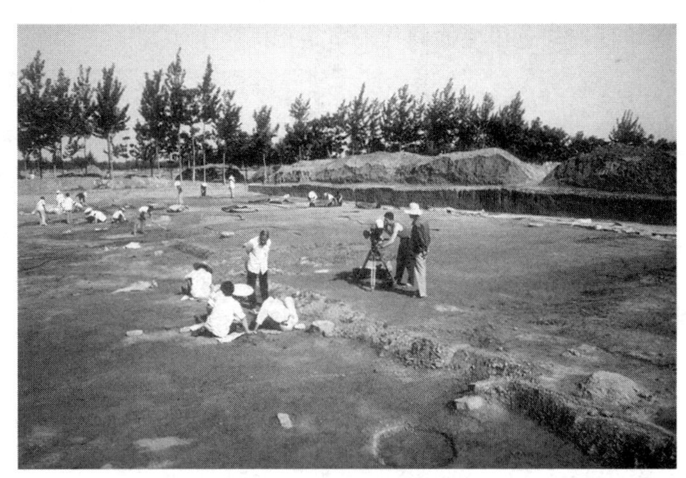

偃师尸乡沟古城址

偃师商城遗址是继二里头遗址之后在河洛中心地区出现的又一座都城。经考古证明，始建于二里头文化四期，距今约 3600 年，与商初纪年大致相同，早于郑州商城。众多的文献资料中所记的西亳，与该城址地望完全符合。因此，学术界大多数专家学者认为，这里应是汤都西亳。

五、郑州商城遗址

全国重点文物保护单位。郑州商城遗址，又称二里岗遗址，位于郑州老市区偏东南部，东起凤凰台，西至西沙口，北抵花园路，南到二里岗，海拔高度 100 米左右，总面积 25 平方公里左右。1950 年发现，1951 年国家文化部第一届考古训练班首次发掘，1953 年河南省文化局文物队又进行了发掘，以后经过不断地调查发掘，证明商代遗址遍布市区。在该遗址的北部、郑州市老市区的东部发现一座商代前期即二里岗下层时期的城址。

经 1955 年的发掘证实，遗址中部的商代夯筑城垣近似长方形，北城墙长约 1690 米，西城墙长 1870 米，南城墙和东城墙各长 1700，城垣周长近 7 公里，城垣内总面积为 3.43 平方公里，是距今约 3500 年的商代前期都城遗址。墙基多依地形随高就低营建，有的地段挖有基槽。墙基平均宽 20 米左右，城墙转角处宽32米以上。地面残存城墙最高6米，东城墙和南城墙大部保存较好，不少城墙已湮没于地下。四面城墙有宽窄不一的11个缺口，其中部分缺口可能与商代城门有关。城内东北部为宫殿区，其余部分缺口可能为平民居住区。商城内外遗迹遗物十分丰富，城外北侧、南侧、西侧分别发现有铸铜、制骨、制陶等各种手工作坊遗址。中小贵族和平民墓葬均有分布。

商城宫殿区内分布各类夯土台基数10处，有排列整齐的柱洞和柱基槽，柱洞下多有柱础石。在宫殿区内还发现有大型蓄水池和完整的城市供排水设施。在城内中部偏南处发现有一处商代夯土建筑基址和水井，应是奴隶主居住地。近年商城外围发现总面积不少于13公里的外郭城，发现残存城墙约5公里，对内城呈环抱状。1989年在郑州西北20多公里处的小双桥发现有与郑州商城后期同时的夯土建筑基址、窖穴、祭祀坑、灰坑、壕沟等遗迹和青铜建筑饰件、石磬，以及原始瓷尊和朱书陶文等建筑遗物。这里应为商代王室祭祀区。

郑州商城遗址

文物工作人员在此发掘出大量的房基、窖穴、水井、壕沟、骨器、蚌器、石器、玉器、陶器、象牙器、原始瓷器等遗物，以及少量刀刻字骨的陶文符号。城的北墙和南墙外有冶铸青铜器的手工业作坊遗址，北墙外有磨制骨料的手工业作坊遗址，西墙外有烧制陶器的手工业作坊遗址。城内东北部有大面积的带有石硁础的夯土台基，很可能是宫殿遗址。在城东北部一条商代壕沟内，发现大量带有明显锯痕的人的头盖骨，这是商代奴隶社会残酷统治的铁证。西城墙外的杜岭街和城墙东南角，出土有大量青铜器，如方鼎、圆鼎、鬲、觚、牛首尊、羊首罍、提梁卣、中柱盂、盘、尊、觚等，这些大型重器和精美的中小形铜器都是罕见的文化瑰宝，为了解商代前中期文明提供了实物资料。

郑州商城遗址是以商代前中期的二里岗文化为主，并包含有仰韶文化遗址、龙山文化、洛达庙类型文化（约相当于二里头文化二、三、四期）和郑州南关外期文化遗存，以及晚于商代二里岗期文化而相当于安阳殷墟商代后期的文化遗存。它的发现和发掘，填补了安阳殷墟之前的商代历史空白，根据最新的碳-14测定为距今3500年。学术界普遍认为郑州商城为商代前中期的王都，有学者认为是商汤之亳都，也有学者认为是仲丁之隞都。

六、郑韩故城遗址

全国重点文物保护单位。郑韩故城遗址位于嵩山东麓，新郑城关洧水与溱水交汇的西北原野上，俗称“四十五里牛角城”。郑国在此建都394年，传23世，于公元前375年被韩所灭。韩哀侯把国都从阳翟（禹县）迁此，传8世，到秦始皇十七年，被秦所灭。先后563年之久，是我国古代著名都城之一。

据有关文献记载,周宣王二十二年(前806年),宣王姬静把其兄姬友(郑桓公)封到咸林(亦称棫林,在镐京以东,今陕西省华县西北),国号为郑。后郑桓公灭了洛水以东的郐国,郑武公灭了虢国,建立新都,史称新郑,郑都存于新郑达390多年。周烈王元年(前375年),郑被韩哀侯灭,韩灭郑后,将其国都从阳翟(今禹州市境内)迁至新郑,至秦始皇十七年(前230年)灭于秦,韩在此建都145年。郑韩两国在此建都的时间长达500余年之久。新中国成立后,在新郑县城关发现了一座东周时期的古城址,这就是文献记载的郑韩故城址。

郑韩故城遗址

据《竹书纪年》《史记》《汉书》等文献记载以及40余年的考古钻探发掘证明,它是公元前8世纪中叶~前230年的春秋战国时期郑国和韩国的都城。城垣周长19公里,面积16平方公里以上。城由东、西两城组成,两城中间的城墙被称为"分国岭"。据《左传》《史记》等古籍记载,郑都有门14个之多,分别是皇门、纯门、时门、师之梁门、渠门、东门、北门、旧北门、仓门、墓门、闺门、桔秩之门等城门。郑韩故城城墙有20处缺口,其中不少缺口应是城门的位置。郑国宫城主要分布在西城区的今阁老坟村一带。坐西向东,除发现部分地下春秋夯土建筑基址外,在该村西部仍保存一处地面夯土高台建筑基址遗存,俗称"梳妆台"。台上有陶井圈构筑的水井和埋入地下的陶排水管道,在台基外面地下发现有夯土筑成的围墙遗迹。

郑国的祖庙遗址和社稷遗址多分部在东城区。并发现多处与祭祀有关的青铜礼器坑和乐器坑。韩国的宫殿区亦在郑韩故城的西城中北部,即今阁老坟村周围。面积较郑宫殿区扩大,为坐北朝南,夯土建筑基址比比皆是,有的打破郑宫殿基址。夯土面积小的数百平方米,大的上万平方米。还发现有"地下冷藏"遗址、灰坑、窖穴、水井等遗存。宫城墙用红黏土夯筑,墙宽15米左右,宫墙外侧发现有壕沟,宽15米,深5~8米。

东城内有多种手工业作坊遗址。春秋战国时期,郑韩两国的手工业在列国中位居前列。《战国策·韩策》就有"天下强弓劲弩皆从韩出"的记载。郑韩故城内外,有铸铜遗址、铸铁遗址、制骨遗址、制陶遗址、制玉遗址、缫丝作坊遗址、铸币遗址等。其中,铸铜作坊面积10万多平方米,制骨作坊面积7000多平方米,铸铁作坊面积4万多平方米,并出土有熔铁炉和两个烘范窑,城内外出土各种兵器、陶器、玉器、残片。郑国贵族墓地目前发现两处:一处是1923年发现的李家楼(今新郑市豫剧团院内)郑公大墓;另一处是后端湾郑国贵族墓地,在16万平方米的范围内分布有规模不等的古墓葬3000余座,其中中型以上墓葬206座,长宽在15米以上的墓葬有14座,长宽超过20米以上的特大型墓有4座。另发现有大中型车马坑23座。2003年8月发掘的一座郑公大墓,平面呈"中"字型,南北总长45米,墓室长13.9米,宽10.95米,深7.5米,是目前发现的第一座春秋时期带双斜坡墓道的大墓,两墓道拆葬豪华车45辆。发掘的一座车马坑,东西长10.4米,南北宽8.4米,深5米。大、中、小型拆葬车22辆,殉马40余匹。

韩国王室墓，则分布于郑韩故城外的周围地区，目前已查明的韩王陵及韩国王室墓有 11 处 28 座。城西有辛店镇许岗村 4 座，辛店镇冢岗村南 1 座，观音寺镇王行庄村北 4 座，观音寺镇柳庄村东北 3 座，城关镇苗庄村南 2 座，城关镇暴庄村西 5 座，城关镇胡庄村北 1 座。城南梨河镇宋庄村西 2 座，梨河镇冯庄村南 1 座。城北新村镇七里井村西北 3 座。城东西亚斯工商管理学院内 2 座。这些墓葬均为南北向，平面多为“中”、“舟”、“甲”字型，并多带有陪葬坑。墓葬的共同特点是均有封土，并且行夯，夯层厚 10～20 厘米，夯窝为圆形平底。部分墓冢上有建筑遗迹，推测应为享堂建筑遗留。

七、滑国故城遗址

春秋滑国故城遗存

全国重点文物保护单位。滑国故城遗址位于偃师市城东南约 20 公里，府店乡府店村北与滑城河（即林水）之间的一处靴形台地上。原滑国都城，亦称滑邑、费滑邑。《偃师县志》：滑国又叫“费滑”，因建都于滑（河南睢县西北），后迁都于费（偃师县西南）故名。

滑国为春秋时小国，姬姓，公元前 627 年灭于秦，后属晋。据《春秋》记载：“鲁庄公十六年（前 678 年）冬十二月，（公）会齐侯、宋公、陈侯、卫侯、郑伯、许男、滑伯、滕子，同盟于幽，旋为晋，有称缑氏”。《左传》鲁（僖）公三十三年（前 627 年）记载：“秦国的军队去偷袭郑国，被发觉，遂灭滑而还。”秦灭滑后，邑名为费滑邑。周灵王七年（前 555 年），楚国伐郑，为子冯、公子格率师侵占郑国旨滑邑。《左传 · 襄公十八年》：“楚师伐郑，……为子冯、公子格率师侵费滑、胥靡。”即指此邑。费滑邑先属郑，后属晋，再属周。

《偃师县志》载：滑国又叫“费滑”。据《左传 · 僖公十三年》杜预注：“滑县都于费，今缑氏县。”（偃师市城南府店村北有缑氏村）《水经注》：“休水又迳延寿城南，缑氏县治，故滑费，春秋滑国所都也。”唐《元和郡县志》：“缑氏县，古滑国也。”清乾隆年间《偃师县志》：“滑费故城在府店北二里。”按古缑氏县今已废，但今偃师市仍有缑氏镇，它位于滑国故城遗址西北约 7 公里处，经实地勘查，府店东北之故城，即春秋时滑国故城。

滑国故城遗址南北长约 2.25 公里，北端东西宽约 1.5 公里，南端 0.5 公里。从试掘情况来看，滑国故城是依据地形特点而修建的。故城南北长，东西窄，北部依地形又向西突出一部分。城垣屈曲呈弧形，平面略作长方形，南北长约 2000 米，东西宽北部约 1000 米，中部约 700 米，南部约 500 米，总面积 140 万平方米。城垣临近台地边缘，因历年河水冲刷，大部分已经倒塌。南墙东段，与东墙北段的下层、北墙和部分东墙夯层较薄，土质坚硬，其上压有布纹瓦层，它的建造年代应在汉代以前。南墙东段与东墙北段的上层，西墙和部分东墙的夯层较厚，土质松软，内含战国陶片及布纹瓦，下压前种夯层和布纹瓦层，其建筑年代应在汉代或汉代以后。

滑国故城附近的遗物极为丰富，有仰韶文化、龙山文化及商代、东周、西汉和唐代等时期的遗物，而以汉代遗物分布最为普遍，堆积最厚，其次是东周时代的遗物；东周和西汉的遗物在城址南部发现较多，东汉的遗物以城址北部最为丰富。

八、祭伯城遗址

全国重点文物保护单位。祭伯城遗址，位于郑州市金水区祭城镇祭城村，是周代时期的古遗址。遗址南北总长约1180米，东西宽约800米，总面积95万平方米。

据史料记载，周代的周公把他的第五个儿子封到黄河南岸的祭地，建城后名为祭伯城。后并于郑，为郑国大夫祭仲的采邑。周穆公曾来过祭伯城，泛舟于蒲田泽。《括地志》载："故祭城在管城县东北十五里，郑大夫祭仲邑也。"现存寨墙在清咸丰年间得到重修。据当地村民讲，早时在祭城村边地表上还可以看到有明清时期的城垣墙体，高处5米左右，环形分布，东、西、南、北四面均有城门、宽约5米，保存较好，可惜"文革"中被破坏无存。

祭伯城遗址

通过对祭伯城的钻探与发掘可以确认，祭伯城城址从时代上可分为西周与明清两部分。明清时期祭伯城的地下城垣墙体部分分布开关基本呈椭圆形，南北方向长670米，宽586米，面积39万平方米，可以环绕一周，位于原祭城镇祭城村的南半部。其墙体上顶部距与地表深0.6～1米，西南部和北中地下城城垣墙体高0.8～3.6米，上口宽约18.5米，下底宽约22米，为浅黄褐色夯土，夯土中含有炭屑、礓石颗粒等，出土物有泥质灰陶残片、板瓦、简瓦、小平砖、瓷片、兽骨等遗物，墙体的外侧有宽窄不等的护城壕沟。

西周时期的城址，开关呈长方形，南北方向长约800米，宽约700米，面积约56万平方米，分布于东风渠南部，滨河路以西区域，城址的南半部被明清时期的城址叠压，城垣呈环形分布残断相连续，深埋于地下。墙体外侧有沟壕宽25米左右，城垣墙体上顶距地表深3.4米到6.45米，城墙上顶宽15.5米，底宽25米，地下水位以上高3.05米，水位以下约2米，夯层表面有圜底夯窝，直径0.05至0.1米，土色黄褐灰花，土质较硬，结构紧密，出土有泥质与病人砂绳纹陶片、板瓦等，可辨认的器形有盆、釜、罐、理论、缸等。在对祭伯城城址初步考古发掘中可以了解到，祭伯城四周至战国时期地下城墙的上部，有厚4米左右的堆积层，其形成应与黄河泛滥有关。

根据有关数据及文献记载，祭伯城城址的时代主要以西周为主，延续使用至明清时期，使用时间较长，其相应的文化内涵及遗迹现象较为丰富。祭伯城是西周时期的一座方国都城，由于祭伯在历史

上的特殊地位以及其与周武王的关系，所以其所在的都城无论从历史研究价值方面，还是从文化开发方面都具有不可忽视的价值和意义。祭伯城文物古迹单位的考古发掘研究工作，在商周时期的考古中，占有相当重要的地位，它为研究商周时期的都城分封与设立及城市发展起着重要的作用。

九、洛阳东周王城遗址

全国重点文物保护单位。洛阳东周王城遗址位于洛阳市中州路王城公园一带，西工区西部，少部分横跨涧河西岸，进入涧西东部。北依邙山，南临洛河，呈不规则方形，总面积约 9.4 平方公里。《史记·周本纪》记载："自周平王东迁至景王止，以王城为国都共计 12 世，敬王避乱徙于成周，赧王时又西迁王城。"东周王城始建不晚于东周初年，至战国晚期废弃，西汉时在城址中部又修河南县城。秦始皇在此设三川郡，西汉洛阳城及汉魏洛阳城均在此基础上建立。

公元前 1108 年，周公姬旦来洛阳营建王城与成周城。两城以瀍河为界，东西相距 10 公里。经考古发掘，发现了东周扩建后的王城遗址，位于洛阳市涧河两岸。成周城未发现城墙与建筑遗址，据文献记载，城"东西六里十一步，南北九里一百步"。王城是周天子常住及召见诸侯和处理政务的地方；成周城则是百官大臣居住和治事的地方，也是禁锢管制贵族的城堡。

洛阳东周王城址内的车马坑

整个王城周长约 15 公里，与晋《元康地道记》"王城去洛河（指汉魏故城）四十里，城内南北九里七十步，东西六里十步，为地三百顷一十二亩三十六步"这一记载基本吻合。人们对东周王城的结构布局，有过很理想的推测，还依据《周礼·考工记》画出了复原图，说它是世界上有史以来第一座经过详细规划的城市。东周王城遗址的重要遗存包括外郭城、宫殿区、仓窖区、手工作坊区和陵墓区。

王城城墙残存夯土均埋在现地面下。外郭城北墙长 2890 米，宽8～10 米，残高 8～1.65 米，中段有北门痕迹。西墙全长 3000 米，宽约 15 米，残高约 1.5 米。南墙全长约 3000 米，现存残长 900 米，宽约 14 米，残高约 4 米。东墙全长约 3500 米，宽约 15 米，南段被洛河冲毁。城墙为夯土筑成，绝大部分埋入地下。北墙和西墙外发现护城壕，城内发现两条南北向主要道路。城墙建于春秋中叶以前，战国和秦、汉时都曾迭加修补。

宫殿区位于城内西南部，为大面积夯土建筑基址，分为南北两组。北组建筑四周有东西长约 344 米、南北宽约 182 米的围墙，围墙中部偏北南部有一座 60×28 米的基址。南组建筑单体夯土基址较小，应是北组建筑的附属筑。

东周王城四面各有 3 座城门，共 12 座城门。每门均有 3 个通道，城内设经、纬大道各 9 条。王宫建在中央大道上，王宫前面建有殿庭，后面建有商贸市场；王宫的右侧建有神坛社稷，左侧建有宗庙祖堂，城南 30 里建有明堂。这是我国古代典型的"前朝后市、左祖右社"的建筑布局。康宫为王城内主要王宫，由康寝、康公偁大室、康穆宫、康剌宫、康邵宫、新宫组成。城内还有周公宫、京宫、平宫、庄宫、般宫等。

仓窖区位于宫殿区东侧，其范围南北长约400米，东西宽约300米。发现粮窖80余座，均为口大底小的圆形仓窖，口径约10米，深约10米。这里应是当时的仓城。

手工作坊区位于城内西北隅，有制陶遗址，发现陶窑15座，主要产品有建筑材料，包括板瓦、筒瓦、瓦当、瓦钉和井圈等，生活日用陶器，如盆、罐、壶、豆、碗等，还发现有房基、灰坑和制陶工具等。在城内中部有制玉和石装饰品的作坊址，出土大量的石圭残片、乳黄色方形或长方形荚片、苍绿色大理石片等。在城内东北部还发现陶窑2座、瓦窑1座、砖窑1座，城内中部发现1座烧制坩埚的窑址。

陵墓区在城内中部和东部，发现4座大墓，出土石圭带有“天子”墨书字样，可能是东周王陵。

十、华阳故城遗址

全国重点文物保护单位。华阳故城遗址位于新郑市北18.5公里的郭店镇华阳寨村一带。西周已有城邑，是古华国都城，春秋时期是郑国的一个重要城邑。

华阳故城遗址

华阳，据《帝王世纪》说：“神农氏，姜姓也，母曰任姒，有蟜氏女，为少典妃，游华阳，有神龙首，感生炎帝。”由此可见，炎帝生于有熊国的“华阳”。著名考古学者唐兰在《西周青铜铭文分代史徽》中说：“华，地名，在今河南密县（今属新郑），西为嵩山，是夏族旧居，所以华即是夏，中华民族起源于此。”又据《读史书舆纪要》载，“在县北四十五里亦曰华阳亭。古华国，史伯谓郑桓公华君之土也”。《史记·周本记》载，周赧王“四十二年（前273年），秦破华阳约”。《史记》韩釐王“二十三年（前273年），赵、魏攻我华阳，韩告急于秦……八月而至，败赵、魏于华阳下”。《史记·白起王翦列传》记载：“昭王三十四年（前273年）白起攻魏，拔华阳。”由此可知，华阳城自古就是很重要的城邑。西周时期为华国都城。华阳故城春秋属郑，战国归韩。秦灭六国后堕城毁门，华阳古城遭到严重破坏。隋代伊斯兰教徒入住城内。唐以后对城墙整修，局部增高，并增加马面设施。宋时，相传周世宗柴荣女柴郡主每年前来祭奠其父，都在此城内卸下佩饰和凤冠，换上素服前往。因此，华阳城又叫卸花城。清咸丰年间华阳寨村建清真寺，整修南门，门上刻青石匾额“古华邑”。

遗址平面呈南北长方形，周长约2300米，面积36万平方米。北墙长约540米，墙基宽30～40米左右，高10～14米，墙体现存三阶梯状，最上处宽1～3米。北墙东西两端和墙中间外侧各凸一马面。北墙外护城河宽8～10米，虽有淤积，但明显低于其北侧地面。东墙总长670米，中间有120米长的城墙向内折40米。城墙高2～4米，城基宽30米左右，东城墙中间有一马面。南墙全长约502米，被华阳寨村民宅占压,仅存墙基。西墙全长763米,中有250米长的城墙内折50米,墙高9米,墙基宽30~40米,城墙北段有一马面。西墙外护城河隐约可见。

华阳故城内北高南低。在平整土地时发现有建筑台基、灰坑、水井等遗存。城内外不断出土战国时期的陶器和铜镞等遗物。在西城墙缺口处,曾发现许多人骨,似是古代战死者的遗骸。

十一、京城古城遗址

全国重点文物保护单位。京城古城遗址位于荥阳市东南10公里的王寨、红沟、赵家垌、朱垌、京襄城、城角和魏寨等自然村一带。东周初年,郑武公灭掉虢、郐,开辟东方郑国,京城成了郑国的初期都城。到了郑庄公,他又将此城作为封地给了弟弟太叔段。公元前636年,周王室发生宫廷政变,周襄王为避乱,曾短期在城内居住。故此,京城又称襄城。在整个春秋和战国时期,京城一直是郑国和韩国的一处重要城邑。西汉初年,建立京县,分割原京城为南北两部分,以北部作为治所。至北齐时,省京县入荥阳县,此后,京城地位开始逐渐衰落,直至降为一般村镇。城内目前仍保留着“京襄城”“御路岗”“老王”等村名和地名,带有明显的历史烙印。

该城址呈长方形,南北长1700米,东西宽1400米,周长近6300米。地面尚存城墙9段,长约1000米,其中以东南城角、西墙中段保存较高,东北角一带较为完好。墙垣残高1~10米,墙基宽约25米。墙体上夯层木棍架孔清晰,夯层一般厚5~12厘米,非常坚硬。墙为红黏土夯实而成。据传土为奴隶们从10公里外的万山背来,死人无数,墙称“鬼打墙”。城外地面上发现有大量的空心砖墓,还散布有春秋到汉代的陶片等遗物。1979年出土有两枚汉代金饼,重约500克。在城墙外围四周有护城壕,目前所存主要为东护城壕和南护城壕,是利用京水河道作天然屏障。在城内及城外还发现过不少的周代和汉代墓葬。

京城古城址,对研究中国古代东周史,特别是郑国的历史以及古代城市建筑史等均具有重要的参考价值。

十二、刘国故城遗址

全国重点文物保护单位。刘国故城遗址位于偃师市西南约20公里的万安山北(今缑氏镇陶家村一带),为春秋时期刘国的都邑所在。

该城建在陶家村北一个三面临涧、地势高耸的天然半岛上,平面呈不规则形。东西宽约650米,南北长约1220米,其形制依地理形势而建,城东、西、北三面临涧(涧深20米左右),以崖代墙,为我国建都史上所罕见。经勘探,南面残存有夯田城垣遗迹,城墙为夯土营筑,东西全长412米,分东、西两段,东段长137米,西段长135米,宽21~24.5米,夯层厚度10厘米左右。中部置门作向外的通道,城外有一条宽约54米的护城河。城内发现有道路和房基,南垣发现一座宽约3米的城门遗迹。故城地面上散布着大量东周时期的板瓦房、筒瓦、空心砖及盆、甑、壶、豆、瓮等残片,建筑遗迹集中在中部偏西地带。

城之北今郑窑村与符家寨村之间是当时刘国的墓葬地。墓葬均为长方竖穴土坑墓,深12米左右，最大的长 3.9 米，宽 2.5 米；最小的长 2.3 米，宽 1.2 米。大墓底部有棺椁痕迹。此外，还发现一座春秋时期的马坑，坑内埋有马头 50 余个。遗址上调查发现有大量的盆、豆、瓮等春秋时期的生活器皿和汉代的板瓦、筒瓦、砖等建筑材料。

刘国故城遗址为研究春秋时期刘国的政治、经济、文化等方面提供了珍贵的实物资料，对研究春秋时期的都城布局、建筑风格等具有十分重要的科研价值。

刘国故城址

十三、苑陵故城遗址

全国重点文物保护单位。苑陵故城遗址位于新郑市城区东北 18 公里的古城村东北部，该城东至肖河，西临鸿雁河，北靠高岗。苑陵城南墙西部与西墙南部交汇拐角处被古城村部分民宅占压，东部靠近东城墙中间段被古城寨部分民宅占压。

苑陵城址东至岗河，西临鸿雁河，南是平原，北有高岗。城址平面呈东西长方形，城垣周长约 4080 米，东墙南北长约 820 米，西墙约 800 米，南墙、北墙长 1230 米。东城墙高 16 米，基宽 32 米，顶宽 5 米左右。北城墙高 9 米，基宽 13 米。四周城墙以东墙、北墙保存较好，西墙、南墙保存较差。在北墙的东段中部和西段中部及东墙南北两端筑有马面 4 个。整个城墙夯筑而成，夯层厚约 0.8 厘米。城墙下层为小圆夯窝，应为春秋早期。

苑陵城是秦汉时期名城之一。据《元和姓纂》记述，商王武丁曾封其子文于苑（即苑陵）为侯爵，世称苑侯南，这表明商时已有苑陵城。《地括志》《郑通志》《史记》等史籍记载，苑陵城早期是春秋时期郐国属地，郑武公灭郐后归属郑国，成为郑国和韩国的重要防护城邑之一。秦统一六国后，实行郡县制。秦始皇十七年（前 230 年）设苑陵县，有此城；西汉初，刘邦派大将攻下苑陵城，仍设苑陵县；南北朝时期，西魏大都督宇文贵以 2000 人大败东魏数万兵马，东魏大将任祥退守苑陵，宇文贵追击，双方大战苑陵城，成为历史上以少胜多的著名战役之一；隋大业初，苑陵城并入新郑；唐武德四年（621 年），复置苑陵县；贞观元年（627 年）再废苑陵，并入新郑县。苑陵县历经沧桑，今郑州市有苑陵街，民国间新郑县设有苑陵中学，均以苑陵县得名。

苑陵城东墙外相连有东城，清乾隆四十一年《新郑县志》记载："今县东北三十五公里，有二城相连，其西苑陵，东则制城也。与《左传注》、《汉书》、《水经注》之说相符。"东城即制城，西部被西城寨村委会和村民晒场占压。现东城东、南、北城墙地上无存，只在东南城墙拐角处留有少量夯土墙体，高约 1.5 米，宽 3 米左右。

据调查，苑陵城内发现有许多建筑基址、道路、水井、灰坑和高土台。当地群众传说，城西北角面积 70 余亩是苑陵县衙所在地，北有后花园。城外东南 50 米处是烽火台遗址。南门外古有 5 里长街，人称南门外闹市。苑陵城附近有31座墓冢,可能是贵族墓葬。当地群众平整土地时,经常从城址内出土铜器、铁器、陶器、金器和大量米字纹空心砖。

十四、康北东周古城遗址

河南省重点文物保护单位。康北东周古城遗址位于巩义市城西3公里康北村北部。周显王二年(前367年),周显王封其幼子姬班于巩,奉王号“东周”,称东周惠公,并在此建城。东周先后在此建都118年,于秦庄襄王元年(前249年)亡。秦统一六国后,在此置巩县城,属三川郡,汉时属河南郡。北魏时将县治迁至东5公里巩县老城。

该城址依山傍水,地势险要,由西向东渐次倾斜,直至洛水西岸。东城墙已被河水冲毁,现存西城墙长约1公里,南部紧靠沟壑,没有城墙建筑。整个城郭呈正方形,西城墙内发现不少周、汉时期的陶片,并发现规模较小的竖穴土坑墓,有棺、椁,随葬器物组合为豆、鼎、鬲、壶。清同治五年(1866年)曾在西城基上砌有寨墙,辟东、西两门,现存西寨墙长400米,高10~15米,厚1~2米。西寨门镶长方石刻1方,上书“东周故址”,右下角书“清同治五年”。城正中有一块南北长250米、东西宽100米的台地,上面有“巩王阁”一座,建于清咸丰元年(1851年)。阁基座高1米,面阔进深均为2.32米,呈方形,共3层,因阁通身饰红色,亦称“红阁”。阁南侧第一层正中镶石刻1方,题“东周巩王庙原委”,楷书,于“大清咸丰元年岁次辛亥月二十二日。曲浩、伯通书”,详尽叙述了东周城的历史沿革。

十五、常庙城遗址

河南省重点文物保护单位。常庙城遗址位于郑州市西南马寨镇常庙村周围,东、西贾鲁河之间的台地上,城址呈不规则长方形,形似大写字母“B”。

常庙故城发现于20世纪50年代末。1958年,郑州市在常庄以南的西贾鲁河修建常庄水库,郑州市博物馆派人到常庄、常庙一带进行田野调查,发现常庙故城地面上的北墙、东墙、南墙,西墙地面无存。城墙底宽10余米,顶宽5米,高4~6米。1966年后,故城周围道李、常庙、湾刘三村村民平整土地,将北城墙、南城墙推去,今仅余东墙部分地段存于地面。2006年春,郑州市文物考古研究院在郑州市西南郊进行古遗址调查时,对常庙故城进行了全面详实的考查,测绘了常庙故城及其周围的地形,钻探出城墙的走向,并在地形图上推算出城墙长度。故城的北城墙、南城墙、西城墙较直,东城墙随河势而走。北城墙长344米,南城墙长280米,西城墙长1264米,东城墙长1448米,城内面积约52.5万平方米。城墙用黄褐色夯成,含粉沙较多,一般夯层厚7~10厘米,个别夯层厚11~13厘米。大部分为平夯,也能见到较浅的夯窝,直径13厘米,深2厘米。极个别夯窝较深,直径10厘米,深7厘米。

常庙故城城内地势南高北低,城东北部作过砖厂。西北部地势稍高,有较厚的文化层及大量灰坑。城中东部有一条东西向冲沟,尖岗水库入常庄水库引水渠在此沟基础上挖成。冲沟以南的地貌保持较好。冲沟南北两侧台地上发现有较密集的战国至汉代的陶窑,陶窑附近堆积有大量的陶片,应为制陶区。在制陶区北部钻探出数个直壁圆坑,彼此相距不远,远者3~5米,近者仅1米。试掘表明,这些坑为战国粮仓,直径6~8米,深6~7米,内含大量的板瓦、陶盆、陶豆、陶鬲、陶罐、陶碗等。

以上遗迹说明，常庙故城中部冲沟一带为仓储区，废弃后，这里变成制陶区，一直使用到汉代。从不同类器物大量出现相同的陶文来看，这些器物是为某一地制作的，常庙故城战国时期的制陶业相当繁荣。

十六、成皋城遗址

河南省重点文物保护单位。成皋城址位于荥阳市汜水镇虎牢关村西北的大伾山上。汉刘邦二年（前205年）筑。为成皋县治所。汉三年（前204年），项羽围成皋，刘邦独与滕公共车出成皋门，北渡河，宿小修武，即此。

成皋城遗址

据初步调查，该城址北濒黄河，东临汜水，城墙依土就势，筑于原上，外临深涧，凹凸曲折，很不规则，其走向大体为西——东南方向。遗址西城墙南北长约700米，南城墙东西长约600米，东、北城墙不明（估计已被河水冲毁和建筑民宅时挖掉）。据地貌判断，城址北侧宽于南侧，总面积应不小于60万平方米，现存城墙中以西墙最为高大，最高处10米以上，一般在2～5米，宽一般在20米左右，最宽处约在40米以上。夯层明显，厚度在6～13厘米之间，夯窝圆形，底有圆、圜两种，但以平底居多，直径5～7厘米。

据有关文献记载、城墙夯筑情况以及采集陶片的器形等分析，城址的时代应为战国时期。初由韩国所筑，秦灭韩后，归属秦国。秦末刘邦、项羽争霸，双方曾反复争夺和占据成皋及荥阳二城。汉朝建立后，设立成皋县，在成皋城西北角筑小城作为治所。东汉废县为关，名旋门。三国属魏，复置成皋县，隶河南郡。晋承魏，仍之。北朝时的中东府、成皋郡，其治所实际上都是成皋。隋朝改名汜水县，隶属荥阳郡。唐武德四年（621年），分汜水县，置成皋县，治成皋城。贞观元年（627年），又并入汜水，仍治成皋城。成皋城在唐以后少为治所而多为关隘。

成皋城因其扼古代东西交通要道，具有重要的战略地位。所以，自东周、秦汉以至隋唐等历史时期，曾在此发生过许多著名的战争，最重要的有秦末成皋之战、唐初武牢之战等，古代文献也有不少关于成皋的记述。它曾对我国古代历史发展进程发生过重要影响，可和荥阳故城相提并论。因而，这座城址对研究我国古代政治、经济、军事史等具有重要价值。

十七、古湛城遗址

河南省重点文物保护单位。古湛城遗址位于洛阳市吉利区的西部，处于吉利区送庄村、南陈村之间，西临湛河，坐落在湛河二台地上，与东寨村隔河相望，南临黄河。遗址近方形，每边长约450米，总面积约20万平方米。

古湛城遗址是在配合西霞院反调节水库修建的过程中发现的。2004年，在城址的南部至黄河北岸断崖之间进行考古发掘工作。从现存的古城遗址能够看到南墙、西墙、北墙的一部分，从发掘的情况看文化堆积分为两个大的阶段，即仰韶文化晚期和西周中晚期。

从文化遗物分析，该古城的始建年代在东周中、晚期，沿用至汉代废弃。根据当地人的传说和所处的地理位置分析，古湛河遗址可能和军事活动有很大的关系，对研究当时社会的政治、经济、军事、交通都有很高的历史价值。

十八、黄城故城址

河南省重点文物保护单位。黄城城址位于登封市西约25公里的君召乡黄城村东的台地上，北有马鞍山，南临陈窑水库，东有王家沟，西有陈沟河，三面环水，易守难攻。黄城故城大体略呈长方形，南北长600余米，东西宽约220米，面积约15万平方米。

四周城墙不少尚残存地面之上。北城墙保存最好，墙基宽10余米，高出地表约10米。东墙残高4米，底宽约6米。西墙基宽6~7米，高5~10米。南墙高5米许。北墙东段有一宽约7米缺口，似为城门。南墙东段有一城门，门宽8米，两侧墙宽13米。城墙为夯筑，夯层厚6~9厘米，夯窝呈尖底和圜底状，直径3~4厘米。在夯层内还遗留有修筑城墙时夹板滚杆圆孔，孔径10~15厘米之间，孔距30~50厘米不等，有横向的和竖向的圆孔。这可能是筑城时置于墙体中用于牵拉的木杆，犹如现今筑楼中的钢筋作用。由于天长日久，木杆腐朽而成空洞，城墙夯土为红黄色黏土，土质纯净。

南半部是汉代在原城墙基础上又加宽的城墙。东西南三面城墙夯层为15~21厘米，夯土内夹杂大量的春秋战国至汉代陶器和板瓦、筒瓦残块，且土质较杂，质地灰白并有红黄黏土块。城内地面上散存有春秋至汉代的陶器残片，能辨认出器形的有：豆、碗、罐、盆、鼎等。纹饰以绳纹为主，弦纹次之。在北墙内侧发现有修补的夯土城墙，夯层厚18~20厘米。

据《杂道书》和《洛史》等史籍载："尧聘许由坛禅也，谓之黄城"的记载。又《潞史》亦有"黄城，许由隐此"的记载。许由，相传上古阳城槐里人士(今登封告成镇南箕山)，曾隐居箕山，也曾隐居黄城。此属龙山文化早期之事，当时已可能有城。

现考古调查的黄城，应始建于春秋战国时期，汉代又进行补修，直到晚清时期，当地群众还加筑该城，用以防御匪患。该城保存尚好，时代与郑韩故城、登封阳城相近，但采用了墙体内拉杆的夯筑工艺，似乎又有进步。

十九、庆阳故城遗址

河南省重点文物保护单位。庆阳故城遗址位于汝州市西约9公里杨楼乡东的樊古城、叶古城、王古城村四周，坐落在汝河南岸和芦沟河所夹的二级阶地上。相传这里是东周赧王的行宫，东周灭亡后，周赧王从洛阳逃到此，遂命为庆阳城，史有周赧王“坐庆阳”之说。与史料相符，此城始建于战国时期，汉代仍使用。

城址保存基本完好，长方形，东西长2600米，南北1300米，总面积338万平方米。现存东、南、西三面城垣，北城垣可能被汝河冲毁。城垣宽34米，东西护城河宽20米，南北以汝河、芦沟为天然屏障。在城内北部中间区域为高台地，在城西部发现有冶铁遗址，面积5000平方米，发现有矿渣、炉渣、灰层厚1.5米，还有铁锥、球、矛等遗物，从其遗物看与城址同时。

庆阳古城址对研究东周末期的城市建制、布局、冶铁技术具有重要的价值。

二十、郐国故城遗址

河南省重点文物保护单位。郐国故城遗址位于新密市东26公里曲梁乡大樊庄东北溱水东岸古城寨村，城筑于西周。郐原为西周初封国，春秋时被郑武公所灭。古郐城是西周时郐国的都城，春秋时期郑国地。

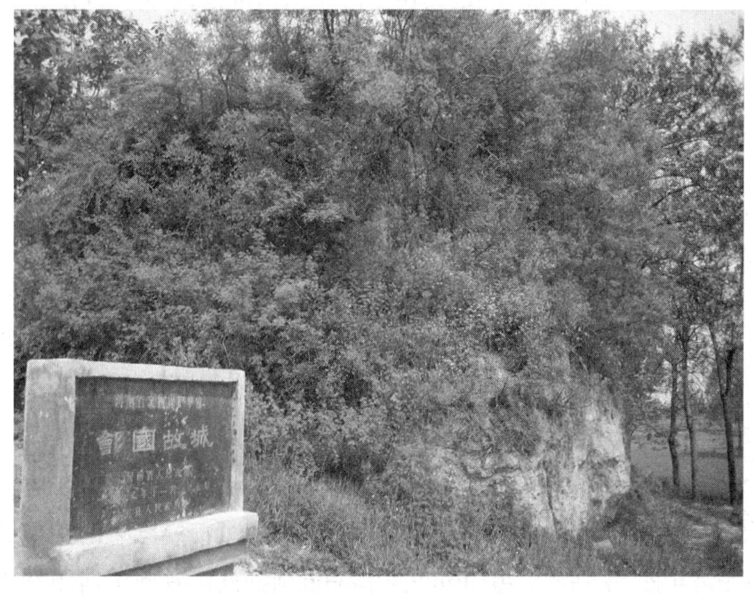

郐国故城址

郐国，妘姓，为火正祝融之后。据《潞史》记载：“陆终氏传子郐人，后因为郐国。”郐国在《禹贡》豫州外方之北，荥波之南，居溱洧之间。祝融氏名黎，其后八姓，唯坛姓桧者处其地焉。《世本》曰：“陆终娶于鬼方氏之妹，谓之女，是生六子……其四曰求言，是谓之郐，郐人者是也。”又据《说嵩》引《郑玄诗谱》记载：“周夷王、厉王时，郐国不务政事，而好洁衣服，进谏不从，大夫去之，于是郐之风变始作”，遂逐渐衰败。《括地志》载：“古郐城在郑州新郑西北三十二里。”《读史方舆纪要》中载：“在县东北五十里，周郐国也。”《郑玄诗谱》：“古高辛氏火正祝融之墟，国在禹贡豫州外方之北，荥波之南。居溱洧之间，祝融化名黎，其后八姓，唯女嬴姓桧者处其地。”史学家认为，郐与祝融之间有着一脉相承的关系，文献记载，郐城就建在祝融之墟。新密古城寨城址既是“祝融之墟”之所在，也是其八姓六子中会人后裔坛姓所建立郐城。春秋之《国语》《史记·郑世家》《汉书》《竹书纪年》等书记载，周平王二年（前769年）郑国第二代国君郑武公灭掉郐国而占据其地。

由此可知,郐国继祝融之后,于尧、舜之后仍立国于祝融氏之都,改名郐国都城,历经夏、商,至西周初仍封黄帝后郐国与此,直到春秋周平王二年被郑武公所灭。郐国在五帝后期到西周仍存在1000余年。这期间新密大部分地区属郐国,并是郐国都城所在之地。郐国史迹存世较少,《诗经·郐风》中有《羔裘》《隰有苌楚》《匪风》等诗。

郐国故城沿用很久,现城寨为清咸丰十年(1860年),在古郐城旧址上筑成。现有城墙高5~7米,下层2~4米,为西周郐国故城遗址。遗址呈长方形,东墙长330米;北墙442米;西墙濒临溱水,长336米;南墙435.50米。除西墙被溱水冲毁180米外,其余城墙保存较好。城墙用黄土或灰土夯筑而成,内含有龙山文化和商代陶片。郐国故城下面,有叠压较厚的古文化遗址,采集到的标本有仰韶文化、龙山文化、二里头文化、殷商文化和西周丰富的文化遗存。

郐国故城下的大块板筑城墙,时代为龙山文化文化时期。由此,此城始建可推至龙山文化时期。

二十一、西周东都成周城遗址

据《尚书·洛诰》《逸周书·作雒解》所述,西周时期的成周城北依郏山(即邙山),南系洛水,西至涧河,东逾瀍河,其中心区域在洛河北瀍河下游两岸。据此可知,洛邑很可能是横跨瀍水两岸而建。营建洛邑,最早是周武王之意,但未及实施;成王即位,周公辅政,在诛武庚、灭管蔡、东征诸夷之后,始大规模进行营建。新建成的洛邑初称"新大邑""新邑"或"东国洛",又称"成周"。

据出土的西周初年第一件有纪年铭的铜器何尊铭文记"佳王(即成王)五(即成王五年)祀","成王初迁宅于成周"。《左传》昭公三十二年(前510年)云:"成王合诸侯,城成周,以为东都"。西周成周城建筑规模宏大。据《逸周书·作雒解》记述"城方千七百二丈,郛方七七里(当为十七里)。以为天下之大凑","设丘兆于南郊,建大社于国中"。城内的主要建筑有太庙、宗庙(文王庙)、考宫(武王庙)、路寝、明堂等"五宫"。这些宫殿、宗庙的建筑结构均为"四阿、反坫、重亢、重郎、常累、复格、藻税、设移、旅楹、画旅"等式样,城内还有"内阶、玄阶、堤唐、山廧、应门、库台、玄阃"等不同的通道。

1964年,在洛阳市瀍河西岸的北窑村,发现了分布集中的西周贵族墓葬群,先后发掘了370余座,出土了大量的青铜礼器、兵器、车马器、玉器和陶瓷器。据青铜器上的铭文,表明这里的众多死者都是西周贵族。1974年,又在西周墓地南侧发现了规模巨大的王室铸铜作坊遗址,以铸造青铜礼器为主,兼铸兵器、车马器。2010年又在洛阳瀍河回族区发现了西周祭祀遗址,出土的随葬品主要为陶器,器型有陶鬲、陶簋、陶罐、陶盆、陶甑等,都带有明显的西周器物的时代特征。由于祭祀遗址面积非常大,专家推断这样大规模的祭祀遗址祭祀对象一般为宗庙、大墓或城市。史书中曾提,"国之大事,在祀与戎",也就是说,古代国家的两项重要任务一是祭祀,一个是军事。因此,大规模的祭祀本身就应当为国家所为,成周城并非是一般贵族的居住地,而应为西周国都所在。种种现象表明,西周洛邑城址就在此附近。

这种推断与《逸周书作雒解》记载的成周"城方千七百二十丈,郛(外城郭)方七十里,南系于洛水,北因于郏山(北邙山)"的说法吻合,即西周成周城的具体位置就在今天洛阳市的洛河和邙山之间的瀍河两岸。由于目前尚未发现城墙或其他建筑基址,因此具体位置必须待进一步挖掘后才能判断。

二十二、东周成周城遗址

洛邑作为东周的都城，实际包括王城和成周二城，有些资料将其称为“一都二城”。关于成周之名，史料记载，西周时期，成周指的是整个洛邑。到东周时，成周则是指王城以东的另一个城，在今汉魏故城所在地。

东周成周城遗址位于今洛阳市瀍河以东17公里处的翟泉、金村附近。东周成周城始建于周敬王时。战国时，秦封吕不韦“食洛阳十万户”，曾对该城进行修葺。其后东汉、曹魏、北魏四朝均在此城的基础上，逐步扩建作为都城。

《国语・周语》韦昭注：“狄（翟）泉，成周之城，周墓所在也”。本世纪30年代，在这里发现了8座东周时期的王室大墓。此城系鲁昭公三十二年（前510年），周敬王在晋国帮助下，召集各诸侯国营建的。近年，在汉魏洛阳城北部现存城垣内普遍发现东周城垣遗迹。

成周城的规模，皇甫谧《帝王世纪》云：“东西六里十一步，南北九里一百步。”《逸周书作雒解》记载的成周“城方千七百二十丈，郛（外城郭）方七十里，南系于洛水，北因于郏山（北邙山）。”陆机《洛阳记》载：“东西十里，南北十三里。城上百步有一楼橹，外有沟渠。”城内的宫室建筑，有太庙、新造（见颂鼎铭文）、襄宫（见《左传》昭公二十六年）、宣榭（见《春秋》宣公十六年和虢季子白盘铭文）、滤宫等。

二十三、纶氏城和后魏颍阳城遗址

古纶氏城，汉颍阳县城，即今登封市颍阳镇所在地。《登封县志》载：颍阳夏初叫纶国。少康中兴叫纶邑。春秋叫纶氏。后魏移秦置东金店处之颍阳县城于古纶氏地，即今颍阳镇。镇在颍河西10余公里处。《河南府志》：“魏天安年间，始于纶氏城置颍阳县。”

遗址有断续城墙，夯层厚15～20公分，平夯无窝。显然是后代修建的遗物。该镇四周1公里处，各有土台一个，用夯土筑成。传说为古城四关，东曰“郝寨”，南曰“马家寨”，西曰“西范寨”，北曰“北寨”，将四寨计算在内，面积达22万平方米。原颍阳寨门上嵌有“颍阳古都”青石横额，“文化大革命”期间被毁。镇内原有城隍庙、颍考叔祠及多通碑碣，早已毁失。此镇附近不断出土有陶器、铜器，还有较珍贵的铜爵。近年出土北魏铜玺二枚，上刻“招抚局印”和“招抚副使止印”等字样。

二十四、密国故城遗址

密国故城遗址位于今新密市东南17.5公里的大隗镇大隗村。据《路史・疏仡纪》：“黄帝之子二十五人，别姓者十二人，姞，其一。密，姞姓分也。”密国，是西周时期分封黄帝后裔的一个诸侯国，姬姓，周王室同姓贵族。密国国境范围相当于今新密市东南部洧水河流域。以其周围山如堂室，故名。西周后期，为周所灭。据《潞史》载，西周国人暴动后，国势日衰，周宣王姬静继位，励精图治，先后对趁周王室衰落而反抗的诸侯进行讨伐，并把他们消灭，密国就是其中之一。《盟会图》云：“（密）国圻内国，宣（恭）王灭之，此河南密。”春秋时期（公元前 769 年），郑国灭郐国而并其地，将属于郐国的原密国故城命名为郑国之新密邑、新城邑。《太平寰宇记》：“河南道密县，古密国也，亦郐国之地。”左传·僖公六年》记载：“夏，诸侯伐郑，以其逃首止之盟故也，围新密，郑所以不时城也。”从春秋战国到秦朝灭亡（前 827 ~ 前 206 年）长达 600 余年，均沿用此名。古密城东西长 1.5 公里，南北宽 0.5 公里，现在大隗镇西南仅存古城墙一段，俗称“擂鼓台”。台高 7 米，台顶面积 100 平方米。城区多有西周至汉代的文化遗存。

二十五、小索城遗址

又名“小索亭”。小索城遗址在今荥阳市东南 5 公里的乔楼镇东郭村南，索河东岸。为春秋战国时期的城址。小索城以所在地为殷遗民索氏所居而得名。古之旃然水经此，以下即称索水。南朝宋元嘉二十七年（450 年）宋将到坦之所部曾进驻于此。《宋书·南平穆王烁传》：“到坦之……遣幢主王阳儿、张略等进据小索。”即指此。

小索城遗址呈长方形，东西长 860 米，南北宽 660 米。城墙底部宽约 24 米，地面残存最高处达 5 米余。至今城墙遗存约 60 米，高 7 米。城墙夯层均匀，每层厚约 10 厘米，夯窝密集，均为圆底平夯。城内散存大量绳纹板瓦、筒瓦及陶片，还有铁制生产工具等。城内西南角沿河断崖上暴露出厚 3 ~ 8 米的陶片堆积层和残破陶窑遗址。从陶片可以看出的器有罐、盆、瓮、碗、豆等。大部分瓮、罐的肩部、盆的上腹部、武器装备盘内底部印有陶文，陶文多系使用圆形印章，在陶坯尚湿时捺印上的。个别器物上发现使用方形印章和刻划符号。陶文有“格代”“左司工格代”“右司工格代”字样。至于刻划符号，多因残缺不全或过于简单而不能辨识。

小索城周长 3000 多米，在北墙外均约 500 米处，还有 4 个间距各 200 米的夯土台基，高约 8 米，可能是阙的基础。

此城为春秋战国古城。城南有大片制陶作坊遗址。陶片有还有铁制生产工具等。该城修建年代应早于春秋战国时期，至汉代仍继续使用，而且城的规模也大，保存尚好。是研究古代城市建筑及城市历史的重要资料。

二十六、圃田故城遗址

河南省重点文物保护单位。圃田故城地处郑州东南部，位于郑州经济技术开发区大王庄办事处蒋冲村和古城村附近。遗址面积 204 万平方米，城址区较之周边高出 2 ~ 5 米，西北城角保留有一段高约 3 米，宽约 5 米，长约 17 米的一段城墙。城有四门，东门在韩庄西，南门在刘家岗，西门在蒋冲村西，北门在西古城。城外发现有古墓葬区及灰坑等遗迹，出土遗物有陶器、铜器、石器等。该遗址于 1982 年地名普查时发现。

圃田故城的西北方向是历史上赫赫有名圃田泽。传说，上古时期大禹治水，把位于中牟和郑州之间地势低洼的这片水域命名为圃田泽。圃田城于春秋时由郑国郑文公（？ ~628 年）所建，《尔雅·释地》有“圃田泽畔置平邑”就指此城。汉朝以后又在这里置清阳亭。《水经注》记载:“清水出清阳亭西南平地,谓清人亭也。”

圃田故城是东周、汉代时期文化城址,北部紧邻战国魏长城遗址,是郑州东南部郊区古城址中保存较为完好的一座城址,对于研究东周、汉代时期的社会结构及魏长城走向具有重要的价值和意义。

二十七、负黍故城遗址

春秋时期周地,战国时期韩国地。负黍故城遗址位于登封市东南15公里大金店镇西南城子村附近颍河南岸台地上。相传为古代谷黍交换场所,故名。《竹书纪年》载:“周敬王六年(前514年),郑伐冯、滑于负黍。”《史记·秦本记》载:秦昭王五十一年(前256年)“秦将军摎攻韩,取阳城,负黍”。从这些记载可知,负黍在春秋战国时期已是郑、韩两国的边防军事重地。旧志谓负黍即孟子所称的负夏。战国时,先为郑、韩争夺,后为秦、韩争城之地。

负黍故城城址平面略呈正方形,南高北低,东西长650米,南北宽约600米,面积近40公顷,文化层厚1~2米。尚存部分为夯土城垣,残高1~2米。城址内发现大量铜箭头、残兵器及残陶片,器形有豆、罐、鼎等,有纹饰,陶质有泥质和砂质,陶色以灰陶为主。城址以北有“箭坑”,发现大量铜箭头。靠安庙河东岩断壁上,可辨认出城墙的多层夯土。城西南有铁炉沟村,可能是当时铸造兵器的遗址。遗址东、西有安庙河、段村河,两河交汇后流入颍河,南靠青红山岭。据《竹书纪年》和《史记》记载,负黍城为军事要地,是春秋战国时期郑、韩两国的边防重镇。西周时所建,沿用至春秋战国时期。

二十八、新城故城遗址

新城,又称伊阙城,相传为东周赧王所居之伊阙城即在这里。伊阙城遗址位于伊川县城东南4公里处的杨马寨村,古城村东北部向阳一面坡地上,北距洛阳市和近40公里。传说,唐尧时称伊侯国,虞舜时称伊国。夏代此处属豫州,称为伊阙地。周襄王时名伊川。新城是、春秋时伊洛之戎和戎蛮子的聚居地。《水经·伊水注》:“伊水又北迳新城东……,其县南故蛮子国也。县有鄤聚,今名名中是也。”战国时其地属韩,设为新城县,著名的伊阙之役就发生在这里。公元前308年秦武王欲打开通向洛邑的通道,派右丞相甘茂攻取韩国西部要塞宜阳后,新城便成为抵御秦军东进的前沿重镇。《史记·秦本纪》载,秦昭王十三年(前294年)“左更白起攻新城”。于是,新城便被秦国占领。次年,韩、魏、周为遏制秦军东进的攻势,派韩将公孙喜率领三国联军向秦军发起反攻。《史记·韩世家》说:“韩釐王三年(前293年)使公孙喜率周、魏攻秦。秦败我二十四万,虏喜伊阙。”周书《秦本纪》说:“秦昭公十四年(293年)左更白起攻韩、魏于伊阙,斩首二十万,虏公孙喜,拔五城。”结果,三国联军惨败,从主帅公孙喜到参战士卒24万人全被秦军斩杀。秦军占领新城后,封宣太后弟芈戎为新城君,后秦昭王两次在这里会见韩釐王。汉魏时仍设新城县,东魏天平年间(534~537年)改设新城郡。隋开皇十八年(598年)改为伊阙县,唐、五代、北宋初年仍沿其制。宋熙宁三年(1070年)伊阙县降为镇,并入伊阳县后此城遂废。

新城故城遗址保存尚好,南、北、西三面城墙高出地面1.2~3.5米,全城轮廓清晰可见。洛嵩公路由东北向西南穿城而过,古城村位于城址的西南角,古城寨村位于城址的东南角。该城的形制略呈长方形,东西长1680米,南北宽1250米,城墙厚20~35米。墙体由小圆夯、平夯筑打而成,每层厚8~10厘米。南墙上暴露有板筑柱洞,直径12~20厘米,洞内皆有木质朽痕。城外有宽约35米的护城壕,城内暴露有大量龙山文化乃至隋唐时期的文化遗存。1986年在新城故城北一公里处的野狨狐岭北坡出土皋落戈1件及大量铜镞和平裆方足平首小布,即当年韩、魏联军的遗物。

二十九、河阴故城址

河阴故城遗址

河阴故城址位于郑州市区北25公里黄河游览区西北角的北坡上。城址北邻黄河南岸断崖,西与荥阳县搭界,东抵黄河游览区。依山而建,平面呈不规则状。城址北墙全部、东墙大部、西墙北部均已塌入黄河。现存南城墙残长400多米,西城墙400多米,东城墙百余米。残墙最高处约6米,以黄土夯筑而成,夯层一般厚8~12厘米,圜底圆夯,夯径9厘米左右,夯层内含粗绳纹板瓦片,内饰方格纹。

据《读史方舆记要》载:河阴旧城“在县东,本荥阳汜水县地,唐开元二十年徙置河阴县,管河阴仓;二十三年徙治输场之东渠口,以便漕运。元时徙治于广武山之大峪口,明又徙今治”。但从夯层、夯窝及城墙夯筑情况看,与郑州地区春秋战国时期的城址状况相同。据《水经注》载,该城所在的山为敖山,“其山上有城,即殷帝仲丁之所迁也”。皇甫谧《帝王世纪》云:“仲丁自亳徙嚣河上者也,或曰亳矣。秦置仓于其中,故亦曰敖仓城也。”根据考古调查分析,此城建筑年代应在春秋战国时期。

三十、邲城遗址

邲城遗址位于郑州东7公里古城村周围,为春秋时期郑国所筑。《左传・宣公十二年》载:“楚子围郑,夏,六月,乙卯,晋荀林父帅师及楚子战于邲,晋师败绩”,记述晋宣公十二年(前595年)邲城之战的史实。

邲城遗址城基下多沙,城墙保存较好。城墙四周较直,唯有南城墙自西南向东450米处又向南扩130米,故称刀把形。西城墙长395米,南城墙长976米,东城墙长560米,北城墙长860米,周长2791米。城墙宽25米,西南城角处宽50米左右,高3~5米。西南城角现存高30余米,上顶平坦,传说是“点将台”。城墙采用圆形平底夯分层夯筑,底部夯层厚20~30厘米,上部夯层厚10~15厘米,夯窝直径4~5厘米,深0.3~0.5厘米。城墙四周发现有6个缺口,有的是城门遗迹。

城外西南城角下有1条南北向大沟,宽200米左右,沟底宽阔平坦,传说是赛马、练兵和养马之处。东城墙内侧有一高岗,传说是监仓,即监禁犯人之处。东城墙外300米处,有一并列的双峰夯土岗,高5米左右,称"门卫岗",即城门外的监护岗。城西南角外侧有一条南北向的大沟,宽约200米,沟底宽阔平坦,传说是养马和赛马练兵之处。城南的沙岗上还有一处遗址,断崖上暴露出空心泥柱3个,采用长方形泥块垒砌,内含陶片,其中一个泥柱直径1.3米、内径0.9米、厚0.2米,每块泥块长60~70厘米、厚35~40厘米。

该城的地理位置,在古代十分重要,其北部和东部是圃田泽。据当地人反映,在这里经常拾到铜箭头和平首布之类的遗物。在城墙夯土内和地面上有许多陶片,主要有绳纹板瓦、素面瓦当、短舌耸肩绳纹筒瓦,而且把筒瓦的近肩部绳纹抹平,又饰弦纹;还有细柄豆,宽沿大陶盆等陶片,均为东周遗物。证明邲城城址为东周时期的一座古城。

三十一、雍梁古城遗址

河南省重点文物保护单位。雍梁古城,又叫雍氏城,也曾一度被称为"司马古城",春秋时期古城。雍梁古城址位于禹州古城镇古城寺村周围。据《括地志》记载,它是黄帝的大臣雍父因制杵臼有功的所封之地。后世在此建城,就称"雍梁城"。到春秋时期,它成为郑国的战略要地。据《左传》记载,襄公十八年(前555年)发生过"楚师伐郑侵雍梁"事件。该城东西宽约1300米,南北长约2500米。目前仅在人们称之为东城岭的地方遗存有一段长10多米的古城墙,其他都被夷为平地。

三十二、平陶故城遗址

河南省重点文物保护单位。平陶城,又作平桃城、平城、平咷城,据《水经注》引应劭语"荥阳故虢公国,虢亭俗谓平桃城"。平陶故城遗址位于荥阳市广武镇南城村东南部。东汉时,城内有虢亭,故虢国址。平陶故城平面呈长方形,南北长约900米,东西宽约700米,面积约63公顷。夯筑城垣,东墙北段和北墙保存较好,残高3米。城内发现陶窑、仓窑、墓葬等遗迹。地面散存大量春秋、战国、汉代的陶片及筒瓦、板瓦残片,陶罐上发现"平兆用器"戳记。地下出土有商代铜爵、铜鼎片及陶鬲等物。北魏太和十九年(495年)五月庚辰,孝文帝之"皇太子朝于平桃城",即指此城。

三十三、大索城遗址

大索城又名"大索亭"。春秋时期郑国地,以殷遗民索氏兄弟居此而得名。大索城遗址位于今荥阳市区北2公里的城关镇张楼村南。城内地势中间高,周围低,形似龟背。城外索水自南来,围绕东、北两面,故人称荥阳城为"金龟戏水"。周景王八年(前357年),晋国与楚国联婚,晋国韩宣子送晋女嫁楚,路经此城,郑国为了讨好晋国,派子皮、子大(太)叔慰劳晋人于此。《左传·昭公五年》:"郑子皮、子大叔劳诸索氏。"即指此地。北魏太和年间(477~499年),荥阳县自荥(郑州市北郊)移治于此,历隋、唐、宋、元、明、清、民国数代。古城址平面呈长方形,东西长990米,南北宽642米,总面积近24万平方米,城墙现存高度3~4.6米。历年出土有陶器、铁器、建筑构件残片等。城北2.5公里有小索城,故历史上多以大小索城并称。

2000多年来,荥阳老城为兵家必争的战略要地,《荥阳县志》载:"阅旧章知荥阳即古之东虢,虎牢峙西,广武亘北,春秋列国时群雄斗哄,而西汉唐历代以来俱为角险争雄之地,事迹甚夥。"而且还记载有许多农民起义军的光辉史料,如隋末(616年)农民起义军领袖翟让、李密等率领的瓦岗军在索河滨的大海寺北,歼灭隋军张须陀精锐主力;明末崇祯八年(1635年),农民起义军首领高迎祥、李自成在荥阳县城东关大海寺召集13家72营首领聚会,共商讨伐明王朝大计,为历史上有名的"荥阳大会";公元1853年太平天国将领林凤祥、李开芳率军北伐至此,清朝廷派遣理藩尚书思华率众狙击。

三十四、虎牢城遗址

春秋时期郑国地。晋等诸侯国修筑。虎牢城遗址在今荥阳市汜水镇虎牢关村西北黄河道中。以西周穆王东巡,得虎于圃田(今郑州市东),圈养于此而得名。周灵王元年(前571年),晋国出兵郑国,会同诸侯国修筑虎牢城。灵王十年(前562年)虎牢城成,晋国魏绛等人驻守虎牢城,以为晋国南图之据点。秦置虎牢关。北魏太常八年(423年),魏司空奚斤围虎牢城,与南朝宋将毛德祖进行长达百余日的虎牢之战。东晋至隋,历为司州、北豫州、东中府、成皋郡、武牢都尉府、荥州、郑州治所。古城早已沉沦于黄河中。

三十五、敖城遗址

敖为商王建都之地。敖,亦作隞、嚣,位于荥阳市东北一带。《史记·项羽本纪·集解》引司马瓒曰:"敖,地名,在荥阳西北山,临河迁于嚣",《史记·殷本纪》:"帝仲丁迁于隞。"敖为商代都城,历仲丁、外壬二王。《正义》引《括地志》:"荥阳故城在郑州荥泽县西南十七里,殷时敖地也。"

三十六、訾城遗址

亦称东訾、訾聚。訾城遗址今巩义市回郭镇訾殿村,罗水与洛河汇流处。这里地势平坦,土质肥沃,春秋为周邑。《水经注》及明清的《巩县志》多有记载,名称也多有变化,如訾邑、訾城、訾聚、訾乡、东訾、西訾等。据訾殿村的老人们回忆,清末的訾城,有井字形四条街道,城墙坍塌但可以看出它的坚厚,东西城门上嵌有石匾,上写"古訾城"三个大字。现在的村民们仍能说出訾城内主要建筑訾王殿、訾王台、娘娘楼、东司院、西司院、景云寺、狮子口、官路口等具体位置。《左传·昭公二十三年(前519年)》:"单子取訾";二十四年(前518年)"周敬王赐阴不佞东訾";二十三年"文公涉于巩,焚东訾"。皆指此地。晋咸和三年(328年),石勒击刘曜于洛阳,至成皋,卷甲衔枚,诡道兼行,出于巩、訾之间,即此。

三十七、阳翟故城遗址

阳翟故城遗址

阳翟故城墙为河南省重点文物保护单位。阳翟城,即古韩国都城。阳翟故城遗址位于禹州市老城颍河与禁沟河交汇处之东部一带。据《水经注》颍水条:“颍水自堨东,经阳翟故城北,夏禹始封于此,为夏国。”故城地望与《水经注》记载的阳翟故城位置相符。故城原名栎邑,春秋时为郑国的别都,战国时改为阳翟。

周威烈王十八年(前408年),韩景侯将韩国国都自平阳迁至阳翟。这座故城址是自韩景侯元年(前408年)至韩哀侯二年(前375年),传4世,战国时韩国之国都阳翟故城。公元前375年,韩国攻灭郑国,遂将国都迁新郑。共在此都33年。从公元前375～公元前370年,仅5年,韩懿侯便将韩国都城重又迁回阳翟。此后历秦、汉、三国、两晋、南北朝、隋、唐、宋、元等2000余年,禹州称阳翟名称不变。所以,许多文献史籍在记述历史事件及地地域时,习惯将上古时期尚无阳翟名称的夏、夏邑、历地、栎邑等统称为“阳翟”。

1958年以后,河南省文物工作队等单位曾对该城时行过调查。阳翟故城城垣系夯土筑成,夯层清晰可见,夯层面上有圆形小夯窝痕迹。故城的范围即原禹州老城的部位。

故城遗址平面略呈正方形,除东北城角为斜角外,余比直角,其外侧为弧形。东墙长1600米,南墙长1850米,西墙长1750米,北墙长1500米,周长6.7公里。城墙东段和东墙北段长590米保留尚好,南墙西段和北墙西段尚保留残墙两段400米和100余米。西南城角和西北城角保存较好,余已无存。城墙残高2～6米,墙基宽度不等,北墙东段墙基宽40米左右。城墙全系红黏土筑成,夯土层坚硬,夯层厚一般9～13厘米,最厚16厘米。夯痕有平夯和圆形小夯窝两种,窝径4～5厘米。在北墙东段内侧发现板筑遗迹,夯土层内含有灰陶素面平底碗,棕陶绳纹缸以及绳纹板瓦等战国时期的陶片;在西墙中段夯土层内还发现商代灰陶卷口器残片。城垣东、西、南、北墙各有缺口1处,为城门遗址。城内西北部,有一南北第约550米,东西宽约380米的地方,俗称龙亭,可能是宫殿区。在此挖土深3～5米,发现有战国时期陶片。阳翟故城发现战国墓葬80余座,出土有铜戈、铜剑、玉璧、瓦片、空心砖等。故城内主要遗迹有:

(一)聂政墓与聂嫈墓

位于故城西墙外约200米。据《史记。韩世家》载:“列侯三年(前397年),聂政杀韩相侠累”未成,自屠毁容而死,其姊聂嫈闻讯赶来,疑死于聂政尸旁,后将其2人葬于此。聂嫈墓在聂政墓北,而墓俱无存。宋初,人们为聂政墓筑砖石高台,台平面1000余平方米,台高9.6米,有台阶34级,俗称“聂政台”,台上有明正德十四至十五年(1519～1520年)建筑山门、大殿、配房和钟鼓楼,为真武祖师庙。

(二)贵族墓群

位于阳翟故城西北部约1.8公里的台地上。从1987年开始,河南省文物研究所配合建设工程在2.5万平方米内发现战国墓81座,其中甲字形中型墓葬11座。墓内随葬品有铜戈、铜剑、陶器和鹿骨架等遗物,属韩国贵族墓葬。

(三)平民墓地

位于故城东约1.5公里的崔庄和寨子子村附近。1979年以后,发现战国空心砖墓20余座。墓室由30～32块米字纹或素面空心大砖构筑,随葬品有细纹圜底壶、铜镜和铜带钩等,属平民墓地。

(三)韩哀侯墓

位于故城西南20公里冀村北侧土岗上。冢高3.5米。《史记・韩世家》载:“哀侯六年(前371年),韩严弑其君哀侯,而子懿侯立。”民国《禹县志》载:“韩哀侯墓在县城西南45里。”即此。

阳翟故城外有两处遗址:一是小韩城遗址,位于故城西北15公里小韩村,城垣多无存;一是看花台遗址,位于故城西北25公里玩南村附近,现存土台约3000平方米。

三十八、王药城遗址

王药城遗址位于今巩义市南河渡一带,濒临黄河。《读史方舆纪要》载:“王药城在县东北滨河,高齐时戍守处。后周建德四年(575年),宇文宪等入齐境,降拔20余城,师还皆弃不守,惟以王药城为要害,遣将韩正守之,正以城降齐。”即此,今城迹无存。

三十九、亳城遗址

亳城遗址位于偃师市西7公里。古西亳也。《史记》:自契至汤八迁,汤始居亳,从先王居。孔安国曰:契父帝喾居亳,汤自商丘迁焉,盘庚亦徙都之。春秋时为郑地。《左传》哀十一年,公会诸侯伐郑,同盟于亳城北。《汉志》偃师有尸乡,汤所都。《水经注》:尸乡,故汤所居,亦曰汤亭。今在县西三十里,亦曰尸氏。《左传》昭二十六年,子朝据王城,刘人败王城之师于尸氏。汉初,曹参还击秦将赵贲于尸北,破之,谓尸乡北也。又田横乘传诣洛阳,至尸乡厩置,遂自刭。今有田横墓。又《晋太康地记》:尸乡南有亳坂,东有桐城,太甲所放处;亦曰桐宫,汤墓在焉。

四十、缑氏城遗址

缑氏城遗址位于偃师市南10公里。古滑国。《春秋》僖二十年,郑人入滑。僖三十三年,秦人灭滑。晋吕相绝秦，曰：殄灭我费、滑。杜预曰：滑国都于费，今缑氏也。昭二十二年，子朝之乱，晋师军于侯氏，即缑氏矣。战国时为东周之邑。《史记》：秦昭王四十六年，攻韩缑氏、蔺，拔之。宋白曰：古缑氏城，在今城南二十里。汉始置县，属河南郡，武帝尝幸此。晋仍为缑氏县，属河南郡。太安二年，成都王颖自邺入犯，帝幸缑氏，击颖将牵秀，走之。后魏太和十七年，并洛阳。天平初复，亦属河南郡。东魏改属洛阳郡。隋开皇十六年，废。大业初，复置，仍属河南郡。唐贞观六年，省。上元二年，复属河南府。宋熙宁初，省入偃师。蔺，林氏曰：在缑氏南，故韩邑也。

四十一、胥靡城遗址

胥靡城遗址位于偃师市东南 20 公里。《左传》襄十八年，楚伐郑，侵费、滑、胥靡。后亦为周邑。昭二十六年，子朝之乱，敬王入于胥靡，次于滑。定六年，郑伐胥靡，乘周大夫儋翩之乱也。晋使阎没戍周，且城胥靡，即此。

四十二、宅阳城遗址

宅阳，一作北宅。战国魏地。宅阳城遗址位于今河南荥阳市区东南 8 公里的豫龙镇二十里铺村。周显王三年（前 366 年），魏国和韩国会于此。《史记·魏世家》：惠王五年（前 366 年），“与韩会宅阳”。《史记·魏世家》：懿（庄）侯五年（前 366 年），“与魏惠王会宅阳”。均指此城。

四十三、巩县故城址

巩县故城址位于巩义市东北站街镇老城村北部。秦时置巩县属三川郡民，县治设在原东周故城的旧址上，位于今巩义市康店镇焦湾、康店村一带的洛水西岸。北魏时将县治迁至此城址，宋时一度迁往永安县城，唐、元、明、清等历代县治一直设在这里。1931 年秋，山洪暴发，全城被淹，冯玉祥命令迁县城至鳌岭（今站街镇）。

遗址南北长 2000 米，东西宽 1300 米，现存城墙为明代所筑，清代重修。原城墙大部分已毁，惟西南角保留一段，长 10 米，高 6 米，底宽 10 米。下部为青砖砌基，青砖厚 10 厘米，宽 26 厘米，长 50 厘米。上部为夯土筑成，有城垛。原设有四门，1919 年水淹后北门被堵，仅存东、西、南三门，西门及南门均有门洞，置大木扇门，东门尚有瓮城。为防止雨季洪水威胁，南关筑有防洪堤坝。

四十四、少康城遗址

少康城遗址位于今禹州市城西北 20 公里顺店镇康城村北，原名“少康城”，是夏中兴之帝少康建都的故城。《禹州市志·文物》载：少康城是夏禹五世孙少康恢复夏朝后的建都之地，史称“少康城”。

到西周时,周成王封胞弟康叔于此。南北朝魏明帝分封尚书卫臻于此,为康城侯。魏晋至唐,在此曾两次设为县城。《水经注》记载,这里是夏代"少康城"遗址。

经省、市文物工作者考察证明,康城的旧城址内,北部为内城(紫禁城),内城左右有两耳城。城址的东半部为外城,规模宏大,布局严整,具有较多的"都城"特色。据传说该城有"里城""外城""紫禁城"。近年来,在城墙附近平整土地时不断拾到铜箭头,为当时遗物。村中原留有6米多高的老墩台,相传是少康点将之台。魏晋至唐,曾两次在这里设县。

四十五、夏亭故城

《史记·夏本纪》载:"汤乃践天子位,代夏朝于天下。汤封夏王后裔于夏亭"。《正义括地志》云:"夏亭故城在汝州、郏县城东北54里",当在禹州城西南境内。但详址无考。

四十六、上棘城

上棘城遗址位于禹州市朱阁镇境内。《水经注》:"颍水又迳上棘城,又曲迳其城南。"《春秋·左传》:"襄公十八年,楚师伐郑,右师城上棘,将涉水(颍水),故于水边权筑小城,以为进退之计。"《清一统志》曰:"上棘城在州西北小赵庄,俗名鸡鸣城,遗址尚存。"禹之旧志又载,上棘城于"今城内北门女墙下土阜名棘山,或以此名。"但殊无据。惟钧阳里一甲小赵庄有古城遗址,俗曰:"鸡鸣城"。鸡与棘音近,其地与《水经注》合,即《清一统志》所指城西北之上棘城也。

四十七、小韩城

顾祖禹《方舆纪要》云:"在禹州西北30里,韩哀侯所筑。"旧志云:"在禹州西北韩城里,(即今浅井镇小韩村)。"今遗迹无存。

第三节　秦汉以降古城遗址

秦汉以降,嵩山地域是经济繁荣、文化发达的时期,直到北宋都居于全国中枢地位,表现在城址上十分突出。这一时期,嵩山地域有多座古城址都被列入全国重点文物保护单位和省级文物保护单位,如汉霸二王城、古荥阳城、汉魏故城、汉庆阳故城、隋唐故城等。在这些城址中有不少的重大考古发现,在中国城市发展史上占有举足轻重的地位。

汉魏时期,我国城市建设发展到成熟阶段。洛阳汉魏故城内的主要建筑如宫城、衙署、寺院、里坊等,以纵贯南北的中轴线为准,依次规划。城西北角有金墉城,城东北角有太仓和武库,南郊有明堂、辟雍、太学和灵台，其布局大致体现了帝王之后建中立极、官府外置、左祖右社的都城建筑原则。中轴线格局的形成，表现了都城设计从先秦城市向隋唐城市的转变。到了北魏景明二年(501 年)，又增修了范围更大的外郭城，号称“东西二十里，南北十五里”，有 320 个坊，以及大市、小市、四通市等工商业区，面积达 75 万平方公里，为当时全世界最大的城市。

隋唐洛阳城始建于隋大业元年(605 年)，分宫城、皇城、东城、圆壁城、曜仪城、含嘉仓城和外郭城，总面积超过 50 平方公里，包括 109 个坊和 3 个市。每个方形里坊四边有坊墙，中间有十字街通向 4 个坊门与坊外大街相通。这种方形里坊制度源于北魏洛阳城，继而影响了唐代地方州县的布局，甚至影响到葱岭以西的中亚地区城市和当时日本的一些京城。

除了都城以外，嵩山地域的汉霸二王城、古荥阳城、庆阳故城、官庄故城都有一定的规模。考古工作者对通过对它们的调查与发掘，都取得了显著的成就。

一、汉霸二王古城遗址

全国重点文物保护单位。汉霸二王城又称广武城，遗址位于荥阳市东北约 17 公里的广武山上，公元前 203 年刘邦与项羽对垒时所筑。《水经注·济水》：“济水又东径西广武城北……又东径东广武城北。”即指此城。

汉王城和霸王城两座城址中隔鸿沟，遥遥相对，这就是秦汉之际，刘邦与项羽对垒所筑的东、西广武城。楚、汉战争时，刘邦、项羽分屯西城、东城，彼此对峙。西城为汉王刘邦所筑，称“汉王城”，东城为楚王项羽所筑，称“霸王城”，中隔宽 800 米、深 200 米的广武涧——鸿沟。二城北靠黄河，西南群山叠嶂，地势险要，为地扼中原、通向关中之要冲和咽喉，是后家必争之地。

汉霸二王古城遗址

汉王城东西长 530 米，南北宽(今残留)190 米。墙高 10 多米，高出黄河 200 米。霸王城东西长 400 米，南北宽(今残留)360 米；墙身宽 26 米，城角处宽 70 米。城墙以西南为最高，达 15 米。东西两城，对垒相峙，屯兵争战。两城中间隔一条南北走向的广武涧(亦称鸿沟)，深 200 米，涧口宽 800 米。二城北面有滚滚黄河，西南群山错落，形势非常险要。

汉王城的规模较大，虽然由于黄河水的长期南侵冲刷，致使北城墙全部及城内大部沦入河水，但部分东西城墙和大部分南城墙仍较好地保留了下来。两城现存总面积约 10 万平方米，城墙总长约 1300 米，其中汉王城南墙 515 米，霸王城南墙 319 米，最高 10 米，最宽约 30 米。城墙采用分段筑夯成，由外侧护坡及墙芯两部分组成。前者土质黄褐疏松，夯层较厚，一般 8 ~ 18 厘米，夯窝直径较大，一般在 8 厘米以上；后者土质红褐，夯层较薄，一般 7 ~ 9 厘米，夯窝直径 5 ~ 8 厘米，十分坚硬。两城址没有进行过考古发掘,但从城内外及城墙内采集到较多的遗物残片,主要为陶器和铜兵器。陶器有绳纹板瓦、筒瓦片,及饰绳纹的陶盆、陶圆底罐等。铜兵器有铜镞、铜矛和铜戈等,其中 2 件有铭铜矛、铜戈均为韩国晚期兵器。在汉王城西侧还有张良城,仅存 90 余米,残高 1 米余,其余塌入黄河。

汉霸二王城,自古就是一处军事要地,它对研究中国古代军事斗争史特别是楚汉战争史具有重要价值,至今研究军事地理者仍常到此考察。古代不少著名文人如李白、韩愈等曾前来凭吊,留下了不少著名诗篇,对后世具有深远影响。

二、汉魏洛阳城遗址

世界文化遗产。全国重点文物保护单位。汉魏洛阳城遗址是东汉、曹魏、西晋、北魏的都城遗址,位于洛阳城东 15 公里洛阳市郊区、偃师市、孟津县毗连处。北靠邙山,南临洛河,为周代成周城、秦代三川郡旧址。西周初在此筑城,称成周。因在洛水之北,称洛阳。该城始建于西周,东周后期。更始三年(25 年),东汉光武帝刘秀定都于此,历时 196 年。此后,曹魏、西晋、北魏相继在此建都,分别为 46 年、52 年、42 年。据文献记载:汉魏故城的郭城"东西六里十一步,南北九里一百步",还有"城内南北九里七十步,东西六里三十步"之说。其规模宏大,是当时全国政治、经济、文化的中心,也是世界上第一流的大都市。

从 1962 年起,中国(社会)科学院考古研究所派出工作队对汉魏洛阳故城进行考古发掘勘探,40 余年间先后对汉魏洛阳故城内城城址、城垣、城内主干大道、河渠、重要宫殿区、官署、东汉刑徒墓地、汉晋灵台、明堂、辟雍、太学、北魏永宁寺、西晋帝陵、北魏外郭城、东汉墓园、北魏景陵、汉晋城垣、建春门、一号马面、永宁寺西门、金墉城、北魏宫城阊阖门等遗址进行勘查或发(试)掘,获得了许多重要的考古资料,证实遗址为不规则长方形,南北约汉代 9 里,东西约汉代 6 里,故称"九六城"。城墙用土夯筑, 东、西、北三面城墙, 遗迹尚存。经实测并复原, 东城墙残长 3895 米,宽 4 米;西城墙残长 4290 米,宽 20 米;北城墙残长约 3700 米,宽 25 ~ 30 米;南面城墙被洛河淹没,周长 14.9 公里,东西间距 2460 米。城墙一般高出地面 1 ~ 2 米,北城墙东段高出 5 ~ 7 米。城四周有 12 门,东西各各 3 门,南面 4 门,北面 2 门。城门基本对应,皆有门亭。南门正面所记载有正阳门,系祭祀法驾进出之所。以西北城墙保存较好。

汉魏洛阳故城遗址

城中主要宫殿为南宫和北宫。秦时已有南宫。永平三年(60 年),汉明帝"起北宫及诸官府",二宫"相去七里",筑长廊相连,并筑 3 条复道,以供人员往来。城内主要大街,都通自城门。大街互相交叉,分隔成 24 段,这可能便是文献记载中所说的"洛阳二十四街"。据钻探,大街的宽度 20 ~ 40 米不等。据记载,每条大街都分成 3 股,唯公卿、尚书等大臣行中道,一般行人皆行左右。宫平平面呈“吕”字形，其地上地下遗迹遗物十分丰富。现存重要遗迹有北魏内城城垣、北魏外郭城、宫城、金墉城、北魏永宁寺及永宁寺塔基、太极殿、阊阖门、东汉太学、明堂、辟雍、灵台、东汉墓园、北魏大市白马寺、租场牛马市、东汉刑徒墓地等，并出土了大量精美的文物，包括陶瓷器、泥塑像、铁器、铜钱(器)、金银器、碑刻造像等。

勘察工作证实，太仓和武库都在城的东北隅。据记载，工商业区有南市、马市和金市。南市在南郊，马市在东郊，金市在城内南宫的西北。

汉魏洛阳故城遗址保存着西周、东周、东汉、曹魏、西晋、北魏等朝代较为典型丰富的文化遗存，对探索研究当时社会的政治、经济、文化、军事、交通等具有十分重要的意义，它在我国城市发展史尤其是都城发展史上占有十分重要的地位，对隋唐时期的长安城与东都洛阳城的城市布局有着显著的影响，甚至也影响到日本藤原京、平城京、平安京的城市布局和宫殿名称。

为了加强对大遗址的保护，文物工作者编制了《汉魏洛阳故城大遗址保护规则》《北魏洛阳永宁寺塔基遗址保护方案》《灵台遗址保护方案》，制定了《汉魏洛阳故城保护管理办法》。特别是在对永宁寺塔基遗址的保护工作作有具体方案。永宁寺塔原为土木结构，现仅存夯土台基及中心土坯实体。依据文献记载和考古发掘资料，塔基四周用青石镶包，上部根据考古发掘状况垫土抬高复原保护，从而达到了保护展示效果。

2014 年 6 月 22 日，中国与吉尔吉斯斯坦、哈萨克斯坦三国跨国联合申报的“丝绸之路：起始段——天山廊道的路网”项目通过第 38 届世界遗产委员会审议，正式列入《世界遗产名录》。汉魏洛阳城遗址是中国境内的 22 个遗产点中唯一的都城遗址。

三、荥阳故城遗址

全国重点文物保护单位。荥阳故城遗址位于郑州市东南 10 公里的王寨、城角、京襄城、朱洞、红沟和南张寨村一带，是春秋时期郑国的京城，郑庄公之弟段居于此。汉代置京县。因故城建于荥泽水西北岸，水北曰阳，故名荥阳。

荥阳故城最早建于战国时期，是韩国的重要城邑，交通枢纽、军事战略要地。秦时为三川郡治。据《史记・秦始皇本纪》：“东至荥阳，灭二周，置三川郡。”治荥阳，又于敫山置“敫仓”。楚汉之争，双方曾屡踞于此，项羽围刘邦于荥阳城内。其后楚汉“隔涧对语”，以鸿沟为界，中分天下。西汉降为县，属河南郡。东汉时属河南伊。三国、魏、晋属荥阳郡。北魏孝文帝太和十七年(493 年)城废。郦道元著《水经注》时已称之为“荥阳故城”。历史上，这里为兵家必争的战略要地。

荥阳故城的城垣为南北长方形，西北角城墙三折，东北角为曲尺形。除东城墙河水冲毁外，其他三面城墙基本上都保存完整，断断续续依然可见。其中西墙南段的城墙高达 11.6 米。城墙上窄下宽呈梯形，西墙南段顶宽 16.5 米，底宽 24 米。城墙系版筑夯土墙，细密坚实，夯窝明显，夯层清楚，每层厚 7～13 厘米不等。城墙上一排排板筑夹棍眼痕迹，清晰可见，底部建在生土层上。西墙长 2016 米，有 3 处缺口，南墙长 2012 米。西城墙有 3 处缺口，缺口应为城门位置，其中一处似有瓮城。东墙长 1860 米，北墙长 1283 米，中间也有拐折。残存城墙最高处 20 米，上宽 10 米，基宽 30 米。城墙系版筑而成，层次分明，夯层中有圆形夯窝，直径 8 厘米。南墙和东墙外有深沟。城垣周长 7171 米，若加上曲折和拐角部分，整个城周长不少于 7.5 公里。

荥阳故城址

新中国成立后,曾多次在这里进行考古调查和发掘。经调查发现,在城内中北部有夯土台基,在城东东北角有制陶作坊和粮仓,在陶器上有“廪”“荥阳廪”“荥阳廪陶”等戳记铭文。东部高地为官署。南部是居民区,散存大量板瓦、筒瓦和水管等以及篡、盆、罐等陶器,也有铁器出土。同时在故城内发现了古代房基、夯土台、水管道等城市建筑设施,还出土有金、铜货币、铜器、铁器、陶器等。在荥阳城西墙外,有河南郡设置的汉代冶铁作坊,有完整的冶铁和铸造工艺系统,铸造出了大批高质量的铁器,反映了汉代的冶铁水平。

四、隋唐东都洛阳城遗址

(一)隋唐东都洛阳城定鼎门

隋唐东都洛阳城定鼎门复原图

世界文化遗产。全国重点文物保护单位。始建于隋大业元年(605 年)三月,是隋唐洛阳城中轴建筑群上著名的建筑。定鼎门是隋唐洛阳城外郭城正南门,隋初名建国门,唐时更名定鼎门,定鼎门内的街道称为“天街”。定鼎门为一门两阙格局,双阙与主城门楼呈一字型对称平行分布,门楼与阙台之间有飞廊连接,其门道的宽度和进深为隋唐两京郭门之最,这种“一字阙”的城门在隋唐两京考古中也是孤例。

定鼎门遗址由平面呈长方形的墩台、三个门道、东西飞廊、东西两阙和左右马道组成。东西飞廊和东西两阙分别位于墩台两侧,和墩台呈平行对称分布,这种门阙形制仅见于定鼎门遗址,在国内其他地方还没有发现,这和同时期西京大明宫含元殿遗址和东都宫城正门应天门遗址不同。后者和如今北京故宫午门相仿,飞廊呈曲尺形,连接墩台和飞廊。墩台是城门的基础。盛唐前期的定鼎门墩台由黄土夯筑而成,东西长近 50 米、南北宽约 24 米,面积有如今两个篮球场大小,夯土细密结实,墩台四周还包砌壁砖。三个门道均采用梁架结构,门道宽5米至5.5米,南北进深各约20米,门道中部皆置单重门扉。城门楼的高度约15米,相当于如今的5层楼高。其城墙的宽度历代不等,隋代在2米左右,唐代为3.5米,宋代达到8米。

定鼎门是隋唐洛阳城外郭城正门,始建于隋大业元年(605年)三月,正式启用于隋大业二年(606年)正月,正式迁都洛阳的隋炀帝成为第一个通过定鼎门的中国古代帝王。之后,定鼎门相继被唐、后梁、后唐、后周和北宋定为洛阳外郭城正门,直到北宋末年,才逐渐废弃,定鼎门作为郭城南垣正门的时间长达530年。是中国古代延用时间最长的都城城门。此外,定鼎门还是隋唐东都洛阳西通西京,南通江都的要津。2014年6月22日,中国与吉尔吉斯斯坦、哈萨克斯坦三国跨国联合申报的"丝绸之路:起始段——天山廊道的路网"项目通过第38届世界遗产委员会审议,正式列入《世界遗产名录》。隋唐洛阳城定鼎门遗址是此项目中的遗产点。

(二)隋唐东都洛阳城遗址

全国重点文物保护单位。隋唐东都洛阳城遗址位于洛阳市区偏东,周王城以东,距汉魏洛阳城之西约10公里,南对伊阙,北倚邙山,东逾瀍水,西至涧河,洛水横穿其间。该城创建于隋隋炀帝大业元年(605年),称为东都。唐代延用并扩建。此时的洛阳城是洛阳古城史上最鼎盛时期,也是东方世界大都市之一。隋唐洛阳城遗址是中国隋唐两代的东都城遗址。自创建以来,曾作为隋都15年、唐都40余年、五代时后梁建都14年、后唐建都13年、后晋建都2年,前后长达半个世纪,是中国封建盛世著名的都城,人口曾发展到百万人以上。北宋以后,由于政治、经济中心东移开封,洛阳则被称为西京。从此,失去全国政治、经济的中心地位。

隋唐东都洛阳城城址分外郭城、宫城、皇城、东城、圆壁城、曜仪城、含嘉仓城等,规模宏大,布局有序,由隋代大监杨素、副监杨达和将作大匠宇文恺等规划建造。该规划采取避开旧城建新城的方案,纵横修建街道各10条,主干道宽121米,建里坊109个,每坊450米见方,唐代改为103坊。自1954年考古学家阎文儒首次对隋唐洛阳城址进行考古勘察以来,中国社会科学院考古研究所洛阳唐城队、洛阳博物馆、洛阳市文物工作队等考古单位先后对该城址做了大量的考古勘探和发掘工作,基本查清城址的具体位置、范围、整体布局及主要文化内涵。

隋唐东都外郭城的总周长27.5公里。其中东城墙长7312米,南城墙长7290米,北城墙长6138米,西城墙长6776米,大多数湮埋于地表以下。城墙为黄土夯筑,宽18米,高18米,重楼高12米。外郭城四垣城门,史载南有3门,东有3门,北有2门,西面无门。南面自西向东依次为厚载门、定鼎门、长夏门。东垣自南向北依次为永通门、建春门、上东门。北墙的安喜门和徽安门。外郭城内的街道和坊区城内的街道以洛河为界形成南北两区。洛河以南共探出南北街道12条,东西街道6条;洛河以北探出南北街道4条,东西街道3条。城内的里坊,根据钻探并结合文献记载,大致可复原出洛河以南的81坊2市和洛河以北的28坊1市,总计109坊3市。在外郭城西北部有皇城、宫城、曜仪城、圆壁城、东城和含嘉仓城,皇城与宫城左右两端之间形成180米宽夹城,史载内有5省、3台、5监、9寺、12卫、16府等中央官署,在外郭城东设地方驻京机构,城南设招待四方使者的四方馆舍。皇城内是中央官署机构区,城墙及城门大部分有迹可寻。

宫城又称紫微城,是皇帝议事殿堂和宫寝所在地,位于外郭城西北部(今洛阳市老城西侧)。宫城形制近方形,北墙长1400米,南墙长1680米,东墙长1275米,西墙长1270米。宫城各门,自隋至宋,除东面城门未经变动外,其余三面屡有增减,现均已找到或发掘,特别是发掘出宫城南面正门应天门,还勘探和发掘一些宫殿建筑。城内共有殿、台、馆、阁35所,已发现陶光园、徽猷殿、九州池和东宫遗址。

皇城位于外郭城西北隅,宫城之南,隋称太微城,是中央官署区。西墙 1670 米,东墙 1115 米,南墙仅存西段长 540 米,北墙为宫城墙封堵。城墙皆为夯筑,墙宽 14～15 米,内外有砖镶痕迹,城墙高 12.3 米,有 6 座城门,南 3 门,东 1 门,西 2 门。南墙西的右掖门,门址宽 42 米,有 3 个门洞,每洞宽 6 米,门道深 17.15 米,门楼有 13 根明柱的门阙,是隋唐洛阳城保存最好的城门基址之一。皇城重要的城门右掖门及宾耀门、丽景门、宣辉门及国家粮仓子罗仓已勘查出确切位置。

曜仪城在宫城北面,东西长 2100 米,南北宽 120 米,四面有门。圆壁城在曜仪城之北,东西长 2110 米,南北宽 460～590 米,城的北墙即外郭城的北墙西段。东城在宫城和皇城东侧,为南北向长方形。东城西北角即洛阳老城西北角,东西宽 620 米,南北长 1270 米,东、南、北面各有城门 1 座,城内有 4 条大街。

含嘉仓城是隋唐洛阳城内一座储藏粮食的大型地下国家储粮仓,位于隋唐东都城皇城外东城北部,圆壁、曜仪二城之东,即今洛阳老城西北郊,平面为长方形,仓城总面积为 43 万平方米,内有 400 余座仓窖。通过多次勘探和发掘,对含嘉仓城的范围、布局、粮窖的数量与结构、储粮方法与来源均已有清晰的了解。

隋唐洛阳城因地势而建,洛河以南侧沿河道而建,洛河从城市穿过形成南北两大部分,宫城与皇城偏北,且地势较高,以此为中轴线向南发展。隋唐时代很重视交通建设,除道路外修造了天津、永济、中桥等桥梁,其中天津桥长 3000 米,宽 90～120 米,颇为壮观和气派。

五、官庄故城遗址

河南省重点文物保护单位。官庄故城遗址位于汝州市温泉乡官庄村北,古城村以南。古城址平面形状接近正方形,东西 1500 米,总面积 2.25 平方公里。文化层局部为 2 米左右。东、南、西、北四面城墙,现保留在地面上的高低不等,最高的有 2 米左右,低处仅 0.50 米,个别地点已夷为平地。从现存的城墙断面来看,墙体宽度不详,夯层明显,夯层厚度为 0.16 米左右,为夹筑法逐层夯成,墙土较净。城址内地势较为平坦,北高南低,地表显露的遗物遗迹较少。从断崖处以及初步钻探,耕土层 0.5 米,耕土层下至 2 米处多为文化层,内涵遗物较少,仅在城内发现有汉代时期的陶瓮、陶缸、釉陶壶、双耳杯、陶仓等陶器残片。

官庄故城址的确切年代,从遗物遗迹和文献记载分析,当为汉代时期始建,沿用至唐、五代时期,废弃年代不详。

六、汉河南县城遗址

秦灭,西汉在洛阳置河南县,属河南郡,东汉沿之。汉河南县故城是在 20 世纪 50 年代寻找王城时发现的,遗址位于洛阳市西郊涧河东岸小屯村。汉河南县城是在东周王城故址上重建起来的,位于城的中部,其修建和使用年代,应在两汉 400 年间。

1954 年经考古钻探发掘,汉河南县城遗址套入在周王城内。1955 年在城址的中部进行小规模发掘。重要发现有西汉的房址、东汉的居住区和战国时制石场遗迹。该城周长约5400米，南北西墙相距约1410米，东西两墙相距绝1485米。城址平面略呈正方形，只有西城墙北段有曲折。城墙用夯土筑造，已全部埋在地面下。城墙东西长约1460米，南北宽约1400米。墙基均在地面以下，宽在6.3米左右，残存高度在0.40~2.40米。城址内外有仰韶文化、商、西周、春秋、战国、西汉、东汉等不同时期的文化层。

在城址发现于城内中部的西汉房址两座，皆为半地穴式建筑，即先挖深约2米的方坑，再在坑内四周筑夯土墙。房内堆积中含瓦当、筒子瓦、板瓦和残陶器。在残陶器上发现有“河南”“河市”“河亭”等戳印。房址附近发现“河南太守章”“雒阳丞印”封泥，表明这两座建筑有可能是官廨所在地。

东汉居住区发现于城内中部偏东，有砖砌房基4座。房基附近有石子路、水井、水道、粮仓以及石磨、杵臼等粮食加工工具。房屋多为半地下土屋，平面一般为长方形。西汉时期的距地面深约1.3米，房子四壁不砌砖，四壁各开有长方形直槽，以安置支承地面房顶的房柱。这种建筑形式沿用至东汉，大多使用砖砌，地面建筑为砖柱瓦顶。半地下的房屋为平民住宅。井壁砌砖，使用辘轳汲水。粮仓有砖砌的圆囷、方仓，皆为半地穴式，圆囷一般直径3米左右。此外，有铁农具、铁手工具、纺轮、车器以及用煤的遗迹。这是一处以农民、手工业者为主体的居住区。

在城址的西南部发现有一处10开间的大规模房基，每间长宽各3.5米，隔墙厚约0.4米。还发现有大型建筑所用的地下排水设施水道，为筒形陶制管道。该处建筑很可能是东汉河南府或显要官吏的居宅。

汉河南县城人口众多，富庶繁荣，城市建筑及数以万计的贵族砖室墓葬，需要大量的砖瓦等建筑构件。在故城外东北部发现了数10座较大型烧窑，其中一座窑腔内还盛有完整的一窑筒瓦，在砖瓦窑作坊遗址一带还发现有烧制五铢钱的钱范窑址。在城中西南部（今王城公园西区）分布有铸铜及铸钱作坊。汉河南县城前后使用400余年，东汉以后废弃。

七、汉崇高城址

位于登封市区北关。汉崇高城遗址残存东城墙及部分北城墙，东城墙南北长约700米，北城墙残留地表长约200米，高2~3米，城墙宽约10米，夯土层十分明显。

据《汉书·武帝记》载，在汉元封元年（前110年），汉武帝设立崇高县，以崇高山下三百户为奉邑以奉太室；东汉光武帝建武元年（25年），崇高县并入阳城县，县治废；隋开皇元年（581年）在崇高县旧址上设嵩阳县；武周万岁登封元年（696年），嵩阳县改为登封县。

1988年在北城墙附近的嵩阳路基下挖出一巨形河卵石，重1000余斤，石面上凿刻篆体“崇高县故城”5字。这一巨石的出土位置当在故城的北城墙附近，石刻现存嵩阳书院。

八、王居城遗址

晋代城。王居城遗址在今新密市东南17公里的刘寨镇云岩宫水库东侧。以西晋愍帝为皇太子秦王时曾避难于此而得名。晋永嘉四年（310年），晋都洛阳被匈奴族汉帝刘渊所攻陷，秦王司马邺来此避难，临时居住于云岩宫南侧黄路坡寨，后改为王居城。《晋书·帝纪五》："孝愍皇帝……及洛阳倾覆，避难于荥阳密县。"即指此地。后秦王在其舅父荀潘、荀组协助下，奔许昌，取道南阳、武关，到长安称帝，即晋愍帝。

九、敖仓城遗址

荥阳敖仓城址

河南省重点文物保护单位。秦筑敖仓储粮，筑路城以护仓，因以得名。敖仓城遗址位于今荥阳市广武镇桃花峪村北黄河滩中，地处古黄河与济水分流处。汉刘邦三年（前204年），与项羽对峙荥阳（今郑州市西北部），筑甬道取仓粟以以支军，与项羽相持岁余。《史记·高祖纪》："汉王军荥阳南，筑甬道属之河，以取敖仓，与项羽相距岁余。"即指此。其后代亦设仓于此。唐柳宗元《与李睦州书》载："盐东海之水以为咸，醢敖仓之粟以为酸。"亦指此仓城贮粮之多。敖仓城是楚汉战争形势转折阶段，具有显要地位和重大作用的一处遗址。

十、北魏洛阳城遗址

世界文化遗产，全国重点文物保护单位。位于洛阳市区东15公里，北靠邙山，南临洛水。北魏太和十九年（495年）孝文帝统一中国北方，从旧都平城（今山西大同市）迁都洛阳，派司空穆高、尚书李冲、将作大匠董爵（一作董迩）对汉魏故城进行了大规模改造与扩建，至宣武帝时建成规模宏伟的北魏洛阳城。根据《洛阳伽蓝记》中的记载核算当时的占地面积约有100平方公里，是同期世界上面积最大的都城。东魏天平元年（534），迁都邺城，拆毁洛阳宫殿。元象元年（538）在东、西魏邙山之役中，北魏洛阳城化为废墟。

1954年开始对汉魏洛阳城进行勘察与发掘，基本查明了城垣、门阙、街道格局、护城河、金墉城、宫城区、永宁寺、灵台、太学遗址和刑徒墓地等。北魏洛阳城的规模堪称中古世界之最。全城分为宫城、内城和外郭城三重城圈。东汉以来的旧城成为北魏洛阳的内城，新城向外扩展数里，面积约100平方公里，人口约60余万。北魏洛阳城形制布局在中国古代都城规划发展中具有重要的地位，是当时世界上规模最大的城市和世界历史上面积最大的都城。它也是鲜卑族汉化、多民族融合和中西文化交流的重要见证。

北魏迁都洛阳之初以金墉城为宫城，对该城进行重建，增设殿宇。随后，又在汉魏北宫古址新筑宫城,遗址在金村以南500米处,南为宫区,北为苑区。同时在旧郭城北垣内兴建高大建筑与宫城相连,使金墉城与宫城形成“N”形,位居全城中央偏北处。宫城平面呈长方形,南北长1398米,东西宽660米,东、南、西三面城垣保存尚好,现存宫城正南门阊阖门及汉阙遗址,门洞缺口宽46米。宫城遗址内殿址密集,已发现夯土台基30处,主要分布在阊阖门北的中轴线两侧。南对阊阖门的一座大型殿基,东西长100米,南北宽60米,夯土高出地面4米,周围拱以成组殿基,似为主要宫殿“金銮殿”。城内经纬通达,有8条宽广大道,从宫城阊阖门南出的中心大街铜驼街,宽42米,两侧分布多处大面积夯土台基,是中央官署和社庙遗址等。

洛阳城内里坊整齐划一,且有严格的管理制度。宣武帝元恪“于景明二年九月丁酉,发畿内夫五万五,筑京师三百二十二坊,四旬而罢”。“方三百步为一里,里开四门,里置里正二人,吏四人,门市八人。”借鉴了曹魏邺南城里坊作法,一改官私杂居的情况,使官制与民居泾渭分明。靠西郭城的寿丘里,东西2里,南北15里,为皇室新居,民间称为“王子坊”。另外建大市,小市、四通市,都在里坊之内。为了招待归附者和外国使臣商旅,又在城外建有四夷馆和四夷里。

城里城外有佛寺1367所,《洛阳伽蓝记·序》所形容:“昭提栉比,宝塔骈罗,争写天上之姿,竞摹山中之影,金刹与灵台比高,广殿共阿房等壮。”可见北魏佛寺之盛。

遗址南北长3988.8米,东西宽2606.4米,四面城墙总长14公里;部分地段高出地面5~7米,宽14~30米不等。城墙为版夯土墙,细密结实,每隔110~120米,筑墙垛突出城外,作为防御工事。城外有护城河,宽20~40米,深4米以上。城门14座,城门楼“皆两层去地百尺”,“朱阙双立”,其中大厦门“营造三层楼,去地二十丈”。每座城门有3个门洞,中间供皇帝与大臣通过,两边供市民出入,门外皆筑有亭。外郭城有记载,已发现北城墙长千余米,东城墙长4000多米。

北魏洛阳城的规模很大,高耸坚固的城垣和整齐划一的里坊,都比魏晋以前封闭的更严密。北魏洛阳是中华民族文化大融合的中心,它继承了古代匠人营国制度的优点,在中国封建社会城市规划史上具有承前启后的作用。

十一、河南府城遗址

河南府城遗址位于今洛水以北、瀍水之西,洛阳市老城范围内。洛阳自汉设河南郡,历代因之,府城多有变化。今之洛阳老城是在北宋初年王曾判任河南知府时所筑的城基上,于金正大初年重建起来的。《元河南志·宋城阙古迹》载:“金初仍宋制,正大初以河南为中京,改河南为金昌府。筑城,东据瀍水,南接东城之南郭,西亦因东城之西郭,北缩于旧(城)一里。”洛阳城均系土城,规模约为唐东都城的二十分之一。

明代,洛阳城是伊王、福王的封邑和河南府、洛阳县的治所,建筑规模有所扩大。洪武六年(1373年),明威将军陆龄依金元旧址改筑砖城,挖掘城壕,城周围8公里340步,墙高4丈,壕深5丈,阔3丈。开四门:东曰建春,西名丽景,南称长夏,北为安喜。城门上建阙楼,外筑月城,环城设39座敌台。万历初年,复在城外筑一道墙,高1.30丈,宽1丈,周长33里。城内主要建筑有伊王府、福王府(明福王朱常洵的王府)、河南府署和洛阳县署。伊王府是明伊王朱(木彝)的王府,在今老城西大街北侧,今人称“旧府门”的一座门址,是伊王府的南大门。福王朱常洵就藩洛阳,建造王府,“营洛阳邸第至三十八万,十倍常制”,遗址在今老城青年宫一带,青年宫前的一对汉白玉石猴子,是福王府门前唯一的遗

河南府城复原图

物。到了清代这里是知府衙门，晚清时为光绪皇帝的行宫。河南府署是仅次于王府的建筑。元代以前治所在洛水南，元朝徒于洛水北城内大街，明代又重建。洛阳县署，隋大业初年从皇城附近徒至瀍水西光通坊，唐宋金元明均沿用，到万历四十二年(1614 年)修福王府时，移至城外东北护国迎恩寺以北。其他建筑有府城隍庙、府文庙、鼓楼、安国寺、文峰塔等。

清代洛阳城的规模一如明朝，历任知府、知县对城郭街道有所修缮。顺治二年(1645 年)至六年(1649 年)守道赵文蔚和知府金本，利用福王府残垣废砖，修砌加固了四面城墙，建城楼 8 座。康熙四十四年(1705 年)以后，分别重修了四面城门楼，定名为东迎恩、西万安、南望涂、北长庆。城内东西、南北两条主干道，分东南、西北、东北、西南四隅。河南府署及通判署、教授署、推官署、经历署、察衙署均分布在四隅街巷内，建筑十分壮观。

十二、汜水城遗址

汜水城遗址位于荥阳城西北 17 公里处。隋开皇二年(582 年)始建，城址在锦阳川东畔，为汜水县治所。后因河水涨溢，汜水县曾迁治于古制城址(今上街)。明洪武六年(1373 年)，靠汜水旧址又筑新城。城北、东两面依卧龙山(即广武山)，南、西滨汜河，“半高半下，随方随圆，其街道随山城围转”，周长约 4 公里，面积 1 平方公里。南、西城墙因防河水内灌，年年加固，已变为堤坊，高约 7 米，上宽 2.5 米。北、东山顶城墙残存 4 段，最长一段约 300 米，高约 5 米。原有 5 个城门，东曰迎恩，东北曰宣威，西曰通峡，西南曰观澜，南曰拥秀。城门上建有楼阁，阁额东曰鸿沟古界，西曰虎牢天险，南曰龙泉活水，北曰牛口征云，城门皆毁于抗日战争时期。

十三、密县故城址

古称法桥堡城，位于新密市西南 3 公里处大隗镇大隗村。西汉高祖二年(前 205 年)置密县，为县治。《水经注·洧水》:“洧水又东径密县故城南……今县城东门南侧，有汉密令卓茂祠。”即指此城。《读史方舆纪要》载:“密城，在县东三十里，即春秋之新城，……汉县治此。”《左传》杜预注:“新城，郑新密，荥阳密县。今河南开封府密县东南三十里，有故密城。”密县故城历经汉、魏、晋、南北朝，至隋炀帝大业二年(606 年)，共计 812 年。

隋大业十二年(616 年)因患水灾,密县城由大隗镇迁至法桥堡城。清顺治《密县志》载:"古密县城,汉太傅时治新密乃大隗镇也,患水复西徙矣。"《太平寰宇记》载:"密县,今县东三十里有古密城,即汉理所……隋大业十二年又移于今,即古法桥堡城。"

据《密县志》记载,城周为 7 华里,隋代始筑,历唐、宋、元、明至万历年均为土城,万历三十七年(1609 年)始易为砖城,明清均有续修。抗日战争时期因防空城废,1946 年又复修为土城。北、西两面部分城墙尚存。城内外文物古迹甚多,新密老城遗址属裴李岗文化,西关瓷窑遗址是重要的唐代贡瓷产地;还有县衙、孔庙、桧阳书院、卓君庙、城隍庙、关岳庙、法海寺等,均为明、清建筑;现存《重修县城碑记》1 通,1946 年立,残高 1.02 米,宽 0.71 米;碑文楷书 19 行,行 40 字,记述县城兴废沿革历史。

十四、汉代管城遗址

汉代管城遗址位于郑州市区的东部。它是利用郑州商代和战国城的南部约三分之二的地方,新筑一道北城墙其他三面城墙则是利用商代和战国南墙和东、西城墙南段的基础修筑而成的。城垣呈东西长方形。东西长约 1700 米,南北宽 1000 米。城内发现有汉代的夯土台基,城外发现有汉代砖墓与小砖墓,还有汉代的砖、瓦、陶器等遗物。

十五、大栅城遗址

晋代名大栅坞。大栅城遗址位于今荥阳市城关镇老城。晋代有荥阳民张卓、董迈等人,遭遇荒乱,鸠聚民众,修筑坞堡以自卫,始名大栅坞。北魏太平真君八年(447 年),移北豫州治于此,遂由"坞"变"城",始名大栅城。北魏太和十七年(493 年),为荥阳郡,荥阳县治所,更名荥阳城。

十六、板渚城遗址

汉魏时期城名。板渚城,亦称板城渚口。板渚城遗址今荥阳市北 20 公里的北邙乡刘沟村西北黄河道中,地处古黄河南岸,为板城渚口津渡上之重城。隋炀帝大业元年(605 年),开通济渠,自此引河水,南达于淮,为隋唐时期水运之枢纽。炀帝两次游江都,均经此而东南下。《水经注・河水五》:(经文)"河水又东经析城北。"即指此城。唐武德四年(621 年),窦建德陷管州,以船运粮,溯黄河由此西上。王世充之弟王世辩屯军于"成皋之东原(东广武城),筑宫板渚"。均指此城。

十七、梁古城遗址

梁古城,也称梁王城。梁古城遗址位于汝州城区西北 22 公里,南与官庄村相连。距温泉镇 5 公里。现四周城垣基本完整,高出地面 4 米左右,墙上宽约 3 米,全城面积约 150 万平方米。该城址遗存有汉代墓葬以及汉代以后的砖瓦器物碎片较多。

相传唐太宗李世民于公元621年春，亲自率兵攻克汝州，在向洛阳进军途中领略了温泉神水的奇趣。贞观十一年(637年)唐太宗李世民命人在镇北十里处建一座“清暑宫”，作为他来温泉的住所，也为体察民情的方便。五代时期，梁太祖朱温曾到此处避暑，唐太宗的“清暑宫”，朱温住后改称“梁王城”。据清《直隶汝州全志古迹篇》所载：“梁王城，梁王避暑处。”史料和传说以及遗址内旧物碎片较为接近，很可能是唐太宗时期所造。

十八、贾复城遗址

贾复城遗址位于今新密市东20里白寨镇光武店村。贾复城，一名通鸦城，俗讹为寡妇城。东汉初，东汉光武帝名将侯贾复追击铜马五番贼，筑城于此。贾复城兴盛在东汉，一直延伸到北魏，据郦道元《水经注·溍水》“溍水(溱水)出郐城西北鸡络坞下，东南流，经贾复城西”，即指此城。

民间传说的贾复城形成三四里长的大街，南北小街纵横交错店铺1000多间，从事贸易人员成千上万，成为东至中牟、新郑，西至荥阳，北至商城(今郑州市)的贸易中心。都城洛阳到齐鲁的古道穿街而过，贸易做到许昌、开封等地，店铺数千，鼎盛时期，人口万余。在当时的社会中，是当地政治、经济、文化活动的中心。

传说，西晋时，随着孝愍帝司马邺避难贾复城，匈奴追至贾复城，城陷遭战火，被毁。贾复城从东汉到西晋，存有300余年。

十九、王药城遗址

王药城遗址位于今巩义市南河渡一带，濒临黄河。《读史方舆纪要》载：“王药城在县东北滨河，高齐时戍守处。后周建德四年，宇文宪等入齐境，降拨二十余城，师还皆弃不守，惟以王药城为要害，遣将韩正守之，正以城降齐。”即此，后城迹无存。

二十、偃月城遗址

偃月城，古城名。遗址位于今巩义市孝义镇东北，河洛镇压洛口村、七里铺村一带，滨临洛河。《读史方舆纪要》载：“李密临洛筑偃月城，与仓城相应，既而与王世充战于洛北，败走洛南，余众东走月城。”即此，今城址无存。

二十一、凤翅城遗址

凤翅城以其形势似凤凰展翅而得名。凤翅城遗址位于巩义市东13公里的河洛镇中部、横岭(今老犍坡)顶上。地处自洛阳东行官道之中线。位置极其重要,历为兵家所用。清光绪二十七年(1901年),慈禧太后、光绪帝逃八国联军之难,回京途中经此,地方官在此建行宫一座以迎,随后即称宫殿。

二十二、罗口城遗址

罗口城遗址位于巩义市南10公里的西村镇罗口村。隋义宁元年(617年),李密、翟让自此袭击兴洛仓。《资治通鉴》卷183:“密、让将精兵七千人,出阳城北,逾方山,自罗口袭兴洛仓。”即指此城。

二十三、平桃城遗址

平桃城,俗作平城,遗址位于今荥阳市广武镇广武南城。东汉时,城内有虢亭,故虢国址。北魏太和十九年(495年)五月庚辰,孝文帝之“皇太子朝于平桃城”。即指此城。

二十四、溼阳城遗址

溼阳城遗址位于伊川县白沙乡下磨村东一里处,北环焦枝铁路,西南临白泽河。溼阳城建于北魏孝文帝太和十三年(489年),因南临溼水而得名。隋文帝开皇六年(586年),改溼阳县为武林县,十八年(598年)又改为纶氏县。随着县名的变化,县城迁移,此地遂成废墟。

该城址面积约1平方公里,四周城墙、城壕残迹明显可见,城内堆满瓦砾、砖块、石头等物,曾有房屋的“顶柱石”、玉石印章等物出土。

二十五、洧源城遗址

洧源城在洧水源流之旁,故名“洧源城”。洧源城遗址位于登封市东南大冶镇西。《唐书·地理志》:“武德三年(620年)置密州,设洧源县。四年废洧源县。”《河南府志》:“洧源县在今登封县东南部的大冶镇西,即太古城村。”

洧源县城遗址西依花椒岭,东接大冶镇,群众称“太古城”。唐县制后废。之后,又经过1000多年的风雨侵蚀,城内无明显遗物。

二十六、金墉城遗址

古城名。金墉城遗址位于今洛阳市东15公里处的孟津县金村一带。由三国魏文帝曹丕于黄初元年(220年)在东汉洛阳城(汉魏洛阳故城)基础上修建而成,为当时洛阳城(今洛阳市东)西北角上一小城。北魏初年为“河南四镇”之一。隋洛阳城西迁后,金墉遂在洛阳之东。历经曹魏、西晋、北魏、隋、唐等朝代。

据《水经注》记载:“谷水又东迳金墉城北,魏明帝于洛阳城西北筑之,谓之金墉城。谷水迳洛阳小城北,因阿旧城,凭结金墉,故向城也。结以为垒,号洛阳垒。”金墉城原来位于洛阳之北,有三座小城,各有墙垣,连接为一整组建筑,北靠邙山,南依大城,城小而固,为攻故戍守要地。

魏晋时被废的帝、后皆安置于此。北魏孝文帝迁洛之初,宫阙未就之时,曾住城中;隋末瓦岗军李密兵控河洛,将金墉城作为行营驻地,据此进逼洛阳;魏晋至唐初的300余年间,一直是洛阳县治所在地。到隋朝末年,天下大乱,金庸城又成为军事要地。瓦岗军李密在此称帝,作为瓦岗军的指挥中心。唐朝初年,洛阳县治仍设在金墉城,至唐贞观六年(632年),移之东都毓德坊。自此以后,金墉城逐渐废弃。

金庸城遗址南北成长方形,东、西、北三面城垣各有几处曲折,保存状况较好,南城垣因洛河北移被毁,西城垣残长4290、厚约20米,北垣全长3700,厚约25~30米,东垣残长3895,厚约14米。南垣长度以东西垣的间距计算约2460米,城垣周长约1.43万米。考古探测已经证明,在汉魏洛阳故城的西北部,确实存在着一处南北相连的三座小城,其南北长1080米,宽约250米,由此说明,金墉城遗址与史料记载相符。

二十七、金元洛阳城遗址

河南省重点文物保护单位。洛阳金元故城遗址位于洛阳市老城区,金以洛阳为中京,在隋唐洛阳城东城的遗址上另筑了一座新城。这座新城历经金、元、明、清四代。金洛阳城为中京,是金正大初年在北宋初王曾判任河南知府时所筑的城基上重建的。《元河南志》载:“金初仍宋制,正大初以河南为中京,改河南为金昌府。筑城,东据瀍水,南接东城之南郭,西亦因东城之西郭,北缩于旧(城)一里。”洛阳城均宋土城,规模约为城的二十分之一。而元代洛阳为河南府,其地位不如金代的中京。明清两代仍继续沿用金元洛阳城。明洪武六年,明威将军陆龄督众将其筑成砖墙,并开挖城壕。城墙高4丈,壕深5丈。城墙上开有4门:东为建春门,西为丽京门,南为长夏门,北为安喜门。城门上建重楼,外筑月城。环城设敌台39处。

经国家文物局批准,洛阳市文物考古研究院于2014年12月开始在老城区东南隅开展考古发掘工作,发掘面积4000平方米。发掘区内清理出金元明清洛阳城的东城墙与南城墙,并基本上获取洛阳金元故城遗址东南方向的范围和城墙走向。取得了较为科学的考古实物资料,城墙遗址出土遗物主要是砖等建筑材料,另外还出土了少量日用陶瓷器。其中,砖可以分为长方形大砖、小砖等,在尺寸、厚薄等方面又存在着一定的差异;日用陶器的器型包括碗、盘等。目前,田野考古发掘工作正在进行当中。

金代以洛阳为中京,是洛阳历史上最小、最朴实的城池。这座新城历经金、元、明、清四代。北宋之后,洛阳在中国历史上的地位因政治、军事中心的转移,地位逐渐衰落。现在的洛阳城,是在金元洛阳城的基础上发展起来的。城中东、西、南、北四条大街笔直有序,古色古香的四条大街商贩云集,生意红火,奠定了洛阳老城如今的布局和规模。

第五章　作坊城建窖藏仓储遗址

考古工作者在发掘裴李岗文化、仰韶文化和河南龙山文化等诸多遗址中，发现了大量生活用具陶器及各种生产工具。毫无疑问，这些陶器及各种生产工具都出自于当时的古作坊。作坊是随着原始社会晚期生产力的发展及生产技术的提高，出现了第二次社会大分工，即手工业从农业、畜牧业中脱离出来，成为一门独立的行业后而产生的。

嵩山地域已发现的有几十处铸铜、冶铁、采金银矿的遗址，有近百处烧制陶器和瓷器的作坊遗址。在这些冶铸和陶瓷作坊中有多处遗址被列为全国重点文物保护单位，如偃师二里头、郑州商城等铸铜作坊遗址，新郑郑韩故城仓城冶铁遗址，登封告成冶铁遗址，巩义铁生沟等冶铁遗址，著名的巩义黄冶唐三彩窑址和禹州钧台宋代窑址等一些密集的瓷窑址，都具有很大的历史和科学价值。这些手工业作坊遗址的发现，为研究古代嵩山地域的经济地位及其制造工艺技术等方面提供了宝贵的资料。

在考古工作中，嵩山地域还发现有城建、窖藏、园林等文化史迹与遗址，这对研究嵩山地域古代的社会、政治、经济、文化等发展，有着重要的参考价值。

第一节　冶铸作坊遗址

冶铸，即金属冶炼与铸造。嵩山少室之西、当阳山东侧，君召乡大东沟头道沟一带，白坪乡孤石沟一带，都有孔雀石、蓝铜矿石、斑铜矿石，它们是冶炼铜的主要材料。另外，这里还有炼铜时需要的锡、铅矿石。嵩山地域冶铸金属工艺出现很早，远在仰韶文化和龙山文化时期就发现有青铜冶铸遗存。到了二里头文化和商周时期，冶铸青铜器更加发展，在洛阳、偃师、郑州、新郑、登封、新密、郑州等不少地方就发掘出夏商周三代的铸铜遗址。发掘这些遗址，为研究我国早期青铜铸造工艺提供了十分珍贵的实物资料，从而丰富了人们对我国古代青铜铸造业的认识，尤其是该遗址中出土的陶范，非常清晰地展示了我国古代独特的青铜铸造工艺。

嵩山地域发现的战国至汉、唐、宋时期的冶铁遗址就更多，如古荥冶铁遗址、巩义的铁生沟冶铁遗址，都属于同类考古中的重大发现。巩义铁生沟遗址出土的铁铲上有“河三”铭文，应是汉代河南郡铁官所辖第三冶铸作坊。郑州古荥遗址出土铁器上有“河一”铭文，应是河南郡铁官所辖第一冶铁作坊。

据《山海经·中山经》载：“少室之山，其下多铁”。裴骃《集解》曰：“阳城出铁”。《大清一统志·

商代青铜冶铸场

河南府》载:“大熊山(大鸿山),在登封东南,其下产铁,民鼓铸为。”嵩山地域有关冶铸而命名的村庄就有多处,如铁炉沟村南北就有两个,还有南、北冶上、大冶等。据资料载,汉武帝实行盐铁官营,全国49处冶铁区设立铁官统管。阳城就是其中之一。《汉书·地理志》“颍川郡阳城县”条下班固注“有铁官”,《续汉书·郡国志》“颍川郡阳城县”条下注“有铁聚”,从这些记载可以看出,冶铸工业在嵩山地域早已普及到民间。

两汉时期冶铁技术有很大的发展。高炉炉型和熔炉工艺的改进,铁范、叠铸、韧性铸铁的推广使用,尤其是生铁炒炼成钢这一高效率先进技术的出现,极大地缩短了冶炼周期,改变了整个冶铁生产的面貌,加快了我国封建制的巩固和发展,对古代社会的农业、手工业、水利、交通、建筑、军事、文化和日常生活都有巨大影响。这使得我国在2000年前,生铁冶炼和加工工艺就远远走在了当时世界的前列。

一、古荥汉代冶铁作坊遗址

古荥汉代冶铁水池

全国重点文物保护单位。古荥汉代冶铁作坊遗址位于郑州市惠济区古荥镇西南,汉代荥阳故城外西侧,是汉代河南郡的冶铁作坊之一。荥阳在秦代设过郡,今有郡城残存。冶铁遗址南北长400余米,东西宽300多米,总面积12万余平方米。1964年发现,1965年春试掘,1975年秋至1976年春正式对该遗址发掘,揭露面积1700平方米,发现两座炼铁炉遗迹,东西并列,间隔14.5米。两座炼铁炉各有炉前坑、各有鼓风机械遗迹,北边是碎矿、配料与上料;南边是烬前操作、出渣与出铁。炉腹中下部是用煤特制的黑色碳素耐高温材料。在铸铁区有大量熔炉壁残块,可以复原熔炉的型式。

其中一号炼铁炉,炉门向南,已损坏。炉基深3米,由红黏土加矿石粉、炭末的黑褐色耐火土夯筑。炉缸呈椭圆形,南北长轴4米,东西短轴2.7米,面积8.5平方米,经高温已经变成坚硬的蓝灰色。

炉东壁残高0.54米、残厚0.45米，北壁厚1米，西壁和南壁已损坏。在夯筑的耐火土炉壁之外有加夯的黄土，厚1米。炉缸底部凹凸不平，有残存的铁块和流入裂缝中的铁渣。炉前工作面南北长8米，东西宽4米，耐火土深2.5米。工作面两侧各有一柱洞，间隔4.8米，洞径0.4米，深3米，底部以石头为柱础。

二号炼铁炉存留下部基础，和炉前工作面基础连成“凸”字形，南北长9.2米，北宽2.6米，南宽3.75米，基础筑在早期炉基上，最底部铺15厘米厚的黄土，夯成凹凸不平的夯窝，其上夯铺三层红粘土，再逐层夯筑红粘土掺矿石粉、炭末的黑褐色耐火土9层，再改用掺有1~3厘米直径的小卵石夯筑，基础现存20层，深1.6米，夯层厚4~15厘米。工作面两侧挖凸字形坑底深1.2米、边长1.5米的方坑，坑内壁板筑，内置铁块为础，载立炉前作业架子的柱子。基础坑外夯筑黄土。

冶炼虽然采用两边机械鼓风，但炉体过大而风温不足，出现较多大型积铁块。在高炉前清理出13块积铁，最大的重23吨，一侧有高2.2米的铸瘤。围绕冶铁高炉发现附近有矿石加工场、四角柱木架坑、水井、水池、船形坑、烘范窑、鼓风管残管等设施。在遗址南部和东部发现大面积的炼渣堆积层，厚达6米以上。炼渣多为碎块，其中有很多呈玻璃质。

遗址出土铁器318件，包括犁、犁铧、铲、锄、凹形臿、镢、双齿镢等农具206件，六角承和齿轮9件，锛、凿等工具5件，以及铁夯、釜底、灯盘等各种铁器，其中10余件铁铲等有“河一”铭文。铁器经过金相检测，有灰口铁、白口铁、麻口铁、铸铁脱碳钢、古代球墨铸铁等。出土陶器380件和大批陶模，部分陶模上有“河一”铭记，据考证，是河南郡铁官驻地第一号作坊的简称代号——商标。根据铁器出土情况看，“河一”铁器似专供本郡使用，“河二”与“河三”铁器似专销于外郡的分工。此外，还出土有五铢铜钱12枚，石器8件，煤饼4块以及耐火砖、瓦当等。

通过发掘和调查证实，该遗址是一处西汉中叶至东汉早期的冶铁作坊遗址。从出土的铁块和数百件铁器的金相检测表明，这个作坊是冶铁生铁的。生产的铁器、铸造质量优良，并根据产品性能的需要作了柔化处理。产品有灰口铁、白口铁、麻口铁、脱炭铸铁、铸铁脱碳铜和古代球墨铸铁等，对研究中国古代冶铁史有重要价值。

二、巩义西汉铁生沟冶铁作坊遗址

全国重点文物保护单位。铁生沟冶铁作坊遗址建于西汉时期，位于巩义市老城西南29公里的夹津口镇铁生沟村南部台地上。遗址东西长约180米，南北宽约120米，面积约2.16万平方米。遗址周围断崖上，裸露出不少炼渣、矿石末、烧土和黑灰。在冶铁场的南北两座山上，发现有汉代采矿场的遗迹。遗址西部为冶铁区，东部为铸铁区，北部为生活区，南部为通道和出渣区。发现的矿井有方井、斜井、竖井、巷道，采矿工具有铁镢、铁锤等。

1958~1959年，河南省文物工作队在此发掘，揭露面积2000平方米，清理出土炼铁炉18座，其中包括海绵铁炉3座、长方形铁炉2座、圆形铁炉6座、排炉5座、低温炒铜炉1座、反射炉1座，另外还发现有熔炉、锻炉、退火脱碳炉、铸造坑等，附属设备还有藏铁坑、配料池、矿石场以及烘范窑、配料池、房基、铁器、铁范、铁料、耐火材料和建筑材料等。发现有海绵铁堆、大铁块和铁板等，其中大铁块为炼炉废弃后留下来的，共有2块，分别重10吨和40吨，重量相当惊人。附近有多处古铁矿坑道。

遗址发现有大量冶铁用的耐火砖、木炭、煤饼、矿石等，生产工具有铁锤、铲、铧、锛、镢、锄、凿、锥

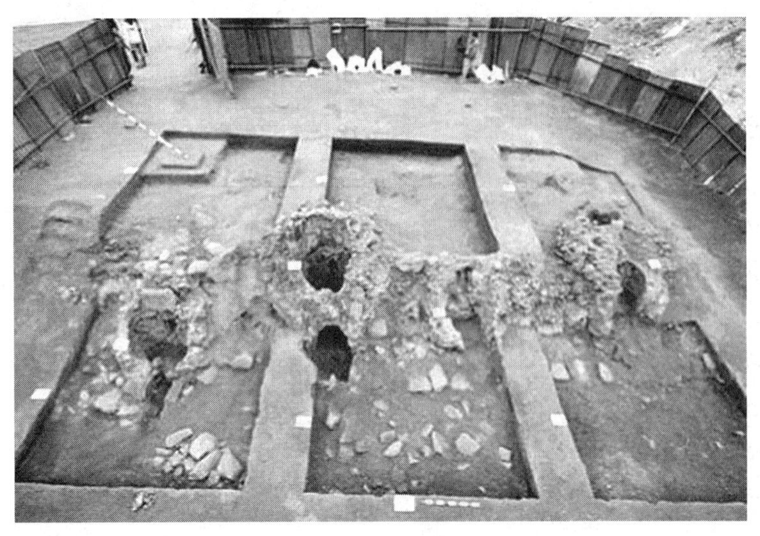

巩义西汉铁生沟冶铁遗址

等。其中铁镢、铁铲是处理得很好的黑心展性铸铁,铁镢是石墨球化很好的古代铸铁,其球化率达到现代球墨铸铁的部颁标准(一级 A 类)。这一重大发现,使世界球墨铸铁冶炼史提前了 2000 多年,引起国内外冶金界的重视。126 件铁器中,有 66 件经金相观察结果为白口铁、灰口铁,球状石墨铸铁等。在 10 件范与铁器上,制有"河三"的铁官铭文,表明这里是汉代河南郡铁官所辖的第三号冶铸作坊的省称或标志。结合外郡出土的铁器多是"河三"铭,则不出"河一"的特殊情况,例如长江南岸的铜墙铁壁绿山汉代铜矿遗址中,就出土有"河三"的铁斧,似乎引作坊的产品专供外销的分工。虽然"河二"陶灶已经出土,但"河二"作坊尚未发现在何处。作坊中的模、范造成型技术与"河一"相同,先进的制铁技术在郡内各作坊高温部位,看来由于黑色碳素耐火材料的优越,尚未发现这个新的耐高温材料。

研究表明,该遗址是一处汉代冶炼生铁、铸铁、脱碳退火(柔化处理)、制造铁器的综合性工场,生产的基本环节是:炼铁、铸造、脱碳退火;或炼铁、铸锭、炒钢、锻造。

该遗址出土的生活用具大部分是陶器,有少部分铁器和铜器,有的陶器上刻有隶书"李""大赵""史"等字样,此为工匠的姓氏,也有刻器物名称和数字的。还发现有铁镞、铁剑、五铢钱、新莽时期的"大泉五十"和东汉剪廓五铢钱等。为研究冶铁技术提供了丰富资料。该遗址是一处规模较大的汉代冶铁遗址,也是已知的汉代冶铁遗址中出土物最丰富的一处。特别是中国早在西汉时期即有球墨铸铁,把世界球墨铸铁的历史提前了 2000 多年,在国际上引起了高度重视。

三、洛阳西周铸铜遗址

西周铸铜作坊遗址位于陇海铁路洛阳东站北的北窑村西南,瀍河村西岸的二级台地上,东临洛河,并依邙山,面积 10 余万平方米。1975 ~ 1979 年正式发掘,经过几年考古工作,确定为西周前期大型青铜冶铸作坊遗址。

该遗址文化堆积甚厚,已发现的遗迹遗物有房基、地下水管道、熔铜炉残壁、烘范窑、制造铜器的陶范碎块、制范工具以及红烧土块、木炭等遗物等。从出土的大量陶范分析,可知当时的制范流程是,先制母范,即模型;然后按照母范上规划好的分型方案制作外范,即铸型。一般简单的器型用双合范,复杂的器型用多合范。每片范的分型面上都对应地做好三角楔形的榫卯、长方形的子母口,以便合范时扣合,工艺相当精密。经挖掘发现,当时已采用竖式鼓风炉进行冶炼,并用制模、雕花、合范、修饰等复杂的工艺流程进行铸造。从出土的陶范看出当时铸造的器物种类很多,有鼎、簋、卣尊、爵等。还有车马饰器、兵器等。出土陶范花纹以饕餮纹为主,次者为鸟纹、龙纹、云雷纹、圆涡纹等,说明此遗址主要以铸造青铜礼器为主,兼铸车马器、生产工具和兵器。

洛阳西周铸铜作坊遗址

根据对熔炉残壁的分析,可知当时熔铜采用的是内加热式的炉子。炉子分大、中、小三种。大型炉子是用草拌泥和沙为材料,以泥条盘筑法作炉圈,然后砌成炉子,内径约 1 米左右;小型炉子是用大型陶器如瓮之类的容器上涂一层厚厚的炉衬,即可使用,内径仅 30 厘米左右,熔铜的燃料是木炭,冶炼时采用鼓风囊来鼓风助燃。温度一般在摄氏 1200 度以上。大型炉子高达 1.5 米左右,是竖式鼓风炉,它基本上已经具备了现代鼓风炉的雏型。这表明在西周时我国的冶炼技术已相当先进。

遗址中还发现有卜骨、卜龟及墓葬,墓葬中有属于非正常死亡的尸骨。根据分析,从出土的卜骨、卜龟以及被杀害的奴隶尸骨来分析,当时在开炉、浇铸铜器之前要进行占卜仪式,要进行人祭、牲祭之类的宗教祭祀活动。

这座大型青铜器作坊建于西周初年,毁于西周中期穆王以后,距今有 3000 余年的历史了。该遗址的发现,表明周代铜的冶炼和铸造达到了辉煌灿烂的高峰。

四、告成冶铜遗址

告成冶铜遗址位于登封市区东南 15 公里告成镇东寨门外战国冶铁遗址东北部。此处为古阳城地。战国时期,阳城是郑、韩两国的边陲重镇、军事要塞。从 1971 年在新郑县“郑韩故城”遗址中出土的铜戈“阳城令督造”铭文,证明阳城为冶铸铜器的加工厂。由于年代久远,地面上已没有冶铜遗址明显的痕迹,仅在告成镇东门外临近战国冶铁遗址的东北角附近,发现 1 ~ 2 厘米厚的冶铜灰渣,土呈黑绿色,个别地方夹有铜渣,但范围很小,详细情况尚待进一步的考古发掘。

五、紫荆山青铜冶铸作坊遗址

紫荆山青铜冶铸作坊遗址位于郑州市区商城遗址北城墙外(今河南饭店院内)。1955 年河南省文物工作队进行发掘,面积约 0.08 公顷。发现工作房 5 座,每座房中分为两间,房内后墙处筑有取暖或炊事用的长方形火台(池),可见这里即是铸造工场也是工匠晚间的住处。出土有冶铜坩埚、炼渣及铸造青铜器的陶范等。其铸造工艺有单范、多范、内范、外范、合范嵌铸、分次浇注等,而且有了比较准确的成分配比。

该遗址为商代冶铸作坊遗址,使用时间自二里岗上层期开始至白家庄期。

六、南关外青铜冶铸作坊遗址

南关外青铜冶铸作坊遗址位于郑州市区商城遗址南城墙外(今省公路运输公司院内),面积0.11公顷。1954~1955年,河南省文物工作队进行发掘。发现有铸铜场、熔铜炉、窑穴等,并出土有坩埚、熔渣、木炭、陶范和一批陶器、石器、骨器等。其中铸范有铲、斧等生产工具范,镞、戈等兵器范和鼎、鬲等容器范,共224块。其中,向阳回族食品厂青铜器窖藏坑位于商城东南城角外,出土13件大型青铜器,口对口并列或套装放置在一起。南顺城街青铜器窖藏坑位于商城西城墙中段外侧,共出土大方鼎12件青铜器。此外,还发现有大量的陶片和少量的完整陶器,及少量骨器、蚌器、石器等。在商城西城墙外的张寨南街还发掘出一对大型铜方鼎,分别高1米和0.87米,这是商城出士的200余件青铜礼器中最大的两件,仅次于我国最大的"司母戊"方鼎。两鼎造型大方,制作精美,纹饰古朴,显示了当时精湛的青铜冶铸水平,是商代青铜器的重大发现。

在数年的发掘中,出土了数万件商代器物,如各种玉器、夔龙纹金箔、大铜鼎、象牙觙、穿孔贝及石埙、陶埙、卜骨与骨刻文字等,都是非常珍贵的。这些金、陶、铜、骨、玉、蚌、象牙制的各种器物,有各种炊具、餐具、酒器、礼器及日用品、装饰品等,反映出商代早期已有较为发达的纺织、编织、酿酒等行业,以及城市居民丰富多彩的物质文化生活。

此遗址为商代冶铸作坊遗址。商代属于青铜器时代,是以生产和使用青铜生产工具、兵器和容器为其标志的。在郑州商城,冶铸青铜器是一种最先进的生产技术,是当时各类手工业中最重要的生产部门。在南关外青铜冶铸作坊遗址范围内,还发现有非常简陋的半地穴式住室和一些小型房基,这些可能是在作坊劳动的奴隶们居住的。由此可以看出,其生产规模还是相当可观的。铸造铜器从二里岗下层早期开始一直到二里岗上层晚期,经历整个商代二里岗期各个阶段,尤以二里岗上层时期最为发达。

七、大吴楼冶铜作坊遗址

大吴楼冶铜遗址位于新郑市城关乡大吴楼村东部,面积约10公顷,文化层厚1~4米。1972年河南省博物馆进行发掘,出土有熔铜熔、鼓风管、铜炼渣和陶范,其中有锨、铲、镰、凿等生产工具范和铸造青铜布币范,还出土少量的残破陶器。

该遗址坐落在郑韩故城内,是韩国都城内的一处铸铜作坊,对研究春秋战国时期青铜冶铸技术具有重要意义。

八、偃师二里头铸铜作坊遗址

偃师二里头铸铜遗址位于偃师二里头夏商遗址一号宫殿的东边,同时,在整个二里头遗址中,出土较多的铜器。在铸铜遗址内，出土较多的铸造铜器相关的遗物，主要是泥质熔铜炉缸的残块、熔渣、泥质铸范残块等。二里头的熔炉呈带流的深瓢状，内壁的中下部表面有铜液灼痕，熔铜量不大。从炉型看，此型炉与埃及炉相同，但与埃及四、五王墓壁画中的炉型不同，证明壁画中炉型有误。遗址不见鼓风机设备痕迹，可能使用竹管鼓风而不能保存至今。

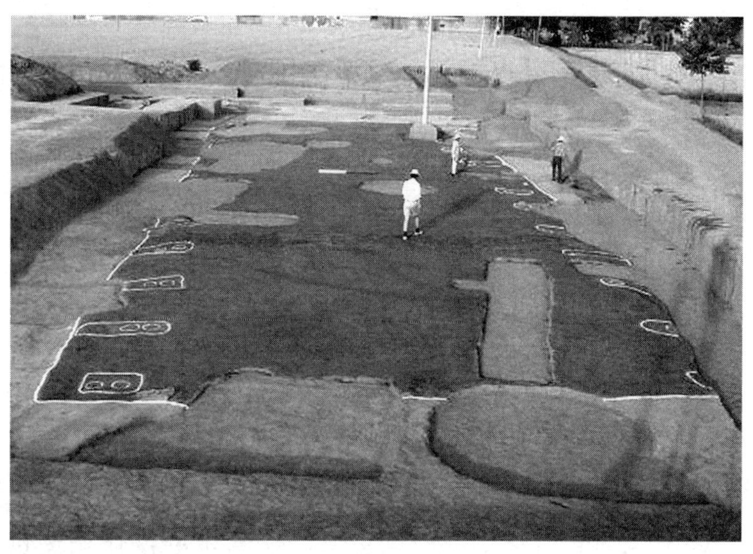

偃师二里头铸铜遗址

在遗址的范围内发现工具与用具有：刀、锥、凿、鱼钩、铜泡等；兵器有：戈、戚、镞等；青铜礼器有：铃、爵、鼎、圆形铜片、绿松石镶嵌的兽面纹牌饰等等。二里头遗址众多，其多件组合成套的铜器颇具王者之气，具有重要的历史价值及观赏价值。

九、告成战国冶铁作坊遗址

告成战国冶铁作坊遗址位于登封市区东南 15 公里告成镇东寨门、古代韩国的阳城南城墙外，在春秋时属郑国。该遗址面积约 1.95 万平方米。孝许公路纵穿遗址中部，遗址地势比公路稍低。1955 年前后，群众不断在遗址上发现铸造铁器的陶范和残铁器。1977 年春至 1978 年冬，河南省博物馆进行发掘，揭露面积百余平方米，认定所开探沟上层是汉代的遗物堆积层，下层是战国时期的残陶范、炉壁残块、残铁器和板瓦、筒瓦、陶器等物。

在探沟东侧 6 米处又清理出一件汉代熔铁炉底、炉壁及炉衬残块，陶鼓风残块，印有“阳城”戳记的陶量。出土遗物和遗迹还有耐火材料、熔炉、铸范、鼓风管、木炭屑及 1 座烘范窑。根据这些遗物可以复原五种类型的熔铁炉。耐火材料与熔炉有熔炼残块，属战国早期到汉代的遗物遗迹，反映了战国熔铁炉的发展演变过程。烘范窑与当时烧砖瓦窑形制相同，在发掘清理中采集了不少铸造各种器物的残陶范、外范、内范及经烘烤而未浇铸的残范块，这些陶范、外范、内范均用经过选择和淘洗的细泥掺细沙模制而成，其陶范种类有镢、锄、斧、刀、削、戈、箭杆、矛、环、镞铤、带钩及方棱条形器等。其中叠铸带钩范是目前我国发现最早、铸件最多的叠铸范。在陶范中有种卧式层叠铸范（带钩范），一合可铸 20 个，两合为一套，可铸 40 件。这就找到了汉代层叠铸造的渊源。引人注目的是带钩范，出土时还扣合在一起，外面糊有一层加固泥，就残存高度看，这块残范内至少有 4 ~ 6 个或更多重叠在一起的带钩范腔，中间一个直浇口，直浇口和范腔间有反浇口。这说明当时已采用一范多器薄壳铸造法，充分显示了我国战国时期高水平的铸铁工艺。

该遗址出土的熔壁残块，可以研究熔炉由熔铜到熔铁的变化过程；出土的铸范，可以研究早在战国时，器范铸出铁器经固态还原即可使用，材范铸的板材与条材用于锻制不定型和不常用的铁器；所有遗迹与遗物说明，汉代的铸铁设备与技术，在战国中晚期基本都被发明出来。这个遗址与河北兴隆战国铸铁遗址相结合，即可代表中国战国时的铁器铸造技术史。在阳城遗址陈列室内，可以研究韩国铸铁技术。由于阳城是韩国西边重要门户，军事地位十分重要，所以这座制造铁工具与铁兵器的作坊遗址，具有重要历史价值。

告成的环境非同一般，除上述外还可游览与研究：北边韩国阳城城内供水与储水设施；西北的王城岗是禹居阳城的夏代城址；南方便是颍河，因阳城位于颍水之阳而得名；隔颍河南望，便是许由隐居的箕山，其巅有许由墓、半山腰有许由"洗耳泉"；以东的双庙沟有近万年的裴李岗文化遗址，以及五六千年的仰韶文化遗址。在其东南是中岳庙铁人的铸造作坊。

根据调查，该遗址是一座从战国到汉代连续使用的铸铁遗址。同时，也是我国著名的汉代冶铁工人申屠胜起义的地方。

十、营里冶铁作坊遗址

营里冶铁作坊遗址位于禹州市西27公里营里村中央及其周围。这里处于云盖山、佛山、牛头山、方山环抱的山坳之间，有丰富的铁矿和煤炭、木材资源。遗址面积约2万平方米。1983年12月，许昌博物馆派人在该地清理古墓时发现。

营里村村中村外、地上地下，到处可以看见冶铁的炼渣和炼炉的残壁，村中南街秦炳振家西墙外，有一座拱形冶铁炉，残高0.80米，炉径1.30米，炉壁厚0.25米，村人称之为"铁牛角"。在其院中还存有一块烧结铁渣块，长1.35米，宽1.20米，厚0.35米。1983年农民盖房挖地基时，在村西不远发现烧木炭窑址，其中有一窑至今还贮有木炭，显然是冶铁作坊的燃料库。村中许多家的房屋都是用炼渣垒砌根基。

这处冶铁遗址上有许多汉代绳纹和布纹筒瓦和板瓦，证明是一处汉代冶铁作坊遗址。禹县在汉代是颍川郡治府，西汉实行盐铁官营后，曾在这里设有铁官，管理这个郡的官营冶铁业。《汉书》中记载有颍川铁官徒起义，就是指这里的官营冶铁作坊中的刑徒举行的武装暴动。因此，营里冶铁遗址可能是颍川郡官营冶铁作坊遗址，它不仅对研究冶金史有一定的价值，而且为研究汉代政治、经济制度也提供了资料。

十一、仓城冶铁作坊遗址

仓城冶铁作坊遗址位于今新郑市城关乡仓城村西南，古韩国都城内东南部的仓储区内，面积约4公顷。新郑在春秋时是郑国国都，战国时是韩国都城。1972年，河南省博物馆进行发掘。发现固态退火脱碳窑炉的地下抽风井及烘范窑，遗物中的熔炉壁残块与各种工具的模与范。可以复原退火脱碳、烘烤泥质模与范的窑形，以及铸造工具的模与范的造型技术和工艺。发掘中，清理出1座炼铁炉和2座烘范窑，出土大批锨、锄、铲、锛、刀、凿、镰、锥等铁器和十几种铸器陶范。其中一件铁器经金相分析，发现为球墨可锻铸铁。

在遗址东边的制药石内是春秋郑国的铸铜遗址，在仓城遗址内还发现少数汉代铸铁遗物，综合起来可以研究郑国、韩国到汉代的铸造技术发展史。近若干年来，在城内发掘出许多铜器与铁器。若能综合陈列,则可以对比展现东周各国铸造技术诸多问题。郑国和韩国的北城墙、东城墙大部都有保存,个别地段保存甚高而十分宏伟。近年来新发掘与保存铜器窖藏、车马坑、地下储藏井等,对于研究春秋战国的冶金铸造史,具有重要的史料价值。

此遗址为战国时期冶铸作坊遗址,在郑韩故城内,是韩国都城内铸造铁器的作坊。它反映出我国战国时期的冶铸技术已达到相当高的水平,是研究我国冶铁史的重要遗址。

十二、沙沟冶铁作坊遗址

沙沟冶铁作坊遗址位于登封市大冶镇西沙沟村一带。此地发现有冶铸翻砂作坊,出土有炉渣等物。据传,唐白居易为河南太守时,曾令民众在这里立炉冶铁。可见唐朝时这里已形成有一定规模的冶铸行业。

十三、杨林冶铁作坊遗址

杨林冶铁作坊遗址位于登封市南30公里徐庄乡杨林村至李楼村一带马峪河北岸的台地上。1984年春,文物普查时发现。整个遗址分布在马峪河北岸的台地上,西高东低。三面环山:西有大熊山,北有箕山,南有群山丛岭。遗址东西长约3000米,南北宽约100米,面积约30万平方米。

古代冶铁作坊中的炼铁炉

马峪河沿岸的台地上散布着当时冶铁遗留下来的铁渣、炭渣。在李楼村西约500米处的地堰上,发现一座灰坑,坑深约5米,径约2米。坑内遗物有灰土和铁渣,以及用以熔化铁水的灰黑砂质坩埚。坩埚高约25厘米,直径约15厘米,壁厚约1.5厘米。圆满口圜底,壁上有熔铁水时结成的铁质板块。遗址内还发现当时用黄土夯制成的炉壁,夯窝直径约5厘米,深约2.5厘米。据传此地古时满山遍野全是茂密的森林,且煤炭储藏丰富,为冶铁创造了基础条件。从采集的遗物可知这处遗址为宋代冶铸作坊遗址。

十四、冶上冶铁作坊遗址

冶上冶铁作坊遗址位于登封市东南19公里告成镇冶上村内外。东西宽约600米,南北长660米,面积约40万平方米。发现大量烧土块、炉渣、坩埚及未成形的铁块，其中盛铁水用的夹砂耐火质坩埚内遗留有盛过铁水的痕迹。1990年秋，郑州市文物工作队主持、原登封市文物保护管理所配合进行发掘，发掘面积0.03公顷，出土文物100余件，其中有圆形和方形两种炼铁炉。根据中岳庙峻极门前金代铸造的铁狮子上"……曲河南冶上金火大王位……"的铭文，可知冶上冶铁始于金代以前。

该遗址应属宋金时期铁器的冶铸遗址。

十五、养钱池铸钱作坊遗址

养钱池铸钱作坊遗址位于新密市西南12公里牛店镇养钱池村附近。面积5公顷，文化层厚1～4米。发现有采煤的矿井、矿坑和冶炼的炉渣、坩埚等。文化层中出土有钱范和宋代铜币。铜币为圆形，方孔，上有"崇宁通宝""大观通宝"等字样，证明遗址为北宋晚期铸铁和铸币的作坊。

该遗址为北宋冶铸作坊遗址，分布面广，内容丰富，为研究宋代铸币技术提供了重要的实物资料。

十六、楚村铸铜作坊遗址

楚村铸铜作坊遗址位于荥阳市东南20公里贾峪乡楚村西南黄土坡上，遗址面积5000多平方米。北临郑州至贾峪的公路，南濒枯河沟。因当地有红黏土堆积，故俗称为"煤土恼"。附近地表散存有炼渣、炉壁残块、坩埚碎片等熔炼遗迹，还有青瓷、白地黑花瓷片等生活用具以及板瓦、筒瓦、吻兽等建筑材料。

1963年荥阳县楚村社员在遗址处发现了一批铜质的模具，共中一部分被金属回收部门收购毁坏，大部分送交郑州市博物馆。1967年11月，该村农民发现有铸造犁铧、耧铧的铜质模型，并获铜钱140余枚。

1981年1月，郑州市博物馆派人在铜模出土处重新作了调查与试掘，发现陶窑4座，出土遗物有坩埚、炼炉壁及铁渣、铜模及板瓦、筒瓦、瓷片屯陶器等。铜模计17件，有犁镜模、犁铧模、耧铧芯盒、铜器模、耙齿模、莲花模、桥形器模等，可配置成套而浇铸铁器。有的铜模带边框，有的有制造浇口、冒口的凸起，犁铧、楼铧模上还带有芯座，都可以直接用来制范，证明这里是一处较大的铸造作坊遗址。同时还出土有唐"开元通宝"币以及宋"淳化通宝""太平通宝""元丰通宝"和元初的"至元通宝"等货币140余枚。另外发现有元代瓷器残片。从出土的唐、宋、元钱币和元代瓷片推断该作坊属于元代。从地层关系看，铜模原是这个作坊的模具，模具质地均为铅锡青铜。

十七、里沟铸钱作坊遗址

里沟铸钱作坊遗址位于巩义市区南部孝义镇里沟村与外沟村相接处。1984年郑州市文物工作队进行发掘，揭露面积约700平方米，出土大块铸范2000多块、耐火土范680块、红黏土范1430块、熔炉口部弧形砖、鼓风管残片、熔渣、泥范、小型铜块、陶片等。

成套的钱范是有字和无字两范组合而成。范面正中有椭圆形直浇口，钱形对称，分列直浇两侧。双面合范上有定位的子母榫，子榫在背面范上，母榫在正面范上。出土千件钱范，三角形子母榫数量最多，每块范钱少则4个，多则6个。

此遗址是一处专门铸造“大泉五十”的作坊遗址，出土遗物有筒瓦、陶盆、罐残片，时代均早于新莽时期，这为研究新莽时期泥范铸铁工艺提供了实物资料。

第二节　烧造陶瓷作坊遗址

陶器的发明与使用，是人类进入新石器时代的标志之一。从制作的工艺原理上说，瓷器是由陶器发展而来的，但和陶器有着本质的区别。远在新石器时代晚期，我们的祖先就已经利用瓷土做原料，经高温浇成精美的硬陶，这为瓷器的发明创造了一个重要条件。考古发现表明，早在3700年前的夏代晚期和3500年前的商代前期，就在偃师二里头遗址和郑州商代遗址，分别出土了带釉的原始瓷器。嵩山地域新石器时代遗址中大量陶器的出现，表明其时制陶技术的成熟与发达。其后在洛阳西周墓内，也出土了早期青瓷器。两汉、魏、晋和北朝时，瓷器的烧造有了很大发展。到唐、宋时期，达到了前所未有的高峰。

唐三彩的出现，说明了嵩山地域的陶瓷业在唐代发展的盛况。唐三彩是唐代三彩陶器的简称。所谓“三彩”，并不只限于三种色彩。除了白色（一般微带黄色）之外，还有浅黄、赭黄、浅绿、深绿、蓝色等。唐三彩是一种低温釉陶器，配方和制作非常考究。它是用含有较高成分的高岭土的白色粘土作坯胎，用铅和石英配制成的铅釉作釉，并在釉中加入铜、铁、钴、锰等元素的矿物作釉料的着色剂，经过两次烧成的。位于巩义的黄冶唐三彩窑遗址，不仅是研究唐三彩的重要窑口之一，同时也是研究河南白瓷和青花瓷起源的重要窑口之一。而巩义白河瓷窑早期生产青瓷，隋代开始生产白瓷，另外还生产黑釉、青釉和茶叶末釉瓷。巩义白河瓷窑遗址是目前发现的隋唐烧造瓷器时代早、规模大、烧造工艺高、持续时间长的一处遗址，是以烧白瓷为主，在民窑的基础上发展成为官府烧造器皿和供应瓷器原料的古窑址。北宋时期，嵩山地域出现的钧瓷、汝瓷，均为禹州、临汝官窑的产品。在这些官窑的影响下，嵩山地域一带的登封、密县、巩县、荥阳、禹州、汝州等地民窑烧造的瓷器，都已上升到相当高的水平，瓷器在胎质、釉色、花纹、式样等方面更加精美，各有特色。从考古界发掘的嵩山地域的一些陶瓷作坊遗址看，禹州的张公巷瓷窑遗址、扒村瓷窑遗址、禹县钧窑址、神垕钧窑址、营里瓷窑遗址，汝州的严和店瓷窑遗址、东沟窑遗址、清凉寺汝官窑遗址，密县西关瓷窑遗址、窑沟瓷窑遗址，登封的曲河瓷窑遗址等都是这一时期名瓷窑。

一、黄冶唐三彩窑遗址

全国重点文物保护单位。黄冶唐三彩窑遗址位于巩义市东约10公里站街镇大、小黄冶村附近的黄冶河两岸。那里丘陵起伏，山沟环绕，河岸两旁的台地上，到处都是烧制“唐三彩”的窑址堆积，有红烧土的残窑基和烧窑的堆积层，还有大量的窑具和“唐三彩”的残片，窑址总面积约16万平方米。黄冶唐三彩窑址发现于1957年，1976年配合农田基本建设对该窑址进行首次试掘，2002年配合巩义市交通部门修建焦巩黄河大桥至310国道连接工程进行发掘，2003～2004年为学术研究再次进行发掘，共发掘面积2015平方米。地层堆积一般厚4米左右，最深的达6米以上，包含了汉、隋、唐、宋元四个不同阶段。

黄冶窑的主要遗迹有：窑炉、作坊（含辘轳坑、练泥池、釉料坑）、淘洗池、沉淀池、陈腐池、水井、道路、墓葬、灰沟和灰坑等。出土遗物以三彩制品为主，器形有盆、碗、盘、豆、碟、盂、杯、罐、钵、炉、灯、水注、净瓶和三彩俑类陶塑以及范模制品兔、龟、蛙、马、羊、狗、狮、虎、象、骆驼、子母猴、车等。除此之外，还有不少白釉、黑釉、酱釉、黄釉瓷。

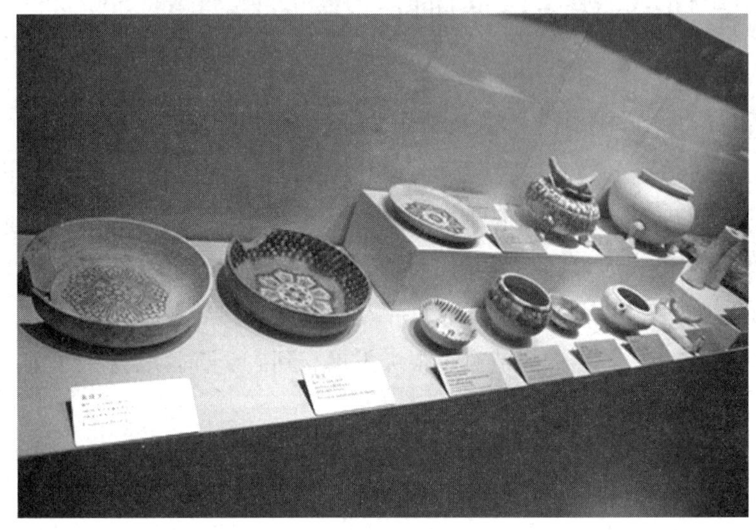
黄冶唐三彩窑遗址出土的唐三彩

在烧制唐三彩的窑址，揭露出的淘洗、沉淀、陈腐池和作坊布局井然有序。出土的大量精美三彩器半成品和各类窑具，都具有重要的学术价值。出土了一大批完整和较完整的白釉、黑釉、黄釉瓷器标本，尤其是出土的不少精美瓷，如贯耳瓶、炉、罐、钵等大件器物，对《新唐书·地理志》中关于河南府贡白瓷的记载有了进一步的认识。尽管文献的依据与考古证据还不充分，但这无疑为唐“开元贡白瓷”产地的研究提供了重要线索。此外，关于青花瓷产地的研究，历来是学术界关注的焦点。从近年来唐三彩窑址的考古发掘资料证明，在中晚唐时期地层和灰坑内清理出不少白釉洒点画蓝彩的钴蓝彩釉瓷器标本，为青花瓷的起源、创烧提供了重要的实物依据。重要的是在晚唐地层内出土的青花瓷与扬州唐地遗址和“黑石号”沉船上发现的三件青花瓷时代一致，从而再次推动了我国青花瓷器的研究向更新更深领域发展。

黄冶窑址不仅是研究唐三彩的重要窑口之一，同时也是研究河南白瓷和青花瓷起源的重要窑口之一。

二、巩义白河瓷窑遗址

全国重点文物保护单位。巩义白河瓷窑遗址位于巩义市东约7公里的北山口镇白河村，主要分布在水池河、白河、铁匠炉村一带的白河两岸台地上。南北长5公里，东西宽1公里，面积约5平方公里，白河两岸断崖上暴露的文化层厚2~3米。巩义瓷窑遗址的下游，是紧接大、小黄冶村的唐三彩窑址。1951年，发现巩义白河瓷窑遗址。1957年7月，故宫博物院专家冯先铭、李辉柄、郭仁等对遗址调查，1959年《文物》第3期发表了冯先铭的《河南巩县古窑址调查纪要》。1976年河南省文物部门和巩县文管会联合对巩县古窑址调查，1995年10月巩义市文管所再次对遗址进行调查。2005年5月至9月，由中国文物研究所、河南省文物考古研究所联合对巩义瓷窑遗址进行首次大规模科学发掘。

采集到的隋代遗物有碗、青瓷高足盘等，唐代遗物以白瓷碗、盘居多，其次是罐、壶、枕，以白釉居多，黑釉次之。据《元和郡县志》载：河南府“开元中河南贡白瓷”。巩义属唐河南府，汉时在府管26

县中，只有巩生产白瓷，近年来在西安市唐城大明宫曾发掘出土巩县生产的白瓷，证明白河窑也生产贡瓷。

巩义窑白瓷执壶

据出土物佐证，该窑始烧于北朝，发展于隋，盛于唐，式微于宋、金。近代在它的基础上，又重新发展起来。巩义瓷窑遗址早期生产青瓷，隋代开始生产白瓷，另外还生产黑釉、青釉和茶叶末釉瓷。

巩义白河瓷窑遗址是目前发现的隋唐烧造瓷器时代早、规模大、烧造工艺高、持续时间长的一处遗址，是以烧白瓷为主，在民窑的基础上发展成为官府烧造器皿和供应瓷器原料的古窑址。该址的发现，为研究中国白瓷的起源与发展提供了宝贵的实物资料。单色釉的出现为唐三彩的产生，同时也为我国青花瓷的发展奠定了基础，这对研究盛唐时期陶瓷的发展有着重要意义，在中国陶瓷史和经济史中占有重要地位。1963 年 6 月 20 日，河南人民委员会公布巩县瓷窑遗址为河南省第一批文物保护单位。2006 年 6 月，该遗址被国务院公布为第六批全国重点文物保护单位，与黄冶唐三彩窑址合并保护。

三、张公巷瓷窑遗址

全国重点文物保护单位。张公巷瓷窑遗址位于汝州市区东南，中大街与张公巷交汇处。窑址中心区面积约 3600 平方米。该窑址发现于 2000 年，从 2000 ~ 2004 年，进行了三次考古发掘工作，发掘总面积 198 平方米。

张公巷窨址地层堆积厚 3 米左右，主要遗迹有澄泥池、排水设施、灰坑。青釉瓷是张公巷烧制的唯一产品。釉色可分为淡青、灰青、青绿和天青等。但与汝窨的青釉又不相同。常见的以薄胎釉为主，釉面玻璃质感强，胎骨有粉白、灰白、洁白和浅灰，胎质细腻坚实。器形有碗、花口折腹圈足盘、花口板沿平底盘、椭圆裹足洗、椭圆平底洗、圆形平底洗、板沿平底洗、四方平底盘、盘口细颈瓶、鹅颈鼓腹瓶、盏、盏托、堆塑熏炉、套盒和器盖等。带圈足的器物以直圈足为主，外裹足的极少，个别的似裹足又不很明显。器底有支钉的，绝大多数是非常规整的小米粒状，支钉分三、四、五和六枚。碗、盘、瓶等器物圈足上常见透明釉露胎，部分圈足底面无釉。窨具以匣钵、垫饼、支烧和垫圈为主。

张公巷瓷窑遗址是一处北宋末年的青釉瓷窑遗址，各种青瓷非常精美，以致有专家认为这是北宋五大名窑中的官窑产品。它的发现与发掘，对于深入研究汝窑烧造工艺的流传提供了珍贵的实物资料，丰富了中国古代青瓷文化的内涵。

四、扒村瓷窑遗址

全国重点文物保护单位。扒村瓷窑遗址位于禹州市西北部浅井乡扒村东侧，属浅山区。其东南距禹州城区 12.5 公里，其北有大鸿寨山，属伏牛山余脉，相传是上古时代黄帝大臣大鸿氏屯兵处，东有花果岗，南有虎头山，西有罗文山。扒村河从遗址东北方向而来，经它的北、西边沿南流。遗址基本呈长方形，东西长1500米，南北宽800米，面积1.2平方公里。浅井至苌庄的公路纵穿遗址中心。扒村西部和北部山中盛产瓷土和煤，是烧造瓷器的理想地方。

扒村窑创烧于唐代，终止于元代，是我国北方有特色的一座民窑，属磁州窑系。其白地釉下黑彩与磁州窑属同一类型，黑彩浓而醇厚，笔调粗放简练。该窑所烧造的品种是丰富多彩的，从需要高温的黑、白瓷，到采用低温的釉上彩，几乎无所不有。主要品种有白地黑花、白釉、黄釉、黑釉和青釉，器型有碗、盘、枕、瓶、罐等等。其中不少品种与邻县的不少地方窑有着密切的联系，如宋三彩、宋加彩很近似登封窑和磁州窑；白地划花与白地绘黑花都近似汤阴窑、鹤壁集窑和密县窑；黑釉凸弦纹则近似鲁山段店窑与焦作窑的作法；尤其是大量使用化妆土这一点，与上述各窑及修武当阳峪窑有着密切的联系。扒村窑瓷枕的枕面画富于生活情趣，有小儿游戏，线条流畅、洒脱，极为传神，是宋代民间的小品画；还有在枕面上题写诗句，这无疑都是当时最受人们欢迎的。

该遗址没有进行试掘和发掘，通过对其遗址分布和采集的大量瓷片研究分析，扒村窑应是磁州窑系的一个分支，其产品的纹饰笔调比磁州窑更加粗放凝练，黑彩也更加浓厚，它的装饰技法主要采用绘画和划花，分为釉下和釉上两种彩绘。扒村瓷胎质坚硬，但略微显得粗糙，胎有深灰和米黄两种，釉面没有光泽，白釉通常泛乳黄色。扒村窑烧造的众多的瓷器品种器形，不仅丰富了磁州窑釉色和器物造型，而且更多地满足了当时人民群众的日常生活需要，做到了粗料细作，精益求精，合乎实用，经济美观，具有重要的历史、艺术、科学价值。

五、禹县钧窑遗址

2006年6月国务院公布的第六批全国重点文物保护单位名单中，“神垕钧窑址”（唐至元）与第三批全国重点文物保护单位“钧台钧窑遗址”合并，称禹县钧窑遗址。

1. 钧台窑址

禹州钧台钧窑遗址

全国重点文物保护单位。钧台钧窑遗址位于禹州市老城北门内钧台周围，为北宋五大名窑之一的钧瓷窑址。东起禹州城墙东北角，西至十三帮会馆，南起迎风阁前东西大道，北至城北墙。窑址东西长约1100米，南北宽约350米，总面积达38万多平方米。

经考古发掘，遗址地层堆积自上而下为：自上而下第一层为明代文化层；第二层为宋代烧窑堆积层，厚度一般为50厘米左右，最厚者达2米以上。其中出土有大量瓷片、窑具,在各个不同的区域出土有葵花式、莲花式、海棠式、圆形、方形、六角形等各类花盆和盆奁片,釉色有天蓝、天青、月白、茄皮紫、海棠红等。

钧台钧窑多次进行发掘,不仅发现有窑炉11座,还有制瓷作坊以及堆积废品的灰坑等。不同类形的窑炉中有钧窑6座,汝窑5座,天目瓷窑4座,白地黑花瓷窑1座。其中1号窑呈横长方形,窑室并列双乳状火膛,东火膛有直径22厘米的圆形气孔,西火膛有窑门,上设有方形烟囱。在窑室后壁中间和两角处还有3个扇面形烟囱,在烧造过程中可以利用氧化焰转还原焰,对复杂的钧釉窑变有特殊功效。发掘中还发现7号圆形窑炉1座,此窑炉呈馒头形,窑门向北,窑室呈横长方形,窑室后壁地坪有5个烟囱孔,向上收为1个方形烟囱。以上两个窑炉上面均建有保护房可供参观。

在钧窑区1号、7号窑和8号窑的分布呈三窑鼎立状,三者之间有作坊相连,7号窑和8号窑东西排列,两座窑之间有一条通道相连接。在其通道两侧挖筑成不规则的土坎,清理出比较完整的土坎4个,它们之间保留有土柱和墙壁,形成对称的小单元,有的还留有门坎,但未发现安装门的痕迹。墙高仅保留1米左右,上部早已塌毁。从现有墙基看,每个小单元应分别为3~4平方米,大者为8~9平方米,各工作间配套衔接,一环套一环,形成一整套比较合理的工艺流程。在钧台钧窑遗址发掘过程中,还发现灰坑28座,大多用于堆放陶瓷片和窑具残片,有的为单体,也有的相互打破、叠压,其形状一般为圆形和不规则的椭圆形。

钧台钧窑作为北宋时期全国五大名窑之一的钧官窑,其产品造型端庄、典雅,窑变美妙、釉色丰富。尤其钧瓷铜红釉的烧制成功是我国劳动人民的伟大创造,为中国陶瓷史谱写了光辉的篇章,钧台钧窑是一处综合性的窑场,既烧钧瓷,又烧汝瓷、影青瓷、天目瓷、白地黑花、宋三彩、宋加彩、剔釉、绞胎等众多品种,各类瓷艺的综合交流,对钧瓷的烧制工艺具有促进作用。由于钧瓷技术精湛,红紫相映,备受宫廷赏识与偏爱,到北宋晚期钧台钧窑成为御用官窑,专为皇宫烧制盆景所需用的各类花盆和盆托等美术陈设品。钧台窑规模大,技术精良,具有重要的学术价值。

2. 神垕钧窑址

全国重点文物保护单位。神垕钧窑遗址位于禹州市神垕镇西南大刘山下,沿白峪河分布在刘家门、下白峪等村周围的数平方公里内。刘垕钧窑址由刘家门东、西窑址、河北地窑址、下白峪窑址组成,是一组唐至元时期瓷窑遗址群。遗址面积7万多平方米,文化层厚达4米,文化遗存非常丰富。

1950年陈万里先生曾对该窑址作过调查,1964年故宫博物馆又对该窑址进行详细的考古调查,指出神垕大刘山下刘家门窑址出土的钧瓷最精,时代最早。2001年10月~2002年1月,北京大学考古博物院和河南省文物考古研究所联合组队对该遗址进行发掘,计开探方和探沟29个,发掘面积650平方米,清理窑炉遗迹8座,石砌澄泥池3座,灶1座以及窑前工作场所3处,出土了大量瓷器和窑具残片,总数1万余件,其中可复原器物数千件。特别是在河北地清理出的一号窑炉,是北宋晚期至金代的一座土洞式长方形分室式窑炉,窑室中间以一道土石砌建的矮墙将窑室隔为前、后室,因其形制独特,既不同于北方常见的馒头窑,也不同于南方流行的龙窑,属首次发现。

钧釉瓷器的生产大体始于北宋晚期到金代前期,这一时期钧釉瓷器已经产生,主要生产小件器物,但制作精良、规整,部分产品采用裹足支烧的方法,底部留下细小的支钉痕迹。这种工艺与北宋晚期北方地区,尤其是河南中西部地区诸多窑场流行的生产工艺相同,器物的品种有碗、盘、钵、盒、注壶、盏托、香炉、连座瓶、盆等。特别是菱口大碗、海棠式长盘等,造型优美精致,这个时期钧釉器物的釉层较薄,釉的流动不强,釉色淡雅匀净,釉薄处呈现出淡淡的粉红色,但带红彩的器物极少见,少数器物上有大片的红彩，红色几乎布满器表，红色较淡，而且与天青釉较好地交融。同时还发现了内施天青釉，外施紫红釉的器物，与传世的大量陈设类瓷器基本相同。此外还有少量白瓷和黑瓷。

从金代后期开始，钧瓷生产开始走向粗糙，大多数器物施半截釉，器物的圈足内也不再施釉，器壁变厚，器型开始趋大，带有印花的菱口大碗和无耳的精美小香炉是本期极有代表性的产品，器物表面较流行施加红彩，但红彩变成小块而规整。釉色以青釉为多，钧釉次之，白瓷的数量增加，而开始较多地出现白地黑花瓷器，此外还有少量红绿彩瓷等。

官钧鼓钉洗

到了元代，器物大而厚重，主要器物有碗、盘、瓶、罐、香炉、盆、枕等。钧釉的釉层开始变厚，釉的流动性较强，各种釉色的变化以此期最为丰富，月白色釉开始较多地出现，此外还有紫蓝色、褐绿色等釉，一种器物上不同部位也会因釉层的厚满和烧成因素而呈现出多种色彩。不见施满釉的器物，白地黑花瓷大量出现，黑瓷也大大增加。

神垕钧窑遗址下白峪瓷窑的时代为唐中晚期至元代，唐代主要产品为黑釉、茶叶末釉及褐黄釉，有的饰以月白釉斑点，由于这些黑釉的彩斑主要呈蓝灰色和灰白色，与后来的钧釉瓷颇为相似，故被称为唐钧。而唐时期的主要产品是器形以碗为主，还有钵、罐和拍鼓。胎一般较厚重，碗多里部满釉，外部只施半釉，平底滑口与器壁等厚，口缘圆、无釉；罐多平底，有的有双系，系下端为一兽面；拍鼓外部饰以几条凸弦纹及斑点。另外，该地区出土的唐代黑釉蓝斑瓷片，釉色均匀、纯净、花斑艳丽，呈现处黑、蓝灰、灰白等数种釉色。

河北地窑和刘家门窑为北宋晚期至元代，是该地区产品最精的一处古窑址。从北宋末年创烧伊始，就具有很高的烧制水平，烧成了淡雅匀净、典雅美观的天青釉钧瓷，青瓷的烧造水平也极高，釉色娇妍肥厚、澄澈明丽。部分器物仿当时的金银器造型，之后又出现了白釉和黑釉，并有三彩、红绿彩和纹胎产品出现。主要器型有碗、盘、瓶、罐、壶、洗、香炉、盆、枕等。其中带帖塑的花口连座瓶，贴花大香炉、梅瓶和四系瓶等十分有特点。在河北地窑还清理出一座北宋晚期至金代的土洞式长方形分室式窑炉，形制独特，既不同于北方常见的馒头窑，也不同于南方流行的龙窑，属首次发现。

经过对发掘资料的初步整理，可将钧瓷的发展历史分为 3 个时期，即北宋晚期到金代前期，金代后期到元代初年和元代时期，大体覆盖了钧窑发生、发展、繁荣的历史发展过程。为研究钧窑本身的生产历史和工艺发展历史提供了翔实的资料。这项发掘工作必将对钧窑乃至北方地区唐、宋、元时期制瓷手工业发展史的整体研究产生推动作用。

神垕钧窑遗址，因其地处偏僻，人为破坏较轻，较好地保存了历史原貌。神垕钧窑遗址的发掘对研究钧瓷的演变和发展具有重要意义，被国家文物局评为 2001 年全国考古十大新发现之一。

六、严和店瓷窑遗址

全国重点文物保护单位。严和店瓷窑遗址位于汝州市城南蟒川乡严和店村北，是宋代名瓷窑址之一。窑址北距城区 7.5 公里。自然地势北高南低，北部、西部依山，南临蟒川河。窑址面积为 8 万平方米，文化层厚约 2.5 米。1983 年和 1985 年两次进行发掘，共发现宋代窑炉 4 座，澄泥池作坊 1 座，元代窑炉 2 座。宋代的窖炉，由吸风孔炉膛、烟囱、望火孔等组成，炉的材料均采用高岭土制作的砖坏砌成。元代窑炉多呈马蹄形，结构同宋代窑，窑壁则用废弃的匣体摆筑形成。

严和店瓷窑以生产青瓷产品为主，尤以青中闪绿色瓷釉最佳。其胎骨紧密，呈黑灰色，施釉均匀，釉面润泽，开片细碎。瓷器上多印团菊、缠枝花卉，折枝花朵、碧水游鱼和瓜棱花纹，有的还印有姓名。器形以碗最著，式样较多，罐和器盖之类均施满釉。

窑址的制瓷区域，北部产印花、刻花青瓷，器形为折沿碗、斗笠碗等。花纹图案有海水游鱼、波纹海螺、团菊、六分式折枝花、缠枝花、牡丹等，少部分碗的内底花纹中间有“章”“吴”“童”等方形章块。器物胎质薄，质地紧密，施釉均匀，器形灵巧。遗址西部产蓝釉色瓷器，器形笨，作工粗糙，有敛口碗、炉等。严和店汝瓷采用南方越瓷釉色，并继承定窑印花技法，创造了印花青瓷，尤其是天青色名贵瓷器，使其成为汝瓷的主要产地。

窑址南部是烧制黑瓷、白瓷的窑穴，窑址西部有烧制天蓝釉色瓷的窑穴。这些窑址所出产品有萝卜樽、缸、侈口碗等，产品质量均较粗糙。

该遗址为著名的宋代民窖址。

七、密县西关瓷窑遗址

全国重点文物保护单位。密县西关瓷窑遗址位于新密市老城西蚌的河沟西岸。遗址分布在一条南北向的季节河两岸，中部有惠政桥横跨两岸，桥南称菜园沟，桥北称碗窑沟。遗址南北长 1080 米，东西宽 200 ~ 300 米，面积约 30 万平方米。沟两岸断崖上约 500 米范围内暴露着文化层，内含大理瓷片、窑具，遗物极为丰富。堆积层厚 2 ~ 4 米。1953 年发现，1961 ~ 1962 年对该遗址进行复查，采集了大批标本，认为密县瓷窑遗址的烧造年代始于晚唐，终于北宋，并且认为中国瓷器中珍珠地划花工艺源于密县瓷窑遗址。

密县西关窑瓷枕

1984 年后郑州市文物古迹工作队进行 3 次抢救性发掘。发掘瓷窑 3 座、瓦窑 1 座、碾料池 1 座、釉料池 1 座。从瓷窑的结构、形状看，属于北方磁州窑系。从瓷片标本看，以白釉为主，其次为黑釉和黄釉次之，珍珠地划花与三彩又次之，青釉最少。白釉瓷有碗、扁带柄短流注子、罐、灯、碟、盘等；黄釉瓷有碗和双柄短流壶；珍珠地划花瓷有鹌鹑纹珍珠地枕、卷枝纹圆枕、珍珠地卷枝纹和花草纹碗；黑釉瓷有双系罐、盖盒、带托盘支柱灯等；青釉瓷有盘、厚胎盘等。窑具主要有匣钵（分大、中、小三种），另有“工”字形支烧具、垫饼及垫圈。还烧造一定数量的宋代三彩器，主要有香炉、枕和俑等。纹饰以珍珠地划花最为突出，其次为刻花和印花，其中珍珠地禽鸟和食草类动物（羊、鹿），是密县瓷窑遗址最富特色的典型装饰图案。主要瓷器器形，有北方瓷窑共有的玉壁圈足白釉碗，圈足宽而浅，中疏有小而浅的凹窝，足外侧边均削去棱角，其特征与河北曲阳定窑相同。这种碗在中原地区唐墓中常见。还有短流带柄壶和平底盖盒等，均具唐代典型特征。还有一种口沿外部凸起的小唇沿白瓷碗，瓷胎较薄，器身较高,是五代时期流行的一种碗式。白釉瓜棱罐,是北宋常见的罐式。

密县西关窑属北方磁州窑系,产品以白瓷为主,其次为黑瓷和青瓷。瓷器种类主要有碗、盘、壶、盒、灯、罐、杯、注子、枕、俑及围棋子、骰子等。其中以碗、盘为大宗,其次为注子、盒、灯等。典型器物有白釉绿彩短流注子、黄釉席纹短流注子,足跟外铡去一周的青釉花边碗、玉壁底白釉碗、珍珠地划花动物纹枕等。纹饰以珍珠地划花最为突出,其次为刻花和印花。

在装饰上,从晚唐至五代开始采用珍珠地划花装饰,这种把唐代金银器的钻花装饰技法应用到瓷器上的工艺,也是密县西关窑白瓷制作上的创新。尔后到了宋代其技艺传播到登封、鲁山、宝丰等地,才有了较大的发展,并一跃成为登封曲河窑的代表作品。珍珠地划花禽鸟和食草类动物(羊鹿等)是该窑最富特色的典型装饰图案。

关于密县西关窑的历史,《新唐书·地理志》卷三十八:河南府,河南郡,本洛州,开元元年为府,土贡……诞填盎缶……县二十,……阳城……密。《元和郡县图志》卷五河南道贡赋条:"开元贡白瓷器、绫、赋绢、绵,管县二十六……巩……密……告成……"据此,密县西关瓷窑,可能是唐开元年间的贡瓷产地。

根据出土器形特征判断,密县西关瓷窑遗址创烧于唐中期,废弃于宋中期。

八、窑沟瓷窑遗址

河南省重点文物保护单位。窑沟瓷窑遗址位于新密市城东南 18 公里的洧水河南岸窑沟村南部,东北距大隗镇 3 公里。村南为丘陵地带,一条宽阔的大沟两侧的断崖上,暴露着含有瓷片和窑具残片的文化层,以大沟西岸的黄庄最为集中。窑址东起窑沟,西至大路沟,南至黑石坡,北至大庙岭,面积约 2 平方公里。1961 年,河南省文化局文物工作队安金槐先生等在密县文化馆魏殿臣的陪同下,首次对窑沟瓷窑遗址做了初步调查。省、文文物部门又多次对该窑址进行调查。

遗迹遗物十分丰富,仅窑沟附近就发现残瓷窑 13 座,皆为小口圆袋形,窑腔用小砖筑成。窑内壁被烧成青灰色,向外逐渐呈砖红色。出土的瓷器残片主要是白釉,其次是黑釉、白地黑花、珍珠地划花和宋三彩等。施白釉的有碗、盘、注子、盆、壶、盂、灯,施黑釉的有碗、盘、瓶、壶、罐、缸,白地黑花的有碗、盆、缸、罐、注子、壶、枕、小口鼓腹瓶、长颈瓶、灯等,施棕色釉或白地黑花的有鸡、猴、狗、羊、马、驼、虎、狮、龙等工艺品。

器表装饰有全素面的白釉,或白釉加黑边,外施半截釉、器内带凸棱,也有器表为白釉并绘黑色纹饰,珍珠地纹等。白地黑花瓷纹饰丰富多彩,有菊花、牡丹、莲花、梅花、兰草、树木、山水、人物、鸟、兽、虫、鱼及弦纹、条纹、宽带纹等,另有部分遗物上题有"吉语"和"酒令"等墨书文字。瓷器的形制、釉色、花纹和禹县扒村、修武当阳峪等地的白地黑花瓷相近,应属于宋代白瓷系统。

窑沟瓷窑遗址,应创烧于五代,北宋时期达繁荣阶段。

九、东沟窑遗址

河南省重点文物保护单位。东沟窑遗址位于汝州市大峪乡东沟村东,南距县城 30 公里。这里依山近水，地势北高南低，面积约8000平方米，文物层厚2米。1950年陈难里先生在东沟作过短期调查，1964年故宫博物院冯先铭又到东沟实地考察，省文物部门也派人协助调查。窑址分布在东沟村的东北山脚下河边，散布面较广，且排列有序。由于常年烧制，大量残渣堆积于此，地表上瓷片比比皆是。

从遗物的造型和釉色上看，属宋、元遗存。瓷胎多为灰色，有深浅厚薄之分。质地有的紧密，有的疏松。釉色主要有天青、天蓝、葱绿、茶叶沫、鱼肚白、青绿釉、钧釉、天蓝釉等，以天青居多。青釉以印花，刻花碗、盘为主。印花大部分是凸起的阳纹，纹饰题材分三种：一种是花卉；一种是海水游鱼；另一种是禽鸟纹。花卉题材又分为缠枝花卉、折枝花卉、团菊纹。钧釉碗有大小多种，底部较厚而无釉，天蓝月白釉较多，青绿釉较小圈足宽厚，足内不施釉。整体施釉均匀，釉面莹润、细腻，开细小冰裂纹，釉下汽泡较多，个别器物施釉不到底。器型主要有碗、盘、杯、洗、碟及罐等器皿。造型古朴、大方，制作规整精细。器物大致有直口盂、小茶托、圈足浅腹盘、敞口碗之类。

该窑址出土的宋代器皿较薄，显得清秀，元代器皿则厚，显得钝拙。在施釉方面，宋代器物除圈足近底部外，里外均施釉，元代则里部常有一圈露胎，盘、碗外部施釉常常只有一半，也有明显之分。

该窑始烧于北宋，并以刻、印花花卉的汝窑豆绿釉为主，到了北宋晚期，由于受钧窑的影响，则出现绿釉挂红彩的新品种，并有“万绿丛中一点红”的美称，特别到金元时期，钧瓷更为盛行，并对汝瓷取而代之，故有人称，在妆瓷故乡出现大量钧瓷大有喧宾夺主之势。

十、曲河瓷窑遗址

河南省重点文物保护单位。曲河瓷窑遗址位于登封城东南17公里的曲河村东。1961～1962年，对该窑址进行调查。东西长约1500米，南北宽约500米，面积约75万平方米。

曲河村北的台地上，约0.5平方公里许的窑址范围内，遗留下来的瓷器残片和窑具残片匣钵、垫饼、碗垫、盘垫等到处皆是。磷根堆积层高达3～4米，有的地方文化层堆积厚3余米。紧靠窑址北部的山坡上有大量的烧制瓷器的高岭土。在曲河村内古寨墙的夯土中夹杂着许多残窑具，有匣钵、垫饼等，还有不少乳白釉和白釉绿彩瓷片。在村西通往告成镇的道路断崖上，残留有一座古窑址，高1米、直径约0.8米，窑壁用土坯砌成，被烈火烧成红色，主要遗物有窑具、坯胎和大量瓷片。1985年春，在村内发现一个当时用作粉碎瓷土用的石杵臼，高0.7米，上周径1.95米，下周径1.90米，臼内上口周径1.3米，臼深0.45米，杵锤长0.85米，杵锤呈枣仁型。此杵臼在当时为粉碎瓷土或釉料用，现存登封历史博物馆。1987年6月，在村西200米处的小山沟断崖上发现一座较为完整的古窑址，高1.9米，直径1.8米，窑周壁和底部有烧窑道、出烟筒，清理出白釉小瓷碗一个。窑址遗物有白釉、绿釉、白釉褐彩、珍珠底、白釉刻花、白釉黑花、黑釉玩具、三彩、黄釉、青釉等10多种。遗物瓷器种类有注子、罐、钵、碗、盘、碟、盆、小盂、高足杯、玩具、白釉刻花枕、绿釉刻花枕和珍珠地花卉枕等。此外，还采集有黑釉碗、豆、小瓶、小罐、黄釉缸片、茶色碗片和钧瓷片等。

宋王存《元丰九域志》卷一载：“西京河南府河南郡，土贡蜜蜡各一百斤，瓷器二百件，县一十三……畿登封东南一百三十里，颍阳、费庄、曲河镇。”可知曲河是宋代登封三巨镇之一。《宋史·地理志》：“河南府洛阳郡……贡蜜蜡瓷器，县六巩、密、登……”其中有登封。曲河村东口小庙内有清光绪二十一年(1895年)《重修观音文殊普贤三菩萨堂碑记》，碑文记载：“地名曲河，面水势也，其中风景物色，宋以前渺无可稽。常有里人偶拾遗物，质诸文献通考，而知当有宋时窑场环设，商贾云集，号邑巨镇,金、元两代亦归湮没……”

曲河窑的年代始烧于晚唐至五代,兴盛为北宋,金元时盛况愈下,但仍生产少量钧瓷。明清也有烧造。登封曲河窑属于北方民窑,其产品少量贡品,多为民用。《元丰元城志》记载河南府在北宋神宗元丰年间(1078~1085年)贡磁器200件,河南府13属县中出产瓷器的有巩县、密县、登封和新安等县,但贡磁仅200件,这是一种象征性的例贡。

当地群众传说,曲河瓷窑和禹县(今禹州市)钧瓷窑是同时期的姊妹窑。曲河名神前,禹县钧窑名为神后(垕)。两窑址以登禹交界的天爷庙而言,天爷庙门向北,庙北的叫神前,庙南的即神后(垕)。

十一、苇园瓷窑遗址

河南省重点文物保护单位。苇园瓷窑遗址位于巩义市区东南30公里的米河镇苇园村。村中间有一条南北小河流过,当地群众称为庙路河,又叫苇园河。小河将苇园村分为东苇园、西苇园两个自然村庄。苇园瓷窑遗址即分布于小河两岸,南北长约600米,东西宽约500米,东至东苇园山脚,西至西苇园山根,南至苇园水库,北至茶店河沿,总面积约30万平方米。在长达600米的河流两岸的崖壁上,到处暴露出文化堆积层,厚1米左右。

遗址内含有各种类型的瓷片、瓷土、支烧、范模等。调查采集的文物标本有盆、碗、钵、罐、缸残片和支烧、范模等。釉色以酱釉、青釉、白釉居多,还有少量黄釉。苇园瓷窑遗址出土的青黄釉瓷片与洛阳北魏元乂墓中出土的陶瓷器釉色相同。根据其瓷窑特点可知,苇园窑址有可能创烧于曹魏时期,繁荣于隋唐,宋元后逐渐衰落,以致数百年来默默无闻。

苇园瓷窑遗址,是目前发现的时代较早、规模较大、烧造工艺高、延续时间较长的一处民间瓷窑遗址,遗存丰富,保存较好,有较高的历史、科学和艺术价值,为研究中国陶瓷发展史提供了实物资料。

十二、前庄瓷窑遗址

河南省重点文物保护单位。前庄瓷窑遗址位于登封市宣化镇前庄村南北台地周围,北为前庄村,西北与磨脐村相连,南为白沙水库,占地面积约3平方公里。窑址地势西北高,东南低,中部为土崖高地,窑址位于高地两侧土崖下。2005年10月登封市文物勘探队在此勘探首次发现,2007年10月文物管理局对该窑址进行了详细调查。

在紧临遗址边沿的东、西、南部的地表及断崖上散布着北宋时期的瓷片及残损瓷窑,该遗址紧靠碗窑河南岸,在断沿上发现残窑多处,从采集的器物标本看,主要以白瓷注子、黄釉盆、白瓷碗等日用瓷为主,器物内外壁均施半釉,釉质无光泽,胎体制作粗糙。从采集的标本看时代为唐至元,但元代瓷片较少。

前庄瓷窑遗址通过初步调查掌握的情况发现属瓷窑址系列,窑具及瓷片标本文化内涵属民窑系,同登封曲河瓷窑类型接近,虽相距10里左右,大都属一个文化历史发展的活动区域。该遗址的南部原有高岭土矿,靠近河边,有充足的水源,具备制瓷的各种物质条件。这一遗址的发现对研究唐至元代的社会经济及制瓷工艺提供了重要的实物资料。

十三、月台瓷窑遗址

河南省重点文物保护单位。月台瓷窑遗址位于新密市西北约25公里处,隶属牛店镇。遗址中部被月台河穿过,西南与登封市接壤,北距郑少高速45公里处约2公里,东距李湾水库3公里,遗址因位于月台村境内而得名。

月台瓷窑遗址经调查,确认东西长1000米,南北长1500米,总面积150万平方米。该遗址中部被月台河分割,河两岸分布着阶梯状台地和沟壑。遗址就分布在月台河两岸和与月台河相连的沟壑两侧。柴窑村沟壑密布,四周分布着浅丘。附近遗迹较丰富。在月台河南岸的高台地,经调查发现有仰韶至汉代的遗迹。但文化堆积大部分以唐末五代至宋代的瓷片堆积为主。在勘探过程中发现地上暴露窑址数十处,地下埋藏窑址10余处,其中大多数为马蹄形馒头窑,而且在郭窑村附近发现的5处窑址的附近都或多或少地发现有部分青瓷或白瓷堆积。从一些断崖上可以清晰地看到瓷片堆积层。文化层厚度为0.2~0.5米。遗址地表分布有较多的文化遗物,遗物主要是瓷器,有碗、盘、盏等。

月台瓷窑遗址是一处非常重要的唐宋时期的瓷窑遗址,现存面积较大,遗存较丰富,在当时应是一个很重要的瓷窑作坊区。从调查和试掘的部分遗物特征看,遗址位于汝窑和钧窑的北面,是古代瓷窑由北向南发展序列中非常重要的一环。月台瓷窑遗址发掘有唐末的器物,五代的器物,还有宋早期的器物,汝瓷、钧瓷在此遗址中都有发现,因而瓷窑遗址本身具有重大的学术价值。可为研究河南瓷窑由北向南发展过程,及钧窑、汝窑的发展源头,以及探讨中国瓷官窑的起源等学术热点问题具有重要的意义。

十四、东周制陶窑址

东周制陶窑址位于洛阳东周王城东北部(今金谷园路中段两侧),窑址两处,考古工作者将其编号为4号窑、5号窑。

东周制陶窑址

5号窑,南北向,形制很小,窑室长0.95米,窑顶已毁,残高0.75米,烟道结构不明,而火门、火膛、窑箅保存完好。椭圆形窑门开在圆形的操作坑壁上,高0.36米。平面呈扁圆形的窑室下部,是堆满草木的火膛,中间依着窑壁,以草拦泥设窑箅和4个椭圆箅孔,火焰由下而上通过箅对置于其上的器胚加温。在窑室内发现少许陶片和陶鬲。从窑型和遗物看,当属春秋时期的一座陶窑。

4 号窑,位于 5 号窑南侧,东西向,从窑门至后壁长 2. 10 米,窑顶已毁,烟道情况不明。圆形窑门的前边是长方形烧坑。窑室平面为圆形,直径 1. 80 米,前为火膛,后为窑床,窑床高出火膛 0. 32 米,两者之间用草拌泥作“丁”字形窑箅。窑门高于火膛,低于窑箅。窑壁因久经烧烤,内呈青灰色,外呈砖红色,厚 0. 12 米。窑室内出土遗物有绳纹罐、素面盆、绳纹盆、圆底釜、穿孔陶拍及手制筒瓦等。这是一种由箅式向台式窑床过渡的窑型,其时代当属战国早期。到战国中、晚期以后,箅式圆窑即行消失。

十五、铭功路制陶作坊遗址

铭功路制陶作坊遗址位于郑州市区商城遗址西城墙外的铭功路西侧(今郑州十四中院内)。1955 年发掘,在约 1400 平方米的范围内,发掘出 14 座排列有序的陶窑和 10 座小型房基。陶窑大多数为圆形,个别为椭圆珙。陶窑分上下两部分,上面是窑室,下边是火膛和火门,中间以带圆孔的窑箅相隔,箅下有长方形土柱支撑,箅上放置陶坯,箅下可以烧火。因经高温火烧,窑壁内侧已变成砖灰色,向外渐成红色。在陶窑和房基附近出土有陶垫子(又称抵手)、陶印模等用二制造陶器的工具。陶垫子的面一般呈凸球状或半圆形凸起,后部加有圆柱形或半环形把柄,在制作陶坯时,可以进行打磨或作垫子使用;陶印模则用来印制的陶坯子。陶质分泥质和夹砂,制法有轮制、模制、轮模合制,器形有鬲、鼎、尊等,部分有纹饰。从遗址上发掘出大量陶器、陶器碎片、器坯,多为泥质陶盆和陶甑,而夹砂陶器的鬲、甗、缸等却很少发现。由此可见,此处是专门烧造盆、甑等泥质陶器的作坊。

该遗址为商代制陶作坊遗址。它的发现表明在商代中期,不但手工业已从农业中分离出耿,成为独立的生产部门,而且在同一种手工业内部,如制陶业,也已经有了固定分工。作坊主生产如此大量的盆和甑决不是为了自己使用,而是为了进行产品交换,这显然是一种商品生产。

十六、大吴楼制陶作坊遗址

大吴楼制陶作坊遗址位于新郑市郑韩故城东部大吴楼村东北。1972 年发现并发掘,出土有房基、陶窑及制陶工具、器物等。其中房基东西长 9. 4 米,南北宽 6. 4 米,面积 60. 16 平方米。房基四周用粗绳纹板瓦围筑,地面用方形砖平铺,有通道与陶窑相连。房基东南有泥料池,西南有圆形土灶痕迹。作坊中出土大批陶拍、刮板、圆盘、玉石、刮刀等制陶工具以及斧、罐、豆等生活用具。另发现一批珍贵的陶文资料,其中“郘岦”二字见于陶纺轮上,“左城”二字见于陶桶上。

该遗址是战国时期以生产瓦类建筑材料为主的作坊。

十七、西汉制陶窑遗址

西汉制陶窑遗址位于洛阳东周王城东北部(今金谷园中段两侧)。1974 年冬,洛阳市文物工作队在此清理了数处西汉制陶窑址。

西汉前期制陶窑址 1 座,南北向,筑在生土层上。窑室平面为方形,从窑门至后壁长 4. 16 米,窑壁内呈青灰色,外呈砖红色,厚0.15~0.20米。长方形的竖井式烧坑前,为拱券顶窑门,高1.18米,以小砖砌成。半圆形火膛后为窑床,长2.65米,宽2.10米,窑床周边的台式窑壁竖直,火膛上部的窑壁向后呈弧形。窑顶已毁,当为弧形顶。单烟道,拱形排烟孔。出土遗物主要是陶器,如熔腹盆,直腹盆、碗、圆孔甑等,生产工具有陶捶、瓦垫等。在烧坑底部发现汉文帝四铢半两钱一枚。

西汉后期陶窑均为方形,一般都筑在生土层上,砖坯垒成窑壁,用小砖修补,火膛周围及上部的窑壁多用半截小砖砌成,窑壁抹草拌泥后,光平而呈砖青色。与前期窑相比,后期窑半圆形窑门流行,火膛平面作半圆形,底部不整,窑床平面作长方形,边沿规整,排烟孔多至3~5个,排烟孔向后,且深至0.30米左右,开凿竖直向上的烟道。后期窑址出土物主要有陶器类釜、盆、瓮、小碗、吊桶、釉陶壶,工具类纺轮、陶锤、陶拍、陶饼状器等。

十八、翟沟瓷窑遗址

翟沟瓷窑遗址位于荥阳市城南20公里的崔庙镇翟沟村。该窑址发现于20世纪60年代末。1982年,郑州市博物馆对该窑址进行了调查,发现该窑址分布较广,以翟沟为中心,南起上灰沟,北止后沟村,东西绵延10余里;南起上灰沟,北至后沟,南北跨度3里余。仅翟沟村周围面积就达20余万平方米,是一处隋唐至五代时期规模较大的瓷窑遗址。遗址附近为丘陵地带,北靠万山,南临一条东西走向的丘陵,山与丘陵之间峡谷中是一条季节河,有充足的泉水。从初唐开始,人们就利用丘陵上的瓷土与山谷中的黏土作原料,在这里建造了窑场。

这处窑场不见于文献记载,从采集的实物观察,属于民间作坊。在遗址分布区的地面上瓷器残片、窑具、瓷土原料,灰烬等遍地都是,有时尚可拣到完整和比较完整的器物,大部分是唐宋时期。窑址范围内地面上有大量的瓷片、残瓷器、窑具等。暴露在断崖上的文化层一般厚2米左右,最厚达3米以上。发现的遗迹主要是暴露于地面上和断崖上的文化层灰坑,残瓷窑的窑底等。

在翟沟村东约700米的冢东村南侧崔庙至刘河公路北侧断崖上发现了一座残窑窑址,窑顶部已塌毁,窑室长约2米,宽约1米。窑室内保存较好,呈马蹄状、拱形顶,四壁用土坯砌筑,并抹瓷土和黏土泥。因使用时间较长,火候较高,窑的四壁已烧成黑褐色琉璃体,窑室内堆积有残砖、瓷器、瓷片、支垫、匣钵、窑具及灰烬的带盆垫堆积。

该窑的主要产品有缸、罐、钵、盂、盏、盉、杯、盅、澄滤钵及铃、动物玩具等。窑具有圆饼状支垫、饼状三角支垫、环状支垫、匣钵等。产品中以罐、碗、壶、瓶、盘、盏数量最多,釉色以黑、黄为主,还有白、豆青、棕色釉等。有的瓷器口沿、肩、颈或器耳上,还有早期窑变的现象。

隋代的青釉深腹实足碗、圈足豆等器物,五代的瓜棱形壶,宋代的葫芦式小口瓶等为该窑口典型的代表作品。

根据多次考古调查采集的实物标本,该窑从隋代创烧,中经唐及五代,直至宋、金盛烧不衰,其产品丰富,规模之大,是黄河南岸的一处规模较大的瓷窑遗址。

十九、营里瓷窑遗址

营里瓷窑遗址位于禹州市西27公里营里村北。这里处在佛山东南名叫泉水湾的小山包之阳,周围群山环抱，有丰富的瓷土、釉药、煤炭、林木等资源，具有发展陶瓷业的极好条件。1983 年 12 月初，许昌博物馆派人在此清理古墓时，发现了这处瓷窑遗址。

在泉水湾小山包之阳，有一条 10 米宽南北走向的自然沟，沟的两边断崖上露出许多椭圆形瓷窑残迹，排列整齐。附近有大量的窑渣、窑具和瓷片，窑具中的匣钵高 7.5 米，口径 16 厘米，直口圆底，外壁饰有三道凸起的旋纹，因烧制火候太高同窑渣凝结在一起。有的匣钵和瓷窑凝结在一块，内壁结有天篮、天青色钧瓷片。

在窑址北侧的小山包下有一崖洞，洞口宽 1.5 米，口向西北，进入洞口 10 米深方可到洞穴内，洞深极目无底。因长年积水，洞内淤土较厚，仅有 1 米高的空间，人不能立行。在洞口至洞穴之中发现有已朽的人骨架和大小铁锅，还有天蓝、天青、玛瑙红，也有黑釉、白釉、白地黑花瓷器和残片。器形有天蓝釉小足碗、天青釉乳丁洗、敛口双系瓷罐、敛口双系平底缸、天蓝釉器盖、敛口深腹圈足碗等，还发现有莲蓬形玛瑙碗和长条金叶服饰等稀世之物。生产工具有铁镰、铁斧、铁镢，兵器有扁铁棒、铁矛、铁刀、铁剑，还有“熙宁通宝”“元丰通宝”等北宋铜币。据此推测，这个崖洞里的遗物可能是营里瓷场的窑工或窑官之物，他们住在洞里，不幸遇难。

营里瓷窑遗址是一处钧窑系的瓷器产地，时代为北宋晚期，对研究陶瓷史有一定价值。

二十、芝田宋三彩窑址

芝田宋三彩窑遗址位于巩义市西南 10 公里芝田镇芝田村西，坞罗河与洛水交汇处东岸台地上。1989 年调查发现。

采集的标本主要是日常用具、工艺品、窑具、模具、打磨工具等。生活用具有枕、盘、盆、罐、壶、瓶、碗、豆、碟等。器形浑厚，胎质坚硬，香炉、供盘等祭器显得庄重厚实，而白瓷梅花鹿、三彩马、狮子、男女俑头等工艺品则小巧玲珑，造型生动逼真。制作三彩的范、模，大都精巧细腻，有较高的工艺水平。先后发现支烧、托座等窑具 60 多件，其中出土一件白胎托座，上下部均为喇叭形，上口开了三个“V”形豁口，将上口分为三瓣，放置器物，十分稳定，可以加大通风，提高火力。

芝田宋三彩窑生产规模大，工艺水平高，器物的品种多，是宋代重要的三彩窑址。

二十一、宋定陵官窑遗址

宋定陵官窑遗址位于巩义市芝田镇，坞罗河与洛水交汇处的台地上。沟沿暴露有大面积烧土遗迹，总面积约 2 万平方米。1994 年 7 月郑州市文物考古研究所和巩义市文物保护管理所联合进行考古发掘，揭露面积近 700 平方米，清理出宋代官窑 13 座，并调查窑址 30 多座，出土了大批遗物。

发掘出土的陶窑，一般由工作坑、窑门、火膛、窑道、烟道组成。窑均是从地面下挖成窑室，窑壁大多不用砖砌，仅涂一层草拌泥，窑室后壁以砖砌墙隔成半月形烟室，至上部收缩成三个小烟孔。发掘出土一批印有“定陵官”“官口”字样的陶质大板瓦和透花水纹瓦、筒瓦等建筑构件，同时还出土有宋三彩窑具、陶俑范、支烧和青瓷碗、刻花双鱼瓶等文物。

该窑址地处永安县（治所在今巩义市芝田镇）境内，距永定陵陵区极近，紧邻坞罗河，且规模宏大。

从其地理位置、规模和出土实物看,不仅能为永定陵等皇帝陵和永安城烧造器物,而且很有可能通过水路为京都开封烧造并供应大量建筑构件和宫廷用品。

该遗址是一处宋代大型官窑遗址,它的发现为研究宋代作坊制度、建筑材料、烧造技术等提供了重要依据。

二十二、清凉寺汝官窑遗址

汝窑是我国宋代五大名窑之一,因窑址在汝州而得名。清凉寺汝官窑创于北宋初期,以烧制青瓷著称于世。产品沿用南方越窑的釉色,并继承定窑的印花技术,创造了印花青瓷的独特风格。其特点是:质地细腻,胎骨坚硬,釉色润泽。其中以"天青"最为名贵,有"雨过天晴云破处"之称。汝瓷汁水莹厚,状似堆脂,视如碧玉,扣声如磬。

汝州清凉寺汝官窑遗址

1999 年 3 月 15 日在汝州文庙东南挖地基时,陆续发现了汝官瓷天青荷叶碗残片、支烧天青平底小洗残片、豌豆青凹足深腹古烧盘残片等。并在 5 米深处发现了大量的汝官窑汝州新窑器釉料,遂断定文庙附近可能是真正的汝官窑遗址。从 1987 ~ 1999 年,清凉寺遗址历经 5 次发掘,出土了大批窑具、瓷片及各类完整的瓷器 300 余件。2000 年 10 月又出土了 15 座窑炉、2 处作坊等。经文物专家分析研究,一致认为,清凉寺瓷窑遗址为汝官窑遗址。

二十三、郑庄瓷窑遗址

郑庄瓷窑遗址位于登封市区东南 35 公里徐庄乡郑庄村西,1984 年春文物普查时发现。东西长 600 米,南北宽 300 米,面积约 18 万平方米。

由于长时间的雨水冲刷,窑址内地表原来堆积的瓷片及窑具大部被冲往下游,地表堆积已不明显。窑址西北部台地上发现了当时的残窑遗迹,红烧土面积约 20 平方米。砌窑壁的土坯长约 0.25 米,宽 0.16 米,厚 0.07 米。窑址内采集到瓷片、匣钵、垫饼等。瓷片有浅天蓝釉、豆绿釉、灰中泛绿釉,以豆绿釉瓷片最多,其他釉片次之。器形以碗最常见,瓷胎稍厚,瓷质为灰白色,较细,施釉厚而多有开片纹。圈足碗较多,碗里施满釉,碗外施釉接近圈足,有的圈足内施釉,有的则不施釉。窑址内瓷片、匣钵、垫饼随处可见。紧靠窑址的西北部有大量制瓷原料——高岭土。

根据采集的瓷器标本,可知此瓷窑址应属北宋时期瓷作坊遗址。

二十四、李家门瓷窑遗址

李家门瓷窑遗址位于登封市区东南35公里徐庄乡李家门村北约200米处。四面环山，中间有一条南北向河沟，窑址就分布在河沟两岸的台地上。此窑址于1984年春文物普查时发现。

窑址南北长约500米，东西宽约150米，面积约7.5公顷，文化层厚约1米。1984年春文物普查时发现。有大量匣钵、垫饼等窑具和瓷器残片，可看出器形的有平口沿小盘、碗等。碗外部有刻花，其中大部分施釉较厚，常有流釉现象，也有一部分有裂纹开片。窑址西北部有瓷窑痕迹，尚有部分红烧土露出地表。近年来发现不少瓷片，以天蓝釉较多，鲜蓝、白、豆青、蓝紫、灰青釉次之，黑釉少。瓷胎有灰色、灰白色两种，胎质较细。窑址东面的山坡上遍布制瓷的天然高岭土。

该遗址为北宋瓷作坊遗址。遗址内文化堆积层较薄，可能制瓷时间不长。

二十五、闵庄钧窑遗址

河南省重点文物保护单位。闵庄钧窑遗址位于禹州市鸠山镇东北部闵庄建置村闵庄自然村东侧附近。闵庄钧窑址发现于1964年。2007年7月，鸠山乡修公路时挖出了古瓷窑址，出土的残器与瓷片被盗抢。2011年9月，北京大学考古文博学院与河南省文物考古研究所组成钧窑联合考古队，对闵庄窑址进行科学发掘。考古队把闵庄窑址分为A、B、C、D四个区，其中，C区是文化遗存最多的区域。清晰的文化层中：扰土层及清代以后的地层已剥去，展现在眼前的是明代及元、宋期间的地层。明代的不同时期及元、宋的分期内均有数量不一的陶瓷遗存。在c区东南部发现有五个大小不同的窑炉，从其炉内遗存看其燃料有煤、柴等。

该遗址是一处北宋至元时期的一个规模较大的民窑窑址。从遗址挖掘出的标本看，有明代的钧瓷器型，其器形与工艺与宋金时期明显不同。特别是在明代地层中发现的钧釉瓷，将改写明代早期钧瓷断烧的历史，为明代的文献记载提供实物佐证。

二十六、白坪瓷窑遗址群

白坪瓷窑遗址群位于登封市西南乡程窑、栗子沟、赵家门、牛园、碗窑岭、东白坪、南拐、沙锅窑、北魏窑、南魏窑等地，是一处大面积的瓷窑群，总面积10多平方公里。该瓷窑遗址群是以白坪程窑为中心，有着11处处古瓷窑遗址。在遗址上采集到瓷器残片达万余种，有漏斗形、圆桶形匣钵、垫饼和垫饼形三角钉、拉胚的轮盘，瓷片标本有碗、碟、杯、盏等。瓷质坚硬、釉色细腻、纯净、淡雅，色彩有天青、天蓝、豆青、月白、灰蓝、翠紫、青绿、灰绿、紫红斑、玫瑰紫等。

从出土标本看，白坪古瓷窑遗址群中大部分属于专业烧制钧瓷的宋代遗址，其发展、延续的时间跨越宋、金、元乃至明代，时间跨度大，遗址规模大，器型既有碗、碟、罐、钵等日用器，又有炉、盒、瓶之类的工艺瓷和象生瓷。其中程窑遗址出土的标本兼具“钧汝之美”。

二十七、铁匠炉瓷窑遗址

铁匠炉瓷窑遗址位于巩义市城东7公里的铁匠炉、白河、白窑、紫窑一带，遗址所在处村旁、田间、河岸，到处是散存许多瓷片。经调查，这里是唐代瓷窑遗址。

北京故宫博物院曾派人到铁匠炉调查，采集到10余件隋代青釉高足盘和碗等，说明隋代这里就有瓷窑了。由于唐代生产力和文化艺术的发展，人们对瓷器的需要量增加，这里的瓷精迅速发展起来。

唐代瓷器在艺术造型、胎质和釉彩色调上，都有它独立的风格。该遗址瓷器的色调以白釉居多，黑釉次之，黄釉又次之。器物有碗、盘、罐、壶和枕等。多为平底，也有少量的窄圈足，这是唐代瓷器的显著特点。这处窑址的发现，为研究我国北方白瓷的起源与发展，提供了宝贵的实物资料。

第三节　城建设施遗址

在嵩山地域的考古工作中，发掘了郑州商城供水设施遗址、登封阳城遗址中的给排水设施、新郑地下冷藏设施遗址和洛阳隋唐时期大型水利设施遗址，等等，这些都是城市建设的重要设施，它们的发现对研究中国古代都城建筑史有着重要意义。

一、瞿家屯建筑基址

河南省重点文物保护单位。瞿家屯建筑基址位于洛阳市西工区瞿家屯村东南，东周王城南城墙外西南部，洛河北岸约500米处的洛河与涧河交汇处的三角地带。

2004年11月~2005年12月初，洛阳市文物工作队进行发掘。主要遗迹位于发掘区的北半部分，为一个特大型院落内的一部分。此院落由一条南北残长约30米的南墙围成，其东、北两侧均为发掘区。共发现有大型的成组夯土建筑基址、墙址、散水、排给水设施、池苑、水渠、陶窨等遗迹。主要的建筑遗存位于汉代层下。在发掘区内出土有大量的绳纹筒瓦、板瓦残片及精美的卷云瓦当、瓦钉，还出土有少量陶豆、陶盆残片，“五铢”“半两”等。另外，在被夯土墙或夯土台基叠压的灰坑和墓葬中所出土的包含物与《洛阳中州路(西工段)》中的春秋晚期到战国早期的相关器物类型相近。结合夯土墙及夯土台基所处的地层等分析，这一遗存的年代为不早于战国早期，并延续使用至西汉初期。

关于这组建筑遗存的性质，从早期建筑遗存的规模及布局来看，绝非一般民居，而是有所规划的宫室建筑。尤其是建筑基址西南的水渠，是洛阳东周时期遗址的首次发现。该遗址的发现，为进一步研究东周王城的城市布局提供了重要的资料。

二、洛阳水利设施遗址

河南省重点文物保护单位。洛阳水利设施遗址位于洛阳市洛龙区文化西路，距隋唐东都城外城上的厚载门遗址不足千米。

2004 年 8 月，洛阳市文物工作队在洛阳新区文化西路建设工地发掘出一处隋唐时期大型水利设施遗址。市文物工作队的考古工作者随即对遗址进行了全面发掘。该建筑大致呈矩形，东西长 40 米、南北宽 10 米，残存高度 2 米有余，其南北两壁中间部分呈半圆形，分别向外突出，遗址的西端和中间还砌有石墙。构成建筑的石块大小不等，多数 1 米见方。此外，考古工作者还在该建筑遗址的东西两侧发现了近千米长的夯土河堤。

洛阳水利设施遗址

专家根据考古发掘推测，该建筑共分两期：第一期应建于隋唐时期，后来又在其中间部位进行了二次改建与利用，并初步认为该遗址是一处与水利设施有关的古代建筑遗址。该遗址位于如今的洛龙区夜叉磨村东，距隋唐东都城外城上的厚载门遗址不足千米。据《元和郡县图志》等史料记载，隋唐时期这里曾建有水利设施。该水利设施构造奇特，且在嵩山地域属首次发现。有专家认为，这是一处引水并具有水能与机械能转化功能的综合性水利工程，它设计科学、构思巧妙，即使在现代，也无法用水力学设计理论和工具准确设计。古人可能根据实际运用情况不断调整，才建成了设计如此科学的水利工程。也有专家认为，该工程是一处水利调节工程，建设目的是为隋唐洛阳城提供用水。

隋唐东都城是当时南北大运河的中心。专家认为，不管该建筑遗址是何用途，它的发现对研究中国古代都城建筑史及水利建筑史都有重要意义。

三、郑州商城供水设施遗址

郑州商城供水设施遗址位于郑州市东里路东段郑州商城宫殿区北部，遗址沟漕与宫城城墙平行。已发现的供水设施长度约 40 米，由地下石板筑水管道、夯土沟槽和汲水井三部分组成。平面呈长方形，断面呈倒梯形。口宽 11 米，底宽 3 米。石板筑水管道距地表约 4 米，由石板和草拌泥垒砌而成。石板选料讲究，个体较大，多为长方形，均呈水平状垒砌，外侧则用零乱石块加固。管道内腔近方形，宽 0. 55 米，高 0. 68 米，底部和顶部均平铺长方形石板。上部逐层夯打 3 米鑫厚的填土。在管道底部发现有淤积的浅黄色细沙和贝壳、河蚌等遗物。

汲水井发现 4 个，间距相等，均为 8 米，位于夯筑沟槽的中部，向下打破夯土与石板水管道相通。这些井平面呈长方形，长 2. 5 米，宽 1. 50 米，南半部均有二层台。依据其形制和结构分析，可能与汲取清水、清淤或控制水量有关。

该供水设施向北延伸与 1992 年发现的商代蓄水池相通，二者方向一致。蓄水池东西长约 100 米，南北宽 20 米，也是用石板平铺池底，圆形或不规则形石块砌壁，规模庞大，与新发现的供水设施有机地构成一个完整的城市供水系统。这套供水系统的既严密又科学，与当今城市供水系统的构造原理基本相同，首开城市供水系统的先河。该供水设施的发现，是近年来我国商代考古的又一重大发现，也是我国目前发现的时代最早又较为科学的一处地下供水系统，把我国城市自来水供应技术提早到了距今 3500 年前的商代。它的出现，大大推进了古代城市化的进程，是古代城市功能日臻完善的一个例证。

四、苗南烧窑遗址

河南省重点文物保护单位。苗南烧窑遗址位于洛阳市老城区苗南村东南，大唐宫建材市场北，东距定鼎路约 30 米，南部临近隋唐宫城。该窑区地处北邙山向河洛平原过渡地带，地势北高南低。窑区所在处黄土层深厚，为烧制砖瓦提供了充足的原料。窑区向东约两百米有一条南北向沟渠，可能为水源地。

窑区呈地坑式，东西长约 57 米，南北宽约 22 米，窑口呈中轴线南北对称布局，两端呈圆形弧状。共 18 座，分为南北两排，每排 9 座，窑口两两相对。每座窑结构相同，大小略有差别。操作通长约 40 米，宽约 4 米。地坑通向地表有四个出口，东西南北各有一个，均为斜坡式。每个窑均为独立窑口，由操作坑、窑室组成。窑室分别由窑门、火膛、窑床、烟道、烟室和烟窗口组成。窑室平面呈马蹄状，顶部保存较少，从残存的部分看，为平顶略弧，顶部厚约 25 厘米，每个窑室的空间约 15 立方米。

以 Y18 为例，介绍如下：Y18 位于北排西段，保存较为完整。操作坑位于窑门外东侧，呈圆形，直径 1. 2 米。窑门残高 1. 1，宽 0. 5 米。火膛位于窑床和窑门之间，平面呈月牙形，低于窑床 0. 5 米。窑床前窄后宽，两边呈圆弧状，前宽 2. 6 米，后宽 3. 2 米，窑床长 2. 7 米。窑室后壁共有五个烟道口，中间为主烟道，主烟道两侧下部，各有两个方形排烟口。后壁后部为主烟室，立面呈桃形，烟囱口呈长方形。从发掘的情况看，部分窑壁上残存有文字，大多数文字漫漶不清，有待进一步辨认，其中 Y6 上的文字为人名“韩贞凤”。另在窑室后壁上刻画有交叉斜线纹。出土器物主要有唐代的砖瓦、瓦当、陶器残片和唐三彩残片等。其中，砖有长方形及方形两类。长方形砖又有素面及绳纹两种。方砖一般浮雕有莲花纹；瓦有筒瓦和板瓦，均为素面。瓦当也以莲花纹为主。圆形陶水管仅发现一个，位于 Y2 烟室内。陶片残碎，器形难以辨认。唐三彩也多为碎片，其中一件三彩盘较为完整，纹饰为莲花纹。

该窑址规模宏大、布局有序、保存较好，是我国目前发现的最为完好的砖瓦窑遗址，据初步研究，这批烧窑与隋唐洛阳城的建设有密切关系，可以解决自开元十九年（731 年）以后隋唐洛阳城城内禁烧砖瓦后，工程建设所需建材的来源问题。此外烧窑壁上还保存了修建烧窑工人来源地，这对于探讨唐代徭役制度具有重要意义。该窑址出土砖瓦体量宏巨，筒瓦最长达 50 余厘米，方砖浮雕精美，与众不同,非普通民间建筑所使用,充分显示了皇家气派,代表了唐代中国建筑的最高水平。

四、新郑地下冷藏设施遗址

新郑地下冷藏设施遗址位于新郑市郑韩故城宫城区西北角。形制为口部略大于底部的长方形竖穴。遗址南北长8.9米,东西宽2.9米,口部四周地面上,发现一些圆形柱洞,说明当时上面建有屋顶,室内东南角有1条13级台阶走道以供出入。地下建筑四壁用夯土筑成,墙壁砌正面饰米字格纹、背面凹槽的方砖。地面西部铺同样的方砖,东部布列南北成行的5眼井,均用预制的陶井圈套迭而成,井口径近1米,深约2米。井中和地下建筑内出土大批陶器和大是牛、羊、猪、鸡、兽骨骼。有些陶器上刻有“屖公”“左朕”“吏”“嗇夫”等陶文。

根据遗物特征,时代应为战国晚期,其位置距宫城遗址仅200米,应是韩国王室专用的地下冷藏设施。周壁规整,出入走道狭窄,地面平坦整洁,封闭性较好,便于保持室内低温及冷藏物品的清洁卫生。这处遗址对于研究我国古代建筑史及古代食品冷藏技术,具有重要价值。

第三节　仓储遗址

仓在我国古代的名称很繁杂,主要的名称有仓、京、囷、窖等。《说文》中曰:“方者曰京,圆者曰囷。”窖在《荀子·富国》中注云:“掘地藏谷”,在王祯《农书》中云:“夫穴地为窖”,可见窖即储粮的地窖。仓在古代是专指存放粮食的,而库则是用于存放金银钱币、兵器、服饰等。《说文》中曰“仓:谷藏也”,《吕氏春秋·季春纪》注云:“方曰仓。”

嵩山地域相传黄帝时就有巨大的仓储设施,以后历朝历代都有设置。这些古代粮仓担负着历史上储粮的重任,在粮食调运过程中起着极为重要的作用。

据嵩山地域各市县志记载,嵩山地域古代的仓储遗址很多,著名的仓储有汉河南县城粮仓、回洛仓、隋唐洛口仓、隋唐含嘉仓城等。尤其是清代期间,各市县衙都建有自己的粮仓,仓储已经普遍运用到地方政府对粮食的管理上。因此,我们在编写此书时,根据仓窖的建造年代、规模、成效、名望等情况,尽可能地选择各历史时期有代表性的仓储列入此书。

一、回洛仓遗址

世界文化遗产。全国重点文物保护单位。回洛仓遗址位于洛阳市东北郊瀍河回族区邙山南麓瀍河东岸的马坡村西南、小李村西,310国道以北,南距隋唐洛阳城外郭北墙约1.2千米,是隋唐洛阳城的主要粮食仓储设施。

回洛仓始建于隋大业年间,是隋炀帝在洛阳周边设置的“国家粮仓”。《隋书·食货志》云:“炀帝即位……始建东都,以尚书令杨素为营作大监,每月役丁二百万人。徙洛州郭内人及天下诸州富商大贾数万家,以实之。新置兴洛及回洛仓。”据载,仓城“周回十里,穿三百窖”,储积粮谷,供应东都洛阳的粮食所需。

回洛仓内各个仓窖的大小基本一致,窖口内径 10 米,外径 17 米,深 10 米,规模巨大。每个仓窖储存的粮食在 50 万斤左右,整个仓城的储粮总数可达 3.55 亿斤。

回洛仓仓窖发掘现场

回洛仓的首次发掘是在 2004 年 9 月 ~ 2005 年 6 月,洛阳市文物工作队对该遗址进行了发掘。在南北长约 390 米、东西宽约 180 米的范围内,考古人员发现东西成排、南北成行井然有序排列着 71 座仓窖。经过拓展追探,基本认定共有 12 排 9 行,仓窖间距在 8 米到 10 米之间。就仓窖个体而言,因上面覆盖有 2 米厚的冲积土,仓窖上口可能已被破坏。钻探资料显示,仓窖上口直径约 10 米;仓窖底距地表一般约 10.6 米;大多数仓窖底部经火烧硬化处理,有红色烧结面;少数仓窖底部有朽木灰或炭化谷物颗粒。

根据钻探出来的 71 座仓窖,选择了其中的 3 座进行了试掘。窖口距地表深 1 ~ 2 米,口径 10 ~ 13 米,底径 6 ~ 7.5 米,仓窖深 7.5 ~ 9 米。这处仓窖向东、南、西均为探区,仓窖数量要超过 71 座。已发掘的这些仓排列规整有序,应为同一时期所筑。所发掘的 3 座仓窖窖内包含物均为初唐遗物,且 56 号窖内出一块“大业元年”铭文残砖,因此可初步推断这处仓窖遗址的年代不晚于唐代,即为隋代。

据史书记载,回洛仓建于隋炀帝迁都洛阳以后,地处隋唐洛阳城北,是当时供应洛阳城的国家级粮食储备仓库。在隋末农民起义中,回洛仓作为战略要地,被瓦岗军占领。从此,洛阳城外的回洛仓因不利于战略防御而被废弃。

截至 2013 年 1 月,考古人员已布大小探方 11 个,发掘总面积 4000 平方米。正在发掘仓窖两座,已清理出仓窖两座及周边 12 座仓窖的开口位置、两条主要道路。已探明,仓城呈长方形,东西长 1000 米、南北宽 355 米;仓城城墙厚约 3 米,内部由管理区、仓窖区、道路和漕渠等部分组成。其中,管理区位于仓城南侧,仓城内有东西、南北方向道路各一条。两条漕渠分别位于仓城西侧和仓城南侧。仓城内,内径 10 米的仓窖,东西成行、南北成列,一个个大型仓窖成组分布,气势恢宏。考古人员共探出仓窖 220 座。据推算,整个仓城仓窖大致有 710 座,是目前已知隋唐时期粮仓中规模最大的一座。

考古人员通过发掘以及对土质的辨别后发现,仓窖的建设顺序大约是这样的:先在生土上挖一个外直径十六七米、内直径 10 米至 12 米、宽约 3 米、深 1.5 米至 2 米的环形基槽,然后对基槽进行夯打,从而形成一个坚实的仓窖口。再在夯打后的仓窖口内挖一个深约 10 米、口略大于底的缸形仓窖。外围的基槽就像一个“保护罩”,让内层的仓窖更加牢固。按照现有资料推算,一个内径约 10 米、深约 10 米的仓窖,其储存的粮食应该在 50 万斤左右。为了保持仓窖内干燥,工匠在修建时先用火来烧烤整个仓窖的壁面,然后在壁面上涂抹一层青膏泥,再用木钉铺设一层木板,最后在木板上铺一层席,之后才存储粮食。

2014 年 6 月 22 日,在卡塔尔多哈召开的联合国教科文组织第 38 届世界遗产委员会会议上,回洛仓作为中国申报的”中国大运河”核心组成部分内成功入选世界遗产名录。

二、仓王庄遗址

仓王庄遗址位于轩辕黄帝宫西北2公里处。相传是黄帝屯放军粮的仓库。粮仓长300米，宽200米。西面有高耸入云的了望塔，西南有样式古雅的展望阁，这些均系士卒护仓之用。东面小河边是北魏年间建起的龙轩寺，内塑有黄帝肖像。整个仓库重地座落在风景秀丽，千顷良田之中。

三、洛阳战国粮仓遗址

洛阳战国粮仓遗址位于洛阳市九都路西端，洛河以北，涧河东岸，瞿家屯村东北不远。即东周王城南城墙内侧的洛河北岸，汉河南县城南城墙中段南边一带。这里地势较高，土质坚实，缓坡东下，雨水容易流泄。南距洛河很近，漕运也很方便。这样的地理环境，很适宜于建造地下粮仓。

战国粮仓遗址于1970年底发现。1971年春秋两季先后试掘了两座粮窖。1973年春进行了局部勘探。1976年初配合基本建设工程，又发掘了一座为编码62号的粮窖。至此，共发掘粮窖3座，探出74座，并对其中的3座进行了发掘，遗址面积约12万平方米。所获资料表明这里是一个规模很大的战国地下粮仓遗址。

遗址地层经发掘可分为以下几层：第一层农耕土；第二层灰褐土，为西汉中晚期的文化堆积，包含这一时期的板瓦、筒瓦、瓦当、釜甑、瓮、盆等陶器和西汉半两钱以及少量东周遗物；第三层为西汉早期的堆积所打破，面积较小，有部分压在粮仓口上，土璺松软，色灰黑，包含物除战国板瓦、筒瓦外，还有明显的西汉早期陶片，其中成型的有罐、盆等。此外，粮窖打破春秋土沟一条。粮窖填土为褐色。出土大量铁器、铜器、骨器、玉石器，还有先秦空首布、平首布、圆线，以及春秋战国时期陶片。

从钻探发掘的情况看，74座粮仓分布密集，由东向西，由南向北大体成行成排。此外，还探出宽阔的道路，大量夯土和东边断崖下的河道遗迹。粮窖为圆形，口大底小，纵剖面呈倒置等边梯形，一般口径为10米左右，深10米左右。其筑窖程序，以62号窖为例，大致程序是：清除灰坑，填土夯实；挖窖、修壁；铺设防潮设备。铺设的防潮设备据发掘大致可以分为以下四层，第一层是在不甚平整的生土上涂抹一层铁锈色物质，像一层坚硬的甲壳，厚0.1～0.3厘米，我们称之为“隔水层”；第二在隔水层上敷青膏泥，一般厚3～5厘米；第三层在青膏泥上铺两层木板，上下迭压；第四层，在木板上铺谷糠。此外在窖底四周发现长方形或椭圆形木橛孔14个。另在62窖的淤土中发现编织成十字形的大片苇席和夹编的竹箔遗痕。

经过发掘的62号粮仓中，有货币116枚。其中中型削肩空首布5枚。小型平道空首币52枚，平首布9枚，圆钱48枚。有铜齿轮1件，铜锯1件，铜环道削1件，铜镞93件，石鼎1件，石壁1件，玉剑（王奉）、玉壁等。出土铁器126件以上，计有铲4件、镰刀29件、竖銎镢15件、梯形锄13件、耙齿1件、锛3件、空首斧3件、凿6件、錾2件、削刀16件、刻刀6件、环首扦3件、环首锥3件、钩3件、车辖1件、六角承2件、T形器1件、带钩3件和杂用器具12件，年代为战国晚期。

洛阳战国粮仓遗址的发掘，对于研究洛阳东周王城以内的布局、战国时的贮粮方法、战国晚期铁器的类型和使用状况提供了珍贵资料。

四、洛口仓遗址

洛口仓,亦称兴洛仓,俗称窖粮坑。遗址位于嵩山巩义市孝义镇东北15公里七里铺以东,双槐树村以南高原上,濒临黄河、洛河交汇处。这里地势险要,地层易穿凿,漕运方便。

隋大业二年(606年),在巩县东南兴建洛口仓,把从江南经大运河运来的粮食囤积于此。据《资治通鉴》载:隋大业二年(606年)十月,"置洛口仓于巩县东南高塬上筑仓城,周回二十余里,穿三千窖,窖容八千石"。当时设官兵千人防守粮仓。按此记载计算,洛口仓约可容纳粮食2400万担。

隋大业十三年(617年)二月,翟让和李密的瓦岗军攻占洛口仓。瓦岗军立即开仓放粮,赈济饥民,扩大义军,与隋王朝军队交战。瓦岗军的队伍在很短时间内猛增至几十万人,击败了隋军的多次反扑,声势浩大。李密又"命护军田茂广筑洛口城,方四十里而居之",使洛口仓扩大了几倍。并且"临洛筑偃月城,与仓城相应"。瓦岗军在这里建立了大魏政权,李密自立为魏公。

洛口仓位于洛河入黄河之口。在大运河新兴的庞大水运网中,洛口恰好成为三岔口,顿时有了举足轻重的地位。全仓储米约有二千四百万石,是隋朝最大的一个粮仓,也成为大运河最大、最重要的物流中心。东南运来的漕米,很大部分都贮藏在这里,由此往西可运往洛阳、长安;而用兵东北时,又可由此运粮渡黄河,经永济渠而运往东北。著名的历史地理学家邹逸麟先生认为:"洛口仓可以说既是东都洛阳的外围粮仓,又是用兵东北的军粮转运站,在隋地位极为重要。"洛口仓兴建后,原本位居四大粮仓之一的河阳仓逐渐失去价值,在隋朝末年已被废弃。洛口村中这孔大窖,据说是洛口仓城3000大仓之一,据介绍,此窖极深,从来没有村民能走到尽头。

洛口仓粮窖发掘现场

洛口仓遗址现存城墙遗迹与隋唐文化层(砖瓦碎片层),有陶器、瓷器碎片。仓城西北角台地有南北走向城墙一段,长182米,最高处1.5~4.5米,宽10.5米。七里铺的大沟北岭上,还有残存东西走向的城墙一段,长百余米,高3.5米,宽7米,包含有隋唐时期的砖瓦陶等物,属于唐代城墙。西段城墙被水沟冲断。从冲断处看出,城墙系挖槽夯筑而成,夯层明显,厚约5~7厘米,圆形平夯,夯窝平整,城墙顶部属瓦积层,厚0.2~0.4米,似是城角楼坍塌的遗存。

唐统一中国后,于开元二十一年(733年)沿用隋"洛口仓"旧址建仓,又名"兴洛仓"。隋代是洛口仓的鼎盛时期,唐中叶开始衰落,到唐末即行废弃。

五、汉河南县城粮仓遗址

汉河南县城粮仓遗址位于今洛阳市西工区涧河东岸的汉河南县城故城遗址中。1954 年春，中国科学院考古研究所以及北京大学历史系等，组成了文物工作队，对汉河南县城故城遗址的进行了钻探和发掘，汉河南县城粮仓就是在此发现的。其中，在东区发掘出两汉时期的圆囷方仓多处。

西汉为土圆囷，形制简单，只在当时地面深 0. 55 米挖一圆坑，坑底与坑壁略加平整而成。直径 2. 75 米，地面上建筑全部破坏，囷底平整，不加夯打。

东汉时期则有土圆囷、砖囷和砖砌方仓。砖囷与土囷的形制全同，惟妙惟肖在周壁砌砖。地上设施已无存，仅存半埋在地下的部分。圆囷径一般在 8 米以上。外径最小的 2. 78 米，最大的 3. 44 米。深度一般在 1 米左右，最浅的 0. 52 米，最深的 1. 60 米。砌砖的方法，是先在囷底平铺砖一周，然后在底砖的外部作横竖（砖面向内）铺砌，向上各层均同此法。在囷底中中间，各有残石块一块，可能是中心柱的柱础。可以设想当时的囷顶应是伞形的。囷底发部瓦片很多，且多为竖立倾城倾国插，显系顶瓦脱落所致。

方仓，砖砌。是在地面下挖深 1. 45 米，作方形，然后在方坑四壁砌砖。其中，汉河南县城遗址中的 320 号方仓南北壁各长 4. 2 米，东西壁各宽 3. 58 米，四壁各厚 0. 36 米。全形如长方形的池子。北壁中间有活门，方向正南北。四边的基层砖作横排平放，然后在基层的后半作直排平放错缝叠砌而上。东西两壁的正中有砖柱，内侧的砖为活门砖。必要时拆除活门砖，不致影响四壁。

六、含嘉仓城遗址

世界文化遗产。全国重点文物保护单位。含嘉仓城遗址是隋唐洛阳城内一座储藏粮食的大型国家粮库。位于洛阳市老城北，隋唐东都城皇城外东城北部，创建于隋大业元年（605 年），从唐朝开始大规模存粮、开始成为国家的大型粮仓，用作盛纳京都以东州县所交租米。该城历经隋、唐、北宋三个朝代，沿用 500 余年，是中国历史上有名的大型官仓之一。现代考古证实仓城东西长 612 米，南北宽 710 米，总面积 43 万平方米，共有圆形仓窖 400 余个。大窖可储粮 1 万石以上，小窖也可储粮数千石。唐天宝 8 年总储粮量约为 583 万 3 千 4 百石。被称为中国古代最大的古代粮仓。

隋炀帝迁都洛阳并修建隋朝大运河后，天下交通格局发生重大变化。作为一条生命线，隋朝大运河的主要使命就是漕运，漕运最主要的物资就是粮食。含嘉仓是中国古代最大的粮仓，也是大运河最重要的配套设施之一。

隋末，天下大乱，李密夺取回洛仓，洛阳城一时陷入无粮境地。“手握”粮草的李密底气大增，更让隋统治者恐惧的是，粮食成为瓦岗军吸附民心的资本，大量饥民和缺粮的义军纷纷投奔瓦岗军，瓦岗军一时羽翼丰满。虽然后来因为多种因素，瓦岗军起义没能成功，但李密抢占粮草的成功战略，却成了李世民的“教训范本”。李世民根据了粮仓在城外的弊端，选择了优越的地理位置，在含嘉城内建成了巨大粮仓。含嘉仓不仅供应洛阳城里的粮食，还起着关东和关中之间漕米转运站的作用，后来，它逐渐取代当时最大的粮仓——洛口仓，成为天下第一大粮仓。

含嘉仓原在隋唐古城的含嘉城中，仓城为长方形，四周以墙围之。南北城墙长 615 米，东西墙长 725 米，墙宽 15 ~ 17 米，墙高 1 ~ 6.5 米。仓城面积约为 43 万平方米。仓城有 4 个门，南曰含嘉门，北曰德猷门，东曰东门，西曰中门，均为土木结构单门洞。城内街道纵横，主要有东西街和南北街。仓中门一带为唐代的常平仓，在此发掘出粮窖 40 余座，证明唐代仓中门，即隋代的圆壁门，是含嘉仓与常平仓之间的门。

含嘉仓地下粮窖

含嘉仓城分粮窖区和管理区两大部分。在城的西北部，有 3 万平方米的无窖区，为仓城管理机构所在地。粮窖区在东北部和南部，计有粮窖 400 余座，排列有序，南北成行。行距一般 6 ~ 8 米。窖距为 3 ~ 5 米，仓窖形状为口大底小的土窖，最大口径为 18 米，一般为 10 ~ 16 米，最深为 12 米，一般为 7 ~ 9 米。底壁光滑，底部夯实，后烧处理，铺设草、木板、席和谷糠等，以防潮湿。周壁的防潮材料与底部同。木板纵横铺 2 层并油漆，也起防潮作用。盛满粮食后，上面铺席，席上堆糠，再上垫草，最后用土密封。贮存效果甚佳。这种地窖建筑优点很多，一是方法简单，投资少，见效快；二是密封后的粮窖能防止自然灾害和动物食耗。

建国后，考古工作者发现含嘉仓窖数口，编为 160 号窖的建有房屋保护，供人研究与观赏，其余均又填平。经考古发掘，在编号为 160 仓窖中还保存有一窖粟（谷子），约有 50 ~ 60 万斤。经化验，谷粒仍含有 50% 以上的有机物。所有粮窖的形制、结构和建筑程序，完全相同。它是先从地面向下挖一个口大底小的椭圆形土窖，然后用火烤其底和壁，使其焦燥，再在底和壁上铺砌木板、草、谷糠、席等以防潮。装入粮食后，再用席、谷糠、土盖顶密封。这种密封的藏粮方法，解放前的北方不少农村还在沿用。

含嘉仓刻铭砖

已发掘的 14 座仓窖中，有 11 座出土有“刻铭砖”。砖呈正方形，文字多为镌刻，也有墨书。内容主要记载仓窖位置、租粮来源、入窖年月、品种、数量及受领粟官的姓名、官职等。铭砖实际是随同粮食密封于窖内的账簿。据《旧唐・官职三》载：“凡凿窖置屋，皆铭砖为庾斛之数，与其年月日，受领粟官吏姓名，又立牌如其铭。”铭砖中记录的仓官职务有卿、监仓御史、押仓使、寺丞、仓事、令、丞、监事、县尉、正纲录事、租典等 20 种。铭砖上的年号大多是唐高宗永徽，武则天天授、长寿、圣历和唐玄宗开元等，均为盛唐以前。粮食品种有糙米、粟、小豆等。粮食来源有苏州、润州（今江苏镇江）、徐州、楚州（江苏淮安）、滁州（安徽滁县）、越州（浙江绍兴）、随州（湖北随县）、德州（山东德州）、濮州

(山东鄄城)、邢州(河北邢台)、冀州(河北冀县)、沧州(河北仓州)、濮州(山东濮县)、魏州(河北大名)等地。目前,对含嘉仓的范围、布局、粮窖的数量与结构、储食方法与来源均已有了较清晰的了解。它的发现,对研究隋唐时期储粮管理制度、技术及经济、漕运、租税等提供了珍贵资料。

2014 年 6 月 22 日,在卡塔尔多哈召开的联合国教科文组织第 38 届世界遗产委员会会议上,回洛仓作为中国申报的“中国大运河”核心组成部分内成功入选世界遗产名录。

第四节　窖藏遗址

窖,在古代是指用来收藏东西的地洞或坑,把东西藏在地窖里,就称之为窖藏。窖藏是由于战争,祭祀等多种原因而形成的大量文物有意识地集中埋藏,由于器物完整,数量众中,时代集中,因此文物的研究价值也就显得尤为突出。在发掘的嵩山地域古代窖藏遗址中,窖藏的内容也各有不同,如青铜器、食品、兵器、铜铁器、瓷、钱币、铜佛像等多种物品。一般来说,能称得上窖藏的东西都是些珍贵之物。

一、郑韩故城青铜器窖藏坑

郑韩故城位于新郑市市区周围,出土了大量文物与建筑遗址。其中,青铜器窖藏坑先后发现三批,均位于郑韩故城东城区内。

一是于 1993 年 6 月发现。位置在郑韩故城东城中部的金城路。这里曾发现多座青铜礼乐器坑和殉马坑,出土青铜礼乐器坑和殉马坑,出土青铜礼乐器 60 余件。其中一号坑因施工遭破坏,仅余 4 件铜鼎,呈东西一旬放置。其他簋、鬲、壶等均被压碎,可辨铜礼器配置为 7 鼎 6 簋。二号坑在一号坑东南 3 米余,分南北两排放置。青铜乐器 24 件。其中 4 件钟呈一排居南侧,大小错递排列;20 件编钟亦为一排作上下两层叠放于北侧,以大小为序依次排列。三号坑在二号坑东仅 1 米,坑内放置铜礼器 16 件,其配置为 6 鼎、4 簋、鉴、豆各 1 件。

在 3 座青铜礼乐器坑的周围,另清理有 3 座殉马坑,其中 2 坑分别葬马 4 匹、2 匹。另外,同时清理的 24 座中小型春秋墓中,也出土了一批青铜礼器,其随葬铜器的组合为鼎、敦、簋、舟、匜及玉器、骨器、玛瑙器等,其中的一件铜簠通高 21.6 厘米,盖、器对应扣合,器盖与器身的左右两侧各饰两个兽形器耳,盖顶和器底饰蟠螭纹,扣合面上下饰三角纹加卷云纹,四矩足饰夔纹。这批铜器就器物的大小、形制、装饰花纹而言,都与 1923 年李家楼出土的铜器群基本相同,故二者年代也应相似,同属春秋中期。

二是于 1994 年 10 月 ~1995 年 3 月发现。位置在郑韩故城东城中南部的新郑市城市信用社基建工地。共发掘 6 座青铜礼乐器坑和 56 座殉马坑,出土青铜礼乐器 57 件。

三是于 1996 年 12 月 ~1997 年 1 月 20 日发现。位置在郑韩故城东城西南部,今新郑市新华路中段的南侧。发现青铜礼乐器坑 10 座,殉马坑 20 余座。出土春秋时期的郑国王室青铜重器 255 件。其中,青铜礼器坑 4 座,出土鼎、簋、鬲、鉴、壶、豆等 111 件;青铜乐器坑 6 座,出土编钟 18 套 144 件,与之伴出的还有悬挂编钟的木架6套和吹奏乐器陶埙4件。

10座青铜礼乐器坑均为方形或长方形的竖穴土坑。礼器坑最大的南北长2.58米，东西宽2.52米，深1.89米。最小的东西长1.89米，南北宽1.70米，深1.46米。乐器坑最大的长2.16米，宽约1.87米，最小的长1.19米，宽0.94米，深0.73～1.12米。礼器坑中的青铜器配置分两种，其中3座为9鼎、8簋、9鬲、2方壶、1圆壶、1鉴、1豆，每坑31件；另一种作9鼎、9鬲共18件。其放置的位置及方式是，有2座礼器坑将方壶和圆壶置于坑内西北角，然后把鼎分别排列于坑中，簋、鬲多放在鼎内，鉴、豆有的置于鼎内，有的摆在方壶东侧。另一礼器坑9件鼎分作3排，9件鬲分作2排放置。从清理出的痕迹看，鼎、壶等系用苇席类物品包裹后埋入坑内。礼器以鼎和方壶最大，最大的鼎口径54厘米、通高56厘米，最小的鼎口径47厘米、通高47厘米；方壶通高67厘米。这批青铜器纹饰与造型精美华丽，锈色翠绿鲜艳。铜鼎均有略外撇的立耳，折沿，深腹，圜底近平，一般在鼎腹外壁饰蟠螭纹，并被纹带上的扉棱隔为6段，中间由一周凸起的陶纹分隔成上下两层；鼎腿上部为兽面，并饰扉棱，下为蹄形足。壶体作圆角长方形，上承长方形盖，长颈垂腹，方圈足底座；壶盖上底饰蟠螭纹，盖上侧饰一周双首连体鸟纹；壶颈两侧有一对龙头形耳，并各带一环；通体饰粗壮的龙纹。此外，簋、鬲、鉴、豆等大都保存完好，造型古朴，端庄大方，装饰有水涡纹、蟠螭纹和鸟纹、云纹等纹样。

乐器坑每坑有镈钟1套4件。钮钟2套10件，均分排放置。乐器坑中，一般都有挂钟的木质横梁和放置在左右两端的木质编钟架与之伴出，为以往同类发现中所罕见。编钟架有蝴蝶形、扇形和长方形数种。这些钟架的样式各有不同，一般都有3根横梁，多数都摘取后放压在钟架下。钟架多经髹漆，有的另涂有朱砂。木梁上有的加有装饰板，雕饰云纹或云龙纹。编钟多先以绸包裹，覆之以竹席，然后大小错递悬于木梁，或立或卧摆放于坑中。悬挂方法有的以骨锥为销插于钟钮内，再用绳索攀缚在木梁上，有的则将钟钮直接用绳索拴绑于木梁上；在7号坑内还发现有击钟的钟槌。钟架高度均在1米以下。钟均作合瓦形，以镈钟为大，最大的通高33.1厘米，铣长16.9厘米。编钟最大的通高29.1厘米，铣长12.4厘米。钟钮作双龙首凸字形，面有36枚(乳钉)，篆饰云纹或云雷纹；钲部呈梯形，鼓、舞两部分均饰对称的蟠龙纹。舞部有的素面，有的饰卷云纹。钟面纹的数量和分布排列与镈钟相同，篆饰云雷纹，鼓动中间饰环状云纹，左右两侧和上部饰三角形纹和云纹。

与编钏同出的4件陶埙，均为泥质磨光陶，1件呈黑色，另3件是褐色，烧制火候较低。埙高3.2～4厘米，器近圆锥体，折腹，平底，顶部有一小吹孔。2件埙为三音孔，另2件为四音孔。它们与编钟伴出，大约是与编钟定音或合奏有关。

同时发现的20余座殉马坑多为长方形竖穴土坑，极个别近方形。最大的南北长为3.40米，东西宽3.20米，最小的南北长1.60米，东西宽1.80米，一般深约1米，方向均在北偏东20°左右。每坑多者殉马4匹，少则1～2匹。由马骨保存现状推测，它们并非是一次殉埋的，应是分别多次而且延续时间埋入的。

这次发现的青铜礼乐器坑和殉马坑排列有序，而周围目前并未发现墓葬，坑内礼乐器的组合颇合于同时期同等级别墓葬中的随葬品组合，因此，有关学者认为，这批礼乐器坑、殉马坑应与祭祀活动有关。郑韩故城内多座礼乐器坑的发现及大量青铜器的出土，对于研究春秋时期礼乐制度的演进，郑国铜器的分期断代，尤其是研究当时负有盛名而颇有争议的“郑卫之音”的音律、音乐和结构，演奏方法及实质性内涵，都提供了宝贵的实物资料。

二、郑州商城青铜器窖藏坑

郑州商城商代青铜器窖藏坑，先后曾发现3座，均位于郑州商城墙外侧。

（一）张寨南街青铜器窖藏坑

1975年由河南省文物研究所发掘，位于郑州商城墙外侧。墙北段外侧300余米处。坑口距地表近6米，直径约2米，内置2件青铜大方鼎，东西并列。由于1号鼎较高，埋藏时特意把其下的生土面挖低些，使两鼎口沿平齐。在2号鼎内还放置一件青铜鬲。

（二）向阳回族食品厂青铜器窖藏坑

1982年由河南省文物研究所与郑州市博物馆发掘，位置在郑州商城东南城角外的向阳回族食品厂内。坑口距地表5米多深，平面呈长方形，东西长1.70米，南北宽1.62米。坑内有13件青铜器口对口并列或套装放置在一起，包括大方鼎、大圆鼎、扁足圆鼎、牛首尊、羊首罍、提梁卣、觚、中柱盂、盘等。窖藏坑的旁边有不同期的3个长方形坑，其中2个还埋有残缺牛骨架。

（三）南顺城街青铜器窖藏坑

1996年发现，位置在郑州商城西城墙中段外侧约50米处的南顺城街西侧。由河南省文物考古研究所郑州市文物考古研究所联合发掘。坑口距地表5米多深，坑口平面呈长圆形，东西长2.10米，南北最宽处约1.80米。坑内放置大方鼎、簋、斝、爵等12件青铜器。坑的底部和铜器上面的堆积中均铺有一层朱砂，大方鼎均口朝上放置在坑的西北部。1号鼎居中，2号鼎套放1号鼎腹内，3号和4号方鼎紧靠1号方鼎两侧。其他的如铜斝、爵、戈、钺、均放在2号鼎内，铜簋扣在2号鼎鼎口之上。4件方鼎平面均作正方形，口沿两侧部位有竖立的两个拱耳，腹下四角为四条直立的上粗下细的圆柱形足。在1号、2号鼎的腹身外均饰有饕餮纹和乳钉纹。饕餮纹均作带状分布于鼎腹上部，乳钉纹饰于鼎腹的两个侧边和下部。3号、4号鼎的腹身外仅饰有带状乳钉纹。鼎足上部外侧饰三角纹。每件鼎的腹壁和足部都有烟熏痕。4个方鼎分别83、75、64、59厘米。5号、6号铜斝，分别高40、27.3厘米，均敞口，平底微圆，三角形足，带状鋬，口沿上有两个对称的菌状方柱，腹壁外饰饕餮纹，饕餮纹呈带状分饰于上腹和下腹部，足为素面。7号、8号铜爵，分别高16.5、19厘米，敞口，有流有尾，直腹圜底，腹侧有带状鋬，三角形足，腹身外饰饕餮纹和圆圈纹。7号爵口沿处无柱，8号有柱，腹外壁锈蚀严重。9号铜簋，通高25厘米，敞口，卷沿，圆唇，斜弧腹，圜底并带有圈足，沿下饰凸弦纹两周，腹壁外有烟熏痕。10号、11号铜戈，均通长27.5厘米，长条形薄身，直内，内上有一穿，长援，援上有脊饰，素面。12号铜钺，长方形薄身，直柄平肩，刃部微弧，两面刃，柄上有一圆孔。在这个青铜器窖藏坑内，除发现青铜器外，在填土中还夹杂有大量的陶片和少量的完整陶器，器类大致有陶罐、盆、鬲、尊、壶、原始瓷尊等，尤以尊为最多，约占出土陶器的70%。另外，还发现有少量残骨匕、骨簪、蚌镞、石镰、铜泡、残卜骨等。

这3座窖藏坑，均在城墙外侧不远处，底部均坐落在生土上，青铜器放置井然有序，且都有成双成对的大方鼎，有的坑旁还有牛骨架坑，有的还铺有朱砂，说明放置时十分从容。根据青铜器及陶器的形制等判断,其时间为二里岗上层早段成晚段。根据郑州商代青铜窖藏坑的颁布及挖筑形制、深度、坑内青铜器放置方法等综合考证,其性质可能与商代二里岗期贵族祭祀活动有关。

三、向阳回族食品窖藏坑

1982 年由河南省文物研究所与郑州市博物馆发掘,向阳回族食品石窖藏坑位置在郑州商城东南城角外的向阳回族食品厂内。坑口距地表 5 米深,平面呈长方形,东西长 1. 70 米,南北宽 1. 62 米。坑内有 13 件青铜器口对口并列或套装放置在一志,包括大方鼎 2、大圆鼎 1、扁足圆鼎 2、牛首尊 2、牛首罍 1、提梁卣 1、觚 2、中柱盂 1、盘 1,其中 7 件在坑的南半部,6 件在坑北半部。窖藏坑的旁边还有同期的 3 个长方形坑,其中 2 还埋在残缺牛骨架。

四、南顺城街青铜器窖藏坑

1996 年发现,南顺城街青铜器窑藏坑位于郑州商城西城墙中段外侧约 50 米处的南顺城街西侧。由河南省文物考古研究所联合发掘。坑口距地表 5 米多深,坑口平面呈长圆形,东西长 2. 10 米,南北最宽处约 1. 80 米。坑内放置大方鼎 4 个,以及簋、斝、爵等共 12 件青铜器。坑的底部和铜器上面的堆积中均铺有一层朱砂,大方鼎均口朝上放置在坑的西北部。

以上这 3 座窖藏坑,均在城墙外侧不远处,底部均坐落在生土上,青铜器放置井然有序,且都有成双成对的大方鼎,有的坑旁还有牛骨架坑,有的还铺有朱砂,说明放置时十分从容。根据青铜器及陶器的形制等判断,其时间为二里岗上层早段或晚段。根据郑州商代青铜器窖藏坑的分布及挖筑形制、深度、坑内青铜器放置方法等综合考证,其性质可能与商代二里岗期贵族祭祀活动有关。

五、新郑战国兵器窖

新郑战国兵器窖位于新郑郑韩故城东南部的白庙范村。1971 年 11 月发现。河南省文物研究所对此进行了清理,该窖穴共出土有戈、矛、剑等铜乐器 180 件。其中铜戈 80 余件、铜矛 90 余件、铜剑 2 件。其中的 170 余件兵器上面带有铭文,铭文字数少者 1 字,多者 33 字。铭文多在铜戈的内部或铜矛的骹部,分铸款、刻款和先铸后刻三种。铭文内容较为丰富,涉及地名如“奠(郑)”“阳人”“梁”“阳城”“邮”“雍氏”“平陶”“安城”“格氏”“东周”“长子”等 20 余处;另有一部分记有“郑命(令)”“王师”“司寇”等名称以及“王二年”“王三年”“三十四年”等纪年铭文。铸造时间约在公元前 310 ~ 前 231 年韩襄王至韩王安时期。这批铜兵器铭文对研究战国时期韩国的历史地理、文字演变、冶铸官置设置、兵器形制及铸造工艺都具有重要的意义。

六、刘胡垌铜铁器窖藏

刘胡垌铜铁器窖藏遗址位于郑州市二七区刘胡同。1984 年发现。窖藏铜铁器 132 件。其中铜器 29 件。器型有铜镜、盘、盆、钵、罐、釜等。其中 2 件铜罐,直沿微卷,鼓腹,小平底,环形耳。一件沿耳线,在其腹部有修补痕迹。另一件在其腹下有用铁片铆修痕迹。铁器中,生活用具有釜、钵、熏炉等,生产工具有凿、铲、刀、锯条、臿等。其中熏炉分鼎、盖两部分,鼎平口折沿,斜腹、兽足,沿有小柱,底部有菱形孔,盖折沿,斜腹,底部有"×"形壁孔。刘胡垌窖藏铜铁器中,大生产力水平有很大的提高;同时,也说明了汉代到北魏时期农业和工业的繁荣以及冶铁技术,在其他地方尚属少见。这批窖藏铜铁器,为研究汉代普通生产、生活用具的制作与修理提供了富贵的资料。

七、桐树村铜铁器窖藏

桐树铜铁器窖藏位于郑州市邙山区古荥阳城西南 1.5 公里桐树村南。1973 年 9 月发现。计有铁器 30 件,铜器 10 件。文物埋藏在一土坑内,出土时铁器和铜器混杂而置,器形较小的分别放于扣合的铜洗和三足盆内,器形较长的横置其上。铁器有斧、凿、钳、锤、灯、杈、刑具、钩、刀、锥等;铜器有熏炉、三足盆、洗、碗、熨斗等。铁器中 2 件刑具,一件是用于颈部,圆径 14 厘米,圆径 8 厘米,反映了当时阶级压迫的情形。铜器中的熏炉通高 20.5 厘米,盖有镂孔,中央和四面立饰朱雀 5 只,又间饰 4 朵盛开的小花。炉下为三足盘,制作精细,新颖别致,完全是一件艺术佳品。

八、东史马铁器窖藏

东史马铁器窖藏位于郑州市中原区沟赵乡东史马村北,北距故荥阳城 2.5 公里。1974 年 3 月王建新发现。计有铁器 40 件和 2 公斤铜货币,文物埋藏在一土坑内,计有铧、镰、斧、剪、钩刑器等。铁犁铧 8 件,出土时套叠在一起。铁镰 16 件,由大到小递减,其中 15 件为右手镰,这些铁器保存完好,尚未使用,因紧急事故而被埋藏起来。铁剪刀 6 把,均作交腹式,经金相检测,为铸制产品,经柔化处理而成,含碳 1%,碳化物球化,组织均匀,其质量不亚于现代碳素滚珠钢。为研究汉代铁剪的制造工艺提供了重要资料。

九、王湾铁器窖藏

王湾铁器窑藏位于荥阳市翟庙乡王湾村,距汉京城西南 5 公里。1973 年 9 月发现。文物出土于一圆形土坑内,深 1 米,发现铁器 26 件,计有铧、鐴土、齿轮、凿、斧、钳、锁、三足盆、鼎、帷帐支架、车、矛、刀、釜等。大多放在一件铁釜内。铁锁 2 件,有两排簧,上排三簧,下排四簧,锁壳用铁皮包铆而成。同时还出土有钥匙,匙孔与锁簧相当。锁上还带锁链 35 环,总长 240 厘米。这是迄今为止发现不多的汉代铁锁,具有重要的价值。铜洗内底铸盘龙纹饰,美观大方,形象生动,是不可多得的艺术品。

十、洛阳涧西西汉窖藏钱币

洛阳涧西西汉窖藏钱币发现于 20 世纪 50 年代,洛阳涧西柴油机厂发掘工地发现一钱币窖藏坑,坑呈不规则圆形,直径 40 厘米左右,深约 100 厘米。坑底放置一灰色陶罐,已碎残。从残存碎片看,为折沿、大口、广肩、平底。陶罐内放有钱币等物,共重 21. 8 公斤。经清理,陶罐内有钱币、铸钱残枝、铜渣和铁渣等。经调查,在此次发现的钱币中,有数百枚郡国五铢钱币,与西汉武帝元鼎四年(前 113 年)禁郡的一批五殊的尺寸、文字风格和记号完全相同,为我们了解汉河南郡国五铢钱的形制特点、钱文风格、轻重大小提供了不可多得的实物资料。同时,对于汉代的钱币政策和钱币的研究有一定参考价值。

十一、洛阳南关金代钱币窖藏

2004 年 2 月,洛阳煤矿安全监察办事处在洛阳老城南关基建取土中,发现一处钱币窖藏,即洛阳南关金代钱币窖藏。

该遗址位于老城区凤化街与九都东路交叉口的西南角,属金元洛阳城的城南外。由于挖掘机取土时对窖藏进行了严重破坏,因此窖藏的结构、大小、钱币放置等情况不详,但铜钱用绳穿系成串的痕迹十分清晰。窖藏周围未见砖、石、瓮等,推测这批铜钱是放置于土坑中的。这处窖藏钱币完整且钱文清晰者共 75658 枚、重 343. 09 公斤,字迹不清者 1142 枚、重 3. 87 公斤,残破不清者 7. 5 公斤,共计 354. 46 公斤。时代从西汉至金代,品种十分丰富。这处窖藏位于金元洛阳城南城墙外,南临洛河,这里为当时靠近码头的商业区,为富商集聚之地。

洛阳南关发现的这批钱币数量众多、种类丰富,在中国钱币文化中既有广泛的代表性,又具有明显的地方特色,是嵩山历史文化中重要的组成部分,它对研究中国古代文明的发展,尤其是研究中国古钱币提供了大量的实物依据。

十二、洛阳 613 研究所新莽钱窖藏

洛阳 613 研究所新莽钱窖藏发现于 2001 年 11 月,位于洛阳 613 研究所 19 号住宅楼工地汉烧窑遗址边缘的汉建筑基址南 9 米处。考古工作人员从遗址中清理出铜钱 2 万 3 千余枚,其中半两 2 枚,五铢 2 枚;大泉五十 23 枚,分五型;货泉 23067 枚,分七型;布泉 123 枚,分四型。窖藏完好,且经科学发掘,为洛阳地区新莽钱出土最多的一批。钱币以麻绳穿系,大多未见磨损,个别穿内残留铸茬,基本未行用。钱币品种较完整地反映了新莽货币改革的几个重要阶段以及莽钱演变过程。该窖藏不见盛

装器具,仅草率埋于坑内,钱币绝大多属新莽末期货泉与布泉,入藏时间应在新莽地皇四年(23 年)绿林军王匡攻陷洛阳之际。

十三、登封钱币窖藏

登封钱币窖藏位于登封市老城西街中段路南。1997 年 10 月 17 日发现,登封市文物局和郑州市文物考古研究所进行了清理发掘。共出土上至汉代“五铢”,下至金代“正隆通宝”古代铜币 1300 公斤,其中北宋崇宁通宝、大观通宝最多,汉五铢和金代正隆通宝较少,大多数古币品相好,字迹清晰。另外,还发现数枚铁质古币。钱币在窖穴内呈串状排列,从出土情况可以看出,当时是用细绳连结成串后一排一排并列放入窖内的。穴底用石灰平铺一层用以防潮,钱币层层排放直至窖穴顶部,用边长 30 厘米的方砖平铺两层封盖,两层的夹缝用白灰粘结。经专家认定,其时代应属宋、金之际,可能是由于中原地区战争频繁,人们为了逃避兵乱而埋入的。

十四、偃师李村窖藏钱币

偃师李村窖藏钱币位于偃师市李村附近。1983 年夏季,洛阳堰师市李村乡李村北约 2 公里,汉魏洛阳故城遗址西南,发现一处重约 40 公斤的钱币窖藏。该窖藏钱币出土后,多已流散民间,洛阳考古工作人员对其中的 6 公斤钱币进行了整理,其中有古钱币西汉半两、两汉五林、莽钱、无文钱和三国钱币等五类,总计 2671 枚。

十五、常庙铜钱窖藏

位于郑州市二七区马寨镇常庙村东南部的常庙村古寨内,东临贾鲁河,其他三面环沟。2007 年 4 月,郑州市文物考古研究院在郑州市西南郊常庙故城东部古寨内对矮崖上的一个战国灰坑进行清理,于矮崖根部清出一个粗瓷缸,上覆青砖,里面装满铜钱。缸口内径 0. 53 米,腹径 0. 54 米,底径 0. 28 米,深 0. 67 米。上部的铜钱为散钱,中部为串钱(用细麻绳串在一起),下部复为散钱。共清出铜钱 800 多公斤,钱数 10 万余枚。铜钱多用黄铜制成,品相较好,多数钱可以轻易分离,个别铜钱没有一点锈蚀,金光灿灿。经查验,铜钱的年号有万历、泰昌、天启、崇祯 4 个,时间自明万历元年(1573 年)至明崇祯元年(1628 年),天启年号的铜钱最多,占 99% 以上。其余三种不及 1% 。尤其是泰昌通宝,数量极少(明光宗朱常洛在位月余,仅用铸泰昌通宝一年)。遗址没有发现清代铜钱。推测这批数量不菲的铜钱是明末战乱中,钱的主人于慌乱中留下的,尔后没能返回故乡,经过 300 多年的烟雨沉没,这批古钱成了我们研究明末战乱历史的珍贵资料。

十六、古荥青花瓷器窖藏

古荥青花瓷器窖藏位于郑州市邙山区古荥镇西南隅。1979 年 2 月发现。瓷器放置于大瓮内，瓮高 0.79 米，施酱色釉。瓮内装有瓷器 182 件，其中青花瓷器 162 件，绿釉瓷器 20 件。瓮口用瓦片覆盖，同一窖穴内尚骨锡壶 4 件。瓷器器形有杯、盘、碟等。其中青花高足杯 2 件，均侈口高足、斜直腹。青花仿中国水墨画，以写意为主。画面有人物、山云、树木等，其着色浓淡相间，景物疏密有致，生动形象。其中，青花杯 21 件，侈口、外翻沿，斜直腹，圈足，杯口沿及底部均绘有青花线纹，景物配置适当。其中一件底部楷书“成化年制”款，此款字体起笔用藏锋，住笔用回锋，字体肥腴，与常见成化款不同。青花碗 29 件，其中缠枝花碗制作精细，碗内外不同部位各绘有青花纹五圈，碗心绘缠枝花和蕉叶纹，腹上部绘两组对称图案。

这批窖藏青花瓷器中，碗、盘、杯、碟的底部多为辐射纹或壁形底，表现出晚明瓷器的特征，从其造型和烧造工艺看，也具有较多的晚明特色。特别是在一件青花瓷杯底部题有“成化年制”楷书字款，另有同出“天启通”通铜钱，更表明这批窖藏瓷器应是明成化至明末年间的产品。

十七、郑州自来水石铜像窖藏

郑州自来水石铜像窖藏位于郑州市自来水厂内。1970 年发现。共计 11 件铜造像，其中有明确纪年的 7 件。形体最高的 0.43 米，最低的 0.075 米，这批造像保存完好，具有明显的时代特征。其中莲瓣形背光早期较宽、角钝，以后逐渐变窄长，尖角锐利。少数背光两侧还装饰有飞天，或背光中有化佛一尊。从工艺方面看，均采用浇铸成型后，再经细致的锉、磨、凿、刻、加饰鎏金等多种工艺。如东魏鎏金佛像，就采用多模翻砂连接铸造，然后将各种饰件装配一起而成。因而，这种造像可灵活装卸。这批铜像，衣纹叠褶繁多，装饰性强，具有较高的艺术水平，是北朝金铜造像中的佳品，为研究佛教造像艺术提供了宝贵的资料。

十八、荥阳大海寺石刻造像窖藏

荥阳大海寺石刻造像窖藏位于荥阳市大海寺旧址。1976 年 3 月发现。共出土石刻造像 41 件，其中造像碑 1 通、坐佛 8 尊、菩萨 18 尊、菩萨头像 10 个，释迦牟尼佛 1 尊，象形基座 1 个。这批造像中有 11 件刻有造像题记，有明确纪年的 9 件。造像碑为北魏孝昌元年（525 年）刻，。坐佛中一阿弥陀佛为显圣二年（762 年）。菩萨立像中 6 胙的唐长庆年间（820 ~ 824 年）题铭。释迦立佛为大宋元丰四年（1081 年）。其时代除造像碑和释迦牟尼像为历代相沿供奉于寺内外，坐佛时代约在唐代宗前后，菩萨像应在唐穆宗时。大海寺石刻造像，从其雕刻艺术上看，各具其特有的时代风格，其中北魏造像碑采用平直刀法，造像清秀挺俊，龛中的飞天更是婀娜多姿、迎风飘逸。唐代宗时的坐佛均采用圆口雕法，虽无头部，但仍可见比例均称，衣纹流畅，透过衣衫的质感，刻划了菩萨优美的体态、丰润的肌肤，充分显示了唐代雕刻艺术的高超水平。

第五节　造酒制骨作坊遗址

嵩山地域历史上的古遗存很多，除前面归类划分之外，还有一些造酒、制骨、矿井、祭祀等遗址。通过对这些遗址的发现，为我们多方面研究嵩山历史文化提供了重要的参考价值。

一、杜康造酒遗址

杜康造酒

杜康造酒遗址，也称杜康酒坊院，位于嵩山伊川县东南20公里的葛寨乡皇得地村（即黄兑）。杜康（前770～前720年），字仲宁，周代曼氏国石八（今河南省汝阳县杜康村）人。中国古代粮食酒酿造的创始人之一。该遗址是杜康当年发明造酒处，一说在今伊川县东南20公里的皇得地村，一说在今汝阳县北25公里的杜康村。建国初期，酒坊院还有一牌坊，上书一副对联："猛虎一杯山中醉，蛟龙三盏海底眠"。横眉是"杜康造酒坊院"。上皇古泉上方建有一青石门楼，顺河南北相通。门楼上书"上皇古泉"。两内侧各竖一石柱，石柱南北两侧各有一副对联。北联云："千里溪山最佳处，万年古泉酿醁芳"，南联为："古泉芳香眠龙凤，杜康之风醉神仙"，这些文物于1958年被拆除毁掉。1984年1月，该村农民杨象纪在当年杜康酿酒作坊遗址，挖出两个酒坛，口小肚大，周身布满绳纹图案。专家鉴定，此坛为战国早期盛酒器具，距今已2000多年。

二、郑州花园路制骨作坊遗址

郑州花园路制骨作坊遗址位于郑州商城北墙外、花园路新华社河南分社院内。1954年发现并发掘，虽然发掘面积不大，但出土遗物却非常丰富。在一个长方形竖井窖穴中出土了上千件骨器成品、半成品和带有锯痕的骨料、废料，还有一批磨制骨器的砺石和加工骨器的小型铜刀。骨器的成品和半成品绝大多数为骨簪和骨镞，也有少量的骨锥和骨针，由此可见这是一处以生产骨簪和风镞为主的手工业作坊。

骨器和废料经过鉴定,除有牛骨、猪骨、羊骨、鹿骨外,半数以上竟是人的肢骨和肋骨。由引可见,这是一处以生产骨簪和骨镞为主的手工业作坊。其时代属商代中期。

三、郑州东里路制骨作坊遗址

郑州东里路制骨作坊遗址发现于 1974 年,考古工作人员在郑州商城东北部,即今东里路河南省文物研究所郑州商城工作站院内的一条商代壕沟内,发现有三堆总数近百个人的头盖骨和少量的牛骨、猪骨,但没有发现人的肢骨和肋骨。不少的人头骨上有明显的锯痕,一般都是在眉骨和耳部上端横截锯开。经鉴定,多为青壮年男性,这些人可能是战俘。《战国策,赵策一》载:“及三晋分智氏,赵襄子最怨智伯,而将其头以为饮器。”《史记,大宛列传》载:“匈奴破月氏王,以其头为饮器。”“至匈奴老上单于,杀月氏王,以其头为饮器。”《晋书》卷一百十五《载记》第十五“苻丕,苻登”条:“及矍陷,姚方成执而数之,(徐)嵩厉色谓方成曰……,方成怒,立斩嵩,漆其首,以为便器。”在希罗多德所定的《历史》(中译本 1959 年北京商务印书馆出版)一书中,也有类似的记载,古代斯基泰人的战争中,把他们最痛恨的敌人的首级做成杯子,用来款待客人,以证实自己的勇武。上述记载表明,在古代的中国和外国都有用人头骨做器物的。由此推知,商代壕沟内带锯痕的人头骨,也是用来制作器物的,这里可能是商代制作人头器皿手工业作坊的一个废料堆。联系到商城北面磨制骨器手工作坊遗址中的半数人骨,使我们可以清楚知道,奴隶们生前像牛马一样劳动,一旦被奴隶主折磨死或残遭杀害之后,他们的骨骼还要被做成各种工具和器皿,这充分暴露出商代奴隶社会的残酷。

四、张庄制骨作坊遗址

张庄制骨作坊遗址位于新郑市郑韩故城东城张庄村东南部,面积 2 万平方米。作坊遗址范围内出土了大量带锯痕的废骨料、骨料、骨器、半成品及细砂砾石、残铜刀等工具。初步辨认骨料有牛,猪的牙床骨、肩胛骨、肢骨和鹿角等。春秋时期文化层中含有骨笄、骨锥、骨珠、骨环和一些骨料,战国时期文化层中含有骨笄、锥、匕、环、镞、珠及大量骨料和半成品。另有 1 件雕刻精美的动物形象。制骨作坊的产品以装饰品种大宗。制作骨器从选料始,经锯、磨、钻、雕等一系列工艺过程,直至生产各式的骨器成品。

根据堆积层及包含物可知,这处制骨作坊的时代起于春秋中期,迄于战国晚期,其中以战国时期堆积及包含物最为丰富。

第六节　其他遗址

其他遗址,是指除以上组合相同类型以外的单一类型。

一、宋陵采石场遗址

全国重点文物保护单位。宋陵采石场遗址位于偃师市西南大口翟湾村东四道沟口(董村林场处称四道沟)。以四道沟口为中心,有大小不同的采石坑及采石断壁遗迹,并有大量的半成品和采集中途废弃的石料遗物。

从遗留的迹象看,当时是沿南横岭南侧山谷就地形任意选择采石。目前尚存大量的半成品的采集中途废弃的石料遗物。在这些遗迹遗物上多存有錾痕和錾取石料的錾窝。从采石坑壁断面上可以看出,当地石色青而润泽,质地纯净而细腻,是大型石雕的优质灰岩材料。四道沟东侧山谷南侧的缓形山坡上,有当时采石运料的断续车道遗迹,系车轮重行轧磨而成的车辙痕迹,宽1.2米左右。四道沟口东侧半山腰的悬崖上有一个人工开凿的葬人小山洞,洞口上方有记载被葬人姓名的题记。四道沟口的采石坑壁上,刻有宋陵采石题记6处。

宋陵采石场的发现,为研究宋代皇陵建设及宋代历史提供了珍贵的实物资料。

二、林校洛邑祭祀遗址

河南省重点文物保护单位。2009年2月~2010年6月,洛阳市文物工作队在配合河南科技大学林业职业学院园林实训楼基建的考古发掘中,发现了一处西周早期的祭祀遗址。发掘面积近1500平方米,发现有西周早期祭祀坑、灰坑、墓葬及流水沟等重要遗迹,出土大量陶器、骨器等珍贵文物,取得重要成果。

目前,发现的祭祀坑有人坑、马坑、狗坑、牛坑、猪坑、人马组合坑、人猪组合坑、马猪组合坑、猪牛组合坑、车马坑以及人、牛、狗组合坑和碎骨坑等,内涵丰富,祭祀中用牲为牛、马、猪等,未使用羊,推测其祭祀者级别应高于大夫,或为天子。祭祀是中国古代的国家大事,“国之大事,在祀与戎”,是国家政治生活中的重要内容,是维护国家统治的重要手段,是礼制中的重要内容。此次西周早期祭祀区的发现是研究西周礼制、祭祀制度的重要材料。从发掘区的地层关系上看,西周沟晚于祭祀坑,应该是在祭祀区废弃后开挖而成。从现发掘部分的沟底部西高东低以及沟内可见明显流水痕迹的情况来看,此沟应为一条流水沟。经后期钻探显示,此沟向东出林校校园,向西在出探方西部66米处向南拐折。

据发掘情况分析,西周地层呈北薄南厚分布,即地层堆积为由北向南倾斜,其后我们对工地南部未发掘部分进行了详细钻探,钻探结果表明西周地层呈“V”字形堆积,南北宽约50米,南北两端薄,向中心渐深,故我们推测此处西周地层应为一大沟或河,所发掘部分应为沟或河的北岸。祭祀区位于此大沟的北坡。

西周初年周公在洛阳营建洛邑,这在出土的西周青铜器铭文和《尚书》等文献材料中均有记载。而此洛邑城址的具体位置至今未有定论。根据文献《尚书·洛诰》记载,周公营建洛邑前召公曾来洛相宅,“我乃卜涧水东、瀍水西,惟洛食;我又卜瀍水东,亦惟洛食。”即洛邑很可能是横跨瀍水两岸而建。

该遗址的工地位于西周早期遗迹密集分布区,是研究西周洛邑的重点区域,多年来在瀍河两岸的考古工作也发现了大量的西周遗存，瀍河以西的邙山南麓发现有西周贵族墓地；贵族墓地南邻的瀍河西岸发现有大型的西周宗族铸铜遗址；瀍河以东发现有大量的殷遗民墓等等，此次更是在此区域发现分布密集的祭祀坑。种种现象表明，这里应是西周洛邑城址。此次大型的西周祭祀坑的发现又为探索西周洛邑城的规模、布局、形制提供了重要依据。

三、宋堤遗址

宋堤遗址位于嵩山巩义市城南西村镇堤东村西，张嘴寨村以东地带。为建造宋神宗永裕陵时为防止洪水冲毁而筑的防洪堤。大堤自南向北共分三道：堤东第13居民组砖窑正建在第一道堤下，从砖窑断面看，夯土层明显，每层厚10厘米左右，共厚约90厘米，以上砌石；第二道堤距第一道堤60米左右，有明显夯土层和砌石遗址；再向北100米为第三道堤，东西长300米，呈弧形，夯土层和砌石层比较明显。

四、苇园采煤矿井遗址

苇园采煤矿井遗址位于新密市区东20公里岳村苇园村小河南岸。1973年，当地居民在遗址的上部和北部河岸开挖小煤矿时，发现了古代矿井多处。矿井下有巷道，高1.5~2米，部分古巷道还保存完好，巷道两壁有置灯的壁龛。古矿井有立式两处，卧式一处。在古矿井下，发现有宋代生产用的铁锨、木锨及汲水用的陶壶。该项煤矿的发现，对研究我国采矿石提供了重要资料。

五、新郑郑韩故城郑国祭祀遗址

新郑市郑韩故城是东周时期郑国和韩国的都城，郑国祭祀遗址位于郑韩故城东城西南面，总面积2万平方米，遗址清理出土春秋时期郑国青铜礼乐器坑17座，殉马坑44座、战国烘范窑3座和商周至汉灰坑、水井、墓葬、灶坑等大批遗迹，发现了以348件郑国公室青铜礼乐器大都保存完好，精美富丽，件套完整，编钟、编镈138件，多经调音，为实用乐器。此次发掘大大丰富了对春秋时期礼乐制度、郑国铜器等方面的认识。

郑国祭祀遗址中的青铜礼器窖藏坑

六、桃花峪银矿采掘遗址

桃花峪银矿采掘遗址位于巩义市东南40公里新中乡桃花峪村西南马头岩。采掘遗迹分布在长1000米,宽500米的山沟两旁。已发现大小采掘洞口60多个。通过调查,从东向南折向西南弧形展开,依次有5~10米以上深的洞48个,个别洞壁有题记。3号洞深3米,高1.9米,入口处1.1米,门外石壁上题记:“大明正德四年六月十八日”,一侧刻“天顺八年六月”、“又八年六月”,另刻一“枚”字。4号洞深22米,入口处宽3.2米,里宽2米,高1米。洞外崖壁上刻“河南府巩县”,“成化元年,八月十六日”。又刻“成,六月八日,龙飞”字样。

这一大规模古代银矿采掘遗址的发现,为嵩山地域有色金属矿藏开发历史,提供了一个很有价值的资料。

七、桃花峪银矿遗址

桃花峪银矿遗址位于巩义市东南40公里新中镇桃花峪村西南马头岩。采掘遗址分布在长1公里、宽0.5公里的山沟两旁。已发现大小采掘洞口60多个,通过调查,从东向南折向西南弧形展开,依次编号,有5~10米以上的深洞48个,个别洞壁有题记。3号洞深3米,高1.9米,入口处1.1米,门外石壁上题记“大明正德四年(1509年)六月十八”,一侧刻“天顺八年(1464年)六月”、“又八年六月”,另刻一“枚”字。4号洞深22米,入口处宽3.2米,里宽2米,高1米。枝义洞的洞崖壁上刻“河南府巩县”、“成化元年(1465年)八月十六日”和“成,六月八日,龙飞”字样。

这一大规模的古代银矿采掘遗址的发现,为郑州地区有色金属矿藏的开发历史提供了一个很有价值的资料。

八、禹州市古煤矿遗址

禹州市古煤矿遗址位于神垕镇东北约2公里的凤翅山北坡山脚下,发现于1985年。该处遗址由采煤区和生活区两部分组成,东西长300米,南北宽200米。采煤区已发现古矿井11座,井口直径一般在3~4米,深度在54~64米之间。在现代煤矿下开辟的巷道里,到处可见古巷道的痕迹,有些木头还保存较好。古巷道内,出土有白地黑花瓷碗、黑釉小瓶、灰绿釉长颈灯和铁镢等遗物,并发现许多小荆篓和一具人骨。

生活区位于古矿区的东部,该处地势较高地层内含有大量瓷片,主要为白地黑花瓷,器形有碗、缸、器盖和瓶等。

嵩山地域是重要的煤矿基地之一,在禹州市发现的古煤矿遗址,无疑是古代重要的采煤史迹。

九、郑国农民抗暴斗争圃田旧址

距今2480多年的春秋时代，郑国民众（主要是奴隶）不堪忍受奴役，暴敛而逃亡流徒，在称作萑符泽的大泽中进行反抗奴隶主阶级的抗暴斗争。据《水经注》载，泽在中牟县西，西限长城、东极官渡，北佩渠水，东西40许里，南北20许里水草丛生。周景王二十三年（前522年）郑太叔率兵镇压，起义终于失败。

萑符泽即圃田泽，古代是水草丛生之地，范围比较大，后因河水改道，泥沙淤塞，形成现在郑州市旧城东南一带的村庄和农田。今郑州市东15公里的圃田村一带，即春秋时代郑国农民抗暴斗争旧址。

十、明末农民起义军荥阳大会旧址

明末农民起义军荥阳大会旧址位于嵩山东北麓，地势中高周低，半绕索河；南倚群峰，北通广武；东拥京襄城，西跨虎牢关；地扼中原，形势险要，是兵家争雄据险的重地。崇祯八年（1635年）正月，农民军势如破竹，取上蔡、克汜水、荥阳、固始，进殿迅猛异常。明统治者调西北边军及南兵7万余人赶赴河南，命5省总督洪承畴出潼关，以山东巡抚朱大典协助，总督5省兵，合力进攻起义军。为了打破明王朝的围剿，农民军高迎祥、李自成、张献忠、老回回、草里眼、左金王、射塌天、横天王、改世王、过天星、九条龙、顺天王等13家72营首领会集于荥阳，共商作战方案。在这次大会上，采纳了李自成“分兵定向”的策略，决定统一部署，联合行动，分路迎击明兵，从而改变了被动局势。各路起义军开会商讨战略并组成大规模的联合作战体，在以往中国农民革命战争中，还是首次。

十一、李际遇揭竿起义旧址

李际遇揭竿起义旧址位于登封市城北15公里的唐庄北尖山峰上。

李际遇，登封市磨沟南窑村河西人，曾任少林寺拳术教头。明崇祯十一年（1638年），李际遇结伙惩治了县衙派往磨沟村征催粮款的吏役，并率领群众到县衙请愿，知县鄢廷诲以“欧打役吏，率众围堂”的罪名，将其枷锁在县衙门口石狮上“示众”。在群众帮助下，逃回家中，扯下红被面，在登封城北15公里的唐庄北尖山峰上，凿石为穴，树起招兵聚将的起义大旗。一日之内，就有数百人参加，迅速发展到万余人。主要活动于荥阳、汜水、登封、新密一带。崇祯十四年（1641年），李际遇率兵与李自成起义军合作，攻克登封城，杀死知县鄢廷诲等。明福王弘光元年（1645年），李际遇率兵在河南坚持抵抗清兵，据守洛河、孟津渡口，终因寡不敌众，为清兵所俘，遇害于北京。

第六章　关隘渡口坛寨长城台园

嵩山地域位于郑州、洛阳、许昌金三角地带，不但位居“天地之中”，而且还是一个军事要地。所以，历史上的帝王将相、英雄豪杰、文人志士都相继来到嵩山地域活动，这里既是可以安营扎寨的田园归宿，又是一个三教荟萃的风水宝地；既是英雄们叱咤风云的疆场，又是有志者施展抱负的地方。当历史上的风云散去，于是这里就有了传承千年的文化，在这里也留下了众多的古关隘、长城、寨、坛、台、渡等遗存。这些壮丽巍峨的景观，以及它们在防御、坚固、适用、美观等方面的重要作用，不但在建筑史上占有重要的地位，而且给嵩山文化留下了光辉灿烂的一页。

第一节　关　隘

关隘，是在狭窄而险要的地方或国界设立的守卫处所和关口，也是重要的交通门户。横卧的嵩山东西绵延，山岭逶迤，阻断南北交通。嵩山地域伊阙关、广成关、大谷关遗址、轘辕关、旋门关、孟津关、小平津关遗址，合称“八关都邑”。其中，洛阳城环卫四塞，雄关林立，形势险固，西周王城500里的四面边境上，各有三处关口，对当时各诸侯国的沟通和王朝京城的保卫作用很大。还有虎牢关、玉门关、黑石关、汜水关在历史上都是十分险要的通道。它们不仅成为贯穿东西或南北的交通要道，而且是历代兵家必争之地。它们在历史上，大都发生过惊心动魄的故事。正是这些故事的发生，才使这些古关隘更加有名。

一、轘辕关

轘辕关，古关名。亦称崿阪关、崿岭关，以关置于崿阪（崿岭）上而得名。轘辕关位于偃师城东南30公里府店镇轘辕山上。这里是偃师与登封交界处，山势陡峭，道路崎岖，为洛阳通往许、陈的捷径要冲。关西有崿岭口，口下有十八盘，道路也很险要。《春秋》：“襄公二十一年，使侯出诸轘辕。”《战国策》“秦兵下三川，塞辑辕氏之口”即此。东汉末年，黄巾起义，四方响应，震动京师洛阳，汉灵帝惊恐，遂令河南尹大将军何进在洛阳周围设置八关，轘辕关即为汉置八关之一，建成于东汉中平元年（184

年)。

镮辕关现存建筑均用石灰岩石垒砌,东西长 14.7 米,南北厚 10.5 米,高 6.2 米。正中是弧顶门洞,洞高 4.7 米,宽 3.5 米。关南侧有石级,宽 1.5 米,拾级而上可达关顶。弧顶门上方有一长方形关额,题“古镮辕关”4 个楷书大字,笔法古朴,遒劲有力,并刻有“乾隆十五年岁在庚午九月重修”等字。镮辕关顶原有大殿,抗日战争年代毁于战火。1984 年以来,府店镇韩庄村民捐资在关顶重修大殿一座,恢复了昔日风貌。

镮辕山形势险要。《文选》薛琮注:“镮辕坂,十二曲道将去复还,古曰镮辕”。清光绪二十八年修车路碑文曰:“洛都……东虎牢,西函谷,南伊阙,东南镮辕,皆天险也。”《登封县志》载:“镮辕者,其道路弯曲如古车之镮而又辕曲也。相传此关为禹治水所凿。唐高宗游嵩山,凿石开道。宋偃师知县马仲甫佣夫开道,平为坦途。”后人又开修加宽西口十八盘道,为郑洛、许洛之公路。1984 年偃师县扩修路面,并铺设柏油,成为 207 国道。

古轩辕关

景日昣《说嵩》中,镮辕关有二道:一在北,唐高宗屡如嵩,凿山开道如车厢,历代置关之所。此关处崿岭坂,少室山上,道路险隘,有弯道十二,回环盘旋,将去复还,故称镮辕关。一在南,为宋时偃师县知县马仲甫庸工所凿,道路轩敞,人便其利,当地人称崿岭口,也叫新镮辕关。北道幽折,林壑隐奸。行人多以南道轩敞为便。

此关在历史上是重要的军事要塞。春秋战国时期韩伐郑,攻镮辕,占阳城、负黍。以后秦攻韩,过镮辕关,又占阳城和负黍。秦二世三年(前 207 年),樊哙攻镮辕关,占韩国颍阳、阳城等城池 10 余座。东汉何进置镮辕关,为洛阳八关之一。隋置平洛仓数百窖,依镮辕关险势而守。唐太宗伐郑王王世充,攻镮辕关。1944 年,皮定均、徐子荣率八路军豫西抗日独立支队过镮辕关,入巩义,作抗日武装宣传。

二、伊阙关

伊阙关,古关名。位于洛阳市区南约 2 公里处。伊阙关即洛阳南龙门山和香山的阙口,两山夹峙,伊河穿流其中,远望就像天然的门阙一样。东周时,为京都南面的重要关隘,是洛阳南下,汝颍北上的必经之道。汉末为镇压黄巾起义军,设置的八关之一。其间山谷相连,自古为防守要地。《左传·昭公二十六年》:“晋知跞赵鞅帅帅纳王使汝宽守阙塞”,“秦攻魏将犀武于伊阙,进兵攻周,败于伊阙”。《史记》:“秦昭王十四年,白起攻韩魏之师于伊阙”。《旧唐书》:唐武德三年(公元 620 年)七月,李世民亲率重兵北据邙山,派将军史万宝率兵“自宜阳南据龙门”,遂攻取洛阳。1948 年 3 月,解放洛阳，也是首先拿下伊阙，继而攻取洛阳。今日伊阙关遗址处，建有宏伟古朴拱桥，连两山为一体。

三、广成关

广成关，古关名。位于汉光武所置广成苑的南边，故名。遗址在今临汝镇一带，这里世称“两山夹一川”，其东北有长虫山、娘娘山、和尚山、白云山、盘龙山，西南有大马山、大虎岭，自古是通往荆楚的要塞。东汉灵帝中平元年（184 年），以河南（治所洛阳）尹何进为大将军，率左右羽林军和五校尉营屯都亭，以镇京师；于洛阳周围设置函谷关，伊阙、广成、大谷、轘、旋门、孟津、小平津八关，置八关都尉，以统营八关军政事务，警卫京都安全，治所在散关（今河南省宜阳县东北牌窑）。东汉时，在广成关附近，有广成泽，周围四百里，水出狼皋山中，东南流入汝水。隋大业初曾置马牧于此。由荆襄一带北上京洛，这里是必经之地。

四、大谷关

大谷关，古关名。大谷关位于今偃师寇店乡水泉村，是嵩山与龙门山间的峪谷。大谷关是东汉八关之一，为古代洛阳南通南阳，东南达许昌的重要关口。汉张衡《东京赋》说：“大谷通其前。”曹植《洛神赋》有“经通谷”。潘岳《闲居赋》载：“张公大谷之梨。”《洛阳记》说：“大谷，洛城南五十里，旧名通谷。”谷纵深 15 公里，西出与伊川县接壤。深谷两侧，沟壑纵横，溪水潺潺，群峰削立，灌木丛生。此谷为洛阳京城正前方的一道门户。战时可以埋伏重兵，断绝南北通道。汉末，十八镇侯讨伐董卓，孙坚率兵由大谷关入洛阳，曾在此筑过战垒。辛亥革命前夕，骊明钦曾在这里招集兵马，希望上下呼应，一举而废清朝，恢复中华大业，但因中途有变，起义未果。此关东西有牛心山、牛嘴山、老羊坡、歪嘴山、大风山等，峰峦起伏，形势天然。战时这里可埋伏重兵，断绝南北交通，为历代兵争将夺的古战场。

五、旋门关

旋门关位于今荥阳市汜水西南十里铺一带，以关之道路周曲而得名。东汉时，灵帝中平元年（184年），以河南（治所洛阳）尹何进为大将军，率左右羽林军和五校尉营屯都亭，以镇京师；于洛阳周围设置函谷关，伊阙、广成、太谷、轘辕、旋门、孟津、小平津八关，置八关都尉，以统营八关军政事务，警卫京都安全，治所在散关（今河南省宜阳县东北牌窑）。东汉以成皋旋门关为京师雒阳东面的第一关。班昭《东征赋》：“望河洛之交流，看成皋之旋门”，即指此关。《水经注 · 河水五》：“河水又东径旋门坂北。”均指此关。洛阳向东过此，即无扼塞可以据守。

六、汉小平津关

汉小平津关，古关名。位于今偃师市西北、孟津县东北一带。黄河河心，也是黄河上的一道津渡，其地位仅次于富平津（孟津关），故名小平津。《方舆记要》：灵帝时八关之一。袁绍诛宦官中常侍张让等，将帝步出谷门至小平津关。晋永嘉末传祗保盟津小城，即小平津关。刘聪遣刘粲以步骑十万屯小平津关。慕容暐遣将吕护攻洛阳，退守小平津关。后魏常讲武于小平津。尔朱荣举兵，胡太后遣费穆屯小平津拒之。此外，洛阳西还有潼关，东有虎牢关，北有天井关（今山西晋城县南太行山顶）和轵关（河南济源县西）等。这些关隘同为洛阳门户，设防守卫，使洛阳成为进可攻，退可守的军事要地。

七、武牢关

武牢关，即虎牢关。东晋太宁三年（325 年）虎牢人后赵，赵主石虎讳虎为武，书武牢关。至唐代，以高祖李渊祖父讳虎，亦改虎为武，故名。见“虎牢关”条。

八、行庆关

即虎牢关。北宋大中祥符四年（1011 年），真宗西行祀汾阴，往返经此，回驾至荥阳，真宗以虎牢关为“玉关之枢会”，“鼎邑之要冲”，诏改虎牢关为行庆关。见“虎牢关”条。

九、古崤关

古崤关，即虎牢关。明洪武四年（1371 年年）九月，改虎牢关为古崤关，置巡检司。参见“虎牢关”条。

十、虎牢关

虎牢关，古关隘。秦置，以关置于古之虎牢城而得名。此关历代名称不一，位置也多有变化，但均在大伾山周围。秦置虎牢关，汉建武元年（25 年）置于成皋而得名成皋关，亦称旋门关、汜水关。东晋太宁三年（325 年）虎牢入后赵，赵主石虎讳虎为武，书武牢关。至唐代，以高祖李渊祖父讳虎，亦改虎为武，故名武牢关。北宋大中祥符四年（1011 年），真宗西行祀汾阴，往返经此，回驾至荥阳，真宗以虎牢关为“玉关之枢会”，“鼎邑之要冲”，诏改虎牢关为行庆关。明称古崤关、崤关，清复今名。此关南连嵩岳，北濒黄河，山岭夹持，深谷交错，形势险要，一线羊肠小道贯通东西，史称“锁天中，控四鄙”之地,为天下雄关之一,自古以来为交通要塞,兵家必争之地。

楚汉“成皋之战”,南北朝宋魏“虎牢之战”,唐初“武牢之战”等,皆于此。三国关羽、张飞在此大战吕布,至今还有点将台、拴马柏和拌马索等遗迹。现存清雍正九年(1731 年)所立“虎牢关”石碑一通。陇海铁路自关南通过,有公路通往郑州。

虎牢关

此关历史悠久,相传周穆王在圃田射猎,有“高奔戎生擒虎而献之”。穆王将此虎圈此豢养,始称“虎牢”。春秋鲁隐公五年(前 718 年),晋成公令筑虎牢城,以威逼郑国。秦在此设关,始称“虎牢关”,成为历代兵家必争之地。秦末,楚汉争霸在此长期进行攻守战,著名的有“成皋之战”;汉灵帝中平元年(184 年),于此设旋门关,为“汉八关”之一。“五胡十六国”时期,成为匈奴族刘渊、羯族石勒、鲜卑族慕容、氐族苻洪、羌族姚弋仲等互相争夺的战场;唐初李世民在此以 3000 雄兵大胜窦建德 10 万大军,即著名的“武牢之战”;1853 年,太平天国林凤祥、李开芳率军北伐挺进虎牢关,出奇制胜,击溃清军 1.2 万人;《三国演义》中著名的“三英战吕布”的描述,使这里成为令人向往的名胜之地,今仍有“张飞城”“吕布城”“三义庙(纪念刘备、张飞、关云长义结同心的庙)”等胜迹。

清咸丰十一年(1861 年),因关隘失险,又修新关于峡谷之中,砌石为基,筑土为墙,墙长 200 米,基厚 11 米,高 7 米,顶宽 3 米余,并筑关楼一座。惜山洪冲刷,黄河水淹,已无迹可寻。现存清雍正九年(1731 年)所立“虎牢关”石碑一通,后被江水淤没过半,1983 年建“护碑亭”加以保护。陇海铁路自关南通过。

十一、黑石关

黑石关,古关名。位于巩义市西南 4 公里,中有洛河,河西岸有邙岭,东岸有黑石山,两山对峙,关以山名。黑石壁上刻“黑石关”三个行书大字,字大 30 厘米,关之两侧群峰起伏,由云堆山为主峰回旋而下,重叠而成羊肠小道,穿过群峰林立之中,形成悬崖对峙,内夹一道关隘。黑石关气势雄伟,为巩洛咽喉,历代为兵家必争之地。汉李膺、郭泰同舟至此。《方舆记要》:隋末王世充与李密相持于此。王世充夜渡洛水,营于黑石。明日分兵守营,自将精兵陈于洛北。李密渡洛逆战而败,复渡洛趋黑石,王世充还,为李密所败。元致和初年,陕西诸王阔不花等,讨燕帖木儿之乱,进至巩县黑石渡,大败河南兵,遂克虎牢,闻上都已陷而还。清修筑陇海铁路在此建黑石关铁路大桥。“黔南事变”时,侵华日军与国民党守卫军第二十八集团军副总司令兼二十九军军长孙元良将军率领的 91 师曾在此关激战,横尸遍野,毙者数千,其间数百难民丧生。

《施府志》:黑石,山名,在巩县西南洛水东,与邙岭夹岸相对如门,洛水出其中,为东西京咽喉,舟车转输,冠盖往来,皆出于此,明设巡检司。曰黑石关,亦曰黑石渡。洛阳东有成皋、巩洛之险。今成皋入汜水,而巩洛之险,无过黑石,固留心险要者,所以加之意耳。《明史·地理志》:巩县西南有黑石渡巡检司。清修筑陇海铁路在此建黑石关铁路大桥。

十二、玉门关

玉门关位于今荥阳市汜水镇西北部汜河入黄河口,地处大伾山与广武山之间,古汜水自关口北注入黄河,以古成皋城北门名玉门而得名。公元前 203 年,刘邦为避项羽自成皋城出玉门关,北渡黄河,至修武。《水经注·河水五》:(经文)“河水南对玉门”,即指此。玉门关为大河南北交通之咽喉。故《汜水县志》记:“虎牢为东西之绾毂,玉门为南北之咽喉。”

十三、石羊关

石羊关,也叫阳城关,古关名。位于今登封市告成镇东南老妮坟村东,颍河北岸。北魏孝昌二年(526 年)置阳城郡,治阳城,遂于此置关,名阳城关。此关有庙怀、关岭南北对峙,悬崖陡峭,形成宽 500 米之峡口,颍水沿南侧东流,北侧仅容不得一车,为许洛大道之咽喉。地势险要,为阳城东南之门户。《水经注·颍水》:“颍水又东出阳城关。”即指此关。元至正六年(1346 年),改阳城关为石羊关。以关口有怪石如羊而得名。

十四、黄马关

黄马关位于今荥阳市汜水镇成皋故城西。魏晋置关,地势险要,常为兵家所用。东晋咸和三年(328 年),后赵石勒攻赵主刘曜之洛阳。刘曜闻石勒已渡过黄河,遂增兵荥阳戍,把守黄马关。刘曜兵力不支,关不能守,败退洛阳,于洛阳西门外被擒。《资治通鉴》卷九十四记:刘曜“增荥阳戍,杜黄马关”,即指此关。

十五、金堤关

金堤关位于今荥阳市广武镇霸王城村北黄河道中。以关置于汉代“金堤”首而得名。隋炀帝大业十二年(616 年),翟让、李密起义,议先取荥阳以为基地,待发展后而与人争天下,于是攻下金堤关,继而攻荥阳诸县,多为所破。《资治通鉴·隋纪七》:“(翟)让从之,于是破金堤关,攻荥阳诸县,多下之。”即指此关。

十六、汜水关

汜水关位于今荥阳市汜水镇周沟村一带。南宋建炎二年(1128 年),岳飞北伐,大战于此。《宋史·岳飞传》载有:“保护寝陵,大战汜水关,射殪金将,大破其众。”即指此关。

十七、成皋关

成皋关位于今荥阳市汜水镇虎牢关村西北成皋故城一带。东汉建武元年(25 年)置于成皋而得名。为魏晋时期京都洛阳四关(东成皋、南伊阙、西函谷、北孟津)之一。参见“虎牢关”条。

十八、洛严关

洛严关位于洛阳老城南关菜市西街南口(雷家口),始建于清代。为防城郊“刀客”入城所建。二层砖石结构,进深 5 米,宽 6 米,高近 7 米,大青砖所砌,二层起楼为守夜者望。关口南、北上方各嵌 1×0.5m 石碑一方,书“洛严关”、“口保”。该关旧时所处南关码头,傍晚码头收船后即闭关门。现关门无存,仅存碗口大门闩臼。

十九、后魏石关

后魏石关位于巩义市南河渡镇境内。《洛阳伽蓝记》载:就东石关有魏元领军寺。《施府志》载:巩城西、洛水北,有地名石关,即京东石关也。

二十、东岭关

东岭关位于禹州市白沙水库堤体西侧,是三国时期关云长“过五关斩六将”的第一关。沿颍河逆流而上,是战国时期许昌通往古都洛阳的故道。1951 年修建白沙水库时原关址建筑物遭到破坏,但关址位置尚存。今人有诗云:大坝飞落东岭关,关连碧水水绕山。即今东岭关地势写照也。

二十一、河阳关

河阳关位于洛阳北。遗址在今河南孟津扣马五里处,距孟县南 9 公里的黄河河心,是古代黄河上的一个重要渡口。此即周武王伐纣时与诸侯会盟渡河处,亦称盟津,又名富平津。西晋丰乐亭侯杜预曾在这里架起黄河上第一座浮桥,称“河桥”。北魏又置河阳三城于南北两岸及河中沙洲上,历代为洛阳北面之要津,是兵家必争之地。

第二节　渡　口

渡口,也称渡,指的是道路越过河流以船渡方式衔接两岸交通的地点。本节所说的渡,大都为嵩山地域的一些古代的渡口,包括用船摆渡或引道过河的地方。

一、汜水渡口

汜水渡口位于河南荥阳市西北汜水入黄河处,隔河为温县境。渡口南有虎牢关,汜水入黄处有山凭依,历史上曾为军事要冲。周武王伐纣时,有兵卒4.5万人,战车300乘,从这里渡河直逼商朝都城朝歌,大败商军于牧野。清末民初,汜水渡口的商业运输比较兴旺,常常几十艘船只鱼贯而至,陕、甘等地的药材、棉花由这里转汜水车站外运。自陇海铁路向西延伸后,渡口商业运输地位日益降低,仅为民间使用。

二、玉门渡口

玉门渡口,古渡口名。位于今荥阳市区西北18公里,汜水镇西北部汜河入黄河口处。玉门渡口以古成皋城北门名玉门而得名。玉门古渡位于现在的汜水镇口子村,西有大坯山,东有广武山,中有汜河缓缓北注黄河,景色异常迷人,曾是古成皋县十大美景之一,古时这里是往返南北连接东西的水陆交通要道,商贾云集,车水马龙,热闹非凡。历史上的周武王伐纣、刘邦避项羽、捻军北伐均由此渡黄河。玉门古渡为大河南北交通之咽喉。故《汜水县志》记载:“虎牢为东西之绾轂,玉门为南北之咽喉。”

三、牛口峪渡口

牛口峪渡口位于河南荥阳市城北20公里牛口峪,隔河为武陟县境。古名板渚津,近代称仓头口、牛树沟渡口,现名牛口峪渡口。古鸿沟、汴渠、通济渠的引水口即在峪口附近。秦汉时这里是漕运的枢纽,秦在此设敖仓。唐开元十八年(730年),为便于漕运管理,把汜水、武陟、荥阳三县的一部分置河阴县,并于河口置输场,在输场东置河阴仓。唐太宗时,江淮都转运使刘宴,在扬州造直通三门峡的运粮船2000只,规定“每船载千斛,十船为纲,每纲三百人,篙工五十,从扬州遣将送至河阴”。该渡口在历代漕运中发挥过显著作用。抗日战争期间,京汉铁路被日军控制后,这里一度是华北地区过往黄河的重要渡河点。

四、花园口渡口

花园口渡口位于河南郑州市北郊15公里处，隔河是原阳县境。郑州花园口在宋时曾在此建闸治水，后渐成村落。随着黄河河道南移，村落被河水淹没，成为黄河渡口。相传明朝嘉靖年间，吏部尚书许赞在这里修建一座花园，奇花异草招引南来北往行人观赏，花园口因此得名。花园口是自明朝以来这一带比较固定的渡口。从清代到民国时期，黄河3次在花园口上下决口泛滥，志书有“郑之为患，惟河为甚”的记述。1938年6月日本侵略军逼近郑州，国民党军队不战即溃，在此扒开黄河大堤，黄河决口泛滥，使豫、皖、苏三省44县受淹，百姓流离失所。花园口是历史上震惊中外的“花园口决口事件”发生地，也是黄河下游的起始段，这里河面宽阔，气势雄伟，属于典型的游荡型河段，具有宽、浅、散、乱、悬的特点。河势变幻多端，是观赏黄河的最佳去处。1986年建成郑州黄河公路桥，渡口已失去作用。

五、竹芦渡口

竹芦渡口位于今荥阳市西北16公里汜水镇西北1公里的岳阵图村一带。因两头1.5公里河沟长满芦苇，故称竹芦渡。高宗建炎二年（1128年）岳飞与金兵大战于汜水关，驻军竹芦渡，在竹芦渡急转直下。岳飞筛选了300名精兵潜伏在前山下，陈兵没阵，夜半时，每集体举着二把点着的柴草，金兵看到火光，认为是岳飞的声援军到了，受惊而乱了阵足，岳飞胜利智取了竹芦渡，大败兀术于此。附近有兀术沟村落（梧竹沟村），城东北3公里有岳阵图村，皆因此战而得名。

六、杨村渡口

杨村晚渡

杨村渡口位于偃师市顾县镇东北，坐落在伊洛河畔，南临310国道，北和偃师市城区隔河相望。杨村渡口，为偃师往南方域外的重要渡口，滩渚开阔，河流澎湃，风景宜人，在历史上有着特殊的重要位置，历来是兵家必争之地。“杨村晚渡”被称为偃师古代八大景之一。该村土地肥沃，水源充足，交通便利，信息灵通，经济发达，工农业生产条件优越，被誉为顾县镇的“小香港”。清代诗人蔺完植写有《杨村晚渡》诗曰：

野渡萧萧蓼叶红，沙鸥乱舞夕阳风。长天万里烟霞外，短蓬一声杨柳中。
何处归人呼隔岸，向来羸马立残春。忘机懒问津头路，唱罢渔歌月已东。

七、大禹渡口

大禹渡口是颍河上游一个古老的渡口，位于禹州市褚河乡禹王村村东的河道上，是古代禹州与许昌、临颍的主要渡口。相传大禹治水时，乘船来到这里，见高地上有一棵大槐树，枝叶繁茂，荫凉遮了大半个山丘，而且蒸腾出一股肃杀之气。大禹好生诧异，就弃舟登岸，到树前察看。原来树上住着一个千年树仙，多年来一直佑护着这一方百姓。大禹认为他是一位好仙，于是在树上挂了 3 尺灵幔，以示褒奖。到了汉代，一场天火把大树烧了。不久，又生出几根枝桠。附近群众听说了，以为是禹王显灵，纷纷前来祭拜。有的地方旱了，就来取雨，人来人往，络绎不断。于是在村东河道上形成了一个码头，人们便叫它“禹王渡”。后来，老槐树的根上又生出了 3 棵新树，手拔着一样疯长，不多年间，又长成了 3 棵双人合抱的大树。方圆数百里的群众以为是树王复活，纷纷跑来扯幛挂幔，烧香祭拜。有人在河岸上修起一座小庙，因大树旁的河崖上有几条崖洞，所以小庙就叫“洞林寺”。洞林寺的香客多了，有人卖茶卖水，卖一切日用品。时间久了，有的人就住下来，成了一个村落。因为大禹王治水时曾在这里住过，村头的大槐树又经大禹挂幔，称为“树仙”，因此村东的渡口又叫“大禹渡”，这个村便成了“禹王村”。

八、黑石渡口

黑石渡，古渡口名。位于巩义市区西南 3 公里黑石关旁。《方舆纪要》载：“在巩县西南二十五里，为洛水津渡处。”《明史"地理志》：巩县西南有黑石渡巡检司。《河南府志》：黑石，山名，在巩县西南洛水东，与邙岭夹岸相对如门，洛水出其中，为东西京咽喉，舟车转输，冠盖往来，皆出与此。

第三节　古　寨

寨的本意是防卫所用的木栅，源于原始社会先民防卫野兽侵袭的设施。寨为四周有栅栏或围墙的村子，巩寨自保的历史很久。清末民初，战乱频繁，匪盗横行。为躲灾避祸，山里的百姓或以家族为单位，或以村为单位，或依附于大户，纷纷在险要的山头修筑山寨。

禹州神垕街上的望嵩寨门

古寨文化是嵩山文化中有特色的部分。嵩山地域中不同历史时期的古寨多如牛毛,小的有一个村落,大的连成一片有几十座,有些是单体的寨落,房屋建筑非常考究。有些是村寨式的建筑群,筑有寨墙、寨门、院落等,是难得的民居寨群实例。它们不仅具有相当的防卫能力,而且具有很好的文化景观特色,代表了各历史时期不同的建筑风格。后因历经战争、各种人为的运动及自然的风雨侵蚀,古寨所遗留下来的已为数不多,但从这些遗存的古寨或古寨遗址仍可以看到它们在历史上曾经有过的作用。

一、天王寨、安乐寨

河南省重点文物保护单位。天王寨、安乐寨位于禹州市西南31公里的鸠山乡下泉、薛沟两个行政村,天王寨与安乐寨南北相距2.5公里。天王寨建于清咸丰十年(1860年)。安乐寨于中华民国十年(1921年)9月开始筹建,历经3年,至民国十四年(1925年)3月建成。两寨均为青条石灰浆垒砌而成的石寨。

禹州安乐寨遗址

天王寨墙圈坐于山顶,北据峭壁山脊,其余三面凭山腰而建。平面略呈椭圆形,面积20余万平方米。东山头最高,占地近3亩,单独建炮台堡垒,似瓮城,势如烽火台。寨内依寨墙四周为青石拱券洞室,寨中原有四合窑洞院,同室顶部用红土夯筑为平台,房顶道路依山势可与寨墙巡道相互贯通。寨西南坡度稍缓,建拱券西寨门楼,门额楷书"戴嵩"大字,落款题记为"旗山公建,咸丰庚申"。由此可知,天王寨建于清咸丰十年(1860年)。东、西寨门兼底楼功能,东、东南寨角建圆形底楼。南角底楼底层拱券工事,就地对外侧开3个射击孔。沿山脊西南至山腰有泉一眼,专门修筑有保护取水道路的火力盾墙。所有墙顶警戒巡逻道路宽度容两人来往,外侧砌雉垛,里侧砌女儿墙,墙裙部位分段设掩蔽门洞,能部署轻火器,形成上下交叉火力,既能防敌破坏水源供应,也能打击进犯西门之敌。

安乐寨位于天王寨南2.5公里左右的薛沟村。安东寨依山势而作,平面略呈梯形,面积2700多平方米。寨墙高6米有余,顶宽6米以上,外侧厚度1~2米不等,里侧券洞较浅,外搭草棚,顶部稍窄。四角砌有圆碉楼,墙顶筑女儿墙。东北角辟拱券门楼一座,门额上石匾题"安乐寨"楷书阴刻大字。南墙偏西处开有拱券门洞方便出入。寨内依据山势辟有6座以上的小院,建瓦房40余间。因山势小路建有阶踏,交叉路口建拱桥。安乐寨虽小,甬道却四通八达。安乐寨四周山势险峻陡峭,东北角大门外为面积8000多平方米的石林,大门近处,辟建有拱券洞室5条。当心洞门额嵌"安乐窝"楷书阴刻题字的竖额。现安乐寨内存有镌刻于中华民国二十五年(1936年)的《创修安乐寨碑记》一通,记载有"原先均困避北方天王寨,继以寨垣阔大难守,并以距家稍远难顾耕种,无法生活……乃就近处薛沟北岭购置地址,另筑墙垣,以为持久之计"。

清咸丰初，太平天国北征先遣支队与清军胜宝、德楞阿部相继在当地交战。咸丰七年（1857 年）捻军王二党部曾占领大洪山（今鸠山乡境内）。捻军撤离后，清末乃至民国初期，禹州、郏县、汝州三县交界处土匪此起彼伏，烧杀抢掠接二连三。当地群众为避乱而自卫，分别就村庄附近选择最高山头修建寨堡。天王山寨、安乐山寨就是在这样的社会背景下，由当地乡民共建而成。它们真实地反映了清末、民国初期社会动乱、匪祸频发、乡民自保的社会史实。因此，具有一定的历史研究价值。同时，天王山寨、安乐寨的修筑也体现了劳动人民的勤奋、聪明和智慧。

抗日战争爆发后，中国共产党领导的八路军抗日先遣队张才千部挺进豫西，在禹州西部山区一带建立抗日根据地，并在鸠山唐庄公开成立了许、禹、新、密、汝、郏等县的抗日民主政府。解放战争初期，解放军挥戈豫西，皮定均司令率部在豫西开辟发展解放区，天王山寨成了八路军、解放军保卫抗日政府和红色政权的重要堡垒之一。

二、御寨

少室山峰峦叠嶂，陡峭险峻，山顶宽平如寨，因此有大寨、小寨、三皇寨之称。《登封县志》载：金宣宗完颜珣在贞祐元年（1213 年）受元兵追击，曾躲避于此，后人称为御寨。明末清初，登封磨沟村农民李际遇也曾率农民起义军在此安营扎寨。传说，山上建有房屋、伙房、厕所、仓库等设施。至今山上还留有驻兵时的水柜、石碾等遗迹。大寨上边还有饮马池一处，池围数 10 米，积水很深。沿山南险道拉铁练、爬石梯可以攀上。上三皇寨，可经行宫、阎王嘴、夹脚石、阎王鼻梁骨、鹞子大翻身、佛像肚、羚羊脊梁筋、南天门、老龙拐 67 阶路，即到达。20 世纪八九十年代，国家投资修建了青石台阶步道，从山下停车场可以直接步行到达三皇寨。

三、许由寨

许由寨位于登封市南箕山山顶。以自然山石随山势走向垒砌，高 2 ~ 3 米。寨有石门，门额题“许由寨”。

四、磐石寨

磐石寨位于嵩山南麓的登封市大冶镇五里庙村与宣化镇七里庙村之间的荟萃山上。寨呈椭圆形，以巨大的磐石垒砌而成。南北长 135 米，东西宽 105 米，高约 7 米，根基宽 3 米，顶宽 1 米。因其环形，又叫环石寨，是过去百姓避兵的地方。

五、浮戏山古寨群

浮戏山脉奇峰耸立，崖陡壑险，泉清林茂，既是嵩山风景区之一，又是古代屯兵避难的场所，为兵家必争之地。由于天然地势的形成，这里古寨林立，蜿蜒起伏于山岭之间的古寨群，多达20余处，包括荥阳王宗庙、小顶山区，新密的茶庵、袁庄，巩义的石城山区，近15公里。浮戏山古寨群始建于宋，清代有一部分，历代有所重修。

梅家寨，建于北宋末期，用于抗金、抗元。有半圆形的寨门，石垒的城垛。石料全用錾子制成。寨墙至今基本保持原貌。

龙马寨，建于清咸丰十一年（1861年）。寨墙石料多为錾子制作。

石楼寨，建于宋、元间。石楼寨遗存与梅家寨近似。

韩长城寨，位于风门口，也叫风门关，此为南北通道。为战国时期韩国以自然石块或稍有加工的石头垒筑而成。现有遗址南起新密袁庄茶庵，至风门口为分水岭，向西至沙岗，折向北，过蛇谷南头入荥阳境。

韩长城北寨，清咸丰十一年（1861年）筑，有碉堡。石料以石灰砌起。经小顶山，过蛇谷，向北至王宗店。

卧龙台寨，建于清咸丰十一年（1861年）。卧龙台寨周长2000多米，宽2米，连女儿墙通高10米。东、南、北三门犹存。

蜂嶂寨，位于风屏寨以东，环境优美，险峰独立。蜂嶂寨建于清咸丰十一年（1861年）。石材全用錾子凿过，有石刻门额。民国初年（1912年）又重修过，并用青石砌成。现留寨墙数百米。

天堂寨，建于北宋末年，为民众抗金、抗元所筑。清同治二年（1863年），改名二郎寨。建筑形式与梅家寨同。今北门与南墙仍保留宋、元时的状貌。

浮戏山古寨群遗址

鹿耳寨，俗称大寨。建于宋、元间。位于小龙池南山上，尚有城墙遗址。

鸡翎寨，俗名大鹰寨。建于宋、元间。为抗金、抗元所建，以石料所筑。清同治元年（1862年）、民国初年（1912年）都重修过。遗存的大部分寨墙为宋、元时所建。城门及四角碉堡为晚清遗物。

将军寨，又称凌霄寨，位于嵩山巩义市境内老庙山的小龙池南3公里的玉仙河西的石城山上。北宋末年为抗金、抗元所建。清代武状元牛凤山（巩义人）于清咸丰十一年（1861年）重修。因牛凤山曾任将军，故名“将军寨”，俗名“牛家寨”。寨上三峰突兀，似三把利剑直刺蓝天，东西南三面皆临绝壁，南壁凿有小径，可拾阶而上。寨门高1.8米,宽1.2米,寨墙高8米。寨上有烽火台3座,石砌水囤两眼,石券窑10多孔,残碑3通。今宋、元时的遗址尚存。

凤屏寨,位于嵩山巩义市新中乡小龙池南一公里的回峪沟北,俗称“柏树门寨”。寨西是天桥峰,山下为玉仙河,依山修筑寨墙300米,寨内现存房基10余处。宋、元建筑。清同治二年(1863年)重修。

石门寨,也叫穆柯寨。宋、元建筑,明清重修过。寨门前有一巨石,俗称穆桂英上马石。其东面的山,又称夫人山。

黑山寨,位于西荻坡。建于北宋,清同治年间部分重修。今原貌仍存。

冷沟寨,亦称大鹰寨。位于嵩山巩义市的老庙山小龙池西。寨墙由冷沟攀上西坡,再蜿蜒而北,总长1000米。寨内现存耕地数块,石屋数间。

二郎寨,位于嵩山巩义市境内的老庙山的小龙池南4公里玉仙圣母庙以南的二郎山上。寨内苍峰高耸,形势险要。现留寨墙数百米。

六、超化寨

超化寨位于新密市超化寺镇超化村的岗岭上,因超化寺而得名。高40多米,方圆3华里。明崇祯十年(1637年),由百泉贡生张问明率众修筑。昔日,寨上仅有西门、三面环沟,地势险要。兵荒时多为百姓藏身之所。抗日战争和解放战争时期,国民党地方团一度驻扎此寨。300多年来,超化寨历经李自成起义军、捻军、日本侵略军、国民党军队等争夺战的炮火洗礼,以其显要的战略地位,数度成密县的军事要点。

超化西坡有石台阶50余级,人们可拾级而上,登高远眺。西南山峦起伏,群山滴翠。东北侧河道弯弯,波光耀金。

七、汉刘备寨

汉刘备寨位于巩义市鲁庄镇四合村境内。《李通志》载:刘备寨在巩县西南原良保。昔刘、关、张伐吕布,屯兵于此。

八、靳寨

靳寨位于新密市区东南22.5公里处。众山环拱,水绕其前。有尉氏县明工部尚书靳于中出资在此筑寨,以避兵战乱。远近相依者万家,斫竹结茅以居之,复赈其贫乏。相传靳公与闯贼有德,过其地罗拜而去。李际遇来攻,扎营西岗,靳于中以大炮击之,遂去。

靳寨北靠岗岭,南瞰泽河,风景幽胜。寨南依土崖。唯一的南寨门已经塌陷,东寨墙保存较好。西部紧邻于北齐时期的千年古刹兴隆寺。

九、卧龙台寨

卧龙台寨筑于荥阳市环翠峪风景区内海拔682米的卧龙台山上,依山就势,居险而筑,气势磅礴,为明清时代所建。寨墙周长1695米,高6米,宽2米,由当地的青灰色山石堆砌而成。卧龙台寨寨垛齐全,有东、北、东南3个寨门,为弧形拱券。寨内有明万历年间的古炮两尊,每尊重约400公斤。

十、周家寨

周家寨

位于浮戏山腹地,巩密交界之处。顺石尖路一直向西,过伏羲大峡谷继续向前,可以看到山路边一座山头上,高高耸立的寨门和寨墙,这就是周家寨。有人在东寨门外修了一条台阶路,笔直地从山下直通到山顶的寨门口,看起来使古寨更有气势。寨子保存基本完整,只是近几年有人修了一条东西向的路,将山寨寨墙开了两个大豁口,道路直接从寨中穿越而过。山寨现存东西两个寨门,东、北、南面寨墙保存相对较好,西段依山崖而建,有一段无存。从东寨墙破开处,可以看出寨墙是用中间夯土、两边夹石的方法构筑,这样建起来的寨墙格外厚实。

据荆三林考证,周家寨是明史《太祖实录》中所记的露豹寨,建于宋元时期。明初,徐达率军到中原后,曾派人到浮戏山一带抚谕各寨,多数山寨表示愿意归顺,但随着徐达继续向西开进,多数山寨又背叛了明军。这时徐达即派傅友德、唐英、任亮及一直拥护明军的百尺川寨寨主楚谅等进剿反叛各寨,很快便剿灭了各寨。其中,露豹寨由任亮领兵攻打,最后寨主溃逃。

十一、高咀寨

位于新密尖山乡驴蹄坡村南山顶之上,保存相对比较完好。有东西两个寨门,东寨门为主门,寨门周围寨墙高大,气势雄伟,全部以石块砌筑,有女墙、箭垛等。寨内中央有一石屋,也全部以石砌筑而成,拱顶,保存基本完好,南寨墙内,有房屋遗址。整个寨居山顶之上,南、北、西为陡坡,山势险要,西门修建在陡坡之上,可以供人偶尔出入使用,但此门并没有修建得如东门那样高大坚实。东门外为缓坡,因此东门是此寨修建时最为用心,目前保存完好。

据已逝的郑州大学荆三林教授考证,高咀寨又名西沙固堆寨,是《明太宗实录》里所提到的"仙人寨”。俗传是张果老倒骑驴上山修筑的,因此山坡上还残留着一些石坑,被称为“驴蹄坑”。高咀寨周围一带山坡上,野杏成林。每年春天到来的时候,漫山遍野杏花开放,把山坡装扮得分外妖娆,吸引了大批人来踏青游玩。

十二、皇古寨

又名皇姑寨,位于新密与荥阳交界之地,东北与大周山遥遥相望,二山之间的峡谷,则是荥阳通往新密的交通要道。皇古寨修建于1860年,由荥阳须水人孙钦昂任职编修、回家孝母期间,正值捻军在河南进行劫掠,密县荥阳的士绅聚在一起商议如何避寇,最后决定据险筑寨。经考察,看中了皇古崖这个地方。皇古崖下削上广,山顶有大约200亩的平地,西边有石楼山,东边与大周山相望,群峰环绕,易守难攻。明末之时,即有村民上山躲避匪患,但却没有修寨。如今,在范培钦的倡议下,孙钦昂与贡生范培钦一起,修建了皇古寨,周围村民纷纷出工出力,垒石成墙,修建雉堞,很短时间便修建起了皇古寨。之后,他们又置备防御器械,储备粮谷,训练丁壮,共同保卫家园。之后,孙钦昂以此功加五品衔,赏戴蓝翎。孙钦昂曾为皇古寨、须水寨写记,并著有《映雪斋集》四卷。

皇古寨依八卦之势而建,在坤(西南)艮(东北)方位修建寨门,坎方(北)隆起之地,修建神祠,并作为全寨的中枢之地,议事中心。神祠的东北方,则修建了旗台,全寨都能看到。东岗修建敌台,台下有泉水,此台正好保护泉水。东北寨门外突起一峰,犹如屏风,上面设置配备火器,从而形成一个完整的防御体系。寨内还建有关帝庙、寨主楼和土窑洞10余孔。

皇古寨在抗战期间曾发生过一场战斗。1945年2月,豫西先遣支队皮定钧部趁盘踞在皇古寨的国民党岳德功部正准备过春节之即,向皇古寨发动总攻,经过两天战斗,攻破皇古寨。被俘的国民党荥阳县县长张金印、警察局长李致祥被押至石坡村镇压。整个战斗歼灭岳部200余人,缴获枪支200余支。

今天,皇古寨还基本保持原来的样子,西南寨门基本完整,东北寨门上部坍塌,整个寨墙虽然多有坍塌,但总体保存还算完好。

十三、青龙寨

青龙寨位于新密市郑冲村南的青龙山顶。青龙山位于横岭东部,四周皆山,当地人将其奉为“龙脉”之地,清乾隆年间,即在山顶修建了玄武祖师庙。清咸丰到同治年间,捻军多次经过这一带,使这里烽烟四起,屡被兵燹。清同治三年(1864年),为躲避匪患,村人围山顶修建了青龙寨。在修寨的同时,还在内修建了关帝庙、火神庙、龙王庙、山神庙等。青龙寨建在山顶之上,易守难

青龙寨

攻。说也奇怪，虽然周边多次遭到兵燹匪患，青龙寨却次次都能安然无恙。村人相信这虽然是天数，更是因为有了神灵的呵护。因此对庙里供奉诸神更为虔敬，一直香火不断。

青龙寨现存南北两个寨门，其中北寨门不知什么时候被人封闭，只留南寨门供人出入。近年，郑冲村投资对山寨进行了维修，庙宇也整修一新，准备把这里变成休闲养老、观光旅游之地。

十四、马武寨

相传东汉初年，光武帝刘秀的大将马武，在新密修筑寨墙屯兵，抵挡王莽进攻，所以有了马武寨。马武寨村隶属于河南省新密来集镇，村内有马武寨和青龙寨两个土寨，都保存有明清时期的民居。两个宅院，地势非常险要，需要经过一个隧道式的寨门才能进去，隧道穿寨墙而过，很陡很窄，两个人并排勉强通过。宅院也是标准的四合院形式，院内的树木高大，树冠几乎遮住了整个院落的上空。马武古寨现在保存较好。

十五、五岭寨

位于新密市伏羲山的五岭之顶。五岭寨建在山顶之上，既可以依山盘踞，躲避敌方进攻，又可以居高临下，控制两边的重要通道。

五岭寨始建于清咸丰十年(1860 年)，初建之时，还分别在石坡口和风门口修建了炮台。据当地老人回忆，石坡口有两座炮台，建国后还存在，后来因为修建茶庵的一座桥，将其拆毁，石料拉去建桥使用。而风门口的炮台，南面有额，书“镇远”两字，因此称之为“镇远炮台”。由于五岭寨地理位置十分重要，日军侵华期间，曾于 1944 年在其上驻军，现在寨顶还有房屋遗迹。

五岭寨现存西寨门，较为完整，近年又对寨门及两边的寨墙进行了修葺，因此西边寨门附近的寨墙异常高大完整。北面和南面寨墙保存也比较好，基本处于自然状态，只有东边寨墙拆毁严重，只留下低矮的墙基。寨内原有关帝庙一座，后废。大约 30 多年前，茶庵村一人到少林寺出家为僧，后回到这里，建起了几间简陋的寺院，使这里变成了供佛之地。

登封刘庄古寨门

十六、刘庄古寨

刘庄古寨位于登封市城西刘庄村。始建于明朝洪武年间，由从山西洪洞县而来的移民所建。现在古寨中的其他古建筑已无存，独有上下两层的古寨门保存良好，是当今刘庄村中重要的交通要道。

十七、张飞寨

张飞寨位于荥阳市虎牢关东南方山顶上。山峰壁立，绝壑塞途，传为三国张飞驻兵处。现存占城址约 30 亩，城墙断续残存，高处约 7 米。这里原有张飞拴马柏 1 株，今无。虎牢关北西山间，崖壁悬有长 6.7 米，由 87 个铁环联结的链条，传为张飞的绊马索。

十八、来安寨

河南省重点文物保护单位。位于汝州市寄料镇郭沟村西北。来安寨于 1862 年，修建在近百米高的悬崖上，三面临渊，崖与寨浑然一体。从前，寨门上有门斗，门斗上悬有千斤闸，必要时可随时落下，将寨内与寨外完全隔绝。山寨开有两门，西门上书“挹翠”，北门上书“拱极”，高大巍峨，分别扼守外界同山寨的两条必由之路。来安寨全盛时期居住人口有 3000 多人；上世纪 80 年代，这里还居住有数百人；如今，仅剩一对老夫妇守候。

十九、半扎古寨

半扎古寨位于汝州市蟒川镇半扎村，又名半扎万泉寨，距汝州城南约 17 公里，公路四通八达，现有人口近 4000 人，分为半西、半东两个行政村。据考证，300 多年前，半扎一带曾是荒山野岭，人烟稀少。后来四棵树、安定乡、薛家店、董家村等几个村庄的人迁居于此。老百姓为了防止盗贼和土匪，纷纷在村子周围建起土寨或石寨。因这里的寨建在万泉河的北岸，寨内的街道北面有宅院、店铺，南邻寨墙，无法建房居住，形成了半拉(个)街，半扎因此而得名。

半扎古寨有年代久远的文昌阁、关帝庙、乐楼及长达 4.5 公里的高大石寨。

半扎古寨是旧时襄洛古道上的一处重镇，民风淳朴，风光秀丽，外面被高大坚固的石砌寨墙环护，是个理想的歇脚和经营之地。

二十、大峪镇古寨群

大峪镇古寨群位于汝州市大峪镇大峪谷一带。经调查，在大峪镇大峪谷周围的山头上，有老婆寨、姑嫂寨、祖始寨、南瓦岗寨、樊梨花寨、万安寨、南天门寨、玉皇寨、双石垛寨、辉泉寨、毛家岭寨、永和寨、三官寨等大大小小的古山寨 30 多座，全部坐落在海拔 800 米以上的高山上，其中有 6 座在海拔千米以上的峰顶。还有一些山寨地理位置是在海拔较低的山区，如棉花寨位于密蜡山，嫘祖寨位于熊耳山半山腰，这些山寨都比较平坦，相传是古先民位在山顶生活时建造的，多数为后人重修过。由于年代久远，且经历了战争、自然灾害、人为破坏等因素，这些古山寨虽大都还屹立山峰之上，但有一些山寨只剩下残墙断壁，房基石臼等遗存，其中有袁窑南寨、石榴嘴寨、玉皇寨、永和寨、白朗寨、辉泉寨等 11 座山寨保存比较完整。

清末民初的豫西山区，战乱频繁，匪盗横行。为躲灾避祸，山里的百姓或以家族为单位，或以村为单位，或依附于大户，纷纷在险要的山头修筑山寨，以备在战乱时有藏身之所。这些山寨大都选择比较险要的高山，依托天险，两面甚至三面临着悬崖，易守难攻。山寨的面积不等，小的有二三亩，大的七八亩。寨墙一般仿照长城垛口的样式用巨石垒成，宽 2 到 3 米，高 8 到 10 米，大都垒成内外两道墙。外墙上再垒 2 米高的垛口，设有瞭望孔和射击孔，内墙垒有台阶，可以登上寨墙望远。寨内面积 10 到 30 多亩不等，建筑物多为石窑，随形就势，错落有致。每个寨现存窑洞 30 到 60 多孔不等。寨内还配有储藏室、打更室、牲口圈等，凿有数个蓄水池，有的还设有牢房。有些山寨的四处都有古人开垦的耕地，最大的耕地面约 700 亩。其中，老婆寨附近的古耕地遗留约 300 亩，蚕林约 500 亩。据当地民间传说，战国时期七雄征战时，古韩国曾要这里修过古堡。隋唐时期，山顶还有南瓦岗寨和樊梨花寨等古文化遗存。

根据山寨中的碑文记载，除大红寨上的南瓦岗寨在乾隆四十五年（1780 年）重修外，其余大都修建于清咸丰、同治和光绪年间，距今约有 200 多年的历史。

（一）袁窑南寨

袁窑南寨位于汝州市大峪镇窟窿山的山顶上，因处于大峪乡袁窑村村南而得名，也叫万安西寨。该山寨建于清朝宣统年间。据说，该寨是当时一位姓梁的地主为了躲避土匪的入侵用了 3 年时间才建成的。梁姓地主组建有私人武装，势力很大，拥有 100 多支枪。当时西到马窑，北到老婆寨，东到大峪店（今大峪乡政府所在地），南到石榴嘴寨，土匪再凶也不敢来。称其为“南寨”，是相对袁窑村内的“袁窑寨”而言，但现在袁窑寨已遭到破坏。

袁窑南寨中除了部分建筑物被毁外，石窑、寨墙等未受损坏，称得上是大峪境内如今保存最完整的山寨。该山寨是从半山腰的三个石坑中开采石头后垒成的。在袁窑南寨的后门上方，镶嵌着一块刻着字的石头，上写“瞻嵩”两个大字，在大字上方还有“少室作屏”几个小字。与此相对应，在山寨前门上方也有一块石头，上写“望汝”字样。该山寨南望汝水，北瞻嵩岳，少室山好像是它的一道屏障。寨内有一孔石井，有 1 丈多深。当地人说，在寨内居住的梁姓地主经常用骡子或马从山下驮水到寨中存在这口石井内，在兵荒马乱时够寨内的 100 多人吃上十天半月。

（二）白朗寨

白朗寨位于汝州市大峪镇杨窑村西坡组北边海拔 760 米的大锅山南峰，占地 30 多亩，据传是清末民初白朗起义时所建。该寨寨墙保存比较完整，寨内依寨墙建有石窑 40 余孔，目前尚有 7 孔石窑保存完好。

白朗寨有东门和北门两道门，其中东门保存完好。寨内荆棘密布，植被茂盛。寨内一块大石头上凿有舂米的石臼。寨子中间有 7 条地道纵横相通。这些地道顶部用石块盖着，地道口用土堆掩着。据介绍，该山的山顶是一块面积约 3 亩、形状像龟背的大石板，石板下面是比较松软的凿沙石。相传民国著名豫西农民起义领袖白朗，曾带领起义军驻扎此寨。当时，白朗义军为躲避官兵的搜捕，就在大石板下挖了连通各窑洞的地道。当地百姓为纪念白朗，就把这一山峰叫做白朗寨。

(三)石榴嘴寨

石榴嘴寨,也称迎旭寨,坐落于汝州市大峪镇西南6公里处的青山后村,海拔810米的大青山上。它始建于清代同治年间(1860年左右),依托易守难攻的天然地形,耗时8年始成,距今已有140多年的历史。

该寨所坐落的主峰像一个大石榴,南部是悬崖,北面为缓坡,东西山岭自西向东蜿蜒百里。它象一座石城悬挂高空,有顶天立地之威严。寨内有60多孔石窑,保存比较完整的仍存40余孔,丈余高的围墙将石寨围起来,四周相护。石墙上有上下石梯、潦望和射击孔。寨门朝东,“迎旭寨”石匾仍存寨门之上。寨内除民众居住的建筑外,另有打更室、储藏库、储水池和饲养室等。

汝州石榴嘴寨遗址

据老人传,八国联军侵略中国的动乱年代,该山周围山民为防内匪外患,耗费8年苦工,将一块块石头撬起来运上山峰,用心血和汗水筑成保护人们生命财产的大石寨。人们多次凭借天险抗击贼寇,保住了生命财产。1944年,王树声、皮定钧率领的八路军到汝州大峪和登封等地开辟豫西抗日根据地,曾经率领当地军民,利用石榴嘴寨之天险,歼灭了从陵头段子铺向青山后扫荡的日军一个排,夜里把日军的一个中队长击毙在范庄村许窑。

登上石榴嘴寨,身临悬崖,烈风扑面,百里青山逶迤而来,风穴寺万亩林场就在脚下,如同置身塞外。

(四)万安西寨

河南省重点文物保护单位。万安西寨位于大峪镇袁窑村的回龙山上,平面呈椭圆形,东西40米,南北65米,总面积2600平方米。该寨建于清宣统四年(1912年),民国初期匪盗猖獗,社会秩序混乱,当时袁窑富户梁邦贤为了自己和家人以及当地群众的安全而承头组织,出资建造,施工耗时5年。该寨设计和防御有密切关系,寨门依照古城门的设计,木门厚实,门内有横杠顶门的石眼。门前有壕沟和吊桥、岗楼。两旁设有打更室。寨墙分内墙和外墙。内墙宽2米多,高约5米;外墙宽约2米,高约7米。上设垛口,另有瞭望孔、射击孔。人们可登上内墙巡逻。万安西寨的南、北两方各辟一拱形寨门,北门上部镶碣石一块,上刻“瞻嵩”,南门上镶碣石一块,刻有“望汝”。寨内曾起过庙会,唱过戏,办过私塾。

(五)南天门寨

南天门寨位于大峪镇东山下焦与邢窑村之间。该寨的设计与其他古寨不同,它是建筑在蝌蚪形的一个山巅上,寨墙高达10米。从蝌蚪尾部进寨时,必须经过壕沟上入下的吊桥,才能进到寨子里。寨内墙体有望远孔,东西两角各有炮台(炮楼)。寨的北墙设一暗门,紧急时随时可拴上绳索,通下山崖沟底,把东西运进运出。人们还可以顺后门的绳索,悄悄地自由上下,万无一失。

二十一、秦王寨

秦王寨位于今荥阳市北邙镇秦王寨村。以秦王李世民与夏王窦建德相峙屯兵而得名。此寨西北濒临黄河,形势险要,向来为兵家所有。

第四节　长　城

长城是中国古代的军事防御工程,是一道高大、坚固而连锦不断的长垣,用以限隔敌骑的行动。嵩山地域在历史上曾有数个小国,这些国家为了防御外来侵犯,多筑有长城。现在有迹可寻的长城遗存有郑韩长城、浮戏山魏长城等。

一、郑韩长城遗址

郑韩长城遗址位于新密市尖山乡楼院,米村乡温庄、茶庵。约公元前 356 年,为抵御秦国,自黄河北原阳至密县修长城百余公里。今县境内尚存遗址 2549 米,墙宽 2.2 ~2.6 米,高 0.5 ~2.5 米,为青片石垒砌。

二、战国长城遗址

战国长城遗址位于新密市尖山乡,米村乡与荥阳交界地带。南起茶庵,北至荥阳县的王宗店,长达 30 余华里,蜿蜒起伏于群山之中,恰似仙女玉带摇曳。

三、楚长城遗址

楚长城遗址位于汝州市寄料镇辖区内四寨山上以及蟒川五朵山一带,是春秋战国时期楚国的北部长城遗址,是我国迄今发现最早的长城。公元前 540 年左右春秋战国之交时期,楚国称霸,征战要地,楚国在北方边界利用天然屏障,依山就势修筑了这道长墙,一是为了圈定自己的国土范围,二是为了抵御秦、晋等北方强国的入侵。史料记载:公元前 540 年前后,楚国相继灭掉了息、邓、黄、江、蓼、随等 10 多个小国,国土面积扩展到了鲁阳以北,也就是今天的鲁山县背孜乡与寄料镇坡根村之间。雄心勃勃的楚庄王成为诸侯国中的霸主以后,开始"观兵于周疆,问鼎轻重",这就是"问鼎中原"这句成语的由来。楚国的国土面积虽然辽阔,但他的生产力水平却落后于中原国家。楚庄王以后的历代楚王不断与中原大国发生战争,这些战争大都以楚国的失败而告终。战争大大削弱了楚国的实力,使楚国由战略进攻开始转入战略防御,而四寨山上的楚长城就是战略防御的产物和见证。

2000 多年过去了,楚人当年修筑的北方屏障经历风摧雨毁和人为破坏早已消失殆尽,但处于深山老林中的楚长城垛,因为人迹罕至,依然断断续续地挺立在悬崖陡壁之上。

四、青龙山魏长城遗址

青龙山魏长城遗址位于郑州市管城区圃田乡李南岗村东岗。青龙山实为一圆形土岗,高约 40 米,系由带沙性的黄黏土分层夯筑而成,夯层厚 8 ~ 12 厘米,夯窝较平,包含遗物甚少。由此向东南有高低不一的山岗 10 余个,至潮河边,又沿河向西南方向。

该遗址和史料记载的圃田泽西魏长城的位置相符,应为魏长城遗址。

五、浮戏山魏长城遗址

浮戏山魏长城遗址位于新密市区西北 10 公里。西北从荥阳的王宗店,香炉山起,经蜡烛山、沙岗、风门口、五岭,南到密县的茶庵村北,依山而筑。长城残长 5.8 公里,青石砌成,墙基宽 2.5 米,现存城墙最高处为 2.5 米,横穿许多地势险要的山口。墙垣为青石石砌筑,保存基本完整。《史记》和《后汉书》载"苏秦说魏襄王曰:'大王之地,西有长城之界'",即指此长城。《后汉书·郡国志》也提到"有长城经阳武到密"。

浮戏山魏长城遗址

魏为秦所逼,将都城自安邑(今山西夏县)迁都大梁(今开封)后,为了防御西邻秦国入侵,魏安厘王二十一年(前 256 年),由今黄河北的原阳县,经郑州西郊,南到密县,修筑了一条长约百余公里的长城。秦统一六国后,这条长城才被废弃。今新密市、荥阳市浮戏山现存魏长城遗址,是唯一保存在地面上的一段。

该遗址为战国时期诸侯争霸的古战场。

第五节　古　台

古台，古代建筑中略高于地面的那些形状高且平的建筑物。古人曰：“积土四方而高曰台。”《说文》曰：“台观，四方而高者也。”又曰：“高，崇也，象台观之形。”可见，先秦时台的基本形制就是高耸的筑土台基，在台基之上，人们往往建一些类似房屋的木结构建筑，这些建筑称为“榭”，于是，“台榭”成了经常被连在一起的词。

我国古代的台，最初是在对山岳崇拜的观念支配下形成的对山岳的模仿。在古人看来，这些人造的山，同样可以作为神的居所。《海内北经》中曰：“帝尧台、帝喾台、帝丹朱台、帝舜台，各二台。”所以，人们对台也同山一样的神化和崇拜。因此，模山建台的遗风一直流传下来。台，被视为天神居住的地方，世间的统治者只有建台而登之，才可以亲承其意旨。《左传・昭公四年》曰：“夏启有钧台之享。”台是一种具有原始宗教意味而又为统治者所独据的建筑，由于它是为了上通天意而模山建造的，所以人们也就尽量把它建得高大。

台以在宫廷中地位的显要，故先秦时许多重大的外交和政治活动也都要在台上举行。如巩义市的伏羲八卦台、禹州市的夏启钧台、新郑市的春秋郑国的授印台、望母台、梳妆台等，都属于为重大政治活动所建的台。

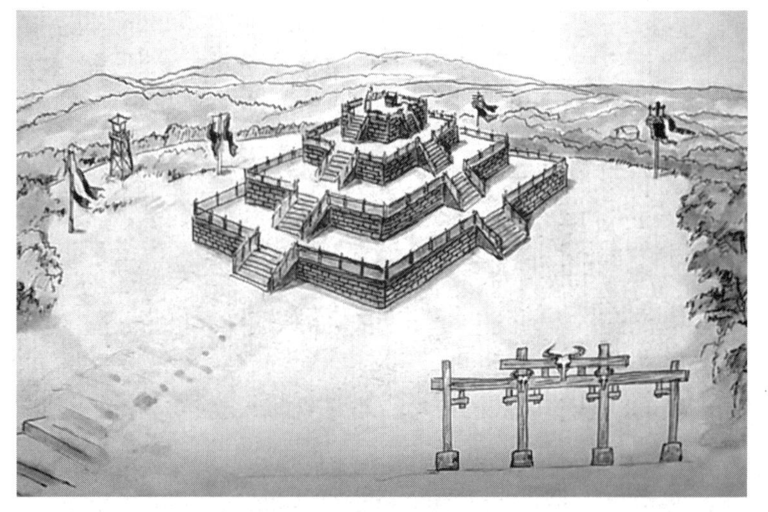
古代祭台

由于对天神的崇拜，对于商周统治者来说，观测天文是一件与政治直接相关的重大事情。由于台的存在，它也就成了观察天象的地方，如周公测影台、东汉灵台、元代观星台等，都是古代登台以承天意的遗风。

台的功用虽然很多，但无一不是与统治者的重大政治活动直接相关。因此在古代，台也就成了最能象征帝王权力和尊严，象征巨大权势和崇高地位的建筑。

台的功用决定了它的美学风格。不论是从台对山岳的模仿，从它的军事作用或是它对君王权力的象征作用来说，先秦时台的基本美学风格都只能是迥立孤直，巉险巍峨，都只能是一种以表现强烈体积感和力量感为特点的简单、强烈的直线和斜线。因为只有这种风格才能使建筑最充分地表现出商周统治者对巨大权力的亲自占有，最直观地表现出他们对世间一切生灵重如山岳的压迫感。

秦汉以后，曾经因代表了分散和独自的权力而盛极一时的台开始渐渐衰落，代之而起的是以巨大平面空间的延伸为基本特征，结构日益严整的宫苑群，它体现了统一集权制度对建筑特有的要求。唐代以后，这种台制建筑已基本消失。

嵩山地域的古台建筑历史悠久，从上古时期的洛口伏羲台、八卦台、力牧台，反映了伏羲、黄帝在嵩山的活动踪迹。夏朝的古钧台，春秋时期郑国的授印台、望母台、梳妆台、卧龙台、积粟台，韩国的聂政台，都是先秦时期在嵩山留下的古台遗迹，而宣圣台则是孔子适郑的见证。东汉时期建于白马寺门外的焚经台，则见证了道、佛二家第一次斗争的过程，在宗教发展史上，有着重要的历史意义。

有些高台建筑不仅是用来祭祀、朝拜、庆典、纪念、登高望远的平台，而且还有着很高的科技含量。如登封西周的测景台、偃师东汉的灵台和登封元代的观星台，都是专门的天文科技建筑物。特别是古天文台神秘奇妙的建筑构思，以及由它所创造出来的天文历法服务于农、牧业生产发展的历史作用等，都为嵩山建筑文化增添了丰富多彩的内容。

一、古台

（一）观星台

观星台属于"天地之中"历史建筑群，世界文化遗产。全国重点文物保护单位。

观星台位于登封市区东南7.5公里的告成镇北的周公庙内。院内现存建筑自南向北有照壁、山门(3间)、垂花门(3间)、周公测景台、大殿(各3间)、观星台、卷棚、帝尧殿(各3间)等七进建筑。登封观星台院内主要文物有元代观星台和周公测景台。

1. 周公测景台

周公测景台位于登封市告成观星台南侧20米处。周公测景台，又称测影台，学名"八尺表"，俗名"无影台"，是我国古代立八尺表测量日影、验证时令、计年的一座纪念性的石表，为我国古代立八尺表(土圭)测日影的遗制。

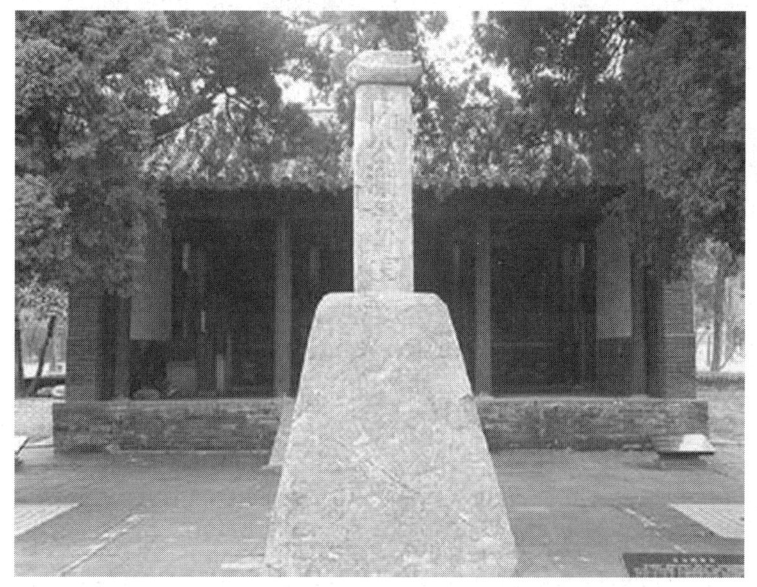

周公测景台

唐开元十一年(723年)太史监南宫说仿周公土圭之制，刻立8尺石表。周公测景台用青石制作，分台座和石柱两部分。台座上小下大，呈梯形锥体，四边稍有偏斜，各边宽窄不等，台底最宽面长1.88米，最窄面长1.68米。台座上沿边各长0.96米。石柱置于中间，高1.96米(合唐开元尺八尺)，宽0.46米，厚0.22米，连同台座通高3.91米。石柱为表，台座为圭，石表的顶端为屋宇式盖顶。台座南面刻有"周公测景台"5字，台座北面刻有七言对联，行书，文曰："道通天地有形外，石蕴阴阳无影中。"字迹虽受风雨侵袭，有些模糊，但尚可辨认。测景台台座已经裂缝，石柱倒歪，1975年进行了粘合、补修、扶正。

周公测景台，又称测影台，学名"八尺表"，俗名"无影台"，是我国古代立八尺表测量日影、验证时令季节、计年的仪器。最早是立八尺木杆为表，下用砂土培成平台为圭，方向是正南正北，表与圭成直角,日中测量日影。夏至日影1尺5寸,正是地球绕太阳运行一个回归年的时刻。相传周文王第二子姬旦为营建东都洛阳,曾来此用土圭"测土深,正日景",验证四时季节。此台建于唐,刻"周公测景台",并在台后建周公庙,以示纪念周公。

告城即古阳城,夏商周三代视为天下之中。"舜居阳城""禹都阳城",又是我国最早政治、经济、文化的中心,在这里观测天象,测量日影,既有实用性,又有代表性。历史上不少天文学家、历法家如僧一行(张遂)、南宫说、姚玄等都曾到这里进行过天文观测活动,一行还创制了《大衍历》。

2. 观星台

元代观星台

观星台建于元至元十三年(1276年),是我国现存时代最早、保护较好的古天文台,在世界上也属最早的天文建筑之一。元世祖忽必烈统一中国后,命郭守敬、王恂等人进行历法改革,于是在全国北纬15°~65°之间建立了27个天文台和观测站,此台即是其中之一。此后,历经数百年沧桑,告成观星台是至今为止仅存的一座。

观星台为砖石结构的建筑,由覆斗状的台身和石圭、表槽组成。台身上小下大,形似覆斗。上边约为下边之半。观星台面呈方形,用水磨砖砌造,台高9.46米,连台顶小屋通高12.62米。台体的平面近正方形,台基每边长16米余,向上逐渐收分,至台顶每边长8米余。台身北壁下设有东西两个对称的踏道口,可以由两口盘旋登至台顶。踏道由红岩石条组成,梯栏及台顶四沿女儿墙均以砖砌成,其上部用红石雕顶封护。四周壁上安有螭首,使整个建筑布局显得庄严巍峨。

观星台上是观星和测景的工作场地。台顶北部的小屋,据明代侯泰的《刻石记》记载,始建于嘉靖七年(1528年),距元初建筑观星台时已有200余年。这个小屋,据说是为安放各种有关仪器和进行操作而建。

观星台体北壁正中有一凹槽,凹槽南壁上下垂直,东西两壁有明显收分,为此台的重要部位。凹槽直壁之上的高表与凹槽正北下的石圭连接,是一组测量日影长度的元代圭表装置。因为它比以往的八尺之表高出5倍,为40尺,故称为"高表"。石圭位于台体以北下部,南端伸入北壁的凹槽,与直壁相距0.36米。石圭自南至北由36方青石接连铺设而成,长31.196米,宽0.53米,南高0.53米,北高0.62米,圭面水平误差甚微。圭上刻有两条平行的双股流水渠,深0.02米,宽0.025米,两槽相距0.15米。水渠南端有方形注水池,北端有长条状泄水池,池两头有泄水孔。这两条小水渠,是用以测量圭面的水平天文仪表。

高表比以往的八尺之表高出5倍,投影在石圭上的表影也就增加了5倍。以这样的表影推算出来的节气时刻误差大大缩小。在表顶端安上一个横梁,日光通过横梁的投影可以反映圭面中心的高度。在石圭上面附加一个影符，影符用铜片制成，中间有一个小孔，斜放在圭面上，可以移动，日光照射横梁的阴影通过小孔投在圭面上，阴影的边沿显得更加清楚，便可以精确地测量影长。

圭表是我国古代观测日影长短变化以定冬至、夏至时间的天文仪器。“表”是垂直立在地面上的标杆，“圭”是以表的下端向正北伸出的一条石板。圭表成垂直状，每当正午时，表的影子就落在圭上面，表影最长的时候是冬至，最短的时候是夏至。而把一年的冬至到第二年的冬至的时间间距定为一个“回归年”。

郭守敬等利用简便而实用的天文观测仪器，测验各地的夏至日影、北极星与地面高度及昼夜时刻等，经观测与推算，制订了当时世界上最先进的历法《授时历》，于大至元十八年（1218 年）由元世祖颁布实行。此历求得的回归年周期 365. 2425 日，合 365 日 5 时 49 分 12 秒，与世界上许多国家使用的阳历（格里高里历）一秒不差，还要早 300 多年，与现代科学推算的回归年周期（365 日 5 时 48 分 46 秒）相比，仅差 26 秒。登封观星台的主要作用在于测量太阳的影长，以掌握与农业有关的四时节气变化。但是陈宣的《周公祠堂记》和孙承基的《重修周公祠记》把这座台叫做“观星台”。《考古记》又载：“昼参诸日中之景，夜考之极星，以正朝夕。”可见这座台具有“测景”与“观星”的双重作用。在古代，观星和测影常常是相互配合的。

观星台的建立反映了我国古代天文学的巨大成就。13 世纪末，元世祖忽必烈统一了中国，为了进一步促进农牧业生产的发展，于至元十三年（1276 年）任用著名的科学家郭守敬和王恂，进行了一次规模巨大的历法改革。郭守敬是一个不泥古、重实践的人，他说：“历之本在于测验，而测验之器莫先仪表。”（《元史·郭守敬传》）因此，他在历法改革中十分注意天文仪器的改革和实测。从《元史·天文志》和这里现存的明、清碑刻关于观星台的记载里，可知当时此台并设有观测星象、测量日影和计时的仪器，如铜壶滴漏等。可惜，这些仪器除石圭、表槽外，都已散失。

观星台从建造至今已有 700 多年，历经沧桑，屡有损坏，又几经修葺。明代初期，在观星台前建立周公祠。嘉靖年间对台体及石圭进行了较大规模的整修，县令侯泰仿照旧制整修了坍塌的台体，同时，又在台顶建造了北沿小室。清代又对周公祠等建筑进行了修葺。1944 年侵华日军炮击观星台，台顶小屋倒塌过半，台体多处严重崩裂，满壁弹洞枪痕，损失严重。中华人民共和国成立后，国家对观星台进行了保护和整修，1975 年国家拨专款修葺，修复加固了被炮击致残的台体和台顶小屋，并找到了早已失散的量天尺圭石 1 方，恢复了量天尺原有 36 方圭石的原貌，加固整修了“周公测景台”、照壁、山门和围墙，恢复了原有的大部分院落。

（二）古钧台

河南省重点文物保护单位。古钧台又名夏台，位于禹州市区古钧台街中段、第一高级中学东南侧。古钧台是夏启大宴诸侯、举行开国典礼的地方。“钧台之享”被成为中国第一国宴。此后，夏代诸帝践位、中央施政、与诸侯商议国事都在此，成为夏“皇宫帝苑”的重要组成部分。

古钧台在历史上曾发生过两次重大的事件。其一，原始社会向奴隶制社会过渡时期，第一个奴隶制国家的国君夏启在“钧台”设宴会，举行开国典礼，以示即帝位，这标志着原始氏族社会的瓦解和奴隶制社会的开始。其二，公元前十六世纪，夏桀王在位，对人民实行暴虐统治，为了吞并商部落，在召见各部落酋长时，把商酋长商汤囚禁于“夏台”。商汤被释放后，带兵灭了夏朝，建立了商王朝。因“夏桀囚商汤于钧台”，钧台也被称为“中国第一座监狱”。它是中华民族 4000 年前进入文明时代的实物佐证和国家政权产生的标志。

重建后的禹州古钧台

史料记载:明嘉靖十年(1513 年)钧州知州刘魁在县治北门内建了禹、汤庙,以此纪念大禹治理洪水的功绩。《禹县志》述:“钧台,在阳翟南十五里。今在北门内盖因禹、汤庙而建台也。”禹、汤庙前建了大门,题为“古钧台”。现存古钧台系康熙十八年(1697 年)禹州知州于国璧筹资重建。清光绪二十年(1894 年),禹州知州黄璟又重修了古钧台。后因清末毁于兵火中,后仅存台基。此台基略呈方形,为砖石结构,高 4.4 米,东西阔 7.4 米,台下有洞,进深 6.15 米。南面正中有洞门,宽 2.46 米,高 2.87 米,块石拱券,上额书“古钧台”,洞门两侧有砖刻对联,上联“得名始于夏”,下联“怀古几登台”。台上原有楼阁建筑,民国时期毁损。

1991 年,禹州市人民政府在清代古钧台原址重建古钧台,重修后的古钧台,洞额与楹联依旧。古钧台比原先略为宽大,过洞装有虎钉朱门。台上阁楼为宫殿式建筑,透花门窗,仿古建筑周围有 24 根明柱支撑,二重檐顶,上覆赭黄琉璃瓦。阁楼四边围以青石雕刻栏杆,石栏 20 块,上刻与夏启有关的历史掌故、风景文物等图画 20 幅,更加突出了禹州古老的历史文化底蕴。整体建筑古朴典雅,巍峨壮观。

古钧台的后面是禹王庙。人们为了纪念夏禹在唐代天宝年间(742 ~ 756 年)建立了禹王庙。禹王庙原先的规模较为宏大,有大殿、二殿、廊房、门庭等建筑。殿内供奉着夏禹及夏启两尊神像。但因年代久远,目前仅存有大殿一座,石碑两块。

古钧台是禹州市的标志性古建筑物,是禹州城市的象征,也是禹州作为夏禹王朝发祥地的重要历史佐证。

二、著名古台遗址

嵩山地域黄帝时期的古台有八卦台、力牧台和卧龙台。如今这些在历史上曾经有过重大作用的古台,早已化为远去的烟尘,但这些静默的古台遗址却不断牵引着人们去探寻悠远的历史。

(一)伏羲八卦台遗址

伏羲八卦台遗址位于巩县东沙鱼沟乡洛口村东岭平台上。东瞻虎牢关,北临洛水入黄河的洛口,西侧与太平岗相望,南靠陇海铁路,西北侧是八卦台。

该遗址东西宽 160 米,南北长 400 米,面积约 6.4 万平方米。遗址断崖上暴露出大量灰坑,坑宽 1 ~ 1.5 米,深 2 米,内含有大量兽骨、陶片、陶球、陶罐、陶鼎足、陶环、骨针等。采到的标本有:白衣彩陶片、红色细刻划纹陶片、夹砂红陶片、鼎腿等。纹饰除彩陶系白地墨红彩外,还有水波纹、曲线纹等,系仰韶文化遗存。

遗址往南隔一条200米宽的山沟,断崖上又有大量的灰坑出现,所含物绝大部分是灰陶,器形较大,有大陶盆口沿、细划纹甗腿等。纹饰以绳纹居多,也有方格纹、三角刺点纹以及附加堆纹等。遗址东西宽200米,南北长300米,面积6万平方米。系商周文化遗存。

八卦台座落在遗址西北,台高15米,平面为圆形,东西50米,南北48米,四周陡崖峭壁,传说是伏羲画八卦的“八卦台”。台上原建伏羲庙,庙内有伏羲塑像,后被破坏。该台居高临下直视伊洛河入黄河的洛口。台西侧数十米处山半腰有直径15米的盆地,传为“伏羲池”。

传说伏羲在八卦台上看到神龟游此,并看到龟背上的裂纹受到了启示,按照八个方位刻符号记事。《周易·系辞上》:“河出图,洛出书,圣人则之。”《系辞下》:“古者伏羲氏之王天下也……于是始作八卦。”中国古代学者,从汉儒起即多数认为:“伏羲氏王天下,于洛汭见龙马负图出于河。遂则其图,以画八卦。”

现地洛口村的寨门上镶砌的对联是“休气荣光连北阕,赤文缘字焕东周”。

乾隆十年(1745年)《巩县志》载“隋文帝开皇二年(582年)敕建羲皇祠……帝受图于洛口”,指的就是这里。

(二)力牧台遗址

力牧台遗址位于新密市东南18公里刘寨乡台岗村西南的岗岭上,居轩辕黄帝宫东南1公里处,即新密市刘寨乡台岗村西南侧。遗址台高13米,分4层夯筑。第1层高6米,东西长118米,南北宽133米;第2、3层各高2米;第4层高3米,平顶呈正方形,边长15米。3、4层台基上部有约1米厚的红烧土层。此台为夯土筑成,地面散存战国、汉代瓦砾,为当时高台建筑遗址。

清嘉庆二十二年(1793年)《密县志》载:“力牧台,一曰拜将台,一曰熊台。”又引《通志》载:“在大隗镇东,俗传黄帝讲武于此。”又云:“筑拜风后,土人呼为台子岗,又黄台岗。”据《史记》记载,黄帝举风后,力牧,常先,大鸿以治民,得力牧于大泽,进以为将。故称拜将台。力牧,传说大泽牧民,自幼放羊牧马,有一身驯马驯兽的本领,武艺高强,在炎(帝)黄(帝)征战以至炎黄结盟中屡建奇功。故黄帝在此垒筑高台(土丘)拜之为将。

(三)卧龙台遗址

卧龙中遗址位于新密市西北15里处的方山村附近。清雍正九年《河南通志·古迹下》:“卧龙台,在密县城西方山保,相传黄帝访广成子问道处。”清嘉庆重修《大清一统志》:“卧龙台,在密县西,世传黄帝访广成子问道处。”

(四)观兽台遗址

观兽台遗址位于新郑市具茨山东麓。李学勤、张岂之总编,鲁谆、丁丕光主编《炎黄汇典·图像卷》:“观兽台,位于具茨山谷。相传巨灵氏驯兽时,黄帝率群臣,登台察看驯兽。”

(五)夏台遗址

位于偃师县西。《史记》:夏桀囚汤于此。又韩王二十年,秦败我师于夏山。或曰即夏台也,夏狱名。《郡志》:台在巩县西南,与永安故城相近。

(六)春秋郑国三台遗址

新郑有几处高大的土台,传说为春秋战国时期郑国所筑的授印台、望母台和梳妆台。1964 年,河南省文化局文物工作队(河南省文物考古研究所的前身)在新郑开始考古勘探与发掘郑韩故城时,在郑韩故城的遗址上,发现了这三台的遗址。

1. 授印台遗址

授印台,又称郑武公台。位于新郑县东关,实际是郑韩故城“分国城墙”的一段。高约 5 米,底周长约 30 米,夯土筑成。传说,郑武公东迁建都新郑后,曾在此台举行授玺仪式。从此,凡郑国新君即位,都在上面举行隆重的授印大典,故称“授印台”。另一说法是,周平王东迁后,将雒邑以东大片土地封给郑武公,让他重建郑国。武公筑此台,常常登台礼拜,翘首西望,以表达对周天子的感谢。因此,授印台也叫“武公台”。明朝孙原贞有诗云:“武公昔筑台,拜受天王恩。东迁树勋业,殊赐延后昆。国祚逐运化,遗迹今犹存。悠悠百世下,不忘周室尊。”故授印台也叫“武公台”。

2. 望母台遗址

望母台遗址位于新郑县南关洧水南岸。台高约 9 米,底周长约 60 米,夯土筑成,实际是郑韩故里城西城南垣的一段。《水经注》“洧水”条注,洧水“经郑城南”,“水南有郑庄公望母台”。

望母台

相传这里是当年郑庄公登台望母的地方。据《左传·隐公元年》记载,郑武公的妻子姜氏生二子,大的叫寤生,小的叫段。姜氏偏爱小儿子段,多次要求武公把君位传给他。但是武公仍立寤生为太子,只把小小的共城(今辉县市),封给段作食邑。公元前 744 年(郑武公 27 年)武公死,寐生即位,史称郑庄公。姜氏要庄公把制邑(今荥阳市水西虎牢)封给段,庄公认为制邑是个险要之地,没有答应。姜氏又改要京城(今荥阳市东),京城虽然也很重要,庄公却不好再加拒绝,只得将它封给段,段被称为“京城太叔”。段到京城以后,就要郑国西北部的一些地方官接受他的管辖,不久便公开占据了这些地方。公元前 722 年(郑庄公 22 年),太叔段调动军队打算偷袭郑城,姜氏相约做内应。郑庄公得知后,立刻派公子吕带领 200 辆战车,前去讨伐太叔,太叔段失败自杀。郑庄公一怒之下把姜氏迁居于城颍(今临颍县西北),发誓说:“不及黄泉,无相见也!”不久,郑庄公反悔,便常常登上南城头眺望城颍,抒发思母之情。大臣颍考叔给他想了个办法,只要在地下挖条隧道,一直挖出水来,同黄泉一样,在地道里与母亲见面,并不违背当初的誓言。庄公就派颍考叔办理此事。庄公母子在地道里相见后,和好如初,姜氏又被迎回到郑城居住。后人把郑庄公登城望母之处称为“望母台”。

3. 梳妆台遗址

梳妆台，也称梳洗台，遗址位于新郑市郑韩故城西城区北部今阁老坟村西南。台高约 7 米，南北长 135 米，东西宽约 80 米．清乾隆《新郑县志》记载：“旧传郑女嫁齐，梳妆于此。又云郑伯筑台，处女其上。”梳妆台是新郑三台中唯一高台建筑遗存，此台经过考古发掘，台上发现有水井和埋入地下的排水管道。在台基四周地下发现夯土筑成的围墙墙基遗迹。

专家推论，当年的建筑可能是郑姬居住的宫室，更可能是郑国的宗庙即大宫遗址。据周礼规定，当时国家的重要典礼，都要在宗庙里举行，按照当时的婚礼制度，不仅纳采、问名、纳吉、纳征、请期等须在女方的宗庙内进行，而且结婚时，女的要在此硫妆，男的也须来拜见岳父。从考古资料来看，梳妆台建于春秋时期，到了战国时原有的建筑已全部被毁。韩灭郑时，只有郑国的宗庙才会遭到如此彻底的破坏。因此，梳妆台大约就是郑国的宗庙所在。

（七）洗耳台遗址

洗耳台位于禹州城北城门外，颍水南岸之清颍桥南头西侧临水处。民国《禹县志》谓其为许由台。是纪念上古高士许由的遗迹。该台 6 尺见方，立石碑一通，上刻“洗耳台”三个大字。因久经风雨剥蚀，至禹县解放初期，碑刻字迹已斑驳不清。

上古史载，上古时，帝尧派使者来到颍河边，找到许由。告诉他，帝将传位于他，许由闻之，觉得玷污了自己的耳朵。就到颍水边撩水洗耳。恰在这时，巢父正在颍河坡里牵牛饮水，巢父得知缘由，怕洗过耳的水污了牛嘴，即牵牛向上游而走。挖洞而居的巢父，日出放牛，日落弹琴。古圣贤不慕权贵之高风，不仅传为美谈，而且“洗耳台”“巢父洞”成了嵩山地域有名的胜迹。

（八）孔子宣圣台遗址

孔子宣圣台遗址位于新郑市郑韩故城东门外，明县令陈大忠于此立有“孔圣辙环处”石碑。据《史记·孔子世家》记载，孔子周游列国入郑城与弟子失散，在东门外见子贡。子贡对孔子说，郑国人说他：“东门有人，其额似尧，其项类皋陶，其肩类子产，然自要（腰）以下不及禹三寸，累累若丧家之狗。”子贡以实告孔子。孔子欣然笑曰：‘形状末也。而似丧家之狗，然哉！然哉！’”今台与碑俱废。

（九）聂政台遗址

聂政台遗址位于禹州市老城的西城门外。战国时期的侠士聂政刺杀韩国相国侠累毁容自杀后葬身于此，后人为了纪念他，在此地建祠，这就是聂政台。

聂政（？～前 397），战国时侠客。韩国轵（今济源东南）人，以任侠著称，为战国时期四大刺客之一。聂政年青侠义，因除害杀人偕母及姊荽避祸齐地（今山东境），以屠为业。韩大夫严仲子因与韩相侠累（名傀）廷争结仇，潜逃濮阳，闻政侠名，献巨金为其母庆寿，与政结为好友，求其为己报仇。聂政待母亡故守孝 3 年后，忆及严仲子知遇之恩，孤身仗剑前往韩国都城阳翟（今禹州），以白虹贯日之势，刺杀严仲子要杀之人宰相侠累于阶上，继而格杀侠累侍卫数十人。刺杀成功后，聂政因怕连累与自己面貌相似的姊姊聂嫈，遂以剑自毁面容，挖眼、剖腹身亡。被韩曝尸于市，千金悬赏。直到他的姐姐聂嫈前来韩市寻认弟尸，伏尸痛哭，后撞死在聂政尸前（一说因悲伤过度，暴死于聂政尸前），才让人得知刺客的真正身份。其事迹见《史记·刺客列传》。后世传有《聂政刺韩王曲》，就是《广陵散》，被琴家广为弹奏,据说弹得最好的是魏晋竹林七贤中的嵇康,用以表示对聂政的敬仰。郭沫若曾据聂政的事迹写历史剧《棠棣之花》,歌颂聂政的侠义精神。

聂政台,亦称聂政墓。相传聂氏姐弟牺牲后,当局把他们的尸体暴陈于田野。可禹州先民们非常敬慕义士和烈女,就趁黑夜大家你一筐我一担地用黄土掩埋了他们的遗体,形成南北两个坟冢。其后,凡有冤屈无处诉者,都来冢前烧香祷告,为坟冢添土加高,乞求聂大侠显灵为之报仇雪恨。久而久之,两冢连为一个大冢,高10米,占地千余平方米,人称聂政台。

现存的聂政台系明朝明武宗朱厚照正德年间(1506~1521年)重修。聂政台坐北朝南,为砖石混合建筑,高9.62米,占地面积1165.029平方米。台南面有34级台阶,拾级而上,可登到平台,平台连接台阶处是山门。山门东侧,有一座钟鼓楼。过山门,有一庙房,从庙房两侧可达中部第二庙门,穿过此门,上六层石阶,可到第二平台。平台中央是一座雄伟的大殿,这便是聂政台的主体建筑。此殿面阔和进深皆为三间,属歇山九脊单檐式建筑。殿顶为绿色琉璃瓦覆盖。脊鸱和戗脊、垂脊、仙人、兽件都用绿釉装饰,造型十分逼真。大殿前有拜殿一座,拜殿的东西两边各建有配殿一座。大殿后面靠平台边沿,有一排庙房,从山门两侧,沿平台边沿,砌有1米高的围墙。

远望高台,庄严巍峨。登台眺望,台北滨临颍河,流水潺潺。放眼远眺,群山连绵不断,为禹州一大景观。清顺治禹州知州史廷桂,过聂政台时吟诗曰:

高原榆柳动斜阳,野老犹传侠骨香。自是名心系女子,累累双冢对山棠。

(十)积粟台遗址

积粟台遗址位于新郑市城北约6公里望京楼遗址西侧,黄水河(古溱水)自北折而往东的转弯处、新村镇北。夯土筑成,战国时期郑国在此囤积粮食而得名。现存高台约11米,呈长方形,东西长约90米,南北宽80米,面积7200平方米。东、南、北三面各建有二层台,高约3米,宽约20米,均属夯土建筑,夯土层厚10~15厘米。夯窝圆平。夯土层中夹杂很多夹砂绳纹陶片和筒瓦、米字纹空心砖残片。据《水经注》载:“苑陵到西有黄水也,又东南流,水侧有二台也,谓之积粟台。”由此,可推测积粟台可能是古代交通大道上的驿站,囤积粮草之地。

经考古钻探调查,该台属战国时期遗存。

(十一)周公台遗址

周公台遗址故洛阳县治东,相传周公所作。隋朝李密据金墉,筑寝室于台后。又龙虎台,在今城东,李密攻东都时,筑此以阅武。

(十二)八卦御风台遗址

八卦御风台遗址位于郑州东二十里铺南高岗上。列子生前御风而行逍遥游,终得成仙升天,给后人留下了八卦御风台。八卦御风台为一八角形高台,上绘八卦图,旁有列子塑像。那里山高林密,云缠雾绕,风吹树响,站在御风台前,望着列子爷像,真能感觉到几分神风仙气。故郑州人将此景色谓之“卦台仙景”,列入郑州八景。

历代名人来此游历时,写有大量的诗,较为有名的为宋皇佑年间郑州知州宋痒的《过列子观》,清代郑州人侯尔梅的《登御风台》,清光绪二十年郑州学正朱炎昭的《卦台仙景》等。

（十三）郑州凤凰台遗址

郑州凤凰台遗址位于郑州市位于管城区未来大道南，属于商城遗迹部分，是“天命玄鸟，降而生商”的地方。传说，大禹治水时期，洪水淹没了黄河沿岸的村落。陕西一魏姓老人带着一家四口，坐在木排上，顺黄河水漂到了现在的凤凰台附近。突然，他们看到不远处的大水中的一个土丘上，卧着一对凤凰，老人说：“凤凰不落无宝之地，我们就把木排停在这里吧。”水退后，老人发现凤凰卧的地方原来是一个高高的土台，从此这里就名为“凤凰台”。

凤凰台村里的大米一直是皇帝的贡米。大米粒大，味香，透亮。据《郑州市志》记载：“凤凰台以北50米，有个自来泉，农民在泉水漫过的那片土地上种下稻子，产出的粳米又香又大，三粒米加在一起有一寸长，蒸熟后在锅内粒粒不倒。此米被命名为‘凤台仙米’。该米从明清时代，被当地政府定为上交朝廷的贡米。”由于种植面积小，无法推广，一向被视为珍品。

郑州凤凰台原为郑州八景之一凤台荷香的主景，是郑州历史文化名胜，屡屡被文人墨客形之歌咏。清代顺治年间进士、曾任陕西省安塞县知县的郑州人张抱，晚年回乡后也曾写诗歌咏凤凰台：“凤凰台上凤凰游，四壁薰风拂细流。过雨芰荷走珠颗，迎晖山坞疑丹丘。蝉鸣绿树深深地，鸥泛碧波曲曲洲。对此正堪娱永日，肯将盈昃恣闲愁。”诗人笔下的凤凰台，四面香风袭人，水波粼粼，雨后新晴，美景如画。

（十四）焚经台遗址

焚经台遗址位于洛阳白马寺门外。历史上，佛道二家屡次发生冲突。相传佛道二家的第一场斗争就发生在这里：白马寺建成不久，贺正之、褚善信、费叔才、吕惠通等690名道士斥佛虚诳，上表汉明帝刘庄要与“西域胡僧较试优劣”，以论真作伪。汉明帝刘庄遂令于白马寺门外筑二高坛，永平十年（67年）元宵佳节，道士捧灵宝诸经登西坛。佛徒捧佛经、佛舍利登东坛，用火焚烧，当场较验，结果道经一时化为灰烬；而佛经烈火不燃，“惟见五色祥光烛天”。褚善信、费叔才当场气死，吕惠通等同620人皆弃冠投佛出家。从此，佛法大兴。

焚经台，见证了佛道二家第一次斗争的重要过程。同时也说明，道、佛两家在历史上经历了斗争、融合、再斗争、再融合这个曲折的发展经历。因此，焚经台在我国宗教发展史上，有着重要的历史意义。

（十五）登仙台遗址

登仙台遗址位于太室山上，为汉武帝所筑。戴延之《西征记》曰：汉武帝作登仙台于太室山上。早毁无遗迹。

（十六）集仙台遗址

戴延之《西征记》曰：汉武帝筑集仙台，在太室山下。今登封东，于其地建迎仙庙。

（十七）东汉灵台遗址

灵台遗址位于今汉魏洛阳故城的南郊，即今洛阳市偃师县大郊寨与岗上村之间，为当时最大的国家天文观测台，是观测天象与气象的建筑。灵台始建于东汉建武中元元年（56年），距今1900多年。

曹魏、西晋立国后,均相继沿用,由公元一世纪中到四世纪初,历时250多年。灵台在北魏时废弃,现仅存遗址。

东汉灵台是我国目前已发现最早的一座天文观测台。灵台,东汉建武中元元年(56年)兴建,是当时最大的国家天文观测台。共有43人供职,除"丞"一人总掌全台工作外,尚有"十四人候星,二人候日,三人候风,十二人候气,三人候晷,七人候钟律",另有一人为舍人。如此规模庞大、人员众多、分工明确的天文观测台,是当时世界上少见的。

从1974年冬~1975年春,中国科学院考古研究洛阳工作站对灵台遗址进行了发掘。灵台遗址的面积达4.4万平方米,东西南三面尚有夯筑的墙基残存。墙垣以内的中心建筑为一座巨大的方形夯土高台,其基址南北长41米,东西残宽31米,残高8米余。地面之下的台基呈方形,台基边长约50米。

夯土台四周各有上下两层平台。下层平台有环筑回廊,其北面正中有坡道上通二层平台。上层平台四面各有5间建筑;每间面阔5.50米。建筑之后壁与第一层回廊之后壁相同,即利用夯土台削为后壁,并在后壁上挖槽立柱,柱下置方形柱础。地面全部用长方形小砖按人字形铺砌。四周的建筑墙壁上抹草拌泥后涂粉。据残存痕迹观察,东面的涂青,西面的涂白,南面的涂朱红,北面的涂黑,以青表示东官苍龙、白表示西官白虎,朱表示南官朱雀,黑表示北官玄武。这种依方位的施粉方法,也和五行说以及当时崇拜四灵(东青龙、西白虎、南朱雀、北玄武)习俗有关。东西南北四官,即四灵,每灵负责观测7个星宿计28宿。四官之外的中官应居中,但因台基中部被破坏,已无从查考。

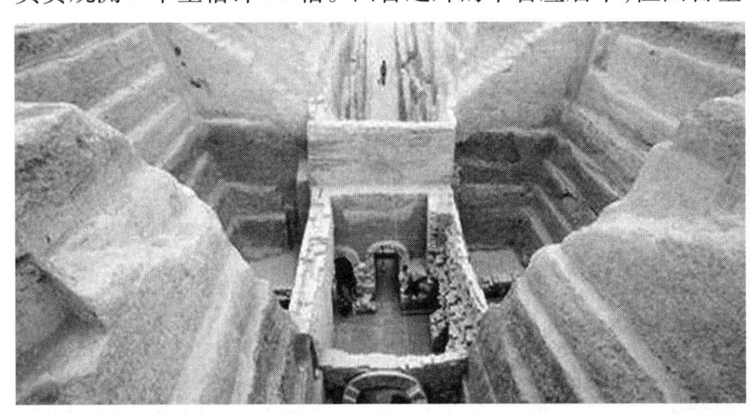

东汉灵台遗址

上层平台的西面和其余三面不同,它是在原5间建筑的后面,回辟内室,进深约2米,外室与内室以土墙隔开。内室地铺方砖,后壁无立柱。这个内室友很可能就是"张衡作铜浑天仪"的"于密室以漏水转之"的"密室"。灵台顶部应是观测天象的场所,其形制应是"上平无屋"。但因年代久远,风蚀雨剥,今日已非原貌。灵台四周的建筑,则应是观测人员进行记录整理的衙署。

关于灵台的高度,古文献记载不一。一说"高三丈",一说"高六丈"。东汉三丈约今7.08米,今灵台残高尚有8米,大于"三丈"的计载,应以"六丈"之说为是。折今为14.16米。据有关资料记载,灵台共有43人供职。除"丞"一人总掌全台工作外,尚有"十四人候星,二人候日,三人候风,十二人候气,三人候晷景,七人候钟律"。另有一人为舍人。人员众多,分工明确,可以看出东汉政府对灵台的重视与东汉天文学的发达。

东汉灵台是当时最大的国家天文观测台,是太史令的下属机构。东汉杰出的科学家张衡曾两度任太史令,亲自领导、主持和参与了灵台天象观测和天文研究,他不仅撰写了《浑天仪图注》《地震对策》《灵宪》与《灵宪图》(我国最早的一张星图)等科学著作,还设计制造了"浑天仪"和"候风地动仪"等精巧绝伦的科学仪器。阳嘉二年(133年)、四年(135年)和永和二年(137年)洛阳连续发生地震,张衡的地动仪均有显示。永和三年(138年)它还准确测报了发生于千里之外的陇西的一次地震。这是世界上第一架测报地震的仪器,它早过了欧洲的第一台地震仪1700多年,被誉为世界"地震仪的鼻祖"。

东汉灵台遗址是全国重点文物保护单位汉魏洛阳故城的重要组成部分。

(十八)讲台遗址

讲台遗址位于荥阳市石嘴。古名石嘴山,汉代名儒屈伯彦讲学处。台前有泉澄澈,汜水环抱于西,两岸上青山,一湾绿水,真德星聚处也。旧有屈子祠,后改为玉仙庙。距此里许,名曰屈村,有屈子故居及其坟墓在焉。

(十九)凌云台遗址

凌云台遗址位于今洛阳市故金墉城之西。《水经注》在洛阳城中金市之东,魏文帝黄初三年筑。苻秦置戍于此。晋大元八年(384年),丁零翟斌叛秦,举兵新安,慕容凤等归之,败秦兵,克凌云台戍,是也。又东晋末,刘裕诛除宗室,宗室多逃亡在河南,司马顺明率众保凌云台,即此。《寰宇记》:故洛城东有云台,今地名水南保,即汉明帝图中兴28将处。

(二十)禹州凤凰台遗址

《河南通志载》:"凤凰台在禹州治南。"即丹山书院大门西侧。西汉时期颍川郡(郡治今禹州)太守黄霸,任职八年,将全郡治理凤凰翔集其境,"百鸟朝凤",数日方云。禹人为志祥瑞,特建凤凰台。明弘治年间(1488—1505年),依台砌筑登览之所,明朝末年毁。清康熙二十九年(1690年),知州刘国儒重修,并于凤凰台北侧建"景行堂"。嗣后,知州李朝柱因其旧址扩建成丹山书院。清道光六年(1826年)知州朱炜重修。书院后有汉井一眼,民国十一年(1922年)复掘得。原凤凰台西侧有"醴泉"井一眼。足以证明该台的悠久的历史。

明代薛瑄写有《凤凰台歌》:

吾闻凤鸟不与凡禽栖,隆周之时曾集丰镐西。锵然一鸣向人世,喧啾百鸟不敢争与啼。
昔有名臣黄霸生汉世,治民之才迥与时流异。颍川出守曾几何,休风数感灵禽至。
灵禽文彩明山川,和音哕哕闻中天。遂筑高台表神异,台空凤去馀千年。
只今坏埒才数尺,野鸟纷纷竞来集。简册空存纪瑞年,荆榛不复快睹迹。
我来跋马登高丘,荒台已远犹回头。为忆循良心耿耿,缅怀瑞物情悠悠。
凤台凤台重披访,往事何须空怏怅。方今圣明治理登俊良,会见一朝飞去青云上。

(二十一)炼魔台遗址

炼魔台遗址又名"觅心台",位于二祖庵南一里许。相传是二祖慧可经行处。

(二十二)清凉台遗址

清凉台,被称为"空中庭院",是白马寺的胜景。清康熙年间,寺内住持和尚如诱曾作诗赞美道:"香台宝阁碧玲珑,花雨长年绕梵宫,石磴高悬人罕到,时闻清磬落空蒙。"这个长43米,宽33米,高6米,由青砖镶砌的高台,具有古代东方建筑的鲜明特色。毗卢阁重檐歇山,飞翼挑角,蔚为壮观,配殿、僧房等附属建筑,布局整齐,自成院落。院中古柏苍苍,金桂沉静,环境清幽。相传原为汉明帝刘庄幼时避暑和读书的处所,后来改为天竺高僧下榻和译经之处。

(二十三)拜将台遗址

拜将台遗址位于巩义市载东南北山镇汪寨村北200米处。隋大业十三年(617年)李密在巩县洛口建魏政权,在此拜翟让为上柱国。台高20米,周围160米,夯筑,当地群众称"拜将台"。

(二十四)风尘九龙台遗址

风尘九龙台遗址位于今洛阳东车站南东兴隆街东边。坐北向南,台高30多米,有百余级台阶而上。东临瀍河,西望洛城,南俯洛水,北视邙山,是洛阳城东一军事要地。清时,台上有山门一间,舞台一座,大殿和后殿各3间,殿内塑有护法四大天将和关像。明代时,伊王将"皇帝万岁! 万万岁!"的龙牌安放在此处,塑九条金龙守护龙牌,故称此为九龙台。明代来洛或路过洛阳的官员都要到此参拜,见牌如见皇帝。九龙台虽然历代修葺,但不断遭到破坏,清时为关帝庙。

清末,九龙台上部分建筑变成娱乐场所,又建有多间高档茶社(青楼),到此一游最少得二块大洋,是当时洛阳达官贵人和商人饭后休闲娱乐的好去处。洛阳城老百姓流传有:"四门一楼三盏灯,九龙台上风雅声。夜夜风流到天明,白日酣声试酒令。"之说,这三盏灯就是九龙台茶社的灯标。1947年,洛阳城战事紧张,茶社才不得不关门,那些乐户才分散到火车站和城中继续经营。1948年三月九日,解放洛阳战斗中,九龙台上国民党青年军一个连居高临下,是城东一大军事要塞。解放军一个营包围了九龙台,几炮就炸平了台上的建筑,守军一见立马升起白旗投降,但台上建筑也毁尽了,仅存一高丘。解放后,此地为洛阳土杂、化工仓库。1998年冬,修瀍河尼龙坝时,将土丘扒用,九龙台遗址彻底消失。

(二十五)怨台遗址

怨台遗址位于中岳太室山之阳,为明代登封县令所建。相传该县令束于世法不得敢言,时登此台以自遣,遂以"怨"名之。

(二十六)卧龙台遗址

卧龙台遗址位于嵩山新密市境。清雍正九年《河南通志·古迹下》:"卧龙台,在密县城西方山保,相传黄帝访广成子问道处。"(卷之五十二)清,嘉庆重修《大清一统志》:"卧龙台,在密县西,世传黄帝访广成子问道处。"清嘉庆二十二年《密县志·山川志》:"卧龙台,《通志》:'在县西方山保,相传黄帝访广成子问道处。'"清光绪二十八年《河南通志》:"卧龙台,在密县城西方山保,相传黄帝访广成子问道处。"

(二十七)炮台遗址

炮台遗址位于新密市西北10公里米村乡风门口村北200米。清咸丰十年(1860年)八月创建。炮台呈方形,青石垒砌,高约10米,长宽各4.85米。内分3层,第层均有炮眼口,每面10个。南面上部铭刻"镇远"2字。炮台座落在战国长城遗址之上,保存完好。

(二十八)甘露台遗址

位于嵩山少林寺西,即裴漼碑所称西台是也。甘露台,意为翻译佛经,天降甘露。少林寺初创时期,甘露台是供高僧翻译佛经之地。著名的高僧跋陀、勒拿摩提、菩提流支等外来高僧都曾在此翻译佛经多部,最著名的有《十地经论》。

(二十九)钓鱼台遗址

钓鱼台遗址位于登封市白沙水库上游的玉翠山下,钓鱼台是临水伸出的一地自然山岩,不知何时命名。岩石呈平面状,3平方米大小。此地因相传姜子牙曾在此垂钓而得名。此地山谷狭隘,地势险要,石崖峭壁,飞瀑清泉。在钓鱼台上,立有姜子牙的汉白玉塑像。该塑像呈坐姿,高约2米,头戴斗笠,悠然垂钓。玉翠山下有栈道,将钓鱼台与鬼谷子洞连接起来。到白沙水库的游客几乎都要到钓鱼台来领略姜子牙的风采,缅怀他辅佐文王伐纣的伟绩,体味“愿者上钩”的深意。

第六节　祭坛遗址

祭坛是指古代用来祭祀神灵、誓师大会、祈求庇佑等祭祀大典而用土、石等建筑的高台。古坛是迄今发现的人类最早的建造物之一。先人们把他们对神的感悟融入其中,升华到特有的理念,如方位、阴阳、布局等,无不完美地体现于这些建筑之中。祭祀或誓师活动皆是人与神的对话,这种对话通过祭品、仪礼、祭文、乐舞等,达到神与人的呼应。

嵩山地域各县在各个朝代一般都建有社稷坛、先农坛、邑厉坛、风云雷雨山川城隍坛等。唐朝廷根据不同的需要,在嵩山地域建设了不同作用的坛。其中,登封坛、封祀坛、朝觐坛是女皇武则天祭祀嵩山所用的坛。而会善寺的琉璃戒坛是唐朝时期佛教界认定的向十方僧徒传授戒律(受戒)的地方,它们在历史上都有相当高的地位和名气。

一、大周登封坛、封祀坛、朝觐坛遗址

唐朝武周时期,武则天在登封县登嵩山封中岳,先后建立大周登封坛、封祀坛、朝觐坛。其中,大周封祀坛遗址为全国重点文物保护单位。

(一)大周登封坛遗址

大周登封坛遗址位于登封市北嵩山太室山峻极峰上,是武则天祭天之所在地。大周天册万岁元年(695年),武则天为登坛加封中岳,在嵩山峻极峰建筑登封坛。据《旧唐书·则天皇后本纪》《新唐书·则天皇后本纪》《资治通鉴》记载:万岁通天元年(696年)腊月,武则天皇帝登上嵩山峻极峰,在登封坛封祭,加封中岳,尊岳神天中王为“岳神天中黄帝”,岳神配偶天灵妃为“天中黄后”。封祭仪式完成后,

大周登封坛遗址

武则天诏令大赦天下，改年号为万岁登封，免除了天下百姓当年的租税，并大酺九日。为纪念在嵩山封禅大功告成，改嵩阳县为“登封县”，改阳城县为“告成县”，以示“登嵩山，封中岳，大功告成”。并在峻极峰登封坛的东南角立武则天撰文、睿宗李旦所书的《大周升中述志碑》、李峤撰写的《大周降禅碑》，今两碑皆无存。

(二)大周封祀坛遗址

全国重点文物保护单位。大周封祀坛遗址位于太室山南麓、登封城西1公里的万羊岗(也称望阳岗)顶。整个遗址由封祀坛遗址和封祀坛碑两部分组成。

大周封祀坛遗址

武周天册万岁元年(695年)，女皇武则天命人在登封建筑登封、封祀二坛。同年腊月，她带领百官来此举行封禅大典。初一日，武则天先到嵩岳太室山中峰上的登封坛行祭天之礼；初三日，武则天来到少室山下万羊岗顶的封祀坛行祭地之礼。封祀坛又称“降禅坛”，因少室山小于太室山，故此“降禅”一级。《登封县志》载：封祀坛，在嵩山少室东麓，是武则天禅地之所在。武则天登坛祭地禅少室时，作过大赦，赦书挂于坛南的槲树上，以示功德。为纪念这一盛况，在封祀坛上东面立有武三思奉敕撰文，薛曜书丹的《大周封祀坛碑》，碑文内容叙述了武则天封禅典礼庄重肃穆的气氛和唐代的政治历史发展。

据史料记载，封祀坛周围原有低矮的围墙，墙和坛都涂成黄色。坛内藏有玉策，这是武则天给少室地神的祈祷书。封祀坛唐代用后，后代无曾用过，但多次维修。清代前期坛丘用青石券砌成门状，交叉纵横，并砌有台阶，极为坚固。今坛虽有损毁，但仍保持了一定高度和规模，遗迹尚存。经现场勘察，封祀坛系在万羊岗顶凿山为坛，坛为丘体冢状，面积约1000平方米。坛分三层，层次分明，每层平台均较平坦。封祀坛现存高度约16米，上二层呈圆形，底层呈方形，边长123米，总占地面积在1.5129万平方米以上。坛址上下种植茂密柏树，郁郁葱葱，一年四季青翠碧绿。坛上原建筑早毁，但三层坛身犹存。

大周封祀坛成为中国封禅史上唯一保存至今的封禅建筑物遗址。大周封祀坛及《大周封祀坛碑》是中华民族古老祭天禅地活动的厚重积淀，是武周盛世的形象代表之一。大周封祀坛及《大周封祀坛碑》集古代哲学、历史、艺术于一体，是古代禅地精品之作，对研究唐代中前期历史和书法艺术发展有着重要的价值。

(三)大周朝觐坛遗址

大周朝觐坛遗址位于太室山南嵩阳书院前，建于万岁登封元年(696年)。史载：万岁通天元年(696年)腊月，继女皇武则天登嵩山封中岳毕，改元的同时，改嵩阳县为“登封县”，改阳城县为“告成县”,以示登嵩山,封中岳,祭天禅地,大功告成后,在这里登坛接受朝廷群臣与外国使节的朝贺。该坛在今嵩阳书院之前,原有“朝觐坛记”石碑,记载武则天封中岳后受贺事,为当朝凤阁舍人崔融撰文。今碑、坛无存。

二、会善寺戒坛遗址

会善寺为“天地之中”历史建筑群,世界文化遗产。全国重点文物保护单位。

会善寺戒坛,也称琉璃坛,位于登封市太室山南麓积翠峰下会善寺西边西戒坛院内。会善寺位于少林寺东侧不远处,孝明帝正光元年(520 年),会善寺有僧众千人,堂宇千间。孝明帝正光元年(520 年),会善寺有僧众千人,堂宇千间。会善寺戒坛创立于唐开元元年(713 年)。据唐德宗贞元十一年(795 年)陆长源撰《嵩山会善寺戒坛记》载:“一行禅师与玄同律师铲林崖之攲倾,填乳窦之窈窕,甃玉立殿,结琼构廊,旃檀为香林,琉璃为宝地,遂置五佛正思维戒坛。”这就是闻名于后世的“琉璃戒坛”。

戒坛平面呈正方形,四角立柱,柱体与柱基上有天王浮雕、神兽、鬼怪、山水等图案,坛内置五佛像,故名“五佛正思维戒坛”。因此原系琉璃瓦建筑,所以又称“琉璃戒坛”。

戒坛是向十方僧徒传授戒律(受戒)的地方,乃会善寺的佛光圣地。据碑记载:唐宋期间,每天都有百人来此供佛,每年在此受戒者达千人之多。“钟梵相间,幡盖交荫。”丛林之盛,甲于东都。香火盛旺,为全国最有影响的佛寺戒坛。五代时期朱梁为之营建汴京宫门,撤去会善寺许多建筑,因戒坛石柱所镂神像有赤裸上身者,故未运走。今保存下来的文物有东魏造像碑 1 通、唐碑 1 通。

三、夏社坛遗址

夏社坛即夏禹之封坛,亦称天子社,是夏禹带领诸侯祭祀土地神的祭坛,遗址在禹州西方山古寨内。《史记・正义》曰:“方山,其山顶平,四面险峻,有方城。”社坛就在方城之内,台高三仞,上广三仞,下阔四仞,呈矩形。社坛四周是广场,以社坛为中心,土呈五色:东方呈青色,南方呈红色,西方呈白色,北方呈黑色,中间呈黄色。据说大禹称王之后,曾在此召集天下诸侯,登台宣告:“中国赐土姓,祗台德先,不距朕行。”有资料说,大禹曾在此用五色土“封诸侯,锡以茅土,用为社”。意思是,我分封给你们了土地,你们不可忘记根本,按诸侯国所在方向,各取神土回去,四时加以祭祀,祈求五谷丰登,四季平安。传说,商汤打败夏桀之后,想把夏社坛毁了,天怒,大雨三日,汤以为不可,就想把社坛搬走,仍不可,狂风三日,汤乃罢,就地沐浴斋戒、设牲祭祀,封夏之后人于夏亭,不绝夏祀,而后汤的社稷方得安宁。今方山古寨内,夏社坛虽然坍塌毁弃,但遗迹尚在。

四、社稷坛遗址

社稷本为古代帝王、诸侯所祭的土神和谷神。《白虎通・社稷》:“王者所以有社稷何? 为天下求福报功。人非不立,非谷不食。故封土立社,示有土尊;稷,五谷之长,故立社稷而祭之也。”《陈氏礼书》："社祭五土（山林、川泽、丘陵、水边平地、低洼地等五种土地）之神；稷祭五谷之神。"郑康成谓："勾龙有水土功，故配社；后稷（古代农官名，一说是周的祖先，相传他母亲欲弃之不养，故名弃。为舜农官封于邰，号后稷，别姓姬氏）有播种功，故配稷。古者，建国则立坛壝以祀之。"唐武德九年（626年），初令州县祀社稷。民间也相从立社，各申祈报，用洽乡党之欢。

坛者，土筑高台也。《会典》载："直省、府、州、县岁以春秋仲月上戊日致祭，系地方正印官主祭。"

嵩山各市县在古代都有社稷坛，当今已无存。

五、先农坛遗址

先农者，古代传说中最先教民耕种之人，以"神"祀之。刘昭注引《汉旧仪》载："春始，东耕于藉田，官祀先农。先农，即神农炎帝也。"

《会典》载："直省督抚及所属府、州、县、卫，各于所治地择洁净之地设立。"据《周语》曰："农正陈藉礼。"韦昭注云："祭其刘为农祈也。"汉以藉田之日祀先农。晋唐以后，沿之不废。洪武元年（1368年），议以仲春择日行事。具体在立春这天，先在县衙门口打春牛（用纸糊的一头牛，牛腹中装入五谷杂粮、核桃、枣、栗），再到先农坛亲手扶犁犁地两三遭，以示勤于农事。

先农坛及藉田（古天子亲耕之田），自雍正五年（1727年）为始，每岁仲春亥日，各率所属官以及耆老农夫，致祭先农之神，照九卿耕藉，行九推（古时天子举行亲耕仪式，卿、诸侯参加拨土九次，称为九推）之礼。

六、灵星坛、邑厉坛遗址

灵星坛、邑厉坛在嵩山地域各县都有。灵星，星名，又称天田星，主稼穑，古以辰日祀于东南，取祈年报功之意。邑厉，没有归所的神灵，激励邑人奋发有为。按《明史·礼志》：厉坛祭无祀鬼神。《春秋传》曰："鬼有所归，乃不为厉。"此其义也。祭法：王祭太厉，诸侯祭公厉，大夫祭族厉，士丧礼、疾病祷于厉。郑注谓"汉时民间皆秋祀厉"。则此祀达于上下矣。

明洪武三年（1370年），开国皇帝朱元璋诏令"天下乡邑、郡国各立坛，以祭无祀鬼神。"嵩山地域民间习俗，各郡邑厉皆设坛城北，以城隍神主之。坛早毁无存，为民居之地。岁清明、七月望、十月朔日，为祭灵星、邑厉坛日。

七、风云雷雨山川城隍坛

按：风师曰箕星，又为飞廉；雨师曰毕星，又为元冥；云师曰屏翳；雷师曰丰隆，皆天神也。祭祀始自《周礼·风师雨师》。汉制：以丙戌日祀风师于戌地，己丑日祀雨师于丑地。隋立风师坛于国东北，祀以立春后丑日。唐因之。天宝四载（715年），诏雨师与雷师同坛。宋制：天下州县立风师坛于社之东，雷师从雨师之坛，在城北。二坛同壝。明洪武初年（1368年），祭有分合。洪武六年（1373年）诏令:“风、云、雷、雨、山、川共一坛”。洪武八年(1375年),风云雷雨山川合城隍祭之。从此,嵩山地域风云雷雨山川城隍皆地祇也。

有的县市,过去每年逢有古刹会,人们登坛祈求风调雨顺,庄稼丰收。雍正三年(1725年),议准直、州、县境内山川之神;设城隍神位于右。

古祭时,多配以祭祀舞蹈,如《六舞》《巫舞》等。由于祭祀含有期盼风调雨顺、五谷丰登之意,仪式较为隆重。

八、八仙坛

八仙是中国民间传说中广为流传的道教八位神仙。八仙之名,明代以前说法不一,有汉代八仙、唐代八仙、宋元八仙,所列神仙各不相同。至明代吴元泰《东游记》始定为:铁拐李(李玄)、汉钟离(钟离权)、张果老(张果)、吕洞宾(吕岩)、何仙姑(何琼)、蓝采和(许坚)、韩湘子、曹国舅(曹景休)。

八仙坛位于太室山会仙峰处。汉武帝登嵩山,见八仙人奕棋于太室山上,因建八仙坛于峰顶。坛上有巨石鼎峙,状似醉翁徙倚,名三醉石,乃武帝群臣醉酒之地。按世所传八仙,皆为唐人。但《神仙传》载,汉淮南王好道,有八公诣门,须眉皓白,阍人以无驻衰之术,不敢通。言未竟,八公皆变为童子。王迎登于思仙之台求教焉,八童子乃复为老人,遂授王《丹经》36卷。后安与八公俱白日升天,所踏山上石,皆陷成迹,至今人马迹犹存。武帝闻之,乃叹日:“使朕得为淮南王者,视天下如脱屣耳。”乃作台候之。

九、八蜡坛

八蜡:古时腊月的祭祀名称。八蜡为:一先啬,祭神农;二司啬,祭后稷;三农,祭古代田官之神;四邮表畷,祭始创田庐舍、开道路、划疆界的人;五祭猫虎,因它们吃野鼠野兽,保护了禾苗;六坊,祭堤防;七水庸,祭水沟;八祭昆虫,以免虫害。

在古代,嵩山地域各地都有建有八蜡台。各市县区按《祭统》蜡祀八神。

第七节　园林史迹

园林是指在在一定的地域运用工程技术和艺术手段,通过改造地形(或进一步筑山、叠石、理水)、种植树木花草、营造建筑和布置园路等途径创作而成的美的自然环境和游憩境域。

嵩山地域的古代园林历史悠久,南宋以前,嵩山地区一直是我国政治、经济、军事的中心。因此自夏商周开始,这里就有多座帝王苑囿,畜养禽兽,供狩猎之用。但由于园林无专门的记载史料,所留下的遗迹只能在综合史料中看到点滴的记载,且大部分都已消失在历史的长河中。后历经、曹魏、西晋、北魏、隋、唐、后梁、后唐、后晋等,降至宋代这一漫长时期内,洛阳的皇家园林一直发达繁盛,闻名全国。

秦汉以后,在洛阳已有皇家园林十余所之多。魏晋南北朝时期,皇家园林进一步发展,曹魏在汉芳林苑基础上建华林园,园中筑景阳山,山东部辟天渊池,池中有三坛夹山而立。北魏迁都洛阳后又进行了修缮,兴修了一批殿、阁、馆、室等。特别是西晋巨富石崇在洛阳修建的金谷园,成为一座远近闻名的历史名园。北魏后期,私人园林多与住宅建在一起,故以园命名者颇少,多在介绍宅舍时一并提及。同时,有人舍宅为寺,盛植花木,开后代寺观园林之先河。

隋唐园林

隋唐时期园林增多,尤其是在唐代,洛阳是东都,也是武周的神都,园林发展趋于鼎盛。洛阳为东都,隋建西苑,周 229 里,筑山造海,海周十余里,水深数十丈。唐将西苑改为禁苑,又称东都苑和神都苑,建离宫、亭、观 14 所,还兴建了上阳宫等有名的帝王园林。皇家园林在洛阳兴旺发达的同时,贵族官僚、文人雅士在洛阳兴建了许多私人园林。著名诗人白居易修建的白园、宰相李德裕所建的平泉山庄、宰相裴度所建的绿野堂等,都是唐代私人园林的代表作。唐朝文人画家以风雅高洁自居,多自建园林,并将诗情画意融贯于园林之中,追求抒情的园林趣味。说园林是诗,但它是立体的诗;说园林是画,但它是流动的画。宋代著名女诗人李清照之父李格非在《洛阳名园记》中提到,唐贞观开元年间,公卿贵戚在东都洛阳建造的邸园,总数就有 1000 多处,足见当时园林发展的盛况。

到了北宋,很多文人陶醉于山水风光,企图将生活诗意化。借景抒情,融汇交织,把缠绵的情思从一角红楼、小桥流水、树木绿化中泄露出来,形成文人构思的写意山水园林艺术。这些文人也亲自参加造园,所造之园多以山水画为蓝本,诗词为主题,以画设景,以景入画,寓情于景,寓意于形,以情立意,以形传神。楹联、诗歌与园林建筑相结合,富于诗情画意,耐人寻味,使园林艺术达到了妙极山水的意境。

《洛阳名园记》记述了北宋洛阳 19 座花园的情况,多数是在唐朝庄园别墅园林的基础上发展过来的,但在布局上已有了很大变化。它与以前园林的不同特点是:园景与住宅分开,园林单独存在,专供官僚富豪休息、游赏或宴会娱乐之用。当时有“天下名园重洛阳”之说。元、明、清以后,国家的政治中心外移,嵩山地域中的园林也失去了昔日的繁盛,只是在洛阳、郑州等一些县区的个别私人豪宅中,可偶见些许园林的别致与亮点。

洛阳在古代的私家园林很多,但局限于史料,我们摘选了其中特别有名的,列于本节。

一、皇家园林

皇家园林包括东汉、魏晋、北魏、隋唐时期，在洛阳建设的皇家园林。其中，东汉、魏晋和北魏的洛阳园林，代表了这500年中国园林发展的主流。因为这期间，洛阳是国都，是国家的政治、经济、交通、文化的中心。在封建王进朝，只有国都才有条件汇集这一时代全国技术、艺术水平最高的匠师从事京师的城市建设和园林建设，这就促成了洛阳皇家园林成了这一时期我国园林发展的最高水平。而隋唐二代统治的326年间，洛阳的林苑、宫苑、郊园以及私家园林的发展，都达到了空前的规模与水平。引水穿城，城园一体，满城皆园，使得隋唐洛阳城成为中国乃至人类历史上第一座大型园林城市与山水都城。

(一)东汉园林

由于历史久远，东汉园林已泯灭，又没有专门的园林历史文献记载，很难全面窥其园林规范设计的梗概。下面所选录的东汉园林，只是一些历史资料中一些简单的记载，但从极少的文字中，可看出东汉皇家园林的一些特点：如东汉园林中，除西罗在城内宫西外，其余均在城外西、西北和城南。除上林苑在邙山上外，其余均在平地。且平地苑园规模相对较小。平地苑园多有观赏和朝拜的殿堂及魏峨的观阙，既可悦目又可寓居。园中景观，习以自然地理乱七八糟的，不作人工改变，只作台，引渠、挖池，施作观阙殿堂建筑，注重园中植奇花异草，园中景象粗犷自然。

元《河南志》还记载东汉园林还有显明苑、桐园、春王园、芳林园、琼圃园、云支园、石祠园、平乐园、元圃园和桑梓苑等苑园，均在城外。

1. 南宫

南宫遗址位于洛阳市以东10公里的汉魏故城内，遗址面积有30万平方米。

南宫本是周公修建的成周城宫殿区，终周一朝，都为周王朝的宫殿区。秦王政二十六年(前221年)，秦统一中国，置洛阳为三川郡，封相国吕不韦为洛阳十万户侯。吕不韦在成周城的基础上，大兴土木，扩建城池，在今市东郊龙虎滩村西北，修建了风景幽雅、规模宏大的园林建筑——南宫，迎接招待前来探望的宾客。

汉高祖五年(前202年)二月，刘邦曾在南宫住了3个月。东汉明帝永平三年(40年)又新建了北宫与南宫对应，修筑了御道，使两宫相连，从此南、北宫成为皇帝、后妃的宫苑。自汉至宋，历代王朝的帝王将相，官宦士绅在洛阳建筑大量园林、宫观、台阁、馆池，极尽奢华之风，见诸史籍者，有汉班固的《两京赋》《南史》《北史》《洛阳伽蓝记》《洛阳名园记》等。

园林起始于殷周，当时称囿，即狩猎园，供王公贵族狩猎和游乐之用。到了秦汉时期，园林就以宫苑形式出现，即在圈定的一个区域中囿和宫室的综合体，即所谓“离宫别馆相望，周阁复道相属”。宫室建筑群成为园林的主体。据史料记载，当时最有代表性的洛阳园林说是秦朝相国吕不韦在成周城所建的南宫。

2. 上林苑

位于东汉洛阳城西和北邙山上。《洛阳县志》载：“平乐西北有上林苑。”指上林苑在城西和北邙山上。《后汉书·杨震传》载:“先帝之制,左开鸿池,右作上林。”并注:“上林在西。”又《和帝本纪》永和五年春二月诏“自京师离宫、果园、上林、广成圃,悉以假贫民,资得采捕,不收其税”。顺帝永和四年(139年)十月“校猎上林苑,历函谷关而还”。桓帝于延熹元年(158年)“冬十月校猎广成(苑),遂幸上林苑”。灵帝于光和五年(182年)十月”校猎上林苑,历涵谷关,遂巡狩于广成苑,十二月还幸太学。”函谷关距洛阳百里,可见上林苑是一个完全自然状态的,其中并有居民村落,耕作活动的皇家郊猎禁苑。

3. 西苑

位于东汉洛阳城西。《顺帝本纪》载:“阳嘉元年(182年)起西苑修饰宫殿。”西苑中有宫殿,装饰很好,可以离居。元《河南志》载:”西苑周三千三百岁,(1汉尺=0.23米,1步=6尺,合3174米)并在宣平门外”。疑为洛阳城西雍门外,今白马寺南洛河北一带。

4. 显阳苑

显阳苑位于东汉洛阳城西。《桓帝本纪》云:“延熹二年(159年)秋七月,初造显阳苑。”中平六年(189年),袁绍等诛宦官,董卓自显阳苑急进至城西,闻帝在北,因与公卿奉迎于北邙阪下。

5. 罼圭苑、灵昆苑

《灵帝本纪》载:东汉光和三年(180年),“是岁作罼圭、灵昆苑”,并注:“罼圭苑有二,东罼圭苑周一千五百步(合2070米),中有鱼梁台;西罼圭苑周三千三百步(合4554米),并在洛阳宣平门外。”宣平门疑为正南的平城门。《历代宅京记》引蔡邕曰“平城门正阳之门,与宫连属,郊祀法驾所由从出,谓之最尊者。”唐朝杜牧的诗《故洛阳城有感》:“罼圭苑里秋风起,平乐馆前斜日时。”

6. 鸿德苑

桓帝延熹元年(158年)三月“初置鸿德苑”,并注:“汉官仪曰:苑令一人,秩六百石。”苑内有专门的管苑官。

7. 平乐苑

苑内有平乐观。华峤《后汉书》载:“置上西门外平乐观。”故苑在城西,其地今有平乐村。又载:苑内有“平乐观,下起大坛,上建十二里重五彩华盖,高十丈(合23米)。坛东北为小坛,复建几重华盖,高九丈,列奇兵数万人,天子住大盖下”。张衡的《东京赋》载:“平乐都场,示远之观,龙雀蟠蜿,天马半汉。”从中说明平乐苑内有巍峨壮观的观阙建筑。

8. 濯龙园

位于东汉洛阳城中,近北宫,中有濯龙池,汉时为游宴之所。元《河南志》引司马彪《续汉书》载:濯龙园“在洛阳西北角”。《续汉志》云:“通北宫。明德马皇后置织室于园中。”桓帝刘志“祠黄老于濯龙宫”。薛崇德《东京赋》引《洛阳图经》濯龙歌:“濯龙望如海,河桥渡似雷。”这说明濯龙苑有很大的水面。有渡桥,渡桥处有跌落的瀑布,声音响如雷声。

9、西园

位于东汉洛阳城上西门内，北宫西，故曰西园。灵帝刘宏曾于中平六年(190 年)“造万金堂于西园”。晋王嘉《拾遗记》中有一段文字，虽意在抨击灵帝的荒淫，但却较为详细地记述了西园的园林景况和汉灵帝的使用情况。“灵帝初平三年(192 年)游于西园，起裸游馆千间。采绿苔而被阶，引渠水以绕砌，周流澄澈。乘船以游漾。使宫人乘之，选玉色轻体者，以执篙楫，摆漾于渠中，其水清澈。以盛暑之时，使舟覆没，视宫人玉色。又奏《招商》之歌，以来清气也。歌曰：‘凉风起兮日照渠，青荷昼偃叶夜舒。惟日不足乐有余，清丝流管歌玉凫，千年万岁喜难逾。’渠中植莲，大如盖，长一丈，南国所献。其叶夜舒昼卷，一茎有四莲丛生，名曰夜舒荷。亦云月出则舒也，故曰望舒荷。帝盛夏避暑于裸游馆，长夜饮宴。帝嗟曰：‘使万岁如此，则上仙也。’宫人年二七已上，三六以下，皆靓妆，解其上衣，惟着内服，或共裸浴。西域所献茵墀香，煮以为汤，宫人以之浴浣毕，使以余汁入渠，名曰‘流香渠’。又使内竖为驴鸣。于馆北又作鸡鸣堂，多畜鸡，每醉迷于天晓。”

(二)魏晋园林

东汉末年董卓烧毁了洛阳城，曹魏在废墟之上于公元 220 年开始重建洛阳宫苑城廓。而晋司马家是和平篡位，完整地继承了曹魏洛阳城，因此魏晋洛阳园林实则为一。曹魏在文帝曹丕和明帝曹睿时(221～239 年)大规模修筑宫室台观和园林。《魏志·文帝本纪》载，黄初元年(221 年)冬十二月，初营洛阳宫，二年筑凌云台，三年穿灵芝池，七年春三月筑九华台。《明帝本纪》载，太和元年(227 年)夏四月初营宗庙，三年冬十月，改平望观曰听讼观。青龙三年(285 年)大治洛阳宫，起昭阳、太极殿。筑总章观。七月，洛阳崇华殿，八月命有司复筑崇华殿，并改命九龙殿。明帝“欲增崇宫殿，殿饰观阁，凿太行之石英，采谷城之文石，起景阳山于芳林之园，建昭阳殿于太极之北，铸作黄龙凤凰奇伟之兽。饰金墉、灵云台，凌霄阁、百役繁兴，作者万数，公卿以下至于学生，莫不展力。帝乃躬自掘土以率之”。由此可见，魏明帝是一个热心建筑园林的皇帝。

1. 芸林苑

芸林苑位于洛阳城内北偏东，汉之旧苑。魏明帝时，在旧有的基础上又加以扩建。《魏春秋》记载：“景初元年(237 年)，魏明帝曹叡增建祟宫殿，雕饰楼阁，取白石英及紫石英五色大石子于太行谷城之山，起景阳山于芸林之园。树松竹草木，捕禽兽以充其中。于是百役繁兴，帝躬自掘土，率群臣三公以下莫不居力。”扩建芸林苑时，皇帝也亲自率百官参加，可见芸林苑在当时之重要。《魏略》记载：“青龙三年(235 年)……于芸林苑中起陂池，楫棹越歌。又于列殿之北立八坊，诸才人以次序处其中……自贵人以下至尚保及给掖庭洒扫习技歌者各有数千。通引水过九龙殿前为玉片绮栏。蟾蜍含受，神龙吐水，使博士马均作司市东水转百戏。岁首建巨兽，鱼龙曼延，弄马倒骑备如汉西京之制……景初元年起土山于芸林宛西阪，使公卿群僚皆负土成山，树松竹杂木善草于其上，捕以禽兽置其中。”

芸林苑可以说是以仿写自然，人工为主的一个皇家园林，园内的西北面以各色文石堆筑为土石山，东南面开凿水池，名为“天渊池”，引来谷水绕过主要殿堂前，形成园内完整的水系。沿水系有雕刻精致的小品，形成很好的水观景况。苑内又种植了松柏竹木，豢养山禽杂兽，还有供演出活动的场所。从芸林苑的布局和使用内容来看，芸林苑在继承汉代园林模仿自然的特点上，加入了很多人工的元素，使魏晋皇家园林较汉代有所创新和发展，并为以后的皇家园林所模仿。

2. 芳林园

华林园位于故洛城内东北隅,与宫城相接。有东西二门,三国魏文帝所起,亦曰芳林园。魏晋芳林园是在东汉芳林园的基础上修建的。《文选·张衡》:"濯龙芳林,九谷八溪。"李善注:"芳林,苑名。"《历氏宅京记》引《魏略》载:青龙三年(235年)"起太阳诸殿,筑总章观,高十余丈(合23米余),建翔凤于其上。又于芳林园中起陂池,楫棹越歌。又于列殿之北,立八坊,诸才人以次序处其中。通引谷水过九龙殿前,为玉井绮栏,蟾蜍含受,神龙吐水,使博士马钧作司南车水转百戏。岁首建巨兽,鱼龙曼延,弄马倒骑,备如汉西京之制。筑闾阖诸门阙外罘罳"。《魏略》载:"景初元年(237)年,徙长安诸钟虡、骆驼、铜人、承露盘于洛阳。盘折、铜人重不可致,留于霸城。大发铜铸作铜人二,号曰翁仲,列坐于司马门外。又铸黄龙、凤凰各一,龙高四丈(合9.2米),凤高三丈余(合8米余),置内殿前。起土山于芳林园西北陬,使公卿群僚皆负土成山,树松竹杂木善草於其上,捕山禽杂兽置其中。"

由此可知,芳林园引谷水入园汇成大池,名天渊池。池是劳役人工开挖的,开挖的土堆在园的西北角,名景阳山。曹睿和群臣及太学的学生也参加了劳动。谷水引入天渊池是通过蟾蜍、神龙道口注入池中。还有供观赏的指南水车。景阳山和园内种植着松和其他杂树,以及各种好看的草花。园中育养各种禽鸟和猎放的各种小野兽,完全是自然山水园林风姿。园内建有九华台和高大壮观的太极殿和总章观。殿前还置有长安搬来的铜驼,铜人和新铸的铜翁仲。天渊池南建有"流杯石沟,燕群臣"。魏晋习俗,每年春天踏青,在水边进行流觞活动,后定为三月三日,称"曲水流觞",以免灾。

元《河南志》载:"景阳山北,结方湖之中,起御座石,前建蓬莱山。景阳山中有九江,中作园坛,三破之,峡水得相通,故曰濯龙、芳林、九谷八溪。"又云芳林园中有疏圃,圃中有古井,天渊池中有水殿,悉是洛中故碑累之。园南有文帝茅堂前有茅茨碑,意在倡俭仆,防奢欲。

3. 魏晋华林园

魏晋华林园在洛阳曹魏芳林园的基础上又增添了许多殿堂,并植果木。元《河南志》载:华林园"内有崇光、华光、疏圃、华延、九华五殿;繁昌、健康、显昌、延祚、寿安、千禄六馆。园内更有百果园。林各有一堂,如桃闲堂、杏闲堂之类,有古玉井,悉以玟玉为之。园内有方壶、蓬莱曲池"。《水经注》:大夏门内东际侧城,有景阳山在芳林苑西北,魏明帝景初元年所起土山也。齐王曹芳即位,始改芳林园曰华林园。按:太和元年,王朗言华林天渊,足展游晏,则华林之名久矣。内有天渊池,池中有魏文帝九花丛殿。后魏太和十九年,游华林园,观故景阳山。二十年,宴群臣及国老庶老于华林园。二十一年,魏主将入寇,讲武于华林园。景明二年,魏主游北邙,闻咸阳王禧谋变,自华林园还宫,既而擒禧送华林都亭,是也。正始初,以北海王详得罪,遣左右郭翼开金墉门出谕旨,卫送华林园。魏主子攸建义初,诏自孝昌以来,有冤抑无诉者,悉集华林东门,当亲理之。明年,元颢自河桥败走,魏主复入洛,居华林园。东魏天平二年毁。

4. 魏晋西游园

魏晋西游园位于洛阳曹魏华林园以南。《洛阳伽蓝记》载:"千秋门内道北有西游园,园中有凌云台,即魏文帝所筑者。"但魏晋文献不见有其园景的详细记述,但《洛阳宫殿簿》载:"凌云台上壁方十三丈(合每边299米),高九尺(合2.07米)楼方四丈(合每边9.2米)。高五丈(合11.5米),去地十三丈五尺七寸五分(合31.22米)。"元《河南志》引郭缘生《述征记》云:"凌云台有明光殿,西高八丈

(合 18.4 米),累砖作道,通至台上。登台迴眺,究观洛邑,及南望少室,亦山岳之秀极也。”由此可知,园中景观是一座高台建筑。

(三)北魏皇家园林

北魏是在晋末“八王之乱”和“五胡乱华”之后的洛阳城旧址上重建城市和园林。魏孝文帝元宏主治朝纲,不事奢侈。北魏各帝后又多注重修缮佛寺,因此,只在魏晋华林园和西游园旧址上重新修葺,没有开辟新的园林。

1. 北魏西游园

北魏的西游园是在洛阳曹魏西游园的基础上修建后重新使用。《洛阳伽蓝记》载:“千秋门(宫城西门)内道北有西游园。园中有凌云台,即是魏文帝所筑者。台上有八角井,高祖于井北造凉风观,登之远望,目极洛川,台下有碧海曲池;台东有宣慈观,去地十丈(1 晋尺 =0.24 米,合 24 米)。观东有灵芝钓台,累之为木,出于海中,去地二十丈(合 48 米)。风生户牖,云起梁栋,丹楹刻桷,图仙列仙。刻石为鲸鱼,北负钓台,既如从地踊出,又似空中飞下。钓台南有宣光殿,北有嘉福殿,西有九龙殿,殿前九龙吐水成一海。凡四殿,皆有飞阁向灵芝往来。三伏之月,皇帝在灵芝台以避暑。”关于园中池的大小,《太平御览》引《晋宫阙名》:“灵芝池广长百五十步(合长宽各约 2.16 米),深二丈(合 4.8 米),上有连楼飞观,四周阁道,钓鱼台中有鸣鹤舟、指南舟。”《水经注》载:谷水条“渠水……又枝流入石逗伏流注灵芝九龙池。北魏太和年间,皇都迁洛,经构殿、修理街渠,务穷幽隐,发石视之,曾无毁坏。又石工细密,非今之所拟,亦奇为精至也,遂因用之”。由此可知,孝文帝重修时,把西园中原有曹魏时很精奇的东西都重新使用,这时的西游园比原来的西园内容更加丰富了。园中有长宽各 200 余米的碧海曲池,海北有很高的凌云台。“台上壁方十三丈(台上每边合 31.2 米),高九尺(合 2.16 米)”“楼方四丈(合每边 9.6 米),高五丈(合高 12 米),栋去地十三丈五尺七寸五分(合 32.58 米)也。”

2. 北魏华林园

北魏华林园位于故洛城内东北隅,与宫城相接。有东西二门,三国魏文帝曹丕所起,亦曰芳林园。北魏华林园是在魏晋华林园的基础上进行重建。《水经注》:“大夏门内东际侧城,有景阳山在芳林苑西北,魏明帝景初元年所起土山也。齐王芳即位,始改芳林曰华林。按:太和元年,王朗言华林天渊,足展游晏,则华林之名久矣。内有天渊池,池中有魏文帝九花丛殿。后魏太和十九年,游华林园,观故景阳山。二十年,宴群臣及国老庶老于华林园。二十一年,魏主将入寇,讲武于华林园。景明二年,魏主游北邙,闻咸阳王禧谋变,自华林园还宫,既而擒禧送华林都亭,是也。正始初,以北海王详得罪,遣左右郭翼开金墉门出谕旨,卫送华林园。魏主子攸建义初,诏自孝昌以来,有冤抑无诉者,悉集华林东门,当亲理之。明年,元颢自河桥败走,魏主复入洛,居华林园。东魏天平二年毁。”

《洛阳伽蓝记》对其也有详细记载。洛阳城东北建春门内,御道北有翟泉,周回三里。“泉西有华林园,高祖(元宏)以泉在园东,因名苍龙海。华林园中有大海,即汉天渊地。池中犹有文帝(曹丕)九华台。高祖于台上建清凉殿。世宗在海内作蓬莱山,山上有仙人馆。有钓台殿,并作虹蜺阁,乘虚来往。至于三月禊日,季秋已辰,皇帝驾龙舟鹢首,游于其上。海西有藏冰室,六月出冰,以给百官。海西南有景山殿。山东有羲和岭,岭上有温风室;山西有姮娥峰,峰上有露寒馆,并飞阁相通,凌山跨谷;山北有玄武池,山南有清暑殿,殿东有临涧亭,殿西有临危台。景阳山南有百果园,果列作林,林各有堂。有仙人枣长五寸，把之两头俱出，核细如针，霜降乃熟，食之甚美，俗传云出昆仑山，一曰西王母枣。又有仙人桃，其色赤，表里照彻，得霜即熟，亦出昆仑山，一曰王母桃也。”

《水经注》“谷水”条对北魏华林园也有一段详细记载：“谷水又东枝分南入华林园，历疏圃南。圃中有古玉井，井悉以珉玉为之，经缁石为口，工作精密，犹不变古，灿焉如新。又径琼华宫南历景阳山北。山有都亭，堂上结方湖，湖中起御坐石也。御会前建蓬莱山，曲池接筵，飞沼拂席，南面射侯，夹席武峙，背山堂上则石崎岖，崖嶂峻险。云台风观缨峦带阜。游观者升降阿阁，出入虹陛，望之状凫没鸾举矣。其中引水飞皋，倾澜瀑布，或枉渚声溜，潺潺不断。竹柏荫于层石，绣薄丛于泉侧。微飙暂拂，则芳溢于穴空，实为神居矣。其水东注天渊池。池中有魏文帝九华台，殿基悉是洛中故碑垒之，今造钓台于其上。”

（四）隋唐西苑

隋唐时期的皇家宫苑园林气魄宏伟，规模壮观。洛阳的西苑是隋唐时期最为有名的大型皇家宫苑，它不仅在皇家园林的布局上开后世之先河，而且成为隋唐时期的皇家园林代表作。

西苑因其位于宫城之西而得名。《旧唐书·地理志》载：“禁苑，在东都之西，东抵宫城，西临九曲，北背邙山，南距飞仙，苑城东面十七里，南面三十九里，西面五十里，北面二十里，苑内离宫、亭、观一十四所。”西苑创建于隋炀帝大业元年(605 年)。隋炀帝在下令营建的诏书中说：“洛邑自古之都，王畿之内，天地之所合，阴阳之所和，控以三河，固以四塞，水陆通。”为建都洛阳，隋炀帝亲自登上邙山，观察地形，决定建都位置。作为都城重要组成部分的“西苑”是一个规模宏大的皇家林苑，周 200 余里。西苑南部是一个水深数丈，方圆十余里的人工湖，湖上建有方丈、蓬莱、瀛洲三座仙山，高出水面百余尺，形式相宜，相隔 300 步。山上错落有致的亭台楼阁，内置机关，或升或降，时隐时现。苑内有龙鳞渠，曲折流入海内，沿渠修有 16 座幽深的宫院，堂殿楼阁穷极华丽。

西苑在隋时，又称会通苑。唐初，西苑改名为芳华苑；在武则天时，洛阳荣升为神都，西苑则随之被定名为神都苑。唐代和武周有高宗、武则天、中宗、玄宗、昭宗、哀宗 6 位皇帝先后移都洛阳，历时长达 40 年之久，作为皇家园林的西苑，范围虽有缩小(周围 126 里)，但是风光依旧不减当年。仅高宗显庆年间建的宿羽、高山两宫，费银就高达 3000 万，西苑的俊美壮丽，由此可见一斑。宋元以后，古都洛阳日渐衰落，作为皇家园林的西苑亦不免败落下来，但它在中国古代园林史上的地位却不容抹煞。西苑以人工湖为中心，湖上建山，湖之北建各样的十六宫院，形成“苑中园”的特色，开创出别样的离宫型皇家园林，以致后来中国的皇家园林，如清代的清漪园、圆明园等，其布局手法、造园意境追求，无不受此影响。

二、私家园林

中国私家园林很可能与皇家园林起源于同一时代。但从已知的历史文献中，在汉代有梁孝王的免园，大富豪袁广汉的私园，这些私家园林均是仿皇家园林而建，只是规模较小，内容朴实。

由于史料记载非常有限，下面只选取历史上有名的私家园林简介如下：

(一)魏晋私家园林

1. 金谷园

金谷园是西晋大豪富,历史上称其富可敌国的石崇的别墅。该别墅约建于晋惠帝元康初年(约292年),至今已经1700余年。该遗址在今洛阳老城东北七里处的金谷涧内。

石崇,字季伦,小名齐奴。其父石苞因帮助晋武帝司马炎篡魏有功,晋爵为大司马封乐陵郡公加侍中,显贵当时。石崇在晋惠帝时,出任南中郎将荆州刺史,因劫掠远路客商而暴富。元康六年(296年),石崇为太仆卿,出使为持节监青徐州军事征虏将军,在洛阳金谷涧耗巨资营建别墅,即“金谷园”。

金谷园复原图

金谷园是一座临河的、地形略有起伏的天然水景园。园景依山形水势,筑园建馆,挖湖开塘,筑台凿池。园内有主人居住的房屋,有许多“观”和“楼阁”,有从事生产的水碓、鱼池、土窟等,当然也会有相当数量的辅助用房,从这些建筑物的用途可以推断金谷园似乎是一座园林化的庄园。周围几十里内,楼榭亭阁,高下错落。人工开凿的池沼和由园外引来的金谷涧水穿错萦流于建筑物之间,河道能行驶游船,沿岸可成垂钓,园内树木繁茂,植物配置以柏树为主调,其他的种属则分别与不同的地貌或环境相结合而突出其成景作用,例如前庭的沙棠,后园的乌椑,柏木林中点缀的梨花等。可以设想金谷园内那一派楼阁交辉、亭树掩映、清溪萦回、莺歌燕舞的繁荣景象。

当时的“金谷二十四友”常在此饮酒赋诗,后来把这些诗歌编成《金谷集》,成为后人了解金谷园的主要材料。石崇在南方迷恋上了一个叫绿珠的歌女,不惜高价,花了整整10斗珍珠为绿珠赎身,并对她百依百顺,十分疼爱。后来,石崇把她带回洛阳,在金谷园中专门为好建造了一座华丽的楼阁,取名“珍珠楼”。石崇是当时“金谷二十四友”之一,用今天的话说,有文艺才能。他和绿珠一个谱曲,一个吹奏,十分和谐。绿珠虽是歌女出身,对石崇一片痴心。赵王伦废黜贾皇后,石崇受牵连。赵王伦手下的大将孙秀与石崇有过节,见时节已到,便到金谷园索要绿珠,遭拒绝。孙秀找赵王伦想办法,二人谎称石崇想谋反,去金谷园捉拿石崇,结果绿珠坠楼身亡。石崇和他全家都被梆到东市斩首示众,并没收全部家产。风流一时的金谷园从此荒芜下去,渐为废墟。但当时石崇修建的别墅金谷园,为西晋时期的园林之最,园内成景的精致处比起两汉私园的粗放,显然不大一样,但楼、观建筑的运用,仍然残留着汉代的遗风。在中国的园林发展史上占有一定的地位。

2. 张伦宅园

北魏大官僚张伦的宅园位于洛阳城东外郭昭德里。史料记载:北魏张伦宅园:“伦造景阳山有若自然。其中重岩复岭,嵚崟相属,深蹊洞壑,逦递连接,高树巨林,足使日月蔽亏,悬葛垂萝,能令风烟出入。崎岖石路,似壅而通;峥嵘涧道,盘行复直。是以山情野兴之士,游以忘归。"从这些描述看来,张伦宅园的大假山景阳山作为园林的主景,已经能够把自然山岳形象的主要特征,比较精炼而集中地表现出来。它的结构相当复杂,显然是以土石凭籍一定的技巧筑叠而成的土石山。园内高树成林,足见历史悠久,可能是利用前人废园的基址建成。蓄养多种的珍贵禽鸟,则尚保持着汉代遗风。此园具体规模不得而知,在洛阳这样人口密集的大城市的坊里内建造私园,用地毕竟是有限的,一般当不可能太大。唯其小而又要全面地体现大自然山水景观,就必须求助于"小中见大"的规划设计。也就是说,人工山水园的筑山理水不能再运用汉代私园那样大幅度排比铺陈的单纯写实摹拟的方法,必得从写实过渡到写意与写实相结合。这是造园艺术的创作方法的一个飞跃。

(二)唐代私家园林

中唐时期,士大夫阶层产生了"中隐"的思想。在士大夫内心深处,总是面临"仕"和"隐"的选择,而"中隐"的提出颇有中庸色彩。"隐于园"在一定程度上满足了"仕"与"隐"兼具的要求:居朝野而寄情林泉,处江湖而心系庙堂。中唐以后,"隐于园"已发展为无需身体力行的精神享受,文人官僚们出于心理和精神方面的需求,直接参与造园活动,凭借他们对大自然风景的深刻理解和对自然美的高度鉴赏能力来进行园林的规划,同时也把他们对人生哲理的体验、宦海浮沉的感怀融注于造园艺术中,使原来的自然山水园发展成为写意山水园,使山水园林至此达到了最高的境界,园林建设更富诗画情趣,园林成为他们寄托理想、陶冶情操的场所。

1. 白氏宅园

白氏宅园,亦称大字寺园,是唐代伟大现实主义诗人白居易的住所。它是现在洛阳发现的不多的唐代私人园林遗址之一。白居易,字乐天,号香山居士、醉吟先生,在唐代,和李白、杜甫齐名,并列为唐代三大诗人之一,晚年定居洛阳。他的居所在履道里,在洛阳城东南,占地 17 亩,是白居易告病归隐洛阳后建造的私人宅院。白居易有《池上篇》诗,诗前自序景物布局,"屋室三之一,水五之一,竹九之一"。他还很是得意自己宅园之美:"都城风土水木之胜在东南偏,东南之胜在履道里,里之胜,在西北隅,西干北垣第一第,即白氏叟乐天退老之地。"足可见他独爱此园。

白氏宅园所处地形,原本是一块平坦无奇的地方,但诗人把自已的美学思想注入到园林中,寓情于景。因地制宜,相形度势,导水入园,以水取胜。凿池堆岛,形成水中有岛,岛外有桥,桥与岛联。岛上建阁,小筑亭台,池畔建水斋,结草亭、岸边栽花种竹。绿柳如烟,整个庭园内建筑着意追求质朴典雅。无论是岛、桥、亭、榭、竹、木、花、草的配置,还是建筑小品的点缀,无不反映出诗人的情思,极富有诗情画意。

2. 归仁园

归仁园,原为唐代丞相朱僧孺所有,宋时属中书李侍郎(李清臣),该园所在地是洛阳城市中一个花簇锦绣、植物配置种类繁多,以花木取胜的园子。但它与天王花园子不同,天王花园子是单一的牡丹园,花过即游园结束,而归仁园则是一年四季花期不断,北有牡丹芍药千株,中有竹百亩,南有桃李弥望,可谓是一个百花园。当时的河南城方圆 50 余里,城中园池很多,归仁园为园中之冠。

3. 松岛

古朴幽雅的松岛，在唐朝时为袁象先园，宋为李文（李迪）定公丞相公园，后为吴氏园，传三世矣。园中松，栢，枞，杉，桧，栝，皆美木。洛阳独爱栝，而敬松。特别是在园的东南隅，双松尤奇。数百年的古松参天，苍劲古老的松树，形成本园的一大特色，松岛园也就此得名。颇葺亭榭池沼，植竹木其彷。南筑台，北构堂、东北曰"道院"。又东有池。池前后为亭临之。自东，大渠引水注园中，清泉细流，涓无不通处，在他郡尚无有，而洛阳独以其松名。从记载中看，园中还有茅草搭建的亭榭，植竹其旁，又可以说是竹篱茅舍了。这种古雅幽静、野趣自然的园林建筑，也多为现代园所借鉴，实为我们今日造园者样板。

4. 湖园

湖园为唐代裴晋公（裴度）的宅园，从总体布局来看是一个以名为"平津"的大湖为主体的水景园。湖池是全园的构图中心，湖中有岛洲，洲中有堂，曰：百花洲；湖北面有四并堂，与洲中之堂遥相吁应；湖之右者（西岸）建有迎晖亭，这种从湖岸望湖中，或从湖中望湖岸，都有景可对应，而又在构图上取得平衡。过横地，披林莽，这种林中穿路，曲折变化到达梅台、知止庵，再从竹林小径可达环翠亭，是曲径通幽的处理手法，与开朗的湖水景区成鲜明的对比。而在翠樾轩周围则以花木取胜，更妙的是池、亭、花木，形成波光倒影，相映成趣的园林建筑艺术气氛，更加浓郁引人。

另一重要特色是注意了园林艺术的动观与静观的效果，这种设计手法，在今日造园手法中也仍算高明的。青草动、林荫合，水静而鱼鸣，都说明动与静的园林艺术意境。

造园者注意了因时而变的造园艺术效果，木落而群峰出，四时不同而景物皆好。不仅注意了一天中时间的变化，也注意了一年四季的景物变化，真是不可殚记也，妙处难言，也怪不得名园记的作者李格非对该园推祟备至了。

洛人云"园圃之胜不能相兼者，六务"。宏大者，少幽邃；人力胜者，少苍古；多水泉者，艰眺望。兼此六者，惟湖园而已。予尝游之，信然。在唐，为裴晋公宅园。

5. 苗帅园

洛阳的苗帅园，"又号最佳处"，原为唐朝天宝年间宰相王溥的宅园，"园既古，景物皆苍然。复得完力藻饰出之，于是有欲凭陵诸园之意矣"。园中有七叶树二棵对峙，高百余尺，"春夏望之如山"。园中有大竹万余竿，皆满二三围。园的东部有水，自伊水分行而来，可行大舟，在溪旁建亭，有大松七棵，引水绕之。有池，池中宜种植莲荷荇菜，建水轩，跨于水上。"对轩有桥亭，制度甚雄侈。"其他建筑，"制度甚雄奢"。

此园的特点是，在总体布局中，水景起了很重要的作用，而且布置自然得体，轩榭桥亭因池、溪流，就势而成，更有景物苍老，古木大松，为该园大为增色。

6. 天王院花园子

洛中花甚多种，而独名牡丹曰"花王"。天王院花园子，全部种植牡丹，故名"花园子"。园中既无池也无亭，独有牡丹十万株，牡丹花开时，花园子的吸引力是非常大的，这种而专供赏花而建的园林在我国古典园林中还是少见的，尽管如此，天王院花园子在当时也是闻名遐迩。

7. 平泉山庄与李氏仁丰园

位于洛阳龙门西南5公里处。是唐武宗宰相李德裕的居所。《旧唐书·李德裕传》载:“东都伊阙南置平泉平墅,清流翠筱,树石奇幽。”山庄内引泉九支,筑堰成潭,桑园、桃园、松林、耕地、菜园、药园成片,猿猴、白鹭等动物成群。李德裕喜欢奇石珍木,家中珍品不少。“平泉朝游”亦是洛阳古代八大景之一。

李氏仁丰园是名符其实的花园类型的园林,不仅洛阳的名花在李氏仁丰园中应有尽有,远方移植来的花卉等也种植,总计在千种以上。更值得注意的是,从该园的记载中我们可以断定,至少是在宋代,已用嫁接的技术来创造新的花木品种了,这在我国造园史上是了不起的成就。李氏仁丰园,人力甚治,而洛中花木无不有。李氏仁丰园也不单单养花木,也有以四并、迎翠、灌缨、观德、超然五亭等园林建筑,供人们在花期游园时赏花和休息之用。

李氏仁丰园是唐代李德裕平泉山庄的一部分。

私家园林画

(三)北宋私家园林

北宋以洛阳为西京,公卿贵戚兴建的宅邸、园林不在少数。大量官员、文人长期在此居住,依托良好的自然水土条件和浓郁的文化氛围,修造了很多府宅花园,使得洛阳城内外的私家园林达到了空前绝后的鼎盛之境。当时即有“天下名园重洛阳”的美誉。北宋学者李格非的《洛阳名园记》专门记载了北宋强盛时的洛阳名园,共计19处,各具特色,足以代表有宋一代洛阳园林的整体风貌。以下将此书中的部分私家园林摘录如下:

1. 东园

东园,为文潞公(文彦博)的园林。文彦博一生更事仁、英、神、哲四朝,居官近70年,历监察御史、河东转运使、参知政事、同中书门下平章事、枢密使等职,拜太尉,封潞国公。元丰六年(1083年)文彦博以太师致仕,定居洛阳。东园坐落在土地贫瘠的洛阳城东,那里有一片浩森弥漫的大水,舟游湖上,如在江湖间。以水景为主,形成动观的园林布局,又有渊映、瀍水二堂建筑,宛在映水中,成为水景中的主要建筑,而在湘肤、药圃二堂间列水石,使叠石理水的处理手法是有创新,建筑之间以水石过渡自然,又丰富了园景。因地制宜地充分利用地形,形成景色优美的水景园。该园的另一特点是,将原来的药圃改建为园,与水景结合,使得园林内容更为丰富。当时,文潞公官太师90岁,尚时杖屦游之。

2. 富郑公园

北宋时私家园林。系宋仁宗、神宗两朝宰相富弼的宅园。此园是当时洛阳少数几处不利用旧址而新开辟的私家园林之一。据《洛阳名园记》载,此园由住宅东门的探春亭入园,园中部为大水池,由小渠引来园外活水，池北为全园主体建筑四景堂，前为临水月台，“登四景堂则一园之胜景可顾览而得”。池西植大片竹林，辅以多种花木，又筑有方流亭、紫绮堂，花径中，有荫樾亭、赏幽台，抵重波轩。从重波轩往北走，入大竹林中，这里有“土筠”“水筠”“石筠”“榭筠”四洞，所谓洞者，“皆轩竹丈许，引流穿之而径其上”。从四洞往北，有“丛玉”“披风”“漪岚”“夹竹”“兼山”五亭错列竹中，稍南有土山，种梅、竹，山上有梅台、天光台。园中又多山洞、水渠、曲径通幽，别有一番风情。

富郑公园的艺术特点在于以景分区，在景区中注意起景、高潮和结束的安排。各个景区各具特色，或为幽深的景，半路半含于花木竹林中，翠竹摇空，曲径通幽；或为开朗之景，如四景堂等；或以梅台取胜。景区的不同处理，犹如园中园的园林空间艺术效果，使空间多层次多变化，从而达到岩壑幽胜，峰峦隐映，松桧荫郁，秀若天成的意境。

3. 环溪

环溪，北宋王开府宅园。华亭者，南临池左右翼，而北过凉榭，复汇为大池，周围如环，故云然也。榭南有多景楼，以南望，则嵩高少室龙门大谷，层峯翠巘，毕効奇于前榭，北有风站台，以北望，则隋唐宫阙，楼殿千门万戸，岧嶤璀璨，延亘十余里。凡左太冲十余年极力而赋者，可瞥目而尽也。又西有锦厅、秀野台。园中树，松桧花木，千株皆品，别种列除，其中为岛坞，使可张幄次，各待其盛而赏之。凉榭锦厅，其下可坐数百人，宏大壮丽，洛中无逾者。

环溪的造园手法是以水景取胜，临水建亭、台、轩、榭等园林建筑，采取收而为溪，放而为池，既有溪水潺潺，又有湖水荡漾。全园以溪流和池水组成的水景为主题，临水除构置园林建筑外，绿化配置以松梅为主调，花木丛中辟出空地搭帐幕供人们赏花，足以看出在园林布局中匠心独运的妙处。

借景的手法在环溪中也运用得体，南望层峦叠障，远景天然造就，北望有隋唐宫阙楼殿，千门万户，延亘十余里，山水、建筑真可以说是全收眼底，巧于因借了。园内又有宏大壮丽的凉谢、锦厅，其下可坐数百人，正是“洛中无可逾者”。环溪的园林建筑成为洛阳名园中之最。

4. 丛春园

丛春园为北宋门下侍郎安焘的游憩园。安焘，字厚卿，开封人。宋仁宗嘉祐四年(1059 年)进士，官至同知枢密院。

丛春园以植物造景取胜。丛春园的桐梓桧柏等，树木皆成行排列种植，这种西方园林布置绿化的方式宋以前还不多见，在洛阳各园中恐怕也只此一园。不过由于唐宋时期对外交流已相当多，因此西方园林绿化配置方法被应用于我国古典园林艺术中，也不是没有可能的。丛春园的另一特点是借景与闻声，名园记中写道：“其大亭有丛春亭、先春亭，丛春亭出茶园架上，北可望洛水，盖洛水自西汹涌奔激而东，天津桥者，垒石为之，直力搖其怒而纳之于洪下，洪下皆大石，底与水争，喷薄成霜雪，声闻数十里。予尝穷冬月夜登是亭，听洛水声，久之觉清冽侵入肌骨，不可留，乃去。”丛春院的设计手法有其独特之处，别出心裁的辟地建亭得景，借景园外，景、声俱备，为我所用的借景手法极为成功。

5. 吕文穆园

即北宋吕蒙正园。伊洛二水，自东南，分注河南城中，而伊水尤清澈。吕文穆园亭喜得之，若又当其上流，则春秋无枯涸之病。吕文穆园在伊水上流，木茂而竹盛，园内设计有三亭一桥。吕文穆园利用自然水系于我用，因地制宜，这是该园的一大特点。木茂竹盛，清澈的流水，真可谓是“水木清华”

了。吕文穆园的另一特点是三亭一桥的园林建筑艺术设计手法,成为宋以后的园林艺术中的楷模,是造园中经常采用的亭桥的手法之一,尤其是亭桥结合成为吕文穆园中最重要的景观建筑。

吕文穆园还有一大特点,园池中有一物特可称者,如大隐庄——梅;杨侍郎园——流杯;狮子园——狮子是也。梅,盖早梅,香甚烈而大。说者云"自大庾岭移其本至此"。流杯,水虽急,不彷触为异。狮子,非石也。入地数十尺,或以地考之,盖武后天枢销铄不尽者也。舍此又有嘉猷会节、恭安溪园等,皆隋唐官园,虽已犁为良田,树为桑麻矣。然宫殿池沼,与夫一时会集之盛,今遗俗故老,犹有识其所在,而道其废兴之端者,游之亦可以观万物之无常,览时之倏来而忽逝也。

独乐园复原图

6. 独乐园

北宋司马光在洛阳自号迂叟,谓其园曰"独乐园"。明嘉靖《河南郡志》载:"独乐园在洛阳城南天门街东,去城五里。"清嘉庆《洛阳县志》载:"独乐园遗址在洛阳城东南伊洛河间司马街村。"面积"二十亩"(合1.3公顷),包括宅居。苏轼诗说的"中有五亩园",言其小,非仅"五亩"。根据他的声望地位园可再大,但"不可与他园班"。

独乐园的面积比较小,但由于司马光有咏诸亭台诗,诗情画意,使得园林因诗而传诵于世。园内建有读书堂、浇花亭、见山台、钓鱼庵、采药圃等小品景观,这些小品景观,还有着很强的使用功能:园居,"读书堂"是写《资治通鉴》的地方;"采药圃"是种中草药的地方;"钓鱼庵"是供休憩之所;"种竹斋"是夏日纳凉之所;"浇花亭"、"弄水轩"是闲适娱目之地;"见山台"是登高远眺,借南山之景入园的远望高台;药圃、花圃以供游赏。景物结构以水池为中心,建筑南北布置,堂北又有水池,中有岛,岛上植竹,竹林蕃蔓显得很有野趣。其他景物环列,周边配置花圃、林木。是一个以水景为构图中心,大量花木环列,并在岛上植竹,突出竹林景观,突出植物景观的水景园林。园不在大,自然有趣,诗情描写,使得园以文传,园以文存。

7. 刘氏园

刘氏园,也称刘给事园。刘氏园以园林建筑取胜,最为突出的是凉堂建筑高低比例构筑非常适合人意。园西南又有台一区,布置得尤为精致,方十许丈地,楼横堂列,廊庑相接,阑楯周接,木映花承,组成完整的建筑空间,又有花木的合理配置,使得该园的园林建筑更为优美。说明宋代的园林中,不仅重视绿化的配置,而且运用得相当成熟了。当时,洛阳人将此视为刘氏小景。

8. 董氏西园

董氏西园,北宋洛阳著名园林。特点是"亭台花木,不为行列",也就是说它的布局方式是模仿自然,又取山林之胜。入园门之后的起景点是三堂相望,一进门的正堂和稍西一堂划为一个景区,过小桥流水有一高台。这里在地形处理上注意了起伏变化,不使人进园后,有一览无余之感,又可以说是障景和引人入胜的设计手法。如登高台而望,则可略观全园之胜。从台往西,竹丛之中又有一堂,在树木浓郁,竹林深处有石芙蓉(荷花),更有"水自花间涌出"。在幽深的竹林之中,使人"开轩窗,四面甚敞,盛夏燠暑,不见畏日,清风忽来,留而不去"。这里确实是盛夏纳凉的好去处,更是有"幽禽静鸣,各夸得意",使人流连忘返。循林中小路穿行,可达清水荡漾的湖池区,这种先收后放的设计方法,创造出豁然开朗的境界,湖池之南有堂与沏池之北的高亭遥相呼应,形成对景。登亭又可总览全园之胜,但又不是一览无余,"堂虽不宏大,而屈曲深邃,游者至此,往往相失,岂前世所谓迷楼者类也"。小小的西园,意境幽深,空间变化有致,不愧"城市园林"。元祐年间有留守,喜宴集于此。

9. 董氏东园

董氏东园,北宋时,以财富雄厚驰名洛阳。董氏东园是专供载歌载舞游乐的园林。园中宴饮后醉不可归,便在此坐下,"有堂可居"。记载说明当时园中有的部分已经荒芜,而流杯亭、寸碧亭尚完好,其它的景观与建筑内容本多,而比较有特色的是除了有大可十围的古树外,西有大池,四周有水喷泻池中而阴出,故朝夕如飞瀑而池水不溢出,说明此园的水景有其高人一等的地方。李格非《洛阳名园记》载,洛阳人盛醉的到了这里就清醒,故俗称醒酒池,恐怕主要是清意幽新的水面和喷泻的水,凉爽宜人,使人头脑清新,这真是水景奇迹。

(四)明清私家园林

据史料记载,明清时期,嵩山地域的私家园林很多,但志书记载大都简单,仅在记载其他建筑时一句带过,或仅有几句话的简介,没有详细的记述文字,故传下来的很少。以下三例的记述是从禹州史料中摘录的,从中可见明清时期的私人花园的面貌。

1. 城市山林

城市山林也称马悫别业,坐北朝南,位于禹州老城区西南隅,御史坊街与山林街之间。别业兼有庭院、别墅的功能。建筑群以园林为中心,四面临街,皆为马氏后裔前堂后寝式的分门宅院。因马悫亲题园林门额"城市山林"而名之。城市山林属北方园林式建筑群。我国传统称雕刻的石质或人工营造的山林等山水艺术品为山子,当地百姓将姓氏冠其首,俗称马家山子。

马悫是明吏部尚书马文升的玄孙,字慎卿,嘉靖十四年(1535 年)生,万历十一年(1583 年)进士,曾任临淄、寿光、宁津知县,户部广西司、四川司主事等职,有生之年,出己俸兴修宁津、禹州两地学宫和清颍桥,训子甚严,有呈瑞、呈章、呈范等八子。与徽藩孟津王姻亲(其次女为孟津王元妃)。万历三十四年(1606 年)卒,年 71 岁。

城市山林建筑平面呈矩形。南北约 70 丈,东西约 50 丈。据志书记载,中心建筑"砌石为假山",太湖石环列。其北怪石环砌一湖,小石桥连钓鱼台。又北为世豸堂。世豸,豸代指御史,因豸即獬豸,传说一种能辨善恶之独角怪兽,古时御史官服图案即獬豸。故代指御史。马家有马骥、马斯藏、马悫三世任御史之职。故名世豸堂。园内奇树异花,翠竹掩映,绿草如茵,芭蕉吐露,柳丝指风,备王戚省亲、憩息游赏之需。钓鱼台、世豸堂(亦名獬豸堂)毁于 20 世纪"文化大革命"。

"山子"下台上阁,台明高半米,青石条沿边,距地三级石阶,台基四面拱券半月顶洞门,洞内高约 3 米,纵横十字相交,中心平顶。四隅拱券单室互联。四门外接鹅卵石铺墁的曲径甬道,台上建成东西长方形平台,高约 3 米多,周围由太湖石簇拥,山子顶上建 4 间硬山小青瓦房,是供奉马氏祖先的神堂。

城市山林南40米处为马悫裔孙马金彪所建的住宅一处，现存清代过厅和厢房等建筑物，向南中轴位置虽有数处院落，但因年代久远，过厅类建筑不复存在，仅存几所东、西厢房，隐约显示庭院的轮廓。

明代马氏谱志将列入故家。至今在城内衙前街、奎楼街南北一线以西地域，多为马氏宗族的宅院。崇祯十四年(1641年)，李自成农民军攻入禹州，马悫系皇亲国戚，马家的城市山林成为农民军驻地，惨遭抢掠，其后裔为躲避战乱，多逃往外地。

经战乱遗留下来的城市山林仅存有上山下洞(名为八卦洞)的马家山子这个主体建筑一处。山子底台在东、南、西、北四方各开一砖券洞，在纵横券洞轴的外侧同砌一小券洞。整个券洞部分均采用青砖砌石灰构缝的办法建造，上部呈1长方形平台，在台子的中部偏西处建硬山式青瓦建筑4间，太湖石被移至县宾馆，所存无几。另外，在八卦洞附近还保存有世豸堂青石柱础的底卒，底层为八面，均雕刻花卉图案，8个角均雕虎头;2层雕花卉图案，3层为圆形鼓状，雕覆莲纹。

2. 颍北李氏花园

位于禹州城北颍水北岸，有明侍郎李乘云的花园。

李乘云(1479～1553年)，原名李子雨，号荆阳，嵩山禹县人。嘉靖十一年(1532年)进士。历任山东监察道御史、山东道监察御史、平阳州知州等。嘉靖二十七年(1548年)，李乘云调任霸州兵备副使，担任武职。次年，蒙古俺答部落族进犯，李乘云衣胄披甲，一马当先，观察形势，制定策略。当他看到有许多群众拥挤在城外寻求避难时，便打开城门，让老百姓都进城躲避，并发给衣食。他率军驰赴前线，英勇杀敌，打败了异族的侵略，最终使三河固守无恙。因功升为陕西右参政，相当于今之副省级职务。嘉靖三十二年(1553年)，李乘云因工作繁重，积劳成疾，辞官归里，两个月后去世，时年74岁。

李乘云的两个弟弟李登云和李凌云，也分别于嘉靖十四年(1535年)和嘉靖十七年(1538年)先后考中进士。在中央和地方担任要职，很有政绩。由于李门三兄弟先后进士及第，在禹州传为佳话，旧时在禹州城内曾立有一座“三士坊”。在城北建有李氏花园。

李氏花园位于禹州城北关颍水北岸。具体场景明代袁宗道的诗《李氏花园》有如下记录：“古郡溪山郭，名园花竹楼。麝香眠浅草，翡翠立晴州。安得一生醉，那能十日留。公荣定谁似，是客可销忧。”

3. 犊水园

犊水园位于犊水西岸，下临巢父洞。

犊水园系清代文学家周德滋别墅。周时常邀当时骚人墨客聚会诗赋互答，颇为风雅。有诗胜曰：“园傍犊水西，前邻颍水溪。幽居宁矜诩，巢父之旧里。田犹巢父田，水犹巢父水。耕田而饮水，味趣奚所似。”当时，禹州还有诗人赵冬晟诗咏犊水园：“门前余古迹，老树半槎枒。渐看颓阳尽，尚怜晚兴赊。雷生瀑布水，霞幔岭头花。留得尧年在，夷然傲世华。”

第七章　古地名

地名是重要的文化形态和载体，糅合着独有的属地特征与情感认同，更有源远流长的文化积淀。地名文化在传播中具有很强的扩展和渗透功效，挖掘并传播地名所涵盖的历史与文化资源，有利于凝聚一定区域内人们的文化向心力，增强文化认同，传播地域文化。同时，地名具有地理标识作用，它的变化相对缓慢，作为民族精神文化的结晶，是具有较强的生命力，虽然有些古地名或古行政区划名早已有了变更，但至今还余音缭绕。为了便于熟悉嵩山地域的历史，梳理嵩山地域几千年的历史文脉，确立嵩山文化的根脉，我们还是对嵩山地域这些曾经使用过的古地名进行了认真筛选，捡拾这些古老的文化碎片，特将其列入此章。

第一节　先秦地名

一、轩辕丘

轩辕丘，原始社会时期黄帝部落居住地，即黄帝轩辕氏故居，亦称“有熊国”。轩辕丘在今新郑市北关轩辕故里之北部。《史记·五帝本纪》中把黄帝、颛顼、帝喾、尧、舜时期称为五帝时期，黄帝为五帝之首。又据《路史·疏仡纪》：“黄帝之子二十五人，别姓者十二人，姞，其一。密，姞姓分也。”《史记·五帝纪》：“黄帝居轩辕之丘。”亦指此地。

轩辕丘遗址

河南省文物考古专家省文物考古学会名誉会长、研究员许顺湛先生在《黄帝居轩辕丘考》一文中写道："轩辕丘在新郑老县城西北。最重要的是梅山、泰山环拱，溱水、洧水紧依轩辕丘成襟带。梅山、泰山在北，其地望在新郑西北的小乔乡（今改龙湖镇），溱、洧二水主要在新密的曲梁、大隗，并夹辖刘寨乡。二山、二水南北遥相对应，把轩辕丘的位置缩小到更明确、更狭小的范围之内。"河南省考古研究所研究员曹桂岑先生经过分析研究了大量文献和中国这一时期文物考古的发掘资料，在发表的《五帝时代的都城考》中认为："黄帝为有熊国君，故有熊应为国名，轩辕丘是都城，位于新郑的西北，新发现的新密市古城寨龙山文化古城址可能是轩辕丘。""从叠压关系看，城墙晚于仰韶文化晚期和河南龙山文化早期。……古城寨是一座建于龙山文化中期的古城无疑。古城寨是一处河南省境内发现的面积最大，保留最好，意义最为重大的龙山文化城，应是城址黄帝所居轩辕丘。"

二、有熊

本原始社会时期黄帝部落聚居地，古人称之为"国"。在今新郑市城北部。黄帝生于寿丘，长于姬水，"初都"涿鹿，后迁于有熊。《史记·五帝纪》注引皇甫谧曰："有熊（国年），今河南新郑是也。"即指此地。参见"轩辕丘"条。

三、黄帝城

黄帝城位于新郑市区周围。清乾隆四十一年《新郑县志·卷六建置志》："今县城北及东有古堞高数丈，制甚宏阔，缺西南二面，址迄洧水北岸止。世俗或以为黄帝城。谓上古筑城，每依山水为固，故垣墉不必尽周。"清马平泉《登新郑凤凰台》："郑相祠荒生碧草，轩黄城断牧黄牛。"清梁道奂《古槐行》："轩辕城在茨山麓，故国从来多乔木。"

四、洪堤

洪堤位于新郑市西南风后顶南坡。《汉书·地理志》："黄帝登具茨之山，升于洪堤上，受神芝图于黄盖童子即是山也。"北魏，郦道元《水经注》："黄帝登具茨山，升于洪堤，受神芝图于黄盖童子，即是山也。"宋·乐史《太平寰宇记》："密县，大隗山在东南五十里。《水经注》云：'大隗山即具茨山也，黄帝登具茨之山，升于洪堤，受神芝图于黄盖童子，即是山也。'庄子谓之具茨之山，溟水出于此。"清顺治十七年贾汉复等《河南通志·山川》："具茨山，在新郑县西南四十里，一名大隗山。《山海经》谓之大隗山。又《水经注》：'黄帝登具茨之山，升于洪堤上，受神芝图于黄盖童子，即是山也'。溟水出其阿而流为陂，俗谓之玉女池。今其山有轩辕避暑洞。"清光绪二十八年田文镜《河南通志·帝王》："具茨山，在新郑县西南四十里，名大隗山。《山海经》谓之大隗山。又《水经注》：'黄帝登具茨之山，升于洪堤，受神芝图于黄盖童子即此。溟水出其阿，流为陂谷，谓之玉女池。今其山有轩辕避暑洞。又其巅有风谷，下有白龙湫，每遇旱致祷辄应。'"

五、黄帝问道广成子处

黄帝问道广成子处位于新郑市具茨山北麓。明,成化十三年邑人监察御史邵进撰《幽胜寺碑记》:“寺南有大隗即具茨山,轩辕黄帝问道于广成子,其遗迹尚存。……”清宣统元年《重修古景幽胜寺碑记》:“其寺南有大隗即具茨山,轩辕黄帝问道于广成子,行殿尚能悠久存焉。”

六、黄帝访大隗真人处

黄帝访大隗真人处位于新郑市西南具茨山。战国《庄子》:“黄帝将见大隗于具茨山。”清康熙三十二年《新郑县志·仙释》:“大隗真人,轩辕时栖大隗山,黄帝访之,遂授以九芝图,后不知所往。山旧曰具茨,以真人号故名。”

七、风后顶

风后顶位于新郑市区西南15公里,为具茨山主峰,以黄帝臣风后之名命之。清乾隆四十一年《新郑县志·山川志》:“《史记·五帝本纪》:‘黄帝举风后、力牧、常先、大鸿以治民。’郑康成云:‘风后,黄帝之三公也。’据《庄子》则似以人名名山矣。故风后顶亦取黄帝六相之称。而此山在密境者有曰力牧台、大鸿山,皆其类也。”山上世传有风后城,皆为石砌,今存残垣。此山域为当年黄帝及其臣子的重要活动基地。此山于1997年更名为始祖山。

八、黄帝御花园

黄帝御花园位于新郑市具茨山主峰风后顶之畔。清雍正九年《河南通志·古迹下》:“御花园在新郑县西南四十里大隗山畔,相传黄帝种花处。”(卷五十二)清,康熙三十二年《新郑县志·古迹》:“御花园在大隗山畔,相传为黄帝种花处。今石垣略存。”

九、仓帝城

仓帝城位于登封市境内。《禅通纪》:“仓帝史皇氏姓侯冈,名颉,治百有十载,都于阳城。”

十、伯牛岗

伯牛岗，夏朝地名。即今荥阳市王村镇柏朵村东北处。《竹书纪年》："夏帝泄十二年，殷侯子亥宾于有易，有易杀而放之。"《山海经·大荒东经》："王亥托于有易、河伯、仆牛。有易杀王亥取仆牛。"《竹书纪年》又云："夏帝泄十六年，殷侯微以河伯之师伐有易，杀其君绵臣。"据历史事实考之，"伯牛"二字乃是"河伯仆牛"四字的缩称。《春秋左传》：成公三年（前588年）"春，诸侯伐郑，次于伯牛。"也即此地。

十一、洛汭

洛汭，古地名，位于嵩山北麓，即今巩义河洛镇洛口村一带。巩义市东北部站街、河洛、南河渡三镇的交界地，因洛河至此流入黄河而取名，也称"洛汭"，亦称"什谷""洛口"。夏朝太康失国，为羿所逐。昆弟五人须于洛汭，作《五子之歌》。即此。战国时张仪说秦王下兵三水塞什谷之口也即此。据《大业杂记》载：隋炀帝下江南，在此登龙舟。

史籍所载，这里是太极图、河图、洛书和八卦几项载誉中外古今的传统文化的发端地。太极图，图像来源于自然界，并受自然界的启发而形成。在洛汭黄河水暴涨时，堵截洛水倒流；如黄河水、洛河水同时暴涨，两水在洛汭相撞击，形成漩涡如两鱼相错而游，清浊分明。这种自然奇景，启迪了人们对太极图象的构思。由此，产生了太极图。史料记载：伏羲时河出图，洛出书，伏羲始画八卦。

洛汭面积250多平方公里。这里三面环山，一面临水，四季分明，土地肥沃，物产丰富。十几万年以前这里曾有古人类居住，古文化遗址比比皆是，是河洛文化的发祥地。

十二、太室与少室

太室山

太室与少室，又称太室山与少室山，是嵩山最主要的两大山脉。

太室山，位于登封县北，为嵩山之东峰，海拔1492米。据传，禹王的第一个妻子涂山氏生启于此，山下建有启母庙，故称之为"太室"（室：妻也）。太室山共有36峰，岩嶂苍翠相间，峰壁环向攒耸，恍若芙蓉之姿。主峰"峻极峰"，则以《诗经·嵩高》"峻极于天"为名，后因清高宗乾隆游嵩山时，曾在此赋诗立碑，所以又称“御碑峰”。登上峻极峰远眺，西有少室侍立，南有箕山面拱，前有颍水奔流，北望黄河如带。倚石俯瞰，脚下峰壑开绽，凌嶒参差，大有“一览众山小”之气势。山峰间云岚瞬息万变，美不胜收。古人吕守曾有诗曰：“三十六峰如髻鬟，行人来往舒心颜。白云蓬蓬忽然合，都在虚无缥缈间。”道出了嵩山之奇美和游人心境的愉悦与宁谧。

嵩山中部以少林河为界，东为太室山，西为少室山；两座高山层峦叠嶂，绵延起伏于黄河南岸。历代的帝王将相、墨客骚人、僧道隐士，根据这些山峰的形态，给这些美丽的山峰命名，遂有 72 峰之说。

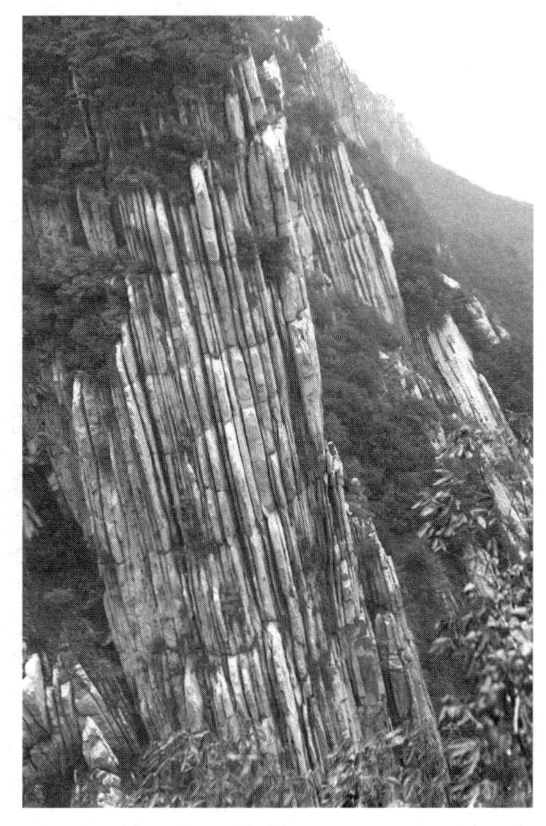

少室山

少室山，距太室山约 10 公里，御寨山上连天峰为嵩山之西峰，海拔 1512 米，为嵩山最高峰，主要建筑为少林寺。据说，禹王的第二个妻子，涂山氏之妹栖于此，人于山下建少姨庙敬之，故山名谓“少室”。少室山亦有 36 峰，山势陡峭峻拔，诸峰簇拥起伏，如旌旗环围，似剑戟罗列，颇为壮观。少室山山顶宽平如寨，分有上下两层，有四天门之险。据《河南府志》载，金宣宗完颜列与元太祖成吉思汗交战时，宣宗被逼出京，曾退入少室山，在山顶屯兵，故称“御寨山”。御寨山西有水柜一处，人称“小饮马池”，水量能供万人食用，传说明末李际遇起义即在此处驻兵。

十三、轘辕

轘辕，山名。位于巩、登、偃交界一带，嵩山太室与少室之间，山势陡峻，山道盘旋，将去复还，谓之“十八盘”，因状似轘辕而名曰轘辕山，上有轘辕关，为汉置八关之一。古为东都洛阳通往东南的关隘要道，今有偃登公路通过，山南有著名古刹少林寺。

十四、伊洛

洛河与伊河在偃师杨村汇合后称伊洛河，亦称伊洛。至巩义回郭镇流入郑州境内，经芝田、康店、孝义、站街、南河渡，在神北注入黄河。

十五、古桑林

商汤桑林祷雨

古桑林位于今巩义市鲁庄镇，因邻近商汤的都城西亳，即今偃师尸乡沟，所以又称亳丘。村内老寨门上原有“古桑林”石匾。商汤王曾于此祷神求雨。《淮南子·主术训》：“汤之时，七年旱，以身祷于桑林之际。”《战国策·韩策一》：“大王不事秦，……则鸿台之宫，桑林之苑，非王之有已。”均指此地。《巩县志》载：“在鲁庄，成汤时，岁大旱，汤祷于桑林之野。”商汤在此设坛祈雨时，地铺白色茅草，以六事自责曰：“政不节与？使民疾与？宫室崇与？妇谒盛与？苞苴行与？谗夫兴与？”其意为：治理国家有法度吗？老百姓生活很苦吗？帝王的宫室很奢华吗？过度迷恋美色了吗？贿赂很盛行吗？好进谗言的小人很有市场吗？商汤提出六个问题并一一进行了反省。据《帝王世纪》记载，当时的大旱，洛河的水都干涸了。商汤祈雨时，史卜说，要用人当牺牲。商汤正色道：我之所以祈雨，是为人民，如果必须用人作牺牲，就自己来担当。于是就用自己的头发和手指为牲。

嵩山有文字记载的旱灾历史可以追溯到公元前 11 世纪，那时正是夏、商交替时期。《汤祷桑林赞》文曰：“惟殷之世，大旱七年。汤祷桑林，祈福于天。翦发离爪，自以为牲。皇灵感应，时雨以零。”其大意是：商汤灭夏后，连遭七年大旱。商汤在桑林这个地方设坛祈雨，剪下自己的头发，砍掉自己的手指作为牺牲，打动了天神，大雨骤降，旱象消解。

十六、尸乡

尸乡，古地名。一名西亳，在今偃师市西。西汉高帝五年（前 202 年），召齐王田横至洛阳，田横行至尸乡自刭死，即此。

十七、梧邑

梧邑，春秋时期郑国地，位于今荥阳市城关镇杨垌村一带。周灵王九（前 563 年），以晋国军队为主联合诸侯国军队，结阵以威逼郑国。诸侯国军队修筑虎牢城以防守，晋国军队修筑梧城、制城以威胁郑国。《左传·襄公十年》：“晋师城梧及制。”即指此。

十八、冯邑

冯邑,春秋时期周地,位于今荥阳市区西南部。周敬王十六年(前504年),王子朝乱周,王子朝之徒依靠郑国帮助,以图谋周室。郑国于是出兵伐冯、滑、胥靡、负黍、狐人、阙外等周之六邑。《左传·定公六年》:"郑于是伐冯、滑……"即指此邑。

十九、四渎

四渎,古人对四条独流入海的大川的总称,即江(长江)、河(黄河)、淮、济。《尔雅·释水》。古代天子祭天下名山大川,即指五岳与四渎,见《礼记·王制》。其时淮、济犹独流入海,故得以江、河并列。唐始以大淮为东渎,大江为南渎,大河为西渎,大济为北渎;为金,明等所沿袭。又见郦道元《水经注·河水·卷五》河水又东北流迳四津渎,津西侧岸有四渎祠,东对四渎口。河水东分济,亦曰济水受河也。然荥口石门水断不通,始自是出东北流,迳九里与清水(清水:济水自巨野泽北纳汶水以下的别名)合,故济渎也。自河入济,自济如淮,自淮达江,水径周通,故有四渎之名也。

济水是中国古代的四条大河之一,现在已经不存在了。中国古籍大都以《禹贡》为宗,《禹贡》说:"道涜水,东流为济,入于河,溢为荥。"由于黄河的河性特殊,经常决溢改道,所以北方的水系常因黄河的干扰而改变它们的流路,有的甚至湮废消失。有人说黄河夺大清河入海,大清河就是以前的济河。《尚书·禹贡》中说:河水北经降水。河水不沿水道流曰降,又曰溃。河水至大陆泽,北流,分为九条河流。《风俗通》中说:河,播也,即散播。河水就是从这里散播为九条河流的。《禹贡》中说沇州的九条河流——徒骇河、太史河、马颊河、覆釜河、胡苏河、简河、洁河、句盘河和鬲津河都被疏通了。这九条河都是逆河。郑玄说:在下面汇流的名逆河,即诸河相遇汇流。沿着河水下流的流向进行疏导,将它们引流到海里去。

二十、雒阳

洛河古时名雒水,其位居雒水之北,"水北为阳",故名雒阳。此名既为地理区域名亦为城名,一直沿用。秦朝时,五行学说盛行,秦始皇按"五德终始"进行推理,认为周得火德,秦代周,应为水德,因此改雒阳为洛阳。东汉光武帝刘秀定都洛阳,因汉尚火德,复名雒阳。三国时魏以魏为土行,"水得土而乃流,土得水而柔",改为"洛阳",后世沿用至今,唯明朝光宗朱常洛为讳"洛"字改"洛"为"雒"。

二十一、竹川

竹川,古地名,位于荥阳市高阳镇(古属汜水)。《汜水县志》载:"竹川,古三窟村也。西北有泉曰太溪、少溪,在逍遥观左;曰永清,在逍遥观前。今土人甃为井。太溪、少溪之水,一泓澄清,望之如镜,满川绿竹,赖以为灌。万竿绿阴,夏月浸浸生凉,其水至初夏后亦可以灌田。"

二十二、祝融墟

祝融墟,原始社会时期祝融部落居住地。其中心地在今新密市曲梁乡古城寨一带。《史记·楚世家》云:"高阳生称,称生卷章,卷章生重黎,重黎为高辛氏居火正,甚有功,能光融天下,帝喾命曰祝融。共工氏作乱,帝喾使重黎诛之而不尽。帝乃以庚寅日诛重黎,而以其弟吴回为重黎后,复居火正,为祝融。"

火神祝融

祝融,颛顼之曾孙,本名重黎,为帝喾火正,甚有功,能光明天下,帝喾命之祝融。其弟吴回,继居火正,为祝融。其后,部落遂以祝融命之。祝融部落起源甚早,但其兴盛时期大体上在帝喾高辛氏居于华夏集团盟主地位之时。……祝融之族活动地域最早在豫中的嵩山地域,其范围包括今新郑、新密、登封、郑州一带。

考古专家认为,新密市发现的古城寨城址应是祝融之族的政治、经济、文化中心所在,古城寨内发现宫庙建筑,俱有都邑的性质……应为祝融时的都城。又据《通典》:"祝融之墟,黄帝都于有熊亦在此。"从以上大量文献和专家考证,祝融之墟亦居于黄帝时的都城轩辕丘之地,故嵩山地域在五帝的中期帝喾之后为祝融之族的都城,祝融之墟的所在地。

二十三、东周壤

东周壤,战国时期国名,周考王元年(前 440 年)封其弟揭于王城(今洛阳),为西周桓公。周显王二年(前 367 年),西周国惠公封其少子名班于巩,称东周国,班为东周国惠公。此国立于下都之东,故号"东周国"。其都城在今巩义市康店镇康店村,大体相当于今巩义市和偃师市所辖范围。秦庄襄王元年(前 249 年)灭于秦。

二十四、二十里铺

二十里铺又叫道士铺,位于郑州老城东 20 华里而得名,传说是战国时期著名道家人物列御冠超凡升天的地方。传说是列子晚年出家云游来到二十里铺,但见彩云映天,清风徐徐,半空中隐隐隐约约传来鼓箫锣笛之声。太上老君银发白须,笑微微地立于云端。列子立刻腾云驾雾,御风而行,随着太上老君飘飘然然升天而去。玉帝见了大喜,封他为冲虚真人,每年立春他御风遨游,所到之处草木复苏,万物峥嵘。二十里铺和凤凰台一带时常感受列子的离合之风,塘中荷花红艳,田里稻米奇香,十里长岗绿桐如云,招来彩禽比翼,百鸟朝凤。但是随着城区的扩大,这片古老的土地上道路纵横,高楼林立,美丽神奇的田园景色已成为昨日风光。

二十五、东里

东里,春秋时期郑国都城内里名。在今新郑市城关镇北大街一带。为郑国政治家、思想家子产所居之处。《论语·宪问》:"为命……东里子产润色之。"东里,即当时子产所居之里。清乾隆四十一年《新郑县志》:"东里,旧志:在县东二十里。孔子云东里子产即此。按:今县东无此迹。而洧川之朱曲镇有东里冈子产祠,正郑东鄙地也。"今人有曰:"春秋时期郑国都城内里名,在今新郑市城关镇北大街一带。"

二十六、南里

南里,春秋时期郑国都城内里名。在今新郑市梨河镇前端湾村,双洎河南岸。周灵王二十五年(前 547 年),楚国攻打郑国,入郑国都城之南里,堕其城。《左传·襄公二十六年》:"十二月乙酉,入南里。"即指此。

二十七、圃田

圃田,古县名,治所在今郑州市东,今郑州市管城区圃田乡。因圃田泽取名。相传西周时为周天子打猎的地方,《诗经·小雅车攻》:"东有甫草,驾言行狩。"朱熹注云:"甫草,甫田也,后为郑地。"在隋唐于此置圃田县,隋开皇十六年至唐贞观元年属管州(州治在今郑州市区老城区),贞观元年(627年)管州改郑州,圃田县属郑州。

二十八、阳人邑

阳人邑,古邑名。在今汝州市西北。《史记,秦本纪》载:庄襄王元年:"秦不绝其祀,以阳人地赐周君",即此。西汉称阳人聚。

二十九、阳城

阳城，古都名，夏禹建都之地。遗址在今登封市告成镇，距登封市区东南12公里。《孟子·万章上》："禹避舜之子于阳城，天下之民从之。"《竹书纪年》载，"夏道将兴，祝融降于崇山，都于阳城"。《史记》载，帝尧定巡狩之制，周流五岳，游于阳城。秦于此设阳城县，汉晋因之，后魏时改设阳城郡，隋开皇间改设嵩州，唐武则天时曾改设告成县，五代时并入登封县。

三十、阳翟邑

阳翟邑，即今禹州市。相传夏禹所都。战国属韩，韩景侯曾迁都于此，秦置为阳翟县。

三十一、小訾殿

小訾殿，位于巩义市小訾殿村。传说中的夏代曾在此建都，春秋时为訾城。宋代依然，后为訾殿，讹称小芝田。

武则天书《升仙太子碑》局部

三十二、罗庄

罗庄，位于巩义市回郭镇的北罗村。此村为古城，在唐、尧、舜、禹之世属豫州，夏禹曾封夏伯于此，为夏伯国，建都斟鄩。武周营洛后，鄩为畿内重邑，是为罗宫。秦汉后罗宫废为聚落，但其地或以罗名，于今为罗庄。

三十三、缑山

缑山，又称缑氏山、缑岭，位于偃师市东南20公里的府店镇府南村，海拔308米，是一座看上去并不高的小山，离嵩山距离不远。此山东望轘辕关，西瞻伊阙关，其北不远有春秋时滑国故城。缑山四野，后陵起伏，河水潺潺。很久以前，这里鹿麇成群，人称"鹿岗"，周围为著名的"白鹿原"。

"山不在高，有仙则名。"缑氏山可是大有来历的：相传西王母姓缑曾在此修练，周灵王太子晋也从这里驾鹤升仙。由洛阳到嵩山，必经缑氏镇；由嵩山到洛阳，也必过缑氏镇。由于缑山风光秀丽，景色宜人，曾招徕无数文人墨客，他们在饱览缑山胜景的同时，留下了大量赞美王子晋的篇章。从东汉的蔡邕、刘向，魏晋时的阮籍，南朝的谢灵运，乃至唐代的武则天、宋之问、李白、白居易、王昌龄、李商隐，宋时的范仲淹、欧阳修、苏轼；金人元好问，以至明清时期的刘基、王铎、王士禛等，他们无不对缑山清秀神奇的仙景和升仙太子王子晋都写有传世的诗作。

三十四、缑氏

缑氏，春秋周地，秦置县，在今偃师市东南。唐移治今缑氏镇。宋熙宁时废。

三十五、斟鄩

斟鄩，夏代太康为王时，赶走了在洛阳居住的一个部落斟鄩族，定都斟鄩。斟鄩为城名，其遗址在今洛阳偃师二里头村。

三十六、柏谷坞

柏谷坞，古城堡名。在今巩义柏峪村一带，地处丘岭，北临洛河。《读史方舆纪要》载：义熙十三年（417 年）刘裕伐秦，军至成皋，秦遣赵元屯守柏谷坞。元熙初（419 年），司马楚之避刘裕，逃亡河南屯守柏谷坞。均指此。

三十七、嵩山双溪河

嵩山双溪河，位于嵩阳书院门前的双溪河。一条是书院东侧由北而来的叠石溪，另一条是从西面嵩岳寺（大塔寺）而来的西溪，两溪在嵩阳书院前汇合后称双溪河（书院河），由于这两条河流都是季节河，所以一年中大部分时间没水。一般在雨水丰沛的夏秋两季，这两条河才能流水潺潺。有了流水，与河两岸的小桥、绿树、书院、山野共为一幅美丽的图画。

三十八、河南

河南，地域名。即黄河以南。但指地区范围不一：1. 战国韩魏两国的河南，指今河南洛阳市以西一带；2.《尔雅·释地》《周礼·职方》载："河南曰豫州。"指河南大部地区。唐方镇名。治所在汴州（今开封市）。至德元年（756 年）置，乾元元年（758 年）废。次年复置，治所移治滑州（今滑县东旧滑县），上元二年（761 年）废。宝应元年（762 年）仍复置，治所为汴州，大历十一年（766 年）废。

三十九、颍谷

颍谷，春秋郑地。在登封市西南部，古处周、郑交界，为西周颍邑之谷，故名。西起君召乡报庄村，东至石道乡龙泉寺村，长3公里，宽0.5~0.8公里，面积2平方公里。南有龙窝岭，海拔517米，北有水神头岭，海拔605米，谷底海反420米，石炭二迭纪地层，主体为片岩、灰岩、泥灰岩，属褐土性土，颍河右源发源于报庄村西，经此谷入降士沟水库，东流至石道村东南汇中源，颍水右源三支，所经之所，泛指颍谷。谷内有村庄，北岭上有颍墟，为颍考叔故居。

四十、京邑

京邑，古邑名、县名。春秋时期郑国地。位于今荥阳市东南10公里的豫龙镇京襄城村。郑庄公封其弟共叔段于此。由于叔段受母姜氏宠爱、支持，擅自扩大地盘，出现“京不度”之现象，威胁庄公，甚至与其母姜氏暗中勾结，谋袭郑国，以夺庄公之位。庄公遂于郑庄公二十二年（前722年）伐京，京人叛叔段。叔段于五月辛丑日逃出京邑，奔共国（今辉县）而去。《左传·隐公元年》载：“请京，使居之，谓之京城太叔。”即指此地。秦置县。前205年，楚汉战荥阳南京、索阳，即此。

四十一、虎牢邑

虎牢邑，春秋时期郑国地。位于今荥阳市汜水镇虎牢关村西北黄河道中。以邑在西周穆王得虎之地，故名。地势险要，为交通要塞。时谋郑之诸侯国多会集于此以胁迫，又筑城戍守以逼之。《春秋·襄公二年》（前571年）：“遂城虎牢。”《左传·襄公二年》：“遂城虎牢，郑人乃成。”均指此地。秦置虎牢关。

四十二、制邑

制邑，春秋时期郑国地。位于今荥阳市西北12公里的峡窝镇上街。自此以西，地势必险要，虎牢关尤扼要冲。郑庄公时，其母武姜曾为叔段请封于此，庄公答以“制，岩邑也，虢叔死焉”。拒绝封此。周灵王九年（前563年），以晋国为首的诸侯国修筑虎牢城，晋国又筑梧城和制城。《左传·襄公二年》：“晋师城梧及制。”即指此邑。

四十三、邲

邲，古地名。春秋时期郑国地。在今荥阳市东北，一说在今郑州市东。《春秋·宣公十二年》（前599年）："晋荀林父帅师及楚子战于邲，晋师败绩。"即此。

四十四、管邑

管邑，又称管叔邑、筦叔邑。春秋时期郑国地。在今郑州市管城回族区一带。西周成王时，管叔与武庚叛乱被周公诛杀，后国废。春秋时为邑，其地先属郐，郐灭，属郑，郑灭于韩，又属韩。《汉书·地理志》："圃田泽在西，豫州薮。有筦叔邑。"颜师古注曰："筦与管同。"《资治通鉴》卷六："安陵人缩高之子仕于秦，秦使之管（郑州管叔邑），信陵郡攻之不下……午。"即指此邑。

四十五、祭邑

祭邑，春秋时期郑国地。在今郑州市邙山区北部黄河道中。原祭国，故名。周定王二十年（前587年），郑国攻打许国，许国求救于晋国，晋国派兵占据郑之祭邑。《左传·成公四年》：晋"取汜、祭。"即指此邑。

四十六、荥口邑

荥口邑，战国时期韩国地。以地处荥泽之口而得名。在今郑州市邙山区北部黄河道中，《战国策·燕策二》："决荥口，魏无大梁。"以水代兵，灌大梁之策。自战国以来，人人皆知，而秦始皇卒用此策以灭魏。

四十七、负黍邑

负黍邑，春秋时期周地，战国时期韩国地。在今登封市大金店镇南城子村。相传古代谷黍交换场所，故名。村内有负黍故城址，时为军事要地。春秋时为周、郑攻夺之地。《左传·定公六年》：（前504年）："郑于是乎伐冯、滑、胥靡、负黍……"即指此地。战国时，先为郑、韩争夺，后为秦、韩争城之地。《史记·韩世家》："景侯……二年（前407年），郑败我负黍。"《史记·秦本纪》："昭襄王……五十一年（前256年），将军攻韩，取阳城、负黍。"均指此地。

四十八、颍邑

颍邑,春秋时期周地,后属郑国。在今登封市东南部之告成。周景王四年(前541年),景王派刘定公慰劳晋国正卿赵孟于此,而后住馆于洛汭。《左传·昭公元年》:“天王使刘定公劳赵孟于颍。”即指此地。

四十九、颍谷邑

颍谷邑,春秋时期郑国西部之边邑。在今登封市西少室山南,颍水源头之谷地。春秋时,就被誉为天下大孝,且感动郑庄公凿地见母的颍考叔,即在此做镇守郑国边疆之地方官。《左传·隐公元年》(前722年):“颍考叔为颍谷封人。”即指此地、此事。

五十、索氏邑

索氏邑,春秋时期郑国地。以殷遗民索氏兄弟居此而得名,今荥阳市城关镇张楼村南,索河北岸。周景王八年(前537年),晋国与楚国联婚和好,晋国韩宣子送女于楚,路经此邑,郑国派子皮、子大叔慰劳韩子宣等人于此。《左传·昭公五年》:“晋韩宣子如楚送女、叔向为介。郑子皮、子大叔劳诸索氏。”即指此邑。

五十一、纶氏邑

纶氏邑,战国时期韩国地。在今登封市西部颍阳镇颍阳村。本夏之纶国。《竹书纪年》:周灵王三十五年(前334年),“楚吾得帅师及秦伐郑(韩),取纶氏”即指此邑。

五十二、坎欿

坎欿,一作“坎埳”。春秋时期周地。在今荥阳市高阳镇穆沟村一带。周襄王十六年(前636年)避叔带之乱,出奔,曾及此邑。《左传·僖公二十四年》:“王遂出,及坎欿。”即指此。

五十三、申邑

申邑，春秋时期郑国地。位于今荥阳市北境汜水镇虎牢关以东地带。本郑国地，周襄王三十三年（前619年），晋国军队渡河南占据此地，并封其大夫公壻池。《左传·文公八年》：“公壻池之封，自申至于虎牢之境。”即指此地。

五十四、衍氏邑

衍氏邑，一作衍邑，在郑州市北，战国魏地。《史记·秦始皇本纪》载：始皇九年（前238年），“杨端和攻衍邑”，即指此邑。

五十五、戏邑

戏邑，一作吸重。春秋时期郑国地，位于今荥阳市西南浮戏山一带。周灵王八年（前564年）有晋、鲁、宋等12国谋伐郑国。十二月同盟于此，以图谋郑国。《春秋·襄公九年》：“冬，公会晋侯、宋公、卫侯、曹伯、莒子、邾子、滕子、薛伯、杞伯、小邾子、齐世子光伐郑。十有二月已亥，同盟于此。”即指此地。

五十六、棐林邑

棐林邑，即棐邑，春秋时期郑国地。在今新郑市龙王乡小田王村。周匡王五年（前608年），宋国、陈国、卫国、曹国会合晋国军队于棐林，准备攻打郑国。《春秋·宣公元年》：“宋公、陈侯、卫侯、曹伯会晋师于棐林。”《春秋·文公十三年》（前614年）：“郑伯会（鲁文年）公于棐。”均指此地。

五十七、制田邑

制田邑，春秋时期郑国地。在今新郑市龙王乡蒲庄村一带。周简王十一年（前575年），鲁国会同诸侯之军包围郑国，驻扎于郑国都城之西，不敢越过郑国都城。后诸侯之军移迁于此，以胁迫郑国。《左传·成公十六年》：“诸侯迁于制田。”即指此邑。

五十八、阴口邑

阴口邑，春秋时期郑国地。在今新郑市城关镇张庄村一带，双洎河南岸。以其地处阴坂之渡口，故名。周灵王八年(前564年)十二月，晋国"侵郑"，自阴坂南渡洧水(今双洎河)，驻扎于此，以胁迫郑国。但因晋国军队久战于外，疲劳不堪，且有归志，遂自此地而还，解除郑国之围。《左传·襄公九年》："晋人……济于阴坂，侵郑。次于阴口而还。"即指此地。

五十九、烛邑

烛之武退秦师

烛邑，春秋时期郑国地。在今新郑市和庄镇任庄村。为郑国大夫烛之武之封邑。周襄王二十二年(前630年)，晋国、秦国联合攻打郑国，危急万分，郑文公派烛之武夜缒城而出，劝说秦国退兵。烛之武能言善辩，理情真切，说服秦穆公退兵，烛邑亦垂留于世。《水经注·洧水》："七里沟水……又其南历烛城西，即郑大夫烛之武邑也。"即指此邑。

六十、琐邑

琐邑，春秋时期郑国地。在今新郑市郭店镇三十里铺村东北沙岗上。周灵王十年(前562年)，鲁、晋、宋、卫、曹、齐等十二国伐郑。诸侯会于北林，军队南进于向，继之"北行而西"，驻扎于琐地，对郑国形成包围之势。郑国无奈，乃差人与诸国讲和。《左传·襄公十一年》："诸侯……师于向，右还，次于琐。"即指此邑。

六十一、黄崖邑

黄崖邑，春秋时期郑国地，在今新郑市新村镇望京楼南，黄水河北岸。以在古黄水之滨高地而得名。周灵王二十七年(前545年)，鲁国襄公会同宋、陈、郑、许等国君往楚国会盟。鲁襄公南行至郑国，郑简公已往楚国，郑国遂派其大夫伯友出都城，往黄崖迎接慰劳理襄公一行。《左传·襄公二十八》："（鲁襄年）公过郑，郑伯不在，伯有廷劳于黄崖。"即指此地。

六十二、阴阪

阴阪，春秋时期郑国地。在今新郑市新村镇云湾村，双洎河北岸，新密铁路南侧。此地处洧水河之北，地势低下，"深崖阻日，其下常阴"，故名。周灵王八年（前 564 年）十二月，晋国"侵郑"，自此渡洧水，驻扎于洧水南岸之阴口，胁迫郑国。但因晋国军队久劳于外，且有归志，遂自阴口而归。《左传·襄公九年》："晋人……济于阴阪，侵郑。次于阴口而还。"即指此地。

六十三、函陵

函陵，春秋时期郑国地。在今新郑市新村镇望京楼，黄水河东岸。古为军事要地。周襄王二十二年（前 630 年）晋国、秦国联合起来，共围郑国，晋国军队就驻扎于此，以胁迫郑国。《左传·僖公三十年》："晋军函陵。"即指此地。

六十四、新密邑

新密邑，一名新城邑，春秋时期郑国地。本密国都城。在今新密市大隗镇大隗。西周末年，郑国自西东迁，于平王二年（前 769 年），灭掉郐国，遂有其地。惠王二十三年（前 654 年），郑国又在密国都城基础上筑新城，遂名新密、新城，以为郑国之军事重地。鲁、齐、宋、陈、卫、曹诸侯国，借口以郑国不适时筑城而共伐，围新密。《春秋·僖公六年》："围新城。"《左传·僖公六年》："围新密。"均指此邑。

六十五、弭邑

弭邑，春秋时期郑国地。在今新密市西牛店镇李湾附近绥水北岸。周惠王四年（前 673 年），王子颓为夺王位而攻击惠王，王出奔于郑。郑厉公和虢公在此会谈商定：同年夏，共讨伐占据王城之王子颓。郑厉王和周惠王自王城南门入，虢公自王城北门人，杀王子颓及边伯等五大夫。惠王复位。此乱之平，肇自弭邑，《左传·庄公二十一年》：郑、虢"胥命于弭。夏，同伐王城"即指此地、此事。

六十六、萧鱼邑

春秋时期郑国地。在今新密市尖山乡牛心石村肖鱼。周灵王十年（前 562 年），齐、鲁等 12 国诸侯会于此而伐郑国。《春秋·襄公十一年》:"郑子展出盟晋侯……会于萧鱼。"均指此地。

六十七、郐城邑

郐城邑,春秋时期郑国地。以商、周时郐国都城,而得名。在今新密市曲梁乡古城寨村。周平王二年(前769年),郑国灭掉郐国而占据其地。周襄王二十五年(前627年),楚伐郑,将纳叛郑奔楚之公子瑕,髡屯俘获之以献郑文公。文公处死,文公夫人收公子瑕尸而葬于郐城下。《左传·僖公三十三年》:"文夫人敛而葬之郐城之下。"即指此地。

六十八、垂陇邑

垂陇邑,又名垂敛邑。春秋时期郑国地。在今郑州市邙山区古荥东北。地处中原,古代诸侯多盟会于此。《春秋·文公二年》(前625年):"公孙敖会于宋公、陈侯、郑伯、晋士縠,盟于垂陇。"《左传·文公二年》:"穆伯会诸侯及晋司空士縠,盟于垂陇。"均指此邑。

六十九、鄩邑

鄩邑,春秋时期周地。在今巩义市回郭镇罗庄訾殿村至芝田镇稍柴村一带,洛河南岸。周封其大夫鄩肸为邑。周敬王元年(前519年),敬王败王子朝于此。《左传·昭公二十三年》:"丙辰,又败诸鄩。"即指此地。

七十、费滑邑

费滑邑,亦称滑邑。原滑国都城。春秋时期,秦灭滑后,形成此邑名。先属郑,后属周。在今巩义市鲁庄镇桑家沟村南、四合村西,至偃师滑城河村一带。周灵王七年(前555年),楚国伐郑,为子冯、公子格率师侵占郑国费滑邑。《左传·襄公十八年》:"楚师伐郑,……为子冯、公子格率师侵费滑、胥靡。"即指此邑。

七十一、巩邑

巩邑,春秋时期周地,在今巩义市康店镇康店村。周景王二十五年(前520年),王欲借田猎杀单子于巩,未及,心疾陡发而崩。《国语·周语下》:"(景王年)田于巩。"《左传·昭公二十六年》:"晋师克巩。"均指此邑。

七十二、皇邑

皇邑,春秋时期周地。在今巩义市回郭镇小訾殿村一带。周景王二十五年(前520年),王崩,王子争夺王位,历史上称之“王子朝之乱”。王子猛在刘子、单子拥戴下曾居于此。《春秋·昭公二十二年》:“刘子、单子以王猛居于皇。”《左传·昭公二十二年》:“郡肝伐皇。”均指此地。

七十三、社邑

社邑,春秋时期周地。在今巩义市康店镇裴峪村一带,黄河南岸。周景王二十五年(前520年),“王子朝之乱”时,晋国军队曾渡过黄河驻扎于此,以助王室。同年,前城人打败陆浑亦在此地。《左传·昭公二十二年》:“前城人败陆浑于社……十二月,晋……司马督率师……次于社。”均指此邑。

七十四、垂敛邑

垂敛邑,即垂陇邑。见“垂陇邑”条。

七十五、胥靡邑

胥靡邑,春秋时期郑国地,后属周。在今巩义市西南22公里,鲁庄镇小相庄一带。周灵王十七年(前555年),楚国攻击郑国,曾一度占领此邑。周敬王四年(前516年),由于王子朝之乱,敬王于七月外出,庚辰日,驻于此邑。《左传·襄公十八年》:“楚师伐郑……率师侵费滑、胥靡。”《左传·昭公二十六年》:“春,王(周敬王)入于胥靡”均指此邑。

七十六、注邑

注邑,又叫注人邑。战国韩地。在今汝州市西。《史记·魏世家》文侯三十二年:“败秦于注”,即此。

七十七、七里河

七里河,战国古村名。七里河即洛阳市涧西区工农乡七里河村,因距洛阳老城西城门大约七华里左右,故称七里河村。七里河指的是村东边涧河的一段。涧河,古称瀔(谷)水,是环绕洛阳的伊、洛、廛、涧四条河流的其中一条河。涧河发源于陕西观音堂,在洛阳瞿家屯注入洛河,全长140公里。公元前一千多年的西周时期,周公旦曾在洛阳“谷水之滨”兴建周王城,今天的王城公园就在周王城遗址之上。由于涧河分隔东西,是洛阳西行的必经之路,古有木桥,时通时断。为此,在涧河的七里河段多次建桥。唐初大将尉迟敬德曾在此督工建桥,使残木、摆渡成车马大道。明代又建石拱桥,商旅驿骑通达无阻。明嘉靖时再修此桥。1921年吴佩孚改建五孔石桥,日军侵占洛阳前夕被国民党军砸毁。1946年4月再建五孔水泥桥。新中国成立后新建中州桥。20世纪80年代末,当地政府特在桥头建“瀔水亭”一座,倡扬其地有沟通古今,见证兴废之能。

七十八、上古祝融氏之墟

《通鉴前编》:“祝融氏以火施化,亦号赤帝,故后世火官因以为号。都于郐”注,古邑名,在今新密市境内。

七十九、禹王锁蛟井亭

禹王锁蛟井亭位于禹州故城西大街与白衣堂街交叉口西路北。传说,远古时洪水泛滥,系水中怪兽蛟龙作祟。大禹在众神帮助下,制胜了九条蛟龙,平息了水患,并反其中一条囚禁在一眼八角井中,称之为“禹王锁蛟井”。早年建筑毁于清代。外省药商在其遗址上建起药肆,后年深日久,药肆颓废,其井亭全无。1978年,禹县县委悬赏2000元人民币,动员群众,发掘旧址,终使古井重见天日。尔后,在旧址上,重修禹王锁蛟井及亭子。井亭挑角起脊,上覆青灰色仿古瓦。亭内粉壁彩屏,外壁彩绘24幅有关大禹治水神话故事。内塑高2.84米的大禹塑像,禹王锁蛟井井口以中凿圆孔的巨石镇压,铁索穿过圆孔锁住蛟龙。

八十、古阳城

《河南府志》载:阳城在登封县东南三十里,为告成镇。《史记·周本纪·集解》引徐广曰:“夏居河南,初在阳城,后居阳翟”,这里的阳城,即史书上多处所载的夏朝都城“禹都阳城”。旧志:阳城即古告成。《史记》载:帝尧定巡狩之制,周流五岳,游于阳城。孟子云,禹避舜于阳城。

八十一、古龙池

《通志》:“在密县东三十里,源出徐家沟。水从上泻,飞瀑如雷,喧豗之声,不辨人语。惊涛濆沫,池广丈余而方。旧以石湫池畔,古木四五章,皆数百年物。石罅丛泉,滴沥成韵。南岩有白石佛,经乱俱毁,惟泉在溅人衣襟。”按:池在密县大隗镇西南五里,下有数泉,北注入琐水。

八十二、周铁聚

《续汉书·郡国志》:阳城有铁聚。顾祖禹《方舆纪要》:铁聚在登封南。《史记》载:郑声公八年晋伐郑,败我师于铁聚是也。

第二节　三国汉晋南北朝地名

一、四眼井

四眼井,三国古地名。位于洛阳市老城区河南府文庙东侧100米。相传东汉时期,曹操政权在此地修建了训练士兵的校场(四眼井东边有草场街,相传是屯集马草之地)、点将台(文庙东边有点将台遗址)。曹操杀害关羽后,此地又修建了一座临时寄放关羽首级的"妥灵宫"(现修建新殿一座)。"妥灵宫"前,有一旧井,凿有四眼的盘石盖其上,因而得名四眼井,应为供士兵、居民取水膳食所用。解放初期还有四眼井遗物,可以看到非常老旧的青石板为井台,上面凿有四个井眼,形如田字。井眼的上方都有一快立石并安装个有个铁辘轳,供人摇辘轳系桶汲水,井底还有水。"文革"时期因井水干枯,四眼井被修路时掩埋。

二、玉门

玉门,古渡口名。在今荥阳市区西北18公里,汜水镇西北部汜河入黄河口处。两岸西有大伾,东有广武,群山壁立,对峙如门,称为玉门,又称汜水口。为大河南北交通之咽喉。周武王伐纣、刘邦避项羽、捻军北伐均由此渡黄河。

三、敖仓

敖仓,古仓名。在今荥阳市广武镇,北广武山汉霸二王城北敖山上,已塌于黄河中。汉三年(前204年)汉王军荥阳,筑甬道,属之河,以取敖仓粟。《括地志》:敖仓在郑州荥阳西北15公里,县门之东,北临汴水,南带三皇山。

敖仓城全景

四、颍上

颍上，即颍水上源。《史记·管晏列传》："管仲夷吾者，颍上人也"，人谓安徽颍上县。查颍上县为隋治，晚于司马迁数百年，故司马迁所谓"颍上"非建置名。崔曙《早发交崖山还太室作》所述颍上在交崖山，指颍水上源，可佐证管仲籍贯在今登封县。

五、栎墟

栎墟，禹州市在春秋时期叫"栎邑"，也叫"栎地"，因盛产栎树（也叫橡树，通称柞树）而得名。

六、京索

京索，秦汉时期地域名。在今荥阳市区南部，东起豫龙镇京襄城，西至索河一带。汉刘邦二年（前205年）败项羽兵于此。《史记·高祖本纪》："是以兵大振荥阳，破楚京索间。"即指此地。

七、洛口驿

洛口驿，古驿站名。驿，又称邮驿，其主要职能是传递军情、政令、信件，到后来发展为接送官员、转运物品。洛口驿位于今巩县沙鱼沟乡洛口村。明代诗人白南金曾作有《洛口驿》诗：

驿古人初静，林深夜倍清。寒蛩引乡泪，归雁带边声。
明月知心事，青山减宦情。驰驱何日了？温饱愧生平。

八、三川郡

三川郡以境内有黄河、洛河、伊河三川而得名，治所在洛阳（指秦洛阳城，即汉魏故城），其辖境大体相当于今灵宝市以东、黄河以南、伊洛河流域、北汝河上游地点。秦统一中国后，分全国为36郡，后增至40余郡。其中三川郡无疑占有举足轻重的地位，堪称诸郡之首。这不但因为周代数百年的国都都在这里，由此上溯到夏、商数百年的国都也都在这里，还因为秦代相国吕不韦的封地在这里。

东汉太史司马迁曰："昔三代之居，皆在河洛之间，故嵩山为中岳，而四岳各如其方，四渎咸在山东。至秦称帝，都咸阳，则五岳四渎皆并在东方。"

三川郡辖境，大体上正是位于天下之中的古河南地，是以嵩山为中心以及周围的伊洛河一带，是本来意义上的中国。它是秦都咸阳通往东方的要道，也是秦国控制东方的战略要地。后陈胜、吴广揭竿而起，项羽、刘邦举兵反秦，三川郡均是攻守要冲。当初吕不韦在赵国邯郸，为公子异人谋划如何先争立为太子、后继承王位时，异人顿首曰：“必如君策，请得分秦国与君共之。”后太子异人继位为庄襄王，他封吕不韦为丞相、文信侯，并特赐封他食河南洛阳10万户。同年，诛东周君、东周亡，秦置三川郡，治洛阳，实由吕不韦直接管辖三川郡，可以看成是公子异人实现了早先“分秦国与君共之”的诺言。其后，丞相李斯之子李由曾为三川郡守。

公元前205年，汉高祖刘邦改三川郡为河南郡。

九、林渚

林渚，亦称白雁坡。晋代地名。在今新郑市观音寺镇岳口村。西晋时，为荥阳郡苑陵县地，晋室南迁，北方变乱，此为南北争夺之地。东晋太和四年（369年）九月，醒温北伐中原，遣共部将邓遐、朱序打败前燕将傅末波于此。《晋书·帝纪八》：“醒温裨将邓遐、朱序遇暐将傅末波于林渚，又大破之。”即指此地。

十、土楼

土楼，古地名。在今荥阳市西北汜水镇东。南朝宋永韧三年（422年），北魏将奚斤克土楼，即此。

十一、三窟村

三窟村在今荥阳市高阳镇竹川村。以临三窟山而得名。竹川一带。泉水淙涌，茂林修竹，风景清幽。北齐武平（577～580年）末年，司徒记事参军郑子翻曾隐居于此。

十二、马领坞

马领坞，魏、晋以后之坞堡名。在今新密市超化镇超化寨，洧水河南岸。以坞筑于马领山，故名。今称超化寨。《水经注·洧水》记：（经文）“洧水出河南密县西南马领山。”（注文）“又东径马领坞北，在山上，坞下泉流北注，亦谓洧别源也，而人于洧水。”即指此坞。

十三、颍阳县

颍阳县，古县名。⑴治所在今许昌市西南。秦置，因城居颍水之北故名。东汉后废。⑵治所即今登封市西南颍阳镇，因城居颍水之北故名。古夏纶国。汉置纶氏县，属颍川郡。后周省人湮阳。北魏献文帝天安二年(467 年)置县,治所在今登封市区西 25 公里颍阳镇,属洛州。辖境相当于今登封市西部和伊川县东部地。魏孝文帝太和十三年(489 年),析置堙阳县。孝明帝孝昌二年(526 年),属阳城郡,东魏孝静帝天平元年(534 年),属洛州中川郡。北周废县为镇,入堙阳县。隋开皇六年,改湮阳县为武林县,又改武林倒为纶氏县,大业元年(605 年)废。唐载初元年(689 年),析河南伊阙、嵩阳,复置武林县。开元十五年(727 年),改武林县置,属河南郡,宋因之。北宋庆历三年(1043 年)废,四年(1044 年)复置。熙宁二年(1069 年)废,元祐二年(1087 年)复置,金废。今为登封市颍阳镇。明代登封知县傅梅曰:"古人因颍立名,今颍水在镇东三十里发源而去,远不相涉,此非两汉旧地明矣。自汉至隋,沿革不常,莫详其处。"

十四、曲良堡

曲良堡在今新密市曲梁乡曲梁村。北魏孝昌(525 ~ 527 年)中,析密县置曲粱县,治于此。北齐废县,称曲梁堡,后世误梁为良。见"曲粱故城"条。

十五、荥泽

荥泽,古湖泊。一名荥波、荥泽。在今郑州市西北郊古荥镇北。战国时与黄河中游及济水相通。西汉平帝后,渐淤为平地。《尚书,禹贡》载:"荥波既潴",即此。

十六、荥阳邑

荥阳邑,古邑名。在今荥阳市东北,战国韩地。

十七、荥州

荥州,古州名。治所在成皋(今荥阳汜水镇),北周置,隋开皇元年(581 年)改置郑州。

十八、龙门

龙门,即伊阙,在洛阳市南,伊河东岸有龙门山,西岸有香山,对峙如门。

十九、成安县

成安县，古县名。治所在今汝州市东南。西汉置，东汉建武二年(26年)后废。

二十、鬼谷

鬼谷，古地名。相传为战国时期鬼谷先生之居地。在今登封市东南告成镇肖家沟。沟东侧有云梦山，山左前侧一丘腰有鬼谷宅。现存二洞，东洞已坍塌，南洞淤半，宽2米，深20米，洞壁有灯窝。《史记·苏秦传》"苏秦……而习之于鬼谷先生。"《集解》引徐广曰："颍川阳城(今告成年)有鬼谷，盖是其人所居，因为号。"即指此地。唐李白《送王屋山人鬼万还王屋》诗有"鬼谷上窈窕，龙潭下奔潨"句。

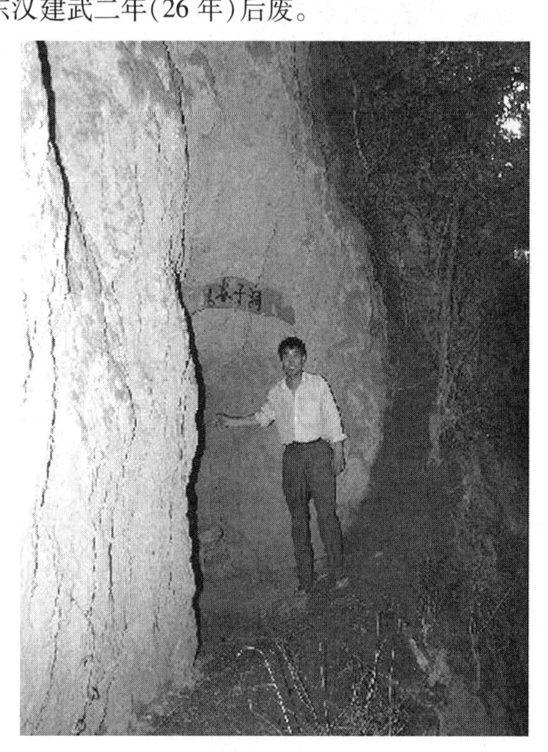

登封告成鬼谷子洞

二十一、纶氏县

纶氏县，古县名。治所在今登封市西南，西汉置，东汉改轮氏县，西晋废。纶、轮古字通用。

二十二、北邙

北邙，又名邙山，横卧于洛阳北侧，为崤山支脉。东西绵亘190余公里，海拔250米左右。邙山是洛阳北面的天然屏障，也是军事上的战略要地。白居易诗："北邙冢墓高嵯峨"。俗谚说："生在苏杭，葬于北邙"。旧说此山是陇山之尾，乃众山总名，连岭脩亘400余里。邙山是古代帝王、贵族理想中的埋骨处所。

二十三、荥口石门

东口石门位于今荥阳敖山的东北。荥口石门建于东汉阳嘉三年(134年)，早于荥阳"石门"30多年。荥口石门二个特点：其一是这座石门所在地很是低下，显然是一条积年流水的故道。其二是这里叫做荥口。不仅这里叫做荥口，就是这条流水的沟渠，还是叫荥渎。荥口和荥渎不会是偶然的巧合，显示它本来是当年黄河溢出来的黄水流到荥泽里的水口和故渎。因此郦道元就肯定地说:“盖故荥播所导,自此始也”。

后来由于黄河的决口泛滥,再经过东汉初年的治理和东汉末年的修筑石门,于是济水由黄河分流出来的地方就由荥口石门移到其西的石门了。所以说,荥口石门是后来济水分河的地方。《水经·渠注》说,济水分河东南流是在石门,此处所说的石门,应为荥口石门。

二十四、荥阳石门

荥阳石门位于荥阳敖仓城西北、荥口石门之东。用现在的地理来说,就是在汉王城的西北。敖仓城的故址应在今荥阳县城东北,汉荥阳县城西北,石门今已为河水所侵蚀,湮灭无迹。史料记载,荥阳有浚仪渠,东汉灵帝建宁四年(171 年),于敖城西北垒石为门以遏渠口,谓之石门。该石门是在东汉初年王景治河修渠的基础上筑成的。西去可三里,石铭云:“建宁四年十一月黄场石也。”而主吏姓名磨灭不可复识。

二十五、归正里

归正里位于今洛阳市东北。汉、晋洛阳城南洛河南岸,北魏于此建金陵馆,以处南朝来人。

二十六、归德里

归德里位于今洛阳市东北。汉、晋洛阳城南洛河南岸,北魏于此建燕然馆,以处北方诸国来人。

二十七、郚乡

郚乡位于今汝州市东,东汉时黄琼、袁绍封为郚乡侯。

二十八、汝北郡

汝北郡,古郡名。治所在今阳人城(汝州市西)。北魏孝昌初置,东魏天平二年(535 年)废,武定元年(543 年)复置,治所在梁雀坞(今汝州市东北)。五年(547 年)移治所为石台县(今汝州市西南)。北齐又移治南汝原县(今汝州市),不久改为汝阴郡。

二十九、曲梁县

曲梁县,古县名。治所在今新密市东北,北魏是中分密县置,北齐废。

三十、崇高邑

崇高邑,位于嵩山脚下的登封市区北部,东西长约3500米,城南北宽约700米,总面积24万多平方米。据《汉书·武帝纪》载:汉武帝于元封元年(前110年)春,祭祀中岳,归途中发一诏书,诏曰:"……以山下户三百,为之奉邑,名曰崇高。"

三十一、袁术固

《偃师志》:"《晋书》云缑氏西南有袁术固。"《名胜志》载:"袁公路所筑,四周绝涧甚险,其中可容十万人,一夫守险,万夫莫当。东去十里,有曹公城,曹与袁术相拒者。"

三十二、刘项对顶处

刘项对顶处位于荥阳市东北汉霸二王城的城墙上。霸王城上原有"太公亭"(今无)。项羽曾将作为人质的太公(刘邦父)置此,威胁刘邦"今不急下,吾烹太公"。刘邦说:"吾翁即若翁,必欲烹而翁,幸分我一杯羹。"又数项羽"十大罪状"。唐李白游此,曾题诗:"伊昔师广武,连兵决雌雄。分我一杯羹,太翁乃汝翁。战争有古迹,壁垒颓层穹。"

三十三、华阳邑

华阳邑,西周时为华国都,郑国东迁后,灭华国以为邑。战国时先属魏,后属韩。在今新郑市区北18.5公里的郭店镇华阳寨村。周赧王四十二年(前273年),魏、赵二国联合攻击韩国华阳城,韩国急,求救于秦国,秦"败赵、魏于华阳之下"。《史记,韩世家》:厘王二十三年(前273年)"赵、魏攻我华阳"即指此邑。

三十四、鸿沟

鸿沟

鸿沟,古运河名。鸿沟是战国中期魏国自安邑迁都大梁后,为振兴经济,富国强兵,约战国魏惠王十年(前361年)开凿的一条人工运河。故道自荥阳北引黄河水,东流经今中牟北,东经开封北,折而南经通许东、太康西,至淮阳东南入颍水。联结济、濮、汴、睢、颍、涡、汝、泗、菏等主要河道。形成了一个统一的黄淮平原上的水道交通网,对促进全国各地经济、文化的交流,起到了巨大的作用。鸿沟故道,即由此引黄河水入今贾鲁河。据史载:"此渠皆可行舟,有余则用灌浸,百姓享其利。"从而大大促进了该地区的经济发展及与各地区的经济往来。

鸿沟位于嵩山东北麓的荥阳市汉霸二王城中间,即广武涧,宽约300米。楚汉相争时曾划鸿沟为界,中分天下。东面为楚,西面是汉。今列界限分明为划若鸿沟,即出于此。唐韩愈《过鸿沟诗》曰:

龙疲虎困割川原,亿万苍生性命存。谁劝君主回马首,真成一掷赌乾坤。

三十五、密州

密州,古州名。治所在密县(今新密市东南)。唐武德三年(620年)置,四年(621年)废。

三十六、越戏方

越戏方,商、西周方国。在今巩义市东南。《逸周书·世俘》载:"吕他命伐越戏方。"

三十七、堙阳县

堙阳县,古县名。治所在今登封市西南颍阳镇。北魏太和十三年(489年)年分颍阳县置,隋开皇六年(586年)改名武林县。

三十八、新郑邑

新郑邑，春秋时期郑国之都城。即今新郑市区以西地带。郑国始建于今陕西华县，西周灭亡，随周室东迁而都于此，故名。自武公六年（前 765 年），郑国建都于此，共传 23 君，历时 391 年。至周烈王元年（前 375 年），韩国灭掉郑国，地入韩国，遂称郑邑、南郑邑。

三十九、南郑邑

南郑邑，战国时期韩国都城，一名郑邑，即今新郑市区。张仪在秦惠王面前争论，伐蜀不如伐韩，即论及南郑。《战国策·秦第一》："亲魏善楚，下兵三川……魏绝南阳，楚临南郑。"南郑即韩之都城南郑邑。

四十、新密邑

新密邑，又作新城邑。春秋郑地，在今新密市东南。

四十一、马陵邑

马陵邑，春秋时期郑国地，战国属韩。在今新郑市、中牟县交界处之马陵岗。《史记，韩世家》："韩懿侯三年，魏败我马陵。"即指此地。

四十二、訾邑

訾邑，春秋周地。在今巩义市西南。

四十三、雒水

雒水，古水名。即今洛河。三国魏改"雒"为"洛"。

四十四、赫邑

赫邑，古地名。在今汝州市西南。《古本竹书纪年》梁惠成王二十八年：穰苴与郑孔夜战于此。

四十五、河南郡

河南郡，秦朝时期名为三川郡。西汉高宗二年（前205年）改为河南郡，汉高祖刘邦改三川郡为河南郡，治所在雒阳（今洛阳），其时辖地在今河南黄河南部洛水、伊水下游，双洎河、贾鲁河上游地区及黄河北部原阳县一带地区，辖22县，大致相当于今河南省孟津、偃师、缑氏、巩义、荥阳、成皋、新郑、原阳、中牟、郑州、新郑、新密、临汝、汝阳、伊川、洛阳等县市。东汉时期即都洛阳，为提高河南郡的地位，其长吏不称太守而称尹。隋朝初年被废黜，后又复为豫州河南郡。唐朝时期为洛州河南府，其辖境都远小于汉朝时期的河南郡。元朝时期为河南路，明、清两朝时期均为河南府。民国时期建为河南省。

四十六、广武古战场

广武古战场位于今荥阳市区广武镇北境黄河南岸广武山上，即“汉霸二王城”故址。汉王二年（前205年）至汉王四年（前203年），楚、汉两军数次大战，争夺荥阳（今郑州市古荥镇）。前205年，刘邦

楚汉大战

伐楚，兵败后退守荥阳；前204年，汉军筑甬道，食敖仓粟，楚断汉粮，刘邦出逃，荥阳归楚；前203年，项羽出征，刘邦趁机攻打成皋（今荥阳市汜水镇），大败楚军而屯兵广武（今荥阳市广武北邙乡），项羽回师，亦屯兵广武。两军隔广武涧对垒，西城为刘邦所筑，称汉王城；东城为项羽所筑，称霸王城，相持数月不下。刘邦被项羽箭射中胸，项羽兵疲粮绝，故双方议和，以鸿沟为界，中分天下。项羽元气大伤，东归彭城。刘邦占据了具有重要战略地位的荥阳，实力大增，为其后称帝和稳定汉王朝的统治打下了坚实的基础。

四十七、吕布城

汉献帝建安四年(199 年),曹操等推袁绍主盟,会兵讨董卓。卓遣吕布守成皋以扼虎牢。袁绍命刘备、关羽、张飞大战吕布。袁绍在汜水卧龙山建垒,吕布在九曲山巅筑城,张飞在古峭关南山顶立寨。吕布所筑之城为吕布城。

四十八、岳寺

岳寺,即嵩岳寺,位于登封城北 5 公里太室山南麓,在法王寺西一里许。原是北魏宣武帝元恪和孝明帝元诩的离宫。孝明帝正光元年(520 年)改名"闲居寺"。隋文帝仁寿二年(601 年)改名"嵩岳寺"。唐高宗与武则天游嵩山时,曾把嵩岳寺作为行宫。据唐李邕《嵩岳寺碑》记载:"广大佛刹,殚极国材,济济僧徒,弥七百众。落落堂宇一千间。"嵩岳寺在北魏和唐朝盛极一时,北魏原建有嵩岳寺塔、凤阳殿、八极殿、逍遥楼等建筑,隋唐增建有塔东的七佛殿,塔西的定光佛堂,塔北的无量寿殿,以及西方禅师浮图等,这些建筑多为皇室所立,着实富丽豪华。

四十九、韩王故垒

魏、晋时期称战国时韩国都城为韩王故垒,即郑韩故城。在今新郑市区西北部。《晋书·李矩传》:"刘聪遣从弟畅步骑三万讨矩,屯于韩王故垒。"即指此地。

五十、神垕古镇

禹州神垕古镇

神垕古镇位于禹州市西南。是驰名中外的钧瓷文化发祥地,是五千多年陶瓷文化积淀而成的具有典型区域特色的中国历史文化名镇。"神垕古镇"之名历史上曾被四次皇封。因至今仍盛产各种陶瓷,"神垕古镇"被誉为全国唯一"活着的古镇"。悠久的历史给神垕镇留下了丰富的文物古迹。目前,神垕镇区有国家级重点文物保护单位 1 处、省级文物保护单位 3 处,各种古寺庙、古民居、古祠堂等40余处，大多数分布于以老街为核心，面积达3平方公里的古镇区内。

五十一、城父　父城

古籍曰：位于郏城东30里。据推属禹境地。即张良的出生地。

五十二、散国城

《汉书·景、武、昭、宣、元、成、功臣表第五》载，元狩六年（前117年），散侯董舍吾，以匈奴都尉降，侯千一百户，在阳城。《路史》载，散国城，武帝封。按《汉书地理志》：阳城有三：济阴阳城、汝南阳城、颍川阳城。《路史》何以知散为颍川阳城也？盖他阳城封国，则系以阳城某地，而散则但曰阳城。仍以河南府志附录于此。

第三节　隋唐以降地名

一、伊阙

伊阙，即今河南省洛阳市区南约2公里处的龙门。龙门是洛阳南面的天然门户，香山（东）与龙门山（西）两山对峙，远望犹如一座天然门阙。因此自春秋战国以来，这里就获得了一个形象化的称谓——伊阙。北魏郦道元《水经注·伊水》："水又北入伊闕。昔大禹疏以通水，两山相对，望之若闕，伊水歷其间北流，故谓之伊闕矣。春秋之闕塞也。"汉灵帝置八关都尉以备黄巾，伊阙居其一。北宋著名文学家宋祁曰，伊阙，洛阳南百之险也，自洱颍北出，必道伊阙，其间山谷相连，阻扼可恃。

隋炀帝定都洛阳，因皇宫大门正对伊阙，古代帝王又以真龙天子自居，因此得名"龙门"，"龙门"之名即沿用至今。举世闻名的龙门石窟就雕刻在伊河两岸的山崖上，南北长约1公里。山河形胜，历来是兵家必争之地。东周时期，西方的秦国自商鞅变法后，迅速强大起来，于是兵锋向东，逐渐蚕食各国土地。公元前307年秦军占领宜阳（今河南省洛阳市宜阳县），把领土扩展到了中原。周赧王二十二年（前293年），韩、魏两国联合抗秦，秦国名将白起率军在伊阙消灭韩魏联军24万多人，创下了以少胜多"伊阙之战"的奇迹。隋朝建都洛阳后，因宫城门面对"伊阙"而始称"龙门"。龙门山河壮丽，风景幽美，自古即为洛阳八景之冠。山上翠柏成林，郁郁苍苍，泉水淙淙，蕴雅藏幽；山下伊水潺潺，清澈见底，天光云影，徘徊留连。唐宋以来，诗人墨客为龙门山色留下了无数赞颂的诗篇。唐代诗人韦应物有诗："凿山导伊流，中断若天辟。都门遥相望，佳气生朝夕。"

二、郑州

隋初置郑州，治成皋，唐迁管城，即今郑州。

三、河阳

汉河阳县在今河南孟县西。隋移今县南。金移至今县。明初撤销，并入孟州。历代都洛阳者，常以河阳为重镇。北魏筑三城，北中城在北岸，中禅城在黄河中沙洲上，南城在南岸。唐后期置河阳三城节度使以镇之。

四、罗口道

罗口道，古道路名。为巩义、登封交通要道。此道可由登封市东北部经长罗川通巩义、洛阳等地。《读史方舆纪要》载：“隋大业十三年，李密自罗口袭兴洛仓，破之，又密将张善相为伊州刺史，据襄城，自襄城北出罗口，即长罗川口矣。”《施府志》载：“今罗口有罗口保，乃罗水出山之口，其自襄城北出罗口，必经登封，由登封西北出轘辕，乃东北趋巩，其道迂远，故径自登封东，逾大山，北至罗口道。”其中所提“罗口道”即指此古道。

五、嵩州

嵩州，古州名。⑴治所在阳城县（今登封市东南告成镇）。隋开皇十六年（596 年）置，仁寿四年（604 年）废。唐唐武德四年（621 年）复置，贞观三年（629 年）废。⑵治所在伊阳县（今嵩县西南）。金天德三年（1151 年）改顺州置，明洪武二年（1369 年）降为嵩县。

六、管城县

管城县，古县名。隋开皇十六年（596 年）置，治所在今郑州市。先后历为管州，郑州治所。明初废入郑州。

七、汜水

汜水，旧县名，在今荥阳市西北汜水镇。因汜水河由巩县东南北流经此地注入黄河，故名。隋开皇十八年(598 年)改成皋县置，属郑州。唐垂拱四年(688 年)更名广武县，神龙元年(705 年)复名汜水县，五代改属河南府。宋熙宁五年(1972 年)废入河阴县。元丰二年(1079 年)复置，属孟州，金复属郑州，明、清仍之。1948 年与广武县合并为成皋县。

嵩阳县，即登封县起始名

八、嵩阳县

嵩阳县，古县名。治所今登封市西南。隋大业元年(605 年)改纶氏县置，因县城居嵩山南为名。唐贞观十七年(643 年)废。万岁登封元年(696 年)，改名登封县。神龙初复名嵩阳县，二年(706 年)又改登封县。唐诗人岑参有《浐水东店送唐子归嵩阳》诗。

九、圉泽

圉泽，春秋周地。在今偃师市西。北魏改圉县置，北齐废。隋开皇六年(596 年)复置，唐贞观元年(627 年)废。

十、唐畿道

唐畿道，唐代行政区划。唐开元二十一年(733 年)置。治所在洛阳(今洛阳市)，辖境相当今洛宁、渑池二县以东，巩义、新密、襄城三市县以西，嵩县、鲁山、叶县以北，济源、孟县以南地区。乾元元年(758 年)废。

十一、伊州

伊州,古州名。治所在伏流县(今嵩县东北),隋开皇初改和州置,开皇四年(584 年)移至承休县(今汝州市东),后又移至南汝原县(今汝州市),大业初改名汝州。寻改襄城郡。唐武德四年(621 年)复改汝州。

十二、二郎庙

二郎庙即洛阳市洛龙区关林镇的二郎庙村,因历史上有二郎神之庙,故得名至今。印度佛教自汉朝时经洛阳传入中国,佛教神祇中的毗沙门天王的第二子,名字叫独健,经常领天兵护其国界,被称作“二郎神”。唐玄宗时,唐边关安西镇被围攻,佛教高僧曾协助官兵助战解围,为此唐玄宗下令让天下州府都设坛供养天王和独健二郎神形象。洛阳二郎庙村就在唐皇城南门外 2 公里,据本村老人回忆说,当时建造有金钟寺和二郎神庙两座,规模宏大,仅僧众就三四百人。后经朝代更迭,僧人侵夺民财,两佛殿被村民烧毁。明清重建二郎神庙,原因不明又毁之。

十三、颍亭

颍亭位于禹州市九山寺旁,系唐代古禹州的一个著名景点。“颍水之滨,有地可以览山川之秀者,九山寺在焉。”这里“烟云草树,浓淡覆露,各尽其态。平视之令人意远,超超然若万里之鹤也。”因有此美景,唐代阳翟令陈宽决定在此“可树亭哉!”完工后逐名之“颍亭”,后又撰了《颍亭记》一文。唐代诗人韩琮、王涯、李献能,金代诗人元好问,元代诗人田云、张公儒等,皆写有关颍亭的诗作。

十四、葵园

葵园位于今荥阳市高阳镇竹园村一带。地处大道,地势险要。唐天宝十四年(755 年),安西节度使封常清人朝,以安禄山反,改封常清为范阳、平卢节度使,出镇东京(洛阳年)。安禄山西进,常清以新募 6 万人,屯武牢以拒之。安禄山以铁骑击之,常清大败。“常清收余众,占于葵园。”即指此地。

十五、郜成县

郜成县,古县名。《名胜志》:郜城有登封县东南 28 里,古郜城县也。《路史》云:是城为南郜,太原为箕郜。郜城县治所在今登封市东南的告成镇。登封旧志:阳城即古告成。按登封阳城,唐万岁登封年(696 年),初改阳城县为告成县置,谓唐武则天封嵩山后至此取大功告成之意。唐神龙元年(705 年),复改阳城县。二年(706 年)又改告成县。天祐二年(905 年)改阳邑县。五代唐又改阳城县。周显德年间(954 ~959 年)并入登封县。

十六、黄台县

黄台县,古县名。治所在今禹州市东北。东魏兴和元年(539 年)置,隋大业初入颍川县。唐武德四年(621 年)复置,贞观元年(627 年)废。

十七、承休县

承休县古县名。治所在今汝州市东。隋大业初改汝原县置,唐贞观无了年(627 年)改名梁县。

十八、僧朗谷村

僧朗谷村位于今荥阳市广武镇桃花峪村,黄河南岸。唐代称僧朗谷,明代以来称桃花峪。《河阴县志・金石考》记:“僧朗谷,维大唐贞观八年三月,……东京昭成寺于河阴憎朗谷果园庄一所,施地及买地二千零一十四亩。”即指此村。

十九、桂家村

桂家村,古村名。位于今郑州市区北 25 公里处,即今邙山区花园口镇花园口村。据传:宋代于此建闸治水,工匠居住渐成村落,名桂家村。明时天官徐某于此建 540 亩的大花园,花园口之名遂代替桂家村。

二十、黄军屯

黄军屯,古村名。位于今郑州市中心西北 5 公里的贾鲁河南侧,即今邙山区老鸦陈村。明初陈姓来此定居,树林郁茂,老鸦成群,遂将黄军屯演变成老鸦陈。

二十一、梁县

梁县,古县名。(1)治所在今汝州市西南。秦置,唐贞观初废。(2)治所在今汝州市东,唐改承休县置,明洪武初废,入汝州。

二十二、康城县

康城县,古县名。治所在今禹州市西北。北魏孝昌中置。隋仁寿四年(604 年)废旧物资,唐武德四年(621 年)复置,贞观三年(629 年)废。

二十三、苑陵县

苑陵县,古县名。治所在今新郑市东北。秦置,隋大业初废,唐武德四年(621 年)复置,治所在山氏城(今尉氏县南),贞观元年(627 年)废。

二十四、崿岭

一作崿岭阪,在今登封市西北部与偃师市接界处之岭口,地势险要,道路弯曲,轘辕关处其地。历为洛阳东南行之重要关口,唐李光弼谓:守洛阳,"则汜水、崿岭、龙门皆应置兵"即指此。

二十五、崿阪关

崿阪关,一作崿岭关,以关置于崿阪(崿岭)上而得名,在今登封市西北界上,即轘辕关,见"轘辕关"条。

二十六、古荥泽

古荥泽,旧县名,治所在今郑州市区西北古荥镇北。古时该地有一片沼泽区,《尚书·禹贡》:"荥波既猪(潴)。"《汉书·地理志》曰:"入于河,轶(溢)为荥。"故名荥泽。隋仁寿元年(601 年)改广武县置荥泽县,属管州。唐、五代属郑州。宋熙宁五年(1972 年)并入管城县,元祐元年(1086 年)复置,属郑州。元属开封府,明成化八年(1472 年)因河患南徙至今古荥镇。清代属郑州,1931 年与河阴县合并为广武县。

二十七、成皋

成皋位于河南省荥阳市区西北部16公里的汜水镇。成皋，本古东虢国，春秋郑制邑，因西周穆王在此牢虎而得名虎牢关。这里秦置关、汉置县，以后的封建王朝，无不在此设防。春秋之郑，战国之韩，皆为重地。秦始皇帝二十六年(前221年)，秦统一六国，分天下为36郡，荥阳、成皋隶三川郡。楚汉亦相持于此。西汉属河南郡，东汉改为成睪县，属河南尹。三国魏复名成皋，属河南郡。三国魏属河南郡。晋、北魏沿袭不变，东魏属荥阳郡，北齐、北周时属成皋郡。北周宣政元年(578年)置荥州，州治成皋县，隋开皇三年(583年)改荥州为郑州，州治成皋。隋初属郑州，开皇十八年(598年)更名为汜水县。唐武德四年(621)析汜水县西境复置成皋县，属郑州。贞观元年(627年)省人汜水县。1948年汜水、广武二县合并置成皋县，治所在今荥阳市广武镇。1951年徙治汜水镇，属郑州专区。1954年划归荥阳县。在今荥阳市汜水镇西北有成皋故城。

成皋是一个古战场，历史上许多军事活动均发生于此。春秋鲁隐公五年(前718年)郑败燕师于此；鲁襄公二年(前571年)晋悼王会诸侯于戚以谋郑，用孟献子“请城虎牢以逼郑”之计，开始在此筑城；楚汉争霸时(前203年)，刘邦、项羽在此争城夺关。特别是东汉末年，吕布在此大战刘、关、张，更使虎牢关威名大震；唐代李世民大战窦建德、宋代岳飞大破金兵于竹芦渡，一直到元、明、清仍是鏖战纷繁，时闻杀声。

二十八、板渚

板渚，亦称板城诸口。在今荥阳市区北20公里北邙镇刘沟村西北黄河道中，隋炀帝大业元年(605年)开通济渠，自此引河水南达于淮，为隋、唐时期水运之枢纽。炀帝两次游江都，均经此而东南下。唐武德四年(621年)，窦建德陷管州，以船运粮，溯黄河由此西上。王世充之弟王世辩屯军于“成皋之东原，筑宫板渚”。

二十九、牛口渚

牛口渚，隋唐时期地名。在今荥阳市西北汜水镇附近黄河南岸。唐武德四年(621年)，窦建德救王世充于洛阳，自板渚出牛口，即此。秦王李世民率军猝击，建德中槊，遂“蹿匿于牛口渚”，被生擒。当时有民谣：“豆(窦)入牛口，势不得久。”即指此。宋代以后，黄河依广武山东流，其地沦入黄河道中。

三十、牛口

牛口,一名牛口峪。隋唐时期地名。在今荥阳市北邙乡西北5公里岭上,秦王寨西北部和高村乡西部。这里是一处数千米宽的深渊,北通黄河,南临绝壁。地处古代自板渚(今荥阳市北邙乡刘沟村北黄河道中年)越广武山南行之交通要道,常为兵家所用。唐武德四年(621年),秦王李世民与夏王窦建德决战于此,李世民以弱胜强,擒窦建德,并将其杀害于长安。《资治通鉴·唐纪五》:"建德果悉众而至,自板渚出牛口置阵。"即指此地。

三十一、登封

登封,古县名。唐垂拱四年(688年),武则天改嵩山为神岳,封其神为天中王、配偶为天灵妃。万岁通天元年(696年),武则封禅太室、少室,尊天中王为神岳天中黄帝、妃为天中黄后,大赦天下,蠲免赋税,大酺九日。改年号为"万岁登封",改嵩阳县为登封县,改颍阳县为告成县。

三十二、横岭

《密县志》载:横岭西连巩、汜之横岭。至五枝岭,入境而东,起伏绵延八十余里。随地异名,南北诸山皆其支也。《方舆纪要》:"横岭在巩县东三十里,接汜水界。李密据兴洛仓,隋遣东郡兵讨之,又使虎牢镇将裴仁基,自汜水西入,以掩其后;密分兵伏横岭以待。"

三十三、河阴县

河阴县,古县名。位于今荥阳市东北。唐开元二十二年(734年),为便利东南漕运,在古汴河口修筑河阴仓,并析汜水、武涉、荥泽地而置县。以县置于黄河之南而得名。五代、宋属河南府,治所屡有迁移,皆在今荥阳市东北一带。明洪武二年(1369年)由广武山北大峪口徙治广武山南黄店街(今广武镇),属郑州。清乾隆二十九年(1764年)省入荥泽县。1913年复置,属豫东道(次年豫东道改称开封道)。1931年与荥泽县合并为广武县。河阴县治所曾经三迁:始建治所在黄河、汴渠分水处,开元二十三年(735年)迁于输场之东渠口,元至正四年(1344年)迁大峪口,明洪武三年(1370年)迁黄店街。清乾隆时并入荥泽。1913年复置。1931年与荥泽县合并为广武县。

三十四、虎牢仓

虎牢仓，即武牢仓，古仓名。故址在今荥阳市北邙乡刘沟村西北黄河道中。隋大业年间(605～618年)于汴水口西筑仓。唐初以李渊祖父名虎，讳改名武牢仓。以仓为隋末唐初南粮北运之暂储仓。此仓址位置选择不当，南来之粮船须穿汴水口之激流，不易通过。唐开元二十二年(734年)，于汴水口东北筑河阴仓以代虎牢仓，遂废。

三十五、河阴仓

河阴仓，古仓名。唐开元二十二年(734年)七月于汴河口置输场，八月于输场东置河阴仓。故址在今荥阳市北邙乡刘沟村北黄河道中。当时实行节级转运，以避三门之险。自东南江淮运来之粟米，悉纳入此仓，以待西运。凡三岁运米七百万斛，节省运费三十万缗。自此西运洛阳之含嘉仓和太原仓。后自太原仓起运，浮渭水，达于关中，以实京都。此为南粮北运之枢纽。

三十六、京索间

京索间指京水和索水流域，泛指郑州西部荥阳东部。京水，古河名，即今贾鲁河上源一支。位于今郑州市区西北20公里。历经变迁，习惯以郑州北京水镇以上称京水，以下谓之贾鲁河。索水，魏晋时期水名，今称索河。以流经小索亭(今荥阳市区乔楼镇东郭村南)而得名。水有二源，西源于今荥阳市区西南之石岭寨，名东关水，即古之旃然水，东北流；东源于少陉山，名器难水，西北流，二水合，经故京城，北流经小索亭，水以亭名。

三十七、平津

平津，指小平津，位于巩义市与孟县交界处的黄河南岸，与孟县隔河相望。

三十八、洛河镇

在今巩义市东北10公里的河洛镇洛口村，黄河南岸，洛河东岸。以镇处洛河入黄河口而得名。隋代所筑之洛口仓及洛口仓城主要部分即在此镇及其以南地段。金代为巩县之主要集镇之一。

三十九、白冶河镇

白冶河镇,宋代集镇。在今巩义市区东南 7 公里的北山口镇白河村。隋、唐时期,此地居民多烧制白瓷器皿,村落又有溪水流经,遂名白冶河。宋代形成集镇。此地所产之白瓷器皿,质地细腻,光泽洁白,盛称于世。

四十、逍遥谷

逍遥谷,古称承天谷,在登封市北 3 公里的太室山金壶峰下。背有千仞高壁,势如接天应地,故名承天谷。唐高宗于调露二年(680 年)游此,隐士田游岩出迎,答曰:"既逢圣代,幸得逍遥。"遂改承天谷为逍遥谷。东倚万岁峰,西依七星岭,长 1.5 公里,宽 80 ~ 150 米,海拔 500 ~ 620 米,南北走向,前寒武纪地层,经嵩阳等三次造山运动,山体隆起断裂后,受燕山运动影响而成,东侧为石岩体,西侧为砂、砾岩体,谷底多砾质砂土,谷中蛇蜒小道,为古人登嵩之路。

四十一、罂子谷

罂子谷,一名婴子谷。在今荥阳市汜水镇寥峪村西,黄河南岸。五代唐庄宗同光四年(926 年),庄宗征讨李嗣源,行至中牟万胜镇,闻李嗣源已据大染。庄宗遂班师回洛阳,出汜水关西行,过罂子谷。《资治通鉴·后唐纪三》:"帝还,过罂子谷,道狭。"即指此谷。

四十二、云岩宫

云岩宫内建筑。云岩宫又名轩辕黄帝宫,位于密县东南 20 公里刘寨乡刘寨村西南。开宝二年(969 年),为纪念黄帝在此练兵讲武而建。面积 1.6 万平方米,坐北面南,由 3 进 3 院组成。在中轴线上有山门、四师殿、三清殿、藏经楼、玉皇阁等殿宇 40 多间,系清代建筑。宫内有"轩辕门""讲武门";宫东南有"力牧台";云岩宫现存碑刻 35 通,多嵌存三清殿前后壁中。其中元碑 1 通、明碑 5 通、清碑 9 通。其中《云岩宫重建风后八阵图记》碑,

云岩宫外景

高2.85米，宽1.1米，厚0.28米，记述了黄帝与大臣风后讲武、利用八阵兵法战败蚩尤的事迹。

四十三、平泉山居

平泉山居唐代武宗时宰相李德裕的别墅。故址在今龙门山南伊川县境内的梁村沟村。这里地处深邃的壑，沟内泉水清澄，周围岗峦起伏，自然形势秀丽。园中除书楼、瀑泉亭、流杯亭、西园、双碧潭等建筑外，园中搜罗了来自全国各地的奇花异卉、珍木奇石。此文章记述了各种花木的名色、来历，但却未涉及园中景物的布局，然而，从文中所记，人们还是能看出该园的非同一般。

四十四、石淙

石淙，石淙河名。嵩山玉女台下的平洛涧，涧水清澈见底，金鱼游戏，草影跳动，水击石响淙淙有声，故名“石淙河”。位于登封市大冶镇的石淙河两岸的巨石中间，有一大水潭，水面墨绿，深不可测。潭中有一块大石独出水面，高约5米，宽约丈余，石顶平整如案，可围坐10余人。唐大周久视元年(700年)五月，武则天游中岳嵩山时曾在此平台上大宴群臣，笙笛歌舞，即兴作诗，即所谓“石淙会饮”。

四十五、东槐林

东槐林，北宋村落名。在今荥阳市贾峪镇双楼郭村，须水河西岸。北宋郭不于此建楼两座立村，名东槐林。清代中期，郭姓居多，又以街北郭怀所建两座搂，遂改东槐林为双楼郭。

四十六、京西

京西，路名。宋至道十五路之一。治所在河南府(今洛阳市)。辖境相当今郑州市、许昌、淮阳以西，峭山、熊耳等山以东，沁河、卫河以南；安徽西淝河以西、淮河以北；陕西秦岭以南，子午河、大巴山以东；湖北涢水以西，京山、钟祥等县及荆山以北地。熙宁五年(1072年)分南、北两路：北路治所在河南府，辖有今河南伏牛山以北，桐柏山以东地区。金改为南京路。南路治所在襄阳府(今湖北襄阳)，辖境相当于上区的西南。南宋略有减缩。元废。

四十七、京水镇

京水镇，旧镇名。位于今郑州市区北15公里处，即今邙山区花园口镇京水村。因贾鲁河古称京水得名。历为郑州北著名集镇,集贸繁荣,南北渡黄河商客多以此为食宿地。自1938年花园口黄河大堤被扒开后,多处被冲塌,集贸从此停止。

四十八、荥波镇

荥波镇,古镇名。位于今郑州市区北15公里,即今邙山区古荥镇。宋熙宁五年(1027年)废荥泽县改名荥波镇,入管城县。元祐元年(1086年)恢复原名。

四十九、祥符营镇

祥符营镇,旧镇名。位于郑州市中原区沟赵乡南部。宋大中祥符三年(1010年),置祥符县,与开封同城。关于此处置祥符营村,方圆36公倾。因处荥阳、荥泽和郑县(郑州)交界处,俗谚"一步超三县"即指此。原有土寨,建于清同治元年(1862年),寨门上刻石横书为"祥符营镇"。昔日生意兴盛,有店铺40多家,其中有粮行、饭铺、杂货店、银匠铺、药铺等行业。村中有座永安寺,建筑宏伟,香火很盛。

五十、竹芦渡

竹芦渡,在今荥阳市西北16公里的岳阵图村一带,宋建炎二年(1128年),岳飞大战汜水关,驻军竹芦渡,设伏兵夜半执刍火置疑阵溃金军于此。

五十一、永安县

永安县位于巩义市西南20里。自太祖至哲宗八陵皆葬于城西南诸原上。宋太祖父昭武帝葬于此,曰永安陵。为了管理宋墓陵区,宋真宗景德四年(I007年)划偃师山化和巩县康店、芝田、回郭镇及登封各一部分设永安县,以奉陵寝,县治在今巩义市芝田村。宋徽宗政和三年(1113年)三月,又升县为永安军,并派许多军队保卫位于巩义市的宋皇陵墓群。据《宋史》记载:八个陵就有数千名士兵守卫,再加上管理、祭祀等人员,经常在这个陵区内的当有万人左右。金贞元元年(1153年),改芝田县。元废县。又有南城军,亦在县西南。宋绍兴二年(1132年),岳飞遣诸将收复河南,杨遇复南城军,张宪复永安军,是也。金废。

五十二、三公石

三公石位于嵩山的太室山南麓玉柱峰下。三公石,又名三醉石,石形如三人醉酒欹卧之状,故名。宋代的范仲淹、欧阳修、梅尧臣诸公登嵩期间,曾观此石,并各有诗咏之。清代耿逸庵改名“三公石”,题字于其上。三石鼎立,大者雄伟高耸,拉手可以攀上,高低排坐,可容10余人;次者秀丽挺拔,上有雨水一涡,常年不涸,石上裂口内有野生荆棘数株,枝干疏落,为百年古物;又次者,形如峦嶂,当中崩裂,林梢丛生,无土而繁茂。

五十三、芝田

芝田,古县名。《巩县志》载:“在县西南,宋为永安县。元时产芝,改为芝田县。今废为镇。”

五十四、界石铺

界石铺,旧铺名。在郑州市上街区东部,距郑州市区30公里,始建于1368年,它原在汜水镇东30华里成皋、荥阳交界处,故名。久废。

五十五、梅山镇

梅山镇,亦称眉山镇、眉山店。在今新郑市西北27公里的龙湖镇梅山村。金代置镇,以地近梅山而得名。金哀宗天兴元年(1232年),蒙古大汗窝阔台以南路军进逼金都开封,金将武仙自宛(今南阳)、邓(邓州)率兵入援,至此为蒙古军所败而退回邓州(今邓州市)。

五十六、鏁水镇

鏁水镇,金代镇名。在今新密市东南13公里的大隗镇纸房村。以附近有鏁泉水而得名。金代为密县古镇之一。《金史·地理中》:“密县有镇二:大隗、鏁水。”即指此镇。后镇废,为锁水村。

五十七、御寨

御寨,山名。为少室山主峰,海拔1512米,为嵩山最高峰。因金宣宗曾屯兵于此,故称御寨。《金史·地理》载:登封有少室山,宣宗置御寨其上。《说嵩》载:金史宣宗屯兵于少室山,今称御寨。山北五乳峰下有少林寺。明末农民起义领袖李际遇曾驻兵于此。

嵩山御寨

五十八、芝田县

芝田县,古县名。治所在今巩义西南,金贞元元年(1153年),改永安县置,元废。

五十九、颍顺州

颍顺州,古州名。治所在阳翟县(今禹州市)。金大定二十二年(1182年)改颍顺军置,二十四年(1184年)改为钧州。

六十、钧州

钧州,古州名。治所在阳翟县(今禹州市)。金大定二十四年(1184)年改颍顺州置,明万历三年(1575)改名禹州。

六十一、史村镇

史村镇,元、明时期形成集镇。以镇置史村而得名。在今荥阳市西北4公里的城关镇东史村。据“史豪碑”记:北齐天保五年(554年),史豪(魏征虏将军、洛阳太守年)于此建寺,后形成史村,随着发展而成镇。明代村向西延长,改名西史村,史村镇之史村遂名东史村。

六十二、三府街

三复街位置在洛阳老城南大街以东、河南府文庙以西100米处。据洛阳史志记载:三复街原名叫“三府街”,因“三府衙门”都设在同一条街,故称“三府街”。三府即:河南府(以洛阳为中心的行政衙门,与开封府、怀庆府同级)的知府(掌一府之政令和总领各属县的官职)、同知府(为知府的副职,分掌地方盐、粮、捕盗、江防、海疆、河工、水利以及清理军籍、抚绥民夷等事务）、通判府（朝廷派出监察和控制地方行政、军事的官职）。当时“三府街”是洛阳政治、文化中心。三府街最早在金朝、元朝兴建洛阳老城之初，明清后，三府先后迁到西南隅、东北隅，并多次转移驻地，三府街改称为三复街。

六十三、管城驿

管城驿，古驿站名。明洪武元年（1368 年）管城驿丞王敬祖在郑州西南（今管城回族区代市胡同南口年）建立。设有正厅 5 间，后厅 5 间，左右马房，左右厢房，驿丞宅，小厅，马神庙，鼓楼。有粮签马 14 匹，浙江市户马 28 匹，永充马 2 匹，签粮驴 33 头，管夫 12 名，铺陈库子 2 名。后迁州治东马号街。民国 4 年（1915 年）改贫民工厂。

六十四、李君驿

李君驿，古驿站名。位于今郑州市区西北 30 公里，即今邙山区古荥镇岭军峪村。三国魏时荥阳太守李胜政有遗惠，民为立祠曰李君洞。明洪武元年（1368 年）开始在这里设驿站，名曰李君驿，今讹名曰岭军峪。祠前有后铭，其略曰“百族欣载，咸推厥诚”，今皆不存。

六十五、递运所

递运所，旧所名。明洪武九年（1376 年）始置。唐德茂大使奉令在州东十里铺（牛岗铺年）建所，掌管运递粮物，转运军办等事。设大使 1 人，百夫长 1 人。有正厅、大使宅、牛神庙。有车 43 辆，牛 173 头，牛夫 173 名。防夫 29 名。正统六年（1441 年）改建于东门外，成化十二年（1476 年）改建于城内东大街三皇庙路东，今东城乡政府所在地。民国二年（1913 年）废。

六十六、圃田驿

圃田驿，明代汴洛驿道驿站。原在中牟县县治东，即今中牟县城东北部。以中牟曾称圃田得名。明洪武三年（1370 年）知县张永泰建。崇祯十六年（1643 年）废。

六十七、钧州

钧州，古州名。治所在阳翟县（今禹州市）。明万历三年（1575 年）改钧州置，辖境相当于禹州市，密县地。清不辖县。1913 年改为县。产瓷器。明末李自成农民起义军曾攻克此州，并杀明宗室徽王于此。

六十八、峻极中院

峻极中院，嵩山峻极寺的一部分。寺分上、中、下三院，上院在中峰顶，中院在嵩麓，下院在登封县城西关。《嵩书》卷三："峻极寺，在太室绝顶，中峰之上。按金碑云，后唐天成间，有僧安禅师自金陵来，驻足斯峰，感文殊降迹，遂立殿一所。至晋天福年中，赐额'峻极禅院'。至宋末，王贵妃自备俸钱，重修大殿。后遭兵火，废荡无遗。金大定间，有忠公禅师者，经营数载，院宇重新。此峻极之始末也。予按：峻极寺有三院，在中峰者为上院，在山麓者为中院，在西关者为下院。后上中二院俱废，独下院存耳，今为朝贺习仪之所。"

六十九、孟店铺

孟店铺，古铺名。在郑州市上街区中部，北距陇海铁路 200 米，东距郑州市区 40 公里，据传，孟姓于明末由山西洪洞县迁来在此开店，故名。后来设铺，又改名孟店铺，现东顶寨门上仍刻有"古孟店铺"四字。1949 年前归汜求县管辖，因距汜水县城 20 华里，更名廿里铺村，旧名废。

七十、狼烟洞

狼烟洞，古信号站。在郑州市上街区二十里铺，距郑州市区 40 公里。是清代建在原汜水镇东二十里铺的信号站，久废。今仅存遗迹。

七十一、四水

四水，指黄河、洛河、济水、伊水。乾隆十年《巩县志》："巩地巨浸河洛济伊四水。"

七十二、八里堂

八里堂位于洛阳南郊关林庙南的一个行政村。该村原名永安寨，有 200 多年历史，因东距偃师诸葛村、北距大屯村、西距李屯村、南距龙门村均是八华里而称八里堂。之于"堂"的说法是：据该村老人说，最早有个烧香拜佛的"奶奶堂"，里边设有"十八罗汉"。老人回忆该村东南还有文峰塔遗址，此塔高数层，第一层名叫"魁星"。文峰塔是祭拜"文曲星"、求状元、平风水的建筑，表明该村古代文人较多。据说文峰塔遗址位置曾埋有古碑，尚待考古解谜。据分析，清朝时期洛阳各种"书院"最多时期达 31 所，多数已找不到原址。元代因朝廷倡导儒学、理学，官、私书院风兴一时，明、清代延续，成为古代教育制度的一种模式。因此估计八里堂可能与曾经修建过书院有关。并且八里堂南距“龙门书院”、北距“伊洛书院”、东北距“洛浦书院”都是八华里左右的路程。

七十三、九府门

九府门位于老城区现今老集南与西大街交叉口的位置,“九府门”实际叫“旧府门”,是明朝的“大明朝伊王府南大门”。明朝开国皇帝朱元璋在北京定都后,1408 年将自己的第 25 个儿子朱彝封为伊王,在洛阳作藩王。伊王府内修建有大量殿宇、廊亭、水池、花园等等。伊王在洛阳传子、传孙共七八代人,世袭王爵位,但他们胡作非为,欺扰百姓,强夺民舍,坑害忠良。直至 1564 年,在朝廷、洛阳地方官、百姓的同声谴责下,朱氏子孙被明世宗嘉靖削去爵位,终结王国。之后伊王府被修佛寺为名逐渐拆毁。此后数十年,明神宗又将福王封于洛阳,建有福王府(现今青年宫广场)。“旧府门”原有的门楼建筑 1991 年在城建改造中被拆除。

七十四、泰峰

泰峰,即泰山之峰。在郑州西南 20 公里处(今新郑县小乔乡),与梅山东西斜对。泰山之巅较梅山为尖秀。民国五年《郑县志》称:“盖一郡之文峰也。”又以“其山能吐云,不亚岱宗之肤寸而合,故又名泰山”。凡郑州西南“三十里外之岗,皆源于此。其山三面陡绝,不可攀跻,惟南隅叠石为阶,可以渐登。上有泰山庙,在山之背;三仙高在山之巅。每当纵目远眺,见云树苍茫,……亦阖郡之奇观也。”今庙寺无存。

七十五、五股路

五股路位于老洛阳城的北部,因为此地有五个路口而得名五股路。历史上,此路口仅正南、正北一条路,是老洛阳城出小北门后经过闸口街通向邙山、道教圣地吕祖庙和下清宫、上清宫、以至 301 国道、孟津县的重要通道。新中国成立初期,这里周围是荒郊田野,现在是繁华的交通要道。除了向北、向南的路之外,向西,是陇海铁路高架桥和洛阳铁路分局机关;向东两条路,分别是洛阳铁路机务段和洛阳劳教所。

七十六、郭店驿

郭店驿,清化驿站名。位于今新郑市郭店镇郭店村。康熙年间(1662 ~ 1722 年)设。当时有驿丞 1 人,马夫 62 名,驿马 117 匹。担负运送北京至湖广等地各站公文。

七十七、惠济镇

惠济镇,古镇名。位于今郑州市北17公里处,即今邙山区惠济桥村。传闻明朝官方派张书基地这里修桥,以济行人,遂名惠济桥。后形成村镇,名惠济镇。曾兴旺一时,驰名远近,后因河道他移,渐趋衰落。

七十八、焦湾镇

焦湾镇位于今巩义市西北4公里洛河西岸河湾处,康店镇焦泫村。以焦姓居此而得名。古称西孝义,又称孝义湾。明永乐年间(1403~1424年),焦姓自山西迁此,遂称“焦湾”。清代、民国年间形成集镇。

七十九、山小关镇

山小关镇,曾名凤山镇。在今巩义市东南17.5公里的小关镇小关村。以其地处东南山区关隘要道,故名。古名洛阳东方大道之南道经于此,地理位置非常重要。村落起于明初山西移民赵氏,后日渐发展,形成大聚落。清康熙年间(1622~1722年)已成集镇,名山小关镇。地处要冲,且系关口,历为兵家所用。捻军、李际遇军、王升农民军从这里经过。张作霖、冯玉祥、刘镇华等军也从这里经过。解放战争时期,解放军亦从这里东进,解放郑州。

八十、龙门镇

龙门镇,旧镇名。在今荥阳市西南18公里的崔庙镇王宗店村。古为荥(阳)密(县)交通要道口,以地势险要而得名。据传自唐代起,这里就是有名的大集镇,后名龙门镇。清乾隆年间(1736~1795年),集镇迁往田顶(今称六道口),后又迁至崔庙。此地遂名王僧店、圣曾店。1949年后,定名王宗店。

八十一、药庙镇

药庙镇,清代集镇名。在今新密市东南7公里处,即来集镇李堂村,新密至新郑公路西侧。以村中建有药王庙,祀药王孙思邈而得名。农历九月十五至二十二日有药材交流大会,吸引密县及周围各县药材商云集于此。

八十二、土桥镇

土桥镇，清代形成集镇。在今新郑市西北 8 公里的辛店镇人和寨村。清咸丰九年(1859 年)筑寨后成镇，遂以土桥名镇。地处双洎河南岸，东、南、西三面有大道通入镇内，街巷形成东西、南北交叉格局。据传，当时有 72 条街巷，为新郑县西北一重镇。

八十三、汜水县十八仓

清代在汜水县设十八仓。十八仓为史村仓、北峡窝仓、南峡窝仓、马固仓、王河仓、留村仓、王留村仓、新庄仓、后殿仓、吴园仓、术楼仓、城仓、纸坊仓、穆沟仓、竹川仓、高山仓、石洞沟仓、穆寨仓。分布于今荥阳市西部和西北部 5 ~ 20 公里范围内。此类仓既管仓政，又兼行政。每仓设仓正、仓副各一人，负责集谷、放谷，又理民事，民国建立后，县下设区，每有公事，仓、区并办。

八十四、观音堂镇

观音堂镇位于今新密市东 13 公里的刘寨镇观音堂村。以镇内建有观音菩萨寺院而得名。历为密县东之大镇，地处交通要道，东南通新郑，东北通新郑郭店镇。清代形成集市，为农副产品集散地。

八十五、紫云宫

紫云宫，民国《河阴县志》载："在广武山飞龙顶之巅。"明嘉靖建。有灵官殿、南岩宫、真武大殿、三清殿、广生祠、太山行宫、华山行宫、三元殿、西王母殿、寿极殿、圣公圣母洞、钟鼓楼、火神庙等建筑。

郑州东湖

八十六、东湖

东湖位于郑州东凤凰台附近，为古仆射陂之残存。据民国五年《郑县志》：水浅而清，可以泛舟，每当夏月，芙蕖盛开，不减三十六陂景色，旁有阴氏世居。今已尽淤，变为农田。

八十七、圣水峪

圣水峪位于新密市白寨乡圣水峪村北山谷间。水出自山谷谓之峪。加上水之传奇颇多，故名圣水峪。此水系泉水，出自石穴，常流不息。穴直径六七尺许，深数丈，上以砖石垒砌，高六七尺。周围两丈余。水出其中，清而泛黑，有小鱼出没其中，游至洞口即回，人可望不可得。有说此水与海相通，曾有海菜自穴翻出，此水逆而西流，行2.5公里许入郑州郊区，为贾鲁河主源。清代密县举人李统一撰有《圣水记》一文，使圣水峪远近闻名。

八十八、马岗寺

马岗寺，旧寺名，位于今郑州市区东南10公里处，即管城回族区十八里河镇战马屯。原以马岗寺名村，后因寺僧犯罪，官家派大批战马来此抄拿和尚，将寺焚烧，群众遂改呼为战马屯。

八十八、滴水棚

《通志》："在密县东五里天仙庙。石涧水出，滴沥如雨，昼夜不绝，味甘冽，流数武，伏而不见。上有石棚，棚容数席，厚二尺许，皆碎石粘聚所成。从罅中下滴，渗液甘冽。"

清人沈柿写有《滴水棚》：

一片悬崖水，涓涓不断流。有泉通地脉，无处辨源头。

幽壑晴还雨，深林暑亦秋。相如多客病，爱此为淹流。

八十九、利涉矼

位于新密市东三里马汉河。康熙三十三年(1694年)，密县知县袁良怡创建。袁良怡在《利涉矼碑记》云："密东马汉河，邑之要衢也。左通汴省，右达洛阳。其有公私之迫急者，遇水潦则不得过，行旅患之。前事衷君，欲砻石以为矼，功未半而山水暴涨，尽圮，于是往来受阻。余莅任后，念此事最为急务，因相度地势，于上流五里店之西建焉。伐石煅灰，不月余而功竣，名之曰"利涉矼"，盖取诸《易》之义也。在《易》之《需》曰："利涉大川。""需"，须也。饮食之道也。食必资五谷，凡吾民之粂粜往来者，则利涉之。次曰"蛊"，蛊，坏也。凡有子之能裕其家，能干其父之蛊者，孝子也，则利涉之。次曰"颐"。颐，养也。观颐自求口实，是吾民之口实，观上以为养也，则利涉之。次曰"涣"，涣其群而不党聚为奸，以害吾政者，则利涉之也。而未济求济，无忤于人，不逆于天者，则亦利涉之。非是族也，不得以利涉言。以故独于讼，则有不利涉川之戒。然讼之大象曰窒惕中吉，言不终讼也。不终讼而吉，即涉何尝不利哉！然则利涉之时义大矣，涉者勉之！

九十、府店

古地名。位于偃师孟家村。因洛阳为河南府,南来北往的官员、客商多在此地住店,故名府店。

九十一、土门

古地名。位于偃师境。很早以前,龙凤岭从娘娘山绵延至土门村西。南来北往的人路经该地,总要翻岭越沟。后为交通方便,人们在岭腰处凿洞,因是土洞,故名土门。

第八章　古代建筑

建筑是人类基本实践活动之一，是人类文化的重要组成部分。嵩山地域古建筑具有悠久的历史、丰富的内容和珍贵的价值，是古代劳动人民智慧的结晶，其辉煌成就在国际上久享盛名。嵩山地域的有些砖石结构的建筑已属全国极为稀有或现存时代最早的建筑。建于东汉时期的太室阙、少室阙、启母阙是全国仅有的多座汉代石阙中罕见的庙前石阙。建于北魏时期的登封嵩岳寺塔是全国现存最古的砖塔，也是全国最早的密檐式塔，被称为中国密檐式塔之鼻祖。建于元代初年的登封观星台是全国现存最早的观星台，也是世界现存最古的天文建筑之一，具有重要的科学技术价值。这些古建筑，在解放战争中均已列入《全国重要建筑文物简目》，受到特殊保护，中华人民共和国成立后，它们均于1961年被国务院公布为第一批全国重点文物保护单位。在其后公布的几批全国重点文物保护单位中，又有多处古建筑被列为国家级文物，如登封的净藏禅师塔、初祖庵及少林寺塔林、唐法王寺塔、唐永泰寺塔等，它们在中国建塔史上均具有各自的特点和重要价值。

古建筑中的斗拱

2010年8月1日，嵩山“天地之中”历史建筑群被联合国教科文组织第34届世界遗产大会列为世界文化遗产，其内容包括周公测景台和观星台、中岳庙、太室阙、启母阙、少室阙、会善寺、嵩阳书院、嵩岳寺塔、少林寺常住院、塔林、初祖庵。

嵩山古代建筑有比较完整的木构架体系，普遍采用木构架，有抬梁式、穿斗式等结构体系，以抬梁式结构占主导地位，这种结构形式早在春秋战国时期就已经形成。抬梁式结构是用立柱和横梁组成构架，以数层重叠的梁架，逐层缩小，逐级加高，直至最上一层梁上立脊瓜柱，各层梁头上和脊瓜柱上承托檩条，又在檩条间密排椽子，构成屋架。建筑物重量由构架承担，墙壁只起维护隔断作用，墙倒屋不塌。使用榫卯组合木构架是中国古代建筑的一大特点。常见的不同用途的榫卯有20多种，榫卯即两器物的凹凸部分。以榫卯组合木构架在中国奴隶社会时期就已出现。其中，木构架中的斗拱是世界上独一无二的建筑构件,在梁架结构中起着承重与装饰作用。斗拱出现于春秋时期,起初用以承托梁枋与支撑屋檐,后来进一步发展,广泛应用于构架各部位的节点上。特别是高大殿堂和楼阁建筑,以恢宏壮丽取胜,出檐深度越来越大,檐下斗拱层数也越来越多。隋唐时期,斗拱形式已达成熟阶段,凡高级建筑均使用斗拱。为了便于估工算料和制作安装,斗拱逐步定型。明清以后降为外檐的附属装饰。

嵩山地域的古代建筑布局以间为单位构成单座建筑,由若干单座建筑组成庭院,再以庭院为单位构成多种形式的组群。布局手法采用均衡对称方式,沿纵轴线与横轴线布局,以纵轴线为主,横轴线为辅,也有纵横两轴并重,以及局部有轴线或完全没有轴线的。至于巨大建筑群,则以重重院落相套向纵深发展,横向配置以门道、走廊、围墙等建筑,分隔成若干互有联系的庭院。如中岳庙、关林、少林寺、康百万庄园等等,都是这方面的代表。

嵩山地域的古代居住建筑大都为庭院建筑。庭院布置有两种:一种是在纵轴线上先配置主要建筑,再于主要建筑两侧和对面布置若干座次要建筑,组成封闭性空间,称为四合院,这种布置应用较广。另一种是廊院,在纵轴线上建立主要建筑和次要建筑,再于院子两侧用回廊将若干单座建筑联系起来,构成完整的格局,空间上有高低错落、虚实对比的效果。唐宋时期的宫殿、祠庙、寺观多采用此种形式。

嵩山地域的古代建筑借助木构架的组合与各种构件的形状及材料质感进行艺术加工,使功能、结构和艺术达到协调统一。如房屋下部的台基与柱子的侧脚、墙的收分等相配合,从外观上增加房屋的稳定感。各间面阔采用明间较大的尺度,既满足功能需要,又使外观具有主次分明的艺术效果。梁、枋、斗拱、雀替、博风、门簪、天花、藻井等,都倒有功能的结构部分,经巧妙的艺术照处理后,克服了形体上的笨重感,以艺术品的形象出现在建筑上。古建筑中的屋顶、木装修、色彩运用等方面也都独具特色。如在屋顶的结构和式样上出现了丰富多彩的艺术形象。汉代有庑殿、歇山、悬山、囤顶、攒尖等5种形式,后来又出现了丁字脊、十字脊、拱券顶、盝顶、圆顶等,以及同这些屋顶组合而成的各种复杂形态。这些房顶形式大大增加了建筑物的艺术感染力。在内外檐的木装修上更加灵动精巧。由于木构建筑不需要墙壁承重,可使屋身部分根据不同用途作出各种处理。如外檐、或装木隔扇,周以各种玲珑剔透的窗格;或安装槛窗、支摘窗和槛钩窗;或安装板门、格门和屏门;或全部开敞,在檐柱之间安从凳栏杆。在室内隔断上,除板壁之外,还可装设半透空的、可开阖的碧纱橱、落地罩、花罩、栏杆罩,以及兼作陈设文物、图书的博古架、书架、屏风以及帷幔等都是内外檐木装修可创作想象的地方。在使用色彩的装饰和运用上彰显出实用与装饰的效果。为保护门窗柱额免受日晒雨淋,从商代起就有在房屋上施加油漆彩绘的习惯。春秋战国时期使用了强烈的原色来装饰宫室建筑。古建筑在色彩运用上,由于受审美习惯的影响,表现了显著的时代风尚。明清两代,色彩运用更趋制度化,灰石台基、黄绿色琉璃瓦顶、朱红色的门窗墙柱和以青绿冷色为主调的金碧相映生辉的梁枋彩画,成为宫廷、坛庙、寺院中最盛行的建筑色调。

嵩山古建筑历经了东汉、三国、东西两晋、南北朝、隋、唐、五代十国、宋、金、元、明、清等十几个历史时期,构成了一部中国中原地区上下2000年形象直观的建筑史,是中国时代跨度最长、建筑种类最多、文化内涵最丰富的古代建筑群,是中国先民独特宇宙观和审美观的真实体现。在建筑类型上,形式多样,内容丰富,有宫殿、官署、寺塔、祠庙、宫观、庄园、居所、会馆、关隘、楼阁、牌坊、桥梁、陵墓、园林等代表性建筑,具有重要的历史、艺术与科学价值。在建筑结构上,包括木结构建筑、砖石建筑和土窑洞建筑等。

嵩山地域现存的大量古建筑与古建筑遗址,是嵩山历史文化的重要组成部分,是研究、充实中国古代建筑史的重要内容。为此,本节不但选录了现存的古建筑景观,还选录了一些在历史上重要而有名的古建筑遗址,以使读者对嵩山古建筑有一个较大范围的了解。

第一节　寺(庵)塔建筑

公元一世纪随着佛教传入洛阳,佛寺、佛塔、庵院之类的建筑也渐次在嵩山地域兴起,其参与人数之普遍,佛教建筑之多,发展速度之快,震惊了整个中国。我国佛教建筑在初期受到印度佛教的影响,寺院里,以塔为中心,周围以殿堂、僧舍。如北魏的永宁寺就是一座以佛塔为中心的佛寺,是专供皇帝、太后礼佛的场所。北魏以后,殿堂逐渐成为主要建筑,佛塔建于寺外、寺前、寺后或另建塔院,形成了以大雄宝殿为中心的佛寺结构。寺院坐北朝南,主要殿堂依次分布在中轴线上,层次分明,布局严谨。

佛塔,起源于印度。据佛经上说,佛祖释迦牟尼圆寂后火化时,全身悉作细粒之舍利,他的弟子各拿了一部分舍利建塔供奉。塔则为保存释迦牟尼舍利之处。后来,一些高僧、大和尚死后,也建塔埋骨,以称之为和尚坟冢。佛教传入中国后,佛塔首先在嵩山地域兴起,如我国最早的佛塔,就是东汉永平已巳(69 年),汉明帝敕建的白马寺齐云塔。中国佛家建塔,意在供奉或收藏舍利、佛像、经卷、衣钵、僧人遗体及纪念一些有地位的和尚等。佛塔为高耸型点式建筑,尖顶,多层,常有七级、九级、十三级等,形状有圆形的、多角形的。

佛塔在地下有一部分独特的构造——地宫,受中国传统的深葬制度影响,里面主要求是一个石函及一些随葬物,石函中有层层函匣相套,内中一层安放舍利,俨然是一个小型的帝王陵寝的地宫。而在印度,舍利只是藏在塔内,并不深埋地下。塔的下层是基座,在唐代以后逐渐向高大发展。明显地分为较低矮的基台和较高大华丽的基座两部分,像喇嘛塔的基座竟占了塔高的 1/3,金刚宝塔的基座则已成为塔身的主要部分,上面的塔反而要小许多。这和我国古建筑传统一贯重视台基的作用,有着密切的关系。它不仅保证了上层建筑物的坚固稳定,而且也收到艺术上庄严雄伟的效果。塔身的是塔的主体,塔的顶部是塔刹,它是作为艺术处理的顶峰,以冠盖全塔的形象,因此建塔时往往着意修饰,它一般是由须弥座或仰莲座承托刹身,刹杆上套贯数目不等的相轮,上置华盖、仰月、宝珠等。有许多塔刹,本身就是一座小型的喇嘛塔,显然是由早期构塔形式演化而来的。

嵩山地域的佛塔主要分布在嵩山太室山之阳一带,除了漫山遍野中的散塔之外,佛塔集中的和地方有少林寺塔林和其太室山南麓的汝州风穴寺塔林,其中少林寺塔林在世界上也是闻名遐迩,是我国现在保存最完整,数量也是最多的塔林。

嵩山地域早期的佛塔,皆为木结构。后鉴于木塔容易被烧毁而致火灾,遂改为砖石结构。嵩山地域现存的砖石佛塔共有 500 余座,其艺术造型形形色色,塔的平面形式有四方形、六角形、八角形、十二角形、圆筒形等。嵩山地域古塔建筑按构造式样大致分为实心塔和亭阁式塔两种。实心塔是用砖石等材料砌出的实心体,不能登临。它又分为阿育王塔、密檐塔、喇嘛塔、金刚宝座塔四种式样。亭阁式塔,内有塔室,可以攀登凭眺。嵩山地域常见的古塔样式主要有喇嘛塔、金刚宝座塔、亭阁式塔、花塔等。

嵩岳寺塔是我国现存最高的砖塔,已有近 1500 年的历史,是全国保存时间最长的砖塔。嵩山地域其他有代表性的砖石塔还有白马寺的齐云塔、永泰寺塔、法王寺塔、净藏禅师塔及少林寺塔林和风穴寺塔林等。从嵩山地域的古塔数量和文物等级上说,它完全是一处露天的古塔博物馆。其内容的博大和形式的多样,是世界其他地方所没有的。这些历代遗存下来的古塔反映了我国古代建筑技术的最高成就,并以它们自身的经历,诉说着嵩山地域悠久的历史与文化。

根据现存的古塔来综合分析,嵩山地域的古塔可分为两部分。一是佛塔,这是由佛教各宗派而产生的塔,佛塔是我国古塔发展的主要方面,从嵩山地域古总数来说,佛塔占有90%以上。二是风水塔,实际是文峰塔,这是从公元14世纪开始,在我国各地发展起来的的一种塔。是受风水学说影响而产生。这种风水塔形制多半模仿佛塔的式样,有的在塔身上同样雕刻出佛像,塔的式样变化也很多。

历史上,嵩山多有营建著名寺塔之记载,但由于嵩山地域战争频繁,许多寺观毁于兵燹。为了便于查找,在佛教建筑中,以寺院或佛塔为名称保存下来者,只要寺院还存在,其中之佛塔、塔林、名碑等建筑与石刻皆随寺院记述。而散落在寺院之外的佛塔则另列于寺院条目之后。

一、寺(庵)塔

(一)白马寺与齐云塔

全国重点文物保护单位。白马寺与齐云塔位于洛阳市东约12公里的白马寺镇。北依邙山,南濒洛水,始建于东汉永平十一年(68年),为东汉孝明帝刘庄敕令所建。白马寺是佛教传入中国后由封建国家创立的第一所佛寺,素有“中国第一古刹”之称,也是“释源”和“祖庭”。该寺距今已有1900多年的历史,历经唐、宋、金、元、明、清各代修葺,现存建筑多为宋、金以后修建。现存白马寺院规模为明代嘉靖年间形成,为坐北向南的四进长方形院落,总面积4万平方米,主要建筑包括白马寺院和齐云塔院两大部分。

1. 白马寺院

寺院建筑依中轴线从南到北依次分布为山门、天王殿、大佛殿、大雄宝殿、接引殿、毗卢阁等,大体保持着明代的建筑布局和风格。中轴线两侧分布着辅助建筑门头堂、云水堂、祖堂、客堂、斋堂、禅堂和清凉台上的腾兰殿及方丈院等,另有新建的钟楼、鼓楼、藏经阁、法宝阁等。

◆山门

位于中轴线最南端,建于明代。砖石结构石券门洞,砖砌墙壁,面阔3间,进深3间,单檐歇山顶,覆以灰色筒瓦。门额上嵌有明嘉靖时太监黄锦所立“白马寺”石匾一方。山门两侧有八字墙,其内砌合,门两侧有石狮一对,台下石马一对,为宋代遗物。山门东、西两侧,即寺院的东南角、西南角分别为民国时期修建的钟、鼓楼。平面呈方形,面阔、进深各1间,单檐歇山顶,二层楼阁。山门内中轴线东侧和西侧的是1997年和1992年所建的钟、鼓楼,为方形重檐歇山式,覆之灰色筒板瓦。

◆天王殿

建于明代,民国重修。大殿建在一座石砌直壁式台基之上,面阔5间,进深4间,单檐歇山式,灰色筒板瓦覆顶。殿内正中置木雕佛龛,供奉主尊弥勒佛,其背面为泥塑护法神韦驮像,两侧有四大天王泥塑像。

◆大佛殿

建于明代,民国重修。大殿建在一座石砌直壁式台基上,面阔5间,进深4间,单檐歇山式。殿檐都用5踩斗拱。殿内本尊供奉释迦牟尼像,其左右为二弟子、二菩萨和二供养天像,殿北面为观世音坐像。

◆大雄殿

初建于元代,明清时重修。大殿建在一座石砌直壁式1米高的台基上,面阔5间,进深4间,单檐歇山顶,飞檐下为五铺作斗拱,格扇棂窗门,石鼓式柱础。殿后壁和两山墙面均以楔形砖石叠砌,颇为少见,为东汉遗物。殿内正面为释迦牟尼塑像,2弟子2萨2供养人侍立两旁。佛像前置大型铜供器,殿内悬挂明代大钟1口。

◆大雄宝殿

是寺内最大的殿宇,殿前有六边形月台。大殿面阔5间,进深4间,悬山式顶。殿内正中置木雕贴金大佛龛,中间造像为释迦牟尼,左为药师佛,右为阿弥陀佛,佛坛下供置韦力、韦驮两尊护法造像,东西两厢坛座上供置十八罗汉造像。

◆接引殿

曾在清同治年间毁于兵火,清光绪年间重建。该殿建于双层石基之上,面阔3间,进深2间,单檐歇山式建筑。殿内供置接引佛等3尊立像,故此殿也称“立佛殿”。

◆毗卢阁

为白马寺中轴线上最后的建筑,也是全寺的至高点,明代重修。耸立于高5米,东西长42.80米,南北宽32.40余米,由砖石包砌而成的清凉台上。毗卢阁为重檐歇山顶,面阔5间,进深4间,重檐翘角,歇山顶。殿内置木质佛龛,龛内佛坛上供置塑毗卢像及文殊、普贤像3尊,共称为“华严三圣”。阁前有400多年树龄的古柏2株。阁东侧有清代石碑1通,因碑文分排写出故称“断文碑”。清凉台相传为汉明帝乘凉读书处。

◆清凉台

清凉台是为毗卢阁所置的基础建筑。台上除主殿毗卢阁外,还有大门及院内东西两侧各3间廊庑式建筑,长9.60米,宽1.90米。台上还建有环绕毗卢阁一周的配殿、僧房和廊房等,构成一座封闭式高台建筑院落。东西配殿分别为摄摩腾殿、竺法兰殿,均为三开间硬山式建筑。殿内塑有印度高僧摄摩腾、竺法兰像。

清凉台东西两侧,分别新建藏经阁、法宝阁各一座,均坐北朝南,重檐歇山顶。面阔5间(18.50米),进深4间(12.95米),建于东西长25.20米,高5米的台基上。中轴线两侧为附属建筑,东侧为门头堂、客堂、斋堂,西侧为云水堂、禅堂、祖堂,均为硬山式建筑。为了佛事活动的需要,近年来,陆续把斋堂辟建为卧玉佛殿,禅堂辟建为玉佛殿,祖堂辟建为六祖殿。

白马寺内保存的佛教造像40余尊,历代碑刻40余方,多为明清作品。其中最为珍贵的是供置于大雄殿内的一组夹纻干漆造像,系1973年从北京故宫大佛堂迁来的。

2. 齐云塔

齐云塔,又称释迦舍利塔,又称金方塔和白马寺塔。位于白马寺山门外东南200米处,建于金大定十五年(1175年)。

东汉永平十二年(69年),汉明帝敕建佛塔,“芨若岳峙,号曰齐云”。北宋末原塔被焚毁,重建为砖塔,保存至今。塔院位于白马寺东侧,占地15亩,主要建筑有金代重修的齐云塔和新建的斋堂、客堂、禅房等。

据白马寺宋代天禧五年(1021 年)之刻石《摩腾人汉灵异记》记载,东汉明帝曾于永平“已巳之岁”(69 年)勅令所司“崇建浮图”,“凡九层,高五百尺,岌若岳峙,号曰齐云”。这座东汉时期的齐云塔的下落因无详尽记载,故已不得而知。另据《大金国重修河南府左街东白马寺释迦舍利塔记》碑文可知,齐云塔由彦公大士“重建于金大定十五年(1175 年),高一百六十余尺”。在此塔之前,此处原有九层木塔,毁于北宋末年。到清代初期,白马寺方丈如琇即根据汉明帝所建之塔始称当时所存之砖塔为齐云塔,并一直流传至今。

白马寺齐云塔

齐云塔是一座方形 13 级叠涩密檐式砖塔,由基台、塔身、密檐塔刹组成。通高 25 米,底部为正方形的束腰须弥座,长宽各约 7.8 米,其束腰处长宽各约 6.76 米。座和塔身非同一时期建筑。塔身外轮廓由下向上略呈抛物线状,顶为宝瓶式塔刹。塔身最大周长是在中部,即第四、五层。塔之每一层塔檐,都是用多层小砖叠涩砌出。各层塔檐之下皆饰砌以菱角牙子,塔顶置宝瓶式塔刹。齐云塔中空,内置脚梯,可攀援而上,至第十层向南有门,俗称“南天门”。齐云塔四周环布着 6 块巨大的石柱础,其中最大的一块,长约 1.65 米,宽约 1.60 米。这 6 块石柱础分布的很有规律,就其间距和分布来看,原来应共有 8 块。

原塔为汉明帝于东汉永平十二年(69 年)敕建佛塔,“凡九层,高五百尺,岌若岳峙,号曰齐云”。北宋末原塔被焚毁。金大定十五年(1175 年),改建为现存的砖塔,至今已有 800 多后的历史,现保存完好。

白马寺寺内的殿宇建筑全部采用高 1 米左右的台榭式建筑形式,布局极为严谨。该寺在佛教和中外文化交流史上占有重要地位,有关此方面的情况,寺内现存 40 余通碑刻有详尽记载。中华人民共和国成立后,已五次拨款对寺院进行了维修,分别用于翻修殿堂、彩绘天棚、重塑佛像、铺筑道路等。

(二)慈云寺

慈云寺石刻为全国重点文物保护单位。位于嵩山之阴的巩义市大峪沟镇民权村南部的青龙山中。与嵩山的洛阳白马寺、登封法王寺同始于汉明帝时期。《说嵩》曰:据古碑记载,东汉明帝永平七年(64 年)有印度高僧竺法兰、摄摩腾云游此山,因其山川之秀,遂开慈云禅寺。幽静环境中,二僧结跌座,静修悟禅,相互谈经说法,商讨译经中存在的问题和宣扬佛法的办法,并招收信徒宣扬佛教宗义,还斩除了寺院附近结网伤人的大妖蛛。据登封法王寺《重修大法王寺碑记》云:“嵩阴慈云,洛阳白马,嵩阳法王,乃中国作寺之始。”唐贞观二十三年(649 年),玄奘法师奉敕重修,后经宋、元、明、清历代多次重修。

慈云寺原建筑规模巨大,慈云寺与塔林占地面积在 60 亩左右,廊下有 300 余僧,明时梵音者不下四五百人。据碑文记载,极盛时,“远公之庐山、达摩之少林,无逾此也”。慈云寺内现存殿房 10 多间,石券窑洞 3 孔,均为清代建筑。

慈云寺院内有明清碑碣 51 通和元至清代的和尚塔铭 43 方。元至清,巩义市大峪沟乡青龙山中所存碑刻多为重修记,其中重要碑刻有明天顺四年(1460 年)的《释迦牟尼双足灵相碑》、碑身上部刻双足灵相图,下为刻图之来历,高 120 厘米,宽 60 厘米,厚 20 厘米。《青龙山慈云禅寺五十三峰圣境之图》碑,明万历十七年(1589 年)重刻,圆首,碑身上部线刻慈云寺殿堂布局状况,周围 53 峰的名称,塔林及寺祖活动地址等,下刻《卧云禅师赞慈云圣境》偈诗,高 180 厘米,宽 78 厘米,厚 15 厘米。慈云寺所存碑刻内容包括寺院的兴衰、佛教宗派沿袭与变迁、农民起义活动情况、古代工商管理、兵役制度、行政建制、官吏制度、寺院管理机构与职务名称、自然地理记述、诗文佳作、历史灾害等重要内容,对研究古代佛教文化、历史沿革、行政建制等都提供了重要的资料。

慈云寺西 1 公里的后寺河村向阳山坡上,原建许多砖塔,“文化大革命”中全部被毁。

关于慈云寺始建年代,史学界存在较大争议:有专家认为慈云寺创建于东汉年间,也有专家认为慈云寺在元代是白马寺的下院。

(三)法王寺与法王寺塔

法王寺塔为全国重点文物保护单位。

法王寺位于登封市城北 7 公里太室山南麓玉柱峰下。北依嵩岭,周边山势,合抱如椅。此处山峰起伏,溪水潺流,苍松翠柏,景色秀丽,人称“嵩山第一胜地”。寺东有峡,形若半圆形大门,位于嵩山顶端,为“嵩门”。登封古代八大景之一的“嵩门待月”就在这里。

法王寺始建于东汉明帝永平十四年(71 年),仅比洛阳白马寺晚 3 年,比少林寺早 424 年,是我国最早的佛寺之一。法王寺是汉明帝专为印度僧人摄摩腾、竺法兰译经传教而敕建的,因释迦牟尼被尊为法王,汉明帝因此赐名“大法王寺”,成为中国第一所菩提道场。三国魏明帝青龙二年(234 年),更名护国寺。晋惠帝永平元年(291 年)在护国寺左建法华寺。隋仁寿二年(602 年),因建法王寺舍利塔,更名舍利寺。唐太宗贞观三年(629 年),更名功德寺。唐玄宗开元年间(713 ~ 741 年)更名御容寺;唐代宗大历年间(766 ~ 779 年)复名法王寺。后唐时,分为五院,仍沿用护国、法华、舍利、功德、御容旧名。宋仁宗时(1023 ~ 1063 年)赐名“东都大法王寺”。元、明、清沿袭“法王寺”旧名至今。

1. 法王寺

法王寺鼎盛时期,寺院占地面积 300 余顷,殿堂千余间,僧人 2000 多名。原有建筑规模宏大,历代均有修葺。据明嘉靖十年(1531 年)《重修大法王寺》碑记载:“建山门,两次廊,殿房数间,又建天王殿。”清康熙十二年(1673 年)重修,三十九年(1700 年)重修天王殿、伽兰殿、六祖殿、东西禅房各 3 间,门楼两座,院墙 40 余丈。后存山门、天王殿、大雄殿、地藏殿 40 余间,两厢房随中轴线分为两个院落,面积 5000 平方米,皆为清代重建。

◆天王殿

天王殿面阔 3 间,进深 5 架,单檐硬山式建筑,灰筒瓦盖顶。

◆大雄殿

位于天王殿后,建在高台基上,面阔 5 间,进深 5 架,单檐硬山式灰板瓦顶。檐下置三踩斗拱。殿前有月台,殿内供有释迦牟尼佛、药师佛、阿弥陀佛。殿前左侧自南向北分别为伽蓝殿、大势至殿、观音殿;右侧向南向北分别为六祖殿、普贤殿、文殊殿,后面为地藏殿。殿前月台上有石砌长方形紫金莲池，传为二祖慧光讲经说法时“地涌金莲”的遗物。

◆地藏殿

地藏殿面阔7间，进深5架，单檐硬山式灰板瓦房，正脊中间饰砖莲花，两端置大吻。殿内供地藏王塑像，两山壁塑十帝阎君。20世纪80年代后期，又重建了山门、金刚殿、东西廊顶、方丈堂等建筑。

法王寺内现保留有唐至清碑刻40余品，其中唐代元珪塔铭、元代复庵和尚塔铭及月庵海公禅师道行碑较为珍贵。前院古银杏树高30余米，周围5米，树龄在千年以上。

2. 法王寺塔

法王寺院后的山坡上有唐至清砖塔6座，其中有隋塔（舍利塔）1座，唐塔3座，元塔和清塔各1座。

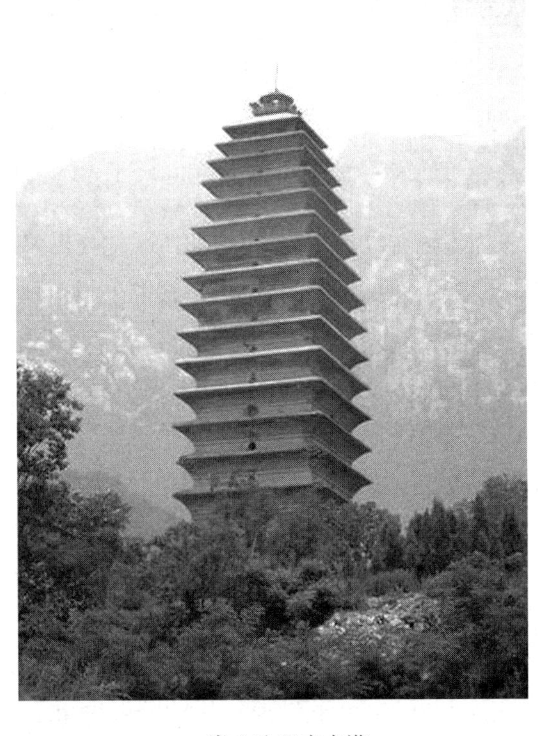
嵩山法王寺古塔

法王寺塔又称隋塔，位于河南登封法王寺后的山坡上，是隋仁寿二年（602年）修建的15层形密檐式砖塔。塔为平面方形，边长7米，通高34.187米。法王寺塔全部用黄泥砌砖而成，仅外壁涂刷一层石灰。塔首层非常高大，南面辟券门，内有塔室。塔身下部略瘦长，无基座。塔身之上的15层密檐层层外迭，迭出塔身最宽者约90厘米。各层密檐的高度和宽度由下而上逐层递减，使塔体外轮廓呈优美的抛物线形，造型雄伟壮观。塔檐间有假门窗，通体用白灰敷皮。该塔全部用长方形、方形青砖、黄泥垒砌而成，砌法多采用不岔分法。塔底层南面辟一塔门，可直入方形塔心室。塔心室内供汉白玉佛像一尊，是明代永乐七年（1409年）九月，周王生子时所送，称南无阿弥陀佛，玉佛之右下角和双手已残损。塔的内部为空心结构，从底层可直视塔顶。塔顶宝刹已损毁，仅存莲座。整体基本完整坚固，整座大塔高居寺院后部台地上，成为全寺的标志。此塔建造年代无确切记载，根据其建筑形制，专家初步推断其为隋朝的墓塔。该塔塔顶宝刹已损毁，但整座塔基本保存完整。

隋塔东边山坡上有砖塔3座，均为正方形单层塔。将这3座塔从东往西说：

位于3座单檐式塔的最东边塔，专家称其为2号塔，为四边形单檐式砖塔，高15米，塔身边长4.4米。塔下部为硕大的方形砖砌须弥座。其上为方形塔身，前有砖砌券门，已严重缺损。塔身以上叠涩出檐，突出塔身较多。塔刹下部为砖砌刹基，剥蚀严重，四周镶嵌8块雕花插角石，其上为石雕莲花座，再上为一级石雕相轮，最上为石雕宝珠。该塔塔体硕大，塔刹雕刻精美，为唐塔中的精品。

位于3座单檐式塔中间的塔，专家称其为3号塔，因建造年代无考，推断为唐代。塔为四边形单檐式砖塔，高8米，塔身边长4.25米。塔下部有砖砌须弥座。座上为方形塔身，塔身南面有砖砌券门，门缺失。塔上为迭涩檐，严重剥落缺损。塔刹下部为砖砌刹座，剥蚀严重。顶部石刹保存尚完整，其上为石雕俯莲，再上为二级石雕相轮，最上为石雕宝珠。该塔的塔刹石雕精美，造型优雅。塔身背面的塔铭已失，塔的具体建年已不可查。为了保护这座剥蚀严重的珍贵古塔，2003年国家拨款进行了重修。

位于3座单檐式塔北侧的塔,专家称其为4号塔,塔高7米,边长3米。塔形与2、3号塔大同小异。从建筑形式、材料、手法和尺度比例及塔下等砖石雕刻分析,3号和4号塔当为唐代中晚期建筑。

除以上塔以外,法王寺还有两座禅师塔:

月庵海公禅师塔,位于法王寺西岭。据寺前《月庵海公道行碑》记载,该塔建于元代延祐三年(1316年)五月,为月庵海公圆净之塔。该塔为六角形七级密檐式砖塔,高约19米,周长7.2米。塔用水磨砖砌成,饰有多种砖雕图案。底部为砖砌须弥座,须弥座上为塔身。第一层塔身高大,南面装饰砖雕假门,饰雕扇门,迭涩檐下置砖雕斗拱一周,以上各层均为迭涩出檐。塔身嵌塔铭1块,高98厘米,宽50厘米。塔刹为石雕仰莲宝珠。塔身第二层嵌石额"月庵海公圆净之塔"。塔身以水磨砖砌成,各面光滑平整,塔砖之间的缝隙几可忽略。从外形上看,塔身细瘦,重檐肥大,似束腰大帽,别具一格。这是嵩山地域雕刻最为精细的一座元代砖石墓塔。塔主海公,法名福海,为法王寺第12代住持。

弥壑澧公和尚塔,位于法王寺西北隅的岭上。建于清朝康熙二十九年(1690年),塔高约11米,六角七级砖塔,各层叠涩出檐,顶部塔刹。塔刹由覆莲、圆盘、宝珠等组成。下砌须弥座,壶门内有花卉及瑞兽砖雕等,塔身第一层上部砌仿木斗拱。塔身正面嵌两块石塔铭,南侧石铭书"临济三十二世弥壑澧和尚塔";北侧石铭为"嵩岳玉桂峰弥壑和尚塔记",落款为康熙二十四年四月,字迹清晰。塔前立有石碑"弥壑澧公和尚塔碑",字迹已模糊。

法王寺南800米的原有5座塔及寺前小河东岸的砖石墓塔,造型不一,各有特点,惜早已废毁。

3. 法王寺古树名木及重要碑刻

法王寺前院有古银杏树2棵,高30余米,周围5米,树龄都在千年以上。

法王寺内现保留有古塔群以及唐至清碑刻40余品。其中唐代元珪塔铭、元代复庵和尚塔铭及月庵海公禅师道行碑较为珍贵。

山门外甬道东侧,有元成宗元贞二年(1296年)七月,嵩山大法王禅寺第九代复庵和尚塔铭;有元仁宗延祐三年(1316年)五月,嵩山大法王禅寺第12代月庵海公禅师道行碑记;有学公禅师道行之碑各一通。

元珪塔铭镶砌于地藏殿门外西边墙壁上,为唐开元十一年癸亥(723年)秋七月刻立。元珪是盛唐时嵩山地域的名僧,圆寂后葬于法王寺西边卧龙岭旁,并建有舍利塔一座。后因舍利塔倒毁,寺僧们把塔铭移入天王殿内。

(四)少林寺

少林寺、少林寺塔林、初祖庵大殿三处建筑属"天地之中"历史建筑群,世界文化遗产。全国重点文物保护单位。

少林寺位于登封市区13公里的太室山南麓,面对少室山,北依五乳峰,东北距郑州86公里,西北距洛阳65公里。因它坐落在少室山的茂密丛林之中,故取名"少林寺"。少林寺向以禅宗、武术和医术著称,是一座闻名遐迩的佛教古刹。

少林寺为中国佛教禅宗祖庭和少林武术的发祥地。北魏太和十九年(495年),孝文帝元宏为安顿印度僧人跋陀落迹传教,在嵩山创建少林寺,传播小乘佛教,主张自我解脱。北魏孝昌三年(527年),印度婆罗门种姓摩诃迦叶(释迦牟尼弟子)的第28代佛徒菩提达摩从印度来到中国,经广州、金陵(南京),北渡长江,历时三年来到中原,游化于嵩洛一带,传居少林寺西北五乳峰山洞中面壁修禅,传播大乘佛教。后人称之为“禅宗初祖”,少林寺也因此获得了“禅宗祖庭”和“大乘胜地”的盛誉。

北周建德三年(574 年),周武帝宇文邕禁灭佛教,少林寺被毁。大象年间(579 ~ 580 年),北周静帝宇文衍重兴佛寺,改少林寺为“陟岵寺”。隋开皇年间(581 ~ 600 年),文帝杨坚又把“陟岵寺”复改为“少林寺”,并赐田 100 顷,基本上奠定了寺院庄园的基础。隋末农民军袭击少林寺,火焚少林寺塔院和附近的殿堂屋宇。唐代初年,因寺僧助战李唐政权有功,受到后来登基为唐太宗李世民的封赏,寺院发展到鼎盛时期。唐贞观年间(627 ~ 649 年)、垂拱年间(685 ~ 688 年)、开元年间(731 ~ 741 年)几次修整,至玄宗年间,少林寺建筑规模已相当宏伟,并博得了“天下第一名刹”的称号。唐武宗会昌三年(843 年)灭法,寺中许多殿宇、佛像大多被毁,至此以后,少林寺发展缓慢。直到元、明之际,才有较大发展。元代裕公在主持少林寺期间,兴建了藏经阁和许多殿宇。经元末兵火之后,明代又重修了藏经阁、千佛殿、立雪亭等,奠定了今日少林寺之规模。1928 年军阀混战中,少林寺大雄宝殿、天王殿、藏经阁、钟楼、鼓楼等主要建筑与重要文物被军阀石友三烧毁。中华人民共和国成立后,人民政府多次拨款,对少林寺进行修葺,妥善保护,少林寺才基本恢复昔日面貌。

嵩山少林寺

少林寺景区含少林寺常住院、少林寺塔林、初祖庵、二祖庵与二祖庵古塔、达摩洞、十方禅院。

1. 常住院

少林寺常住院北依五乳峰,面对少室山。四周峰峦叠翠,流水潺潺,丛林茂密,景色宜人。整座寺院依山而建,逐层增高。少林寺中轴线建筑共七进,总面积约 3 万平方米。其中轴建筑自山门向北依次为天王殿、大雄殿、藏经阁、方丈室、达摩亭、千佛殿,规模宏大,气势雄伟。

◆山门

山门面阔三间,进深六架,单檐歇山房。清雍正十三年(1735 年)创建(原山门在天王殿处)。檐下用五踩重昂斗拱,门额悬康熙皇帝题“少林寺”匾额。山门内塑有弥勒佛和韦驮像,山门左右各建单间硬山掖门一座。掖门两侧建有八字墙,墙南端各建明代石牌坊一座,为二柱单孔式,其上雕刻狮子绣球等图案及门额对联。东石坊东面额枋题“祖源谛本”,西面额枋题“跋陀开创”。西石坊东面额枋题“大乘胜地”,西面枋题“嵩少禅林”。进入山门内,中为甬道,两侧有马道,甬道边立唐、宋、元、明、清各代古碑 30 余通。

◆天王殿

天王殿为寺内三大佛殿之一。居山门之北的高台上,殿前筑半圆形月台。原殿于民国十七年(1928 年)烧毁,现殿为 1982 ~ 1983 年重建。殿为面阔 5 间、进深 2 间、重檐歇山绿色琉璃瓦顶建筑,用五踩重昂斗拱。殿内迎门两边各塑跣脚赤背的金刚巨像,后塑有护世四天王泥像,亦称四天王。印度佛教传说,须弥山腰有一山,名叫犍陀罗山,山有四峰,各有一王居之,各护一个天下,故名。塑像中身为白色持琵琶者为东方持国天王,身为青色持宝剑者为南方增长天王,身为红色左手托塔者为西方广目天王,身为绿色右手持伞左手持银鼠者为北方多闻天王。

◆大雄殿

位于天王殿之北高台上,前有宽敞的月台。月台设南、东、西三面踏跺,台边有石雕栏杆。大殿为面阔 5 间、进深 4 间、重檐歇山绿琉璃瓦顶建筑,上檐用九踩重翘重昂斗拱。门额原挂"大雄殿"匾额一方。殿内悬挂清康熙四十三年(1704 年)御书"宝树芳莲"匾额。殿内塑有供释迦牟尼、药师、阿弥陀佛三世佛及阿难、迦叶、达摩与紧那罗立泥塑佛像,东、西山墙下的神台上塑有 18 罗汉像。屏墙背面的北门内塑绿竹观音及侍者组像 3 尊。殿内四根粗大的明柱重新改制为狮子、麒麟柱础,雕工精致,栋梁彩绘,富丽堂皇。原殿毁于 1928 年兵火,现殿为 1986 年重修。

◆钟楼

位于天王殿至大雄宝殿之东南侧。该楼为面阔三间、进深三间、四重檐十字歇山式建筑。四层檐下均用不同规制的斗拱。原钟楼及楼内的金代铁钟、明代地藏王像,均毁于 1928 年兵火。今钟楼是 1994 年依明代旧貌设计重建。一层地藏王铁像仍为原像整修置于原位。顶层铁钟是新铸的。

◆鼓楼

建在天王殿与大雄宝殿院的西南侧,与钟楼对应。原为元代建筑,1928 年毁于兵火,1995 年依旧制重建。该楼为面阔三间、进深三间、四重檐十字歇山顶建筑。四层檐下均用不同规制的斗拱。重建时保存了原有四个元代雕花柱础、部分石柱及地袱石等。现楼上层置新制作的大鼓一面。

◆紧那罗殿

位于大雄宝殿东侧。面阔三间,悬山式建筑,出前廊,前檐下用斗拱,为参照旧貌新恢复的建筑。

◆六祖殿

位于大雄宝殿西侧。面阔三间,悬山式建筑,出前廊,前檐下用斗拱,为参照旧貌新恢复的建筑。

◆藏经阁

又名法堂,建在大雄宝殿后的高台上。面阔 5 间,进深 4 间,为单檐歇山式建筑。檐下用五踩重昂斗拱。阁东、西两厢为禅堂、斋堂、客堂等出前廊式建筑。原阁为明代建筑,今阁在原址依旧貌重建。

◆方丈院

位于藏经阁之后,地势突起,形成高台院落,为寺内方丈起居和处理各种事务之处。清乾隆十五年(1750 年)高宗弘历游嵩山时,在此殿住过一宿,后来称为"龙庭"。方丈室面阔 5 间,单檐歇山式建筑,匾额"方丈"二字。此室出前后廊。院东、西两侧各建硬山寮房 5 间,院南部建有垂花门、边门及廊子。东间檐下有木架悬挂大铁钟一口,铸有"至元二年(1336 年)十月二十五日,重六百五十斤"字样,并有"主持嗣祖传法沙门息庵"和日本僧人邵元的名字。

◆立雪亭

原名初祖殿,又名达摩亭。相传为禅宗二祖惠可立侍达摩、断臂得法之处。该亭面阔 3 间,进深 3 间,单檐庑殿顶,石柱上有明代题字。殿内佛龛正上方悬清乾隆御书"雪印心珠"横匾一方,龛内供达摩铜像。殿东南角悬挂明万历十七年(1589 年)铸造的铜钟一口。此殿虽小,但是造型精美,是少林寺常住院内所存最早的木结构建筑,也是少林寺唯一的一座庑殿式建筑。檐下用三踩单昂斗拱。石柱上保留有明题记多处,具有重要的建筑价值。

◆千佛殿

又名毘卢阁,是寺内最大殿宇。大殿面阔 7 间,进深 3 间,为硬山式硬山式建筑,始建于明万历十六年(1588 年),明崇祯三年(1630 年)、清乾隆四十年(1775 年)两次大修,成为现状。千佛殿前檐下用五踩重昂斗拱。殿外有石雕栏杆维护的大型石砌须弥座月台,在南、东、西三面筑踏跺。正面两道青石台阶之间夹一御道,上面浮雕二龙戏珠,群鹤闹莲,雕工细致,形象逼真。殿门匾额“西方圣人”。殿内正中佛龛内有明代铜铸毗卢佛像,龛上悬有清乾隆皇帝御书匾额“法印高提”。东墙下供有明周王赠汉白玉“南无阿弥陀佛”一尊,东、西、北三面墙壁上绘有“五百罗汉朝毗卢”大型彩色壁画。壁画分上、中、下三层,上层背景为山林,中层为风云,下层为水浪。在各层背景上绘有各种姿态的罗汉 35 组,每组围绕一个核心意题,有的持钵显法,有的高谈阔论,有的降龙伏虎,有的朝觐上尊,有的袒腹露胸,他们光头赤足,神采奕奕,形象生动。其人物,线条粗犷有力,轮廓简炼清晰,着色轻淡,协调雅致。唯人物面部和肌肤袒露处多为茶色、灰白色、深棕色或黑色,是由于着色时掺入铅粉日久变暗之故。此画无留作者姓名,传为民间无名氏之作。殿内砖铺地上有并排的 48 个陷坑,是当年少林寺武僧练功留下的痕迹。此殿原来严重倾斜,1981 ~ 1982 年进行落架大修,东墙壁画全部揭取,后又重新复位。

◆白衣殿

又名锤谱殿,位于千佛殿东南。面阔 3 间,进深 3 间,清大式硬山建筑。出前廊,前檐下用一斗二升交麻叶斗拱。殿内佛龛中供白衣菩萨像,其像盘膝端坐,二目眯合,双手合十,相貌安祥。北墙绘 16 组拳术对打观武图,南墙绘持械格斗图,东墙被神龛分为南北两部分,北半部绘“少林十三棍僧救秦王”壁画,南半部绘“紧那罗王御红巾”壁画。大殿东北和东南壁角绘文殊、普贤二菩萨等壁画,神龛两侧分别绘制降龙伏虎的罗汉。

◆地藏殿

地藏殿与白衣殿相对,形制与白衣殿同。面阔 3 间,进深 3 间,硬山式建筑。前檐下用一斗二升交麻叶斗拱。殿内塑供地藏王像,两边侍立闵公、道明像。北壁和南壁绘十地阎君画像,西壁绘有二十四孝图。

2. *初祖庵*

初祖庵也称面壁庵、南庵,位于登封市少林寺西北 2 公里许的五乳峰南下小丘上,占地面积约 3000 平方米,坐北面南,三面临壑,风景清幽。明万历三十三年(1605 年)《初祖庵创建凉殿牌坊无量功德碑》载:“此初祖庵者,我初祖面壁地也。”此庵为纪念禅宗初祖达摩而建。庵内主要建筑始建于宋宣和七年(1125 年),后历代多次增修,但主要构件仍保留着宋代特征。1985 年进行全面整修,现有山门、大殿、东、西两亭和千佛阁等,共三进。

◆初祖庵大殿

是达摩的后裔为纪念达摩而建。初祖庵大殿始建于北宋宣和七年(1125 年),后历代多次增修,但主要构件仍保留宋代特征。大殿建在石砌高台上,前踏道分东、西双阶,中置素面陛石。踏道两侧面砌出规整的“象眼”。大殿平面呈方形,面阔 3 间(11. 125 米),进深 3 间(10. 615 米),单檐九级殿式,绿琉璃瓦剪边顶。檐下置五铺作单抄单下昂斗拱,补间铺作施真昂。明间安板门两扇,两次间辟至直棂方窗。殿内明间置佛龛一座。殿上梁架为砌上明造,后柱用移柱造。大殿后壁辟门。这是河南现存最早的木构建筑。曾于 1984 年落架翻修。大殿门口的砖雕对联是:“在西天二十八祖,过东土初开少林”,简要说明了达摩的身世和来历。

整个殿房施八角石柱16根,其中殿内4根明柱浮雕有握杵执鞭气度威严的武士、活泼的游龙、潇洒的舞凤、飘然而升的飞天和庞大的盘龙等;12根檐柱除4根为素面外,其余8根饰有浮雕,画面为莲、菊、卷草、飞天、坐佛、凤戏牡丹、孔雀穿花及群鹤闹莲等。佛台须弥座和殿墙的石护脚上浮雕有卷草、猛狮、武士、骑鹿、麒麟、水兽、马、羊、鱼、龟及山水人物等,无不栩栩如生。

殿堂内东西两山和后墙上均有彩色壁画,为历代禅祖修法像,像旁均有题榜,记各祖法号、俗名、籍贯等,殿内个别拱眼壁上绘释迦说法像。殿中部佛台上有佛龛,石座各面均有雕饰,内容多为缠枝花卉,花卉之中雕狮子绣球、山水树木、古刹宝塔、海水、扁舟、小桥、山道、人物故事等。四角各雕1角神。佛龛系木雕而成,上檐雕斗拱,龛内供达摩塑像、二祖慧可、三祖僧灿四祖道信和五祖弘忍的脱纱塑像侍立左右。

初祖庵大殿

大殿东南有古柏1株,相传为少林禅宗六祖慧能于唐初用钵盂从广东带回的槐树昔,栽种此处,以表示对达摩的崇敬和怀念。如今枝叶繁茂,树下立清康熙四十四年(1705年)石碑1通,上刻“六祖手植柏,从广东至此”两行大字。殿房四周陈放宋辽以后石刻40余通,其中著名的有宋代大书法家黄庭坚的《达摩颂》和蔡京的《达摩面壁之庵》,以及明成化二年(1466年)的梵文《陀罗尼经》等。殿北甬道两侧建有方亭2座,为四角攒尖顶,再北为千佛阁,面阔3间,单层房。

初祖庵大殿是在北宋著名建筑学家李诫所著的《营造法式》颁布11年以后,严格按照《营造法式》的法则所建造,有重要的建筑价值和艺术价值。据考证,它是中国古代木结构建筑的经典之作,也是河南尚存的最早木结构建筑之一,大殿的建筑法式典型,对古代建筑史研究有较高的参考价值。

◆东亭

又名“圣公圣母亭”。位于大殿之后的台地上。面阔、进深各1间,单层四角攒尖顶。檐下用一斗二升交卷头斗拱。建于清代晚期。

◆西亭

又称“面壁亭”。为清代早期建筑。平面方形,面阔、进深各1间,砖木结构,单层四角攒尖顶,檐下用三踩单翘、足材卷云麻叶头斗拱。

◆千佛阁

为初祖庵最北一座建筑,创建于明,改建于清,毁前为面阔3间的一层硬山式楼阁。民国时毁于大火。20世纪20年代重修建。面阔、进深各3间,硬山式建筑,小灰瓦顶。前面有板门,方窗2个,门上方嵌石匾额,书“千佛阁”3字。现存建筑为1963年整修,1996年又在其左右各建厢房5间。

◆其他文物

初祖庵大殿前左侧有一株高20米,围径4.1米的大桧柏。相传系少林禅宗六祖慧能用钵盂从广东带回亲手栽植，以示对达摩的尊崇和怀念。树旁有清康熙四十四年（1705 年）立的石碑一通，上刻“六祖手植柏，从广东至此”。

庵内著名古碑有宋代黄庭坚的《达摩颂》、宋代蔡卞的《达摩面壁之庵》及明成化二十年（1484 年）梵文《佛顶尊胜陀罗尼咒》碑、明代《观音画像》碑等。

3. 达摩洞

达摩洞

位于初祖庵后一公里五乳峰中峰之顶下 10 余米的山坡处。此洞为天然石洞，传说是初祖达摩面壁九年之修行处。达摩洞深约 7 米，宽 3 米，清静幽邃。洞壁有石痕，似水面波纹。洞口西壁处据传为达摩面壁九年（因跨越 10 个年头，亦有说 10 年）处，有达摩影印其石上。之后，其弟子将影石凿下保存于少林寺。今洞中供达摩石像，两边侍立其弟子像。

洞门前立有明万历三十二年（1604 年）用灰岩石雕造的石坊一座，坐北向南，为二柱单孔庑殿顶形式。檐下用四攒斗拱，额南面刻有“默玄处”，北面雕刻“东来肇迹”，为明代乾清宫监胡滨所题。额枋上浮雕有艺术性较高的“二龙戏珠”“丹风朝阳”等图案。洞外右侧立有明万历三十三年（1605 年）初祖庵《修建牌坊无量功德碑》一通，记述洞外修建殿堂之事。洞外西壁崖石上刻有绝句一首：

西来大意谁能穷？五乳峰头九载功。
若道真诠尘内了，达摩应自欠圆通。

4. 少林寺塔林

位于登封市少室山少林寺常住院西约 300 米处的山脚下，是少林寺历代高僧的墓地。佛教界有名望、有地位的上层和尚骨灰或尸骨均放入地宫，上面造塔，以示功德。

少林寺塔林

少林寺塔林是我国现存古塔数量最多的塔群，面积 2.1 万余平方米，现存自唐贞元七年（791 年）至清嘉庆八年（1803 年）之间的唐、宋、元、明、清各代砖塔 240 余座，其中唐塔 2 座、宋塔 3 座、金塔 16 座、元塔51座、明塔146座、清塔10座,余为无纪年题记者。塔的层级,一般为1~7级,高度都在15米以下,塔上大都有塔铭和题记。塔的形状有四角、六角、柱体、瓶形、圆形、抛物线体等,造型有单檐塔、单层密檐塔及各式各样的喇嘛塔。塔林中墓塔种类繁多,形态各异,结构不一。

在这些塔中,唐贞元七年(791年)的法玩禅师塔,宋宣和三年(1121年)的普通塔,金正隆二年(1157年)的西堂老师和尚塔,元世祖至元二十四年(1287年)的正法大禅师裕公塔、元二十七年(1290年)的中林禅师之塔、元至元五年(1339年)的菊庵长老灵塔、明万历八年(1580年)的坦然和尚之塔及清康熙五年(1666年)的彼岸宽公禅师灵骨之塔,为不同时代的古塔建筑代表作。

◆法玩禅师塔

该塔建于唐德宗贞元七年(791年)。以黄泥和水磨砖筑砌而成,为方形单层单檐式砖塔。塔高8米。除塔门、塔刹和塔和青石雕成外,通体皆用水磨砖砌造而成。塔门自下而上用5层石雕组成。塔的正面拱形塔门内嵌一石门,门额用浮雕直立嫔伽,额侧两厢浮雕两飞天,门口两侧雕两武士,两扇石门上雕60个乳钉和一把古式门锁,形象逼真,刀工细致。

◆普通塔

居唐法玩禅师塔东南部。该塔建于宋宣和三年(1121年)。塔用石灰和砖砌筑,为平方形亭阁式塔,高6米,塔身东西长2.11米,南北宽2.08米,叠涩檐外高出12层。塔顶的基座为砖砌方形平台,塔刹为五层石雕组成,塔正面拱形门洞内镶嵌石门一座,门口和门栏均为素面。塔基中部雕刻花草、瑞兽、人物等图案,这些精美图案是北宋时期的代表作。普通塔是埋葬众僧骨灰公用之塔,内葬多位普通僧,故人们也俗称其为“众僧塔”。

◆西堂老师和尚塔

建于金正隆二年(1157年)十月,是塔林已知年代塔中最早的一座金代塔。此塔为四边形单檐亭式砖塔,用水磨砖和石灰砌成。塔体粗大,高约6米,建造较为精致,是塔林中具有代表性的砖塔之一。塔基的壶门内刻飞马、鹿、花草等28组纹饰。塔刹上有仿木结构砖雕装饰及石刻云盘、仰莲。塔身前有拱形塔门,门上浮雕乳钉50个,中间雕铺首衔环。塔刹上有仿木结构砖雕装饰及石刻云盘、仰莲。无额文,后有塔铭。铭文刻牛寂撰并书写的《少林禅寺西堂老师和尚塔铭并叙》,记述西堂老师生平。西堂老师名法和,在“兵戈动地”的金代任少林寺住持二载,正隆二年(1157年)圆寂。塔为少林寺住持祖端所建。

◆中林禅师塔

该塔建于元世祖至元二十七年(1290年)四月。塔为六角单层叠涩式,以各种不同形状的水磨砖砌成,高8米,边宽1.12米,周长6.72米。塔身密檐自下而上层层叠收,形成锥体,塔身六角由大于90度的钝角形砖砌成。塔刹为砖砌鼓形平台,台上安放石雕塔刹,为仰覆莲组成。塔正面有拱形塔门,高0.72米,宽0.52米,象征石门上有浮雕乳钉和石锁。塔志砌于塔门之上,题“宣授中林禅师之塔”,塔铭嵌于后壁。须弥座式塔基,壶门内砌有树木、花草等图案砖雕18块,形象逼真。

中林泰公,曹洞大师,碑中称他是继万松行秀和雪庭福裕之后的有名高僧,初师乳峰,向赴大都礼雪庭。1282年受少林寺之邀,主持少林寺8年。至元十七年(1290年)卒。

◆菊庵长老灵塔

菊庵长老灵塔又称《照公和尚塔铭》,全称《显教圆通大禅师照公和尚塔铭并序》在菊庵长老灵塔背面嵌砌。元至元五年(1339年)刻。高84厘米,宽64厘米。正书,全文共1000多字,为日本国沙门邵元撰文并书丹,文义简洁,语言流畅,感情真挚,书法亦佳。给予照公很高的评价,表示了深切的悲伤。该塔铭反映了当时中日文化的交流，是元代中日两国佛界僧人友好往来和文化交流的历史见证。

◆坦然和尚塔

该塔建于明万历八年（1580年），由11块雕刻的青石砍砌成，塔身呈圆形，高约5米，基座为覆莲，座上为雕刻人、兽图案的八角石柱；第2层为八角石盘，周身雕花草和不同姿势的4对高浮雕石狮；第3层为圆形石块；第4层为八角石盘，浮雕八卦图；第5层为塔之主体，高约占全塔一半，形状似瓶，南面刻塔铭和象征性石门；第6层为五棱螺旋形柱状石雕；第7层为圆形石盘，下面刻8组浮雕图案，周沿刻12个十字形纽带；第8层为塔刹。该塔形制特异，秀丽玲珑，雕工精巧。

◆彼岸宽公禅师灵骨塔

该塔建于清康熙五年（1666年）六月。该塔是一座六角7级砖塔，高约10米，周长7.02米。塔身密檐自下而上分别迭出8、7、5和4层，逐层迭收为圆锥体。密檐六角各饰挑角兽头，装点精美。尖细的塔顶置5级塔刹，由仰莲、覆莲等石雕组成。塔基为须弥座，束腰处壶门内有花草、瑞禽等图案砖雕。该塔造型简单，但在清塔中具有兼备各代之长的独到之处。

5. 二祖庵与二祖庵古塔群

◆二祖庵

亦称南庵，位于少林寺西南3.5公里的少室山钵盂峰顶，为纪念二祖慧可所建，与初祖庵南北相望。

二祖慧可，俗名姬光，北魏虎牢人。从菩提达摩学佛求法，立雪断臂，得受衣钵后，相传在此疗伤。

庵院坐北面南，庵院有山门（韦驮殿），庵院内东为挪挪殿，西为菩萨殿，各3间，皆已毁。现有大殿3楹，内供慧可塑像。院内有古柏数棵，碑碣多通，皆为明、清重兴二祖庵的述记碑。甬道两边有四眼井，“水皆清冽，相去咫尺，水味各别”，被称为“苦、辣、酸、甜四眼井”。传为初祖达摩来看慧可时，以卓锡扎地而得，故称卓锡井，或称卓锡泉。

庵院东山涧东北处是明代的“柏坡”。庵院南0.5公里的山崖上突出6米见方的平坦崖石，叫养臂台，也称经行处、觅心台、炼魔台。明刘东星《登炼魔台》诗曰：“岩峣千仞上，盘纡一径开。悬崖卧石壁，传是炼魔台。”登台远眺，东揽太室，西望伊洛，邙山横亘，黄河如带，百里景物尽收眼底。

◆二祖庵古塔群

二祖庵外围，有唐、元、明古塔3座，其中价值最高的为武则天时期所建的二祖庵大周塔。

◆二祖庵大周塔

位于少林寺西南钵盂峰二祖庵北50米处。建于唐代武则天大周万岁登封元年（696年），为四边形单檐式砖塔，边长2.13米，塔高5.8米。塔身今已严重风化，尤其是塔顶和塔基已缺损，门已失。塔身前有塔额，已龟裂剥落，仅存一半，铭文除建塔时间尚能辨认外，余字难识。武周因在唐代中间，故此塔俗称为二祖庵唐塔。塔为大周皇帝武则天和皇嗣李旦所造。

◆缘公庵主之塔

位于少林寺二祖庵南约150米处。建于元代泰定元年（1324年）四月，为六边形单檐式砖塔。塔身粗壮，边长1.4米，塔顶部已倒塌。塔身前有正书额文，后有正书塔铭，上刻赞语及缘公卒年、建塔弟子姓名等。缘公，名子缘，任二祖庵住持，圆寂于至治三年（1323年）。塔为其徒觉聚、觉胜及徒孙了深、了光等所建。

◆隐光璞公塔

隐光璞公塔，全称为二祖庵云水主人嗣祖曹洞正宗隐光璞公塔。位于二祖庵北钵盂峰阴半山腰。

建于明代崇祯二年(1629 年)九月。塔为六边形五级密檐式砖塔,高 7.9 米,塔体保存完好,塔基已风化缺损。塔身南边刻有行书额文,北面有塔铭,刻门徒名字。璞公,名圆璞,乃道公弟子,为二祖庵庵主。塔为其徒通慧等所建。

6. 十方禅院

十方禅院位于少林寺前对面,少溪桥南岸,坐南面北。1958 年前有大殿 3 间,面积 70 平方米,后倒塌,仅存石柱 12 根,前墙柱上刻有"大明正德七年壬申正月初七创建"字样。院内有一残碑(后移至少林寺碑廊)为清顺治十年(1653 年)八月所立,碑载:"十方禅院盖寺中之邮亭,行脚之旅舍也。"由此可知,此地为历代邮递旅居之地。现有建筑是 1993 年重建的。

十方禅院以代表佛教标志的"卍"字型罗汉堂为主体,构成十大景观。在四正位建有东、西、南、北 4 座单檐歇山式殿宇,贯通 4 座卷棚顶廊房。殿(廊)内安放着千姿百态、逼真传神、妙趣横生的 502 尊罗汉塑像。中宫位主建筑上方是重檐十字脊歇山顶毗卢阁,高达 20 余米,雄浑庄重。阁中供奉着 4 尊高达 10 米的慈祥的毗卢舍那佛和 8 尊文殊、普贤菩萨的塑像。毗卢阁下方建有地宫,塑画有十殿阎君、六曹判官、奈何桥及阴曹地府各种景象。四殿四廊回龙迷宫,形成五百罗汉朝毗卢、十方僧众会少林的恢宏场面。在四隅方营造有春夏秋冬 4 座各具特色的景园,四时景园怪石嶙峋,魅力诱人。

7. 甘露台遗址

跋陀译经之处,因时降甘露而得名。位于少林寺常住院西的土台上,台高 10 米,圆形,台顶面积 500 平方米。台上原有殿堂三楹(祀真武),现仅存雕刻精美的柱础。原有古柏两株,因火而毁,后植幼柏两株于前,正枝长叶茂。

8. 南园遗址

位于少溪河南十方禅院东 100 米处。明周藩建,亦称周府庵。园内永化堂乃周藩为无言道公建。毁于明末。今仅存白衣殿小院,面积约 300 平方米,殿为三楹,门首额题"白衣大士"字样,殿内原供白衣大士铜像,后移至少林寺白衣殿内。

(五)会善寺与会善寺塔

会善寺与会善寺塔属"天地之中"历史建筑群,世界文化遗产。全国重点文物保护单位。

会善寺位于登封市城北 6 公里太室山南麓积翠峰下,坐北向南。该寺原为北魏孝文帝(471 ~ 499 年)的离宫。孝明帝正光元年(520 年)复建闲居寺。后周断废佛法,以寺为观,以塔为坛。魏之后,为澄觉禅师精舍。隋开皇五年(585 年)改为嵩岳寺,后隋文帝赐名会善寺,后毁于兵乱。武则天巡幸此寺拜道安禅师为国师,赐名安国寺,并置国金钢佛像于寺内。唐重建,增建殿宇、戒坛、塔,规模宏大,高僧辈出。会善寺作为盛唐时期禅宗北派的佛法中心,曾有五祖弘忍大师的高徒道安、六祖慧能的弟子净藏、六祖神秀的大弟子普寂及普寂的弟子、天文学家一行、元同、元珪等高僧在此修行,是嵩山地域极为重要的一座寺院,也是盛唐时期给佛门弟子举行授戒仪式的三大中心之一。五代时高僧于嵩山琉璃戒坛纳法,又名"封禅寺"。后梁时废。宋开宝初年重修,开宝五年(972 年),太祖赐名"嵩岳琉璃戒坛""大会善寺"。金大定时,亦有修葺。元代至元年间(1265 ~ 1294 年)又赐名"祝圣护国万寿禅寺”。明代寺院废弃,清代重修。

中华人民共和国成立后,自 1957 ~ 1982 年,在省文物部门的指导下,县文物保管所曾对该寺作过三次修葺。2004 ~ 2005 年,由市文物局向国家文物局争取资金 400 万元,并配合省古建所施工队对会善寺元代大殿、两厢房、山门、东西掖门进行了重修,并将倒伏于寺内外的唐至清代的碑刻进行了粘补、竖立、予以妥善保护。

1. 会善寺常住院

会善寺常住院坐北向南。山门面阔 5 间,进深 3 间、大式硬山灰瓦顶,中 3 间砌券门,明间门券上嵌长方形横匾书“会善寺”三字,内供明代周王所赠白玉阿弥陀佛 1 尊。山门东西两侧各建单间硬山式掖门 1 座。山门后有宽敞的大月台,台处有明成化七年(1471 年)铁钟 1 口,高 1 米余,重 650 公斤。月台中轴线北部建大雄宝殿一座。会善寺现存主要建筑有山门、大雄殿、戒坛、古塔、碑碣等。

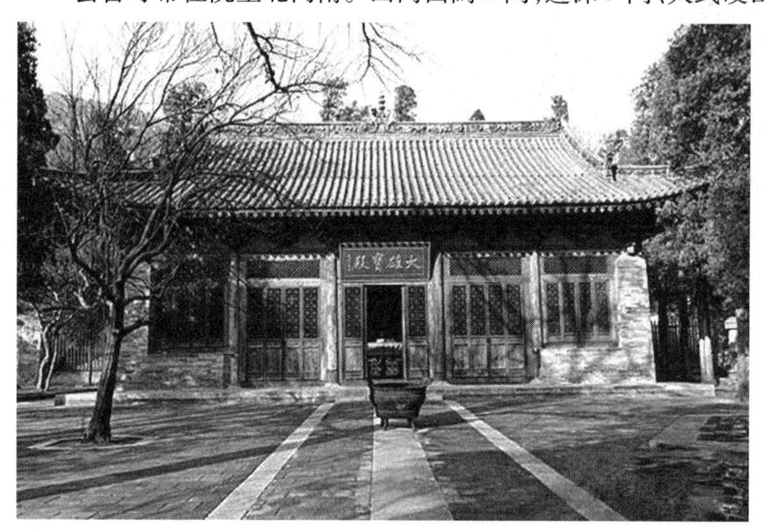

会善寺大雄殿

◆山门

山门为一座面阔 5 间,进深 3 间,大式硬山灰瓦顶,中 3 间砌券门,明间门券上嵌长方形横匾书“会善寺”3 个大字。门两侧有雕刻逼真的石狮一对,山门前有砖瓦结构大照壁。山门内供奉明明周王所赠的汉白玉阿弥陀佛一尊,通高 1.5 米,与少林寺、法王寺的汉白玉佛是一式三尊。

◆大雄殿

大雄殿面阔 5 间,进深 3 间,建筑面积 240 平方米。大雄殿始建于元代,后多次重修,但其斗拱等构件仍保存着早期建筑的基本特征。大雄殿为砖木结构,前檐中用 4 根木柱,其余檐柱皆为石质。单檐九脊式屋顶,檐下有用材硕大的斗拱,为五铺作重拱双下昂。殿内作减柱造,梁架为四椽栿搭牵,用三柱。斗拱构件粗大朴实,昂首下垂,为仿宋批竹昂作法。昂后尾较长,但不是通昂,系卡接的假昂尾,没有宋代通昂的实用价值高。角梁后尾嵌入殿角下的垂柱上面,不和相邻两拱后尾交叉,带有宋代月形梁作法。所有梁、柱均不如宋代建筑的大木料构件细致。大殿建造时间仅次于初祖庵大殿,在建筑艺术上具有较高价值。原两山墙下置有许多神龛,现已无存。该殿于 2004 年进行过加固维修。

大雄殿东、西两侧厢房为后代所建。

大雄殿前有一大型砖砌月台,左侧建有清乾隆皇帝亲书诗碑一座,但已残缺不全;右侧有明成化年间铸造的大铁钟一口,高 1 米余,重 650 公斤。

◆重要碑刻

会善寺内现存的主要碑刻有东魏的《中岳嵩阳寺碑》,北齐武平七年(576 年)所刻的《北齐造像碑》,唐开元十五年(727 年)所刻的《道安禅师碑》、唐大历二年(767 年)所刻的《唐代宗敕牒戒碑》,唐贞元十一年(794 年)所刻的《会善寺戒坛记》和清代《刘墉诗碑》等碑碣,以及围径在 1 米以上的古柏、银杏树十株。

2. 戒坛遗址

戒坛遗址位于会善寺西山坡上。戒坛用琉璃瓦建筑,又称琉璃戒坛,系唐代著名天文学家一行和尚及其弟子元同创建,后毁于五代,现仅存遗址。戒坛为十方僧徒受戒的地方,这是大的寺院设立的为佛徒受佛教礼仪的设施。碑记载:“每岁前来受戒僧徒,辄达一千多人。每日晋献洁供而礼佛人士,亦有数百。”唐宋时期,天下多数僧徒要到此受戒受律,香火之盛超过了东都(洛阳),当时寺院的规模很大,山门建在南岭,诸殿沿山坡层层升高,坛居寺中,成为全国最有影响的戒坛。

遗址有唐代戒坛残石柱1根,石柱是古坛位置的标志。石柱面雕天王像,柱础雕鬼怪神兽,具有重要的建筑与艺术的价值。现存台基为解放后在戒坛废墟上复原重建。

3. 会善寺古塔群

会善寺西有净藏禅师塔,西南和东南有清代砖塔5座。另外,在寺周还有古塔多座,各塔与寺距离不等,最多为400米左右,如寺东约300米有清塔3座,山门南150米处有清塔1座。这些塔在造型艺术上,各具特色。

◆净藏禅师塔

全国重点文物保护单位。净藏禅师塔位于会善寺西侧山坡上,始建于唐天宝五年(746年),是我国现存最早的仿木结构八角形亭阁式砖墓塔。

根据其塔铭记载,净藏禅师是六祖慧能的传灯弟子和“宗旨密传”的七祖。自五祖乱法之后,形成以神秀为代表的主张“渐悟”的北禅和以慧能为代表的主张“顿悟”的南禅。由于历史原因,北禅逐渐走向衰落,南禅逐步发展壮大。神秀之后,净藏禅师是禅宗七祖的代表人物之一,是净藏禅师把主和“顿悟”的南禅带回嵩山,使嵩山禅宗重新树立了在中国佛教界的地位,史称“净藏北归”。

会善寺净藏禅师塔

净藏禅师塔坐北面南,除塔刹为石雕外,全由青砖砌成。塔由基座、塔身和塔顶三部分组成,通高10.395米,基座高2.64米,平面作等边八角形,为单层亭阁式砖塔。由于年久失修,损坏严重,有的地方崩塌成洞,危及了整座塔的安全。1964年,由河南省文物工作队张家泰主持,登封县文物保护管理所宫熙、王世华等人参加,参照有关资料对塔基进行了复原修复。

净藏禅师塔基座的须弥座形仍为唐塔原制。座的上枋由两层平砖叠砌而成,中为束腰,每面雕出横长壶门3个,全塔共24个。束腰以下一层用圆头砖、抹头砖砌成,下用平头砖砌三层,再下为四层台的基座素壁。

基座上为塔身,每角砌出倚柱,柱突出墙外三个面,推知柱之平面亦为八角形。柱根不施柱础,柱头作覆盆式。两柱间施阑额,其下有门额(或窗额)、立额、子桯等组成的内凹框式结构,而且在南门及有假窗的各面,柱中下部又有连接两柱的腰串(横枋)嵌入柱之侧面,柱根有地栿,腰串与地栿之间有榑柱、心柱及障水板，以上构件组成了塔身壁面的基本框架，其内或置门窗，或置铭石。塔身南面辟拱券式塔门，门作单券无栿式，可入塔室内。塔室平面亦作八角形，顶以八角攒尖形式收结。室壁无装饰。塔身北面镶嵌青石塔铭一方，名曰《嵩山会善寺故大德净藏禅师塔铭并序》，记述净藏禅师生平事迹。塔身东、西两面各作实榻大门，门中央雕一古式大锁，每门各有四路门钉，每行 8 枚，计 32 枚，钉帽较大。门框制作十分工整。其余四面各砌出破子棂窗，子桯以内立 11 根破子桯，子桯断面为三角形，棱尖向外。柱头以上直接承托铺作，为一斗三升交劈竹耍头式。拱用单材，自栌斗外角开口出耍头，其高小于单材。这种形式是为适用八角形建筑的特点，殊为少见。除转角用此铺作外，南券门上砌出高于柱头的额枋，其中部置一直斗（补间铺作之最简约的一种）承托檐枋。其余各面，两组柱头铺作之间各作人字斗拱一组。塔身正面为拱券式塔门，其余四面各砌出破子棂窗。塔顶是由叠涩砖檐、砖雕绶花及石雕宝刹组成。塔身上为砖雕斗拱。拱上为塔檐。塔檐之上有两层须弥座和两层雕花装饰，最高处是圆雕石刹，下为束腰须弥座，座上雕刻覆斗承云盘，最上部是火焰宝珠。

净藏禅师塔基下发现地宫，有彩色壁画，内存放和尚骨灰罐。此塔系会善寺高僧——六祖慧能的传灯弟子和“宗旨密传”的七祖净藏禅师的烧身塔。

净藏禅师塔身一反方形唐塔之平直壁面，着意模仿木结构建筑，将每面处理成一个建筑开间，朝南一面砌成真正的券洞门，其余各面均砌成假门窗。各隅砖柱柱头有明显收分，其上承托斗拱，栌斗前平出劈竹昂。用砖砌成的仿木构板门、棂窗、立柱、斗拱，比例准确，造型优美，不仅具有很高的艺术价值，而且对研究佛教建筑传入中国后被中国传统建筑所融合提供了极其珍贵的实物资料。其造型以砖代木，逼真地表现出唐代八角亭式木结构的柱子、额枋、斗拱、门窗等作法，实属难能可贵，体现出唐代精湛的建筑工艺与时代特征，是不可多得的建筑瑰宝。

◆意公塔

位于会善寺东约 500 米处。建于清康熙十一年（1672 年），为六边形五级密檐式琉璃塔。该塔高 10.6 米，塔基为六边形须弥座，边长 1.8 米，须弥座壶门内嵌花卉、瑞兽等砖雕图案。塔身正面南向嵌石门，北面雕格扇门，塔额文刻《曹洞正宗三十一世开山和尚上佛下定意公之塔》。塔的第一级檐下施有斗拱，第二级前有小神龛。而两座楼阁式砖塔在造型艺术上，也极具观赏价值。该塔的塔刹为琉璃宝瓶，宝瓶在民国时被盗。全塔由白色釉砖构筑而成，是嵩山地域独有的一座琉璃塔，弥足珍贵。

◆梅公大和尚之塔

位于会善寺山门南。建于清光绪二十三年（1897 年），为四边形密檐式砖塔。塔高 4.5 米，塔身边长 1.9 米。塔下为砖砌须弥座，座上为塔身，正面塔额刻《曹洞正宗第四十一代性洁梅公大和尚之塔》。塔身的背面有塔铭，记载素梅生平事迹及门人德云、行量、行阳为其立塔事。铭文由法外友人焦翰苑撰文，嵩阳居士黄升公书丹。梅公塔是嵩山地域已知建年最晚的一座古塔。

◆从首杰尊塔

位于会善寺东约 500 米处佛定意公塔北。该塔建于清康熙六十一年（1722 年），为六边形三级楼阁式砖塔。此塔高 4.5 米，层距较高，每层都为柱体。塔基须弥座壶形门内嵌砖雕花卉、祥兽等图案。塔身正背两面皆有板式门，塔额文刻《浙江兰溪弘宗青霞从首杰尊窣堵位》。塔身上为叠涩密檐，塔顶上覆盖六角攒尖塔刹。顶为仿木结构，饰有瓦垄、挑角檐等。塔身中部雕圆窗，两侧雕破子棂窗。塔有剥蚀，尤其塔基剥蚀严重，并有剥落。此塔造型别致，砖雕精湛，为嵩山古塔精品。

◆普渡塔

山东清源传律普渡林上太尊浮图位，位于首杰尊塔东边右 3 米，形制与首杰塔相同。建于清雍正八年(1730年),为六边形三级楼阁式砖塔。塔的形态与首杰尊塔基本相同。塔每层皆有柱体。塔基须弥座壶形门内嵌砖雕花卉、祥兽等图案。塔身正前额文刻《山东清源传律普度林上太尊浮图位》。塔身还雕有圆窗、窗中刻"卐"字符号,还刻有棂子门、直棂窗、拦板望柱等。其第一层的正面还刻有"西圣"二字。该塔与首杰尊塔一样,雕刻精美,造型别致,为嵩山古塔精品。

(六)嵩岳寺与嵩岳寺塔

嵩岳寺塔属"天地之中"历史建筑群,世界文化遗产。全国重点文物保护单位。

1. 嵩岳寺

嵩岳寺位于登封市区西北6公里嵩山南麓,建于北魏宣武帝永平二年(509年),原为宣武帝的离宫。孝明帝正光元年(520年)改名"闲居寺"。隋文帝仁寿二年(601年)改名"嵩岳寺"。唐高宗与武则天游嵩山时,曾把嵩岳寺作为行宫。据唐李邕《嵩岳寺碑》记载:"广大佛刹,殚极国材,济济僧徒,弥七百众。落落堂宇一千间。"嵩岳寺在北魏和唐朝盛极一时,北魏原建有风阳殿、八极殿、逍遥楼等建筑,隋唐增建有塔东的七佛殿,塔西的定光佛堂,塔北的无量寿殿,以及西方禅师浮图等,这些建筑多为皇室所立,着实富丽豪华。

塔院内现存大雄宝殿及东西两侧的伽蓝殿、白衣殿均为清代所建造,各为面阔5间,进深2间的单檐硬山式建筑。

1965年登封县文物保管所重修山门,加固塔基。1980~1986年,由国家文物局投资、河南省古建研究所承担修复任务,由登封县文物部门协助,完成了嵩岳寺塔复原及其天宫、地宫出土器物的整理、研究工作,落架重修大殿、白衣殿、伽蓝殿3座,计168平方米,并拆除原有山门,新建山门3间,形成两进院落,复立旧碑10余通,使新旧寺院成为统一整体。

赵时诚《金石录》载:魏永平中,造定光铜像一躯,高2丈8尺,置于闲居寺。惜今无存。塔院内重要碑刻有八棱石经幢一通,幢身刻有"佛顶尊胜陀罗尼经"字样,无年款;唐代石柱3件,上雕有天王神怪线刻画及雕塑12伎乐人等;唐代徐浩所书的《唐敬爱寺大证禅师碑》和《萧和尚塔铭》;宋代的《嵩岳寺感应罗汉洞记》;清代的碑碣多通。寺院内有古柏、古槐和古银杏树等。

2. 嵩岳寺塔

嵩岳寺塔位于嵩岳寺内,塔以寺得名。嵩岳寺塔的建筑年代与闲居寺相近,据唐李邕所撰《嵩岳寺碑记》载:"嵩岳寺者,后魏孝明帝之离宫也。下正光元年(520年),傍闲居寺——十五层塔者,后魏之所立也。"

嵩岳寺塔是一座以青砖、黄泥砌筑的单层密檐式砖塔。塔平面呈十二边形,为15层密檐式砖塔,总高37.045米,底层直径10.6米,内径5米余,下部壁体厚2.5米。塔的外部由基台、塔身、叠涩密檐和宝刹组成,密檐之间矮壁上砌出各式门窗492个,密檐自下而上逐层内收,构成一条柔和的抛物线。塔顶冠以砖雕宝刹。

基台,平面为十二边,高0.85米,宽1.60米。台基之南砌月台,条砖铺地,月台之南砌踏道。台基北面,有一甬道通向塔后大殿。台基月台和甬道均为近年补砌。

塔身,中部用叠涩腰檐将其分为上、下两部分。塔身东、西、南、北四面各辟一券门通向塔心室。门洞采用两伏两券的砌筑方法,门上有尖拱形门蔬和卷云形楣角,尖拱门楣顶部置三瓣莲花组成的饰物。塔身上层外壁无券门的八面,每面砌一座单层方形塔龛,塔龛自下而上由塔基、塔身、叠涩檐、绶花及塔刹组成。塔龛下部壶门内各有砖雕护法狮子 1 个,共 16 个,正、侧、蹲、立,形象各异。在塔身上部知转角处均砌一个八边形倚柱,柱头饰火焰宝珠与覆莲,柱下为砖砌覆盆式柱础。

塔身以上,有叠涩密檐 15 层,叠涩檐之间是极矮的直壁。由于诸层檐叠出的砖数不一,叠涩檐弧度各异,各层檐间的壁高自下而上递减,檐宽逐层收分,使之外轮廓呈现抛物线型。叠涩檐间的截壁上均辟有门窗。每面正中砌筑板门 2 扇,门上皆有尖拱状门楣,楣角呈卷云形。门两边各配一“破子棂窗”,唯第十层因壁面狭小,仅一门一窗,除南面第五、七、九、十、十一、十三层及东南面的第十五层辟真门外,其他皆为假门,窗子全为盲窗。

嵩岳寺塔

塔刹,通高 4.745 米。自下而上由基座、覆莲、须弥座、仰莲、相轮及宝珠等组成,皆为青砖平顺垒砌而成。宝珠与七重相轮上涂白灰层。宝珠上部残,为平顶,伸出金属刹杆,刹杆上饰件已失。

塔心室结构为空筒式,直通塔顶,室内挑出叠涩檐 8 层将塔室外分为 9 层。除底平面十二边形外,其余各层皆改为八边形。

1988 年,河南省古代建筑保护研究所对该塔进行了详细勘测,并对地宫进行了清理,发现遗物 70 余件,其中雕塑造像 12 件,建筑构件、瓦当、滴水等 17 件,其他 41 件。地宫北壁有唐开元二十一年(733 年)墨书题记 1 方,地宫内出土 1 件红砂岩造像,高 11 厘米,宽 15.5 厘米,厚 3.5 ~6 厘米。背面有“大魏正光四年”造像记。1989 年,在塔刹内又发现天宫两座,分别位于宝珠中部和相轮中,出土了银塔、瓷瓶、舍利罐、舍利子等,此刹建造年代应在唐末。

嵩岳寺塔是我国现存最早的古砖塔之一,历经近 1500 年的风雨侵袭,仍然巍然屹立,雄伟挺拔。在结构和造型上都有很高的学术价值,是我国古代建筑中的罕例。

(七)永泰寺与永泰寺塔

永泰寺塔为全国重点文物保护单位。

永泰寺位于登封市西北约 11 公里处的太室山西麓的子晋峰下。永泰寺,原名明练寺,始建于南朝梁时期,是为安置梁武帝的女儿萧明练(又称尼总持)所建。北魏孝明帝正光二年(521 年),因孝明帝的妹妹永泰公主削发为尼,敕修明练寺。北周建德二年(573 年),武帝废弃佛道二教,寺废。隋开皇年间(581 ~600 年)恢复原状。唐中宗神龙二年(706 年)嵩山寺僧道莹奏请整修明练寺,改名永泰寺。明清以后屡有修葺。

中华人民共和国成立后,1964 年河南省文物局拨款由登封县人民委员会负责加固寺后塔基。1986 年河南省又拨款 1.7 万元落架重修大雄殿,重建北廊房。1994 年经省文物局批准,登封市文物局与郑州永泰旅游发展公司签约,投资800万元对永泰寺联合进行了大规模的整修。当今寺院东西长424米,南北宽157米,占地面积6600多平方米。

1. 永泰寺建筑

寺院中轴线上建筑有山门、天王殿、中佛殿、大雄宝殿、皇姑楼,共五进院落,两侧有配殿,是一个完整的建筑群。

◆山门

面阔3间,硬山式绿琉璃瓦盖顶,正脊置狮驮宝瓶、龙凤莲花图案,两端置大吻,垂脊置仙人、狮子、天马,檐下施三踩斗拱。前后辟方门、圆窗,门匾为"永泰寺"三字。门内塑金刚力士像,形象威武。门前有石狮,两侧为仪门,显得庄重威严。

永泰寺

◆天王殿

面阔3间,进深5架,硬山式琉璃瓦殿顶,正脊两端置大吻,垂脊施仙人、龙、马。方门棂窗。殿内中间塑弥勒佛像,两侧塑四大天王站像,佛像背后为执杵韦驮站像。殿北墙内有圆口井,传为永泰公主汲水之井。另有石臼、石磨,亦为公主遗物。

◆中佛殿

面阔3间,进深5架,歇山式绿琉璃瓦殿顶,正脊两端置吻,戗脊上饰仙人、龙、马,檐下施五踩斗拱。前后中间辟门,两次间开棂窗。殿内正中供玻璃钢制释迦牟尼坐像,两侧为文殊骑青狮,普贤骑白象。屏壁后面墙上彩绘九大弟子说法壁画,南北墙上绘十八罗汉像。

◆大雄宝殿

为寺院主体建筑,面阔5间,进深7架,重檐歇山式绿琉璃瓦盖顶,正脊中置狮驮宝瓶,两端置大吻,戗脊施仙人、龙、马,檐下施双昂五踩斗拱,檐角各悬风铃。殿前后有棂门,两次间为棂窗。殿内供释迦牟尼佛、药师佛和阿弥陀佛,南北两壁前雕塑20诸天像。殿北围墙外有千佛阁遗址,坐北向南,四角设倚柱,残砖为佛像砖。

◆皇姑楼

依地辟基,居高临下,面阔5间,进深5架,三层歇山式建筑,钢筋混凝土结构,黄琉璃瓦盖顶。一、二层四周有回廊,可通来往,三层可居高望远。一层正中置永泰公主玉石像,旁有侍女和车马銮驾。

2. 重要碑刻和稀有树种

永泰寺有《大唐中岳永泰寺碑颂并序》1通,唐代刻《佛顶尊胜陀罗尼经序》的八棱经幢2座。另有宋石刻莲花灯座和石盆各1个。灯座下层雕有四龙盘绕,龙头向上平伸,龙爪在下支撑,中间有一石柱拱托,周沿刻有仰莲,上层雕有小龛,龛内有韦陀佛。台座整体上圆下方,雕工细致精美。

永泰寺院内有古娑罗树、古柏、古杨、古槐和古银杏树等。其中,以古娑罗树最为珍贵。娑罗树,又名七叶树，位于大雄殿前。树高 20.7 米，围径 2.73 米，树身挺拔，枝长叶茂，一簇七叶，叶脉平滑，一花七瓣，花色淡黄，果若佛塔，果实黑白相间，叶、果皆可医病，被称为稀有树种。此树传为永泰公主入寺时所栽，至今已 1500 余年，被称为“佛爷凉伞”。中佛殿前有一棵大叶杨树，树身挺直，高约 30 米，胸径 4 米余，群众称“佛爷旗杆”。

3. 永泰寺古塔群

永泰寺院后的山麓上原有古塔 4 座。其中北魏砖塔 1 座，于民国初年被国民党军队拆毁。现存唐代的永泰寺塔和金代的均庵主塔 1 座、明代的肃然、无为普同塔 1 座。

◆永泰寺塔

位于永泰寺后，塔以寺得名。永泰寺塔始建于唐代初期。为 11 级叠涩密檐式砖塔，平面呈正方形，通高 30 米，周长 18.4 米，底边长 5.05 米，壁厚 1.4 米。塔身自下而上每层高度均匀递减，塔檐逐渐内收，外轮廓呈优美的抛物线形。塔身南面辟券门，塔心室为长方形空筒状。塔刹由仰莲、五重相轮组成，塔身外敷白灰。塔之造型，具有显著的唐代风格，是嵩山唐塔中一座典型的代表作品。

◆均庵主塔

位于永泰寺院后约 30 米处，建于金大安元年(1209 年)仲冬，为四边形双层砖塔，残高 3.5 米。塔基为须弥座，塔身面宽 1.52 米。周围有砖雕花纹。塔身前面辟一方形砖券门，门外沿饰砖雕花纹一周，塔室内空荡无物。塔身背面嵌有《嵩山永禅寺均庵主塔记》刻石铭一方。碑载北魏时期明练、永泰二公主出家前后的景况及均庵主之功德和生平。当地群众传说塔室内放有“永泰公主包骨像”，故该塔俗称“永泰公主包骨塔”。但据碑文中说均庵主“孤然已达西方去，留得真容宝塔中”的记载知，塔室内的包骨像不是永泰公主的，而是均庵主。该塔塔刹已毁。

◆肃然、无为普同之塔

位于永泰寺唐塔东北约 150 米处。建于明崇祯十一年(1638 年)，为喇嘛式砖塔。塔分为基座、塔身、塔顶三部分。基座是一个高大的六边形须弥座，高 1.18 米。塔身似瓶形，高 2 米，较低矮，正面下部与基座连接处有一青石雕造的两扇关闭上锁的石门，两扇门上各刻有乳钉 25 个，共计 50 个。门框、门楣上线刻花草图案。石门通高 0.43 米，宽 0.3 米。石门上镶嵌塔额一方，高 0.55 米，宽 0.36 米，周边线刻卷云图案，塔铭上刻《明圆寂慈恩师肃然无为讳敬果觉灵立祖普同之塔》铭文。塔顶高约 3 米，有粗厚朴实的五层相轮、矮石柱、俯莲盆、仰莲盆和火焰形宝珠等组成。整个塔虽然建筑工艺比较粗糙，但是线条流畅，秀气利索。由于该塔年久失修，塔基后半部分已经塌损。该塔内葬肃然、无为两位尼姑。这种一塔葬两僧尼的合葬塔，在嵩山地域所存的塔中仅此一例。

(八)风穴寺及塔林

全国重点文物保护单位。风穴寺位于嵩山西南麓、汝州城东北 9 公里嵩山少室主峰南坡的风穴山中，因寺东之山有大小风穴洞而得名。它同少林寺、白马寺、相国寺并称中原四大名寺。风穴寺创建于北魏，距今已有 1400 多年的历史。原名“香积寺”，隋代改名“千峰寺”，唐代扩建后更名为“白云寺”，俗称“风穴寺”。宋、金、元、明、清各代均有修葺和增建，唐中期形成一定规模。除唐代兴建的七祖塔外，现存建筑有宋、金时期及后建房屋百余间和塔林。

1980～1988 年，国家文化部和国家文物局拨款，由省古建队施工，在当地政府配合下，历经 9 年的时间，相继整修了观音阁、涟漪亭、接圣桥、喜公池、接官厅和部分围墙、道路等，并筑起了围墙、石阶、石甬道，植栽了树木，治理了寺内外环境。现存殿堂禅舍140余间、石桥5座、碑碣百余通，占地面积250余亩。唐、宋、元、明、清各代建筑俱全，并有上下塔林两处。

风穴寺今存碑碣92通，最早的为唐开元十六年（728年）《佛顶尊圣尼陀罗咒》碣，有五代后汉乾祐三年（950年）的《风穴寺七祖千峰白云禅院记》碑，其后有宋、元、明、清所立之碑，或记事，或畅兴，或刻诗，真草隶篆，各体具备。

1. 风穴寺

风穴寺坐东北朝西南，依山就势而建，仿江南园林建筑，有明显的山寺特色。主体建筑基本上按中轴线对称分布，由山门经天王殿至中佛殿、毗卢殿，毗卢殿后为一高台，台上建成方丈院一座，望州亭位于寺后的山坡上，既有中轴线，又不严格对称。寺院主要建筑有七祖塔、钟楼、中佛殿、毗卢殿、观音阁等。

风穴寺

◆七祖塔

为寺内最高建筑，位于汝州市风穴寺中佛殿北。该塔始建于唐开元二十六年（738年），是为唐代著名和尚贞禅师（天台宗七代）而建。唐开元年间，贞禅师由衡阳行化，居于洛阳白马寺，又来到这里重修了风穴寺，并继达摩之后传授禅宗，被称为风穴寺的开山七祖，于开元十三年（725年）圆寂，门徒收其舍利，于开元二十六年（738年）造塔供奉，唐玄宗御赐名“七祖塔”。唐宣宗大中十三年（859年），道源和尚来此，主持重修寺院时，在塔内塑一尊释迦牟尼像，又将贞禅师的舍利藏在佛心。此塔名为七祖舍利塔，具有特殊的时代风格。塔基比较小，平面为方形，塔身自下向上由细渐粗，至中部又由粗渐细，远远望去，塔身外轮廓略呈抛物线，犹如火焰升起，别具一格。塔身四角直壁，其上叠涩出檐九层，为方形叠涩九层四角密檐式砖塔。塔身长、宽各3米许，塔高24.17米，建筑在1.5米的基台上。第一层塔身内设塔心室，以上各层均系实心。每层四角系铃，风吹叮当作响，妙趣横生。塔刹为覆钵形，由覆钵、相轮、宝盖及火焰宝珠组成，高大美观。该塔自创建以来，1200多年间，历经风雨、雷电、地震撼摇，傲然屹立，显示了我国古代建筑师的聪明才智。

◆钟楼

位于寺院西南。面阔、进深各3间，三重檐歇山顶，建筑在石砌的石台上。内有四根粗大的木柱，2丈4尺高，柱端架一横梁，梁上悬宋宣和七年（1125年）铸造的大铁钟一口。传说此钟是用囤土升高法，逐渐将钟升高至顶部，再将囤土去掉。这是一座保留有金元时期结构特征的明代建筑，少部分构件为清代重修时抽换。这口大铁钟铸造精致，音律准确，声音宏亮。因此汝州八景中就有“风穴钟声”。游人多登临钟楼，凭栏眺望古刹景色，抒发情怀。

◆中佛殿

为金代建筑。面阔、进深各3间，单檐歇山顶。梁架结构为六架椽橼屋，明嘉靖年间重修该殿时，梁枋已被抽换,唯斗拱和下架柱额仍为原来结构。殿内有释迦佛像一尊,左右列二弟子、二菩萨,塑工精细,生动逼真,也为金代遗物,“文革”中被毁。

◆毗卢殿

即大雄殿,建于明成化十一年(1475 年),是寺内仅存的琉璃顶殿堂。正脊两端饰 1.8 米的龙吻,中为 8 条浮雕龙,五颜十色,耀眼光亮。殿内置明永乐七年(1409 年)周王朱棣向佛求子还愿敬献的白玉石释迦牟尼佛 1 尊。

◆观音阁

位于寺的东北角。建于明代嘉靖年间,为三间歇山楼阁。重檐,正脊高浮雕腾龙及狮驮宝瓶。阁内楼上设清代木雕三头六臂观世音,下为木雕坐像观世音,西山墙下为石雕站像观世音,右手执鲜花,左手携甘露瓶。

◆接圣桥

建于明正德十四年(1519 年),为单孔拱桥。长 7.93 米,宽 4.2 米,每面 4 根望柱,3 块栏板,2 个包鼓石,栏板上刻历代名人题咏。传说方丈于此接过乾隆皇帝。

风穴寺今存铁祖师像,铸于明正德十五年(1520 年),为元武真人像,是道教主宰北方的大将,原放于寺前玉带桥旁元武庙,庙毁,移于天王殿檐下。

风穴寺今存重要碑碣 92 通,最早的为唐开元十六年(728 年)“佛顶尊圣尼陀罗咒”碣,有五代后汉乾祐三年(950 年)的《风穴寺七祖千峰白云禅院记》碑,其后有宋、元、明、清所立之碑,或记事,或畅兴,或刻诗,真草隶篆,各体具备。

2. 风穴寺塔林

风穴寺塔林

风穴寺塔林分布在寺院外西南的山坡上,依其地势高低分为上、下塔林。塔林原有塔 115 座,现尚存元、明、清、民国历代砖石塔 83 座,是嵩山核心区的第二大塔林,仅次于少林寺塔林。其中元塔 16 座,多为方形和六角形,三层较多,五层较少。合葬塔一座,即瑞公、显公大禅师之塔,在我国塔林中极为少见。明塔 52 座,多为方形,其中六角形 6 座,八角形 1 座,石塔 1 座。清塔 14 座,民国年间塔 1 座,大部分仿明代手法。这里的古塔形式多种多样,有的高达十几米,有的仅有 1 米高,三层居多,五层较少。有的为四方形,有的是六角形,有的是八角形,有的是形如宝瓶的喇嘛式塔,有的用青砖垒筑,有的用青石建造,还有的纯属一件大型石雕。塔林中有明清两代的塔大部分是六角形,塔身所雕图案多为各种花卉。石塔以南塔林的“窣堵婆”造型较为别致,高 4.5 米,仰伏莲基座,圆球形塔身。

砖塔多为单层密檐式小塔，平面多为方形与六边形。其中，至元十七年(1280 年)建造的“松齐慧公宗师之塔”，塔身为仿木结构建筑形式，塔的底盘为六角形须弥基座，单层密檐式，塔檐 5 层，檐下饰砖雕斗拱，塔身各面有造型精美的砖雕假门，门上雕有龟背形、十字形、田字形、斜山十字形、四斜填花等图案，美观大方。慧公禅师是风穴寺著名高僧之一，明朝御史方大美诗中“顾我巡行嵩汝地，何当重问慧公禅师”，便是指其人。慧公声望极高，因而死后墓塔建的也较高。

(九)北齐刘碑寺

刘碑寺内的北齐刘碑寺碑为全国重点文物保护单位。

刘碑寺位于登封大冶镇区西南 7 公里处，西刘碑村东北。因北齐刘碑村刘碑寺因北齐文宣帝天保八年(557 年)，豫州刺史刘碑集刘姓族人筹资刻立，故名“刘碑”。后人因碑兴建佛寺，因名“刘碑寺”。为保护此碑义筑碑楼，又称“碑楼寺”。刘碑寺初为道观，后佛道合一。四合院形式，有山门、客堂、关帝庙、六祖殿、火神殿、老君殿、正殿等。

现存北齐刘碑造像碑，立于寺内正殿的佛祖殿正中，坐北向南。因碑高大，1940 年正殿复建时设木质棚板，将此碑上半部分遮挡。为便于观赏，1983 年将棚板拆去，站在正殿内可通观全碑。该碑由黑色律石制成，碑文魏碑体，俊秀挺拔。全碑由碑首、碑身、碑座三部分组成。碑通高 3. 98 米，碑高 3. 18 米，宽 1. 46 米，厚 0. 45 米。碑身和碑座分两部分雕刻。碑座前有 12 个浮雕武士像，凸目鼓腹，形象生动。碑座后面为线雕射猎图，图中有骑射、挽弓、执叉、持刀等武士追逐射击形象，有猎犬、狮、虎、鹿、兔及其他禽兽在山林中奔驰的场面。碑首雕有盘龙 6 条，下面中间刻有一大佛龛，龛内雕刻 1 佛、2 弟子、2 菩萨。碑身造像左右 3 列，上下 4 层，雕刻人物 64 个，狮子 3 对以及莲花、山石、菩提树等。刻有题榜 4 地，分别为“阳(城)大像主前□授豫州刺史刘碑”，“发心造像主前奉朝□洛州平正刘方兴”。“大都邑主阳城县功曹刘声闻、坩主刘明炽、大都邑主横野将军刘□□”和“大都邑主前阳城郡□□刘子云”。碑阴上部雕刻佛像 7 尊，供养人 18 躯，下刻造像碑记正书 42 行，每行 13 字，泛育造像求福之意。其下有题记 7 例，列 49 行。碑文楷书，字体精湛、圆浑遒劲。

碑两侧上雕 1 佛，2 弟子立像，下刻精美的盘绕龙纹。碑趺前面和两侧雕 12 个高浮雕力士，凸目鼓腹，刚健凶猛，形象生动。后面浅浮雕林射猎图，有执弓、执叉、执刀的骑士和猎犬、狮、虎、鹿、兔以及其它动物，在山林中横冲直撞，互相追逐的图像。这幅图即是佛教故事“睒子本生”图。右上角有“岁在丁丑”刻字(即北齐天保八年)。

刘碑寺碑是中原文化北齐石雕艺术典型代表作品，石碑处处展示着我国北齐时期高浮雕与线雕及绘画的高超水平，是古代造像雕刻艺术代表，其内容是研究我国佛教绘画、雕刻艺术的实物见证，具有重要的历史研究价值和艺术价值。碑后有刘氏姓名，文字为正楷，峻拔有力，是嵩岳现存的南北朝造像碑中最大的一通。

(十)清凉寺

全国重点文物保护单位。清凉寺位于登封市西嵩岳少室山南麓的清凉峰下，寺因山而得名。始建于金宣宗贞祐三年(1215 年)，元、明、清多有修葺。20 世纪 50 年代初期尚有西院、中院、东院三部分，共有金塔 3 座，后西院、东院及塔被拆，仅存中院的山门、东顺山房、大殿等建筑。

清凉寺大殿重建于金贞祐四年(1216 年)，坐北向南，面阔 3 间，进深 3 架，占地面积为 92. 4 平方米。殿高约 8 米，为单檐歇山式建筑，殿顶覆以绿色琉璃瓦。殿之内外檐下均施三踩斗拱。正脊两侧置大吻，中部饰卷草花卉，龙凤图案，造型生动，工艺精湛，尤其是大吻造型艺术水平甚高。

大殿内用内柱4根，素面覆盆柱础，表现为古朴的宋金风格。外檐斗拱明间补间铺作两朵，次间一朵，山面各间均为一朵。为四铺作单下昂计心造，真华头子，但蚂蚱头已成足材，昂嘴亦增厚。梁架结点用襻间铺作、栌斗、真昂等早期建筑的作法。殿前装有四扇透孔方格大门和八扇棂子窗。殿内原有释迦佛像，已毁。殿内屏壁上绘制有金代风格的彩色壁画，除三四幅佛像清晰外，多已模糊难辨。殿前有月台，高1.67米，东西宽17.8米，南北长8.3米。该大殿平面方形，用真昂，梁架结点用袢间、坐斗、大型覆盆柱础等均为早期手法，这在河南古代木构建筑中很有价值。

清凉寺尚存古碑刻3通，其中有金贞祐三年（1215年）刻立的《登封重修清凉禅院记》碑，金大定正大二年（1225年）刻立的《清凉寺相禅师塔铭序引》碑和清道光二十六年（1846年）刻立的《重修清凉六祖庙碑记》。

（十一）超化寺与超化寺塔

超化寺塔和超化寺下寺为河南省重点文物保护单位。

1. 超化寺

超化寺位于新密市城南7.5公里的超化村内。创建于隋开皇元年（581年），寺门匾额书有“超化古寺，名刹十五”，是全国著名佛教寺院之一。南北朝时期，我国佛教盛行，全国各地修建寺院颇多，该寺位列第15位。唐武则天和唐中宗时达到鼎盛时期，寺院规模宏大，周围方圆面积20公里，僧侣约2000余人，地有竹、木、鱼、稻，颇具江南风致。唐中宗复位后，分寺治理。后衰败。宋、元时期复又驰名，历氏文人墨客题咏甚多。金代的著名文学家王庭筠、元好问，明代的袁宏道、元汉闻等文人雅士写有超化寺的诗文。明清时期，曾几经修葺。天启二年（1622年），掘地得唐碑一通，今嵌寺壁上。西冈旧有塔二，今存一。世传在唐阿育王所造8万4千塔之内。后衰落，明、清虽有修建，但其规模逐渐缩小。民国九年（1920年）和民国十九年（1930年），该寺曾遭两次大火灾。

超化寺原分为上、中、下三个寺院，上寺在超化小寨，中寺在超化村塔坡，下寺在超化街内。其中以下寺为最大。上寺现存房舍3所，为硬山式灰瓦顶，中寺房至全毁。下寺又名“金钟寺”，坐北向南，现有清代房屋20所，前有山门，为硬山顶。“超化古寺”、“名刹十五”8个砖刻大字，分别嵌在二道门的前后横额上。与之相对的是一座佛陀大殿，大殿宽16米，深12米，高10米，内有8根大圆木柱，以青石为础，屋檐全以斗拱构成。殿门前5米宽的月台上有两棵古桧树，东面一棵传说为“李际遇拴马柏”或“刀痕柏”。寺内碑碣很多，有北齐造像碑两通，宋、金题铭，碑碣10余方。

2. 超化寺塔群

超化寺内还有塔林遗址。在河西村200米处原有石塔数座，后被埋于土崖之中。1977年发现塔基3处：一处为金大定十六年（1176年）建的智公和尚塔，是河南省解放后清理的第一座有纪年的金代塔基。后又发现两座完整的具有宋代建筑风格的石塔，一座塔身上部为方形，下部埋于土中，高1.08米，塔身上刻有佛经，经文上方横书“法慧大师连公出山主寿塔之铭”，楷书，经文完整清晰；一座发现于1988年，塔身为圆柱鼓形，塔基为八棱形须弥座。

超化寺塔群中，最著名的塔为超化寺塔。超化寺塔位于新密市7.5公里的寺院中心——超化中寺的坡地上。超化寺塔又称“舍利塔”，相传是为纪念阿育王所造的8.4万塔之一，位于超化下寺西南坡。建于唐开元二年(714 年),为方形 13 级楼阁式砖塔,高约 30 余米。塔基南北长 7 米,东西宽 7. 1 米。壁厚 2. 1 米。砖长 0. 4 米,厚 0. 17 米。塔的质地坚硬细腻,虽经千余年的风雨侵蚀,仍保存完好,在建筑学上具有很高的价值。可惜该塔于“文化大革命”中(1969 年 11 月)被拆除,现仅存塔基。该塔拆除时,塔基出土文物甚多,有汉白玉舍利函 1 个,内装舍利盒 2 个(1 银 1 瓷),内有佛祖释迦牟尼真身舍利,盖上有铭文纪年,现存河南省博物馆。

寺内有北齐武平二年(578 年)造像碑头、唐碑各 1 通,北朝至唐代石刻残佛百余尊,后唐碑失踪,大批残佛原地窖保护,北齐碑与部分残碑现藏新密市文物保管所。

(十二)洞林寺与无缘寘公禅师塔

无缘寘公禅师塔为河南省重点文物保护单位。

1. 洞林寺

洞林寺位于荥阳市城东南 20 余公里的贾峪镇寺河村。洞林寺历史悠久,是佛教传入中国后创建较早的一座寺院。在北魏时,洞林寺与少林寺、竹林寺合称为中原的“天中三林”。据现存碑刻等资料,洞林寺历经唐、金、元、明相继重建,成为有影响的大寺院。特别是到了明代,达到极盛。据史载:“是时,寺院方周达 500 多亩,榭堂而皇之栉比,塔林如柱、碑碣成林、人影追随。白日香火缭绕,日蔽失色……至晚空山寂寞,古寺萧森,钟鼓之声,静夜闻之,令人省悟。”因地势吉兆,明代的藩王周靖王死后,即择葬于寺后,遂成周王府的佛堂家祀,开封府诸王的陵墓多设在洞林寺附近,王公贵戚朝拜者络绎不绝。经过周王府的扩修保护,洞林寺的建筑规模也更加宏伟。明末清初时,洞林寺不断遭到战火洗劫,兴衰更替异常。清之后,兵燹不断,洞林寺的建筑也多遭破坏。寺内全部建筑被毁。现有大殿及厢房 15 间,系近年重修。

荥阳洞林寺

洞林寺内保存有明嘉靖五年(1524 年)的“千斤鼎”1 尊,高 1. 07 米,敞口圆体,三足,鼎身铸云龙图案等,四面铸螭首含环,伸出鼎外,中间镌“造鼎记”,凡 128 字。文中有诗赞曰:“晚钟荥阳古洞林,汉唐元宋立石存。炉蒸宝乳功浩大,千斤铁鼎独难成。”

洞林寺内现存有碑刻 8 通,其中立于大明崇祯十五年(1642 年)的“重修洞林寺中殿记”碑,较详尽地记载了自元以来洞林寺修葺扩建的沧桑历史。

2. 无缘寘公禅师塔

无缘寘公禅师塔位于荥阳市贾峪镇洞林寺西侧的岗上。该塔建于明洪武十七年(1384 年)二月,为鼓腹瓶形实心喇嘛塔。塔高约 15 米,为大腹细脖的瓶形实心喇嘛塔,塔身由青砖白灰砌成。塔由基座、塔身和塔顶三部分组成。塔座为精雕的仰覆莲座,八棱五级叠涩,由下至上逐层缩小。每层中间镶嵌刻有多种图案的青砖,3 块一组,所雕内容为鹿、马、牛、虎、象和各种花卉。其檐部用棱角牙子砖和拨檐砖砌边。中部塔身为塔之主体,近似瓶状,上鼓下收,全部用外面磨光的青砖,用白灰勾成细腻的灰缝砌筑,塔体表面十分光滑平整。在其南侧中上部,镶嵌一块石铭:"重开山无缘寘公禅师塔",旁署年款。塔顶由圆台形石相轮和塔刹构成。相轮共有 9 层,往上逐层缩小,每层浮雕有荷花、菊花、游云和天马等图案。塔刹上为石质的华盖、宝瓶和宝珠。该塔除基座遭受毁坏外,其余基本完好。

该塔保留了浓重的印度佛塔的基本特色,在目前留存的佛教建筑中已不多见,它对研究佛教在中国的传播、发展、演变情况以及佛教建筑的特点等具有重要的价值。

(十三)洛阳安国寺

河南省重点文物保护单位。安国寺位于洛阳市老城区敦志街 48 号。据清施城《河南府志》卷七十五及龚松林等编著的《洛阳县志》古迹《寺观》条所载:寺在府治南(当时的府治,后称旧府,在今洛阳市老集一带),始建于唐代咸通年间(860 ~ 873 年)。明代洪武初年(1370 年左右)置僧纲司于中(即安置有僧人在该寺伺候香火),清嘉庆十八年(1813 年)该寺称钟楼寺,后又恢复原名,仍叫安国寺。原寺内建筑有山门、前殿、中殿、后殿,占地近万平方米。现仅存前后殿两座,基本保持原状。

安国寺为单檐歇山式七架梁砖木结构建筑。前殿面阔 5 间,进深 3 间,单檐悬山顶。檐下用斗拱,其耍头作龙头形。屋顶在"文化大革命"期间遭破坏,改为小灰瓦顶。殿内以巨柱承托殿顶,柱础为石鼓形。后殿保存较好,面阔 5 间,进深 4 间,砖木结构单檐歇山式。檐下用三踩单昂斗拱。正心拱足材,耍头作龙头形,斗拱攒距不等,斗距明显,用砖砌拱眼壁,施有花草纹彩绘。明间两攥,次间梢间各一攥,厢拱上承托替木,大额枋、平板枋出头呈"T"字形,平板枋出头平齐。明间柱头呈覆盆状,前沿二角斗拱昂嘴扁瘦,基本上成三角形。殿内五架梁,前后对单步梁立四柱,立柱下用硕大的青石宝妆莲花状柱础。顶部覆以琉璃瓦,正脊两端用正吻,殿顶坡面平缓。殿前筑一月台。凡此种种都彰显了安国寺在建筑形制、构件特征、制作手法上有明显的明代风格或更早期的风格。

根据史料记载和现存的建筑风格分析,前殿为清代建筑,而后殿为明代建筑,其侧檐厢拱承托替木等作法,保留了早期木结构的特点。

(十四)妙水寺

汝州妙水寺

河南省重点文物保护单位。妙水寺位于汝州市西北临汝镇关庙村,北为白云山,南为崆峒山,背坡向阳,西为临坡公路。寺内白杨参天,泉水潺潺。寺外泉水汇集,人称绝妙,因而得名妙水寺。

妙水寺南北长 100 米,东西宽 99 米,总面积 9900 平方米。海拔高度为 400 米。根据清道光《直隶汝州志》记载:"妙水寺在州西北四十里元乙亥建。"至元亥年即至元 12

年(1275年),距今731年。

妙水寺平面近正方形,主体部分宽30.5米,坐北面南,地势北高南低,依山势而建,有明显的中轴线,讲究统一规化,左右对称,主次陪衬。现存主要古代建筑有天王殿、中佛殿、大雄宝殿、东西廊房等。主体建筑两侧各有一跨院,西跨院谓方丈院,有方丈殿5间,伽蓝殿3间,东跨院有祖师殿5间。现存殿堂房舍43间。

◆天王殿

单檐式硬山式建筑。面阔3间,进深3间,梁架简洁,无斗拱,柱础呈扁鼓状,殿顶覆筒瓦板瓦,正脊为陶质,其表饰以堆塑的花卉图案。

◆中佛殿

位于天王殿之后,建在1.2米高的石砌方台上。面阔3间,进深3间,系单檐硬山式建筑。檐下用一斗二升交口斗拱,四扇六抹格子门。殿顶覆灰筒瓦板瓦,正脊为陶质,间饰堆塑花卉,脊吻齐全。殿内梁架,下用两金柱支承。

◆大雄宝殿

是妙水寺最大的建筑,位于中佛殿之后。殿前有二方形妙水泉池,殿台高筑,面阔5间,进深口间,系单檐悬山式建筑。檐下施口踩双下昂斗拱16垛,昂首为木雕张嘴龙首,耍头作蚂蚱头状。殿顶为20世纪50年代改换的小青瓦。殿前门窗为四扇六抹棂格形。殿内梁架用材硕大,梁下用金柱4根。该殿规模宏大,古朴壮观,结构严谨。

伽蓝殿和祖师殿的建筑形式与天王殿大同小异。

妙水寺现存最早建筑有局部构件为明代中晚期,大部分建筑为清代早期。

妙水寺内有明清时期碑刻7通:明正德十五年《创建玄帝庙记》、明嘉靖元年《妙水寺创建天王殿记》、清嘉庆二十五年《家村山主定规碑》、清道光二年《重修天王殿创建东西配殿碑》、清咸丰四年《重修妙水寺中佛殿三官殿补修大佛殿伽蓝殿碑记》、《重修妙水寺佛殿记》、清宣统三年《重修妙水寺大佛殿两陪殿碑记》。

(十五)大觉寺

河南省重点文物保护单位。大觉寺位于伊川县高山镇谷窑村。该寺始建于元朝惠宗至元年间(1335~1340年),曾多次重修。现存大部分建筑为清代遗留,其中轴建筑依次为山门、伽蓝殿、三圣殿、大雄宝殿和厢房等,多为歇山式建筑。

◆山门

为大觉寺的大门,五级石阶之上,一对石狮与门礅连为一体,石狮栩栩如生,左右对峙,门槛为浮雕石刻而成。

◆伽蓝殿

伽蓝殿面阔3间,是一座清代歇山式建筑,为乾隆年间重修。

◆三圣殿

三圣殿面阔3间,进深6架,重檐飞翘,雄伟庄严。

◆大雄宝殿

位于大圣殿之后,是大觉寺最高大的建筑,面阔5间,进深3间,梁起3架,重檐飞角,斗拱雀替,绿瓦倒扣,结构严谨。檐内外下边有佛教图画多幅。这里原供有释迦牟尼、文殊菩萨等泥塑圣像。

从整个建筑布局看，大觉寺主次分明，左右对称，呈现了我国古代建筑的传统风格。殿内壁画清晰，保存完好。寺内有古柏4株、经幢1座。据残碑记载，清代乾（隆）嘉（庆）年间是大觉寺的鼎盛时期。当时的大觉寺包括东西跨院，有房舍200余间，寺内及寺外有古柏数百株，寺地六七百亩，僧侣多达300余名。从碑刻上看，仅圆平、圆钦、圆仲等圆字辈僧人就有80多名。

（十六）兴佛寺

河南省重点文物保护单位。兴佛寺位于巩义市东北15公里莲花山巅，背靠嵩丘，面邻黄河，山水秀丽，风景宜人。寺址南北长25米，东西宽28.5米，面积为712平方米。据碑文记载：兴佛寺建于明崇祯十年（1637年），后因战乱受破坏，“香火空存”。到清康熙十三年（1674年）又募化修寺，重装金身。康熙五十年（1711年），增建地藏菩萨十王圣殿。

兴佛寺原有山门，十王圣殿、东西庑殿和大雄宝殿等，现仅存大雄宝殿。大雄宝殿东西长11.2米，南北宽8.02米。青砖结构，硬山式，顶有脊饰，前后檐下置雕斗拱和砖瓦檐头出檐。殿内系砖砌圆拱顶，故称“无梁殿”，为明代建筑。殿内供三世佛3尊，通高3.1米，中宽1.1米。中间为释迦牟尼，两侧为阿弥陀佛和药师佛，皆结迦趺坐在须弥座上。门两侧及东西两壁罗汉坐像18尊。三世佛通身金装，基座和背光以及18罗汉均彩绘。三世佛后有背光，通高3.3米，上宽下窄，中宽2.8米，以竹、木、铁作骨架，由里向外在其上塑三层图案各异的纹饰：外一周的顶端正中塑一狰狞可畏的魔鬼，两侧至下部塑游龙，中间一周塑莲花和卷草纹，最里边一周塑莲花和火焰纹。全部塑像保存完好，是稀有的艺术珍品。这座古代建筑和塑像，对研究宗教、建筑和艺术具有一定的价值。

大雄殿前左侧，竖有两通清碑：一通是康熙十三年（1674年）的《重修兴佛寺创建配殿山门功成碑记》，另一通是清康熙十六年（1677年）的《重建地藏菩萨共十王圣殿告成碑记》。

（十七）福昌寺

河南省重点文物保护单位。福昌寺位于巩义市城东35公里米河镇高庙村。该寺始建于唐，宋元丰二年（1080年），明正统六年（1441年）重修。

福昌寺坐北向南，面积4500平方米，原有天王殿、伽蓝殿、祖师殿等，现存山门、前佛殿、东西厢房、厨舍禅房、地藏殿、伽蓝殿、观音殿、藏经楼等51间，除前后殿为歇山式建筑，筒瓦盖顶外，其他均为硬山式建筑，小灰瓦盖顶。后殿尚存诸多宋代瓦构件。

另有明、清碑碣十余通，记载了福昌寺的历史。该寺规模宏大，建筑完好，保留有宋代建筑构件及唐代石刻，对研究佛教及当地历史提供了实物资料，具有较高的历史、文化、艺术价值。

（十八）香山寺

河南省重点文物保护单位。香山寺位于洛阳市南龙门东山南山腰，伊川县彭婆乡草店附近。据《华严经传记》载：该寺在“龙门山阳，伊水之左”。香山寺建于北魏熙平元年（516年）。公元687年，印度来华高僧地婆诃罗（日照）葬于此，为安置其遗身重建佛寺。唐天授元年（690年），武则天称帝后，梁王武三思奏请武则天予以重修，正式命名为“香山寺”。当时的香山寺“危楼切汉，飞阁凌霄，石像七龛，浮图八角”。武则天驾亲游幸，御香寺中石楼坐朝，留下了“香山赋诗夺锦袍”佳话。

唐文宗太和三年（829年），大诗人白居易任河南尹，到唐文宗太和六年（832年），白居易捐资六七十万，重修香山寺，并撰写了《修香山寺记》一文，后又常住寺内，自号“香山居士”。

唐时香山寺为洛中游宴之所，文人学士接踵而来，沈佺期、李颀、孟浩然、李白、韦应物等名家均曾题诗吟咏。白居易还把自己从太和三年(829年)到开成五年(840年)在洛阳12年所写的800首诗，合为10卷，取名《白氏洛中集》，存放于香山寺藏经堂内。白居易晚年，常游此寺，并和寺僧如满结"香火社"，和胡果、郑据、刘真、卢负、张浑、李元爽、僧如满等结为"香山九老公"。唐会昌六年(846年)，白居易病逝旧居洛阳履道里，家人遵嘱将其葬于香山寺北琵琶峰上的如满师塔之侧。

北宋时香山寺依然完好，欧阳修、蔡襄、宋敏求、晁冲之有登游歌咏之诗。金人南侵后，香山寺逐渐荒芜。元代前期，香山寺依然存在。清康熙四十八年(1709年)重建后，是为新香山寺，计正殿3间，白公祠3间。清人汤右曾、汪士鋐撰有《重修香山寺记》文。至清末民初，新香山寺亦已荒圮。至清末民初，新香山寺亦已荒圮。现存建筑物多为中华人民共和国成立后修葺和重建。

龙门香山寺

香山寺是中国与朝鲜人民友谊的历史见证。新罗王之孙，三藏法师玄奘的大弟子文雅(字园测，公元613～696年在世)死后，于万岁通天元年(696年)七月廿五日"燔于龙门香山寺北谷，便立折塔"，这是安葬于龙门的第一位朝鲜高僧。长庆初年(821年)，新罗僧使金柱弼偕沙门无染来唐后，曾上香山寺，向如满禅师(曾与白居易结为"香山九老"的佛光寺和尚)问禅法。龙门西山今有《新罗像龛》。这也是古代中朝人民友好往来例证。

(十九)登封龙泉寺

河南省重点文物保护单位。龙泉寺位于登封市区西南20公里石道乡龙泉寺村。寺西有清泉一处，水清见底，滚滚翻涌，广方丈，深盈尺，四季常流，遇旱不涸，故称为龙泉，寺也因此得名。从碑文记载可知，该寺为少林寺下院。始建于唐，历代重修。

龙泉寺建于何时，千佛殿后墙青石檐柱和殿内青石金柱上有"明嘉靖九年十一月二十七日建造"的题款。一直以来，都认为龙泉寺建造于明代。1991年10月7日，登封县文物保管所业务人员在该寺千佛殿前月台东南角沿下发现垒着一块北朝时期的半截造像碑。因此推测，此寺可能始建于北朝时期。

龙泉寺坐北朝南，原来规模很大，有山门、六祖殿、紧那罗殿、火神殿、老君殿、千佛殿等建筑。龙泉寺院现东西宽39.1米，南北长44米，占地面积1720.4平方米，现仅存中轴线建筑山门、六祖殿和千佛殿。

◆山门

清代建筑。面阔3间，进深4架椽，单檐硬山式建筑，灰筒板瓦覆顶。正脊两面饰莲花图案，两端置正吻，四条垂脊上饰闲人和龙、凤、狮子等。明间前后辟园拱券门，前后均装置两扇板门，宽大厚实。两次间前墙各开一个六角形窗。门前为青砖砌筑月台，青石条压沿，东西长106米，南北宽4米。月台前中部为下凹的7级青石踩跺。

◆六祖殿

位于山门后西侧,坐西面东,清代建筑。面阔3间,进深5架椽,单檐硬山式建筑,灰筒板瓦覆顶,出前廊。明间装隔扇门四扇,两次间下为坎墙,上为坎窗。

◆大成紧那罗王殿

位于山门后东侧,坐东面西,与六祖殿相对。1999年复建。面阔3间,进深5架椽,单檐硬山式建筑,小灰瓦覆顶,出前廊。

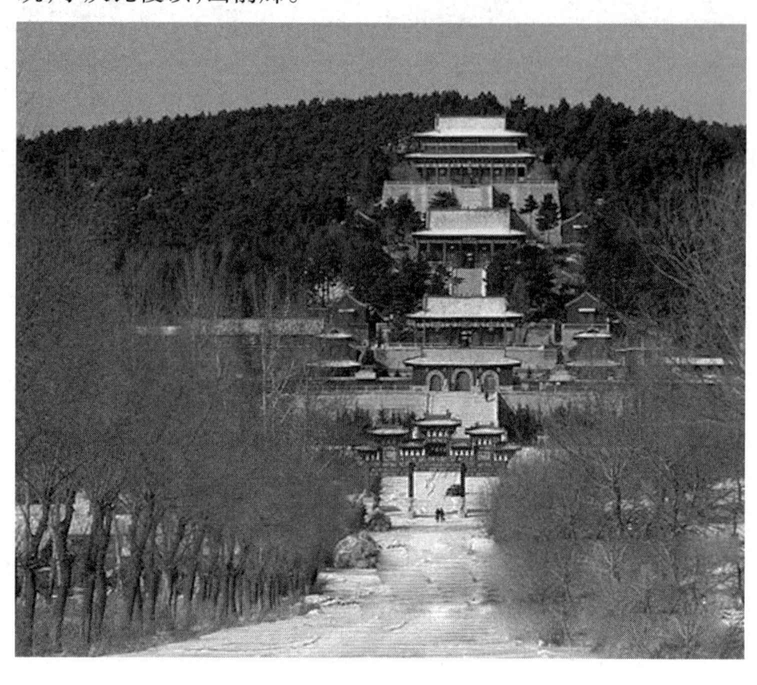

登封龙泉寺

◆千佛殿

又名大佛殿,位于寺院最后,坐北面南,因殿内四壁嵌有数百尊砖雕佛像而得名。是龙泉寺的主体建筑。该殿面阔5间,进深3间,单檐悬山式建筑,灰筒板瓦覆顶,绿琉璃瓦剪边。正脊两面饰有莲花、龙、麒麟等浮雕图案。脊两端置大吻,脊中置驮宝瓶脊刹。狮下为基座,座嵌砌在正脊中,前后两面间雕1佛2弟子像。四条垂脊两面饰莲花等装饰图案,央置仙人和走兽,檐下置五踩斗拱,前后檐各12攒,共计24攒。殿内梁架上有彩绘。明间正面装置板门两扇。两次间各砌一方形窗,左右对称。殿前为砖砌月台,青石条压,东西长14.4米,南北宽8.35米。

整个殿房内施石檐柱16根,其中前后石檐柱各6根,东西石檐柱各2根,砌筑在墙体之内。殿内后金柱4根,亦为四面磨边石柱。前金柱为4根木柱。大部分木柱上都刻有施主姓名和始建年代。此殿内前壁和东、西壁垒有明代佛像砖龛443块,每龛高26厘米,宽20厘米。每龛中置佛1尊,双臂下垂,结跏趺坐于莲座之上。后墙多次修补佛龛多已无存。石梁架为三梁起架,用梁和短柱重迭装成,以承托横檩。梁架结构中使用袢间斗拱和驼峰,属于早期建筑作法。

龙泉寺现存有《造像碑》(无记载时间)、明代的《重饰千佛圣像记》、《成公禅师碑》、《重修龙泉寺方丈记》、《重修龙泉寺大佛殿六祖殿暨山门记》、《碑记》及民国期间的重修寺院残碑多通。

据史料记载,在龙泉寺后半坡上,原有古塔两座(其中1座为唐塔),现仅存塔基。

(二十)三祖庵和三祖庵塔

三祖庵塔为河南省重点文物保护单位。

1. 三祖庵

三祖庵位于登封市嵩岳寺北2公里的太室山中峰之下,两岭之中的滩地上。殿东尚存金代塔一座。

三祖庵院内原有大殿3间,20世纪“文化大革命”中被扒毁。现建筑为1998年重建,面阔5间,进深4架椽,小式硬山,灰筒板瓦覆顶。现辟为三祖庵塔保护房。三祖庵塔前地上有伏碑一通,为明成化九年(1473年)的《重修三祖庵记》。碑文曰:"隋文帝仁寿三年,三祖僧灿镜智大师远往湘潭而经过少林也。"另有嘉靖二十年(1541年)碑和民国二十八年(1939年)的碑,皆为《重修三祖庵记》碑,各碑主要记载当时"重修三祖庵"的经过。

庵院有古银杏二株,大者径围2米,高10米,生长旺盛。在银杏树东南约3米处的一块长方形山石上,有一石臼,臼口直径34厘米,深35厘米,底呈锥形。此臼是古代三祖庵僧人加工食物的工具,虽然多年无人使用,但依然能显示出昔日使用的痕迹。据传三祖庵前有白莲庵,今已无。

三祖庵塔东2.3米处,有一砖瓦窑址,窑的顶部已毁,窑深约3米,直径46米,大体呈椭圆形,窑门开向东南方,保存基本完整。三祖庵在明代曾数次重建或大修,清代以后趋向衰落,据记载没有进行过修建工程。此窑可能是明代修建三祖庵时的砖瓦窑场,与古建筑共存一地的,更属罕见。此窑场与三祖庵共存至今,其价值弥足珍贵。

2. 三祖庵塔

三祖庵金塔位于三祖庵院内。三祖庵砖塔建于金代元光二年(1223年),为四边形七级迭涩密檐式砖塔。塔高10.2米,宽2米。塔最下边为四边形砖砌须弥座,其上为塔身。塔身第一层壁高1.825米,南壁面宽2.1米,东壁进深2.1米,其平面恰是正方形。塔身第一层正面壁半圆拱券门,尚存平半圆形石门楣和立颊,东立颊下部残,地伏已不存。塔门内长、宽均为8.65米,高1.28米的方形塔心室。室顶原有藻井,现已不存。可直视塔顶形成中空呈长方形竖井,与少林寺塔林中无名唐塔内部结构颇为相似。塔心室壁体原涂抹有厚3毫米的泥皮,后在泥皮上涂抹厚约2毫米的白灰皮。塔身诸层高度自下而上递减,曲阔逐层收敛。因而塔的外轮廓呈优美的抛物线形。二至五层塔身南壁辟尖拱形门楣的假门。第一层塔檐以八层叠涩砖和四层反叠涩砖砌筑而成,檐下施拔檐砖二层。二至七层塔檐以七至五层叠涩砖和二至七层反叠涩砖构成。且二、三层塔檐也施拔檐砖二层。诸层塔檐叠涩砖层的叠出露明部分,由最下层的35厘米,增至最上层的11厘米,形成出檐深远、檐形优美俊秀的艺术效果。特别值得一提的是,塔心室塔基座及第一层塔身竟使用黄泥浆黏合剂(塔体大多数部位使用白灰浆黏合剂),且局部砖砌灰缝的黄泥黏合剂一触即粉,说明黏合剂强度较低。塔砖长35厘米,宽17厘米,厚6厘米。采用不岔分的垒砌方法,灰缝宽3至5毫米。塔身外壁涂抹有白灰皮。塔身最上为石雕攒尖形塔刹,塔檐迭出。塔顶仅存一雕刻仰莲瓣的石刹件。塔身前面有塔门,塔门上石额有线雕图案,中刻"临济下第二十五世嗣祖天住兴公之塔",塔额已失。塔的内部中空呈筒子状,出檐深而优美。塔内三壁有彩色绘画,但多已剥落。塔后嵌塔铭一方,题为《嵩山圣竹林寺重修罗汉感应记》。铭文记载金元光二年(1223年)春,登封人郭道宁游此,出资修建此塔。三祖庵塔颇具唐塔建筑风韵,是金塔袭古的典型之作和重要实物例证。由于中原地区金代建筑文物较少,金塔更少,且金塔中内外结构仿唐塔形制仅此一例,故而此塔具有重要的历史、艺术和科学价值。

(二十一)玄奘寺

玄奘寺位于偃师市南缑氏镇陈河上游的王庄村旁,洛阳至登封公路北侧。该寺南倚嵩山,北傍伊洛,背倚玄奘大师故里凤凰谷,面对太子升仙的缑山,北距玄奘故里4公里处。

玄奘寺原名灵岩寺,俗名"唐僧寺"。相传始建于北魏时期。隋大业年间(605~618年),幼年的玄奘曾多到该寺聆听佛法。玄奘西天取经回来后,曾回寺看望僧众,被誉为大德、大善之人。唐代人

偃师玄奘寺

们为颂扬玄奘不辞万难兴佛弘教的大德大善，遂改名“兴善寺”。唐太宗曾赐给寺院土地40顷，敕令重修寺院。武周圣历二年（699年）武则天自神都洛阳出发，游嵩山，路过该寺，也曾赐重金修寺，並赐地百顷。明万历年间（1573～1620年）改名“唐僧寺”。1996年中国佛教协会会长赵朴初拜谒唐僧寺，提议更名为“玄奘寺”并亲笔题匾额。

玄奘寺为一坐北朝南的长方形院落。原规模宏大，殿宇壮观，千百年来，几经沧桑，寺院建筑多遭破坏，至民国初年，仅存两座殿堂。前为天王殿，又称下殿，面阔3间，进深1间，正中供弥勒佛，两侧分拱东方持国天王、南方增长天王、西方广目天王、北方多闻天王。后殿为玄奘殿，也称上殿，面阔3间，进深3间，悬出式顶。正中供奉玄奘大师塑像，玄奘身披袈裟，端坐莲台，睿智慈祥。殿内还有释迦牟画像、阿弥陀佛雕像、观音菩萨、文殊菩萨、普贤菩萨画像等。

玄奘寺内前后院前存有古碑数十方，分别为万历四十四年（1616年）孟秋《重修唐僧寺碑》，清光绪三十年（1904年）的《修缮唐僧寺碑》《重修唐僧寺伽蓝殿碑》《修唐僧寺神位碑》和近年来《纪念少林寺三十二世第二十九代方丈行政大禅师碑》等。其中，在上殿前地下挖出1通残碑，为碑的右上角，上有“山门、墙垣、柏林、禅房、茶室、开十方院”的记载。另有出土于玄奘墓侧的两块经幢残石，一块为宋乾德四年（966年）遗物，长1米，六棱角形，上镌刻《婆罗密心经》；另一块为天平天国遗物，上刻《冷宫经》。

玄奘唐僧寺原有面积21000平方米，现仅有7000平方米，据当地老人回忆，宣统退位前，寺内尚存有房屋几十间，山门前有1座影壁，宽约7米，高4米，上绘周灵王太子晋追带箭白鹿的故事。寺内东侧为和尚院，住禅师寂学及其门徒贞观、贞荣。两侧有藏经阁和钏鼓楼，钟上铸有“大明万历”字样。院内中轴线上建有大雄殿、天王殿、伽蓝殿和白衣殿，石碑百余通，寺后院有古柏百余株，公路北原有50亩大的僧人墓地。

玄奘寺现有山门，大雄宝殿，玉佛阁，钟、鼓楼，佛堂、斋堂和寮房等建筑，多是在1991年后新建。

（二十二）白云寺

白云寺，原名柏谷坞寺，又名藏梅寺、藏米寺，因黄巢义军“藏米”而著名。位于嵩山之阴的巩义市回郭镇干沟西的偃师市顾县镇回龙湾村。白云寺因背依白云山而名。该寺坐南朝北，背依白云山，面对青龙河，即所谓“青龙之表，白云之麓，有古寺焉”。青龙河源于嵩山少室，由南向北，流入洛河。沿河两岸，形成一带河谷，白云寺就座落在河谷东岸。

白云寺建于隋开皇元年（581年），属少林寺下院。寺内原有四重建筑，第一重山门殿，内塑四大天王，亦叫天王殿；第二重弥勒殿，内供弥勒佛；第三重为主体建筑大雄殿，内供释迦牟尼佛；第四重三座并列的券洞式的建筑工地，是为菩萨洞。在大雄殿两侧有配殿、左为伽蓝殿、万佛堂；右为六祖殿。另有十八罗汉洞、地藏菩萨洞。大雄殿后边左右两侧各有一院；左供武僧习武，右供僧人居住。旧时香火旺盛，规模宏大，有四层院落，头层为四大天王殿，殿前檐东壁塑有黄巢坐像，金甲武姿，气势不凡，据《巩县志》说，唐代黄巢起义西伐长安时，曾在此驻兵，并挖洞贮粮，今附近还有阅兵台、练兵场、饮马泉等旧名。

明弘治四年（1491 年）、嘉靖五年（1526 年）、崇祯元年（1628 年）都有重修扩建，清代也不断兴修殿堂，开凿佛窟，粉施金桩，田产有近百亩。因年深岁久，战乱兵火，白云寺原有的建筑现大多不复存在，1960 年前后，寺院仅存山门、前殿、后殿和佛窟 26 间，殿内有明清山水人物彩色壁画多幅和石香炉、石供案、碑碣 10 余件，后又遭人为破坏，寺已面貌全非。其中山门殿、弥勒殿仅存基址。大雄殿为当地群众集资重修，此殿三开间，宽约 10 米，进深约 6 米，内塑释迦牟尼及二弟子像。殿前有月台，长约 10 米，宽约 5 米。菩萨洞等 3 座券洞，亦为重修。另在寺后崖壁上残存部分窑洞。另有清代石碑 5 通，石柱 1 件。石柱高约 5 米，直径 0. 50 米，上部刻佛像，下部刻寺院有关史料，已于建国初期运往郑州。

唐代黄巢起义西伐长安时，曾驻兵于此，并挖有不少窑洞用以贮粮。在白云寺山门右方，原有一小庙，内塑黄巢像，黄袍金甲，五络长须，形象威武。庙工前方 30 米处有演武厅，500 米处有阅兵台，正前方 30 米处有点将台，500 米处是练兵场；左后方 1500 米处有饮马泉，贮粮窑洞凿在庙后崖壁上。

相传，此地原称白公台，有一白姓老公，长期在此修行，时空中白云一片，状如莲花，三年不散，后白公得道乘白云西去，故将寺院称为白云寺。还相传，黄巢曾隐居此寺，并与寺中高僧藏梅结为密友，在黄巢起义时，因不慎误杀藏梅和尚，遂必名藏梅寺以示纪念。

（二十三）大海寺遗址

大海寺位于荥阳市东索河之阳，创建于北魏孝明帝正光年间（520～525 年）。原名代海寺，传说观音北行渡人，移居荥阳，从此荥阳护城河开始随海水潮汐瑞落，故名代海寺（意思是代替南海）于是代海寺就成为观音菩萨的第二故乡。当时，这座寺院规模宏大，气势磅礴，是嵩山地域规模较大的名刹古寺之一。隋末瓦岗军在大海寺伏击歼灭了隋朝讨捕大使张须陀部，明末农民起义首领高迎祥、李自成在此召开了举世闻名的荥阳大会，使中原各股农民走上了联合。

据传，隋末，李渊为荥阳郡守，其子李世民患眼疾，在大海寺拜佛得愈。后来李世民登基后，命尉迟敬德扩建代海寺，大海寺的范围西自城关北台，东至罗桐村，南迄乔楼村，北达苏寨村，面积约 100 万平方米，规模如海，故名大海寺。

重建的大海寺山门

大海寺毁于五代后周灭佛时。1976 年，郑州市文物古迹管理部门对该遗址进行了发掘。出土珍宝遗物有北魏造像龛座和唐代坐佛 8 尊，立佛 1 尊，唐代菩萨 10 个，罗汉像3躯,像座1个及宋代立佛、坐佛等,共计42件。现存郑州市博物馆。其中十一面观音最为奇特别致,艺术价值很高。其中11件造像有题记。这些宝贵的文物,现均收藏在郑州市博物馆。

1994年9月清定上师来荥阳参加郑氏谒祖,在原大海寺遗址处,感应到毁灭的古寺非常遗憾,随即指其弟子智妙(俗名曹云霞)设法重建大海寺,并题字“青云直上”作为鼓励。1997年7月,省市有关部门批准重建大海寺。如今,30米高的清定上师舍利塔竣工,大海寺建成开放。

(二十四)登封龙潭寺

龙潭寺位于登封市区东北10公里处的太室山东侧龙潭寺村。寺西有水潭9个,俗称“九龙潭”,寺因潭得名。《龙潭寺志》载:武后曾偕太平公主游,并吟五言诗一首:“山窗游玉女,涧户对环峰。岩顶翔双凤,潭心倒九龙。酒中浮竹叶,杯上写芙蓉。欲骄山家尝,唯有凤入松。”唐朝著名诗人白居易也写有:“夜上龙潭谁是伴,云随飞益月随杯。明年尚作三川守,此地应偕歌舞来。”

龙潭寺始建于唐高宗年间(650~700年),初为武则天行宫,开元年间改为寺。武则天曾在此兴建九龙圣母殿,规模宏大,锦壁辉煌。后历代多有重修。《登封县志》载:“清顺治年间,僧洞然传戒于此,修殿宇,辟土田,嵩山诸寺唯此见兴复。”

龙潭寺原有山门、中佛殿、大雄殿、配殿、僧舍,寺后原有40余座墓塔,是一座雄伟壮丽的深山古刹。现仅存中佛殿及清代重修碑刻4通。中佛殿,面阔3间,硬山式黄黄琉璃瓦顶大殿,出前檐。正脊两端置大吻,上饰牡丹等浮雕图案。前墙上东、西各镶有石碣一方,为清乾隆四十八年(1783年)重修龙潭寺中佛殿以及水陆六佛殿、山门碑记,上刻施主姓名及捐献银两。据传原大雄殿内有经柜,内藏经本,系宣纸工笔抄录。山门、大殿早已倒塌无存,仅留柱础,础石雕造精致。

(二十五)卢崖寺

卢崖寺位于登封市区东北7公里太室山东麓悬练峰下。始建于唐,传为唐代高士卢鸿隐居之处,开元年间改为寺。寺分上下卢崖寺;上卢崖寺在山岭之间,峰峦环抱。寺后悬练、鸡鸣二峰之间,有卢崖瀑布泉。下卢崖寺在上寺东南3.5公里许的平坡上。房舍经历次重修,面貌全非。

卢鸿,也叫卢鸿一。唐开元六年(718年),唐玄宗召见卢鸿一,拜授谏议大夫。卢鸿一固辞不受,隐居于嵩山悬练峰下一处高崖溪水旁的石洞里。卢鸿一住的崖洞叫洞元室,自号“宁极”。玄宗为他所住的洞室溪水东岸赐建草堂一处,人称卢鸿草堂,草堂所临的高崖,人称卢崖。卢鸿一博学多才,琴棋书画,无所不精。结交高僧名道,研文究理,聚徒讲学,兴盛时从学者达500众。李白曾写诗《口号赠征君卢鸿》:

> 陶令辞彭泽,梁鸿入会稽。我寻高士传,君与古人齐。
>
> 云卧留丹壑,天书降紫泥。不知杨伯起,早晚向关西!

卢鸿一死后,草堂为佛教占踞叫卢崖上寺,将草堂南3里处卢鸿一讲学之处,称名为卢崖下寺。后人为纪念卢鸿一在寺东建有浩然祠,金饰塑像。今上寺已废,仅存寺旁巨石雕刻的“卢鸿草堂”四字,上下款已剥蚀不清。溪旁崖上的“宁极”洞元室依然如故。

卢崖下寺何时建造不详。旧志载,唐开元年间改寺,历代均有重修。原有山门3间,山门上镶嵌石额1方,上书“卢崖寺”,下款有“道光丙戊年三月十一日”,据此可知清末重修过。据当地百姓反映:卢崖寺为4进院落。此寺原有山门,内有四大天王像;后有中佛殿3间,内有释迦牟尼佛像1尊;再后有千佛殿3间,正中供佛像1尊;东西山墙和前墙上面,嵌有佛像砖1000块。砖呈长方形,长35

厘米,宽 20 厘米,每砖造佛像一尊。名佛像砖,是卢崖寺特有的佛教艺术珍品。后院是常住院,分东西客庭,中间有食堂、仓房、磨房。原有和尚 10 余人。建国后,房舍倒塌,经当地村民翻修,改为学校。

现仅存清代建筑山门 3 间,硬山灰瓦顶,有脊饰,其余建筑已无存或改建。西院有明嘉靖四年(1525 年)八棱石幢 1 通,高 70 厘米,直径 30 厘米,上刻游龙、莲花、菊花宝瓶等,幢盖周围雕有云勾和飞天等。院中有娑罗树一株,银杏数株,绿染胜地,其趣无穷。

(二十六)香峪寺

香峪寺位于新密市尖山乡西部。因寺后有一花草芳香的香峪山,故而得名。该寺自北向南,有上、中、下三个寺院,即上香峪寺、中香峪寺、下香峪寺。上香峪寺建于唐天宝七年(748 年),中香峪寺建于宋开宝元年(968 年),下香峪寺建于宋开宝三年(970 年)。香峪寺规模宏大,气势壮观。特别是上峪香寺,依山傍水,苍松翠柏,泉水潺潺,清幽宜人。过去多有善男信女到此寄托心愿,今日成为游客观光的好去处。寺内现存唐宋碑刻数块,庙宇数间。其中,中香峪寺位于密县城西北 20 里处的方山。山势崔巍深窅,旭日朝升,山色晃耀,翠碧丹砂,灿烂如锦。入山口行五六里乃至寺,虎跑泉在其右,潺湲湲流,亦胜地也,览胜者多游观焉。

(二十七)灵山寺

灵山寺位于巩义市区西北约 20 公里康店镇裴峪村南山脚下。始建于明万历四十一年(1613 年)原有前明殿、菩萨殿和弥陀阁、广生殿、钟鼓楼等。清顺治年间屡有增修。现仅存菩萨殿、东厢房等 10 余间。

灵山寺山门坐落在砖砌拱桥上。菩萨殿是本寺的中心殿宇,又称“十三老母殿”,为一座砖石砌的悬山式无木建筑,这是明清晚期较为常见的一种建筑形式。该殿建制 3 间,屋顶覆盖红、绿、黄和乳白色琉璃瓦。屋脊、大吻和博风板,都是彩色琉璃烧制的,上面分别饰倒鱼、海马、莲、鹤、牡丹、凤凰以及卷草等图案。前檐下饰琉璃斗拱,上昂为龙头,下昂仿拟宋代批竹;拱眼壁上饰鹤闹莲、凤凰、牡丹、云龙和龛佛等。殿内顶部为圆拱形,后壁砌 3 座大神龛。其建筑形式古朴大方,坚固耐用,给后世无木建筑开创了良好范例。

灵山寺内金石遗物,有清乾隆十二年(1747 年)铁钟一口,重千余斤。另有清代重修碑碣十余座。

1997 年重修无梁殿时,在殿脊发现一厌胜碑,碑制完好,字迹清晰,且在碑内藏宝珠两颗。碑系青砖磨制而成,通高 22 厘米,宽 9. 8 厘米,厚 4. 2 厘米。碑首、碑身、碑座一体。碑阳刻有“碑记”和七言四句:“四福落中原,创立古灵山,参透西来意,步步踹金莲”。碑阴刻有记年“万历四十四年夏月吉日修造完工”和“随记宝珠两颗”记事。此碑的发现,不仅确认了灵山寺的建造年代,而且为研究河洛地区古代建筑制度提供了宝贵资料。

(二十八)杜康寺

杜康寺坐落于禹州市梁北镇杜康寺村北部,三峰山东一处龙山文化遗址的高地之上。关于该寺有三种说法:其一是“少康秫酒”(少康即杜康);其二是曹魏时期魏王府造酒的作坊;其三是西晋以后杜姓大夫在这里居住,曾有杜氏八将军碑。据碑刻载,隋大业二年(606 年)御赐为“灵感院”。曾存“灵感院”石刻门额。

杜康寺内存有隋代、清代不同历史时期的珍贵碑刻多件。现存建筑多为清代重修,由山门、过庭、东西廊房、大殿组成。建筑物上嵌有杜康造酒、刘伶醉酒砖雕构件，内墙绘有古代造酒工艺的彩色壁画。始创年代无考，是《水经注》记载的钧台、钧台陂、摩陂地望。

禹州市文物管理处藏有杜氏八棱石刻佛造像碑一通，百个佛教人物，有大(东)魏武定八年(550年)文字记载。

(二十九)莲花寺

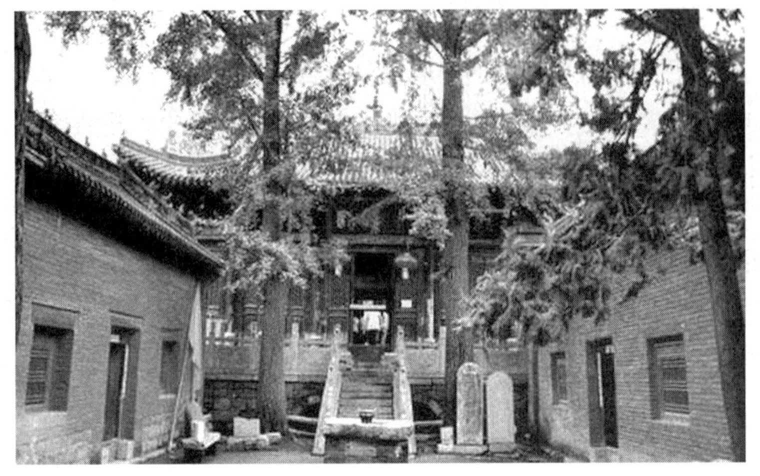
莲花寺

莲花寺，又名嵩莲宫，位于少室山南麓大仙沟之南。四山环抱，地势高爽，密林蔽日，环境清幽。寺建于民国十六年(1927年)十月。原有庭院三进，房舍近百间，后倒塌废毁。1999年由信徒筹资重建。现有面积7000平方米，房舍20余间。

莲花寺原山门建筑别致，结构复杂，刻饰华丽，石刻横额“竹林化原”，两边分刻“云城”“仙乡”，对联“三教九流同归大道，千崖万壑合成奇观”。门前新建两亭，亭内竖立新修寺院石碑一通。山门内为南阳殿，两边配殿东为菩萨殿，西为万佛殿，正殿为观音殿。二进院正殿为安阳宫，配殿东为地藏殿，西为白衣殿。三进院正殿为老母殿，两边各有配殿。

(三十)兴福寺

兴福寺位于洛阳市东南约32公里，偃师市市区西南高龙乡高崖村，坐北朝南。原寺院规模恢弘，碑石林立，古林参天，并有“五虎把门”“玉石铺地”“鲤鱼跳梁”“东梁西柱”等所谓兴福寺“八景”。因年代久远，战乱兵火，古兴福寺胜景已不见。“文化大革命”中，寺内仅存的几尊佛像又被毁弃，山门也被拆去，如今唯存一座大殿。

兴福寺大殿面南，东西长11.3米，南北宽9.1米。歇山式顶，一正脊，四垂脊，四戗脊，主脊两端为巨大的云朵接龙吻，垂脊，戗脊饰有各类小兽，下垂末端饰有造型奇特的兽头，大小龙头均口含火珠，生动有致。大殿内部的柱、梁结构十分复杂。四根柱子支撑着大梁和二梁，柱子周径1.41米，高7.35米，大梁周径2.1米，长9.2米。梁、檩、椽皆绘图案，线条流畅，色彩素雅。尤其是梁柱结构极为奇特，东边大梁，横越南北，再竖小柱，支撑二梁，西边有一柱直通二梁，大梁被柱分成两节，刻榫依附于柱上。这种东为通梁，西为通柱的结构，颇为少见，在经历了数百年后仍然完好如初，显示了古代匠师的高超技艺。

史料记载，明正德四年(1509年)、清康熙三十七年(1698年)、清康熙五十年(1711年)曾对该寺进行了3次重修，民国十五年(1926年)曾对该寺进行1次补修。

(三十一)禹州龙潭寺

禹州龙潭寺位于禹州市花石乡侯楼村。禹州龙潭寺也叫下龙潭寺，是宋朝以来佛教活动的场所。

始建于宋，明清多次修葺。寺坐北朝南，现存有大殿、地藏殿、西厢房、山门等。寺内建筑均为单檐硬山式小青瓦顶，是典型的四合院建筑物。所有古建筑均为硬山式建筑，砖、石、木混合结构，脊饰龙首吻，寺内现存有清康熙二十八年（1689 年）、五十四年（1715 年）、清乾隆四十七年（1782 年）三通石碑、刻字匾和宋代陀罗泥石幢一件。这些古建筑的存在对研究我国古代建筑，特别是宋、明、清时期的建筑科学技术及禹州西山区水文变化，民族文化等具有较高的价值。

禹州龙潭寺形制虽小，但清幽非他景点可比。寺前有一天然涌泉。因不断上涌珍珠似的气泡，故又有称其为珍珠泉。泉水恒温，况含多种矿物质。当地称可治多种疾病。该泉常年溪流潺潺，寒冬雾气腾腾，炎夏清洌甘甜。泉水涌出成潭，人称龙潭。寺因潭而得名。

（三十二）伊川净土寺

伊川净土寺位于嵩山伊川县白元乡水牛沟村东北角。该寺建于唐贞观年间。净土寺位于一高崖之上，依山而建，坐北朝南，得居高临下之形势。根据近年从伊川净土寺出土的明代嘉靖十一年（1532 年）立的《净土禅寺记》碑刻、嘉靖二十一年（1542 年）立的《伊阳净土梵宇佛像记并颂》碑刻等记载，伊川净土寺创自唐□□□历乎宋沿乎金元。明《伊阳县志》记载，唐贞观年间重修。原净土寺从前至后分四层，呈梯状，依次为山门、天王殿、中佛殿、金刚殿、后大殿等建筑和浮屠 3 座，面积约 6000 平方米。1958 年，金刚殿、中佛殿、先王殿、天王殿先后被拆毁。1966 年 2 月，水牛沟群众对大殿进行重修，并刻碑记载。今存大殿 5 间，西藏厢房 3 间。大殿的内墙上，残存着依稀可辨的壁画，梁檩上蟠附着烫金龙凤等。大殿屋檐下，铺有隋代的阴阳太极鱼图案板砖。

（三十三）华严寺

华严寺位于嵩山西南麓、登封市区西 20 公里水磨湾北沟。始建于唐，后历代有重修。前有山门，内塑四大天王像。后有正殿 3 间，内塑佛像。西偏院 3 间，内塑观音、六祖诸佛像。院内有古柏树。寺后有四棱七级古塔。寺院有土窑四五孔，因年久失修，已成废墟。现有石碑 5 通，大石磨 1 扇，俱存水磨湾村。其中道光三年（1823 年）的石碑，文字清晰，其余 4 通，上截仅显“重修，功德”等字。

据老农说，华严寺为少林寺下院，少林僧众曾利用寺前河水设置一水磨磨面，往少林寺运送。每年华严寺僧人过节，在河里洗面筋，洗出的白面水，东流数 10 里到大金店。

（三十四）古圣寺

古圣寺位于偃师市牙庄村西沟口对面的半山坡上，（人们念转了嘴都叫古成寺）站在寺院的对面山头向西望去，犹如一只展翅欲飞的凤凰，寺院就坐落在她的头部。再向东看，九座山头犹如九条卧龙，隔山环头相望，因此，得名九龙朝凤。相传，古圣寺原建筑规模很大，殿堂宏伟壮观，虽然到新中国成立前夕，前面的山门和东、北两边的围墙已经坍塌，山门两侧的一对石狮子也掉到沟壕被土掩埋了，但主要殿堂尚存完整。古圣寺从建成到现在，屡次遭受破坏，寺内造像，桌椅均被砸毁，所剩杂物也被哄抢一空，就连寺中的碑碣，殿堂尚的大小基石，全被拆光，古圣寺被夷为平地。古圣寺在当时香火很旺，据说神灵非常的灵验，每月逢初一、十五和农历节日，总有很多善男信女到古圣寺烧香拜佛。

（三十五）圣水寺

圣水寺位于新密市白寨镇杨树冈村圣水峪，始建于北魏后期，与“天中三林”（即：少林寺、竹林寺、洞林寺)齐名。盛于唐,繁荣于明、清时代,当时寺内僧众达百人之众。寺前的千古名泉——圣水峪泉系贾鲁河源。《密县县志》载:圣母庙在邑正北,圣水峪上井中之水一日三潮,潮来则水溢井平,潮退水消井半。郑州市的生活用水及工业用水在20世纪70年代前,全由该泉供给,当时的水流量为8米/秒。抗战时期,圣水寺曾为密东中共党组织的秘密活动场所,皮定均司令员曾在该寺驻扎,寺内爱国僧人为中国革命作出积极贡献。每年的二月初二和九月初九圣水寺都有庙会,舞龙、耍狮子、旱船、腰鼓、盘鼓等民间文艺和地方大戏为庙会增色助兴。

(三十六)马鸣寺

马鸣寺位于登封市大冶镇区西北7公里的马岭山最高处。《水经注》载:去山为岭。上有寺,圆砌平顶若浮图之底盂者曰马鸣寺。疑马岭讹马鸣也。然佛家盖有"马鸣龙树"之说,西天十二祖,马鸣大士波罗奈国人,偈曰"隐显即本法,明暗元不二,今付悟了法,非聚变非离"。又《摩诃摩耶经》云:正法衰微600岁,96种诸外道等邪见竞兴,破灭佛法。有一比丘曰马鸣,善说法,要降服一些诸外道,有一比丘700岁,名曰龙树。马鸣当是周显王时,龙树当是秦始皇时。《五灯会元》载:"马鸣寺大士亦名功胜。又曰马鸣者,北天竺国饿七匹马,至于六日请比丘说法,以浮流草与之,马垂念听法,无念食想,于是内外沙门,乃知非恒,以马解其音,故号马鸣。因马饮以祀马鸣大士,缁流咐会之常耳。"

《登封县志》(明嘉靖八年本)载:"马鸣寺建于金大定十四年(1174年)。"寺内原有佛殿一座,外似殿形内为砖洞,正中塑佛祖像,两侧各列3尊石佛。佛殿东隅,建有十二老母殿3间,在东南建紧那罗殿3间,殿内雕梁画栋,金碧辉煌,一片盛景。两侧有厢房3间,以供食客之用,每年二月初九和暑伏二日为寺会,香客络绎不绝。

佛祖殿正南20米处,有平顶塔一座,高20余米,转(周长)10余米,上细下粗,中圆外方八角,塔氏直径7.1米,顶直径5.2米,青砖砌成,中空可登高望远,以供游人观景或盘坐畅饮。寺内原有清代重修碑记,不知毁于何时。寺内碑、塔皆在20世纪"文革"初期破"四旧"时被拆毁。1994年,当地民间重修了该寺,增塑了老君、三皇姑、药王神像,恢复了往日的香火。

(三十七)河阴兴国寺

河阴兴国寺位于荥阳市广武乡大师姑村西北。该寺坐北朝南,创建于北宋太平兴国三年(978年),明、清重修。河阴兴国寺,原名"河阴县兴国寺",又称大师姑兴国寺。现存山门、大雄宝殿。大殿面阔3间,硬山灰瓦顶,系近年重修。寺内现存唐代经幢、清碑5通及石佛2尊。

(三十八)荥阳龙泉寺

荥阳龙泉寺位于荥阳市城关镇北周村西。始建于后梁贞明六年(920年),历代重修。现存建筑有清代歇山顶大殿1座,面阔3间,进深1间,寺后有后梁功德碑1通。龙泉寺是宝地,水土资源好,龙泉的水能病,此水富含人体必须的氨基酸,有益人的身体健康。龙泉寺的土壤好,种的水稻加工的稻米,煮熟后能立起来。每年的正月初七龙泉寺庙会,皆时庙会上有卖当地的各种名吃,有商品交易活动,有大型的文艺表演。

(三十九)观音堂

观音堂,又名小南海,位于汝州市大峪乡东南5公里紫云山腰。这里山势险峻,植被茂密,在一形似太师椅的山凹内，千年古刹观音堂，倚一天然山洞而建。观音堂为佛教胜地，始建于唐，盛于明清，当时有庙宇房屋一百余间，和尚300余人，20世纪“文革”中大部被毁。经恢复现有房屋20余间。堂前有株千年平顶柏，树粗需要二人合抱，高2丈有余。庙宇紧靠悬崖依势而建。崖下有数个石窿，胳膊粗的清泉从石窿咚咚流出，终年不断。院子周围有明清时期的石碑30多通，各种书法引人入胜。观音堂西坡一穴洞内有一肉身菩萨，是该堂方丈释仁贵1953年农历二月二日圆寂之后所留。20世纪“文革”时期被人推翻，后来宗教界整理成“包骨像”，为众多人所参观。

（四十）助泉寺

助泉寺位于新密市西18公里牛店乡助泉寺村。元至正十五年（1355年）创建。坐北面南，面积1800平方米。依地势而建，分两进院。现存建筑有山门、二门殿、大殿、后殿及东西厢房等。山门、二门殿各3间。大殿面宽3间，进深3间，前有卷棚3间。后殿3间，中脊及东西房山饰砖雕龙、鱼及卷草花卉等图案，十分精致。还有东厢房3间，西厢房6间，均硬山灰顶。寺内有明、清重修石碑4通。

（四十一）周固寺

周固寺位于荥阳市城关镇周固村南。周固寺始建年代无考，明、清重修，占地面积3500平方米。该寺坐北朝南，现有建筑，中轴线上依次为山门、大雄宝殿、大殿。两厢建筑有钟鼓楼和东西厢房，均为硬山灰瓦顶。寺内现存清康熙年间碑刻1通。

（四十二）皇觉寺

皇觉寺位于伊川县城关镇洛栾公路西边的郭寨村。据《洛阳县志》所载，该寺始建于唐朝开元十年（722年），因系皇家寺院而得名，为龙门十大寺院之一。原寺规模宏大，后屡遭损毁，寺内现存伽蓝殿和西廊房。伽蓝殿依山傍势，坐北向南，阔3丈，进深2丈，殿内3间有壁画。该殿顶为硬山式，砖木结构，青砖青瓦，单坡尖顶，五脊六兽。西厢房已被改造。

殿前有一直径1米余的砖砌古井，水清且浅，人称水甘无垢，远近闻名。据说，1900年慈禧太后携光绪皇帝出逃西安，回京时路经洛阳，游龙门，曾派人专程到该井汲水饮用。当地民间相传，皇觉寺曾是明太祖皇帝朱元璋的出家地。在他登基为皇帝之后，由原先一个破烂没有门的小寺庙一夜之间而名扬天下，地位尊贵，无比显赫。

（四十三）南泉寺

南泉寺位于新密市东南苟堂乡南泉寺村大鸿山下。寺院坐南面北，创建年代无考。明、清两代均有修葺。现存建筑有殿房和僧房楼各1座。殿房面阔3间，进深1间，硬山式建筑，前檐出廊，灰板瓦顶。僧房位于殿房左侧，为两层楼房，面阔3间，进深1间，高约9米，硬山式，灰板瓦顶。寺内现存石刻坐佛3尊，皆白玉石质。结跏坐于方形座上，其中2尊头部残失。另有康熙五十八年（1719年）刻立的“重修南泉寺□殿并金妆神像碑记”。

（四十四）光林寺

光林寺位于新密市白寨乡白寨村东南1公里。该寺创建于北魏孝文帝延兴（472～476年）年间，明万历四十六年（1618年）、清乾隆十七年（1752年）重修，面积2500平方米。现存山门、伽蓝殿、三官殿及配殿等。寺内有明、清重修碑记7通。

（四十五）广惠庵

广惠庵位于登封市西北与偃师市交界处的轘辕关西口。因山高水缺，僧人云堂、孙清保先后在此建一茶庵，以济往来商旅。广惠庵创建于清康熙初年，原有山门、大佛殿、三佛阁，殿后有楼，殿右有僧尼住房。清康熙四十三年（1704年）重修，登封进士焦钦宠撰文立碑。乾隆十九年（1754年）重修，并金妆佛像。为方便行人用水，清康熙年间，登封邑绅耿介开溥济池于大殿前以蓄水。登封知县王又旦又开共济池。雍正十三年（1735年）登封知县施奕簪还在夏、冬季节，捐茶水、姜汤，以济行人。1961年，大殿被毁，今仅存僧尼住房3间，由焦钦太住守。另存石碑3通，石碣一方。

（四十六）平定寺

平定寺位于巩义市城南20公里桃园镇寺里坪村。该寺始建于清，坐北向南，面积2000平方米。现存山门、大殿、东西厢房已改建。其中大殿阔3间，为砖券无梁殿，小青瓦顶，有花脊，檐下施砖雕斗拱。殿内有3个砖龛，供三世佛。其余建筑皆为硬山。

（四十七）广通寺

广通寺，全名广通禅寺，位于禹州市书院前街东段路北，原丹山书院东侧。

广通寺初建于明代弘治年间（1488—1505年），是明英宗朱祁镇的第九子、徽王朱见沛奉敕修建。正是由于该寺是奉旨建种过，所以寺院规模、建筑规格和建材质地等等都非常讲究。山门前有碑林、石狮和高达丈余的观音菩萨雕像。寺院内殿宇鳞次栉比，布局严整，三进院落。殿内存大量的壁画、石刻。少林寺著名住持悟万禅师曾兼任广通寺住持。悟万圆寂后，继任的小山禅师曾来广通寺讲佛经。明王朝灭亡后，广通寺失去了皇族的支持而变以社会的普通寺院，但它在清代的数百年间，仍不失为禹州重要佛刹之一，佛事香火仍能久盛不衰，一直坚持到民国。

（四十八）回龙寺

回龙寺位于禹州东关路北侧，坐西向东，背依古城，面临颍河。清道光《禹州志》载，回龙寺“创建无考，明季毁，清顺治年间（1644—1661年）重修。”

回龙寺在20世纪的20年代尚完整存大，由山门和前后两进庙院完成。后大殿是该寺的主殿，殿内供奉着高达1.6丈的大悲佛像，佛像铜质，是禹州当时庙宇中最大的铜造佛像之一。该寺的后院和前殿是僧众们进行佛事活动的主要场所，但是它的前院却两家祠堂占据着主要位置。一处为清代著名书法家沈荃建造，另一处是明代李梦阳的生祠。

20世纪的20年代，冯玉祥督豫期间，由于大力推行所谓“捣毁神像运动”，大部分庙宇都受到了不同程度的冲击，回龙寺也未能幸免。僧众被迫还俗。据说，大悲佛铜像被一些乱军掠至兵工厂中造了枪炮。至20世纪40年代后期，寺内的建筑物均已破败不堪。目前，该寺唯有前殿尚存，而且由信徒新塑佛像三尊，其他原有殿宇等已不存。

（四十九）兴福寺大殿

河南省重点文物保护单位。兴福寺大殿位于偃师市高龙镇高崖村（学校院内）。大殿坐北朝南，面阔三间，东西长11.30米，南北进深9.10米，为歇山式建筑。据现存大殿外围墙所嵌《兴福寺大殿简介》碑所记，兴福寺"修"于明正德四年(1509年)，距今500余年，建造人为逯通，后曾于清康熙年间以及民国时期重修。

大殿主脊两端及正中饰有鸱吻，垂脊和戗脊上饰各类小兽。大殿内部柱、梁结构复杂，东边通梁，西边通柱，结构不对称，但巧妙地利用力学原理，保持了建筑的稳固。此大殿建筑规格较高，结构奇特，斗拱等木构件制作精美，虽部分瓦件有所脱落，但仍不失为一处价值颇高的古建筑。

寺内存有三通石碑，碑文所记载之内容均与兴福寺有关。其中一块碑阴朝上，另两块正面朝上，因长期踩踏，损毁严重。该寺大殿的现状及这几通碑刻的发现，对于研究豫西地区民间宗教建筑风格、当时的经济状况以及人民生活等方面均具有重要的参考价值。

二、寺外塔

这一部分内容是主要介绍散存于嵩山地域的寺院之外或寺院已毁的古塔，它们不仅是当地的文物、名胜，而且有着重要的文物考古价值，如风台寺塔、千尺塔、法海寺石塔等。

(一)法行寺塔

全国重点文物保护单位。法行寺塔位于汝州市内东北隅的塔寺街，原法行寺院旧址上。建筑时代为唐至宋代。

法行寺塔最具观赏价值的是其塔身上下风格迥然之处，该塔下方为四方形，上为八角形，塔通高30米，外形略呈抛物线形。塔坐落于长宽各6.8米、高0.68米的方形基座上。坐北朝南，高约30米，塔体为砖筑，底层平面呈方形，上为九层八角形迭涩密檐，每层均有一半拱形小佛龛，顶部在砖刹座上立宝珠形铜刹，上铸"顺治十年十月七日立"铭文。塔身南壁辟半圆拱券门，门内设方形塔心室，可达第二层，室顶用迭涩砖砌筑，造型奇特。方形塔身的壁面砖虽经多次维修抽换，外型仍保留有唐代初建时风格。但从整体造型上看，塔上部的八角九层迭涩密檐出檐不深，叠涩砖层弧度较小，当为宋时所改建，八、九层和塔刹系清初重修。

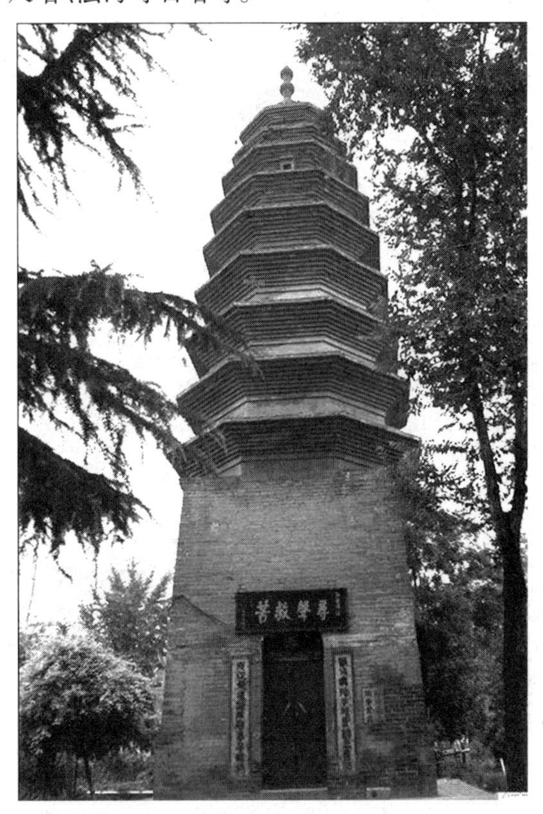

汝州法行寺塔

该塔敬有三皇姑。传说上古时期，汝州有蛟龙作祟，上天派三皇姑下界捉蛟，用铁链把蛟龙锁了起来，并挖一深井，囚于其中，井口上压一巨石，锁链系于石上，在上边建宝塔一座镇压，使其永远不得出世，此塔就是法行寺塔，法行寺塔即是传说中的"镇妖塔"。法行寺也因有此塔而俗称塔寺庙，寺前街道也取名叫塔寺街。法行寺塔在一座砖塔上表现出不同时代的风格，为研究我国古代砖塔的发展变化提供了实物资料。

(二)凤台寺塔

全国重点文物保护单位。凤台寺塔位于新郑市南关双洎河(洧水)南岸凤台寺旧址上。此塔坐西向东,为六角九级叠涩密檐式砖塔。

该塔通高19.1米,无基座。整个塔身一般用长39厘米、宽19厘米、厚5.5厘米和长40厘米、宽19厘米、厚6厘米的青灰条砖一顺一丁垒砌而成。外壁全用水磨砖、白灰浆砌筑,灰缝约0.4厘米。塔身自第一层向上宽度逐渐内收,每层高度均匀递减。塔身外形略呈抛物线形状。

塔的第一层东壁有一拱形券门,门高187厘米,宽81厘米。上有青石半圆门楣,门楣下塞垫木板,上槛和两立颊均为石质。两立颊下部各浮雕有高38厘米的力士像。立颊正面与侧面有阴刻题记,立颊下面为石质地栿。经过154厘米甬道,进入六角形塔心室,室壁高201厘米,稍有收分。各转角处无施倚柱,而是直接在壁体上用两层平顺砖砌出普柏坊,高13厘米。在普柏坊上各转角处砌出砖质六铺作三抄偷心造的转角铺作一朵,通高73厘米。在其栌斗两侧伸出泥道拱,拱之两端置散斗,再上承托泥道慢拱,泥道慢拱两端亦置散斗,承托第二道慢拱,再上承托柱头坊。栌斗向外出三跳,均为出华拱偷心,在第三跳华拱上置齐心斗,承托砖制撩檐枋。斗拱之上用十一层叠涩砖砌出六角攒尖的藻井,通高75厘米。

新郑凤台寺塔

第二层南面辟半圆拱券门。北面和西面辟假券门,其他各面无门。在其外壁上砌出拔檐砖一层,其上砌叠涩砖十层,檐之上部砌反叠涩砖六层。第三层至第八层,出檐结构与一、二层基本相同。唯檐下叠涩砖层由第三层至九层逐层向上递减为四层,且每层相间三面砌出圆券假门。第九层无门亦无拔檐砖,仅在外壁上砌出叠涩砖三层。九层之上置塔刹,但大部分已毁,现仅存有砖制刹座。塔身每层外檐翼角处,均有残存的木质角梁或木角梁朽毁后的砖洞。推想原来角梁下悬有风铎,但现今已全部无存。进入第二层圆券门,经过长157厘米的甬道,导入第二层六角形塔心室。室壁呈直筒状,在室壁上凹砌脚蹬,可蹬至第八层。第八层上部南北向铺一长方形石板,板心凿一圆洞,可能用于穿插刹柱。

塔身之下,用青灰条砖砌出高178厘米、直径484厘米的基台。台下筑有地宫。塔基地宫作六角形,门道向东,地宫建筑结构与塔身部分的塔心室基本相同,但增加了实榻石门和壁画部分。地宫壁厚40厘米。室内地坪用长38.3厘米、宽18厘米、厚6厘米的条砖铺墁。各转角处,均用立砖砌出小八角形倚柱,高152厘米,直径15厘米,倚柱上承托用两层平卧顺砖砌成的普柏坊,高15厘米,无施阑额。在普柏坊上各转角处置砖五铺作双抄斗拱一朵。各朵斗拱的栌斗用两块条砖斫制而成。泥道拱两端置散斗,承托柱头坊,柱头坊上无隐刻泥道慢拱。交互斗正面伸出华拱,蚂蚱头形的华拱上置齐心斗。替木以上,砌出平砖二层,再上斜砌叠涩砖八层,形成六角攒尖顶。地宫东壁上辟半圆形拱券门,门内甬道地坪低于墓室地面,甬道东端安装石门,石门以外,为双层斜立的封门砖。地宫内壁面均用白灰涂抹,其上用黑、红、黄三色绘出花卉、飞禽、人物。南壁、西壁绘力士,北侧、南侧各绘一武士。因年久地宫积水,部分彩绘已经模糊不清。此地宫已封填保护。

新郑县旧志记载,凤台寺建于宋大观三年(1190 年)。而塔门楣上刻有"太原温考□谒朝假以元丰年四年七月十二迁葬祖父母、父母于县西南七□里耿村九龙之原"字样,则凤台寺和塔应建于元丰四年(1081 年)以前,距今近千年。

(三)石窟寺唐塔

石窟寺唐塔于 1982 年随同石窟寺公布为全国重点文物保护单位。位于巩义市南河渡镇寺湾村石窟寺第一窟窟顶白虎崖上。该塔系唐代单层亭阁式方塔,坐北朝南,砖木结构、青砖错砌,黄土泥色缝。塔身通高通高 5. 3 米,塔基高 1. 5 米,平面呈方形,边长 2. 7 米。塔顶呈盝顶形,四角挑檐。塔身南面筑拱券小门,门高 1. 4 米,宽 0. 7 米,其上有 1 方窗。塔身南面有一小门,从小门进入可攀上塔顶。1995 年国家文物局拨款修复。

(四)法海寺石塔

河南省重点文物保护单位。法海寺石塔位于新密市老城西街法海寺内旧址。法海寺始建于北宋咸平二年(999 年),建成于咸平四年(1001 年),寺名为宋真宗所赐。"法代表佛教的经藏,是经藏的海洋,这里取名法海,取意法海慈航,诞先登岸,深入经藏,智慧如海的佛典。海乃无穷之意。"元末法海寺毁于兵火,唯塔独存。明、清两代屡有修葺,现仅存山门和大殿。

法海寺石塔高 13. 08 米,共 9 级,塔基平面呈方形,外檐 7 级,为"单层多檐式"。除塔门、栏杆与塔顶等处汉白玉装饰外,余皆以青石雕砌而成,所以又称"玉石塔"。石塔由基台、仰覆形基座、塔身与塔刹等部分组成。塔身下部正面设方门,内为八角形塔心室。方门由门额、门簪、地袱、立颊及门贴组成。塔身上端为捺檐枋、椽子、飞子和龙头垂脊、瓦陇等构成的第一层塔檐。二层塔壁正侧各雕券门,二层塔檐的脊上直接承出白玉石单勾栏一周。塔身二至五层结构基本相同,各面均有圆形券门,再上不施门窗。各层塔身尺度有明显收分。形成刚劲有力的轮廓线。塔檐四周略有翅起,具有明显的北方建筑特色。塔刹由山峦卷云形刹座和九重相轮、伞盖、仰莲及宝珠等构成,其高与上四层塔身相等,尤其是刹座用活泼的山云造型代替常用的大覆体。同时为保持高大塔刹的稳定,自宝盖以上塔檐的四角,以铁�相牵。塔身四周壁上,自上而下,从基到顶,镌刻宋代文学家秦少游书写的《妙法莲花经》7 万言。塔心室平面为八角形。室内有半圆形五棱白玉石座,内壁雕刻佛教经传故事。宋代张哲撰写有《法海寺石塔记》。

1966 年,"文化大革命"时法海寺塔被拆除,现存残石 137 块、莲花经残石拓片 133 张,经文 3 万余字,线刻佛画像 17 种,三彩琉璃方塔 3 座,三彩琉璃舍利匣 1 个,瓷舍利盒 2 个,银舍利盒 2 个,还有玻璃器具、铜佛像、铜钱等。

法海寺石塔在建筑结构、外部造型、艺术装饰等方面都独具特色,是研究我国造塔史的重要资料。

(五)卧佛寺塔

河南省重点文物保护单位。卧佛寺塔位于新郑市西关外卧佛寺的旧址上。卧佛寺创建于隋开皇十年(590 年),唐咸通二年(861 年)敕赐兴福院。明洪武元年(1368 年)因筑室得铜卧佛,遂更此名。明成化元年(1465 年)僧圆亮于寺内建筑选择佛场前创建此塔。19 世纪 40 年代,寺为日本侵华军炸毁,惟塔独存。

卧佛寺塔系为七级八角楼阁式砖塔,通高 18.56 米,底座周长 14.08 米,用小青砖和白灰砌筑而成。

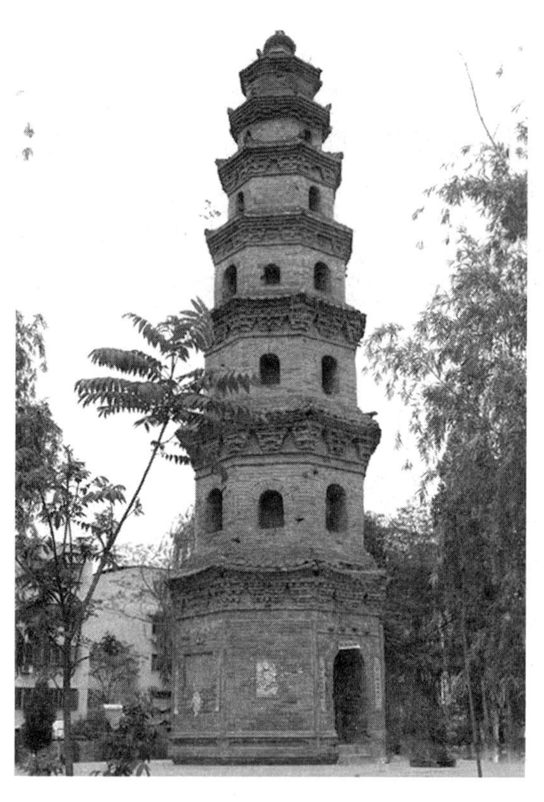
新郑卧佛寺塔

第一层八角处各砌有半圆形砖柱,基座束腰有砖雕仰莲 1 朵,上有凹槽形砖带环绕 1 周。砖带之上每面承砖砌斗拱 3 组。叠涩外出,呈屋檐状。檐角各置兽头,兽头下伸出木椽,椽头挂有铁环悬铃。第一层南侧设有拱形塔门,门额上方砌有砖雕莲花 4 朵。门额、门框、门槛均用青石条砌成。第 2、3、4、5、6 层各面均有砖券门,券门虚实相间。西面嵌有《摩诃般若波罗密心经》刻石,上刻有佛经、造塔时间和工匠的名字。第二层至第四层,各面均有砖券门,券门虚实相间。第五、六两层隔面有券门。第七层无券门。该塔各层的结构相同,由下向上宽度逐级内收,高度逐级缩小。塔顶置一火焰宝珠式铁制塔刹。第一层塔室内藻井被破坏,以上塔室内壁上留有露头砖作攀梯。可以从一层南门进入,攀登至第六层。可登至第六层,从四面券门向外眺望:西面宽阔的双洎河缓缓流来,绿柳成荫,南面有风台寺遥遥相对,东面是新郑县城,北面是郑韩故城。

卧佛寺塔第一层西壁嵌有长 0.9 米、宽 0.56 米的青石塔铭,上刻“成化元年四月初八发心舍资比丘圆亮创建”诸字。

(六)荆王石塔

荆王石塔为东西两座方形七级叠涩式石塔,位于新郑市西北 28 公里小乔乡荆王村东。原有二座石塔,造型、高度、层数相同。东西相距 15 米,东边 1 座在“文革”中被扒毁,现仅存西边的一座荆王石塔。

荆王石塔为 4 角 7 级密檐式青石塔。塔体呈方柱形,通高 3.25 米,底层边长 0.55 米。南面凿有长 38 厘米,宽 29 厘米,深 20 厘米的长方形佛龛。佛龛左右及门额刻有人物浮雕与塔铭,正面与两侧面线刻人物画 4 幅。铭文字迹因年久风化,已不可辨认。塔身自底部向上各层高度、边长逐级减少而内收,形制相同。塔刹系直径 30 厘米的青石莲花宝顶。

东塔现存第一、六、七级及塔刹部分残石。第一级有塔铭及供养人画像,现藏河南省博物馆。

荆王石塔的建造年代为唐开元、天宝之际。双塔的线刻画,反映了盛唐绘画用线达到了炉火纯青的程度,在石刻线画中堪称珍品,具有很高的艺术价值。

(七)奎光塔

奎光塔位于汝州市风穴寺塔林之外,与桂香庵遥遥相望。奎光塔在寺院东南一个孤立的状元峰上,为清初雍正年间所建砖塔。塔身为六角形,三级,高 10 米。该塔还有一妙处,就是每当金乌欲坠,夜幕将临之时,晚霞辐射,塔刹内映出一团火光,犹如红灯高悬,故谓之“奎光塔”。

(八)汝妙塔

汝妙塔位于少林寺法缘塔南左,建于清康熙五十六年(1717 年)孟秋,为四边形三级砖塔。塔高约 4 米,塔身前有正书额文,后无塔铭。汝妙,字通玄,为法缘之徒。塔为其徒性忍、孙海潭和曾孙即理所建。

(九)玉峰和尚塔

玉峰和尚塔位于新密市区北 15 公里袁庄乡槐阴寺村北部。明正德九年(1514 年)建。为八角三级柱形青石塔,由 2 节柱形体组成,下有八角形塔座。通高 2. 04 米,塔铭为“圆寂亲教玉林公玉峰和尚灵塔记”。

(十)智公和尚塔

智公和尚塔位于新密市超化镇河西村。1975 年河南省博物馆与密县文化馆清理。仅有塔基。塔基和塔身下半部被深埋,方形。残高 1. 42 米。塔身南壁嵌塔铭。铭高 0. 64 米,宽 0. 46 米,上部细线刻一坐佛,佛下为楷书铭文。塔基下为墓室,无殉葬器物。据铭文记载该塔是金大定十六年(1176 年)智公和尚塔。铭文中部用印度中古的悉昙字母写的经句,这在河南省塔铭中尚属首次发现。同时,北宋初至元明之际,火葬非常盛行,但智公和尚却入棺土葬,这对研究金代寺僧制有重要的参考价值。该塔基因修建铁路,已拆除。

新密智公和尚塔

(十一)清林寺石塔

清林寺石塔位于新郑市城西北 30 公里西乔村原甭林寺废址旁。塔高 3 米,青石制成,宝盒式方形塔座每边长 1. 7 米。塔身由两石合成四方体,塔面两节,下中刻 5 滴水檐,由下向上垒起伸出。上部四坡,四角向外张挑,如飞鸟张翼。塔顶刻莲花盆,盆上刻一宝珠。塔下南面刻一高 0. 5 米的佛龛,龛门两侧各刻一武士。上部和其他三面刻《佛顶尊胜陀罗尼经》铭。据塔铭载此塔为净业和尚墓塔,于唐天宝十年(751 年)四月建造,到大历十年(775 年)死并葬于此。该塔“文革”时毁无存。

(十二)孙窑石塔

孙窑石塔位于偃师寇店乡孙窑村西。建于唐神龙二年(709 年)。方形五层石塔,高 2.88 米。每面雕佛和菩萨。

(十三)少林寺周边散塔

少林寺除设专有的少林寺塔林外,在其寺院的周边立有不少的散塔,这些散塔与寺院、塔林、庵院等建筑,使嵩山少林寺的佛教氛围更加浓郁。

1. 同光禅师塔

河南省重点文物保护单位。同光禅师塔位于少林寺常住院东墙外 40 米处,建于唐代宗大历六年(771 年)六月,为四边形单檐亭阁式砖塔。塔用水磨砖与黄泥砌成,塔身粗大,边长 3.3 米,塔高 9.93 米。塔下部有很矮的须弥座,束腰部分有壶门牙子。基座上为塔身,南面辟半圆形券门,单券无跌。门高 1.87 米,宽 1.22 米。券内有石雕门楣、门额、地袱及立颊等,均饰有精美的线刻图案。以门楣正面的线刻舞乐图最为生动。门楣下刻凤凰、狮豹,门框两侧各刻一武士和门狮。图上方刻 2 飞天,正中刻 2 个立于华丽地毯上翩翩起舞的神像,另有乐器伴奏者 9 人,手持不同的古典乐器,分别坐在两边。其余各面分别雕刻嫔伽、金刚、狮子和麒麟等图案,在门框抹角边棱上也饰以花卉图案。塔身背面嵌有正书《唐少林寺同光禅师塔铭并序》塔铭,铭文为登封知县寔郭所撰,大德和尚灵迅所书。此塔由同光禅师的弟子、寺主僧惟济和上座昙则、道真、真观、法琳等出资,为“造塔博士宋玉”主建。

塔室内为方形素壁。塔身之上为迭涩檐。塔外沿饰以砖雕莲花瓦当和板瓦;其下雕图案,为深朱红色。塔檐上部,为砖砌的束腰刹座及山花装饰,最上部的塔刹,由五层雕有图案的圆形石组成,最上为圆形宝珠。从整体上看,塔檐以上部分比塔身、塔基高出 1.2 米,但从实物看,各部分比例和谐优美,全塔造型庄重大方,工艺精良,雕刻技法高超,总体设计十分成功。

同光禅师(699 ~770 年),唐代著名禅师。少年出家,学于五祖弘忍,唐大历五年(770 年)卒。

少林寺法如禅师塔

2. 法如禅师塔

法如禅师塔位于登封市西北 12 公里少林寺东约 900 米处的塔沟,建于唐武则天永昌元年(689 年),是少林寺地区现存较早的重要古塔之一。该塔坐北面南,坐落在一个简单的高台之上。塔为四边形单层单檐式砖塔,边长南北 7.2 米,东西 6 米,高 6.4 米。塔下部有简单的基座,上为塔身,南面辟有单券门,券门内嵌石制门楣、立颊和地袱等。门楣刻篆书“释迦佛塔”四字,两侧有精美的线刻“飞天”图案,门已失。该塔的塔刹十分别致,下层为方形,角雕四个挑兽,其上为四级圆形相轮,最上为雕刻精致的顶尖。远远望去,塔刹犹如一个小宝塔。塔下有室，塔室为方形，室内有《唐中岳沙门释法如禅师行状》碑1通，隶书字体，碑文记述了法如禅师的生平事迹，这是禅宗高僧在少林寺最早留下的遗迹。碑顶有一高浮雕佛龛，内雕有一佛二菩萨像。塔身上有造型优美的早期砖塔叠涩砖檐，表现出早期砖塔拨檐的特点。檐上方为方形塔顶，最上为石雕的宝刹，由宝珠、仰月、水烟、宝盖和三重相轮、绶花及须弥座组成，是嵩山唐塔中石刹保存较为完整的。

法如禅师是研究少林寺历史和禅宗门派的重要实物资料。法如禅师是我国佛教禅宗第六代弟子之一，为唐代禅宗北宗领袖，与神秀、慧能同被尊为禅宗六祖。五祖弘忍以后，南北分宗，法如与神秀被北宗同尊为禅宗六祖。此塔铭中称“忍传如”，当是可靠的文献资料。1975年文物部门对塔基进行石砌加固，并维修了塔刹。该塔由于门楣有“释迦佛塔”字样，故亦称“释迦佛塔”。

3. 萧光师塔

萧光师塔位于嵩山五乳峰下登封市少林寺西北约1.5公里的半山坡上。建于唐天宝九年(750年)。

萧光师塔为六边形单檐式石塔，塔每边长0.7米，高4.4米，整座塔用规整磨光的块状青石砌成。塔基为青石砌成的六边形石台。塔身前有塔门，门已失，门框四周有线刻花纹。门上有塔额，上有行书“萧光师塔”四字，在此四字右下方，有宋元丰己未年(1079年)游人题写的“法昌、□隐同登至此，元丰己未仲春”的字样。塔内中空，室顶叠涩上收，顶部有石雕的莲花藻井。塔刹为雕刻精美的六边形挑角石。萧光师塔造型独特，少林寺地区这种形态的石塔，仅此一例。萧光，唐少林寺名僧，为梁武帝后嗣。

4. 释迦佛塔

释迦佛塔位于登封市少林寺西院内西北双层砖台上，与旁边的弥勒佛塔相邻。

建于北宋元祐二年(1087年)，为方形两级檐楼阁式砖塔。塔高约8.4米，塔底边长4.05米，宽3.08米。南面辟券门，其上下两层均有塔门和塔室，上室已空，下室有青石雕刻的高1.73米的释迦佛像一尊。第一层塔檐下施四铺作单假昂枓栱，第二层塔檐叠涩出，顶部分层上收，上置石刹。在塔西壁嵌有长0.75米、宽0.36米的塔铭，铭文为宋代少林寺寺主广庆撰并书。据塔铭载，塔室内的释迦佛雕像是经唐代的“会昌灭法”而幸存下来的，灭法时颈项手部均有损坏。故此石像至迟雕于晚唐之前。该塔是宋代少林寺为安顿石雕佛像而由寺主广庆主持建造的。

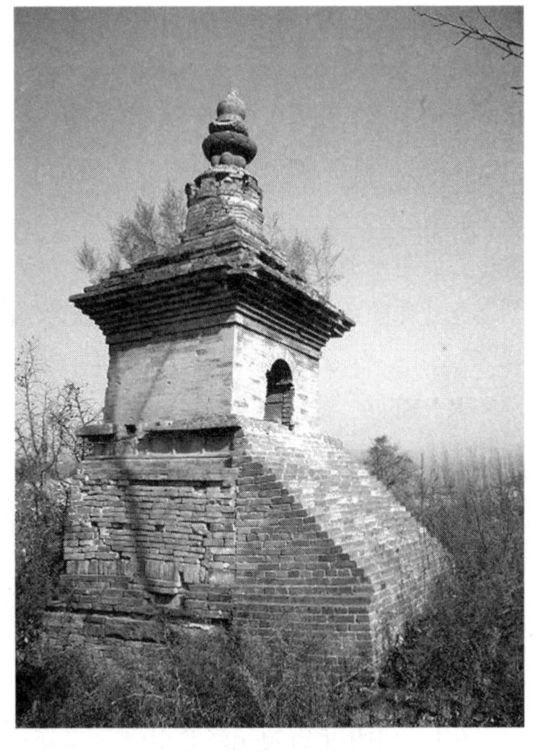

少林寺法华钧大德塔

5. 法华钧大德塔

法华钧大德塔位于登封市少林寺院东墙外约100米处，与同光塔隔沟相望。此塔建于五代后唐同光四年(926年)三月，为嵩山地域惟一一座五代塔，是河南省仅存的两座五代塔之一。塔为四边形单檐式砖塔，有唐代风格，但又有所不同。塔高5米，塔基须弥座硕大，塔顶有五层雕刻精美的石刻砌成，下四层为刻有图案的圆形石,最上为一单葫芦状塔尖。塔身前有塔门,已失。塔后有正书《大唐嵩山少林寺故寺主法华钧大德塔铭并序》铭文。塔上部和塔基砖风化严重。法华钧,名行钧,14 岁出家于嵩山会善寺,旦暮研习《法华经》,人称法华钧。唐末出任少林住持。圆寂于五代后唐同光三年。为唐代大德高僧之一。塔为其弟子、寺主弘泰及弘谷、弘绪、弘幽等所建。造塔工匠为建塔博士郝温。

6. 二祖庵无名塔

登封二祖庵后面的密林中保存有一座唐代残塔,因塔铭已失,称之为二祖庵唐无名塔。该塔残存一级,高约六米,方形砖塔,南面开券门,内有塔室。现存塔身上部还有叠瑟檐,观其外形,应为类似法王寺塔那样的方形密檐塔,可惜上部已失。券门上方有部分残存石铭,尚可辨出万岁登封元年、皇帝皇嗣造等字样。万岁登封是武则天的年号,从公元 695 年 12 月到公元 696 年 3 月,仅仅使用了 4 个月。

7. 弥勒佛塔

弥勒佛塔位于登封市少林寺常住院的西院内,“释迦佛塔”东侧台阶下。建于北宋元祐二年(1087 年),为一座四边形十级密檐式弥勒佛砖塔。塔高 11.5 米,首层南侧开门,十级塔檐均叠涩出,顶部石刹。塔下有塔室,塔门上横额刻行书“下生弥勒佛塔”,两侧对联为行书:“共诸众生,明正达本。”塔室内原供弥勒佛像,后失。今室内有后人塑的弥勒佛像一尊。塔的首层西侧塔壁上嵌有宽 0.76 米、高 0.32 米的塔铭,铭文为少林寺寺主广庆撰并书。据塔铭知,此塔是由广庆于元祐二年(1087 年)主持建造的。

8. 初祖庵面壁之塔

初祖庵面壁之塔始建于北宋宣和四年(1122 年),建成于靖康元年(1126 年),已无存。面壁之塔石额现存于少林寺碑廊。

面壁之塔石额高 1.05 米,宽 1.10 米,右刻“太师鲁公京书”,中为“面壁之塔”4 字,左边落款为“宣和壬寅八月资政殿学士河南尹范致虚立石”,其下为“住持嗣祖赐紫佛灯大师惠初句当”。1974 年,在初祖庵大殿与达摩洞之间的塔基内,发现了 1 件舍利石函,确定了面壁恭听具体位置当在此。舍午石函由函和盖组成,平面近方形,长 74 厘米,宽 66.5 厘米,通高 59 厘米。函盖呈盝顶形,上部线刻蟠龙戏珠图案,下面刻楷书题记,落款为“靖康元年岁次丙午四月佛生日题记石匠王成赵辨画匠郭祥”等字样。石函周围均为长方形画面,线刻佛教人物画像。画幅中心处置 1 花瓶或香炉,两侧各线刻 2 人。前、左、右三面皆线刻 2 神王、1 侍者和 1 女供养人,后面线刻 2 护法神王和 2 侍者。画面上的护法神脸庞肥硕,衣着讲究,女供养人眉清目秀,而侍者则貌丑衣陋,形象地表现出人物的身份和等级差别。人物的刻画,线条繁缛而不失协调,简括夸张而不失准确,体现了北宋人物画谨严写实、丰盈多变的艺术风格。

初祖庵面壁之塔的形状及湮没年代未查到相关资料。

10. 初祖庵风水塔

登封初祖庵上行约一公里,山坡上有座小型石塔,无铭记,建造年代不详,景区的导游图上称其为风水塔。这是一座单层石塔,高约 3 米,宽 1 米余,以大块条石砌成,南面开门,内有塔室。下部是很矮的束腰须弥座,上部仅叠涩出两层檐,塔顶逐渐上收,无刹。塔身无铭,无装饰图案。从外观看有唐宋风格。称其为初祖庵风水塔只是因为地理位置上与初祖庵较近,此塔未必与初祖庵有联系。

11. 二祖庵缘公庵主之塔

缘公庵主之塔位于二祖庵门前的山沟里,建于元代泰定元年(1324 年)。该塔为六角形砖塔,仅存一级,残高约五米,底部须弥座,上部叠瑟出檐,塔身上现存两块石铭,大部分字迹尚清晰,根据铭文记载,缘公原为二祖庵住持,圆寂于元至治二年(1322 年)六月,建塔于元泰定元年(1324 年)四月。

12. 东公和尚塔

东公和尚塔位于登封市少林寺院千佛殿东,为喇叭形小石塔。塔已缺损,残塔高 0. 89 米,铭文已不可识,具体建年已不可查考。考其形制,应为金塔。此塔 20 世纪 80 年代末被毁。

13. □□塔

□□塔位于登封市少林寺千佛殿东北,为四角形小石塔。塔已损,残塔高 0. 95 米,额铭已不可识,具体建年已不可查考。考其形制,应为金塔。此塔 20 世纪 80 年代末被毁。

14. 无言道公寿寓塔

无言道公寿寓塔位于登封市少林寺溪南南园后的半山坡上,建于明天启四年(1624 年)。无言道公寿寓塔为喇叭形砖塔,高 4. 8 米。坐北朝南,朝向少林寺方向。底部方形须弥座,塔身为锥体,其上为三级环状密檐相轮,最上为雕刻精美的葫芦状塔尖。该塔为砖加白灰砌成,外粉白灰,从外观上看如白塔,故称“小白塔”,塔表白灰多已剥落。塔身北面有正书额文“钦依少林寺传曹洞正宗第二十六代嗣祖沙门永化堂上本师大和尚无言道公寿寓,天启四年孟月吉日徒圆会建”。塔身背面石铭是道公谱系表,表中共列出五代 66 人,有徒弟“圆”字辈僧圆善、圆林等 8 人,徒孙“通”字辈僧通相、通德等 13 人,重孙“行”字辈僧行海、行洪等 19 人,曾孙“超”字辈僧超永、超忠等 19 人,玄孙“明”字辈僧明东、明庆等 7 人。道公,名正道,字无言,号雪居,为少林寺著名禅师和钦命住持,住持少林寺长达 31 年。塔为其徒圆会所建。道公塔虽不太大,但造形别致。

15. 少林寺三藏主静庵公之塔

少林寺三藏主静庵公之塔位于登封市少林寺西南小金沟口一侧山坡上,地势险要。建于明天启八年(1628 年),塔高约 8 米,为方形五级实心砖塔,各层叠涩出檐,顶部石刹。三藏主静庵公之塔为其法弟洪福等所建。该塔于 20 世纪 70 年代上部倒塌,2000 年重新恢复。有塔基、塔刹及塔铭。该塔首层有高 0. 3 米、长 0. 38 米的塔额一方,额文刻《少林寺三藏主常静庵主之塔》,下刻造塔时间为“明天启八年”。

明熹宗的天启年号只用了 7 年,没有天启八年,猜测可能是建塔时更改年号的信息尚未传达到这里,此塔的建造年代应为 1628 年,即崇祯元年。

16. 法缘大和尚寿塔

法缘大和尚寿塔位于登封市少林寺常住院以西,甘露台以北约 500 米处的山坡上。建于清康熙二十七年(1688 年)七月。

法缘大和尚寿塔为四边形三级叠涩式实心砖塔。塔高 4.7 米。顶部石刹,首层南侧有石铭,已严重风化,字尚能识,上书“法缘大和尚寿塔”“登封县正堂王老□施塔一座”“康熙二十七年七月徒如妙”等文字。法缘大和尚寿塔为登封知县王又旦施钱,由僧会司净乾、净升及其徒汝妙所建。法缘大和尚塔保存有塔基、塔刹及塔铭。

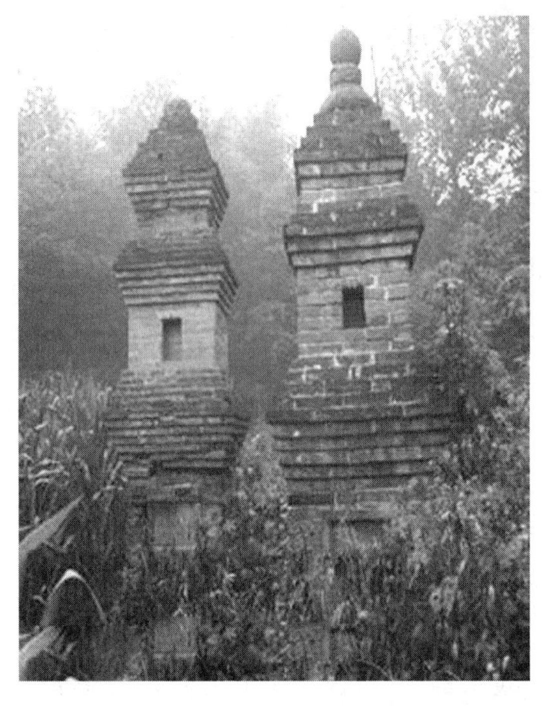

登封汝妙先师塔

17. 汝妙先师塔

汝妙先师塔位于河南登封少林寺常住院以西,甘露台以北的山坡上,紧邻法缘大和尚塔,建于清康熙五十六年(1717 年)。塔高约五米,三级方形叠涩式砖塔,顶部有石刹,首层南侧有石铭“清故先师讳汝妙字通玄建立寿塔一座”“康旭五十六年岁次丁酉孟秋上浣吉旦立石”。此塔主人“汝妙”与法缘大和尚塔的建塔徒弟“如妙”应为同一人,二人师徒关系。汝妙先师塔保存有塔基、塔刹及塔铭。

18. 山东清源傅律普渡林上太尊浮图位

山东清源傅律普渡林上太尊浮图位位于登封市少林寺李沟。建于清代,六角形三级楼阁式琉璃砖塔,高 4.5 米。塔基须弥座有佛像一周,塔檐下施斗拱,各面辟门窗。有塔刹和塔铭。

19. 登封善公和尚塔

登封善公和尚塔位于初祖庵南山。清代建筑。方形三层叠涩式砖塔,高 4 米。有塔基、塔刹及塔铭。

三、其他寺

嵩山地域除佛寺以外,还建有郑州清真寺、天宁万寿寺、迎恩寺等。

(一)郑州清真寺

全国重点文物保护单位。郑州清真寺,又名北大寺,位于郑州市管城回族区清真寺街北端,是以我国传统的建筑形式建成的伊斯兰教礼拜寺院。据寺内乾隆二十六年(1761 年)的碑文记载:“由明以迄大清数百年,掌教者有三师”,可知明代已有该寺。清乾隆十九年(1754 年)和四十七年(1782 年)两次重修。郑州清真寺是我国多民族和睦相处的见证。为了更好地贯彻党的民族政策,政府于 1982 ~ 1983 年拨款,由河南省古代建筑保护研究建筑所重新整修。

寺院坐西向东,现存大门、望月楼、拜殿等,均为清代中叶以后建筑,有浓厚的伊斯兰教建筑色彩。

◆大门

面阔3间，进深3间，单檐歇山顶，建筑面积为69.1平方米。房顶以灰筒瓦覆盖，脊上浮雕莲花，戗脊前端置以云盘，檐下施一斗二升加麻叶头斗拱。明间用石柱4根，为小八角形，周围用木柱，中间为木制通柱2根，两柱前后有高达1米的抱鼓石两对。原有实榻大门3合，分别设在正脊下方的中柱两侧。门前有月台21.4平方米，台前有垂带式踏跺四级。

郑州清真寺

◆望月楼

又名唤醒楼，是伊斯兰教寺院中特有的建筑，为阿訇观看月亮出没、宣读经书、斋戒时日之用。平面正方形，重檐歇山阁式，建筑面积为49平方米。整个瓦顶及山面饰有黄绿二色的琉璃瓦花纹和悬鱼博缝。脊上雕饰的莲花有的刚露出水面，结成了花蕾，有的含苞待放，有的已结出了莲蓬，婷婷玉立。下檐用一斗二升加麻叶头斗拱，上檐置单昂三踩斗拱，转角用重昂把臂厢拱。月楼周围用石柱12根，其中10根为小八角形，2根为四方形。前4根用汉文刻对联两副，后4根用阿拉伯文刻对联两副，中间用木通柱4根。中槛上方持“正教昌明”大匾一块，为光绪二十一年(1895年)钦命会办台湾军务头品顶戴尚书、福建水师提督、世袭云骑斐陵阿马图鲁杨歧珍敬献。望月楼小巧玲珑，从造型、结构、艺术等方面看，皆为此寺之精华。

◆大拜殿

为该寺主体建筑。面阔5间，进深4间相连，有硬山式卷棚、前殿、后殿和庑殿式后窑4座，不同形式的建筑组合一处，称为勾连搭式。建筑面积432平方米。殿顶用琉璃和灰筒板瓦，脊上均为浮雕花草纹饰。卷棚用4根石柱，为小八角形，上刻阿拉伯文对联。装有深红色十字格心门12扇，殿内有光绪年间所置阿拉伯文横匾一块。拜殿前两侧是讲堂、配房、沐浴室等。

郑州清真寺内现有明代铜香炉两个：大香炉重20公斤，底部铸有“明宣德五年监制”字样；小香炉重4公斤。另有清代石碣2方、碑14通、匾2块，民国时期碑3通。

郑州清真寺内有古槐2株，其中一株古槐高30余米，树主干周长3.5米，树龄已500年，枝叶繁茂。两株古侧柏均高20余米，一株树龄405年，一株367年，郁郁葱葱，使古寺愈加清幽雅静。

(二)天宁万寿寺

河南省重点文物保护单位。天宁万寿寺位于禹州市城内古钧台街西段。该寺创建于北魏时期，金代末年曾遭到战争的严重破坏，后来到了元世祖忽必烈大德三年(1299年)，社会趋于稳定，由当时的僧众对该寺进行了大规模的重修与局部的重建工程。明代洪武十五年(1382年)，朱元璋御赐给该寺的僧正崇威符验一道，在永乐洪熙年间(1403—1525年)，又先后受到皇帝颁赐的敕书各一道。据史书记载，当时寺内除了供奉存放皇帝御赐的符验和敕书外，还存有宋仁宗皇帝赐给该寺的御书“天竺唵斛咀啰”字偈。由此可以看出天宁万寿寺在当时全国诸多佛寺中显赫的地位和影响力。

天宁万寿寺到明代弘治嘉靖年间和清道光年间都有大的重修，现尚存山门和大殿两座建筑。为带有宋代和元代风格，有重要的文物价值。

现存山门是一幢具有宋式风格的建筑。现在看到的明代重修后的遗迹。山门南向，面阔 3 间，进深 5 米，歇山式，顶覆灰瓦，前后门额上嵌有明弘治和嘉靖年间重修题记。

大殿面阔 3 间，进深 3 间，平面呈方形，南向，单檐歇山式，顶覆灰色筒板瓦，檐下斗拱为四铺作单下昂，内转四铺作单杪，斗幽明显。足材蚂蚱头，补间铺作为方形。部分昂嘴为三角形，表现出明代早期特点。部分昂嘴为三角形，稍厚，表现明代早期特点。前檐明间补间铺作二朵，次间和后檐、侧檐补间铺作各一朵。殿内梁架采用彻上明造草栿梁之做法，大部分梁件为弯曲的自然材。殿内采用减柱造，仅用两根后金柱。采用金柱、斗柱、梁袱相垒的结构方法。大殿做法与结构仍保存有元代风格和特点，但整体结构是明代重修时期的遗物。有重要的文物价值。寺内还有明清碑刻，记述寺院历史和维修情况。

据文献记载，民国初期，禹州民火匪患频频发生，天宁万寿寺香火衰废，僧众也纷纷他去。尽管当时该寺仅存山门和大殿两幢明代建筑物，而且又因年久失修而破败不堪，但它作为我国历史上著名的佛寺之一，仍受以国内外佛学界的关注。1988 年 9 月，日本“中国佛教史迹访中参观团”一行数十位佛学界人士专程参访了禹州天宁万寿寺旧址。

（三）洛阳东关清真寺

河南省重点文物保护单位。东关清真寺位于洛阳市瀍河回族区东关大街中段。始建于明代，清代重修，后增建女寺，扩建大殿，升高望月楼等。1822 年，寺内设清真义学。现存清代建筑大门、大殿、望月楼。大门坐南朝北，三重檐歇山式建筑，面阔 7 间。大殿坐西朝东，面阔 5 间，歇山式建筑，殿前设卷棚顶建筑。望月楼为歇山式方形建筑。

东关清真寺建筑风格独特，布局严谨，建筑木构件雕刻形式精美，彩绘书画生动逼真，色泽古朴而华丽，凸显了中国伊斯兰的建筑风格，对于我们研究古建筑地域特色及伊斯兰文化提供了极其珍贵的实物资料，具有较高的历史、艺术价值。

1981 年 5 月，省、市民委拨款维新后，寺貌大有改观，雕梁画栋，焕然一新。2006 年 8 月上旬，联合国教科文组织世界遗产中心和中国国家文物局主持的丝绸之路申报世界文化遗产国际协调会上，明确了洛阳是丝绸之路中国段起点。将起点址选定在该寺门口并立上石碑标志。

（四）迎恩寺

迎恩寺位于洛阳市老城东关大街东北角，今为洛阳市第一高中所在地。俗名东大寺，始建于明熹宗天启四年（1624 年），是明代封在洛阳的福王朱常洵为其生母郑贵妃“抒因心之忠孝”而建的。寺取名“迎恩”，是福王借庇于佛，称其母“心之善可因也；心可因，故恩可迎也”。当年的迎恩寺不仅建筑富丽堂皇，环境也十分优雅。据文献记载“寺院内古柏葱蔚，花草奇异，清幽之致，别是一天”。

到了清朝，迎恩寺成为“当今皇帝万岁万岁万万岁”的龙牌置放处。所有文武朝臣、地方官吏，凡经洛阳，均到迎恩寺拜谒龙牌，迎恩寺成为皇帝虚跸洛阳的象征。道光二十二年（1842 年）三月，林则徐被充军新疆伊犁时途经洛阳，曾到迎恩寺拜龙牌，并与迎恩寺和尚香海上人有往来书赠。

迎恩寺规模宏大、金碧辉煌。占地面积 120 亩，山门前 50 米处有一座歇山式建筑的高台戏楼。原寺院五进院落。初进为金刚殿 3 楹；再进为天王殿 3 楹，东西翼有钟鼓楼；三进为正殿 3 楹，供如来佛，东伽蓝、西祖师殿各 2 楹；又进为延寿殿 5 楹，禅堂分峙左右；最后为藏经楼五楹，两旁配楼 18 楹，敕颁大世故经贮于此；稍西为地藏与十王殿3楹；又西侧僧舍18楹。后垣内有假山1座。

清代末期，迎恩寺严重失修，并逐渐倾圮。抗战期间，日本侵略军轰炸洛阳，将残存殿堂炸毁。解放前夕，国民党驻军在此修筑工事，致使残留的古建筑荡然无存。新中国成立后，迎恩寺旧址上仅存碑记两通、大础石及石雕品多件。1954年辟为洛阳一高校址。

（五）禹州清真寺

禹州清真寺位于禹州市南大街路西，至迟创建于明嘉靖十五年（1536年），寺址北侧的两条东西街，旧街名分别为东回回营，为元代回回屯田军士驻地。由此推之，该寺草创时间许会更早。至明嘉靖十五年建成正殿三间和窑殿、望月楼、门楼等建筑。清康熙五十五年（1716年）重建山门，清乾隆四十八年（1783年）创建卷棚旁庑，清道光十二年（1832年）增建水房。至清光绪三十二年（1906年）重修正殿，使寺院规模基本固定。

卷棚前沿石柱刻有对联一副：

圣德难名　就日瞻云咸虎拜

天恩普被　黄童白叟共山呼

卷棚两侧尚存有清代石碑数通。老山门上有“清真寺”石额一方，题款有“大清康熙五十五年三月重建”字样。老山门北侧嵌有“义学”石匾一方，是寺办义学的物证。

1986年，禹州城区南大街扩建，山门后移重建。由宗教管理部门拨款和回民捐助，建成七间坐底、上下三层的新山门。后又将三间大殿扩为五间坐底，上下共十间。并有南北讲堂六间，男女水房四间。另有北跨院数间。

四、其他塔

塔是佛教的产物，在近2000年的漫长岁月里，佛塔的建筑形式引发了古人的丰富想象力，一些与佛教文化思想不相关的塔也拔地而起，如文峰塔、寿塔与其他有关纪念或作为景观之类的塔（如新密的杨岭塔）就属于此种类型。一般来说，文峰塔，是以倡导文学之风而建造的塔，实际上是受风水学说影响而产生的塔。由于建此塔的初衷是期盼借此而大开地方文运，所以不论是塔体表面的额枋图案或是石匾额的题字内容，均具有非常浓郁的文化气氛和内涵，有着非常鲜明的特点和个性。寿塔是为祝祷长寿之塔，即生前为自己所预设之塔碑。又称寿藏、寿陵。通例于塔上刻字填朱，与其他之墓碑有所区别。初行于佛教人士，后被引用到与佛教并不相关的人士。如，后汉书光武帝纪第一下有“建武二十六年初设寿陵”之记载。同书列传第五十四赵岐条：“岐为太常，年九十余，建安六年卒。先自为寿藏，图季札、子产、晏婴、叔向四像居宾位，又自画其像居主位，皆为赞颂。”由此可知，汉朝已有寿塔之设置。

（一）千尺塔

全国重点文物保护单位。千尺塔，又名曹皇姑塔，为圣寿寺建筑之一。位于荥阳市贾峪乡西南大周山巅。因此塔建于大周山之巅，从山脚下至塔顶千尺有余，故称千尺塔。

千尺塔建于北宋仁宗年间（1023～1063年），坐北朝南，平面呈六角形，为七级密檐式砖塔。

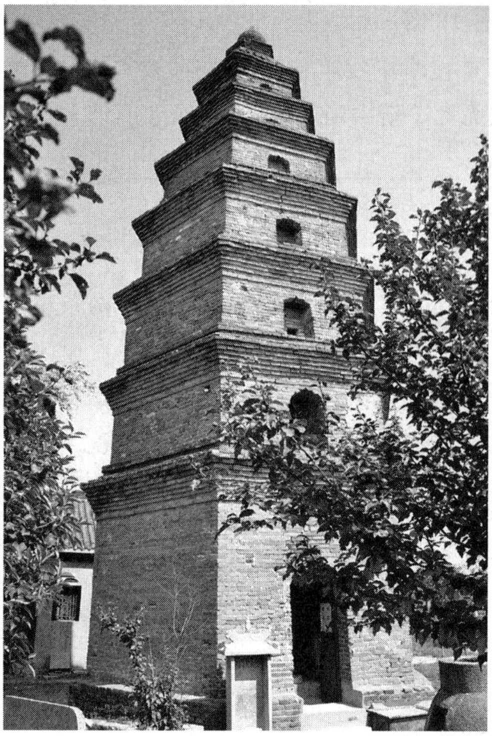
荥阳千尺塔

1989年维修前,塔刹基本无存,通高只剩12.981米,维修后通高为15米,塔身直径5米,青砖砌成。每层均在南面辟一拱券门。第一层门高2米,宽1.13米。以上每层塔门逐渐缩小。塔檐部为七层叠涩砖和五层反叠涩砖砌筑,除上部二级外,全砌出象征性平座。第一层塔身每边宽2.72米,周长16.32米。塔每层的宽度和高度由下而上逐层收敛,最顶呈六角形攒尖状。第一层置塔心室,底面为六角形,室内直径2.35米,上部转角处置一斗二升斗拱,用立砖反叠涩收成穹窿,第二至第四层与塔心室相通,第五至第七层均为实心。另外,该塔整个塔身檐部均用叠涩、反叠涩排水处理及翼角起翘的做法,采用了类似中国古代木构建筑屋面曲线处理的手法,不仅增强了塔身的曲线美,而且更重要的是塔檐的流水在下泄时产生向外的冲击力,使水流离塔身更远,对减轻水害、增加塔的寿命起着重要作用。同时,塔檐叠涩、反叠涩的技术处理,使人在仰视时产生翼角起翘的效果,塔檐的技术处理和艺术造型达到和谐统一,堪称匠心独运。

千尺塔周围现有明嘉靖、万历、清顺治、康熙、乾隆等年间所立寺院重修碑记。其中一通明嘉靖二十年(1547年)的石碑最早。该碑文中有如下记载:"定光……身虽逝矣,骨骸尚在,此塔记之所以立也。宋时尝开拓矣。我朝成化以前尤备……"由此判断,千尺塔应是为纪念定光和尚所建。塔周围有砖石垒砌的寨墙,依山势起伏而建。在寨墙的东、南、北三面辟拱形券门,其中东、南门均为镶嵌石刻匾额,上书"钱佛寨"3个大字,为清咸丰年(1851~1861年)刻石。

千尺塔建筑于自然地表之上,历经近千年,经过20余次地震,至今仍基本完好,对研究中国古代砖构建筑技术的高超水平具有重要的价值。

(二)洛阳文峰塔

河南省重点文物保护单位。洛阳文峰塔位于洛阳市老城区东南隅东和巷东头。该塔始建于宋。元明两代历经修葺,明末毁于兵火,清初又在原址上重修至今。虽距今300多年的风雨侵蚀,保存基本完好,是洛阳老城一座具有标志性的古建筑。

文峰塔主要由塔基、塔身和塔刹三部分组成。文峰塔为砖石结构,青石基座,通体用大青砖砌成。塔身平面呈四方形,基屈面宽7米,依次递减,最高层3米见方。塔有9层,高30米。一至八层各向北开一弧形

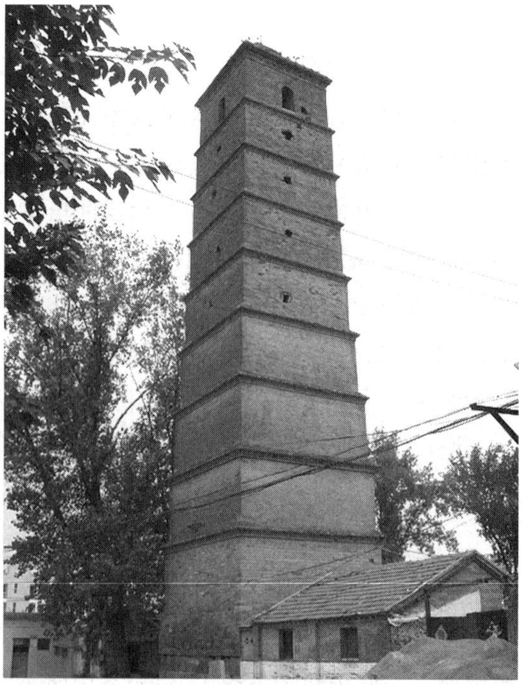
洛阳文峰塔

拱门,第九层四面开门。塔内原设木板楼梯,可盘旋而上。塔名文峰,与其供奉文昌帝君和魁星有关。该塔是为祭奉文昌、文魁二星而建,此二星又是主宰功名禄位的神,在洛阳广大百姓心中有着十分重要的地位。另外从洛阳的地理位置来看,此塔古时在军事上起到了一定的作用。

(三)柏山文峰塔

河南省重点文物保护单位。柏山文峰塔又称白沙塔,位于禹州市城南5公里的梁北镇大白庄村的柏山之巅,最高海拔176米。此塔为清乾隆九年(1744年)知州郡大业所创建。取意为三峰山状若笔架,柿园山状若砚台,山下原野,平铺如纸,柏山砖塔,状如笔管。此文房四宝,罗列州境,可望禹州文风兴盛,人才辈出。

柏山文峰塔

柏山文峰塔为五层八角形楼阁式砖拱塔,建在一个高6米、周长62.2米的圆形塔台之上。这个圆形塔台用杂石砌筑,自台底依次向上收分,形成覆盆状。在塔台上面的中央位置用整块条石,分三层平砌成八角束腰形的塔座,于塔座上用砖砌筑整座塔体。塔由下而上采用层层收分的作法筑成。塔顶采用叠涩攒尖的方法收结,塔刹为宝葫芦形生铁铸造。

塔体的第一层每面宽为2.6米。第一层两门对开,南门为盲洞,在向北的一面(即面向城区的一面)建有一个高2.03米的圆券洞门,门额上刻有"文峰耸翠"4个大字,这里是出入塔的唯一通口。自第一层塔心室起,用青石板的叠涩砖砌筑成螺旋上升式的梯道,经由各层塔心室,可登至第五层。每层塔心室均为八角形,其中一、三、五层塔心室的顶部为素面,二、四两层塔心室的顶部施有彩绘,绘制有颜色鲜艳的各类图案和藻井。塔身的外表从第二层至第五层,每层都砌有4个券顶门洞和4个八角形盲窗,每层均以砖砌出楼阁屋檐和斗拱。斗拱下面除有象征性的柱头外,还用砖分别制作成平板枋、额枋和花牙子雀替装饰。额枋的表面上分别浮雕文字、动物、花卉等,在一、三、五层的额枋表面是各种动物的花卉图案,二、四层的额枋表面是雕成4字组合的祝愿文运高升的吉祥语,比如"笔峰巍巍"等。此塔从第一至四层,仅面向北的券门上侧的石匾额上进行题刻,分别是"凌云耸翠""云汉昭回""光照钧台""秀耸钧天"。在第五层的4个券门上侧都嵌有刻字石额,内容分别是"起蔚口文""起风腾蛟""辉腾霄汉""天口文运"等。从第一层的北门入塔,可拾级登至第二层。但四边无窗,只能摸黑而上。其余各层,南北均有窗洞。对照窗口之墙壁上,嵌人黄色琉璃砖佛像。从顶层北眺,禹州市区,尽收眼底。南望则见村树如烟,田野无际。每年农历九月初九登高节,文人雅士接踵而至,作诗吟唱,几多惬意。

柏山文峰塔的建造在地方志书中记载颇简,但据传建此塔的主因是,禹州在明代时期文风颇盛,读书人参加京试取得进士及第者大有人在,甚至还出现一家同母兄弟3名进士者,可是进入清初至乾隆时期百年间,禹州竟无一人进士及第,于是由时任禹州的戴延梅倡议,绅民呼应在这座颇具秀气的柏山之巅建造了这座文峰塔,以倡文学之风。由于建此塔的初衷是期盼借此而大开地方文运,所以不论是塔体表面的额枋图案或是石匾额的题字内容,均具有非常浓郁的文化气氛和内涵,有着非常鲜明的特点和个性,这为同类塔中所仅有。

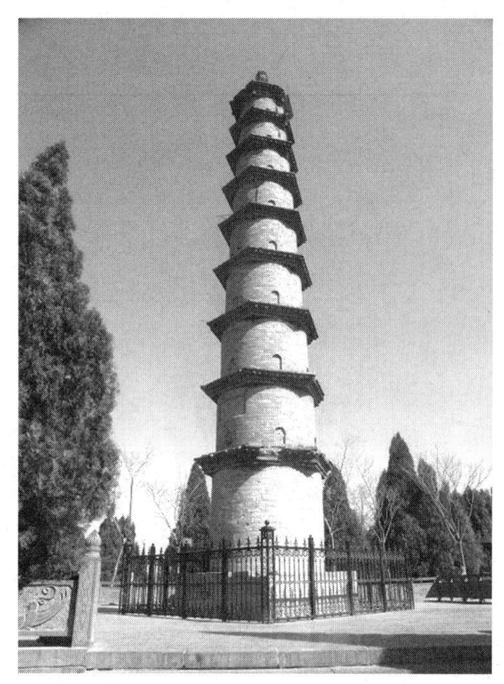
新密屏峰塔

(四)屏峰塔

河南省重点文物保护单位。屏峰塔位于新密市区北青屏山上。又名文峰塔。清朝顺治十年(1653 年),由密县知县李鹏鸣创建,后倒塌。清咸丰元年(1851 年)知县张廷玺、王绶林重建。该塔为四边形九级密檐式砖塔。塔高 9 层,高 19.045 米。塔身为青砖垒砌,每层有六角形密檐涩层,微向外展出。塔基为青石建造,正方形,边长 3.5 米,高 0.9 米。有塔心室。塔顶有铁铸宝葫芦形塔刹。塔身第 1.2 层之间的西南面有塔铭,书"屏峰塔"3 个楷书大字和建造年月。

(五)杨岭塔

河南省重点文物保护单位。杨岭塔位于新密市区西南 6 公里平陌乡的杨岭上。因塔建在杨岭,故名。清嘉庆十四年(1809 年)三月,知县杨泰起建。杨岭塔坐北朝南,为密檐式 7 层砖砌方塔。塔高约 15 米。基座为青石垒砌,高 0.8 米,边长 3.3 米。塔刹为青石凿造。塔身第六层中空,东西设圆券形门相通。塔南第二层有塔铭,书:"三峰鼎峙透,青霄水带山,环佳气绕维,岳嵩高垂阴。清嘉庆十四年次已巳三月三日立。"

(六)连公山主寿塔

连公山主寿塔位于新密市城南 7 公里超化镇河西村南 200 米。宋代石塔,塔下部埋于土中,全塔高度不详。上部是边长 0.56 米的方形,正面(南面)上部横书"法慧大师连公山主寿塔之铭",下部刻大佛顶尊胜经。此处原为超化寺塔林,地下保存的各种塔基数量甚多。

四、著名寺、塔遗址

嵩山地域有一些著名佛寺、佛塔,在历史上曾经辉煌一时,在当时极具影响力。如洛阳永宁寺和永宁寺塔、东都净土寺、天竺寺、宝应寺、乾元寺、菩提寺、敬善寺、广化寺、胜善寺等,后来由于多种灾难,这些著名的佛寺和佛塔已毁。其具体地址没有下落,渐渐地消失在历史烟云中。

在历史上,嵩山地域的佛寺最多时近 2000 所,就北魏时期,洛阳的佛教显示出的繁盛景象就突出地表现在佛教寺院的建设上,当时仅洛阳的佛教寺院共有 1367 所。唐朝时期,洛阳龙门就有 10 寺:香山寺、宝应寺、乾元寺、天竺寺、菩提寺、广化寺、敬善寺、石窟寺和胜善寺。就太室山和少室山而言,自古以来就有"上有 72 峰,下有 72 寺"之说。除现有史料记载的寺院以外,嵩山还有嵩阳、龙华、三峰、玉泉、下寺、净明、大岳、助泉、红花、玉凤、黄峪、双寿、大海、石门、竹园、弘化、普照、温姑、菩提、清水、宣阳、崇福、普明、封禅、栖禅、焦山、桐花、兴国、三风等佛寺，资料缺乏，多不可考。如双林寺，《说嵩》："北魏会善大士倚双梼树，夜则行道，昼则力作，建双林寺以居；在孙寺，位于登封城东 20 公里处，北齐河清三年(564 年)建。寺内原有碑碣数通。今废；龙华寺在告成观星台左，北齐武平元年(570 年)建。今废；中岳寺位于嵩山黄盖峰下。"《唐书》：中岳寺僧圆净为李师道买田伊阙陆浑山间，以舍山间砺勇而食之，俗称山棚，后捕获伏诛，其寺因以废。少室山寺在少室绝顶宝丰岩左，早废。过去一些寺院除保存下来的以外，还有很多寺院随着历史的发展，或有名无实，或年湮残存，或后人修复。翻阅历史资料，有关它们的记载只是一鳞半爪，有的只留下一个名称，有的只留下它所坐落的位置，有的留下它建造的年代，其他内容少之又少，昔日的盛况已经鲜为人知。

但为了展现这些佛寺塔在当时的盛况，我们在查找的史料中，对于在历史上著名的寺塔，找到了一些史料，但大部分寺院、特别是各市县的乡镇之中、山野之上的寺院的史料了解的却少之又少，有的只是一个名称，其他什么也没有。遗憾之余，我们只有尽可能地将有关寺塔的史料简述如下。

(一)永宁寺和永宁寺塔遗址

永宁寺为北魏洛阳城的皇家寺院，寺内的永宁寺佛塔是公元六世纪中世界最高的建筑。永宁寺是一座以佛塔为中心的寺院，是专供皇帝、太后礼佛的场所。可惜的是，这座曾经辉煌无比的佛寺，后来被大火焚毁，只留一个遗址。

1. 永宁寺遗址

永宁寺遗址位于洛阳市东 15 公里的汉魏洛阳城址内，北魏宫城的西南侧，白马寺东南大约 2 公里的地方。占地面积达 9 万平方米。它是一座以佛塔为中心的佛寺，是专供皇帝、太后礼佛的场所。

白马寺创建之后，大约经过了 400 年，北魏国都洛阳已成为当时宣扬佛教、进行佛事活动的中心，京城内外有佛寺多达 1367 所。在这些佛寺中，规模较大、建筑最豪华的当推皇家名刹永宁寺。

永宁寺创建于北魏熙平元年(516 年)。当年，孝明帝元诩即位，其母灵太后(宣武帝妃胡氏)"临朝称制，总览万机"，控制着北魏的国家权力。在当时王公贵族争相礼佛的狂潮中，灵太后滥施淫威，率起创建永宁寺。她把寺址选在繁华的洛阳城内，北距宫城前门阊阖门仅一里之遥，计建有僧房楼阁 1000 余间，由郭安兴设计与督造。永熙三年(534)永宁寺被大火焚毁。

该遗址于 1963 年由中国科学院考古研究所勘察，1979 ~ 1981 年发掘。寺院围墙平面长方形，南北 305 米、东西 260 米。山门、佛塔及正殿均位于中轴线上，而以塔为中心，殿在塔后，这是中国早期佛寺建筑的典型布局。

据《洛阳伽蓝记》等古籍记载：永宁寺四面筑有围墙，墙上施木椽，椽上覆瓦，这和当时架椽覆瓦的宫墙形制一样。寺院东、南、西、北四面各建庙门，其中以向南的正门最为高大峻丽，"门楼三重"，门外有威武雄壮的四力士、四狮子。围墙之外，绿水环绕，青槐蔽日。永宁寺规模宏大，内有僧房、楼观 1000 余间。当时外国进来的佛经、佛像，也都陈列在永宁寺。

永宁寺是北魏时期一座有代表性的佛寺。它的形制、布局、结构，都具有我国早期佛寺的特点。"殚土木之功，穷造形之巧"，证明我国古代建筑大师有无比的技艺和智慧，是我国古代建筑史上光彩夺目的一页。

2. 永宁寺塔遗址

永宁寺木塔位于永宁寺中心，九层，四方形，《水经注》载："浮屠（即塔）下基方十四丈，自金露盘下至地四十九丈"，比辽兴建的中国现存最高的木塔——山西应县佛宫寺释迦塔还要高一半。如取北魏前尺折合今27.9厘米计算，49丈当折合今136.71米，这样的高度，在我国古建筑史上绝无仅有，空前绝后。我国现存最高的木塔，是建于辽代清宁二年（1056年）的山西应县佛宫释迦塔，五层，八角形，通高67.31米，是世界建筑史上的著名杰作之一。但拿它与永宁寺木塔相比较，不但晚了500多年，而且高度也仅及永宁寺塔的一半。惜于北魏永熙三年（534年）为雷电所击而起火烧毁。《洛阳伽蓝记》载："火经三月不灭"。今仅存木塔遗址。

永宁寺塔复原图

由发掘得知，永宁寺木塔原来建筑在一座约百米见方的夯土基础之上，此在夯土基础位于当时的寺院地表之下，厚达2米多。木塔的基座作正方形，长宽各约38.2米，高2.2米，内为夯土，四壁以青石镶包，从外面看，好像一座青石台基。台基表面是一层坚实的三合土硬面，四周还装有望柱、拦扳、螭首等。台基四面皆置漫道，以供人上下。

木塔之底层用一根24根方柱构成，方柱一般为50厘米见方。分作5圈排列，组成方形的柱纲。第五圈即最外圈为"檐柱"，每面10根，共40根，这与古文献所说"面有九间"相合。第四圈为"明柱"，每面平均8根，实有28根。第三圈"内柱"，合共12根。第一圈"中心柱"16根，组成坚固的中心柱网。在"檐柱"四角，内外各增置一柱，以增加木塔四角的强度。方柱之下皆垫以础石，石作方形，长宽各为1.1米，厚60厘米，除"檐柱"各有一块础石外，其余均叠置三块础石，合计厚度达1.8米，这就大大增强了稳固性。

"檐柱"之间筑有土墙，厚1.1米，外涂朱红，内施肛绘，墙内墙外皆铺有坚硬的白灰地面。在考古勘查中，根据残墙及白灰地面的现状，也找到了"三门六窗"的设置。在第四圈"明柱"以内，均以土坯垒砌，这就形成了一座土坯与木柱混合砌成的实心体。实心体面阔20米，现存残高3米多。在实心体的东、南、西三面，"明柱"之间的土坯壁上，砌有五个弧形龛，龛宽1.80米。

在永宁寺塔基实心体的北面不见弧形壁龛，但有残柱，这大概是支撑木梯的支柱。登塔木梯设在塔之北面，而不是设在塔之正面，这是符合木塔整个结构的要求的。

在发掘永宁寺遗址的过程中，出土了一批方形石柱石出和建筑构件，还有一批精美的泥塑佛（头）像，为研究美术雕塑史提供了极为珍贵的资料，引起文物界、美术界极大重视和关注。

（二）郑州开元寺塔遗址

郑州开元寺塔位于郑州市管城区第一人民医院附近。该塔建于北宋开宝九年（976年）。现仅存塔基,1974 年发掘该塔地宫,出有画像石棺,两侧浮雕“释迦牟尼涅十弟子送葬图”。

(三)等慈寺遗址

等慈寺遗址位于荥阳市汜水镇东北 0.5 公里的赵村之南。唐武德四年(621 年)在今汜水、王村镇和高村乡等荥阳西北一带发生了一场关系唐王朝命运的关键战役——武牢之战。结果李世民大败窦建德,夺取了最后胜利,奠定了唐朝最后消灭王世充,统一中原的基础。李世民登基做皇帝后,为追念在这次战役中死亡的士兵,颂扬武功,也为昭示其仁慈之心,就将双方战死之官兵尸骨集体掩埋,于唐贞观四年(630 年)下诏建寺,以纪念和超度“武牢之役”的亡灵,于“克敌之处,普建道场,情均彼我,恩洽同异”。寺成,名曰“等慈寺”。

等慈寺之所以著名,关键是因为寺中有 2 通十分重要和珍贵的大唐名碑。一通是《大唐皇帝等慈寺之碑》。该碑刻立于唐贞观初年(627 ~ 649 年),颜师古(唐著名书法家颜真卿之祖,著名儒学大师)奉敕撰或书(因碑文“敕”后损一字)。碑高 4.7 米,宽 1.53 米,碑首有“大唐皇帝等慈寺之碑”9 字篆额。碑身文字为正楷而多魏碑之意,共 32 行,行 65 字。其内容记述了唐初武牢之战的历史及其唐太宗敕建等慈寺情况,具有珍贵的历史价值。同时,更由于其字“既有匀净精劲之风采,又得茂密雄健之精神,结体于精妙见姿势,下笔峻利而又沉稳,为唐楷中之杰出者”。因此,代代被人捶拓、著录和临摹,受到珍爱。一通是《大唐纪功颂》碑。唐高宗李治于显庆四年(659 年)八月十五日,东封泰山返回路过等慈寺时所撰并书。高 4.5 米,宽 1.9 米,碑首处有飞白书“大唐纪公颂”5 字。碑身内容为歌颂其父皇、太宗李世民大败窦建德的丰功伟绩等。因此碑笔力雄健挺拔,运笔便捷,飞白书额,矫若游龙;碑文纵逸潇洒;石质细润,雕刻精细,故被誉为“三绝碑”。碑阴为随驾大臣许敬宗等的题名。有很高的书法艺术价值和历史价值。

等慈寺高阁广廊,宝坊灵塔,规模宏伟,1944 年毁于日军侵华战火。

(四)东都洛阳净土寺遗址

东都洛阳净土寺遗址约在今洛阳市塔湾村南。洛阳净土寺创建于北魏。隋炀帝大业四年(608 年),从原址北魏洛阳城(汉魏故城)迁建于新修的隋都洛阳城(隋唐洛阳城)的建阳门。新修的洛阳城,东垣有三门,自北向南依次为:上春门(唐曰上东门)、建阳门(唐曰建春门)、永通门(唐亦曰永通门)。建阳门(东垣三门之中门),位于今洛阳市洛龙区李楼乡楼子村东。据钻探,为一门三道。四年后,大理寺卿郑善果奉敕在东都洛阳度僧 27 名,玄奘被录取并在这里出家,时年 13 岁。在净土寺内他曾先后从景法师学《涅槃经》、严法师学《摄大乘论》。唐太宗贞观三年(629 年),净土寺又被迁建于东垣北门上东门内毓材坊(上东门街南侧东数第二坊),遗址约在今洛阳市塔湾村南。而早在这次迁建之前,玄奘已离开东都洛阳净土寺赴长安了。

显庆五年(660 年),唐高宗在洛阳,曾敕慈恩寺僧人义褒、西明寺僧人慧立等到洛阳,并在合璧宫召见,“叙论称旨”,唐高宗留他们住东都净土寺,义褒曾在净土寺讲经。另有记载说,龙朔元年(661 年),僧人义褒应召在东都洛阳。他曾多次出入宫中,还曾在东都净土寺讲经,众人踊跃往听,不久,因病卒于净土寺,享年 51 岁。武周天授元年(690 年),僧人法明、薛怀义等奉上《大云经》,经中说太后武则天乃弥勒佛下世,应代李唐作天下主。不久,武则天下令:东、西二京及各州,各建大云寺一所,收藏《大云经》,并使僧人升高座讲解。天授二年,东都净土寺改称大云寺。后至唐武宗会昌年间(841 ~ 846 年),净土寺被毁。

由隋时将这座寺院由故城迁入新城、唐太宗时又一次迁建、唐高宗敕留僧人、武则天时又改称大云寺等,可以看出这座寺院在当时备受关注,反映出它在当时佛教界的重要地位。也是玄奘之兄陈素先在此出家,后玄奘也在此出家一个重要原因。

(五)古唐寺和古唐寺塔遗址

1. 古唐寺

古唐寺,原称大福先寺、塔寺。位于洛阳市东郊、瀍河乡唐寺门村内,陇海铁路、焦枝铁路、连天公路在此交会。该寺坐南朝北,北依洛河,面望邙山,与多数“坐北朝南”的中国佛寺方向迥异。

据有关资料介绍,唐中宗神龙元年(705 年),曾在城东五里塔湾建成大福先寺,又称“塔寺”。其原址在今塔湾村西头,俗称“唐寺崖”的地方。唐时的大福先寺规模宏大,名僧云集,为四方僧俗所仰慕。唐武则天曾为福先寺写过浮图碑文。北印度僧人阿弥真那、中印度僧人善无畏等曾在福先寺译经。僧人一行曾为善无畏译经笔受。著名画家吴道子曾在该寺作“地狱变相”壁画,其中所画“病龙”尤为绝妙,致使屠夫、渔夫观之,皆“畏罪返业”,不敢再操屠戮生灵的旧业。

唐开元二十一年(733 年),日本僧人荣叡、普照,随第九次遣唐使来华学习佛法。当时唐玄宗正住在东都洛阳,即敕令二位日本僧人禅居福先寺,并由福先寺住持僧人定宾大师给他们二人授戒。开元二十四年(736 年),大福先寺僧人道璿应荣叡、普照之邀,携带《华严》章疏等佛籍至日本,住大安寺西唐院弘扬“华严”兼传戒律,开讲《律藏行事钞》,是日本华严宗的第一代传人,也为日本禅宗的第二代传人,后圆寂于日本。当时和道璿同舟赴日本的还有住在福先寺内的印度僧人普提仙那。史料记载,普提仙那曾为日本东大寺大佛开光。福先寺对促进中日两国间的文化交流,尤其是佛教活动方面的友好往来作出了重要贡献。后来,荣叡圆寂在端州(今广东肇庆)龙兴寺;普照随鉴真大师东渡成功返回日本,被称为“自古至今大唐留学生第一人”。时至今日,古唐寺在日本人心目中仍具有非常神圣的地位,每年都有日本游人至此游访,拜谒。

明代熹宗天启年间(1621 ~1627 年),由于洛河泛滥,寺内“上千霄云”的高塔“为洛水所摧”,福先寺被冲没,附近乡人乃于洪水过后,将福先寺保存下来的部分遗物,北移数里,重建寺院,名曰“古唐寺”。清康熙三十五年(1696 年),洛阳人王善信出资对该寺做了重修。嘉庆二十四年(1819 年)、民国十一年(1922 年)皆曾修葺之。清乾隆年间的《洛阳志》也记载:大福先寺在东郊,俗名“塔寺”,唐武时建。民国十一年(1922 年)军阀吴佩孚的参谋长张佐民再修该寺,并亲题“古唐寺”门额。唐寺门村就是因古唐寺而得名。

古唐寺各殿内原有的佛教造像,于 1937 年被国民党 196 师全部砸毁。1993 年,在白马寺的倡导下,由白马寺和村民共同出资,对损毁较为严重的大殿、二殿、三殿做了再次修缮。

古唐寺原有五重大殿:山门殿、天王殿、白衣殿、立佛接引殿、释迦牟尼佛殿,最后一重释迦牟尼佛殿在“文革”中被拆毁。现仅存四重,依次为山门殿、圆觉殿、万佛殿、念佛堂。山门殿正中供弥勒佛,两侧供四大天王及韦驮、关羽。圆觉殿面阔 5 间,进深 3 间,歇山顶,主尊为释迦牟尼佛。万佛殿主尊为观音菩萨,在殿内东、西、南壁间嵌满“壁佛”。第四殿为原来建筑,现辟为念佛堂。大殿内原有的佛像、壁画,今皆不存。

古唐寺山门外竖有古碑一方,上有“重修塔寺碑记永垂不朽”字样。另有清代嘉庆二十四年(1819 年)碑石一方,上刻“郡东数里有福先寺,门临大道”等,足证今古唐寺即唐时大福先寺北迁重建无疑。

2. 古唐寺塔

古唐寺塔,即大福先寺塔。据武则天撰《大福先寺浮图碑》碑文透露:大福先寺塔是楼阁式高塔,塔高为唐尺16丈;寺内建筑有1200间房屋。规制之宏伟,于此可见一斑。

(六)五代青石塔遗址

位于禹州古钧台街南头路西,又名八角琉璃井。系五代时建造的一座十分精美玲珑的形似石塔的石经幢。高约丈余。外建一瓦房。对于此塔,百姓中流传塔下有一深井,可通海眼,故建塔以镇之。以前,曾有好事者欲搬掉石塔,向下挖掘至数丈,见一石板,上面有字曰:"井上有石,石上有花,花上有城,城上有阁,阁上有塔,不可再挖,石下有井,深不可测。"投一瓦砾,许久才闻其落底声。这些人看后惊骇,迅速封井树塔保留至今。解放前,无人管理。城中乞丐多群宿于塔周,烟熏火燎。解放后,河南省长吴芝甫莅此,见状非常惋惜。遂拨款修葺,不幸毁于20世纪的"文革"之乱。

(七)竹林寺遗址

竹林寺遗址位于太室山南麓红石崖下、嵩岳寺北。《嵩书》载:"唐时有蜀僧法藏曾于其地见圣竹林出现。"蜀僧问路后,向竹林深处走去,到寺旁见天空有竹林寺住持僧骑鹤回寺,蜀僧要求挂搭,住持僧未许。

据传,竹林寺创建比少林寺要早,却因传说中的"升天而去"不存世间,渐渐为世人所遗忘。北魏时期人,达摩祖师曾多次在竹林寺讲经说法,传授武功,故说竹林寺亦是禅宗的最早道场之一,与少林寺齐名。民间传说:竹林寺住持僧得了何首乌,架锅燃火煮时,因事出外未归,小僧将何首乌偷吃,后将水泼于寺内,寺院升天而去。

竹林寺升天百年之后,少林寺禅宗三祖僧粲来至竹林寺旧址建寺坐禅,人称三祖庵。三祖之所以与竹林寺结缘,与达摩祖师在竹林寺传法当是有关。后人不见竹林寺,但难忘竹林寺,便有"天上竹林寺,地下少林寺"的典故留传。

(八)龙门奉先寺遗址

龙门奉先寺遗址位于今伊阙南口西岸的魏湾村北阜。有人误将大卢舍那像龛为奉先寺,显然为错。龙门大卢舍那像龛是附属于大奉先寺供养的,所以碑刻中也常把大卢舍那像龛称作奉先寺。

奉先寺创建于唐高宗调露元年(679年),次年正月唐高宗书寺额以赐。建寺之年,恰是唐太宗去世30周年。《河洛上都龙门山之阳大卢舍那像龛记》载:"调露元年已卯八月十五日,奉敕于大像南置大奉先寺。简召高僧行解兼备者廿七人,阙即续填,创基住持。范法、英律而为上首。至二年正月十五日□□大帝书额,前后别度僧一十六人。并戒行精勤,住持为务。"

在奉先寺埋葬的高僧中最著名的是禅宗六祖神秀大师的弟子义福(658~763年)和金刚智(669~741年)。义福葬在奉先寺北岗,金刚智葬于西岗。南天兰僧金刚智,是传密宗金刚界的大法师,号称"开元三大士"之一,金刚智卒于开元廿九年,"至天宝二年(743年)二月廿七日,于奉先寺西岗起塔"。自此以后,密宗金刚界的法子法孙常袝葬于这座祖师附近。如唐东部临坛开法大师如信,宝历元年(825年)"年迁葬于奉先寺,袝人先师塔庙"。东都十律大德智如,亦于公元836年"迁袝于奉先寺祖师塔西而建幢焉"。

唐开元十年(722 年),“伊水泛滥,毁城南龙门天竺、奉先寺。坏罗郭东南角,平地水深六尺以……屋舍树木荡尽”。同年十二月,与龙华寺合并仍称大奉先寺,有龙华寺合并于奉先寺之牒文刊于卢舍那佛座下。

(九)乾元寺遗址

乾元寺遗址位于今洛阳香山寺。唐代诗人白居易有《春日题乾元寺上方最高峰亭》诗曰:“危亭绝顶四无邻,见尽三千世界春。……迥看官路三条线,望都城一片尘。”这座危亭就在今山巅无梁庙附近。由此四望,可看到通往缑氏汝州和栾州的三条官路,向北望去,东都洛阳在一片烟尘之中。

据关百益引孙应奎《乾元寺记》载:“旧在伊阙东巅,魏时八寺,唯此为早。”至明嘉靖三十九年(1560 年),僧人道连等因距村遥远,遂迁乾元寺至东南麓草店村(今伊川县境)附近,有沈应时的《迁寺记》可证。1944 年伊川沦陷,日军为修筑工事,便强行将其拆毁。1969 年修筑焦枝铁路,曾从遗址中挖出碑之龟座、殿堂铺地砖、瓦砾等。

(十)天竺寺遗址

天竺寺遗址位于洛阳东山北段山麓,香山寺下部附近。天竺寺与二龙泉相邻,其东有丈六石龛。该寺是唐代景云辛亥年(771 年)天竺僧宝思惟所立。苏颋《唐龙门天竺寺碑》载:“(宝思惟)法师乃乱流东济,止彼香山。又于山北见龙泉二所,……法师乐之。爰创方丈,邻于咫尺。……更于其侧造浮图、精舍焉。……景云岁辛亥,月建巳,日辛卯制;以法师所造寺赐名曰:天竺。……殿中侍御史赵国李畲,字玉田,育粹含英,妙机强学,佑其垂成,宪以从事。法师即于山之东偏建丈六石龛,匪泐而攻,载追而琢。”依此碑所示的方位,天竺寺就在东北北段山麓。

唐开元十年(722 年),“伊水泛滥,毁城南龙门天竺、奉先寺。坏罗郭东南角,平地水深六尺以……屋舍树木荡尽”。

唐代宗时又立西天竺寺。在龙门寺沟村发现的《龙门山天竺寺修殿记》碑,记述了龙门西山天竺寺兴废的过程。其中碑文中有“唐代宗即位之年(762 年),年梵僧五百,自天竺来。以扶化而开人之天,驻锡于洛之龙山,构梵刹以容其众人。……后乃迭兴迭废,尤盛于德宗贞元间,历五代之兵而烬于火”。至宋庆历中(1042~1048 年)中再加修葺。西天竺寺位置在今龙门西北的寺沟村。《太平广记》载大和元年(827 年)李玫习业于龙门天竺寺,《宋高僧传》载沙门鉴于大和元年诣洛阳于龙门天竺寺,均指西天竺寺。

西天竺寺在唐武宗毁佛时,遭毁弃。比丘义川撰《唐东都圣善寺志行僧怀财于龙门废天竺寺东北原剏先修茔一昕,敬造尊胜幢塔并》,并时在大中四年(850 年)五月十一日建。龙门天竺寺延至元初,仍有愍禅师(嵩山法王寺住持复庵圆照法孙)住于龙门山天竺寺,则元时,天竺寺也传曹洞宗禅法。

(十一)广化寺遗址

广化寺遗址位于于龙门西山阙口北龙门村西一高岗上。据《河南府志》载,后魏所建“龙门八寺”,分别为石窟寺、灵岩寺、乾元寺、广化寺、崇训寺、宝应寺、嘉善寺、天竺寺。由此可知,广化寺始建于元魏(386~534 年)年间,是北魏所建龙门八寺之一。

唐朝时,天竺国僧人善无畏来中国传扬佛法,公元 724 年随唐玄宗来洛,735 年圆寂于洛阳大善寺,后迁葬于龙门广化寺。758年,唐肃宗于广化寺为无畏禅师立了行状碑。寺中尚建有善无畏师塔等。善无畏禅师为佛教密宗(又称真言宗)创始人之一,佛教密宗胎藏界的传法祖师。梵名戍婆揭罗僧诃,华言净狮子,意译善无畏,中印度人。于唐开元四年(716年)到达长安,先后于兴福寺、西明寺、菩提院等,从事翻译佛教密籍的活动,后住洛阳大福先寺。据李华《东都圣善寺无畏三藏碑》载大师于"开元二十三年(735年)十一月七日,右胁累足,涅槃于禅室,享龄九十九,僧腊八十……以某月某日葬于龙门西山"。又《大唐东都大圣善寺故中天竺国无畏和尚碑铭并序》载:"乾元元年(758年),郭令公奏塔院为广化寺。"自善无畏安葬广化寺后,密宗胎藏界法师往往祔葬于广化寺。如应顺元年(934年)去世的可止,显德二年(955年)去世的道丕等。

公元804年,日本真言宗大师空海来中国学法,回国后专门在平安东寺、金刚峰寺创建道场,传播密宗,成为日本真言宗初祖,朝野尊崇。真言宗盛传日本后,多有信徒寻根到洛阳广化寺来朝拜无畏禅师。1988年5月17日,日本真言宗各派总大本山会高野山真言宗友好访华团一行70余人,又渡海来广化寺朝拜,并于10月间请赵朴初书丹,在广化寺址立起"善无畏三藏显彰碑"。广化寺是中日两国密宗朝拜的圣地,是中日友好往来、文化交流的历史见证。

同光二年(924年)十二月,后唐庄宗曾到广化寺祈雪,次年又到广化寺开佛塔请雨。宋太祖、宋真宗也曾到广化寺,"瞻无畏三藏塔,制赞刻石,置之塔所"。宋代皇帝还曾赐御封熏炉给寺院供养。广化寺近旁古有大泉,即"潜溪",宋代著名文人欧阳修、司马光、苏过对此都有描述。

历史上,广化寺屡经战火,毁毁修修。据旧《洛阳县志》载,清康熙四十四年,僧照洪曾募修。当年五月所立的《修广化寺碑》称,当时的广化寺犹有山门、钟楼、天王殿、伽蓝殿、地藏殿、三藏殿和大佛殿。1966年"文革"中,千年古刹毁于一旦,殊为可惜。

1992年,龙门村委投资,在旧寺址上重新恢复广化寺,寺前山坡建有199级宽大的石阶,中有五层高大建筑,包括山门、天王殿、伽蓝殿、三藏殿、地藏殿。

(十二)敬善寺遗址

敬善寺遗址位于龙门东山今龙门煤矿办公室一带。龙门石窟西山北部有唐代李孝伦撰《敬善寺石像铭并序》,上称纪王李慎之母为"纪国太妃韦氏"。李孝伦是唐代宣德郎守记室参军,从其所撰写的造像记中可看出,这一石窟开凿于唐麟德二年(665年)以前,是唐太宗纪国妃子(纪王慎的母亲)韦氏所营造的。纪王慎是唐太宗第十个王子,精通文史,有善政,颇得太宗的青睐,垂拱三年(682年)因越王忠暴乱受到株连而被处死。

龙门石窟敬善寺洞前室

著名河洛文化学者温玉成先生在其《河洛文化与宗教》中认为,敬善寺与敬善寺石窟,不是一个概念,敬善寺石窟应为敬善寺附属之设。唐代宰相李德裕有诗序中云"比闻龙门敬善寺有红桂树独秀伊川",诗人刘沧的《登龙门敬善寺阁》中有“独步危梯入杳冥，……花落庭院深清禁闭”，都说明敬善寺是一寺院，并非石窟。

《河洛文化与宗教》载：“敬善寺不见于宋以后的文献，或废或改易寺名，而不得知。”

敬善寺石窟分前后两室。前室高3.5米，宽3.7米，窟门两侧刻两力士、两菩萨。后室是敬善寺的主室，中央供奉着高约2米的主尊阿弥陀佛。围绕主佛，两侧为二弟子、二菩萨和二天王。在敬善寺石窟，最值得关注的也许就是刻于四壁的浮雕“一佛五十菩萨图”了：围绕主佛，53尊思维菩萨坐在同一根而数十茎的莲花上，姿态万千。它是佛教净土宗“西方净土变”最古老的图画。由于通常的“一佛五十菩萨图”都是绘画，而敬善寺石窟中的则是圆雕石刻，所以显得尤为珍贵。

(十三)宝林寺遗址

宝林寺遗址位于嵩山西麓的登封市颍阳镇南街。该寺始建于唐，传说尉迟敬德曾在此监工，以其儿宝林命名。宝林寺原有正殿3间，顶以绿琉璃瓦覆盖，檐饰三踩斗拱。殿内供弥勒佛像一尊。寺东原有楼，上有铁钟一口，钟声可达10余里。

元武宗至大元年(1308年)左右，大殿曾翻修过。共和国建立后，颍阳公社将此殿改做粮管所仓库。寺西有山溪，寺僧曾筑堰引水灌溉，种植农田。溪西山峰较高，寺东地势低矮。寺僧以为与寺不利，遂建一塔，高插入云，也很壮观。惜寺早毁。

(十四)中顶三寺遗址

嵩山之顶原有中顶寺，寺东为升道寺、栖禅寺，即称中顶三寺。《河南府志》载：中顶、升道、栖禅在嵩顶上。五代晋时，中顶寺改名为峻极寺。晋赐峻极匾额时，并建峻极中院于虎头峰下。今二郎观西有院废址。旧志载：峻极寺有三院，上院在嵩顶，中院在嵩山南麓，下院在登封城西关。俱废。下院于五代晋、周时建造。金大定年间曾重修。明万历年间，邑绅焦子春倡议重修后，作讲约所。清康熙十七年(1678年)大殿毁于火，其后乃废。

北宋著名诗人梅尧臣曾作有《同永叔子聪游嵩山赋十二题其十二峻极寺》一诗：

山高路已穷，倏尔逢兰若。
落日老僧闲，支颐古松下。
缓步入禅庭，苔苍但萧洒。

(十五)西报恩寺遗址

西报恩寺遗址位于新密市西3公里处。明阎周民《报历恩寺碑记》：“创自东汉。故老相传，以为光武帝迫于莽兵，投匿常氏家，有行十者，貌肖光武。莽兵大索，常氏以十应，光武得免。斯时也，呼吸之间，社稷以之。君为重，子为轻，仁义有不容并伸者矣。其后莽就诛，光武登极，为置冢而奉之，此寺之所由名也。代远迹湮，寺存草屋数间，仅足为衲子避风雨耳。有祖刹者易草而瓦，易卑隘而崇广焉。水陆有殿，佛像有殿，浸浸名刹矣。迩者又集乡之崇是教者，为祖师殿，天王殿律。居民亦肯堂肯构之子也，不可嘉乎！周民又常与黄子松浯，修业其间。既而同举乡闱，则斯地又吾发迹之所也。朝夕灯火，不得不追念其人之劳。记之请，可以墨而拒乎？况昔贤大悲之作，浮屠之赠，亦尝应其求。而且增益其不能，为之唱酬留衣，略其名而谅其行也。予于刹也，将毋同。”

（十六）龙门山宝应寺遗址

龙门山宝应寺遗址位于洛阳龙门山，伊阙之西北，今洛阳西山粮食仓库一带。唐代有许多寺院名为宝应寺。龙门山宝应寺不知建于何年，唐《高僧传・神会传》载：上元元年（760 年），荷泽大师神会卒，迁塔于洛阳宝应寺。权德舆撰《唐故宝应寺上座，内道场临坛大律师多宝塔铭》载："大师讳元敬，姓陈氏，陆浑人。代宗朝征入内道场，寻授宝应寺上座，赐律院以居。"

唐武宗毁佛事件后，唐宣宗初复佛法，统左禁军杨汉公访求沙门知玄人宝应寺。知玄（811 ~ 883 年），很得唐文、唐宣宗宠信。北宋末期，宝应寺有清觉和尚（？ ~ 1121 年），人称"白云和尚"，创立了佛教异端"白云宗"，很得下层民众信仰，朝廷屡加禁止。

金代宝应寺香火大盛，兴定六年（1220 年）镌刻的李纯甫撰《重修面壁庵记》就是宝应寺住持木庵性英所书，前宝应寺住持定迁禅师施银助缘。著名诗人元好问和性英是结交 40 年的诗友，并为《木庵诗集》作序。

元初，宝应寺得到少林寺藏云慧山的"护持"。少林住持还原福迂（1245 ~ 1313 年）也曾做过宝应寺住持。元末以来，宝应寺即不复再见。

（十七）西胜寺遗址

西胜寺遗址位于嵩山之阳、登封市大冶镇东门外，建于元武宗至大年间（1308 ~ 1311 年）。《说嵩》载："西胜寺，缰石自然佛像，趺坐定息，亦钟疏奇矣。"

寺内正殿 3 间，殿中有一佛龛，龛内有佛祖坐像，佛龛后置地藏菩萨。殿两侧山墙处，塑十八罗汉像，姿态各异。东厢房 3 间为伽蓝殿。西厢房 3 间。阶下西为方丈室。前有山门，内塑四大天王像。门外左右立金刚像。寺内有元、明、清、民国石碑 10 余通。

1945 年秋，国民党地方团保六旅将寺毁掉。

（十八）崇法寺遗址

崇法寺遗址位于嵩山西麓、登封市区西 40 公里的颍阳街西门内。始建何时不详。清顺治十七年（1660 年）仲春重修。乾隆四十八年（1783 年）仲冬又重修天王殿。现有山门、配房，后有千佛殿 5 间，东西山墙，原有神龛满山墙，每龛内佛像一尊，现已毁。

（十九）朝阳寺遗址

朝阳寺遗址位于嵩山之阳，登封市区东南 13 公里的曹村西北。始建何时不详。寺内有明万历二十一年（1593 年）重修碑一通。寺内有正殿 3 间，配房 2 间。殿内有塑像数尊，"文化大革命"中被毁。1957 年秋，著名戏剧作家杨兰春随河南省豫剧院三团来曹村体验生活，写出经典豫剧《朝阳沟》，唱响全中国。后曹村也改名朝阳沟村。1983 年、1991 年、1994 年当地群众多次重修该寺，并立碑纪念。

（二十）荥阳兴国寺遗址

兴国寺遗址位于荥阳县东 10 公里二十里铺乡兴国寺村。唐咸亨三年（672 年）建，宋太平兴国年间重修，后寺废，现存唐、明造像石刻菩萨 2 尊，大佛 1 尊。菩萨：螺髻、圆脸、高鼻，两耳垂肩，闭目静坐莲座，火焰纹背光上，刻 1 佛、2 弟子、2 飞天，造型生动，刻工精巧。背后题记："唐天宝八年（749

年),张思春为超度其亡母造石”,现存郑州市博物馆。大佛高 1.5 米,衣纹流畅,体态丰盈,衣领上刻明永乐十一年(1413 年)“周府添生十五郡王法名胜全,造石宝庆佛一尊以报四恩”等字。

(二十一)马岗寺遗址

马岗寺遗址位于郑州市区东南 10 公里处,即管城回族区十八里河镇战马屯。原以马岗寺名村,后因寺僧犯罪,官家派大批战马来此抄拿和尚,将寺焚烧,群众遂改呼为战马屯。

(二十二)法海寺遗址

法海寺遗址位于密县老城西街,始建于北宋咸平四年(1001 年),寺内建有九级石塔一座。元末,寺毁于兵火,惟塔独存。明洪武、正德间两次重修,明末又毁。清顺治、乾隆、嘉庆间又重修,现仅存山门和大殿。石塔于 20 世纪“文革”中拆除,今余残石百余块、莲花经拓片、三彩琉璃塔、舍利匣等。

(二十三)光林寺遗址

光林寺遗址位于新密市白寨乡东街,郑密公路东侧。该寺创建于北魏孝文帝延兴年间,迄今已有 1500 多年的历史。过去曾是较有影响的寺院之一。历经各朝代,兴废不一。宋代李淑撰写有《光林寺碑》,对光林寺作有详细介绍。乾隆十七年(1751 年)续修。清代的秦勦、丁建业相继写有《重修光林寺碑记》。

光林寺内现存殿宇 6 间。中华人民共和国成立后改为密县第五中学,现为职业高中和白寨乡中心小学。

(二十四)普明寺遗址

普明寺遗址位于登封西南 60 公里,丁流镇之西。长河当门,远山列障,去嵩虽远,然嵩之余也。而嵩山之寺尽于此矣。

(二十五)永庆寺遗址

永庆寺遗址位于嵩山伊川县平等乡马回学校院内。该寺建于宋崇宁二年(1103 年)。今存大殿一幢,东西长 14 米,南北宽 11 米,檐高 7.1 米,殿内有 4 根立柱。

(二十六)塔(湾)林遗址

位于禹州老城东南的塔湾村南侧。有一片与广通寺相连的僧人舍利塔。塔共有六座,呈弧形排列。最高的两座广通寺高僧的舍利塔,分别高 11 层和 13 层,最高的这座塔高 30 多米,直径约为 5 米,塔身残留有多处盗挖宝珠的痕迹。最东边的是一座大肚子圆塔,腹中可容人钻过。最西边的是一座酷似瓶型,约 10 米左右。这些塔于 20 世纪“文革”时期被炸毁。其遗址即今东商贸大约立高杆灯处。

(二十七)三山培风塔遗址

位于汝州城南约 15 公里小屯镇史庄村南三山中峰之颠。据清道光《直隶汝州全志》记载:汝州虎头村马家为培植文风,于清嘉庆二十三年(1818 年),由马卓群偕其弟马冠群建造。此塔高约 20 多米,七级六角形砖塔,内部中空,各层正面开门,顶层各面开小圆窗。由于建塔之意在于培植文风,激励后辈,奋发努力,快出人才,人才脱颖而出,故取塔名为"培风"。

马氏,清代禹州望族。在当地赞助公益,散财赈民称善家。然,身为马家长子的马卓群举业未进,弟马冠群诗书苦读,历寒窗只是监生。后经南方术士指点,"文士累考,功名不中,究其缘由,因灵秀之气不足,文脉不显。可在村南三山中峰处,建塔加以弥补,以吞天地灵气,以聚魁星文脉。"并要求建六面七级砖塔一座,每层面北开门窗,虎头而佑后门。

不料想,塔成愈季,雷电击毁。1949 年,天雷再袭,培风塔二层北向洞穿,顶一层六方皆裂,整座塔摇摇欲坠。此时,马氏家族已经力不从心,只能任其坍塌。

第二节　祠庙建筑

古代的祠庙阙建筑实际上就是礼制祭祀建筑。祭礼,在古代社会出现最早,沿用时间也最久。从原始社会起,先民们就产生了对自己祖先的崇拜,以各种形式祭祀祖先,并把对祖先的祭祀之礼列为各种礼仪之首。庙在古代本是供祭祖宗神位的屋舍。"太庙"是帝王的祖庙。除了帝王之外,古代凡有官爵的,都可以建立自己的"家庙",即同族子孙祭祀祖先的处所,也称"宗祠"。不论太庙、宗庙、还是家庙,又都可以称作"祠"或"祠堂"。作为祭祖或供祀前代贤哲的屋宇,"祠"与"庙"在意义上是相同的。

在嵩山,存在着一种特殊的情况:中岳庙不但是中岳神庙,她还是华夏族始祖黄帝的家庙、宗祠。这就是说,关于中岳庙供奉的主神具有两层意思:华夏族始祖是轩辕黄帝,中岳嵩山神也是轩辕黄帝。这就是说,嵩山祖庙所祭祀的先祖主神和古人祭祀的嵩山天神都是轩辕黄帝。在华夏文明起源与形成过程中,存在着两条主线:一是神祇信仰,二是祖先崇拜,而嵩山恰恰是集这两条主线的条件于一身。因此,在崇拜祖先、信仰天神的远古时期,嵩山是华夏民族祭天法祖的神山。所以,在各朝代的历史发展中,中岳庙礼制祭祀建筑就基本上代表了当时的国家水平。如在中岳庙的修建史上,大的修建都是由当朝皇帝亲自安排,并下诏实施的。

汉代以后,祠庙逐渐与原始的神社(土地庙)混在一起,蜕变为阴曹地府控辖江山河渎、地望城池之神社。"人死曰鬼",庙作为祭鬼神的场所,还常用来敕封、追谥文人武士,如文庙——孔子庙、孔子祠,武庙——关羽庙、关公祠。嵩山地域为先祖圣贤建立的祠庙很多,早期的祭祠有轩辕庙、中岳庙、周公祠、许由祠、禹王庙、启母庙、少姨庙、文庙等。由于先民们对巨大的自然力缺乏科学的认识,对它们带给人类的恩惠或灾异的无法理解,所以,也开始对天、地、山、河、风、雨、雷、电、谷、虫等自然物加以崇拜与祭祀,在祭祀方式上逐渐由简单的祭坛发展为复杂的坛庙、祠庙等,登封尚保存有唐代封祀嵩山的祭坛遗址和碑刻。

现在嵩山地域保存的祠庙大都以祭祀名山、大川、历史名人、圣贤的建筑为主要内容。例如,秦汉之际嵩山之麓便兴建有太室阙,西汉元封元年(前 110 年)汉武帝登嵩山时便下诏增建太室祠。汉武帝以山下 300 户人家封为太室奉祠,命曰崇高邑,就是登封市的开始。

嵩山地域现存祠庙建筑物较多,一般为宫殿式建筑,皇宫式的中轴线布局,由供奉神灵的殿堂、斋醮祈祷的坛台,以及讲经处与居住房等组成,代表性的道教建筑当属于代表国家礼制祭祀的中岳庙,其占地面积 37 万多平方米,有殿、宫、楼、阁、坊、亭、台、廊等 400 多间,是中国五岳中规模最大、保存最好的庙宇建筑群。

另外,嵩山地域的人们还有对其他历史著名人物和宗教信仰中的神灵修祠建庙的习俗,人们在有其美好传说的地方修祠建庙,或在其为民办过好事或发生过重要事件的地方修祠建庙,或某个地方因为特殊的灾难需要某位神灵的保佑而修祠建庙……以至于嵩山在历史上出现了“三里一祠,五里一庙”的景观。毋庸置疑,这些祠庙建筑大都有着独特建筑风格和丰富的文化内涵,是嵩山古建筑文化中不可或缺的部分。

一、祠堂

祠堂作为崇拜先祖、名人或崇拜神灵的产物,是先民精神和英灵栖息的殿堂。祠堂的基本功能是通过对祖先或名人的祭祀,在精神上对后人进行以尊祖敬宗、弘扬名人精神为主题的礼仪宣教,从而把后人联系和团结起来,并形成宗族内部和发扬名人精神、坚守共同信仰的凝聚力和亲和力。从民俗学家的角度看,祠堂蕴藏着一种质朴的精神动力,“是用自己存在的方式诠释时代文明”。作为中国民间保存最好的一种古建筑群体,祠堂留给后人许多珍贵的历史和文化研究价值。

祠堂文化作为民俗文化的重要组成部分,远在几千年前的夏商周便开始萌芽,到宋代形成较完备的体系,明、清是发展到了高峰。从某种意义上说,祠堂文化的繁荣从侧面反映了这个历史时期的社会稳定,经济发展,是政通人和、国泰民安的具体表现。

嵩山地域的祠堂在类型上大致分为三种:一类是以国家祭祀的神坛、社庙、宗祠,如祭祀华夏始祖轩辕黄帝的黄帝祠、祭祀华夏始祖轩辕黄帝和中岳神轩辕黄帝的中岳庙;另一类是以血缘关系和地缘关系为属性的祠堂。基本上是聚族而居,族各有祠。如陈氏祠堂、李氏祠堂等。第三类是纪念性的名人祠堂。这在嵩山地域中有纪念一个或纪念多个人的祠堂。纪念一个人的祠堂,如伊尹祠、周公祠、列子祠等,有纪念多个人的祠堂,如名宦祠、三贤祠、十贤祠、乡贤祠、二程祠、节孝祠等。最后一类是祭祀神灵的祠堂,如碧霞祠、虫王祠、广生祠等。嵩山地域中的祠堂很多,每县都有,少则几个,多则几十个。

从嵩山地域的祠堂建筑来看,祠堂建筑的组织和布局是有规制的,只是规模大小不同,但总体布局有共同之处,大体可分为门前广场、戏台、大门、围墙、天井、享堂、拜堂、寝堂及辅助用房等几个部分,其建筑的规模也是根据经济实力而定的。

嵩山地域常见的祠堂建筑形式一般为三合院和四合院。三合院通常是正厅三开间双坡硬山顶,抬梁式与穿斗式结合木结构,厢房双坡两层楼硬山。四合院通常是正房及到座均为三开间,左右各一厢房,中间围合一天井。除此之外,还有三纵三横的布局,建筑形式以硬山为主,中路为三开间和三进深的建筑群。由于社会环境和宅基地的局限,有些祠堂只有大门和四周高墙围合成一个封闭的空间,进门一天井,一享堂。位于偏僻乡村的祠堂,建筑就更为简单,根据经济能力所为,在封闭的大院内,只建一座享堂,但院子的空间很大,便于集体活动。

然而,随着封建制度的消亡,祠堂的发展也打上了句号。新中国成立以后,家族祠堂和名人祠堂有保存下来的,但很少。而纪念神灵的祠堂逐渐消失。但是作为我国一种有特色的传统建筑类型,以及它们所包含的有益的、进步的祠堂文化,都能使后人在发现与研究中得到启迪。

(一)少典祠

少典祠位于新郑市西南11公里溟水河(传为姬水)上游。赵国鼎《黄炎二帝考略》:“自然山西两华里,姬水河双叉半岛之间,有个太古庙。庙内大殿门头上横写三个字‘少典祠’。内有一男一女,身穿兽皮,赤光脚,儒士称他们是‘少典、附宝始祖’,当地农民说是黄帝他爹娘,叫‘太古爷’。古传这里是少典、附宝带轩辕黄帝常居之地,名曰姬水。少典祠今废,遗址尚存,有巨砾。”

(二)轩辕故里祠

轩辕故里祠

河南省重点文物保护单位。轩辕故里祠位于新郑市区轩辕丘前。汉代建筑,历代多有毁建,明清重修,存有大殿、东西厢房和前殿门。清康熙五十四年县令许朝柱于祠前立“轩辕故里”碑。清乾隆四十一年《新郑县志·金石志》:“国朝,轩辕故里碑,碑在北门外,康熙五十四年邑令许朝柱立。”清道光十七年《林则徐日记》记述:此年林则徐任湖广总督,农历二月二十日,途经新郑,由郑州施牧和新郑县令李嘉礼陪同,至县城北关轩辕故里祠拜谒黄帝。中华人民共和国建国后,1958年“大跃进”祠有损毁,许朝柱立“轩辕故里”碑被毁。1990年后新郑县人民政府又修葺。

(三)伊川伊尹祠

伊川伊尹祠位于伊川县平等乡大莘店,祠中有供奉牌位,上书:“商开国右相有莘氏伊尹之尊位”;祠后有“莘伯(伊尹)墓”。伊尹祠有联曰:“伊尹耕野几度鸣鹤盘桓九皋去,汤王聘贤五番玉骑奔腾龙门来”。伊尹塑像两旁原有木匾被盗走,上书:“伊水遗婴伊川伊尹成汤五聘造就华夏相,莘野慈母莘地莘氏空桑得婴养成河洛贤”。伊尹祠不知建于何时,基址有古迹陶片等,似年代久远。伊尹祠后有伊尹墓。

伊尹祠北三里是伊水莘地,古称“新城”。史料记载,伊尹生于伊水莘地。此地在《左传》《战国策》《吕氏春秋》《史记》《水经注》《唐书》等史书典籍中均有记载。新城古称“有莘氏”、“大莘”,“辛”应是地名的表示。《史记·殷本纪》记载伊尹的故里在秦统一六国之前就称为新城郡。历史上的“新城县”即现在的伊川县古城村。因此,史料说,商相伊尹诞生地位于伊川平等乡的大莘店。

(四)洛阳伊尹祠

洛阳伊尹祠位于嵩山西麓的洛阳市瀍河区东关大街,又名商元圣祠。伊尹是中国历史上有史料明确记载的第一位宰相。《孟子》载:“伊尹相汤而王于天下。”“伊尹,圣之任者也。”《史记·殷本纪》:“伊尹为有莘氏媵臣,负鼎俎,以滋味说汤,致于王道,汤举任以国政。”《洛阳县志》记载,为纪念商代名臣而建。现仅存正殿3间,硬山灰瓦顶,为清代所建。伊尹祠附近还有马回永庆寺、宋店卧云山、石守信墓等名胜古迹。

(五)东汉明堂

东汉明堂位于国都洛阳城南、平城门外御道东,其遗址位于今偃师市佃庄镇岗上村一带,在汉—西晋洛阳城遗址南,太学遗址之西、灵台遗址之东。

明堂始创建于汉光武帝中元元年(56 年)。《水经注》载:“寻其基构,上圆下方,九室重隅十二堂。”还有文献说:明堂四面起土作堑,堑上作桥,堑中无水。明堂又称“天子太庙”,是封建皇帝祭祀祖先或接受臣属朝拜的地方。《白虎通义》载:天子立明堂,所以通神灵、感天地、正四时、出教化、崇有德、重有道、显有能、褒有行者也。就是说明堂的主要意义在于借神权以布政。“承天行化,天称明,故曰明堂。”

明堂旧址,后曹魏继续沿用。西晋武帝太康五年(284 年)修葺。北魏宣武帝延昌三年(514 年),又在东汉明堂旧基上重建明堂。

考古勘察表明:明堂遗址近正方形,南北长 400 米,东西宽 386 米,四周有墙。在中心有一座南北长 46 米、东西宽 63 米、高 2.50 米的夯土台基,为明堂的主体建筑。其南和西侧有 3 座小型夯土台基,北侧被洛河水冲毁,东侧为村舍覆盖。

(六)乐天祠

乐天祠位于新郑市区西 6 公里东郭寺村的白居易故里。白居易(772 ~ 846 年),字乐天,晚年又号香山居士。先世太原人,祖父白锽,曾作巩县令,罢官后徙居新郑东郭里(即今东郭寺村一带)。我国唐代伟大的现实主义诗人,中国文学史上负有盛名且影响深远的诗人和文学家。唐大历七年(772年)正月二十日,白居易在新郑东郭寺村诞生,并度过了他的童年。白居易 12 岁时因朱泚、李希烈作乱,被迫离开新郑,到南方越中避难,直到 56 岁那年,离任返洛途经故乡新郑时,曾作诗《宿荥阳》(唐代的新郑县曾归河南道荥阳郡管辖)、《经溱洧》等诗,从而给家乡父老留下了极其美好的回忆:“生长在荥阳,少小辞乡曲。迢迢四十载,复到荥阳宿。去时一十二,今年五十六。追思儿时戏,宛然如在目。旧居失处所,故里无宗族。岂唯变市朝,兼亦迁陵谷。独有溱洧水,无情依旧绿。”此后,他再也没有回过东郭里,死后葬于洛阳龙门香山琵琶峰上。

乐天祠

明世宗嘉靖年间(1522 ~ 1566 年),白居易后裔积资于辛店镇西北隅兴建了坐北朝南的“乐天祠”。建祠以来,虽几经折腾,但不失昔日巍峨、轩昂、雍容、庄重的风采,至今尚存古建筑 5 座,占地 2 亩许。其中,山门 5 间,重修于 1997 年 9 月,红墙绿瓦,石狮把门,“乐天祠匾”、“乐天故里”碑分别置于门额及右侧墙壁上;东厢房 7 间,青砖砌墙,黄瓦盖顶;西厢房 7 间,水泥粉墙,蓝瓦盖顶;拜殿 3 间,深 2 间,出前檐,青砖砌墙,小青瓦盖顶,宝瓶明亮,门额置横匾“白居易纪念馆”,内供白居易灵位;学堂5间，居拜殿北侧，青砖砌墙，小青瓦盖顶。祠内塑有白居易像，并立有石碑32通（其中9通古碑被镶嵌在室内外墙壁上）、柏树7株，姿态俊秀、郁郁葱葱。为数众多的残碑、石梁、石檩、石基被置于屋檐下、道路旁。据说附近辛店镇原有白氏祠堂和白居易的祖父白锽墓。

（七）许公祠

许公祠位于登封市箕山之上。旧有许由庙，岁远尽圮。明万历三十九年（1611年）春，知县傅梅重修，改庙为祠，置山下土地300亩为祭田，洗耳挂瓢，固隐士之高蹈也。意在在后人顾瞻祠墓时，油然有感于心，必且轻富贵而重名义，追效许由不为名利的高贵品质。

（八）周公祠

周公祠位于嵩山之阳的登封市东南的告成镇北，是一座长方形院落，坐北向南，建于明代。原名周公祠，后几经重修。现存大门为3间硬山建筑，前檐石柱刻“石表寓精心，氤氲南北变寒暑；星台留古制，会合阴阳交雨风”对联。对面砖砌照壁，上镶“千古中传”石额。进门前院为开阔空地，中院古柏前即测景台，台后正殿，现为展室。后院即元代郭守敬所建观星台。院落小巧幽静，院内尚存明清歌颂周公碑刻数通。周公祠现在习称观星台。

（九）二贤祠

二贤祠位于登封县学内。祀周申伯、甫侯两位贤人。周宣王时，更把他的两个重臣申伯和甫侯神话为嵩山的灵石所生。于是，便有了歌颂申、甫安定南疆的诗篇《大雅·崧高》。高大的嵩山是中岳，雄伟险峻直插云端，嵩岳降下了神祇，甫侯与申伯来到人间。那甫侯和申伯，乃是周室的中坚，他们是诸侯的屏障，将教化向四方播传。申伯是周宣王的舅舅。申伯的封地在今南阳一带。宣王登基后，对申伯优渥有加，扩大了他的封邑，并派大臣召公虎为申伯创建了都城谢邑，殷切希望他能安定南方诸侯，维护周王朝的统一。甫侯是宣王的名臣仲山甫，其封地在吕。申、吕及许、齐都是姜姓国家，是炎帝之后。他们与黄帝之后的姒姓夏人把嵩岳称为祖先宗神的观念完全相同。在申、吕等姜姓国家看来，既然他们是嵩岳的灵石所生，那他们的祖先死后，其神灵必定全部集聚在被称为天室的嵩岳之上。

（十）列子祠

列子祠，又名列子庙、列子观。位于郑州市管城区圃田村北0.5公里处。前有潮河，后有丘陵，四周枣林丛丛，村东南1公里有1座小型墓冢及墓碑，传为列子墓。此祠建筑年代无考。据碑文记载，祠一度被改为佛寺，明神宗万历八年（1580年）监察御使苏民望巡视河南路过圃田得知此事后，遂命郑州智囊许汝升重建祠堂，并立《重修列子祠记》碑石。清代几经修葺。新中国

郑州列子祠

成立后祠堂尚存大殿、卷棚、门楼、过庭、左右厢房 15 间。庭前屋后有松柏、刺槐 10 余株。大殿顶镶鸱吻、宝瓶，望瓦饰圆形图案，榀木、雀替刻“天马奔月”、“狮滚绣球”及花卉浮刻。庭(厅)前立有苏民望撰文的《重修列子祠记》明碑 1 通、清碑 3 通。“文化大革命”期间，祠堂全部被拆毁，石碑埋于地下。

现仅存山门、廊房等硬山式建筑，其他均已拆毁重建。如今祠址为圃田小学使用，但苏民望的《重修列子祠记》碑基座完好无损，4 棵古柏也郁郁葱葱。

列子，春秋时期思想家，著《列子》。著名的《愚公移山》即出自《列子・汤问》篇。

(十一)颍考叔祠

颍考叔祠位于登封市颍阳镇西门外，名颍考叔祠，亦称纯孝伯庙。该庙是为纪念春秋纯孝伯颍考叔而建。颍考叔(? ~前 712 年)，春秋时郑国(都于新郑)大夫，嵩山历史文化名人。初为颍谷(今登封县西南一带)封人，即掌管郑国西部边疆的官吏。郑庄公因出生时难产，自小母亲武姜就讨厌他，而偏爱其弟公叔段。郑庄公即位后，其母为共叔段请封京城(今嵩山荥阳东南)，共叔段在京城修城扩兵，并将郑国的属地收为己有，做好了叛乱的一切准备，与其母姜氏约定日期，由姜氏打开都城大门，里应外合以夺取王位。郑庄公二十二年(前 722 年)，郑庄公平定其弟共叔段叛乱，逐其母武姜于城颍(登封颍阳)，并发誓“不及黄泉勿相见”。颍考叔劝庄公“阙地及泉，隧而相见”，庄公从之，后母子和好如初。为此，颍考叔得了一个纯孝的美名。《左传》载：“颍考叔真是个纯正的孝子啊，不但爱自己的母亲，又影响到郑庄公也爱他的母亲。”后世遂称颍考叔为纯孝伯。

颍考叔祠宋时改建为书院，元顺宗还特赠“颍谷书院”匾额。元代著名史学家王沂还著有散文《颍谷书院记》流传于世。

(十二)郑州子产祠

郑州子产祠位于嵩山东麓的郑州市东大街路北。子产(? ~前 522 年)，春秋中后期著名政治家。子产自郑简公十二年(前 554 年)为郑卿，前 543 年执国政，辅佐简公 23 年，他发挥自己高超的政治才能，无论内政、外交都有卓越的建树，使狭小的郑国在列国保持了自身应有的政治地位，并为后世的施政创造了丰富的经验。

郑州子产祠临街坊额书“子产祠”，门外树碑，隶书“子产故里”。祠内正庭门楣上嵌“古之遗爱”石匾，系明万历八年(1580 年)关中弘祖所建。今建筑已不复存在，仅留残碑，保存于附近小学。

(十三)新郑子产祠

新郑子产祠是为春秋中后期著名政治家子产而建，位于今新郑市区西部双洎河(古洧水)东岸卧佛寺塔北，创建莫考。晋荥阳太守李矩屯新郑时，曾派郭诵到子产祠里祈祷过。唐天宝七年(748 年)重修，五代时毁。宋重修。元天宝二年(1328 年)重修，元末毁。明洪武十二年(1379 年)知县辛时敏重建，其后宣德、成化、万历年间不断修葺，高拱撰《子产祠碑记》，明末复毁。清康熙三年(1664 年)知县谢鸿奇重建，雍正十一年(1733 年)总督王士俊重修碑。祠旧有田 14 亩，责令卧佛寺耕种，管理祠庙。此祠在明清时代为新郑“八景”之一，名谓“锦堂春色”，“文化大革命”间废。原祠遗址现存一明碑。碑高 2. 3 米，宽 1 米，正面刻《子产祠》诗一首：“溱洧河边子产祠，郑侯城下黍离离。惠人遗范应难见，君子高风何处追。尘世几更山色在，英雄如梦鸟声悲。行人门上空回首，落日荒郊不尽思。”下款刻“几川子杨彝书”。草书苍劲有力。据传，书者游子产祠，见新碑未书，就地拣一沾泥瓜皮，在新碑上作书,抒发情思。干后字迹清晰,人见其书法高妙,随刻之,因名“瓜皮碑”,拓印甚多。此碑断折,现存新郑市博物馆。

(十四)留侯祠

留侯祠又名子房宫,在今新郑市区黄帝故里东侧,新郑市老城北门外。明嘉靖年间,由高拱修建,并撰《汉留侯祠碑记》。碑曰:“世传侯为韩人,而自哀侯灭郑,遂徙都郑,越百四十七年,而后灭于秦,则侯正郑人也。而郑故无祠,予乃特易地一区,建祠祀侯。”碑文内容主要追述汉留侯张良的谋略,以建祠纪念西汉留侯张良。清乾隆年间废。

(十五)董公祠

董公祠位于洛阳老城东大街东段路北。董公,名董宣,字少平,陈留圉(今河南杞县南)人。东汉初任北海相、江夏太守、洛阳令等职。他任京兆洛阳令时,光武帝刘秀的姐姐湖阳公主的奴仆仗势杀人,被湖阳公主包庇。董宣拦住湖阳公主的车,令奴下车而杀之。公主诉于刘秀,刘秀令其向公主叩头谢罪,董宣两手撑地,终不肯俯,留下了“强项令”之美名。

董公祠祠始建于明代,坐北向南。现存建筑有正殿1间,卷棚1间。院内现存放有民国年间的洛阳同善局产业碑1块,门前地下铺有1块石碑,尚能辨认出“乾隆四十一年(1776年),岁次丙申”等字。

(十六)卓茂祠

卓茂祠又称卓君庙。位于嵩山东麓的新密市老县城县衙东北约500米处。卓茂,西汉著名地方官员。曾任嵩山密县县令,被群众公认为是不畏权势为民请命的清官。光武帝即位,征为太傅。卓茂病逝,汉光武帝赐给他棺椁和墓地,并身穿素服亲自为他送葬,诏立祠祀。桓帝时,诏特留洛阳王涣、密县卓茂二祠。德政之感人心,其流传久远。

卓茂祠始建年代不详,明嘉靖年间重建,清嘉庆年间重修。该祠面积1000平方米,山门已改建。现存大殿坐北朝南,面阔3间,进深3间,硬山式灰瓦顶,砖木结构。西厢房主房6间,南侧有配房2间,出前檐,砖木结构,硬山式灰瓦顶,东厢房已拆除。前边山门为二层楼建筑,一层为3个过洞,二楼为钟楼,俗称乐楼。前后为一进院。现残存有大殿、西厢房和钟鼓楼。庙内有清嘉靖年间重修碑记2通。

(十七)伊川邵夫子祠

伊川邵夫子祠为宋代著名理学家、教育家邵雍的居住地,位于伊川县平等乡平等村中部。创建年代不详,明宣德、天启和清乾隆年间多次重修。1927年设平等县,县政府驻此。今存邵家祠堂3间,保护尚好。

邵雍(1011～1077年),字尧夫,北宋著名哲学家、教育家。祖籍范阳(今河北涿县),幼年随父迁居共城(今河南辉县),长大后隐居洛阳,自号安乐先生,屡授官不赴,但与司马光、富弼、吕公著和二程等交往甚密。卒后谥康节,故人们又称他为“康节先生”。其学说以《周易》八卦形成之论,并吸收道教某些思想,创造出一种系统的唯心主义象数体系,为理学象数学派的创立者,与周敦颐、张载、二程同称“北宋五子”。

（十八）洛阳邵雍祠

河南省重点文物保护单位。邵雍祠，旧称安乐窝，又称邵雍故居，宋代著名理学家邵雍的居住地。位于洛阳市定鼎路洛河桥南的安乐窝村，内洛（阳）龙（门）公路东侧。原在洛河南岸天津桥畔，后被洛水冲没，清代时改建在安乐窝村。

邵雍，字尧夫，原籍河北范阳人。12 岁时随其父居共城（今河南辉县）百泉苏门山下，著书讲学，并办一座“太极书院”。30 岁时迁至洛阳，他在洛河南岸搭了一草棚，自称其住所为“安乐窝”，并赋诗一首：“家虽在城阙，萧瑟似荒郊；远去名利窟，自称安乐窝。”后在寓居洛阳的富弼、司马光、吕公著等人的资助下，购买原五代节度使安审琦的故宅 30 余间。邵雍发安贫乐道之意，自题居处为“安乐窝”（其在共城苏门山居处亦称“安乐窝”），自号安乐居士，并赋诗云：“夏住长生涧，冬居安乐窝。莺花供放适，风月助吟哦。窃料人间乐，无如我最多。”今安乐窝村由此而得名。

洛阳邵雍祠

邵雍在洛阳居住 40 年，潜心治学，主要著作有《皇极经世》《渔樵问对》《伊川击壤集》等 10 余言。他的理学被程颢、程颐等人捧为“内圣外王之学”，成为北宋理学的奠基人之一。邵雍虽官不高，位不显，却名扬四方，全国各地许多人都乐来拜访。宋仁宗嘉祐年间（1056～1063 年）诏求遗逸，洛阳留守王拱辰请其应诏，授将作监主监，并推为逸士，任颍州团练，邵雍均推故不就，于是名气逾高。邵雍病，司马光、张载、程颐等纷纷赶来，晨夕不离身边，与其子共议后事。神宗熙宁十年（1077 年）邵雍病逝，时年 66 岁，追谥“康节”。后被封建统治者奉之为“圣人”“夫子”。安乐窝在北宋末年遗弃民间，金代改为“九真观”。明景泰年间，河南知府虞廷玺访得其故址，始“缭以垣墙，植以树木，构堂三间，塑康节之像于其中”。后来，安乐窝又经扩建修复，保存至今。

邵雍祠堂为一长形院落，坐北朝南，原建筑仅存有清代硬山式“皇极书阁”3 间及其他建筑 4 间，大门上方嵌有“安乐窝”石匾一方，大门右边挂有“先贤邵康节故居”木匾。另有明清碑碣数通。

（十九）汝州二程祠

汝州二程祠位于汝州城内中大街，十字街东，南门口西，路北，现为市医药公司医药批发部。原为程颐，程颢兄弟两人讲学的地方，后改为纪念他们的祠堂。祠堂门前空出约 3 米宽的场地，可能为停放车马所需。大门两边有石鼓一对，雕刻精致，形象逼真。祠堂内有二程塑像，皓首白须者为弟弟程颐，而乌发黑须者为哥哥程颢。

程颐、程颢是我国宋代大理学家，是程朱（朱熹）理学的创始人，是我国历史上有较大影响的人物，史称“二程”。二程系洛阳伊川人（原籍中山人，曾祖后为洛阳伊川人），程颐生于 1033 年，卒于 1107

年，号伊川，著有《易传》《春秋传》等。程颢长弟弟 1 岁，生于 1032 年，卒于 1085 年，著有《定性书》《识仁篇》。

（二十）登封二程祠

登封二程祠有二处，一处在嵩阳书院，一处在登封城东关外。二程，即北宋著名理学家程颐、程颢。登封是二程在北宋期间重要的活动地方，盖因二程子曾领崇福宫祠。嵩山，其所宦游之地。明朝登封知县丁应泰为置祭田，又请于督学使者，给二程子孙各一人衣巾奉祀。

（二十一）伊川二程祠

伊川二程祠位于伊川县江左乡程村街正中心。坐北向南，现存大殿 3 间，拜殿 3 间及大门、二门、三门。三门有对联一副，上联为“双璧双珠俱美”，下联为“难兄难弟皆贤”，横眉“豫洛世家”。二程，即北宋著名理学家程颐、程颢。据碑文记载，大殿建于明景泰年间，拜殿建于清嘉庆十四年（1809 年）。大殿中塑有程颢、程颐像，高 3 米左右。“文化大革命”期间，塑像和厢房均被毁掉。1982 年后，程村程姓集资，修缮了程祠大门楼、大殿、拜殿、围墙，并重塑了二程像。

（二十二）陈家祠堂

河南省重点文物保护单位。陈家祠堂位于嵩山新郑市郭店镇宰相陈村西北 300 米处，与墓区之北的崇孝寺二体合一。祠堂相邻的宰相陈村以陈姓为主，原是守墓人形成的村落。历史上这里流传有“宰相陈，人地灵，石生像，列队迎，陈公碑，傲苍穹，崇孝寺，皇上封”的民谣。

陈省华（939 ~ 1006 年），曾任擢知开封府，卒赠开府仪同三司、太师、尚书令兼中书令，追封秦国公。陈尧叟（961 ~ 1017 年），陈省华长子，宋太宗赵光义端拱二年（989 年）状元。陈尧佐（936 ~ 1044 年），陈省华次子，宋太宗元年（988 年）中进士。陈尧咨（970 ~ 1034 年），陈省华三子，宋真宗咸平三年（1000 年）状元。陈氏父子皆是进士出身。三宰相是陈省华和陈尧叟、陈尧佐。陈氏父子的崛起，是北宋科举制度完善后，依靠科举登科，最终身居显位、光大门庭的典型代表。

据史料记载，在陈尧佐为父守丧期间，黄河在滑县决堤。仁宗皇帝权衡再三，只有派陈尧佐前往，才能完成堵堤重任。陈尧佐重孝在身，奉诏治理黄河滑州决口，去世后，宋仁宗赵祯为其敕建崇孝寺，以彰显陈尧佐“忠孝”两全之举。原寺规模宏大，后毁于兵火。金世宗大定七年（1167 年）修复，明神宗万历四十二年（1614 年）重饰。

陈家祠堂现存文阁楼 2 间，西厢房 6 间，大殿 3 间，碑碣 6 通，石刻 2 块，护墙 50 米，红门绿瓦，青砖铺地，146 尊龙碑前香火旺盛。殿后存秦国公陈省华、燕国太夫人冯氏墓及碑，碑高 3.9 米，墓高 18 米，周长 32 米，料石包底，底高 1 米。崇孝寺对面有一通高 10 米的“陈公（省华）神道碑”，向南百余米的墓道两边是排列有序的石人、石羊、石马、石虎等石像生数 10 对。寺西南自西向东存文忠公陈尧叟、文惠公陈尧佐、康肃公陈尧咨墓及碑，碑高 3.9 米，墓高 15 米，周长 30 米，料石包底，底高 1 米。寺南存太子中舍陈希古（尧叟子）、主客员外郎陈学古（尧佐子）墓及碑。寺东南存陈知节（学古子）、陈珣墓及碑。统观寺院和墓区，谧静、古朴、庄重、开阔。

（二十三）杨业祠

杨业祠位于嵩山新密市区东南 13 公里来集镇苏寨村西斩龙台上。杨业祠是为纪念北宋爱国名将、右领军卫大将军、郑州防御使兼刺史杨业而建。

杨业祠，又名二郎庙。据史料记载，这里很早就居住着以杨称国号，又以国号称姓氏的姬姓后裔，自古就建有“杨氏祖祠”。唐代中叶以后，人们为了纪念周武王部将杨戬为民斩蛟除害之功绩，将“杨氏祖祠”改名为“二郎庙”。《封神演义》讲杨戬乃周武王部将，他助周灭殷，并降梅山七怪。民间传说，杨戬乃二郎神，他“牵丰狗驾着鹰”，“头戴一顶三山帽，身披锁子甲黄金，面白微三只眼，于使三尖二刃锋”，收斩七怪，蛟龙。相传，很久以前，这里由于蛟龙作怪，洧河经常泛滥，农田和房舍被淹，百姓们深受其苦，束手无策。有一天，二郎神杨戬来到这一带，发现是蛟龙作怪，便一箭射伤了蛟龙，蛟龙带伤跑到此台上，二郎神赶到便将其斩杀了。蛟龙的血喷洒在台上，染红了石岩，至台子上的石头还是血红般的颜色。因此，这个台子就叫斩龙台。

宋代，因著名民族英雄杨业在就任代州刺史兼郑州防御史时，有功于中原从民，人们又将“二郎庙”改名为“杨业神祠”，俗称“杨业祠”。

杨业（928～986年），原名杨崇贵，又名杨继业，北宋名将。祖籍麟州新秦（今陕西神木县）。杨家世为麟州地方势力首领。他自幼善骑射，好打猎。五代十国时期任后汉河东节度使。河东归宋后任代州刺史，因抗击辽兵有功，曾被册封为郑州防御史。他一生抗辽，守卫北方，屡立战功，号称“杨无敌”。986年宋军北征伐辽他任副帅，由于主帅潘仁美隐兵退却，使杨业孤军被陷于山西陈家台，后由于粮尽弹绝，重伤被俘，绝食三日后壮烈殉国。由于杨业有高度的爱国热忱，能奋不顾身抗击辽兵，一直受到后人的敬仰和传诵。宋辽末期为杨业共建了四个祠庙，至今只保留两个，除新密杨业祠外，还保留有河北古北口的杨无敌庙。

杨业祠为清代建筑，坐北朝南，现存山门、大殿、左右配殿和道院，均硬山式灰瓦顶。山门面阔3间，进深2间。大殿面阔3间，前有卷棚，正脊中央有砖雕竖匾“杨业神祠”。东西配殿各3间，前有出檐走廊。祠内另存元、明、清重修祠庙碑8通，其中清康熙六年（1667年）重修碑记载：“宋杨业有功德于人，而人祠祀之。”

（二十四）朱文公祠

朱文公祠位于洛阳市老城南关风化街口，占地面积500余平方米，建筑面积300余平方米。始建于明洪武十五年（1382年），明嘉靖、万历年间曾对修缮和扩建。该祠坐北朝南，依南北中轴线依次为牌坊、东西厢房、前厅、大堂、后堂。整体布局严谨，风格独特，为典型的古代纪念性祠堂建筑，现存前厅、大堂、后堂。

朱文公祠是为纪念南宋著名理学家、思想家、教育家朱熹所建的祠堂。朱熹（1130～1200年），字元晦、一字仲晦，号晦庵、晦翁、考亭先生、云谷老人、沧洲病叟、逆翁。南宋江南东路徽州府婺源县（今江西省婺源）人。19岁进士及第，曾任荆湖南路安抚使，仕至宝文阁待制。为政期间，申敕令、惩奸吏、治绩显赫。南宋著名的理学家、思想家、哲学家、教育家、诗人、闽学派的代表人物，世称朱子，是孔子、孟子以来最杰出的弘扬儒学的大师。

（二十五）许衡祠

许衡（1209～1281年），元朝初期理学家。嵩山地域的许衡祠有二。

其一，位于新郑市许岗村西头路北的岗坡上。为清乾隆二年（1737年）许衡第十四代孙许熙等人建的祠。祠内存有清代乾隆、咸丰、道光年间先后刻立的石碑7通。许衡祠原来的建筑相当宏大壮观，现祠前的戏楼、大门早已拆除，仅剩二门、享殿和东西配房以及红色的围墙。

其二，位于新郑市城南大街文庙西南隅。系明代建立，明知县陈斐修学宫得遗碑，乃公门人新郑尹郑冲霄修祠，记述许衡的生平事迹。祠在新郑文庙坤隅，遂即其地建祠肖像。明成化年间，知县黄肃重修，河东薛文清公（王宣）作记。遗存的明、清重修碑各一通。

（二十六）靖长官祠

靖长官祠位于登封市西关外。万历四十年（1612 年），由登封知县傅梅建。靖长官，唐末登封令应靖。应靖在登封任职期间，遇黄巢之乱，他率百姓往保，太室得免于兵火，寻即弃官学仙，隐其姓而以名行。山中人称他为靖长官。

（二十七）高文襄公祠

高文襄公祠位于新郑北街城隍庙西，祀明朝中后期宰相，哲学家高文襄公拱。高拱（1512～1578 年），时人称他为“救时宰相”。字肃卿，号中玄子，晚号中玄山人。嵩山新郑人。嘉靖二十年（1541 年）进士，一年后授翰林院编修。嘉靖四十五年（1566 年）以礼部尚书拜文渊阁大学士。穆宗即位，官至太子太师、中极殿大学士。隆庆、万历年间的名臣、名将，绝大部分是高拱所推荐、提拔、培养起来的，就连万历年间的名相张居正也不例外。高拱以边境稍宁，恐将士堕玩，复请敕边臣严为整顿，帝从之。穆宗死后，神宗继位，宦官冯保劾高拱擅权数罪，被解职归家居数年卒，终年 67 岁。万历三十年（1602 年），神宗追念高拱安边定业，功不可泯，赠太师，谥文襄。崇祯八年（1635 年），高拱家乡新郑知县韩永馨语绅士曰：高文襄公功在社稷，可与本邑先贤郑子产、许鲁斋媲美。二公皆有专祠。而高公止从享乡贤典礼，无乃有阙乎？因详请两院题准，特祀，永著为令典。仍准奉祀生员二名。

（二十八）陈氏宗祠

陈氏宗祠位于新密市白寨乡东光武陈村。又名陈氏家庙。陈氏家族曾有多人为朝廷做事。据史料记载，康熙的老师即陈氏日璋，当年被顺治帝封为“待招翰林”。顺治十八年（1661 年），顺治帝到五台山做了和尚。康熙即位，陈日璋又被封为“并肩王”，扶佐康熙治理国家。

原祠在相府城内（今开封城西角），康熙十二年（1673 年）迁至此，由路安府长子县县令陈琪主持修建。采用滚龙脊，吞脊兽建筑。在祠内中轴线上有南门，南门里有影屏（仪门）、拜殿、大殿及北门等建筑。大殿与拜殿，均面宽 3 间，进深 1 间，为硬山式砖木结构，灰瓦顶。拜殿由 4 根木柱支撑。中门只有皇亲国戚来时才打开，并鸣放 21 响礼炮，而平日出入只能走两个边门。祠内有康熙帝题“庆馀两朝”御匾。南北有大门楼，北门楼挂“御前侍卫”木匾额。南门原匾名“进士第”，现改为“陈氏宗祠”。

陈氏宗祠占地南北 45.43 米，东西 9.77 米，约 450 平方米。中门只有皇亲国戚来时才打开，并鸣放 21 响礼炮，平日人们出入只能走两个边门。祠内有康熙帝题“庆馀两朝”御匾。南北有大门楼，北门楼挂“御前侍卫”木匾额。南门原匾名“进士第”现改为“陈氏宗祠”。

祠内现存碑刻有清康熙三十六年（1697 年）、三十八年（1699 年）陈子隐墓志及墓地碑各 1 块、清康熙四十年（1701 年）陈子隐墓碑 1 通。祠庙前院东西墙壁上嵌有陈氏族谱石刻，但“文化大革命”期间谱文被全部凿毁。

与该祠相呼应的有“望景楼”，相传为皇姑思亲时登高远望的地方。

原祠毁于 1958 年。1986 年陈氏族人集资依当年原貌修葺一新。

（二十九）张家祠堂

张家祠堂位于巩义市区西北 8 公里的张岭村西端高台地上。坐西向东，总建筑面积 1650 平方米。现存门楼、拜殿、南侧天井院、门卫房、戏楼等。拜殿面阔 3 间，建筑在砖砌月台上，悬山。殿高 6.5 米，长 11 米，宽 6 米。青石雕柱础托明柱，柱顶置装卧枋迎风板，檐下饰斗拱。殿顶四角为四魔鬼，鬼背上托着四个走尽人。天井院深约 4 米，长 8 米，宽 7.5 米。院风四壁挖砖砌窑洞 4 孔。

戏楼是祠前的主要建筑组成部分。张氏宗祠的戏楼建在院南侧，高 6.5 米，长 11 米，宽 7 米，系 1956 年重建。戏楼南侧挖筑天井院，这是在黄土高原上建筑庙宇的特点，对研究中国建筑史提供了新资料。该祠堂建于清代中期，民国初年重修过，基本上保持着清代的特点。

（三十）名宦祠

嵩山一带的各县市，在古代大都建有名宦祠。人们把那些为当地做过重大贡献的官员，塑其像或列其事迹，陈列于祠内，以供后人祭祀。因为这种祠大都为当地政府所建，其建筑风格、样式、质量，都很精致，代表了当地的建筑水平。

（三十一）节孝祠

嵩山一带的各县市，在古代大都建有节孝祠。在封建三从四德的思想影响下，妇女在丈夫死后，誓不改嫁，扶子守节，事亲亦孝，以勤度日终身，她们中有的受到朝廷的嘉奖，或上宪旌门。为标榜她们的事迹，后人建祠以供祭祀。

（三十二）新郑三贤祠

新郑三贤祠位于新郑市区东北 10 公里草庙马村，祀郑子产、唐裴晋公、宋王沂公。至和间敕葬王文正公于此地。崇梵院僧惠璡以三公合祀焉。学士吴育作记，刘源父敞、韩魏公琦作赞，俱载新郑艺文志。

（三十三）十贤祠

十贤祠位于新郑市区北门外。今其地实在尊恩观三清殿西。盖自明知县匡铎拓城东北千余雉。庙已在城内矣。祀唐代裴晋公度，宋王沂公曾，曾公公亮，吕文穆公蒙正，吕申公公著，陈秦公省华及其子文惠公尧佐，吴正肃公育，欧阳文忠公修，郑文正公居中。以其墓在境内，故合祀焉。

（三十四）李拾遗祠

李拾遗是指唐代的李渤。唐李渤隐居少室山待仙峡，以右拾遗召，上书不拜。韩愈的《寄卢同》诗云：“少室山人索价高，两以谏官征不起。”后人于其居建祠祀之。《嵩岳志》载陈文烛《中天精舍记》称，登封人士陈子涵、李子讱云：“大仙峡为唐朝李拾遗读书处，中多良田、甘果、风峦巑岏，麋鹿成群，嵩山之胜，惟此为最。”《登封县志》载：“嘉靖九年，知县侯泰重修。”今废。

（三十五）五圣堂

五圣堂位于洛阳市老城西和巷西头，其建筑基本完好。五圣堂是清朝从河北高阳移民来洛的赵天定和妻高氏在自家创办。赵天定来洛阳在南门做小生意，后在西和巷置了家产，但一直无后，自觉有愧。就在自家上房中请来观音菩萨，天天烧香礼佛。后又在二楼上请来财神、关帝、火神、瘟神，赵天定去世后，其妻高氏将家庙改成五圣堂，变成香客的大众场所。（民国中期，洛阳县商会购得改办成县商会道德所。）平民百姓一生，都把自己和家人的一切事情，如平安、发财、生育等都寄托在神灵之上。百姓认为，今天所受之苦难，全是自己上辈所造罪孽的报应。道教告诉人们，世间的荣华富贵、金钱美色、高官名利都是靠不住的，是通向仙人之路的障碍和负担。世俗生活的快乐隐藏着灾祸和烦恼，脱不开人生的苦难和老病而死的悲凉结局。人们只有抛弃世俗生活的荣华富贵和纵情恣欲的短暂快乐，使自己的心灵得到净化和升华。向仙人境界飞跃，去享受永久幸福的神仙生活。这个心灵净化、升华和飞跃的过程。就是修仙体道的过程。所以生活再苦再难也要进庙上香、礼拜、供养道士，修筑庙观，以此减轻罪孽，求神保佑全家平安。

五圣堂坐西向东，面对西和巷。据其门楼下北墙镶嵌碑文记载：光绪元年（1875 年）重修。堂址长 13 米，宽 4 米，木板楼房建筑，门楼半间，后殿 1 间，卷棚 1 间，门楼半间，呈阶梯状排列。楼上供奉财神、火神、关帝、瘟神。楼下供观士音菩萨。每年农历正月十六为五圣堂的香火会。

（三十六）马文升祠

马文升祠堂，又称马公祠，为马文升家祠堂，位于禹州北城门外西侧，坐西向东。其地“左跨颍水，右拥郡城，后枕颍上之崖，前临禹庙之基。”马文升简介见《马文升墓》。

马文升祠堂始建于明正德七年（1512 年），系马兆奉敕修建。最初，马公长子、山东大参马璁，仲子、锦衣指挥使马琇“树穹碑于拱辰门外通衢之左，表公勋阶、官爵。”巨碑覆之以楼。

明正德十一年（1516 年）于碑之后方，“铲冈为址，削崖为垣，建祠堂三楹，冀以两庑，严以重门”。祠堂整体结构为一门二进四合院。山门（重门）上房镶嵌石匾，匾刻“端肃马公祠”五字，楷书。三楹祠堂高居后中，砖、石、木雕庄重多变。堂内正中金塑马公从像，前左右塑站班武士。公塑上悬“人伦之表”精雕金匾。堂前南北，两翼廊庑，门窗相照，楹柱对称，典型的中国传统的建筑风格。

祠堂北山墙外通两院：西为进深丈二、宽约一丈的石券洞府，洞前东侧并列树三通青石巨碑，中为“御敕”碑，左为“诰命”碑，右为“谕祭”碑。至禹州解放时，碑刻文字已斑驳。祠堂于中华人民共和国成立后渐颓，在文革中遭到大毁，唯独祠堂后的垂光洞尚存。

（三十七）董公祠

董公祠位于禹州城区老油坊口南路西。董公即明三边总督董世彦，字子才，号嵩河。明嘉靖五年（1526 年）生，嘉靖三十二年（1553 年）进士 ，初授浚县知县，为政有“和乐简易”之誉。在任都察右副御史时，巡抚陕西，主持修筑长城千余里。后任兵部右侍郎、总督三边军务。该祠创建于明，配祀明代参政董九贡。日久祠圮。清乾隆十年（1745 年），董之裔孙董大成等重修。知州邵大业题额：“江南世德”。民国二十四年（1935 年）再修。董公祠坐西向东，为二进四合院。大门内影壁前树巨碑一通，刻书“明总督三边兵部右侍郎都察院都御史董公树”，右刻“明山西参政巡冀南道董公”。穿过厅堂 至祠堂后院，三楹祠堂位居后中，一门二窗，砖石结构，梁巨檩方，两扇坡房顶，小灰瓦覆镇。祠堂北侧立“恩荣三代”坊。整体结构虽不恢弘，却很严谨。

（三十八）药王祠

药王祠位于禹州城西南隅，今市电业局所在地。清光绪二十五年（1899 年），为纪念药王孙思邈，在禹州的九家药行(大成元、广发昌、洪顺张、广源澄、隆泰恒、义和嗣、际盛隆、中和合、保元全),捐资在禹州西南隅购地建造药王祠。

药王祠独成院落,主体建筑祠堂(正殿),九脊八坡歇山顶,绿色琉璃瓦覆盖,单檐下雕饰有仙人、花卉、禽鸟、祥兽多样图案。祠堂东侧修筑道房两间,供役夫居住。院内建东、西厢房两栋,供善男信女祭祀药王者憩息。祠堂前左右两边分立巨型石碑;左边石刻碑文颂药王行医济世功德;右边碑刻加封孙思邈为"妙应真人"诰词。

药王祠前为空旷之地,祠堂东侧有一小路,后以祠名街,即药王祠街。今为颍河大街中段。

(三十九)郑氏祠

位于新密市岳村镇岳村,是目前中原地区建筑年代最早、保存最好的祠堂。郑氏祠堂有门楼、前院、后院、东西厢房、大殿、戏楼等建筑。其中,大殿内祭祀的春秋郑国开国国君郑桓公,是郑国由陕西华县东迁中原溱洧地区的历史见证。

(四十)周家祠堂

周家祠堂位于巩义市区西南8公里的芝田镇羽林庄村中。坐北朝南,院子通长35米,宽11.9米。建于清光绪二十一年(1895年),现存建筑有门楼、正房及东西厢房,均为硬山灰瓦顶。祠堂门楼高9米许,宽2.25米,进深4.77米。门外两侧置上马石1对,门口置木栅栏。门楼檐下有精致彩绘小斗拱4朵,门内分上下两层,上层设棂子窗。门两侧附对称套间门房。庑殿对称在院内东西两侧,各长11.56米,高4.5米,进深3米。大殿长11.75米,高6.5米,进深3米,三开间,中有2根方形抹棱青石柱,上刻楹联。柱础四角透雕"猴形魔鬼"。柱础边沿刻牡丹、麒麟纹。斗拱、昂、立柱、卧枋、檩上,彩绘各种花卉图案。殿门为木雕四隔扇。

(四十一)郑州张氏祠堂

郑州张氏祠堂水牛张村位于郑州市高新技术产业开发区,西四环以西,科学大道以北,水牛张村内大街北侧,隶属于沟赵办事处。张氏祠堂,保留正房3间,坐北朝南,单檐硬山式小青瓦屋顶,砖木结构,三开间,带前迴廊,山墙前后的砖雕墀头造型简洁,为典型的民国时期建筑。祠堂内后墙正中供奉张氏始祖牌位,张氏始祖牌位由青石雕刻而成,正房门口左侧还立有一通民国时期的《水牛张张氏宗祠碑记》碑刻。据碑文记载,水牛张张氏家族祖上于明初从山西洪洞县迁徙于此。

水牛张村的村名当然与水牛有关。明洪武初年,有张氏叔侄二人牵着一头水牛,自山西洪洞大槐树出发,千里跋涉来此落户,垦荒屯田,在辛勤劳动中主人与水牛建立了深厚的感情。后张氏叔侄成家立业,世世代代繁衍生息形成了村落,为怀念亡故的水牛,遂起村名为"水牛张",一直沿用迄今。

在张氏祠堂内正中供奉着张氏始祖牌位碑,两侧为八通家谱世系碑。原来这九通石碑是镶嵌在祠堂正北的墙体里面的,其中两通石碑上还刻着自明朝以来所有张姓的字号和辈分网络图,详细说明了张氏祖先来自何处。作为珍贵的历史文物,有幸逃过多次劫难而完好无损地保存了下来,如今成为郑州市区内发现的祠堂中保存最全、最完好的家族宗谱碑刻,为郑州张氏姓氏研究及家族发展史研究提供了翔实的一手资料。

(四十二)郑州胡公祠

河南省重点文物保护单位。郑州胡公祠位于郑州市人民公园内。胡笠,僧名景翼,民国十一年

(1922年)第一次直奉战争时,胡景翼跟从冯玉祥将军参加了郑州之战,1924年担任河南督军、省长等职,同年4月10日在开封进行左腕疗毒时不幸逝世,年仅34岁。胡生前曾为其阵亡将士在郑州西郊建冢而葬,后来又在西太康路觅地建祠,选中了老坟岗这片宝地。当时的祠堂规模很小,即现胡公祠大殿西边位置,老郑州人亦称之为胡公祠。当年的小院已经在1981年被全部拆除。胡去世后,祠并未扩建,8年后至民国廿一年(1932年),冯玉祥、张群、张继等,为纪念胡在河南及郑州的战斗业绩,力主建祠。1936年秋,历时4年建造的胡公祠终于完工,占地23亩,有殿、亭,并有一塑像,翠柏红垣,古色古香,为郑州当时一景。

郑州胡公祠

郑州解放后,胡公祠曾作为人民公园纪念品商店使用。由于年久失修早已成了座危险建筑物濒临倒塌,四周木雕龙头、雕花等物,由于房檐边破烂遭受风吹日晒和雨雪长期浸湿已出现霉烂。后被划为危险建筑封存。在媒体和民间多次呼吁后,2008年,郑州市拨款对胡公祠大殿进行修复,使祠堂得以焕然一新。

目前胡公祠保存大殿,祠门,古树等,虽仍作为人民公园南门,但祠园格局保存完好。

(四十三)彭公祠

河南省重点文物保护单位。彭公祠位于郑州市铭工路北段东侧,现人民公园内,落成于1925年10月10日,是纪念彭象乾的建筑,故名“彭公祠”。

彭象乾民国初期曾认靳云鹗部第八混成旅的一个团长,驻守郑州。1922年4月第一次直奉战争爆发,5月份河南督军赵倜闻吴佩孚败亡,即命其弟河南第一师师长赵杰乘郑州空虚,率军40营于5月6日夜袭击郑州,与彭团激战于郑州白庙高坡一带,彭象乾阵亡,幸冯玉祥部自洛阳来增援,经昼夜激战,击退了赵杰,郑州免遭劫。战后,地方工商界感彭保卫郑州安全而牺牲,并铭记此战役阵亡战士,于1925年建成铭功园,为彭建立骑马铜像,竖碑铭功,上刻“护国佑民”及阵亡将士姓名,市民俗称该园为“彭公祠”。据传铜像在抗战中被日军掠走,原汉白玉碑记“文革”中被毁,彭公祠于1957年并入人民公园。从人民公园西门进入即是彭公祠原址,现残留大门一座,大殿5间,尚有5座6角凉亭,以及汉白玉碑记残存一块。

二、庙

按我国传统文化来说,我们把供奉祖先、神灵、神话或传说人物、历代贤哲、著名人物的祭祀建筑,称为庙,如轩辕黄帝庙、伏羲庙、孔庙、中岳庙、土地庙、城隍庙等。古时,对庙的规模有严格的等级限制。《礼记》中说:“天子七庙,卿五庙,大夫三庙,士一庙。”嵩山地域著名的庙宇有祖师庙、九龙庙、城隍庙、土地庙、九龙圣母庙、白龙王庙、大王庙、吕祖庙、玉仙圣母庙、飞龙顶庙、洪山庙、南岳庙、关帝庙、马固王氏家庙等，各种名目的庙，不胜枚举。嵩山地域的庙宇，有的属于宗教性建筑，如祖师庙、城隍庙、吕祖庙、火神庙等；有的属于礼制性建筑，如中岳庙、嵩山三阙、洛阳周公庙、新郑轩辕庙、登封南岳庙等，在编写此书时，没作专门的区分。在礼制性的建筑中，有庙，还有阙，我们在编排中，将其列在了一起。

嵩山地域中的中岳庙属于国家宗庙，是历代帝王祭祀中岳神和华夏始族同为一人的轩辕黄帝的神圣之地。中岳庙的建筑装饰承袭着传统的皇家建筑特色，又传递着独特的道家文化，是传统建筑美学、宗教和艺术的物值载体，它集道教宫观建筑装饰艺术之大成，将道教文化与儒家哲学相结合，充分体现了"阴阳调合，天人合一"的道家思想，彰显出复杂的道教文化与民间信仰和传统的儒家礼制文化。

嵩山地域的古庙建筑完整地保存了我国各个朝代的历史文物，在国家公布的全国重点文物保护单位中，占有很大的数量，谓之"历史文物的保险库"。古庙建筑与传统宫殿建筑形式相结合，具有鲜明的民族风格和民俗特色。嵩山地域从上古时代至今，断断续续的，人们对庙神的祭祀从未中断。

（一）中岳庙

中岳庙、太室阙属"天地之中"历史建筑群，世界文化遗产。全国重点文物保护单位。世界道教主流全真道的圣地。中岳庙位于登封市区东 4 公里太室山南麓黄盖峰下。始建于秦（前 221 ~ 前 207 年）。中岳庙前身是"太室祠"，据《山海经 · 武帝纪》载，先秦时即已有之。据《汉书 · 武帝纪》载，西汉元封元年（前 110 年）正月，汉武帝从华山至中岳，登嵩山，令祠官增建太室祠，禁止砍伐树木，并以山下 300 户为之奉邑。南北朝时期，魏太武帝太延元年（435 年）立庙于嵩高山上。唐玄宗初年，始建于今址。唐开元十八年（730 年）玄宗李隆基仿效汉武帝增建太室祠，再次修饰中岳庙，奠定了今日庙址基础。宋真宗祥符六年（1013 年）"增修殿宇等八百五十间"。宋靖康年间（1126 ~ 1127 年）殿宇多已塌废。金世宗十六至十八年（1176 ~ 1178 年）再次对中岳庙进行整修，"总为屋二百三十有八间"，今庙内保存的金代庙图碑，记录了当时的规模。元、明、清历代对中岳庙均进行过大规模整修，现存的建筑格局与规模，便是此时形成的。

作为专门祭祀中岳嵩山神和华夏始祖轩辕黄帝的国家宗庙，中岳庙传承的是封建礼制文化。《说文解字》中记载："礼，履也，所以事神致福也。"祭祀山神、祭祀先祖，向上天祀福的观念，深深地影响了中岳庙的建筑风格。中岳庙现存的布局方式，来源于清朝乾隆年间的北京故宫，故有"天中小故宫"的美称。中岳庙历汉、魏、唐、宋、金、元、明、清各代，屡加修葺，沿革至今。现存中岳庙总面积近 13 万余平方米。

中岳庙坐北朝南，中轴线全长 650 米，从南向北，由低至高，顺次为中华门、遥参亭、天中阁，配天作镇坊、崇圣门、化三门、峻极门、峻极坊、大殿、寝殿、御书楼，沿中轴线前后共分为 11 进院落。中轴线两边的东路和西路，还分别建有太尉官、火神宫、祖师宫、小楼宫、神州官和龙王殿等多组单独的小院落，是道士分别举行祭祀和生活的地方。中岳庙现存殿、宫、楼、阁、亭、台、廊等明清建筑近 400 余间，汉至清代古柏 330 余株，金石铸器 200 余件。中岳庙整个建筑规模宏大，布局严谨，技艺精湛，是五岳中现存时代最久、规模最大的古建筑群。

1. 中岳庙主体建筑

中岳庙坐北向南，从中华门向北至御书楼共十一进院落，地势由低至高相差 27 米，甬道全部用石条平铺而成。庙院南北长650米，宽166米，面积约10万平方米。其中有殿、宫、楼、阁、亭、台、廊等明清建筑400余间，汉至清代古柏300余株，金石铸器、石刻造像等金石文物百余件。是五岳中现存时代最久、规模最大的古建筑群。中岳庙沿中轴线，由南向北主要有太室阙、中华门、遥参亭、天中阁、崇圣门、化三门、峻极门、峻极殿、寝殿、御书楼、黄盖亭等。

◆太室阙

在庙门前南500米处，有东汉太室阙（在本节的“四、汉阙”中另述）。

◆石翁仲

位于中华门前，在名山第一坊外神道两侧对称的方亭内，为汉代太室祠的象征性守门人。这对石翁仲相向而立，用青石雕凿而成，高1.22米。体形较粗犷原始，头颅硕大，头顶平整，似戴平帻之状。翁仲雕刻的时代应和太室阙建造年代为东汉元初五年（118年）大致相同。

中岳庙

◆中华门

原为木建牌楼额“名山第一坊”，1942年改建为砖瓦结构的庑殿式牌坊，更名“中华门”。门为三孔砖券拱形门，侧门额外为“依嵩”“带颍”，内为“嵩峻”“天中”石额四方。2001年又改建为水泥混凝土结构的三架庑殿重檐牌坊，中楼坊匾“名山第一”。两次坊低于中楼，各有斗拱，梁柱彩绘，巍峨壮丽。

◆遥参亭

位于中华门后的院落里，原为四角重檐亭，方围40米，是过往行旅遥远参拜岳神的地方。檐坊、雀替上透雕戏曲故事，形象优美，精巧异常。遥参亭左右原建有二坊，一为“福国门坊”，一为“优民门坊”，和东西天中街相对照，宋骆文蔚碑载：“向上蓊郁甚异，盖木之最，古而奇者，右有什槐说者，久传其异，二坊作镇”，坊、树早已毁废。1942年改建为八角檐亭，黄琉璃瓦盖顶，亭基南北各筑青石台阶13级。1957年重修，1984年又改建为钢筋水泥结构的八角亭。此亭为过往行旅拜谒岳神的场所。

◆天中阁

位于遥参亭北。原名“黄中楼”，是中岳庙的大门，明嘉靖四十一年（1562年）改建为天中阁，清代重修。1982年重修时，台两侧分别砌有登阁梯道64级。台上四周砌有1米高的女儿墙以供凭扶。穿台有三孔宽阔的券门洞，坚厚的双合门扇上，装有重达3斤的大虎头铁质门钉126个。阁下为墩台，台上建楼阁，阁面阔5间、进深1间，高20米，为重檐歇山式建筑。以绿琉璃瓦覆顶。天中阁是嵩山核心区众多寺庙中最为壮观的高台建筑。

门前月台两侧蹲立着两个高3.20米的石狮，其狮虎视眈眈，张牙舞爪。东侧雄狮口中，有直径15厘米的石雕圆球，西侧雌狮前蹄按一小狮。工艺精巧，独具匠心。

◆配天作镇坊

位于天中阁后，原名“宇宙坊”。清代重修，邑人耿介以岳土为神，以地配天，易为是名。坊起三架，原为庑殿顶，正楼额书“配天作镇”，两次楼坊门额分别书写“宇宙”“具瞻”。后东建有六角重檐亭。

◆崇圣门

原为屋宇式大门，原形制和峻极门相似，1942 年改建为现存的歇山顶。

◆东西古神库

崇圣门后东西两侧有互相对称的 2 座清式四角攒尖顶砖亭。西亭内有清代石刻“无字碑”一通；东亭为古神库（创建于宋代，清乾隆年间重修。一说重修时将原有神像埋于此地，上建房屋，以表敬意；一说此库为中岳神金钱财库），神库四角各立一铁人。铁人通高 2.6 米，于宋英宗治平元年（1064 年）铸造，是我国现存形体最大，保存最好的四个“守库铁人”，或称“镇庙铁人”。至此向东、西两侧开东华门和西华门。两门内各立二碑，合称宋、金“四状元碑”，分别为宋代王曾、卢多逊、陈知微和金代黄久约撰写。

◆化三门

也叫外三门。据清崔应楷修中岳庙碑载：“化三门者，取三才（天、地、人）变化之义也”。原为过往门庭，形制和峻极门相似，1942 年改建为现存的歇山房。

◆四岳殿台

在化三门后的甬道两侧有二组左右相对称的 4 座砖石结构的台子，台上原有建筑今已无存，俗称“四岳殿台”，象征“五岳共存”。2004 年开始在台上按原建筑样式各建五间歇山式殿房，按顺时针方向，即东岳殿、南岳殿、西岳殿、北岳殿共称四岳殿，加上中岳庙本身恰是五岳。东岳和南岳殿台之间有北魏《中岳嵩高灵庙之碑》1 通，这是中岳庙现存最古的碑刻。

◆峻极门

位于化三门北，又名“将军门”，为中岳大殿中心院的山门。峻极门面阔 5 间，进深 6 架，单檐歇山式建筑。檐下用五踩斗拱，彩绘栋梁，覆以绿色琉璃瓦，是清代典型宫式建筑。峻极门创建于金大定年间（1161～1189 年）。明崇祯十四年（1641 年），失火被毁。清世宗顺治十年（1653 年）重建，乾隆年间重修，1955 年又重修。门外殿内两侧泥塑有两武士像，高达 4.5 米，武士执斧秉钺，气势威武。“文化大革命”中被毁，1983 年重塑。门前有金正大二年（1225 年）铸造的铁狮一对。峻极门左右两侧有东西掖门。东掖门内有《大金承安重修中岳庙图》碑，这是用我国传统的主体透视刻绘的中岳庙图，保存了 780 年前中岳庙的全貌。

◆嵩高峻极坊

位于峻极门北，又名“迎神门”，为四柱三楼式木牌坊，坊起三架，额题“嵩高峻极”，正楼、次楼分别施九踩、七踩斗拱；坊后为拜台，台左右有清乾隆御碑亭，亭后即为峻极殿。

◆中岳大殿

又名“峻极殿”，面阔 9 间，进深 5 间，为重檐庑殿式建筑，覆以黄色琉璃瓦。上下檐分别施七踩和五踩斗拱。大殿面积 920 平方米中，是河南现存规格最高、体量最大的寺庙殿宇。斗拱和梁架均饰有清代最尊贵的和玺彩画，殿内天花板中部有精雕的盘龙藻井。殿外檐下悬清咸丰帝手书“威灵镇右”匾额。大殿左右及东、西、南面建廊房一周，凡 80 余间，保持了唐宋时期的廊院形制的实例。

殿内中间塑有高 3 米余的天中王神像。左右站立老少使臣茶童塑像，旁边两侧塑有高 6 米、执锤侍立、姿态雄伟的镇殿将军像，左为方弼，右为方相。东殿角木架上，悬架着明万历元年（1573 年）铸造的千斤铁钟。祭案上原有清雍正二年（1724 年）的铜鼎和乾隆年间 10 多件铜制祭器等物，在 20 世纪“文化大革命”期间被毁无存。

大殿前筑有3米高的月台，周围有石雕栏杆，月台正面有3道石阶。中间的台阶分二路，二路间镶有垂带式“御路”，上面浮雕着精美的图案，上截为“独龙盘踞”，中间为“双龙戏珠”，下边为“群鹤闹莲”。月台前正中原有生贤亭一座，传说原有申甫像的壁画，亦称“降神殿”。亭早已毁，仅存台子一座，曰填台，俗称拜台。据史记载：“庙旧制御香亭、御帛亭在生贤亭左右，火毁之后，重修于此。”

◆东、西廊房

位于中岳大殿峻极门两侧。宋太祖乾德二年(964年)重修建制72间。明思宗崇祯十四年(1641年)失火烧毁。清顺治十年(1653年)重修改建为82间。乾隆元年(1736年)重修时，改为84间。后年久失修，倒塌24间，余者已栋摧瓦坠，改变功能失去原貌。1982年，河南省整修办公室委托登封县文物保管所按清代规制落架重修，并油饰丹青，殿房内又恢复原供的“七十二司”“八大朝臣”“十帝阎君”塑像。

峻极殿后建垂花门，是寝殿四合院的院门。

◆寝殿

位于峻极殿后，面阔7间，进深3架，为单檐歇山式建筑，覆黄色琉璃瓦顶。殿内天花板精美而完整，明间为“腾龙”，次间为“翔凤”，系所谓中岳大帝与帝后起居之所。明成化十六年(1480年)重建，清乾隆元年(1736年)重修，是中岳庙中时代较早的木构建筑。

◆御书楼

是中岳庙最后殿宇，原名“黄箓殿”，清乾隆皇帝祭祀中岳时，在殿内书写御祭碑，改名“御书楼”。面阔11间，进深3间，假歇山式二层楼房。初建于明万历年间(1573～1619年)，是神宗朱翊钧敕降道藏经函，贮放道藏经书的地方。现楼为民国八年至十五年(1919～1926年)年间重建。

两侧顺山房是储存祭器的地方，内壁镶嵌清代祭文碑23通。

◆黄盖亭

位于中岳庙后约500米，其巅峰上建八角重檐攒尖顶小亭，名曰“黄盖亭”，此亭与庙前石阙相距1400米。此此亭可俯瞰中岳庙全景风光。

2. 中岳庙附属建筑

中岳庙除中轴线建筑外，东西两侧附属建筑有6宫，即神州宫、祖师宫、太尉宫、中岳行宫、火神宫、小楼宫等，皆为小型四合院建筑群。

(二)祖师庙

全国重点文物保护单位。位于洛阳市老城区北大街。明代庙宇古建筑。有大殿、耳房、前殿3座祖师庙原来的地盘很大，向南一直到治安街，庙内殿宇楼阁比比皆是，有戏楼、大门、照壁，还有前后殿，大殿内供奉着祖师真武大帝铜像。现存庙宇整个院落占地面积大约只有4亩，庙内只剩大殿一座，前殿一座，东西配殿各一座(西配殿前几年扩建北大街时被拆除)，均为木构建筑。据建筑风格及新中国成立初期尚存弘治年间(1488～1500年)的重修碑记判断，大殿应是明初建筑。

据说，洛阳市文物部门在清理老城祖师庙大殿和东配殿时，发现了一块清嘉庆年间的石碑。这块石碑宽约0.8米，长约1.95米，一角缺失，碑首刻着“修真武庙碑记”。据碑文记载，当时的河南府知府带领乡民在真武庙求雨，后来又对真武庙进行了修缮。根据碑文内容判断，老城祖师庙在清嘉庆年间的名字确为“真武庙”，与史料记载相吻合。

◆大殿

面阔5间，进深3间，单檐歇山式建筑，顶覆绿色琉璃筒板瓦。檐柱下置青石柱础，柱头正面斜刹。大额坊与平板枋断面呈“T”字形。平板枋出头平齐，大额枋出头为霸王拳。前檐斗拱为五踩重昂计心造。琴面昂，昂嘴呈五角形。头、二昂下平出较长。蚂蚱头雕刻成龙头状。明次间平身科各二攒，梢间平身斜一攒。侧檐平身科为五踩单昂，明次间平身科各一攒。正面明、次间各置六抹头格扇门四扇，梢间为格扇窗。梁架制做规整，其布局和梁架结构属元代建筑风格，但从此殿主要结构看仍为明代建筑。

前殿和东配殿均为硬山式清代建筑。

（三）新郑轩辕庙

全国重点文物保护单位。新郑轩辕庙，传为轩辕黄帝故里，位于河南省新郑市市区北关，据《史记》记载，传说中的中华民族人文始祖黄帝为“少典之子，姓公孙，名曰轩辕”。轩辕庙坐北朝南，最早建于汉代，占地约9.33公顷。庙院长140米，宽84米。主要建筑有庙门、诚心亭、碑亭和人文初祖殿等。

详细介绍见本书中的“黄帝故里”。

（四）洛阳周公庙

洛阳周公庙

全国重点文物保护单位。洛阳周公庙，亦称元圣庙，位于洛阳市定鼎南路中段的东侧，是纪念西周时期著名的政治家、思想家、军事家、中国儒家思想的奠基人周公姬旦的祠庙。周公曾协助武王伐纣灭商，辅佐成王摄政，东征平定管叔、蔡叔、霍叔“三监”与纣王之子武庚叛乱，营建洛邑并制礼作乐，使中国成为文明古国、礼仪之邦。由于周公开创了千秋伟业，被后世奉为天下第一圣人——“元圣”。

洛阳周公庙始建于隋末唐初（618年），为隋将王世充草创。《隋书》《资治通鉴》等文献均有记载，其目的是借周公显灵，稳定军心，鼓舞士气，保佑战争胜利。公元619年，王世充称帝，国号“郑”，周公庙一直使用。公元621年，李世民攻入东都，毁则天门，殃及到则天门东侧的周公庙。唐太宗贞观年间和唐玄宗开元年间曾予以重修，后废弃。明嘉靖四年（1525年）又在旧址重建，以后明、清两朝又多次对周公庙进行过不同规模的修葺与扩建，从而形成了现今的规模。

周公庙占地4906平方米。现存一组明清古建筑，为三进庭院，依中轴线由南向北依次为定鼎堂、礼乐堂（会忠祠）、三殿及东西厢房，占地664平方米。

◆定鼎堂系周公庙主殿，为明代建筑，后经多次重修，大体保存旧制。

定鼎堂，面阔5间，进深3间，为单檐歇山式建筑，青筒板瓦覆顶，绿琉璃瓦剪边，龙凤脊饰，大殿四角飞檐起翘，拓展伸张，柱身加高，斗拱减少得当，比例匀称，节奏和谐，颇具辽金建筑的特点。既庄严稳重又隽秀灵巧，按我国著名古建专家郑孝燮先生所言，这是一座保留有辽金建筑风格的艺术杰作，具有较高的历史价值和文物价值。殿内供奉有周公与其弟召公、毕公及世子伯禽、君陈五尊泥塑像。伯禽像乃明代塑造，泥胎彩绘，弥足珍贵，1991年清理主殿时于壁龛内发现。

◆礼乐堂

即会忠祠，三殿，均为面阔5间，进深2间，单檐硬山式带前廊建筑。

◆东西两庑

清代单檐硬山式建筑，面阔5间，进深1间。

洛阳周公庙建筑群布局合理，井然有序，既庄重又隽秀，是嵩山地域现存为数不多的保存较为完整的明清古建筑之一，具有重要的历史、艺术和科学价值。

周公庙除现存一组古建筑群外，还有“元圣殿”遗址1处，明代石质龟趺座3座、大型泥塑伯禽像1尊，清代石狮2尊、抱鼓石1对，明代大型泥塑伯禽像1尊以及民国时期《重修洛阳周公庙碑》1通、戴季陶书“定鼎堂”巨匾1块。另外，院内两棵古槐树龄达800年以上。

(五)关林庙

全国重点文物保护单位。关林位于洛阳市南7.5公里的关林镇关林南路东端。相传孙权将关羽斩首后，传首级至洛阳，被曹操葬此。按古代规矩，一般帝王之墓称陵，王侯之墓称冢，百姓之墓称坟，圣人之墓称林。关羽为“武圣”，故其陵园被称为“关林”。关林是前为祠庙，后为墓冢，是明清两代皇帝遣官致祭、地方官吏和百姓朝拜关公的场所。

关林祠庙始建于唐，占地面积200亩，中轴线院落四进，规整有序，是典型的封闭格局。主要殿宇采用官式建筑法式和中原地方建筑手法相结合的营造规制。现存殿廊楼阁150余间，自南向北的中轴线上依次有舞楼、大门、仪门、甬道、拜殿、大殿、二殿、寝殿、墓冢等，各类建筑，两侧对称建有石坊、钟楼、鼓楼、华表、焚香炉、五虎殿、圣母殿、东西廊房等。

◆舞楼

舞楼又称戏楼，与关林大门相对，建于清乾隆五十六年（1791年），是一座平面作凸字形的高台建筑，其顶以歇山和硬山相结合，设计巧妙，宛如重檐楼阁，蔚为壮观，堪称我国古代舞台建筑的典型。

◆大门

大门为面阔5间，三门道硬山式建筑，建清乾隆年间。其进深5檩阙顶，两边八字墙，门额上书“关林”金字匾，朱漆大门上排列着金色乳钉（正门81颗，侧门49颗）。门前置明代白色大理石雄狮1对，是洛阳现存明代最大的石狮，还有青石旗座1对。

◆仪门

仪门面阔3间，东西角门各1间，直檐歇山顶。顶为明代关帝庙大门，清代扩建时改为仪门。正门额上有清慈禧太后题匾“威扬六合”。仪门两侧墙壁上各嵌石刻1方，左为关羽《造刀投军》之像，右为《关帝诗竹》文。门前置立铁狮1对，明万历二十五年（1597年）造，重1500余公斤。

◆石栏板甬道和月台

石栏板甬道和月台位于仪门和大殿中间，是按照帝王宫殿制度修建的。甬道均以石雕栏板护围，在栏板之间36根望柱头上雕小石狮子104个，姿态各异，栩栩如生。月台长24米，宽8米，台中置清乾隆年间造的铁香炉和铁花瓶。在甬道东西两旁，矗立着2个高4.6米的华表，为一巨石雕刻而成，柱身盘绕浮雕巨龙，顶有仰天兽，气势磅礴。

◆石坊

石坊高6米，宽9米，柱身各有楹联。清乾隆五十六年(1791年)建造。

◆钟鼓楼

钟鼓楼位于甬道东西两侧，形制相同，高台楼阁，下层环以回廊，上层环以回廊，上层四面有望窗，顶为十字脊，中立宝瓶。东为钟楼，上悬明代铜钟1口。西为鼓楼，鼓无存。

◆拜殿

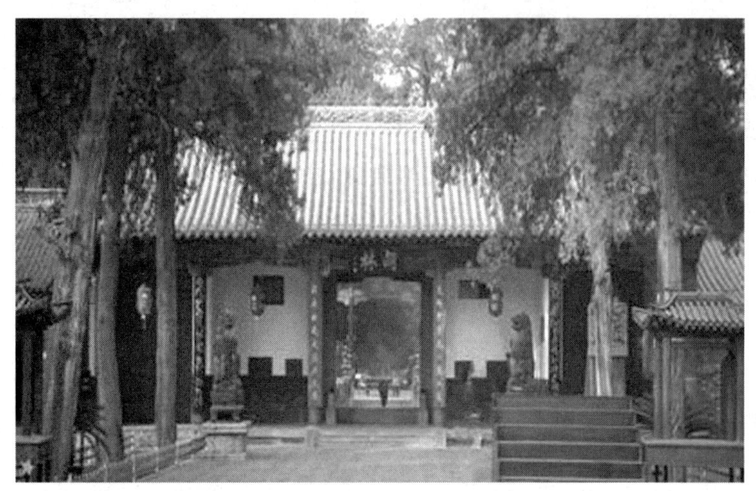

关林庙

拜殿又称启圣殿，是举行祭礼时谒拜之场所。面阔5间，卷棚式明代建筑。殿中悬挂有乾隆御书的“声灵于铄”匾和“翌汉表神功龙门并峻，扶纲伸浩气伊水同流”联。东端悬挂明万历二十五年(1597年)铸造的大铁钟1口，西端竖立着3.5米长的大刀。殿中有乾隆、慈禧亲书的匾联。

◆大殿

大殿与拜殿相连，面阔7间，进深3间，高20米，总面积760平方米，平面呈矩形，是关林最大的主体建筑。建于明万历二十四年(1596年)，历4年竣工。砖筑台基高1.5米，庑殿式绿色琉璃瓦顶，五脊横立，六兽扬威。正门两侧有木透雕和浮雕《桃园三结义》《战吕布》等12幅故事图像。外墙四周满嵌碑刻。

◆二殿

二殿面阔5间，为进深5檩的庑殿顶建筑。门上悬挂清光绪帝御题“光昭日月”匾额。檐下置斗拱，前檐下彩绘《斩颜良》《古城会》等12关羽故事图像。殿内塑关羽怒视东吴像，左侧站着手棒大印的关平、右侧站着手持大刀的周仓。殿后门有一对盘龙门墩，设计之巧，为石刻中罕见。二殿左右各建有一座硬山式的陪殿，左为张候殿，右为五虎殿，两边筑月拱门。

◆寝殿

寝殿面阔5间，规模较小，内塑关羽夜读春秋像、关羽出行图和睡像，故又称寝殿。此殿为硬山式建筑，檐下置龙头昂首斗拱。前枋上还有9幅小型故事画。

◆关羽冢

关羽冢位于寝殿后，平面为八角形，黄土堆成，高10余米，占地250平方米，外围以砖筑八角形红墙。冢前石牌坊为明代刻立，高6米，宽10米，三门道，石柱上望兽昂首，正额题“汉寿亭侯墓”5字。在门外东西各建一石坊。冢南有清康熙四十六年(1707年)修筑的石墓门。墓碑竖大冢前，额题九叠篆书《敕封碑记》，为清康熙皇帝给关羽追加封号所立之碑。护碑亭为八角形全木结构，八面起坡歇山式，斗拱、枋檩交错勾连，角柱和亭顶结为一体。此亭建于清康熙五年(1666年)，清光绪时重修。

◆长廊

长廊分别列庙院两侧,红柱彩枋与殿宇相映生辉。现在的长廊为1980年在原厢房基础上改建,长90米。廊内陈列洛阳出土的古代石刻珍品。1981年,关林院内开辟"洛阳古代石刻艺术博物馆",征集、展藏东汉至民国时期的历代碑刻、墓志、石刻艺术品近2000件,从而成为国内外知名的石刻专题博物馆,被命名为"河南省爱国主义教育基地"。

关林祠庙内文物丰富,现存历代碑碣百余方,石狮114尊,明代铜铁器物10余件,绘画80余幅,雕刻图案230余幅。关林的匾额、联语多达35幅,有帝、后之作,也有名家之书,其中乾隆、慈禧、光绪御书匾联,弥足珍贵,具有重要的艺术和书法价值。另有古柏近800株,最大树龄达700年。

洛阳关林是全国四大关帝庙之一,建筑规模之大,可与山东孔庙、孔林并称。新中国成立后,进行了多次维修,是一处保存完好的古建筑群。整体布局严谨,组合有致,是研究我国庙宇式林寝建筑的重要实例,具有重要的建筑研究价值。

(六)河南府文庙

全国重点文物保护单位。河南府文庙位于洛阳市老城区东南隅文明街中段路北。金代定中京于洛阳,设金昌府。元、明、清三代置河南府治和洛阳县于此。河南府文庙初建年代无考。根据《洛阳县志》和《金元洛阳城池图》等资料推测,其建筑年代当在金元之际。据史料记载:原河南府文庙建筑群有照壁、棂星门、泮池、戟门、大成殿、明伦堂、尊敬阁及乡贤祠、明宦祠等。棂星门为三间牌楼式建筑,两侧有河图洛书的彩塑浮雕。东西两侧门边上,题有赞颂孔子的赞言:"德配天地,道冠古今"。历经百年风雨,文庙建筑群照壁、棂星门、泮池、牌坊、厢房等原建筑毁于20世纪"文化大革命"时期。现存的戟门、大成殿等原建筑,造型风格独特,其建筑时代为明代。

河南府文庙

◆半月形水池

入棂星门,有一半月形水池,上有玲珑拱形石桥一座,桥孔中央刻有"泮池生香"4字。水池边沿和石桥两边,均有雕花石栏,石栏柱上雕卧狮。

◆戟门

过石桥,即子路列戟的"戟门"。面阔3间,进深2间,砖木结构单檐悬山顶,前后檐用斗拱,左右各有一间掖门。

◆月台

位于大成殿前,高1.43米,台南正中有两列台阶,两台阶之间镶嵌着宽1.50米、长2.30米的浮雕二龙戏珠青陛石,月台东、西还各有上台的石阶。

◆大成殿

面阔5间，进深4间，为单檐歇山顶，顶部使用琉璃瓦与吻脊。殿顶前西半部分在抗日战争期间被日军飞机炸坏，后用小青瓦重作屋面。四面檐部皆用斗拱，殿内数根木柱立托梁架，梁枋上皆饰彩绘。殿中设有孔子石碑位，上书“至圣先师孔夫子之位”。每年春、秋两次在此祭祀。

◆明伦堂

位于大成殿之后，面阔5间，进深3间，单檐硬山顶建筑。

◆东西两侧廊房

位于大成殿与戟门之间，共列孔门弟子72贤及历代贤哲。

文庙正面偏东墙上，至今仍嵌有“旨文武官员人等至此下马”的阴文碑刻。其彩绘部分及石作部分如下马碑、石狮、柱础、云龙纹御路、重修府学碑、遗存残碑等十分珍贵，均为不可多得的石刻精品，是河南省现存文庙中规模最为宏伟、保存最为完整的建筑群之一。

（七）汝州文庙

汝州文庙

全国重点文物保护单位。汝州文庙又称汝州学宫，位于汝州市城区城隍庙街（广场街）。汝州文庙初建于明洪武三年（1371年），距今已有600多年历史。据《正德汝州志》记载：汝州文庙学基在元朝为忠襄王祠堂，明洪武三年改建为学宫，后于明永乐十四年重修。明崇祯二年（1629年）和民国五年（1916年），汝州文庙两次受灾，“殿庑渗漏……墙壁多颓”。20世纪80年代以来，文物部门投资了50万元进行整修，重修了明伦堂、名官祠、乡贤祠等。

汝州文庙坐北面南，地势北高南低。南北长325余米，东西宽50多米，总面积20870平方米，占地面积约1333平方米。东西各附一跨院，其特点为：建筑排列有序，中轴线明显，排列有大成殿、启圣宫、名宦祠、乡贤祠等主要大殿及廊房50余间。据建筑形式考证，可能为明代中、晚期所建。整个群体布局合理，保存基本完好。

◆大成坊

为学宫主要建筑之一，居庙之南端。面阔3间，进深2间，单檐硬山式建筑。坊台高筑，高檐柱，柱础作圆鼓形。檐下用斗拱，耍头作卷云状。坊顶施青瓦，有脊饰。

◆文明坊

居大成殿之前，面阔3间，进深2间。整个建筑被后人改建。

◆大成殿

系庙内最大建筑，面阔5间，进深2间，单檐庑殿式建筑，殿顶饰绿瓦兽吻，正檐用斗拱。殿内设金柱4根，明间脊檩上有清嘉庆十六年（1811年）重修字样。殿内供奉大成至圣先师孔子的牌位。殿内设有一排楹柱，孔子塑像一尊，孟轲、曾参、颜回、孔仍塑像各一尊，端木赐、冉雍、宰予等12贤人塑像各一尊。殿门上曾悬挂过清朝历代皇帝书写的匾额，具体为康熙二十三年（1634年）颁“万世师表”、雍正三年（1725年）颁“生民未有”、乾隆三年（1738年）颁“与天地参”、嘉庆四年（1799年）颁“圣集大成”、道光元年（1821年）颁“圣协时中”等5块。

◆启圣宫

居大成殿之后，面阔3间，进深2间，单檐硬山式建筑。造型简单，无其他装饰。

20世纪80年代以来，文物部门投资了50万元进行整修，重修了明伦堂、名官祠、乡贤祠，收藏有汝瓷、汝石、汝贴等各种文物2000余件。

（八）登封城隍庙

全国重点文物保护单位。登封城隍庙位于登封市中岳大街市直一初中院内。该庙坐北朝南，占地4600平方米。明初已形成规模，明英宗正统年间（1436～1449年）知县赵兴主持重修，到清乾隆年间（1736～1795年）城隍庙已初具规模，计有照壁、大门、二门、三门、仪门、戏楼、卷棚、大殿、寝殿、两侧廊房等建筑。现存建筑有大门、前院东西厢房、仪门、卷棚、大殿、后院东西廊房等明清建筑80多间，占地5648平方米。

登封城隍庙

◆大门

初建于明，清重修，面阔3间，进深4架椽，单檐硬山式建筑，上覆灰瓦顶。前院东西厢房各9间，硬山灰瓦顶。后院东西厢房，明英宗正统年间重修后，与寝殿相接，计36间，清乾隆年间重修改建为28间。

◆大殿

明代建筑，面阔5间（16.3米），进深3间（9.4米），单檐歇山式建筑，灰筒板瓦覆顶。檐下施斗拱，明间平身科2攒，次间、梢间平身科各1攒，均为五踩双下昂重拱计心造。用金柱8根，檐柱16根。大殿的前檐檩、枋木、斗拱和神龛上都保留精美的具有地方特色的彩画。卷棚，居大殿前，是与大殿紧接的殿前建筑。面阔5间，进深4架椽，单檐硬山式，灰筒板瓦顶。檐下施三踩单下昂斗拱，平身科明间2攒，次、梢间各1攒，额枋浮雕人物故事、龙、动物图案，檐柱有清道光楹联3副，两山墙墀头雕精美的八仙祝寿、关公像、龙、凤、仙鹤、麒麟、仙鹿、莲花等图案，艺术水平较高。庙内现存有清代石碑6通，是研究城隍庙历史沿革的珍贵资料。

（九）登封南岳庙

全国重点文物保护单位。南岳庙位于登封市城西南12公里大金店镇大金店村。原为府君庙，金

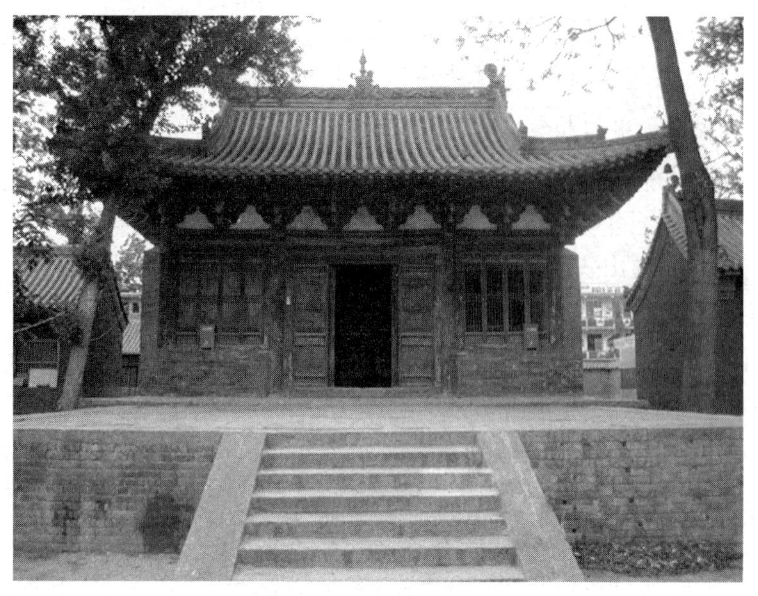

登封南岳庙

代建筑。传说,金人占领中原后,全国五岳已占有四岳,仅南岳衡山未达,便令在这里建造南岳庙,以示“位配南岳”。原庙为三进,规模较大,有山门、掖门、财神殿、广生殿、三宫殿、火神殿、龙王殿等建筑,碑碣10余通。后庙内大部分建筑损毁,现仅存府君殿(正殿)1座,面阔3间,进深3间,单檐挑角歇山式建筑,灰色筒瓦盖顶,脊兽已毁。檐下一周施三踩斗拱,前墙壁辟棂门棂窗,木柱石础。神龛上部绘飞鸟、花卉,梁上饰以游龙为主的彩绘。殿内正中悬一横匾,书“聪明正直”4个字。殿前有月台。此殿梁架结构保留有金代风格,是河南省现存较早的木构建筑之一,具有一定的研究价值。

院内两厢及其他建筑已无存,正殿后的天爷殿、灶君殿、龙王殿、义勇祠等屡经改建,已失原貌。

(十)郑州文庙

郑州文庙大成殿为全国重点文物保护单位。

郑州文庙位于郑州市东大街中段路北。据《明嘉靖郑州志》记载,庙于汉明帝永平年间(58~75年)创建。原占地37亩,其建筑布局遵循规制。据清《郑县志·四关图》所示,中轴线上共有五进院落,棂星门内并排三院,正南50米处有一座彩陶照壁,东西有过街牌坊各一座。中轴线建筑依次为棂星门、泮池、大成门、大成殿、明伦堂、敬一亭、尊经阁等。尊经阁东侧有书斋房、启圣祠,西有斋房、土地祠和射圃亭,两侧为庑房,东院有学正宅、名宦祠,西院有儒学、乡贤祠等。除上述建筑外,据民国《郑县志》记载,还有金声玉振坊、居仁门、由仁门、崇义门、祭器库、神厨、育德仓、义仓、宰杀厅、进德斋、修业斋、存诚斋等。

据明嘉靖、清康熙《郑州志》及民国《郑县志》等史料记载,文庙“元季兵毁,明洪武二十八年知州张奋重建。宣德、正统、天顺、成化、弘治、正德年间知州林厚、史彬、余靖、洪宽、刘仲和嘉靖十一年知州稍腾汉相继修葺。清顺治六年知州王登联等协力重修,庙貌巍然”。至康熙五十年(1711年)重修。乾隆三年(1738年)知州张钺对文庙进行了大规模修建。清光绪二十二年(1896年)年重修,但建筑规模大为缩减。民国三年(1914年),当地政府曾对大成殿进行修葺,民国时期军阀混战,该庙经常驻军,殿宇廊庑多被拆毁。1937年归河南省立郑州工业职业学校使用。抗战期间,日寇两度陷郑,狂轰乱炸,致使该庙建筑大部被毁,仅有大成殿、戟门两座建筑幸存。中华人民共和国成立后,归郑州电力学校使用。1955年,郑州市政府曾拨款对文庙大成殿进行维修。20世纪“文化大革命”期间,因郑州电力学校停办,文庙被郑州轴承厂所占。1981年,郑州市政府下发文件,将文庙大成殿移交郑州市文物部门管理。郑州商城遗址保护管理所于1987年和1991年,先后对大成殿和戟门进行落架大修和油漆彩画。1995年,郑州市政府提出恢复建设郑州文庙。2002年至2005年,郑州市投资2000万元,将郑州轴承厂搬迁出去,又先后征购土地12.66亩,从2003年开始规划、设计、立项,2004年动工恢复建设郑州文庙照壁、棂星门、东西牌楼、泮池、大成门、名宦祠、乡贤祠、尊经阁和东西两庑、碑廊、井亭,对大成殿实施了整体抬升,保护维修和油漆彩画,扩建月台,并加汉白玉栏杆、青石台阶,殿内木雕彩绘孔子及12哲坐像。大成门两侧新移植树龄有400余年的两株银杏树,并配套完备的消防、供电设施,形成了比较完整的古建筑群。

大成殿面阔7间,进深4间,单檐歇山式建筑。殿宇雄伟高大,巍峨壮观。正脊两端正吻高1.8米有余,脊高50厘米,阳面浮雕二龙戏珠图案,背面为凤穿牡丹图案。两山为琉璃博风悬鱼,东山博风正中雕着玉皇大帝,两侧为八仙持宝器飘然渡海图。西山博缝板正中雕如来说法像,两侧为三国戏曲人物,悬鱼是琉璃烧制的3朵开放的牡丹花。整个博缝悬鱼采用平地起凸手法,线条圆润流畅,简繁适中得体,形象生动逼真,堪称杰出的艺术品。大成殿内部梁架的各间接点,都是精工细雕的各式各样的牡丹花卉。金檩下的花敦雕有青山野鹿、仙树太宝、原野大象、牧童斗牛、天马行空、鼎前舞剑、奔马相斗、凤鸟栖树、猛虎下山、蛟龙腾空等图案。老檐置垂莲柱衔接在内拽斗拱的上昂,它和各檩及梁架间的雕刻互相陪衬,更烘托出大殿内部的艺术效果,在油漆彩画的衬托下,大成殿显得富丽堂皇。

郑州文庙大成殿

郑州文庙现存明、清、民国时期碑刻10余通,其中有明天顺三年(1459年)的《重修文庙之记》、成化十三年(1487年)的《大明郑州历年贡士题名记》、嘉靖四十四年(1565年)的《重修文庙之记》,清康熙二十五年(1686年)的《至圣先师孔子赞并序》碑、乾隆二十年(1755年)的《御制平定准噶尔告成太学碑文》、乾隆二十四年(1769年)的《御制平定回部告成太学碑文》、乾隆三十二年(1768年)的《东里书院置义田记》,中华民国16年(1927年)的《重修郑县孔庙记》等。

(十一)坡街关王庙大殿

全国重点文物保护单位。坡街关王庙大殿位于禹州市文殊乡坡街村。大殿坐北面南,面阔3间,进深6架,单檐硬山式,殿顶覆盖灰筒板瓦。正脊以绿色、褐色和孔雀蓝琉璃脊筒砌成,大吻已残。平面方形,减柱造,柱头铺作为五铺作双下昂计心造,内转五铺作双抄偷心造,用圆形爪楞栌斗,斗有幽页明显。补间铺作用真昂,昂嘴扁瘦,呈三角形。外跳拱身两端斜杀,散斗随之为菱形状。当心间补间铺作两朵,次间各一朵。殿内梁架为四檐袱前对乳栿搭牵立三柱,草栿彻上明造。三檐袱与四檐袱之间用驼峰和一斗三升斗拱相连接。其他蜀柱下用合木沓。前檐柱4根,系青石小八角形雕柱。大殿正脊上饰有龙凤及徒步搏杀图案。正脊东端琉璃件上阴刻铭文“右仰修理起盖之后,祈四时风调雨顺,保八方国泰民安,上下□□各赐吉祥,功办使众普保安康。大元国至正十一秋七月吉日,琉璃匠三信”。背面刻有“小郝四、小曹五、曹三、常居卿、常斌卿、常德新、程六、李张大”等人名。前檐东角柱刻

“孙阳保蒙古人毛伯颜施坡下保关王庙石柱一根，伏望家眷康宁。本保张彦实、刘彦成、李三施后檐石柱三条”。据残存碑刻记载，明、清两代进行过数次重修。此殿系有明确纪年的元代木构建筑，虽经明、清重修，但斗拱、梁架多保留元代结构。

（十二）郑州城隍庙

郑州城隍庙

全国重点文物保护单位。郑州城隍庙位于郑州市商城路东段路北。郑州城隍庙，全名城隍灵佑侯庙，由大门、仪门、戏楼、后寝宫和东西廊房组成，是郑州市区内目前保存最完整、规模最大的一组明、清古建筑群。

城隍，在中国古代神话中，相传为守护城池的神，后为道教所信奉。该庙始建于元末明初，明孝宗弘治十四年（1501 年）重修，其后屡有修葺。该庙为坐北面南的古建筑群，平面呈长方形，由前、中、后三进院组成。原占地面积 6500 平方米，现南北长 130 米，东西宽 31 米，占地 3900 多平方米，建筑面积 1190 平方米。整个由大门至后寝宫依次升高。

◆大门

面阔 3 间，进深 2 间，单檐悬山式建筑，绿色琉璃瓦顶，檐下施七踩中昂斗拱，三幅云昂嘴，耍头呈象鼻状，斗拱后尾平插垂莲柱，垂莲柱与上金枋相连，柱头直承上金檩。明间前后檐立四根平面呈小八角形石柱，中柱为木制通柱，周围用木柱，平面均呈小八角形。实榻大门三合，分别装在中柱上，门前有六级扇形青石垂带踏跺，左右立一对石狮。

◆仪门

又称二门、过庭，面阔 3 间，进深 2 间，单檐硬山式建筑。屋面以灰筒板瓦覆盖，正脊两侧置大吻，中部脊刹饰二龙戏珠和宝瓶，下有浮雕人物三组，中置神像，两侧各有一对追逐相斗的骑士，姿态各异。垂脊的装饰富有变化，龙飞凤舞，百花盛开，配以海马、狎鱼、狮子滚绣球等，精巧秀丽。檐下置一斗二升斗拱，两山檐头砌有弧形墀头，墀头下部有砖雕麒麟、花草。实榻大门三合，分别装修在中柱上。

◆戏楼

又称乐楼，与仪门相距 2. 8 米，坐南向北，平面呈“凸”字形，建在高大的砖砌基台上，基台中央辟有洞门，面阔 3 间，进深 2 间，歇山式高台楼阁，楼高 12 米余，主楼居中，左右两边配以歇山式边楼，上下错落，翼角重叠，全楼 19 条屋脊。主楼前后有抱厦，前抱厦两根小八角石柱上，刻有清雍正年间训导韩定仁题写楹联：“传出幽明报应彰天道，演来生死轮回醒世人。”后抱厦为垂花门式。在砖砌台基上配以透雕石栏和精致的槛窗，将高阁楼台衬托得更加富丽堂皇。楼下室内方砖铺地，中有青石甬道，4 根通柱 7 米有余。屋顶饰以孔雀蓝琉璃瓦，正脊两端置大吻，脊刹饰狮子宝瓶。主楼檐下置三踩单下昂斗拱，两侧边楼檐下置一斗二升斗拱，四角子角梁头下边均悬挂风铃。整个建筑小巧玲珑，造型别致。

◆大殿

大殿坐北面南，面阔3间，进深3间，单檐歇山式建筑，屋面覆以绿琉璃瓦，脊饰为黄绿琉璃，正脊置大吻，中脊刹饰狮子驮火焰宝瓶、龙、凤、狮等脊兽，脊两面浮雕有行龙、舞凤、牡丹、人物、卷草等纹饰。檐下施五踩重昂斗拱，昂嘴呈五角形，前檐明间施有两攒镏金斗拱，角科用把臂厢拱。殿前后明间均装修有四扇六抹隔扇门；殿前次间装修有槛窗，均为正搭斜交凌花式。檐下垫拱板上绘有八仙过海、二十四孝等彩画。殿前明柱上悬挂楹联，上书“忠义感天能撼山川湖海，节操贯宇可攀日月星辰”。殿前砌有月台，月台左前方有一株树龄290多年的古榆树，郁郁葱葱。

◆后寝宫

后寝宫由拜厦和寝殿组成，中间砌有地沟相隔。殿前拜厦面阔5间，进深4架椽，卷棚硬山顶。寝殿面阔5间，进深3间，悬山式建筑，屋面均覆以绿色琉璃瓦，脊饰用黄绿琉璃，正脊两端置大吻，中央脊刹为一重檐歇山式楼阁，垂脊雕有羽人、石榴、花卉等图案。两山为宽厚的木制博风及悬鱼、惹草。前后檐下施七踩三昂斗拱，昂嘴和耍头呈象鼻状，斗拱后尾平插垂莲柱。前后檐下的垫拱板上塑有哪吒闹海、鲤鱼跳龙门、喜鹊闹梅、松鹤延年、龙虎相斗、玉兔捣药、狮子滚绣球等彩塑浮雕。殿前明间、次间装修有六抹隔扇门，梢间置槛窗，均为正搭斜交凌花式，殿前檐柱上悬挂楹联：“入门温旧史讵楚归汉问高祖登基时可曾记起荥阳一幕，进庙惊新颜正冠掸尘看谒者叩首处总要流下热泪两行。”

庙内存有明、清碑刻20余通，其中以明代工部都水司主事张大猷草书《福赞》、《寿赞》两通，笔迹苍劲挺拔，现仅存《福赞》碑。

该庙始建于何时，文献缺乏确切记载。据民国《郑县志》与现存碑刻记载，明、清、民国期间，均有不同规模的维修。

1937年，郑州城隍庙由河南省立郑州工业职业学校使用，中华人民共和国成立后改名为郑州电力学校，1955年电校对城隍庙进行了局部维修。1969～1978年，学校因“文化大革命”停办，郑州城隍庙归郑州市无线电厂使用，致使庙内主要建筑柱檩糟朽，脊瓦崩裂。1981年，郑州市政府下文，将城隍庙连同文庙移交郑州文物部门。1983年4月至1994年期间，对城隍庙全部建筑进行维修，完成了全部油漆画工程，并先后建成了院内东西厢房。整个建筑群布局严谨，浑然一体，较好地保存了历史原貌，并对外开放，成为郑州市一个重要的文物景点。

（十二）禹州文庙大成殿

河南省重点文物保护单位。禹州文庙大成殿位于禹州市老城区文庙内。据志书和碑刻记载，由州尹王显祖于元至元二十三年（1286年）创建，其后经明、清两代数次修葺，特别是清顺治四年（1647年）进行了较大规模修缮。

现庙内仅存大成殿，坐北面南，面阔7间，进深4间，单檐歇山式，殿顶覆盖绿色琉璃瓦。檐下斗拱为三踩单昂，昂较扁瘦，稍显三角状，明代特点突出。斗鰤明显，前檐各平身科坐斗皆为圆形楞斗，其他斗拱之坐斗均为方形，足踩耍头。前后檐明间施平身科两攒，其他各间（包括侧檐）施平身一攒。大额枋与平板枋制作规整，二者组合断面呈“T”字形。檐柱柱头作覆盆状。殿内采用减柱造，减去4根金柱，扩大主、次间的活动空间。大成殿为明代中期建筑，局部保留有明初建筑风格，为河南省最大的明代单体木结构建筑之一，是研究嵩山地域明代地方建筑的重要实物资料。

庙内现存碑碣 4 通、石狮 4 尊和部分石雕等。

（十三）义勇武安王庙大殿

河南省重点文物保护单位。义勇武安王庙大殿位于禹州市区西北 30 公里的花石乡白北村。坐北朝南，东临颍河，西近五旗山，南面是一望无际的开阔地，北靠白沙水库大坝。白沙河从义勇武安王庙门前由西向东流入颍河（水），禹（州）、洛（阳）公路在殿西约 500 米处由南向北通过。

义勇武安王庙大殿，据殿前明正统八年（1443 年）《重建义勇武安王庙碑记》载，创建于元至正九年（1349 年），重修于洪武十九年（1386 年），明正统八年（1443 年）重创之。中华人民共和国成立后，河南省文物局于 1953 年、1963 年、1977 年前后 3 次拨款，对义勇武安王庙大殿后坡和部分檐、檀、构件等进行了修补。

义勇武安王庙大殿，面阔和进深皆为 3 间，单檐歇山式。绿色琉璃瓦覆盖殿顶，脊为筒瓦件饰盘龙，盘龙由东、西两端倾向屋脊中心点。屋脊及各脊饰仙人、走兽等为绿色釉件。整个建筑庄重大方，布局合理，仙人、兽件造型逼真，栩栩如生。该殿在殿式、瓦件、梁檀、斗拱等木结构做法还保留着明代的建造风格，为研究明代建筑法式提供了实物资料。

（十四）九龙庙

河南省重点文物保护单位。九龙庙位于偃师市山化乡石家庄村南 500 米处的伊洛河之阳。九龙庙创建于清嘉庆年间，为伊、洛河流域及黄河中下游沿河一带的人们纪念治水英雄黄大王而建。

黄大王，原名黄守才，1603 年出生于偃师市岳滩镇王庄村。他天资聪颖，思维敏捷，后潜心研读历代治水方略。40 岁后，无所不通，并著有《禹贡注疏大中讲义》《治河方略》等书。黄守才一生中的主要事迹，就是治水济民。

古时，由于伊河、洛河和黄河中下游经常泛滥成灾，这些地方都留下了他的足迹。《通志》《河南府志》《大清会典》《黄运两河纪略》以及洛阳、偃师的志书上均记载了他治水的功绩。明崇祯八年（1635 年），洛水、谷水暴涨，淹没洛阳一带大片田地和村舍，并殃及福王府。福王听说黄守才识水性、善治河，就命令洛阳县令请他去治理，洪水很快退下。清顺治元年（公元 1644 年），黄河封丘段金龙口决口，粮道淤塞，工部侍郎周堪赓花费数十万两白银治水无效，只好请来黄守才。黄守才治水三天后，河水就归入故道，粮道遂通。黄守才屡次治水屡见成效，泽被中州，嵩洛大地家喻户晓，有口皆碑，人们赞誉他“功并神禹”，称他为“活河神”，有的地方还为他建了生祠。黄守才去世后，伊、洛河流域及黄河中下游沿河一带的人们，又建起规模不等的黄大王庙纪念他。清乾隆皇帝封黄守才为“灵佑襄济王”并祀“金龙四大王”。从此，黄守才就被百姓称为“黄大王”。

九龙庙坐北向南，占地约 3500 平方米，原有钟楼、鼓楼、偏殿、正殿、耳房、山门、戏楼等建筑。正殿前旗杆高耸，殿内有斋堂、客堂和寝堂等杂务房，今存建筑有钟楼、鼓楼、偏殿、正殿、后殿和耳房。

◆钟楼、鼓楼

分别矗立在东南角和西南角，呈四角形，为双层砖木结构，歇山飞檐，青瓦覆盖，六脊六吻兽，内部为四梁三檩。钟楼下层门楣题有“钟楼洪声”，鼓楼上题有“鼓楼夜鸣”。钟楼、鼓楼均修于清光绪十八年（1892 年）五月。

◆偏殿

硬山叠涩，五脊六吻兽，青瓦覆盖。殿前均有四根方形石柱，石柱上皆镌有对联。偏殿内部各有木柱四根，大梁、二梁、小横梁各四根，均有彩绘。

◆正殿

创建于清嘉庆十六年(1811 年)，坐落于庙院中心平台上，面阔 3 间、进深 3 间，基本上呈正方形，砖木结构，歇山飞檐，青瓦覆盖，九脊六吻兽，周围斗拱交错。大殿内部为四柱六梁，均有彩绘，四角斜梁上有花式寿桃垂饰。

◆后殿

创建于清嘉庆二十二年(1817 年)，砖木结构，硬山叠涩，五脊六吻兽，青瓦顶。后殿东西为两耳房，耳房略低于后殿，为硬山叠涩，五脊六吻兽。

庙内有一通清宣统三年(1911 年)立的石碑。该碑保存基本完好，高 1.57 米，宽 0.65 米，碑文有 14 行，为柳体楷书。

九龙庙的大部分殿堂内，还留有描述黄守才治水故事的壁画。正殿门楣上画有八幅黄守才治水图，东西偏殿内也有黄守才治水的大型壁画。过去，因该地临伊洛河，石家庄村撑船的人家很多，为乞求神灵的庇佑，修建了纪念传说中对黄守才“上管三门七井，下辖九江八海”有重要辅助作用的九条龙的庙宇，供奉九龙神灵，并赞颂黄守才为民除害的事迹，进而希冀合家幸福，兴旺发达。九龙庙是偃师市境内保存较为完整的、规模最大的清代古建筑群，对研究中国古代建筑风格，特别是清代建筑风格提供了珍贵的实物资料。

(十五)河南府城隍庙

河南省重点文物保护单位。河南府城隍庙坐落于洛阳市老城区西大街西段北侧。现存河南府重修城隍庙碑，立于明武宗正德五年(1510 年)五月，说明在此以前已有城隍庙。城隍，道教所传守护城池之神。中国古代称有水的城堑为“池”，无水的城堑为“隍”，据说由《周礼》蜡祭八神之一的水(即隍)庸(即城)衍化而来。最早见于记载的为芜湖城隍，建于三国吴赤乌二年(239 年)，唐代以来郡县皆祭城隍，宋以后奉祀城隍的习俗更为普遍。明太祖洪武三年(1370 年)，又正式规定各府州县的城隍神并加以祭祀。据此推测，河南府城隍庙应始建于唐宋时期。

河南府城隍庙坐北朝南，原占地 120 亩，中轴线上的建筑自南向北依次为：正南辕门 3 间、山门 3 间、戏楼 3 间、六角石柱亭 1 座、卷棚 3 间、威灵殿 5 间、后殿 5 间。石柱亭两侧有东、西厢房 12 间。

城隍庙主体建筑为威灵殿，因城隍受封为威灵公而得名。此殿面阔 5 间，进深 4 间，单檐歇山式顶。殿内原供奉威灵公木雕像一尊，两侧塑判官、速报二神。每逢农历三月初三、八月十五、十月初一城隍出巡，即将此像抬出。殿顶部山脊上垒砌浮雕石刻，四角戗脊上塑有“走尽人”，传说为韩信、庞涓、周瑜和罗成 4 将，因其生前为人奸短，而受到上天的惩戒。

河南府城隍庙占地面积 120 亩。河南府城隍庙至迟在明代初年就建立。后历经明代崇祯、清代乾隆、嘉庆、道光、同治、光绪以及民国年间多次重修，到现在所存建筑基本完整，是洛阳仅存不多的古代建筑群之一。

(十六)禹州城隍庙

河南省重点文物保护单位。位于禹州市城内西大街路北。城隍，原指城墙和无水的城壕。自周朝开始，人们为城池水固，保民平安，假想臆造出城隍庙。宋代起，城隍开始人格化，各地多把在某地为官、御过外侮、做过善事的官吏死去后，奉祀为城隍神。明初，朱元璋给各地城隍册封官级品爵，并对各级城隍定了规制。城隍庙始创年代无考,庙内仅发现碑一通,载明崇祯元年(1628 年),在庙内修醮的事件。据志书记载:明洪武四年(1371 年)判官龙济重修,永乐十五年(1417 年)知州刘孟重修,成化二年(1466 年)知州郑珪重修,正德年间王建重修,清康熙三十年(1817 年)知州刘国儒重修,乾隆十年(1745 年)知州邵大业重修。现存多系清代建筑。

城隍庙现存山门、劲楼、城隍殿、后寝殿、鼓楼、东西廊房和财神殿、灶王殿等保护较好的古建筑群。

◆山门

面阔 3 间,进深 1 间,系单檐悬山式琉璃瓦建筑,梁头雕作龙头形,戏楼有 2 座,面阔 3 间,单檐歇山琉璃瓦建筑,前后联系而成。明间青砖拱券,作为南北通道,后为戏楼舞台,戏楼东北、西北角斗拱构造风格独特,有拱无斗,有昂无升、上昂全雕龙头。

◆卷棚

面阔 3 间,东西配殿各 2 间,并接钟鼓楼,现存西部钟楼,都系硬山琉璃瓦建筑物。

◆大殿

面阔 3 间,进深 3 间,单檐歇山式建筑,琉璃瓦覆顶。檐下用五踩斗拱,檐柱为青石方形。大枋与檩间加隔架科斗拱。

◆廊房

大殿前东、西侧建廊房各 10 间,单檐硬山式,小青瓦覆顶,步廊檐柱为青石方柱,梁头饰木雕龙头形。

◆财神殿

居大殿东侧,殿前有卷棚相连。卷棚面阔 3 间,进深 5 架;大殿面阔 3 间,进深 7 架,系单檐硬山式建筑,梁檩饰彩绘,制作简洁。

◆灶王殿

居财神殿东北后侧,殿前有卷棚相连,卷棚与灶王殿面阔各 3 间,进深均为 5 架,灰色筒、板瓦覆顶,营造更为简洁。

城隍庙现存古建筑较多,较完整的殿宇有 4 处,加上戏楼、山门是禹州现存规模较大的古建筑群,更由于修建年代不一,包含有宋、元、明、清不同年代建筑科学的灿烂文化的结晶,是研究古代建筑史的宝贵实物资料。

(十七)荥泽县城隍庙

河南省重点文物保护单位。荥泽县城隍庙初建成于宋代,历元、明、清各代,于清康熙三十七年迁建于荥阳故城内西北隅,位于今惠济区古荥镇政府附近。

荥泽县城隍庙现存建筑始建于明成化年间(1465 ~ 1488 年),现存明代大殿,月台、碑刻两通,清代香炉一尊,寝殿存部分基础。现存大殿是明代建筑,坐北朝南,东西长 16.2 米,南北宽 11.4 米,大部分保

荥泽县城隍庙

存完整，面阔5间，进深3间，单檐四坡式建筑，屋面覆以绿琉璃瓦，脊饰绿黄相间式琉璃，正脊两端置蟠龙大吻，主体建筑由18个木柱支撑梁体。梁体等木构架以五色彩绘，殿内方砖墁地。殿前月台上铁香炉呈圆形，高1米，周长2.52米，上铸乾隆年间重修城隍庙铭文。月台两侧各立碑刻一通。西侧碑刻为嘉靖三十三年（1554年）重修荥泽县显佑伯城隍庙碑铭，碑身通高3.8米，其中碑额1.4米，雕刻二龙戏珠图案，碑身2.4米，宽1.22米。碑文详细记载了重修经历及城隍庙布局及建筑规模和风格：大殿、寝宫各五楹，隆栋修椽，金铺玉舄，复檐崇危，翠飞鸟革，金碧荧煌，仪像有赫，翼以仪门，瓦缝砖级，不事栋宇，龙磨所能，大门三楹，巨灵对峙，左拽玄菟，右臂苍鹰，森严可畏，建东西廊为楹，凡七十有二以肖古金，东侧碑刻为明万历年间重修"荥泽县城隍庙记"，碑身通高3.8米，其中碑额1.4米，雕刻二龙戏珠图案，碑身高2.4米，宽1.20米，楷书，详细记载城隍庙始建于成化渐渐的原因及重修经历。

（十八）涉村东大庙

河南省重点文物保护单位。涉村东大庙位于巩义市东南山区涉村镇后村。东有五指岭，西为金牛山，南靠嵩岳，北依盘龙山，西南方向后村河向西流入坞罗河，俗称"四十五里倒流河"。

涉村东大庙又称金山寺、中岳后庙、后村关帝庙。创建年代不详，由庙里宋代宣和二年（1120年）的石供床，推测创建年代最晚为宋代。明清时期多次维修。20世纪30年代末，巩县芝罗二校（芝罗乡第二中心学校）在此驻扎；1945年，八路军撤退后，国民党县大队李清彪、王殿臣等在该庙内设公堂刑场，迫害屠杀许多革命人士，被老百姓称为阎王殿；新中国成立后改为巩县十八完校；20世纪"文化大革命"后期，由于各村建校，学校分开，后村学校继续使用；20世纪80年代初学校迁出。现为后村宗教活动场所。

涉村东庙坐北面南，东西宽58米，南北长36米，面积2000平方米。庙院横长，现存山门、戏楼、关圣殿、中王殿、圣母殿、卢医殿、三官殿、祖师宫、送子观音殿、白衣阁等建筑，皆为硬山式砖木结构，房屋21间，宋、明、清碑碣13通，石供床2块，院子内、围墙下还有残碑10余块。特别是发现了宋代石供床，宋代石刻在中原地区虽多有发现，但该石供床纪年清楚，题跋清晰，刻工精细，为我们研究宋代巩县地名、文化、民俗提供了珍贵的资料，具有相当高的史料价值。该建筑历史悠久，保存基本完好，具有一定的历史、文化、艺术价值。

（十九）密县城隍庙

河南省重点文物保护单位。密县城隍庙位于新密市老城西街。坐北朝南。创建于明洪武四年（1371年），清康熙十一年（1672年）知县李居易重修。乾隆五十七年（1792年）3次续修。大门外琉璃照壁，系马负图建。城隍庙建筑群，总面积4140平方米，由南向北有琉璃照壁、铁狮、石坊、山门、戏楼、东西廊房、大殿、东西配殿、寝殿及东西道院。

现存建筑：戏楼面宽3间，为歇山式高台楼阁灰瓦顶建筑，两侧为钟鼓楼，中间为戏楼，均坐于3米多高的台基之上。台基下为砖券门洞3个；大殿面宽5间，进深3间，为单檐悬山建筑，前后檐下各置斗拱10朵，殿前有卷棚，均琉璃瓦覆盖；寝殿，面宽3间，进深2间，前檐有出厦走廊，亦琉璃瓦覆盖。另外有配殿4座，东西廊房各13间等，均为硬山灰瓦顶。大殿、寝殿为明代建筑，均保存完好。庙内石碑10余块，大都嵌于屋墙上。

《礼运》载：天子大蜡八。伊耆始为蜡，蜡祭八神，水庸居七，水则隍，庸则城也，此正祭城隍之始也。《谰言长语》："城隍之名，肇于古史之造字，其用著于《周易》之系爻。城隍之有庙，殆亦以栖配食之灵,祭城隍于配食之庙,犹明堂之祀帝云尔,此儒者之正论也。今多塑像寝殿立配,又置两廊之狱,如东岳之七十二司,谬矣。”

(二十)洛阳吕祖庙

河南省重点文物保护单位。洛阳吕祖庙位于洛阳老城北约2.5公里的井沟村,现洛孟公路东侧的邙山上。吕祖庙,也称吕祖庵,因供奉道教全真道“北五祖”之一的吕洞宾而得名。吕洞宾是中国人熟知的“八仙”(李铁拐、汉钟离、张果老、韩湘子、曹国舅、蓝采和、何仙姑及吕洞宾)之一,相传他是唐朝京兆人,值黄巢起义,隐居终南山,后又流浪江湖,64岁时遇仙人汉钟离,度其为仙,道教全真道尊其为北五祖之一。相传他仗剑骑鹤游天下,曾“憩鹤于邙山之巅”,于是后人在此处建庙塑像。道教称仙人住所为洞,吕洞宾号纯阳子,故庙名为“纯阳洞”。

吕祖庙坐西朝东,前有瀍水峡谷,后为邙山高原,庙院不大,但古树葱葱,清静幽雅,景色秀丽。吕祖庙创建于清代乾隆年间,后经屡次修建、扩建,成为一处红砖灰瓦的建筑群。现存建筑26间,主要有山门、卷棚、前殿、出前殿、正殿,自山门到后殿呈台阶式上升。

◆山门

全部为砖石结构,整个建筑不见一木,九脊歇山式顶。门洞内上部类券顶。山门两旁各有客房3间,均为砖木结构硬山顶,板门,直棂窗。

◆卷棚

石木结构,1间,四角以4根方形石柱支撑,顶饰琉璃瓦。卷棚前为月台,月台两旁各有一月亮门。

◆前殿

砖木结构硬山顶,上饰琉璃瓦与吻脊。面阔3间,进深2间。格扇门,花格窗。进殿内有一方形砖台,上为木构吕祖阁,阁内供置吕祖像。大殿两旁有配殿两间,为木结构硬山顶,板门,起码棂窗,出前檐。

◆月台

出前殿后门拾级而上是一月台,两边各有厢房3间,为砖木结构硬山顶,格扇门,方格窗,其后是正殿。

◆正殿

面阔3间,进深2间。格扇门,直棂窗。两边各有配殿2间;板门,直棂窗,全为砖木结构硬山顶,顶饰青色小瓦,出前檐。

原庙内各殿塑像、经卷、法器和签板均毁于“文革”中。现存碑刻数通,但因风雨侵蚀较重,字迹难辨,内容不清。

(二十一)大隗洪山庙

河南省重点文物保护单位。大隗洪山庙位于新密市区东南25公里的大隗镇洪山庙村。因庙祀洪山真人而得名。

因世乱隐居洪山,“医宋太后……诏封护国真牧灵应真人,及卒,葬洪山,元始建庙祀之”。自元、明至今,每年清明佳节,川、广、江淮商人云集洪山庙古庙会,购买药材。

大隗洪山庙创建于元代,明、清两代均有修葺。内供“洪山真人像”,当地称为“牛王”。据碑文载:“洪山真人”,姓顾,原籍河北,南宋末年曾举进士,宋代名医。尝奉诏为宋太后疗兵马,投方辄愈,赐金帛不受,诏封护国真牧灵应真人。因随陈庄陈治甫避世乱来到这里,后隐居洪山,号洪山真人,一生好善,为人畜治病,自制自采草药,深得老百姓爱戴。后误食蛇卵,剖腹净肠而亡,死后被人们敬祀为神,号牛王,庙称洪山庙。

洪山庙坐北朝南,顺山势而建。庙内现存大殿、后殿、药王殿、祖师殿、钟鼓殿、山门等建筑16座,共44间。此外有碑刻30余通。此庙建筑物多已残毁,唯大殿保存完好。大殿面阔5间,进深3架,单檐歇山顶,高10米,面积110平方米。大殿顶覆以琉璃瓦,正脊、垂脊、戗脊,饰有龙、凤、鹤、莲、牡丹等虫鸟花卉图案。大殿房檐出厦1.68米,前檐垫拱板上有14幅人物故事和禽兽图案,殿内梁架也有彩绘。内檐垫拱板上有28幅戏剧人物画,现27幅保存完好,绘画风格及人物服饰特点均为明代。殿内木、石柱混用,石柱浮雕盘龙、鹤、狮、鱼、蟾蜍、麒麟等图像。古朴典雅,美观大方。

洪山庙大殿的28幅戏剧壁画,现在除了后墙因墙体损坏失去了3幅,西墙北部可能是受损严重有2幅为后人补画的水墨作品以外,其余的23幅虽然大多已残缺不全,仍保存了明代绘制的原貌。画面多是依梯形的空间,在四周绘制了方格勾栏,以代表过去戏楼舞台的表演空间,中间则绘有一定故事情节构成的戏剧表演场景。分为武戏、文戏、生活故事几种类型。武戏以打斗为主,有武将,着甲服;义士、坊间侠客,着明代民服。兵器有刀、枪、剑、锤、爪等。文戏以叙事场面为主,有帝王将相、才子佳人、朝臣命妇等。生活的故事人物有:公子、小姐、丫环仆女、家郎院公等。共绘有表现不同特征、不同风格的人物100多个,似一卷以表现人物为主,展现明代社会生活的连环图。

壁画采用唐宋以来民间绘画常用的线形结构的技法,利用沥粉描金的绘制技术,利用扎实的人物写实能力和记忆写实的功夫,创作出来的明代戏剧人物壁画。它是先用木炭打好线稿,再用墨线毛笔定型,在定型的基础上,再用特制的工具沥粉。所谓沥粉,就是用当时所能利用的白粉,如老粉等,用胶调和成膏状的黏稠泥,使之能够立起雕线,并将之装入洗净的鸡尿泡中,用手轻轻地挤压,从较细一端的孔隙中就能绘出浮雕一般的轮廓线条来,待干了以后,再将这种浮雕立线,描上金粉,将各个不同的细节,填上石绿、石青、朱砂、滕黄等矿物质颜料,塑造出传神的表情和动作,就形成了这种特殊的寺庙壁画的绘制技法。

(二十二)鸣皋南岳庙

河南省重点文物保护单位。鸣皋南岳庙位于伊川县鸣皋镇鸣皋村的衡桃山头。史料记载,南岳庙建于北魏孝文帝太和十七年(493年)。相传南岳庙建于北魏年间,孝文帝都洛,南巡至鸣皋,望着正南方鸣皋山主峰,想到北魏政权已有四岳(东岳泰山、中岳嵩山、西岳华山、北岳恒山),而南岳衡山非北魏所辖。孝文帝为朝五岳,特尊鸣皋山为南岳衡山,于其上建南岳庙祭祀。南岳庙原来规模宏大,坐北朝南,其主体建筑可分为山门、钟鼓舞楼、四神殿、两庑、寝宫、太姒殿、白衣殿、玉皇殿7个部分。在1500多年的历史长河中,南岳庙历经沧桑,因年久失修,民国时期一部分庙房倒塌。新中国成立初期,伊川县人民政府又拆掉钟鼓楼,把砖瓦木料运往县城盖成7间大礼堂。仅剩南岳正殿3间,砖木结构,歇山式建筑,面阔11.35米,进深10.35米同,殿内有圆形立柱两根,两人合抱,柱头为砍刹式。内宽9米,中门宽2.3米,四周壁画依稀可见。

近年,各级政府的投资及四乡民众的捐款,让南岳庙部分建筑得以重建、修复。南岳庙主体建筑依次为三层山门、钟鼓舞楼、四神殿、南岳正殿、两庑、寝宫、太姒殿、白衣殿、玉皇庙等几部分,依山势贯穿在中轴线上,雄伟壮丽。

南岳庙在当地十分有名,南岳庙每年农历三月十五起会,方圆数百里前来赶庙会的人络绎不绝,

人数最多时可至10余万。

（二十三）纪公庙和周苛庙

纪公庙，全称汉忠烈侯纪信庙，位于郑州市惠济区古荥镇纪公庙村，纪信墓南侧。唐高宗麟德二年（665年），朝廷以"少年之礼"祭祀纪信，并赠以"骠骑大将军"封号，立碑于纪陵前。天宝七年（748年），唐玄宗下诏为忠臣义士建庙祭祀，纪公庙因此而建。

纪公庙坐北朝南，头门为一拱券，一对石狮列于门旁，门上有"汉忠烈侯庙"的石匾一块。进大门可见大殿耸立，四角高挑，屋顶灰瓦覆盖，屋脊上各种陶塑奇鸟异兽相对而立，形态小巧精致，将大殿衬托得既文雅又肃穆。门框上写有15言对联一副："解万千众围困重重抗楚功臣推第一；成四百载帝业绵绵大汉国土许无双。"庙内原有民国年间重修的大门、戏楼、大殿、东西廊等。原貌今已无存。近年新修庙门及大殿，庙内祀纪信塑像。

纪信庙后有纪信墓，墓区原设守陵户，繁衍至今为纪公庙周边的新庄、界庄、石羊庄、封沟等村落全称"纪公庙村"。村民多租种庙产，不缴纳赋税，不服役，地租专供春秋祭祀纪公之用。由于纪信的以身殉节，使汉朝得以400年江山，所以纪信得到万代人们的尊崇。

纪信墓旁立有历代重修庙宇和赞颂纪信的碑碣20余通，大部完整，字迹清晰。为时最早、价值最高的是武周长安二年（702年）书法家卢藏用撰书的"汉忠烈纪公碑"，其次有宋徽宗大观四年（1110年）乐清太守周颖撰文、寅德郎中祭靖书写所立之碑以及南宋乾道八年（1172年）的碑文及民国时期的碑刻。现存民国时期的碑刻有于右任、陈立夫、李培基、罗震等题的碑刻。目前，仅存23块。这些碑刻运用不同形式，如实地记述和歌颂了纪信的丰功伟绩，堪称"纪公丰碑"。

周苛庙位于纪公庙以东约百余米，殿与墓已毁于"文革"。这里已建民宅。

据《史记·项羽本纪》和《高组本纪》载：汉王三年，刘邦屯兵荥阳，项羽率兵围攻，汉军绝粮，汉将纪信为汉王刘邦献脱身之计，愿扮汉王诈降项羽，使汉王趁机逃离荥阳。刘邦纳其计，随命御史大夫周苛、枞公守荥阳，趁纪信乘黄幄出东门诈降之际，带数十骑从城西门出走成皋。项羽见纪信，知汉王已出走，怒焚纪信。城破后，周苛、枞公被俘拒降，项王怒，烹周苛，杀枞公。

（二十四）许由庙

箕山许由庙

河南省重点文物保护单位。许由庙位于登封市东南东华镇箕山北部山腰。左有虎头岩，右临馒头坡。庙建于东汉时期。据《河南府志》和乾隆五十六年（1791年）《重修许由公祠碑记》记载，庙前原有东汉颍川太守朱宠所立的庙阙。《河南府志》记载："许由阙系朱宠所建，至明有知县侯泰、傅梅重修。"今阙已毁，唯庙存。

据传：上古隐士许由是上古槐里人，因拒尧之禅让，隐居箕山，耕耘颍畔，并洗耳于颍水。巢父牵牛去饮，由怕水污了牛嘴，又到上游去饮。后人为纪念许由的高尚风格，在此建庙。唐朝田游岩曾卜居许由祠旁。盖其祠历代不废，近日乃呼为真人祠，而高隐之义晦矣。

许由庙现有建筑为明代建筑，清代重修。许由庙现存正殿1座，面阔3间，进深2间，为硬山、高脊、出前檐瓦房，前有石、木两截衔接的明柱两根。西廊房3间，硬山灰瓦顶。

庙内原有碑碣八九通，“文化大革命”期间被砸毁，现仅存完整石碑一通，垒砌在正殿台下。庙前地里有断碑一截，字迹尚可辨认，残碑记载：“重修许公祠碑记……大清乾隆五十六年（1791年）。”庙门外原有汉颍川太守朱宠所立的庙阙。《河南府志》记：“许由阙系朱宠所建，至明有知县侯泰、傅梅重修。”今阙已毁，唯庙存。

许由庙后有许由墓。按当地民间民俗，许氏后人不断有人前来凭吊。1991年5月，台湾省台北市有一团队到此祭祖、投资，由当地人施工重修，并于山顶新盖许由庙宇，金妆许由塑像。

（二十五）始祖山轩辕庙

始祖山轩辕庙位于新郑市千户寨乡始祖山（具茨山）主峰顶上，海拔793米。轩辕庙创建年代不详。清顺治十五年（1658年）《新郑县志》记载，“轩辕庙在县西大隗山巅”。清康熙三十二年（1693年）《新郑县志》记载，“轩辕庙在县西大隗”。清康熙三十四年（1695年）《新郑县志》记载，“轩辕庙在县西大隗山巅”。

轩辕庙现仅存石殿一座。石殿，坐西向东，台基、墙身和屋顶均为石材构成。面阔3间（7.35米），进深3间（4.80米），高约5米，为单檐歇山式建筑，建筑面积40平方米。殿顶覆盖灰板瓦，疑为近代覆加。正脊平直，两端和戗脊下端均以兽首作结。正脊中央雕有“吉”字图形。庙墙正面和背面用4组长斗拱安在檐柱之上，殿内4根石柱通过步（木梁）与墙体连接起来，柱上置横梁等构件承托屋顶。正面明间辟门，门高2.18米，门宽1.73米，左右有立颊。两次间用直棂窗，中间一道破子棂窗，其他三面无窗。门楣石簪上浮雕横向排4个象形文字，南为“日”，北为“月”字，中间阳雕一“卍”字。庙正面两窗下各嵌有96×44厘米的石碑，碑文已漫漶不清。

庙内为仿木构凹槽式抬梁建筑，以石板作椽，石条作檩，厚重坚固。庙内左侧立有一通清嘉庆七年（1802年）新邑痒生赵蔺宫、董沐撰文，古钧儒童李天乙书丹的石碑，记载着“重修风后山群庙暨创建于孔子虫马仙康仙灶君药王鲁班送子土地”的史实。

（二十六）白龙王庙

白龙王庙位于嵩山之阳的新密市区南15公里的柏崖山和熊耳山之间的峡谷中。始建于唐末和五代年间。现存龙王大殿、乐楼、拜殿各1座，共计庙宇26间。大殿两旁有关帝庙、奶奶庙各3间，殿后有后宫瓦房3所，殿前东侧有道房1所，西侧有官停房3间。该庙现有碑刻15通，松、柏、桧等各种树木10余株。

庙西南山脚下有柏崖龙池，苍松翠柏，清幽静寂。庙前有深谷10多丈，深谷里有3个青石水潭，叫白龙潭、黑龙潭和九龙潭。有一股清泉自荟萃山而来，落入白龙潭时，飞流瀑布3丈许，水声悠远，回荡山谷。清代有诗人赋诗：“加鞭风及雨，四月拜龙泉。覆掌驾三峡，翻身驭九天。时霖熊耳岭，或澍风鸣巅。歇马寻长揖，逍遥举步仙。”

（二十七）巩义明代三官庙

巩义明代三官庙位于巩义市区南8公里蔡庄村。《七修类稿》：“世有三元、三官，天地水府之说。

此理也,盖天气主生,水为生侯;地气主成,金为成侯;水气主化,水为化侯。其用司于三界,而以三时首月侯之,故曰三元。元,大也,两间之元,孰大于此。三元正当三临官,故又曰三官。”创建于明万历二十四年(1596 年),清代重修。现仅存大殿,为悬山式砖木结构,面阔 3 间,进深 2 间,房顶覆盖灰色筒瓦,仅大吻和宝瓶为淡绿色琉璃烧制。檐下施斗拱 8 朵,昂似批竹,后尾为带弯形假通昂。这些木制构件具有宋代风格,实用价值较高。

(二十八)巩义清代三官庙

巩义清代三官庙位于巩义市区南 25 公里夹津口镇石井村。该庙建于清道光二年(1822 年),坐北朝南。庙中原有建筑早已坍塌,唯存清同治年间大殿 3 间,硬山灰瓦顶。殿内保存的拳术壁画是研究我国拳术的珍贵资料。殿内四壁白灰抹面,东、西、北三壁皆绘壁画,墨笔单线,画风纯朴粗放。除北壁绘山水、日月、人物画外,东西壁绘拳术、棍术,均绘于方形界格内,共 22 幅,排列整齐。弄拳者头结发髻,裸上体,下肢着宽裤,掖裤腿边至膝下,足蹬圆口鞋。习武者个个躯体矮胖,肌肉隆起,健壮有力,神情威武,每个格内绘 2 个相对格斗,以不同的套路,各自摆出架势,有攻有守,聚精会神地对仗,酷似一套拳术连环画谱,每格画幅表现一个拳术套路,并分别在画旁题写名称。但大部分已脱落,从现存残迹可辨出拳术套路名称的有“太山黑白跌势”“探马势”等。这些壁画集 22 种套路,并存题名,对拳术研究提供了形象的资料。东墙壁绘有中堂条幅式“商山四皓”图。

三官庙地处嵩山的太室、少室之间的北麓,距著名的少林拳发祥地少林古刹不远,从庙内留下的清代碑记和绘画风格判断,该壁画应和大殿建筑为同一时期,都在清同治年间。

(二十九)河大王庙

河大王庙在伊洛河流域,仅巩义市就有两处:

巩义南河渡河大王庙,位于巩义市区东北 15 公里南河渡镇神北村。明代黄河与洛水交汇处,河水泛滥,当地百姓为祈平安建此河大王庙,清、民国时均有修葺。坐北朝南,面积 0.2 公顷,中轴线自南而北依次有山门、戏楼、大殿,其中东西厢房已折毁。大殿面阔 3 间,前出卷棚、月台,雕饰华丽。

巩义站街镇河大王庙,位于巩义市区东 9 公里站街镇财税所院内。坐北朝南,创建于清嘉庆二年(1797 年),现存大殿、卷棚、戏楼等建筑,面积 0.4 公顷。戏楼系高台楼阁式,上下两层,高 10 米,上层是舞台。大殿东西长 13 米,宽 13 米,歇山式建筑,灰瓦覆顶,前有卷棚 3 间,青砖小瓦,木架结构,彩绘绚丽,木雕、砖雕图案精美。殿后有后楼一座。庙内现存碑刻 8 通。

(三十)孔氏家庙

孔氏家庙位于郑州市邙山区古荥镇南街。创建于宋祥符年间。是孔氏家族后代为唐孔戣、孔纬守坟俸祀和祭祀先祖的家庙。明弘治初年(1490 年左右)和嘉靖十四年(1535 年)曾两次重修,但都毁于明末战火。清雍正十三年(1735 年)仿样重建大殿 3 间、前堂 3 间、照壁 1 座。乾隆十年(1745 年),增设棂星门和院墙;四十一年(1776 年)增设东西殿庑;直到嘉庆二十四年(1819 年)重修后,孔氏家庙才恢复旧观。家庙原有大殿 3 间、厅堂 3 间、照壁 1 座,殿前有石碑数通。现仅存大殿 3 间,砖木结构,前有明柱外廊,已失去古代建筑特点,只有前檐横梁的“柁墩”,可能还是清代以前的遗物。另有道光十八年(1838 年)碑 1 通,堂前有古杨 2 棵。

庙内原有宋碑,详细记述了建庙经过。碑额正面为小篆 12 字,两行竖写,“建河南广武原宣圣家庙碑记"。字两侧有线刻云朵,右托日,左托月。碑连是线雕阴纹图案,绘莲花、芍药等花卉。最早的宋碑是大中祥符二年(1009 年)建庙时所立,高 1.9 米,宽 0.6 米。碑文记述了建庙经过,并说明孔氏后代居住古荥的来历。原文说:"(大中)祥符元年驾幸曲阜,赐孔氏男女钱帛有差……曰:'圣人世家子孙若此其盛乎?'四十五世孙孔延、世袭文宣王奏曰:'孔子仍有随驾参军孔晃一支,住在河南广武原,族也。'上召晃问,对曰:'祖孔戣,任唐礼部尚书,国公孔纬,皆荷□先朝御葬广武原,子孙守坟俸祀,随□逐不能以东归。'上喜,策命留守王羽腾来原建家庙 3 间,前戟门 3 间,棂星门 1 座。"此碑和厅堂、照壁在"文化大革命"中被毁。

(三十一)孔庙

孔庙位于新密市老城东街。始建无考。有史料记载,元至正二年(1342 年),主簿马元良重修,元末兵毁。明洪武二年(1369 年),知县冯万金因旧址草创。成化年间,增修如制。宏治间,修建东西二斋。正德年间,易棂星门之木者以石。明末后毁,鞠为茂草,仅存棂星门。清顺治三年(1646 年),重始建大成殿;六年,增补,规制略备。康熙二十年、四十九年增修;雍正八年、嘉庆三年作以重修。明代刘定之为此撰有《庙学碑记》,上面有关其庙学的详细记载。元、明时屡有修建。现存建筑为清顺治三年(1646 年)重建。坐北面南,面积 2440 平方米。现存戟门、大成殿、崇圣祠、敬一亭、尊经阁及东西厢房各 3 座。戟门面阔 3 间,前后檐出廊,硬山式瓦顶;大成殿面阔 5 间,进深 3 间,单檐悬山式灰瓦顶,内施 8 根合抱木柱,整个大殿在高约 1 米的台基之上,殿前为月台;崇圣祠面阔 5 间,进深 3 间,悬山灰筒瓦顶覆盖,殿内立合抱木柱 8 根,柱础为覆盆式;敬一亭面阔 3 间,进深 1 间,悬山灰瓦顶;尊经阁面阁 3 间,进深 2 间,硬山式灰瓦顶,阁前为平台。庙内现存元、明、清碑各 1 通。

(三十二)孙真庙

孙真庙位于巩义市区东南 4 公里站街镇大黄冶村。创建年代不详。据传是为了记念我国唐代药王孙思邈而建。该庙坐北朝南,面积 1000 平方米。现存山门、广生殿、孙真殿、拜殿共 13 间,窑洞 4 孔,均为清代建筑。其中拜殿为硬山青砖小瓦结构。廊下有明柱,檐下明间木雕花卉。孙真殿为砖券无梁殿,灰瓦覆顶,檐下有砖磨斗拱,补刘雕花卉、人物故事。现有碑刻数通。

(三十三)启母少姨庙

启母少姨庙位于巩义市回郭镇西南 2 公里柏峪村的古柏谷坞遗址上。启母少姨庙,俗称"四座庙",距今 1160 年。据《河南府志》、清《巩县志》、民国《巩县志》和《郑州文物志》记载:启母者,夏禹王之妻,启乃禹王之子;少姨乃启母妹。因二位协助大禹治水有功,至汉武帝元封元年(前 110 年)以来即飨百姓奉祀。唐武则天万岁登封时,又册封启母为玉京太后,少姨为金阙夫人。启母、少姨各自有庙,分别在登封的太室、少室山中。但因年长日久,天灾人祸,今已荡然无存,仅剩石门"启母阙"和"少室阙"。据考:启母、少姨同居一庙飨百姓奉祀的启母少姨庙,有史以来唯有一座,即现在柏峪村的"启母少姨庙"。据庙内现存的宋嘉祐六年(1061 年)杨士元所立的"重修启母少姨庙碑"记载:此庙始建于唐开成四年(839 年),由当地人冯彦皋出巨资率众修建,为使众人免受跋涉之苦远上登封祭祀,在柏谷建庙。庙内现存殿宇 5 座,经幢 1 根,古碑 23 通,石香炉 1 个,均保存较为完好。

(三十四)天仙庙

天仙庙位于新密市区南 4 公里杨寨村西南部。创建于明世宗嘉靖年间(1522～1566 年)时,清代曾5次重修。该庙坐北朝南,分三进院,主要建筑有天仙殿、人祖殿、玉皇殿、老君殿、五龙庙等,“文革”中被毁。现存建筑是在旧址上重建的,前院有天仙殿,面阔5间,进深3间,祀黄帝三女;中院有人祖殿,面阔3间,进深3间,祀轩辕黄帝及风后、力牧、常先、大鸿;后院有玉皇殿,面阔3间,进深3间,祀玉皇大帝。庙内殿宇均硬山琉璃瓦覆盖。嘉庆二十二年《密县志》载:“天仙庙,在县东五里,明世宗时创建。国朝五次重修。世传黄帝三女,学道十七年,一夕同逝,合葬于此。冢上生白松,一株三干,高八九丈,世称‘天仙白松’,康熙间,松为烈风所吹,根株尽拔。乾隆间,知县秦襄为亭贮之。”

天仙庙中院有黄帝三女冢,冢上有历时千年白松一株,为名贵稀有植物。《徐霞客游记》中曾记述其状貌:“树大四人抱,一木三干,鼎耸霄汉,肤如凝脂,洁如傅粉,盘枝虬曲,缘鬣舞风,昴然玉立半空。”清康熙年间,为暴风所摧。遗有明代“白松图碑”1块,现存于郑州市博物馆。

(三十五)马固王氏家庙

郑州马固王氏家庙

马固王氏家庙位于郑州市上街区峡窝镇西马固村南街观音堂东侧。马固王氏家庙为嵩山历史名人、北宋官吏王博文家族的庙。王博文(973~1038年),北宋官员、诗人。字仲明,曹州府济阴(今山东曹县)人。北宋武官王谏之孙,太子太师王世安之子。王博文幼善文,16岁中进士,曾写回文诗百篇,人称“王回文”。真宗时任亳、淮司事,后升至监察御史、梓州路转运史。天禧中,任尚书兵部员外郎、户部郎中、龙图阁侍制、同知枢密院事。景祐五年(1038年)病卒,帝临奠,赠兵部尚书,葬于郑州市上街区峡窝镇东北四所楼村东。王文博有二子,长子王田,天圣间进士,官至枢密院副使;次子,王畴,字景彝,以父荫补将作监主簿,累迁太常博士、翰林学士。

王博文家族在历史上有着“三朝枢密院九子进士宫”之说。三朝枢密院是指王博文和其父亲王世安、其子王田,而九子进士宫,已无从考证。

马固王氏家庙由王汎创建于明朝万历四十一年(1613年)前,完工于万历四十三年(1615年)前。建有寝殿、影壁、门楼。清朝康熙二十八年(1689年),王继柴、王道平主持对家庙进行第一次修复。清乾隆三十一年(1766年),王秉瑞主持增修拜殿、甬道,将断裂为四块的王田墓志嵌于寝殿后壁,志文复制于重立的正中祖宗神道碑上,昭示后人。清嘉庆六年(1801年),王禄善、王秉道等人建东西厢房及跨院库房。1995年,王天太等人对门楼、东厢房等建筑进行保护性修缮。

马固王氏家庙由台阶、露台、门楼、甬穆、影壁、厢房、拜殿、寝殿、库房等建筑组成,布局谨严,气势端庄肃穆。整座建筑群采用传统的中轴对称格局,屋基起台。寝殿、拜殿、厢房两端均有风道。寝殿、拜殿之间以滴水天井相隔,东西拱门相连,和风水之理,符阴阳之术。庙中建筑依次为:

◆寝殿

为无梁殿,圆石根基,青砖白灰精砌而成,穹顶弧形,线条流畅,硬山,屋顶上覆小青瓦,顺排横扣,勾抹精细，历经400余年风雨，至今基本保持原始风貌。

◆拜殿

为砖木结构，四梁八柱，五脊六兽，开间疏朗。兽头、瓦当造型古朴。内悬“大宋世家”匾额。

◆厢房

东西对称，砖木结构。前脸的狮头上雕以篆书“福、寿、康、宁”4字，笔锋粗实，古香古色。大面积格子前窗，透光良好。

◆门楼

为明代建筑风格，砖木结构。门当为30厘米的鼓形青石，上饰以图案花边。户对以上悬以“三朝枢密”匾额。

◆影壁

影壁为70块灰砖精雕细刻砌成的高浮雕瑞兽“角端”图案（一说为“贪狼吞日”），富有动感，寓意深刻。两边刻有“大梁清和状元古门第，京洛鱼陵枢副旧世家”的楷书对联。横额为“朝笏满床”。背面雕有童子、花草等。

整座建筑坐北朝南，结构紧凑，用料讲究，内涵丰富；其石狮、门楼、砖雕影壁墙、东厢房、西厢房、拜殿、王氏宗祠匾、三朝枢密匾、王田墓志等文物瑰宝以及对联“大梁清和状元古门第，京洛鱼陵枢副旧世家”和横批“朝笏满床”、对联“三朝枢密簪缨世胄垂百代，九子进士科第家风表千秋”和横批“大宋世家”等，至今保存完好。

（三十六）登封周公庙

登封周公庙位于嵩山太室山南麓、登封市告成镇北观星台所在院。登封周公庙始建于明代。原名“周公测景祠”，有照壁、大门、大殿、仪门等建筑。

◆照壁

照壁又称影壁，建在周公庙大门外，系砖砌硬山式建筑。清乾隆十三年（1748年）登封知县施奕簪创建。壁北面嵌有“千古中传”石额1方。1975年重修。

◆大门

在照壁后，面阔3间，仿古硬山式建筑。明弘治十一年（1498年）建。清乾隆三十二年（1767年）、嘉庆十四年（1809年）两次重修。1975年又进行一次维修。前檐两石柱刻有对联：“石表寓精心，氤氲南北变寒暑”；“星台留古制，会合阴阳交雨风”。

◆戟门

又称仪门，是大门后的第一重门。面阔3间，硬山建筑，乾隆三十二年（1767年）重建，1983年河南省外事办公室拨款3万元，由省古建所承担施工，落架重修。

◆周公祠

在测景台和观星台之间，也叫周公大殿，面阔3间，前有卷棚，硬山式建筑。始建于明弘治十四年（1501年）。明万历十年（1582年）、清嘉庆十四年（1809年）两次重修。1982～1984年河南省古建所落架重修。

◆螽斯殿

俗称奶奶庙，是最后一座建筑，面阔3间，硬山式建筑。2004年，登封市文物局向河南省基建部门争取资金26万元对此殿进行了重建。

现保存在观星台周围附近的碑刻共16通,其中明碑7通(一残碑),清碑9通。最早的是明正德十五年(1520年)的“告文碑”。最晚的是清光绪十九年(1893年)的《重修元圣庙碑记》。碑刻的内容多为增建祠庙或修葺观星台以及游人题诗等。它提供了有关观星台历代修葺资料,具有一定的历史价值。

(三十七)老庙(玉仙圣母庙)

老庙,又称玉仙圣母庙,位于嵩山东北麓、巩义市区东南30公里的新中乡南部石城山凤飞岗下,亦称玉仙圣母庙。该庙创建于唐,明清屡有修葺。占地面积10万平方米。坐北朝南,中轴线自南向北依次为山门、中王庙、玉仙圣母殿;西有火神庙、龙王庙、白衣阁;东有安水殿、玉皇阁、玉仙圣母行宫等。

玉仙圣母殿,面阔3间,宽12米,进深5米,房高10米,为硬山砖券无梁殿。顶部为黄绿色琉璃瓦覆盖,龙凤雕脊,脊上排列八仙庆寿,正中置琉璃宝塔,檐下有砖雕斗拱,补间花饰雕刻古朴典雅。

玉皇阁面阔3间,进深2间,为悬山砖石拱券结构,黄绿琉璃瓦覆顶,檐下施斗拱。

现存房屋50余间。该庙现存殿宇房舍大都是明清时期建筑,庙内有明、清重修碑刻数10通,记述庙宇的沿革与重修经过,是研究该庙历史的实物资料。

(三十八)卢医庙

卢医,原名秦越人,号扁鹊,渤海鄚州(今河北任丘)人。他出身贫苦,少年时作客舍舍长,聪明机敏,勤奋好学,向客居的长桑君学医,并重实践而成名,能兼治内科、外科、妇儿科、五官科等多种疾病。他同当时巫医神汉进行斗争,行医于河北、河南、山西、山东等地,深得人民信赖,但却引起巫医神汉的嫉妒,后被暗杀。消息传开,人民悲痛万分,为他修庙,立碑纪念。

嵩山地域古代有多处卢医庙,有巩义回郭镇卢医庙、巩义康店卢医庙、新密卢医庙、荥阳卢医庙、登封东刘碑卢医庙等,大都建于明代,有一定的规模。但随着时间的增进,有的卢医庙的古建筑基本上已经无存,只有几座得以保存下来。

1. 巩义卢医庙

巩义卢医庙位于巩义市区西7公里康店乡山头村正中。创建于明万历年间,明、清、民国均有修葺。原建有大殿、两配殿、东西庑殿,面对大殿的中轴线上建筑戏楼1座。现仅存大殿、配殿、戏楼。戏楼面阔3间,2层,通高9米,长8.5米,宽5.6米。第一层正中为庙院正门,紧靠戏楼东、西侧辟角门。第二层木制棚板,北面对大殿畅开两明间,柱上端有简单雕刻。灰板瓦和筒瓦砌楼顶,硬山饰有脊兽。庙内现存石碑6通,均嵌在大殿墙壁上。其中清乾隆、嘉庆、道光、同治、光绪、民国期间的各1通。

2. 荥阳卢医庙

荥阳卢医庙位于荥阳市峡窝乡上街村南。始建于明,清代重修。该庙坐北朝南,面积5000平方米。现存建筑中轴线上依次为山门、钟鼓楼、卷棚、大殿,两侧建筑已毁。大殿面阔5间,硬山灰顶。庙内现存“百世之师”碑刻1通。

3. 登封刘碑村卢医庙

登封刘碑村卢医庙位于太室山南登封市大冶镇东刘碑村九顶凤凰岭上。祀药王、药圣十代名医之神。明代重臣高拱为之记。庙建何时不详。1985 年后,当地群众重修。前有大门,门外有一对高 2 米的石狮。庙院内有正殿,青砖灰瓦,古朴雅致。殿内正中有卢医扁鹊金妆塑像,左右有手执盘盏的弟子子阳、子豹站像。庙内原有明嘉靖癸卯年(1543 年)的《卢医扁鹊广应王三门记》、清嘉庆九年(1804 年)的《凤凰山重修卢医庙金妆碑记》石碑,现保存在中岳庙。

4. 巩义市回郭镇卢医庙

巩义回郭镇卢医庙位于嵩山之阴的巩义市回郭镇南顺街。有大殿、楼阁,后被学校占用。

(三十九)伯灵翁庙

伯灵翁庙位于禹州市区西南 30 公里处的神垕镇黄道街。此庙的建筑年代已无从考证,据传说在明朝弘治年间、清代康熙年间重修过几次。它的大殿建筑格局和普通的庙宇没有什么区别,不同的是大殿顶部有一巨大的狮驮宝瓶,是清代著名的钧瓷艺人芦氏三兄弟的杰作。

伯灵翁庙大殿内供奉着三尊主神。中间一尊为土山大王,司土之神,据《竹书纪年》的记载,是舜。左边一尊为伯灵仙翁,根据史料考证,是东晋永和年间(345 ~ 357 年)有寿人,名林,是一位能工巧匠,为神垕古代制瓷业的发展作出过巨大的贡献,所以被神垕的窑工奉为工艺之神。右边是司火女神,人称“金火圣母”。

伯灵翁庙是一座窑神庙,是全镇诸窑神庙中最著名的一座。

(四十)岱岳庙

岱岳庙位于巩义市区东 30 公里小关镇郑沟村。据明万历十一年(1583)碑文记载,汉代曾在此建行宫,明、清、民国时均有修葺。坐北朝南,现存山门、正殿、广生殿、舞楼等殿房 15 间,均为硬山式灰瓦顶。正殿殿前有卷棚,青砖砌墙,灰筒瓦覆顶,正脊上雕 4 条苍龙,颇有气势。庙内现存重修碑刻 2 通。

(四十一)三皇庙

三皇庙位于少室山三皇寨上。郑康成以伏羲、女娲、神农为三皇。宋代均以燧人、伏羲、女娲为三皇。《白虎通》以伏羲、神农、祝融为三皇。孔安国以伏羲、神农、黄帝为三皇。后天下祀三皇者,多以孔安国所说三皇相似。此庙原有道院两处,有三皇殿、盘古洞、观音殿等 30 多间,碑碣多通。庙院始建何时无从查考。从现存清康熙十二年(1673 年)四月初八辛生社《重修三皇殿记》碑,咸丰八年(1858 年)三月住持僧制来《重修三皇殿记》碑和民国七年(1918 年)六月清凉寺主持延乐和本山住持等《重修盘古洞记》碑,可知清至民国年间,多次重修并金妆神像。

此庙原有道院两处,有三皇殿、盘古洞、观音殿等 30 多间,碑碣多通。

1992 年,少林僧人释德建登上三皇寨后,为承传少林寺禅学、武学、医学,同信士和附近村民集资募捐重修三皇殿、盘古洞、观音殿,并建佛祖殿、文殊殿、普贤殿和僧寮房,金妆神像佛像,并创建了一乘堂和龙阳洞等。

(四十二)香山庙

香山庙位于登封市大冶镇与新密市平陌乡交界处的香山峰上。为纪念白居易教民采煤、冶陶而建。该庙始建于唐朝。据传白居易为河南尹时,教民采煤,烧制陶瓷、炼铁,节约大量木材。百姓感其恩德,在山巅为其建庙,年年致祭。

香山庙四周垒红石为垣,南北长18米,东西宽12.25米,面积220.5平方米。正中大殿3间,宽3.5米。庙内祀白居易等群像。庙内有记白居易事迹和重修庙宇经过的碑碣多通。庙外有红石寨环绕,长93.5米,宽81米,总面积7573.5平方米。据《说嵩》记载:“香山与密岵接趾,石质脆腻,细理缕叠,遍产磁碳,居民藉其利,或曰磁始于白居易尹河南时,教民作业以活,民立祠山上祀之,曰香山庙。”

(四十三)巩义祖师庙

巩义祖师庙位于巩义市区东30公里米河镇小李河村。祖师庙始建于宋,明、清增建、重修,内供奉有祖师爷塑像。庙坐北朝南,尚存山门、祖师殿、火神殿、节孝祠、忠义祠等20余间,面积5000平方米。均为硬山灰瓦顶。祖师殿前有卷棚,大殿面阔3间,进深3间。灰筒瓦覆顶,檐下施斗拱,出4个龙头昂。火神殿檐下前壁有大幅砖雕3层,雕龙、天马等瑞兽及花卉和“天仙配”“刘海砍樵”图案等,具有较高的艺术价值。

(四十四)老君庙

老君庙位于新密市区东南7.2公里来集镇李堂村。清初创建,乾隆四十八年(1783年)重修。坐北朝南,面积0.11公顷,有山门、老君殿、龙王殿、关帝庙、东西廊房等。老君殿面阔3间,进深2间,前有卷棚,梁檩彩绘,硬山灰瓦顶建筑。

现存石碑20余块,均嵌于山门耳房内壁及庙院壁中,其中清乾隆八年(1743年)的《重修金妆玉皇碑记》载,药王庙后,地下素号富煤之地,开挖煤窑甚多。乾隆八年(1743年)九月,药王庙周围住户合伙在药王庙后打煤窑一座,不到一月而透煤,且煤质好,开采半年,平安无事。此碑为研究新密市煤矿开发史提供了重要资料。

(四十五)巩义关帝庙

巩义关帝庙位于巩义市区南25公里涉村镇后村。创建于清代。该庙坐北朝南,现存山门、钟楼、戏楼、大殿、配殿、庑房等30余间,面积5000平方米,均硬山灰瓦顶。1945年,皮定均将军率领的抗日先遣支队南下后,国民党曾在这里开设公堂,残害革命干部和群众。

(四十六)汝州城隍庙

城隍是管理一个城市的神灵,很受尊敬,供奉和祭祀城隍的城隍庙,其规模是相当大的。汝州城隍庙,大门开于中大街(今望嵩路与中大街相交处),面阔3间,进深2间,高约6米,飞檐挑角,两边为“八”字形短墙,上附筒瓦,门前有大型铁狮一对。门内两边塑有千里眼、顺风耳神像。进门向北为一长约200米的甬道直通庙门。甬道上镶嵌有13个六角井形青石,人们称“一溜十三井”。甬道北三分之一处有一骑街牌坊。庙门(即阅楼)面阔3间,中为拱形门洞,上为戏楼,两边有透花短墙。进门为一空旷场地,可供看戏使用。之后为马殿3间,中间一间为出入之用,两边各塑马匹马僮。再后两边为东西廊房,供奉十殿阎君,有十八层地狱泥塑,诸如上刀山、下油锅、掏心、磨磨、锯解分尸等,形象逼真,栩栩如生,阴森可怖,用以警示教化世人,勿去作恶。最后是大殿,面阔5间,供奉城隍(据说城隍是3个,有大城隍、二城隍、三城隍),庙内还放有木雕城隍像一尊,官轿一乘,供每年城隍出巡,出城收鬼放鬼之用。另外,庙内西南角自东向西依次又建有祖神殿、灶神殿和鲁班殿,系城内一大建筑群。

(四十七)少室山玉皇庙

少室山玉皇庙位于少室山玉皇沟西的御寨山。该庙前有一小河,清流有声,北靠太阳峰,南对少阳峰,西朝明月峰,东至登封西环旅游公路,景致优雅,环境别致,犹如人间仙境。在道教诸神中,由于"昊天金阙无上至尊自然妙有弥罗至真玉皇上帝"(俗称玉皇大帝)位置最为尊贵,所以嵩山地域中建有多所玉皇庙。该庙历史悠久,始建年代不详。据清顺治八年(1651年)在少室山玉皇庙所立的《重修玉皇沟玄帝殿并金神碑记》载:"如汉、唐、宋、元修葺,历历可考。至明代碣记要更繁,旱则祷于龙池,甘霖立见滂沱。于是而穆宗皇帝御制文祭,又概可见也。"现存玉皇大殿12米,宽10米,高13米,无梁结构。

少室山玉皇庙

时逢农历八月,每逢月落正西之时,从玉皇庙院内仰望西天,恰巧月至峰顶,好比一颗夜明珠悬挂天空,将整个山谷普照得明亮如昼。古人云:"山中无灯凭月明,庙里有神自然灵。"此景观被人们称为"少室明珠"。当地人说,嵩山东有嵩门待月,西有少室明珠,月出月落,太室少室,一东一西,一唱一合,东西对称,堪称天然的绝配。

(四十八)晋王庙

晋王庙位于郑州市管城回族区东晋王庙村边。始建于宋,明、清多次重修。原规模较大,后破坏严重。据清光绪二年(1876年)所立重修碑记载:晋王庙有大殿、拜厦、戏楼、三角门、道房等。现仅存清代硬山灰瓦顶小瓦房10间和石刻。其中"灵显王庙赞碑",为宋真宗赵恒所书,残高2.60米,宽1.10米,厚0.3米,碑额有"灵显王之赞"5个篆字,碑文称赞李靖"功有于国,惠泱于民"。现在碑身字迹多剥落,裂纹严重;有金代《郑州重修有唐忠臣李卫公庙记》,为金明昌二年(1191年)十一月十五日立,碑高2.25米,宽1.03米,厚0.21米,额篆书"有唐忠臣李卫公庙记"3行9字,马逢臣篆额,□琉撰文,游总书丹,碑文行书22行,满行40字,笔力清劲,结构旷逸,有赵孟頫书《百泉玉虚观记》之笔意。碑文记载郑州重修李卫公(李靖)庙的情况。

据碑文记载:李靖为唐代名将,官至中书尚书右仆射,封卫国公。五代后晋天福年间(936~943年),追封李靖为晋王,所以李卫公庙称晋王庙。

(四十九)嵩山九龙圣母庙

登封九龙圣母庙有三处:

一在嵩山南麓、登封市康村西北500米处的焦河西岸。始建年代不详。传说,古时有位康村姑娘到焦河洗衣,因洗了道人的道袍,嘴咬缝纫线头而怀孕,被父母逐出家门,在焦河岸边的田里生下九条小龙。龙长大兴雨,拯救百姓。百姓感恩为其盖庙供奉。庙院前原有戏楼,后被扒毁。大门前两边有池,池水清澈,四季不涸,称为龙眼。庙院有正殿,内供九龙圣母像。东偏院供九龙王像。二进院有正殿。三进院已毁。每年农历二月二举办庙会。

二在太室山东麓龙潭沟上。今依山傍谷有九龙王庙,为明万历二十六年(1598年)建,坐北朝南,面阔3间,青砖黄琉璃瓦顶,飞檐棂窗,内塑九龙王像。清同治九年(1870年)又在九龙王庙西建九龙圣母殿三间。坐东朝西,青砖灰瓦房。内塑九龙圣母像。后历代多有修葺。“文化大革命”中被扒毁。1994年由信士筹资重建。农历五月十五日也有一年一度的庙会。

三在少室山西南麓海渚村水岸边。北依挡阳山,南有福山,中间地势平坦,传为古时海中陆地。庙建于明嘉靖六年(1572年)。又传因蒋氏之女浣沙水边,因吞食奇石而孕,生下九龙,遂治水而年丰。人们感其恩德,在村中修庙供奉九龙圣母。庙院占地3亩有余。现仅存大殿一座,硬山小瓦房,正门二窗,内塑九龙圣母像。殿前有卷棚3间,明柱撑顶。庙内有清康熙五十四年(1715年)、乾隆三十四年(1769年)、嘉庆十七年(1812年)、咸丰四年(1854年)、民国15年(1926年)和1984年的修缮碑多通。每年的农历二月初也有古刹庙会。

此外,登封唐庄的龙池、新密的老城等地都有九龙圣母殿,建造制式大体相同。

(五十)薄太后庙

登封市现存薄太后庙两座:

其一,位于登封市西南10公里的太后庙村北。薄太后,薄姬(?~前155年),东汉高祖刘邦的嫔妃。刘邦的第四子汉文帝刘恒之母。刘恒即皇位后,尊其母薄姬为太后,即薄太后。庙内塑薄太后像。因她在当地传采桑养蚕之法,当地人感其恩德,所以为她建庙,年年祭祀。村庄亦因此而命名。

其二,位于嵩山西麓的登封市颍阳镇东河岸上。始建年代不详。明、清重修。现有大殿一座,内塑薄太后像。相传,她教民养蚕有功,受人尊敬。除大殿外,还有厢房10余间,大殿前戏楼1座。另有石碑10余通。

(五十一)龙王庙

龙王庙位于巩义市区东新中乡口头村。创建年代不详,清道光年间重修。该庙坐北朝南,整个建筑依山就势。面积2000平方米。现存正殿、卷棚、庑殿等20余间。正殿为砖券无梁殿,面阔3间,进深1间。卷棚山墙上绘大幅“龙王降雨”壁画。其中1幅为狂风怒卷,黑云滚滚,1条苍龙在云涛中翻滚,气势磅礴;1幅为龙王施雨后,彩云纷飞,5个龙王在龙女的簇拥下归去。画面绚丽多彩,场面宏伟,具有较高的艺术价值。

(五十二)大冶关帝庙

大冶关帝庙位于嵩山东麓大冶镇东门里,建于元至正元年(1341年)。庙门两侧各塑泥马一匹,形象威武,门楼上层为戏楼。大殿面阔三间,进深五架,硬山筒瓦飞檐。庙中有关羽塑像,关平抱印、周仓持青龙宴月刀侍立两旁。左右两间为药王、虫王塑像,四周绘有壁画。院内原有古柏一株,高 15 米,胸径 1.6 米。1952 年被毁。现存大殿。1991 年,乡民自发筹资金塑关云长、关平、周仓塑像,并粉饰了壁画门窗。农历五月十三有古刹庙会。

三、著名古庙遗址

嵩山地域在历史上有很多的祭祀性古庙建筑,可谓古庙林立,按现在文物保管部门的统计,每个县市的古庙都在几百座以上。后来随着历史的发展,由于种种原因,有的已灰飞烟灭,荡然无存,有的只剩下残墙断壁,留有遗址。为了全面展示嵩山古文化的底蕴,在这里只将一些著名的古庙遗址作以简述。

(一)启母庙遗址

启母庙,古称开母祠。位于太室山南麓的启母阙后、启母石旁。庙始建于汉。《河南府志》载:"汉武帝元封元年用事华山,至中岳见夏后启母石。"安帝延光二年(123 年),颍川太守朱宠又在庙前建启母阙。唐高宗幸嵩山,敕令重修,命崔融作碑铭,文内有云:"红葩夺日,飞累榭于山间。绮缀冲风,架回廊于木末。"从中可想见其庙的壮丽矣。庙早毁,仅阙在。

嵩山石雕中的启母涂山氏

(二)少姨庙遗址

少姨庙遗址位于少室山东麓的邢家铺西。少姨庙,又叫少室山庙,始建于汉,前有朱宠修建的石阙为证。庙内原供妇人神像,传为涂山氏之妹。唐高宗幸嵩山,敕令重修,命令杨炯作碑铭,略云:"臣谨按,少姨庙者,则《汉书·地理志》崇高少室山之庙也。其神为妇人像者,则故老相传,启母涂山氏之妹也。"又云:"珠帘玳匣,上高阁而三休;金柱银楹,出长廓而中宿。"与启母庙可称颉颃也。庙早毁,仅阙在。

(三)关帝庙遗址

关帝庙,又称妥灵宫,遗址位于今洛阳老城区文明街东端。该庙坐东向西,有门楼 3 间,通道 1 间,卷棚 3 间,大殿 3 间,供关羽像。据现存碑记载:"妥灵宫为曹氏(操)所建。"因关羽死后,其头颅曾妥放于此,故名。自汉以来,妥灵宫成而毁,毁而复成,经历了 1000 年风雨。明末,妥灵宫再次被焚,宫殿沉埋于瓦砾之中。乾隆年间,由河南府学博士张宾贤(儒学教授)、郜大鼎(儒学训导)创议,因旧基而重建,贵官士大夫及商贾细民不约而集百余人,四方慕义而捐者不计其数,越三月而就,现原建筑几乎全毁,仅存石碑 2 通和门房通道 3 间,遗址为文明街小学家属院。

(四)升仙太子庙遗址

升仙太子庙遗址位于偃师市府店缑氏山上。史料记载:武周圣历二年(699 年)二月初四,武则天由洛阳赴嵩山封禅,途中留宿缑山,游览刚刚竣工的升仙太子庙,撰文并书额和行草正文《升仙太子碑》。历代诗人写有关缑山庙、王子晋庙、太子庙的诗颂很多,给这个缑山小庙带来了很大的名气。现升仙太子庙前的遗址上的《升仙太子碑》依然保存完好,被列为第六批全国重点文物保护单位。

(五)登封禹王庙遗址

登封禹王庙遗址有两处:

其一,位于登封市区东门外。建于明代万历四十年(1612 年)春,由登封知县傅梅申请创建。定为每年二祭,同益配之。其原因云:按《孟子》称,禹避舜之子于阳城,益避禹之子于箕山之阴。皆邑境内也。今登封境内寺观如林,而禹、益独未有庙,人殆不知为圣王过化之所矣。夫益,列山泽而未膺历数,姑置无论,乃若大禹功在万世,至今睹河、洛者,尚且思之,矧朝觐、讼狱、讴歌所自起之地,可泯泯无闻乎云。"该庙于清康熙二十四年(1685 年)登封知县王又旦重修。今无存。

其二,位于箕山南马峪河(徐庄村东)边。始建年代不详。民国期间被洪水冲毁。

(六)洛阳三官庙遗址

三官庙位于洛阳老城区康乐巷南段东侧。据《洛阳县志》记载:"明弘治二年(1489 年)伊王建,内祠三官,范铜为像。"俗称铜三官庙,原建筑有前殿、中殿、后殿、玉皇阁,庙前有戏台。每年正月十五、七月十五、十月十五为香会。现仅存后殿,占地约 130 平方米。东半部顶已坍塌。

嵩山地域的三官庙遍布各市县区。三官庙,又称延福宫。三官,即道教信奉的天官、地官、水官三神。一说天官为唐尧,地官为虞舜,水官为大禹。上道经称:天官赐福,地官赦罪,水官解厄。古就有祭天、祭地和祭水的礼仪,三官大帝是早期道教尊奉的三位天神。

(七)登封城东关关帝庙遗址

登封城东关关帝庙遗址位于登封城东关。庙毁,庙院为粮店占用。原有山门、戏楼、关羽殿、岳飞殿。庙院两进,院内古柏参天,碑碣数通。另一处在颍阳镇北街。原有大殿 3 间,内塑关羽像。前有卷棚,再前有戏楼,楼前有大门,并有石狮守门。

(八)登封文庙遗址

登封文庙遗址位于登封市区南街。文庙又叫县学、黉学。原学院宏伟壮丽,碑碣多通,是封建社会尊孔教学、考试的一组建筑。前有东、西门,未设正门,传说县内出过状元者才可开设正门。往北有土木结构的牌门,名曰戟门。再北为灵星门。院中有泮池。大成殿居中,面阔 9 间,进深 3 架,为庑殿式黄色琉璃瓦顶的宫殿建筑。殿内供奉"至圣先师"孔子牌位,左有孟轲、子思牌位,右有颜回、曾参牌位。大成殿前有月台,东、西两厢有乡贤祠、名宦祠,分别敬奉本县历代德高望重的名士和历任本县有名望的官宦。大成殿后是崇圣殿,东南是考棚院,有大门、照壁,院内有正殿、厢房,是县境内的考试场所。院前有过街楼,楼是在过街通道墩台上修建的四面透花的重檐高楼,名曰"魁星楼"。传说有才学、有功德的学者,还必须是积善有德的门第,由魁星明察不讳,才能点中。中华人民共和国成立后,文庙被公安局占用。现无存。

(九)先师孔子庙遗址

先师孔子庙遗址位于新密市东。始建年月无考。元至正二年(1342 年),主簿马元良重修,元末兵毁。明洪武二年(1369 年),知县冯万金因旧址草创。成化年间,增修如制。宏治间,修建东西二斋。正德年间,易棂星门之木者以石。明末后毁,鞠为茂草,仅存棂星门。清顺治三年(1646 年),重建大成殿。顺治六年(1649 年),增补,规制略备。康熙二十年(1681 年)、四十九年(1710 年)增修。雍正八年(1730 年)、嘉庆三年(1798 年)重修。明代刘定之撰有《庙学碑记》,上面有关于此庙学的详细记载。

(十)刘猛将军庙遗址

刘猛将军庙遗址位于密县(新密市)的老城。祭祀刘猛将军庙和祭祀八蜡庙、虫王庙的作用是一样的,都是为了灭蝗虫。刘猛将军即南宋抗金名将刘锜,因受张俊、秦桧排挤,被剥夺军权,改任地方官,受到人民爱戴。刘锜曾于宋高宗绍光六年至三十一年间(1136 ~ 1161 年)先后驻军或转战于镇江、扬州、金陵、平江、巢湖、合肥一带,其战功显赫,深得这一带民间人心。而这一带正是蝗虫的滋生多发区,所以刘猛将军庙独起源于太湖地区,为纪念刘猛将军举行的庙会也特别多。刘锜被封为灭蝗之神:宋景定四年封刘锜为扬威侯天曹猛将,有敕书云:“飞蝗入境,渐食嘉禾,赖尔神灵,剪灭无余。”后来,刘猛将军庙的威名还逐渐传入黄河流域,嵩山地域曾一度出现刘猛将军庙与八蜡庙、虫王庙三庙并存的现象。

只是八蜡庙和虫王庙的祭祀是贿赂性的,乞求虫王手下留情;刘猛将军庙则是打击性的,不吃软的就请刘将军把你消灭掉。软硬兼施,蝗灾依然如故。三庙林立,是历史上农业生产和农民饱受蝗灾苦难的印证。

(十一)齐天大圣庙

齐天大圣庙位于巩义市新中镇水峪沟村。创建于清道光二十三年(1843 年)。坐北朝南,现存殿房一座,面阔 1 间,硬山灰瓦顶。殿内四壁彩绘壁画 6 幅,内容为孙悟空助唐僧取经、斩妖驱魔的故事。两端山墙绘有“松下老猫富贵图”“西天取经花果山战白猿猴”“福、禄、寿三星”“牛尔吊桥山唐僧取经大战牛魔王”。庙内现存碑刻 1 通,高 1.6 米,宽 0.5 米。另有 8 幅孙悟空图案浮雕,铭为“建齐天大圣庙宇并金妆神像碑记”。

(十二)药王庙遗址

药王庙遗址位于洛阳市瀍河民族路东头路北三乐食品厂家属楼区,春芽幼儿园中。现在还保留着原山门 1 间,两旁是看戏的看棚改为廊房,每边各 3 间。大门前有台阶宽 2 米,院内有古槐树一棵和桐树一棵,绿荫遮地,幽雅安静。药王庙原来前殿 3 间,殿前卷棚 3 间,卷棚内有铁钟 1 口,重 1000 公斤,悬在 8 尺高的钟架上。是雍正年间铸造,钟上铸有“风调雨顺,太子千秋”8 个大字。前殿中间为黄帝,右为药王孙思邈,左为药圣头慈藏塑像。黄帝像前有药王跨虎捋龙神龛一座,放在玻璃方盒内。后大殿 5 间,内祀三皇塑像及十大名医,和古今受崇拜者的木牌位。前殿东厢有厨房 5 间,大门外,庙前有高台戏楼 3 间。新中国成立前庙内驻扎东北军的军邮局。据说,多年以前,有关部门将庙内的两座前、后大殿拆去,准备移地再建,但一直未能实现。

农历每年四月二十八日,为药王庙大会。因为这会是麦收前的最后一个庙会,四乡农民,为配齐收麦用器具及在农忙中所需的物品,从时间上不能再往后拖了,所以赶会的人很多。从前,庙前会期,还有大戏,所以这里每年总会有一次热闹的盛会。

(十三)新密火神庙遗址

新密火神庙,又称炎帝庙,位于新密市老城南门外。《密县志》记载:在南门外,明末战乱,毁。始建年代不详。清顺治七年(1650 年)知县李芝兰重建,康熙二十四年(1685 年)知县衷鲲化重修,康熙五十五年(1716 年)创建拜殿,乾隆五十三年(1788 年)续修。按:火神在天为火星,在人为炎帝、祝融。密为正祝融之区,故祀火尤虔。宋熙宁(1068 ~ 1077 年)年间,诏天下各建火德真君殿。今天下塑像,俱戟须虬髯,以像焰烈。现存山门一座,与钟鼓楼结为一体。山门为歇山顶建筑,周围有砖雕龙、凤、麒麟等浮雕图案。庙内大殿面阔 3 间,进深 3 间,内供奉炎帝神像。庙内现存古碑 8 通,嵌于东院内,均为明清重修碑刻。

(十四)火神庙遗址

祝融,传说中的古帝,以火施化,号赤帝,后人尊为火神。据说祝融本是颛顼氏的后代,本名重黎,也叫吴回,帝喾(即高辛氏,传说中古代部族的首领)当政时,官居火正,甚有功,能光融天下,帝喾乃命曰“祝融”,死后为火官之神。火神庙在嵩山地域有多处,其中规模较大的登封火神庙遗址有两处。

其一,位于登封市大冶镇上炉拐。始建于明朝。正殿 3 间,塑有火神像,对面建一戏楼。传说,每年农历正月初七是火神生日,举行祭拜大会,声势浩大,烧香祭神。1958 年扩建大冶完校时,被扒毁。20 世纪 80 年代,民众集资重建。

其二,位于登封城关新店西街。始建年代不详。据《史记》记载:东汉季秋,祀心星于登封城南。心,大火也。晋、唐因之。宋庆历(1041 ~ 1048 年)时,修大火祠。崇宁(1102 ~ 1106 年)间,诏天下各建火德真君殿。

(十五)汾阳王庙遗址

汾阳王庙遗址位于巩义市回郭镇东南 2 公里的漫流村南岗上。殿宇建筑早已破坏,原在大殿前檐下竖立有“唐汾阳王庙记”石碑 1 通,高 1.4 米,宽 0.7 米,计 29 行,每行字数多少各异,额题“大唐功臣汾阳王庙记”9 字,系金宣宗元光二年(1223 年)二月立。碑文还载有郭子仪统兵来到巩县回郭镇漫岗时,曾为当地人民驱散“妖雾”,之后年岁丰登,老百姓过着安居乐业的生活,于是为他建庙纪念。原庙前殿檐下另竖有万历时邑宰顾汉题的七言绝句一首。庙侧有一孔砖窑洞,根据砖砌特点,可能是金、明时建筑,是汾阳五庙现存惟一的建筑物,群众传为郭子仪遏制妖雾的“遏风洞”。

(十六)飞龙顶庙遗址

飞龙顶庙遗址位于荥阳市区北 20 公里处的广武山之巅,始建于明代永乐年间(1403 ~ 1424 年),明嘉靖三十年(1522 年)至万历年间(1573 ~ 1619 年)陆续增建、重修。清顺治八年到十一年间(1651 ~ 1654 年)又开拓扩建,形成了蔚为壮观的建筑群,有兴龙桥、聚仙阁、捧圣桥、一天门、二天门、琉璃影壁、乐楼、四大天王殿、祖师殿、三清殿、玉皇殿、八仙洞、寿极阁、南天门、钟鼓楼、清虚府、紫云宫、广生殿、白衣堂、万修堂、碧霞祠等，主要分布在泰山东顶、华山西顶、祖师金顶及南岳行宫（俗称南崖阁）诸峰。1979 年后对建筑群陆续进行了整修，1997 年 2 月作为道教活动场所开放。

（十七）舜帝庙遗址

舜帝庙遗址位于嵩山之阳的徐庄村马峪河南岸。庙建何时不详。庙院有古建大殿 3 间，原塑有舜帝的坐像，东、西配房各 3 间。舜帝是中华民族始祖“三皇五帝”之一，名重华，字都君；今山东诸城市万家庄乡诸冯村人。舜，为四部落联盟首领，以受尧的禅让而称帝于天下，其国号为“有虞”，故号为“有虞氏帝舜”。作为中华民族的远古祖先，他不仅是中华道德的创始人之一，而且是华夏文明的重要奠基人。

（十八）关岳庙遗址

关岳庙遗址主要祭祀中国古代的两位武圣人关羽和岳飞。

关羽，东汉末年的名将。刘备起兵时，关羽跟随刘备，忠心不贰，深受刘备信任。刘备、诸葛亮等入蜀，关羽镇守荆州，刘备夺取汉中后，关羽乘势北伐曹魏，曾围襄樊、擒于禁、斩庞德，威震华夏，中原震动，但是东吴偷袭荆州，关羽兵败被害。关羽最为特殊之处是其倍受历代王朝和百姓的推崇，由于其忠义和勇武的形象，民众尊称他为关公、老关爷，又多次被后代帝王褒封，直至“武帝”，故也被称为关圣帝君、关圣帝、关帝君、关帝等。岳飞，南宋名将，抗金的民族英雄。岳飞一生与来自北疆境外的侵略者金国女真人作战，为宋王朝抵御异族侵略，但是最后由于受到宋高宗的猜忌而被监禁，最终被赐死。宋孝宗淳熙六年（1169 年），岳飞被追谥武穆，宋宁宗嘉定四年（1211 年），岳飞被追封鄂王，故后人也尊称岳飞为岳武穆或岳王。

登封关岳庙遗址有两处：其一，位于登封城东关。原有山门、戏楼、关羽殿、岳飞殿。庙已毁，庙院为粮店占用。庙院两进，院内古柏参天，碑碣数通。其二，位于登封市颍阳镇北街。原有大殿 3 间，内塑关羽像。前有卷棚，再前有戏楼，楼前有大门，并有石狮守门。

（十九）三义庙遗址

三义庙遗址位于荥阳市汜水镇虎牢关村。该庙始建年代无考，部分建筑已改建，现仅存硬山大殿 3 间，内塑关羽像。庙内有唐开元十三年（725 年）八棱经幢 1 通。

三义庙以汉建安四年（199 年）刘备、关羽、张飞曾于此大战吕布而建。三义，指蜀汉时期桃园结义的刘备、关羽、张飞三人。因他们三人皆为忠义之士，故称为“三义”。三国时，刘、关、张“三英战吕布”的虎牢关关址虽已被洪水冲毁，但修建在虎牢关外的三义庙却让这段故事广为流传。

（二十）新密关帝庙遗址

新密关帝庙遗址位于新密老城西门外。顺治五年（1648 年）由知县李芝兰建。乾隆四十一年（1776 年）三次重修。嘉庆十九年（1814 年），知县景纶为查复盗卖香火地三顷余有碑记。

（二十一）禹州禹王庙遗址

禹州禹王庙最初创建于夏代。《有夏志传》有这样的记述：少康“整威仪东南行，求阳翟夏王之故都。命宁、艾、靡、抒修葺五庙，扫视诸陵，增立先王之庙。葺宫室，修钧台，视九鼎，告天下诸侯”。“乃

以明年壬午为元年元月，即夏王位，禘五庙，望诸陵，郊天祈地，祭九鼎，坐钧台而朝诸侯。遂为中兴首君。”禹州禹王庙在全国来说，历史最悠久，历代都有修葺，规模越修越大，到明代为鼎盛时期。

禹州现存禹王庙两座，一座在城内，一座在城西南禹王山。

大禹治水，功利千秋

禹州城禹王庙在古钧台街，今古钧台即其山门，是明代遗存。当时中轴线上有山门、祭殿、正殿、禹池。正殿台基甚高，铺石阶9级。殿高24米，重檐歇山顶，气势雄伟。殿内供大禹立像，像前楹柱上书写一副对联：“江淮河汉思明德，精一危微见道心”。正殿两厢有廊庑，廊庑南端有圆门，穿过圆门可进入东西跨院。东院有三贤祠，西院有水德祠。正殿之后有“禹池”，又名“龙池”。池边古柏森森，古槐蟠郁，藤萝盘曲，松竹交翠。其间有奇石，上书“禹池”二字，是游览留影的好去处。

禹山禹王庙位于方岗乡西南禹山北山坡。史料记载，禹山禹王庙，创建于汉文帝甲子(177年)年间，历代重修，碑文记载为“禹王庙”，俗称“拉王庙”。从方岗向西4公里至角子山，其北有禹山，标高350米，是大禹治水纪念地。上古时期，低地洪水横流，人们活动多在山上。大禹曾居于此山，指挥治理颍、淮地区，使青龙河、驺虞河、蓝河、吕梁江各归渠道。洪水退落，露出原地，民众种植五谷，生活安定下来。当地人群众为纪念大禹，称此山为“禹山”，后人在山南坡修建禹祠一座，即禹王庙，殿内供奉着夏禹及夏启两尊神像。

禹山禹王庙原在禹山南坡。唐代天宝年间(742～756年)间，人们为了纪念夏禹，在此建立了禹王庙。禹山禹王庙现存旧迹5层，依山势逐层升高。山门前，蓝河水由西向东绕了半圆，环抱了禹王庙的大半边。由浮桥过河就是山门，进山门后是一条沟坡，崖高数丈，两边挖有许多古老的土窑洞，饰以石砌门窗，供香客们斋戒和休息。向上走是一、二、三、四层大殿与廊房。一层为拜殿，二层为享堂，三层是禹王大殿，四层是禹妃娘娘殿，每层都有厢房和配殿。再向上是参差茂密的树林，有小径从林间迂廻而上，可达山顶。

(二十二)颍考叔庙遗址

颍考叔庙遗址位于登封市石道乡西2公里处的颍河之源(在分水岭东之陈村，故名水神头)的颍谷。颍考叔庙是为纪念战国时期郑国颍谷封人颍考叔所建。颍考叔(？～前712年)，春秋时郑国(都于新郑)大夫，嵩山历史文化名人。初为颍谷(今登封县西南一带)封人，即掌管郑国西部边疆的官吏。郑庄公因出生时难产，自小母亲武姜就讨厌他，而偏爱其弟公叔段。郑庄公即位后，其母为共叔段请封京城(今嵩山荥阳东南),共叔段在京城修城扩兵,并将郑国的属地收为己有,做好了叛乱的一切准备,与其母姜氏约定日期,由姜氏打开都城大门,里应外合以夺取王位。郑庄公二十二年(前722年),郑庄公平定其弟共叔段叛乱,逐其母武姜于城颍(登封颍阳),并发誓"不及黄泉勿相见"。颍考叔劝庄公"阙地及泉,隧而相见",庄公从之,后母子和好如初。为此,颍考叔得了一个纯孝的美名。

颍考叔庙于"文化大革命"中被扒毁。1998年重修,但形制较小。

(二十三)偃师玉皇庙遗址

偃师玉皇庙遗址坐落于偃师市顾县镇曲家寨村南的景山之巅,处于嵩山至洛阳古官道之枢纽地位,南望嵩岳,北瞰伊洛,是偃师市现存的著名的古建筑之一。始建于明嘉靖二十一年(1542年),至今已有470年历史。

根据庙内现存碑刻记载,景山玉皇庙在明、清两代曾屡次修葺、扩建或重建。玉皇庙现占地面积10余亩。玉皇庙现存的主要建筑有:玉皇楼、盘古殿、无极殿、三清宫、三皇殿和地藏殿等。最早的是明代的玉皇楼。平面布局呈方形,以山门、云路、玉皇阁和金佛殿这条南北纵深轴线来组织空间,其余单体建筑皆沿着这条中轴线,分列于前后左右。整座庙宇雄伟古朴、别致大方,具有浓厚的民族特色和地方特色。

(二十四)颍阳城隍庙遗址

颍阳城隍庙遗址位于登封市颍阳镇北街。原有大殿3间,内有木制城隍睡像。正殿3间,塑有城隍坐像。前有卷棚3间,东有老君洞,洞上有天爷阁。再往前有戏楼,下为大门。还有观音堂、瘟神殿、三皇殿等。并有清碑多通。

(二十五)谷山庙遗址

谷山庙遗址位于荥阳市贾峪乡贾峪村西南。创建年代无考。清嘉庆年间重修,又名"祖师庙"。现仅存硬山式正殿1座,殿内有清代石碑2通,其中有嘉庆二十年(1815年)立地震碑1通,记述嘉庆十八年(1813年)十二月十九日未时大地震,造成的庙宇颓崩及其后瘟疫、饥荒等情况。

(二十六)白沙祖师庙遗址

白沙祖师庙遗址位于白沙水库上游,是古人举行宗教祭祀的活动场所。祖师爷又称祖师神,泛称学术流派及各行各业的创始人,或是对某一行业的形成,做出重大贡献的人,是被当作行业祖师供奉的行业神。该祖师庙建筑年代不详,但从其建筑格式来看,元、明、清三代均历有修复扩建。祖师庙院坐北向南,建筑呈"品"字形,外加一个门楼,建筑面积300平方米,砖石结构,灰瓦盖顶,硬山式建筑为主,门楼1间,东西厢房各3间,主殿5间。殿内供有祖师爷与其四弟子塑像,塑像均为混质彩绘。庙内有少量石刻遗存。由于该寺院位于景区内,平时游客不断,香客众多。

(二十七)汤王庙遗址

汤王庙,为祭祀商朝第一代帝王商汤而建的庙。由于嵩山地域为商汤建都立业的地方,所以嵩山地域在历史上所建汤王庙很多,如洛阳、偃师、登封、新密、巩义、荥阳等地都有,而且大都与汤王的活动有关。如禹州的两个汤王庙都和商汤在此地遭遇的历史事件有关。

一处汤王庙在禹州城内。商汤曾被夏桀王囚禁于夏台(钧台),夏台在禹州城内。之后,人们在禹州城建汤王庙,以此纪念汤王。禹州城内的汤王庙原位于现今市第一高级中学的大门附近,该庙在清末民初时期已毁。民国时期《禹县志》载,明代光禄少卿高尚贤撰写有《新建汤王庙记》的碑文,碑文说明,该庙是由明嘉靖年间钧州知州刘魁建造。

一处汤王庙在禹州三峰山西端(今鸿畅镇老君堂村东南山头上)。相传,商汤时天下大旱,整五年颗粒无收。汤王于是亲自在桑林为民求雨,他说:“我一人有罪不要殃及百姓,若百姓有罪,也由我一人承担,莫要因为一人触犯了上天,而使鬼神作出伤害百姓性命的事来。”不久之后,天降甘霖。这一年,老百姓的庄稼都是五谷丰登,颗粒满仓。为了纪念汤王的功德,老百姓在这里建起了汤王庙。

(二十八)旗纛庙遗址

旗纛,就是军队中的大旗。嵩山地域在古代各市县都有旗纛庙。唐代大文学家韩愈在其《昌黎集,南海神庙碑》中就有“旗纛旄麾,飞扬晻霭”之名,说明旗纛一词的由来已久。

禹州的旗纛庙有两处:城内一处,北关外一处。城内的旗纛庙位于原旗纛庙街偏东部路北。古时,将领出征之前,要祭旗纛之神。相传,战国时韩哀侯二年(前376年),哀侯率兵出师伐郑之前,在此处祭旗纛誓师,一举灭郑。韩侯为了纪念伐郑之功,于此处建旗纛庙。该庙为坐北朝南三进院落。场院较大,可演练兵士。虽然该庙早已不存,但旗纛庙街的街名,却永远固定在人们的记忆之中。尽管新中国成立以后,有关部门将该街改称为迎宾西路,但许多中老年人下意识地仍叫它为旗纛街。

北关外的旗纛庙位于清代演武厅的左侧。清代的演武厅,位于现今烈士陵园及其东、北部分地段。随着清王朝的灭亡和冷兵器时代的结束,演武厅的所有设备早已被拆,唯余校场。到民国年间国民党驻军还一度使用。

(二十九)马王庙遗址

马王庙又叫马神庙,原庙址位于禹州市东街中段路北,现今的东街小学校院内。禹州马王庙的最初创建年代,据传始于元代。在20世纪的五六十年代,它所有的殿堂建筑物都还大致完整地存在。那时还有大殿、拜殿、月台、左右厢房和大门等,是一处颇具规模的庙宇建筑群。解放后,它长期为学校所使用。后随着学校的发展,马王庙中所有的古建筑群均被拆除。

马在中国的历史发展过程中,曾发挥了非常大的作用。在古代所谓的“千乘之国”“万乘之君”的大国位置,都是用马拉的战车多少来计算的。衡量一个国家的军力,就是看你有多少兵士和战马。所以古人非常看重马,并赋予它许多高贵的称谓,如“龙马”“神驹”“神驷”“神骏”,等等。祭祀马神之俗,至迟在西周已有之。《周祀,夏官》:“春祭马祖,夏祭先牧,秋祭马社,冬祭马步。”在这段文中所指的马祖、先牧、马社、马步,都是与马有关的神。

禹州地处中原,在元、明、清时期是京城至荆、襄、贵等地区的交通要道。境内设有驿站和急递铺等机构。加上衙署中马快捕役等公务活动的需要,官方配置饲养有专用的当差马匹。清代雍正年间,禹州尚配有公用马60匹,在清颍驿中专设马号,由州署中的兵房具体负责对马政的管理和四时祭马神的筹备事宜。因为对马神的祭祀涉及着官方活动,所以在历史上马王庙的香火是久盛不衰的,所有的殿宇设施,也能得到及时修缮,这可能就是该马王庙能够长期存在的主因。

(三十)八蜡庙遗址

八蜡,百姓俗称蚂蚱庙,自夏代以来官祭之庙。旧时在每年建亥之月(即十二月),农事完毕后祭祀诸神,以祈祷来年丰收。所称八蜡,即为八种神:一为先啬,即神农氏;二为司啬,即后稷;三为农神,即古之田畯;四为邮表畷,邮为田间庐舍,表为田间道路,畷是田土疆界;五为猫虎;六为坊神,即堤防之神;七为水庸,即水沟;八为昆虫,即蝗螟之属,祭之以免灾害。

《礼记·郊特牲》中有:"天子大蜡八,伊耆始为蜡"之记载,说明蜡祭之俗相当古老。旧时祭祀这八种神,以求五谷丰父老兄弟,每年均祭。每年腊八(有地方是在六月初六),周围各村,组成庙会,轮流主祭。每逢会期,必唱大戏,乡老我趋。城内文人墨客,乡民小贩,纷纷沓来,游人如织。

在古代,嵩山地域各市市县区都建有八蜡庙。最大的要属禹州市南关南寨门外东侧的八蜡庙。据说,最早八蜡庙位于禹州故城西南部之郊野。明万历二十九年(1601 年),禹州知州马协新建八蜡庙于禹州南关外左侧。清顺治六年(1649 年),知州蔡永华对其重修,后又多次重修。庙内原有的多通碑刻,记述了八蜡庙清代以来的修缮情况。碑说清末年间,八蜡庙尚在维修保护。直到解放初,庙内大部分房屋尚都存在。后几经拆迁改造,遗址上的遗存已经荡然无存。但起因于八蜡庙祭祀活动的蜡八古庙会,却延续至今,成为禹州之著名的古刹大会。

四、汉阙

阙是中国古建筑中一种礼制性建筑,是古代设置在城门、宫殿、祠庙、陵墓前的建筑物。阙,原是门观。古时"阙""缺"通用。阙是庙、墓、城、宫门、墓前或通道两旁的象征性大门。两阙之间的空缺,作为道路,其形和牌坊相似,由雕琢得形制相同的砖石垒成,是一种装饰建筑。阙一般有台基、阙身、屋顶三部分,有装饰、瞭望等作用。阙上一般都雕刻各种图画,或刻记歌功颂德的铭文。阙的种类按其所在位置有:宫阙、坛庙阙、墓祠阙、城阙、国门阙等,分别立于王宫、大型坛庙、陵墓、城门和古时的国门等处。

嵩山腹地原有 5 座石阙,即太室阙、少室阙、启母阙、灵星坛阙和许由庙阙。其建筑结构和形制,都是用方块青石垒砌而成,上面复盖雕有板瓦、筒瓦和瓦档的象征性四柱屋顶。保存至今的仅有太室阙、少室阙、启母阙,并称"中岳汉三阙"。

(一)太室阙

属"天地之中"历史建筑群,世界文化遗产。全国重点文物保护单位。

位于登封市城东 4 公里太室山南麓中岳庙南约 500 米处,为汉代太室祠的神道阙。东汉安帝元初五年(118 年)阳城长吕常建太室阙(中岳庙神道阙),与少室阙、启母阙并称"中岳汉三阙"。

太室阙分东西两阙,两阙间距 6.75 米。东阙通高 3.92 米,西阙通高 3.96 米。两阙结构完全相同,由阙基、阙身、阙顶三部分联成一体,阙身后面除镌刻阙铭以外,其余均以石块为单位雕刻着各种花纹、山水树木、人物、禽兽及车马出行等生活故事浮雕画像。

西阙,阙基用两层长方石板垒砌,平铺在平实的红土上,在石板低洼处填石块使之稳固。阙身用长方石块垂直垒砌在阙基上,计 8 层,每层平砌用石 2 ~3 块。阙身最上层石块似斗形,上宽下窄。阙身上部用 3 块巨石雕成四阿顶,顶上雕垂脊和瓦垄,檐下雕椽,四周边沿雕瓦当和板瓦。阙顶除四角垂脊各为叠瓦脊外,南北两面各雕 5 条瓦垄,东西两面各雕 3 条。檐下除角椽外,南北两面各雕 6 椽,东西两面较窄,仅刻 4 椽,正脊以一块整石雕成,由三层筒瓦叠砌成叠瓦脊。脊两端向上微翘,正面刻扣合的瓦垄,两侧面各雕花6面有柿蒂纹的瓦当(上1、中2、下3),是汉代建筑常见的叠瓦脊做法。

东阙,比西阙低1.31米。阙顶结构与西阙基本相同。脊顶为平面,因顶的一面紧靠西阙上,所以只作半四阿顶。外面的两角雕两层叠瓦垂脊,下边各雕一角椽。南、北两面上雕瓦垄2条,下刻3椽,阙顶边沿已残损。

太室阙身以减地平雕手法,雕刻百戏、狩猎、神话故事、奇禽怪兽以及贵族生活等画面。画像久露荒野,风雨剥蚀,有的已浸漶不清,幸存下来的尚有60余幅,其中以斗鸡图、车骑出行图、杂技表演图、蛟花、鸱和虎食等图像,形象古朴而生动。

太室阙历史照片

太室阙西阙南面有阳刻篆书“中岳太室阳城□□□”9字题额。与其相连的一幅画像,刻一巨鳖,位置相当显著,可能是夏禹父亲鲧的神像,也即夏族的图腾之一。阙上刻鲧的神像,应是远古图腾信仰习俗的反映。题额下刻篆、隶参半的铭记。在西阙北面也刻有铭记,为阴刻隶书,计27行,除第3、4两行为10字,其余每行为9字,每段之前均以圆圈作标识,为汉代石刻文字所罕见。现有铭文可辨认的有“中岳太室崇高神”“孔子大圣”“太守”等。后数行末字多为“兮”字。其余的字迹,因风化剥蚀,已不能辨认。但文字内容主要是赞颂中岳神君的灵应和吕常等人建阙的缘由。太室阙对研究建筑史、美术史和东汉社会情况具有重要的参考价值。

(二)少室阙

属“天地之中”历史建筑群,世界文化遗产。全国重点文物保护单位。

少室阙位于登封市城西6公里嵩山南麓西十里铺村西,为汉代少室山庙的神道阙。东汉元初五年至延光二年(118~123年),颍川太守朱宠创建少姨庙神道阙,与太室阙、启母阙并称“中岳汉三阙”。

少室山庙,又称少室祠、少姨庙,明代初期坍毁。少室山庙和太室山庙始建于秦,汉安帝时在庙前建阙。阙后有一东西长60余米、南北宽40余米的平台,地面散布许多绳纹砖、筒瓦、板瓦等汉代建筑构件,当为少室山庙旧址。据杨炯撰《唐少姨庙碑记》可知,少室庙唐代改称少姨庙,其神为妇人像。相传少姨为涂山氏之妹。元代时又把“少姨”作为蚕祖嫘祖来奉祀。元代杨奂游中岳时曾在少姨庙即兴赋诗,曰:“路旁双阙老,蔓草入荒祠;时见山家女,烧香乞蚕丝。”

少室阙始建年代,因阙铭仅残存“三月三日”4字,故不得而知。据叶井叔《嵩阳石刻记》载:少室阙题铭为篆书,可拓摹者,只有22行,除第3、7、19等3行已没有文字外,其余每行4字。阙铭以下的题名有“朱陵薛政”“五官椽阴林”“户曹史夏效”“两河圜阳长冯宝”“廷椽赵穆”“户曹史张诗”“将作椽严寿”等,和启母阙上题名中的官职姓名均相同,而且两阙的形制也很相似,以此推知少室阙的建造年代与启母阙相同,亦为颍川太守朱宠约建于东汉元初五年至延光二年(118~123年)。少室阙在“文化大革命”期间被拆除,1979年进行了粘合,恢复了原状。此阙较为完整,东西两阙结构基本相同,东阙通高 3. 37 米,西阙通高 3. 75 米,两阙间距 7. 60 米。

西阙,阙基用两层长方形石板平铺于坚实的黄土上,下层石板较宽大,上层石板稍高而小。阙身用长方石块垂直垒砌,计 10 层,高 2. 99 米。阙身最上层的石块雕作方斗形,承托阙顶。阙顶用 3 块巨石雕作四阿顶,上面雕瓦垄、垂脊,四边雕柿蒂花纹瓦当。子阙顶比正阙顶低 1. 04 米,一侧与正阙相连,一侧雕出两垂脊和瓦垄,下部雕椽。

东阙,结构与西阙相同,唯正阙顶残缺,仅一石,置于阙身上部东侧,正脊已佚。子阙顶较完整,比正阙低 69 厘米。现存的东西两阙高低不一,层次有别,西阙用石 10 层,东阙仅 8 层。但从西阙第四层和第九层的石块厚度和雕刻图案完全相同,可以断定这是后人重修时砌错了位置,西阙第四层和第九层中有一层石块应是东阙上的。原阙用石应均为 9 层。

少室阙题额在西阙北面三层中部,“少室神道之阙”6 字,为阴刻篆书。阙铭也为篆书,约 55 行,每行 4 字,每行之间有阴刻竖界线。除最后 3 行刻于西阙西侧外,余皆刻于西阙南面第二层和第三层。因风化严重,前 36 行大都漫漶无存,只有后面题名 19 行较完整。

《金石径眼录》和《石索》记载:东半阙北壁的画像下面有铭文,题铭刻字处高 33 厘米,字径 4 厘米,为八分隶书。其字为“孟江、李阳、杨仲、潘除、郑孟、杨盛、潘阳、□文、令常、纡□、□重、令容”等,共为 4 行,每行 6 字。但这些铭文和其他刻字因风化严重,能识者甚少。

阙身前后的石块上,分别浮雕有逐兔、赛马、蹴鞠(类似今天的足球)、射猎、斗鸡、角力、排俑、逐兽、四灵、羊头、羽人、群鹤捉鱼、兽头衔环、虎逐鹿、辟邪柏、铺首衔环、车马出行、双兽争食、玄鸟生商、双龙穿壁以及山水等图案 70 余幅。这些画像及装饰是研究古代雕刻、美术的珍贵资料,铭文更是早为历代金石学家所珍重。另外,汉以前的建筑,既缺少实物存在,文献记载又多简略,想弄清它的形象、结构是很困难的。作为祠庙前的神道阙,此阙上不仅雕有奇禽异兽、人物故事,而且还雕刻出建筑的框架结构及各个构件的外形,这就为研究汉代建筑提供了难得的实物例证。

少室阙上的篆书

(三)启母阙

属“天地之中”历史建筑群,世界文化遗产。全国重点文物保护单位。

启母阙位于登封市区西北 2 公里嵩山南麓太室山万岁峰下,为启母庙前的神道阙,是“中岳汉三阙”之一。

启母阙北 190 米有一处开裂巨石,即“启母石”。据《淮南子》载:大禹治水三过家门而不入,其妻涂山氏化为巨石,石破北方而生启,故后世流传有“闻鼓饷夫”的故事。汉武帝游嵩山时,为此石建庙,今庙已不存。东汉延光三年(124 年)颍川太守朱宠于启母庙前建神道阙,汉代因避景帝刘启之讳改名开母庙。

启母阙的结构与太室阙同。西阙现高 3. 17 米,东阙现高 3. 18 米,两阙间距 6. 8 米。

西阙，阙基为两层长方石板，下层石板较大而薄。阙身用长方石块垂直垒砌在阙基上，共7层，总高2.75米，每层用石2～3块。最上层的石块雕作斗形，上承托阙顶，下呈斜角与阙身相连。阙顶残毁过甚，残存部分在阙身上部东侧，雕作四阿顶。顶的上部雕瓦垄、垂脊，四周雕柿蒂纹瓦当和板瓦，下部刻仿木椽子。阙顶正脊已毁。

启母阙的女子蹴鞠图

东阙，阙身残损较重，南面第一至三层的石块都已断为3块，第四、五、八层均断为2块。阙顶已残，仅存一石，雕四阿顶。子阙顶已毁。其结构与西阙基本相同。

阙上有两方阙铭，皆在西阙北面。一方为启母阙铭，一方为堂溪典嵩高庙请雨铭。启母庙阙铭，篆书，内容分两部分，前11行为题名，每行7字，后24行为四言颂辞和仿楚辞体裁的赋，每行12字。阙铭的前一部分，回顾中国古代一次触目惊心的特大洪水，鲧因用堵的方法进行治理失败而丧生，禹吸取教训改用疏通河道排洪泄水的方法而终于成功，赞颂了禹三过家门而不入的可贵精神，以及随着岁月的流逝和秦王朝的统一，禹和他的事迹逐渐埋没无闻的经过。后一部分着重叙述汉王朝的圣德广布天下，在这里兴祠庙祭祀神明，上天的灵应显示了种种瑞兆，风调雨顺护佑了百姓，为此立阙刻铭，使光辉业绩传之千秋万代。堂溪典嵩高庙请雨铭，在启母阙铭下，东汉熹平四年(175年)刻，隶书，计18行，每行5字。前6行已泐毁，“其言惟何”后也不存，现存11行，共55字。

铭文间隙处及其他石块上浮雕人物画像、幻术、骑马出行、斗鸡、训象、吐火、进谒、倒立、饮宴、日御羲和、启母化石、夏禹化熊、郭巨埋儿、月宫、蛟龙穿环、犬逐兔、蹴鞠、鹤叨鱼、虎扑鹿、狐斗牛、孔甲畜龙、双蛇穿球、排俑、对马双骑等画像70余幅。其中有些图像反映了中外文化交流的重要情况，非常值得重视。如启母阙上雕口中吐火及易牛头马头的幻术画像，反映了汉代西域交通的开发，促进了中外文化交流的实例。《史记·大宛传》记载了汉武帝时就有西域幻术演员到汉朝献艺，称为“眩人”。东汉安帝永宁元年(120年)罗马属国大秦(古埃及亚历山大城)的魔术团曾从海道经缅甸到洛阳演出。另外，启母阙雕有3幅驯象画像。驯象奴皆手执驯象用的带钩长杆，此长杆即称为“钩”。《论衡·物势篇》曰：“长仞之象，为越童所钩，无便故也。”汉代中原地区无野生象群，但在皇帝的上林苑却不难看到大象，这些大象也是从国外进贡过来的。驯象表演传递着一种文化交流的信息，所以很有观赏与研究价值。

第三节　宫观洞建筑

道教活动场所名目繁多，主要有宫、观、庙，还有的院、殿、祠、堂、坛、馆、庵、阁、洞、府等，都是用于道士祀神和作法事及生活的地方。道教场所的建筑物是典型的中国传统建筑，采用的是院落式布局，坐北朝南，在中轴线上设置牌楼、山门、主殿、前后殿及后院。东西两厢分设配殿或住房。

历史上称“宫”的道教场所，都必须有皇帝的敕封。把神位之所，一些由帝王兴建的庙宇和规模较大的庙宇，经过帝王的颁赐亦可称“宫”。封建帝王提议兴建的庙宇，自然是“敕建”。也有些是道人自己积资募化修建的庙宇，通过某种关系，经帝王“赐额”升格为宫。“宫”的规模都大，姓“公”，属国家正式的严肃的宗教场所，譬如上清宫、崇福宫、嵩阳宫、三阳宫、奉天宫、会圣宫、下清宫等。观的规模相对要小于宫，“观”姓“民”，基本是民间自发而建，为纪念某帝某人某神，譬如白鹤观、青牛观、崇唐观等。洞的建筑基本与观等同。

在历史的发展过程中，由于人为和自然的因素，这些道教景观有不少已经废弃，现在遗存完整的很少。为了真实展现嵩山历史文化的原貌，编者尽可能地将史料中有名的宫观洞录集如下，也能从中看出嵩山道教在历史上曾经有过的辉煌。

一、宫

(一)轩辕黄帝宫

轩辕黄帝宫位于新密市刘寨乡刘寨村西南的武定湖北岸。轩辕黄帝宫，又名云崖宫，被誉为“中华人文始祖圣地”“天下第一宫”。该宫于唐开宝二年(969年)，为纪念黄帝在此练兵讲武而建。黄帝宫面积1.6万平方米，坐北朝南，由3进3院组成。在中轴线上有山门、四师殿、三清殿、藏经楼、玉皇阁等殿宇40多间，系清代建筑。其中以玉皇阁前面的三清殿较宏伟，面宽5间，进深3间，殿内有合抱木柱12根，飞檐和墙壁上有彩绘麒麟、龙兽等图案，殿顶为黄色和彩色琉璃瓦。因修水库，中轴线建筑大部被拆除，现仅存三清殿及西侧祖师殿。宫西侧有一座道院，有20多间硬山式灰瓦顶房舍，保存完整。

轩辕黄帝宫

黄帝宫为皇帝练兵讲武处，宫内有“轩辕门”“讲武门”。轩辕门西的崖壁上有自然洞穴，称“人祖洞”。洞内有人祖黄帝与大臣风后谈论战事的塑像，神态自然、栩栩如生。人祖洞西面是黄帝宫殿，据说是黄帝的寝宫。大殿四周有讲武场、议事亭、嫘祖草堂和祖师殿等。宫殿的正前方是黄帝检阅三军、发号施令的点将台。东南4公里处有“力牧台”，也叫熊台、拜风台、黄台岗、台子岗，据说是“黄帝与蚩尤九战九败”(《太平御览》卷一五引《黄帝玄女战法》)之后，和大臣风后、力牧等探讨“八卦阵”(“奇门遁”)兵法的地方。当年，每天黄帝在这里拜将、立旗，然后与大臣讲武，晚上经“黄路坡”回“云岩宫”。现在这里有新建的风后八阵兵马俑城。城堡中有数百个兵马俑组成的天覆阵、地载阵、风扬阵、云垂阵、龙飞阵、虎翼阵、鸟翔阵和蛇蟠阵等八阵壮观场面。

黄帝宫附近，东北有黄帝养马的地方“养马庄”，东有黄帝圈马的地方“马场沟”，西有黄帝饮马的地方“饮马泉”，西南有黄帝遛马的地方“马骥岭”，北有黄帝积存粮草的地方“仓王庄”等。这里自古流传着许多关于黄帝的传说故事，还有动听的歌谣：“南京到北京，不如云岩宫。三柏二石一座庙，王母娘娘坐当中。石头缝里长柏树，老龙叫唤不绝声。黄帝风后研八阵，云岩立宫聚群英。”

黄帝宫中存碑碣 35 通，其中《重修风后八阵图记》碑，高 2. 85 米，宽 1. 1 米，厚 0. 28 米，记述了黄帝与大臣风后讲武、利用八阵图战败蚩尤的事迹。

（二）崇福宫

嵩山崇福宫

河南省重点文物保护单位。崇福宫位于登封市区北部环山旅游公路中段路北侧。背靠嵩山万岁峰，东依望朝岭，西傍象鼻山。宫垣四周翠柏葱郁，清幽素雅。

崇福宫初名万岁观，始建于西汉元封元年（前 110 年）。当时，武帝刘彻游嵩时，听到山中有呼“万岁”之声，令在山顶建万岁亭，在山下建万岁观。后武帝用亳人缪忌建议：“天神贵者为太乙”，建太乙祠坛于万岁观甘泉上。按太乙卦主水，以太乙为生水之源。唐高宗时（650 ~ 683 年），天大旱，命道人刘道合在太乙祠坛祈雨，有验，遂改万岁观为太乙观。宋真宗时（998 ~ 1022 年）大加扩建整修，把太乙观提升为宫，更名崇福宫，作为真宗祭祀祈福的地方。到宋仁宗天圣年间（1023 ~ 1032 年），宫院规模越大，宫内殿阁房舍多达千楹。“崇福之修，离宫殿阁，无不侈靡。”是当时的真实写照。宋时，“灵霄洞与崇福宫遂为天下宫观之首，以宠辅相大臣之去位者，亦有以提举灵霄召拜左相者，则其地望之重，殆与昭应、景灵、醴泉、万寿、太一、神霄、宝箓为比，它莫敢望在”，充分显示了嵩山崇福宫的崇高地位。

金兵进入中原，崇福宫所建之盛，付之一炬，仅存三清古殿。后历经各代重修。明洪武年间（1368 ~ 1398 年），宫内设有道会司，专管道教事务。至明成化癸巳年（1473 年）六月至十二月重修，百年之废一复旧观。明代以后，道教逐渐衰退，姑且着风雨侵蚀，逐日倾废，仅存泛觞亭遗址、几块石刻碑记和庙房数间。1935 年，复遭回禄，建筑规模越来越小。

宋代崇福宫设置提举、管勾、御容诸官，以掌握宫观事务，是专为皇帝祝寿和祈福的。宫中主事者，都由朝廷委派朝官充任，任职朝臣，引为无上荣耀，往往是“力请而后授”。到了王安石变法时，朝中政见不一，分歧严重。有些虽不是王安石变法时来崇福宫，也多为不合时务的朝臣，被敕令退居于此，崇福宫就变成投闲置散的场所。据加以提举、管勾官衔，实际是徒有虚名。据《登封县志》记载：宋代主管崇福宫的名儒先后有：范仲淹、韩维、吕诲、司马光、赵野、李纲、李邴、徐应龙、刘光祖、倪思、王居安、崔与之、许奕、曹彦约、程颢、程颐、杨时、朱熹、晁咏之、张耒、黄彦、王考通等不下百人。

宋代崇福宫设置的提举、管勾、御容诸官，无事可作，在精神上要找一个依托之处，便于宋仁宗天圣年间（1023～1031年）先后建造了泛觞亭、奕棋亭、樗蒲亭这些娱乐设施，在此饮酒、对棋、赌博。后奕棋亭、樗蒲亭废。“文化大革命”前尚有泛觞亭遗址，或叫“曲水石畦”，俗称“黄河九道湾”，后毁。

泛觞亭原为崇福宫的一大著名娱乐设施，位于宫后东北角龙王殿南面，亭基用大块青石砌成，高60厘米，长约4.60米，宽3.79米，台中间装砌有青石刻制的九曲石畦（水道）。畦宽15厘米，入口处深8厘米，出口处深3.5厘米，形成细微的斜度，把太乙泉水从入口引入石畦，经过九曲以后，从出口缓缓流出。相传饮酒时，在石畦曲水四周分别设置座席，将斟过酒的杯子放在入口处的水面上，流水漂浮着酒杯，顺曲水行进。当杯停下时，这个席位上的人即遵照酒令，执杯饮酒，名曰“曲水流觞”。

崇福宫不但是名儒云集之地，也是历代著名道学方士栖身传教之所。如：北魏的寇谦之、唐代的刘道合、宋代的董道绅、金代的邱长春等，都在道教史上留有盛名，均在此主持过道场。此后，成为累朝帝后夏季避暑之地。

北宋末年金兵入侵中原，崇福宫毁于战火，仅存三清古殿。后历代屡经重修，明成化年间又大规模进行修建，修复原貌。明末，道教逐渐衰败，崇福宫渐趋衰微，古建筑今已无存。泛觞遗址在20世纪“文化大革命”中被毁。崇福宫现占地面积9000余平方米，保存三元殿、玉皇殿、太山殿、龙王殿等晚清建筑4座10余间，古树50余株，碑碣10余品。其中太山殿后面的玉皇殿和三元殿均为砖石结构无梁殿式建筑，纯用青砖和石灰泥砌券的拱形无木建筑。硬山灰筒瓦顶，檐下施斗拱。这些斗拱都用青砖磨制雕刻而成，非常古朴坚固，大方美观。

崇福宫现存主要碑刻有《寇谦之传碑》《元圣旨碑》及元、明、清各代重修和补修崇福宫的石刻碑碣数十通。宫内有古树50余株。

（三）洛阳上清宫

洛阳上清宫

洛阳上清宫位于洛阳市北4公里的邙山翠云峰。唐高宗于龙朔二年（662年）下诏洛州长史谯国公许力士，在邙山翠云峰建上清宫以镇鬼。唐高宗为了提高李唐王朝的门望，于乾封元年（666年）追尊李耳为“玄元皇帝”。上清宫建成后，唐高宗下令设醮行祭。玄宗开元二十九年（741年），诏令长安与洛阳两京诸州置庙祭祀。唐代称上清宫为“玄元皇帝庙”，又为玄宗讳改称元元皇帝庙，或称太微宫。并在唐玄宗开元、天宝年间，对此宫进行整修。改名“玄元观”，后又改“上清宫”。“上清”，是道教教义中的仙境。因老子被后人追尊为太上老君，故又俗称“老君庙”。

上清宫原处，相传为东州柱下史老子炼丹处，曾是东汉五斗米道开山祖张道陵修真处，又是洛阳京畿之地、古郤国（今新密市）人魏伯阳修真处，又是益州巴郡（今四川重庆市）人帛和修真传道处。

上清宫金元时期废毁。明代嘉靖十四年（1535 年），道士张玄慕又募钱重建，以山高风大，改梁、柱、椽、瓦为铁铸，配殿覆盖琉璃瓦。明代以后，又称上清宫大殿为铁瓦琉璃殿。嘉靖三十四年（1555 年）地震，殿宇震毁。至今庙内仍存铁瓦等少量构件。康熙二十一年（1682 年）巡抚阎兴邦、雍正八年（1730 年）知府张汉鼎等均重修。修后庙宇，殿南北长 500 米，东西宽 300 米，有戏楼、山门、一、二、三殿，以及配殿廊房等。抗战时期为日寇飞机炸毁。现存有山门、窑洞（翠云洞）和配房数间，翠云洞上有玉皇阁 3 间。

洛阳上清宫原为 5 重殿堂和 4 个大院组成。门外有石狮、石马。特别是五殿下用砖拱券的翠云洞，冬暖夏凉，是避暑的好地方。翠云洞上建有玉皇阁，面对南天门。夜晚登阁俯瞰洛阳，万家灯火，犹如繁星在天。历代有很多文人学士登临老君庙，留下不少歌咏上清宫的诗文。隋炀帝在仁寿四年（604 年）冬曾登邙山南望伊阙，决定在翠云峰正南跨洛河修建新城，翌年迁都洛阳，是为东都；大诗人杜甫在天宝八年（749 年）登上了玄元皇帝庙，观览了洛阳山河形势，写出了“山河扶乡户，日月近雕梁”的名句（《冬日洛城北谒玄元皇帝庙》）；唐代大画家吴道子曾在初建的上清宫壁上绘“五圣像”壁画，形象生动传神；宋代文学家苏东坡也曾来这里刻石题句。惜沧桑多变，岁月流逝，这些宝贵的壁画与碑碣石刻都已荡然无存。今庙内幸存明清重修碑三十余通，记载了上清宫的历史沿革和明代重修前的位置以及地震情况等。

现在的上清宫尚有翠云洞、玉皇阁、东西厢房。庭院中还有当年留下的石水盂，明清以来的碑石等也为数众多。这些对研究上清宫的历史沿革，都不失为宝贵的资料。

在上清宫地边的邙山坡下，原有中清宫和下清宫。而今中清宫已无迹可寻，下清宫却幸存至今。

（四）洛阳下清宫

洛阳下清宫

河南省重点文物保护单位。下清宫，又名青牛观，位于洛阳老城区邙山镇史家沟村。从上清宫南行，下坡三里到翠云峰下，古为“青牛观”。相传太上老君即老子在上清宫修炼，悟道翠云峰时，他的坐骑青牛就拴在这里。老子（姓李名耳，字伯阳，号谥聃、老聃），楚国苦县（今河南鹿邑东人）人，道家学说创始人。曾任东周（今洛阳）守藏之史，因周王室为争王侯，历年内讧，守藏室典籍亦遭毁抢，故辞官在邙山翠云峰的上清宫修身养性，讲经传道，感悟人世自然，天道万物。后应函谷关伊喜之邀，著《道德经》五千言而去，其终不详。唐朝时，人们为纪念这位道教创始人，在翠云峰巅建了一座庙宇,称为上清宫;在老子拴牛处建了一座道观,称为青牛观。

据《洛阳史志》第 17 卷记载:上清宫始建于唐高宗龙朔二年(662 年),距今已有 1347 年。但现有的文史资料表明,在唐代之前的隋炀帝时期,这里已经有了简易的老子祠(一说为老君庙),有了简易的青牛观。老子祠祭奠老子,青牛观纪念青牛。唐朝时,下清宫辉煌无比,唐高宗、武则天、唐玄宗、宋真宗等都曾驾临下清宫。据青牛观里的老道士讲,宋朝时青牛观香火最盛,仅香火地(庙田)就有 400 多亩,有道士 300 多名。金元以后,下清宫逐渐荒废。今青牛观规模不大,占地近 40 亩,由中院、西道院、东道院三部分组成,庙院东西宽 50 米,南北长 90 米。现存下清宫为一座青砖庙院,规模不大,紧凑幽静。尚存有老子炼丹洞、孔子入周问礼台、经娘洞、高道砖塔和明刻石匾等,还有和尚塔数座。

2009 年 3 月,下清宫修复重建工程正式启动。3 年来,洛阳市斥资近千万元,先后修复、重建了下清宫的东西配殿、三清殿、钟鼓楼、放生池、聚仙桥及道教文化碑廊等,下清宫才重现昔日辉煌。

(五)登封安阳宫

河南省重点文物保护单位。登封安阳宫,俗称大仙庙,位于登封市区西 7 公里嵩岳少室山东麓大仙沟口的连天峰下。宫院南北两侧山崖陡峭,前临溪涧,后偎高峰,松柏蓊郁,林木蔽日。仰天一线,是为少室山峡风景之最。安阳宫始建于清光绪二十三年(1897 年),由道姑吴援舟购地筹建。吴援舟,女,号阿皇真一,生于汴,3 岁丧父母,12 岁从方城刘献礼学天仙大道,后居住少室山 20 余年。宫内建筑大都建于民国时期。中华人民共和国成立后,安阳宫得到了有效保护,基本上保持了原有建筑风貌。

安阳宫坐北面南,分东西 2 座院落,总占地面积约 2000 平方米。

西院为安阳宫正院,占地面积 633 平方米。现存山门、陪殿、正殿、东厢房、砖券窑洞等建筑 25 间。

◆大门

亦称天爷阁,由台体和阁房两部分组成。中间为单幅圆券门,券边砖雕二龙戏珠和火焰图案,门两边有石雕对联:“才分天地人总属一理,教有儒释道终归同途。”青石门额上刻篆书“安阳洞天”4 字。门内有“天中须弥”和“汉川福地”匾额二方。阁房建在高约 21 米的砖砌墩台上,是一座高约 18 米,面阔 3 间,进深 1 间的单檐歇山式灰筒板瓦房,正脊两端置吻,正脊及垂脊、戗脊上有砖雕舞凤、莲花、莲枝、莲草图案。台南东西两侧砌有登阁梯道,台上四周砌有女儿墙,以供凭扶。

◆陪殿

位于大门后的两侧。两座陪殿均面阔 3 间,进深 4 架椽,为单檐硬山式建筑,灰板瓦覆顶。东陪殿内奉祀观世音菩萨、地藏王菩萨;西陪殿奉祀尧、舜、禹圣贤像。

◆正殿

西院中的正殿为三孔砖石砌筑的窑洞。位于面北背南,中为安阳洞,左为三皇洞,右为三教洞。三洞均深 12.45 米,宽 5.43 米。安阳洞奉祀无极、皇极、太极;三皇洞奉祀伏羲、神农、黄帝;三教洞奉祀孔子、释迦牟尼、老子。

◆东院

东院亦称吴真院,总面积为 1050.45 平方米,大门内有六角碑亭一座,内立民国十二年(1923 年吴)吴真人教译碑一通,记述吴真人教译及生平事迹。主殿为砖石砌筑的窑洞 3 孔,洞前有砖木结构的卷棚,与窑洞直通。西为皇极洞,中为慈舟洞,东为女娲洞。此三洞东还有一孔窑洞,名“静室堂”,

为生活用房,前无卷棚。院中东西配房 10 余间,亦为生活用房。

安阳宫东西两院现存清代、民国年间碑刻 20 余品,内容主要是记述安阳宫条约法规,或为反映山林地契,或记载安阳宫修建历史,或表彰吴援舟真人事迹,或为皈依弟子朝圣记事等。

安阳宫西 1 公里处有 2 块巨石。一石下有龛,可容 10 余人,上有佚名题诗:“烟峰山腰起,细雨天上流。□舒满山转,蝶儿花间游。”形象描绘了此石周围的自然风光。另一石围长 20 余米,高约 10 米,当地群众称此石为“二郎石”,传说二郎神杨戬担山赶太阳到此,曾在此石休息。

(六)玉溪宫

河南省重点文物保护单位。玉溪宫位于嵩山太室东麓、登封市唐庄乡土观村西。玉溪宫,原名瑜栖宫,又名土观。据明宣德四年(1429 年)庚子碑记载:周灵王二十七年(前 545 年),周定王姬瑜到此狩猎,搭棚栖息,创游宫名为瑜栖宫。同年周灵王弟泄庲病死,葬于瑜栖宫附近,建祭祀塔一座,名为庲龙观。

碑刻记载,唐太宗贞观十七年(643 年)重修时,改瑜栖宫为玉溪宫,改庲龙为土龙观(即今日的土观)。辽天祚帝耶律延禧天庆三年(1113 年)和金哀宗完颜守绪正大三年(1226 年)都有过重修。

据碑刻记载,明代对玉溪宫的修复有四次,第一次重修于宣宗朱瞻基宣德五年(1430 年),由玑琮上书朝仪依地取用,明宣德皇帝特拨银 2.4 万两,主役姬清廉负责大建玉溪宫及宫围墙垣。第二次重修于明武宗朱厚照正德三年(1508 年),朝廷派徽府内侍臣陈进来监工,并赐与石碑。玉溪宫住持司守和在重修宫殿时,修有方丈室、左右厢房、道院、圈门、甬路、月台、增建三宫、四圣殿、钟鼓楼、山门、四帅、补塑神像等。此外,明世宗朱厚熜嘉靖十年(1531 年)、明毅宗朱由俭崇祯十年(1637 年)都有过重修。清代的重修玉溪宫达八次之多。清祖圣玄烨时期的重修玉溪宫是于康熙三年(1664 年)重修玉溪宫四圣殿并金妆神像。康熙五十六年(1717 年)重修玉溪宫三官殿。乾隆时期的乾隆十六年(1751 年)、乾隆二十一年(1756 年)、乾隆二十八年(1763 年)都有过三次重修。此外,清代的雍正、咸丰、同治帝期间,都有一次重修。民国七年(1918 年),重修了玉溪宫大苦殿。新中国成立后,1958 年合作化时期玉溪宫改作他用,玉皇殿为村饲养室,其他殿宇厢房被本村小学占用至 20 世纪“文化大革命”期间。

玉溪宫现存明清建筑 15 间,占地面积 3000 余平方米。另外,散存宫内外明代至民国碑刻及石雕 10 余件。

玉溪宫原中轴线从大门到后殿共三进院落,主殿包括混天门、老君殿、玉皇殿、无极老母殿。主殿两耳房左为大苦殿、右为盘古殿,两边厢房为左文右武等殿堂,还建有钟鼓二楼、方丈室等建筑。现存主要建筑在玉皇大殿、大苦殿、三官殿等。

◆玉皇殿

明代建造。面阔 3 间,进深 3 间,单檐歇山琉璃瓦顶,檐下施双昂五踩斗拱,前后檐各饰 6 朵,东西两山各饰 5 朵,4 朵角拱。脊两端置龙吻,正脊饰琉璃彩色莲花和二龙戏珠。殿内木架作减柱造,前檐原施格扇门窗,梁架结构具有明代建筑风格。从殿内北墙壁和拱眼壁上还模糊看到原壁画的痕迹,其中拱眼壁原有 26 幅图案,现有 10 多幅还能辨认,分别为人物、山水、花鸟等。

◆大苦殿

清代建筑。位于玉皇殿东侧,坐北面南,面阔 3 间,进深 1 间,三架梁,无柱,单檐硬山式灰筒瓦覆顶。

◆三官殿

清代建筑。位于中轴线东侧，坐东面西，面阔 3 间，进深 1 间，三架梁，无柱，单檐硬山式灰筒瓦覆顶。

（七）颍阳安阳宫

颍阳安阳宫位于登封市颍阳镇嵩山西麓紫云山巅。始建于宋，现存宫殿多为清后遗物。其中，正殿 3 间，为硬山式建筑。内供始祖母女娲像。殿东为玉皇阁，上供玉皇像，下供诸葛武侯像。阁两侧供奉五岳四渎神像。安阳宫北侧为盘古殿，是一座方三丈出前檐、黄琉璃瓦盖顶建筑，殿内祀盘古老祖，周围碑刻 20 余通，大多为清代以来所立。

安阳宫之下有行宫。始建于金，后多次修葺。一进院有聚宝池大殿。二进院有青砖拱券窑洞 3 孔。三进院为九龙宫。四进院为行宫正殿，殿内祀始祖母、孔子、老子、释迦牟尼塑像。五进院为云城宫。六进院为聚仙台。依山就势有六层大殿，一层为老君殿，二层为观音殿，三层为玉皇殿，四层为三皇殿，五层为盘古殿，六层为无极老母殿。现有房舍 80 余间，碑刻 20 余通。

（八）峻极宫

峻极宫位于太室山中峰南下。峻极宫背依太室山峭壁，气势非凡。因宫后有石如船，群众称为“石船”。建于何时无考。原有院落两进，石洞数孔，房舍 5 间，有峻极宫和三教主洞、三皇洞等。1987 年道士朱须在西院新建安阳宫 5 间，朱门棂窗，内外彩绘壁画，宫内供奉无极老母木雕像。

太室山峻极宫

（九）清微宫

河南省重点文物保护单位。清微宫位于少室山南清微岩下。由我国高道李筌于唐开元年间（713～742 年）创建，道教《阴符经》即在这里问世。唐谏议大夫李渤也曾在此隐居修行。后人为了纪念李渤在嵩山修行的事迹，于元至正年间（1341～1368 年）改建为李渤宅。明嘉靖四十一年（1562 年）重修，复改为宫，名清微宫。清咸丰八年（1858 年）三月，重修东真武殿、西元武殿，金妆两殿神像及三清殿神像，修葺宫殿围墙，盖道房 10 余间，并栽植柏树 70 余株。

清微宫地处少室山中，三面环山，一面向水，清微宫山门前在清微河、莲花溪交汇成湖，这在千山万壑的群山中，仿佛人间仙境，甚是奇特美丽。

据嵩阳书院碑廊上的《清微宫界碑》记载，清微宫原占地面积数百亩，东至清微宫庙院东边大路，西至西侧林子边缘的深沟，北至山根，南至南边大路。由于历史原因，清微宫数度兴衰，现仅存正殿和东西配殿。

(十)紫云宫

紫云宫位于嵩山荥阳市区西北10公里的广武山上。东临楚汉相争之古战场汉霸二王城,西接历代兵家必争之地虎牢关,北濒滔滔黄河,南望巍巍嵩岳。紫云宫,又名“飞龙顶”。相传古时洪水四溢,群龙无首,洪水遍野,人民难以生活。大禹王组织群众疏浚河道,开挖渠沟,把洪流导入大海。从此,群龙便失去了赖以生存的地方,条条巨龙便从这里腾飞升天,故名“飞龙顶”。也有传说云:这里山峦交错,沟壑纵横,中间一峰突出,轻烟缭绕,好似云雾中的飞龙。

紫云宫始建于明永乐年间(1403~1424年),嘉靖三十年至万历年间陆续增建、重建、彩绘、雕饰,后经清世祖顺治八年至十一年(1651~1654年),又大力开拓扩建,整个区域,东有石阁式建筑的玉皇顶,西有琉璃瓦盖顶的素天宫,还有三元殿、王母殿及南崖阁等,形成一个巍峨壮丽的古建筑群。

(十一)中天宫

中天宫位于新密市区西9公里米村镇米村后街。明永乐七年(1409)始建,清康熙、乾隆年间两次重修。坐南面北,为二层楼阁式建筑。面阔1间,进深1间,呈正方形,高约10米,硬山灰瓦顶。上层南北有拱券门。一楼迎门垒砌台座,上置汉白玉“月光菩萨”像。像高1.52米,头戴宝冠,身着通肩大衣,结跏趺坐于莲花座上。胸右下侧刻“明永乐七年八月周王为生女造”铭文。面部有损。已移新密市博物馆保存。

(十二)钧阳宫

钧阳宫位于今禹州市区南17公里的钧阳宫村。钧阳宫即上古时大禹在“靡山建邑”时的“濯龙城”遗迹,后称“濯龙宫”。

4000多年前,黄帝部族的一支,就生活在三封山(三峰山)东南的大陵之上,后黄帝得道升天,大陵便称作“龙冈”。大禹时期,禹居此,“伐木为邑,横木为门,安民治室”,建“濯龙城”。夏朝中后期,濯龙城废,遂创建“夏亭城”。商汤灭夏桀之后,封夏禹的后代于夏亭,以不绝夏祀。直到春秋时期,北方翟人入居中原,先住“翟山”,又建“阳翟城”,即禹州老城。所以民间流传有这样的民谣:“先有钧阳宫,后建禹州城。”

钧阳宫规模宏大。据明弘治七年(1494年)宫地碑记载,宫殿占100余亩,香火地为2100多亩。濯水从山门前东南流过,背后有龙冈作为依靠,松柏繁茂,环境清幽。

钧阳宫的第一道门是牌楼,称“钧州门”。高12米,宽8米,为4柱3间,中间高,两侧低,五脊六兽,单檐坡式楼顶,青红黄三色琉璃瓦罩顶。中间跨度约4米,四柱皆有浮雕。四柱南北各置一抱鼓,支撑牌楼稳固。牌楼距正门甚远,已接近襄城县境。

钧阳宫第二道门是正门。正门是典型的明代建筑,高高的月台,下边3个过洞,中间门洞高大,两边门洞稍小。月台上有九脊八坡歇山顶式殿阁建筑,匾额“钧阳宫”三字为吏部天官马文升手书。过钧阳宫正门,左有钟楼,右有鼓楼。钟楼北有古井一眼,传为“禹王锁蛟井”。鼓楼北有“凤凰台”一座,传说汉代有凤凰集栖于此。

第三道门是拜殿。殿内塑护法四师,高丈余,着铠持械,威武雄壮。拜殿后边左厢为关帝殿,面阔3间,灰砖蓝瓦,古琉璃屋脊式建筑。殿中塑关公夜读《春秋》像,关平与周仓护侍左右。右厢为广生祠,即娘娘殿。内塑王母娘娘、后土娘娘、天妃娘娘、闪电娘娘、云雷娘娘、琼霄娘娘、碧霄娘娘、九天玄女、麻姑等10多尊神像。

钧阳宫主殿是三清宫。大殿面阔5间，进深3间，3梁起架，9脊8坡歇山顶，主脊正中为宝瓶镇顶。殿前有卷棚，殿内塑元始天尊、灵宝天尊、道德天尊像，称“三清大帝”。三清大帝四周，半蹲着4个力士，大殿左右有两位护殿将军，一是灵官马天师，一是天将王灵官。墙上画有各种壁画，有“八仙过海显神通”“药王禹州解疾苦”“画圣吴真人骑虎游峨嵋”等等。

三清宫后为玉皇阁，俗称天爷阁，建在月台之上。月台下圈砌了三条洞，叫药王洞、张良洞、成仙洞。月台上建二层阁楼，专祀玉皇大帝。此阁是钧阳宫最高的建筑物。阁后是柏树园，为历代道徒所栽，总数不下2000棵。

二、观

（一）禹州长春观大殿

禹州长春观大殿为河南省重点文物保护单位。禹州长春观位于禹州市区颍川办事处马府巷街中段路北，即现今的长春小学院内。其创建年代已无法确定。据文献记载，在元代至正三年（1343年），该观曾经进行过一次较大规模的维修工程，这说明创建年代应在元代以前。

禹州长春观是奉祀“三清”的一处道家活动场所，在明代国为徽府专用。由于徽藩中的皇族贵胄，都希冀长生不老，所以非常崇拜道家炼丹成仙的学说，长春观在那时也就当然受徽王府的照顾。尤其徽恭王及其子浦城王，投嘉靖帝兴道灭佛所好。不断向帝贡丹，不仅获得皇帝赐真人金印，而且观内的所有殿宇建筑，也能够得到及时的修缮养护，使观内的香火旺盛。

禹州长春观历经明清两代，到了民国初年，它已经成为禹州城内的一个规模宏大的建筑群体，不仅在中轴线上依次有着玉皇大殿、三清殿等大型建筑，而且还有着许多配殿和道房设施。正国为如此，从20世纪30年代起，就成了当时颇为著名的钧台中学的校舍。新中国成立以后，它是长春小学和长春中学的所在地至今。

禹州长春观的主体建筑玉皇大殿，为面阔5间的大木作，琉璃瓦盖顶，九脊八坡歇山式建筑物。虽然该殿在20世纪“文化大革命”期间脊饰损毁，但大殿的主体幸未遭毁坏，仍保持着原貌。

（二）崇唐观

崇唐观内的碑刻《唐默仙中岳体元先生大中大夫潘师正碣》和《崇唐观造像》，为全国重点文物保护单位。

崇唐观位于登封市区北3公里嵩岳太室山南麓老君洞南逍遥谷中。唐调露元年（679年）高宗与武则天游嵩山逍遥谷，访道士潘师正，赐建“隆唐观”。因避唐玄宗李隆基讳，改名“崇唐观”。唐高宗营建奉天宫时，又在逍遥谷南北各筑一门，南为仙游门，北为寻真门。因此，此观又改为仙游观、承天观、承天宫、老君观等名。此后，名士游往频繁，留言题咏颇多。

崇唐观建筑规模不大，东西长40.4米，南北宽23.1米。原有建筑仅存老君殿1座，面阔3间，进深3间，硬山式建筑，灰筒瓦顶，前辟板门方窗，殿内砖柱上浮雕花人物、瑞兽等图案。殿内现存唐代石雕像1尊，连像座在内通高2.8米，莲花须弥座上刻有5个雕像，自左至右为弹琵琶、吹笛、舞蹈的男女乐伎，像座下方有“大周隆唐观敬□元始长寿二年十月十五日毕工谨记”等字，是我国现存最早、保存最完整的元始天尊神像。崇唐观造像是研究道教发展史的珍贵实物材料，是唐代雕刻艺术的杰出代表，是武则天笃信道教、神化皇权的实物见证和研究武则天历史不可多得的实物资料。崇唐观造像及观内碑碣有着较高的历史、雕刻、书法、艺术研究价值。

崇高唐观内另存唐代著名碑刻2通：一通是唐垂拱二年(686年)刻立的《王征君之碣》，另一通是《唐默仙中岳体元先生大中大夫潘师正碣》(碑刻另述)。

(三)白鹤观

白鹤观在嵩山有两处：

其一，白鹤观位于登封北面的太室山三鹤峰下。《河南府志》记载：白鹤"观以子晋控鹤得名"。传说东周灵王太子王子晋，生性好道。周灵王二十二年(前550年)，王子晋遇到嵩山道士浮丘公，跟随其入嵩山白鹤观修道。30余年后的七月七日，王子晋乘白鹤飞升上天，去江南天台山等处位列本尊时，嵩洛地区远近可见，这就是嵩山地域最有名的"子晋升仙"的传说。因此，王子晋升仙成了在嵩山修炼成仙的典型代表，嵩山也成了道人们向往的神奥灵妙中的仙境。古今往来，帝王名人及文人墨客到嵩山寻访王子晋升仙的胜迹，并写有大量有关王子晋升仙的诗篇，留下了许多历史佳话和文物遗存，使得原本单一的王子晋升仙神话，变化为漫长深远而意义厚重的王子晋文化，成为嵩山文化中不可或缺的一部分。

明代《嵩书》卷三《卜营篇·宫观五》载："白鹤观在太室山上，西去绝顶四五里。背负三峰，左右皆绝壁，空南一面，下瞰远山如屏，幽邃平阔，实太室之奥也。"《郑州市古今地名词典·登封市·白鹤观》载："白鹤观在登封市区北6公里，太室山三鹤峰上，建筑年代不详……"又据《嵩岳文献》记载："王子乔者，太子晋也。道人浮丘公接以上嵩高山三十余年。"

《登封县志》载"元至正十二年(1352年)重建"。现在观内塑有儒、释、道三教教主释迦、老子、孔子圣像，释迦居中，老子、孔子坐于两旁。据该观道人王真君谈，北天师道鼻祖寇谦之曾在此作有千古名曲《白鹤飞》。

其二，白鹤观位于少室山之阳、石道阎坡村。始建年代不详，明正统年间修葺。后又塌毁，1994年群众积资重修。观院凌空高耸，背北面南。大门之内有正殿3间，供奉祖师神。东西各有配房。后殿3间，供奉无生老母神像。观内外有碑碣多通。

(四)云溪观

云溪观位于洛阳市东车站东新安街东头，瀍河桥北，十一中校院内。该观是全真派北七真之一刘处玄在洛阳瀍水西崖下修筑。理学家邵雍，初来洛阳时，就暂住云溪观中。史书上有夏居云溪的记载。后因弟子众多，又筑三洞。传说，刘处玄弟子们在筑洞时，发现古井一口，刘处玄笑告弟子，不远处还有二井，此乃我前生修炼时经营的。几日后，弟子们先后又发现古井二口。此后洛阳人都把云溪观称作"三井洞"，洞高8.3米，宽1.2米，深9.99米。

金大定七年(1167年)咸阳人王重阳到山东宁海传道，孙不二和已为进士的丈夫马丹阳先后入道。孙不二来到三井洞，到金大定十年创清静派，经过十年发展以后，仙逝。孙不二，原名渊贞，道号"清净散人"，是全真清静派七真之一，不二表明她一心一意，修道不二。孙不二在此传道直到坐化"三井洞"。

元世祖至元六年(1296年)敕封孙不二为"清静渊贞顺德真人"，元武宗时又敕封她为"清静渊贞玄虚顺化元君”。在道教史上三井洞为北派“七真”中清静派的发祥地。一度称“长生万寿宫”“凤仙姑洞”。

明伊王在嘉靖三十二年扩建为一座规模恢宏的“云溪观”。原三井洞的山门为马赵温岳四元帅殿,前院东为钟楼,西有鼓楼。前殿为老君殿,后殿为三清殿,殿前有拜殿3间。西侧洞门有阴文隶书“三清洞”门额,洞内有邵康节读书处。这座道观曾遭日军飞机轰炸,新中国成立后,因历次修建十一中学校拆除。现在已遗无存址。

明代诗人张美谷的《三井飞仙》一诗写道:

古洞避尘烟,谬谬进水边。洞天含万有,洞顶出三仙。

鹤舞云连树,丹成雾连天。飞腾元境在,谁能悟真篇?

清代诗人董笃行写有《云溪观》一诗:

闲坐瀍水旁,正对龙门口。三井透天光,森若列星斗。

钟磬响铮铿,晓日半在柳。深洞锁寂寥,丹砂炼已久。

岭上多闲云,时与白鹤偶。举世重黄金,难易仙人守。

仙人去不还,空余麋鹿友。

(五)观沟村重阳观

河南省重点文物保护单位。重阳观位于郑州市上街区峡窝镇观沟村。明万历四十二年(1614年)迁修于此。重阳观规模较大,主体建筑有山门、三清殿、老君洞、祖师殿以及戏楼、道院等。现仅遗留三清殿、道士房东西屋、广圣殿等四座建筑及数孔窑洞。有明代万历四十二年(1614年)立“迁修重阳观记”碑一通。重阳观的建筑群格局布置为坐北朝南,前有寨山,后有重山,两侧为护山,是典型中国古代建筑选址、布局艺术的缩影。三清殿建筑是中原地区保存较为完整的一座无梁砖石制建筑,为研究明代无梁殿提供了实物。

(六)玉晨观

玉晨观位于嵩山之阴的巩义市回郭镇西北2公里的苏村东头。又称苏观。建于元至治元年(1321年)。全观面积1400平方米,原有山门,两边有掖门,门前有铁狮一对。后门中轴线上有正殿,左右有钟、鼓二楼及厢房廊庑27间。观内有明清碑碣20余通。

(七)荥阳长春观

荥阳长春观位于荥阳城关宫寨村东南,东临河王水库,创建于元代,明、清、民国时期屡有修缮。目前,尚存主要建筑多座,其基本情况是:主体建筑均坐北向南,砖木结构,顶覆小灰坑,多为1层,面阔均为3间。从前至后基本沿中轴线布局,依次排列,最前为大门,再往后是2个大殿,都为卷棚顶。前殿略高于后殿,东西长约10.7米,南北宽约9米,进深与面阔均为3间;后殿长约11米。另在前殿之西侧,尚有1座东西长9.3米的房屋,亦为卷棚顶。这几所房屋由于年久和屡屡用做他用,修补改建的痕迹明显。但就其所存建筑的数量和质量言,在同类建筑中仍较突出。

元太宗十一年(1239年),正值蒙古大军平定金军,金刚刚灭亡,郑州被元朝统治之初,元军将领广平千户杨进,将己所圈占之地交于丘处机弟子贾道先(法号“碧洞子”)用于创建道观。观建成后,贾道先主持观事,并取其师父丘处机之号“长春子”做观名。

荥阳长春观历经贾道先师徒数代主持发展,规模不断扩大,并受到元朝政府的重视和厚待,有元一代达至极盛。观内原存元代之《给付碧洞子地土执照》和《郑州荥阳县时村创建长春观碑记》石碑均毁佚,但所存碑刻的文字材料,详细地记述了长春观地产的来历及其创建经过等,提供了研究道教史特别是全真教派历史的可靠资料。

长春观至明、清时又多次重修,持续兴旺一方。民国后期,开辟学校于其内,直至 20 世纪 70 年代。近年进行修缮时,又在院内清理出碑刻多通。

三、洞

(一)登封老君洞

河南省重点文物保护单位。老君洞,又名无极洞,俗称老母洞,位于太室山南麓金壶峰下,逍遥谷北山脊梁上。老君洞始建于唐代,为唐代著名道士潘师正所凿。因形如鸡卵,又称"鸡卵洞"。后人在洞内供有"老君"塑像,故称老君洞。

唐代以后,在老君洞周围陆续增修了一所道院,分中院、东院和西院,房舍 100 多间。1984 年后进行大规模翻修,形成东西两个道院,东西长 188 米,南北宽 64 米,面积约为 1.2032 万平方米。以东院为主院,中轴线从大门至大殿共三进院,其中,大门至老君洞为一进院,壶室至正阳门为二进院,正阳门后为三进院。院与院之间凿石为阶,相互连接,前后贯通。山门前有二层青石踏道共 108 级石阶,把大门衬托得高高凌起。

◆山门

面阔 3 间,进深 4 架椽,青砖砌筑,单檐硬山式建筑,灰筒板瓦覆顶,正脊、垂脊饰宝瓶、走兽。中间为门洞,置朱红板门,石鼓门墩布两侧各有 1 间小室,外墙中间辟六角棂格窗。门前砌小平台,周边置青石护栏。山门高高凌起,青砖灰瓦,悬脊卷檐,朱门棂窗,栏板望柱,十分别致。

登封老君洞

◆老君洞

亦称无极洞,位于山门内北端。是当年道士潘师正隐居之处。洞高约 2 米,深 4 米,宽 3 米余。洞内供老君塑像。南面券门为老君洞的正门,门两侧镶嵌砖雕楹联:"峻极峰嵩阳胜地,古灵山金壶洞天"。

◆金钟楼玉鼓楼

洞外两边分别建有清光绪年间(1875 ~ 1908 年)创建的金钟楼、玉鼓楼。楼各高 8 米,为歇山式建筑,灰筒板瓦覆顶。上有八卦、花卉、盘龙、人物故事浮雕图案。

◆壶室

位于老君洞顶的平台上。洞上有八角攒尖顶无木结构的砖亭,高约 4 米,南面辟圆券门,门额有明代登封知县丁应泰书法的行书"壶室"二字。壶室后有座面阔 3 间、进深 4 架椽,单檐硬山卷棚式建筑，灰筒板瓦覆顶，无前墙，檐柱撑顶，彩绘栋梁。内塑老子骑青牛像。后墙中间有一方形门，门后为陡峭的青石踏道，上端是通往后院的正阳门。

◆正阳门

正阳门面阔3间，滚脊灰筒板瓦覆顶。前后檐柱撑顶。门上有石额，分别题书，中为“正阳门”，两边书写隶书大字“天中”“福地”。站立此门，可前后观看老君洞全景。

◆十二老母洞

十二老母洞为老君洞左右两侧的六座洞殿和正阳门前左右的六座洞殿。位于老君洞左右两侧的六座洞殿，东侧三座，由东往西依次为玉兰母洞、九莲母洞、文殊母洞；西侧三座，由东往西依次为普贤母洞、眼光母洞、日光母洞。位于正阳门前左右的六座洞殿，东侧三座，由东往西依次为南阳母洞、白衣母洞、观音母洞；西侧三座，由东往西依次为大悲母洞、地藏母洞、清身母洞。这些建筑由于紧靠陡崖和涧沟，受自然条件的限制，殿房是利用自然崖壁作为后墙，用砖石券砌起来的无梁建筑，规制虽然较为狭小，但是布局紧凑，在嵩山地区现存的庞大建筑群中独具一格，饶有情趣。

◆无极老母殿

位于东院的最后部。清代末年建筑，面阔3间，进深5架椽，为单檐式硬山建筑，黄琉璃瓦覆顶。内供无极老母塑像。殿内施有两根合抱的对称盘龙木柱，龙体的浮雕花纹高出柱面4～5厘米，鳞甲甲深圆，尖爪锐利，铜铃般眼珠，炯炯有神，栩栩如生。殿外前檐石柱上刻“尊上玄穹步清云乃登九五；圣称无极居太上以通三千”楹联。此殿在20世纪“文化大革命”中被拆毁，盘龙木柱由县文物部门妥为保存。1989年按旧制重建该殿，盘龙木柱复归原位，显现旧貌。

◆千佛殿

位于无极老母殿东侧。面阔3间，进深5架椽，为单檐硬山式建筑，灰筒板瓦覆顶，出前廊。棂门槛窗，前檐柱亦为方形石柱，上刻行书楹联“人世间类云任变幻，仙山中甲子自春秋”。其西侧顺山房为祖师殿，形制同千佛殿，刻有行书楹联“道典通天万缘归正觉，峻峰障日紫气入三清”。

◆西院

原有火光洞、千佛洞等，为多间的殿房，是利用自然岩作为后墙，用砖石砌筑建房，房顶和崖面相平，崖上面还建有木结构房屋，形成两层楼房。从后边看，却只为一层平房。这样的建筑形式，则为登封诸多寺庙中所仅有的一例。今改建为两层楼房，失去原貌。此院现为工作生活院。

此外，老君洞现存遗存有明清碑碣30余品，内容多为重修、布施、记事等刻词，在一定程度上反映了古代民间群众信奉道教发展的脉络。

老君洞现存建筑多为明清以后修建的，依山就势，利用有限的自然地形修建而成，其特点有二：其一，老君洞的建筑由于紧邻涧沟，受自然环境限制，利用自然崖壁作为后墙，用砖石券砌，房顶和崖上地面相平，崖上面再建有木构殿房，形成两层楼房。但从后边看，却只有一层殿房。其二，在较为宽阔的地方，修建有殿房楼阁，但形制较小，与嵩山地域其他寺庙宫观建筑截然不同，形成了独有的整体建筑玲珑紧凑，别具风采的特点。

（二）天爷洞

灵崖山天爷洞，又称羚羊洞、灵崖洞、天爷涧等，位于新密市平陌镇东三里龙泉村内的灵崖山上，灵崖山又名大仙石，是具茨山主峰之一。据《河南通志》讯载：大仙石在禹州西北50里，轩辕黄帝修炼于此。《密县志》记载，灵崖洞在密县超化西南五里处，洞在半崖，深不可测。《河南通志》载，超化西南五华里许,洞在半崖,古传有羊出入,不知何灵物也。因此,天爷洞又称羚羊洞。这里位于郑汴洛文物古迹旅游的主要交通线上,下庄河站南九公里处,交通便利,四通八达。

灵崖山天爷洞创建年代不详。当地民间口传,天爷洞创建于唐,宋、明、清屡有扩建,至中华人民共和国成立后,原有建筑仅剩几间破旧的殿宇。20 世纪九十年代,政府出资在原有基础上做了一次大的修建。

天爷洞在洧水南岸,依山而建,坐南向北。天爷洞是自然景观与人文建筑相结合,有通天桥、望天梯、拜天阁、祭祖亭、转运台等;著名的石洞有九连洞、五连洞、大小龙眼洞、天爷洞、老母洞、龙蛇洞等及多处溶洞;殿堂有祖师殿、老母殿、南海大士殿、十大阎君殿、托天老母殿、灵霄殿等,共计 39 殿之多。全景区共奉有 230 多尊神像,坐满景区各洞、殿、阁、台。

传说,天爷洞是天界最高神祇玉皇大帝修行的地方。天爷洞的第一层是一组大型溶洞,也是石楼洞的第一层,故曰:三棚楼者。其实何至三层,这里是洞连洞,洞套洞,高者抬头不见顶,低者只能爬行,不能仰视。主洞高 7 米,阔 5 米,深 10 米。洞壁内全是奇石,如柳絮、白云等。正顶有一藻井,口径 3 米,底 0.5 米,内似蟠龙,伸头藏尾,旁边站一位石仙在此看守,可谓神工鬼斧之雕。主神玉皇大帝雕像坐于洞中后台之上,台下有一大型溶洞名曰:天井。天井与东十里之外的超化镇金花泉相通。古传,第一天撒把麦糠,第二天可从金花泉涌出。洞内的玉皇大帝神像高大庄严,慈眉善目,两旁有文武众仙奉旨办公。在这里善心诚意,可求万事如意,心想事成。

灵霄殿是天爷洞景区最上层,是玉皇登殿办公之处。该殿雄伟壮观,长 27 米,宽 9 米,高 13 米,由 24 根大型玉柱撑架,九间九进,红砖、钢筋水泥结构,琉璃黄瓦盖顶,上具脊鱼、宝瓶、二龙戏珠等装饰,有仙鹤朝圣、龙凤呈祥、太极图等大型彩绘。主像是玉皇大帝,有文武众仙班,在这里诚心求拜,可功德圆满,实现心愿。

从此山旧石器洞穴遗址出土的大量动物骨化石和打制石器看,为新生代第四纪更新世晚期文化遗址,距今约有五万年左右。山下洧水环绕,宋大、尉登、大小铁路两条,应山而守。铁路大桥凌空高架,十字交叉,一高一低,横跨洧水河。山势巍峨陡峭,松柏苍翠,奇石嶙峋,有的似龙似虎,有的似雄狮怒吼,有的似猛虎下山,有的似松鼠觅食,有的似禽物欢跳,有的似雄鹰展翅,各种巨石千姿百态,美不胜收。山奇石奇树更奇:有石上柏、柏上佛等。天爷洞周围有凤凰山、老王山、号令山、虎头山,群山朝向有龙有凤,是九龙朝圣之地。远看不见山,近看山连山,山不在高,有仙则灵。

天爷洞每年还有盛大的庙会,正月初九、九月初九、十月初王等,都有大型庙会。特别是正月初九,是玉皇大帝的诞辰日。从初二到初十,四方旅客、香客从四面八方云集于此,顶礼拜膜,以求风调雨顺,百姓平安。庙会期间,山上山下,人山人海,总数达万人。民间说唱、舞狮子、划旱船、踩高跷、斗竹马等各种民间剧团、文艺杂耍等均来此祝贺玉皇大帝生日。

二、著名宫观遗址

历史上,嵩山地域的古宫观太多,尤其是在太室山和少室山上,分布得非常密集。但到现在能保存下来的很少,大都无存。以下所录的宫观遗址,是从嵩山地域各市县史料中所选录。

(一)轩辕宫遗址

轩辕宫遗址位于新郑市西南具茨山风后顶南崖。清顺治十六年《新郑县志·杂志》:“轩辕宫在县西南大隗山，祀黄帝、岐伯、雷公。”清雍正九年《河南通志·寺观》：“轩辕宫，在新郑县城西南四十里大隗山，祀黄帝、岐伯、雷公。”宫旁有摩崖题记：“明嘉靖五年二月六日重建轩辕宫三皇殿记。”

（二）汉故宫遗址

汉故宫遗址位于洛阳故城中。《括地志》：洛阳故城内有南宫、北宫，秦时已有之。汉五年，帝置酒洛阳南宫。后汉建武元年，车驾入雒阳，幸南宫却非殿，遂定都焉。蔡质《汉仪》：南宫至北宫，相去七里。永平初，帝思中兴功臣，图画二十八将于南宫云台。延康四年，孙程等定策立和帝，自德阳殿西钟下，幸南宫，登云台，召公卿百僚，是也。其北宫禁门，亦曰省门，又名章台门；北宫北门曰朔平门。省门内有崇玄诸门，门内即德阳殿，又有承明门及温德等殿。南宫正门即端门，旁有鸿都、盛德、九龙及金商、青琐诸门。其正殿曰崇德殿，旁为嘉德殿，崇德殿西则金商门也。董卓之乱，南北两宫，大都焚荡。建安初，驾还洛阳，诸将张扬自以为功，名所葺南宫正殿曰扬安。及曹丕篡位，营洛阳宫。初居北宫，起建始殿，朝群臣，又于其北建崇华殿。曹睿青龙三年，始于汉南宫崇德殿故址起太极、昭鼎诸殿；又是年，崇华殿灾，乃更作九龙殿，引　水过殿前。其北宫南又有式乾、显阳诸殿，及太后所居曰永宁宫。皇后宫中殿曰含章殿，东宫门曰承华门。又于太极殿前作总章观，高十余丈，门曰阊阖，以象天门。晋武都洛，大抵因之。永嘉之季，刘曜陷洛，复成灰烬。及后魏南迁，大营宫室，魏晋之旧次第修复。其后尔朱始祸，东西战争。东魏天平二年，遣高隆之尽撤洛阳宫殿，运其材入邺，自是故址渐成蓁莽。及隋改营都邑，而沧桑益不可问矣。

（三）会圣宫遗址

会圣宫位于偃师市山化乡的凤凰山上，北依邙山，南望洛水，山峦秀丽，温泉喷涌，地理风水优越。宋太祖赵匡胤建立北宋王朝后，欲迁都洛阳，于是在登基不久，就派人在洛阳附近选择皇陵区，最终确定将皇陵区设在洛阳东部的偃师、巩义，后来在这里新置永安县。到仁宗时期，这里已有四座皇陵，即赵匡胤之父赵弘殷与杜太后的永安陵、太祖的永昌陵、太宗的永熙陵、真宗的永定陵。为了祭陵的需要，仁宗开始修建陵区的太庙——会圣宫，作为祭陵奉先之所，并成为陵区的管理中心。太庙是中国古代皇帝的宗庙。

会圣宫碑

会圣宫是宋仁宗八年（1030 年）竣工落成。占地面积约 100 亩，巍峨豪华，宛若仙域。会圣宫建成后，在这里刻立了会圣宫碑。《大宋新修西京永安县会圣宫铭》系宋仁宗景祐元年（1034 年）立成，该碑由翰林学士石中立撰文、翰林院待诏御书院祗侯李孝章书并篆额，总高 9.2 米，由碑座、碑身、碑首三部分组成。其体积之大，为我国现存古碑中所少见。为中原第一碑，现为全国重点文物保护单位。

（四）三阳宫遗址

三阳宫遗址位于嵩山之阳、告成镇东2.5公里石淙河北崖坡上。唐久视元年(700年)正月建，楼阁亭台，周折崖畔，极为壮观。四月，武则天携同太子、公主、群臣到此游乐。张说疏称："后及太子相王诸臣，时来避暑，有诗于壁上。"又说："御苑东西二十里，栋丛溪谷，池亭奇巧，削峦起观，塌流涨海。俯贯地脉，仰生云路，可过其胜矣。"长安四年(704年)，拆除三阳宫，用其材另在万安山修建兴太宫，今石淙河东北岸有三阳宫遗址，尚有瓦砾遍地。

（五）显应宫遗址

显应宫遗址位于新密市老县衙之后。按《明史·礼志》：崇恩真君，娃萨氏，讳守坚，西蜀人。宋徽宗时，尝从虚靖天师张继先及林灵学法。隆恩真，则玉枢(火)(天)府天将王灵官也。尝萨真君传授符法。永乐中，杭州道士周思德以灵官之法显于京师，附体降神，祷之有应。乃于禁城之西，建天将庙及祖师殿。宣德中，改为大德观，封萨真人为"崇恩真君"，王灵官为"隆恩真君"。

（六）玉清宫遗址

玉清宫遗址位于汜水县(今属荥阳)。民国17年(1928年)《汜水县志》：在金龟山上。此山与睡虎、卧龙、伏蛟、翠屏环城而峙，以壮锦阳之图。城南一川，名锦阳川，上有玉清宫，士人改美哉亭为之。自下而上有磴道数百级，琳宫瑶宇，飞霞焕彩，俯视行人若织；房舍鳞次，真有天上人间之趣。东有仙人洞，祀王母，亦名王母祠。

（七）承天宫遗址

承天宫遗址位于太室山金壶峰下，金大定年间建。久废，无考。当地人所指为承天宫者，乃逍遥谷隆唐观故址也。金代著名学者赵秉文有《嵩山承天谷》诗句："烟霞直上逍遥谷。"

（八）兴泰宫遗址

兴泰宫遗址位于登封市颍阳镇。史料记载：唐朝长安四年(704年)四月，武则天到嵩山西麓的万安山兴泰宫居住。据说兴泰宫的规模可与三阳宫媲美，惜后毁。

（九）万寿宫遗址

万寿宫的全名为清徽万寿宫，位于禹州故城西南隅三官庙街路南，即今夏都一中和万寿宫小学所在地。据旧志记载，万寿宫初建于东汉光武年间(25－56年)，在金代末年毁于战火。元朝至元十二年(1275年)重建，到清末时期，万寿宫已经发展成为一处规模宏大、殿堂密集的道教古建筑群。

明代嘉靖九年(1530年)，钧州知州刘魁将万寿宫改为"宗学"。所谓宗学，就是专供当时明徽藩各王府的子弟读书的学校。据载，在改为宗学而撤移万寿宫三清殿神像时，发现神像内藏有东汉光武帝御赐的敕书和玺文等御品，这些实物显示了万寿宫在东汉时期道教方面的重大影响和地位。

明朝末年，李自成率军攻陷禹州，徽王府所有王室成员、宗室子弟被杀戮殆尽。所谓"宗学"，又成了专业道教活动场所。

民国初年前后，禹州城频遭兵匪烧杀掠抢，但万寿宫却损毁水大，尤其是三清殿、万岁殿等主要建筑仍屹立于轴线上，其它廊庑配殿诸如药王殿、瘟神殿以及主要道房还都基本完好。正是其于此，万寿宫曾数度改作不同学校的校舍。

万寿宫现在仍是夏都一中、万宫小学的校舍。不过，原有的殿宇已被新盖的楼房代替。

（十）升仙观遗址

升仙观遗址位于嵩山之阴的缑山上。升仙观，也叫升仙庙。相传周灵王太子晋，天生聪悟神异，因灵王筑堤、造坝、保王宫而不顾百姓死活，子晋犯颜急谏，触怒灵王，被罢黜而出走，后被浮丘公接上嵩山修炼。子晋喜欢吹笙作凤鸣，并常游伊洛。修炼成仙后，于某年七月七日，在缑山之巅乘鹤升天而去。后人在此建观。

道教壁画中的仙人王子乔

此山并不高峻，海拔 308 米，但它突兀挺拔，亭亭玉立，显得十分秀气。在它的南面，东九龙山、西九龙山相抵对峙，开成一道天然门户。东望轘辕关，西瞻伊阙龙门，春秋时代的滑国故城遗址则坐落在它北面的不远处。登上缑氏山峰顶举目四望，但见山川钟毓灵秀，不愧是一处风光无限的圣地。至今，缑山西侧半腰仍有水潭一个，据说是当年太子晋饮马之处，故叫“饮马池”；也有人说，仙人乘鹤而不骑马，故应叫“饮鹤池”。

唐圣历二年（699 年）二月初四，武则天赴嵩山途经缑山，游览了刚刚竣工的升仙庙，深有所感，撰文并书写了《升仙太子碑并序》，立于观前。

古今往来，为此观写诗的名人志士、文学诗人举不胜举，他们的诗篇和此观一起，成为嵩山永远的风景名胜。

1963 年，《升仙太子碑并序》被列为河南省文物保护单位。2006 年 6 月，升仙太子碑被国务院列为国家重点文物保护单位。

（十一）平乐观遗址

平乐观遗址位于故洛阳城西门外。汉灵帝初平五年（176 年），讲武于平乐观下。又袁绍诛宦官，促董卓进兵屯平乐观。魏嘉平六年，诏司马昭自许昌西击姜维，魏主芳幸平乐观以临军。隋末，李密自洛口向东都，败隋兵于平乐园，即故平乐观。时在东都之东 7.5 公里。胡氏曰：汉魏平乐观，在洛城西，隋营新都，改为平乐园，在都城之东。

（十二）平望观遗址

平望观遗址位于故洛城华林园东南，天渊池水径其南，魏所置也。北魏太和四年（480 年），改曰听讼观。陆机云：洛阳城有三市九观。三市者，一曰金市，在旧宫西大城内；二曰马市，在城东；三曰羊市，在城南。九观曰临商、凌云、宣曲、广望、阆风、万世、修龄、总章、听讼，皆在宫中，皆魏晋时置。又玄武馆，在北邙山之尾，直故洛城北。曹魏立玄武馆于邙垂，是也。高贵乡公自元城入即位，至玄武馆，即此。元城，今北直大名府属县。

(十三)玄都观遗址

玄都观遗址位于嵩山南麓的登封市颍阳镇南2公里的袁寨与安寨之间。始建于北魏年间。后历代多有修葺。宋宰相欧阳修同洛阳令梅圣俞曾来观游览,写诗三首。元延祐年间道士易继善将此诗刻于石碑上,碑尚存。观内有元始殿3间,耳房2间。后倒塌,再由该观管理者张红匾筹资重建。另有历代石刻碑记10余通,也已散佚,也由张红匾搜集后,镶嵌在新建的元始殿或建碑楼保护。

(十四)二郎观遗址

二郎观遗址位于太室山虎头峰下。观内供奉二郎神杨戬及其他神像。据传观为南北朝北齐武平年间(570~575年)所建,后历代都有修葺。鼎盛时期,房舍多达数十间,香火也盛。民国年间,国民党十三军为其死去头目建纪念塔,拆毁观内房舍。1999年3月,登邑信士王杰、杨改銮筹资重建。在湛池北建了二郎殿,面阔3间,进深3架,花格门窗,脊饰宝瓶等。内供杨二郎木雕坐像,手持三尖两刃兵器,旁侍哮天犬。殿北有东配殿、西配殿,两殿略小于前殿。中轴线北为观音殿。整个院落,错落有致。

(十五)旆阳观遗址

旆阳观遗址位于新密市岳村附近。《朝野佥载》:"西晋末,有旌阳令许逊者,得道于豫章西山。江中有蛟为患,旌阳投剑斩之,后不知所在。"《续文献通考》:"许真君名逊,字敬之,南昌人。生而颖悟。从吴猛得神方秘,以修炼为事。晋太康初,为蜀旌阳令。寻弃官东归,遇谌姆,传以道术,遂斩蛇诛蛟,悉除民害。虑豫章为浮州蛟螭所梓,乃于牙城南井,镈铁为柱,下施八索,勾锁地脉,由是水妖屏息。周游江湖诸郡,殄灭毒害,乃归旧隐修至道。宁康二年,一百三十六岁。忽一日羽盖龙车,自天而下,逊登车与其弟子家属四十二人,同时升天,鸡犬亦随焉。"

(十六)列子观遗址

列子观,又称列子祠,遗址位于郑州市东郊管城回族区圃田乡圃田村北,村东南1公里有列子墓。此观创建年代无考,据碑文记载,观曾一度被改为佛寺,明万历八年(1580年)监察御使苏民望巡视河南过圃田时,得知此事,因命奉直大夫知郑州事许汝升重建列子祠,并立《重修列子祠记》碑石。观内原有御风台,一名八卦御风台。列子观遗迹今已无存。

(十七)荥阳逍遥观遗址

荥阳市逍遥观遗址位于荥阳高山乡竹川村,始建年无考。根据出土碑碣记载,元、明、清各代曾多次重修。

逍遥观坐北朝南,建筑多已废毁。现存山门,门上"逍遥观"匾额为晚清翰林院编修赵东阶所书。大殿仅存基址,东侧有天爷洞,西侧为偏殿,皆为硬山灰瓦顶。逍遥观现存废碑一通,该碑是明崇祯二年(1629年)勒石,记述逍遥观盛衰历史与竹川的名胜风光。逍遥观北依九顶雪花山,面前汜水环抱,山上林木葱郁,水边翠竹欲滴,楼台殿阁掩映于茂林修竹之中。

(十八)禹州逍遥观遗址

禹州逍遥观遗址位于禹州市浅井崆峒山麓,是轩辕黄帝访上古哲人广成子的发生地。逍遥观为一处道观建筑,是传说中古代轩辕黄帝问道于广成子而成仙得道之地,有“天下第一观”之称,保留有众多的古建筑,而且在布局方面,依山就势,错落有致。娘娘宝剑、黑龙河、老龙涧、娘娘蛋石、千年牡丹以及高原古寨、山泉瀑布把这里装扮得既神秘又灵秀,这里青山环抱,溪水潺流,风景秀丽。

(十九)嵩阳观遗址

嵩阳观也叫天封观,遗址位于登封城北 3 公里的嵩山南麓峻极峰下的今嵩阳书院。始建于北魏太和八年(484 年),初名嵩阳寺。隋大业间更名嵩阳观。《河南府志》:“潘诞为帝合炼金丹,谓应得石胆石髓,令石工凿岩石深百余尺而不得,潘又谓若得童男童女胆髓三斛六斗,亦可代之。帝怒,锁于涿郡斩之。”唐弘道元年(683 年)高宗李治以此作行宫来嵩山访道士潘师正。唐天宝年间(742 ~ 756 年),在观右建天封观,合而为一。宋在其左近建嵩阳书院。元至元年间,改嵩阳宫,后又复院名至今。嵩阳书院即其遗址。

(二十)精思观遗址

精思观,亦称精思院,遗址位于今登封市区北 3.5 公里,太室山南麓逍遥谷西七星岭上。唐朝调露元年(679 年),唐高宗两访名道潘师正,为其建隆唐观,于其北岭上建精思观,又别立精思院以处之。唐朝诗人孟浩然有《精思观回望白云在后》:

出谷未停午,到家日已曛。回瞻下山路,但见牛羊群。

樵子暗相失,草虫寒不闻。衡门犹未掩,伫立望夫君。

永淳元年(682 年),潘师正死,观渐废。嵩阳书院有石幢,上有北宋熙宁五年(1072 年)的题名“过天封精思”。后废。

道士炼丹

(二十一)土德观遗址

土德观遗址位于嵩山南麓、中岳庙西院。元天历二年(1329 年)建。明成化十八年(1482 年)重修。据说规模很大,后来毁于大火。

(二十二)紫虚观遗址

紫虚观遗址位于太室山南麓紫虚谷中。北宋枢密使张升请告,结庵于此。又说为名道贺兰栖真所居之地。后废。

(二十三)洞清观遗址

洞清观遗址位于嵩山太室之南的棋盘山之址,俗称呼天抢地黑蟒岩。唐朝著名诗人许浑的《赠萧炼师》诗序:“炼师,贞元初自梨园进为内妓,善舞《拓枝》。宫中莫有伦比者,宠锡甚厚……后闻神仙之事,谓长生可致。乞奉黄老。上许之,诏居嵩南洞清观。迨今八十余矣,雪肤花颜,与少无异……”

(二十四)天封观遗址

天封观遗址位于太室山之阳，登封市之北。《登封县志》载：观在县正北五里许，太室南麓，即嵩阳书院故址。嵩阳书院建于北魏太和八年(484年)，名为嵩阳寺。唐改嵩阳观。据《太唐嵩阳观纪圣德感应之颂碑》记载：嵩阳道士孙太冲曾在此为唐玄宗李隆基炼丹九转。唐天宝初年(742年)，唐玄宗在此建天封观。五代周时，将嵩阳、天封二观合建成书院，称太乙书院。宋时由太室书院易名为嵩阳书院至今。

(二十五)太室山之观遗址

史料记载，太室山在古代名胜密集，是著名的神山。太室山上除以上所述之观外，还有崇庆观、颐真观、龙泉观、玉溪观、清风观、玄都观、真太微观、丹霄观、玉泉观、通真观、嵩仙观等10余座名观，史料记载，皆毁于元代，有的仅存碑刻，不知具体位置。但也有的观在史料中有以下记载：

崇庆观，位于登封市老县城东关，内置道会司；

颐真观，位于登封市南18里的小金店(今东华镇)，后俗称下崇福宫；

龙泉观，位于登封市东北25里；

龙翔观，位于登封市东25里卢店镇；

玉溪观，位于登封市告成镇石羊关外5里许；

清风观，位于登封市颍阳镇西；

玄都观，位于登封市颍阳镇之南0.5公里许。

第四节 牌坊建筑

牌坊是我国传统的建筑装饰物，牌坊可算是最突出的礼制性建筑小品。它是由具有防范功能的实用性坊门脱胎演变成了标志性、表彰性的纯精神功能的牌坊。礼既是规定天人关系、人伦关系、统治秩序的法规，也是约制生活方式、伦理道德、生活行为、思想情操的规范．它带有强制化、规范化、普遍化、世俗化的特点，渗透到中国古代社会生活的各个领域，也深深地制约着中国古代建筑活动的诸多方面，牌坊建筑就是在礼的制约下所形成的。

牌坊最早的样式就是两根柱子架一根横梁，是古时候一种最为简单、最为原始的门，叫“衡门”。后来，人们将产生于上古时代的华表柱移植到坊门上来，于是出现了一种由两根华表柱连接一至两根横梁组成的“乌头门”。宋代以后，这种门一般被用于文庙、道观、陵墓等庄重场合的正门，又叫“棂星门”。棂星门没有门扇，只有两华表柱和作为额枋的横梁，华表柱远远高出额枋，呈冲天状，后来便发展成“冲天牌坊”，成为牌坊的最初形制。再后来人们觉得冲天牌坊虽然庄重，但不气派，于是就将建造在宫殿、祠庙和陵墓前的“阙”的楼顶移植到坊门上来，在坊门的额枋上盖起了楼顶，从而形成了一种既有华表柱、又有阙楼顶的冲天牌楼。经过这样的演化，最终形成了中国牌坊的三种主要形制——冲天牌坊、冲天牌楼和屋宇式牌楼。

明清两代，牌坊发展到了鼎盛时期，标志之一是出现了大量多柱、多间、多楼式牌坊，如四柱五楼式牌坊和六柱五门七楼式牌坊。标志之二是牌坊开始高密度出现，涌现出许多蔚为壮观的牌坊群、牌坊乡、牌坊园、牌坊城。

牌坊不仅建筑结构自成一格，别具风采，而且集雕刻、绘画、匾联文辞和书法等多种艺术于一身，熔古人的社会生活理念、封建礼教、道德观念、民风民俗于一炉，具有瑰丽的艺术魅力和很高的审美价值及丰富深刻的历史文化内涵。可以说，每一座石牌坊都是一件石雕艺术品。中国传统的石雕技法——圆雕、透雕、高浮雕、平浮雕、阴线刻等，在石牌坊的雕刻中都广为应用。而木牌楼的油漆彩绘，不仅能防腐防虫，对木质构件起到良好的保护作用，而且具有强烈的装饰作用，使牌楼华贵艳丽，光彩夺目。

牌坊上题刻的文字共有三种：其一称为“题”，是题刻在牌坊当心间和次间额枋上的大字板，俗称“匾”上的大字，一般以牌坊正面当心间匾上所题刻的文字作为这座牌坊的名称；其二称为“注”，是题刻在牌坊当心间和次间大字板即匾下面的小字板和额枋上的文字，用以具体说明牌坊是为谁建，为什么事建、由谁建、什么时候建的等内容；其三称为“联”，是题刻在牌坊立柱上的颂扬、旌表、纪念性的富有文学色彩的对联。而作为画龙点睛的“坊眼”，牌坊上题刻的文字在文辞上都颇为讲究，一般皆蕴涵深刻，且具有很高的书法价值，有的还出自于皇帝御笔和著名文人之手，颇为珍贵。这些文字都是中国封建社会中人们的人生理念、封建礼教及传统道德观念的集中表现。禹州三边总督董世彦的“大方岳”牌坊，便是明代著名书法家董其昌所题，字体苍劲有力，很多喜爱书法都来赏识，以饱眼福。

古人立牌坊是一件极其隆重的事，每一座牌坊都蕴含着丰富的内涵和象征意义，而这些内涵和象征，主要是通过牌坊上雕刻彩绘的各种图案花纹，用隐喻的手法表现出来的。古代的牌坊建筑，多用来表彰忠孝节义的人物，如功德牌坊、忠节牌坊、功名牌坊、孝懿牌坊、仁义慈善牌坊、贞节牌坊、百岁寿庆牌坊、历史纪念牌坊、会馆商肆牌坊、衙署府第牌坊、陵墓祠庙牌坊、名胜景迹牌坊，等等。嵩山地域的古牌坊建筑独具特色，从坊顶、立柱、须弥座，到人物、鸟兽、静物雕刻图案，代表了当时的建筑和雕刻水平，它不仅是观瞻性的景物，还具有很高的历史、艺术和科学价值。

一、牛心山石牌坊

河南省重点文物保护单位。牛心山石牌坊位于偃师市大口乡南部牛心山上，为清代建筑。

牛心山石牌坊

牛心山石牌坊全用石灰岩镌刻、扣合而成，其面向北。面阔 3 间，坊顶为歇山式，上雕花脊、吻兽。通高 6.1 米，宽 5.2 米。由一中门、两侧门、坊顶、坊架、立柱、附石和底座诸部分组成。整个牌坊计有花脊 3 条，吻兽 4 个，浮雕图案 40 余幅，浅线刻图案 4 幅，石狮 8 个，斗栱 11 攒，匾额 4 幅，楹联 2 副。飞檐、斗拱互相支撑、叠压、扣合,形成一个整体。坊上的雕刻从坊顶、立柱、须弥座,到人物、鸟兽、静物图案,均造型各异,栩栩如生,刀法纯熟,线条流畅,反映了清乾隆时期的建筑特色,具有一定的历史研究价值。各雕件上都有榫眼,结合处有腰铁进行加固,使整个牌坊浑然一体。

二、龙池花牌坊

河南省重点文物保护单位。龙池花牌坊位于禹州市区西北 9 公里的火龙镇龙池村,东西向跨禹(州)——登(封)古道而立。始建于清乾隆十九年(1754 年)。因当地儒士周国才妻李氏 28 岁寡居,孝敬父姑,育教子侄,创撑家业,使周家成为当地旺族,78 岁卒后受官府举荐,于清乾隆十九年(1745 年)经乾隆皇帝御批敕建周李氏节孝坊,历时 3 年峻工,俗称"花牌坊"。因有圣旨悬挂节孝牌坊之上,故得跨街。

石坊的牌楼由青石与色火成岩混作,为 4 柱 3 间 3 楼悬山式 2 层石牌楼。通高 11 米,宽 7 米,牌坊南北横向,由两个须弥式方形青石墩台为底,承左(北)文经门,右(南)武纬门。明柱伙用,与山柱组成次间,四柱齐头置横梁。主间升柱,二层作,卍字镂雕花窗上承门额竖坊。柱头置顶梁,梁上建仿木七踩三下昂斗拱,平、角拱六攒。以镂雕窗拱壁,封檐托屋顶。

禹州龙池花牌坊

石坊的主体建筑分多层次。司马门(当心间)顶层竖枋,东西两侧阴刻 2 尺楷书"钦旌贞节",底层额枋阴刻盈尺楷书"旌表儒士周国才妻李氏节孝坊"大字(为当时禹州名儒曾任九江知县的王聿修所书)。一层楣枋,东面圆雕"二龙与太阳太阴神像",西面圆雕狮子滚绣球与螭吻浮雕,横梁东面圆雕"文王访太公",西面圆雕"八仙图"等组雕人物构件。南次间门楣枋东面高浮雕"安鸣食虎",顶梁浮雕"鲤鱼跳龙门"。北次间门楣枋东面高浮雕"贪吸水逼龙",顶梁浮雕"鸿鹄凌云"。两门楣枋西面高浮雕龙、凤等图案。楼间透雕竖棂窗。

石坊的石柱前后雕刻有 8 组狮子。金柱东西两面由青石雕须弥座圆雕直立狮,作抱鼓。壮狮高 1.2 米,前爪上扬直立,怀中圆雕两个盈尺仔狮,或"竖蜻蜓",或"搭梯高""金狮捞月",嬉戏玩耍,活泼灵动。山柱前后竖红色火成岩雕变形狮驮鼓,须弥座,其上圆雕站狮。两侧浮雕"喜鹊闹梅""鹌鹑叼谷"等图案。

整座牌坊屋顶为石雕筒瓦,仿木 7 踩斗拱。正脊红色火成岩雕狮驮宝瓶,圆雕鸱吻吞镂雕棱孔花脊。整座碑坊结构严谨,对称工整,拼装铆固,采用圆雕、浮雕、镂雕三种方法。雕刻内容取材历史与神话故事、人物、鸟兽、花草、虫鱼,题材丰富,毫无重复。雕刻刀法细腻传神,透视精当,除 4 根石柱根部外,布满雕刻构件。因雕刻玲珑剔透,故人称"花牌坊"。花牌坊造型别致,工艺精巧,具有很高的历史、艺术和科学价值。

三、张氏节孝坊

河南省重点文物保护单位。张氏节孝坊位于偃师市缑氏镇南家村南街上。该石牌坊跨街而立，牌坊名“儒童张泳妻张氏节孝坊”。

张氏节孝坊通体用青石雕造而成，坐西面东，进深2.16米，宽6.78米，高5.8米，高大壮观。张氏节孝坊表彰的是张家先人张泳的妻子张氏。节孝坊上，镌刻着乾隆年间多位朝廷要员对张氏的褒赞之语。悬挂的“孝慈勤俭”“贞媲孟母”两块贞节贤孝匾，是人们为旌表张氏的妇德之美而立。这两块匾额立于乾隆十二年(1747年)，至今已有260余年的历史，保存完好。虽然现在仅存有中门、侧门、坊架、立柱、匾额和坊座等部件，但整座节孝坊雕刻线条优美流畅，充分体现了乾隆时期石刻雕像的特色，极具历史研究和艺术观赏价值。

据说张氏出自偃师的一户书香门第，很小的时候就与张泳定下了婚约。张泳自幼身体不好，16岁的时候，突发重病，非常凶险。当时有结婚冲喜的旧习俗，情急之下，双方家长就让两人迅速成婚，试图让张泳躲过这一劫。不料，婚礼当天，张泳就病逝了。张氏17岁成为寡妇，但她为夫守节意志坚定，终生没有改嫁。后来，在族人的主持下，张泳的弟弟张江把自己的一个儿子过继给她，取名张道凝。张氏勤俭持家，精心抚育张道凝，终于将其培养成为监生。张道凝上书皇上，乾隆遂下圣旨“旌表已故儒童张泳妻张氏节孝坊”。

四、新郑明代石牌坊

河南省重点文物保护单位。据文献记载，新郑市区原有不少明代石坊，其中以表颂高拱家族的为最多，有20余座，保存较完整的有7座石坊。

新郑明代石牌坊构件

7座牌坊中立于南大街的有4座，分别为“少师大学士坊”“少辅冢宰坊”“少保宗伯坊”“庙堂底砥柱坊”。北街牌坊3座，位于北大街最北端的牌坊是：高拱祠堂前的“赠太师高文襄公祠坊”，其余两座分别为：“都堂总宪坊”、“柱国元辅坊”。1966年8月，“文化大革命”破“四旧”将县城南、北街7座明代石坊拉倒毁掉。

2014年月2月，在黄帝故里南侧旧城改造工地在清障过程中发现多块明代石坊构件。其中一块残长320厘米，宽62厘米，高40厘米，两面均雕刻精美的高浮雕图案。图案内容中部雕有二龙戏珠，两侧雕有祥云纹，在外雕有圆形盘龙纹。该构件为牌坊二枋梁。根据出土地点判断，此坊为北大街二道石坊。经文物部门认定，此次发现的这些明代石坊构件正是被毁石坊的残存部分，它的发现对研究明代官制、地方经济、县城布局、石刻艺术具有重要的意义。

五、文魁坊

河南省重点文物保护单位。文魁坊位于巩义市区西南 10 公里芝田镇蔡庄村小学北边。为明万历丁酉(1597 年)科选贡，庚子(1600 年)御赐进士赵景星所建。

石坊为青石雕凿，高 8.8 米，宽 6.6 米，单门庑殿顶。正脊两端为“龙首”大吻，脊上雕牡丹花卉图案，檐下置斗拱 6 攒，龙头昂嘴，中间悬出一石，上刻“圣旨”2 字。朴间雕字“卍”花纹。斗拱下有横枋，枋上雕一凤，两侧各一龙，周围雕卷草花卉。再下栏板上，有楷书“文魁坊”3 字，再下又一栏板上楷书“万历丁酉科选贡御赐进士赵景星”。再下为高浮雕狮子滚绣球，中间雕一花篮，篮中刻绣球，一狮仰首，一狮低头，口含彩带，两狮后面另有 2 狮，奔腾跳跃，形象极为生动。两根大石柱上端，雕铺首衔环。石柱下为石基座，分两层，上层为覆莲鼓面，鼓面上部雕牡丹、卧羊和其他图案，下刻“亩吏风猷”4 个大字。再下雕两行字，上行为“敕赠文林郎河间府献县知县赵登弟孺人苏氏”，下行为“敕赠文林郎直隶献县知县山西西岚县知县赵景星孺人李氏”。柱子正面抱鼓石上雕有狮子。该坊造型雄伟，雕刻洒脱豪放，为河南省石刻艺术中之佳作。

六、王家节孝牌坊

五家节孝牌坊位于广平街东头洛阳市钢木家具厂址，是洛阳老城区至今保存下来唯一的石牌坊。牌坊高 4.4 米，宽 3.8 米，两边底座有石狮一对，高 0.5 米，坊额刻“思纶宠锡”4 个大字，下额刻有“大清乾隆二十九年(1764 年)岁次甲申三月上元初吉建立”。

七、魏氏节孝石坊

魏氏节孝石坊位于巩义市区西北 8 公里康店镇裴峪村焦家祠堂内。是旌表已故太学生焦正儒妻魏氏的节孝坊，建于清嘉庆年间。

魏氏节孝石坊是一座石质三间四楼式牌坊，坐东面西，主楼高 9.15 米，正门高 5.6 米，宽 1.6 米。两侧楼均高 4.5 米，宽 1.2 米。庑殿顶，檐下正中嵌一竖匾，上刻“圣旨”、“壶仪闺范”等字样。石坊与栏板上分别雕刻“八仙图”和“二十四孝图”、“子路负米图”、“陆绩怀橘图”、“课读图”、“孝妇图”、“打虎图”等。两侧结构与主楼相同，石坊与栏板上雕刻游龙及“白蛇传”断桥故事。石坊阴部主楼檐下刻“恩荣”2 字，栏板上刻“纶音崇锡”4 个大字。其下石坊与栏板上雕刻麒麟、龙戏珠图、鹤衔仙草图、大舜耕田图等。该坊结构严谨，造型古朴，雕刻精细，保存完好，具有一定的艺术价值。

八、王氏石坊

五氏石坊位于巩义市西北康店镇。1916年为表彰康应魁之子康道兴之妻王氏节孝而立。为四柱三间三楼式石坊，高6.9米，宽6.9米，庑殿坊与栏板上雕刻“八仙庆寿”、“二十四孝图”、“文人四爱”等图案30余幅。

九、郑氏石坊

郑氏石坊位于巩义市城东站街镇仓西村。清道光二十九年(1850年)为旌表李士海妻郑氏节孝奉旨而建。坐东向西，四柱三间三楼式，通高5米，宽6米，青石雕凿，檐下置斗拱坊和栏板，上雕“八仙庆寿”、“二十四孝故事”等30余幅图案。

十、孟氏石坊

孟氏石坊位于巩义市东北南河渡镇石板沟村。清道光三十年(1851年)为儒童白扬壁妻孟氏节孝奉旨而建。坐北面南，四柱三间三楼式石坊，通高4.5米，宽4.2米，坊与栏板上雕“八仙庆寿”、“二十四孝图”、龙凤花卉等图案。

十一、禹州牌坊城

明代钧(禹)州(1368～1644年)，文风昌盛，名人众多。有史料称，仅有明一代禹州故城中进士者42人，中举人者155人。这些人或入阁拜相，或为封疆大吏。按当时制度，凡举人、国子监太学生和进士以上出身的人，都有资格申请建立牌坊；节妇、烈女在乡里享有盛誉者，州县衙亦可表奏申报，建坊旌表，为炫耀门庭，争相建牌立坊者，一时间蔚然成风。因此，禹州全境牌坊众多，尤其在禹州故城内，牌坊林立于道有着“禹州牌坊城”之称。十字大街上，举目遍是牌坊，南大街尤甚。元代牌坊有据可查者不到十座，明嘉靖年间，载入志有44座，清顺治年间(1644～1660年)见于志书的有70多座。而道光年间，载入志书的有100多座。禹州牌坊城的特点是：明代基本都是功名坊，而清代建立的多是贞节坊。可以说，明代牌坊表现者为禹州的人才，而清代牌坊表现的却是压抑人性的贞节观。禹州城大大小小的贞节坊到底有多少座，无人确知。故清代的贞节牌坊、坊址、具体时间、坊主多不详。特别是解放以后，因清代牌坊意义不大，除志书上有简单的记载以外，能留下来的甚少。

第五节　教育场所建筑

一、学校书院

学校是指教育者有计划、有组织地对受教育者进行系统的教育活动的专门组织机构。而书院是唐宋至明清时代出现的一种独立的教育机构，一般都是私人建立，聚徒讲学，研究学问的场所。嵩山地域古代教育的最大亮点为书院教育。因此，本节的重点为书院建筑。

北宋期间，嵩山地域以嵩阳书院为起点，先后建立了许多对后世有较大影响的书院，其中最著名的有：有伊川书院、颍谷书院、和乐书院、安乐书院等。其数目之多、规模之大，前所未有，几乎取代了官学而成为当时的主要教育机构，而书院重视读书和提倡讲学之风，对当时的社会风气也产生了很大影响。书院制发展到明清，在嵩山地域各市县有着广泛的普及，正是这种教学机构在嵩山地域近千年不衰，才聚集了大批的名人志士到此传播儒学，诗文吟唱，营造出了嵩山浓郁的文化氛围，为培养儒学人才方面发挥了重要的作用。

书院建筑是中国古代特殊的文教类建筑，它的建筑理念主要是根据书院藏书、教学和祭祀的“三大功能”而设计。一般来说，书院建筑的组成部分，主要包括讲堂、祭祀殿堂、藏书阁、斋舍等。书院的主要职能是讲学，所以讲堂是中心。古代的建筑大小主要以“间”为单位，书院讲堂一般为面宽 3 至 5 间。根据书院的规模大小，也会有多个讲堂。书院二字“书”代表其特色，“院”代表其规模。祭祀殿、藏书楼、讲堂这三者代表了书院建筑的整体风貌。在此基础上，全力营造“崇文尚儒” 文化氛围，体现出“以景育人，以境育人”的祈愿。

从嵩山地域的现存书院建筑来看，其建筑大都朴实而不奢华，从架构上看不施斗拱，从装饰上看极少有彩绘。这也是由于书院是古代的私学，其开支仅靠“学田”来维持，没有经济能力去讲究的。嵩山地域的嵩阳书院、伊川书院等古建筑，仍然保存了封建社会民间教育形式的建筑实物，是研究中国古代文教类建筑的一个重要内容。

（一）嵩阳书院

属“天地之中”历史建筑群，世界文化遗产。全国重点文物保护单位。

嵩阳书院位于登封市城北 3 公里嵩山太室山峻极峰下，因坐落于嵩山之阳，故名。它与商丘的睢阳书院、湖南的岳麓书院、江西的白鹿洞书院共称北宋四大书院。嵩阳书院由北魏高僧大德、曾在法王寺讲经说的著名僧人生禅师创建于北魏孝文帝太和八年（484 年），初名嵩阳寺，为佛教活动场所。北魏司空裴衍隐居嵩山，继生禅师之后主持建造嵩阳寺，曾为寺主，僧徒多至数百人。后因魏武帝灭佛走向衰落，一蹶不振。隋炀帝大业八年（612 年），嵩山著名道士潘师正自言 300 岁，为隋炀帝炼金丹，祝其长生不老，杨广遂将嵩阳寺更名为嵩阳观，作为炼丹场所，并逐步发展为道教传教场所。唐高宗期间（676 ~ 681 年），高宗李治同皇后武则天曾两次寻访著名道士潘师正，均以嵩阳观为行宫。五代后唐清泰元年至三年（934 ~ 936 年），进士庞士曾在嵩阳观聚徒讲学。后周显德二年（956 年），世宗柴荣将奉天宫改称为“太乙书院”。宋至道三年（997 年），太宗赵光义给“太乙书院”赐名“太室书院”

匾额,并赐九经子史,置校官,生徒数百人。宋景祐二年(1035 年)重修书院,宋仁宗赵祯下诏将“太室书院”更名为“嵩阳书院”,并设院长掌理院务,拨学田百亩以供开支。时值王安石变法,司马光等 22 人被贬,乃在此聚生徒百人讲学,极盛一时。名儒司马光、范仲淹、程颐、程颢、朱熹、杨时、李纲等相继在此讲学,并留有笔墨。其中范仲淹到嵩山后,写出了“不来峻极游,何以小天下”的诗句,赞美了中岳嵩山的伟岸,抒发了治国安邦的雄心。史学家司马光的巨著《资治通鉴》第 9 至 12 卷,是在嵩阳书院及相邻的崇福宫里编纂而成。金大定年间(1161 ~ 1189 年)书院更名为承天宫。明重修后复改为“嵩阳书院”,并建二程祠。清康熙十三年(1674 年)年知县叶封重修,清康熙十六年(1677 年)耿介又复兴嵩阳书院并增建修补。耿介亲自执教,传教授业,成绩显著。嵩阳书院经金、元、明、清多次增补修建,规模逐渐形成,布局日趋严整。特别是清康熙年间(1662 ~ 1722 年),先后修建了先贤祠、先师殿、三贤祠、丽泽堂、藏书楼、道统祠、博约斋、三益斋,增设墙垣。

嵩阳书院

嵩阳书院建制古朴雅致,中轴线上的主要建筑有五进,廊庑俱全,有房舍 100 余间,面积 1 万余平方米,有房 60 余间。中轴线上由南至北分别为大门、先圣殿、讲堂、道统祠、藏经楼。中轴线两侧的配房有程朱祠、丽泽堂、书舍、学斋等。另有西院考场一处,为近年整修与复建。嵩阳书院的建筑多为硬山滚脊灰筒瓦房,古朴大方,与中原地区的红墙绿瓦、雕梁画栋的寺庙建筑截然不同,具有独特的地方建筑特色。

◆大门

面阔 3 间,进深 3 间,单檐出前廊卷棚顶。门上方书“嵩阳书院”大字。大门之后有一墙门。

◆先圣殿

面阔 3 间,进深 1 间,为单檐卷棚硬山式建筑。内奉孔子立像。

◆讲堂

面阔 3 间,进深 3 间,为单檐硬山式建筑。其后建有泮池和小石桥。

◆道统祠

面阔 3 间,进深 1 间,是书院中唯一的一座单檐卷棚歇山式建筑。

◆藏书楼

面阔 5 间,进深 3 间,前檐出廊,单檐硬山式二层楼阁。藏书楼是嵩阳书院中最后一座建筑。

◆西院

位于嵩阳书院西侧,原建筑仅有 1 座,其他建筑均为近年恢复,是历史上的考场院落。

嵩阳书院内原有古柏 3 株,其中 1 株已毁,仅余 2 株称“大将军柏”、“二将军柏”,其树龄 4000 年以上。院内还保存有《明登封县图碑》等数十通碑刻。院外有著名的《大唐嵩阳观纪圣德感应之颂》

碑。该碑高大雄伟，十分壮观，为嵩山碑刻之冠。碑额为裴迥书，篆体；碑文为李林甫撰文，徐浩书丹。碑文内容记叙唐玄宗李隆基梦想长生不老，命道士孙太冲先后在嵩阳观和缑氏山升仙太子庙为其炼丹的故事。该碑书法遒雅，雕刻精美，为稀世珍品。

（二）伊川书院

伊川书院

河南省重点文物保护单位。伊川书院位于嵩山伊川县鸣皋镇，今鸣皋中学。原为文彦博庄院，又名伊皋书院。宋元丰五年（1082 年），理学家程颐（字伊川）因与王安石新政不合引退归洛，时居北宋相位、与程颐政见一致的文彦博赠，与程伊川鸣皋镇旧园一址，良田千顷，为其著书讲学之所。程颐改建为书院，取名为“伊皋书院”。程颐学识博大精深，经术通明，义理精微，诲人不倦，四方俊秀闻风而至，士大夫从学者盈门。他定学制，列校规，言传身教，名声大振。程颐于此讲学 20 余年，先后共收徒 63 名，名儒孟厚、杨时、游酢、邵伯温等皆出其门下。鸣皋镇因之被誉为“理学名区”。

靖康元年（1126 年），金兵南下，书院被毁于战火。元大德九年（1305 年），元朝炮手总管勖实戴率兵镇长守鸣皋，因拜读二程著作，受益匪浅，遂改名“克烈士希”他见书院经 220 余年风雨剥蚀，已破败不堪，就自筹资金，招募民工，在伊皋书院旧址修建，历时十年乃成，有大门、中门、廊庑、讲堂、仓库、厨房等，亲为之记。其子慕颜铁木继父遗志，复建古阁，藏书万余卷。延祐三年（1316 年），上报朝廷，元仁宗感其诚意，赐名为“伊川书院”。另由翰林直学士薛友谅作碑文记其事，集贤殿学士赵孟頫书丹，参知政事郭贯篆额，碑高 8 尺，名“敕赐伊川书院碑”，永志纪念。今碑存于鸣皋中学。明永乐十四年（1416 年），佥事刘咸重修。清康熙二十七年（1688 年），嵩县知事徐士讷集资重建，修大殿 3 间，专祀程颐、程颢，作为“育才之宫，讲学之地，以传洛学”。乾隆四年（1739 年），增建房舍，设立义学，拨给学田 1018 亩。乾隆十二年（1747 年），嵩县鸣皋镇属嵩县，知县张顾鉴因书院僻处乡村，考课不便，将其并入嵩县城内西北隅之乐道书院，并命名为伊川书院。

现存伊川书院坐北向南，有大成殿 1 座，东西厢房各 3 间。另有历代碑刻数通。有宋代古柏一株，其围 3 人合抱，虽经千年风雨侵袭，历尽沧桑巨变，仍高耸入云，枝繁叶茂。

（三）清流社学

河南省重点文物保护单位。清流社学位于禹州市区东南 9 公里的范坡乡彭庄村村南。明嘉靖八年（1529 年），由三官庙改称清流社学。它东靠颍河，西接柏山（《水经注》载：啟筮亭），南望靡山，北依钧台坡、门前古[illegible]水（今谓小泥河，已干涸），跨有石板桥两座（现仅存一桥），俗谓“七步两桥和一步两井”。

据载:明洪武七年(1370 年)太祖朱元璋"诏令各郡县兴办社学"。《禹县志·古迹志》记载:"清流社学故址在柏山东麓,明嘉靖时知州刘魁建。""钧州知州刘魁,字焕吾,号晴川,江西泰和人,正德中登乡荐,受业王守仁之门。嘉靖初谒选得宝庆府通判,历钧州知州,抵任讲道学。辟佛老,僧尼悉令还俗。其政先宽后严,丈地均粮俱有成法,废毁淫祠,建禹、汤庙,先贤祠,八蜡祠及书院社学之属,立社仓。历任七年,教化大行,儿童走卒咸以父母戴之。升潮州知府同知,历工部员外郎,发思之,奉入遗爱祠。后以谏世宗建雷殿于太液池,廷杖下狱。与御史杨爵,给事中,周怡同系数载,至二十四年帝感仙言,释之,既而复逮系。二十六年高元殿灾,帝露祷,火光中若有呼三人忠臣者,遂传诏急释之。魁未几卒,隆庆初赠恤如故"(《明史·本传》)。清人赵健清流社学故址诗云:"晴川遗爱播中州,里社名区恣赏游。敷教当年沾化雨,作人万古景清流。参天阶树云常护,绕舍山泉脉永收。断碣依然余一片,振兴谁复继贤侯。"

明嘉靖七年(1528 年),刘魁"撅守我钧(今禹州)"(《明钧州知州晴川先生刘公遗爱碑》)。刘魁到任次年(1529 年)开始兴办学校,数年内"建社学九十五所,先棠等书院五处"(《禹县志·金石志》)。大兴教育,文风盛于中州,每月朔望定期在全州讲学习礼,从事学者甚众,时钧州进士郭学书即其著名学子。"郭学书,字道伯,博极经史,从刺史刘晴川魁,受阳明之学,戊子中(1528 年)乡荐"(《清明伦堂石刻钧阳八士考并诗》)。刘魁师承王守仁,继承了王阳明反传统,重教育的思想,在佛道文化盛行时期,敢于公开把寺庙改为校舍,并责令僧尼还俗(古代帝王著名的"三武一宗"灭佛,即:北魏太武帝灭佛、北周武帝灭佛、唐代武帝灭佛、后周世宗灭佛,臣下为此者,刘魁一例),此举在当时产生了很大的影响。

清流社学为明代建筑,书院三进院落,历史格局完整,占地 4000 余平方米。卷棚石质廊柱上有楷书阳刻楹联一副,花岗石垒砌院墙保护较好,校舍三排,每排隔甬道,多以面阔三间建筑并山联搭,院内两排坐北朝南,临街教室坐南朝北,沿大门中轴线,依次为卷棚、前殿、后殿。沿中轴建筑东侧以甬路相通,西侧甬路沿西院墙相连,前大殿、卷棚均面阔三间硬山式。卷棚前檐柱为木质圆形,后檐柱为青石质扁方形,卷棚后檐柱正向阴刻楷书"位镇北方凛凛英风光日月,精分水性腾腾杀气震乾坤"尺书楹联。前后大殿的西侧有保护完好的硬山式小青瓦建筑四栋,在前大殿的卷棚西墙上嵌有五通记载清流社学重修及创建历史的碑刻。

清流社学后殿面阔三间,悬山式,前后步廊,斗拱飞檐,檐柱、廊柱、山柱、金柱皆扁方青石质。明间四根金柱,柱围 1.4 米,高 3.45 米,通身高浮雕蟠龙,为禹州境内独有,有着较高的历史艺术价值。

社学院内建筑历经重修,据院内碑刻载:康熙十五年重修卷棚,嘉庆元年,重修清流社学主要建筑屋顶。明、清、民国时期以及新中国成立后此处均作为公办校舍使用。1958 年新增校舍(南部临路、东西各一所)两所共 16 间;改革开放后,因校舍古老陈旧,学校搬出,现存较完整的明清建筑 6 所 20 余间。清流社学为明朝钧州所办 100 所学校中,禹州现存唯一一处最完整的古书院,既是明代著名教育家王阳明道学流派的实物,又是研究中原教育的珍贵史料。后殿前檐柱上方刻有禹州当时的古代里、观名称和人名,卷西墙嵌有记载书院创办时期古碑刻 5 通,且保存完整,有较高的艺术价值与历史研究价值,对研究明代禹州社会政治、文化具有珍贵史料价值。

(四)明伦堂

位于禹州市城西南文庙之右。元世祖至元二十三年(1286 年),知州王显祖将文庙由州治东移建于治西南(现黉学闸),州学也随徙于文庙之右,建明伦堂。明伦堂,又称核学或覈学,其职能是核查读书人的学业,民间又俗称黑学,约相当于今天的教育局。

自大明代封藩钧州(今禹州)以来,强藩擅宠,肆虐禹民。学校无人过问,故栋角、盅挠、墁瓦崩坠,读诵之地遂成蔬圃。明宣德三年(1428 年),学正朱云重修明伦堂,堂后购民地建造藏书室 4 楹。明嘉靖三十五年(1556 年),知州邱整撤徽藩故宫重修明伦堂、斋舍、仪门、大门。终使居于州学院内的堂宅增其规模。

明伦堂坐北面南,面阔 5 楹,明伦堂前东西斋各 5 楹,门、窗对称。甬道前东侧水井一眼,名曰“夫子泉”。柱前,仪门 3 楹,两侧设东、西角门。仪门前为大门,门房 3 楹。甬道贯通仪门、大门,内接明伦堂,外至照壁。明伦堂前东、西斋房之南侧,各开一个便门,东进教谕宅,西入训导室。

(五)禹州黉学

禹州黉学,即古称州县的官学。因黉学内祭有圣人孔丘,故又称孔庙、文庙。唐宋以来,各州府县均设有黉学。

宋代朝廷诏令州县皆建学校。据传,钧州(今禹州)州学在西北隅。至金贞元中(1153—1156 年),钧州知州完颜守信建于治东(东城门内马神庙处)。大安二年(1216 年),知州王显祖移建文庙于治西南(今禹州工人俱乐部),购金参军李麟故宅为之。州学随徙文庙右,顺帝至元中,知钧州事李端文、阳翟县尹杨泰衍重修。

禹州黉学前照壁和建筑结构及其规模,是依照特定规制和要求建造的。黉学前面建有一个硕大的照壁,照壁的顶部是用琉璃瓦筑成的歇山式屋顶式样。照壁北面是黉学的大门,大门的东西两侧不远处各建有一座牌坊。

禹州黉学原有泮池、状元桥、棂星门、戟门、拜殿,大成殿,崇圣祠等建筑,从南到北依次排列在中轴线上,大成殿左右两庑都是面阔 5 间的前出廊式建筑。大成殿后有崇圣祠,是祀敬孔子的上五代祖先。整个建筑布局紧凑,结构严谨。在同等级别的黉学中算是比较出色的一座学校。

二、著名学校书院遗址

嵩山地域的教育由来已久,从东汉太学到西晋辟雍,从大唐丽正书院到北宋嵩阳书院、伊川书院,以及在明清时期出现的书院林立的兴盛场面,都与教育有关。这些古老的大学、书院、学宫、经舍等遍布于嵩山地域的教育场所为传播儒学,培养人才,促进当地教育事业的发展,做出了不可磨灭的贡献。如今这些古老的教育机构所剩寥寥无几,但它们在历史上曾经有过的繁荣昌盛,却被永久地载入嵩山文化的史册中,成为人们追念文化源流的永久记忆。

(一)东汉太学遗址

东汉太学遗址位于偃师市太学村与北岗村附近。东汉太学是我国古代传授儒学经典的最高学府,是中国古代历史上第一座规模最大、人数最多、历史最长的中央大学,也是汉魏洛阳城知名的大型建筑之一。历经东汉、曹魏、西晋、北魏,长达 1900 多年,在中国教育史上占有重要位置,对继承和传播中华民族文化发挥了巨大的作用。

东汉大学是古代的国立大学。东汉国都洛阳城,南面共有四座城门,其中东数第一门叫开阳门。东汉太学就建筑在开阳门外,“去宫八里”的地方。其遗址位于嵩山之阴的偃师市佃庄乡太学村附近。

东汉太学始建于东汉建武五年(29 年)。此后的曹魏、西晋、北魏诸代,屡次修建,扩大了规模,相沿使用同一校址,惟其规模大小、诸生多少随时势而有差异。东汉时期的太学最为兴盛。汉建武二十七年(51 年),建造太学讲堂,“长十丈,广三丈”。至顺帝时达到空前规模:“凡所造构二百四十房,千八百五十室”。永建六年(131 年)九月,汉顺帝诏修太学,每年用工徒达 11.2 万人,至阳嘉元年(132 年)八月峻工。东汉光武帝刘秀“爱好经术,未及下车而先访儒雅”,他曾亲临太学赏赐太学生;明帝刘庄曾亲自到太学讲经,出现了“诸儒执经问难于前”,众多“冠带缙绅之人”在旁边观听的热闹场面。太学生来自全国各地,最多时曾有 3 万多人。著名思想家王充、杰出科学家张衡都曾就读于太学。

东汉太学遗址

灵帝熹平四年(175 年),大书法家蔡邕书丹《熹平石经》碑 46 块,立于太学门前。石经内容包括《论语》《孝经》《诗》《书》《易》《春秋》等孔孟著作。它成了我国历史上最早的官定儒家经本,也是太学遗址最有历史价值和文物价值的遗物。献帝初平元年(190 年),董卓之乱中,太学被毁。曹魏文帝黄初五年(224 年),重兴太学,修葺房舍。齐王曹芳正始二年(241 年),邯郸淳等又在太学撰刻石经 28 块,称“正始石经”或“魏石经”。因每字都以大篆、小篆、隶书 3 种字体书写,又称“三体石经”或“三字石经”。西晋立国之后,又重兴太学,武帝咸宁四年(278 年),太学再度繁荣,但都不及汉时太学旧观。西晋末年(307 ~ 313 年)的永嘉之乱中,太学房舍被焚毁殆尽。

北魏孝文帝元宏迁都洛阳后,又一度恢复。北魏太和十七年(493 年),孝文帝曾“观洛桥,幸太学,观石经”,可见当时太学旧基和部分石经尚存。到了孝明帝武泰元年(528 年),太原节度使尔朱荣发动“河阴之役”,从此北魏政权一蹶不振,不久即分为东西魏,别都外地,名震中外、长达 500 多年的太学也随之消亡。

关于太学的勘探发掘,社科院考古所从 20 世纪 60 年代初至 70 年代初均做了大量的工作,基本情况业已廓清。整个太学遗址范围宏大,可分为东、西两大部分,东部南北长约 200 米,东西宽约 150 米以上,四周筑有城墙,面积在 3 万平方米以上;西部范围呈长方形,东西长约 200 米,南北宽约 100 米,面积也有 2 万平方米左右。在遗址内部,发现大面积夯土建筑基址,有一排排的夯筑房基,或作东西长方形,或作南北长条形,排与排之间距离相等,排列有序,井井有条。在太学遗址内及其附近,曾出土有大量汉魏《石经》残块。

该遗址的发现,对研究中国古代文化、教育、书法等具有重要价值。至今,太学遗址无存。

（二）辟雍遗址

辟雍遗址位于偃师市佃庄乡朱圪垱岗上村东、大郊村北第六村民组地内，当为汉晋洛阳城南开阳门外御道东。

辟雍始建于东汉中元元年（56年），位于“平昌门外御道东，西距明堂三百步，四门外有水，以节观者，门外有桥”。其地望在灵台、明堂遗址之东，今岗上村东侧。遗址范围很大，呈正方形，长宽各170米左右，规模巨大，布局严整，是一组完整的夯土建筑群。由4个不同方位的“品”字形夯基构成，每一“品”字自成一建筑单元。遗址中心为一方形殿基，边长约40米，周围有围墙，四面各一门。

辟雍亦作“壁雍”，取其“四面周水，圜如壁”而名之，是古代的一种礼制性建筑。即所谓“天子之学”，是用来“行礼乐，宣德化”的地方。每年三月、九月，东汉帝王常在此举行乡射礼。辟雍的建筑特点是在中心殿周围环绕以水，水圆如壁，四门之外有水以节观者，门外有桥。《白虎通义》解释说：“辟者象壁，以法天也；雍者雍之以水，象教化流行也。辟之为言，积也，积天下之道德；雍之为言，雍也，雍天下之仪则。故谓辟雍也。”

据记载，早在西周之时已建有辟雍，其为周天子所设大学。辟雍和灵台东西相应，明堂居其间，故张衡在《东京赋》中称：“复道重房，八阂九层，规天矩地，授时顺乡……左制辟雍，右立灵台。”

辟雍一景

东汉辟雍旧址，后为曹魏、西晋继续沿用。1931年，在辟雍遗址上发现出土了西晋咸宁四年（278年）所立的碑石一块，通高3.22米，宽1.10米，厚0.30米。碑额为“大晋龙兴皇帝三临辟雍皇太子又再莅之盛德隆熙之颂”。从碑文内容看，晋武帝司马炎在前后4年的时间中，曾三临辟雍巡视、考查学生的“德行”“通艺”，并行赏鼓励。皇太子司马衷也曾两次临辟雍。碑阴分排依次刻写太常、散骑等行政官员及博士、助教、主司、司成等教职人员和礼生、弟子、门人、散生、寄生等学生的郡籍及姓名，有400余人。其中博士、助教是教师，门人是太学的预备生，弟子则是入学三年能通一经者。这对研究晋代的教育制度和教育内容有重要的参考价值。所记学官、学生的郡籍，成为考察学生分布的珍贵资料。如从学生籍贯来说则“东越于海，西及流沙”，来自15个州、70多个县，大多数为北方、东北和西北一带人，西南、东南人数较少，可能因当时蜀地新平不久，吴地尚未平定的缘故。特别是碑上记载当时在太学求学的4名西域学生（有具体名字），这一史料证明了当时西域与内地关系的密切及往来的频繁。

1963年开始，考古所在全面勘探汉魏洛阳城时，在城南发现呈东西向一字排开的大型建筑遗址三处，最东一处民基南端发现了辟雍碑的碑座，上刻有孔子及其弟子等8个人像，碑身与碑座重合，成为一件完整的文物，这是证明辟雍遗址的最有力的证据。此外，还在这处遗址上发现了有走车大道，由此向南直通中心殿基，这与《后汉书集解·光武帝纪》注引《汉宫仪》所谓“车驾临辟雍，从北门入”的实际需要颇合。在辟雍遗址以西的两处建筑遗址，当为灵台和明堂。

（三）洛阳丽正书院遗址

集贤殿是中国最早的书院

洛阳丽正书院遗址位于隋唐洛阳城中。唐玄宗开元十二年（724年），朝廷下令在东都洛阳建立丽正书院，次年改称集贤殿书院。该书院是我国最早的书院之一，大约也是“书院”名称之始。开元十三年（725年）四月，唐玄宗及中书门下的大臣们与学士们在集仙殿共餐，玄宗说：“神仙是虚构的，贤才则是治国之才。应将集仙殿（宫城西南）改为集贤殿”。并规定在院供职的官员，五品以上的为学士，六品以下的为直学士。书院设置学士、直学士、侍讲直学士、修撰官、校理官、知书官等，这是唐代设在嵩山地域最早的官办书院的典型代表。在当时来说，丽正书院虽然聚集了一大批熟悉经史掌故的学者、文士，而实质上是官方设立的一个学术机构，是官方修书、校书、藏书及储才之地，虽然还称不上是后来书院聚徒讲学的机构，完全是学者研究学问、聚徒讲学的一种教育场所，但它孕育了以后渐起的各类书院“培养人才”“研究史籍”的学风，因而奠定了我国古代书院群星璀璨的基石，在我国书院教育发展史上有着不可磨灭的开创之功。

（四）龙门书院遗址

龙门书院遗址位于洛阳伊阙地。龙门书院，中国古代书院名，寓“鱼跃龙门”之意。龙门书院创建时间早，后唐时在嵩山地域已有名气。后唐名人张谊曾在此刻志励学。张谊，字希贾，襄邑人，幼年独自好学。曾潜诣洛阳龙门书院，刻志励学。后唐长兴年间（930～933年）中进士。后晋时，累官中书舍人，因张谊才识渊博，端明殿学士和凝把他推荐给宰相桑维翰，拜左拾遗，在集贤院修书撰文，经常论及国家大事。

（五）颍谷书院遗址

颍谷书院遗址位于位于嵩山南麓的登封市颍阳镇西街，即颍考叔庙，又叫黉学。宋元丰年间（1078～1085年）创建。大观元年（1107年），朝廷颁布学制，曾刻碑立于学舍，后毁于兵火。元皇庆二年（1313年），在宣圣庙故址发现宋学制碑，里人重建先师殿和讲堂，旁祀颍考叔。元至元五年（1339年）秋，工部郎中温侯格非居颍阳，见其狭小垢浊，率里人捐建为书院，堂殿宏敞，“栖有庐，斋有室”，礼聘“学完行修之士为师”，一时“岩才里秀履接户外，弦诵之声相继”。元至正五年（1345年），登封尹阎询请河南郡使者闻于朝，得顺帝赐额“颍谷书院”，礼部尚书王沂撰有碑《颍谷书院记》。清康熙十三年（1674年），知县叶封重修。乾隆八年（1743年），颍阳绅士宋祺、王琢等改建于颍阳南街。清末废。今为颍阳小学。

（六）和乐书院遗址

和乐书院遗址位于伊川县酒后乡酒后村。为宋代兵部尚书同中书门下平章事张齐贤所创，因该村时属“和乐里”，故取名“和乐书院”。民国二年（1913 年），书院改为和乐学校。1932 年，伊川县第一个共产党支部在该校诞生。1934 年，中共伊川县中心县委在此成立。

（七）安乐书院遗址

安乐书院遗址位于伊川县平等村原邵夫子祠遗址。为宋代名士邵雍在家创办的私人书院。《宋史·邵雍传》中“先生讲学于家，未尝强于语人。乡里化之，远近尊之，士大夫过洛者，不之官府必至先生家”所记，安乐书院是真实的。二程在伊川鸣皋办“伊川书院”，张齐贤在伊川酒后海角镇办“和乐书院”，邵雍在家办“安乐书院”，这 3 个同时代的人同处一地创办学院，说明伊川当时的学风之盛。清康熙皇帝亲书“学达性天”匾，曾由钦差喀拜亲送到安乐学院，“皇上御匾到洛，文武官员、缙绅士庶，跪迎郊外，欢传百里，送到嵩邑莘店镇邵夫子祠，钦差开御箱悬挂”。现已毁。

（八）伊洛书院遗址

伊洛书院遗址位于嵩山洛阳市。明成化十七年（1481 年），提学副使吴伯通檄巡按都御史李衍建于安乐窝，置十贤祠祀伊洛诸儒，建讲堂“主敬斋”为师生肄业之所，选生员中颖异者居宿，吴亲定教条，暇时督课。伊洛书院创建以后，在当时很有名气。后废。

（九）少室书院遗址

少室书院遗址位于太室山与少室山之间的轘辕关上。明代正德年间（1506 ~ 1521 年），郡守陈文华毁武则天祠后而建。初建规模甚小，处于深山野林，距城远，求学者甚少，不久即废弃。

（十）圣学书院遗址

圣学书院遗址位于嵩山汝州市。明正德十六年（1521 年），知州张崇德创建，置房舍数 10 间，名立雪、春风、诚敬、涵养、践履。邑士王尚絅撰有《圣学书院碑铭》，勉励诸生学孔子、二程，自幼志于圣人之道，涵养践履，致知笃实，言必信，行必果。清乾隆七年（1742 年），知州宋名立重修，更名为童蒙书院，延师教读，一时称盛。

（十一）南城书院遗址

南城书院遗址位于太室山前的登封城南街黉学内。明嘉靖年间（1522 ~ 1566 年），登封知县刘汝登创建。书院规模不大，仅有几间房舍。后书院废，改为常平仓。再后，改城厢完小、嵩阳小学、第十五中学，现为商埠街小学。

（十二）存古书院遗址

存古书院遗址位于登封市区西南街。明万历年间（1573 ~ 1620 年），登封知县傅梅建。傅梅喜古玩，好诗词，重文治，每出游必捡些残碑断碣，经反复审视，见有字迹者，即携归书院，嵌于院内墙壁，加以保存，供在院内求学诸生扩大眼界，增长知识。书院故名“存古”。书院“堂一、厢二、舍四，限以重门，缭以周垣”。据康熙五年(1666年)的景日昣《说嵩》载，县绅耿介率众重修，并建岳生堂。乾隆八年(1743年)，知县施奕簪又修，改名文昌阁。现已不存。

(十三)天中书院遗址

天中书院遗址位于郑州市花园门街(今郑州书院街)。创建于明代崇祯十年(1637年)。鲁世任任知郑州时，为给郑州一带的读书人提供一个学习的场所，在花园门街(今郑州书院街)创建这座天中书院。天中书院有正堂7间，后殿3间，另有寝房、厨房、大门、二门等建筑物若干间，规模较为宏大。书院建成后，郑州及周边的文人学子纷纷到此攻读诗书，切磋学问，人数最多时高达千人。使郑州的学术氛围大增，天中书院也成为中原地区的著名书院之一。

(十四)三贤书院遗址

三贤书院是明代汝州的一个官办书院，位于汝州城区内。书院以尊奉颜真卿、苏轼、程颢三位与汝州有关的贤人而命名。明朝诗人李梦阳在《送苏文学往主汝州三贤书院》一诗中写道：“邦侯敦礼聘才贤，乘客乘秋诣汝山。堂山久悬徐儒榻，门前俄报孝廉船。云山紫逻霜应峻，风穴青松晚更妍。独上高楼试回首，紫阳白鹿自江烟。”此诗是为送好友赴汝州而作的送行诗，祝愿好友在汝州美丽的自然环境中有所作为。

(十五)兴学书院遗址

兴学书院遗址位于嵩山新郑市。清康熙十二年(1673年)，知县李永庚倡捐建于旧城北门外。李自撰碑记，又与乡贤议定岁约、月会之规，刊朱熹《白鹿洞学规》和杨晋庵讲学八则，名之《兴学大义》，令诸生朝夕传习。清乾隆十一年(1746年)，知县陆烈捐俸重修，延师教授，士子俱来学。清乾隆十三年(1748年)，知县孙映璧将官田12余顷拨入书院，收岁租以充膏火费，定年金130两；肄业生以20名为限，论文考取，遇缺即补，年膏火银6两，有告假者按日扣除；于肄业生中择学行优异者2人充斋长，掌告假、簿籍。附课生人数不限，但无膏火；另设厨役、守门役及经营书院各事册籍礼房各1名，工食银有差。后废。

(十六)颍滨书院遗址

书院是继儒学府衰而后兴的新型学校。至清末民初，禹州城乡存在比较著名的书院就有白沙、儒林、西溪、东峰、仙裳、育贤、望峰、方山、颍南、环颍、兰阳、颍滨、丹山等15座书院。

颍滨书院位于禹州城东石桥南侧路西，是一座主要适应科举进仕的书院，始建于明嘉靖年间(1522—1566年)。时任钧州知州的刘魁，相其东关颍河南岸地平如掌处，先将禁 沟九山寺的唐建颍亭移建于其上，后建如斯堂，堂额书“万古清流”。此为书伊始。久之，颓废。

明万历二十二年(1594年)，知州史邦彦在原如斯堂旧址上复建书院，建前堂4楹，后堂4楹，名为颍滨书院。至明万历四十年(1612年)，颍河洪水暴涨，书院房舍倾塌。明万历四十七年(1619年)，知州莫天麟拆书院之残垣断壁，“鸠工庀材，授以规划，奖勤绌情，敝而重建之。”此次重建，增大了规模，前建聚奎堂，后起大雅堂，两堂各6楹，左右廊庑各20楹。堂后临颍水，又建纹漪亭4楹。书院围墙以外广植树木，坊表大书“颍滨书院”。

(十七)丹山书院遗址

丹山书院位于禹州治东南隅(今书院前、后街之间),知州刘国儒建,初为凤台书院。其前身为汉黄霸守颍川时,凤凰集其境。郡人筑凤凰台以祥瑞。明末毁。

清康熙二十九年(1690 年),知州刘国儒在重修凤凰台的同时,建景行堂于其北。清康熙五十五年(1716 年),知州李朝柱改景行堂为观成楼,中为端木堂,前为化雨堂,东、西两序建栋舍数十楹,并置田 79 亩,更名为丹书院。道光三年(1823 年),朱炜任禹州知州,乃重修丹山书院,所需费用,少则独捐,多则首倡。书院内试场久圮,用钱 9000 余缗更新之。其后,于观成楼故址上建尊经阁、山长斋室、钧台讲舍、诸生学舍、化雨堂 、东西考棚、仪门、大门,大门以东建文昌祠、奎星楼,正、侧院舍 70 余间。

清咸丰年间(1851—1861 年),时局混乱,书院常被兵占据。清光绪二十八年(1902 年),知州曹广权因书院房舍不足及食宿和教学需要,遂别建颍滨经舍于张良洞,改丹山书院为校士馆。

(十八)崇德书院遗址

明嘉靖初,知州刘魁设置宗学,改始建于东汉、后历代重修的万寿宫为崇德书院。

该书院系专为封藩钧州的诸王子弟所设。设有《锦绣万花谷合》120 卷及《素书》等课读内容。诸就读王子中,唯德平王好学。并于府中建占地数亩、上下百余间的博文楼,广蓄图书,集结文人学士。

(十九)养蒙书院遗址

养蒙书院位于州治南街,原为知州屠用谦生祠。

屠用谦于清雍正元年(1723 年)莅任,至雍正三年(1725 年),政声颇佳,深得民心。既去,禹人为其设生祠。用谦力辞不受,乃就祠作童蒙书院,后改为养蒙书院。

1920 年,原设在奎楼街土地祠内的禹县通俗图书馆迁于养蒙书院,同年,禹县学生联合会联合禹县国货维持会,配合全国五四爱国运动,用抵制日货罚得的 300 多块银元,购买《古今图书集成》《万有文库》等图书万余册,赠养蒙书院。后改为禹县纪念图书馆。

(二十)文昌宫遗址

文昌,星官名,即文曲星,中国神话中主宰功名、禄位的师,位居东南巽方。

文昌宫遗址位于禹州市老城区丹山书院大门东侧。清道光三年(1823 年)十月,在禹州知州朱炜首捐 600 缗薪俸的感召下,官绅共同筹资,在增扩丹山书院的同时,建文昌宫。文昌宫前建奎星楼,后建正殿,再后建寝室,寝室之右辟门与书院通。共计正侧房屋 70 余间,另设东西考棚等设施,“轮奂一新,规制秩秩”。共用钱 7650 千文,余钱 2400 千文,分别“置地一区、当地一区、发典生息”,以资延师、修缮及肄业生“膏火”。

(二十一)颍滨经舍遗址

清光绪二十八年(1902 年),知州曹广权于禹州城东二里许张良洞崖上创建颍滨经舍。碑石刻记曰:“经舍因留侯祠故址,前狭后阔,中间广 32 步,纵 60 步,门以内周垣 279 米。中间大成殿 3 楹,接以左右廊房,后列讲院横舍旁,凡为栋宇 69 所。”

在69栋经舍中，队改修大成殿外，另有兼益堂3楹，院长房4楹，助教房4楹，斋舍蒙塾50余楹，藏书室一楹，亦畅轩一楹，门房3楹，更房1楹，测星台5楹，围垣1区。外有坐春亭、奎星亭，以及由别处迁建于此的三贤祠、仰高祠、遗爱祠等建筑。

经舍有亭有堂，有轩有圃，半因其旧，间植花木。任立中在《回忆颍滨经舍》一文中，如是描述环境：背依訾崖，前环颍水，左有亦畅轩，右有坐春亭，杨柳依依，芳草萋萋，真乃“物华自是天宝，人杰何须地灵”。

（二十二）成皋书院遗址

成皋书院遗址位于嵩山荥阳市。清康熙十五年（1676年）知县郑瑞国建于汜水虎牢关楚汉成皋之战故地。置地80亩为师生膏火费用。清乾隆六年（1741年）知县许勉燉重修，增添学舍，以广多士，一时称盛。禹殿鳌赋诗赞曰：“讲武当年畜虎牢，于今文教振成皋。松关一去秋风静，尚有梧桐引凤毛。”后废。

（二十三）广宁书院遗址

位于荥阳城东关外。清康熙年间邑令张国辅建。当时置岭地1顷8亩，滩地30亩，为现课士之资。乾隆初，荥阳知县许勉燉增建塾舍于两庑，改名为“振雅书院”。

（二十四）三山书院遗址

三山书院遗址位于嵩山荥阳市。清乾隆七年（1742年）监生何宪古捐资建于汜水镇。置田100亩以供师生膏火。知县许勉燉拨滩地800多亩佐其成，并亲为记详明原委。延洛阳刘生子主讲席，选邑中才俊之士肄业其中，告诫诸生：“宣圣开宗明义，首揭学而时习为训，夫取今日所未知未能者而学之，此学之始也；取前日所已知已能者而习之，此学之继也；又取平日所习知习能者而时时寻绎之，此学之无间断、无穷尽也。”后废。

（二十五）东里书院遗址

东里书院遗址位于嵩山郑州市。清乾隆十九年（1754年）知州安尔恭建于原州治东门内。乾隆五十三年（1788年）知州王如金重修，集诸生训以勤学。咸丰四年（1854年）知州黄见三倡捐增修，延州学正宋晓崖为主讲，训导王子余充监院，录取生员27名，课试居优者赏以花红，暇则与诸生论《诗》说《礼》；又定规条章程，令诸生遵行。光绪八年（1882年）知州王成德会同绅士阎坛、李启元、孟沦、荆克俭、李建三、赵畏三、陈荣绶、李训等捐资移建至南公馆，阎坛撰记勒石。光绪三十年（1904年）改为中学堂。

（二十六）桧阳书院遗址

桧阳书院，旧名瑞春书院，遗址位于新密市老城区后街。该书院坐北面南，清乾隆四十年（1775年）密县知县邱景云创建，面积5400平方米，分三进院落。现存建筑，大门面阔3间，中间为门楼，高于两侧耳房；前院，上房面阔5间，东西斋舍各6间；中院，北为讲堂，面宽5间，进深3间，两侧各有自习室9间；后院前有2门，东西有耳房与门为一体，面阔3间，进深1间。北又有讲堂1座，面阔5间，进深3间，东西各有自习室5间。以上建筑均为硬山式瓦顶建筑。现存石碑2通。明代衷鲲化撰有

《桧阳书院碑记》。

(二十七)龙山书院遗址

龙山书院遗址位于荥阳老城东门内。清光绪年间荥阳知县冯尔炽购当铺旧址创建,即现时高等学校之前身也。

第六节　会馆建筑

一、会馆

会馆是古代都市中同乡或同行的联谊性团体聚会场所,一般以县、府或者省为单位,其名称最早见于明代,清代时在商业贸易繁荣的地区盛行。在嵩山地域古建筑中,会馆建筑有其突出的特点,由于当时商家的财力雄厚,交际性强,所以在建筑风格上,形成了一种独特的风范与布局。为彰显本行业的兴盛富裕,行业会馆多讲究装饰,在木构件与砖、石构件上,常用繁复雕刻,极尽装饰之技巧。在表现内容上则崇尚历史故事与民间传说等大众化题材,突出趣味性,具有浓郁的民间艺术特色。

嵩山地域著名的古代会馆有洛阳山陕会馆、潞泽会馆、十三帮会馆、怀帮会馆、山西会馆等,其建筑群也都采用传统的中轴对称,坐北朝南。在这些会馆建筑中,大都设有戏楼,而有的是单独设置的戏楼,伯灵翁庙戏楼就是独立于会馆之外的戏楼。

(一)洛阳山陕会馆

全国重点文物保护单位。洛阳山陕会馆,亦名西会馆,位于洛阳市老城南关马市街东,东傍瀍河,南临洛河。始建于清康熙五十年(1711年),由山西、陕西两省来洛商人集资修建,是他们联谊乡情、经商贸易和集散物资的场所。据现存碑记云:“洛阳地处中原,西接崤函,北望太行,为秦晋商人东游齐鲁、北至燕赵、南达吴越的必经门户。因此,在清初康熙、雍正年间,山、陕两省的富商大贾,便在洛阳老城南关的马市街集资建馆,以居同乡之人。”馆内殿宇楼阁建于清初,到嘉庆年间,历经数十年的风雨剥蚀,馆内建筑颇有倾颓,两省商人,惧其湮废,又重葺而新。道光十五年(1835年)曾依照旧式予以大修,“木之朽者易之以坚;材垣之缺究之以致石”。这次重修计费银“贰万五千余两”。

山陕会馆的全部殿宇,均为清代的木结构建筑,主要有琉璃照壁、山门、舞楼、正殿、拜殿等建筑。

◆琉璃照壁

高约12米,宽13.20米,全壁用青色雕砖垒砌,正中用彩釉琉璃方砖砌成三块方形壁面,上面饰有红黄绿釉着色的二龙戏珠、花卉、人物等图案。照壁地基座上饰以精美的砖雕图案。

◆山门

面阔3间,进深1间,歇山顶,檐下饰雕刻精美的垂花柱,辟2个拱券式大门,券边镶嵌有缠枝牡丹花卉等图案砖雕。

◆舞楼

坐南朝北,面阔3间,进深3间,歇山式顶,正脊两端饰正吻,为前后双重高台式楼阁,整个建筑为前后双重高台式楼阁，上下错落，翼角重迭，造型优美。

◆正殿

为会馆的中心大殿，坐北朝南，与舞楼相对。面阔5间，进深3间，歇山式顶。柱下为狮兽形柱础。

殿前西侧有咸丰三年（1853年）重修碑记一通。院内有石狮一对，高3.80米。

洛阳山陕会馆

◆拜殿

面阔5间，进深3间，为悬山式二层楼阁。正脊两端有正吻，檐下置有斗拱和木雕龙、鹤以及牡丹花饰。柱础为龙、虎、牛和蛇形，别具一格。

殿两侧各有两间配殿，亦为二层楼。山陕会馆现保存基本完好。

（二）潞泽会馆

全国重点文物保护单位。潞泽会馆位于洛阳市瀍河区九都路北侧，东临瀍河，西临新街，向南濒临洛河。系清代乾隆九年（1744年）山西省潞安府（今长治市）、泽州府（今晋城市）两地商人集资所建。初名为关帝庙，正殿中供奉关公神位，旨在保佑晋商生意兴隆，后改为会馆，主要作为同乡商人在洛阳经商居住、传递信息和物资集散的场所，是晋商文化的产物。抗日战争胜利后至中华人民共和国成立前，在此设立潞泽中学。1949～1981年，这里由洛阳地区公安处占用，作为看押犯人的场所。1981年，移交给洛阳地区文化局文物处，辟为豫西博物馆。1988年，更名为洛阳民俗博物馆。

潞泽会馆作为乾隆盛世的典型会馆建筑，虽然历经260多年的风风雨雨，但主体建筑和核心部位一直保留着历史原有的风貌，是目前中原地区保存最完整、规模最宏伟的清代古建筑群之一。该会馆占地面积1.57万平方米，总建筑面积5010平方米，在建筑设计和营造法式上呈现严格的中轴对称、坐北朝南的结构特征。沿中轴线从南至北依次有九龙壁（“文化大革命”中已毁）、舞楼、大殿、后殿，中轴线两侧分别有钟楼，东、西廊房，东、西配殿。舞楼、钟楼、鼓楼、穿房连为一个整体，居于会馆南部。后殿、配殿、夹房相连，居于馆的北部。大殿居中，东西廊房居左右。这些建筑组成了前后两进完整的长方形四合院，第一进院落场地宽阔，气势宏大；第二进院落空间比较封闭窄小，但环境宜人，不失清幽雅趣。除会馆主体建筑外，毗邻西廊房还建有一个小四合院，亦叫西跨院。潞泽会馆的单体建筑十分考究。

◆舞楼

又称前殿，位于中轴线的南端，是会馆歌舞演戏的重要建筑。面阔5间，进深3间，面积480平方米，为重檐歇山顶的二层楼阁建筑。与东西穿房及钟鼓楼连为一体，屋面为琉璃瓦剪边，檐下斗拱、枋额均饰彩绘，透雕雀替。6根檐柱下分置兽驮莲花、麒麟驮莲花石柱础，楼下东西各辟一板门，东西两侧有穿房各3间，皆硬山造。

◆钟楼、鼓楼

各为三层悬山式建筑，位于舞楼东、西两侧。钟鼓二楼平面呈方形，面阔1间，进深1间，单檐歇山顶，绿琉璃瓦剪边。楼的二层上东、西各开一门，通过穿房，可登上舞楼。

◆大殿

为重檐歇山式建筑,面阔5间,进深5间,檐下施五踩斗拱,为重檐歇山式建筑,琉璃瓦剪边。正脊,垂脊皆有龙凤花饰。大殿整体呈正方形,四周设有回廊,面积为550平方米,建于石台上。大殿四周设有台明,面积129.79平方米,台明与月台之间的如意踏垛为3层,月台与通道之间的踏垛为7层,两旁有垂带石、带象眼,地面皆为青砖铺地,青石镶边。大殿内外有檐柱32根、金柱4根。这里石台宽敞,石栏杆围合,是聚会、祭祀、举办仪式的场所。

◆后殿

即寝殿,面阔7间,进深2间,面积321平方米,为单檐悬山式建筑。素脊饰顶,琉璃瓦剪边。殿为二层单檐悬山顶,檐下置重昂5踩斗拱。墙上绘花鸟、树木和松鹤等,西头有楼梯可登临。地面全部用方砖铺地。

◆东西配殿

位于后殿两侧,为单檐悬山式二层楼房建筑,面阔均为3间,配殿山墙上有花草、树木、松鹤等彩绘图案。

◆东、西厢房

中轴线两侧有东、西厢房42间,前后贯通,长80余米,皆为硬山灰瓦顶外廊式建筑。

◆夹房

位于后殿和东、西配殿之间,设有楼梯,起连接作用。檐下、斗拱、额枋均施很好的彩绘,结合其他殿宇的彩画,尤其是大殿大梁上保留有原始的清代中原地方彩绘,采用沥粉贴金工艺,在今天中原地区较为罕见,是研究清代地方建筑彩绘的重要资料。

另外,潞泽会馆东西两侧还有偏院、西院。潞泽会馆内有清代石碑4通。大门外两侧各矗立石狮一蹲,高2.8米,威武雄壮,守卫着大宅院。该舞楼是河南省现存的两座最大的舞楼之一。

(三)十三帮会馆

十三帮会馆

河南省重点文物保护单位。十三帮会馆位于禹州市老城区文卫路中段。最早是由清代在禹州经商的药行帮、药棚帮、甘草帮、党参帮、茯苓帮、内乡马山口药帮、郏县药帮、汝州药帮、四川帮、汉帮、金陵帮、亳州帮、宁波帮13个药业帮会共同出资在禹州药市鼎盛时期兴建用于聚会的场所,也是后来刘伯承、邓小平等党和国家领导人指挥淮海战役的革命活动旧址。

十三帮会馆是按照明清时期流行的"左馆右庙"的会馆格局建造的,也是在一个大院子内,西侧建神庙,东侧建会馆,会馆和神庙各另辟门。

十三帮会馆是参照北方园林风格设计的,大殿竣工于清同治十年(1871年),已有100多年的历史。十三帮会馆，占地20亩，平面为矩形，会馆内建有庙宇区、商业区、晒货场三部分。

庙宇区，沿南北纵轴对称设计。其主要建筑大殿、配殿与两侧的十数间的东西廊房，组成天井式庙院。

◆正殿

为关帝殿，面阔3间，进深4间，绿琉璃瓦覆顶，悬山建筑。琉璃脊瓦，正脊正面饰龙，北面饰凤，垂脊内侧为缠枝牡丹，外侧为鹤与荷花，象征和合如意。大殿檐柱及廊柱用方形柱础抹角，雕刻竹节，象征八节顺利。柱头下雀替、额枋皆饰彩绘。梁头外部雕刻龙头。大殿明间额枋外饰二龙戏珠，建筑装饰还有蔓草花卉、虎鹿等吉祥动物的三层木雕饰件，金箔粉饰，刀法精湛，栩栩如生，金碧辉煌。另外，还有精美的砖雕麒麟、凤凰或人物故事等，有“十三帮一大片”之誉。正殿前建有高约1米的月台，围以高1米的青石护栏，栏板素面。各种殿都为券棚和悬山殿宇，前后作勾联搭式。

◆东西配殿

东配殿为火神殿，西配殿为药王殿。配殿较正殿形制稍小，整体庄严肃穆。

◆花戏楼

位于大殿前，面阔5间，进深4间，歇山式建筑。

◆商业区

位于会馆的左侧，实为面阔5间的三进四合院。按照北方民居传统方式，即前堂后寝的原则，多系青瓦花脊、硬山、实封檐、小式木作台梁式构架。

◆晒货场

位于会馆的右侧，为十三帮会馆和山西会馆的货场。新中国成立初期，这里曾是有名的西北隅大操场。

十三帮会馆原有走马门楼，门两侧有两个石狮，竖柄根双斗旗杆，毁于1958年。再前有瓷塑九龙壁，“文化大革命”中被毁。九龙壁南为水塘，北为花园。花园花墙东西各开亮门，上嵌赏花、吟月扇面形青石匾额，入月门数十步是青瓦歇山顶戏楼，隔两侧甬路东西对应为攒顶式琉璃瓦钟楼，惜在“文化大革命”中被毁。

（四）怀帮会馆

河南省重点文物保护单位。怀帮会馆，也称禹州怀庆会馆，位于禹州市老城区西北隅文卫路东侧。怀帮会馆是由怀庆府所属各县在禹县进行中药贸易的巨商富贾于清同治年间（1862～1875年）集资兴建的，以此作为联谊场所，保护其资产免遭倾乱。由于怀庆药商在修建会馆所用的砖面上模印阳文“怀帮”二字，故称其为“怀帮会馆”。怀帮会馆规模宏大，曾有“十三帮一大片，不如怀帮一个殿”的称誉。是当今全国药商会馆规模最大、保存最完好的会馆。

怀帮是清代怀庆府商人结成的怀庆帮的简称。清代怀庆是在河南府沁阳市，所辖区域有河内、武陟、修武、济源、温县、孟县、阳武、原武等八县。这个区域古称怀地，盛产地黄、牛夕、山药、菊花著称于世，号称四大怀药。在禹州经商的怀籍人士，结成实力雄厚的怀庆帮。

怀帮会馆坐北朝南，馆址南北长120米，东西宽78米，面积9360平方米。现存古建筑有影壁、山门、戏楼、钟鼓楼、东西廊房、卷棚、大殿等。

◆照壁

位于会馆正前方，用青石条和弧形砖做成基台，基台上砖筑双层须弥座，上须弥座浮雕仰莲、云气、几何图形等装饰花纹,下须弥座雕刻几何纹等图案。座上立壁,东西宽 17.10 米,壁面用大小六角形砖砌出菱形等几何纹图案。壁身上为单檐歇山顶,檐下雕刻方椽。

◆戏楼

在照壁北 10 米处,为山门兼作戏楼,为两用建筑,南面作山门,北面作舞台。面阔 3 间,进深 2 间,下有 18 乘 7 米基座,上为单檐歇山式孔雀蓝琉璃瓦顶,雕龙正脊两端置大吻。戏楼两侧和硬山式卷棚耳房相连,形成面阔 5 间的抱厦式建筑。戏楼两侧各有一个 3×3 米的方形角楼,为会馆庙堂的方形钟鼓楼,钟楼已毁,现仅存鼓楼。

戏楼向南的一面,是在戏楼的南檐加建一个面阔 5 间的抱厦形屋檐。这样,在人的视觉和历能上,就形成了一座重檐、出廊式的 5 开间大门楼。人从戏台的棚板下面出入,远观是九脊八坡歇山式单幢建筑个体,近看却是庙门、戏楼兼而有之,设计构思可谓精巧之妙。

◆拜殿

位于大殿前,面阔 5 间,进深 2 间,单檐歇山式卷棚,上覆孔雀蓝琉璃瓦顶,雕花脊,檐下无斗拱,平板枋上为高浮雕牡丹图案。各间檐下额枋上分别浮雕着"商旅入城""高土贤隐""骆驼商旅""商旅歇马"等商帮故事及透雕人物、鸟兽等图案。

◆东西配殿

位于大殿前两侧,各为面阔 5 间、进深 2 间的廊庑。这两幢廊房为双层楼阁式单檐悬山式建筑,西廊在民国年间翻修时将顶部改用成小布瓦。与两廊北山墙成平行线的中间,为大殿前的拜台台基,基高 0.8 米,纵深 7 米,紧连大殿基座。

◆大殿

怀帮会馆木雕

系会馆之主体建筑。整个大殿建在一个高 0.8 米、边长 18 米的方形基座上。大殿面阔 5 间,进深 2 间,为单檐悬山式孔雀蓝琉璃瓦顶,前后出廊。

殿内遍施彩绘,斗拱、大额枋、平板枋、雀替(骑马雀替)、梁头等处用浮雕等手法雕刻出精美的人物故事、花草名木、二龙戏珠、狮子麒麟、蝴蝶松鼠、亭台楼阁等图案,并制作有精致的垂花柱。檐柱与金柱下有雕刻精湛的石础。这些浮雕和彩画,工艺精湛,形象生动,有很高的艺术价值。

怀帮会馆虽系清代建筑,但作为专营中药材的商业会馆,对研究清代商务活动有一定的价值。其中,大殿和戏楼中精美的木石雕刻,具有重要的文物价值,是研究古代雕刻艺术的实物资料。

(五)伯灵翁庙戏楼

河南省重点文物保护单位。伯灵翁庙戏楼,俗称"花戏楼",位于禹州市西南 30 公里的神垕镇西大街路北。始创年代无考,据现存建筑门额石刻上款识,为康熙年间重建,光绪年间重修。

伯灵翁庙戏楼由山门、戏楼、木牌楼组成一组布局完整的古建筑群。戏楼建在高大的砖砌台基上,台基中央辟有洞门,兼作伯灵翁庙山门。

◆山门

面向大街。门楼为单檐三坡抱厦式,依附于主体建筑屋檐之下,小巧别致,风格独特。

◆戏楼

兼进出过道、演戏于一体。基长9.7米,宽8.9米,高约10米,面阔3间,单檐歇山顶,屋顶由三色琉璃瓦覆盖,组成各种颜色古朴大方的菱形图案。楼檐下施斗拱,玲珑秀丽,拱身浮雕或透雕有精美的图案。额枋与平板枋上透雕山水、人物、云龙和花卉等。

◆木牌楼

为单间二柱单檐式建筑,用四攒斗拱。

◆伯灵翁庙戏楼

雕梁画栋,粉壁彩屏,各式雕刻玲珑剔透,具有较高的艺术价值。它是嵩山地域现存规模较大、雕刻较精、保存较好的古代戏楼。

二、会馆遗址

(一)山西会馆遗址

山西会馆遗址位于禹州老城西北隅。该会馆历史悠久,为禹州四大会馆之一,南与十三帮会馆相邻,东与怀帮会馆隔路相望。有山门、戏楼、东西廊房、关帝殿(卷棚大殿)、火神殿、药王殿等建筑,规模宏大。

明初朱元璋诏令药商汇集钧州后,山西药商联袂至禹,其中以太谷人较多,有“太谷帮”之称,太原、大同次之。当时晋字、太字商号,城内药市随处可见。

清康熙年间,山西药商在城西北隅建成“山西会馆”,为禹州四大药帮会馆首创建筑。会馆由庙院和配院两大部分组成。庙院为祭祀活动之地,由山门、戏楼、东西厢房、拜台、拜殿和大殿组成。馆内布局严谨,建筑风格古朴典雅。清乾隆二十九年(1764年),山西药商紧临会馆购地2.65公顷(39.7亩),扩大了会馆建筑规模。清道光二年(1822年)十一月,晋豫药商联合募集资金,建成山西会馆庙门、壁墙、环垣、道院、庖厨。清道光六年(1826年),理事柴统裕、翟允若、义和昌、柴隆兴、富有大、玉成贞、复泰公等联合集资重修关帝庙,新创山西会馆钟鼓楼,改建庙门、壁墙、环垣,金妆神像,整葺殿宇,重修道院、庖厨。

会馆建筑井然有序。雄伟的大殿屹立在正中,面向戏楼,殿壁全为砖石结构,整个大殿斗拱飞翘。四周出厦;殿顶覆以红、黄、绿三色筒状琉璃瓦,日射映照,彩釉争辉。大殿与卷棚连接,卷棚又称“拜殿”,是每年节日祭祀跪拜的地方。殿外建有平台,可容纳一两百观众观赏戏楼演出。大殿西侧有陪殿,东西厢房排列整齐。平台前为一开阔地,能容纳千人聚会。大殿正面,高大戏楼巍立,每年演戏数次,每次三天。戏楼后山门上有石刻“山西会馆”四字,门首上挂“山西省旅禹同乡会”招牌。殿后至环垣为义葬地,名“泽及园”,凡晋籍人在禹身亡,均可在此暂厝。此处砖丘累累,偶尔还出现陕籍人棺木,故又称“陕西会馆”。配院为四合院建筑,名曰“白云轩院”,院内种有苍松、梅竹,古朴典雅,上房

北屋为迎宾、聚义谋事之地。

1944 年,禹县沦陷,日军恐遭八路军袭击,在山西会馆建起内城据点。日军投降后,山西会馆一度为私立光复中学校址,后为禹州市第二高级中学校址。2000 年 12 月 27 日凌晨,山西会馆药王殿被扒掉,剩下的配殿、东西厢房、戏楼、山门于 2001 年 1 月也被拆除,整个山西会馆无存。

(二)江西会馆遗址

江西会馆原位于禹州旧城区中占钧台街,即今的禹州市水利局院内。

清代后期禹州城中先后动工修建了怀帮、十三帮会馆。不朽的是,民国九年(1920 年)二月,禹州兵匪连连。民国十一年(1922 年)曹士英到禹州驻防,将未竣工的会馆据为营房,不久梁国印部也在此宿营。药商不堪其扰,再加药业萧条,药商纷纷离开禹州。江西帮会馆的建设工程遂于搁浅。除了建成的大殿、拜殿以外,没有其他方面的设施建筑,只有一个大空院子。至解放前夕,有人在江西帮大殿的前方院子里,搭建了简易大棚充当观众厅,大殿作舞台,江西帮会馆变成了戏园子。到了 20 世纪 50 年代初,所谓“江西帮戏园”,由二黄戏剧团和人民剧团先后使用。后来江西帮会馆由县里作为大会场使用,大殿成为大厨房。20 世纪 70 年代,禹县水利局在此建办公楼,大殿被拆,江西帮会馆从此消失。

第七节 楼阁建筑

楼阁为古代建筑中的多层建筑物。早期楼与阁有所区别,楼指重屋,多狭而修曲,在建筑群中处于次要位置;阁指下部架空、底层高悬的建筑,平面呈方形,两层,有平坐,在建筑群中居主要位置。后世楼、阁二字互通,无严格区分,不过在建筑组群中给建筑物命名仍有保持这种区分原则的。如清代皇家的几处大戏园,主体舞台建筑平面近方形的均称阁,观戏扮戏的狭长形重屋均称楼。

古代楼阁

嵩山地域古代的楼阁建筑多为木结构,有多种构架形式。以方木相交叠垒成井栏形状所构成的高楼,称井干式;将单层建筑逐层重叠而构成整座建筑的,称重屋式。唐宋以来,在层间增设平台结构层,其内檐形成暗层和楼面,其外檐挑出成为挑台,这种形式宋代称为平坐。各层上下柱之间不相通,构造交接方式较复杂。明清以来的楼阁构架,将各层木柱相续成为通长的柱材,与梁枋交搭成为整体框架,称之为通柱式。嵩山地域的楼阁高,层数大都为 2 ~ 3 层。有些戏楼则是用砖石结构。

一、楼阁

(一)玉帝阁

河南省重点文物保护单位。玉帝阁位于偃师市山化镇寺沟村(凤凰山南麓),曾是北宋行宫会圣宫的一部分,俗称“红庙”。始建于明代嘉靖二十六年(1547年),康熙四十二年重修。玉帝阁屋面为歇山顶屋顶。坐北向南,底部长宽均约7.5米,成空心四面体,下宽上窄,分两层呈宝塔状,砖木结构。屋面筒瓦覆顶,下层正面做出装饰性屋檐及六组砖雕五踩斗拱,南边正中有一拱形门。阁内部有木制楼梯通往上层,上层墙壁四周均彩绘有明代人物肖像画,神态饱满,颜色鲜明,但由于年代久远,部分有脱落,南边正中也开一门,门框上部两侧雕龙形饰,门上方有一青石质明代石匾,上书楷体“玉帝阁”三字。阁内顶部檩、梁结构复杂,四角斜梁上皆彩绘,梁下有一高约3米的木制屏风帘支撑,帘之正中一木制匾额,上书“天心金关”四字,系大清康熙年间创修。室内四面壁画彩绘有道教人物肖像画,面部神态饱满,颜色鲜明,栩栩如生、线条流畅,服饰华丽,色泽鲜艳、清晰可见,此阁建筑古朴素雅,巍峨壮观,对研究明、清宗教建筑艺术和风格,有一定的参考价值,同时,也充分体现了我国古代劳动人民的智慧和建筑技巧。具有一定的考古及艺术价值。

(二)乔氏绣楼

河南省重点文物保护单位。乔氏绣楼位于偃师市府店镇夹沟村,建于清代,三层砖木结构建筑,长11.2米、宽5.5米,高10.8米,为双面坡硬山式屋顶,脊上有雕花及龙吻。房檐下有花卉图案的砖雕。墙体内为土坯外包青砖。绣楼下层为砖券窑室,中层用方砖铺地,右侧为套间,左侧北部有云梯,上层为阁楼,木质楼板。密室门开在绣楼后面,中层与其有云梯相连,绣楼南面外有护栏式青石台阶。目前,其整体建筑保存较好,木门窗有破损现象,云梯扶手有缺损。乔氏绣楼对研究清代绣楼建筑风格提供了珍贵的实物资料,它对研究清代民居和风俗,尤其是绣楼的结构和演变具有重要的历史和文化价值。

(三)大阅楼

大阅楼位于汝州剧院广场北端望嵩路正中,矗立着一座雄伟高大的古老建筑物,人称“大阁楼”。大阅楼原系临汝城隍庙一附属建筑。阅楼建于高3米的楼基之上,楼基呈长方形,长约10米,宽约5米,高约3米,为青砖所砌,正中有一南北可穿越的拱眉形门洞。基上四边有女墙,东西两边各有南北向梯形台阶,台阶外边有砖砌护栏。阅楼面阔3间,进深2间,高约4米,飞檐挑角,基本上为歇山顶建筑,下设檐柱4根,柱与基边间相距约1.5米。北面开门。

大阅楼为明代所建,楼顶为后人重修时改建,但楼基与梁架均属明代原来结构。整个建筑造型古朴,结构严谨,大方美观,故在20世纪70年代扩建望嵩路时仍予保存。然而数年后,以路正中有一大型建筑,影响视线和交通为由而被拆除。其实,大阅楼即是原城隍庙的庙门,也是戏楼,后辟为文化馆的阅览室,故称“大阅楼”。

(四)王家楼

王家楼位于巩义市西南10公里的芝田镇小官庄村。坐西向东,硬山灰板瓦顶,共3层,通高15.5

米，长10米，进深6米，墙厚1米，系清代乾隆三至四年（1738～1739年）建筑。楼门素面无雕饰，砖拱券顶。室内置棚板。第二层楼出置大方窗，安装小木门，后壁筑内方外圆砖砌小窗，后侧壁墙内嵌“垂后人”石碣1方，第3层为木制楼板，4根棚吊杆，前有2小窗，后有1方窗，与圆窗呈三角形。楼外通体中间砌筑路凸形砖雕腰线1道。此楼门左侧有《建造堂楼属后志》石碣1方。

据载，该楼原系王姓所建，与前院为通体建筑，现在的前院有邻街房3间，两边有厢房，里边为过厅，内有厢房各1间。此院通长53米，宽10米许。

（五）望乡楼

望乡楼位于巩义市西南30余公里的鲁庄乡鲁庄村南。楼3层，坐北向南，通高18米，长10米，宽6米，墙厚1米，为明代建筑。灰瓦硬山楼顶，楼檐为仿木结构方砖雕饰，下有3个圆圈小门窗，正中小门上端雕砌凹形方池，内雕“瞻日望云”，两侧行书对联。中层1门3窗。门口有砖刻斗拱托门额，额顶端砌圆圈小窗。门两侧砌方窗，竖砖雕窗棂。下层圆圈楼门，素面无雕饰。楼内置木梯和木棚板。

（六）赵家楼

赵家楼位于巩义市南10公里芝田乡蔡庄村中间，坐北面南，系明代万历年间进士赵景星创建的庄园。楼东西长9米，南北宽5米，高约16.8米，壁厚1米，楼分3层，砖石砌基，建在高台上，通体系青砖白灰砌壁。第1层正面辟下方上圆的弧顶小券门，门上端竖砌砖棂小窗户；第2层，正面辟窗户，其结构与第1层同，木制楼板等；第3层，正面辟横方大窗户，中间木制门扉，门扉两侧装置木隔扇，后壁设对称方窗2个，两山墙对筑有直径0.5米小圆窗各1个。楼顶以板瓦覆顶。

（七）钟楼

位于汝州市东大街。清雍正二年（1724年）汝州知州章世麟所建。钟楼的建造是为了报时报警，为了声音传得顺畅，楼下建一3米高的砖砌台基。楼身建于高台之上，高高耸立，超出城内所有房舍。楼系六角重檐攒尖式建筑。尖上置宝葫芦状饰物，造型古朴，线条流畅。内悬大铁钟一口，重9999斤，铸于北宋靖康二年（1127年）。楼门开于北面，两边明柱上装有头上尾下木雕飞龙，形象逼真，栩栩如生，可作戏楼或群众集会时官员讲话之用。东西两侧，贴台基建有台阶可供上下，台阶外有砖砌护栏。楼内铁钟在新中国成立初期被毁。楼亦因年久失修破败不堪，1981年临汝县人民政府拨款重修，列为县级文物保护单位。

（八）高庙戏楼

高庙戏楼位于巩义市米河乡高庙村内。创建于清代，坐南朝北，庑殿顶，悬山，六脊上有砖雕花草、人鱼、走兽，灰筒瓦覆顶。檐下施斗拱，云头昂，补间雕刻已毁，前台柱上有2副楹联。戏楼后有化妆室，室内面阔3间，歇山式建。

（九）黄中楼

黄中楼，亦称天中阁，即中岳庙之南门。该门高逾3丈，上建楼5间。修檐曲槛，碧瓦覆之，巍然壮观。明嘉靖三十七年（1558年），由知县刘汝登建。工部尚书来朱公衡改名为天中阁。

（十）启圣阁

河南省重点文物保护单位。启圣阁，又名春秋阁，位于巩义市城西4公里益家窝村伊河边，创建于清乾隆五十一年（1786年），是明清时期人们为崇拜关公修建的双层亭阁式砖木建筑。该阁平面呈正方形，为四阿九脊歇山摸角四方亭阁式建筑，3层3重檐攒尖顶，上覆盖黄绿琉璃瓦，4脊蹲踞鸱吻巨兽，4角挑檐，如凌谷飞翔之鸟，下系铃铎，风吹叮咚作响。建筑富丽壮观，富有民族建筑特色。登楼观河岸景色，水光山色，阁楼倒影变化无穷，有如海市蜃楼，为巩义明、清八大景之一。

（十一）禹州奎星楼

奎星楼，28星宿之一，位居巽方（东南方），古时人们谓其为掌文章之星宿。因此，旧时代的官府多在文庙或城市的巽方建造高大的奎星楼以倡扬文风，多出文人，其目的与许多古城的巽方的文峰塔作用一样。

禹州奎星楼座落于禹州城内文庙东南，观音阁之南的十字路口。为文庙外附属性建筑。百姓多称其为奎楼。该楼耸立于十字街口中央，下部开东西南北通道，为四门斗式墩台，台周约2.5丈见方，高约两丈。墩台四面各券一拱形门洞，可供人马车辆通行。墩台周围自然形成空旷场地。台上建筑一间两层四角形楼阁，高约近3丈。顶层为五脊四面坡制式；第二层周围木柱竖托重檐，为两滴水式。四周均装有木雕门窗。阁中供所塑奎星神形象是，左手端一砚台，右手握朱笔，左足挑一斗，右足立鳌头，青面红发的奎星回顾斗，手中朱笔似欲点状元之状。奎楼主体高近5丈，墩台小，阁楼高，青砖大，颜色淡，既是得挺拔巍峨，又不失灵秀。据老人们传，奎楼顶端有一夜明珠，夜间可以发光。后被“南蛮子”盗换，从此不再发光。

（十二）应凤楼

应凤楼位于禹州城东门外颍亭之侧。清乾隆《禹州志》云：明天启二年（1622年），有凤凰集于具茨，巡按邱兆麟建于此，题曰：“应凤楼”。七年后，巡按张□重葺。明副使禹州人王则古著有《重修应凤楼记》曰：“岁在壬戌（1622年），禹州具茨山阳，有凤鸣于麓。时上，方处龙潜于‘易’，为‘乾’之初九，而圣人兆祯之瑞已著矣。毛伯邱公巡方至，疏吉语以闻。遂即颍滨书院议建‘应凤楼’。集郡吧茂材（即秀才）肄业其中。檄下有司董事，发援金300两为之。一时士皆观风，首拨异等，靡不不奋励。下帷公亲，月试品第甲乙，盖彬彬质有其文矣。逾年，公督饷于楚。道出颍上，视楼制湫隘，郁郁以去。又七年，奉简命抚中州，会张公及郡大夫田公亟拟修葺。左右多瓯脱旷隙”，“乃指画位置、庭堂、台榭参差错落，而规模宏远矣。”《应凤楼记》对楼处环境曰：“嵩少远峙，峰岚砂翠。一水襟带，清流潺潺。”从中可见楼之周围风光甚佳。

（十三）五楼院

五楼院位于禹州天宁寺南隔街对面，即以由巷北段路东，坐北向南，占地面积近10亩。因并排为五座三进楼院而著称。

据世居五楼院的近百岁赵姓者讲，并根据有关资料称，清朝前中期时，一甘肃天水赵姓药商来禹州经营铺，以“九蒸大熟地”而闻名发达后，所建的五座样式相同的楼院。五楼院均为三进院落分前中后院，有主楼厢房，过厅等建筑。主楼和过厅出檐5间，廊柱木雕 ，砖雕艺术精美，一字排开。很远可窥其雄姿。成为禹州城西北隅一道景观。

五楼院,现只剩最东侧处的一楼院,尚基本完整,其余均被新建筑民居取代,诸多老者称惜。

(十四)迎风阁

迎风阁位于禹州南大街北头,迎上街与连堂街交叉口处。其地势南高北低,北下坡道以红石铺底,坡道高差约6米。至坡口尽处,用红石砌成道侧坡帮分别东、西向延伸。且在两侧红石坡帮上架起横跨迎上街口的青砖拱券,迎风阁建于拱券之上,是一座青砖为墙、灰瓦覆顶的小阁,东西宽11米,南北宽2米。阁门额上嵌砖雕"迎风阁"三个大字。因阁踞位置特殊由北坡下仰视,若悬云天,立于南边远看,又似建在平地之上。

迎风阁创建时间不详。但看其建筑特点应为清代。此阁是纪念黄帝大臣风后的建筑物。风后因辅佐黄帝有功,封邑于此。将其屯兵山头名之"风后顶",将练兵的石头城名为"风后城",而所建的"迎风阁"含有"迎风后"之意。

(十五)白衣阁

白衣阁位于荥阳市王村乡桑园村东,创建于明代。面积6000平方米,现存二层楼阁1座,阁门上悬"白衣大悲楼阁""大明万历十三年六月吉日"木制匾额。楼西有小庙1间,上书"古桑林"三字。相传商汤"桑林祷雨"即是在这里。

二、楼阁遗址

(一)夕阳楼遗址

夕阳楼遗址位于郑州市内老城西。始建于北魏,明代中叶后倒塌失存。夕阳楼曾与黄鹤楼、鹳雀楼、岳阳楼等齐名。夕阳楼为旧郑州城内最高处,与周围亭台楼阁相连,形成一组建筑群。登楼远眺,可见西南梅、泰诸山。明嘉靖《郑州志》载:"在州治西,今废。有唐李商隐诗,尚存石刻。"民国五年《郑县志》载:"在州治城上西南隅,有唐李商隐刻石,今废。"1983年文物普查时,在其遗址发现有残断"夕阳楼"碑碣一通。《夕阳楼》诗作于唐大和九年(835年)秋天,诗人题下自注说:"在荥阳,是所知今遂宁萧侍郎牧荥阳日作者。"因唐天宝至乾元年间,曾改郑州为荥阳郡,故所说荥阳实指郑州。

唐朝诗人李商隐写有诗《夕阳楼》(又名《登郑州夕阳楼》):

花明柳暗绕天愁,上尽重城更上楼。欲问孤鸿向何处,不知身世自悠悠。

清代著名诗人王士祯也在这里题诗,留下脍炙人口的名篇:

野塘菡萏正新秋,红藕香中过郑州。仆射陂头疏雨歇,夕阳山映夕阳楼。

(二)钟鼓楼遗址

钟鼓楼正名樵楼,亦称鼓楼,是古代用以报时之楼,早晨撞钟,晚间击鼓,谓之晨钟暮鼓。遗址位于洛阳市老城区内。鼓楼建筑:占地288平方米。拱券楼台通体用规格为0.1米×0.2米×0.43米大青砖砌成,台面15米见方,高7.6米,拱券门洞宽4.2米、高5.3米,拱券东西两端门额各镶嵌长1米、宽0.5米石匾各一方,东刻"就日"、西刻"瞻云",为斗大楷书阴文。台南边有一登台之道,宽1米,青石板台阶。台上正中建 12 米见方两层钟楼一座,高 8 米,明清式建筑,砖木结构,石柱础,面阔三间,进深二间。一楼 14 围红色圆形檐柱支撑,四周皆斗拱,琉璃瓦蓢边,青瓦覆面,翘角飞展,戗脊饰动物选型;二楼 14 围金柱由一楼贯通拖起,歇山顶,四周皆斗拱,琉璃瓦蓢边,青瓦覆面,屋脊饰望兽吻,四角飞檐起翘,舒展伸张,戗脊饰动物造型,下悬风铃,与一楼匀称重叠,比例和谐。

一楼正中架大鼓一面,二楼正中吊铸铁大钟一口,高 1.6 米,口径 1.5 米,上铸八卦图、龙凤梅菊等图案和"皇帝□□国泰民安"字样,另铸有小字,因锈蚀已无法辨认。该钟明嘉靖三十四年(1555年)与白马寺钟同时铸造,因铸造参数相同而产生共鸣,故有"东边撞钟西边响,西边撞钟东边鸣"之说。

(三)望嵩楼遗址

望嵩楼遗址位于汝州市北城门。望嵩楼为唐宋时期汝州州衙后花园里的风景楼,是官方接待名人、上级官员的地方,是汝州城的标志性建筑,因此又叫汝州郡楼。明《正德汝州志》记有"望嵩楼传为刘禹锡为汝州刺史时所建"。唐、宋、金、元时期与黄鹤楼、岳阳楼齐名,有江北第一楼的美称,许多人不知汝州却知望嵩楼,正像现在大多数知道岳阳楼却不知岳阳楼所在县市一样。根据元代汝州通判尚野的《望嵩楼记》描述,汝州望嵩楼的楼基是高 20 米左右的石台,登上望嵩楼,向北举目远眺,就能望见闻名遐迩的嵩山。

该楼始建于唐代,废于元末。根据留下的诗文和碑记,宋、金、元时期对其不断修缮,设施不断得到完缮。望嵩楼周围有太史洲、辛夷山(石)、莲花玩月湖、众乐台,建有岘山、乐山、思贤、忘饥、致雨、香远、虚舟、凌波、环流等九个亭子,还有竹林、楸林、石桥、水榭等 20 多个景点,州城外有一小河透过城墙从园内和衙署曲折流过,后花园与前院州署古建、松、柏、楸树等成为一体,构成秀美的北方园林。

据史料记载,望嵩楼的楼基类似风穴寺钟楼楼基,面积是风穴寺钟楼楼基的 3 到 5 倍。望嵩楼坐北面南,应与州衙的主建筑在一条中轴线上。楼身通高 30 米,上下三层,下大上小。一层面阔 5 间,呈长方形,飞檐歇山,周围有石柱廊轩,石雕栏杆,最高层四周是相通观景廊,被清代诗人称为"四围屏叠,六扇窗凭",登楼可以凭栏北望嵩岳太室少室二山。可唐代宗大历八年(773 年),刘禹锡任汝州刺史,送好友廖参谋东游,在望嵩楼饯别,作诗"望嵩楼上忽相见,看过花开花落时"。

(四)嵩阳楼遗址

嵩阳楼位于登封老县城。创建年代不详。唐朝著名诗人孟浩然写有《陪张丞相登嵩阳楼》诗:

独步人何在,嵩阳有故楼。岁寒问耆旧,行县拥诸侯。

林莽北弥望,沮漳东会流。客中遇知己,无复越乡忧。

(五)畏秋楼遗址

畏秋楼位于禹州城内山林街北段路东,是禹州清末举人王琴林于民国初年(1912 年)始建的一幢中西合璧别墅式建筑。其整体外形极似一乘华贵方轿。楼基东西长 6 丈,南北宽 5 丈余。地基填煤夯实,地平用青三条铺垫,且外出墙基 3 尺,以防渗水下沉。

主楼四面三层共计一体 36 间,四周廊房闭之则为单间,启之则成通道,间间相串通。地下室设施通风孔洞。顶部为四面坡式,两"山"尖排气天窗高耸,通风采光。轿顶式的四角上翘,翼然欲飞状。

主楼内设书房、卧室、客厅,廊房内设庖厨、浴室,人力车房,杂什间。南面正门石匾额书"畏秋楼”，东门额书“治事斋”，北门额书“小五柳堂”，西门额书“小琅环”。楼之西南角二门内为后宅，二门外设花坛、水池、上水石假山、花草、绿竹、翠柳等。

（六）观音阁遗址

观音阁位于禹州衙前与西大街十字路口。下为四门斗式，约10米见方，高约7米的墩台。墩台上北部建阁3间，中部是建卷棚3间，南部分建钟、鼓二楼，建筑格局精巧别致，两帝有砖砌阶梯供香客游人上下。殿内供奉观音菩萨塑像。阁南为奎楼街，距阁有50多米处路东有一眼甜水井。观音阁创建时间不详。据史料记载，清代时香火很旺。

（七）存古阁遗址

存古阁位于洛阳市千祥庵院内。清道光二十年（1840年），洛阳县令马恕在东关的千祥庵内创建了存古阁。存古阁是官办的石刻保存所，专门收集储存当地的碑刻墓志、经幢等文物，收藏了包括西晋韩寿墓表在内的许多稀世珍品。道光年间，存古阁成为当时全国最负盛名的石刻博物馆之一，林则徐流放新疆经过洛阳时，曾造访存古阁。民国初年，无专人典守，由千祥庵中和尚代为看管，常熟人曾炳章任洛阳县长，进一步扩充了馆藏。1927年冯玉祥军破除迷信打偶像，千祥庵亦遭毁坏。抗日战争期间，存古阁被日军飞机炸毁，馆藏散尽。

第八节　古官署建筑

在历史的长河中，嵩山地域有多个地方曾作为郡、府、州、县衙治所的所在地。如洛阳曾为河南郡衙、河南尹衙、河南府衙；郑州曾为管城州衙；禹州曾为禹州州衙、分巡大梁道署衙；汝州曾为河南道衙；荥阳曾为荥阳郡衙所建筑等。但因朝代更替频繁，后燹战乱不断，各级古官署建筑昨建今废，几经迁徙，且能保存下来的官署少之又少。本节所选的禹州州衙、禹州分巡大梁道署和洛阳县衙仅存个别建筑，只能算是个遗址。而密县县衙是嵩山地域唯一一座保存下来的县衙，更显得弥足珍贵。

一、密县县衙

全国重点文物保护单位。密县县衙位于新密市老城中心十字街北，始建于隋大业十二年（616年），毁于元代战火，明洪武三年（1370年），知县冯万金在旧址重建。至今仍保持明、清风格，虽历经隋、唐、宋、元、明、清、民国，但主体建筑基本保存完好。该县衙坐北向南，占地面积25000平方米，有5进院落，现存建筑有大门、仪门、大堂、二堂、三堂、大仙楼和东西两侧副线的房舍，共212间房屋，建筑布局合理，结构严谨。

◆大门

面阔3间，进深2间，东西长3.5米，西北宽3米，硬山灰瓦顶，前后各有木柱两根，大门两侧有一对巨形门墩，高70厘米，宽85厘米，厚40厘米，为隋代遗物。

◆莲池

分别位于大门后和仪门前两侧。莲池中间为砖石结构，有单孔桥一座相通。桥南北为甬道，总长22.2米，宽3.3米。莲池在衙署建筑中为先例，寓意清水衙门。

◆仪门

面阔5间，进深2间，东西长16.4米，南北宽5.68米，单檐飞椽，砖木结构，硬山灰瓦顶建筑，亦有一对大型门墩。

密县县衙

◆大堂

面阔5间，进深3间，东西长16.5米，南北宽11米，砖木结构，单檐硬山灰瓦顶，青砖铺地，中有十二根木柱支撑。大堂前有卷棚、卷棚，面宽3间，进深4.65米，砖木结构，前脸装有隔扇。

◆二堂

面阔5间，东西长16.5米，进深宽9米，砖木结构，中有12根木柱支撑，木隔扇、木门窗，单檐硬山、砖木结构，东厢房为文馆，西厢房为武馆，是知县接待外来文武官员和文武官员办公的地方。

◆三堂

面阔5间，东西16.5米，进深3间，南北宽8.28米，砖木结构，单檐硬山灰瓦顶，前有回廊。三堂前侧有东、西厢房各3间与二堂相连，单檐硬山、砖木结构，是幕僚办公场所。

◆大仙楼

面阔5间，进深3间，顶部、门窗为后期改建。

◆监狱

位于仪门西侧。由男牢、女牢、刑讯房、狱神庙组成，牢房保存基本完整。鉴于历史悠久，历代沿用，直到2003年新密市拘留所迁新址后才停止使用。

新密密县县衙自始建至今已有1400年。现存建筑保持着明清建筑风格，主体建筑基本保存完好。在建筑风格上，沿袭了我国北方地区对称的庭院式建筑结构布局，突出了我国北方地区乃至黄河中、下游地区粗犷、端庄、古朴的建筑特点。新密地处中原，交通方便，受南北方经济文化交流的影响，该建筑在木作、石雕技术等方面，融入了南方建筑工艺精巧、细腻的部分特点；同时，新密县衙布局有序，主次分明，充分体现出庄重、严肃的基层政府形象。为研究我国古代南北建筑流派的特点及变化规律提供了实物依据。

新密市密县县衙作为古代国家行政机构最基层的政权部门，封建王朝对其建设尤其重视。特别是在明、清时期，当时的政府对县衙建筑已大致形成了统一模式。但随着社会制度的变迁，加之诸多的自然和人为因素，封建社会的县级衙署绝大多数已荡然无存。因此，史学界及古建筑研究部门对县衙的规制、结构布局的研究属薄弱环节，对明清县署的研究资料尤为缺乏。新密市密县县衙能够完整地保存下来，对研究我国古代县级政权部门的建筑布局、建置职能、职官制度等方面，提供了实物标本，具有重要的历史意义和研究价值。

二、禹州州衙

清顺治二年(1645 年),知州马汗朱单骑上任。见禹州城内白骨累累,瓦砾遍地,满城蒿丛,官署及诸王府一片废墟,于是以怀庆王作州衙,自己舂米,搜遍全城,得差役七人,掩尸清道。自此,怀庆王府(今禹州武装部一带),即成了清代州衙。清康熙二十四年(1685 年),知州胡承祖因旧址重建,其结构布局严谨,气势不凡,清乾隆十年(1745 年),知州邵大业重修,结构、布局更趋完美。

清康熙年间,州署布局由南至北依次是大门 3 楹,左右石狮各一,围墙东侧连古驿站清颍驿(俗称马号);仪门 3 楹,两侧围墙中央各开一角门,其东角门前建萧曹祠一座;过仪门,竖圣谕坊一堵,再北州署正堂,堂院东侧分设礼房、户房、吏房,西侧分设兵房、刑房、工房;二堂、三堂两侧各为东西厢房;后有四堂并后楼一幢,楼前左右各筑门楼一座,左门楼通东跨院,院内建东厅一栋。右门楼通西跨院,院内建西厅一栋,西厅前分别为左右厢房。

至清道光年间,州署逐步完善。州署大门左右置石狮一对,门房两端各筑高墙围护。进大门见仪门,仪门左右院墙各开一边门,东侧门前建有萧曹祠;过仪门为圣谕坊;过圣谕坊至大堂院,院为礼房、户房、吏房、兵房、刑房、工房等六房,大堂院后,分别为二堂、三堂。三堂院东侧为东门房,西侧为西门房。三堂北为内宅院。内宅坐北面南为二层后楼,楼之左右各设门楼一座;西入小跨院。跨院由前到后依次为花厅、书房、内签押房;东入东跨院,院前方为厨房,北为书房。

主署大院外,东侧为马号(原清颍驿),马号内,除标有马王庙名号之建筑外,另有 5 栋房舍呈不规则分布状;主署大院西外侧为独立完整的吏目署。

吏目,官名,明代于知州之下高吏明目,掌出纳文书,或分领州事。清代则以州吏目掌佐理刑狱及官署事务。吏目署旧在州署东,后移城内东南隅"新建仓"东,怀庆王旧府第左掖。清乾隆十一年(1746 年),吏目李成蛟重修后与州判署互易。吏目署大门 3 楹,与大门对照的影壁间隔两院:西为监狱院,院子北侧有狱神庙一座,庙之东、西分别为男、女监舍。

穿过吏目署大门至仪门,仪门两侧各开便门,过仪门入大堂院。大堂 5 开间,后侧偏西为房舍一所:二堂 5 楹,东西厢房各 3 间,二堂偏后有一处,二堂北为内宅。内宅主房 5 楹,东、西厢房各 3 间。

三、禹州分巡大梁道署

分巡大梁道,明清介于省级行政机构与州府之间的一级带有军事性质的派出机构。一般由按察司副使、佥事,分理各道刑名,称为分巡道。因巡察大梁一道的此类事务,故名:分巡大梁道。明朝万历三年(1575 年),河南巡巡大梁道移驻禹州,于万历八年(1580 年)迁移陈州(今河南淮阳)。万历二十七年(1599 年)复移归禹州。大梁道署数易其址。

民国《禹县志》载:"分巡大梁道署因明太和王府设置(即奎楼东)"。明崇祯十四年(1461 年)、十五年(1462 年)李自成率 20 万大军先后两次攻开禹州城,"焚掠三月",凡与明朝和朱姓有关的人皆杀掉,物事烧毁,封藩钧州(今禹州)的各个王府多成废墟。设于太和王府的道署也遭受同样的命运。分巡大梁道道台李乘云在守城厮杀中被俘,骂贼不止,被闯军缚于南关路西一株古槐上,乱箭射死。

清顺治八年(1651 年),分巡大梁道署移置天宁寺及官厅东侧。清顺治十三年(1656 年)沈荃由编修任分巡大梁道道台。因署内"有株高五丈,大数围,平台、沼池皆荫其下"的海棠树,乃命其道署为"仙棠书屋"。每岁海棠花发时,沈荃与文人学士"晨夕觞咏,直至花别故枝而后已。"其友汪介赋《忆花诗》云:

钧州官舍冷于霜,赢得年年看海棠。记取世觞夸海户,曾分险韵压诗王。

风前旖旎初含笑,月下徘徊欲卸妆。回首沉沉空院里,花开花落部凄凉。

从诗中可以看出,清朝的道署公务不多,比较清闲。清康熙初,分巡大梁道署裁撤。

四、洛阳县衙遗址

明、清期间曾几易驻地。明万历四十二年(1614 年)之前,在今洛阳市青年宫处。之后,该处扩修府王府,县衙东迁迎恩巷(今民主街)之北,今民生制药厂、铁路家属院和消防中队用地。民国一年(1912 年)裁府留县,县衙回迁明朝福王府处。民国三年(1914 年),再次东迁民主街之北至洛阳解放初。之后至 1955 年此处为洛阳市人民政府驻地。县衙占地 54 万平方米,东西宽 600 米,南北长 900 米,坐北向南,据说大门两侧的石狮为唐代所雕(现已失)。进大门迎面影背墙高 9 米,长 12 米。县衙内建筑为明清式风格殿堂、庭院。

第九节　桥梁、运河及其他建筑

一、桥梁

桥是跨河越谷的建筑,指的是为道路跨越天然或人工障碍物而修建的建筑物,它架设在海、河、涧、谷之上,能使车辆行人顺利通行。桥梁建筑反映了古代劳动人民在和自然界的协调与抗争中勇于创造、敢想敢干的聪明才智,证明了桥梁的不断革新给社会进步、经济发展与人民生活等方面带来的巨大贡献。

目前,我们能够看到的最古的桥梁形象,是在汉代画像石、画像砖和壁画上描绘的桥。古时候的桥,或繁或简,或大或小,桥梁的形状,千姿百态。嵩山地域很早就有拱桥。据《水经注》记载,公元 282 年洛阳东六七里有一座用石建的"旅人桥","下圆以通水",这是见于记载最早的石拱桥。在嵩山地域古代有名的桥梁中,洛阳天津桥的造型和长度在隋唐时都属一流的建筑,除墩实耐用以外,非常讲究造型美观,设计和结构的合理。而嵩山各县市的桥,上下结构和附属物大都简单,很多桥以石头为建筑材料,但也坚固耐用。而大山中的桥梁就更简单了,一根大木横在深涧之上,能过人畜就足矣。形式不同,但作用都一样。

(一)天津桥石基

河南省重点文物保护单位。天津桥石基位于洛阳市西工区西工村(洛阳桥以西 400 米的洛河北岸河滩内)。天津桥始建于隋大业元年(605 年),杨素、宇文恺奉命营建东京洛阳城,为了解决南北交通问题,从端门至定鼎门大街跨洛河修建了一座浮桥,由铁链连结大船而成,这就是最早的天津桥。宋徽宗“政和四年(1114 年)八月十日,京西路都转运使宋升奏河南府,天津桥依赵州石桥修砌”,并由专人“彩画到天津桥作三等样制修砌图本一册进呈,诏依第二桥样修建”。此时,天津桥仿赵州桥建造,其已是多跨石拱桥。北宋灭亡后,直到金、元、明初洛阳战火不断,天津桥也未幸免,毁于战火之中。

现天津桥仅存桥基基础龟背形石墩。2000 年,考古工作者在市区洛河南北两岸向下挖掘,在洛阳桥西侧 200 米处河床下,发掘出了唐宋时期的洛河石堰与桥墩,桥墩均呈龟背形。石堰绵延数公里,桥墩下垫有枕木,上铺方石,以腰铁相连,此处便是天津桥的位置所在。天津桥创造了我国桥梁史上两个“之最”。第一,最早用铁链连接船只;第二,最早建造了龟背形桥基作为支撑。现桥虽废,而其名其景仍籍诗篇以传,对传承我国优秀历史文化,古代桥梁的设计、构筑有相当的研究价值,亦是展示古都底蕴的最好见证。

洛阳天津桥石基

(二)赵公桥

赵公桥位于巩义市城东南 5 公里的北山口乡北官庄村西南。桥架设在一条土沟之上,原名柏沟桥,明正德年间始建,崇祯八年赵景星进士父子改建为单孔青石拱桥。桥高 11 米,面宽 4.5 米,长 20 米,南北走向。桥下为单孔圆形拱券,孔高 9.7 米,宽 4.3 米,深 4.03 米,全为青石垒砌。桥面系青石铺砌,两侧立石望柱、栏板,栏板上浮雕有“二龙戏珠”、“双鹿闹孝”、“卍”字花纹、“犀牛望月”、龙、麒麟、莲花、卷草纹、人物故事及花草等图案。该桥历经数百年洪水冲击,至今仍在使用,其石刻构件刀法精湛,造型生动,题材丰富,具有浓郁的地方特色,有一定的艺术价值,是研究桥梁史和古建筑的宝贵资料。

郑州赵公桥

（三）半扎桥

河南省重点文物保护单位。半扎桥坐落在临汝市蟒川镇半扎村东端的半扎河上，北距市区16公里。该桥始建于明代。桥面长111米，宽5米。桥形为双拱，圆弧形孔，两孔之间有一圭形桥基。桥的双拱均采用长方形条石砌成。双拱的两端均有短弧形的条石镶边。桥面的两侧有桥栏装饰，栏石正面均有浮雕装饰，图案有人骑大象、回首登山牛、奔鹿、莲花、折枝牡丹、虎戏山羊等。石桥西侧10米处，桥之北侧立有石碑1通，为明代天启元年（1621年）立。

（四）玉虎桥

玉虎桥位于临汝市区东部，在南关与二里店之间的一条小河上，桥面长5.3米，宽5米，桥拱作圆弧形，宽3.1米，高1.9米，用长1.1米、宽0.8米、厚0.25米的长方体微弧条石横置砌成。拱的两端用外弧长0.66米、内弧长0.55米、宽0.4米、厚0.25米的短弧形条石镶边，两石之间则用条形铁扣固定。镶石外表顺拱形刻2条阴线作装饰。桥的上游一侧，拱顶端置长0.6米、宽0.35米、厚0.38米的长方体石雕龙首，后置一圆形龙尾。经考证，该桥始建于明代。

（五）熊耳河桥

熊耳河桥位于郑州市老城阜民门外南关大街熊耳河上。原为单孔石桥，清乾隆十年（1745）知州张钺重修。乾隆四年，河水暴涨，桥被冲塌。十年，知州张钺为解除水患率郡人重修，并增石券1孔，《重修熊耳河桥碑记》有较详细记述。桥长34米，宽6.83米，桥孔为一伏一券式，用大方石排列砌造。券上雕有飞禽、花草、海石榴、凤鸟等，正中券顶刻1个兽头，怒目大嘴，象征镇服水患。伏石左右两角各刻1条龙，龙头向上，四肢伸开，造型精美。从雕刻手法和生物形态来看，当创建于宋元之际。桥券净跨度为4.72米，矢高2.4米，整个券基本上呈半圆相等，与宋代法式相吻合，现仍为车辆通行要道。

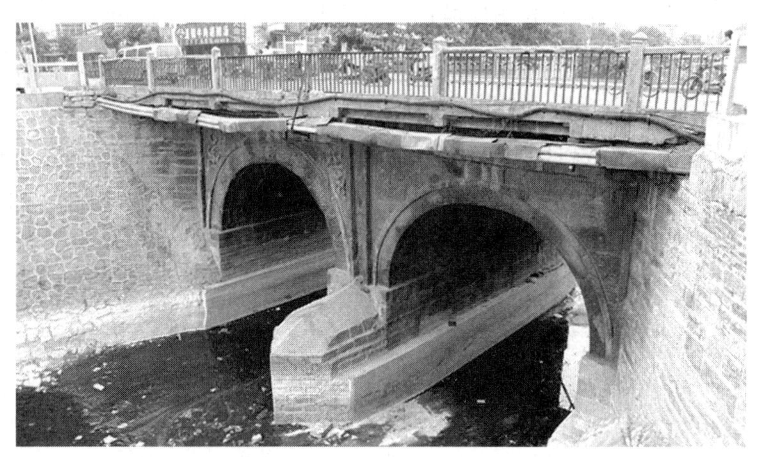

郑州熊耳河桥

熊耳河桥是郑州市区现存年代最早的石桥，其建筑风格，对于郑州地区的桥梁研究具有极为重要的价值。

（六）望嵩桥

望嵩桥位于禹州市花石乡白北村，是一座独拱石桥，曾是去往嵩山的必经之路。站在桥上可望嵩山，故名“望嵩桥”。桥宽6米，长18米，状若彩虹，横跨在颍河支流上游。桥上石栏杆对称，左右各4根，料石雕刻有飞鸟、猴、羊、狮及花卉图案。红石雕龙张嘴向西，欲吞颍河，龙尾向东，大有横扫激浪之势。整座桥造型美观,气势不凡,富有民族特色。桥头碑文记载此桥为“中华民国六年(1917 年)陆军中将毅军马步统领兼带巡缉等马公志敏号逊斋”。修建碑记载了修建此桥的不易,比先前汉王代楚明修的栈道还难。此桥虽经冲刷仍雄跨在颍河之上,可见其坚固异常。桥下河水清澈透底,游鱼嬉戏,河两岸垂柳轻拂,清爽怡人,是游人度假消暑的好去处。

(七)天桥

天桥位于荥阳市城关镇南周村东南。建于清嘉庆年间,同治年间重修,1923 年重修。桥东西向,为单孔石拱桥。桥高 19 米,长 14.9 米。桥南侧刻“普济”二字,外沿饰青石龙头;桥北正中刻“横拒楚汉”,其左右各刻“如虹”二字,外沿饰青石龙尾,保存完好。

(八)奉仙桥

奉仙桥位于巩义市新中乡茶店村。该桥系青石单孔单拱桥。桥长 10 米,宽 4.5 米,明嘉靖二年(1523 年)建,清道光十四年(1834 年)重修。现露出河面最高为 2 米。桥南有龙尾,北有龙头,为龙门石雕吸水兽。

(九)小安桥

河南省重点文物保护单位。小安桥坐落在临汝市纸坊乡侯湾村北的小安河上,距市区 15 公里。据专家推测,该桥为明代所造。桥面长 11.6 米,宽 6.44 米,为三孔石质桥。三孔之间设有平面圭形的桥基,拱作圆弧形,三拱大小相似,高 2.1 米,宽 3.8 米。桥拱用微弧的长方形条石砌成,两端采用短弧形条石镶边。三孔顶端上游的一侧各置一张嘴龙首,圆眸,衔珠,后侧则各置一圆形龙尾。桥拱的两侧镶石,表面均有浮雕作装饰。桥孔顶端镶石正中,前后两侧均为一铺道衔环。各孔的纹理雕刻不尽统一,有二龙戏珠、麒麟、云中仙鹤、凤凰戏牡丹、缠枝花卉、折枝花卉等。桥上游一侧镶有 3 尊石刻佛像,为明代风格造型。

(十)通脊桥

通脊桥位于新密市东南 17.5 公里大隗镇大隗村东门外,明弘治八年(1495 年)创建,清乾隆四十六年(1781 后)重修。桥为石砌,上为长板石条,下为方石垒筑,桥长 3.5 米,宽 2 米,桥面北侧有栏杆柱洞,保存较好。有清乾隆年间重修残碑 1 通。

(十一)干沟砖桥

干沟砖桥位于巩义市回郭镇干沟村南休水河上。明嘉靖七年(1528 年)建,1916 年重修。桥高 5 米,长 8 米,宽 7 米;引桥长 2 米,单孔 3 伏 3 券,南北向。

(十二)罗家桥

罗家桥位于新密市东南 15 公里大隗镇罗湾村西北侧,始建年代不详。此桥为两孔砖石券桥,高 1.9 米,宽 1.7 米,长 4.6 米,保存基本完好。

(十三)广济桥

广济桥位于新密市东 9 公里岳村乡桥沟村东侧。明万历年间(1573 ~ 1619 年)郑国英建。为小砖拱券，桥长 12 米，桥面宽 4 米。西侧石雕龙头已毁，东侧龙尾尚存。附近存清代重修碑 1 通。

（十四）少溪桥

少溪桥位于少林寺山门前稍东。万历三十九年（1611 年）春，周王捐资创建。少林寺对平溪，遇旱则干，遇涝则流。桥的原名为庆寿，有人笑其俗，后根据溪水在少室山、少林寺之中，故以少溪为名。

（十五）德济桥

德济桥位于郑州市南关街西、东三马路之间的熊耳河上。1933 年郑州商会会长田镜波、张波臣同商界巨子陈小轩、宋少臣等倡议成立了郑州药材、骡马大会，地址设在南关眼光庙周围。为了便于交通，张波臣发动商界捐款建桥。张波臣原名张德海，为取“德海周济”之意，名“德济桥”。该桥为砖石结构的两孔东西桥，桥面东西长 30 米，南北宽 14 米，高 7 米，柏油路面，两头建有扇面保护墙各 1 米高，墙内各有 1 米宽的人行道，桥南北砖拱上都嵌有“德济桥”3 个大字。

（十六）黄河铁路大桥

黄河铁路大桥位于黄河铁路大桥游览区东侧、黄河古渡的附近。靠西的老桥，1897 年由清廷委托法国、比利时联合承建，1905 年建成，全长 3015 米，共 102 孔，1958 年发生特大洪水时，周恩来总理曾两次到大桥抢修工地视察。1987 年拆除，现仅存南端 5 孔 160 米的桥墩。东面的新铁路桥始建于 1985 年 5 月，1990 年 4 月完工通车。南岸距旧桥 500 米，北岸距旧桥 375 米，桥全长 2890 米。这座桥横架于黄河之上，犹如巨龙横渡，使“天堑变通途”。它与黄河古渡遥遥相对，又与古老的桥墩今昔对照，更显得气势磅礴。

郑州黄河铁路大桥

二、桥梁遗址

（一）十三里桥遗址

十三里桥遗址位于洛阳河南府城东。自洛阳故城西至桥十三里，因名。《读史方舆》载：“晋太安二年（303 年），成都王颖自邺，河间王颙自关中，皆举兵内向，帝如十三里桥，既而还军宣武场，舍于石楼，屯于河桥；遣将张方寻攻洛阳，为长沙王乂所败，退屯十三里桥。”

（二）天津桥遗址

天津桥是隋唐时期洛阳城南北交通的要冲。旧为洛水桥，在洛阳故城南。隋大业初，迁都，以洛水贯都,有天汉之象。古人把洛水誉为“天汉”,即天河(银河),而洛阳就是天帝的居所“紫微宫”,天津即天河的渡口,在此建桥,用大船,连以铁锁,南北夹起四楼,故名“天津桥”。

始建于隋大业三年(607 年)的天津桥,是我国最早的大型浮桥,也是我国首次记载用铁链连接船只的特殊桥型。隋时作为京城的洛阳,政治、经济已有了很大发展。隋朝为了在洛水两边重建方圆 73 华里的东都,在洛水上新建了天津桥,以保证运输。《方镣记要》中记载:隋天津桥系用大船连以铁索,南北起夹楼。这座大型浮桥长达 500 米,桥北与皇城的端门相应,桥南与长达 10 里的定鼎门大街相连,成为隋朝东京都城南北往来的通衢。为了能使形体高大的楼船顺利通过,浮桥还可以自由开合,这在我国古代建桥史上是个开创性的创造。

隋末天津桥被李密起义军焚毁。到了唐太宗贞观十四年(640 年),在天津桥的故址上重建,垒方石为墩造石桥,仍称天津桥,又称洛阳桥。天津桥北与皇城正门——端门相应,南与隋唐洛阳城南北主干道——定鼎门大街相接,桥上原有四角亭、栏杆、表柱,两端有鳞次栉比的酒肆、茶楼、市集,行人车马熙熙攘攘,络绎不绝。拂晓,漫步桥上,举首可见一轮弯月垂挂天幕,俯瞰河面波光粼粼,偶尔又传来洪亮悠扬的钟声,这就是号称“洛阳八景”之一的“天津晓月”。可惜自宋以后,战火连绵,建筑物大多被毁,天津桥亦未幸免。解放后,市政府在天津桥之侧筑起了一道钢筋水泥结构的大桥,又于 1983 年与原桥并齐再筑一道新桥,作为快车道,先建的桥为慢车道,现天津桥仅剩一孔桥眼,桥上建有四角翘起的小亭,此即是天津桥遗迹。

(三)孝义桥遗址

孝义桥遗址位于偃师县东 10 里洛水上。唐天宝七年(748 年),河南尹韦济奏于偃师县东山下开驿路,通孝义桥。后废。宋景德四年(1007 年),于其处造訾店渡桥,诏赐名奉先桥。又首阳驿,在今县城西。

(四)菜市桥遗址

菜市桥遗址位于唐朝洛阳府城东,亦唐所置。宋开宝九年(976 年),郊祀西京,诏发卒五千,自洛城菜市桥凿渠抵漕口 35 里,馈运便之,其后导以通汴。

(五)绾嵩桥遗址

绾嵩桥遗址位于偃师市少室山崿岭口西北三里许。上为二室之交,下临深无际。洛、京诸处人来嵩者,无不由之。过此,则步步高陟矣。

(六)洛阳大石桥遗址

洛阳大石桥遗址位于洛阳老城东门外,与东关相连,跨瀍河有一座大石桥,原名叫广济桥。据大石桥东头南边的建桥石碑记载,洛阳大石桥建于明朝嘉靖时期,创建人为洛阳籍内廷大司礼太监黄锦。黄锦,字尚,别号龙山,河南洛阳东乡龙虎滩村人。正德初年入宫,选派至兴王府为世子朱厚熜伴读。正德十六年(1521 年)武宗去世,无子,朱厚熜入嗣帝位,是为世宗。黄锦遂得宠升为御用太监。后又先后调任尚膳监、司设监、内官监太监。嘉靖二十四年(1545 年),封为司礼监佥书。嘉靖三十二年(1553 年),掌司礼监事兼总督东厂。

明嘉靖丁巳年(1545 年)七月,瀍河水涨得特别大,平地水深过丈,原来有三孔桥眼的石桥,被水冲毁，东门外一片汪洋。黄锦是在4年之后，见到知府谋重新建桥告示而筹建的。得知故乡洛阳瀍河原有之“沈公桥”毁于洪水后，时任嘉靖司礼太监的黄锦倾其累岁所得天子赏赐资财，委派其弟黄子铠监造新桥。这次修桥吸取上次所建石桥规模小，桥洞少，河水暴涨流通不畅的教训，经过考察，把桥洞设计为5个大桥眼，中高3丈，阔3丈3尺，长25丈，桥两边设有石栏。黄子铠不辱使命，募役寓赈，“其费不用公帑之一钱，其力雇之庸役，不劳人民之一夫”，以半年为限，终将桥梁建设成功，名为“黄公广济桥”。如今400多年过去，市井喧哗与战火硝烟之中，这一座五孔石拱桥依然挺立。

大石桥原来还有一处奇观，鲜为人知。在它由东向西数，第二孔桥拱，过去是从河边过往桥下的小路（中间桥眼是河道，平时流水）。在这第二孔桥洞下的路上经过，总可以看到拱券上的方形石块中，有一块在慢慢的下附，有时可下附出一块石方的三分之一。它不是固定的那一块石方，而是此上彼下，不一定那一块石方下坠露出来，日复一日，不停地上下运动，形成奇观。究其原因，考察实情，因为桥上是大道，旧时的牛马车辆安装铁轮，由桥上通过辗压震动，形成桥下的石方相互摩擦，彼此挪动，造成不规则地上下运动，而出现这种奇特的景观。到1944年日本鬼子进犯豫西，洛阳的大型桥梁遭国民党部队炸毁，大石桥中间的一孔桥拱，也被炸断。到1950年，政府重新修建恢复了通行。二孔桥拱也进行了加固，再加上近年车轮都成了橡胶轮胎，桥上只承受压力，不再发生过往车辆的轧砸震动，前面所述的奇迹，就不再出现。

洛阳大石桥

（七）惠政桥遗址

惠政桥遗址位于新密市区原密县老城西关外，原名广济桥。明密县人魏尚谦建，崇祯五年（1632年）毁于大雨。清顺治七年（1650年）密县知县李芝兰捐俸重建，更名为李公惠政桥。桥东西向，坐落于西关河上，为三孔拱券石桥，长21米，宽5.1米，高5.5米，桥北面饰龙首，南面饰龙尾突出于桥外。在20世纪70年代，扩宽公路，桥面南侧随路加宽3.3米，仍以青石垒砌，与原石桥结为一体。桥东侧路北，原立有《李公惠政桥记》碑1通，今已无存。

（八）美荫桥遗址

美荫桥遗址位于太室山之南登封告成石羊关之西。桥旁有高大的柳树一株，遮荫3亩。邻村之树，更无大于此者。予立石，戒后人勿得砍伐，因以名桥。

（九）独木桥遗址

独木桥遗址位于太室山峡谷中，深涧之上。当地人伐山得巨柏焉，大逾十围，长可百尺，断之可惜，运之不转，遂弃置于此。樵牧牛羊，往来取捷，名为独木桥。

（十）通惠石桥遗址

通惠石桥遗址旧在新郑南门外洧水上，久毁。康熙十六年（1677 年），典史戴五瀛复募建，凡十一洞若观火。邑人黎平知府刘桢作记，名戴惠桥。立石凤台寺南。今桥废而碑存。

（十一）颍东石桥遗址

颍东石桥位于禹州城东城门外，横跨于颍水之上。桥长 100 米，桥面宽 7 米，高出水面约 1.4 米，共 30 孔。桥由青石铺石，巨石为基，石与石间以铁钯、铁栓铆锢。民国《禹州志》如是记载："始建无考。明万历十年（1582 年）知州赵三聘重修，州人按察使徐延祚作记；清康熙二十五年（1686 年），知州刘国儒重修，州人拔贡陈鸣臬作记；清雍正十三年（1735 年），知州梅枚重修，后圮。"南北过客及东乡人来往州城，全靠崔庄（俗称张良洞船家）摆渡。

颍东石桥坍圮百年后的复修，乃近代禹州慈善家万新兴之义举。万新兴是郭连东夏庄人。幼童之时，曾诺要修复颍东石桥。众人皆嗤之。后经商发迹，践诺修桥。民国十七年（1928 年）冬，历时半载至麦前修桥竣工。不料一场洪水桥毁大半。后经加长引桥，桥墩改方形为分水形，且加深加固，不足一年重又修复。1948 年，禹县为支援大军南下，保障运输畅通，对颍东石桥又做了整修，用拆扒牌坊的石料予以加固。。1956 年，又以水泥覆面加固。如今，颍东石桥没于十里颍湖之下。

（十二）清颍桥遗址

清颍桥位于禹州城北门外的下坡处，始建年代不详。清颍桥全长 100 多米，宽约 8 米，共计 32 孔。这座以巨型青石板材铺面，以巨大青石墩与铁柱为基的漫水石桥，古为新郑、长葛及禹北地区横跨颍河的唯 一通道。马悫清《一统志》载："北关跨颍为桥，水涨冲决，屡致倾废。明州判豆信、举人李芬主事马悫、知州莫天麟俱重修。清雍正十三年（1735 年）知州梅枚重修。"清道光《禹州志》载："鸿畅巨富王道忠倡修兰河石桥，又修颍水石桥。"清道光十年（1830 年），按察使莫天麟公捐银 1500 两，嘱知州朱炜重修。炜公当水之冲建雁翎坝，以缓颍水盛涨之冲力，工料坚固，捐廉足之。2006 年，禹州市政府巨资紧傍清颍桥，高高修筑起一座现代化的钢筋水泥桥。清颍桥完成了历史使命，深藏于水下。

三、运河渠坝

运河是用以沟通地区或水域间水运的人工水道，通常与自然水道或其他运河相连。除航运外，运河还可用于灌溉、分洪、排涝、给水等。古代的运河建设历史悠久，嵩山地域著名的隋唐大运河，开凿于公元前 506 年的胥河，是世界上最古老的人工运河，亦是我国现有记载的最早的运河。

渠道通常指河道、沟渠，是水流的通道，一般都是人们为了解决饮水、灌溉、水运等问题而由人工开凿的。历史上，嵩山地域人工开凿的渠道很多，但都因规模小或因后人在规划居住、娱乐、农田改造等建设中，消失在历史云烟中。因此，能留下来的渠道不但显得极为珍贵，而且成为古代劳动人民创造历史的见证。为全面了解嵩山地域文化，特将古代一些著名的人工运河、渠、坝在此作以简述。

（一）隋朝大运河

世界文化遗产。全国重点文物保护单位。隋朝大运河以洛阳为中心，北起北京，南至浙江，是纵贯我国中东部平原的内陆水道系统，流经 8 个省市地区，接五大水系黄河，长江、海河、淮河、钱塘江，全长 2700 余公里，成为世界上最伟大的工程之一。

大运河自公元前 5 世纪以来持续建造，到公元 7 世纪（隋朝）首次形成为我国统一的水路交通系统。大运河历经多个政权连续修建，是我国历史上内陆交通体系的主干道。长期以来在漕运体系管理下，大运河是运输粮食及战略性物资、征收赋税和控制交通的专用通道。大运河体系供应了百姓生存所需的粮食物资、促进了对领土的统一的管辖、并实现了部队的运输。

大运河共分四段。第一段是广通渠，引渭水从大兴城（长安）到潼关，长一百多公里。第二段是开凿通济渠，从洛阳西苑引谷水、洛水到黄河，再从板渚（今荥阳县东北）引黄河水东南流，经成皋、中牟、开封、陈留、杞县、宁陵、商丘、夏邑、永城、宿县、灵壁，到盱眙北，达于淮河。同年，隋炀帝又征发淮南民夫十多万人开通山阳渎，引长江水经扬子（今江苏仪征县）到山阳（今江苏淮安县）与淮水通，通济渠连同山阳渎，全长一千多公里，成为沟通黄河、淮河、长江的重要通道。第三段是大业六年（610 年）开的江南运河，从京口（今江苏镇江）南至余杭流入钱塘江。第四段是大业四年（608 年）开凿的永济渠，利用沁河、淇水、卫河水源，引水通航至天津，继溯永定河通涿郡（今北京）。可见，无论从规模、长度或从地理位置上讲、通济渠在整个大运河系统中都占有重要地位。

通济渠，始建于隋朝大业元年（605 年），为区分“古汴渠（汳水）”，隋朝之后又称其为“汴河”，是隋唐大运河的首期工程，连接了黄河与淮河。通济渠自河南荥阳的板渚出黄河，经鸿沟、蒗荡渠、睢水沟通了江苏盱眙境内的淮河，全长 650 公里，共流经 3 省 6 市。魏、晋后开封以上河段改称汴水，自开封以下河段改称蔡水（蔡河）。据《大业杂记》记载，通济渠水面阔 40 步，通龙舟，两岸为大道，种榆柳。自东都至江都 2000 余里，树荫相交，每两驿置一宫，为停顿之所，自京师至江都，离宫 40 余所。

通济渠全渠分东、西两段：西段自今洛阳市西，引谷水入洛水，由洛水入黄河，下至板渚（为板城渚口的简称，在今荥阳汜水镇东北牛口峪附近的黄河侧）。此段当时习称漕渠和洛水。东段自板渚起，

隋朝大运河

引黄河水东南流，历荥泽鸿沟入汴河故道，经今郑州市、中牟县北境，又东经开封、杞县、睢县、宁陵、商丘、夏邑、永城等县，又东南经安徽宿县、灵壁、泗县，至江苏盱眙县对岸处入淮河。东周通济渠的前身是战国时的鸿沟。鸿沟是战国末期战国魏惠王十年（前 360 年）开始兴建，并陆续开凿成功，是当时中原大规模的水利工程。修成后，经过秦代（前 221 ~ 前 206 年）、汉代（前 206 ~ 23 年）、魏、晋、南北朝（220 年 ~ 581 年），一直是黄淮间中原地区主要水运交通线路之一。公元 605 年，开掘的隋唐大运河的首期工程，连接了黄河与淮河，称之为“通济渠”，贯通了洛阳到扬州，作为中华帝国最鼎盛时期的交通大动脉，“枢纽天下、临制四海，舳舻相会、赡给公私。”通济渠开通后，隋炀帝杨广立刻从洛阳登上龙

舟，带着后妃、王公、百官，乘坐几千艘舳舻，南巡江都。因此，隋朝时称通济渠为御河。

通济渠在唐朝以后称汴河。通济渠下游的汴河，春秋时吴王夫差所开运河故道引汴水入泗水以达淮水。故运河主干在汴水一段，习惯上也呼之为汴河。这条河历经唐朝、五代、宋朝，运营了500多年，到南宋末年，因部分河道淤塞而衰落。

2014年6月22日，第38届世界遗产大会世界遗产委员会宣布，中国大运河及中国和哈萨克斯坦、吉尔吉斯斯坦共同申报的“丝绸之路：起始段和天山廊道路网”，均成功列入《世界遗产名录》。其中，大运河通济渠郑州段为这次大运河的遗产点。

大运河通济渠郑州段位于郑州市惠济区，包括通济渠索须河段和通济渠惠济桥段。通济渠索须河段为现状河道，西自丰硕桥，东至祥云寺村与贾鲁河交汇处，长约16公里，呈西—东走向，部分河段河面宽40余米，河堤基宽20余米、顶宽近7米，河床宽200～300米不等。此河道为不通航河流，主要是城市泄洪排涝景观河道。通济渠惠济桥段经考古调查和局部试掘，确认埋藏于地下的河床、河堤遗迹基本保存完整。现已探明的河道北起东孙庄村东侧黄河南岸大堤处，南至索须河段丰硕桥处，全长约4公里。除惠济桥处尚保留一段河道外，其余部分均已埋于地下。考古勘探显示，地下埋藏部分运河故道宽150～220米，两侧断续保留有河堤，经勘探河堤顶宽4～6米，底宽8～12米。

（二）惠民河

惠民河是北宋开封西南闵水、蔡河诸运河的统称。“漕运四河”之一。宋初，用兵东南，方隅夫一，京师仓储需取财于京西诸州县。为解决京师运输问题，于建隆二年（961年）始凿闵河。起自今新郑市南部，导洧水（今双洎河）东北流，经宋楼（今河南尉氏洧川镇南）、朱曲（今尉氏朱曲乡）二镇，至开封城西十里注琵琶沟（即蔡河上源），由东京开封府外郭南垣普济水门入城，复由广利水门出城南流。以下河段利用蔡河，即古蒗荡渠、鸿沟。蔡河南流贯穿洧、溵二水，至蔡口镇（今河南淮阳豆门集至项城一带）入颍水。乾德二年（964年）又自长社（今河南许昌）北开渠引溵水（今清溵河）分流入闵，以广水源。闵水的开凿不仅增加了蔡河的水源，而且将许、汝州的物资输往京师。唐家璇开宝六年（973年）改闵水为惠民河，其后又作为闵、蔡二水的统称。

（三）金水河

金水河，为北宋开封城西人工引水渠。建隆二年（961年）开渠导荥阳黄堆山京、索二水东过中牟，凡百余里，抵京城西，架槽横绝汴渠，入城东汇于五丈河，名金水河。此渠水清，一则入宫苑，济京师饮水；二则补五丈河水量，漕运意义不大。史称汴、惠民、金水、广济河为漕运四渠，或以汴、惠民、广济、黄河合称漕运四河，从而形成以京师开封为中心的运河系统。

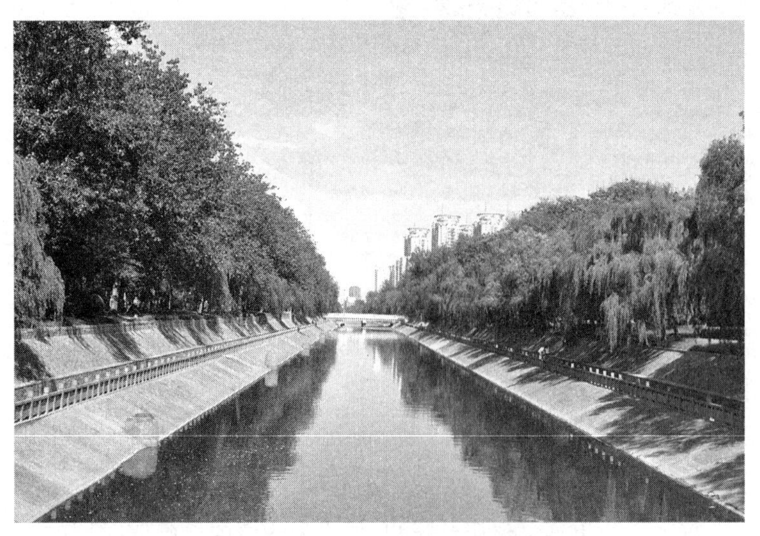

郑州金水河

四、运河渠坝遗址

（一）清汴渠遗址

清汴渠，宋代开凿的运河。为洛河东通黄河、汴渠之水利工程。宋神宗元丰二年（1079 年），自今巩义市沙峪口外的任村沙口外，引洛河水东至河阴县瓦亭子（今荥阳市北邙乡秦王寨北黄河道中）入汴渠。此渠全长 51 公里。宋后黄河南移。渠道被黄河吞没，遂废。

（二）实颍渠遗址

实颍渠，又名白石渠，遗址位于新密市东南 18 公里大隗镇山头湾村北。在知县杨炳堃的支持下，由清代嵩山著名乡绅、监生杨万辉及亲戚出资修建。杨万辉把渠址选在今大隗乡山头湾村附近，并自卖地百亩，于清道光初年开始凿石开渠，并亲自督工指挥。因密县地处山区丘陵，沟壑坡岭，地形连绵起伏，在此修渠，开凿艰巨，工程浩大。从清道光五年（1825 年）开始施工，到道光二十年（1840 年）竣工，历时 15 年，终于梦想成真。新渠修成后，知县杨炳堃亲自命名为“实颍渠”，并订立了实颍渠规约。因渠首工程必须开凿白石岗，才能使清水流向山头湾以东的平原沃土，所以群众又称此渠为“白石渠”，后人称“密邑都江堰”。实颍渠全长 2 公里，断面深 1.2 米，底宽 1.5 米，口宽 1.8 米，纵坡 1/1000，引水流量为 0.5 立方米/秒，灌溉面积 700 余亩。该渠 1969～1977 年曾两次整修扩建，延长主干渠，现渠总长达 3498 米。并将中下段土渠改为石砌渠，沿渠建闸门 20 个，跨区路桥 6 座，跌水 5 处，可灌溉土地 1800 亩。实颍渠主渠道保存完好。

（三）神堤渠遗址

神堤渠中，古水渠名，遗址位于今巩义南河渡镇神堤村，为明永乐十六年（1418 年）所修。《读史方舆纪要》载：“神堤渠在巩县（指老城）北三里，中低而四周高，常横流为患，永乐十六年，县丞华胥开此渠而水患息。”即此。

（四）顺阳渠遗址

顺阳渠位于伊川县境内。《河南十二县境簿》云，九曲渎在河南巩县西，西至洛阳。傅畅《晋书》云，都水使者陈狼凿运渠，从洛口入注九曲渎，至东阳门，是为顺阳渠。

顺阳渠修建于明朝万历四年（1576 年），渠原长 4000 米，灌田 960 亩，建国初扩大为 1630 亩。1952 年至 1959 年，由国家和地方共同投资，曾先后四次对该渠整修扩建。干渠全长 23.3 公里，引水流量 2.3 立方米/秒。干渠上有主要建筑物 167 座。有斗渠 72 条，总长 84 公里，灌溉面积达 1.21 万亩。

（五）大有渠遗址

大有渠，又称丰乐塘，遗址位于登封石道、大金店一带。建于明万历三十六年（1608 年）傅梅任知县时开创。颍水自西而东，衡尽一邑之土，源可滥觞，流如衣带。田间引资灌溉者，实无几也。至大雨时行，山谷泛滥成灾，向之平陆，倏忽滔天，崩垄飘禾，害称不细。百姓一听水之所为，不知蓄泄之法，予一一教之，画亩授方，畚锸时举。当时，建渠以宣之，塘以遏之。名其渠曰大有，名其塘曰丰乐。现无存。

(六)大阳三渠遗址

大阳三渠遗址位于河南府南十里(今洛阳市)。旧分洛水以溉田。本一渠,后析为三:中曰中渠,北曰青渠,东曰莽渠,合名大阳。又漕口渠,在城东北。宋开宝九年(976年),幸西京,发卒自洛城市桥,凿渠至漕口35里,以便馈运。

(七)通津渠遗址

通津渠遗址位于洛阳城南3里。该渠隋大业元年(605年)引洛水开凿的,由洛阳定鼎门西的厚载门入城,东北流由定鼎门街向北,至端门南的天津桥附近流入洛河。《元和志》:隋大业初,分洛水西北,名千步碛渠,东北流入洛水。

(八)永安渠遗址

位于伊川县伊河西侧。据《嵩县志》载,该渠修于明洪武九年(1376年),从干河起到小元东止。长8公里,宽7尺。由伊川鸣皋人高二创开。建国前最多灌溉田地1500亩。1953年,对该渠进行了改建和配套,灌溉面积达3000亩。1955年至1959年两次扩建,发展水浇地4000亩。1960年后,新扩建两条干渠,长40公里,渠宽达4米,引水流量2立方米/秒,有涵洞、倒虹吸各5处,渡槽、桥、闸等建筑物130座。到1985年,该渠灌溉面积达1.17万亩。

(九)永昌渠遗址

永昌渠位于伊川县境内。该渠开创于明朝洪武年间,自青头崖到谢家庄,长15公里。清康熙十三年(1674年),嵩县邑令康基渊倡导重修,后因伊水暴涨,从杨楼冲断,分为上永昌渠和下永昌渠。现在的永昌渠主要指上永昌渠,下永昌渠又名“双义渠”。1914年伊川酒后人时君膏主持重修永昌渠。1917年,时君膏又主持续建东干渠。到1985年,该渠共包括总干渠、东干渠、中干渠和西干渠四部分。全灌溉区控制面积达1.05万亩。

(十)古洪渠遗址

位于伊川县境内。据清乾隆十年版的《洛阳县志》载:“古洪渠在洛阳县南60里府店村,由嵩县古城寨(今伊川县城关镇)东南引伊水北流,计长10里,灌溉农田43顷余,末流至董村入伊水。”中华人民共和国成立后,经历年扩修延长,干渠长20里,干渠上建有建筑物26座,灌溉农田2350亩。

(十一)永通古渠遗址

位于于伊川县境。据清光绪版的《嵩县志》记载:“永通古渠长三十里,明洪武年间莘店民开。”该渠原引水于鸣皋河滩,流经鸣皋乡的中溪和平等乡的马庄、莘营、四合头、马回、平等等村。干渠全长11公里,有建筑物34座,灌溉面积1442亩。

(十二)将军坝遗址

将军坝遗址位于郑州市花园口景区的中部,正对景区大门。因大溜顶冲久,淘刷蛰陷深,至今根石深达23.5米,为黄河之最。大坝建于清乾隆八年(1745年),坝体全部采用浆砌石块垒成,曾抗御过1958年的2.23万立方米/秒流量的洪水。大坝建成200多年来，始终昂首挺立，没有被冲毁过一次。新中国成立后，党和政府更是多次对大坝进行加固，使之成为黄河万里堤线中固而无双的坝头。

清嘉庆十三年（1808年）曾在此修建将军庙1座，将军坝也由此而得名。今将军庙已无存，但存有碑记。据原将军庙碑记载，河滨建庙，崇祀河神，所在多有，独九龙将军发祥事迹无稽考，然频年伏秋大汛屡显神威，通工为之利，赖记有之，能御大灾则祀之能捍。据考，九龙将军即陈九龙，清道光二十九年（1849年），初封为"显应九龙将军"，嗣后历同治、光绪二帝，又7次加封，至1884年，封号长达20字。

第十节　居住建筑

居住建筑，是指供人们日常居住生活使用的建筑物。包括：住宅、别墅、宿舍、公寓。人工建造的住房最早出现在新石器时代，进入氏族社会以后，随着生产力水平的提高，房屋建筑也开始出现。但各历史时期的居住建筑都是由生产力的水平决定的。居住建筑是以家庭为单位的住宅形式，要求保证居住的安全和私密性，平面布局多为对外封闭而向内开敞，这是影响居住建筑形制和设计的重要社会因素。古代居住建筑都是采用地方材料和手工建造，因此形成了因地而异的住宅构造类型。

嵩山地域的居住建筑主要分为名人故居和民居二部分。

一、历史名人故居

名人故居是指历史上在政治、经济、文化、教育、军事等方面做出突出贡献与成就而受到后人尊崇的人物居住过的建筑。名人故居是对名人精神与文化的继承和延续，也是社会生活的记录与承载者。嵩山地域在历史上名人辈出，多少帝王将相、英雄豪杰、伟人志士或生长于此，或活动其间，或创造出丰功伟绩，他们在嵩山历史上写下了不朽的篇章。后人为缅怀他们的历史业绩，将他们出生乡里、居住之所留存下来，以为纪念，并成为嵩山文化遗产的一个组成部分。在嵩山地域的名人故居中，黄帝故里、夏禹故里、老子故宅、康百万庄园、白居易故居、杜甫诞生窑、吕蒙正读书窑、司马光别墅等一大批享誉全国的名人故居，是非常难得的文化遗产，有着很高的历史价值和重要的现实意义。

明清期间，嵩山地域还有一些大的庄园建筑，大多为封建时代的达官显贵所为，曾经显赫一时。如今，随着朝代更替，岁月流逝，当年的达官显贵早已湮没于历史红尘之中，但从他们遗留的院落及其住房中，仍能看到这些家族当年的风光，特别是从故居中遗存的院落及房屋里，可以寻找一个时代变迁中的历史人文风貌及发展轨迹。如康百万庄园、张祜庄园、刘镇华庄园、牛凤山庄园等就是这些名人故居中的代表。

（一）轩辕故里

全国重点文物保护单位。轩辕故里，又称新郑轩辕庙，位于新郑市老城北关。此处是一处岗地，俗传为轩辕丘，丘上有庙，创建年代不详。据《史记》记载，传说中的中华民族人文始祖黄帝为"少典之子，姓公孙，名曰轩辕"。汉代建有轩辕祠，后历代屡毁屡修。明代隆庆四年（1570年）修葺时，于祠前建"轩辕桥”。清康熙五十四年(1715年),新郑县知县许朝柱于祠前立“轩辕故里”碑1通。新中国成立前,仅有一组四合院建筑。20世纪80年代以后,新郑市人民政府对轩辕故里进行维修,沿袭原制,恢复了轩辕故里的山门、大殿以及东西配房。轩辕故里坐北面南,现存建筑为清式四合院,三进院落,总面积近4.3万平方米,有殿、厅、楼、坛、亭、台、丘、桥、牌坊和廊庑近200间。

◆山门

面阔3间(9.7米),进深1间(5.25米),硬山式黄色琉璃瓦剪边覆盖屋顶。条瓦垒脊,垂脊饰鸟兽点缀,墙身灰砖砌成,抬梁式木架结构。正面辟板门圆窗,次间各辟一圆形格窗。门额上悬横匾书“轩辕故里”。

◆大门

两侧各建配房3间。院内有台,台正后是大殿。

◆大殿

面阔5间,连厦宽15米,进深3间计7米。硬山黄色琉璃瓦剪边顶,抬梁式木构架。大殿内塑有一尊高3米的黄帝坐像,墙壁彩画古朴肃穆。

轩辕故里

◆东西厢房

抱厦3间,进深1间,墙身和屋顶与大殿结构相同,前出廊,单檐硬山式建筑,灰筒瓦顶。前面板门方窗,东厢房内,塑元妃坐像1尊,高1.5米,西厢房塑有嫫母像。

大殿前甬道上设拜台、方鼎香炉,供人祭祀。有清代碑刻数通,嵌于东、西配殿南山墙头外。

◆石牌坊

黄帝故里入口第一座石牌坊为5间6柱。第二座石牌坊,高6米,宽10米,为3间4柱。

◆砖拱桥

位于第二座石牌坊北去50米的姬水河上,建于明代隆庆四年(1570年)。圆拱券,3伏3券,桥宽5.55米,撒高1.9米,跨2.28米。东西两面券上各立明代石刻题记,东券上刻有“轩辕桥”3字,西刻“明隆庆四年,许州砖户王仲”。桥北40米即轩辕祠。

◆鼎坛

位于轩辕祠前。总面积2500平方米,通高6.99米。重80吨的铜质“中华宝鼎”,屹立在鼎坛中央,鼎坛四角的小铜鼎,衬托出宝鼎的高大形象。

◆长廊

鼎坛的左右两翼建有92间长廊,在廊柱或梁枋上镌刻着省内外百位书法家的作品。

◆轩辕丘

位于鼎坛后50米处。轩辕丘高19米,直径100米。丘下为下沉式“轩辕黄帝纪念馆”。建筑面积4000平方米,面阔60米,进深65米,为二层楼式。馆前馆内各设立一尊黄帝塑像,高5.99米,寓九五之尊之意。

新郑轩辕故里是全国唯一保存有明代以前实物的黄帝故里，是海内外炎黄子孙寻根拜祖的圣地，在国内外具有重大影响。

(二)颍考叔宅

颍考叔宅位于登封老城西门外100米处，原有“颍考叔故里”石碑一方。宅早废，碑不知去向。颍考叔(？～前712年)，春秋时郑国(都于新郑)大夫，嵩山历史文化名人，因劝说“郑庄公与母相见，和好如初”赢得一个纯孝的美名，被誉为纯孝伯。

(三)夏禹故宅

夏禹故宅位于登封市城西左庄一带。史书记载，大禹的父亲叫鲧，五帝时代，曾被帝喾高辛氏封于崇山(即嵩山)之阳，地在今登封市一带，其封地方圆百里，称崇侯或崇伯。崇伯鲧娶有辛氏名(今开封东一带的诸侯国)之女，名叫修己，也叫女志，生禹于高密石纽屯。高密即今嵩山的古称，石纽屯就在今登封市城西左庄一带。

(四)老子故宅

老子故宅位于河南省洛阳市瀍河回族区东通巷北头西侧，今洛阳市第二十四中学校院内。东临孔子庙(即瀍东书院旧址)，西傍瀍河。老子，字伯阳，谥号聃，又称李耳。我国古代伟大的哲学家和思想家、道家学派创始人，被唐朝帝王追认为李姓始祖。老子故宅由西向东，与孔子庙、三灵侯庙(俗称“葛唐周”)并行，均坐北向南，一字排开。三灵侯庙大门，正对东通巷，从三灵侯庙大门西行，有一小巷可通老子故宅大门，老子故宅大门坐西向东，门上有两条石刻雕龙，额题“老子故宅”4个大字。进大门北折，坐北向南有一间佛殿，内塑观音菩萨像一尊。菩萨像前有一乌金佛像，在民国十六年(1927年)时，被人盗去。佛殿后砌有院墙，中开二门，与后院老子故宅相通，进二门，坐东向西有东厢房5间。通过院中甬道，过东厢房，可达坐北向南的大殿，内塑有老子像一尊。2005年3月，在洛阳第二十四中学家属院南院一处民宅废旧的墙体内，发现保存有“孔子西向问礼行车地”碑和“老子故宅”砖雕。石碑为圆顶，长约1.46米，宽约0.33米，厚约0.11米。保存较好。

(五)列子故里

原列子祠堂位于郑州市管城区圃田村北0.5公里处，东与潮河为邻。列子，又名圄寇、圄寇、列御寇，先秦思想家，战国时期道家代表人物，比孔子晚七八年，比庄子早近百年，东周列国时期郑国圃田(今郑州管城区圃田乡圃田村)人。

列子是老子和庄子之外的又一位道家思想代表人物。终生致力于道德学问，曾师从关尹子、壶丘子、

郑州列子故宅

老商氏、支伯高子等。隐居郑国四十年,不求名利,清静修道。主张循名责实,无为而治。

(六)吕不韦故里

吕不韦故里位于禹州市小吕乡大吕村(古阳翟)。吕不韦(约前292~约前235年),杰出的大商巨富、思想家、政治家、秦国丞相,号称"仲父"战国末年卫国濮阳人。原籍(禹州市)人。吕不韦是阳翟的大商人,他往来各地,以低价买进,高价卖出,所以积累起千金的家产。吕不韦在赵都邯郸见入质于赵的秦公子子楚(即异人),认为"奇货可居",遂予重金资助,并游说秦太子安国君宠姬华阳夫人,立子楚为嫡嗣。后子楚与吕不韦逃归秦国。安国君继立为孝文王,子楚遂为太子。次年,子楚即位(即庄襄王),任吕不韦为丞相,封为文信侯,食河南洛阳10万户。庄襄王卒,年幼的太子政立为王,尊吕不韦为相国,号称"仲父"。门下有食客3000人,家僮万人。命食客编著《吕氏春秋》,汇合了先秦各派学说,"兼儒墨,合名法",故史称"杂家"。执政时曾攻取周、赵、卫的土地,立三川、太原、东郡,对秦王政兼并六国的事业有重大贡献。后因叛乱事受牵连,被免除相国职务,出居河南封地。不久,秦王政复命其举家迁蜀,吕不韦恐诛,乃饮鸩而死。

(七)鬼谷宅

鬼谷宅位于太室山南麓古阳城的观星台东北沟的东崖壁上,距沟底10余米处,土崖立陡,其上长满青草,后人修有小道,可攀缘而上。鬼谷宅,亦称鬼谷洞,现已坍塌。稍南近旁有孙膑洞,洞高2米,宽1米,深20多米。洞内两壁有凿窝,可置油灯,点燃后则可看清洞内情况。《说嵩》云:鬼谷子,姓王名诩,战国时纵横家、军事家、阴阳家,自幼入太室山拜华元真人为师,后入云梦山采药得道。鬼谷子鹤发童颜,相貌甚奇。他后在阳城山下讲学,相传道家茅濛即是他的学生。《神仙传》载:苏秦、张仪曾问道于此,三年后辞去。

鬼谷叹曰:"二子轻之永寿,贵一旦之浮荣,惜哉!"孙膑、庞涓也曾向他求教,之后出仕齐、魏,成为一代军事大家。

(八)杜甫诞生窑

河南省重点文物保护单位。杜甫诞生窑位于嵩山之阴的巩义市城东北10余公里的站街镇南瑶湾村。杜甫诞生窑,又称杜甫故里。院落北依笔架山,面临东泗河。形似笔架的笔架山,传说是杜甫放笔的地方。峰后台地有洼形大坑,形似古砚,传为杜甫磨墨用的砚池。故里原有杜甫祠堂,始建年代未详,清雍正五年(1727年)河南府尹张汉重修并立"诗圣故里碑"一通,清乾隆、同治及民国年间又多次立石。

杜甫诞生窑

杜甫(712~770年),盛唐时期伟大的现实主义诗人。字子美,自号少陵野老,世称"杜工部""杜老"

“杜少陵”等。巩县(今巩义市)人。杜甫曾祖杜依艺任巩县县令时,举家由襄阳(今属湖北)迁居巩县,杜甫即诞生于此,并在此度过了少年时代。

杜甫诞生窑坐东向西,现有宅院长约20米,宽约10米,小青瓦门楼,门坐北朝南。院内有东西向临街房3间,硬山式灰瓦屋顶,门边悬郭沫若书“杜甫故里纪念馆”竖匾。室内陈列杜甫诗集珍本和各种文版著作,以及后人对杜甫诗的配画等。馆内还有灵泉井、纪念亭、书画石刻、诗歌艺术石刻以及杜甫世袭表、行迹图、各地遗迹等展品。东侧有房两间,北侧有一孔窑洞,门额悬郭沫若书“杜甫诞生窑”匾额,洞口为砖砌墙壁,洞高3米,宽2米,深20米,前7米为明代砖券,后13米系1995年仿明代砖券重修。院内西墙上嵌清代碑1通,楷书“唐杜工部讳甫位”,于1963年初迁此。门外墙上嵌清代张汉草书“诗圣故里”碑1通。故居大路口有碑楼一座,内立清代碑刻,正面楷书“唐工部杜甫故里”。碑楼北侧嵌清代石刻1方,为《唐工部杜文贞公碑记》。

(九)杜甫故居

杜甫故居位于嵩山西北麓的偃师市城关镇杜楼村。开元二十九年(741年),杜甫北游齐赵后回东都洛阳,居偃师杜楼村陆浑山下,称“陆浑庄”“土娄庄”、“尸乡土室”。此外,杜楼村北为杜氏祖茔所在地,杜甫先祖晋当阳侯、著名将领、学者杜预以及其祖父等均葬于此。“土娄”落成之日,杜甫曾作《祭当阳君文》,昭告先祖。杜甫曾在“土娄”娶司马少卿杨怡之女,并与李白相会。今杜楼村名即由“土娄”演化而来。

(十)玄奘故居

河南省重点文物保护单位。玄奘故居位于嵩山之阴的偃师市缑氏镇东北约1公里处的陈河村西头。这里有一条河谷,俗称凤凰谷。原有清澈的河水穿谷而过,河谷东岸有村庄名陈河,即驰名中外的玄奘故居。玄奘(602~664年),名陈祎,洛州缑氏县(今洛阳市偃师市缑氏镇陈河村)人。唐代著名三藏法师,僧人,佛教学者、旅行家、翻译家。与鸠摩罗什、真谛并称为中国佛教三大翻译家,唯识宗的创始者之一。

玄奘故居

玄奘故居坐北朝南,大体为一南北长方形院落,分前后两院,由前向后,依自然地势,渐次升高。前院建筑分为东厢房、西厢房和厅堂。东厢房为玄奘兄嫂住室,塑有玄奘兄嫂像,陈设古色古香的生活用具。西厢房为玄奘业绩陈列室,有玄奘主持翻译的全部佛经,有译为世界5种文字的《大唐西域记》各种版本,有极为珍贵的玄奘墨迹等。厅堂现辟为玄奘及弟子纪念堂,纪念堂正中为玄奘晚年译经塑像,高2.3米。像前的译案上,放置焚文佛经、译文手稿等。左为高足弟子窥基、圆测,右为高足弟子彦悰、道昭。后院建筑有厢房、后堂等。东厢房为玄奘母亲宋氏居室，也是玄奘诞生之处。后堂为玄奘祖父母起居室。故居后墙即借用陈河村古寨子墙。

玄奘故居正南有陈家花园，占地面积约1公顷，相传园内有颂经斋、慈恩榭、放生池、曲廊、桥亭等。

西原墓地位于玄奘故居西南的陈河村南800米处，为玄奘父母的合葬墓地。

除上述遗迹、景点外，在玄奘故里，还保留有玄奘当年饮水用过的陈家井、诵经斋、凤凰台、凤凰咀、马蹄泉、凉经台等遗迹、遗物。

（十一）元丹丘故居

元丹丘故居位于少室山之西的登封市颍阳镇东北，亦称颍阳山居、元丹丘涧，是唐朝著名高道元丹丘的隐居之处。元丹丘，是曾长期在嵩山修炼的道人。李白和元丹丘可谓知己。李白在嵩山寻仙访道期间，曾拜访元丹丘在嵩山的居处，看了故人新卜的别业和他的隐居生活，心里非常羡慕，真想和他一起寄情山林。在李白赠给元丹丘的诗中，于是接连写了几首诗送给元丹丘。李白在《题元丹丘颍阳山居》序中写道："丹丘家于颍阳，新卜别业，其地北倚马岭，连峰嵩丘。南瞻鹿台，极目汝海。云崖映郁，有佳致焉。"而在另一首诗《题嵩山逸人元丹丘山居》的序中则写道："白久在庐霍，元公近游嵩山，故交深情。出处之间，岩信频及，许为主人，欣然适会本意，当冀长住不返，欲便举家就之，兼书共游，因有此赠。"

（十二）李渤隐居处

李渤隐居处位于少室山大仙峡。李渤，唐朝隐士。李渤以右拾遗召，上书不拜。对此，韩愈寄卢仝诗云："少室山人索价高，两以谏官征不起。"后人于其居建祠祭祀。《唐书·李渤传》载：先隐庐山，后徙少室。元和初，以李巽、韦况荐，诏为拾遗。渤上书谢，不拜。洛阳令韩愈遗书劝令应征。渤心善其言，始出家东都。生平多所建白，以病归洛。

（十三）白居易故居

白居易故居

白居易故居位于洛阳市区东南安乐镇狮子桥村东北，唐代称履道里。履道里及白氏宅园的位置在其《池上篇》的序中有详细记载："都城风土水木之胜在东南偏，东南之胜在履道里，里之胜，在西北隅。西闬北垣第一第，即白氏叟乐天退老之地。"白居易故居占地17亩，是白居易告病归隐洛阳后建造的私人宅院。履道里附近李楼乡白碛村尚有白居易五十几代后人，并存有白居易六代孙白慕圣在履道里始修的《白氏家谱》（据说该家谱已于1983

年由中国旅游出版社正式出版)。

白居易一生从政,是继李白、杜甫之后最杰出的现实主义诗人,主张写文作诗都要反映社会现实,主张“文章合为时而著,歌诗合为时而作”。擅长写讽喻诗和长篇叙事诗。在艺术上具有通俗易懂,形象生动,纯朴自然的独特风格。其诗作自然流畅,抨击黑暗政治,反映人民疾苦,表现出对人民的深刻同情。代表作有《秦中吟》《长恨歌》《卖炭翁》《新丰折臂翁》《琵琶行》等。著有《白氏长庆集》,诗作流传下来的有3000首,数量之多,在唐代诗人中首屈一指。白居易作品在当时便已远播日本、韩国,尤其是对日本文坛产生了巨大影响。

白居易故居原为唐朝散骑常侍杨凭旧宅,位于原唐东都洛阳城内东南角。长庆四年(824年)秋,白居易任太子中庶子分司东都时,于履道里姓田的手里购得此宅。据《白氏长庆集·池上篇序》载,白居易当时在洛阳履道里的故居,宅大17亩,有屋宇、池塘、岛屿、树木等,茂林修竹,桥巧径曲,景色优美,幽雅宜人。白居易在此写了脍炙人口的诗作千余篇。

(十四)李德裕平泉庄

李德裕平泉庄是李德裕的别墅,位于洛阳龙门西山以南的梁家屯村。李德裕(787~850年),唐朝文宗、武宗时宰相,诗人。平泉庄山峦环抱,林木掩映,泉溪萦回,平湖如镜。原属乔处士故居,李德裕买得后加以修筑。在入仕之前,李德裕尝讲学其中。平泉庄规模居大,方圆十余里,内筑亭台楼百余处,遍植奇花异草,广集珍木怪石。据《贾氏谈录》载:“平泉庄周围十里,构筑台榭百余所。”有瀑泉亭、双碧潭、垂钓台、丛竹曲径、醒酒石等景点。整个庄园水流潺潺,花草葱茏,树石幽奇,鸣鸟相戏。如果旭日东升之时游览此处,会看到整个山庄云霞缥缈,如临仙境。因此,后人将“平泉朝游”列为“洛阳八大景”之一。

诗人白居易常和他在此饮酒酬唱,如“洛宾最闲唯有我,一年四季到平泉”等。李德裕在此写有《平泉山居草木记》《思平泉树石杂咏一十首》《思山居十一首》等诸多诗文。此园宋时犹存,今仍有胜迹可觅。

(十五)田游岩宅

田游岩(约670前后在世),唐朝著名嵩山隐士、高道。京兆三原(今陕西三原)人。永徽时(653年前后),补太学生。罢归,遍游山水。后入嵩山。

田游岩宅在嵩山有两处:

其一,位于太室山南麓的逍遥谷口。今谷口左右有高岭,中有小溪,清泉白石之间,坂上犹存石臼,传说是田游岩居住的地方。《说嵩》载:唐高宗营造奉天宫时,隐士田游岩宅在奉天宫左。高宗下诏勿毁,并御书其榜于门,曰“隐士田游岩宅”。高宗幸其第,存问其母。游岩野服出拜。

其二,位于嵩山南麓的箕山上。原本田游岩与潘师正为邻,高宗为潘师正建隆唐观,立精思院,而隐士旧居仅免于毁。游岩自认为高宗不一视同仁,便到箕山许由庙旁筑室而居,自号曰“由东邻”。位于箕山上的田游岩宅,据说,与许由庙相邻。

(十六)裴度故居

午桥庄是唐代后期政治家裴度的别墅,其故居遗址位于洛阳东南的伊河南边,一说在洛阳西南的甘水河边。裴度(765~839年),唐朝名相。字中立,其父裴溆,曾任河南府渑池县丞。裴度在宪宗、穆宗、敬宗、文宗四朝，出将入相，身系国家之安危达20年。唐文宗太和末年，宦官当权，奸邪满朝，年迈多病的裴度处境险恶，于是上书“恳辞机务”。太和八年(834年)，裴度受命“判东都尚书省事，充东都留守”，到东都洛阳任职。《旧唐书·裴度传》载：“裴度于午桥创别墅，花木万株；中起凉台暑馆，名曰‘绿野堂’。引甘水贯其中，酾引脉分，映带左右。度视事之隙，与诗人白居易、刘禹锡酣宴终日，高歌放言，以诗酒琴书自乐，当时名士，皆从之游。”至宋代，张齐贤罢相归洛，购得裴度的午桥庄故园，加以修缮。此后，常有名士游于此。洛阳诗人陈与义曾游历于此。北宋灭亡后，他到达江南，作有《临江仙·夜登小楼记洛中旧游》忆其事曰：“忆昔午桥桥上饮，坐中多是豪英，长沟流月去无声。杏花疏影里，吹笛天天明。”后人将“午桥碧草”列为洛阳“八小景”之一。

(十七)吕蒙正读书窑

吕蒙正读书窑，亦称吕蒙正故居，位于嵩山西北麓的偃师市城西南的佃庄乡相公庄村东北田野里。吕蒙正(944～1011年)，在太宗、真宗两朝，曾三次任相，填封莱国公，与宋初开国元老赵普齐名。洛阳人，吕蒙正其父吕龟图为起居郎，因多有姬妾，与妻子刘氏不和，将刘氏和年幼的蒙正一并赶出洛阳。母子到城东一小村居住，原名坞流村，后因吕蒙正官居宰相，才易名相公庄。当时，吕蒙正和母亲住在村头一个破砖瓦窑里，母亲纺棉卖钱，蒙正刻苦攻读，在破窑里度过了十几个春秋，终于一举成名，成为北宋开国后实行科举考试的头名状元。后来，人们就把这座砖瓦窑叫做“吕蒙正读书窑”。

吕蒙正读书窑3米有余，窑内有一石碑，上刻吕蒙正身着朝服的彩身站像，十分逼真。窑前另有3块石碑。窑门向东开，距窑门2米左右，有后代为其修建的一座小庙，内有吕蒙正和两个仆人的塑像。清末，光绪皇帝慈禧太后祭拜嵩山时，光绪皇帝曾赠匾一块，上书“立朝端介”4字；慈禧太后也赠匾一块，上书“冗直懿徽”，并有“慈禧皇太后御笔之宝”的印玺，均悬挂于庙内。抗战时期，四川人吕超(国民党师长)和当地地痞相互勾结，将两块匾盗走。

吕蒙正读书窑的窑顶已塌，而且由于年代久远和伊河涨水，窑身周围已被淤土掩埋，读书窑正中地势低洼，现有积水。吕蒙正画像碑只露碑帽。窑前另有3通石碑，也已淤埋过半。读书窑前的小庙近年已修葺，原来的残墙断壁和残破不全的吕蒙正坐像也得以修复。

(十八)蔡齐故居

巩义蔡齐故居

蔡齐故居位于嵩山之阴的巩义市城西南70公里的芝田镇蔡庄村第十七村民组。此建筑坐北向南，砖木结构，始建于北宋，占地面积8000平方米，有前院、门楼、中堂、厢房、后院、后楼等设施。前院墙上有多通石碑，其中一通刻有“蔡状元故里”，高门楼上的匾额为“呼吸通天”，石雕生动逼真，尤其门楼西侧的房屋四脚下压有四只似龟非龟的石雕动物，在中原地区十分罕见。

蔡齐(988～1039年)，北宋名

臣。字子恩，巩义市芝田镇蔡庄村人，宋真宗大中祥八年（1015 年）乙卯科状元。蔡齐故居始建于北宋，后几经改造更新用途，曾被用于学校、庙宇等，后院在明朝被改造成三官庙。因年久失修，已有部分建筑倒塌损毁，虽经重建和维修，但已难见北宋状元的故居面貌了。

另外，在蔡齐故居后院的东南一角处，有石质骑路牌坊，亦称文魁坊，为明万历年间丁酉科（1597 年）选贡、庚子（1700 年）御赐进士赵景星所建。石坊为青石雕琢，造型雄伟，豪放洒脱，为我国石刻艺术中的精品。

（十九）司马光别墅

司马光别墅，又称温公山庄。位于太室山南麓嵩阳书院东邻的叠石溪上。司马光（1019 ~ 1086 年），北宋政治家、史学家、文学家。司马光曾作有《新买叠石溪山庄再用前韵招景仁》一诗，具体写了新宅的环境和当时的心情："一溪清水佩声寒，两岸莓苔锦绣斑。三径谁来卜邻舍，千峰我已作家山。鹿裘藜杖偏宜老，紫陌红尘不称闲。早挈琴书远相就，放歌烂醉白云间。"宋人邵尧夫曾与司马光游嵩山时，也在此停留唱咏，有诗曰："石下泉声蔓草深，石上露浓苍苔遍。山鸟惊起飞且鸣，叶坠空林人不见。"可知此溪之胜，在石而不在水。大石磅礴，形若迎送，层层叠上，石下流水有声，为嵩山一处秀美佳境。今别墅已不存在。

（二十）司马光独乐园

司马光独乐园位于偃师市城西诸葛乡司马街。司马光（1019 ~ 1086 年），字君实，号迂夫，世称涑水先生。陕州夏县（今山西夏县）涑水乡人。北宋政治家、文学家、史学家。历仕仁宗、英宗、神宗、哲宗四朝，卒赠太师、温国公，谥文正。他主持编纂了中国历史上第一部编年体通史《资治通鉴》，其人格堪称儒学教化下的典范，历来受人景仰。

司马街小学教室内东壁上嵌有 1 通石碑，题为《重修关帝庙并金装神像碑记》，碑载："今洛阳城东南常安村，乃司马温公独乐园故址也。而壮缪夫子之庙实居其右，万安山峙其南，伊水绕其北，西望龙门，东瞻嵩少……"以往各种史书都说到司马光退居洛阳后筑独乐园，并在那里撰写有历史巨著《资治通鉴》，但独乐园究竟在何处？这通石碑和当地群众传说为此提供了依据。据访问当地群众说，司马街即司马光独乐园旧址，具体地点在今小学校址左侧，新中国成立初期，尚有司马光塑像。该村，原名温公里，又名古建村、常安村，这和上述碑记载完全吻合。

（二十一）许衡故居

许衡故居位于新郑市辛店镇许岗村。许衡（1209 ~ 1281 年），字仲平，号鲁斋，元代杰出的理学家、教育家、天文历法学家。祖籍怀州河内（今河南省焦作市）人。其父避战乱，迁居嵩山新郑西辛店镇许岗村。据《元史・许衡传》等文献记载，许衡父母因避乱，渡河南逃至新郑阳缓里（今新郑市辛店镇许岗村）住了下来，许衡即于大安元年（1209 年）诞生于此。许衡 23 岁以前，一直居住在这里。后来人们为了纪念许衡，在这里修建了许衡祠堂。该祠堂始建于元大德八年（1304 年），历代都有修葺。许衡祠原来的建筑相当宏大壮观，祠前的戏楼、大门早已拆除，现仅剩二门、享殿和东西配房，以及红色的围墙。祠堂内存有清代乾隆、咸丰、道光年间先后刻立的石碑 7 通。现祠已废，村内仅存碑楼一座，内嵌雍正二年（1724 年）和清道光十六年（1836 年）所立的碑记，碑的正面刻有"许鲁斋故里"五个大字，碑楼上部嵌一刻有"元朝一人"四字横匾。新郑市城南大街文庙南隅，也有一处许衡祠，系明代建立，遗存的明、清重修碑各一通。

（二十二）明福王府

朱常洵，明神宗帝朱翊均第三子，是神宗宠妃郑贵妃于万历十四年（1586年）正月初五所生。15岁被封为福王，藩属洛阳。为营建洛阳府邸，神宗御批银38万两，并给福王十倍俸禄。福王府按皇宫建筑模式，大造宫室和楼台亭阁，小桥碧湖，并赐亿万计资财异宝，供其玩赏游乐，还赐良田四万倾，有河南、山东、湖北、广东田地。福王仍不满意，又奏皇上要已故大学士张居正之房财、田地。福王大婚用费30万两，轰动京城。由此可见朱常洵深得父皇喜爱。

明福王府位于洛阳市中州路北侧，至今仍保留着的一对明代石狮守卫着王府大门。据《两京城坊考》《河南府志》等资料记载，明万历二十九年（1601年），明神宗朱翊均封其子朱常洵为福王，并赐给福王十倍俸禄。洛阳福王府建设规模宏大，东至原县前街，西至十字街北，南至察院街，北至莲花寺，四周丈高围墙，建有内宫、外宫，并修建四座府门楼，南有正华门，西有西华门，东有东华门，北有望京门，占地2.3万平方米。

洛阳福王府建设其规模，东至原县前街，西至十字街北，南至察院街，北至莲花寺，四周丈高围墙，建有内宫、外宫，并修四座府门楼。南有正华门、西有西华门、东有东华门。北修望京门。其正大门在察院街（今东大街）大门正对府文庙后大门，与府文庙同一中轴线，都是南低北高，阶梯而上。大门筑5间，进深3间，歇山式建筑，府门外一对大石狮。大门正南建丈余二龙戏珠大型照壁墙。

福王府大门正对府文庙后大门，与府文庙同一中轴线，都是南低北高，阶梯而上。大门筑5间，进深3间，歇山式建筑，府门外有一对大石狮。大门正南建丈余二龙戏珠大型照壁墙。

外宫有仪门、圣谕牌坊、中正殿、皇恩殿及近百间厢廊房，东为驻守和马房、仓库及马王庙。东华门与西华门之间修宫内大道，以区分内外宫室。外宫后门前建有1丈余高、3丈余宽照壁墙，朝南二龙戏珠，面北上书“皇恩浩荡”。

内宫筑大门3间、外设1对石狮，门前一座大照壁墙，朝北上书皇帝万寿，朝南是二龙戏珠。内宫里，左右私宅，中间有客堂、书房，后筑文昌楼，东为练武场、土地庙。西为花园，园内筑人工湖，引莲花寺泉水入湖，湖岸筑亭台楼榭，假山奇石。

进入宏伟的大门，是一条连接大殿约15~20米宽的中心大道，其两侧为排水设施，在殿堂周围是配殿。明万历四十二年（1614年），朱常洵28岁时，福王才将全家迁移洛阳府居住。福王在洛阳府居住30多年间，持仗皇亲，霸占良田，专横跋扈，搜刮民财，奸淫烧杀，无恶不作，而民不聊生，天灾人祸，老百姓苦不可言。洛阳民间当时盛传，“皇帝耗天下以肥王，而洛阳福王富于皇上”之说。崇祯十四年（1641年），李自成率兵攻占洛阳，活捉朱常洵并将其处死，福王府也被一把火焚毁。清占领洛阳后，对福王府内宫进行修建，改为清河南府衙署。至民国，被民国洛阳政府占为府地，其间河南省政府二度在此办公。民国二十年（1931年），抗日战争时，福王府内宫，曾为国民政府驻地。1940年2月被日寇飞机炸毁。而今，福王府内宫外两只伤痕累累的大石狮和照壁墙还守在此地。

（二十三）明徽藩王府

明成化十三年（1477年），将明英宗朱祁镇第九子朱见沛封至钧州（禹州）做徽王，到明成化十七年（1481年）方才就藩。至明嘉靖二十九年（1550年）浦成王朱载[illegible]因罪裁撤。亲王不存后，郡王和支属郡王一直延续到明崇祯十四年（1641年）李自成攻禹，当时尚存17个郡王。徽藩在禹州存在达175

年，前后历经七代王爷，共封亲王四代，郡王和支属郡王数十。

按照惯例，凡始封亲王，即建府第。所以诸王在禹州都建有恢弘华丽的王府，被人称为紫禁城。钧州王府始建于明成化十六年（1480年），自此之后的数十年间，各王争相营府造第，建阁筑园。清康熙《禹州志》范昆作序曰："前代藩封之地，渐于闾里。"而王府所在的禹州周长十几里的城郭，虽比不上开封周王王城，却超越洛阳河南府城、南阳、卫辉、汝宁等明封藩亲王"紫禁城"之形制，仅稍次于彰德、怀庆二王城。但至明朝崇祯十四年（1641年），李自成义军攻开钧州城，次年再次攻开，"焚掠三月始去"（禹州旧志语），城郭及诸王府第遭到了毁灭性的破坏。

1. 徽庄王府

徽庄王朱见沛系明英宗皇帝朱祁镇第九子，于成化十七年（1481年）就藩钧州前，少监孙少甫即"奉玺书"为其督建王府宫阙。有关选址，清乾隆《禹州志》载："徽王故宫在城中微近东偏。"长春观方外士《马浚愚小传》刊石称："是王宫在今长春观东。"

长春观是久负盛我的道观。始建朝代无考，元代至正三年（1343年）道士苏德元重修。在建筑布局呈现出王宫、道观杂处，王府、寺庙毗邻的特殊格局。徐永长《重修三清殿记》："正德庚午年（1510年）徽王以长春观迩在端礼门之右，于三清殿后建玉皇殿五楹。"除此，又于徽王府毗邻（东南隅）大兴土木，建成规模恢弘的钧州广通寺。椐明徽府左长史张纬所撰《无尽和尚碑》曰："弘治九年（1496年），钧州广通寺僧奉徽王命旨，诣觇山，礼请师赴寺，规范缁徒，光扬佛化……有太和府随侍官韩公铭中、贵中之见义勇为者也。礼师极意慕道，精严日参、月叩……。"清代辽阳刘光祺的诗《徽王故宫》有如下描述："故宫昔日竞繁华，碧瓦朱甍帝子家"；"鸳鸯合住黄金殿，行游或在鞦韆院。日暮声歌绕画梁，夜深宛转摇金钿。"由此可以想见徽王宫雕梁画栋、殿宇错落的豪华气势和御苑台榭等游乐设施一应俱全的规模。后因徽藩第四代亲王（即原浦城王）朱载埨抢占民女，强霸民产，被人告发，畏罪自杀。无比豪华的徽王府"转瞬豪奢一旦倾，可怜台榭荆榛圮。"明嘉靖三十九年（1560年），知州邱峦撤藩故宫幸存殿宇，"用其材重修明伦堂、仪门、大门及其他建筑。

2. 太和王府

明正德元年（1506年）徽庄王朱见沛病故，其子太和王、建德王、景宁王、阳城王、遂昌王五王各建府第，但唯独太和王府有些许文字记载。明嘉靖《钧州志·钧徭银》载：徽府太和府民厨银一十二两。而无显其他王府。由此推理，当时太和王府是一个很重要的王府。禹州旧志记载，太和王故邸位于奎楼东（今城内黉学广场东）。又云："王性喜稼穑，厌城市嚣尘"，在城西20里和城东北约25里处建有两处别墅，城西别墅中因其有楼，故后遂名其地为"太和府楼"。具体规模、建筑形式与布局，疏于文字记载，加上明末崇祯十四年至十五年（1641至1642年）两年的陷城焚掠，该王府状况如何更成难解之谜。

清顺治十三年（1656年），分巡大梁道沈荃莅禹，回陋就简以劫后太和王府为道署，并着意择"鲁殿灵光"殿宇，亲书"仙棠书屋"。因旧王府内幸存海棠树一株，高15米之多，大数围，平台、方沼"皆荫其下"，故名。沈荃"暇则延士子课艺、诵文，手评、面诲。或与诸文士宴集名流为文字交。"沈荃在禹州七载，于清康熙元年（1662年）丁忧归去。

沈荃去职后，分巡大梁道署机构被清廷裁撤。诗人汪介在《赋忆花诗》末句咏大梁道署曰："回首沉沉空院里，花开花落总凄凉。"

3. 怀庆王府

怀庆王朱载埿徽恭王第七子，明万历元年（1573 年）卒，谥庄惠。有百子。袭爵者不足 15 人。其余因俸不济，弃于民间，近似乞丐。

怀庆王府初建于禹州城东南隅，距徽庄王故宫不远处，右侧为其后新建仓，左掖吏目署。明成化年间（1465—1487 年）移建城西北隅。清初改为禹州衙，民国为禹县政府。中华人民共和国成立后，先后为禹县人民政府、县人委办公场所，今为市人民武装部。

怀庆王府当年恢弘状况，已不可考，唯府内有一白云楼，很知名，其形制可从流传下来的《白云楼歌》中窥其一斑。诗曰：

白云楼，高接天，雕甍玉柱相勾连。上看挟飞鸟，漠漠翔云烟。下看垂溜悬飞泉，凭栏欲数城外山。卧听颍水潺潺，郡王夙昔居其间。

启祯之际藩府稠，郡王十七留禹州，当时各请建飞楼。敕地命名巨细分，博文为最次白云。白云者为怀庆君，仙人楼居飨王孙，嶒嵫金碧日月昏。钧天之乐歌管翻，青娥紫袍抱瑟弹。迥若细雨吹云间，听者若寐欲寤难。……

明崇祯十四年（1641 年）、十五年（1642 年），李自成率军连克钧州，在“焚掠三月中”，白云楼遭到严重破坏：“一从流寇乱中州，万瓦千楹总陵谷。”

清朝初年，怀庆王府为禹州州衙，《白云楼歌》曰：

辟楼植瓦作州署，重凿青天入云住。

山头日出扬曙光，风里扬花落飞絮。使君拾扬花，饮我楼外亭。

通池引曲溜，激激楼前鸣。持觞一望楼头絮，几欲登楼百感生。

4. 德平王府

德平王府位居禹州怀庆王府右前侧，约今人武部前街西侧。德平王在诸多郡王之中，较为崇德尚文。在建造王府过程中，特意督建高楼一幢，广置图书，会文交友。禹州旧志载：“此楼广数亩，上下百余间。”德平王建成此楼后，皇帝亲赐题额“博文楼”。此楼在《白云楼歌》中提及到：“敕地命名巨细分，博文为最次白云。”白云楼已是“高接天”，“凭栏欲数城外山”，但还次于博文楼，可以想象博文楼巍巍壮观的程度。禹州旧志载：“不数年，闯贼至，攻城，城陷，荥阳王拔佩剑呼酒饮三大爵，乃自刎。诸王皆被虏。德平王独不屈，于是尽杀诸王子弟，几无噍类。”德平王府遭焚毁尤甚。民国《禹县志》载：“清初，博文楼尚存。”

5. 浦成王府

浦成王朱载𪻐即封在钧州的第三世亲王朱厚爝（谥号“恭”，后世称徽恭王）之子。于明嘉靖二十九年（1550 年）袭亲王位。其府第仅指在钧州城内，位于禹州城北墙内，今禹州一高东北侧。

朱载𪻐，荒淫暴虐，被明廷降旨废为庶人，并畏罪自杀。原来，朱载𪻐嗣位后，效仿其父恭王朱厚爝做法，益以奉道，自媚于帝。帝“封载伦清徽翊教辅化忠孝真人，复于金印。”朱载𪻐以为与皇帝亲近，肆无忌惮，在建造王府中极主奢化。禹州旧志载：朱载𪻐“大肆于其国（指钧州言）日嗾护卫卒搜罗，士民有美田园及木石异者，辄为国中固有。又架飞枧（输水之竹管子）数百丈，自城北女墙上连府中后苑，命伶人为械激水入枧，输后苑（古时养禽兽植花木的地方）沼池内。”尽管王府缺少文字记载，也可使人联想其“朱邸崇楼，连云充闾”之气势。明嘉靖三十五年(1556 年)朱载垿因其强抢民女、霸占田产而民怨沸腾，遭“巡抚潘恩与按臣共劾之。”帝怒降罪。

朱载垿登楼望龙亭后之“红板舆”(指浦城王自己乘坐的豪华车辇)，叹曰：“吾不能自明，徒生奚为”，遂与妃子50余人自缢。其子安阳王翊锜、万善王翊钫革爵及未封子女皆迁开封，“听周王槠约束”。徽藩废，府员护卫并裁。禹州旧志载：“及知州邱嶅修学，皆取材于刻第，而亦旋毁。”此言是指此后明崇祯十四年(1641 年)、十五年(1642 年)李自成克钧州焚掠浩劫中，浦城王府已“旋毁废第”，夷为平地。

(二十四)马文升故居

马文升，明代重臣，历任兵部尚书、吏部尚书、太子少保、特加光禄大夫柱国，少保兼太子太保等职。卒后赠特进光禄大夫、太傅。因辅佐过五位皇帝，称“五朝元老”。

马文升故居位于禹州市，北起老煤市口，西至白衣堂街，东至仁义巷，宅区面积约50亩左右。明正德六年(1511 年)，河北霸州赵鐩率部围钧州时，以“内有马文升府第”为由，赵鐩撤围 而去。至崇祯十四年(1641 年)、崇祯十五年(1642 年)李自成两破禹州城及崇祯十六年(1643 年)的“武刚屠城”，“杀人为粮，析屋充薪”，三次焚掠洗劫，马文升宅舍同各王府一样遭到严重破坏，甚至“几夷平地”。唯独一幢名曰“达尊堂”的高大建筑尚存，它与文庙之“大成殿”东西并峙。

明正德元年(1506 年)，马文升获准隐退。马文升选定三峰之阴建造观耜园，作为别墅，安度晚年。观耜园坐北面南，并列三重五进四合院。门前石狮一对，左右各立石坊一座。前宅正厅面阔5间，进深10米，前廊硬山式，是旧式锁状，廊柱支撑前檐，木隔扇木窗棂，正门上方悬“盛德堪型”木匾。大厅内屏风上悬马公亲书的“明农堂”匾。廊庑对称各3间，进深5米。院中原有厅、堂、轩，兼以坛、坪、圃、池、台、榭，以桂、梅、竹、菊、松、柏。前厅、中楼、后花园，主体建筑结构严谨，层次分明，板筑墙垣，厚重坚固。清代，马文升后裔马时芳在明农堂后增建面阔5间的垂香楼。清嵩山文化名人耿介题有《观耜园》诗：

高士幽居竹一园，我来迷视荜为门。桃花夹岸春流水，问得仙家何处村。
别业参差野色斜，闲云门外掩手沙。古来几个陶元亮，但看青青竹舍家。

(二十五)万年清故居

万年清，清末禹州城东夏庄(今禹州郭连乡)人。行伍出身。咸丰末年(1861 年)，于山东因镇压太平天国升任总兵，擢莱州侯，后又升为登州侯。

万年清于山东济南和河南禹州广置产业，田连阡陌，积谷仓盈。故居位于禹州城内东大街马王庙西邻，修建于清同治壬戌年(1862 年)。该宅坐北面南，一门三进四合院，铁裹大门，加设铁制栅栏围护。前院配房为家仆居住，甬道所穿过的过厅，是会客之处。二院左右为客舍。进得过厅进入后宅，是封闭式宅院。主房及前左右均为一明两暗的二层楼房。墙垣森严壁垒，给人以“宦门深深”之感。

(二十六)蔡家故居

蔡家故居位于禹州陈家坊路南(准提庵西路南)。故居始建于清道光二十年(1840 年)，原计划规模宏大，后因故未能完全建成，有的已奠好宅基而中辍，而遗留下来的建筑和其中砖、石、木雕艺术则弥足珍贵。

蔡家故居宅前为面阔5间的临街房，其中间为门楼。建筑物上的雕刻有的庄重威严，有的非常灵巧。诸如木雕“狮子滚绣球”、“二龙戏珠”、“蝙蝠翩翩”等造型形象逼真；两侧砖角上的砖雕图案，集花卉、人物为一体，曲线流畅，栩栩如生。跨天井院的1.2丈进二门，主房3楹，明柱支撑，前檐突出。屋脊为透花砖雕，上立脊鱼、海马、水兽等装饰物。主房前壁全部为木雕隔扇门窗，或浮雕，或镂空。有的是龙凤呈祥，鸾凤和鸣，有的是牡丹盛开，奇葩争艳。木隔扇上除透棂花格外，多半雕刻有黄花吐蕊、红梅含秀、蕙兰溢香、绿竹滴翠，兼以鹿狮、麒麟、天马，其雕刻技艺真可谓是炉火纯青，引人入胜。若非建造搁置，难以想象许会有更多珍品留给今人。

（二十七）耿介故居

耿介故居古名“敬恕堂”，位于嵩山南麓、登封老城西南街。耿介（1622～1693年），清朝著名理学家、教育家、方志家，嵩山本土文化名人。耿介故居始建于清代初年。故居坐北面南，前有大门，门额有匾，后有面阔5间的硬山大屋。小青砖砌墙，灰色小瓦盖顶。进门有拜石。屋内原有陈设朴素规整。大屋两侧的东、西方，原有厢房各3间。大屋后边有3间小房。再后为花园。总面积1000平方米。新中国成立后，故居被登封县食品厂占用，厂方对内部房舍有所改建，花园也被群众建成房舍。1996年被列为登封市重点文物保护单位后，市文物保管单位对其进行了保护。

（二十八）陈日章故居

陈日章故居位于嵩山新密市白寨镇光武陈村。陈日章（1632～1689年），字子隐，新密市白寨镇光武陈人，清顺治癸卯科举人，曾任康熙老师。陈日章故居，亦称陈氏八大院，建于明朝前期。元顺帝时，有个京官叫陈遂，汉族人，因不满元朝的民族歧视政策和官场黑暗腐败，辞职出京来到嵩山密县白寨西摩旗山下定居。陈遂的孙子陈钦，因做小生意常到王家砦游乡，时间长了，陈钦和王家砦人熟悉了，就搬至王家砦定居。后来王家砦的王姓家族迁往别处，陈姓后代发展起来，又听说唐代以前此村叫光武陈，因此，就把王家砦改名为光武陈村。

陈遂的第六代孙陈仪（陈日章为陈仪的第六代孙），为明天顺年间武进士，被开封周王招为郡马（皇帝侄女女婿），叫周王仪宾。陈仪和周王女儿婚后未生育，陈仪又娶郑州张氏，生8男1女。长子帮定被招为中顺大夫内乡王女婿，叫内乡王仪宾。次子帮安，岁贡生，官居山东省主簿。三子帮宁，官居山西省甘州知州。四子帮实，留守卫千户。五子帮宧，庠生。六子帮宠，岁贡生，任山东省武城县令。七子是女儿。八子帮宾，庠生，武举后选千户缺。九子帮采，庠生，河南省祭官。陈仪的8个儿子个个显贵，在光武陈村盖了8处宅院，处处高楼大厦，富丽堂皇，俗称“八大院”，也叫“小汴京”。兄弟八大院自西向东依次排开，约有一华里，即今半公里。

陈氏八处院落均坐北向南，各有特色，又有许多相似之处，即都是四合院、高门楼，越向后院落越大，有二进、三进或四进。中间大厅高两层或三层，最下边一层中间是过厅，有丈余宽，可通前后院。四边房子有一层或两层，屋脊上安有五脊六兽（在明代，若家中无人吃皇粮，盖房子是不准安五脊六兽的）。每座府院门前都有按各自官职大小挂的匾额。八大院门是青砖铺成的两丈多宽的大街，直通庄南大门一公里的地方。

陈氏八大院建筑规模庞大，装饰豪华，周围还有众多的附属建筑。庄南0.5公里的出口处建有迎宾门，高3丈，宽5丈。门前有两尊大石狮子，威武雄壮，专门送迎从京城来的大小官员和皇亲国戚。西边有占地40亩的人工湖——境仙湖，湖中有境仙阁，湖水深丈余，清澈见底。境仙湖上建有一座拱桥,名为御王桥,共17孔,长200米,宽3米,高8米,湖中游船可穿桥孔而过,湖面四周绿树成荫。湖南边建有赏思桥,此桥有9孔,高4米,长80米,桥两端是两个八角凉亭,桥上两侧有栏杆,在桥上可一览无余地观赏湖中美景。再往湖南有占地40余亩的跑马场。跑马场东边有练武厅,共20间,长80米,宽10米,高6米,砖木结构,三面有墙,前面无墙,有20根圆柱撑起,内设休息室,供练武弟子累时休息。境仙湖北边是一座私塾院。这是个四合院,但比一般四合院大一倍,建于明成化年间,是供陈氏弟子读书学习的地方。仙境湖东边建有龙王庙和菩萨堂。湖东八大院南有座特殊建筑叫御宾楼,坐南向北,共48间,分上下三层,上层8间,中间16间,下层24间。每层前沿都有两米宽的前厦,由雕有花纹镶饰的圆木支撑。每扇门窗都刻有福、禄、鹤、寿图。御宾楼内设有24张八仙桌、96把太师椅,卧室内有象牙床、屏风、茶几、景德镇瓷瓶,专供皇亲国戚、文武官员、亲朋好友来此探亲访友下塌之用,也是中原大地较早的高级迎宾馆。

陈氏八大院西1.5公里的地方有条河,为郑汴河发源地。这里有两处涌泉。此处建有一座占地200多亩的大花园。花园大门朝东,从光武陈西口至花园有大路相通,四周有3米多高的围墙,内部分为四畦八方,正中间有座花厅,花厅四周各建有一个八角亭。花园内曲径通幽,直径贯通,全由青砖铺就。花园里全是名花异木,珍禽异鸟。花园下游1公里的地方,建有100多个鱼塘,鱼塘北边的河道栽有300多亩翠竹的"翠竹园"。八大院后还建有专门用于观景的占地面积2亩之多、楼高5层的"望景楼"和占地5亩、高达40米、共7层的"望京楼"。据说登上望京楼,可以看到开封龙亭屋脊。纵观八大院全景,这里真是风景如画,鸟语花香。

随着朝代更替,岁月流逝,陈家精心修建的豪宅只剩下残墙断壁。据史料记载,翠竹园一直保存到1974年平整土地时才被当地人铲除变为农田;望京楼因地基塌陷不知何时倒塌;望景楼于1958年乡政府盖卫生院时被拆掉,拆下的砖盖了卫生院的48间房子还没用完,剩下的用来盖乡政府。

(二十九)康百万庄园

全国重点文物保护单位。康百万庄园位于嵩山之阴、巩义市区西北4公里的洛河西岸康店村。背依邙山,面临洛水,山清水秀,风景宜人,因而有"金龟探水"的美称。庄园始建于明末清初,是全国三大庄园(刘文彩庄园、牟二黑庄园)之一,比山西乔家大院大19倍。所谓"康百万"是由于当时的庄园主康应魁两次悬挂"良田千顷"的金字招牌,土地商铺遍及山东、陕西、河南三省八县,曾向清廷捐助饷银,故被称为"康百万""康半县"。另有一种说法:据史料记载:1900年八国联军侵入北京时,慈禧太后和光绪逃往西安,次年回京途经巩县时,康家出钱监工修造黑石关、县城、官殿行宫和"龙窑",花费了100多万两银子,又向清廷捐赠白银100万两,慈禧说不知此地还有一个康百万富翁。从此,"康百万"这个皇封就广泛地传开了。

康百万庄园

该庄园建筑面积6.34万平方米，有主宅区、作坊区、栈房区、饲养区、金谷寨和祠堂等6部分，由33个庭院组成。其中有楼房97座，平房57间，券洞73孔（258间），形成了一座庞大的、保存比较完整的古代大庄园型的建筑群。其特点是临街建楼房，靠山筑窑洞，建筑形制因地制宜，具有我国华北地区黄土高原的建筑特点，又兼有园林艺术和宫廷艺术的特色，为典型的封建堡垒式建筑形式。

◆主宅区

包括寨上院、寨下院和龙窝沟3个建筑群14座院落。寨上院是康家主要成员的居住处，有高约10米，周长1000余米的寨墙，砖石拱券洞寨门，两扇门扉包铁皮，门额上悬挂"康百万庄园"匾额。入寨门穿过23.7米长的斜坡砖券隧洞，向东为长30米、宽25米的广场。广场南侧碑刻林立，北侧是东西排开的5座院落，以中院为轴线向左右展开，东为老院和边院，西为新院和里院。一排4个高大的硬山式门楼，其上部皆饰以木制透雕的门楣，门楣下为木制板门，门前青石阶两边各有1对石狮。院落皆为两进四合院，建制大致相同，院中主室为靠山窑洞，作二层楼房。内部的装修，精致典雅。设有假山、精雕云龙喷水图的石鼓、绿叶成荫的葡萄架、客厅、花厅、花坛、盆景以及各种浮雕、砖刻的人物、花鸟、猛兽等精美的图案，各院雕刻的内容不同，各具特色。

寨上南边院落是康家堆放日用器物的大杂院，有临街房6间、楼房5座19间，均为硬件山灰瓦顶，另有窑洞6孔。寨下马路东侧有1大院，现存5间正厅楼房、两厢楼房及书馆院、枕头窑院等。每个建筑物上都有别致精美的雕刻。寨下北边有1条沟，名龙窝沟，其南北有两座院落，院内均为窑洞，窑洞砖额上都题有洞名，全为砖砌。

◆作坊区

位于寨墙西侧，有9孔依寨墙筑的窑洞和几十间砖瓦房，是康家勤杂人员居住和活动的地方，这里有木料窑、石工作坊、粉坊院和大伙房。

◆栈房区和饲养区

位于寨子下大路东，栈房区共有5座院落，房间102间；饲养院3个，有马厩和溜马场。

◆金谷寨

金谷寨，原名"五圣顶"，位于庄院西南250米处，现有窑洞30余孔。金谷寨建于清同治七年（1868年），四周深沟陡崖，宜守不易攻，堪称"天险"。寨内凿窑洞、建房近百间。1862年8月捻军第三次进攻巩县时，康百万（康垣园）据此与捻军对抗，诛杀捻军甚众。事后树碑立传。此外，还有清代建立的砖石牌楼、石坊、碑刻等，在建造技巧方面具有一定的工艺价值。

◆康家祠堂

位于庄园东北250米的地方，尚有房舍9座35间，砖雕牌坊1座。庄园内保存有当年康家使用过的奢侈豪华的陈设品和生活用具，如楠木雕刻的顶子床、雕花神主橱、端砚、满汉全席餐具等一批有价值的文物。

◆石屏窑

位于主宅西院窑洞内两侧。《巩县志》载，清同治初年，捻军先后5次向巩县进军，地主武装康垣园协同清廷镇压捻军。事后邀请官绅书写诗文为其歌功颂德，精刻上石，共16幅，字体正草隶篆俱备，书法有一定的艺术价值。

此外，康百万庄园的石雕、砖雕、木雕都有极高的水准，其清代建立的砖石牌楼、石坊、碑刻等，在建造技巧方面具有很高的工艺价值。这座地主庄园对研究和认识中国封建社会晚期明、清两代的政治经济情况及建筑艺术，都有重要的意义。

（三十）杨万辉故居

杨万辉故居位于嵩山新密市来集镇马武寨上。杨万辉，清朝中晚期人，清朝嵩山著名乡绅。字耀山，乳名扬鼎，祖居嵩山新密市来集镇马武寨村。杨万辉曾自卖田地百亩，与一家远亲共同筹资，于清道光初年（1821 年）开始凿石开渠，并亲自督工指挥。因密县地处山区丘陵，沟壑坡岭，地形连绵起伏，在此修渠，开凿艰巨，工程浩大。杨万辉历时 15 年，修成了一条人工渠道。该渠名为实颖渠，因是在白石崖上开凿而成，又称“白石渠”，后人称“密邑都江堰”。实颖渠全长 4 华里，能灌溉 700 多亩土地。20 世纪 70 年代初修建一次，现在能灌溉 1800 多亩农田。

杨万辉故居坐西朝东，是 3 套南北并列、结构相同的四合院，北院约建于清道光初年，中院和南院建筑年代稍晚。保存最完整的是中间一套。

杨万辉故居所有建筑均为砖木结构，硬山式灰瓦顶。北院主房即西屋是 3 开间，南北配房各 3 间。原大门已毁，与原大门南侧相接有 3 间客厅。现大门是在原扇屏的位置上重建的。中院和南院主房均为 3 开间 2 层楼建筑，均有南北配房各 3 间。南院大门的扇屏已不存，与原大门南侧相接有 3 间客厅。中院大门是高门楼，门楼两侧上方有精美的砖雕造型和图案，造型及图案别致、高雅。门楼南侧与门楼相接有客厅 3 间，内有扇屏门，门上端外面刻有“居之安”3 个大字，字体遒劲有力而又不失柔美，内有木雕的牡丹、莲花和“寿”字图案，象征富贵、清雅、长寿，雕工精细，花型逼真，色彩浪漫。据现在居住人介绍，原来门楼及扇屏门上方均有许多漂亮的木雕饰品，在 20 世纪“文化大革命”中被打碎。杨万辉故居建筑群规模宏大，气势壮观，设计合理，工艺精湛，具有较高的历史价值和艺术价值。

（三十一）王化堂故居

王化堂故居位于新密市来集镇王堂村东二里许。故居因系青砖楼房瓦舍，故名“王家楼”。王化堂，字莅元，新密市来集镇王堂村王家楼人，清道光二十四年（1844 年）甲辰科举人，后任浙江盐运司使，花翎二品衔。

王化堂故居宅院为三进院落，前院是有大门、照壁、厢房的四合院。进过厅为楼房式四合院，堂屋高大宏伟，有影屏、棂子门。后院有左右厢房，靠崖头是全部用青砖表砌的窑洞，宅院左右另辟花园。整个庄宅中，砖雕、木雕、石雕花纹绚丽，动物、花草栩栩如生，神态各异。现宅院虽破坏严重，但仍不失清代民俗文化色彩。目前，保存比较完整的只有东厢房。

（三十二）景日昣故居

景日昣故居位于登封市大冶镇北街北道口。景日昣（1662～1733 年），字冬旸，号嵩崖。登封市大冶镇人。礼部侍郎加尚书衔，清朝儒学家、修志家、刻书家。景日昣著述刻书有《嵩阳学》《景日昣诗集》《嵩台随笔》《嵩崖集》及史书《说嵩》《嵩岳庙史》《嵩台学制》《会善寺志》《龙潭寺志》等书 14 部之多，字数至数千万言。景日昣故居坐北朝南，大门额上有乾隆帝题写的“景氏祠”匾，门前原有下马石。宅内大庭有乾隆帝御书“正人君子”匾额一方。二门为月亮门。正房 3 间，东、西厢房各 2 间，临街房 3 间。现有清代碑刻 8 通，镶于壁间。

（三十三）翟允之故里

翟允之故里位于新密市来集镇马沟村翟沟组。翟峒山（1800～1855 年），清朝官吏。字访岩，世居嵩山密县城东南来集镇王堂村翟沟，俗称南翟沟。道光二年(1822 年)中武进士。翟允之(1801～1877 年)，清朝官吏、名儒。字诚斋，号静庵，翟允之族孙。道光十九年(1839 年)乡试举人，壬子科会试中第三甲 77 名进士。咸丰年间曾捐八千金助军饷，钦加二品封典，敕授文林郎，诰授奉政大夫，例授通奉大夫，晋封资政大夫。根据明清例制，一人荣耀，祖上诰封。其曾祖父、祖父、祖母、父亲、母亲、夫人、叔叔、弟弟都受到皇上诰封。

马沟村街中的翟允之故里，一片蓝色瓦舍，鳞次栉比。据统计有 80 多间，属四进四合院落，大门匾额为“文武进士”(翟允之为清朝文进士，旁系 12 世翟峒山为武进士)。进大门是大型照壁，两厢为棱形圆门，可入东西两宅，据说是种地户、饲养牲畜者和花工居住的地方。照壁左右两侧为两个对称四合院，据说左院为迎客式堂宅，右院为祖父居住；再进又是两个对称四合院，据说是翟允之和其父居住；最后是一个靠崖四合院，其崖下 3 孔砖券 2 层窑洞，崖壁面全部用青砖表起，一至崖顶，沿崖边植青皮果树(俗名铁梨寨、多刺)，以作围墙。其宅两边布置东西两个大花园，东花园占地 5 亩之多。翟沟东西向，长若 2 里，内有小溪流水。为行人方便，翟允之在其宅门西侧筑一南北砖拱桥，长 5 米，宽 3 米，桥两边设有护栏，两端置 4 尊石狮，亦为壮观。

(三十四)牛凤山庄园

牛凤山庄园位于嵩山巩义市河洛镇官殿村明月坡(旧称瞪眼坡)。牛凤山(1806～1880 年)，字梧阶，清朝著名武状元。世居嵩山汜水穆沟村(今属荥阳)，清道光间迁居巩县河洛镇明月坡村。清道光十三年(1833 年)中武状元，授一等侍卫，赐封为昭武都尉，又封武功将军，赏戴花翎。历任甘肃梁州(今甘肃省武威地区)中营游击，加副将衔。后晋封总兵，官得四世一品封赠。其子牛瑄，同治四年(1855 年)进士，工于楷书。

牛凤山庄园坐北向南，多为砖、石、木结构，有窑洞房屋二三十间，占地面积约 4500 平方米。整个庄园依山就势，分三个层次建筑，前有大寨门、客厅，中有堂屋、厢房，后有窑洞场院，院上有院，窑上有窑，建筑用材大多采用邻近自然红石锻打而成，故根基厚实牢靠。窑门山脸多为石券，并附有精美雕刻。以中院为主，从东向西分 3 个院落，总面积 2400 平方米。据碑文记载，建于清嘉庆年间。其中东院、西院、中院共有窑洞 8 孔、房屋 24 间，均砖木结构，硬山式灰瓦顶。距状元府 300 米的明月坡有牛氏祠堂，祠堂内现存石碑 6 通。后院窑顶处尚存留一棵老槐树，相传有 500 余年。村口有石碑 1 通，记述庄园的坐落与历史。整个庄园解放时期分给群众居住，保存尚好，未住人处均已塌损，有些仅留墙基。

牛凤山庄园与康百万庄园、刘镇华庄园、张祜庄园齐名，统称为巩义“四大庄园”。但因为牛状元庄园地处偏远，人迹罕至，至今少有人去。

(三十五)泰茂庄园

河南省重点文物保护单位。泰茂庄园位于巩义东南部浮戏山区新中镇灵官殿村。泰茂庄园依矮山而建，从河边到山岭，原有建筑 9 层，如今只剩下 5 层，每层有 3 处院落。现存房屋 40 间，窑洞 45 孔，南北长 200 米，东西宽 50 米，总面积约 1 万平方米。山崖、房屋、窑洞、庭院、树木互相掩映，错落有致，紧凑和谐。每层、每处院落之间还修有暗道，像一座坚固的城堡，进可攻，退可守。泰茂庄园由清代名人张书泰建造。据当地老百姓讲，张书泰家族因牧养而发迹，建此庄园。抗日战争时期，豫西独立抗日支队司令员皮定均也在此办公居住过。

史料记载，张书泰有弟兄四人，他排行老三，在兄弟们之间威信最高，被推举为当家人。张家以放牧起家，有大批的牛羊、骡马，发家后又购买了1400亩田地，家业鼎盛时，家里雇佣的长工和短工就有数十人。但有人对此说法的真实性进行了质疑，从布局、建筑风格等可以判断，泰茂庄园是由一代人来建的，一代人靠牧养建起如此大的庄园，几乎不可能。牛凤山故居是由清朝牛氏武状元和儿子两代人建的，他们都在清朝做官至一品，但牛家寨与泰茂庄园相比仍逊色不少。“一品大官员都建不了那么好的庄园，一个牧养人在当时的历史条件下更不可能建。”

在灵官殿村，泰茂后人人丁兴旺，大部分居于庄园周围。当地人对张书泰如何发家另有说法。一位78岁的李老汉说，在他小时候，祖父曾告诉他，张书泰是李自成义军的后人，在李自成失败后，分得一部分金银财宝。为躲避战乱，张书泰就带着金银财宝到深山里定居。

但无论怎样说法，秦茂庄园为张书泰所建是不争的事实。

（三十六）张祜庄园

全国重点文物保护单位。张祜庄园位于巩义市东30公里新中镇新中村琉璃庙沟，张祜庄园是张祜家族住宅。张祜1915年毕业于北京法政学堂，聚财有方，成为显赫一方的大财主，名气超过了其举人伯父张佑。张祜庄园是巩义三大庄园之一。因其家窑顶上有一株柏树，生长茂盛，又叫“柏茂”住宅群。始建于清末，大部分为民国年间建筑。该建筑群具有我国北方民居的特点，依山筑窑洞，临街盖楼房，适宜四季居住。前为四合院落，楼房为歇山抹角砖木结构。

张祜庄园庭院内青砖砌筑月亮门、悬山门楼、筒瓦盖带等建筑装饰独具特色，方形青石柱和雕刻花卉人物图的木柱古色古香，上下层之间有砖砌台阶相通，迂回曲转，洞洞相连，幽邃莫测。有关专家说，张祜庄园这种独特的设计，适合战时使用。

巩义张祜庄园

据记载，张氏于明朝隆庆年间从安徽凤阳迁往这里，在清朝道光年间，已是巩义出东门富户之首，时有田地10余顷。受自家（老宅院）窑头上苍劲挺拔的古柏启发，十六世祖辉明为钱庄起字号为“柏茂”号，民间俗称“柏茂家”。十九世张诰时任伪保长，又因打煤窑出名支持抗日有功亦叫“张诰家”，张祜是张诰之父，故称张祜庄园。柏茂一个封建社会的大家族，从道光中后期跨越清朝、民国两个时代，历时约120年。前期柏茂在清朝约70年，后期柏茂在民国40多年。柏茂分家后，形成后来的柏茂仁、柏茂元、柏茂信、柏茂永、柏茂和、柏茂恒6个家族。

张祜庄园包括“柏茂园”“柏茂仁”“柏茂信”“柏茂顺”“柏茂恒”等，现存储有13个院落，楼房80余间，窑洞30余孔。

庄园最南边的“柏茂园”，是庄园中最豪华的一处住宅，共有6处院落，现存4处。最南边一、二院为两进式四合院。前院原有临街房数间,现已改造为红砖楼房。后院为青砖砌筑月亮门。门里建悬山门楼;小青砖砌筑,筒瓦盖带。后院进深4米,宽15.6米。该院主体建筑的中间楼间四面皆通,因之又称“转角楼”。楼房系庑殿式歇山抹角砖木结构,4坡,7道脊,筒瓦盖带。面阔3间,过深2间。转角楼后两院中间,两边都开有门窗,属两院共用,与两院南北厢房相对称。房顶4周出檐2米,檐下置木走廊,可与两侧楼房相通,走廊外边置雕花木柱。一楼檐柱为方形青石柱,柱础雕刻花卉、人物图。该楼建于民国十四年(1925年)。每院又靠山均筑密楼3层,每层3孔砖券窑洞,深15~20米,宽2.5~3.4米,一层出檐2米,青石廊柱,二三层均内收3米,使窑洞前形成一个较大的阳台。每层的窑与窑之间有砖砌通道。上下层之间有砖砌台阶相通,迂回曲转,洞洞相连,幽邃莫测。院西南角建有看家楼,方形,平顶4层,远望如鹤立鸡群,十分壮观。庄园的山脸上还有一溜七八孔延安窑洞造型的窑洞。1944年,八路军豫西专员公署曾在这里驻扎,皮定均司令、徐子荣政委在此战斗、生活过,留下不少佳话。

第三院深20米,宽12米,有临街房3间,南、北厢房8间,窑楼3层,一层有窑洞3孔,二层与4院相连,两院共用窑洞4孔,三层有窑洞4孔,窑前阳台宽22.5米,深12米。青砖铺地,小青瓦门楼。

第四院深16.4米,宽10米,有临街房4间,南北厢房6间,内设木拥板,窑楼3层,一层有窑洞两孔,从北边砖砌台阶往上,二层、三层是和三院共有的8孔窑洞。

其他院落建筑一般,保存较好,新中国成立后分给当地农民居住,有的局部被改造。

(三十七)王琴林故居

王琴林故居位于禹州市方岗乡栗子沟村。王琴林(1860~1937年),清朝私人藏书家、嵩山文化名人。清末中举,民国初期禹州文化名人。父王永超颇能文字,时教时农,家庭文学气氛甚浓。王琴林一生不置家产,唯喜购书。所藏书籍绕深洞一周,高达6尺。曾留学日本,思想较开明,喜欢办公益事业。曾主编《禹县志》,著有《角山书牍》等书,自号“角山老农”。据《禹州志·山志》载,栗子沟王氏居住聚落有何陋居、畏秋楼、小琅环、柳塘、竹坡,为“环山十里尽园墙”的农家山庄。王琴林故居为清代建筑群,长方形布局,现存古建筑7所,完整楼房3所,建筑面积400余平方米。现存两组建筑,一处是王琴林读书处,一处是王琴林及其四弟的住宅,均系按照《清工部建筑则例》规格建造的小式民间地方建筑。

王琴林故居为研究清代古建筑科技艺术和禹州清末民初时期的社会历史文化、政治经济、民族工商业发展提供了非常珍贵的实物资料。

(三十八)王抟沙故居

王抟沙故居位于嵩山巩义市站街镇杜甫故里北约1公里处的瓦窑沟村5组,现紧临开洛高速公路南侧。王抟沙(1876~1933年),名敬芳,巩县兴仁沟人。幼年失去父母,没有继承祖业,由其嫂抚养。光绪二十八年(1902年)参加乡试,成为举人。中国民间自办新学的创始人,在政界和教育界建树颇多。曾于光绪三十一年(1905年)留学日本,是年冬,日本政府颁布《取缔清国留学生规则》,激起中国留学生之愤慨。于是,相继返国者近两千人,推举王抟沙、刘幼芝为归沪留学生招待代表。王抟沙与秋瑾、姚宏业、于右任等即在上海筹办中国公学,于光绪三十二年(1906年)租屋开学,开创了中国民间自办新学的先河。后又任中国公学校长、中州大学(河南大学前身)董事、陕西宣抚使等职。他主要功绩是通过创办实业、创办学校,参与政治革新等方式来救国救民。

王抟沙故居有窑洞 6 孔，房屋 2 间。砖包窑脸，砖雕装饰，相当精美。土地改革时，窑洞分给 4 家人家居住，后这几户人家嫌其位置高，出行不便，陆续搬出，仅留空院。院内另有天窑一孔，老枣树两棵。在瓦窑沟村口，王抟沙还建有王家祠堂，后改为学校，名为“抟沙小学”，分前院、中院、里院三进式格局，约占地 2000 平方米。院内雕梁画栋，雕刻精美，有“根深叶茂”“光前裕后”等字样。现学校已搬走，屋墙窑门均有损毁迹象。

（三十九）任同堂故居

任同堂故居位于嵩山巩义市河洛镇神北村一组的河滩地里。任同堂（1876～1960 年），清朝嵩山文化名人，分别于 1917 年、1922 年两届当选为国会参议院议员，中华人民共和国成立后被聘为河南省文史馆员。

任同堂故居建于清朝，坐北向南，分前、中、后院，砖木结构，共有房屋 30 多间，券窑 6 孔，约占地 5 亩。前门门楼高大威风，兼做客房，有过厅 6 间。后院是券窑，冬暖夏凉。另有厨房、磨房等设施，还有直通后花园的偏门。因年久失修，大门尚在，中院早已塌毁，成为其他群众的新宅基，唯后院的券窑和后花园门尚存旧貌。

（四十）刘镇华庄园

全国重点文物保护单位。刘镇华庄园位于嵩山之阴的巩义市东北 17 公里的南河渡镇神北村。刘镇华（1882～1955 年），初名茂业，字雪亚。刘镇华祖居巩县神北村。其祖父任过清朝知县，其父刘寿山以经商为生，小有家产。其弟刘茂恩曾任国民革命军十一集团军司令、河南省主席等职。早年曾参加同盟会，进行反清活动，后任镇嵩军司令，民国时期先后任豫、陕、晋边区绥靖督办，安徽省政府主席，兼豫鄂皖边区“剿匪总司令”、国民党第五届中央监察委员等职。1948 年赴台湾，1952 年病故于台。

刘镇华庄园

刘镇华庄园坐北向南，依神都山而建。整个建筑错落有致地分为 3 层，有 6 个院落，石砌窑洞 30 孔，楼房 210 间，平房 30 间，总面积约 1 万平方米。前为花园，后为主宅区，两侧设寨门。主宅区建在神都山半腰，有很高的寨墙，山顶有碉堡 1 座，现存瓦房 3 间，楼房 12 间。寨墙下分东、西两个院落，东院有窑洞 8 孔，临街房 5 间，西院有窑洞 3 孔，楼房 34 间，均为砖木结构，围以木制栏杆。刘家花园内有一座楼房，名曰“仿重庆大厦”，坐北向南，长 18.1 米，宽 13.2 米，高约 12 米，青石基础，由青砖砌墙。楼中间部分突出，四棱形，平顶，加地下室共 4 层 72 间，全为砖木结构。两侧为直面墙，比中间低 1 层，小青瓦坡状顶。距主宅区 200 米处有刘氏祠堂，为 1933 年刘镇华做陕西督军时所建。现存楼房 48 间，灰色瓦房 14 间，皆为硬山式建筑。整体建筑风格中西结合，各项生活设施齐全。刘镇华庄园建筑上富有特点，且规模宏大，保存基本完好。

刘镇华庄园是一处典型的地主庄园和大官僚别墅，是我国半封建半殖民地社会的缩影，对研究我国半封建半殖民地社会的历史和建筑具有重要的价值。

（四十一）董天知故居

董天知故居位于荥阳市索河路街道办事处城关村（即荥阳老城）南街。董天知（1911～1940年），原名大文、旭生，学名董亮，河南省荥阳市老城南街人。1927年在北平弘达学院加入中国共产主义青年团，并直接受党的著名农民运动领导人彭湃的影响，参加革命活动，后任北平市委组织干事兼儿童局书记。1931年被捕入"北平军人反省院"（即草岚子监狱），敌人施尽了种种酷刑。在政治诱降和死刑威胁面前，他始终大义凛然，忠贞不屈。狱中党支部根据他的表现，于1932年批准他转入中国共产党。1934年冬，狱中政治犯50余人为要求下镣、看报，举行绝食斗争。他毅然带病参加绝食斗争，后牺牲于狱中，年仅29岁。

董天知故居坐东向西，初建于明清，占地约700平方米，原主体建筑分为前后两个院落，均为砖（土）木结构，小青瓦屋顶。由于年久失修，至1990年后，只剩前院1所正房，而此房也存在安全隐患，需要修缮。2005年7月，荥阳市人民政府拨款30万元，根据该院建筑的原布局及式样，统一进行复建和落架大修。整修后的故居，分为前、中、后院三部分，前院有大门楼、临街房和正房，中院有正房和北厢房，后院为附属院落，初步恢复了故居的历史风貌。

（四十二）宋聘三故居

河南省重点文物保护单位。宋聘三故居位于禹州市城北20公里的浅井乡浅井村。宋聘三同志早年留学日本，并参加同盟会，应邀参加过国民党一大，多次被孙中山先生召见，并委派到上海、广州、香港等地参加革命秘密活动。其子宋富国至今珍藏着父亲宋聘三和中华民国的创建者孙中山先生的合影，印证了当年革命先驱英勇无畏、救国图强的革命精神。宋聘三1926年加入中国共产党，1927～1929年期间受组织委派，在禹县一带领导和开展革命活动，曾是禹县、许昌、新郑、登封、密县五县党组织负责人。1929年，被叛徒出卖，在押往开封途中就义。其故居门前挂着"宋聘三故居"字样。宋家大院在发扬革命传统，弘扬时代精神，加强爱国主义教育等方面都有着很强的针对性和开发性。

在浅井村东西两条大街两侧，错落有致地分布着古色古香的门庭和院落，这就是宋聘三故居。其建筑群建于清道光、咸丰、光绪年间，是明末清初从山西洪洞迁徙而来的宋氏家人用几代人的心血建造而成。村中央最为明显的标志就是一眼大口井，该井深一丈有余，水面离井口近在咫尺，浅井因此而得名。井旁有一石条路通向附近小庙，因此村中流传着"七石一盘井，一步大石条，两庙八根椽"的谚语。据浅井村党支部书记宋木义讲，宋家大院共有8个院落，建筑面积6000多平方米，房屋300多间。每个院落南北一字排开，由三个独立院落组成，是北方典型的三进四合院建筑，兼有江南园林风格。房屋建筑具有明显的特点，房基四周及台阶全部用大块青石铺成，窗户、屋檐均有镂刻或雕刻蝙蝠及福、禧等字样，意即吉星高照、福海无边。含有暗刻八仙图案的镂花木窗至今保存完好。有文物专家认为这种建于清代至今保存完整的雕刻工艺代表当时较高的雕刻艺术，这种独特的建筑风格能保存至今，实属罕见。

宋聘三故居中建于清光绪三十三年（1907年）的"大院房"建筑工艺极为讲究，据原房屋主人宋枝淦的后人讲，建大房院时要求一个工匠一天只能刨出三根椽子，一天只能磨三块石头，一天只能铺三排瓦。大房院是仿县衙建筑，气势宏伟，廊柱环绕，房基高抬，庭院深深，让人顿生肃穆之感。宋家大院从建筑的角度来看,无论是建筑风格还是构建用料都是极为讲究的,是清代后中期中国古代建筑的代表之一。

在宋家历史上,除中国早期革命先烈宋聘三在此居住以外,原空军某部师级干部宋中林、原河南省政协委员宋耀林也是出生居住于此,他们的故居是宋聘三故居的重要组成部分。

二、民宅(居)

嵩山民居

在居住建筑中,民居则以建筑本身的价值与代表性为选择的基本要素。它不计建筑的主人是否值得歌颂,只要在建筑上具有重要的历史、艺术与科学价值,便应妥加保护,以供学术技术方面去研究与借鉴。因为不管什么人居住过的优秀宅院,其建筑文化都是一个时代有才能的匠师辛勤创造的,而且这一部分民居建筑内容又是最基础、最广泛、最重要的古建筑组成部分。

嵩山地域的古代民居,一般来说,若是布衣贫寒之家,不择瓦舍茅庵,能蔽风雨即可;若是殷实富户,多是四合院,坐北面南为更佳。北屋多是高大上房,厢房多居家中子女及佣人;若是衣冠官宦之家,除了主房五脊六兽,门楼高台以外,还有几进院落,以三进为最多,偶有五进者。

嵩山地域的民宅建筑在历史上独具特色,有些古民宅、老宅子建筑布局规整,建造讲究,保存较好,反映了当时的建筑风格,为了解和研究历史上中原地区的民居建筑特点、经济文化、雕刻艺术、民风民俗等,提供了生动的实物例证。

一个地方的古民居是了解当时人们的生产状况、风俗习惯、民族差异、宗教信仰的一个窗口,同时它又是积淀人们审美取向和社会意识的一个方面。它浓缩了特定民族在特定时间和空间的文化理念,成为真实反映民俗文化的历史长卷。嵩山地域的民宅很多,但真正完整保护下来的却很少,嵩山现存著名的四合院建筑有而秦氏旧宅、苏氏故居、东史马民居、马懋别业、白沙杨氏民宅、豫西窑洞、邙山天井窑院等,这些散落在嵩山地域的民居,是一定历史时期各种文化的承载体,是记录特定历史时期政治、经济、文化的综合体现,是不可再生资源。

(一)秦氏旧宅

河南省重点文物保护单位。秦氏旧宅位于荥阳市高村乡油坊村西北,始建于清乾隆三年(1738年)。该宅坐北面南,所存建筑分前后两院落,皆高大门楼,前为客厅,后为楼院,俗称为前客厅后楼院。

秦氏旧宅主体建筑，前院有大门楼、临街房、东西厢房和正房（前客厅），后院有东、西厢楼房和正楼，共有楼房7所，房屋均高3层，硬山顶，青砖实砌。每楼之间有走廊连接，气势宏伟。所有建筑沿中轴线对称布局，构成典型的四合院式封闭群体，总建筑面积约700平方米。据后院主楼底层门上有石刻题记，额题署修建年代为清乾隆二十四年（1759年）。

油坊村原有清代建筑院落10余处，多为秦氏先人修建，而规模最大、保存最完整的当属这座院落。这处旧宅，整组建筑布局规整，建造讲究，保存较好，反映了当时主人丰厚的财力，为了解和研究清代中期中原地区的民居建筑特点、经济文化、雕刻艺术、民风民俗等，提供了生动的实物例证，具有多方面的研究价值。

（二）刘家大院

巩义刘家大院

河南省重点文物保护单位。刘家大院位于巩义市芝田镇官庄村西南150米，现存4个院落，建筑25幢，碑刻2通，亦称王家大院。据王氏家谱载：明洪武年间由山西迁巩，六世家祖王文灿创建四个大院和一座高楼。据楼内碑文记载：该楼建于乾隆四年（1739年），名叫堂楼。大院坐南向北，长50米，宽52.5米，楼高18米，进深5.35米，面阔10.4米，占地面积约2600平方米。到清嘉庆年间第八世时，因经营不善，家境败落，遂将几处大院卖给刘姓人家。现在这四处院落大部分还为刘姓人家居住。高楼现为官庄五队刘公甫家使用。大院均为二进式院，每个院落有临街房三间，东、西厢房各四间，过厅三间；二院东、西厢房各四间，上房三间。底层墙厚1米，一层为砖圈，二层、三层为棚板。由于年代已久，部分建筑已毁。

史料记载，刘家大院早期为王家大院，始建于清康熙年间，经康熙、雍正、乾隆三朝初具规模。由于年代已久，部分建筑已毁，现存56间房屋。刘家大院具有典型的地方民居建筑特点，建筑宏伟，保存较好，具有一定的历史、艺术价值。

刘家大院内有一通古石碑，碑文记载了刘家祖先勤俭持家修身立志，教育子孙后代。碑文大意为：盖这楼费了多少心计，多少力气。又没做高官，又没做生意，这是我做庄稼勤俭而来的。康熙年间盖中房，雍正年间盖临街房，乾隆年间盖后楼，置地2顷40亩，2匹骡子，4头牛，两面石槽。有劝说子孙要干正事、休赌钱、休吃酒、休抽烟、打人休打脸、骂人休揭短、为人休说欺天话等教育子孙后代等内容。

刘家大院是靠勤劳的双手历时数十年建起的庞大庄园。在刘家大院见到的不是豪华与庄严，更不是曾经拥有的虚华。在它的身上读懂了北方农民的一种质朴、宽容和豪放的精神，一种对美好生活不断追求、不断升华的精神。

（三）杨家民居

河南省重点文物保护单位。杨家民居位于禹州市花石乡白北村。建于明末清初，占地8.6万平方米，建筑面积1万平方米，系砖石结构。原格局有花园两个，楼房近百座，分布于白沙街中段两侧。现存有花园轮廓、门楼5座，地上有"清嘉庆年制"字样的石刻匾额。杨家大院现存的5组建筑均为5进宅院，院的最后部为花园，主建筑为两层10间，红石条铺底，青砖彻墙。中间为二进或三进过厅，过厅大部分为5间，建筑精美，过厅两则均有配房，过厅前为大门，大院方位为坐东向西或坐西向东，大门均向街心。

杨氏家谱云：曾有人在朝中居官，故有此豪宅。杨氏民宅建筑是典型的明清风格，雕梁画栋，斗拱高啄。其木雕，砖雕艺术取材考究，工艺精美，是古代建筑艺术的宝贵遗产，有较高的历史文化研究价值。

（四）神垕古民居

河南省重点文物保护单位。神垕古民居位于禹州市西南30公里处的神垕镇。神垕是驰名中外的钧瓷文化发祥地，是中国北方陶瓷的主要产地和集散地，是5000多年陶瓷文化积淀而成的具有典型区域特色的历史文化名镇。

神垕老街位于神垕中心镇区，俗称"七里长街"，唐宋以来，随着陶瓷业的兴盛，许多富商大贾在此置田、建宅、经商，原是由肖河（驺虞河）两岸的二道街、高老庄、朱园沟、茶叶沟、老窑坡5个古老村庄连成一片，形成了初具规模的神垕镇。神垕老街建筑沿街两侧布置，景观独特，建筑类型十分丰富，主要建筑包括宗教建筑、民居建筑、特色市场和店铺等。其中，主要宗教建筑有伯灵翁庙、关帝庙、文庙、老君庙、白衣堂、老君庙等；主要明清民居有白家院、温家院、霍家院、王家院、辛家院等。此外，还有钧瓷一条街、古玩市场、望嵩门、驺虞桥、天保寨、邓禹寨等其他建筑或设施。

神垕明清建筑群

目前，神垕老街比较完好地保存了清末以前的老街道，如东大街、老大街、西大街、白衣堂街、北寨街、祠堂街、红石桥街、杨家楼街，总长度约4公里。其间的建筑群、建筑物和许多有价值的建筑及周边环境基本上都做到了原貌保存。

神垕老街由东、西、南、北4座古寨和红石桥、关爷庙两个行政街道组成。每座寨都修有高大厚实的寨墙，有的高达3丈有余，厚2尺多，固如城墙。寨四周和寨墙上建有炮楼，主要用作军事防御和抵抗匪患，防范洪灾。老街有多座寨门，寨墙高大坚固，而且都有炮楼，古时主要用作军事防御和抵挡匪患，防范洪灾。每个寨子都有一个文雅的名字，如东寨为"望嵩"，西寨为"天保"等，寨名用青石丹书镶嵌在古寨门之上。肖河（驺虞河）从西向东穿过老街，驺虞桥连接着东西两个寨。东寨建于清光绪20年，墙体为青砖结构，墙基高2米左右，均为巨石砌成，墙高10米左右，厚80厘米见方，绕东寨一周，长约6000米。寨门洞高约4米，上部由拱形青砖砌成，门洞长约8

米，寨门上方有炮楼，炮楼上有 3 个炮孔，供瞭望和射击使用。此寨为何叫“望嵩”，据说站在古寨寨门上，可以看到嵩山，因此称为“望嵩门”。同时，每个寨子都有不少传统建筑和富有地方特色的民宅、胡同，如东寨内有伯灵翁庙、关帝庙、白衣堂、贞节牌坊等，还有沿街店铺及富有时代和地方特色的民宅和胡同。神垕老街两旁的古民居主要是建于明清的郗家院、白家院、温家院、霍家院、王家院、辛家院等古民居。这些民居大多是望门富户“一进三”或“一进五”的宅院，均是以姓氏聚居，如郗家大院、白家大院、霍家大院、温家大院、辛家大院等，建筑特点是门第高大、布局对称、雕梁画栋、细致精美，是中国北方明清式建筑风格的典型代表。

在行政管理上，每寨大都设有保甲组织和武装民团，以维持地方秩序和防范兵乱、匪患。在教育上，每个寨子都设有学校。因此，无论从政治、经济、文化、教育、建筑各方面看，每个寨子都像一座小城。

(五)温氏宅院

河南省重点文物保护单位。温氏宅院位于伊川县吕店乡温沟村。温沟宅院坐北面南，临街房屋巍然耸立。在一个老宅门前，现如今仍有户对一双，两个狮子栩栩如生，仰头啸天，气势不凡。在另外一所老宅门前，则是两个圆形的写意户对，一个是家长教育孩子的寓意，另一个更如山水画一般，有山有水、有鸟有树，在这其中，有一人双手持桨而行，颇有几分意境。院内正堂气度大方，虽然大门已遭毁坏，但整个格局仍保存完好，屋顶石兽尚存，砖雕精致漂亮。大门外有东西两个柱顶石，狮子镂空穿透，狮子毛发花纹的雕刻写意流畅，令人惊叹。据说，原来在正堂前还有石栏杆，早已不存。前院正堂后墙上有一石碑，上书阳文繁体“穀戬”两字，右侧注之曰“大清乾隆肆拾壹年曾祖重修”。村人解释，“穀戬”就是“粮食多”的意思。后院是个四合院，上房和厢房均为两层楼房，虽然旧气，但仍很结实，有明清遗风。立于门口观看，整个院落气势很大，确有几分大宅门的风度。上房大门上有一石匾，上书“凝瑞”二字，左有注曰“大清乾隆肆拾陆年贰月父重修”，右有款云“道光伍年贰月又重修温六爻立”。大门两侧，有联一副，左曰：半耕半读恒佩先人懿德，右云：克勤克俭恪遵古圣良规。整体建筑，很有一番豫西古民居之流韵。温家古宅之南，存有过街楼一座。楼有两层，上面一层就是古时所称的绣楼。在过街楼之南，还有温家花园一个，为过去温家家人游玩之所。现在，花园早已几近毁灭，今仅存古窑一个。

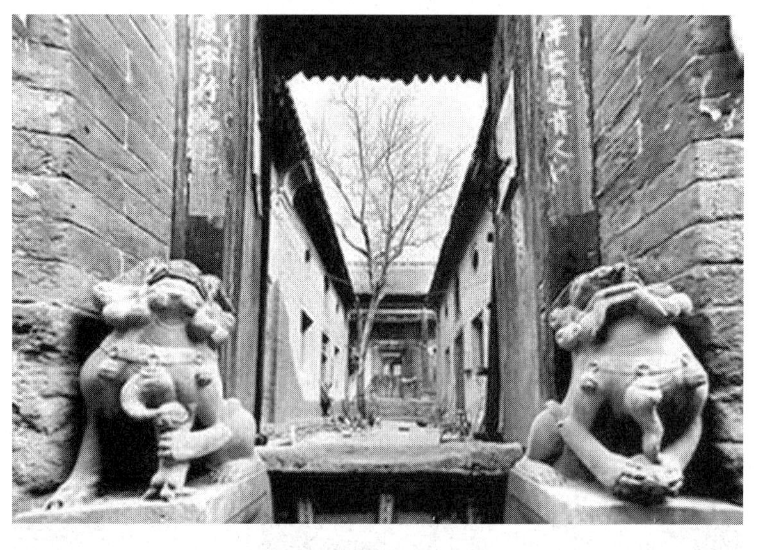

伊川温氏宅院

温氏宅院始建于明末清初，是温家先人温又道开建的。温又道之子温六爻后来又进行了大规模的建设，使这座老宅达到了历史上的鼎盛。温家原为当地大户，自明末至民国，家道一直殷实，特别是在清道光年间，温六爻时任华州知州，银子流水，家境到达极致，势力可达汝州。到温六爻的儿子温贯一、孙子温安祥继续保持了温家的繁荣。可是到了温六爻的两个重孙子温金库、温银库这一代，虽然他们的名字非“金”即“银”，但这兄弟俩成了温家的败家子，不几年，偌大的家业被他们哥俩败得所剩无几。1950年前后,温家已经衰败得不像样子。土改时期已为贫农。所幸的是,可能正基于它的败落,古宅从来没有被充公过,有温氏后人居住至今,也因此保存得相对完好。

温氏宅院格局为“四破五”,所谓“四破五”,即指在四所宅子的地面上建设了五所宅院。据本村老人说,“四破五”的宅子紧凑结实,连在一块,就像一个整体,连接处结合紧密,如同一个大宅院。

(六)程家大院

河南省重点文物保护单位。程家大院位于巩义市米河镇双楼村西北500米处程家寨,双楼河西岸二级台地上,东面为双楼河冲积平原。该院依山面水,三面环山,山上柏树茂密,附近有民居、厂矿,东北50米处为程家祠堂(子华子祠)。程家大院由程氏后裔创建于清末民初,原为程氏后裔居住。民国期间,巩县县长曾在此避难,省、县政要多次题赠匾额。20世纪80年代以后,部分居民迁出,房屋废弃,大院北部、东部原有建筑,现已改建。

程家大院坐西向东,规模宏大,建筑规范。现存主宅区5个院落,窑洞10孔,楼房近70间,占地约3600平方米,是一处靠山筑窑洞、临街建楼房、两边建厢房的清代晚期民居群。五个院落从北向南排列,均为二进式院(前、后院建筑,前院有临街倒座、南北厢房、上房,后院有南北厢房、窑洞)。一院,原建筑基本无存,现被村民改建居住。二院,仅存倒座、上房16间,民国期间巩县县长在此避难。三院、四院保存基本完好,三院原为程泰昌家居。五院仅存前院倒座,后院四孔窑洞保存基本完好。据当地村民介绍,程家大院北部、东部原有许多古建筑,后大部改建为现代建筑。

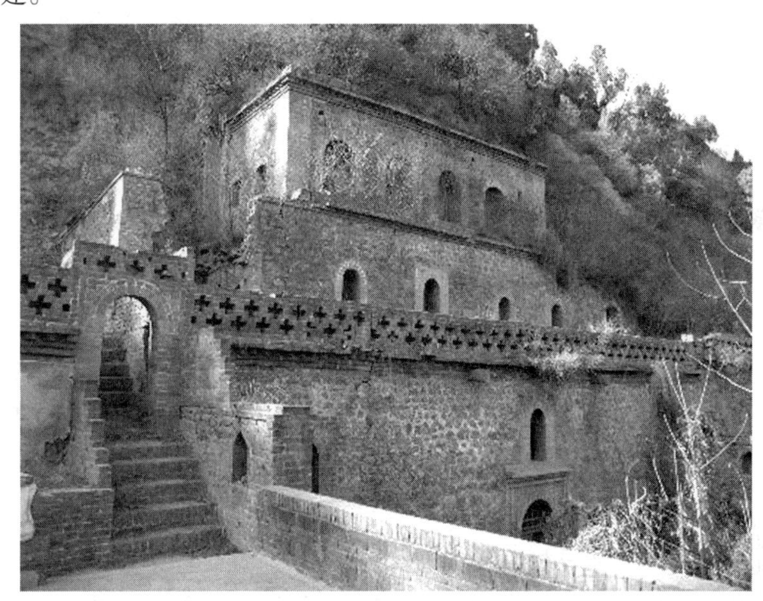

巩义程家大院

据清乾隆十年本、五十四年本《巩县志》记载:“程本,大司马程伯休之后,字子华,称曰:子华子,又曰程子。孔子之郯,遇程子于中道,倾盖而语终日,甚相亲也,顾谓子路,取束帛以赠。子华子有集行于世,尝训子子元曰:吾宗□宣王时,笃冏周臣云:盖巩之贤人也(见府志)。今按:赠束帛在山东郯城,丰□犹存,然而程子巩人也。巩之程家湾,程姓甚繁衍。”据1991年《巩县志》记载:“程本,自号程子,大司马程伯休之后,学识渊博,善于持论,聚徒著书,名闻诸侯。时,赵简子为政,致书请之为官,本退让不就,离之去齐,设馆于晏氏,更称‘子华子’。著有《子华子》,刘向校定,行于世。”

程家大院的古建筑具有很高的历史、文化、艺术价值,并且规模宏大,建筑规范,文化内涵丰富,是一处具有中原民居特色的清代古建筑群,具有很高的旅游开发价值。

(七)苏氏故居

苏氏故居位于荥阳市广武乡苏寨村中,村民称“苏民之宅”。据《荥阳县志》及《苏氏族谱》云,苏民为明正德庚午举人,曾任工部司务。明嘉靖年间督修九庙,对建筑颇有造诣。

苏氏故居坐东向西，硬山式，气势宏阔。门、窗、梁、椽皆经精心雕刻绘画，透雕、浮雕之动物花卉极有价值，房后有楼，高三层，青砖实砌。从建筑结构及建筑材料诸方面考证，该处建筑时代当为明朝。

（八）郭氏民居

河南省重点文物保护单位。位于禹州市区西南6公里的火龙镇郭楼村中部，许洛公路与白沙南干渠之间。

郭氏因为“裔孙从颍川”，郭氏之后代离开祖籍地阳曲而迁往颍川。虢叔为郭氏始祖，序是虢叔的裔孙，序作为虢叔后裔的代表者，是经周王朝正式承认的，从序开始号为郭分，成为虢转为郭的第一代人。颍川，以颍水得名，治所在阳翟（今禹州市）。河南颍川郭氏是后汉大司农郭全的后裔，是山西阳曲郭氏的分支。

（九）岳家大院

岳家大院位于郑州市管城区南大街南门西拐4号院，仅保存一座清末民初绣楼。据当地72岁的毛宗堂说：“岳家祖上是经营药材生意的，院子很大，好几进院，绣楼在后院，院门原来在南大街上。民国战乱时举家迁往西安，院子一度被国民党黄河水利委员会占用为仓库。”

当时南大街是郑州的“贵人区”，人们的穿戴在郑州是出了名的。郑州民间流传着这样的顺口溜：“穷东街，富西街，穿靴戴帽住南街，挑挑担担是北街，擦脂抹粉衙前街。”生动地再现了老郑州的经济社会面貌。

绣楼，是一个遮风避雨的场所，是缝补衣衫的场所，还是创造工艺品的场所。但看郑州这座岳家两层青砖瓦顶绣楼，历经沧桑，墙面斑驳，单看外貌早已没有了原先的风采，尤其是在现代都市中，与周边鳞次栉比的高楼相比，显得破旧土气，一点都不起眼。

（十）东史马村大宅门

东史马民居位于郑州市西北沟赵乡东史马村内。宅院南北44.5米，东西22.5米，进门有门楼山屏1座，山屏为木门雕花。前院房3座，前回廊，木门雕花纹，四角有砖雕，客厅内有雕梁彩画。后院房3座，高于前院，为封闭式砖结构。民居为当地士绅伍德润所建，系清代民居建筑。

在过去旧社会，人们一进东史马村最耀眼的，令人触目的要算是“大宅门”了。它雄伟地恰如其分地坐落在东史马村东西大街与南北街的交接处，地处东史马村中心地带。

“大宅门”古建筑雄伟壮观，富丽堂皇。上面挂有大匾额，上书苍劲有力，笔劲雄浑，而且看来金光耀眼的4个金色大字“辅翼国政”，下首落款处署布政使司布政使任德润。按清朝官员等级分“九品十八级”每等有正、从之别，查对任德润布政司布政使实属从二品大员之列。二门处挂有任德润之弟伍清馨匾额，上书“望重干城”4字，两个大匾，大门一文，二门一武，一文一武相互辉映，欣然成趣。由于物换星移，风风雨雨，历经沧桑，北匾额已荡然无存。不过二门处篆刻“皇恩浩荡门阁深”7字至今犹在，清晰可见。“大宅门”楼房、客屋、厢房等建筑群占地面积1196平方米（其中不包括小客屋）。小客屋20世纪70年代李浩在本村蹲点已被拆毁，盖成大队办公房。宅基地总面积1978平方米。

从各方面资料查阅考证，此古建筑始建于清乾隆中业，大约乾隆四十年（1775年）前后至道光十八年（1838年）即挂“辅翼国政”匾额之年竣工，历经乾隆、嘉庆、道光、咸丰、同治、光绪、宣统等朝代，距现在已有233年历史。经建人从伍君选（德润之曾祖）起到伍德润挂匾竣工上载，历经四代63年的建造时间,能工巧匠,巧夺天工,天衣无缝,建筑雕刻精致,栩栩如生。到了任德润、清馨、昆坤时期是伍氏家业鼎盛时期,那时已拥有土地 32 顷之多,官职皇清从二品大员,真所谓是官高爵显,为此皇家恩赐"辅翼国政"大匾。年深日久,房顶虽翻修,但建筑物式样未变,在附近村落如此遗留完整的建筑物实属罕见。

(十一)郭家大院

郭家大院位于郑州市紫荆山路与书院街交叉口,书院街 112 号,近邻郑州商城遗址南城墙,是郑州市仅存的清末民初四合院建筑群。郭家大院东面和南面几间是青砖墙体,北面两间的墙体是红砖,为后来新接。老房子上面用的是灰瓦,翘角飞檐。木门上面注明宅院建造日期,为民国二十一年(1932 年)建造。

目前大院现状并不好。南边和西边的部分墙体已经被拆除,建成了门面房,对四合院形成了挤压态势;房子的内部,门窗已经破败不堪,瓦砾缝里长出的草和小树让房顶略显塌陷;墙体被雨水侵蚀得凸凹不平,露出已经粉状的青砖;东厢房用牛毡和木条钉做的屋檐已经塌陷;过道屋檐上托着灰瓦的木条失去固定,垂了下来,上面的灰瓦也在一点一点地往下滑落。

现在院子里仍然住着 7 口人,舍不得搬走。2003 年,郑州市政府曾下令保护郭家大院,将院落纳进"书院幽荷"小游园的一部分。

(十二)惠济区弓氏民居

惠济区弓氏民居位于郑州市惠济区新城办事处弓寨村,此处民宅建于明朝洪武年间,至今有 628 年历史。该民宅建筑为东西走向,蓝瓦灰墙。房四周院墙倒是装饰一新。小院的门楣上,悬挂一幅黑底金字拓印题匾,上书"文魁"二字。主体建筑房高七八米,12 根柱子分两排竖立,通体染红色油漆;连接柱子的,则是暗红色镂空梁木横穿支撑,数十块方木、圆木巧妙构筑一起,这便构成了这座民宅的"筋骨"。院内竖立一块石碑,简要记录了这处民宅的历史渊源。观察这处民宅,除了供奉弓姓宗族外,还摆放着题匾"文魁"原匾木板以及一处部分折断的"圣旨"碑。

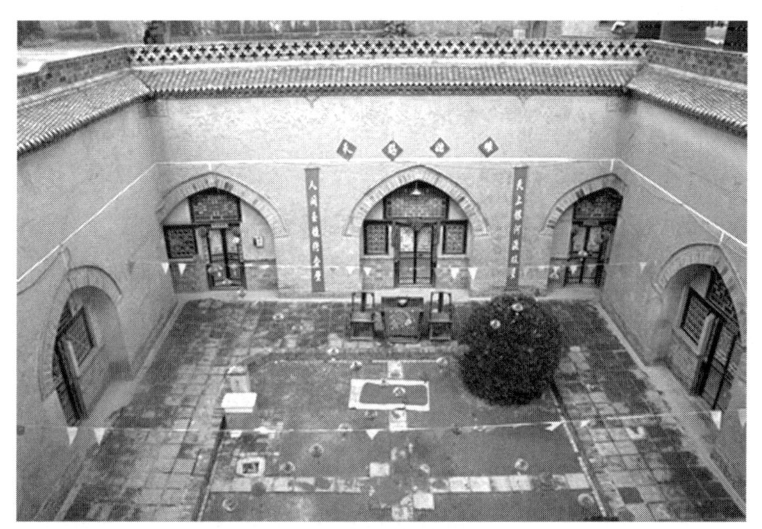

天井窑院

此处民宅,穿越几百年的历史,历尽沧桑,经过战争和动乱年代,在弓寨村历代人守护下,目前仍有 1000 平方米房屋巍然屹立,被弓寨人视为"镇村之宝"。这处民宅后侧,竖立着两处保存相对完好的明代小楼,3 处房屋遥相呼应,构成了弓寨村的一景。据说,像这样保存完好的古代民宅在郑州极为罕见。去年政府修筑北四环时,为了保护这处古代建筑,道路绕了个弯儿,向南移动 5 米。

（十三）豫西天井窑洞院

豫西天井窑洞院位于洛阳邙山镇。豫西窑洞以散落在邙山镇前里、中沟和冢头村的窑院为代表，多是在平地下挖方坑，以斜坡与地面相连的天井窑洞院。个别距今 200 余年。窑院深 10 米左右，面积在 100 ~ 300 平方米不等，四周挖窑孔，按中国传统四合院的布局排列亦分为“上房”“厦房”“临街房”，其中有卧室、厨房、储藏室、牲畜饲养间、厕所、书房、过道等设施。院中挖有渗井用以排渗日常生活废水和雨水，地窖用以时蔬、瓜果、粮粟等保鲜。院内大多植以泡桐、冬青、月季、万年青等树木花草。窑洞一般是土窑洞，家境富裕的也有将井壁或窑孔房间用砖石或沙石加固拱券。窑洞温差较小，冬暖夏凉。

（十四）马懋别业（别业，兼有庭院、别墅的功能）

马懋别业位于禹州市老城区西南隅，是一处明代建筑。马懋（1536 ~ 1607 年），字慎卿，为弘治名臣“五朝元老”马文升玄孙，万历十一年（1583 年）进士，曾任临淄、寿光、宁津知县，户部广西司、四川司主事等职，与徽藩孟津王姻亲，在国戚之属。因马氏系名门望族，故以北方园林式建筑为中心，四面临街，皆为马氏后裔前堂后寝式的分门宅院，马懋题其门额为“城市山林”，当地称马家山子。今其前为山子街，西为山林街。马懋曾官历御史，故马家宅院东部敕建有御史坊，街道称御史坊街。御史朝服饰獬豸补子，故园林中心有世豸堂建筑。马懋别业平面呈矩形，“山子”中心建筑俗称八卦洞，是现仅存的一处明代建筑，其南（马懋别业的南端）一组清代建筑，是马懋裔孙马金彪所建。

马懋别业是禹州明、清时期政治、经济、文化繁荣稳定的真实写照，是研究明清民居不可多得的珍贵实物资料，特别是八卦洞的建筑形式更体现了明代建筑的高超技术，具有重要的历史、艺术、科学价值。

（十五）孙席庄孙氏民宅

孙席庄孙氏民宅位于禹州市朱阁乡孙席庄村东北。孙氏一门三进士，名在犊水八俊。孙席庄孙氏民宅是清中早期由孙廷蔚、孙广生、孙德柄、孙寅柄和孙九同祖孙三代建造的，坐北朝南，原占地面积3000 多平方米。现仅存主院三进院的两层楼房 3 所，均为面阔 3 间的实封檐硬山楼房，顶覆小青瓦建筑。孙廷蔚、孙广生、孙寅柄及孙九同祖孙 3 人在《禹县志》中均有记载。清末，孙九同的后代开始办煤矿，孙氏家族曾盛极一时，到清末民国时期禹州兵乱严重，孙氏开办煤矿倒闭，家道中落。

孙席庄孙氏民宅是一处典型的清代康、乾时期民式建筑，为研究清代中早期中原地区社会状况历史文化、民俗民风以及建筑风格提供了重要实物资料，具有较高的历史、艺术、科学价值。

（十六）鸿北王氏祠堂

鸿北王氏祠堂位于禹州市鸿畅镇鸿北村。王氏祠堂，建于清乾隆年间，坐西朝东，为三进四合院，由祠堂、书院、牌坊、碉楼、住宅、客房以及大院石砌围墙、南北两券门等几部分组成，院后为花园、山子，总占地面积 3 万多平方米，建筑面积 1 万多平方米。村中原建有王道中孝义牌坊，现已毁，只留部分构件，为青、红两种石质，柱、屋顶构件多用青石、红色火成岩石雕刻混作，雕刻工艺精湛，据说与现在省级文物保护单位的龙池花牌坊是同一人雕刻。

王氏祠堂保存完整，较好地反映历史原貌，是研究古代民俗的重要实物资料。其木雕工艺精美，刀法细腻，人物雕刻比例把握得当，花卉、飞禽、走兽、祥云等雕刻得栩栩如生，是我国现存较少的古建筑群，具有较高研究价值；雕刻故事题材雅俗共赏，既有仙人骑马、仙人修行打坐，又有喜鹊闹梅、下山虎等故事，是研究我国古代地方政治、经济、文化的重要史料。

（十七）光明街王氏民居

光明街王氏民居位于禹州市光明街南段路西。王氏民居坐西朝东，由清末武举人王中坊创建，为两宅二进四合院。王中坊的弟弟王延堂民国时曾任开封府宁陵县县长，故群众又叫“王县长院”。现存南院门楼、倒座、小阁楼、一进南北厢房、过厅、二进南北厢房、正房、北院北厢房、正房等 13 栋 57 间，前廊硬山抬梁式小青瓦建筑，分布面积 1415 平方米。其中，过厅、厢房、正房均为二层楼房；北院北厢房有一间地下室，正房柱础雕刻内容丰富，工艺精湛。

王氏民居是一处比较典型的清末民初时期建筑，雕刻工艺精湛，寄托着院落主人对其后人治家立身、家风传承的告诫和对后代多福多贵的期盼，是研究我国古代建筑工艺、手法和儒家思想的重要实物资料，有较高的历史、艺术和科学价值。

（十八）苏氏故居

苏氏故居位于荥阳广武乡苏寨村中，坐东向西，硬山式，气势宏阔。门、窗、梁、椽皆经精心雕刻绘画，透雕、浮雕之动物花卉极有价值，房后有楼，高 3 层，青砖实砌。从建筑结构及建筑材料诸方面考证，该处建筑时代当为明朝。村民称为“苏民之宅”，查《荥阳县志》及《苏氏族谱》有苏民，明正德庚午举人，曾任工部司务，嘉靖间督修九庙，对建筑颇有造诣。

（十九）汝州河坡古民居

汝州河坡古民居又名樊家大院，位于汝州市骑岭乡河坡村。目前还有 10 多处院子和近百间明清的房屋，特别是位于主街闫许路北的四处连体四合院，建于道光二十六年（1846 年），非常有特色，和山西乔家大院同一时代，同一风格，建筑结构和式样也很接近。河坡樊家是从山西迁来的，家里出了几个举人，其中樊登魁是清代武举人。樊家兴盛时从河坡进汝州城不走别人家的地，汝州中大街望嵩路以西至洗耳河街南一段的全是河坡樊家的房产。

（二十）王家大院

五家大院位于汝州市焦村乡王楼村。王家大院共有 9 处院落，典型的明清民居，占地近 20 亩，是前厅后楼的四进院，每座院子都深过百米。该大院有一个特点：从村西到村东，并排处院落，朝南是正门，朝北有后门，院落之间有花门。也就是这 9 处院子是内部贯通的，形成一条线。据村里的老人说：“这是王楼村旧时一个王姓大地主的宅院，从西到东，一共是 9 处院子，除了中间一座是 3 间宽，两边的都是 5 间宽，比一般的明清民居都宽。”

王家大院从西数的第二处院落，门头已经部分改造，但还留有古旧的朱红色的精美石头雕刻。院子的临街房与客厅相距约 30 米，中间空空荡荡没有其他建筑。这处院子的过屋成了现住人家的堂屋。院内遗迹十分丰富，有青瓦飞檐，巨梁高柱，客厅前支撑木柱的石雕柱础石、门墙上的石雕、木雕细腻清晰，采用了高浮雕和镂空技术，花草、动物和人物精美绝伦。东西两侧的两座石雕鱼池看上去很是精致，两座鱼池高度约 1 米，体积相当，只是西边那座是方形，已经有了裂纹，但雕刻细腻清晰，花草、动物和人物形态逼真。东边那座是圆形，保存完好。

阁楼屋脊上刻有“道光二十九年岁次乙酉十月初六卯时王忠信立”的字样。据王氏家谱记载，王朴第十七代孙王忠信曾捐过清朝的开封府府台，妻子被封为诰命夫人。与之相邻的东宅，前院废弃，二院部分保存，客厅没有大的改动，四扇木雕门古色古香。正对门悬着一高一低两个匾额，上书“福禄寿”，下书“勤俭持家”，地面铺的是古砖，对得整整齐齐，面上平整光滑。

新中国成立初期，政府把王家后人拥有的祖宅分发给村民，目前，在这些屋里居住的已经没有了王姓人。这 9 处院落在当地百姓的改建下，并不完整，有的已改了门头，有的中间翻新，有的扒了半截儿，但清代的遗迹随处可见。

(二十一)樊寨民居

樊寨民居位于新密市超化镇樊寨村，建于清代。樊寨古民居现存 5 个大院，房屋 53 间，主楼为三层楼房，前有过庭、厢房、大门，楼房门窗饰以砖雕和石雕。

(二十二)海上桥民居

海上桥民居位于巩义市大峪沟镇海上桥村，南部距 310 国道 2 公里，西接北山口镇，北临站街镇，交通便利。古建筑群坐北向南，其东北有青堆山，南临季节性河道，地形呈环月状，大部分建筑建于清朝中晚期，总占地面积 2. 24 万平方米。现存清、民国建筑 20 余处，共有窑洞 75 孔，楼房 42 幢 82 余间，古井一口。其建筑综合了北方四合院的建筑特点，色调古朴，庄重大气。在结构上以靠山窑洞为主；在布局上以一进、两进、三进式院落为主，结合楼院、偏房跨院；在装饰上以砖雕、木雕、石雕为主，雕饰精美；建筑群之间小道用石子铺设，路面一侧有统一的下水道。古朴的老井，吱呀的绞水声，构成一处独具韵味的民居群。

据古碑记载，这里河谷中有一海眼，终年不涸，搭桥往来而得名海上桥。

(二十三)邙山天井窑院

邙山天井窑院位于邙山镇望朝岭村。洛阳自古帝王地，站在此处可望到朝廷，故名望朝岭。

望朝岭一带是平地，过去当地人穷，买不起木料、砖石盖房，便就地挖个大方坑，待有 10 米左右深，便向一侧掏窑洞，以斜坡与地面相连。邙山天井窑院以散落在邙山镇前里、中沟和冢头村的窑院为代表。

(二十四)申圪垱民居

申圪垱民居位于洛阳市伊川县彭婆镇申圪垱村，据查资料系清晚期(1839 年)由布政司理问申命宣所建。民居分东窑院和西窑院两大部分，均坐北向南。西窑院建筑均为硬山式砖木结构。正堂建在 0. 75 米高的台阶上，面阔 3 间，进深 9. 6 米，堂内有木雕屏风门，正堂后有窑洞。西窑院向东南 200 米处有东窑院，东窑院的规模、建筑风格与西窑院基本相同，有东西厢房各 3 间，有砖雕仿斗拱式门楼一处，东西厢房南墙面有砖雕影(照)壁。

(二十五)余家大院

余家大院位于禹县(今禹州市)余家巷北首西侧，公栈街中段南侧。是民国年间余化彦、余宝田父子经营药业致富后所建。余家是民国年间禹县城中的名门之一。

故宅分为西、东两部分，南北长 100 多米，东西宽 67 米，占地总面积6700 平方米左右。西院为主宅院，南墙端为坐南面北的 3 间二层楼房，此正上房前左右各筑厢房三间，向北为一小井院，再向北穿过 3 间过厅，紧挨过厅的是一座半亩大的小花园，最北面是幢 5 开间的大客厅，厅内悬有 7 块匾额，书法多出自当时名家之手，且陈设高雅，豪华气派。客厅面南厅壁全为木雕门窗，前伸厅檐以圆形漆柱支撑。厅堂前木柱上有楹联。主宅院除南主楼建造早、质量稍逊以外，其它皆青石作基，混砖到顶，灰瓦粉壁，木门花窗，内铺青砖。大客厅前筑有月台，台中有一株百年古槐蔽日遮天。

主宅之东厢房与过厅之间，筑有垂花门楼，五脊六兽，灰瓦飞檐，以坡以木结构支撑，两根盆粗绿漆木柱顶立其间。门楼造型若亭，亭侧大皂角树浓荫下，有井一眼。垂花门门钉铜环，肃穆谨严，是进入西主宅院的通道。

西主宅院东侧为一小跨院，院东侧置有供给数十口人饮食的“灶火屋”（伙房）。屋南隔壁修一“洞屋”，内挖一砖砌地洞，深约丈余，洞内有厅，两侧各有耳洞。其中南耳洞直通东宅院一井，井口搁置木板再通东宅院开挖的地窖。地洞曲折隐密，不仅可保鲜食品、蔬菜，又可躲避空袭，密藏财物。此小跨院北门外空地西侧，建有库房 3 间，此称“前头院”。小跨院与前头院东部为东宅院，之南端为五间较简陋瓦舍，东侧有磨房、牲口屋。东宅院北端为一小四合院，建有南屋、东西屋、厢房和门楼等，自成一体。最北端是七间临街房，同西主宅的 5 间大客厅连成一排，正中一间开有宅院大门，开向公栈街。

余家大院整体布局给人以外朴内秀，曲折迂回，实用与豪华兼而有之的感觉。加之古树参天，花草繁茂，更显宅院生气勃勃。

（二十六）宋家大院

宋家大院位于禹县长春观街中段路东。为民国初年宋庆鼎（原籍范坡）及其堂兄弟故宅。宋砂鼎堂兄弟共 17 人。清末民初，其堂兄宋十三带兄弟几人在浅井一带开煤矿，还在城内经营酒楼、醋坊和药材，发迹后建此宅院。

宋家大院占地近五亩，有临街房 16 间，为三进宅院。进行二门有并排 3 处宅院。最东一处有楼房 4 间，东屋 4 间，西屋 5 间；中间一处有北楼 3 间，东西屋各 3 间；最西一处楼 3 间，东西屋各 5 间。新中国成立后，曾拆扒改造。

宋家找鼎人物宋庆鼎在堂兄弟中排行十七，曾留学日本，参加同盟会，回国后曾任国民党河南省煤炭厅厅长。

（二十七）梁家大院

梁家大院是民国初年禹县商会会长梁乾元的家宅。位于禹县南大街福音堂街段中部路东处。此宅院前后通街，东门位于长春观街南头路西，前后门均建有高大门楼，左右青石板台，几进院落，工整清洁，房屋数 10 间，错落有致。其过厅、堂屋均出前檐，檐下有木雕装饰，金彩涂绘，富丽堂皇。后门大街路东有一亩多大的梁家竹园。前门大街路西处有梁家油坊，房屋十几间。另外，梁家在城南朱坡一带买地 300 多亩，梁死后，用铜钱巾棺，葬于朱坡。

（二十八）赵家大院

赵家大院位于禹州城余家巷中部路东处。新中国成立后，城关镇曾在此办公。此字三进宅院，前后通街。大小房屋五、六十间,大殿厅堂青石板台,雕梁画栋,镂花木屏,甚是辉煌。后门通至南大街。现余家巷街大门临街房和一进院落尚存,由赵家后裔居住。

据赵家后裔说,此宅院的筹建都为十三帮会首之一(其名字和原籍不详)在禹州十三帮会馆竣工后,于清宣统元年(1909 年)建此宅院,在现存的一年厅堂的偏门上方青石壁上雕一幅图画,上刻凉宁下一老人摇扇乘凉,凉亭旁一棵梅树果实正旺。凉亭对面倒柳垂丝,几顽童嬉戏于柳下,空白处刻诗一首:“梅子流酸溅齿牙,芭蕉分绿上窗纱,日长睡起无情思,闲看儿童捉柳花。”下署:“主人题。宣统元年仲春”字样。石壁背面雕隶书“静习”二字。足见房主之风雅。

(二十九)连家大院

连家大院位于禹州市德化街中部路西处,为清末药商连勉卿所建。连原籍城东老连庄。在禹州城和别人一起开宏道元药行。发迹后建此宅院。此宅为三进宅院,前院临街为药行门店,中院为内宅楼院,后院有小型花园。计有房屋 30 间左右。其过厅和堂屋均为雕花门窗,廊柱花檐,青石板台,甚是美观,现只有中院堂屋尚存。

(三十)蔡家宅院

蔡家宅院位于禹州市陈家坊街路南(准提庵西路南)。这座始于清光二十年(1840 年)的宅院,原计划规模宏大,后因故未能完全建成,有的已奠好宅基而中缀。而遗留下来的砖、石、木雕艺术则弥足珍贵。

宅院前为面阔 5 间的临街房,其中间为门楼。建筑物上的雕刻有的庄重威严,有的非常灵巧。诸如“狮子滚绣球”“二龙戏珠”“蝙蝠翩翩”等,形象逼真;两侧砖角上的砖雕图案,集花卉、人物为一体,曲线流畅,栩栩如生。跨天井院 1.2 丈进二门,主房三楹,明柱支撑,前檐突出。屋脊为透花砖雕,上立脊鱼、海马、水兽等装饰物。主房前壁全部为木雕隔扇门窗。

(三十一)方顶村传统民居

河南省重点文物保护单位。方顶村传统民居位于郑州市上街区峡窝镇方顶村。现保存有明清至民国时期的多处建筑,多为依山而建的后窑前院式四合院和三合院,其中方氏宗祠、关帝庙、火神庙和石寨墙等建筑群本体保存较好,真实反映了方顶村的建筑形式。这些古建筑中的砖雕、石雕、木雕和彩绘等装饰元素也较为丰富。建于清光绪年间的方氏宗祠是最具代表性的四合院建筑,其中的砖雕、木雕、石雕雕刻精美,内容多为耕读传家、忠孝礼仪等传统文化元素,建筑中的“五脊六兽”保存较为完整。石寨墙从明代到清代不断地修葺和加固,保留了中原地区不同时期的石彻工艺和历史信息。关帝庙和火神庙为硬山式建筑,其作为公共建筑承载了较多的民俗文化信息。

第九章　古墓葬

古墓葬泛指人类古代采取一定方式对死者进行埋葬的遗迹。包括墓穴、葬具、随葬器物和墓地。自夏王朝肇始到宋金灭亡，嵩山地域长期作为我国政治、经济、文化的中心地域，在中华民族的发展史上占有十分重要的地位。当历史的烟云散去，留下各种墓葬也相当丰富，有许多重要的考古发现。根据对嵩山地域历代墓葬性质、文化内涵等方面的综合分析，这些墓葬大致可分为帝王陵墓、名人墓、壁画墓、砖雕墓和其他重要墓葬等五大类。

古墓葬发掘现场

上述中的帝王陵墓、诸侯王墓、名人墓及其他重要墓葬，绝大多数是新中国成立以后在考古中发现的。从这些墓葬的规模、形制、埋葬制度、葬式以及随葬品等方面可看出，不同时期的墓葬反映着其相应时代的社会性质、社会关系、生产水平以及意识形态、生活习俗等，展示了其相应时代的政治、经济、思想、信仰、文化、科技、建筑、艺术等方面的有关情况和嬗变过程，以及它们所透射的历史兴衰、社会发展进程，具有巨大的历史和文化价值。这些珍贵的墓葬，为研究历代政治、经济、文化和社会生活，研究历代民族学、民俗学、建筑学及各类手工工艺水平，研究历代皇室的陵寝制度、历史丧葬制度，探讨不同时代、地区和社会阶层之间埋葬习俗以及所属时代社会生活状况都提供了重要的实物资料。

第一节　帝王、诸侯王陵墓

帝王，是皇帝和各种君王的总称，即“其时的当权者”。帝，王天下之号也，周朝以前，天子或最高君主的称呼。战国时始以指人间君主，秦以后为“皇帝”简称。帝和王，严格说，不是同一级的。周之前,帝与王字义相近,可混合使用。秦始皇之后,藩国或附属国的君主称王。如齐王、晋王、朝鲜王、越南王、泰王等。天无二日,理论上天下只能有一个皇帝,而有多个王。

按以上所说,在我国古代,称“王”者有几种,一种指夏、商、周三代全中国的最高统治者;一种指春秋战国时期原为周室所封的列国的最高统治者;还有一种指汉代以后各封建王朝给予皇族或功臣的最高封爵,如诸侯王、藩王、郡王、亲王等。关于第一种“王”,其地位与秦以后中国历代帝王相同,在今嵩山地域的遗存者有东周王陵、东汉皇陵、曹魏皇陵、西晋皇陵、唐恭陵、唐和陵、后周皇陵、北宋皇陵等;第二种“王”,因年代久远,其陵墓绝大多数已湮没无闻,存世的很少,嵩山地域中有郑庄公墓、郑昭公墓、韩王陵等;第三种“王”的陵墓,嵩山地域现存较为重要和著名的有北齐魏京兆王墓、宋魏王赵頵墓、宋燕王赵颢墓,有禹州、郑州的明代藩王墓等。其中有许多重要的考古发现。

从夏商周三代到北宋,历代帝王葬于嵩山地域的甚多。但因王朝更迭,战乱祸端,遂致历代帝王陵幽室被盗,园陵化墟。新中国成立后,文物考古工作者对嵩山地域做过一些实地调查,不断有新的成果问世。

一、少典坟

位于新郑市区东和庄镇能庄村东。赵国鼎《黄炎二帝考略》:少典坟,高约2.5米,周长约16米。

少典是原始社会时期有熊部落的首领,后人有的称之为有熊国,少典便被称作有熊国国君。所以,大多史料都称黄帝为有熊氏,古时女子称姓,男子称氏。称黄帝为有熊氏,表明黄帝是有熊国君少典的后裔,也表明原始社会已由母系社会进入了父系社会时期。史料记载,少典,是华胥氏之孙,炎帝和黄帝之父。《史记·五帝本纪》曰“黄帝者,少典之子”。《史记集解》谯周:“有熊国君,少典之子也。”《国语·晋语四》:“昔少典娶于有蟜氏,生黄帝、炎帝。”

二、商汤冢

位于今偃师市山化乡邙岭上地蔺窑村北。冢原高7米,底部正方形,边长25米,顶部略呈菱形,冢前有墓碑,占地2亩左右。汤冢西原有祭殿,即伊尹放太甲地桐宫,俗称汤王庙。庙西有汤王池。后来发大水,汤王庙被冲毁,檩梁等木料被雨水飘到汤冢西沟内,人们认为是汤王地英灵,看中了这条沟的风水,就在沟内建了汤王庙,沟以庙命名为汤王庙沟,后成村落。因沟内有泉水溢出,名曰汤泉,村名也称作汤泉沟,现名汤泉村。

商汤(? ~约前1588年),子姓,名履,庙号太祖,为商太祖。商朝的创建者,前1617~前1588年在位,在位30年,其中17年为夏朝商国诸侯,13年为商朝国王。今人多称商汤,又称武汤、天乙、成汤、成唐,甲骨文称唐、大乙,又称高祖乙,商人部落首领。成汤灭夏后,为了运用夏族的先进文化,巩固对于中原地区的统治,采取了一系列措施。建都西亳,是重大措施之一。商人远祖帝喾高辛氏居住的亳地偃师,地处伊洛河盆地,东控虎牢关,西据崤函,南以嵩岳为屏,北有黄河之险,四塞坚固,易守难攻,文化先进,物产丰富,是古代帝王们理想的建都之地。因此,成汤灭夏后,即在夏都斟鄩(今偃师市翟镇乡二里头一带)以东6公里处的尸乡(今城关镇塔庄、新寨一带)建立亳都。商朝自成汤以后,在偃师商城又传了九王，历时230多年。古代人很重视对宗庙和祖先的祭祀。按照成汤建立商朝的功绩和商城的位置，他的后人把成汤就近葬于商城附近的偃师市山化乡邙岭上。

三、西周昭王陵

昭王姬瑕，西周第四代国王，周康王之子。生卒年不详。康王死后继位。在位19年。《竹书纪年》载周昭王三次南征，第一次“伐荆楚，涉沙，遇大兕”，第二次“天大曀，雉兔皆震，丧六师于汉”，第三次则“昭王南征而不复”。昭王十九年（前1023年），他南巡荆楚不返，死于汉水之中。死因史书隐讳不言，传说为所坐船为胶船，行至水中胶解，溺死。《史记正义》引《帝王世纪》：“昭王德衰，南征，济于汉，船人恶之，以胶船进王，王御船至中流，胶液船解，王及祭公俱没于水中而崩。其右辛游靡长臂且多力，拯得王。”卫兵辛游靡长臂且多力，于水中取得昭王遗体，返回镐京。

《明一统志》载“墓在少室山阳城西谷”。《左传》载：“昭王西征不复。”清《登封县志》载：“（陵）在登封少室山阳西谷……昭王西征不复，容当时得反葬，后从之。”

四、郑国陵墓

郑国陵墓位于新郑市郑韩故城内。墓地包括18座春秋时期郑国贵族陪葬车马坑，3000多座墓葬，埋葬有多位郑国国君。

（一）郑庄公墓

郑庄公墓位于新密市曲梁乡王岗村东。墓冢高10米，周长125米。此墓曾俗呼为“墓生”，故称“墓生太子冢”，讹寤为墓也。清人周访礼诗：“平原遥望冢嵯峨，郑伯遗踪尚未磨。抷土曾经邻志借，寤生几被俗传讹。坟封马鬣空秋草，阵作鱼丽付逝波。遗爱何如东里彦，新城祠宇荐馨多。”

郑国大墓发掘现场

郑庄公（前751～前701年），名寤生，春秋时期郑国第三代国君，在位32年，曾平定其弟共叔段叛乱。继武公为周平王卿士，联合齐、鲁战败宋、卫，并灭许国，在中原形成霸主地位。后因周桓王免其职而与周作战，击败周师，使周王失去天下共主，号令诸侯的地位。

（二）郑昭公墓

郑昭公墓位于密县东曲梁乡五虎庙村东部，冢呈圆形，高6.5米，周长67米。

郑昭公名忽,郑庄公长子,为郑国第四代国君。庄公四十三年(前701年)庄公卒,太子忽立,是为昭公。昭公只做了3个月的国君,因兄弟继位被赶下台。同年9月,出逃奔卫,公元前679年9月又归郑当了国君。昭公二年(前695年),高渠弥为卿,昭公恶之,高渠弥出猎时,将其谋杀。

五、东周王陵

公元前770年,周平王由镐京(今陕西长安)迁都洛邑,是为东周。东周都洛阳514年,共历23代王,其死后均应葬在洛阳。但年深月历日久,史籍失载,致使多数周代王陵难以确定其具体位置。仅从史料及考古资料看,东周王陵主要分为周山、王城和金村3个陵区。其中墓主基本可以认定的,只有周庄王陵、周定王陵、周灵王陵、周悼王陵和周敬王陵等5座。

(一)周山陵区

周山陵区位于今洛阳市东周王城西南5公里处的周山之上。周山本名秦山,又名秦岭,因世人传言山上葬有东周王陵而得名。现存土冢4座,其中3个相依的土冢居东,俗称"三山",向西750米处又有一孤冢。"三山"以中间的一冢最高,直径75米,高34米,东侧的一冢直径65米,高30米,西侧的直径51米,高26米。此"三山"为周的"三王陵"。《水经注》:洛水故渎又东北流经三王陵,陵东有石碑,录赧王以上周王的名号。据历代传说,这里为周敬王、周悼王、周定王的陵墓。

"三山"以西750米有孤冢,巍峨高耸,雄伟异常:直径约115米,高近50米,世人称为周灵王陵。《水经注》载:洛水故渎东迳周山,上有周灵王冢。曹魏时编撰的《皇览》记载:"周灵王葬于河南城西南柏亭周山上。"《文献通考》载:灵王葬河南城西南,柏亭西,周山上。河南城即汉时河南县城,在东周王城区域内。清乾隆十年(1754年),考证为"周庄王陵",洛阳知县龚松林曾于冢前立"周灵王陵"墓碑。此墓新中国成立前被盗过,据说墓室结构为小砖"穹窿"顶式。

(二)王城陵区

东周王城遗址

王城陵区位于洛阳市东周王城遗址东部(今西工区中心地带)。于1957年配合城市建设而进行文物调查过程中首次发现,发掘出4座规格很高的东周墓,平面呈"甲"字形,墓室周围充填河卵石和木炭以防潮防盗。发掘的一号墓,墓室长10米,宽9米,距地表深12米许,南端的斜坡墓道长达40米;墓道和墓圹壁上施有红、黄、白、黑四色彩绘,葬具周围积石积炭。此墓遭二次盗掘,残存的随葬品有铜质车马器、玉器、铁器和彩陶器,其出土一件带有墨书“天子”二字的石圭。这些墓虽被盗过,当时仍出土一批重要文物。在这些大墓附近还陆续发现了铜器墓、编钟墓、车马坑和随葬坑等。

2000年以后,有几次重要发现,进一步证实了王城陵区的存在。2001年秋,文物工作队在距王城东墙约30米的地段,发现了“亞”字样大墓和陪葬的两座车马坑。在车马坑中清理出大量的车辆和马的残骸,其形制和规模在两周考古中极为罕见。2002年年底,在配合王城广场(原河洛广场)建设的前期文物钻探和考古发掘过程中,发现近600座墓葬和近30余座车马坑,并清理出惊世的“天子之乘”。从清理的遗迹和出土遗物可推断,此处应为东周早期王室及贵族墓区。

(三)金村陵区

金村陵区位于洛阳市老城东北18公里许的汉魏故城遗址的东北部,今位于孟津县平乐镇境内金村、翟泉一带。南临伊洛平原,北有邙山屏障。1928年夏,洛阳一带遭暴雨袭击,金村部分大墓塌陷,金村大墓首次被发现。金村大墓共计8座,大多学者认为是东周诸王的陵地。令人遗憾的是,当时这批东周大墓遭到加拿大传教士怀履光和美国人华尔纳等人的疯狂盗掘,一大批东周王室金银、青铜、玉石珍珠等珍贵文物,多流散于日本、美国,给东周王陵的研究造成了难以弥补的损失。事后,加拿大怀履光和日本人梅原末治分别将这些所盗文物编入《洛阳古城古墓考》和《洛阳金村古墓聚英》二书。这些文物,大多精美富丽,形制特殊,堪称绝无仅有,具有很高的历史、艺术、科学价值。

1962年,文物考古工作者又在金村一带探明一座长19米、宽14米、深12米的大墓,墓道长达60米,其周围陪葬20余座墓葬和车马坑。据文献记载,此墓是周景王陵。《后汉书·郡国志》注:“太仓中有大冢,周景王也。”《皇览》载:景王冢在洛阳太仓中,秦封吕不韦洛阳十万户,故大其城,并围景王冢也。《太平寰宇记》引《帝王世纪》,景王葬于翟泉,今洛阳东阳门内大街,北有太仓,是景王陵。西南望步广里,北眺翟泉,二处相距远近略均之也。《水经注》皇甫谧云:悼王葬景王翟泉,今洛阳太仓中大冢是也。《文献通考》载:景王葬河南洛阳县太仓中。

史书记载,周威烈王陵也在金村一带。《水经注·洛水》载:“周威烈王葬洛阳城内东北隅,景王冢在洛阳太仓中,翟泉在二冢之间。”《元康地道记》说:“城东北隅有周威烈王冢。”

还有许多类似金村一带有东周王陵的记载。从以往经验看,大墓主人应为王室成员。著名史学家李学勤先生考证,金村大墓的年代应为战国早期至战国晚期,与敬王至赧王的时代相吻合。

六、周赧王墓

周赧王墓位于嵩山南麓的梁城东南50多里处(今汝州州蟒川乡寺上村的大山深处)。周赧王(? ~前256年)亦称王赧,是东周的第25位国王,也是最后一位国王。姬姓,名延,为周慎靓王之子。公元前314~前255年在位,共59年,是两周在位最长的君主。但他在位时期,东周王室的影响力仅限于洛邑(现在的洛阳附近,当时是东周的首都)。早在他的祖父周显王在位期间,秦国的势力迅速膨胀,以西戎霸主自居。周赧王六十年(前255年),赧王驾崩。是年,秦迁九鼎,占王畿,灭东周。周赧王墓地周围有蜈蚣山、凤凰山、鸡冠山、虎头山等5座山脉相汇,形成约1平方公里的小盆地。发源于山中的泉水也在这里交汇,成为汝河的一条支流。现墓地已被夷为平地。

七、韩王陵

全国重点文物保护单位。韩王陵是战国时期韩国各王的陵墓，分布在新郑“郑韩故城”城西、城东、城南，每处都有多座墓葬和陪葬坑组成。自公元前375年韩国迁都新郑起至公元230年秦灭韩止145年间，先后有九世侯、王分别葬在韩都城周围。1985年至1986年通过钻探调查，确定了韩王陵寝11处28座墓葬。分别分布在新郑市辛店镇许岗村东（4座）、观音寺镇王行庄北（4座）、城关乡苗庄村南（2座）、辛店镇冢岗村南（1座）、城关乡暴庄村西（5座）、城关乡胡庄村西北（1座）、梨河镇宋庄村东（2座）、梨河镇冯庄村南新郑监狱院内（1座）、观音寺镇柳庄村北（3座）、新村镇七里井村西北（3座）、新烟街办事处郑州大学西亚斯国际学院内（2座）。地上大多有高大的封冢，墓冢、墓室及墓道填土夯打坚实。

韩王陵发掘现场

许岗韩王陵有4座大墓和5个大型陪葬坑。陵墓地上有高大的覆斗状夯土封冢，墓室为土圹竖穴墓，平面呈“中”字形和“舟”形两种，各墓都由一个墓室和两个墓道组成，最大的墓南北长168米，墓室内有积石、积碳，有棺、有椁，随葬器物比较丰富。该陵区的3号墓规模最大，应是国君的陵墓，其他3座应是祔葬墓。它反映了韩国王陵的规模和葬制，对研究战国时期各诸侯国的王陵墓葬制度具有特别重要的价值。

2002年3月～2003年6月，对许岗韩王陵4号墓和3号、5号陪葬坑进行发掘。该墓葬及陪葬坑被盗十分严重，对墓室的残余部分进行清理，清理出铜鼎、铜编钟、各形铜构件、石磬、小玉人等各种珍贵文物200余件，铜器、马饰数百件。在棺室内东侧壁清出青铜削刀2件、玉璜5件、排列有序的带孔长方形青玉片98片和一些漆器、纺织品痕迹。玉片的下部衬有纺织物，推测这可能是玉衣的遗存，是玉衣制度的肇始形态。在3坑东北部的车轮部位清出2套错金铜车軎，各由軎头、铜箍、辖组成，铜箍上有错金银云纹。5号坑为葬马坑，数量在53匹以上。

八、汉殷王冢

《后汉书郡国志》注引《帝王世纪》：狄泉本殷之墓地，在洛阳城中东北，今城中有殷王冢是也。殷王，为楚汉之际封王，名司马昂，原为赵将，项羽立其为王。《史记·项羽本纪》：“赵将司马昂定河内，数有功，故立昂为殷王，王河内，都朝歌。”汉二年（前205年）三月，汉王刘邦自临晋渡黄河，攻下河内地，俘虏殷王司马昂，置其地为河内郡。三年（前204年）夏四月，楚汉大战彭城，汉军大败，诸侯见汉败，皆亡去。塞王司马欣、翟王董翳降楚，殷王司马昂身死。

九、邙山陵墓群

全国重点文物保护单位。邙山陵墓群位于洛阳市区北部及东北部的邙山上下。邙山，蜿蜒于洛阳、孟津、偃师三境，其"背山面河"、地势开阔、土层深厚，被认为是死后长眠的理想之地，有"生在苏杭，死葬北邙"一说。邙山陵墓群所在地属于低山丘陵地带，地势起伏平缓，高亢空旷。黄土土层深厚，粘结性好，坚固致密，适于营建墓茔。至迟从东周时期开始，邙山便成为人们理想的安息之地，此后的两千多年逐渐形成了崇尚归葬的习俗。久而久之形成了冢台林立，松柏郁郁，墓碑高耸，石刻成群的历史人文奇观，所谓"北邙山头少闲土，尽是洛阳人旧墓"。

邙山陵墓群是在东西长50公里、南北宽20公里、占地面积756平方公里的广袤土地上，包括孟津和偃师以及洛阳市的西工区、老城区、涧西区、瀍河区、洛龙区等5个区，涵盖了20多个乡镇，360多个自然村。陵墓群西至孟津县常袋乡酒流凹村至洛阳市郊红山乡杨冢村一线，东至偃师山化乡南游殿村至山化乡忠义村一线，大致呈东西向长条形分布，可分成4段：西段（北魏陵区）、中段（东周、东汉、后唐陵区）、东段（西晋、曹魏陵区）、夹河段（东汉、西晋墓群）。陵墓群年代从东周到东汉、曹魏、西晋、北魏，一直延续到五代的后唐。有着大量东汉至北魏期间的十几个帝王的陵墓及后妃、皇族、大臣和达官贤贵的陵墓，更有不计其数的平民墓葬，时间跨度长达500余年。

据调查，邙山陵墓群的陵墓数量见于封土墓的有970多座。邙山陵墓群还汇集了东周、西汉、隋、唐、五代、宋、金、元、明、清等其他时期其他类型的墓葬数十万之多，且与陵墓犬牙交错，难以分辨。邙山陵墓群的陵墓数量始终不明，很难有个准确统计。自古迄今，邙山上下出土了6000余方墓志，墓志内容涉及当时社会的政治、经济、军事、文化、中外交往、民族关系等，为历史研究提供了重要的资料。

邙山帝王陵主要有东汉、曹魏、西晋、北魏4代计16座帝陵及其上千座陪葬墓群。这4代帝陵中有东汉5陵：光武帝原陵、安帝恭陵、顺帝宪陵、冲帝怀陵、灵帝文陵；曹魏2陵：文帝首阳陵、废帝高贵乡公陵；西晋5陵：宣帝（追封）高原陵、景帝（追封）峻平陵、文帝（追封）崇阳陵、武帝峻阳陵、惠帝太阳陵；北魏4陵：孝文帝长陵、宣武帝景陵、孝明帝定陵、孝庄帝静陵；五代后唐帝陵1座。在这些帝陵周围还密布着大大小小的墓冢，它们是王公贵族、皇亲国戚、大臣的陪葬墓。目前分布于邙山上的这些帝陵，有的已作过较详细的考古钻探和发掘，具体地望已确定或基本确定，有的具体地望有了重大线索，但有的具体地望尚不能确定。邙山陵墓群是中国埋葬帝王最多的地方。邙山陵墓群是中国面积较大的国家重点文物保护单位，也是世界上古代陵墓分布较为集中的地区之一。

"邙山陵墓群"2001年6月被公布为第五批全国重点文物保护单位。2002年5月国家文物局批准"邙山陵墓群考古调查与勘测"立项。

（一）东汉皇陵北兆域

全国重点文物保护单位。东汉是中国历史上一个重要的发展时期，在政治、经济、文化、军事等方面取得了许多重要的成就。史料记载，建武元年（25年），刘秀称帝，建立东汉，定都洛阳，至献帝迁都长安，自公元25～220年，东汉都洛阳，共历12帝，达196年之久。除汉献帝刘协葬在河南省许昌市曹魏故城的张潘乡古城村，其他11位皇帝死后均葬在洛阳。

洛阳东汉帝陵区分南北两个兆域，邙山上的北兆域内有5座东汉帝陵，洛河以南的南兆域有6座帝陵。

东汉皇陵南兆域（见本书本节“十、东汉皇陵南兆域”）。

东汉皇陵北兆域，即北邙山东汉皇陵区，全国重点文物保护单位。位于河洛阳城西北的邙山。史料记载，葬于北邙山上东汉皇陵区的皇陵有：光武帝刘秀原陵、安帝刘祜葬恭陵、顺帝刘保宪陵、冲帝刘炳怀陵、灵帝刘宏文陵。

洛阳东汉皇陵至今未经系统考古发掘，且因年代久远，绝大多数只见地面累累土冢而已，大部分帝陵的方位都有待进一步考证。

1. 汉光武帝陵

汉光武帝陵位于洛阳市北20公里处的孟津县白鹤镇铁谢村西南的黄河南岸，邙山之阳，属邙山陵墓群的一部分。

汉光武帝陵

汉光武帝陵，古谓原陵，原陵是东汉王朝的开国皇帝刘秀的陵墓，俗称“刘秀坟”。刘秀（前6～57年），字文叔，南阳蔡阳人，汉高祖刘邦九世孙，南顿（今项城县）令刘钦之子。更始三年（25年）六月继位，改元建武。中元二年（57年）崩，葬原陵，寿63岁，在位33年。光武帝是中国历史上文治武功卓著的一代中兴英主。他亲执政柄，以柔道治世，在位期间曾数下诏书，限制三公特权，释放官私奴婢，降低税率，同时崇尚俭朴，主张简葬。据说他的葬仪和陪葬器物，都是按照其遗命办理的。所以，陵园在营造之初，并无任何奢华的巍殿崇榭。

汉光武帝陵区南倚邙山，北临黄河，近山傍水，气势恢宏。陵区坐北面南，呈长方形，由祠庙、方丈院、陵园三部分组成。墓冢位于陵区正中，为圆形土丘，高17.83米，周长487米。园内现存古柏近1500株，系隋唐时期栽植。整个陵园，郁郁苍苍，肃穆庄严。陵园西侧有光武帝祠一座，其左前方有北宋开宝六年（973年）《新修后汉光武帝庙碑》一通，碑高4米，宽1.34米，厚0.40米，计19行，行45字。碑文内容是歌颂光武帝刘秀由南阳起事，决战昆阳，板垒邯郸，定都洛阳等功业。由宋太中大夫苏德祥奉敕撰文，翰林侯诏中散大夫孙崇望奉敕书丹。在祠庙前左右两侧，还有元、明、清及民国时期石碑4通，分别记述了重修祠庙和原陵沿革的史实，非常珍贵。殿前甬道两旁，原有巨柏28株，巍然挺立，排列整齐，各有名讳，象征辅佐刘秀打江山、定社稷的云台28将，俗称“二十八宿柏”。精心复制的神道石刻依次置于神道左右两侧，共有墓表、石象、石马、石羊、石虎、石辟邪、朱雀、文官俑、武官俑等17件，高度均在3.2米左右，十分形象生动，依次置于神道左右两侧，显示出汉代帝王陵园粗犷古朴的艺术风格。

2. 汉安帝恭陵

汉安帝恭陵位于河南洛阳城西北邙山的送庄镇三十里铺村西南。汉安帝，名刘祜(94～125年)。章帝孙，清河王刘庆子。殇帝死后继位。在位19年，于南下巡游途中病死，终年32岁。当年，葬于恭陵。

《后汉书》载：延光四年(125年)三月丁卯，帝自宛还叶，崩于乘舆，秘不敢宣，所在上食问起居如故，庚午还宫，辛未夕乃发丧，夏四月己酉葬恭陵(在今洛阳东北27里)。《古今注》曰："安帝恭陵，山周二百六十步，高十五丈。无周垣，为行马，四出司马门。石殿、钟虡在行马内。寝殿、园吏寺舍在殿北。提封田一十四顷五十六亩。"《帝王世记》曰："高十一丈。在雒阳西北，去雒阳十五里。"汉安帝恭陵在清代被洛阳知县龚松林考证为汉明帝显节陵。现在陵前留有龚松林所立的"汉明帝显节陵"石碑一通。著名考古学家陈长安经过考证，认定所谓大汉冢为汉安帝恭陵。

据《洛阳邙山东汉陵试探》一文：该冢已被修成七级梯田，冢顶竖着三角测标。站在冢顶可以尽览周围冢墓，星罗棋布的汉冢，异常壮观；东南远眺，汉魏故城的残垣依稀可见。冢周围的耕地里，有很多河卵石、青石块和砖块，有一块石片上还残留有"丈三"二字。据《中国文物地图集·河南分册》：墓冢高约20米，周长500米。俗称"大汉冢"。

3. 汉顺帝宪陵

汉顺帝宪陵位于洛阳城西北邙山平乐镇平乐村西北。汉顺帝，名刘保(115～144年)，汉安帝长子，母为孝安李太后。公元115年生于洛阳宫中，母妃李氏后被汉安帝皇后阎后毒死。少帝死后，被宦官拥立为帝。在位19年，病死于洛阳玉堂前殿，终年30岁。葬于宪陵。

《后汉书》载：建康元年八月庚午，帝崩于玉堂前殿，九月丙午葬宪陵(注：在洛阳西15里)。陵高8丈4尺，周300步。《古今注》曰："顺帝宪陵，山方三百步，高八丈四尺。无周垣，为行马，四出司马门。石殿、钟虡在司马门内。寝殿、园省寺吏舍在殿东。提封田十八顷十九亩三十步。"《帝王世记》曰："在洛阳西北，去洛阳十五里。"汉顺帝宪陵陵前有龚松林所立"汉顺帝宪陵"碑。该墓与大汉冢、刘家井大冢基本呈"品"字排列。宪陵的高度和汉顺帝陵二汉冢差不多高。宪陵的北面，有几个小墓，可能是陪葬墓。史料记载汉顺帝生母李妃，为阎皇后所害，后顺帝即位，尊其生母为孝安皇后，葬于恭北陵。

4. 汉冲帝怀陵

汉冲帝怀陵位于洛阳北邙山平乐镇平乐村西北的宪陵以南。汉冲帝，名刘炳(143～145年)，汉顺帝刘保之子，母亲为虞贵人。汉顺帝本应多子嗣，但是由于梁皇后阴谋迫害，多数子嗣因流产而不存。虞贵人与梁皇后交好，故冲帝得存。后汉顺帝驾崩，虞贵人自愿去宪陵守陵，史称"宪陵贵人"。建康元年(144年)四月，刘炳被立为皇太子。八月，汉顺帝去世，年仅两岁的刘炳继位，是为汉冲帝，尊汉顺帝皇后梁妠为皇太后，由梁妠临朝摄政。冲帝在位仅半年。永嘉元年(145年)，汉冲帝去世，年仅3岁。葬于怀陵。

据《洛阳志》载，怀陵在汉顺帝宪陵内。《后汉书》：永嘉元年春正月戊戌，帝崩于玉堂前殿，乙未葬怀陵(注：在洛阳西北15里)。伏侯《古今注》云：高4丈6尺，周183步。《文献通考》："怀陵，山方百八十三步，高四丈六尺。为寝殿行马，四出门。园寺吏舍在殿东。提封田五顷八十亩。"《帝王世纪》:“西北,去雒阳十五里(帝以永嘉元年正月戊戌崩,其月己未葬。)”《东汉观记》:“冲帝崩,将北卜山陵,李固议曰:今处处寇贼,军兴用费加倍,新创宪陵,赋发非一,帝尚幼小,可起陵於宪陵茔内,依康陵制度其於役费三分减一。”乃从固议。

根据文献资料记载,汉冲帝怀陵,是在其父顺帝宪陵的陵园内造陵,而且十分俭约,规模和内藏仅为其他帝陵十分之一。所以这座皇帝陵不会很高,而且离宪陵非常近。史料记载,怀陵仅高 4 丈 6 尺,也就是宪陵一半左右,10 米上下的样子。在二汉冢以南约 1 公里处,有一汉墓,曰三汉冢,高约 10 米,而且离宪陵很近,根据各方面论证,这就是汉顺帝的少子,汉冲帝刘炳的怀陵。怀陵虽然高只有 10 米左右,但是在邙山上,依然属于很高的墓葬。封土呈覆斗形,符合汉代帝王陵的规制。

后代学者在考证了大汉冢为汉安帝恭陵后,认为南北一线的三座汉冢,应是汉安帝、汉顺帝和汉冲帝祖孙三代,是有一定道理的。冲陵附近没有陪葬墓,也没有建筑的痕迹。但是在冲陵封土上,有一个比较深的盗洞。

5. 汉灵帝文陵

汉灵帝文陵位于洛阳北邙山三十里铺村西北的刘家井自然村北。汉灵帝,名刘宏(156 ~ 189 年),汉章帝的玄孙,汉桓帝的堂侄,刘宏本封解渎亭侯,为承袭其父刘苌的爵位。永康元年(167 年)十二月汉桓帝刘志逝世后,刘宏被桓帝的皇后窦氏挑选立为皇帝(因桓帝无子)。在位 22 年,死后葬于文陵(洛阳西北冢头村附近)。

《后汉书》载:中平元年,夏四月丙辰,帝崩于南宫嘉德殿,六月辛酉葬文陵。又载:“六月辛亥,孝仁皇后董氏崩。辛酉,葬孝灵皇帝于文陵。”(在洛阳西北 30 里)陵高 12 丈,周 300 步。《文献通考》引《帝王世纪》:山方 300 步,高 12 丈,在洛阳西北,去洛阳 20 里。《文献通考》:灵帝文陵,《帝王世纪》曰:“山方三百步,高十二丈,在雒阳西北,去雒阳二十里(帝中平六年四月丙辰崩,六月辛酉葬)。”《卓别传》:何后葬,开文陵,卓(董卓)悉取藏中珍物。……卓自屯留毕圭苑中,悉烧宫庙官府居家,二百里内无复孑遗。又使吕布发诸帝陵,及公卿已下冢墓,收其珍宝。

现存汉灵帝文陵墓为一圆丘形。由于陵墓东、南两个方向都有民房,且与陵墓紧紧挨在一起,陵表现在还可以看到夯土层,厚度不等,全陵周长约 300 米。此陵和邙山上其他墓冢相比,规模较大。汉灵帝文陵考:汉灵帝文陵是东汉邙山陵区,也就是北兆域五陵的最后一个,而且在陵区的最北侧。比大致都在洛阳西北 15 里的其他四陵,要更往北一些,而且是高 12 丈的大陵。从高度和相对位置来看,只有位于洛阳市北邙山三十里铺村西北的刘家井自然村西的大冢与之匹配。

汉灵帝文陵在清代被洛阳知县龚松林考证为汉桓帝宣陵。《中国文物地图集 · 河南分册》载:墓冢高 10 米,周长 320 米,俗称“鏊子冢”。墓顶有盗洞两个,采得玉衣残片,可能是该陵被盗时的遗留物。墓冢遭局部破坏,考证疑为汉桓帝宣陵。汉灵帝文陵在一些文物考古类书籍中被称为“刘家井大冢”。国内记录历代帝陵的书有六七部之多,但是大多都是因袭旧说,称“刘家井大冢”为桓帝宣陵。惟有《中华帝陵》一书中,则将其认为是灵帝文陵。书中记载:“在洛孟公路西侧的刘家井村,有一个椭圆形大墓。……这个墓很可能便是灵帝的墓。”据卫星地图上测量,直径在 100 米左右,周长 320 米,与考古人员考察基本准确。

汉灵帝文陵的东北,公路的右侧,还有南北并起的两个相对比较大的陪葬墓封土,是陪葬在汉灵帝文陵的何皇后和王皇后。

(二)曹魏皇陵

全国重点文物保护单位。曹魏自黄初元年至禅晋,共历5帝(即文帝曹丕、明帝曹睿、废帝齐王曹芳、废帝高贵乡公曹髦、元帝常贵乡公曹奂)46年(220~265年),后被晋武帝司马炎取代。其中开国皇帝文帝曹丕、明帝睿、高贵乡公曹髦死后葬于洛阳。

曹操原来是洛阳城内管理城北部治安的北部尉,后来因镇压黄巾军有功,被提升为济南相。董卓之乱以后,外戚董承和一些大臣带着汉献帝从长安回到洛阳。因洛阳已成废墟,曹操就把汉献帝迎接到许(许昌),挟天子以令诸侯。公元220年,曹操在洛阳病死。他的儿子曹丕废汉献帝,改国号为魏,定都洛阳,并把雒阳改为洛阳。

司马懿与魏宗室曹真等受曹丕诏,共同辅佐魏明帝曹睿。公元239年魏明帝崩,司马懿与曹真之子曹爽受遗诏,辅佐年仅8岁的幼主齐王曹芳。公元249年,曹爽兄弟陪同齐王曹芳谒祭魏明帝陵,司马懿父子关闭洛阳城门,占据武器库,控制中央禁军,发动政变。司马懿等率士兵占据洛阳城门,扼住曹爽的归路,诛杀曹爽三族。公元254年,齐王曹芳与中书李丰、光禄大夫张辑等谋以夏侯玄代替司马师辅政,消息走露,李、张被杀,曹芳被废。另立年仅14岁的高贵乡公曹髦为帝。公元260年,魏帝曹髦被司马氏所杀,另立15岁的曹奂为傀儡皇帝。公元265年,司马昭病死,其子司马炎重演曹丕代汉故事,迫使魏帝曹奂"禅位",自己称帝,建立晋朝。

可能是因为曹氏受司马氏挟制之故,曹魏皇陵没有统一的陵区。曹魏五帝中,文帝曹丕、明帝曹睿、废帝曹髦的陵墓有详细的记载。《三国志·魏书·文帝纪》载:魏文帝曹丕于黄初三年(222年)冬十月"表首阳山东为寿陵",并作《终制》称:"寿陵因山为体,无为封树,无立寝殿,造园邑,通神道。"黄初七年(226年)五月,"帝崩于嘉福殿,时年四十","葬首阳陵"。首阳山在市西北境,东西30余里,文帝陵应在首阳山东段,即今首阳山火车站一带。

齐王曹芳被废后,另立曹髦为帝。高贵乡公曹髦称帝后,不甘为大将军司马昭手中玩物,于甘露五年(260年),召大臣王沈、王业等计议说:"吾不能坐受废辱,今日当与卿自出讨之。"王沈、王业不仅不从,反而告密,结果曹髦被杀,被葬于洛阳西北三十里瀍涧之滨,今洛阳市老城北邙山以南。《三国志·魏书·明帝纪》载:魏明帝曹睿死于景初三年(239年)正月,"葬高平陵"。《魏世谱》指出,"高平陵在洛水南大石山,去洛城九十里",即高平陵在今洛阳市南。

文帝曹丕于黄初三年(222年)十月作《终制》规定:"寿陵因山为体,无为封树,无为寝殿、造园邑、通神道",故地面上皆不存曹魏皇陵遗迹。不过,根据史书记载和文物考证,现仍可大致确定曹魏以下3位皇帝陵墓的方位:文帝首阳陵和废帝高贵乡公陵葬位于洛阳市东北邙山陵墓区;魏明帝高平陵位于伊川县吕店乡梁沟万安山。

1. 魏文帝首阳陵

首阳陵,为魏文帝曹丕及其文德郭皇后的合葬陵,位于偃师县城西北15公里的首阳山南麓,南蔡庄村以东的地区,靠近邙山脚下一带。《水经注》载:"河水迳平阴县北,南对首阳山,春秋所谓首戴也,上有伯夷叔齐庙,即邙山最高处,日出先照,故名。山之南魏文帝陵在焉。"参照《水经注》等文献记载,首阳山在偃师市境西北,东西30余里,均泛称首阳山,而每个山头又有具体山名。

曹魏高祖文皇帝曹丕(187~226年),字子桓,三国时期著名的政治家、文学家,曹魏的开国皇帝。沛国谯(今安徽省亳州市)人,魏武帝曹操与武宣卞皇后的长子。黄初七年(226年)夏五月丁巳,帝崩于嘉福殿,时年40岁。曹睿继位。六月戊寅葬首阳陵。谥号"文皇帝"(魏文帝),庙号"高祖"(《资治通鉴》作世祖)。

首阳陵构造极为简单,依山为体,不封不树,也不建陵寝园地、神道等,地表没有任何痕迹。陵中建筑豪不侈华,随葬品以瓦为主,以防后人掘盗。

2. 魏明帝高平陵

魏明帝高平陵即曹魏第二代皇帝曹叡的陵墓,位于偃师县境的霸陵山下。魏明帝,名曹叡(204~239年),字元仲,文帝曹丕之子,曹操之孙。沛国谯县(今安徽亳州)人。能诗文,与曹操、曹丕并称魏之"三祖",文学成就不及操、丕。年15岁封武德侯。黄初二年(221)为齐公,三年为平原王,七年(226年)曹丕去世后,曹叡继位为帝。景初三年(239年)卒于洛阳,在位13年,终年36岁,葬于高平陵。

《三国志》:景初三年,春正月丁亥,帝崩于嘉福殿,二月癸丑葬高平陵。《洛阳历史》记:"魏明帝高平陵,即曹魏第二代皇帝,曹丕长子的陵墓,在偃师市寇店乡一带。"《洛阳县志》载:"高平陵在城东南九十里大石山下。"大石山,又名霸陵山、万安山,亦称娘娘山、王纵山。这里依山傍水,民间传有"头枕娘娘山,脚蹬伊水河"之说,土冢自上而下为夯土层,底长45米,宽37米。上为平顶,顶长14米,宽6米。冢高15米,墓向为东南西北向,墓冢保存完好。墓冢周围发现了大量的瓦当、筒瓦、青砖、下水管、房基石等建筑遗物。冢北有一条长4000米、宽80米、深厚20米的大沟,相传是司马懿当年为断曹氏家族风水所挖。

《水经注》:大石山阿,有魏明帝高平陵。注:大石山,又名万安山,今属偃师县境。据历史资料和实地考察,魏明帝高平陵应在洛阳伊川吕店乡梁沟万安山。

3. 废帝高贵乡公髦墓

废帝高贵乡公髦墓位于洛阳市老城北15公里或偏东北邙山以南,瀍河之滨,当泛指瀍河与涧水附近。高贵乡公即曹魏第四代皇帝曹髦(241~260年),字彦士,文帝孙,东海定王霖之子。正始五年(244年),封郯县高贵乡公。公元254年齐王曹芳(曹魏第三代皇帝)被司马氏废后,曹髦被迎立为皇帝,即位6年后,因不甘司马氏专权,率随从数百人攻司马昭被杀。其生前死后均无其他封号、谥号,因而历史上一直称为高贵乡公。《三国志》:甘露五年(260年)五月,高贵乡公卒,年20岁,高贵乡公的养母皇太后被迫下令以民礼葬。太傅孚、大将军文王、太尉柔、司徒冲稽首言:"伏见中令,故高贵乡公悖逆不道,自陷大祸,依汉昌邑王罪废故事,以民礼葬。诚当旧典。然臣等伏惟殿下,仁慈过隆,虽存大义,犹乘哀矜,臣等之心实有不忍,以为可加恩以王礼葬之。"太后从之。《汉晋春秋》云:丁卯葬高贵乡公于洛城西北30里瀍河之滨,下车数乘,不设旌旐,百姓相聚而观之曰:是前日所杀天子也,或掩面而泣悲不自胜。经考证,废帝高贵乡公髦墓应在今洛阳市老城北15公里或偏东北邙山以南瀍河和古金谷涧附近。

(三)西晋皇陵

全国重点文物保护单位。地望在偃师市首阳山镇一带,为邙山陵墓群的一部分。公元前265年,西晋武帝司马炎代曹魏自立,建都洛阳,历4帝52年,除怀帝、愍帝被刘聪杀死在平阳(今陕西临汾)外,武帝司马炎、惠帝司马衷均崩于洛,加上追封的宣帝司马懿、景帝司马师、文帝司马昭,共5帝,其陵墓均在洛阳市及其附近。但《晋书》只记载陵号，如宣帝葬高原陵、景帝葬峻平陵、文帝葬崇阳陵、武帝葬峻阳陵、惠帝葬太阳陵，陵址均略而不详。

据史书记载，晋陵与前代魏陵相同，皆“不树不封”，故只载陵号，不记陵址。但在偃师首阳山一带出土的《晋故中书侍郎颍川颍阴荀岳及妻刘简训墓志铭》和《晋武帝贵人左太冲之妹左棻墓志铭》中有“陪祔晋文帝陵道之右”“葬峻阳陵西徼道内”的记载，为查考文帝崇阳陵和武帝峻阳陵的地望提供了线索。左棻墓志出土于偃师南蔡庄北，被俗称“峻陵儿地”的山坡上，荀岳墓志出自邙山脚下的潘屯至杜楼一带。依此线索，中国社会科学院考古研究所洛阳汉魏城于 1982 年秋至 1983 年初在这一带进行了勘察、发掘，发现了几个西晋皇帝的陵墓，取得了重要的收获。

据其他墓志记载推断和考察，晋文帝崇阳陵，位于偃师南蔡庄村北 2 公里的邙山南坡下。晋武帝峻阳陵，在偃师南蔡庄村北偏西约 2 公里的邙山南坡根。二陵相连，峻阳陵在崇阳陵西。晋武帝峻阳陵和晋文帝崇阳陵地理位置的确定，为进一步勘察晋宣帝高原陵、晋景帝峻平陵和晋惠帝太阳陵奠定了基础，也为研究中国古代陵墓寝制度提供了非常宝贵的资料。

1. 晋武帝峻阳陵

峻阳陵为晋武帝司马炎的陵寝，位于偃师市南蔡庄村北山坡上。晋武帝，名司马炎（236～290 年），字安世，司马昭嫡长子，晋元帝司马睿从祖父，河内温（今河南温县）人。晋朝的开国君主，265～290 年在位。265 年袭父爵晋王，数月后逼迫魏元帝曹奂禅让给自己，国号大晋，建都洛阳。建国后采取一系列经济措施以发展生产，屡次责令郡县官劝课农桑，并严禁私募佃客。又招募原吴、蜀地区人民北来，充实北方，并废屯田制，使屯田民成为州郡编户。太康元年，颁行户调式，包括占田制、户调制和品官占田荫客制。太康年间出现一片繁荣景象，史称“太康之治”。太康元年（280 年）灭东吴，结束了分裂长达半个世纪的三国时代。晋武帝司马炎成为继秦皇、汉武、光武帝之后第 4 位统一全国的皇帝。公元 290 年病逝，葬峻阳陵。

《晋书》武帝纪：“太熙元年（290 年）四月，帝崩于含章殿，五月辛未葬峻阳陵。”《通志》：峻阳陵在河南府城北（峻阳陵的位置应在首阳山南，今偃师南蔡庄北）。早年出土的《晋故中书侍郎颍川颍阴荀岳及妻刘简训墓志铭》和《晋武帝贵人左太冲之妹左棻墓志铭》为寻找文帝崇阳陵和武帝峻阳陵提供了线索。传左棨墓志出土于偃师市南蔡庄北地的鏊子山一带，考古工作者在南蔡庄以北 2.5 公里的山坡上发现一处西晋墓地。这里有墓葬 23 座，均坐北朝南，墓地内墓葬布局排列有序，主次分明，显示出死者生前的尊卑关系。其中 1 号墓位于墓地最东端，居于尊位，且规模最大，墓道长 36 米，宽 10. 50 米，墓室长 5. 50 米，宽 3 米，高 2 米，墓主人为全墓地生前地位最高者。其余 22 座墓大多分布在墓地西部，墓道一般长 17～22 米，深 6～8 米，墓室一般长 4. 5～6. 5 米，宽 2. 5～3 米，高 1. 5～2 米，其规格明显低于 1 号墓，墓主身份也较 1 号墓为卑。从排列情况看，墓主生前的地位也有差异，居前排者位高，居后排者稍次，四周没有发现陵垣痕迹。故 1 号墓墓主是鏊子山一带墓地生前地位最高者，当为晋武帝峻阳陵。

2. 晋文帝崇阳陵

晋文帝崇阳陵位于今偃师市潘屯、杜楼二村以北的枕头山墓地。晋文帝，名司马昭（211～265 年），字子尚，司马懿次子，西晋开国皇帝司马炎的父亲，西晋太祖文皇帝。曹髦时，司马昭继承父兄的权力，弑魏帝曹髦，彻底控制了曹魏政权。掌权期间派邓艾灭蜀。《晋书 · 文帝纪》：“咸熙二年（265

年),秋八月辛卯,帝崩于露寝,时年五十五,九月癸酉,葬崇阳陵。"司马昭死数月,其子司马炎代魏称帝,建立晋朝,追尊司马昭为"文帝",庙号"太祖"。

荀岳墓志出自邙山脚下的潘屯至杜楼一带。依此线索,在潘屯、杜楼以北的枕头山上找到另一处西晋大型墓地,共探出墓葬5座,均为坐北朝南,墓的形制布局等都与峻阳陵墓地相同。其中位于墓地东端的一号墓是枕头山中规模最大的一座,墓道长46米,宽11米;墓室长4.5米,宽3.7米,高2.5米,居尊位。其他4座墓均小于一号墓,分布在墓地的西部。墓地周围残存有陵园及建筑遗迹。东陵垣长384米,西陵垣和北陵垣均长330米,南陵垣未见痕迹。在陵区内探出两处建筑遗迹:一处位于东垣最北端,居墓地东北角,为一长方形夯土台。另一处位于西垣南侧,由三块夯土基址组成。以其位置看,两处建筑遗迹当与陵区守卫有关。研究者认为枕头山墓地1号墓当为晋文帝司马昭崇阳陵。

3. 晋宣帝高原陵

晋宣帝高原陵为晋宣帝司马懿的陵寝,位于今偃师市偃师市首阳山镇北2公里的首阳山上。晋宣帝,名司马懿(179~251年),字仲达,河内郡温县孝敬里(今属河南温县)人。三国时期魏国杰出的政治家、军事家,西晋王朝的奠基人。曾任职过曹魏的大都督,太尉,太傅。是辅佐了魏国三代的托孤辅政之重臣,后期成为全权掌控魏国朝政的权臣。平生最显著的功绩是多次亲率大军成功对抗诸葛亮的北伐。嘉平三年(251年)八月,司马懿去世,享年73岁。谥"文贞",追封"相国、郡公"。司马孚秉承他的遗愿,辞让郡公和殊礼,遗命简葬。当年九月,司马懿被葬于偃师首阳山,谥号后改为"文宣"。司马炎称帝后,给司马懿上尊号为"宣皇帝",称其陵墓为"高原",庙号"高祖"。

据《晋书·宣帝纪》记载,司马懿生前就在黄河南岸首阳山预造寿陵,不植树木,不起坟冢,作一地下土葬,以防被盗。临死之前,他又作《顾命三篇》告诉子孙,他死后只穿平常衣服,不陪葬明器,亦不许嫔妃死后与其合葬。魏嘉平三年八月戊寅,帝崩于京师,天子素服临吊丧葬,威仪依汉霍光故事,追赠相国郡公,弟孚表陈先志辞郡公辒辌车,九月庚申葬于洛阳首阳山。

4. 晋惠帝太阳陵

太阳陵为晋惠帝司马衷的陵寝。《通志》:太阳陵在河南府(洛阳)南郊3公里李楼乡附近。据专家根据史料记载和考察,晋惠帝太阳陵在今偃师市南蔡庄晋武帝司马炎峻阳陵西,太阳陵面积80平方米,墓高2米。

晋惠帝,名司马衷(259~307年),字正度,河内温县人。晋武帝司马炎第二子,西晋的第二代皇帝,公元290~307年在位。司马衷于267年被立为皇太子,290年即位,改元永熙。司马衷是一个白痴,即位后,无力理政。初由太傅杨骏辅政,后皇后贾南风杀害杨骏,掌握朝政大权。因此导致发生了诸王为争夺最高统治权的内战,史称"八王之乱",激化了阶级矛盾和民族矛盾,给洛阳造成毁灭性灾难。在八王之乱中,惠帝的叔祖赵王司马伦篡夺了惠帝的帝位,并以惠帝为太上皇,囚禁于金墉城。齐王司马冏与成都王司马颖起兵反司马伦,群臣共谋杀司马伦党羽,迎晋惠帝复位,诛司马伦及其子。又由诸王辗转挟持,形同傀儡,受尽凌辱。光熙元年(306年),11月庚午,他被东海王司马越毒死在显阳殿,时48岁,葬太阳陵。《晋书》:光熙元年(306年)十一月庚午,帝崩于显阳殿,十二月巳酉葬太阳陵。

5. 晋景帝峻平陵

晋景帝峻平陵位于今偃师市首阳山司马懿高原陵西侧、洛阳邙山陵墓群。晋景帝,名司马师

(208～255年)，字子元，河内温县(今河南温县)人，三国时期曹魏权臣，西晋王朝的奠基人之一。他是晋宣帝司马懿与张春华的长子，太祖司马昭的兄长，西晋开国皇帝司马炎的伯父。司马师沉着坚强，雄才大略，与夏侯玄、何晏齐名。与其父司马懿谋划诛杀曹爽，以功封长平乡侯食邑千户，旋加卫将军。司马懿死后，以抚军大将军辅政，独揽朝廷大权。掌权后，制定选拔官吏的法规，命百官推荐贤才，整顿纲纪，任命文武大臣使各有职掌，朝野肃然。司马师也有卓越的军事才能，曾用计击灭吴国诸葛恪的大军。

公元254年，魏帝曹芳与中书令李丰等密谋除司马师，事情泄露，司马师杀死参与者，迫郭太后废掉魏帝曹芳，从太后命以高贵乡公曹髦为帝。次年，司马师亲率兵平定毌丘俭、文钦之乱，途中病死，葬于峻平陵。其弟司马昭受封晋王后，追谥景王。晋朝建立后，追尊为景皇帝，庙号世宗。

(四)北魏皇陵

全国重点文物保护单位。北魏自孝文帝太和十八(494年)从平城迁都洛阳，至孝武永熙三年(534年)终，历时41年，前后共历孝文、宣武、孝明、孝庄、节闵、孝武6帝，死后均葬于洛阳北邙。历经于其中孝文帝葬长陵，宣武帝葬景陵，孝明帝葬定陵，孝庄帝葬静陵，均在洛阳一带。但因年代久远，北邙高冢林立，俱无标志，很难确切知道每个北魏帝王陵墓位置。根据史料和考古调查，已确定具体方位的北魏皇陵有孝文帝元宏长陵、宣武帝景陵、孝明帝定陵和孝庄帝元子攸静陵4座。

而北魏敬宗元晔、节闵帝元恭葬地不详。废帝元朗，永兴二年(533年)十一月甲辰，遇弑殂于门下外省，年20岁。永熙二年(533年)葬于邺西南野马岗，此后分为东西魏。

1. 高祖孝文帝长陵和文昭皇太后陵

北魏孝文帝，名元宏(467～499年)，本姓“拓跋”，后改姓“元”，是北魏献文帝拓跋弘的长子，北魏第7位皇帝(471～499年在位)，在位28年。其在位期间推行均田制和户调制，变革官制和律令，迁都洛阳，改易汉俗等。孝文帝所推行的改革措施有利于缓解民族隔阂和阶级矛盾，为社会经济的恢复和发展发挥了积极作用。太和二十三年(499年))庚辰车驾南伐，庚子疾甚，北还，四月景午朔，殂于谷塘原之行宫，年33岁，谥号“孝文皇帝”，庙号“高祖”，五月景申葬长陵。

孝文帝长陵和文昭皇太后陵

《魏书》载：“孝文昭皇后高氏，司徒公肇之妹也。父飏，母盖氏。”“后先葬城西长陵东南，陵制卑局。因就山起陵，号终宁陵，置邑户五百家。肃宗又诏曰：‘文昭皇太后尊配高祖，祔庙定号，促令迁奉，自终之始，太后当主，可更上尊号称太皇太后，以同汉晋之典，正姑妇之礼，庙号如旧。’文昭迁灵榇于长陵兆西北六十步。”1946年《魏文昭皇太后山陵志铭并序》出土于小冢，称“祔葬于高祖长陵之右”。

高祖孝文帝长陵和文昭皇太后陵位于今洛阳市西北25公里的官庄村东的邙山顶上,有相邻二冢,一大一小,大冢高35米,直径45米;小冢高23米,直径35米。两冢相距约50米,当地俗称"大小冢"。据考证,今两冢相距与史载基本相符。《魏文昭皇太后山陵志铭并序》出土于小冢,故"大冢"为孝文帝长陵,其西北处的"小冢"为魏文昭太后陵。孝文帝拓跋宏于太和十七年(493年)率军南下,翌年决定由平城(今大同)迁都洛阳。他实行汉化政策,并规定死后葬洛阳。

2. 世宗宣武帝景陵

北魏宣武帝,名元恪(483~515年),孝文帝元宏次子,母高氏。二十一年(497年)正月甲午,立为皇太子,北魏太和二十三年(499年)即位,先后改元景明、正始、永平、延昌,在位16年。即位之始,首先干的第一件事情就是,扩建新都洛阳。拒绝鲜卑遗老们重返故里的建议,巩固了孝文帝元宏的改革。随后,元恪趁南朝正处于齐末帝萧宝卷的昏暴统治下,于公元500年开始南伐。战事直到公元508年才告结束。此时,北魏已经占领了扬州、荆州、益州等地,北魏的国势盛极一时。但在位期间,朝纲不振,财力日乏,政治腐败,崇盛佛教。吏部标价卖官,贵戚生活奢侈,起义不断,延昌四年(515年)正月,病逝于皇宫式乾殿,年33岁,庙号世宗,谥号宣武皇帝,葬景陵。

景陵位于洛阳市北7公里邙山之顶的邙山乡冢头村东,北距孝文帝长陵约5公里。魏宣武帝陵平面略呈圆形,四周稍有残损,现存冢高24米,直径105~110米。经发掘可知是一坐北面南的砖室墓,平面略呈"甲"字形,全长54.8米,由墓道、前甬道、后甬道和墓室四部分组成。墓顶作四角攒尖式,高9.36米。墓室内有石棺床。该墓被盗严重,仅出土龙柄盘口壶、龙柄鸡首壶、四系盘口壶、唾壶、钵等瓷器,罐、盆、杯、碗、盏、托、圆盒、方形四足砚等陶器,灯残件、帐插座等石器,锤、镞、钉等铁器。

3. 孝明帝定陵

北魏孝明帝,名元诩(510~528年),宣武皇帝第二子,延昌四年(515年)正月嗣位。先后改元熙平、神龟、正光、孝昌,在位14年。于武泰元年(528年)二月被其母胡太后毒死于显阳殿,年19岁,三月葬于定陵。

关于孝明帝定陵位置说法不一:其一,新中国成立前,在今洛阳市东北郊西山岭头村南,出土两方北魏墓志,一方是张宁志,志载"葬于孝明皇帝陵西二里";另一方是王悦墓志,志载"兆入定陵……合葬邙岭定陵西岗",由此可知定陵的位置是在西山岭头村南,但至今未见任何遗迹。其二,认为在洛阳北郊红山乡西陡沟村。现存孝明帝冢高16米,直径30余米,底部用石头封砌加固。后者符合孝文帝所定的"西以为陵园之所"的范围之内。

(四)孝庄帝静陵

北魏孝庄帝,名元子攸(507~530年),为北魏第十代皇帝。献文帝拓跋弘之孙,彭城王勰第三子。梁武帝大通二年(即武泰元年,为公元528年),尔朱荣起兵,杀胡太后和幼主元钊后,企图称帝,因见人心不服,暂立元子攸为帝,改年号为建义。元子攸即位后,由于尔朱荣的大肆屠杀,京城空虚,地方政权瓦解,北魏政权已经名存实亡。尔朱荣因为杀宗室朝官太多,民怨沸腾,不敢贸然进驻洛阳。他一面远据晋阳,残酷镇压农民起义,一面遥控洛阳,准备伺机夺取政权。元子攸不甘心做傀儡皇帝,于永安三年(530年)九月,与城阳王元徽、侍中杨侃等人谋划,诱杀了尔朱荣。不久,尔朱荣侄尔朱兆引兵攻入洛阳,俘住元子攸,于十二月甲辰将之锁于永宁寺塔中。在囚禁中,元子攸取下头巾企图自尽,未遂。后被送往晋阳拘禁,不久被缢死于太原城三级寺,时年 24 岁。元子攸被杀后的庙号为“敬宗”,谥号为“孝庄帝”。至普泰元年(531 年)冬,始迎梓宫赴京师洛阳,葬于静陵。

孝庄帝静陵位于洛阳邙山乡上寨村南。墓冢残高 15 米,直径 40 余米。1976 年邙山乡上寨村村民在其墓冢前平整土地时,挖出石翁仲一件,身高 3.14 米。从石人服饰形态看属北魏遗物,当知此冢为北魏墓。从墓冢之大及石人的装束形态看,绝非一般官吏之墓,而应为帝王陵。又此冢与景陵基本并列,而元恪与元子攸为堂兄弟,由此推测此冢为孝庄帝之静陵。

十、东汉皇陵南兆域

全国重点文物保护单位。东汉皇陵南兆域即洛河以南的东汉帝陵,位于偃师市高龙镇、大口乡、寇店镇、庞村镇一带及其附近地区。这一带远离洛阳市区,新中国成立之后,这一带很少开展有针对性的大规模的专题考古工作。为配合郑西铁路客运专线建设,2006 年 7 月以来,文物部门对东汉皇陵南兆域进行了考古调查和钻探。随着考古调查工作的逐步推进,一直困扰文物界的洛阳东汉帝陵南兆域的范围渐趋明朗,初步确定洛南东汉帝陵区域约 200 平方公里,位于庞村镇、李村镇、寇店镇、大口乡、高龙镇、顾县镇及附近地区。洛南东汉帝陵区域内的帝陵、陪葬墓群的营建及遗存遗物集中体现了当时社会的政治制度、思想意识和文化艺术水平,对于研究东汉历史有着非同寻常的意义,是破解东汉帝陵形制之谜的重要实物资料。

葬于东汉皇陵南兆域的皇陵有:明帝刘庄显节陵、章帝刘炟敬陵、和帝刘肇慎陵、殇帝刘隆康陵、质帝刘缵静陵、桓帝刘志宣陵。陵区内除了 6 位皇帝的陵墓之外,还分布着后妃、王公贵族、达官显贵的陪葬墓群。

1. 汉明帝显节陵

汉明帝显节陵位于今洛阳市邙山南面洛河以南的送庄乡三十里铺村,俗称“大汉冢”。汉明帝,名刘庄(28~75 年),东汉第二任皇帝。汉光武帝刘秀的第四子,母为阴丽华。初名刘阳,封东海王。建武十九年(43 年)立为皇太子。中元二年(57 年)继皇帝位。永平十八年(75 年)八月,死于洛阳东宫前殿。明帝之世,吏治比较清明,境内安定。在位 19 年,死时 48 岁。葬于显节陵(今洛阳市东南)。

汉明帝显节陵

《后汉书》载:永平十八年秋八月壬子帝崩于东宫前展,壬戌葬显节陵。注引《帝王世纪》:显节陵方 300 步,高 8 丈,其地故富寿亭也。西北去洛阳 37 里。

据考古人员测量，现存显节陵墓冢封土直径130米，高19米。封土西侧发现3座规格很高的陪葬墓冢，封土的南侧、东侧发现了2处规模巨大的建筑遗址，其中一座面积达2100平方米。

大汉冢的东北方向还发现了一片面积大约20万平方米的建筑遗址群，专家推测是陵庙遗址。根据历史资料，显节陵的地宫用虡文画着日、月、鸟、龟、龙、虎、连壁、偃月等，极为奢丽。可惜的是显节陵曾经被盗，丢失了很多奇珍异宝。现在陵前留有清人龚松林所立的“汉明帝显节陵”石碑一通。登上冢顶，周围陵墓星罗棋布，非常壮观。

2. 汉章帝敬陵

汉章帝敬陵位于在洛阳市邙山南面洛河以南的东汉南兆域，俗称“二汉冢”。汉章帝，名刘炟（56～88年），明帝五子。永平三年（60年）被立为皇太子。永平十八年（75年）继位。在位14年，病逝于洛阳章德前殿，时年31岁，葬于敬陵（今洛阳东南）。

《后汉书》载：章和二年春正月壬辰，帝崩于章德前殿，癸卯葬敬陵（注：在洛阳城东南39里）。《古今注》云：陵周300步，高6丈2尺。

敬陵是章帝和章德皇后的合葬墓。陵冢高大宏伟。今天陵冢历经两千多年的风雨剥蚀，仍然不减当年风采。陵前有清代龚松林所立的“汉章帝敬陵”石碑一通。陵冢周围没有发现砖瓦遗物，说明当时可能没有寝庙建筑，与史料记载相符。

3. 汉和帝慎陵

汉和帝慎陵位于洛阳市邙山南面洛河以南东汉皇陵区，和敬陵相邻，俗称“三汉冢”。汉和帝，刘肇（79～105年），汉章帝第四子。其母梁贵人是褒亲愍侯梁竦之女，建初二年（76年）入宫。建初四年（78年），生下刘肇。后被窦皇后诬陷，忧郁而死。窦皇后亲自抚养刘肇，视如己子。建初七年（82年）六月十八日，汉章帝废皇太子刘庆为清河王，改立刘肇为皇太子。章和二年（88年），汉章帝逝世，刘肇即位，是为汉和帝，时年10岁。尊嫡母窦皇后为皇太后，由窦太后临朝执政，从此东汉王朝由稳转乱，进入外戚、宦官相继掌权的时期。永元四年（92年），汉和帝刘肇联合宦官将窦氏一网打尽，但是也由此进入宦官专权时期。汉和帝在位17年，病逝于京都洛阳的章德前殿，终年27岁。葬于慎陵（今洛阳东南）。

《后汉书》载：元兴元年十二月辛未，帝崩于章德前殿，延平元年春三月甲申葬慎陵（洛阳东南30里）。

慎陵是和帝刘肇和皇后邓熹的合葬墓。慎陵建筑规模比敬陵更为高大壮观。现在慎陵前有清人龚松林所立的“汉和帝慎陵”石碑一通。登上冢顶，可以远眺滔滔黄河，山上汉氏陵墓尽收眼底。

4. 汉殇帝康陵

汉殇帝康陵位于汉和帝刘肇的慎陵中，位于洛阳市邙山南面洛河以南。汉殇帝，名刘隆（105～106年），为和帝刘肇与邓皇后少子。元兴元年（105年）十二月辛未日，汉和帝在章德前殿去世，此时刘隆刚出生百余日。按照传统，继承皇位的应是汉和帝的长子刘胜，但刘胜自幼生有怪病，多年不愈，汉和帝皇后邓绥认为他不适合做皇帝，于是立刘隆为皇帝，故襁褓中的刘隆正式即皇帝位，是为汉殇帝，改年号为延平，封其兄刘胜为平原王，邓绥升为太后，由邓绥临朝听政。延平元年（106年）八月辛亥日，仅做了8个月皇帝的刘隆得了场大病就死在了襁褓之中，葬于康陵（今洛阳东南）。

《后汉书》:延平元年八月辛亥,帝崩于崇德殿,九月丙寅葬康陵(注:康陵在慎陵茔中)。高5丈4尺,去洛阳48里。据史料记载:“(康陵)陵在慎陵(汉和帝陵)茔中庚地,高五丈五尺,周二百八步。”考古人员测定,汉殇帝康陵在整个陵区最南端,基本在万安山下,而且十分卑小。汉殇帝是中国帝王中即位年龄最小、寿命最短的皇帝。汉殇帝康陵后来为兵乱所踏,陵丘湮没。当地人说解放以前他们就没有听说过这一代有皇帝陵,不排除古代就被移平,或者由于地质灾害,封土无存的可能性。

5. 汉质帝静陵

汉质帝静陵位于洛阳邙山南面洛河以南的东汉皇陵区。汉质帝,名刘缵(138~146年),汉章帝玄孙。刘缵曾祖刘伉为汉章帝长子,因其生母地位卑贱,被剥夺了皇位继承权。建初四年(79年)被封为千乘王(封国在今山东省高青县附近)。那年,即皇帝位。永嘉元年(145年)正月,年仅3岁的汉冲帝因病去世。当时尊称为梁太后的汉顺帝皇后之弟梁冀拥立汉章帝玄孙刘缵为帝,改元本初,是为汉质帝。梁太后依然以皇太后的身份临朝称制,而朝政基本上控制在其兄梁冀手中。梁冀主持朝政期间,专横跋扈,无所不为,引起了一些正直朝臣的抵制,以太尉李固为首的许多士族官僚纷纷上书批评梁冀的所作所为,力求矫正时弊,但都遭到了梁冀的打击和压制。质帝虽年幼,但他聪明伶俐,不堪梁冀的专横跋扈。质帝曾在朝会上,当着群臣的面,叫梁冀说:“此跋扈将军也!”梁冀见后,大为反感,便命手下在质帝的饼里下毒,同日将刚满9岁的质帝毒死于洛阳宫中。汉质帝在位时间不到1年,年仅9岁,葬于静陵。

《后汉书》:本初元年闰六月甲申,大将军梁冀潜行鸩弑帝,崩于玉堂前殿,秋七月乙卯葬静陵(在洛阳东南30里)。陵高5丈5尺,周138步。

6. 汉桓帝宣陵

汉桓帝宣陵位于洛阳市邙山以南洛河以南东汉皇陵区的送庄镇三十里铺北,俗称“鳖子冢”。汉桓帝,名刘志(132~167年),汉章帝曾孙,河间孝王刘开之孙,蠡吾侯刘翼之子,母匽明。本初元年质帝崩,梁太后与兄大将军梁冀定策,迎立15岁的刘志为帝,是为汉桓帝。仍由梁太后临朝听政。初由外戚梁冀掌握朝政。

延熹二年(159年)汉桓帝与宦官单超等合谋诛灭梁氏,政权由是落入宦官之手。延熹九年(166年)朝中官员、太学生员与外戚联合反对宦官当权,汉桓帝下诏逮捕李膺等200余人,禁锢终身,史称“党锢之祸”。刘志一生崇尚佛、道,沉湎女色,信任宦官,察举非人,时人讥为“举秀才,不知书;举孝廉,父别居”。东汉王朝自此江河日下,濒于灭亡。在位21年。永康元年(167年)十二月,汉桓帝刘志死于德阳前殿,时年36岁,葬于宣陵。

《后汉书》载:永康元年(167年)十二月丁丑,帝崩于德阳前殿。灵帝建宁元年(168年)二月辛酉葬宣陵(注:在洛阳东南30里)。高12丈,周300步。《洛阳县志》载:在东北路刘家井村。

十一、三国蜀汉后主刘禅墓

刘禅墓位于洛阳市北邙山。刘禅(207~271年),蜀汉后主,三国时期蜀汉第二位皇帝。公元263年蜀汉被曹魏所灭,刘禅投降曹魏,被封为安乐公。字公嗣,又字升之(《魏略》),小名阿斗。母亲是昭烈皇后甘氏，刘备之子。于刘备去世后继位成为蜀国皇帝。刘禅平庸无能，虽然有诸葛亮等贤臣良将辅佐，也不能振兴蜀国，最后还主动投降魏国。后用“阿斗”“扶不起的刘阿斗”形容软弱无能、没有大志、不思振作的人。

《三国志》载：公晋武帝泰始七年（271 年）薨于洛阳。《三国志》及《注》，俱不言葬所，今依府志补。据考证，泰始七年（271 年）蜀汉亡国之君刘禅死在洛阳，葬于邙山，享年 64 岁。其墓地位于孟津平乐镇翟泉村东。20 世纪 60 年代，刘禅墓还有高 7 米、直径 15 米的大冢。如今，刘禅之墓已经夷为平地。

十二、京兆王墓

京兆王墓位于太室山峻极峰北侧的墓坡。《民国巩县志》载：“今日嵩山峻极峰北，有地名墓坡，盖京兆王墓也。”此墓在墓坡山顶，南邻登封；北坡下为殿坪遗址，有砖、瓦砾，面积为六亩大；东为嵩山峻极峰，峻极峰坡有嵩阳书院，北魏法王寺；西为少室山，山下有名刹少林寺，墓场呈圆形，高 20 米，直径 50 米，面积约 2000 平方米。

京兆王，姓元名太兴。鲜卑族，北齐魏景穆帝之孙，袭父爵为京兆王。京兆王曾拜长安镇都大将军，后因“黩货”被削去官爵，不久又复爵。中年以后，京兆王改为镇夏州刺史，拜守卫尉所。《登封县志》曰：“京兆王墓在嵩山上。王因患病，佛前乞愿：若病瘥，舍王爵入佛门。未几便愈，遂请为沙门，诏皇太子于四月八日下发，更名僧懿，居嵩山中。太和二十二年（498 年）终，葬嵩山顶。”《魏书》曰：“京兆王太兴病，请为沙门，诏皇太子于四月八日为之下发，更名僧懿，居嵩山。太和二十二年终。”墓前山下的开阔之地曾建有献殿一座，气势恢宏，现只留下献殿遗址，遗址上荒草萋萋，砖头瓦砾遍地，群众俗称“殿坪”。

今嵩山墓坡上有冢，高约 2 米，长 4 米余，土石堆垒，圆丘形。该墓多次被挖盗。京兆王墓附近的村子卧龙，因京兆王墓所在，曾长期被叫做“墓坡”。

十三、陈后主墓

陈后主墓位于洛阳北邙山。陈后主（553 ~ 604 年），名陈叔宝，字元秀，南北朝时代南朝陈国皇帝（582 ~ 589 年在位）。陈后主在位时大建宫室，生活奢侈，不理朝政，日夜与妃嫔、文臣游宴，制作艳词。隋军南下时，自恃长江天险，不以为然。祯明二年（588 年），隋以晋王杨广为元帅，率 80 总管、51 万士兵南下。陈后主自恃有长江天险，不以为意。不久，隋军就分道攻入建康，陈叔宝被俘，陈朝灭亡。陈后主被押往洛阳，隋仁寿四年（604 年）病卒于洛阳，时年 52 岁，葬于洛阳北邙山。

《南史》：后主以隋仁寿四年（604 年）十一月壬子，终于洛阳。追赠大将军、封长城县公，谥曰炀，葬河南洛阳之邙山。

《通志》：炀帝崩于江都，唐太宗迁葬河南，未知何据。陈后主与帝同谥，后主墓在北邙山，遂误作隋炀帝陵。

十四、唐代皇陵

(一)恭陵

全国重点文物保护单位。恭陵位于嵩山北麓偃师市缑氏滹沱村西南的景山白云峰之巅。南依嵩山,北临洛河,登陵远望,东南群山耸立,西北岗峦起伏。恭陵是唐高宗的太子李弘的陵寝,俗称太子冢。李弘(652~675年),字宣慈,唐高宗李治第五子,武则天长子。显庆元年(656年)正月被立为太子。他秉性仁孝,谦虚谨慎,在朝中颇有好评,亦深得其父高宗的喜爱。后因与武则天政见不合,遂失爱于"母后"。上元二年(675年)四月,年仅24岁的李弘在东都合璧宫饮鸩而死,追谥为"孝敬皇帝"。高宗十分悲伤,下旨以天子之礼葬李弘于偃师缑氏景山(原称懊来山,后更名太平山),号恭陵。时朝廷令蒲州刺史李仲寂为山陵使,征用河南、山西等省数万民夫,"功费钜亿",从10公里外的伊河滩上一袋袋运来沙土,修建而成。同年七月,洛州特地恢复缑氏县,管理这座山陵。

偃师恭陵

恭陵规模宏大,整个陵区面积为31万余平方米。陵园坐北朝南,平面为方形,边长440米,墓区总面积41万平方米。陵墓封土为覆斗形,东西长150米,南北宽140米,现残高22米。经钻探可知,原封土的长、宽应在160~180米,高度也在30米以上。封土全部用红褐色土夯筑,坚硬密实。陵墓四周原有神墙围护,神墙四周有角楼建筑,四面神墙的中部各置一神门,以喻青龙、白虎、朱雀、玄武。门外土阙尚存,土阙四周亦有砖墙围护。南神门宽30米,门阙外10米有石立狮一对,分列左右,相距54米。其余3座神门与此相同,唯改立狮为坐狮。自东神门外坐狮至西神门外坐狮,总长度为571米,南北二神门的石狮相距为573米。神道在南神门外正南方向,宽50米,两侧自北而南依次排列有翁仲3对,天马1对,望柱1对。东排一、二翁仲之间,有高宗亲自撰文并书丹的《孝敬皇帝督德之记》石碑1通,碑高6.10米,宽2.10米,厚0.40米,碑文33行,每行82~89字。

在陵墓封土东北50米处,有一方锥形土冢,俗称"娘娘冢",底边长、宽各40~50米,残高13米,为李弘之妃哀皇后陵寝。这儿曾出土一些精美绝伦的红釉、蓝釉陶器。

恭陵布局极为严整,宏伟壮观,地面石刻作工细腻,雕造精美,形象生动。整个陵区面积为31万余平方米。它既是我国唐代陵墓中保存较好的一座,也是嵩山核心区中现存唐墓中规模最大和规格最高者。

(二)唐昭宗和陵

唐昭宗李晔(867～904年),原名杰,又名敏。唐懿宗第七子,唐僖宗弟。唐朝第19位皇帝(除去武则天和殇帝以外),888～904年在位,在位16年。唐昭宗在位期间,宦官、朝臣、藩镇为争夺朝廷的控制权,斗争激烈,战乱不断,皇权衰微。司马光曰:唐代"宦者之祸,始于明皇,盛于肃、代,成于德宗,极于昭宗"。此时的唐政府已经名存实亡,唐昭宗根本没有实权,后被当时最大的藩镇朱温控制。光化三年(900年),宦官左右军中尉刘季述、王仲先废昭宗而囚之,拥立太子李裕为帝。势力强大的藩镇朱温(全忠),觊觎皇位已久,为了灭亡唐朝,自己做皇帝,趁机派兵先杀掉宫里所有宦官,再不顾大臣反对迁都洛阳,挟李晔,掌国权,接着镇压各地藩镇。天祐元年(904年)正月受朱温挟迫离开长安,闰四月,迁都洛阳。同年八月壬寅夜,朱全忠令朱友恭、氏叔琮、蒋玄晖"弑昭宗于椒殿"。帝殂,年38岁,群臣上谥曰圣穆景文孝皇帝,庙号昭宗。二年二月二十日,葬于和陵。《文献通考》载:"昭宗崩,葬和陵,在河南府缑氏县界"。唐帝陵多在长安,时权在藩镇,大唐气数已尽,李晔不得西归,屈葬洛阳。天祐二年"四月己丑朔。壬辰,敕河南府缑氏县令宜兼充和陵台令,仍升为赤县",以奉昭宗和陵也,无陪葬。故《太平寰宇记》云,缑氏县,"唐昭宗陵在县东北五里"。朝廷告哀使赴州郡宣谕昭宗凶讣,叛臣弑君,朝野震悼,天下纷崩,五代十国之乱,自兹始矣。

唐昭宗和陵位于今偃师市顾县镇曲家寨村南地域内,东距唐高宗太子李弘墓冢(恭陵)之西1.5公里处的一高阜上。与恭陵之相比,墓冢规模形制较小,故当地群众称恭陵为"大冢",称和陵为"小冢"。据当地百姓反映,和陵土冢的封土原来是十分高大的,陵前神道还有不少石雕。1974年,当地村民为了扩大耕田,已将陵台夷为平地,陵前神道石刻多散失。

1984年的文物大普查,偃师县对和陵作了调查和铲探。该陵园地表上建筑已荡然无存,经钻探知陵墓坐北朝南,地宫居北,墓道在南。地宫由青石条垒砌拱券,南北长约8米,东西宽约4米,距现地表深约11.5米。地宫正南的斜坡墓道南北长约60米,宽约3米。据专家推测,和陵原有规模相当宏大。据村民回忆,近百年来遭多次盗挠,铲探时亦发现地宫有盗洞。在神道正南约500米处地面上,倒卧一残高约2米的无头石翁仲,现仍在原处。

十五、后梁皇陵

(一)后梁宣陵

河南省重点文物保护单位。后梁宣陵位于位于伊川县城东10公里的常岭村北的高台地上。南为常岭村,北为郑潼路,东为沟丘岭。西为常岭村南北路。伊川县白沙乡朱岭村。

朱温(851～912年),为后梁第一代皇帝,又名朱全忠、朱晃,宋州砀山(今安徽砀山)人,幼年随其父朱诚学习五经。公元870年他参加了王仙芝、黄巢领导的农民起义军,先后攻陷洛阳、长安等地,大大动摇了唐王朝的统治地位。公元882年9月,他投降唐军,与李克用等联合镇压义军。因他镇压义军有功,任汴州刺史出武军节度使,继而又进封梁王。公元901年他率军进入关中,控制了唐王朝的中央政权。公元904年他用武力把唐昭宗逼迁洛阳,不久被他杀死。立昭宗儿子李柷为帝,即昭宣帝。公元907年他用禅让的形式夺取了宣帝位,代唐称帝,改名朱晃,建国号梁,称梁太祖,改元开平,建都开封,史称五代梁。乾化二年(912年),朱温被其子朱友珪约友冯迁谔刺中腰背后而死。朱友珪令埋于寝殿，同年十一月葬于宣陵。在位6年，卒年61岁。《五代史》载：乾化二年（912年）六月戊寅皇帝崩。《五代会要》和《洛阳古今谈》载，“宣陵即后梁太祖朱温之陵寝”。“宣陵在洛京伊阙县”，即今伊川县。

后梁宣陵原来规模很大，地势南高北低，气势壮观，四周有陵园围墙，后毁。现存冢高10米，底边东西长30米，南北宽25米，占地面积为750平方米。其范围有6500平方米，陵南面从园门至陵墓原有南北向神道，神道东西两侧有两排石翁仲及石马、石狮子、石羊等，1958年被毁。

（二）后梁末帝墓

朱友贞（888～923年），后梁末帝。朱温第4子，朱友珪弟。梁乾化二年（912年）郢王朱友珪杀死其父朱温，即帝位，朱友贞为东京留守、开封尹。次年，他发动洛阳禁军兵变，讨杀朱友珪后继位。在位11年，被后唐李克用养子李嗣源围困而自杀，36岁。葬于宣陵附近（今洛阳市东南）。

《五代史》：龙德三年（923年）十月戊寅皇帝崩。《挥尘录》：后梁末帝朱友贞葬伊阙县（今伊川县）。

十六、后唐皇陵

后唐自公元923至936年，共历4帝14年。除追封的后唐太祖李克用死后葬于今山西代县，后唐的后两个皇帝闵帝和末帝一个被杀，一个被逼自焚外，今嵩山地域的后唐皇陵可以确指的有后唐庄宗陵、后唐明宗陵、后唐愍帝陵三座。

（一）后唐庄宗雍陵

后唐庄宗雍陵即后唐开国皇帝李存勖的陵寝，位于嵩山伊川县城关窑底村西（一说在新安县西沃乡）。

后唐庄宗，名李存勖（885～926年），小名亚子。唐末西突厥别部沙陀部首领、河东节度使、晋王李克用长子。公元908年正月，李克用病死，他于同月袭晋王位。丧事办完后，他就设计捕杀了试图夺位的叔父李克宁，并率军击败后梁军，解了潞州（治所在今山西省上党县）之围。朱温惊叹说：生子当生李亚子。他袭位，李克用虽死犹生！我的儿子与他相比，简直猪狗不如！此后，李存勖用心训练兵士，整顿军纪，规定骑兵不见敌人不准骑马，违犯军令者一律斩首，从而将散漫的沙陀兵训练成一支精锐严整的劲旅。公元911年，李存勖在高邑（今河北省高邑县）把朱温亲自统率的50万大军打得大败而逃。接着，攻破燕地，将刘守光活捉回太原。9年后，他又大破契丹兵，将耶律阿保机赶回北方。李存勖率部经过多年的南征北战，北却契丹，南击朱梁，东灭桀燕（刘守光），使得晋国逐渐强大起来。经过10多年激战，李存勖于同光元年（923年）攻灭后梁，统一北方。4月己巳日，在魏州（今河北省大名府）称帝，国号为唐。不久迁都洛阳，建年号为“同光”，史称后唐。

李存勖在战场上是位冒死冲杀的猛将，在政治上却昏暗无知。称帝后，他自以为父仇已报，中原已定，敌人已消灭，就不再图进取，开始享乐。他自幼喜欢看戏、演戏。称帝后，常常面涂粉墨，穿上戏装，登台表演，骄淫乱政。同光四年（926年），李存勖听信宦官的谗言，冤杀了大将郭崇韬。另一个大将李嗣源，因为战功最大，遭到了李存勖的疑忌，几次差些被杀。同年3月，李嗣源在将士的拥戴下，率军进入汴京,准备自立为帝。四月,李嗣源的先锋石敬瑭带兵逼近汜水关(今荥阳县汜水镇)。李存勖听从宰相和宦官的建议,决定亲自率军赶去扼守汜水关。丁亥日,骑兵和步兵按照他的命令,已经在洛阳城外等候出发。这时,马直御(亲军)指挥使郭从谦(曾认大将郭崇韬为叔父)发动兵变。李存勖在兵变中被箭射死,终年42岁。谥曰"光圣神闵孝皇帝",葬于"雍陵",庙号为"庄宗"。

(二)后唐明宗徽陵

河南省重点文物保护单位。后唐明宗徽陵位于洛阳市北邙山送庄镇送庄村东南方。后唐明宗,名李嗣源(866或867~933年),五代后唐皇帝。926~933年在位。沙陀部人,原名邈吉烈、李亶,后李克用赐名嗣源。李克用养子。以战功官至蕃汉内外马步军总管。同光元年(923年),庄宗李存勖领兵取汴梁,灭后梁。四年(926年),李存勖在兵变中被杀,李嗣源入洛阳监国。即位后改名亶,改元天成。杀酷吏孔谦,褒廉吏,罢宫人、伶官,废内库,注意民间疾苦。但因其不通汉文,难亲理朝政。又兼用人不明,姑息藩镇,权臣安重诲跋扈,次子李从荣骄纵,以致变乱迭起。弥留之际,李从荣举兵反,饮恨而死。谥号圣德和武皇帝,庙号明宗,葬于徽陵。

《五代史》载:长兴四年(933年)十一月戊戌帝崩于雍和殿。清泰元年(934年),葬于河南洛阳县,号徽陵。《五代会要》:徽陵在洛京洛阳县。《挥尘录》:后唐明宗李亶葬徽陵,在洛阳东北。《文献通考》:末帝泰清三年车驾北幸路当徽陵,乃至陵所朝谒。

据《中国文物地图集·河南分册》载:墓冢高12米,周长100米。《中国历代帝王陵》载:徽陵位于洛阳北邙山送庄乡送庄村东南1公里处。墓冢为圆丘形,高12米,周长约180米,现保护较好。

(三)后唐愍帝陵

愍帝,名李从厚(914~934年),明宗第五子。原封为宋王,镇守邺城。明宗临死前,遣宦官孟汉琼召他入京继位。等他赶到,明宗已经于公元933年11月戊戌日死去。他于同年12月癸卯日继位,第二年改年号为"应顺"。

李从厚接位时,大将李从珂和石敬瑭的势力很大。他担心这两人会闹事,就任命李从珂为河东节度使,石敬瑭为成德节度使。李从珂怕在上任的路上被杀,就举兵反叛。李从厚派大军去平叛,大军却投降了李从珂。李从珂搜括了凤翔城中的所有财物,赏赐给降兵,然后于公元934年2月带兵进攻洛阳。李从厚遣军抵挡,并将宫内库藏赏赐给将士,答应得胜后每人再得200缗(每缗铜钱1000文)赏钱。兵将更加骄横,公然扬言到了凤翔,投降李从珂,再领一份赏。结果,派出的几支军队果然都先后投降了李从珂。李从厚的亲信大臣见大势已去,有的逃走,有的也投降了李从珂。李从厚只得率领50名骑兵,从玄武门出皇宫,逃奔卫州,投宿于驿馆之中。这时,石敬瑭也在卫州,李从厚要求他出兵抵御李从珂,他不肯。一旁的弓箭使沙守荣等恨石敬瑭见难不救,拔刀要杀石敬瑭,被石敬瑭的部将陈晖拔剑挡住。石敬瑭的牙将指挥使刘知远得讯赶到驿馆,杀死了沙守荣和李从厚的50个骑兵侍卫,扬长而去,剩下李从厚孤身一人,流落在驿馆中。卫州刺史王弘贽见李从厚失势,也不加理睬。

公元934年4月,李从珂称帝,宣布废李从厚为鄂王,由王弘贽派人将他迎到州衙居住。戊寅日,李从珂派王弘贽之子王峦从洛阳赶到卫州,命令他与父亲一起设法除掉李从厚。王弘贽父子便向李从厚敬毒酒,李从厚生疑不肯端杯,王峦用帛带将李从厚勒死。李从厚在位仅3月余,被明宗养子李从珂废黜后,将其杀害,终年21岁,葬于徽陵,庙号为愍帝。

徽陵位于今洛阳市东北护驾庄。《五代史》载:愍帝之亡也,穴于徽陵,其土一陇,路人见者皆为之悲。《五代会要》载:长兴四年(933 年)十二月即位,应顺元年(934 年)四月废为鄂王,遇弑葬徽陵之封中。

十七、后汉皇陵

全国重点文物保护单位。后汉是五代最短命的一个王朝,公元 947 ~ 950 年,前后只历 2 帝 4 年,但二帝陵墓今均有遗存。后汉帝后陵墓群位于河南省禹州市西北部山区,有后汉高祖刘知远睿陵、后汉隐帝刘承祐颍陵、后汉李后高后陵。以睿陵为主,构成了五代后汉王朝完整的帝、后陵墓群。

(一)后汉高祖睿陵

后汉高祖睿陵,又名刘知远墓,位于禹州市苌庄乡柏村柏嘴山右侧的大龙山之阳,东南距禹州城区 25 公里,海拔 240 米。古老的颍河由墓西侧 4 公里处向南继折向东流去,荟萃河在刘知远墓东侧 2 公里处由北向南流过,在刘知远墓前方约 5 公里处与颍水交汇,对刘知远墓区形成天然环绕之势,风景秀丽幽美。

五代后汉高祖刘知远(895 ~ 948 年),后汉建立者,947 ~ 948 年在位,沙陀部人。刘知远于天福十二年(947 年)即皇帝位,当年建都汴梁(今河南开封),国号汉,史称后汉。乾祐元年(948 年)一月改御名为刘暠,一月 27 日崩逝于万岁殿,三月上封为“睿文圣武肃孝皇帝”,庙号“高祖”,十一月葬于睿陵(禹州苌庄)。

现存陵为一覆碗状,高 9 米,占地约 300 平方米。在墓冢的东西南北四面 100 ~ 200 米处,原各有石兽两个,石兽的位置当是陵园四阙所在。睿陵神道,自北向南排列着各类翁仲石兽,神道长约 80 米,宽约 40 米。神道石刻在历史长河中虽有不同程度的毁损,但神道实物的总格局尚未受到大的破坏,仍保持着帝陵的宏伟气势。“文化大革命”期间,神道石刻基本被破坏。现存石狮为五代时期典型石雕艺术品,为河南博物院收藏。

(二)后汉高后陵

后汉高后陵,俗称李三娘坟,是刘知远皇后李氏的陵墓。《禹县志·陵墓志》称为高后陵。后汉高后陵,位于睿陵东 12 公里处,现禹州市浅井乡麻地川村。高后陵前神道残留有少量翁仲石兽。

李三娘(913 ~ 954 年),后汉高祖刘知远的皇后。榆次鸣李人。刘知远少时家贫,充军当马奴,在晋阳牧马,邂逅农家女儿的李氏,遂生爱慕之情,后因李家不允,抢亲成婚。后汉天福十二年(947 年),刘知远称帝,立李氏为皇后。后周显德元年(954 年)李氏薨,葬于高后陵(禹州浅井)。

(三)后汉隐帝颍陵

后汉隐帝颍陵,俗称咬脐郎墓,位于今禹州市西北约 30 公里处,东距刘知远墓约 4 公里处。

刘承祐(931 ~ 950 年),后汉的最后一位皇帝,高祖次子。公元 948 年,刘知远病死,刘承祐继位,沿用后汉高祖年号乾祐,在位 2 年(948 ~ 950 年)。派郭威阵压起义,但郭威联合起义,后汉隐帝乾祐二年(950 年),攻开封,刘承祐被部下郭允明所杀,后汉亡,时年 21 岁。《旧五代史·汉书·五帝纪》记载,刘知远之子刘承祐于后汉乾祐元年(948 年)登基,后汉乾祐三年(950 年)被杀,谥号为隐帝,后周广顺元年(951 年)葬于颍陵(禹州花石)。

十八、后周皇陵

全国重点文物保护单位。后周自公元 951 至 960 年,前后历 3 帝 10 年,其帝陵均在今新郑市北 18 公里郭店镇郭店附近。现存陵墓 4 座:嵩陵、庆陵、顺陵、懿陵。后周皇陵是一组重要的文物古迹,对研究五代史具有重要的参考价值。

(一)后周太祖嵩陵

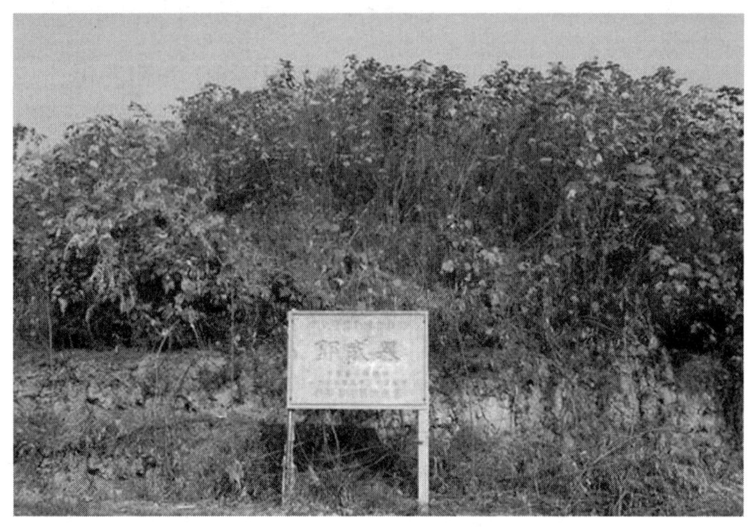

后周太祖嵩陵

嵩陵是后周太祖郭威的陵寝,位于新郑市郭店镇高家村北 500 米处。现存冢高 10 米,周长 105 米。保存较好。《新郑县志》载:周太祖墓前只有石碑 1 通(现已佚)。

后周太祖郭威(904 ~954 年),五代后周建立者。字文仲,刑州尧山(河北隆尧)人,后汉时为邺都(河北大名县东北)留守,951 年取代后汉称帝,都汴京(开封),国号周,史称后周。在位 3 年,显德元年(954 年)病卒,同年四月葬此。据《旧五代史·周书·太祖纪》载:周太祖郭威临终前多次告诫晋王(养子柴荣)说:“我若不起此疾,汝即速治山陵,不得久留殿内。陵所务从俭约,不得差配百姓,勿修下宫,不要守陵宫人,也不得用石人石兽,只立一石记子,镌字云:大周天子临宴驾与嗣帝约,缘平生好俭素,只令著瓦棺纸衣葬。若违此言,阴灵不相助。”嵩陵内是否真用瓦棺纸衣,不得而知。但从陵前遗存来看,确实没有石人、石兽诸物。

(二)后周世宗庆陵

庆陵是后周世宗柴荣的陵寝,俗称柴王坟,位于新郑市郭店镇陵上村西 100 米处。显德六年(959 年)十一月葬于此。墓为圆形,黄色封土,现存冢高约 15 米,周长 105 米,保存尚好。

后周世宗,名柴荣(921 ~959 年),周太祖郭威的养子,圣穆皇后之侄,刑州龙岗(河北刑台西南)人。公元 954 年,周世祖郭威驾崩,遂即帝位。他励精图治,改革内政,整顿军事,奖励生产,力图统一中国。在位 6 年,享年 39 岁。后周世宗神武雄略,史称“一代英主”“五代第一明君”。

明太祖洪武三年(1370 年)为其建造陵园,坐北朝南,陵园呈正方形,边长约 200 米,护墙高 2 米,甬道长 80 米,墓前设祭坛,四周植柏树,祭坛附近石碑林立。民国年间,军阀混战,庆陵遭到破坏。陵前御制祭(祝)文碑仅存 44 通。“文化大革命”中部分石碑被砸毁,现仅存 33 通石碑。现存最早的是明宣宗宣德元年(1426 年)所立,最晚为清溥仪宣统元年(1909 年)所立。碑文内容均为赞颂后周世宗的功绩。2001 年新郑市人民政府对庆陵进行维修，将 33 通石碑挖出重新竖立，又立一神道碑，上刻“周世宗陵”，墓前广植柏树并竖立保护标志，墓四周竖有保护界桩。

（三）后周符氏懿陵

懿陵是周世宗柴荣皇后符氏的墓，位于新郑市郭店镇陵上村中。显德二年（955 年）葬于庆陵东侧陵上村内。现存冢高 3 米，周长 20 余米。

符氏，五代时期名门之女。祖父符存审，南唐相，追封秦王，父符彦卿，天雄军节度使，封魏王。符氏初嫁李守贞之子崇训。后李守贞叛变，郭威受命征讨李守贞，城陷得符氏，还于其父符彦卿。符氏感恩，拜郭威为养父。柴荣镇澶渊时，郭威将符氏聘于柴荣。柴荣即帝位，册封符氏为宣懿皇后。世宗南征时，符氏忧患成疾而崩，时 26 岁。显德二年（955 年）葬此。

（四）后周恭帝顺陵

顺陵是后周恭帝柴宗训的陵寝，位于新郑市郭店镇陵上村东北约 300 米处。

后周恭帝，名柴宗训（953 ~973 年），周世宗柴荣第 4 子。显德六年（959 年）世宗柴荣去世，宗训嗣帝位，时年 7 岁，无能治国，立 8 个月，因殿前都点检赵匡胤发动“陈桥兵变”而逊位。入宋，降封郑王，开宝六年（973 年）崩于房陵（今湖北房县）。

宋开宝六年（973 年）葬于此。墓冢高 4 米，周长 40 米。该陵面北朝南，地上黄土冢犹在。墓由砖砌墓室、甬道和墓道组成。墓室平面呈圆形，直径 6. 2 米，高约 7 米，穹窿顶，墓室及甬道壁面均涂白灰，绘彩色仿木建筑图和人物图像。墓顶绘星象图。墓室周壁的中部墙体上有 6 处凸出叠砌的两块砖，为放灯之用。墓内壁画大部分被盗墓者铲除或剥落，仅墓室西侧留下《武吏端斧图》，甬道东侧留下《文吏迎侍图》各一幅。甬道外也有壁画，但由于墓砖堵塞，内容尚无法确知。

墓室西侧的《武吏端斧图》，通高约 1. 9 米，宽 1. 6 米，画面人高 1. 24 米，武吏头带黑色长角幞头，身穿红色圆领服，下穿白色束脚长裤，脚穿云头靴。头稍倾斜，面部微露骄横之气，侧身侍立。两手攒握胸前，斜端一长柄斧。图两侧各绘朱红色立柱，上部绘人枋木及斗拱。甬道东侧的《文吏迎侍图》，通高约 1. 4 米，宽 1. 7 米，画面人高 1. 17 米。图上绘文吏两人，右侧一人头戴黑色长角幞头，身穿红色圆领袍，腰系玉带，两手握于胸前侍立，呈侧视状；左侧文吏与右侧的基本相同，仅袍服为白色，呈正视状。两文吏面目清秀，留有长须，面带愁思，恭顺侍立。两幅绘画方法基本是用黑色线条勾勒出整体轮廓，然后用红色或白色颜料填色。

十九、后蜀后主孟昶墓

后蜀后主孟昶墓位于洛阳北邙山。孟昶（919 ~965 年），初名仁赞，字保元。邢州龙岗（今河北邢台）人。五代后蜀高祖孟知祥第三子。后蜀末代皇帝（934 ~964 年在位），在位 31 年，享年 47 岁。后蜀后主孟昶即位初年，应该说还算是比较励精图治，他衣着朴素，兴修水利，注重农桑，实行“与民休息”政策。然而，一旦后蜀国势强盛，他却小富即安，不思进取，开始贪图逸乐、沉湎酒色，不思国政，生活荒淫，最终奢侈无度，以至于连夜壶都用珍宝制成，称为“七宝溺器”。朝政的腐败，终让“宫阙万间都做了土”，自己也成了后蜀最大的一名亡国奴。后蜀广政三十年（965 年），宋师伐后蜀，蜀军与宋军在剑门关外进行一场大战，蜀军全军覆灭，后蜀精兵被全歼。宋军包围成都府，孟昶举手降宋，后蜀灭亡。孟昶家族被迁至汴梁，赵匡胤赐孟昶冠带、袭衣，并封其为开府仪同三司、检校太师兼中书、秦国公。7 天后，孟昶即“暴卒于家”（一说被宋太祖毒死）。

孟昶墓最初在今孟津平乐一带，距刘禅墓不远。皇后花蕊夫人在过了几年闹心的日子后，也回归到孟昶的身边，夫妻俩同葬洛阳北邙（据说，后来蜀人思念故主，几经周折，又将孟昶和花蕊夫人的灵柩运回四川，葬于广汉）。

二十、南唐李后主墓

南唐李后主墓位于洛阳北邙山南坡。《宋史》：宋太宗泰平兴国三年（978 年）七月卒葬北邙山。李煜（937 ~978 年），五代十国时南唐国君，著名词人，南唐中主第六子。初名从嘉，字重光，号钟隐。江苏徐州人，一说湖州（今属浙江）人。宋建隆二年（961 年）在金陵即位，在位 15 年，史称李后主。李煜在位时，每年向北宋贡献大批金银锦绮珍玩，企求苟延残喘；对内则大崇佛教，不恤政事，以致国势江河日下。宋开宝四年（971 年），北宋灭南汉后，南唐陷于包围之中，李煜大恐，乃向赵匡胤上表，愿自动削去南唐国号，称江南国主，以尊北宋，企图以对北来的恭顺来维持其在江南的统治。但是，宋太祖赵匡胤“卧榻之侧，岂容他人鼾睡”。开宝八年（975 年）冬，宋军长驱渡江，攻陷南唐都城金陵，俘获后主，李煜降宋，南唐遂亡。李煜率领王公后妃、百官僚属经过数月的艰难跋涉，来到开封，朝觐北宋皇帝赵匡胤，得到了一个带有极大侮辱性的封爵“违命侯”。公元 978 年，李后主被宋太宗赵光义毒死，葬于邙山，时年 42 岁。

李煜墓在今孟津县朝阳镇后周寨村东和后李村之间，长陵东南一带。陪伴他的是其心爱的小周后。可惜在 20 世纪“文革”时期坟头被平毁，如今地面上已看不到任何痕迹，只有村里的老人还能依稀记得墓冢的大体位置，瀍河在这里呈 U 形穿过，后主之墓就应该在这 U 形中间的高台地上，位居邙山南坡。

二十一、北宋皇陵

（一）北宋皇陵

全国重点文物保护单位。北宋皇陵位于巩义市芝田镇、西村、回郭镇和巩义市区一带，北临黄河，南依嵩山，洛水在其北由西向东流过，占地 30 余平方公里。

北宋王朝自公元 960 年宋太祖赵匡胤“黄袍加身”，至公元 1127 年“靖康之变”，金兵攻陷首都东京（今开封）灭亡，前后 167 年，共历 9 帝。9 帝中除徽、钦 2 帝被金兵所掳，囚死在漠北之外，其余七帝——太祖、太宗、真宗、仁宗、英宗、神宗、哲宗和宣祖（赵匡胤之父赵弘殷）均葬于此，号称“七帝八陵”。加上钦宗（1171 年归葬巩县）和徽宗衣冠陵计九帝十陵。首先，赵匡胤于乾德二年将宣祖（赵匡胤之父赵弘殷）迁葬于此，称永安陵。此后又陆续建立了太祖（赵匡胤）永昌陵、太宗（赵光义）永熙陵、真宗（赵恒）永定陵、仁宗（赵祯）永昭陵、英宗（赵曙）永厚陵、神宗（赵顼）永裕陵、哲宗（赵煦）永泰陵，统称“七帝八陵”。除赵弘殷和杜氏合葬外，另祔建（同茔而不在同一个墓穴中）皇后陵 22 座。

有亲王、公主、皇子、皇孙、诸王夫人墓144座,名将勋臣墓9座(曹彬、赵普、高怀德、狄青、罗彦瑰、蔡齐、寇准、包拯、杨延昭),还有宋太祖之子德昭和德方直系、宗亲和未弱冠(18岁以下小儿)子孙墓200余座。据碑文记载,昭化军节度使宗粹之孙,只活了6天,也以王礼埋葬于此。葬于宋陵的帝系宗亲陵墓有近千座。

宋真宗景德四年(1007年),朝廷划取西京畿县中的巩县、偃师、缑氏、登封各一部分,设永安县(治所在今巩义市芝田镇)以专奉宋陵。

在封建社会里,地面建筑诸如楼、观、台、墙、寺院等,后几经兵火,全被毁坏,墓内殉葬品也被盗窃一空。中华人民共和国成立后,党和政府对宋陵石刻非常重视,经过调查,划定保护范围,对倒伏损坏的石刻进行扶正和粘补,尽量恢复其原貌。

北宋皇陵陵区庞大的石刻群原有1600多件,自宋、金以来多有破坏,现仅存820多件,其中7座皇帝陵比较完整。皇帝陵的石刻数目原来都是60件,后妃墓石刻原来为三十五六件,亲王公主等墓石刻原来为十七八件,石刻件数按爵位规定数目,体现了严格的等级制度。帝陵台前置内侍1对,四神门外各有1对石狮,南神门处石人1对,门外置镇陵将军1对,依次向南为:4文臣、4武士、6外使臣、4石羊、4石虎、4石马、8控马卒、2獬豸、3瑞禽、2石象、2象奴、2望柱。皇后、宗室石刻大致相似。帝陵附近还有许多石刻,散见于皇后、诸王、公主墓上。近年来又发现许多墓志和墓碑。此外,宋陵墓室内都有壁画,也有较高的艺术水平和参考价值。统观宋陵石刻,可以看出一个历史发展过程。永安陵石刻技法较单调,石马、羊、虎下部不透雕,继承了唐代风格。永昌陵、永熙陵石刻线条流畅。永定陵以后,渐趋细腻。永裕陵、永泰陵石刻,技艺精湛、刀法细腻,表现了生动的写实手法,有浓厚的生活气息,显示了北宋晚期雕刻艺术的特征。北宋皇陵的遗物和整个陵区的建筑遗存,对研究北宋历史具有珍贵的历史价值与文化、艺术价值。

宋陵

北宋皇陵前后经营达160年之久,诸帝陵建制相同,每个陵区都由兆域、上宫、下宫3个部分组成。兆域为陵区管理界,四周不建墙垣,而种植松、楸或枳橘。上宫建筑陵台,呈覆斗形。前有献殿、拜台、陵台。四周置神墙,设四神门。四角有角楼。南神门外司马道两侧排列石刻造像。石刻南为1对乳台,再往南为1对鹊台。神门角阙、乳台、鹊台为夯土台,砖石砌其外,上建楼观。下宫也叫陵寝,多设在上宫后边,是埋葬皇帝时棺车、御容、虞主等停放的地方。平日有专人住此负责洒扫、保卫、祭奠等事。下宫早毁于兵火,仅留门前1对石狮。

宋陵采用祔葬制,后妃均埋在皇帝陵外,不与皇帝同穴。皇后(正宫)埋在皇帝陵西北角,建制与帝陵一样,只是规模较小。亲王、公主和宗室诸王等陪葬墓,形制大体相同。

按以上所说的太祖、太宗、真宗、仁宗、英宗、神宗、哲宗和宣祖(赵匡胤之父赵弘殷)的陵寝为八陵,加之钦宗和徽宗的衣冠陵,共计十陵。北宋皇陵按帝先后和各帝陵的分布位置,可分为西村、蔡庄、孝义、八陵和清易镇南塬的"二圣陵"(徽宗和钦宗的衣冠陵)区,共为五个陵区。

第一陵区(西村陵区)

该陵区位于今巩义市西村镇的常封村和滹沱村之间,南距西村镇1.5公里,东北距巩县城10公里。在锦屏山、白云山、黑砚山脚下,东侧紧依青龙山、石人山,这里四周地势较高形成盆地状。该陵区有宋宣祖赵弘殷永安陵、宋太祖赵匡胤永昌陵和宋太宗赵光义永熙陵三座帝陵。同时,还祔葬皇后陵10座,子孙墓140座。

1. 永安陵

永安陵为太祖赵匡胤之父赵弘殷和其母杜氏合葬的陵墓,位于巩义市西南20.5公里西村镇常封村西1公里处。北宋乾德二年(964年)从开封东南迁葬于此。由于赵弘殷生前曾作后周殿前都点检,也叫殿前都指挥,此陵俗称为"指挥陵"。

陵园坐北面南,南北长520米,东西宽230米,占地约8万平方米。陵园四边均有神门,门外各有石狮1对。陵冢呈长方覆斗形,底东西长29米,南北长23米,高8米。冢前120米为神道,两侧残存有高大的石刻仪仗8件,即石人2件、石羊1件、石虎1件、石马2件、石麒麟1件和石望柱1件。雕刻手法粗犷,线条平直,虎马均实裆,形制矮小但朴实生动,表现了五代后期和宋初的艺术风格。

宋太祖王后、贺后、宋后祔葬于陵地的西北。

2. 永昌陵

永昌陵,为宋太祖赵匡胤的陵墓,位于永安陵西北约0.5公里处。

赵匡胤(927~976年),中国宋王朝的建立者,祖籍涿州(今河北),河南洛阳人。出身于军人家庭,高祖赵朓,祖父赵敬,赵弘殷次子。948年,投后汉枢密使郭威幕下,屡立战功。951年,郭威称帝,建立后周,赵匡胤任禁军军官,周世宗时官至殿前都点检。周世宗柴荣死后,恭帝即位。建隆元年(960年),他以"镇定二州"的名义,谎报契丹联合北汉大举南侵,领兵出征,发动陈桥兵变,黄袍加身,代周称帝,建立宋朝,定都河南开封,结束五代十国战乱局面。在位16年,加强中央集权,提倡文人政治,开创了中国的文治盛世,是推动历史发展的杰出人物。开宝九年(976年)十月二十日死于开封,庙号太祖,太平兴国二年(977年)埋葬于此。

永昌陵园坐北面南,四面神门各有石狮子1对。陵园南北长540米,东西长230米。陵冢呈长方覆斗形,底东西长60米,南北长62米,高21米。

永昌陵现有石刻28件,陵南有神道石刻仪仗,石刻对称排列,石人7件、石羊4件、石虎4件、石马4件、石角端2件、石瑞禽2件、石象2件和石望柱2件。此陵雕刻形制比永安陵较大,镇陵将军相貌威武,大臣忠于职守,狮、马等都是空裆,鞍鞯齐全。特别是望柱,上刻牡丹盘龙,花纹清晰,栩栩如生,艺术水平较宋初有大的飞跃。

在永安陵西偏北约360米处，祔葬有太祖皇后尹后、符后和真宗潘后等几座皇后陵。

3. 永熙陵

永熙陵，为赵匡胤之弟、宋太宗赵光义的陵寝，位于永昌陵西北1.5公里的滹沱村东头。

赵光义（939～997年），本名赵匡义，后因避其兄太祖讳改名赵光义，即位后改名炅。太祖驾崩后，38岁的赵光义登基为帝。即位后使用政治压力，迫使吴越王钱俶和割据漳、泉二州的陈洪进于太平兴国三年（978年）纳土归附。次年亲征太原，灭北汉，结束了五代十国的分裂割据局面。两次攻辽，企图收复燕云十六州，都遭到失败，从此对辽采取守势。并且进一步加强中央集权，在位期间，改变唐末以来重武轻文陋习。在位共21年。至道三年（997年）三月，59岁的宋太宗去世，庙号太宗，谥号至仁应道神功圣德文武睿烈大明广孝皇帝，十月葬永熙陵。

永熙陵园坐北面南，南北长1300米，东西宽450米，四面神门均有镇门石狮1对。陵丘周围有16个土丘，为当时建筑遗址。

永熙陵现有石刻24件。陵前神道石刻仪仗保存完整，东西分列，由南向北依次排开。南靠乳台竖立两根6.7米高的八棱望柱，每面宽0.36米，全柱满刻一组组的云龙、飞凤、牡丹、铺首等各种花纹。柱座为莲花，高84厘米，柱顶尖形，望之巍然。再北有两象，高2.5米，长3米，背上搭鞍、坐褥，各驮1个莲花座，旁立象奴。象北有2瑞禽，高3.3米（不带底座），宽1.87米，厚0.56米，东圆顶，西尖顶，状如屏风，上刻深洞、幽谷、灵芝，中刻1怪鸟，马头鹰爪，凤尾，双翅伸展，腾云驾雾，面对下侧洞中惊恐万状的小动物，形象极为生动。瑞禽北为2獬豸，高2.4米，宽0.5米，身长2.6米，圆头，独角，卷鼻，貌凶，赫然有欲斗之态。往北有8个控马卒鞭策4匹骏马。控马卒身高3.3米，头戴宫纱帽，身穿长衫，手执鞭绳，形态自然。4匹马领毛蓬松，鞍辔齐全，迎风而立，马高2.4米，身长3.12米。再北有卧虎4只，身长1米，宽1.3米，高2.28米。虎北有羊4只，四腿跪地，高2.35米，长1米，体态均匀，膘满肉肥。远远望去，点头欲动，宛如活羊。羊北两边排列6个外国使臣，这些使臣来自我们的邻邦或我国边疆地区，他们各自身着本民族服饰，手捧带来的珍贵礼品，笑容可掬。其北有4个武士分立左右，头戴方山盔，身披3节玉佩，手执长剑，形态威严。再往北有4个文臣，头戴方山冠，腰系玉带，带挂串珠，身披3节玉佩，手捧朝笏，左胁挟长剑。南神门1对石狮，卷毛利爪，张口怒目，凶猛逼人，狮高2.1米，身长2.9米。靠近神门两侧有两个镇陵将军，各高4.2米，豹头燕颌，虎背熊腰，头戴风盔，身披铠甲，内套丝袍，腰束13天王宝带，下扎两扇斗兽腿裙，手执板斧，威风凛凛，目视前方。神门处有2石人，身高3.2米，方面大耳，宫帽长袍，腰束宝带，手执麈尾，聚精会神，严守己职。陵台前置一长7米、宽3.4米的拜台。靠近陵台有2石人，身高3.1米，气态温顺，东边拱手侍立，西边手执麈尾。除此外，东、西、北3门，各有1对门狮，

永熙陵

南神门处还有1上马石。陵冢前有石拜台。永熙陵石刻是宋王朝兴盛时期的作品，也是宋陵石刻的代表作。从它雕刻艺术的精美和形制之大，气势雄伟，可以看出国家的统一，经济的发展，文化艺术水平也相应地提高。

在永熙陵西北约720米处，祔葬有太宗元德李后、明德李后、真宗郭后几座皇后陵。

第二陵区（蔡庄陵区）

位于今巩义市芝田镇蔡庄村北岭上，现距蔡庄村1公里，北距巩义县城5公里，310国道从陵区南端通过。宋真宗赵恒埋葬于此，称永定陵。祔葬有真宗的3个皇后，即李后、刘后、杨后陵。陪葬墓有一些亲王、大臣（其中，北宋著名大臣包拯墓在此）。

永定陵

永定陵为宋真宗赵恒的陵墓。

宋真宗赵恒（968～1022年），宋朝第三位皇帝，宋太宗第三子。997年继位，1022年崩，享年55岁，在位26年。景德元年（1004年），契丹人所建之辽国入侵，宰相寇准力排众议，劝帝亲征，双方会战距首都汴京300里外之澶渊，宋战胜辽国，但因真宗惧于辽的声势，不顾寇准的反对，以每年进贡辽大量金银为“岁币”于澶渊定盟和解。历史上称“澶渊之盟”。此后，北宋进入经济繁荣期。真宗后期，以王钦若、丁谓为相，二人常以天书符瑞之说，荧惑朝野。帝亦“好奉道教，信惑异说”，对外屈辱投降，对内残酷统治，社会矛盾不断激化，使得宋王朝的“内忧外患”问题日趋严重。从他以后，宋王朝即走向衰亡道路。乾兴元年（1022年）二月，赵恒死，十月埋葬于此。

永定陵园坐北面南，周围有建筑遗址土丘16个。陵冢呈方覆斗形，底部东西宽55米，南北长57米。陵园四方各有镇门石狮1对，冢前有石拜台。石刻仅次于永熙陵，比较完整。上宫4门，各有门狮1对。神道两侧石刻48件，东边计石人14件、石羊2件、石虎2件、石马2件、石角端1件、石瑞禽1件、石象1件和石望柱1件，西边与东边对称。南门走狮1对，卷毛利爪，张口怒目，凶猛凌人；两匹骏马颈毛蓬松，鞍辔齐备，迎风而立。

陵西陪葬有宸妃李后陵，西南1公里后泉沟村南陪葬有刘后陵，西北陪葬杨后陵。后泉沟有《宋修奉园陵记》碑1通，记载章惠杨后册封情况。

在刘、杨二后陵西有亲王墓，北500米处有包拯墓，墓前有清代石碑1通，上镌“宋丞相孝肃包公之墓”。隔沟有寇准墓，墓碑上镌“宋寇莱公墓”。陵南并排2冢，东为是高怀德墓，西为蔡齐墓。蔡齐墓前有宋代六陵石幢，上刻“蔡文忠公之墓”。正南还有高10米的宋碑1通，唯碑额“大宋”两字可辨，俗称“驸马碑”。

第三陵区（孝义陵区）

位于巩义城区孝义镇南部，地形陡斜，南高北低。这里埋葬有宋仁宗赵祯的永昭陵和宋英宗赵曙的永厚陵。两陵东西并列，相距约200米。永昭陵祔葬有曹后陵，永厚陵祔葬有高后陵。另有一些亲王、公主、大臣等。

1. 永昭陵

永昭陵为宋仁宗赵祯的陵墓，位于巩义市城关镇和义沟北岭上。宋仁宗赵祯（1010～1063年），宋真宗的第六子，中国北宋第四代皇帝，1022～1063年在位。1018年立为皇太子，赐名赵祯，1023年即帝位，时年13岁。在位41年间，宋朝进入鼎盛，是中国文化历史上经济、文化教育最繁荣的时代，但也是宋王朝面临官僚膨胀的局面，冗官冗兵特多，而对外战争却又屡战屡败，已经出现经济危机。而且，还有南蛮叛乱、交趾之乱。虽然西已向宋称臣，但边患危机始终未除。后来一度推行“庆历新政”，但尚未成功。嘉祐八年（1063年）三月仁宗驾崩于汴梁皇宫，享年53岁。谥号体天法道极功全德神文圣武睿哲明孝皇帝，十月埋葬于此。

永昭陵陵园坐北向南，南北长340米，东西宽230米。陵园北部有方覆斗形冢，冢底东西长55米，南北宽57米，高22米，四周有建筑遗址土丘16个。陵园四面皆有神门及镇门石狮子4对。冢南为神道，两侧立有高大的石刻仪仗46件，计石人26件、石羊4件、石虎4件、石马4件、石角端2件、石瑞禽2件、石象2件和石望柱2件，东西两排对称。其中以两个瑞禽为诸陵中较好者。石屏呈长方形，上雕怪鸟，张开双翼，平持全身，美丽的蓬瓣花尾像一把巨扇挥动。瑞禽背后群山拱翠，幽谷深邃，耸入云端的山崖上有无数天然的古洞，下侧洞中一小动物调头欲躲，构成一幅优美的画卷，使人观后如临其境。

永昭陵西北祔葬有曹皇后陵。

2. 永厚陵

永厚陵为宋英宗赵曙的陵墓，位于永昭陵西500米。

宋英宗赵曙（1032～1067年），北宋第五代皇帝，1063～1067年在位，原名宗实，后改名赵曙，濮安懿王赵允让第13个儿子。仁宗赵祯无子，赵曙幼年被仁宗赵祯接入皇宫抚养，立为太子。1055年立以为嗣，在位4年。英宗在位期间，任用旧臣韩琦等人，不想改革，但与辽国和西夏没有发生战争。治平四年（1067年），英宗崩殂于福宁殿，享年36岁，庙号英宗，谥体乾应历隆功盛德宪文肃武睿圣宣孝皇帝，葬于永厚陵。

永厚陵园坐北面南，南北长726米，东西宽320米。冢呈方覆斗形，南北长60米，东西宽57米，高21米。永厚陵南神道两侧有石刻仪仗23件，两边各1望柱、1象、1瑞禽、1獬豸、2马、2虎、2羊、13石人。东边少1石人。四门各1对门狮。此陵雕刻较粗糙，石质也不好，有些石人多风化崩裂，表明了北宋王朝的经济日趋没落。

陵园西北角外祔葬有英宗皇后高后陵。高后陵北祔葬有燕国公主和哀献公墓。另外，此陵区还葬有邓国公主、益王夫妇、魏王夫妇、赵普、狄青、曹彬、杨延昭等。

第四陵区（八陵村陵区）

东北距巩义县城约15公里，位于芝田乡八陵村南。这里埋葬有宋神宗赵顼的永裕陵和宋哲宗赵煦的永泰陵。

1. 永裕陵

永裕陵为宋朝神宗赵顼的陵墓，位于八陵村东南1公里。宋神宗赵顼（1048～1085年），北宋第六代皇帝，1067～1085年在位。宋英宗赵曙的长子，治平三年（1066年）立为皇太子，次年即帝位，是为神宗，时年20岁。即位后，由于对疲弱的政治深感不满，且他素来都欣赏王安石的才干，故即位后命王安石推行变法，以期振兴北宋王朝，史称王安石变法，又称熙宁变法。由于改革操之过急，不得其法，最终以失败收场，不过神宗还是维持新法将近20年。时值夏惠宗在位，母党梁氏专权，西夏国势日非，宋神宗命兵伐西夏，企图一举歼灭西夏。在庆州（今甘肃庆阳）宋军大破夏军，占领西夏2000里土地。不过后来在永乐城之战中惨败，灭夏之举未能实现。事后，宋神宗在朝中当众痛哭。他有抱负，励精图治，想灭西夏，惜壮志未酬。元丰八年（1085年）赵顼死，享年38岁，十月二十一日埋葬于此。

永裕陵园坐北面南，南北长740米，东西宽330米。冢呈方覆斗形，南北长60米，东西宽57米，高17米。该陵现存石刻共34件，雕刻比较好的是两个镇陵将军、南神门外一对门狮和上马石。门狮比较匀称，线条细腻，形象生动，仰头摆尾。上马石刻的云龙，如在闪电雷鸣的暴风雨中，张牙舞爪，飞腾太空。

永裕陵西北祔葬有神宗向后、朱后、陈后和徽宗惠恭皇后4座皇后陵。

2. 永泰陵

永泰陵为宋哲宗赵煦的陵墓，位于八陵村西南250米处，东距永裕陵1公里许。宋哲宗赵煦（1076～1100年），神宗第六子，其母是皇妃朱氏。神宗病死后继位，年仅9岁，由高太后执政。高氏死后哲宗掌权，第二年改年号为“绍圣”，表示要“绍述”（继承）神宗之志，他恢复了青苗、免役等王安石制定的新法。起用章惇、曾布等新党执政，贬斥旧党吕大防、刘挚等人，追夺司马光、吕公著赠谥；加强西北防务，击退西夏的攻掠。在对内对外方面，他对新法都有所继承。在位15年，宋王朝江河日下，一步步走向灭亡。元符三年（1100年）二月赵煦病死于汴京，终年24岁，庙号为哲宗，八月八日埋葬于此。

永泰陵园坐北面南，南北长730米，东西宽308米。陵冢呈方覆斗形，南北长55米，东西宽50米，高21米。冢南神道有石刻49件，二象可称精品。

永泰陵西北角祔葬有哲宗刘皇后陵。埋葬亲王有太宗第八子元俨、商王元汾、燕王德昭等。

第五陵区（清易镇南塬）

位于巩义市西15公里清易镇南，有永献陵和永佑陵，被当地群众称为“二圣陵”。1958年，“二圣陵”被夷为耕地。现在地面虽然散存有部分石刻，但二帝陵已无迹可寻。1998年11月，商务部书馆出版了《中国历代帝王陵墓》一书，关于北宋陵墓的描述是“北宋共历九帝，徽宗、钦宗因被金人俘虏囚死漠北，仅有衣冠冢。”该书认定在巩县有徽、钦二帝的衣冠墓，这与明清二代巩县地方志记载相符。

1. 永献陵

永献陵为宋钦宗赵桓的陵寝，位于今巩义市清易镇长南塬，当时南宋王朝尊为“永献陵”。宋钦宗赵桓（1100～1156年），徽宗长子，受徽宗禅让而继位，第二年改年号为“靖康”，在位一年零两个月。钦宗为人优柔寡断，反复无常，对政治问题缺乏判断力和敏锐力。他是历史上懦弱无能的昏君，听信奸臣谗言，罢免了主张抗金的李纲，金兵围攻汴京城，城破后降金，北宋灭亡。靖康二年（1127年），国都被金兵攻破，他与退居太上皇的宋徽宗一起被金兵俘掳，被押往寒冷的北国边地，囚于金之五国城（今黑龙江依兰县）。南宋高宗绍兴二十六年（1156年），钦宗56岁时在北国落马而死，草葬于五国城。据载，钦宗死后15年，西夏乾祐二年（1171年），金世宗以“一品大臣”的礼葬宋钦宗于“巩、洛之塬”（清易镇南塬），名为永献陵。

永献陵现今具体位置不详。

2. 永佑陵

永佑陵为宋徽宗赵佶的陵寝,位于巩义市清易镇南塬。宋徽宗赵佶(1082~1135 年),神宗 11 子,哲宗弟,是宋朝第八位皇帝。赵佶先后被封为遂宁王、端王。哲宗于公元 1100 年正月病死时无子,向皇后于同月立他为帝。第二年改年号为“建中靖国”。宋徽宗在位 25 年(1100~1126 年),在其皇帝“任内”,重用奸相蔡京、宦官童贯等,弄得朝政日非,天下大乱,各地农民起义不知凡几,最为人所熟悉的梁山泊一百零八个好汉,只是纷纷攘攘的其中一支而已。此外,在外交、军事上接连进退失据,先是听从蔡京之议,与金国连手攻击日渐末路的辽国,约定功成后把原纳给辽的岁贡“转名过户”予金,而宋则可得回失陷多年的燕云十六州。赵佶善书画。他自创一种书法字体被后人称之为“瘦金体”,热爱画花鸟画自成“院体”,是古代少有的艺术天才与全才,被后世评为“宋徽宗诸事皆能,独不能为君耳!”靖康元年(1126)闰十一月,金军破北宋都城汴梁(今河南开封),北宋亡。次年五月金军虏徽钦二帝北返,初解至金上京城(今哈尔滨市阿城区白城),金天会八年(1130 年)改囚于五国城(今哈尔滨市依兰县城北)。1135 年,徽宗受折磨死于五国城,终年 54 岁。

史载:赵佶死后,金人初将其葬于五国城,1142 年,南宋以归还太上皇(宋徽宗)遗骨为条件割地求和,金世宗将宋徽宗遗骨归葬浙江绍兴会稽山上皇村(今浙江绍兴县东南 35 里处市东南),同时在巩县筑衣冠冢,名永佑陵。

永佑陵现今具体位置不详。

(二)宋王墓葬

1. 魏王赵頵墓

魏王赵頵墓位于巩义市火车站货场内。赵頵(1056~1088 年),宋英宗第四子,初名仲恪,鄂国公。神宗即位,进乐安郡王,改高密郡王;熙宁四年(1070 年)进嘉王;元丰三年(1080 年)进营王;哲宗即位,进荆王;元祐三年(1088 年)卒,享年 33 岁。追赠太师尚书令、荆徐二州牧、魏王,谥端献。赵頵好学,博通太辞书,工飞白、篆、籀,善画墨竹。亦名好医书,著有《普惠集启方》,今佚。据志文记载,著名文学家苏轼曾“护其葬”。元祐九年(1094 年),“葬于永厚陵”之北。

魏王赵頵墓为魏王赵頵夫妇合葬墓,1961 年,河南省文物工作队发掘。斜坡墓道长 13.5 米,宽 5.52 米,墓道北端与墓门相接。墓门高 2.36 米,宽 3.08 米,用青砖券砌仿木结构建筑。门上额由两块石板结合,呈半圆形,上有 6 个圆孔。额上有 3 朵一斗三升斗拱,上承替木。门下有门坎,但无门扇,入门为甬道,两侧各有一耳室。再向北有第二道门,穹顶墓室,平面呈圆形,直径 6.54 米,自底至顶高 6.48 米,室地面以石板平铺。见 4 个盗洞,随葬品被劫殆尽,只剩青石制成的“魏王函匣”1 个,楷书,长 0.3 米,宽 0.12 米。另有数十片薄胎白釉瓷碗片。第二道门内两侧发现两个墓志,左侧为宋皇叔故魏王墓志铭,右侧为宋皇叔益端献王妻魏越国夫人墓志铭。魏王墓志盖为盝顶,边长 0.96 米,宽 0.94 米,中间刻“宋皇叔故魏王墓志铭”9 个篆书,四周刻四神雕像,志石长宽与盖相同,厚 0.28 米,4 个侧面各刻有相同的双手持笏、静坐于椅上的文官图像,志文共 25 行,满行 44 字,范祖禹撰,于彶书并篆盖。

宋魏王赵頵夫妇合葬墓,是宋陵附葬的诸多王墓之一。它的发掘和魏王夫妇墓志的出土,为巩义宋陵的重要考古发现之一。

2. 宋燕王赵颢墓

宋燕王赵颢墓位于巩义市火车站货场内，西距魏王赵頵墓100米。1985年巩县文物保管所进行了清理。该墓坐北朝南，由墓道、甬道和墓室组成。墓室分上、下两层。上层为砖筑，墓室平面呈圆形，穹窿顶，直径近8米，高6米；下层为石砌，墓室平面呈方形，建于上层墓室内中部。下层室顶用长2米、宽0.8米、厚0.4米的24块石条铺成。根据条石上刻文，称作“寿堂”。室内东西两侧各立一方形石柱将墓室隔成前后室，柱上架有边梁，以承顶石。该墓曾严重被盗，今出土有“宋皇叔故燕王墓志铭”一盒，该墓志是宋陵中形制最大、字数最多的一方。同时出土的瓷片以定窑的白瓷为主，胎薄质坚，釉色纯净，尤其是一件白瓷碗片上贴有金花，是现有的定窑瓷器中仅有的一例。

燕王赵颢(1094～1096年)，字仲明，初名仲札。《宋史》载，系宋英宗次子，宋神宗同母弟(皆宣仁圣烈高皇后出也)。初封安乐郡公，进祁国公，再进东阳郡王。神宗即位后，进封昌王。后相继改封雍王、扬王、冀王、楚王、燕王、吴王。赵颢天资颖异，尤嗜学。工飞白，善射，好图书，博求善本。神宗嘉其志尚，每得异书，亟驰使以示。原配王妃死后，王安石的儿媳改嫁于他，生有子女3人。绍圣三年(1096年)九月卒，享年47岁，赠尚书令兼中书令，扬、荆、冀三州牧，燕王，谥曰荣。绍圣四年(1097年)二月，葬于永厚陵之北。

该墓建筑结构独特，墓室作上、下两层，对于理解文献记载宋陵的“石地穴”“石地宫”无疑有所帮助，为研究宋代陵寝制度增添了宝贵资料。

3. 宋秦王陵

宋秦王陵位于汝州市汝州市陵头镇陵头村，西至荆河，东至陵头镇孟庄一带。2012年10月，陵头镇一名村民用拖拉机犁地时，无意中发现耕耙被一块石头打坏，联想起这里曾是“石人地”，就把这一情况反映给村委会主任，当天下午，村委会组织村民小心翼翼地挖出了打坏旋耕耙的“石头”。清理了“石头”上的泥土后发现这是一座石雕“望天吼”，随后他们又在这块地里发现了多座人像石雕。

据汝州市文物部门调查，赵廷美(947～984年)字文化，父宣祖赵弘殷，母杜太后，本名匡美，太祖称帝后改名光美，太平兴国初，改今名。雍熙元年(984年)廷美至房州。因忧悸成疾而卒，年38岁。太宗闻之，遂下诏封廷美为涪王，谥曰悼。真宗即位，追复皇叔廷美西京留守，检校太师兼中书令，河南尹，秦王。咸平二年(999年)闰三月，改葬汝州梁县新丰乡即现在的陵头镇一带。徽宗即位改封魏王。

赵廷美墓，历代州志均有记录。赵的陵园在金兵入侵后受到破坏，地面建筑被毁坏。但赵廷美陵至今没有被盗，地宫保存完好。这次当地农民挖出的石雕像，为宋魏王赵廷美墓神道两侧的石像，距今有上千年历史。据《直隶汝州全志》记载：“腗山下有宋魏王墓，在州西北二十里。”此墓是宋太祖赵匡胤三弟赵廷美之墓。整个陵园规模很大，埋葬着北宋开国皇帝赵匡胤的三弟赵廷美及他的10个儿子和30多个孙子。

二十二、周定王陵墓群

全国重点文物保护单位。周定王陵墓群位于禹州市东北25公里的具茨山东麓无梁镇申家村西北隅老官山东麓，包括周定王墓及嫔妃陪葬墓、周恭王墓、周瑞王墓等。出土有墓志铭、陶冥宅和轿马与仪仗陶俑等文物。其中嫔妃陪葬墓为极其罕见的双曲拱券覆盖状地宫,具有较高的历史、科学、艺术价值,是研究明代建筑艺术、藩王丧葬制度等的重要实物资料。

朱橚(1361~1425年),明太祖朱元璋第五子。洪武三年(1370年)封“吴王”,洪武十一年(1378年)改封“周王”于开封,并在此营建王府。洪熙元年(1425年)朱卒,享年65岁,谥号“定王”,史称周定王。葬于钧州明山(今嵩山东南麓的禹州市老官山)。周定王朱是明初重要的藩王之一,好学善文,写诗作赋,对医学很有研究。在就藩开封期间,看到河南经常发生饥荒,他便周游各地,将野草中可供充饥食用者414种(比以往本昌著作多276种),分别叶、茎、根,图其形,写明产地、形状特征、性味及食用方法,著为《救荒本草》一书,在科学史上有着重要地位。他还主持纂修过《普济方》168卷,该书集古代医方之大成,为古代所收医方最多的医学著作之一。以上两种书,均被收入清代《四库全书》。朱橚亦能诗词,在文学上亦有成就,写有《元宫词》百章传世。

周定王墓(含陪葬妃子墓),包括周定王的妃嫔、宫女的陪葬墓,墓区地上建筑已不存,现存周定王墓的地宫建筑和一处形制奇特的王妃陪葬墓。

周定王墓修于明初,虽处深山,但自明末400余年间,多次被盗掘,地宫内一空如洗。顺治二年(1645年)又发现周定王墓被盗掘。当时,官府曾组织士绅及人力填埋。1958年夏秋间大雨,盗洞塌陷墓室被发现,由河南省文物工作队对其进行抢救性发掘。

周定王墓地宫系凿山开穴,青砖拱券,石灰岩条石墙基、墙裙,糯米石灰浆砌,汉白玉条石墁地,墓门门罩上方青砖浮雕缠枝花卉挂络,坐西朝东。现存地宫拱券屋顶厚约1.5米,前室、中室“T”字形相交,墙厚3.5米,墓墙开3米见方的前室、中室门洞。1400平方米地宫上部拱券室顶,历600余年,绝少裂隙,安全无恙。门罩琉璃瓦屋顶“文革”时被砸毁,棚门石有部分压断现象。地宫温湿恒定,位置近于山巅,地表类似喀斯特地貌,宫内泉流常年不涸,不浸不溢。至今看来,整座地宫仍宏伟壮观。体现了古代劳动人民高超的建筑建造科学技术,为已发现古代藩王墓葬所仅有。

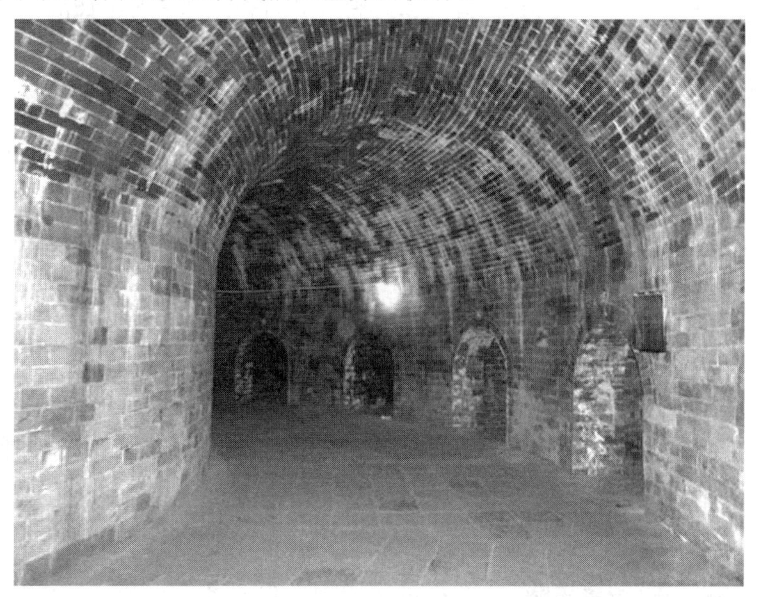

周定王及妃子墓

周定王墓区东西长约1.5公里,地面建筑包括享堂、拜殿、翁仲、石兽等。地宫凿山开穴,以砖、石拱券成一组地下宫殿式建筑群,面积约1200平方米,由墓道、墓门、甬道、前殿、耳室(前殿左右各2个)、中殿、正殿等建筑组成。墓道为斜坡状,宽5米,长20米。二道墓门为琉璃瓦装饰的殿堂屋檐式样,中间为甬道,甬道后为深12.33米的前殿,前殿后上方为地宫的主体部分即正殿,周定王灵柩停放在正殿中央。正殿宽25.17米,深9.57米,高15米。周定王墓采用凿山开穴后以砖石拱券的办法建造而成,是全国同期墓葬中最大的一座地宫。

嫔妃陪葬墓位于周定王墓右前方,俗称“娘娘坟”。陪葬墓墓室地宫坐西朝东,采用圆轮辐射同穴分室的形制,用砖石拱券成环形穹窿顶洞,距地面约10米,面积约692.44平方米。形制全国罕见,整体看上去,很像一把撑开的巨伞,在环形外壁上修建有17座等距离、同样规格的单体墓室,室内各葬一名女姓,墓门均朝向环的中心。殓以木棺和绿色琉璃板外椁,墓室廊道用大方砖铺砌。整座墓区用一穴多室的环形墓葬形制建造而成,由墓道、墓门、甬道、环廊和17座单墓室组成,宽约18米,室最高7米。从其各墓志得知17座墓室中均葬有一名女性,如“故妃左氏”“田妃”“旧王妃”“故宫人李氏”等。

周定王墓(含陪葬妃子墓)地宫建筑规模宏大,建筑工艺精细,为国内罕见。周定王墓两座地宫建筑规格和等级区别分明。拱券建筑力学设计精纯老到,拱券建筑营造技术手法娴熟自如,珍如双璧,牢固如初,未见丝毫裂缝硬伤,具有很高的建筑科学价值。尤其是地宫的后室建筑在已见到的王侯级陵中尚属首例,设计奇特的圆形妃子陪葬墓形制独一无二,为研究明初建筑艺术、帝王丧礼葬制提供了珍贵的实物资料。

二十三、明藩王陵墓群

明藩王陵墓群位于嵩山荥阳市贾峪镇寿河村北的洞林寺一带,在数十公里的范围内散布着10余处高大的王陵,文物专家称这里是明代藩王周定王后裔的王陵,当地人又称为“藩王陵”。民间口碑相传,元朝末年,安徽一带旱灾严重,朱元璋为求生计,一路乞讨到中原,曾在洞林寺避难。明代的藩王周靖王死后,即择葬于洞林寺后,遂成周王府的家祠佛堂。周王府诸王的陵墓多设在洞林寺附近,王公贵戚朝拜者络绎不绝。

据文献资料和考古发掘证实,其王陵多为明代藩王周定王朱橚的后裔陵墓。封建社会,帝王之位、贵族爵位及领地可世代承袭,周定王的后代都承袭了他的王位。据《荥阳县志》记载与多次实地调查,藩王陵中已查明的陵墓有周靖王(周定王的孙子)、周懿王(靖王之弟)、周惠王、周悼王、南陵王、原武温穆王(周定王七世孙)、鄢陵王、郳陵王、沈丘王的陵墓。

(一)周靖王陵

周靖王陵位于荥阳市贾峪乡龙卧洼村北。周靖王,名子重,周定王孙,景泰六年(1455年)袭封,死于景泰七年(1456年)。

(二)周懿王陵

周懿王陵位于荥阳市贾峪乡槐林村南,现存墓冢高2.5米,底直径5米。周懿王,周定王孙,靖王之弟,初封通许王,天顺元年(1457年)晋封懿王,死于成化二十一年(1485年)。

(三)周惠王陵

周惠王陵位于荥阳市贾峪乡楚村东西100米处,已夷为平地。1985年大雨后露出墓室,墓已被盗。出土墓志铭6块。该墓为周惠王和夫人张氏、宋氏及妃谭氏的合葬墓。惠王墓志铭详细记载了他的出生、册封、病死年月。周惠王(1448~1498年),名同镳,为周定王三世孙,其有子25人,女11人。谭妃墓志是2块白底红字的汉白玉。出土遗物现存省博物馆。

（四）周悼王陵

河南省重点文物保护单位。位于郑州市马寨工业园区，坟上村北约100米处。占地面积为27174平方米。现存有墓葬、神道石刻及守墓人家庙等。墓葬曾遭破坏，但位置尚存，地宫保存尚完好。墓道出土有“皇明周荣悼世子之墓志铭”盖一方。家庙内现存清代臧氏家族世系碑刻五通，碑刻内容记录详细，保存相对完好。碑文内容记述了明代嘉靖年间臧氏自南京迁至此处为明悼王世子守墓。

（五）南陵王陵

南陵王陵位于郑州旧城西3公里王府坟村（今郑州油脂化工厂附近），为南陵王和他的2个妃子合葬墓。墓冢无存，墓前原有石人4件、石羊2件和墓碑2通，另有1对石马移至碧沙岗公园内。南陵王（1490～1567年），名睦模，字梅甫，号云楼，乃悼王世子。王陵前原有隆庆五年（1571年）周王宗易所以撰文的墓碑1通，题有“明册封南陵庄裕王墓碑”。碑文历述了南陵王的事迹，此碑文“文革”中被毁。

（六）原武温穆王陵

河南省重点文物保护单位。原武温穆王陵位于荥阳市区东南二十里铺乡瓦屋孙村东南200米处。明代宗室，朱元璋的八世孙，袭封为原武郡王。原武温穆王，朱朝埨（1552～1607年），别号凤山，周定王七世孙。性节俭，喜助人，不好声色，好集古图书、墨迹。

原武温穆王陵墓壁画之一

原武温穆王陵是一座壁画墓，曾于新中国成立前被盗掘，其中尚保存着大量精美的壁画。荥阳一带明周藩诸多王陵中目前唯一一座经过清理并保存下来供人参观的墓葬，对了解、研究明周藩王陵墓葬的形制、建筑、葬俗等均有重要的价值。（在本书壁画墓中有详细介绍）

（七）鄢陵王陵

鄢陵王陵位于荥阳市东南贾峪乡武庄村南部。鄢陵安僖王，朱子壂，明正统六年（1411年）九月壬封鄢陵王。死于成化二十一年（1485年）。

（八）邬陵王陵

邬陵王陵位于荥阳市东南贾峪乡武庄村南砖石内。砖厂取土发现砖砌墓道、土圹墓道2个。岗地上现存石刻9件，有文、武石人各3件，石羊2件，石猴1件。邬陵王正统六年（1441年）受封，成化八年（1472年）卒。

（九）沈丘王陵

沈丘王陵位于荥阳市东南贾峪乡路岗村北。沈丘荣戾王，王乃懿王之仲子，惠王之弟朱同钹。明成化元年（1465 年）九月受封，正德元年（1506 年）去世。

二十四、明徽王墓群

徽王墓群位于禹州市鸠山乡。徽王墓群包括徽庄王墓、徽简王墓和朱厚爝的陵墓（徽恭王墓）。

（一）徽庄王墓

徽庄王墓位于禹州市鸠山乡魏井村南（官寺北）。徽庄王朱见沛（1460～1506 年），第一代徽王，明代徽藩家族的开基始祖，是明英宗与韦德妃所生的庶 9 子。成化二年（1466 年）被明英宗封为徽王，成化十七年（1481 年）就藩钧州（今禹州市）府，正德元年（1506 年）薨。年 47 岁。死后谥为庄，史称徽庄王。徽庄王墓的地表目前仅存一处有 3 个门洞的建筑物。

（二）徽简王墓

徽简王墓位于禹州市鸠山乡官寺村东侧的一个高崖处，与徽庄王墓相距约一公里。徽简王朱祐枱（1482～1525 年），是庄王朱见沛庶第一子，明朝第二代徽王。朱祐樬于弘治五年（1492 年）受封兴化王，弘治十三年（1500 年）改封徽世子，后在正德三年（1508 年）袭封徽王。他在位 17 年，在嘉靖四年（1525 年）过世，谥号简，一年后由其子朱厚爝嗣位。

（三）徽恭王墓

徽恭王墓位于今禹州市梁北镇董村店村的东侧。徽恭王朱厚爝（1506～1550 年），是简王朱祐樬庶第一子，明朝第三代徽王。朱厚爝于正德十三年（1518 年）六月封。受封安邑王，嘉靖五年（1526 年）改封徽世子，同年袭封徽王。他在位 24 年，在嘉靖二十九年（1550 年）过世，谥号恭，一年后由其子朱载埨嗣位。朱厚爝墓的地表建筑目前已全部被毁。

二十五、明伊厉王朱木彝墓

伊王朱木彝墓位于洛阳市谷水西北 4 公里的邙山之巅，墓冢尚存。明代伊厉王，名朱木彝（1388～1413 年），明太祖朱元璋第二十五子，封伊王，居在洛阳，永乐十二年（1414 年）卒，故称伊厉王。史载朱木彝与其妃刘氏合葬。

伊王朱木彝墓在公元 1949 年前被盗，盗洞犹存。墓道终端横砌石条，过石条为隧道券，再进为前殿（拜殿）、大门（石门，无纹饰）、中殿，二门左右两侧有两条甬道向左右配殿，过二门为后殿，后殿左右和北边各有一很浅的耳室。全墓均用大砖砌成，墓顶为弧券，全长 34. 1 米（不计墓道），形制布局与北京明十三陵之定陵地宫类似。明代墓墓志多出在墓门之外墓道内，伊王墓道未挖。墓前 30 多米处左右两边有御制祭文碑二通。一为景泰元年代朱祁玉继位之后,为追惟宗亲,派工科给事中奚伦致祭碑。一为天顺元年英宗朱祁镇第二次复正大位后,派通政司左参议兼翰林院侍讲刘定之致祭文碑。

公元1975年,老井村农民挖砖兴修水利,在伊励王墓左侧挖出伊励王妃刘氏圹志,可知伊励王与妃刘氏合葬属一墓而非一穴。刘氏圹志现存洛阳古代艺术馆。

第二节　名人墓葬

嵩山在历史上英雄荟萃,名人聚集。历代许多著名的思想家、军事家、科学家、医学家、理学家、文学家、文字学家等都长眠在嵩山,这些不同历史时期的墓葬,多层次地反映了中国古代丰厚的历史文化,从一个侧面体现了源远流长的华夏文明。

一、黄帝三女冢

黄帝三女冢位于新密市东2.5公里天仙庙内的古白松下。明《徐霞客游记》载:“天仙院,院祀天仙,黄帝三女也。白松在祠后中庭,相传三女脱骨于其下。树周垒石为栏,一轩临北,轩中题咏绝盛。”清蒋廷锡编《(钦定)古今图书集成·方舆汇编·职方典》:“黄帝三女冢,在密县东二里,上有白松,一本三干,高数十仞,名人题咏甚多。”清康熙三十四年《开封府志·陵墓》:“黄帝三女冢,在密县东三里,上有白松,一本三干,高数十仞,名人题咏甚多。”清雍正九年《河南通志·陵墓》:“黄帝三女冢,在密县城东三里,上有白松,高数十仞。”清嘉庆二十二年《密县志》:“黄帝葬三女处。三女九岁俱辞学道,后十七年归省,一夕同逝,合葬于此。明年冢上生松,色如傅粉;一本三干,高八九丈,大四抱余;本畔一窍,常流液,甘甚;谓岁两脱肤,盘根虬枝,其叶青翠且硬;肤理莹泽,以手爪掐之,文随起,真奇章也!”

1992年新编《密县志·文化》:“天仙庙,始建于明嘉靖年间。相传黄帝三女学道17年,一夕同逝,合葬于此,上生白松一株。庙内大殿两座,高10米,其他房屋12所,多为彩色琉璃筒瓦覆盖,殿房飞檐下有人物画像、麒麟、龙、兽等图案。大殿后有一株白松,历时千年。清康熙年间为暴风所袭,根株尽拔。清乾隆年间,就原地修筑三层白松楼一座,高17米,白松楼东墙下遗有明代石刻《白松图碑》。”又“白松图碑,为明代石刻,高1.5米,宽0.7米,正面刻有白松图,1木3干,肤纹精细,枝叶繁茂。白松图四周刻有历代游人题记。此碑现存郑州市博物馆”。

二、许由墓

河南省重点文物保护单位。许由墓位于嵩山南麓的箕山之巅东北端。传说上古高士许由,隐居箕山槐里村,死后葬于箕山。因许由既是古代一位淡泊名利的高士,又是以许为姓的部落首领,所以后人称箕山为许由山。许由乃许姓之始祖,箕山乃许姓之源头。据许由庙断碑载“箕山之巅有高士征君许公冢焉”。历史学家司马迁曰“余登箕山,其上盖有许由冢云”。

箕山许由墓

许由，远古时代的贤人、高洁清节的名士，尧、舜、禹的老师。许由不仅作过掌管四时方岳之职的四岳、掌管祭祀的礼官秩宗，还作过掌管刑律的理官，并制作五刑，后被封于嵩山脚下的登封、许昌一带。在许由的卓越领导下，许部落在许地（今许昌一带）迅速发展壮大。尧很欣赏许由的才干，意将帝位禅让于许由，他坚辞不受。尧见他不接受禅让，就想召他做九州州长。许由逃避箕山（今嵩山之阳的登封市东南箕山）下隐居。

许由墓冢呈圆丘状，直径30余米，高2米许，用杂石、黄土封盖其上。冢旁树石碑一块，上刻“许由之墓”，中刻“箕山公祀许由墓碑”，右刻“帝尧封九州第一长”。尧就其墓冢封许由为箕山公神，以配五岳，号曰箕君。

许由墓前有许由庙，庙右1.5公里处有南槐村。

三、巢父墓

巢父墓位于嵩山东南20公里石羊关西北1公里许的两岭之间洼地堰根，和许由墓遥遥相对。巢父，姓樊名仲，号巢父。尧时著名隐士、高人。《高士传・巢父传》载：巢父是上古尧时的隐士，居深山不营世利，年老以树为巢，就寝其上，故号为“巢父”。相传，许由不愿接受尧的禅让，而遁耕于嵩山南麓颍水之阳的箕山。尧又让许由为九州长，许由不想再听到这种话，就到颍水之滨洗耳朵。刚好巢父牵着牛犊来饮水，看到许由在洗耳朵，便问其缘故。许由回答：“尧欲召我为九州长，恶闻其声，是故洗耳。”巢父听后说他：“你如果生活在高岸深谷、人道不通的地方，谁能见到你？你为什么不将你的光芒隐藏起来？你为什么要让别人看到你呢？我看你只不过是浮游欲闻、沽名钓誉罢了。巢父还埋怨许由：“你洗耳怎不到下游去，在这里把水污了，岂不也要玷污我的犊口吗？”于是，巢父牵着牛犊到颍水的上游饮牛去了。许由乃高风亮节之人，但比之巢父，自愧弗如。

巢父墓长3米，高1米余，土石堆垒。墓右有小坟，小坟右50米坡上，有一巨石像铁把油灯，当地群众称“巢父千年灯”。

四、伊尹墓

伊尹墓位于偃师市赫田寨西、杜楼村东一带。据《偃师县志・陵庙记》载：“商伊尹墓在县西十里”。《括地志》云“伊尹墓在洛州偃师西北八里”。伊尹（？～前1713年），商朝名师贤相，杰出的政治家、军事家。生于空桑(今嵩县白土窑村),母居伊水,故名伊。传说奴隶出身,原为有莘氏女的陪嫁男奴,来到商国。因他精通治国之道,被商汤授以国政。商汤灭夏朝,建商朝,伊尹助汤伐桀,是功臣,又是军师。商朝建立初期,伊尹帮助商汤制订各种典章制度,使商朝政治上比较稳定,经济比较繁荣。商汤去世后,历卜丙(即外丙)、仲壬二王。仲壬死,太甲即位,因太甲破坏商汤的法制,不理国政,被伊尹放逐到桐宫。三年后太甲悔过,又接回复位。伊尹先后辅佐过五位天子,辅佐君王之多在中国历史上是仅见的,无人能出其右。伊尹死于沃丁时以天子礼葬于亳。1973 年湖南长沙马王堆 3 号墓出土帛书,有《伊尹》64 行。

五、伯夷叔齐墓

伯夷叔齐墓位于偃师城西北的首阳山上巅。相传首阳山是商周之交伯夷、叔齐隐居之处。山上原有伯夷、叔齐庙,坐北向南,已毁,1989 年又集资重建。庙前有两个土地冢,为伯夷、叔齐墓。墓东北 5 公里处有夷、齐拦马进谏的扣马村,村南有武王会见 800 诸侯的会盟台。墓前有清乾隆十五年(1750 年)五月立的石碑一通,高 1. 70 米,宽 0. 65 米,碑中间刻“古贤人伯夷叔齐墓道”9 字,右边刻“正北至首阳山墓冢二千八百八十八步”,左边刻立碑时间。碑阴刻《夷齐隐首阳山辨》文,全文 400 余言。该碑移存商城博物馆,碑上所刻与首阳山伯夷叔齐墓的距离和现存墓丘基本吻合。

据《史记·伯夷叔齐传》记载及民间传说:伯夷、叔齐系商纣王时期孤竹国君的两个儿子,伯夷为兄,叔齐为弟。其父将卒,遗命立叔齐为君,叔齐让兄伯夷继位。伯夷、叔齐因互相推让王位而分别出走,到了首阳山。纣王末年,伯夷、叔齐碰到了周武王率领的伐纣大军,欲渡黄河北上,便拦住马头劝阻说:你的父亲死了不埋葬,就动干戈,这能算“孝”吗? 你是个臣子,却要犯上作乱,这能算“仁”吗? 坚决反对武王伐纣。今首阳山东北约 5 公里许的“扣马村”,据说即因“扣马而谏”得名。周灭商后,伯夷、叔齐便隐居在首阳山。为了表示对商朝的忠心,竟“耻食周粟”,饿死于首阳山上。

六、颍考叔墓

颍考叔墓位于嵩山脚下的登封市西南的翟峪沟(今蔺沟村)。该村为古颍谷地。翟裕沟实际为“泽浴沟”,为沐浴恩泽之意,才把“泽浴沟”误写为“翟裕沟”。颍考叔祠石碣(明正德十四年十月刻制)载在登封崇法寺。颍考叔庙据旧志载在颍水之阳。颍考叔(? ~前 712 年),春秋时郑国(都于新郑)大夫,嵩山历史文化名人。初为颍谷(今登封县西南一带)封人,即掌管郑国西部边疆的官吏。郑庄公曾因母亲武姜和其弟共叔段叛乱,发誓“不及黄泉勿相见”。颍考叔劝庄公“阙地及泉,隧而相见”,庄公从之,后母子和好如初。郑庄公感激颍考叔成全他们母子之情,颍考叔得到重用,被封为大夫。郑庄公三十二年(前 712 年),郑庄公与鲁国、齐国讨伐许国。出发时颍考叔与公孙阏争车,颍考叔挟辀以走。作战中,颍考叔持旗先登城,被公孙阏从城下射死,葬于其封地颍谷的翟峪沟(今登封市君召乡境内)。

七、新郑子产墓

河南省重点文物保护单位。子产墓位于新郑市西南17公里的陉山顶上。子产(？～前522年)，即公孙桥,公孙成子,春秋政治家。郑简公十二年(前554年)为卿,二十三年执政。当时郑国处于晋楚两强之间,国内强族交讧,兵革频临。子产为政,内修法度,宽猛相济,安抚百姓,抑制强宗,保持国内长期稳定;外应诸侯,周旋于列强之间,卑亢得宜,数以辞令折服强敌,使郑国免遭兵革之祸。曾整顿田地、疆界、沟恤,以利农业生产和社会安定。后又创立按"丘"征赋制度,把刑书铸在鼎上予以公布,不毁乡校,以听"国人"意见。这些改革使郑国在内政和外交方面取得了成效。子产为政数十年,政绩显赫,内外交誉。郑定公八年(前522年)子产卒,据《贾氏说林》载:"子产死,家无余财,子不能葬,国人哀亡。丈夫舍玦珮,妇人舍珠以赙之,金银珍宝不可胜计。其子不受,自负土葬于邢山。"邢山,即今之陉山。子产墓冢高约5米,周长约50米。据《新郑县志》载:"子产墓累石为方坟,东有庙。"又据《水经注》载:"魏襄王六年,败楚于陉山者也。山上有郑祭仲冢,冢西有子产墓,垒石为方坟,坟东有庙,并东北向郑城。庙际旧有枯柏树,其尘根故株之上,多生稚柏成林,列秀青青,望之奇可嘉矣。"

子产庙与柏树早毁,庙围墙础轮廓尚存。其墓因年久垒石下陷,已成堆状。

八、狐偃墓

狐偃墓位于荥阳市汜水镇东北2.5公里的胡固村南。《河南通志》载:"春秋狐偃冢在汜水胡固村之南,为晋大夫。"村北,也有两个土冢,形状大小与狐偃冢相似,据传是狐突冢和狐毛冢。村南之大冢为狐偃冢。狐偃(约前715～前629年),春秋时晋国的卿,著名谋略家。据《晋书》记载,公子重耳为了躲避父王的宠妃骊姬的谋杀,无奈出逃他国。狐偃曾随重耳出亡在外19年,游历各国,并且帮助重耳返回晋国即位。回国后任上军之佐,帮助晋文公改革内政,以"尊王"相号召,平定王子带之乱,在城濮(今山东省鄄城西南)战胜楚军,使晋文公当上了霸主。狐偃墓冢占地约为3500平方米,上为夯筑土丘。东西长300余米,南北宽100余米,占地面积3万余平方米,冢高20余米。

九、列子墓

列子墓位于郑州市郊区圃田东南1公里的大孙庄处,北距陇海铁路60米,西距潮河300米。

列子,名御寇,战国早期的思想家和寓言文学家,道家代表人物。师壶丘子,后又问道于老子的亲传弟子关尹子,还曾拜老商氏为师。列子继承了老子的学说,又加以发扬光大。他主张"虚无",一切顺应自然。循名责实,无为而治,在百家争鸣的战国时代独树一帜。

列子墓周围丘陵起伏,杂木丛生,环境较静谧,附近村民多在农历每月初一、十五到此烧香、叩拜。墓前原有民国23年(1934年)邑人王某所立"仙人列子墓"石碑,记有"郑县圃田镇东南隅有列子墓在焉,久为附近人之所崇仰,目为圣地,致祭膜拜者络绎不绝……",今无存。

十、庄子墓

庄子墓位于伊川县白元村北门外百余米处。

庄子(前369~前286),姓庄名周,字子休,享年84岁。道家学说的主要创始人之一,中国著名哲学家、思想家、文学家、辩论家。庄子与道家始祖老子并称“老庄”,他们的哲学思想体系,被思想学术界尊为“老庄哲学”,代表作品为《庄子》,名篇有《逍遥游》《齐物论》等,庄子主张“天人合一”和“清静无为”。

相传,庄子生前常梦蝴蝶,伊川县白元镇东边为蝴蝶山,所以庄子死后葬于蝴蝶山下。墓前碑记刻有“周漆园吏庄子墓”。

十一、苏秦墓

苏秦(？~前284年),字季子,东周洛阳(巩义市鲁庄苏家庄)人。战国时期著名的合纵家。年轻时到阳城(嵩山登封)与张仪、孙膑、庞涓同师鬼谷子。苏秦致力于纵横之术,倡导合纵说。曾游说六国合纵御秦,使秦不能向东扩张。苏秦为纵约长,佩六国相印。归赵,赵肃侯封为武安君。合纵的形成使秦兵15年不敢出函谷关。后因六国不能合作,纵约瓦解。苏秦为保护燕国,打击齐国,特奉燕昭王命入齐,从事反间活动,使齐疲于对外战争,以便攻齐复仇。后燕将乐毅联合五国大举攻齐,他的反间活动暴露,已被任为齐相的苏秦遭到齐国大臣的痛恨,被车裂而死。

据说苏秦死后葬于故里,但据查阅有关资料及实地调查,今嵩山地域的苏秦墓有四处,即巩义苏秦墓、洛阳太平庄苏秦墓、洛阳汉魏故城苏秦墓和偃师苏秦墓。

(一)洛阳太平庄苏秦墓

河南省重点文物保护单位。位于洛阳城东南4公里处的太平庄村,相传村南一冢为“苏家冢”,即苏秦墓。后来,太平庄人在施工时,发现了唐代武德八年(625年)萧瑀所立的“武安君六国丞相苏公墓”碑,证明了苏秦故里就在太平庄村,旧时太平庄村南曾有“苏秦故里”的碑刻,可惜“文革”期间毁掉。

巩义苏秦墓

(二)巩义苏秦墓

位于嵩山之阴的巩义市西南鲁庄乡的苏家庄村南。据清代《河南府志》载:“苏秦墓在巩县西南六十里三苏冢,县志为厝三苏也。”传说“三苏冢”为苏秦及两个弟弟苏代、苏厉之冢,苏家庄即因此而名。民国《巩县志》载:“苏秦墓在巩县苏家庄也。”巩义苏秦墓现高约15 米,夯土层明显,周长约 80 米。苏秦墓两侧二冢已不存。

(三)洛阳汉魏故城苏秦墓

位于洛阳市东南 18 公里、汉魏故城东南约 5.5 公里,洛河北岸的张苏寨村。寨内有一冢,相传即苏秦墓。据《洛阳伽蓝记》载:“汉魏洛阳故城青阳门外三里御道北,有孝义里,里西北角有苏秦冢,冢旁有宝明寺。”

(四)偃师苏秦墓

位于今偃师市首阳山镇鱼骨村西南、洛河堤北。先秦时,苏姓一支徙居湖南、湖北,一支徙居成周洛阳(故洛阳在今河南偃师西。谢钧祥《新编百家姓》)。战国时,曾“佩六国相印”的苏秦及其苏代、苏厉三兄弟即其后人。

十二、渔父子墓

渔父子墓位于新郑市城东 4 公里黄水东岸冈上。渔父,春秋末人,著名隐士。史料记载,战国时期楚平王听谗,要杀吴国太子建,大臣伍子胥偕太子建逃往嵩山东南麓的郑国(今新郑市),郑人礼之。后太子建与晋谋灭郑国,郑定公杀太子建,伍子胥带太子建的儿子公子胜,途经陈、楚,奔向吴国,至江边,楚兵追至江边。正在江中的渔父乘船溯水而上,将他们渡过江去。郑献公十一年(前 506 年),吴伐郑,渔父已死,其子阵前说合,伍子胥遂下令撤兵。事后,郑献公将老渔翁之子封为大夫,并在城内划一片封地给他。郑国的百姓都称他为“渔大夫”,把他的封地叫“丈人村”。据说,现存的郑韩故城中的分金岭就是伍子胥撤兵后郑献公修筑的。分金岭以东的地方封给了渔大夫,所以又叫“分国城”或“分国岭”。渔父之子死后,郑人为其父子 2 人立冢,故称“渔父子冢”。

渔父子墓地有父子 2 冢东西相联,西冢高 30 米,东冢高 28 米,总周长 185 米。

十三、苌弘墓

苌弘墓位于偃师市化村北坡上。《后汉书 · 郡国志》:雒阳注引《皇览》:偃师县东北山苌弘冢。注:北山即邙山。《通志》:苌弘冢当入偃师。

苌弘(? ~前 492 年),春秋战国时期,杰出的思想家、政治家、军事家、音律家。苌,当是封邑名,以邑为氏;弘乃其名。苌弘年轻时出游嵩山洛阳,入朝廷为官,为帮助东周灵王、景王、敬王谋划执政大业,出了很多有用的点子,从而为周王朝巩固政权起到了很大的作用。后周敬王为了平息周王室和晋国的矛盾,下令杀掉了苌弘,苌弘成了周王朝的牺牲品。苌弘博学多才,见多识广,对当时与政治有密切关系的音乐和礼仪,以及历史知识、天文、历数、卜筮等,都有很深的修养,尤其精于音律乐理,为我国音乐学界的开山鼻祖。公元前 518 年,孔子自曲阜西行至洛邑,“入周学礼”,向老子请教礼制,专程“问乐于弘”，向苌弘请教和探讨音乐和天文知识，足见苌弘的学识和地位。战国时期，周敬王为了讨好晋国，将执周政有恩于他的周大夫苌弘杀死。苌弘元气不散，传说行刑时大风骤起，跟着行刑队伍直追周王室金殿上，景王畏惧赶快派人祭奠求饶，苌弘好友把苌弘部分鲜血收藏。3 年后，鲜血成了碧玉，墓附近村落被称为化碧村，简称化村。

周大夫苌弘历代被誉为碧血丹心，女皇武则天路过立碑，唐时柳宗元有文清南伊张松孙勒石，据考留存的 4 通碑，存于偃师市博物馆 1 通完整无损，另 3 通为明清时碑刻。

十四、彭婆冢

鼓婆冢位于伊川县彭婆镇，在龙门山外 10 余公里处。《名胜志》：彭婆冢在万安山麓，不知何许人，宋时彭婆镇本此。《洛阳县志》载：伊水南彭店寨西北有一大冢，周 164 步，高 1.5 丈，土人（本地人）以为是彭婆葬处。

“彭婆”意指彭祖之母。彭祖，本名篯铿。相传，是皇帝的后裔，颛顼的玄孙。父亲是吴回的长子陆终，母亲是鬼方首领之妹女嬇。彭祖因擅长烹饪野鸡汤，受帝尧的赏识，后受封于大彭，是为大彭氏国。因此，他又被人称作彭铿，为彭姓的祖先。自尧帝起，彭祖共历夏、商、周诸朝，商代时为守藏史，官拜贤大夫，周代时担任柱下史。《史记·楚世家》载：“陆终生六子，拆剖而生焉”，“三曰彭祖”。《列仙传》谓：“彭祖者，殷大夫也。”传说中是彭姓的祖先，活了 880 岁。

彭祖的母亲是鬼方首领之妹女嬇，母德一直为后世敬仰。《洛阳县志》：“在县南 40 里，相传商老彭母，彭婆镇得名以此。”今彭婆初中院墙外、曲水河畔，立着一块墓碑。墓碑正中刻“商大夫篯铿母之墓”。该碑刻立于清雍正五年（1727 年），河南知府张汉亲自撰文题石，其辞曰：母以子重，子以圣传。是母是子，有开心先。猗维篯铿，仲尼诸贤。信而好古，我必同然。他史所纪，寿八百年。雉羹享帝，食报而仙。伊流之东，阙塞之南。母德渊源，视此遗阡。百余个汉字，却记述了彭祖的一生和其母的高尚品德。

十五、吕不韦墓

吕不韦墓位于偃师市西 7 公里首阳山镇大冢头村东今偃师一院内。吕不韦墓，亦称吕侯冢。原名吕母冢，因吕不韦妻先葬而得名。《后汉书》注引《皇览》：偃师县北邙山道西，吕不韦冢。《史记》裴（马因）注：吕水韦冢，在河南洛阳北邙，道西大冢也。

吕不韦墓

吕不韦（？ ~前 235 年），战国末期巨商，著名思想家、政治家。早年经商于赵国都城邯郸，结识做人质之秦公子异人（后改名子楚），按照经商中实施“人弃我取，人取我予”的策略，认为“奇货可居”，遂入秦游说华阳夫人立子楚为太子，子楚即位为秦庄襄王。吕不韦通过帮助子楚回国立为太子，后又当了国王一事，从而被任为相国。传说他曾纳姬于邯郸，有孕后献给子楚，生子政，即始皇。秦王政即位后封吕不韦为相国，尊其为“仲父”，控制秦国大权。吕不韦在庄襄王、秦王政两朝执政十三年，为秦始皇统一六国奠定了坚实的基础。他曾使宾客汇集先秦诸家之说，“兼儒墨，合名法”，编纂了中国思想史上杂家的代表作《吕氏春秋》。因吕不韦位居相国，权倾朝野，并占有大量财富和封地，秦王嬴政嗣位后，仍飞扬跋扈，引起嬴政忌恨，嬴政亲政后即免去丞相一职，后又强令其就国河南，出居洛阳。公元前235年又令其迁往蜀郡，吕不韦因自知不免一死，途中饮鸩自杀，众宾客将其窃葬于此，与吕不韦妻并柩，后改为吕侯冢。

吕不韦冢高3丈余，冢头面积广阔，因其气势高大崇隆，群众俗称为大冢头。冢西有一村，也因此而得名“大冢头村”。过去冢上有房屋数10间。如今墓冢被圈在偃师第一高中院内。1994年，偃师市首阳山镇为其立纪念碑一通，著名学者、西北大学名誉校长张岂之撰写碑文，纪念曾任秦相国、封文信侯、汇集先秦各派学说有杂家之称的一代重臣吕不韦。

十六、田横墓

田横墓位于偃师市城关镇赫田寨村南。

田横（? ～前202年），秦朝著名壮士。出身于齐国旧贵族，妄图割据称雄。曾自立齐国国王，迎击汉将灌婴，兵败后便逃往梁地，投奔汉将、建成侯彭越。不久，韩信平定了齐国，也自立为王。至此，田横的齐王已经兵国全无。汉高祖四年（前202年），刘邦战胜项羽，统一中国，刘邦招田横归汉。田横不肯称臣于汉，率众500余人逃往海上，避居岛中（今青岛即墨市田横岛）。刘邦得知后，特赦田横无罪，派人召他回来。田横以曾烹郦食其，而其弟郦商现为汉将，恐遭报复为由，坚辞不从。刘邦招告田横：若回来，大者为王小者侯；若不回，即刻发兵诛灭。田横无奈，只得带随从二人前往，行至嵩山尸乡驿（今偃师市境）时，田横借口天子要沐浴洁身，支走汉使，自刎而死。刘邦以王侯之礼厚葬田横于偃师尸乡。留居海岛的徒属500余人得知田横死讯，也都全部自刭而死，史称“五百壮士”。

田横墓前有墓碑、赞碑各一。墓碑高1.66米，宽0.54米，厚0.16米，碑正面刻“齐田横之墓”5字，上款为“河南太守张松孙书”，下款为“□□庚戌（乾隆五十五年）春秋邑令汤毓倬勒石”。碑下端刻写“按《史记》，田横与其客二人乘传诣洛阳，至尸乡，遂自刭。高帝为之流涕，发卒2000人，以王者礼葬田横。既葬，二客穿冢旁孔，皆自刭，下从之。唐韩昌黎有吊文”。墓碑左侧竖赞碑1通，高1.34，宽0.67米，厚0.21米，上书“谒齐王田横墓古歌一首”，诗后有跋，清道光八年（1828年）立。唐代大文学家韩愈在经过偃师的途中，专程到田横墓前“取酒以祭”，并写了著名的《祭田横墓文》。

十七、贾谊墓

《河南府志》载：贾谊墓位于洛阳市东北方向10公里的邙山上——孟津县会盟镇屋栾行政村梅窑自然村南邙山北坡之高山之巅。清陆继辂、魏襄《洛阳县志》载：梁王太傅贾谊墓在洛阳县东北邙山上，大坡口道西。

贾谊（前200～前168年），西汉初年声名显赫的政治家、辞赋家、思想家，死后葬于故乡洛阳北邙。一生虽然只有33年，但在政治上、思想上和文学上都有杰出贡献。著有散文集《贾长沙集》和《贾谊集》传世，代表作有《过秦论》、《道德说》和《鹏鸟赋》等。

史料记载，清同治年间，贾谊墓底直径37米，高12米。贾谊墓拥有皇赐田18亩在册。公元1966年5月～1967年7月，孟津县新庄抽水站建站过程中，将贾谊墓封土运走筑垫方渠道，上水压力管洞将贾谊墓掏透，见墓空先年已遭遇盗掘，只有一些青铜剑残片。

十八、纪信墓

河南省重点文物保护单位。纪信墓位于郑州市西北26公里的纪公庙村。

纪信（？～前204年），西汉高祖刘邦的大将。据《史记·项羽本纪》载，汉王三年，刘邦屯兵荥阳，项羽率兵围攻，汉军绝食。汉将纪信为汉王刘邦献计："事已急矣，请为王诳楚为王，王可以间出。"刘邦采纳其计，随命御史大夫周苛、枞公守荥阳，趁纪信假扮刘邦出行诈降之际，带数十骑从西门遁走成皋，项羽得知刘邦已逃走，怒焚纪信，葬残骸于此。后人为了表彰纪信的忠烈，在墓南侧修建庙宇，墓地树碑勒石、赋诗、题词。

纪信墓现有唐代以后重修庙宇和赞颂纪信的碑刻30余块，其中以唐大周长安二年（702年）书法家卢藏用撰文并书丹的石碑最为珍贵。纪信墓门向东，地面现存圆冢高9米，周长约120米。1980年年初，郑州市博物馆对该墓进行考古发掘。该墓系用300多块空心砖扣合而成，分两主室和耳室。墓室外圹长9米，宽4.5米，虽经多次盗掘，仍出土铜器、铁器、玉器、陶器和车马饰等300余件文物，现藏郑州市博物馆。

十九、周勃冢

周勃冢位于荥阳师家河对岸的小双桥村。

周勃（？～前169年），秦末汉初的军事家和政治家，西汉开国功臣，大将。秦二世元年（前209）随刘邦起兵反秦，以军功拜为将军，赐爵"武威侯"。随刘邦南征北战，屡建战功。周勃为人质朴刚强、老实敦厚，高祖认为可以委任他大事。刘邦死前曾向吕后留下遗言："周勃重厚少文，然安刘氏者必勃也，可令为尉。"刘邦驾崩后，周勃等率领大军20余万，先后平定了燕、代等地，取得了一个又一个的胜利。后因功被封为"太尉"。

周勃冢是一个高大的用土夯筑的冢。据荥阳当地老人们说，周勃冢前原有一小庙，叫周勃庙，并立有石碑。虽经历史的变迁，庙与石碑毁没，只有大冢留存于世，但有关庙、冢的传说，却被老百姓传得活灵活现。据传，在很久以前，当地人谁家要办红白事，都要先到周勃庙里去烧香叩头，这样你办事时所需的酒席用具及桌椅板凳就会出现，用后还来即可。久而久之，有些小气鬼不讲信用，还时留下一些东西自用。后来，再烧香也不出家具了。还有一个传说，周勃一生身经百战，屡立战功，他认为这应归功于自己的坐骑，生前留下遗言，要这匹战马陪葬。皇帝得知此事，遂命造一匹金马陪葬。这匹金马夜出昼没,十分神奇。一天,它在黎明出来与两匹犁地马嬉戏,犁不成地。农民生了气,用鞭将金马的耳朵打掉了一块。周勃在冢顶高喊一声:“是谁把我的金马耳朵打掉了一块啊?”从此,金马再也没有出现过。

二十、张良墓

张良墓位于嵩山东北麓的荥阳市北邙山岭上,东隔杨树沟与汉王城呼应。

张良(? ~前 186 年),西汉开国功臣,著名政治家、谋略家。姓姬,字子房。刘邦的重要谋臣之一,他协助刘邦制订作战方略,并在政治上、策略上提出许多重要建议,这些建议对刘邦夺取楚汉战争的胜利和建立西汉王朝起了重要作用。公元前 201 年,刘邦封张良为留侯,邑万户,与萧何、韩信并称“汉三杰”。汉高祖刘邦曾言“运筹帷幄之中,决胜千里之外,吾不如子房”。张良墓现存东墙残长 25 米,南墙残长 67 米,城墙断壁上有明显的夯土层,城内经常发现箭头和汉代瓦片等物。

二十一、常十冢

常十冢位于新密市牛店北,常氏兄弟 10 人俱葬于此。常十,东汉嵩山著名忠烈。传说,西汉末年,王莽篡位后,刘秀为恢复汉室而起兵南阳,王莽则调集重兵“围剿”刘秀,刘秀兵力薄弱,抵挡不住,便采取边走边打边扩充兵力的办法,与王莽展开了拉锯战。一天,王莽将刘秀团团围在嵩山密县打虎亭一带,眼看刘秀就要被擒时,当地一家姓常的农民把刘秀藏了起来,幸免于难。常氏兄弟 10 人商量营救的办法时,老十说:“我貌似刘秀,斩我首献之,可免除刘秀之难。”众人从之,常老十被杀后,献出了首级,从而解除了刘秀之难。刘秀即位后,为报常老十救命之恩,在距打虎亭五华里的前士郭村建造了“报恩寺”,并给常氏弟兄造墓进行厚葬,封常老十为“崇圣公”。

清嘉庆《密县志》“冢墓”条记:“常十冢,在牛儿店北,常氏兄弟十人俱葬此。其季脱光武于难,后封崇圣公,有《汉崇圣公常公神道碑》。”志中还载,古碑云:“密人传汉光武遭王莽之乱,常氏兄弟十人匿之,莽围急,兄弟谋代死。其最少为常十者曰:我貌颇类,斩吾首献之,可免。如言围解,光武即位,为立报恩寺,并营其墓,后十人皆列葬其处。”常十冢前立有《汉崇圣公常公神道碑》。

二十二、祭肜墓

祭肜墓位于洛阳北邙山。祭肜(? ~73 年),字次孙,颍川颍阳(今登封颍阳)人。东汉年间之大臣。其兄长是云台 28 将之中的征虏将军颍阳侯祭遵。祭肜在建武初年就被光武帝刘秀任为黄门侍郎、偃师长,跟随在刘秀左右。后出任辽东郡太守近 30 年,击退鲜卑,打败匈奴,保边境平安,人们为他立祠以纪念。永平十六年(73 年)祭肜出兵讨伐北匈奴无功而还,因此被革下狱。出狱后羞愤呕血而死。汉太仆祭肜墓约在孟津县朝阳乡一带。清乾隆《洛阳县志》载“墓在北邙山”。《通志》:祭肜墓在河南府城北邙山。《后汉书》:乌桓鲜卑追思肜无已,每朝贺京师,常过冢拜谒,爷天号泣乃去。

二十三、颍阳侯祭遵墓

颍阳侯祭遵墓位于洛阳北邙山朝阳乡一带。祭遵（？～33年），东汉初著名军事将领。登封颍阳人。祭遵谒诚奉公，尽忠为国，带兵有方，“制御士心，不越法度”。他的一生戎马倥偬，纵横南北，屡立殊勋。建武九年（33年），祭遵卒于军中，光武帝刘秀身穿素服，亲用太牢礼痛哭祭奠。《后汉书》载：建武九年（33年）卒，于军丧至河南，诏遣百官先会丧所，车驾素服望哭哀恸礼成亲，祠以太牢。既葬，车驾复临其坟。

《后汉书·祭遵列传》载，祭遵于建武“九年春卒于军……临死遗诫牛车载丧，薄葬洛阳”。清乾隆《洛阳县志》载：“墓在北邙。”

二十四、黄香墓

黄香墓位于禹州市郭连乡黄台寨村东侧的孝岗上。黄香（18～106年），字文强，东汉江夏郡安陆县人。东汉著名孝子、文化名人。9岁丧母，事父至孝，历史上把他称为“孝子”，其黄香扇枕温席的事迹，列为民间俗传的“二十四孝”之一。黄香通佛典，善文章，东汉和帝年间官至尚书令。一生勤于政事，忧公如家。晚年坐事被免职，随他的儿子黄琼来到禹州，死后葬于禹州孝岗之上。

二十五、汉班超墓

汉班超墓位于洛阳北邙山。班超（32～102年），字仲升，扶风安陵（今陕西咸阳）人。东汉著名将领、外交家，是开拓和维持汉代与西域关系的重要人物。班超出生在文仕家庭，他是史学家班彪之子、《汉书》的编撰者班固之弟，三人合称“三班”。但班超选择了不同的道路，他投笔从戎，投身于为汉朝稳固边疆的事业中，成为东汉名将。清乾隆《洛阳县志》载，班超墓“在北邙山”。北邙山朝阳乡障阳村西有一大冢，俗称班超墓，是汉定远侯班超墓。

二十六、竺法兰墓

竺法兰墓位于洛阳市白马寺山门内西侧。竺法兰，中天竺（今印度中部）高僧，中国佛教鼻祖，有“开教总持”之称。永平十年（67年）来到洛阳。在嵩山白马寺、法王寺寺传佛法，译佛经。竺法兰译有《十地断结经》《法海藏经》《佛本生经》《佛本行经》等。

竺法兰墓冢为半圆形，四周青石镶砌，冢上迎春花覆盖。墓前有明崇祯七年（1634年）立的“汉开教总持竺法兰大师墓”碑。

二十七、摄摩腾墓

摄摩腾墓位于洛阳市白马寺山门内东侧。摄摩腾(? ~73 年),天竺(今印度)高僧,中国佛教鼻祖。东汉永平十年(67 年)来到洛阳。在嵩山白马寺、法王寺等寺传佛法,译佛经。摄摩腾所译《四十二章经》,为佛教传入中国之始。

摄摩腾墓为半圆形冢,墓周用青石包镶,系中华人民共和国成立前白马寺住持僧德浩整修时所增筑。后人又在墓冢遍植迎春花,四周广植松柏。墓前有明崇祯七年(1634 年)重立的"汉启道圆通摩腾大师墓"碑。

二十八、蔡邕墓

蔡邕墓位于河南省禹州,箕山入禹境之第一峰为逍遥岭,其阴有汉中郎将蔡邕墓。岭上有摩崖石碑 1 通,上刻汉隶体字,字大 2 寸,为蔡邕亲书。此碑曾坠入颍河,现为白沙杨氏获之。蔡邕死葬于此地。其东为白沙镇,其北为白沙水库,湖光潋滟,景色一新,为旅游胜地。

蔡邕(133 ~192 年),东汉文学家、书法家。字伯喈,陈留圉(今河南杞县)人。汉灵帝时召拜郎中,校书于东观,迁议郎。曾因弹劾宦官流放朔方。汉献帝时曾拜左中郎将,故后人也称他"蔡中郎"。董卓被诛后,为王允所捕,死于狱中。

蔡邑博学多才,除通晓经史、天文、音律,擅长辞赋外,书法精于篆、隶。尤以隶书造诣最深,名望最高。其结构严整,体法多变,长于碑记,有"蔡邕书骨气洞达,爽爽有神力"的评价。东汉熹平四年(175 年),蔡邕认为这些经籍中,由于俗儒芽凿附会,文字误谬甚多,为了不贻误后学,而奏请正定这些经文。诏允后,由蔡邕与堂溪典、杨赐、马日弹、张驯、韩说、单扬等人正定《鲁诗》、《尚书》、《周易》、《春秋》、《公羊传》、《礼仪》和《论语》七种经文,46 通石碑,由蔡邕等人书写,命工镌刻,立于太学门外,碑凡 46 块,这些碑称"鸿都石经",亦称"熹平石经"。据说石经立后,立刻轰动了有 3 万余人的太学,而且也轰动了四周的达官贵人、门第书生。当时观看摹写者达千人,车水马龙填塞了街巷。石碑上美妙绝伦的八分隶书,使无数书法者为之倾迷,研究效仿者层出不穷,蔡邕被世人称为师宗,蔡邕因此负盛名。

二十九、董卓墓

董卓墓位于嵩山之阴的巩义市东南 20 公里大峪村镇董陵村西的西侯山北丘陵上。

董卓(? ~192 年),东汉末著名军事家,奸佞,篡权之逆臣。据传,董卓在长安被吕布杀死之后,又被满门抄斩。袁氏门生故吏将董卓亲属的尸骸,取到袁氏墓前焚烧,以报前仇。后因董卓党羽李榷率兵攻破长安,吕布将董卓头悬马项下,带领残骑百人,东出武关,投奔袁术,行至巩县(今巩义市)西侯山,又改变主意,投奔张邈,故将卓头弃下,后由当地亲董官吏就地安葬,故称"董陵"。

巩义市现存董卓墓是人工在原处的堆积冢。墓冢高 5 米，东西长 11 米，南北宽 10 米，呈覆斗形。冢北面原有一盗洞可通入甬道内。

三十、关帝首级冢

关帝首级冢位于洛阳市南 8 公里关林镇的关林祠庙内。关帝，即关羽（？ ~220 年），本字长生，后改字云长，汉并州河东解（今山西运城）人。三国时期蜀汉名将。关羽自刘备于乡里聚众起兵开始追随刘备，是刘备最为信任的将领之一。关羽去世后，其形象逐渐被后人神化，一直是历来民间祭祀的对象，被尊称为“关公”；又经历代朝廷褒封，清代时被奉为“忠义神武灵佑仁勇威显关圣大帝”，崇为“武圣”，与“文圣”孔子齐名。

关帝首级冢平面为八角形，高 10 米，占地 250 平方米，外筑围墙，冢前有石碑亭，碑亭前有明代所立的石供案及石牌坊，高 4.8 米，下有龟趺，上有雕龙碑首，置于一八面起坡歇山顶护碑亭中。碑亭前有明代所立的石供桌及石牌坊，其中石牌坊高 10 米，宽 6 米，3 门道，正额题“汉寿亭侯墓”五字。关帝冢与关帝庙合称关林。

三十一、水镜先生司马徽墓

水镜先生司马徽墓位于禹州市褚河乡余王村潘庄的东侧。司马徽（？ ~208 年），字德操，阳翟（今禹州）人，是中国东汉末年著名隐士。一生清雅，善知人，时人称之为“水镜先生”。由于他从来不说别人的短处，别人跟他说话，不管好事坏事，通通说好。李瀚《蒙求》诗曰：“司马称好。”所以后人又称他为“好好先生”。其才华始终未得施展，一生湮没不彰。史料记载，司马徽曾向刘备推荐了诸葛亮和庞统二人。死后葬于阳翟（今禹州市）。司马徽墓冢巍然屹立，墓前原立有石碑一通，碑上刻有“汉司马徽先生之墓”八个大字。“文革”中此碑佚失，现已找到，存放在潘庄。

三十二、王弼墓

王弼墓位于伊川县山化乡东屯村铁路南洛郑公路北。王弼（226 ~249 年），字辅嗣，三国时代山阳高平（今山东邹县西南）人。三国魏经学家，是老庄玄学解易的创始人，魏晋易学义理学派的代表。出身书香名门，幼而察惠，雅好读书，少年享高名，后与尚书何晏等人同开应学清谈之风，也称正始（魏齐王曹荒芳年号）之音。王弼是清谈之风最早的代表人物之一。知识渊博，能言通辩，有学术思想创新精神，深受当时政坛人物的器重，被推荐为尚书郎，爵封偃师伯，但英年早逝，卒于 24 岁。王弼人生短暂，但学术成就卓著。主要著作有《周易注》《周易略例》《周易大衍论》《老子注》《老子指略》《老子道德经注》《论语释疑》《王弼集》5 卷等。由于洛阳是魏晋的都城，也是王弼生前重要的活动地之一，死后葬于伊川。

三十三、嵇含墓

嵇含墓位于巩义市鲁庄镇鲁庄村北约500米处。嵇含(262～306年),字君道,自号亳丘子,嵇康的侄孙。西晋时期的文学家及植物学家,谯国铚县(今安徽省濉溪县临涣集)人。永兴二年(305年),累官至襄城郡太守,依"专督江汉,威行南服"之征南将军刘弘。因性通敏,好荐达才贤,被弘待为上宾,并被表为平越中郎将。刘弘死后,嵇含被司马郭励所害。嵇含一生用大量的时间研究植物,他将岭南甚至城外之各类植物,根据不同属性,分草、木、果、竹4类80种写成3卷,汇成《南方草木状》一书,条目清新,文辞隽秀,叙述最为典雅,是世界上最早的植物学专著。《四库全书》将它引入目录。后魏贾思勰吸收其内容,写出了著名的农业专著《齐民要术》。

嵇含墓,俗称嵇家坟。墓南村口处民国初年县长嵇子美曾在此立有"晋武乡侯嵇含故里"碑,现仍存。1990年,市文物钻探队曾作文物钻探,确系晋墓。

三十四、潘芘、潘岳墓

潘芘、潘岳墓位于巩义市西南10公里芝田镇芝田村西部坞罗河东岸。潘岳(247～300年),字安仁,祖籍中牟县。西晋时期文学家,"太康文学"的主要代表。我国古代著名的美男子。潘岳少年时被乡里称为神童,二十几岁名气大振,热衷于官场趋炎附势,为世人所讥。其父潘芘,做过琅琊太守。永康元年(300年),赵王伦亲信孙秀诬蔑潘岳和石崇等参与淮南王、齐王作乱,因此被诛,并夷三族。

岳父芘,琅琊太守,碑石破落,文字缺败。岳碑题云:巩义市芝田村西郑洛公路两侧各有一墓冢,为潘芘、潘岳父子。潘岳墓在公路南侧,冢高6米,周长32米。其父潘芘墓在公路北侧,冢高3.5米,周长20米。据民国《巩县志》载:"二冢前原有石碑,后来散佚。"郦道元《水经注》云:"罗水又西北径袁公坞北,又西北径潘岳父子墓前,有碑。岳父芘,琅琊太守,碑石破落,文字缺败。岳碑题云:给事黄门侍郎潘君之碑。碑云:君遇孙秀之难,阖门受祸,故门生感覆醢以增恸,乃树碑以纪事。太常潘尼之辞也。"萧统《文选·西征赋》《文选在怀县作》李善注:潘岳及其父亲的坟墓均在巩县西南35里的罗水流经处。潘岳在他的诗文中写过,这个地方是他的"旧乡"。由此可知,不仅潘岳父子的坟墓确实在这个地方,而且他们一家也曾居住在巩县。

三十五、大将军何进墓

《通志》:大将军何进墓在河南府北邙山。何进(？～189年),字遂高,南阳宛(今河南南阳)人。东汉灵帝时大将军,汉灵帝何皇后之兄。何进的异母妹有宠于灵帝并被立为皇后,他也随之升迁。中平六年(189年),灵帝崩,14岁的皇子刘辩即位,世称少帝。当时何太后临朝,大将军何进掌朝政。中军校尉袁绍怂恿何进"令诛中官(宦管),以悦天下"。何进等人密谋招西凉边将董卓进京,尽诛宦官。事泄,羽林军进入宫中,诛杀何进。宦官杀何进后挟少帝及陈留王外逃。

据河洛文化学者徐金星先生说，早在几十年前，他们已确定了何进在北邙山墓葬的具体位置，但由于此人给洛阳引来了灾难，所以他的墓向来不受重视。老百姓种地，基本把他的墓堆犁平了。

三十六、石崇墓

《晋书》：惠帝复祚，诏以乡礼葬之。《通志》：石崇墓在河南府城北邙山。

石崇（249 ~ 300 年），西晋大豪富，历史上称其富可敌国。晋惠帝元康初年（约 292 年），石崇耗巨资在京师洛阳东郊邙山凤凰村南建富丽堂皇的别墅“金谷园”。在当时高官国戚纷纷以掠夺为荣、以豪富自夸的风气下，他为自己修建的别墅金谷园，其奢侈程度可想而知。他与“金谷二十四友”常于此饮酒赋诗，后来把这些诗歌编成《金谷集》。金谷园是西晋时期的园林之最，在中国的园林发展史上占有一定的地位。

三十七、魏鲁阳侯韩延之墓

魏鲁阳侯韩延之墓位于河南府城北（洛阳）的北邙山。韩延之，东晋军事将领。字显宗，东晋末年，南阳赭阳人，曹魏司徒韩暨之后。晋安帝时为建威将军、荆州治中，转平西府录事参军。公元 415 年，太尉刘裕“萌异志”，伐司马休之，密与延之书招之，韩延之断然拒绝，“已字显宗，名子为翘”，以示不服权臣刘裕，拥护皇室司马氏。破中之战败后，与司马休之众人投奔后秦姚兴。泰常二年（417 年），刘裕入关灭后秦，韩延之与司马文思等转投北魏。拓跋嗣在位以延之为武牢镇将，赐爵鲁阳侯。在北魏时与王慧龙齐名，震慑宋国。

《魏书》：初，延之曾来往柏谷坞，省鲁宗之墓，有终焉之志。因谓子孙曰：河洛三代所都，必有治于此者，我死不劳向北代葬也，即可就此。及卒，子从其言，遂葬宗之墓次。延之死后 50 余年而孝文帝徙都，其孙数家即居于祖墓之北柏谷坞。

三十八、驸马都尉昌黎王冯熙墓

《魏书》：熙死于代，诏开魏京之墓，令公主之柩俱向伊洛丧，至七里涧，高祖服衰往迎，叩灵悲恸而拜，日送临墓所亲作墓志铭。《河南府志》《通志》载：冯熙墓在洛阳城南，而城东北有冯王山，上有冯王冢。注，冯王山，今俗名凤凰山，形如飞凰，故名。

冯熙（？ ~495 年），北魏皇亲。字晋昌，长乐信都（今冀州市岳良村）人，冯太后之兄，父冯朗投降北魏，后获罪被杀。冯朗被杀后，冯熙由其母携带逃到羌氏中抚育，学到一身好武艺。后来到长安从师，学习《孝经》、《论语》和阴阳兵法。冯太后入宫后，使人访知冯熙所在，将其接至宫中，封为冠军将军，赐爵“肥如侯”。后出任定州刺史，进爵“昌黎王”。孝文帝时，出任洛州刺史、侍中太师。他的三个女儿皆嫁于孝文帝，两个封为皇后（废皇后、幽皇后），一个封为左昭仪。冯熙长子冯诞又娶孝文帝的妹妹长乐公主为妻，拜驸马都尉、侍中、征西大将军、南平王。太和十九年（495 年）冯熙病死，追赠大司马、太尉、冀州刺史备九锡，孝文帝为其作墓志铭，以示哀悼。

三十九、陇西公李冲墓

陇西公李冲墓位于于洛阳覆舟山。《魏书》：葬于覆舟山近杜预冢，高祖之意也，后车驾自邺还洛，路经冲墓，左右以闻高祖卧疾，望坟掩泣久之，诏遣太牢祭。《北魏·李冲传》：李冲葬覆舟山，近杜预墓。

李冲（450～498年），原名思冲，字思顺，魏孝文帝替他改名冲，陇西狄道（今甘肃省临洮县）人。北魏宰相。北魏官员、陇西李氏仆射房始祖。凉武昭王李暠的曾孙，西凉骁骑将军、祈连酒泉晋昌三郡太守李翻的孙子，北魏使持节、侍中、都督西垂诸军事、镇西大将军、开府仪同三司、领护西戎校尉、沙州牧、并州刺史、敦煌宣公李宝的幼子，李承、李茂、李辅、李佐、李公业的幼弟。

北魏孝文帝初年，李冲任秘书中散、内秘书令、南部给事中。迁中书令，加散骑常侍，仍兼给事中。随后转南部尚书，赐爵顺阳侯。曾提出均田制、三长制，孝文帝采纳，以五家为一邻，五邻为一里，五里为一党，各设一长。北魏国力大增。封荥阳郡开国侯，食邑800户，拜廷尉卿。寻迁侍中、吏部尚书、咸阳王师。立太子后，拜为太子少傅。继迁中书令，赐爵陇西公，极受恩宠，孝文帝不直呼其名而称中书。李冲受文明太后（冯太后）所宠幸，每月赏赐多达数十万钱，进爵陇西公，太后又密赠珍宝、御物到其府第，外人不得而知。李冲原本家境清贫，自此成为富室；然而李冲谦虚自牧，慷慨散财，从族人姻亲到乡里邻人，都分及财物。公元493年，北魏迁都洛阳，任镇南将军、侍中、少傅，负责营建新都，封阳平郡开国侯。迁尚书仆射、仍领少傅，改封清渊县开国侯。李冲因自己提拔的李彪跟自己利益相背，而跟其他贵族一起攻讦李彪。李冲个性素来温柔，但一旦暴怒时，便发病狂悖，言语错乱，且会扼腕叫骂，称李彪为小人。医药无法治疗，医师或有诊断李冲为肝脏受伤破裂的。10余日后卒，卒年49岁，赠司空，谥曰文穆，葬于洛阳县覆舟山。

四十、裴植墓

裴植墓位于嵩山之阴。《北史》载：裴植，字文远，南北朝时期南齐大将，后降北魏的裴叔业兄长叔宝的儿子。裴植少小酷好读书，博览经史，尤长于佛教经典，善于谈论佛家义理。仕萧宝卷，以军勋至长水校尉，跟随裴叔业在寿春任上。叔业病卒，席法友、柳玄达等共同推举裴植监理州事。封锁叔业丧事的消息，下达命令，处理政事，都出于裴植的主张。然后打开城门迎纳前来接管的魏军。宣武帝下诏命裴植为兖州刺史、崇义县开国侯，食邑千户。又入朝为大鸿胪卿。后来，因为他的长子裴昕叛投南朝，有司给他大辟的处置。昭武帝特意下诏免去他的罪过，以表示不忘他过去的功勋。诏以植为征虏将军、兖州刺史、崇义县侯，裴植官至度支尚书，加金紫光禄大夫。从兖州刺史任上回来后，上表请求解除官职，到嵩山隐居。宣武帝不允许，对他的做法很是奇怪。

韦伯昕告发裴植阴谋废黜明帝，尚书又奏报羊祉告裴植姑母的儿子皇甫仲达，说仲达受裴植的指使，诈称有皇帝诏书，率领部队，想图谋领军于忠。当时于忠擅权，便构成罪状，又假借诏命，将裴植杀害，朝野上下为之称冤。临终时，裴植神色自若，嘱告子弟：被害之后，剪掉他的头发胡须，给他穿上和尚的衣服,以佛门礼仪将他埋葬在嵩山之阴。裴植时年50岁。最初,裴植与仆射郭祚、都水使者韦俊等人同时遇害,后来,郭祚、韦俊的事情得以昭雪,并加赠职衔,而裴植只是追封原来的封爵而已。他的部下渤海人刁冲上疏辩争,于是,朝廷赠封为尚书仆射、扬州刺史,又重新改葬。

四十一、萧赞寿阳公主合葬墓

萧赞为南齐的第六代皇帝萧宝卷的遗腹子。萧宝卷被灭后,萧衍纳萧赞之母吴氏于宫中,生萧赞以为子,封豫章王。及长,其母告之以实,萧赞遂奔魏,为萧宝卷追服三年丧。建义初,转司徒,迁太尉,尚帝姊寿阳长公主,拜驸马都尉。出为都督齐州刺史、骠骑大将军、开府仪同三司。永安三年(530年)十二月,尔朱兆、尔朱度律攻取洛阳,弑杀孝庄帝。同月,齐州城人赵洛周据城叛乱,响应尔朱兆,驱逐齐州刺史萧赞。寿阳长公主被执送到洛阳,尔朱世隆欲强占公主,公主不从被杀。萧赞被驱逐后,弃官为沙门,寻卒,享年30岁。普泰元年(531年),北魏朝廷迎其丧,以王礼将萧赞与寿阳长公主合葬于嵩山。

四十二、昌国侯王肃墓

昌国侯王肃墓位于偃师城西4公里处的杜楼村北、首阳山西侧的覆舟山南麓。王肃(195~256年),字子雍,东海郡郯(今山东郯城西南)人。三国魏著名经学家。王肃曾遍注群经,对今、古文经意加以综合;以其深厚的文化底蕴,借鉴《礼记》《左传》《国语》等名著,编撰《孔子家语》等书以宣扬道德价值,并以身为司马昭岳父之尊,将其精神理念纳入官学,其所注经学在魏晋时期被称作“王学”。主要官衔为中领军,加散骑常侍。由于他的卓著功勋和特殊地位,死后被追赠为卫将军,谥称景侯。

《魏书》:景明二年(501年)薨于寿春,诏曰杜预之殁窆于首阳,司空李冲覆舟是托故扬州刺史肃英惠符于李杜平生本意愿终京陵,既有宿心遂先志,其令遂先志,其令葬于冲、预两坟之间,使神游相得也。《名胜志》:有覆舟山,昔卢敖登嵩岳望覆舟山如蛾蛭,黄河如带。《王肃传》:肃葬李冲与杜预两坟之间。

王諱懌字宣仁河南
洛陽人也太祖道
武皇帝之七世孫
高祖孝文皇帝之第
四子生而雅 奇表

《元怿墓志》局部

四十三、元怿墓

元怿墓,俗称“青菜冢”,曾因讹传而称“司马懿坟”。位于今洛阳市老城北2公里,洛孟公路东侧瀍河西岸,墓上有冢,高约15米,直径约30米。元怿墓曾多次被盗。1948年洛阳解放前夕，元怿墓被盗时出土墓志一方。志载："魏故使持节侍中假黄鉞，太师承相、大将军、都督中外诸军事、录尚书事、太尉公、清河文献王"。"王讳怿，字宣仁，河南洛阳人也。"至此，才确定该冢为元怿墓，而非司马懿坟。

元怿(487～520年)，字宣仁，孝文帝第四子，封清河王。博涉经史，有文才。宣武帝初，为侍中、尚书仆射。明于断决，为政有名声。明帝时，为灵太后宠信，元怿亦竭力布诚，常抑制元叉，与元叉失和。正光元年(520年)七月，宫廷政变，领军元叉与刘腾逼肃宗于显阳殿，闭灵太后于后宫，囚元怿于门下省。诬元怿罪状，遂害之，时年34岁。当时朝野贵贱，知与不知，含悲丧气，惊振远近。夷人在京及归，闻怿之丧，为之劈面者数百人。正光四年(523年)刘腾死，胡太后返政，杀死领军元乂(太后妹夫)，才又重新改葬元怿于此。志称："孝昌元年岁次乙巳十一月壬寅朔二十日辛酉改葬瀍西邙阜之阳"和史书所记相符。

1965年，有关文物工作者曾从盗洞进入墓内作过调查，墓为小砖券成，墓室为方形，长宽各约9米，墓门向南，墓顶已塌，墓门两侧有壁画痕迹。

四十四、元邵墓

元邵墓位于洛阳市老城东北4公里的蟠龙冢村南邙山半坡。西距瀍河约1公里许，西南隔河与其父元怿墓相望。该墓在新中国成立前夕被盗掘，出土文物100余件，其中的青瓷罐、鸡头壶及九枝铁灯等在盗出后即售往外地，其余遗物中的墓志和百余件陶俑，在新中国成立后由洛阳博物馆收存。

出土文物因系被盗，没有科学记载。大致有各种形态、不同身份的陶俑115件，均系泥青灰陶，头和身躯分别由模压成，然后经过整修火烧，全身施粉彩，其服饰、甲胄等又加涂朱彩。此外还有马、驴、骆驼、牛各1件，猪2只，镇墓兽2件。陶器中有碗4件，盘1件，灯2件，盒2件。

据墓志称"王讳邵，字子开，孝文皇帝之孙，丞相清河文献王之第三子也"。武泰元年太岁戊申，四月戊子朔，十三日庚子暴薨于河阴之野，时年二十有三。按《魏书·孝庄纪》由于尔朱荣屠杀灵太后以下诸王公贵族2000余人的所谓"河阴之役"，元邵就是当时被杀者之一。元邵初封常山王，以后尔朱荣为了政治上的需要，又上书孝庄帝元子攸，追赠"河阴之役"死者封号，故志载元邵"追赠侍中，司徒公，骠骑大将军，定州刺史"，并谥曰"文恭公"。于建义元年七月丙辰朔，五日庚中"葬于瀍水之东二里黄土岗之上"。

四十五、元叉墓

元叉墓位于偃师市前海资村西南洛孟公路西侧，冢为圆形，高约20米，直径约30米，从墓冢北上部盗洞下行至墓室北部上顶，盗墓者凿壁而下。墓室为方形，穹窿顶，砖构双复双券，南北长7.50米，东西宽7米，高约9.50米。墓室东西各有一假耳室，墓室南为拱形甬道，长7米，宽2.50米，高约3.50米，甬道顶部与壁上均有彩绘。但由于甬道上部也有一盗洞，壁画受到损坏，再加年久水浸，壁画已模糊不清。墓室四壁原来也有壁画，多被盗墓者揭走，只存部分残迹，看形状似乎为"四神"，唯墓室顶部天象图，由于距地面较高，盗者揭取不便，故而保存完好。

墓室顶部天象图中，银河横贯南北，波纹呈淡蓝色，清晰细致，星辰约 300 颗，星点大小相差不多，亮星之间有连线。根据南京紫金山天文台和北京天文馆的观察，大多数可以确认。是新中国成立后考古发现中，时代较早、幅度较大、星数较多的一幅“天象图”，它比著名的《苏州石刻天象图》早约 700 年，比《新仪象法要星图》早约 500 年，比《敦煌星图》早约 400 年。这对研究我国古代天文学是一份十分珍贵的实物资料。

元叉墓中出土有墓志，1925 年阴历三月前在海资村西南大冢内出土，同时出土的还有陶器数百件，1935 年复于圹下掘得陶俑 60 件。

元叉，《魏书》有传。字伯隽，道武皇帝玄孙，太师京兆王世子。元叉和刘腾发动宫廷政变，因胡太后于后宫，杀清河王元怿，后刘腾病死，胡太后返政，旋于孝昌二年二月二十日鸩死元叉，年 41 岁。由于元叉之妻是胡太后之妹，故叉死后殡葬从优，“赐以明器，发卒卫从，自都及墓”，并追赠使持节侍中骠骑大将军仪同三司尚书令冀州刺史，后又改称江阳王，于孝昌二年七月葬于“成周之北山上，长陵茔内”。元叉墓志现存开封市博物馆，该墓及其墓志对研究北魏历史，特别是统治集团内部矛盾和斗争等，都有重要的价值。

四十六、元暐墓

1928 年 2 月，洛阳城北 4 公里金家沟村王福成等人在其村西盗掘北魏墓一座，出土墓志一方，陶器、陶俑数十件，全部售与马坡古玩商人马子忠。陶器无下落，墓志现存开封市博物馆。据盗墓人称，墓内有石柩一具。

为了研究北魏的历史和墓葬形制，1979 年 10 月，复将此墓挖开，果有石柩一具，墓志盖一件。墓室坐北朝南，土洞穴，墓上无冢，斜坡墓道，长 27 米，宽 1. 25 米，中间有两个气眼，两个过洞，墓门距地表 11 米。墓室基本为方形，无耳室，前端稍宽于后端，南北长 3. 3 米，东西宽南端 3. 5 米，北端 3. 2 米，高 3. 3 米。顶为四面起坡圆形，周壁涂朱白二色，推测原有壁画，由于灌水冲击，只留斑斑残痕。石柩置墓室西部，头向南。石柩由底、左右帮、前后挡、盖共 6 块磨光石板安装而成，全身素面无纹饰，通长 2. 3 米，前宽 0. 86 米，后宽 0. 66 米；前高 1 米，后高 0. 85 米。现存关林古代艺术馆。此次出土墓志盖一件，盖之四角有铁环，长 0. 85 米，宽 0. 84 米，与墓志底基本相符。志高 0. 85 米，广 0. 83 米，33 行，行 33 字，正书。

墓志称：“王讳，字仲冏，河南洛阳人，太祖道武皇帝六世孙也”，而不记其祖父名位及暐袭爵之年。《册府元龟》二八二载：道武子“南平王霄薨，子纂袭，纂薨，子伯和袭，永平三年薨，谥曰哀王，伯和无子，以弟文华子仲冏袭封，为萧宝寅所害，谥曰武贞，子承宗袭，早卒，以纂弟安平子仲略继。”又 280 载：“纂弟之子武贞王仲冏，孝文时为辅国将军光州刺史，遭母丧还，孝昌末除秦州刺史。”《魏书・萧宝寅传》：“宝寅还逆，伟伯与南平王仲冏潜结关中豪右韦子粲等，谋举义兵，事发见杀。”又《魏书・萧宝寅传》：“孝昌三年十月杀南平王仲冏，是月遂反。”由此可知，纪书萧宝寅之叛在十月甲寅，而志载暐之见杀在十月二十日，暐之死先于宝寅之叛五日，故传云“是月遂反”。

志叙：仲冏由谏议大夫转中书侍郎，除辅国将军光州刺史，又除给事黄门侍郎，改授散骑常侍。秦州构乱，假平西将军为西讨别将。泾阳告警，除右将军泾州刺史，寻授平西将军，银清光禄大夫，假安西将军征讨都督。进秦州刺史，假镇西将军。卒，赠卫大将军尚书左仆射雍州刺史。此元暐生平所历官职,足补魏史之阙文。

元暐是北魏统治阶级上层人物,对他的墓重新清理发掘,不仅对北魏墓葬形制增加了解,而且墓志亦可补史书之缺。

四十七、褚遂良墓

褚遂良墓位于嵩山西麓的偃师市府店镇缑山之阳。

褚遂良(596~658年),字登善,封河南郡公,故又世称褚河南。祖籍河南郡阳翟县(今河南禹州)。唐朝政治家、书法家。因其家族在永嘉南渡后定居建康后又迁徙至钱塘,遂在南朝陈覆亡后落籍钱塘。先祖为褚少孙,曾补《史记》,父褚亮时迁杭州。博学多才,精通文史。隋末时跟随薛举为通事舍人。后在唐朝任谏议大夫、中书令等职。贞观二十三年(649年),与长孙无忌同受太宗遗诏辅政。唐高宗欲立武则天为皇后,褚遂良与长孙无忌坚决反对,后遭贬潭州(长沙)都督。武后即位后,转桂州(桂林)都督,再贬爱州(今越南北境清化)刺史,显庆三年(658年),卒于任所。

褚遂良工于书法,初学虞世南,后取法王羲之。其特点是善把虞、欧笔法融为一体,正书清远古雅,方圆兼备,结体方正,波势自然,节奏感强,对后世影响极大。后人把他与欧阳询、虞世南、薛稷并称为"初唐四大家"。《唐人书评》中把褚遂良的字誉为"字里金生,行间玉润,法则温雅,美丽多方",宋代大书法家米芾也称颂他为"九奏万舞,鹤鹭充庭,锵玉鸣珰,窈窕合度"。碑刻代表作有《伊阙佛龛之碑》、《雁塔圣教序》、《孟法师碑》、《同州圣教序》、《房玄龄碑》等,摹者甚众。

四十八、偃师玄奘墓

玄奘墓,即唐僧墓,位于偃师市缑氏镇东南约2公里的唐僧寺村西北约200米处,距玄奘故居约3公里。

玄奘(602~664年),唐朝伟大高僧,著名旅行家、翻译家。史载,玄奘圆寂后,葬于长安附近白鹿塬,总章二年(669年)迁葬于长安樊川凤栖塬,当时在那里给他修筑了一座五层灵塔,并因塔建寺,称兴教寺,地点位于今西安市城南20公里。

偃师玄奘墓应为后人所修的一座纪念冢。该墓始建年代不详,据说清代光绪年间保存还比较完好,并有10余座墓塔。现墓为1986年重修。冢呈覆斗形。冢前有1986年农历正月,由少林寺大和尚德禅、住持僧行政暨全寺僧众同立的墓碑,碑身正面刻"大唐三藏法师玄奘之墓"十个大字,碑阴刻有录自《旧唐书》上的玄奘生平,碑首两面分别刻有"声震五印"和"誉满中华"各四字。

四十九、刘希夷墓

刘希夷墓位于嵩山南麓汝州市风穴山进口处的龙山脚下,毗邻古刹风穴寺。

刘希夷(约651~679年),字庭芝,一作延之,嵩山汝州(今汝州市)人。唐朝著名诗人。3岁丧父,随母在外祖父家长大。他姿容俊美,聪慧天成,与舅舅宋之问一起读书,高宗上元二年(675 年)希夷 25 岁时,与宋之问、沈佺期同登进士。刘希夷不曾为官,善弹琵琶。其诗以歌行见长,多写闺情,辞意柔婉华丽,且多感伤情调,遂不为时重。《代悲白头吟》有“年年岁岁花相似,岁岁年年人不同”句,相传其舅宋之问欲据为己有,希夷不允,之问竟遣人用土囊将他压死。刘希夷少有文华,喜饮酒,落魄不拘常格,后为人所害,死时年仅 29 岁。原有诗集已佚,只为士大夫所剧赏。玄宗开元(713 ~741 年)年间,孙昱撰《正声集》,收其诗较多,声价渐高,《全唐诗》今存其诗 35 首。

刘希夷墓始筑于唐,原为土冢,唐时墓前植有柏树。千年后,树高近 3 丈,一株 4 人方可合抱,树茎分 3 枝,故称“三柱香”。另一株需 5 人合抱,树荫面积百多平方,状如巨伞,故称“一蓬伞”。新中国成立前遭毁。清朝初年,刘希夷墓年久失修,只剩下一个土丘墓冢。清雍正七年(1729 年),汝州文人用青石将刘墓护砌,周围广植松柏,并立碑刻“唐诗人刘希夷墓”。光绪二十四年(1898 年),州署在墓周用青砖砌成长宽各 5 米、高 2 米的透花围墙,临路辟圆券门,门口立雍正十年所刻碑石及两通清光绪年间石碑。20 世纪“文化大革命”时墓被平。1984 年,在张绍文等 24 位知名人士倡议下,原临汝县人大常委会于同年 6 月 14 日第 22 次会议通过,县财政拨专款 5 万元,于 1985 年建纪念堂厢房各 5 间,大门一个,门额请张绍文先生书丹“夷园”之名,并刻墓碑一块立于墓前。但因管理不善,5 间纪念堂不久被山火焚毁。1994 年,风穴寺文管所砌园林式围墙近 400 米,1998 年重建纪念堂 5 间,又将一对清代石狮移立门前。1999 年秋,用青石重砌圆形墓冢,高 1 米,直径为 2. 9 米,象征刘希夷享年 29 周岁。

五十、卢照邻墓

卢照邻墓位于嵩山禹州市无梁镇龙门村的河溪西岸。高大的墓冢尚存。卢照邻(约 637 ~约 689 年),字升之,唐代幽州范阳(今河北省涿县)人,唐代著名诗人。卢照邻与王勃、杨炯和骆宾王一起被称为“初唐四杰”。卢照邻年少时,从曹宪、王义方受小学及经史,博学能文。高宗永徽五年(654 年),为邓王李裕府典签,甚受爱重,邓王曾对人说:“此吾之相如(司马相如)也。”高宗乾封三年(668 年)初,调任益州新都(今四川成都附近)尉。秩满,漫游蜀中。离蜀后,寓居洛阳。曾被横祸下狱,因友人救护得免。后染风疾,居长安附近太白山,因服丹药中毒,手足残废。徙居阳翟具茨山下,买园数十亩,疏凿颍水,环绕住宅。并预建了一座坟墓,偃卧其中。他自以当高宗时尚吏,己独儒;武后尚法,己独黄老;后封嵩山,屡聘贤士,己已废。由于政治上的坎坷失意及长期病痛的折磨,他最终自投颍水而亡。

卢照邻工诗,尤其擅长七言歌行,对推动七古的发展有贡献。他与王勃、杨炯、骆宾王以文词齐名,世称“王杨卢骆”,号为“初唐四杰”。《旧唐书》本传及《朝野佥载》都说卢照邻有文集 20 卷。《崇文总目》等宋代书目均著录为 10 卷。今存其集有《卢升之集》和明张燮辑注的《幽忧子集》,均为 7 卷。《全唐诗》编录其诗 2 卷。

五十一、杜甫墓

全国现存杜甫墓共 8 处,其中嵩山地域 2 处,一在今巩义,一在今偃师。其余 6 处分别在今湖南耒阳、湖南平江、湖北襄阳、陕西富县(唐时称鄜州)、陕西华阳(唐时称华州)和四川成都。

杜甫(712～770年),字子美。唐代伟大诗人。祖籍襄阳,曾祖依艺为巩县令,遂迁居巩县。唐代太极元年(712年)正月初一,杜甫降生于巩县窑湾村。杜甫自幼好学,举进士不第,曾官拜左拾遗、华州司功参军、检校工部员外郎。唐大历五年(770年)游耒阳,在由潭州去岳州途中的湘江舟船上病卒,享年59岁,葬于岳州平江县南30公里小田村。元和八年(813年)由其孙嗣业扶柩而归,迁葬故土。杜甫一生作诗3000多首,现存1400多首,被人称为“诗圣”,称他的诗为“史诗”。1961年12月15日,世界和平理事会在瑞典首都斯德哥尔摩举行的主席团会议,决定将杜甫列入世界文化名人。

嵩山地域的两处杜甫墓为偃师杜甫墓和巩义杜甫墓。

(一)偃师杜甫墓

河南省重点文物保护单位。偃师杜甫墓位于偃师市区西4公里城关镇前、后杜楼村之间。具体位置在杜甫先祖、杜氏十三世祖杜预墓和祖父杜审言墓之南,叔父杜并墓也在此。

杜甫墓冢青砖砌筑,上为伞形顶,下呈八角形,高3米,周长32米,坐北面南。杜甫墓附近为杜甫祖茔所在地,杜甫的十三世祖、晋代名将和学者杜预、杜甫的曾祖杜依艺和祖父杜审言、父杜并的坟墓原先也都在这里。杜甫一生对其先祖杜预和祖父杜审言十分仰慕,所以,自公元741年游齐鲁归来,直到公元754年移家长安杜陵与少陵一带之前,他曾一直住在今偃土娄(即今偃师市杜楼村)其祖茔附近。据说生前亦曾表达过想死后葬于其祖父杜审言墓侧的愿望。但据今人考证,其孙杜嗣业于公元813年迁其祖父杜甫灵柩回乡时,虽中途在荆州请时任荆州刺史的元稹为杜甫写有一篇墓志铭,言明要将杜甫灵柩葬于偃师首阳山前杜氏祖茔,但后来因故改葬于今巩义市邙山岭上(一说先葬偃师,后人为祭扫方便,又迁葬巩义),并请元稹后来又为巩义杜甫墓重写了碑序。北宋学者江少虞在他的著作中亦曾述及:“杜甫终耒阳,藁葬之。至元和中,其孙始改葬于巩县,元微之为志。”据此,现偃师杜甫墓也可能是后人根据杜甫愿望修建的一座衣冠冢和纪念冢。

杜甫墓前有清乾隆五十五年(1790年)石碑1通,碑额篆书“御题尽臣诗史”,碑身楷书“唐工部拾遗少陵杜文贞公之墓”,由河南府尹张松孙手书,偃师知县渤海汤毓倬勒石。1956年河南省人民政府拨款重修,冢前绕以短墙。另有重修,拜谒杜甫墓碑刻10多通。

巩义杜甫墓

(二)巩义杜甫墓

巩义杜甫墓位于巩义市西北6公里康店乡康北村西岭上,地处黄土丘岭,东、北、西三面沟壑环绕,坐北面南,东西并列3个土冢,西为杜甫墓,向东依次为长子宗文、次子宗武之墓。

据考证,公元770年杜甫病逝于在由潭州去岳州途中的湘江舟船上,因家贫无力归葬故里,曾暂时安葬于湖南平江县小田村。43年后,杜甫之孙杜嗣业遵先人遗嘱,将杜甫灵柩迁葬于故乡巩县邙山岭上，即今巩义市西6公里的康店村龙窝沟，专门负责杜甫墓的看护和祭扫。当然，全国其他几座杜甫墓也都各有其来历，都反映了人们对诗圣杜甫的崇敬和热爱，但从有关资料看，应多属及冠冢或纪念冢。清《耒阳县志》记载："元和中，其孙嗣业迁葬巩县，元微之为志。"

相传元顺帝妥懽帖睦尔追封杜甫为"文贞公"的同时，派大员到杜甫的故里巩县（今巩义市）扩修杜甫坟，扩整原有的垣墙，加盖大门，垣内增植苍松翠柏，凭吊之人络绎不绝。元顺帝下旨增加杜墓管理费用，从封地中支出，封地范围为：东至河（洛河），西至涧沟（和偃师交界处），南至南水沟，北至诗沟，并且竖立碑石，记述封地的历史事实。元朝灭亡后，元朝所颁布的圈地法规等，统统无效，杜墓的封地失去法律依据，土地被当地居民抢占完毕，以至于陵区。到明代中叶，杜墓布置已残破不堪。

宣德元年（1426年）明宣宗登基后，派翰林院编修周叙代皇帝到巩县祭告宋陵。周叙此行抽空前来杜工部墓凭吊时曾写有《经少陵墓》一诗，记下了杜甫墓当时的境况和他对杜甫的崇敬之情。

杜陵诗客墓，遥依北邙巅。断碣居人识，高名信史传。

猿声悲落照，树色翳寒烟。惟有文章存，辉光夜烛天。

巩义杜甫墓宋代时曾扩展到很大规模，后陵园几度遭到破坏和侵占。

巩义杜甫墓呈覆斗状，高10米，周长72米。墓前立有石碑二通。一碑碑额正中楷书"流芳百世"，两边饰浮雕云朵，碑高1.5米，宽0.65米，厚0.16米，清康熙十九年（1680年）立，河南驿监兼分守开归道参政社杜（言爽）撰文，巩县知县李国维篆额，县丞陶颖发和典史尹德等立石，碑名为"巩县杜少陵先生墓碑记"，行书，行41字。一碑高1.7米，宽0.6米，厚0.1米，下有长方座，碑身正中刻阴文隶书"唐杜少陵先生之墓"，清康熙四十四年（1705年）立，会稽后学童钰书丹，知巩县事陈龙章立。

据史料记载：杜墓前原有块石埠，上面记载杜家土地的四至、面积等，四周被强占耕种的土地都属于杜家的田产，民国八年（1919年）有人偷走这块碑，砌在巩县北窑顶康黑丑的西岭某片土地的水口上。

五十二、姚崇墓

河南省重点文物保护单位。姚崇墓位于位于伊川县彭婆乡许营村北3华里的北宋名相范仲淹墓东侧，背靠万安山，西距范仲淹墓约150米。

姚崇（650～721年），原名元崇，字元之，唐陕州硖石（今三门峡市陕县）人。唐朝著名贤相，杰出的政治家、文学家、诗人。一生五朝为官，历任武则天、睿宗、玄宗三朝宰相。多次出任地方长官，为唐朝前期一名臣。为稳定国家局势，改革朝廷弊政，抑制宗教迷信，发展农业生产，推动社会进步，作出了杰出贡献。尤其是开元之初，他独当重任，励精图治，为开创"开元盛世"立下了不世之功而名留青史。开元九年（721年）九月，姚崇逝世于东都慈惠坊里私邸，享年71岁。开元十年（722年）二月，姚崇葬于东都洛阳万安山之南原其母彭城郡夫人刘氏墓之侧，即今河南伊川县彭婆乡许营村北姚崇墓，亦是姚崇家族大茔。《文苑英华》载：姚崇薨于东都之慈惠里，谥文贞，葬于万安山之南原，张说撰神道碑。原姚崇墓地规制宏大。据史书记载和历代出土的墓志可知，葬在此地的姚氏家族成员还有姚崇的母亲夫人彭城郡夫人刘氏，妻沛国夫人刘氏、郑国夫人郑氏，长子光禄少卿姚彝（唐碑尚存）、二子坊州刺史姚异、三子尚书左丞姚弈，四代孙蕲州黄梅县令姚侑、五代孙谏议大夫姚勖及姚栖云等。

现今在此出土的墓志已发现的有：姚崇父姚懿墓志《大唐故幽州都督姚府郡墓志并序》、姚崇夫人

姚崇墓

墓志《大唐开府仪同三司紫微令梁国公姚公夫人沛国夫人刘氏墓志铭并序》、姚崇四代孙姚侑墓志《唐故朝散郎前试詹事府司直兼蕲州黄梅县令姚公墓志铭并序》、姚崇五代孙姚栖云墓志《唐节士姚君墓志并序》。

姚崇家族大茔历经1200余年，一直保存到20世纪70年代。姚崇母亲的坟墓也在这里。但其父姚懿墓则在今陕县张茅乡西崖村西。可惜平整土地时被毁，幕砖亦被作水利渡槽用。唯墓地西北之开元五年所立长子姚彝神道碑尚在。1984年姚氏后裔恢复姚崇墓冢，并树立姚崇、姚崇母亲刘氏、姚崇五代孙姚勖3通碑。近年来，在河南省政府的支持下，伊川县动工修建了姚崇墓。现姚崇墓园占地3000多平方米，姚崇墓碑高4～18米，墓冢高约5米，墓园已初步绿化，呈现出一派清雅幽静、干净清新的墓园景色。

五十三、张说墓

张说墓位于伊川吕店万安山。张说(667～730年)，字道济，又字说之。嵩山洛阳人。唐朝杰出的政治家、文学家。历仕武后、中宗、睿宗、玄宗四朝。开元十八年(730年)遇疾薨，葬于此，玄宗为他自制神道碑文。《文苑英华》：张九龄说张说墓志定于万安山之阳，燕国夫人元氏祔。从该墓中出土的《唐故尚书左丞相燕国公赠太师张公(说)墓志铭并序》，由工部侍郎、集贤院学士、族孙张九龄撰，朝散大夫、中书舍人梁升卿书，现藏洛阳市第二文物工作队。

五十四、吴道子墓

嵩山地域的吴道子墓，其实是吴道子衣冠冢，位于吴道子故里——河南禹州市鸿畅镇的山底吴村。

吴道子(约680～759年)，中国古代东方最伟大的艺术家，被尊为“百代画圣”，被民间画工尊为祖师。20岁才崭露头角。曾任兖州瑕丘县尉。后流落洛阳，开元年间以善画被召入宫廷，历任供奉、内教博士、宁王友。曾随张旭、贺知章学习书法，通过观赏公孙大娘舞剑，体会用笔之道。擅佛道、神鬼、人物、山水、鸟兽、草木、楼阁等，尤精于佛道人物，长于壁画创作。他初创白描法，又创写意新风，吸收民间和外来画风，确立了新的民族风格，即世人所称的“吴带当风”。画史尊称吴生，被唐玄宗赐名道玄。吴道子以其超凡画艺，在唐代已被誉为“画圣”，宋代更推崇其为“百代画圣”，民间画塑匠人则称他为“祖师”，道教中人甚至把他称作“吴道真君”“吴真人”，与“三清”“三圣”“文昌帝君”孔子、鲁班相并列，千百年来，奉若神明。安禄山攻陷长安后，吴道子追随玄宗去了四川。第二年(758年)两京收复之后，玄宗回来了，吴道子却以其老迈之躯，难以攀越巴蜀栈道，只好滞留蜀中。次年(759年)，

79 岁的吴道子死于资阳城北 15 里之李家沟，并安葬在李家沟。

1990 年 3 月经中宣部、文化部批准，为纪念历史文化名人吴道子，吴道子 53 代世孙吴庚寅千里寻宗，到资阳李家沟吴道子“真人墓”进行祭奠。吴庚寅步行到达李家沟神仙洞，见到相传中吴道子的墓地已经变成菜园，空山不见坟，吴庚寅感叹不已。他在石棺材旁边烧香燃烛，鼎礼跪拜。满沟村民纷纷拥来，争先恐后一睹吴道子后人的面目。并为他指认距墓不远处一茅舍，就是吴道子作画修真之地。宾主巡礼，为吴道子招魂归乡。吴庚寅带着在吴道子“真人墓”旁取出的泥土，还带着原重庆大学教授张圣奘为吴道子牌位题写了“叶落归根”4 个大字，回到河南老家——禹州市西南 20 公里的鸿畅镇山底吴村，在村中画圣祠内建起了一座吴道子衣冠冢。

村中旧有画圣神祠初创于唐，历代虽有修缮，终因沧桑变化，祠屡遭毁坏，仅留下残墙断壁和碑碣数片。

新修的画圣祠，背靠九龙山，面对三峰山，前有山门，内有碑廊，左右有厢房，祠堂依山势三进而升，金碧辉煌，气势恢宏。后有大殿，大殿飞檐斗拱。殿中画圣金身塑像，庄严肃穆，栩栩如生。殿后有角门直通十八连环彩石洞。前有山门，两壁绘有吴道子的传世名作；门内有碑廊，树有名人书画碑刻；东西厢房，陈列有吴道子珍迹遗物；画圣大殿，正对三峰山阳的道子墓、饮牛坑、祖师洞和谜语峰。画圣祠是人们凭吊纪念吴道子的地方。

五十五、独孤及墓

独孤及墓位于伊川县平等乡宋店村西。独孤及（725 ~ 777 年），唐朝著名军事家、散文家。他的散文长于议论，情理兼长，代表作有《仙掌铭》《函谷关铭》等。有人称他的文章为“峻如嵩华，浩然江河”。他撰写的《风后八阵图记》碑，立于新密市境内的黄帝宫前。现冢已不存。

五十六、颜真卿墓

颜真卿墓位于嵩山北麓的偃师市山化乡汤泉村西南，又称颜鲁公坟。

偃师颜真卿墓

颜真卿（709 ~ 785 年），唐朝大臣，久负盛名的书法家和训诂学家。唐代宗时他被封为鲁郡公，为人正直，刚而有礼，世称颜鲁公。德宗时任太子师，又称唐太师。颜真卿在书法上提出“平直均密锋力、转决补损巧称”12 字诀，独创“颜体”，与柳公权并称“颜柳”。宋代苏东坡说：“君子之于学，百工之于使，自三代历汉到唐而备矣。故诗至于杜子美,文至于韩退之,书至于颜鲁公,画至于吴道子,而古今之变,天下能事毕矣。”端庄严整、浑厚朴实、疏朗开阔、雍容大度的颜书风格,对后世产生了极为广泛、深远的影响。公元785年,遭叛臣李希烈杀害于汴郊,其子颜頵、颜硕于叛乱平息后奉诏由开封护柩葬于此地。其时国人哀悼,德宗废朝五日,赠司徒,谥文忠。

颜真卿墓长宽均约16米。墓前有石碑两通:一为明神宗万历三十三年(1605年)三月偃师知县吕纯如撰文并立石,高1.75米,宽0.6米,厚0.15米,正面书“唐太师颜鲁公真卿墓记”,碑阴系墓碑记。一为清乾隆五十五年(1790年)偃师县令汤毓倬所立,高1.45米,宽0.6米,厚0.17米,正面正中刻“福唐赠司徒谥文忠颜鲁公之墓”,端题:乾隆五十五年三月太守张松孙书。

颜真卿墓现被扩建为颜真卿陵园,藏有颜真卿真迹、拓本及海内外知名书法家的书法作品。

五十七、刘禹锡墓

刘禹锡墓位于荥阳市二十里铺乡狼窝刘村南檀山岗上。民国《荥阳县志》载:“刘禹锡墓在檀山。”

刘禹锡(772~842年),字梦得,唐代著名文学家、诗人。祖籍河北定县,北魏迁居洛阳。生于代宗大历七年(772年),于武宗历任监察御史、播州刺史、集贤直学士、检校礼部尚书等。由于刚正不阿,屡遭放贬。会昌二年(842年)卒,终年71岁。赠户部尚书。精古文,善五言诗,白居易赞其为诗豪。著有《刘宾客文集》及《外集》传世。据民国《荥阳县志》载:“刘禹锡墓在檀山。”刘禹锡墓坐北面南,今有圆形土冢,冢高约7.5米,直径6~8米,周长约20米。墓侧原有小冢,为其侄女寄寄墓,现不存。刘禹锡在《祭小侄女寄寄文》中写道:“呜呼,檀山之上,荥水之侧,汝死我葬,我死谁埋?”表达了对侄女的哀思。

刘氏祖坟原在洛阳北邙山上,到曾祖父刘凯时,因墓地狭小而迁移荥阳檀山。刘禹锡墓坐北面南,墓地今存有圆形土冢,高约7.5米,周长约20米。

五十八、裴度墓

裴度墓位于嵩山东南麓的新郑城北约30公里的龙湖镇东的张寨村。裴度(765~839年),字中立,河东闻喜(今山西闻喜)人。唐宪宗时宰相。因破蔡州平息藩镇割据有功,封晋国公。唐开成四年(839年),裴度在洛阳病逝,葬于此地。

现位于新郑城北张寨村的裴度墓高8米,周长约200米。墓前原立有墓碑以及神道石刻马等,已被毁。1985年曾发现有其子裴适墓志。明代嘉靖年间,州牧刘汝锐曾立石于神道旁。

五十九、李德裕墓

李德裕墓位于伊川县城关镇窑底村西北1公里处,人称“李御史坟”。李德裕(787~850年),唐朝宰相,著名文学家。唐武宗时任门下侍郎,同平章事,曾在今伊川县梁村沟至窑底一带建“平泉庄”,

搜集有天下珍木奇石,后成为当地地名。

现存于伊川县窑底村西北的李德裕墓冢近四方形,高 3 米,周长 30 米。

六十、李商隐墓

李商隐墓位于荥阳市东 10 公里二十里铺乡苜蓿洼村东南 500 米处。李商隐墓冢原来比较高大雄伟,长宽各 40 米,墓穴口处有 3 通石碑和一些石雕。现冢高 4.12 米,东西长 10.4 米,南北宽 9.1 米。农民平整土地时,部分墓冢被挖。墓整个墓冢被鲜枣树和苟树所笼罩。

李商隐(812 ~858 年),晚唐杰出的诗人。字义山,号玉谿生。怀州河内(今河南沁阳)人,自祖父起迁居荥阳。开成二年(837 年)进士,曾任县尉、秘书郎和东川节度使判官等职。后来被排挤,潦倒终身。他性格刚直,知识渊博,在古文、书法上都有很高造诣。著有《玉谿生诗集》、《樊南文集》、《樊南文集补篇》等,现存诗 600 余首。

《荥阳县志》载:“唐大中十二年(858 年),李商隐逝于荥阳,葬于县东二十里檀山之原。”又据《李商隐评传》:“李商隐,字义山,随师父李俌从原籍沁阳迁居荥阳,卜葬于荥阳檀山之原。”《樊南文集补记》:“始夫人即孀,教邢州以经业得禄,寓居于荥阳,幸邢州君亦早世,夫人忍昼夜之哭,扶视孤孙,不克以邢州归附,归葬于檀山之原上,俾以自我为祖,百世不迁。”

六十一、贾岛墓

贾岛墓位于伊川县伊阙之东山。墓碑无存,墓址今不详。贾岛(779 ~843 年),唐代著名诗人。早年出家为僧,号无本。贾岛著有《长江集》10 卷传世。

六十二、白居易墓

全国重点文物保护单位。白居易墓位于洛阳龙门风景名胜区东山琵琶峰上,占地面积 3 万平方米。

白居易(772 ~ 846 年),字乐天,晚年又号香山居士,河南新郑(今郑州新郑)人。唐代伟大的现实主义诗人,中国文学史上负有盛名且影响深远的诗人和文学家。晚年居住洛阳 18 年。在龙门修香山寺,开八节滩,对龙门山水十分眷恋。会昌六年(846 年),白居易在洛阳

白居易墓

履道里私第因风痹症去世,终年75岁。家人遵遗嘱把他葬于香山寺附近如满禅师墓塔之侧。宣宗大中三年(849年),白居易之弟白敏中奏立神道碑于墓前,碑文为当时著名诗人李商隐所撰,已佚。

白居易墓冢,为砖券圆体,直径19米,高3米余。墓前有砖砌碑楼,碑高1.87米,宽0.75米,碑上有"唐少傅白公墓"6个行书大字,旁署"公讳居易字乐天仕至太子少傅刑部尚书",系康熙四十八年(1709年)内廷侍直日讲官汪士宏所题。旁署碑文这样记述:"公讳居易,字乐天,仕至太子少傅,刑部尚书。墓在龙门香山寺旁,已近千余年,早为居人所侵毁,学使者都给事汤公右曾与河南太守张君玶既重兴香山寺,复清公之故垅而加崇焉。封殖其木,又举守祠生二人,春秋奉祀不绝,士宏适过洛阳,因书大字,揭诸墓道。康熙四十八年岁次乙丑五月十三日,内廷侍直日讲官左春坊中允吴郡汪士宏题,守祠生白辟、白锦立石。"

白居易墓园现整修一新,并凿地筑亭,镌碑刻石,名曰"白园"。内有诗人生平业绩陈列室,有青石砌成的绕山阶道,有背靠青山、脚踏石岩的白居易全身塑像。墓前右转是诗廊,白居易的许多诗篇刻于石碑。所刻之诗,笔锋流利,书写高超,字体各异。白园为纪念性园林,园内建筑古朴典雅,三季有花,四季常青,曲径通幽,风景非常优美。

六十三、神会墓

唐代高僧神会墓位于洛阳市粮食局经门粮库内。神会(684~758年),俗姓高,襄阳(湖北襄阳)人。唐朝著名高僧,禅宗六祖惠能的弟子,禅宗支派荷泽宗之祖。幼学五经、老庄、诸史,后投国昌寺颢元出家。讽诵群经,易如反掌。年13岁,参谒六祖惠能。惠能示寂后,作为南宗重要继承人,参访四方,跋涉千里,在禅宗南北之争的辩论中,抨击北宗"传承是傍,法门是渐",树立了慧能的南宗。因此,有了"禅宗七祖神会说"。

唐代高僧神会墓为一近正方形的石构竖穴墓,上口加盖呈椁状。石室系用13块内面光滑的青石板构筑而成,长1.25米,宽1.13米,高1.2米。东壁上部第一块石板上刻有"身塔铭"。在墓室内清理出了一批珍贵文物,其中有鎏金塔式罐,造型精致的铜墙铁壁净瓶、银盒、铜勺和黑釉陶钵等。

墓室内所刻的"身塔铭",对神会的生平记载极为简略。神会,禅宗南派的代表。据《景德传灯录》载,神会为唐代禅宗僧人,俗姓高,襄阳(今湖北)人,初学《五经》,次探《庄》、《老》,后览《后汉书》知浮图之说,于是留意于佛教。先投国昌寺颢元法师出家,后至韶州(今广东韶关)曹溪参慧能,受"顿悟"说。慧能死后来到北方,开元八年(720年)住南阳龙兴寺,后在洛阳大力宣传慧能南宗学说。曾在滑台(今滑县东)大云寺同北宗禅师辩论,抨击北宗"传承是傍,法门是渐"。后被赶出京城。安史之乱时期,应朝廷所请,设坛度僧收"香水钱",以供官军。乱平后,因功被唐肃宗诏入内道场,后住洛阳荷泽寺,故又名"荷泽大师",卒谥真宗大师。

"身塔铭"的内容可以补充文献中对神会和尚记载不足,并澄清了一些不同的说法。"身塔铭"的出土和洛阳龙门神会和尚身塔塔基的被清理,是继洛阳白马寺发现元代龙川和尚墓后,有关佛教人物遗物的又一重要发现,对研究唐代的佛教和历史都具有重要的价值。

六十四、张廷珪墓

张廷珪墓位于嵩山伊川县高山乡坡头寨村东。张廷珪(657～735 年),唐代大臣。历官白水尉,累迁监察御史、中书舍人、礼部侍郎、黄门侍郎、少府监、洪州都督、沔州刺史,又历苏、宋、魏三州刺史,江西西道按察。卒于天宝十年(735 年),享年 77 岁。葬于寿安县纺山。纺山,史书无载,说明今伊川县高山在唐代中期称为纺山,属寿安县境。

1977 年 7 月,从伊川县高山乡坡坡寨村东的张廷珪墓中出土墓志 1 块,志边长 0. 8 米,厚 0. 16 米。志文隶书,34 行,行 37 字,由唐代著名书法家徐浩撰文并书丹,四周刻有花纹图案。该项墓志的出土补正了史书的若干不足和错误,也为研究我国古代书法艺术增添了重要的实物资料。

《旧唐书・徐浩传》载:“建中三年,以疾卒,年八十。”据此推算,《张廷珪墓志》是徐浩 48 岁时撰书的作品,可谓继登封市《嵩阳观圣德感应颂碑》后的又一书法珍品。《嵩阳观圣德感应颂碑》是他 48 岁时的杰作,二者风格一致,字型扁平,骨肉匀适,结构紧凑,波划飘逸,用笔淳劲而笔势昂扬,都有一些用小篆结体书写的别体字。从《张廷珪墓志》中可发现一种古拙、雄健之感。

六十五、王彦章墓

王彦章墓位于新密市东南 28 公里苟堂乡柳庄村东。王彦章(863～923 年),字子明,郓州寿张人。少为军卒,仕梁太祖,历任开封府衙、左亲从指挥使、行营先锋马军使。梁太祖即位后随迁濮州刺史,又任澶州刺史、郑州防御史等。王彦章墓冢圆形,高 7 米,周长 40 米。据欧阳修《王彦章画像记》载:“王彦章郓州寿张人,葬于新密,时属郑州故也。”

六十六、高怀德墓

高怀德墓位于巩义市南 5 公里芝田镇蔡庄村南。高怀德(926～982 年),字藏用,真定常山(今河北正定县西南)人。天平节度使高行周之子,有武勇。据载:晋开运元年(944 年)初随父镇守宋州抗辽兵,因功领罗州刺史。父卒后德为东西班都指挥使,领吉州刺史。后周时为侍卫马军都指挥使。宋太祖即位,拜殿前副使典检,由赵匡胤主持娶燕国公主,加驸马都尉。同年,和石守信先后击李筠、李重进。宋太平兴国四年(979 年)从征北汉,镇曹州,封冀国公,太平兴国七年(982 年)卒。赠中书令,追封渤海郡王,谥武穆。陪葬于永安陵和永定陵之间。

现存高怀德墓冢高 3 米,周长 26 米。墓前原有清道光元年(1821 年)石碑一通,高 1. 2 米,宽 0. 59 米,厚 0. 13 米。碑阳正中楷书“宋渤海郡王武穆高公碑”,为其后裔高续立石。该碑 1982 年运往巩义市文物保管所保存。

六十七、曹彬墓

曹彬(931 ~ 999 年),字国华,宋真定灵寿(今河北)人。北宋开国功臣。后周时隶世宗帐下,从镇澶州。宋乾德元年(963 年),以败契丹,改左神武将军,兼枢密承旨。次年攻后蜀。乾德末、开宝初,两次从征北汉。开宝六年(973 年)进检校太傅。七年任州西南路行营马步军战(木翟)都部署,统兵攻南唐,在采石矶作浮梁渡长江。八年,围金陵,灭南唐,军还拜枢密使、检校太尉、忠武军节度使。太宗即位,加同平章事。太平兴国四年(979 年),佐太宗决策灭北汉。雍州三年(986 年)攻辽,任幽州道行营前写马步水陆都部署,连破固安、涿州,后为辽耶律休哥所败,退至河北涿县岐沟关,兵溃。责授右骁卫上将军。次年,起为侍中、武宁军节度使。真宗即位,复检校太师、同平章事,旋拜枢密使。咸平二年(999 年),病卒于京师,谥武惠。

曹彬墓在嵩山地域有两处:

(一)上街曹彬墓

位上街区沙固村西北岗上。墓为大冢,高 10 米,方圆 0.5 公顷,前临汜河,后倚曹坡。墓前立清嘉庆二十四年(1819 年)汜水县令曹德锡撰文墓碑一通,碑文载:“曹公墓在沙窝曹家坡,千载久土,人不知为冢,传为凤凰台……隆庆年间,台下有狐狸穴,捕纵者穷其穴底得志石一方,读之为曹公之长夜室。……于宋咸平二年卒于京师,其子璨、玮迎葬于汜水,故其土地名曰‘曹家坡’”。

(二)巩义曹彬墓

位于巩义市之阴东 5 公里北山口乡北官庄村东南岭上,与赵普墓相并。其墓冢周围用砖砌成城堡式,顶部建凉亭。明嘉靖《巩县志》记载:“曹彬墓在县(县城在今老城村)西南孝义保。”

六十八、吕蒙正墓

吕蒙正墓位于洛阳市南金石村奉先里,墓前立有宰相富弼为他所撰的神道碑。

吕蒙正(944 ~ 1011 年),字圣功,嵩山西北麓的偃师佃庄镇相公庄人。北宋宰相。公元 977 年丁丑科状元。吕蒙正中状元后,授将作监丞,通判升州。后三次登上相位,封许国公,授太子太师。最终,因病辞官,回归故里。大中祥符四年(1011 年)病卒,享年 68 岁,谥文穆,赠中书令。

六十九、张齐贤墓

张齐贤墓位于嵩山伊川县酒后村。张齐贤(943 ~ 1014 年),字师亮,曹州冤句(今山东菏泽南)人,徙居洛阳(今属河南),宋代宰相、笔记小说家、诗人。宋景德元年(1004 年),司空张齐贤在伊川海角村创办和乐书院。大中祥符七年(1014 年),张齐贤卒,葬于伊川县海角村。据《嵩县志》载:“墓在海角村南，今存古柏一株。”海角村即今伊川县酒后村，民国时该村东南的石岭上有几个土冢，人称张齐贤墓。村东北大路东有一通碑，上书“宋司空张文定公墓神道碑”。碑距土冢一里许。土冢、碑于中华人民共和国成立后平整土地时先后被毁，今遗址不存。

七十、杨延昭墓

杨延昭墓位于巩义市区南100米孝义北机械厂院内。杨延昭(958～1014年)，北宋著名军事家、将领。本名杨延朗，后改为杨延昭，亦称杨六郎。杨业第六子，宋麟州(今陕西神木北)人。辽国人认为北斗七星中的第六颗主镇幽燕北方，是他们的克星，辽国人就把他看做是天上的六郎星宿(将星)下凡，故称为杨六郎。他自幼随杨业征战，雍熙三年北伐，杨业率军攻应、朔等州，延昭为先锋，时年29岁，战朔州城下，流矢穿臂，战斗愈勇，终于攻下朔州。其父死，便担负起河北延边的抗辽重任。雍熙北伐之后，延昭在景州(今河北景县)、保州(今河北安新县)等地抵御辽军侵扰，死后陪葬于永安县(今巩义市宋英宗永厚陵)。在与辽兵作战中，杨延昭威震边庭，人们称杨延昭守卫的遂城为“铁遂城”。宋真宗称赞他“治兵护塞有父风”。

杨延昭墓冢早已淹灭。1978年，孝北村在此建厂，挖地基时曾发现其墓葬遗址，墓前有石刻造像、石羊。

七十一、王德用墓

王德用墓，即黑王相公墓。位于郑州市西20公里的新郑市泰山顶峰。王德用(987～1065年)，字元辅，郑州管城人，官至同中书门下平章事，封鲁国公。王德用有谋略，治军有方，善以恩抚下，故多得士心。率军临边，未尝观矢石、督攻战，但其名闻四夷。王德用貌雄毅，面黑，闾阎男女小儿，皆呼他为“黑王相公”。治平二年(1065年)卒，赠太尉、中书令，谥武恭。

清康熙年间，郑州武举罗宪昂登泰山凭吊王德用墓地，写有《登泰峰吊黑王相公》诗：

奠安华夏几何年，朝野伟望星日悬。较射玉津夺虏魄，遥峰泰峙却宾筵。

山荒雨蚀碑中字，地僻人侵墓上田。自古乾坤留正气，英风疑在白云间。

七十二、蔡齐墓

嵩山地域的蔡齐墓有两处：巩义蔡齐墓和禹州蔡齐墓。

(一)巩义蔡齐墓

蔡齐(988～1039年)，北宋名臣。祖籍洛阳，后隐居巩县蔡庄，故相传有蔡齐故里之称。宋真宗大中祥符八年(1016年)举进士第一，得真宗宠爱，命金吾赐给七驺，宠为状元。历官通判兖州、尚书礼部员外郎兼侍御史、龙图阁直学士，河南府参知政事、右谏议大夫、礼部侍郎参知政事等。蔡齐一生为官正直，丁谓余党陷害寇准，曾上书争辩。宝元二年(1039 年)，蔡齐病故于任，卒年 52 岁，朝廷赠“兵部尚书”，谥“文忠”，灵柩运回故乡蔡庄，陪葬宋真宗陵。

蔡齐墓位于嵩山之阴的巩义市城西南 70 公里的芝田乡蔡庄村西南。东距高怀德墓 400 米。墓冢已在 20 世纪“文化大革命”期间被夷为平地，现仅存 1 表 1 碑。墓前现仅存一石墓表，当地人称“驸马碑”。表高 2. 75 米，直径 0. 3 米，上部为瓜棱形，下部为 16 面多边线。表额为正方形平面，上篆刻“丞相国府君蔡公之神道”。表面文字已为风雨漫漶，不可识读。碑为清同治八年(1869 年)秋立，上题有“宋臣蔡文忠公之墓”，右上注“公讳齐，字子思，宋祥符八年状元、官拜宰相”。该石幢已运到巩义文物管理所保存。另在蔡庄村发现一石碣为“明崇祯五年(1632 年)赵应箕立”的“宋祥符八年状元宰相谥文忠公蔡齐故里”。

(二)禹州蔡齐墓

嵩山地域另有一处蔡齐墓，位于禹州市文殊镇刘湾行政村的蔡寺村南侧。据《禹县志》记载，由欧阳修为其撰引状，范仲淹写墓志铭。墓前有翁仲石兽依列。可惜，现在除墓冢外，其他全都无存。

七十三、包拯墓

包拯墓位于巩义城南 10 公里的芝田乡后泉沟村南岭上，东距宋真宗陵 1 公里。

巩义包拯墓

包拯(999～1062 年)，字希仁，庐州(今安徽省合肥市)人。北宋著名清官。进士，官至大理评事(掌管刑狱，是全国最高审判机关)。宋仁宗嘉祐七年(1062 年)，病逝于京都开封，仁宗追谥忠肃，赠礼部尚书，奉诏陪葬永定陵西北。包拯一生为人刚直不阿，不避权贵，廉洁奉公，对子女要求甚严，后世子孙，仁宦有犯者，不得列归本家，死不得葬大茔中，“不从吾志非吾子、吾孙”。

包拯墓坐北向南，墓冢呈圆形，高 5 米、周长 20 米。墓前竖有清康熙年间青石碑 1 通，碑通高 2. 67 米，正中铭“宋丞相孝肃包公之墓”。墓前有神道，两侧有石刻造像，左侧有望柱 1 件，望柱高 3. 4 米；有宋代石羊 2 件，石羊高 1. 4 米，呈昂首静卧状；有石虎两件，石虎高 1. 04 米，呈昂首蹲姿。石刻造型、石质、风格等均与宋真宗陵石刻相同。

包拯墓东北约 10 米的地方，有一块小盆地，称“蛤蟆洼”，俗说是包拯的“砚台池”。“文化大革命”中，该池被夷为平地。

七十四、赵普墓

赵普墓位于嵩山之阴的巩义市东5公里北山口乡北官庄村东南陵上。赵普(922～992年),字则平,嵩山西南麓洛阳人,北宋开国元勋、宰相,著名政治家、军事家。赵普虽然学问不多,但能断大事,尽忠国家,号称“半部论语治天下”。作为一代名相,赵普为北宋统一大业建立了很大的功绩。淳化三年(992年)七月,赵普薨,赠“尚书令”,封“真定郡王”。真宗时改封“韩王”,谥“忠献”。赵普死后,葬于此处。宋太宗赵光义撰神道碑,亲墨八分书,以赐之。

赵普墓现存冢高57米,周长45米,当地人称小冢,曾被盗过。

七十五、寇准墓

寇准墓位于嵩山北麓的巩义市西南6公里寇家湾村宋真宗永定陵区。明嘉靖《巩县志》载:“寇莱公墓,在县西南孝义保,至今地名寇家湾。”据传,寇准墓原在寇家湾村西伊洛河边,濒临东西交通要道,墓冢高大,石刻成排。宋以后,过路文武官员都要到墓前礼拜,文官下轿,武官下马,以示尊敬。清乾隆时,清代地方官厌其麻烦,借口寇准墓近临河,有被淹之险,奏请清廷将墓迁葬于寇家湾西岭上,与包拯墓相对。

寇准(961～1023年),字平仲,华州下邽(今陕西省渭南县)人。北宋著名宰相。太平兴国进士,曾任知县、三司度支推官、盐铁判官、枢密副使、同知枢密院事、参知政事、开封知府等。景德元年(1004年)任宰相。契丹入侵,力主抗击,请帝亲征,北进至澶州(今河南濮阳)抗御契丹。后在寇准部署下,击破辽兵,并杀其大将萧达览。宋兵小胜,宋真宗却借口已安民,不顾寇准等主战派的反对,密请宋降将契丹王继忠出面讲和,与契丹订立和约,宋每年给辽银10万两,绢20万匹,即历史上的“澶渊之盟”。后寇准受到投降派攻击,以致被罢相职,并遭谪贬陕州。寇准为官清正,坚持正义,因而触犯封建皇帝和佞臣,受到多次打击,几经沉浮,最后遭贬谪,卒于雷州(今广东海康县),灵柩获准运回河南安葬,奉诏陪葬于嵩山北麓巩义的宋真宗陵园(北宋皇陵)。

寇准墓坐北朝南,墓前有清康熙五十五年(1716年)所立墓碑,额题“旌忠”2字,碑书“宋寇莱公墓”。原墓冢高3米,“文革”时墓冢被平。20世纪70年代平整土地时,墓冢被夷平,墓前两侧仅存石羊2件、石虎1件。其中羊高1米,长0.78米;虎高1.2米,长0.8米。

七十六、王博文墓

王博文墓位于郑州市上街区峡窝镇东北四所楼村东50米。王博文(973～1038年),字仲明,宋太子太师王世安之子。祖籍太原王家庄,后几经迁居,终定居在嵩山汜水县(今荥阳一带)九龙峡窝西马固村。北宋官吏、诗人。王博文幼善文,16岁以回文诗4篇中进士,人称“王回文”。曾写回文诗百篇。真宗时任亳、淮司事,后升至监察御史、梓州路转运史。天禧中,任尚书兵部员外郎、户部郎中、龙图阁侍制、枢密院事。景祐五年(1038 年),召权三司使,任“给事中同知枢密院”(职同宰相,主管军事),不幸入院一个多月病故,宋仁宗亲临致祭,赠太师中书令兼尚书令,封郑国公,谥肃。葬于郑州市上街区峡窝镇东北四所楼村东。

王博文有 2 子,长子王田,天圣年间进士,官至太常寺少卿;次子,王畴,字景彝,以父荫补将作监主簿,累迁太常博士、翰林学士,官至枢密副使。王田、王畴死后都葬于此地。

王博文墓区是一处王氏家族墓区,北为土丘,南为平地,南北长 130 米,东西宽 100 米。墓前置宋碑两通。史料记载,这里曾有先祖王世安等人的古墓 630 余座,均被掩盖在当地人在此建的小工厂之下。王博文墓区内立宋代碑刻 2 通,1 通是为王博文次子王畴所立,题铭为“宋□□□□□枢密院累赠太师中书令兼尚书封郑国公谥肃讳博文字仲明王公之墓”,1 通为王博文长子王田之子第峋等 7 进士为王田所立,题铭为“大宋朝奉部太守常少卿致仕护写赐金鱼袋讳田字介然王公之墓”。

七十七、罗彦瑰墓

罗彦瑰墓位于巩义市区西南鲁庄乡罗彦庄村东。墓高 3 米,周长 20 米。是宋陵附葬的诸多墓葬之一。

罗彦瑰(923 ~ 969 年),北宋开国元勋,著名政治家、军事。太原(今山西太原)人,父罗全德,官后晋泌州刺史,彦瑰得父荫补内殿直。广顺三年(953 年),枢密使王浚因骄横跋扈被贬官,罗彦瑰被视为王浚的同党贬为邓州教练使。周世宗时起用为伴饮指挥使,改马步军都军头。显德七年(960 年)一月,爆发陈桥兵变,初三赵匡胤自陈桥还京,范质率王溥、魏仁浦责问赵匡胤,帐前罗彦瑰拔剑厉声:“三军无主,众将议立检点为天子,再有异言者斩!”范质等皆畏惧,降阶听命。建隆二年(961 年),任彰德节度使。乾德二年(964 年),改安国节度使,与昭义节度使李继勋破契丹。四年春,又与阁门使田钦祚破太原军,斩杀千余人于静阳,擒获其将鹿英,获马 300 匹。卒于宋太祖开宝二年(969 年)四月,陪葬于宋陵。

七十八、欧阳修陵园

欧阳修陵园

全国重点文物保护单位。欧阳修陵园位于新郑市西 13 公里的辛店镇欧阳寺村。陵园西依岗阜,东临谷溪,过去碑碣林立,古柏参天,为清代新郑八大景之一“欧坟烟雨”。自宋熙宁八年(1075 年)欧阳修葬此以来,陆续葬有欧阳修的祖母李氏,欧阳修的继配第三夫人薛氏和长子欧阳发、次子欧阳奕、三子欧阳棐、四子欧阳辩,孙欧阳愻、欧阳愬等人。

欧阳修，字永叔，号醉翁，晚年又号六一居士，北宋著名政治家、文学家。吉州永丰（今江西永丰）人，24 岁考取进士。先后在地方和朝内任职，累官枢密副使、参加政事。身历真宗、仁宗、英宗、神宗四朝，是北宋中叶重要政治人物。其文学著作编定成集的现存 153 卷，是唐宋八大家之一。后人称他的诗文兼韩愈及李（白）杜（甫）之长，为一代文宗。熙宁五年（1072 年），欧阳修卒于汝阴（今安徽阜阳）私第，于熙宁八年（1075 年）赐葬新郑县旌贤乡刘村（今新郑市辛店镇欧阳寺村）。

欧阳修墓前有欧阳修祠堂，是清乾隆四十七年（1782 年）兴建的陵园，坐北朝南。欧阳修陵园南北长 113 米，东西宽 97 米，面积近 1.1 万平方米。在南北中轴线上建有外照壁、大门、内照壁、东西两庑、大殿（拜殿）、墓冢，四周建有围墙，形成院落。庭院左右两侧各有便门，中间修有南北甬道，甬道两侧有石猪、石羊等石雕，对称排列，间距 3 米，石雕高约 1 米，直达大殿。甬道两侧各建有厢房 3 间。外照壁高约 5 米，长 6 米，厚 0.7 米。大门 3 间，门前左右修有台阶，阶旁各有一衔环石狮。内照壁与垣墙同高，将庭院分为前后两部分。大殿又称拜殿，计 3 间。殿前筑有祭台，长 10 米，宽 5 米，高 1 米。祭台前左右两方，各侍立一文官石雕像，像高约 2 米。此外，还有宋、元以来石碑 40 余通。其中有苏辙所写的神道碑。石碑两旁植有古柏，苍劲挺拔，四季常青。沿大殿东西两山各建有拦马墙 1 道。陵园东南有小瓦房 8 间，为其族人看守陵园者居住。

欧阳修陵园在 1958 年“大跃进”和“文化大革命”期间遭到破坏，古柏被砍伐一空，碑碣流失，垣墙倒塌。1988 年后文物部门逐步修复。

（一）欧阳修祖母李氏墓

位于欧阳修墓西南方 399 米处，冢高约 3 米。宋追封李氏吴国夫人。1920 年于其墓前建享堂 3 间，门楼 1 间，四周围以垣墙，并有柏树数株。享堂内修暖阁一龛，龛内设有欧阳修祖父欧阳偃、祖母李氏、父欧阳观、母郑氏诸碑。

（二）欧阳修及夫人薛氏之墓

欧阳修陵园的主墓为双冢，一为欧阳修墓，一为夫人薛氏之墓。两冢东西并列，皆为圆形。欧阳修墓冢高约 5 米，周长 15 米，南向。墓前立有墓碑，墓碑为明朝正统三年（1438 年）其后代欧阳哲立，上面刻有“宋太师欧阳文忠公之墓”及“重修欧阳文忠公神道望石记”的碑文。夫人薛氏墓冢高 5 米，周长 15 米，墓前立有墓碑“宋安康郡太夫人薛氏之墓”。薛氏，欧阳修继配第三夫人，宋资政殿学士尚书户部侍郎简肃公薛奎（后任参知政事即副宰相之职）之女，薛夫人为发、奕、棐、辩四子之母。元祐四年（1089）八月卒于京师，十一月祔葬于文忠公坟茔。

主墓前原有石人、石羊、石猴等神道石刻仪仗。

欧阳修陵园内原有 40 余通宋、元以来的石碑，还有欧阳修的门生王安石、曾巩、苏轼、苏辙祭欧阳修的碑，其中最著名的当属北宋文学家苏辙所撰的《宋太师欧阳文忠公神道碑》，洋洋洒洒千余字，对欧阳修人品文风给予了极高的评价。

（三）欧阳修四个儿子墓

1. 长子欧阳发墓

欧阳修长子欧阳发墓位于欧阳修墓左次下，宋时原立墓碑已倒圮，清宣统三年（1911 年）曾重立墓碑 1 通。欧阳发(1040～1089 年),字伯和,据张文潜撰墓志铭载,官至承议郎、积勋轻耳都尉。元祐四年(1089 年)卒,享年 46 岁。夫人吴氏,故丞相正献公充之女,封寿安县君。同年十一月葬于此地。

2. 次子欧阳奕墓

欧阳奕墓和欧阳发墓并列。宋代原立欧阳奕墓碑已倒圮。清宣统三年(1911 年)曾重立墓碑 1 通。欧阳奕,字仲纯,欧阳修次子,官至光禄寺丞监陈州粮科院。欧阳奕为人聪颖质敏,刚正豪爽,欧阳修曾写《诲学说》以励其学。

3. 三子欧阳棐墓

欧阳棐墓位于欧阳修墓右次下,宋代原立墓碑已倒圮。清宣统三年(1911 年)曾重立墓碑 1 通。欧阳棐,字叔弼,欧阳修第 3 子。庆历六年(1047 年)生于滁州,政和三年(1113 年)以疾卒于颍州私第,享年 67 岁。初荫将士郎,任秘书省正字,累官朝请大夫,管勾南京鸿庆宫。宋人毕仲游《西台集》有"欧阳叔弼传",对欧阳棐之卓越文才赞不绝口,认为其足以传其家。

4. 四子欧阳辩墓

欧阳辩墓位于欧阳棐墓东,宋代原立墓碑已倒圮。清宣统三年(1911 年)曾重立墓碑 1 通。欧阳辩(1097～1102 年),字季默,欧阳修第四子。生于皇祐元年(1049 年),卒于崇宁元年(1102 年),享年 53 岁。官至承议郎、宝德所监澶州河北酒税。

(四)欧阳修两个孙子墓

1. 长孙欧阳愻墓

欧阳愻(1064～1094 年),字谊伯,欧阳奕长子,初以祖荫任秘书省校书郎。官至行政假承务郎,任陕州司户参军。秋满,任齐州临邑县尉。绍圣元年(1094 年)卒于任上,享年 30 岁。政和三年(1113 年)四月葬于欧阳修之茔。

2. 次孙欧阳愬墓

欧阳愬(1071～1105 年),字元直,欧阳奕之次子。初以祖荫授秘书省校书郎,历瀛州防御推官,后改宣义郎,知虢州朱阳县事。秋满留再任。崇宁四年(1105 年)六月卒于任所,享年 34 岁。于政和三年(1113 年)四月葬于欧阳修之茔。

欧阳修陵园出土有《欧阳修夫人薛氏墓志》,薛氏墓志石长 0.74 米,宽 0.72 米,厚 0.22 米。志盖上篆刻"宋安康郡太夫人薛氏墓志铭"。铭文为北宋著名文学家、翰林学士苏辙撰,刑部侍郎赵群锡书丹并篆盖,少府监玉册官王幡刻石。全文楷书 36 行,每行 37 字,共约 1300 字。薛氏为欧阳修继配第三夫人。此墓志的出土,为我们研究欧阳修的生平事迹提供了佐证材料,且墓志铭出于名家苏辙之手,具有一定的文学价值。

《欧阳修夫人薛氏墓志》和欧阳愬、欧阳辩、欧阳愻墓志,都是 20 世纪"文化大革命"期间出土于新郑市欧阳寺村欧坟之中的,现保存在新郑市博物馆。

七十九、富弼墓

富弼墓位于洛阳金谷乡南张里。富弼(1004～1083年),北宋著名贤相,政治家、文学家、诗人。字彦国,嵩山洛阳东人。天圣八年(1030年)以茂才异等科及第。庆历二年,报使契丹,允增岁币,力据割地之请。次年,任枢密副使,助范仲淹推行新政。旋被排挤居外。至和二年,与文彦博同任宰相,在位七年,唯务守成,无所兴革。后以母丧去位。英宗时,召为枢密使,封郑国公,旋出判河阳。熙宁元年,入见,请神宗对边事"二十年口不言兵"。次年,复为相,以反对王安石变法,出判亳州,后退居洛阳,上疏请废新法。元丰六年(1083年),富弼薨,享年80岁,葬于此处。

据《苏文忠公集》载,富郑公神道碑云:葬于河南县(今洛阳)金谷乡南张里。《宋史》曰:弼薨,帝辍朝三日。赠太师,谥文忠,葬于哲宗元祐初,配享神宗庙庭,哲宗篆其碑首曰"显忠尚德之碑",命学士苏轼撰文刻之。

八十、吕公著墓

吕公著墓位于新郑市区北郭店乡武岗村南150米处。

吕公著(1018～1089年),字晦叔,吕夷简之子,寿州(今安徽寿县)人。北宋宰相。天禧二年(1018年)进士。熙宁二年(1069年)为御史中丞,因反对王安石变法,神宗命其出知颍州(今安徽阜阳)等地。后召回,先后任翰林学士承旨,同知枢密院等职。哲宗元祐元年(1086年),任尚书右仆射,兼中书侍郎。与司马光并为宰相,致力于废除新法,恢复旧制,同心辅政。司马光死后,独当国政。后拜司空同平章军国事。元祐四年(1086年)卒,享年72岁,赠太师申国公,谥正献。赐葬新郑县北郭店西武岗村。

吕公著墓冢坐北面南,高6米,周长50余米。墓前原有明代钧州知州刘魁增修名人墓碑,已残毁。清咸丰四年(1854年),新郑县令吕成彦复立碑题:"宋司空赠太师同平章事谥正献吕申公之墓"。

八十一、冯京墓

冯京墓位于嵩山东麓的新密市曲梁乡五虎庙村南100米处。该墓为冯京与其3个夫人的合葬墓。

冯京(1021～1094年),字当世,富弼婿,鄂州(今湖北武汉)人。皇宁元年(1049年)进士第一。宋仁宗时曾拜龙图阁学士知扬州,翰林学士知开封府。神宗时为翰林学士,改御史中丞。因对王安石变法持不同政见被贬亳州,后复召入朝。哲宗时知大名府,以太子少师致仕,死后葬于密县。

1981年12月,河南省文物研究所与密县文化馆对冯京墓进行发掘。其形制为墓四室,墓上无冢土,但4个长方形南北并列的墓室形制较大。墓室为青石条垒砌,南北长10.3米,东西宽5.55米,墓顶为青石条覆盖,墓室之间有通道,各室均无墓门。墓室上顶部中央各置墓志一合,其中冯京墓志最大，长1.31米，宽1.29米，志盖刻“宋故宣徽南院使太子保致赠司徒谥文简冯公墓志铭”。志文楷书，3000多字，为彭汝砺撰，王古书，乔执中篆盖。墓志四周分别刻有头戴高冠、身着袍服、手执朝笏的人物和青龙、白虎、朱雀、玄武等线刻画像，其墓室之大，建造之别致，在宋墓中尚属罕见。其他三合墓志为“翰林学士起居舍人权知开封府冯公前夫人富氏墓志铭”。墓志盖为阴刻篆书，志文分别记述了冯京及其3位夫人的生平事迹。四合墓志的内容，对考证宋史有一定的参考价值，其书法艺术水平也较高。

墓内经先前盗扰，残存随葬品有瓷器26件，陶器10件，石器5件，骨饰、铜饰、铁器、铜镜各1件及北宋铜钱197枚。出土的青瓷有刻花荷花口、印花、缠枝牡丹碗等，均属汝窑系统产品。过去出土青、白、天目、影青及彩瓷的宋代墓葬，有墓志或明确纪年的文物不多，这座墓对研究北宋时期青、白、天目、影青及彩瓷的烧制年代有较大价值。

冯京墓建于北宋仁宗嘉祐八年（1063年）十二月以前。该墓的规模、形式及墓志，均为所发掘的宋墓中所罕见。现墓室、墓志原地封存。《宋史》有冯京传，墓志可补其缺。

八十二、范仲淹墓

全国重点文物保护单位。范仲淹墓位于伊川县彭婆乡许营村北万安山南侧，距县城17公里处。北依万安山，南傍曲河水，东临九龙山，西望龙门山。

范仲淹（989～1052年），字希文，苏州吴县（今江苏吴县）人。北宋的政治家、文学家、军事家。大中祥符进士，先后任西溪盐官、陕西经略安抚副使等职。庆历三年（1043年）任参知政事，联合富弼等推行“庆历新政”，但由于保守派反对而失败，被罢去知政，出任陕西四路宣抚使。后因西夏扰边，又被任为河东陕西宣抚使，后调回邓州。又至杭州、青州。在调至颍州时，因病行至徐州去世，葬于此。享年64岁，赠兵部尚书，谥号文正。

范仲淹墓坐北面南，圆形，高4.5米，周长30米。墓前0.5米处竖有高1.85米、宽0.75米、厚0.23米的墓碑。该碑为一块石料制成。碑座为横长方形，石座埋入地下。碑身上部为弧形，上书“宋参知政事范文正公墓”10个楷书大字。此碑系清雍正五年（1727年）翰林院检讨河南知府张汉所立。下款为虞城后裔洛阳教谕范百顺书。

范仲淹墓

长子监簿公范纯祐墓位于范仲淹墓东北45.3米处，墓冢大小和范仲淹墓相同。墓碑高1.85米，宽0.65米，亦为河南府知府张汉所立，仍为范百顺所书“宋范文正公长子监簿公墓”11个大字。

范纯佑墓东南为范仲淹母亲

墓,碑形制大小与范纯佑墓碑相同。上书“宋范文正公母秦国太夫人墓”12个楷书大字。

范仲淹墓东南9米处为中央祭祠,系清顺治十三年(1656年)所建。坐北面南,南北长27米,东西宽16米,总面积为432平方米。内有祭殿3间,耳房2间,均硬山灰瓦顶。殿中悬挂光绪皇帝御笔“以道自任”匾额,另一匾额题为“河山戴历”。祭庙左右各立石碑两通,均盖有碑楼,其中由宋仁宗赵祯篆额、欧阳修撰文的范文正公神道碑“褒贤之碑”,高4.08米,宽1.41米,厚0.48米,碑首圆形,六龙伏绕,碑文字迹清晰,完整无损。另一碑“文正公墓志铭”为富弼撰文。两碑均述其一生业绩,可证史补遗。祠院神道石人、石羊、石狮形象逼真,石阙均在。

1983年11月对祠堂进行了维修,山门进行防护,增建碑楼6个,重修1个。1993年修建围墙。2001年由香港范氏后裔捐款修建了祠堂,增设了路道,修复了石牌坊。现范仲淹墓地包含有墓祠、墓冢、石坊、山门、神道碑、重修碑、告示碑、万国碑、乾隆之碑等碑刻。

范仲淹墓园分前后两部分:前一部分乃范仲淹及其母秦国太夫人、长子监簿公范纯佑墓,中央祭祠,占地约10亩,古柏400余株。后一部分位于范仲淹墓西北约1华里处,为范氏次子忠宣公纯仁、三子恭献公纯礼、四子龙头学士纯粹及其后代之墓,占地约20亩,现存墓碑3通,古柏500余株。

八十三、李诫墓

全国重点文物保护单位。李诫墓位于新郑市西北30公里龙湖镇梅山村东南、于寨村西南约200米处。地势较平坦,西北渐高,仰观梅山孤峰;东南渐低,正南有一条东西向的深沟。

李诫(? ~1110年),字明仲,郑州管城人。北宋著名的大建筑学家。官至将作监,曾监造不少宫廷建筑,有官署、寺庙和营房。他奉旨编写的《营造法式》,是北宋以后历代的建筑法典,全书共34卷,另有《目录看样》2卷。据《新郑县志》记载:李诫,河南管城县(今郑州市)人,北宋大观四年(1110年)二月卒,葬于新郑梅山(今新郑市龙湖镇于寨子村,宋时属郑州管城县)。其后李诫族人分别葬入墓区,形成了李诫家族墓群,人称“李家坟”。

李家坟原有墓园10余亩,李诫墓地土冢高大,后逐渐荒废,土冢遭到人为和自然损坏,现规模较小。李诫墓坐北向南,墓高2米,周长约40米。墓室为砖室,近圆形,墓道位于墓室南面。李诫墓下方还有4座同期砖室墓,是其家族墓葬。1960年平整土地时被毁。近年,当地政府和群众已于重修。2003年为纪念李诫的《营造法式》颁行900周年,在墓冢前10米修建一座仿宋木结构四角碑亭,灰筒瓦顶,下有高台,砌四出踏道,在亭子中央立纪念碑一座,石碑总高3.3米,宽厚均为1.32米,碑首为仿宋建筑斗拱屋顶,石碑正面上方阴刻李诫画像。

八十四、邵雍墓

全国重点文物保护单位。邵雍墓位于伊川县南9公里的平等乡西村的西北山坡上,北距伊川县城7.5公里,东临伊水,西依紫荆山。

邵雍(1011~1077年),字尧夫,谥号康节,自号安乐先生、伊川翁,后人称百源先生。北宋哲学家、易学家,有内圣外王之誉。邵雍卒于宋神宗熙宁十年(1077年)八月,十月归葬,谥号廉节。自宋时起，在明宣德、清乾隆、民国时期，或地方政府拨款，或仰慕者捐资，曾对邵雍墓进行数次修整。1968年，当地村民再次于原址上用旧料重建。1986年，伊川县人民政府拨款对邵雍墓进行修整。

邵雍墓园坐北朝南，南北长89米，东西宽48米，总面积7600平方米。墓园内疏疏密密植有近百棵松柏，一间享堂阔落正中，享堂北，是被八角墙围着的墓冢，高2米，周围砖砌八角墙，冢前有墓碑，上书“宋先儒康节邵夫子墓”。邵雍被宋代皇帝赐谥“康节”，并封为“新安伯”，意为新城安乐之伯。程颢称他为“内圣外王”。邵雍曾随父亲邵古隐居于伊川神阴原西南（今平等村）。“水流其门，浩然其趣”，其父自号伊川丈人。墓园中西北立有邵雍父亲的墓志铭碑，平等村内有邵夫子祠旧址。康熙皇帝亲书“学达性天”匾挂于该祠。

邵雍墓园现存建筑物有石坊、山门、享堂等，四周建有围墙，并保存有石雕、石刻。石坊位于邵雍墓南，距山门20米，由青石砌成。底柱4根，呈正方形，底柱之座双侧均有石墩夹持，下为石鼓，上呈月牙样，坚固美观。上部有石梁横连4柱，石梁之上雕成筒瓦状，坊脊两头各雕一石龙头，并刻有楷书“安乐佳城”。墓园的山门上方有石刻匾额，楷书“邵夫子墓”。门两侧的石柱上刻有清代学者赵诚所写的一副对联“删后无诗啸月嘲风留击壤，画前有易蹑根探窟见先天”。山门石雕由于常年失修，形状和字体有的已看不清。享堂面阔3间，东西两面山墙，南北相通，用柱子做砥，北为石柱，南为木柱，屋顶建有花脊，屋脊两头装有吻。

八十五、二程墓

全国重点文物保护单位。二程墓又名程坟、程园、二程祠，位于伊川县城西约1.5公里的白虎山下，是宋代理学奠基人程颢、程颐兄弟及其父程珦的坟园。墓地东西长205米，南北宽137.8米，面积约2.8万平方米。内植有古柏500余株，苍劲挺拔，肃穆幽静。

伊川二程祠

墓地西北隅呈“品”字形排列3冢，上为二程父程珦墓，左为程颢墓，右为程颐墓，墓前均立有墓碑碑楼，及石供案。明宣德年间，在神道两侧增设墓前神道石刻仪仗石翁仲、石马、石羊、石狮、石虎等，造型逼真，排列整齐，后多已毁坏。墓园内两侧立有明宣宗和清康熙、乾隆、嘉庆年间所立的重修二程墓碑碣4通。

墓园南侧中央，有始建于宋崇宁五年（1106年）的三先生祠，祠由门楼、厢房及大殿等组成，内有大殿、卷棚、东西厢房各3间，均为近代建筑。

程颢（1032～1085年），字伯淳，世称明道先生；程颐（1033～1107年），颢之弟，字正叔，世称伊川先生。洛阳人，二人均为北宋哲学家和教育家，北宋理学的奠基者，世称“二程”。其学说为朱熹继承和发展，世称“程朱学派”。元丰八年（1085年）六月，程颢病卒，享年54岁。十月，归葬于伊阙程氏祖茔(蔡家沟),后改葬伊阙太中公墓左(伊川县城西的祖茔)。大观元年(1107 年)程颐病逝,享年 75 岁,祔葬伊阙太中公墓右(伊川县城西的程氏祖茔)。

二程先生,曾受到历代帝王的尊崇和封诰。宋理宗初,将程氏二夫子神主奉入孔庙,享用祭孔礼仪。宋理宗淳祐六年(1246 年),圣命封程颢为河南伯,封程颐为伊阳伯。元文宗时,晋封程颢为豫国公,程颐为洛国公。明景泰六年(1455 年),皇帝诏令,依照颜回、孟轲家庙的规模在二程的家乡嵩县建二程夫子庙祠。清康熙二十六年(1086 年),下令将二程夫子进儒为贤,位列汉唐诸儒之上,赐“学达性天”匾额。慈禧太后、光绪皇帝游龙门时,曾赐“希蹤颜孟”、“伊洛渊源”的匾额。

八十六、文彦博墓

文彦博墓位于嵩山伊川县城关镇罗村西北 1 华里的高台地上。文彦博(1006 ~ 1097 年),北宋宰相。因反对王安石变法,被改任地方官,后以太师致仕,退居洛阳。与富弼、司马光等 13 人成立“洛阳耆英会”,成为反对王安石变法的大本营。后又复出政界。文彦博历仕仁宗、英宗、神宗、哲宗四期,出将入相,有 50 年之久。文彦博亲历了北宋中期一系列重大事件:宋夏战争、庆历新政、王则之乱、熙宁变法、元祐更化、绍圣绍述等。他性格豁达、谦和卑逊、敬重德行,为官期间能够有所作为,多有建树。宋绍圣四年(1097 年),文彦博卒,葬于此处(当时为伊阙县)。茔中有二冢,上为忠烈父。

八十七、张齐贤墓

张齐贤墓位于伊川县酒后村。张齐贤(943 ~ 1014 年),北宋宰相。他以一布衣累官至同中书门下平章事,两度入阁拜相,前后 21 年,为宋朝的政治、军事、外交等做出了较大贡献。宋景德元年(1004 年),司空张齐贤在伊川海角村创办和乐书院。大中祥符七年(1014 年),张齐贤卒,朝廷赠官司徒,谥文定,葬于伊川县酒后村。

据查,民国时该村东南的石岭上有几个大土冢,人称张齐贤墓。村东北大路东有一通碑,上书“宋司空张文定公墓神道碑”。碑距土冢 1 里许。新中国成立后平整土地时,土冢、墓碑先后被毁,今遗址不存。

八十八、王拱辰墓

王拱辰墓位于伊川县城关镇压窑底村西。王拱辰(1012 ~ 1085 年),字君贶,开封通许县人。宋朝著名官吏。仁宗时拜御史中丞,元丰初官累武安节度使,抗疏论新政之害,致使范仲淹遭贬。官终彰德军节度使,北京留守。宋元丰八年(1085 年)七月卒,谥“懿恪”。十月归葬于河南府教中乡府下里之原(今伊川县城关镇压窑底村西半华里处)。

1973 年秋,王拱辰墓出土墓志(有盖)一块,由文彦博篆盖,墓志文为苏轼书写。

八十九、王沂墓

王沂墓，全称宋右仆射赠侍中王沂国文正公曾墓，位于新郑县东北30里梅河北岸，今薛店乡寺王村北。

王沂，元朝宋辽金三史总裁官、诗人。字思鲁。先世云中（今陕西省榆林县）人，后徙真定（今河北省定县）。进士出身，官至礼部尚书。《宋史》、《辽史》、《金史》三部史书的总裁官，是《辽史》的四个执笔人之一。《四库全书提要》说他“在职文字者几二十年，庙堂著作，多出其手”。王沂工诗词，《四库全书提要》评价他的诗“春容和雅，有先正规度”。

《宋史》本传，皇祐中，仁宗亲篆赐沂公碑曰“旌贤之碑”，后又改其乡曰“旌贤乡”。

九十、陈氏三宰相坟

河南省重点文物保护单位。陈氏三宰相坟，俗呼三宰坟。其墓地位于新郑县北32里停骖铺东北。

陈省华（939～1006年），字善则，宋阆中（今属四川省）人。擢知开封府。卒赠开府仪同三司、太师、尚书令兼中书令，追封秦国公。陈省华不但在政界取得了成功，而且教子有方，致使三个孩子——尧叟、尧佐、尧咨金榜题名，陈省华也为此荣登显位，深得朝廷褒美。陈省华去世后，皇帝赐葬嵩山新郑洧水之泮，抱章山之侧。陈尧佐判郑，遂迁居这里，这个家族便在新郑繁衍生息。

陈氏三宰相，是指陈省华和他的长子陈尧叟、次子陈尧佐而言。陈省华赠中书令（相当于宰相），长子陈尧叟（961～1017年），北宋真宗朝宰相。次子陈尧佐（963～1044年），北宋仁宗朝宰相、诗人、书法家。再加上陈省华的三子陈尧咨（970～1034年），北宋名臣、书法家。有人说：陈氏父子，三宰相，四令公，同朝显贵，荣宠无比，史称“状元、科第之极选，宰相、人臣之极品”。

陈省华其墓之侧，一茔分为三兆，皆斜西南向。近西1兆3墓中，1墓有碑，即文惠公自撰墓碑。前立4翁仲，左右石兽翼列，十今存其九。稍东北1兆有2墓，前列2翁仲，阙其一。石羊、虎10尊。在其南又东稍北有2墓，前列4羊，墓门半里许，有丰碑，即王举正所撰秦国公神道碑，周越书。其欧阳公所撰文惠公神道碑，已无存。三宰相坟东北为崇孝寺，宋时敕建。

九十一、吕夷简墓

吕夷简墓，全称宋同中书平章军国事赠太师吕许国文靖公夷简墓。位于新郑市郭店镇李坟村东约500米处。吕夷简（979～1044年），字坦夫，吕蒙正之侄，寿州（治今安徽凤台）人。北宋仁宗朝宰相。进士出身，历官知濠州、滨州、开封府，刑部员外郎、刑部郎中、右谏议大夫、给事中参知政事。真宗年间以刑部郎中权知开封府。立，任宰相。他辅佐年幼的仁宗，在太后临朝听政的情况下，正确处理北宋国内国外诸多矛盾，保证了北宋社会安定，经济发展，为宋代名相之一。庆历二年（1042年），吕夷简因风眩病倒。仁宗让他数日一至中书，裁决军国大事。并剪下自己的胡子送给吕夷简，说："古谓胡须可疗疾，今剪须赐卿，望卿早日康复。"庆历三年春，吕夷简病重。仁宗召见了他，不让他下拜，扶他坐在自己面前。希望他在身体许可的情况下多多过问朝政。吕夷简再三辞让，仁宗允他以太尉致仕。不久，吕夷简病故。仁宗临朝叹曰"安得忧国忘身如夷简者"（《宋史》本传）。令恤典从优，赠官太师、中书令，谥文靖，葬于此地。

现存吕夷简墓高4米，周长约40米。墓门左右有土隆起，盖旧阙垣也。

九十二、吕诲墓

吕诲墓位于伊川县酒后乡南的九皋山。

吕诲（1014～1071年），北宋著名谏官。字献可，吕端孙，河南开封人。进士出身。官至同知谏院、御史中丞。吕诲性纯厚耿直，处事公允，身为谏官，弹劾无所顾忌。卒后，赠通议大夫。后人有诗赞誉吕诲："不读宋史吕诲传，识遍英雄也枉然。"

据《河南通志》载：吕诲墓"在府城南鸣皋山下，诲宋右谏议大夫"。鸣皋山即今嵩山伊川县酒后乡南的九皋山。

九十三、金定远大将军完颜彝墓

金定远大将军完颜彝墓，俗称陈和尚墓，位于新密市区西12公里处，墓前立有神道碑。完颜彝，字良佐，丰州（今呼和浩特东）人。金朝宗室，小字"陈和尚"，读过《孝经》《左氏春秋》，会写"牛毛细字"。金宣宗贞祐年间，蒙古军进攻金国，完颜彝被俘，后杀死看守逃脱。后因战功卓著被金朝廷先后封为"紫薇军督尉""忠孝军提控""定远大将军""平凉府判官""世袭谋克""御中郎将"等职。他所率领的忠孝军，是回鹘人、乃蛮人、羌人、土谷浑人以及汉人组成的混合队伍，作战能力很强，所到处纪律严明，对百姓秋毫无犯。完颜彝本人的英勇，起了很好的表率作用。1232年正月，在嵩山禹县的三峰山一战，20万金军全军覆没。完颜彝负伤被俘，被解至蒙古军统帅拖雷面前，毫无惧色，说："我就是在大昌原、卫州、倒回谷三个地方战胜蒙古军的忠孝军总领陈和尚。"蒙军统帅叫他投降，他不肯，被砍断双腿，割开了嘴。完颜彝喷血而呼，至死不绝，时年41岁。蒙古主将也被他的忠义所感动，隆重地把他埋葬于最后战死之地的禹县（今禹州市），并以马奶祝祷："好男儿，他日重生，当要与我做伴！"

九十四、元察罕帖木儿墓

元察罕帖木儿墓位于洛阳老城西北2.5公里道北路苗沟村东南邙山脚下。察罕帖木儿墓冢封土上圆下方，高约15米。据民国三十三年（1944年）李健人所编著《洛阳古今谈》载："元赠颍川王察罕贴木儿墓，在县西万福寺西，今寺已废。墓在城西北八里许石碑凹金谷园村北邙山下，方形墓，东西各

28号,南北各30弓,高8丈,占地9.6亩。帖木儿为一元代名将,驻镇河洛,威名远扬,今墓已作驻军练习射击靶场,墓前翁仲石兽犹存焉。”1983年7月发掘此墓,在墓前50米处出土高2.9米的石翁仲一躯,身着圆领袍服,足踏云头履,造型古朴自然,堪称元代石刻艺术精品。

察罕帖木儿,字廷瑞,维吾尔族人,元末名将。曾祖于元初随军取河南,以探马赤军户留居。其祖乃蛮台、其父阿鲁温皆居沈丘(今属河南)。《元史》有传。系出北庭,曾祖阔阔台,元初随大军收河南。察罕帖木儿为有元后期一代名将,驻镇洛阳,颇有威名,是镇压农民起义的刽子手,从至正十二年(1352年)在沈丘参加镇压刘福通的红巾军农民起义,到至正二十二年(1362年)在山东东平被王士诚刺杀,前后参与政治军事11年半,曾多次与农民军作战。死后葬于此地。朝廷为褒奖他,诏赠为推诚定远宣忠亮节功臣、开府仪同三司、上柱国、河南行省左丞相,追封为忠襄王,谥献武。后改赠为宣忠兴运弘仁效节功臣,追封为颍川王,改谥忠襄,食邑沈丘县。所在立祠,岁时致祭。封其父阿鲁温为汝阳王,后又加封梁王。命其养子扩廓帖木儿(本为汉人,名王保保)承袭父职,平定山东,驻兵于汴洛。朝廷加封其为河南王,以汝州为食邑,与弟弟脱因帖木儿同居河南府。

九十五、梁国公冯世昌祖冯宣墓

梁国公冯世昌祖冯宣墓位于新密市区东23公里曲梁乡黄台村西北。

冯宣,为北宋名臣冯京后裔,宋末元初人,因曾孙冯世昌贵,朝廷封赠为中奉大夫,参知政事护军,死后追封始平郡侯。

冯宣墓原有墓冢已平,现仅存神道碑1通与石人2个。碑通高6米,宽1.34米,碑首题“阳翟冯氏先茔之碑”。1966年该碑被毁,余残石3块,现存密县文管所,上有“赵孟頫”字样。据清嘉庆二十二年(1817年)《密县志》载:“元梁国公冯世昌祖冯宣墓,在县东歧固保。延祐初,曾孙都指挥使识烈门,立神道碑,赵孟頫书。”

九十六、龙川大和尚墓

龙川大和尚墓位于嵩山白马寺西侧。龙川(? ~1293年),嵩山地域元代著名高僧之一。元初白马寺住持。曾奉诏修缮白马寺24年。参与楷定大藏圣教,名曰《至元法宝勘同总录》。其遗迹有嵌于嵩山白马寺清凉台上僧院西院壁间的立于至元三十年(1293年)的《扶宗弘教大师奉诏修白马寺纪实》碑,有嵌于嵩山白马寺毗卢阁内后壁西部的立于元大德十一年(1307年)的《龙川大和尚遗嘱记》碑。龙川大和尚墓分墓道、墓室两部分,均用小砖垒砌。墓室平面正方形,四壁垂直,错缝平垒严实,向上收成八瓣形穹窿顶。墓室南半部垒一砖台,上置长方形石匣,匣内存有龙川和尚火化后部分遗骨。墓室内竖有《龙川和尚舍利塔志》一方,青石质,首题:宣授扶宗弘教大师、释源宗主、江淮诸路都总、摄鸿胪卿、赠司空、护法大师龙川和尚舍利塔志。嗣法孙法洪撰并书。楷书30行,满行19字,略述其生平。

九十七、克烈士希墓

克烈士希墓位于伊川县鸣皋村西北 1 里许的衡桃山。墓冢因失保护,已无遗址。现存该墓墓碑一通,上书“元宣武将军克烈公墓”。元大德九年(1305 年),元朝炮手总管勖实戴率兵镇长守鸣皋,因拜读二程著作,被先生的学识折服,感慨万千,受益匪浅,遂改名“克烈士希”,并自筹资材,募工役,于旧址重建书院。历时十年乃成,有大门、中门、廊庑、讲堂、仓库、厨房等,亲为之记。其子慕颜铁木继父遗志,复建古阁,藏书万余卷。延祐三年(1316 年),上报朝廷,元仁宗感其诚意,赐名为“伊川书院”。

《嵩县志》载:“克烈士希为元代炮手总管,龙沙人。”另据伊川书院碑文记载,伊川书院为克烈士希创办。

九十八、哈喇鲁虎哥赤墓

哈喇鲁虎哥赤墓位于汝州市东尚庄乡王河盘村东南,系我国元代南剑翼管军千户所达鲁花赤、封赠武略将军哈喇鲁虎哥赤及其子孙之墓,群众俗称“将军墓”。据碑文记述,哈喇鲁虎哥赤祖居朔漠,出身将门,三代皆有军功,为元代较为著名的将领。哈喇鲁虎哥赤系名将哈喇鲁八黑马的独生子,身经百战,矢刃创痕遍体。元世祖皇帝曾赐以白金裘马、银鞍铠甲。不久,因愿效力边陲,遂授南剑翼管军千户达鲁花赤,到福建走马上任。大德二年(1298 年)十二月金疮举发,卒于官所,享年六十有六。闽帅悯其勋劳,派官员护灵柩归葬汝州东吴氏堡之原(今尚庄乡武庄村南)。

哈喇鲁虎哥赤墓冢为圆弧形大土丘,高约 3 米,顶部已被平后耕种。墓前有石碑一座,碑高两米余,宽约 80 厘米,厚约 3 厘米,盘龙首、龟座(已没入地下)。墓碑为元至正七年(1347 年)鲁公之孙所立。碑额中间刻有篆字“达鲁花赤之墓”。碑文为元荣禄大夫翰林学士承旨兼修国史知制诰领集贤院事赵孟頫所撰,承事郎应奉翰林文学编修国史举出钜台书并篆额。碑前神道两旁有排列整齐的石人、石马等,石人雕刻较粗,其形象为蒙古人,现在只可见到两个石人的头胸部残留庄稼地里。

九十九、阁老墓

刘阁老墓位于禹州市花石乡白沙村。刘基(1311 ~ 1375 年),字伯温,明青田人。元至顺年进士,至正二十一年(1361 年)投奔朱元璋。元末明初杰出的战略家、政治家及文学家,通经史、晓天文、精兵法。他以辅佐朱元璋完成帝业、开创明朝并尽力保持国家的安定,因而驰名天下,被后人比作为诸葛武侯。明王朝的各种制度的建立多参与其事,官至御史中丞,太史令,封诚意伯。洪武四年(1371 年)辞官。后被左丞相胡惟庸构陷,忧愤而死。至于缘何墓葬于此,不得而知。刘阁老的整座墓葬占地 1.3 万多平方米,有一高 3.4 米,方圆 50 米的大土冢。冢前有柏林,古木虬枝苍翠如墨,以前墓前有鸾殿三间,现已不存,只留屋瓦断砖残片。坟前有石人石马仪仗景观。仪仗排列整齐,石人相貌庄重严肃。石人石马雕刻细腻，刀法圆润，栩栩如生，惟妙惟肖，是嵩山地域明代高官墓葬保护比较完整的墓葬之一。

一〇〇、刘先墓

刘先墓位于新密市区东南10公里苟堂乡张小寨村北部。刘先（1325～1387年），字光祖，密县壇头湾人。明代骠骑将军右军都督府都督佥事。元末屡建战功，升平章政事，晋封郑国公。明洪武初年率部归明，边克河北诸都，后入山西击败王保保，又克陕西秦、夙、环、庆诸州。洪武二十年（1387年）病卒，享年63岁，葬于此地。

刘先墓冢呈圆形，高4米，周长80米。神道前立龟趺螭首石碑，通高约5米。明大学士杨荣撰文，碑首题“赠骠骑将军右军督府都督佥事刘公墓碑”。明宣德九年（1434年）刻立。此碑在20世纪“文化大革命”时期遭破坏，残石存刘氏宗祠。

一〇一、王彰墓

王彰墓位于郑州市区二七纪念堂北侧、通商巷南隅。据《郑州市志·人物卷》记载，王彰（1366～1427年），明大臣，字文昭，郑州管城人。明洪武二十年（1387年）中举人，补国子生，次年任吏部给事中。历官刑部员外郎、山西左参政、礼部侍郎、户部侍郎等。永乐十九年（1421年）王彰与给事中王励巡抚河南。是年河南大水成灾，民多流亡，长吏不恤百姓，彰奏黜贪污官吏百余人，罢不急之征，发粟赈饥，抚恤流亡近5万家。宣德元年（1426年），巡按山海关、至庸关诸关口，过二月还奏各关指挥以下擅离岗位者，严加惩治。宣德二年（1427年）四月卒于任所，终年61岁。葬管城祖茔。《明史》称“其介自持，请托皆绝，然用法过刻”。明嘉靖年间《郑州志》记载：“王都御史墓，在州西南二里。”即今二七纪念堂附近。原有大学士杨荣碑文。清末诗人王莲塘创有《王都堂墓》诗：“古管城西王家墓，前明都堂埋骨处。沧桑一变万事非，此墓逼近火车路。火车停处聚商家，争向都堂墓边遮……”

清末民初，郑州自陇海、京汉铁路通车交会于此，此处渐形成商埠，王彰墓地被占，形成街道，东起钱塘路，西至敦睦路，长75米，宽6.5米，因原是王彰墓地，始名珍巷、王公巷，民国五年（1916年）《郑县志》记载曾叫丰乐里。1922年后，因巷内住一商团，团长李志学，又改称通商巷，一直沿用迄今。

一〇二、马文升墓

马文升墓位于禹州市朱阁乡马坟村北面。马文升（1426～1510年），字负图，号约斋、三峰居士，晚年更号友松道人、三峰居士，钧州（今河南禹州市）人。明朝重臣。景泰二年（1451年）进士。授御史，历按山西、湖广，迁福建按察使，升左副都御史，入为兵部右侍郎，历辽东巡抚、右都御史、总督漕运、兵部尚书、吏部尚书、特加光禄大夫柱圆、少保兼太子太保等，官居一品，卒后赠特进光禄大夫、太傅。马文升一生成绩显著，先后辅助代宗朱祁钰、英宗朱祁镇、宪宗朱见深、孝宗朱祐樘、武宗朱厚照，故后人有“五朝元老马文升”之称。马文升墓原为规模很大的一个墓园，墓园内碑刻林立，有排列整齐的翁仲、石兽，后均遭毁坏。禹州市文物保管所存有马文升的墓志铭石，墓志铭由韩文撰文，李钺书丹，比较详尽地记述了马文升的生平事迹，有较高的史学价值。

一〇三、高拱墓

河南省重点文物保护单位。高拱墓俗称“阁老坟”，位于嵩山东南麓新郑市北0.5公里的阁老坟村西北约1000米处。《新郑县志》载：“太师高文襄公拱墓，在城北一里梳妆台后。”墓北依郑韩故城，南邻梳妆台，坐北向南，平面图呈长方形。陵园前方建有一石碑坊。

高拱（1512～1587年），字肃卿，号中玄，新郑县人。明代宰相。明嘉靖二十年（1541年）进士，逾年授编修，累官文渊阁大学士。累进柱国中极殿大学士。明神宗即位，为张居正、冯保所排斥，诏数拱罪逐之。居家数年，于万历六年（1578年）七月卒，享年67岁，赠太师文襄公。

高拱墓

高拱原陵园南北（石碑坊至墓中）长约250米，东西宽约150米。进石碑坊北行约60米，建有高约8米的拱形大门楼，台阶旁置二石狮。大门内为陵园，四周建有高约2.3米、厚约0.6米、南北长230米、东西宽95米的围墙。进大门北行56米处为二门楼。进二门楼中间修有甬道，直达大殿。甬道两旁对称排列有石狮、石羊、石猴、石猪、石马、石人等组成的石刻仪仗。石人高约2米，身着皂服，手持朝笏侍立，雕工精细。过二门直北56米处建有“明三暗五”的大殿，殿前筑有拜台（即祭台），坛长5米，宽2.5米，高1.4米。大殿前两侧建有东西厢房。过大殿往北行60米处即为墓冢。冢上圆下方，高8米，周长95米。冢四周植有翠柏5株，意为“五龙捧寿”。该陵园明清时，规整庄严，林木葱郁。古迹梳妆台兀立于前，郑韩故城环绕于后，颇为壮观。后因年久失修，且屡经战火，陵园建筑及其他设施逐渐倒塌，墓前石刻仅存碑座。

一〇四、王冕墓

王冕墓位于伊川县彭婆乡槐庄村西1公里处。王冕，字服周，洛阳人。明正德十二年（1517年）进士，后擢兵部主事，镇守山海关。嘉靖三年（1524年）十二月，辽东陆雄、李真等作乱，突入关。侍吏欲扶王冕趋避，王冕不可，曰：“吾有亲在。”急趋母所，执兵以卫。贼至，母被伤，王冕奋前救之，被执。胁以刃，大骂，遂见害。诏赠光禄少卿，有司祠祀。墓前有碑，上刻嘉靖时御祭王冕文一篇，字迹清晰，完好无缺。

一〇五、黄理通墓

黄理通墓位于新密市区东南10公里来集乡黄寨村北部。黄理通，字文忠。明洪武二十四年（1391年）13岁时入贡，历官户部员外郎、奉使交趾古城。黄氏宗祠现有黄氏宗谱及《攀辕卧辙》、《游宫图》等画轴，反映了黄通理居官清正，深受百姓爱戴等情况。

黄理通墓的神道前后有墓碑、华表、石兽等。现仅存华表、石兽。1979年平整土地，冢土被平后发现其墓室，由开封地区文管会发掘清理。该墓由墓道、甬道、墓门、墓室组成，为单室穹窿顶，青砖砌筑。墓室壁有彩色壁画20余幅，内容为人物故事、出行及二十四孝图。

一〇六、靳於中墓

靳於中墓位于新密市区东南20公里苟堂乡靳寨西部。靳於中墓高3.2米，周长15.6米。靳於中（1561～1644年），字尔时，号习鲁，原籍河南尉氏。明代官吏。明神宗万历二十六年（1598年）进士，历任户曹主政、山西州牧、南京左司徒等。累官至南京工部尚书。后以养生告归，隐居靳寨。据《密县志》载：靳於中在山西作州牧时，曾救过李自成，李自成打到嵩山地域时曾前往靳寨致谢。他死后，百姓立祠塑像祀之。

一〇七、刘景耀墓

刘景耀墓位于登封市东金店西地。刘景耀（1578～1639年），字嵩曙，登封东华镇人。明末名将。进士出身，初任河北大城县知县，后升兵部车驾司主事、员外郎、永平监司，终官山东巡抚。性刚直，不畏权贵屈辱，治军森严，善战。清兵南侵，他固守永平。镇守山东时，能以地势布阵，调度如神，大败清兵，屡建奇功。卒于任上，葬于原籍。刘景耀墓地占地面积2000平方米，墓前原有有墓冢及石马、石羊、望柱各1对，石坊1座等石刻，规模宏伟。惜为20世纪“文化大革命”期间被毁。

一〇八、蔺完植墓

蔺完植墓位于偃师东北山化乡邙山之巅，蔺窑村北约0.5公里商汤王冢的右边。蔺完植，字无翳，号六一，明代偃师县蔺窑村人。其四世祖蔺英，字时俊，明代正统十一年（1446年）入国子监为贡生。后任直隶河间府和山东济南府推官，有政声。其父蔺岌，赠奉政大夫南京户部江西司郎中。蔺完植为万历三十五年（1607年）进士，历任山西屯留、陕西韩城、天津武清等县知县，后又仕潮广衡知府、户部郎中、南京督察院经历等职。为人刚正廉洁，不畏权贵，减轻贡赋，平反无辜，尽力抑强扶弱，受到百姓的拥戴。

蔺完植晚年因病告老还乡，回归故里，在先祖遗留的宅院土窑内住了10余年，粗茶淡饭，保持着平民百姓的本色。蔺完植为官期间是明代有名的清官，人们称他为“廉介君子”。64岁卒于蔺窑家中，出殡时，周边村落的百姓停止劳作，沿途送葬，并立碑纪念他的品德。

一〇九、高尚贤墓

高尚贤墓，全称明光禄寺少卿赠少师大学士高公尚贤墓，位于新郑市东北15里高老庄高氏祖茔。

高尚贤（1484～1536年），字大宾，号风溪，新郑市人。高魁子，高拱父。明正德十二年（1517年）进士。初授工部主事，改礼部仪制司主事、精膳司员外郎。嘉靖间任山东按察司佥事、陕西按察司佥事、光禄寺少卿等官。高尚贤的晚年，在风后岭畔盖了一所房，读书、写书，自娱自乐。嘉靖十五年（1535年）去世，享年53岁。他死后葬于新郑高家祖坟西高老庄，与其父葬在一处。乡人为了纪念他，把他奉祀“四代一品祠”。后又为他建造了“父子兄弟”石坊，此坊为高尚贤及其子高捷、高拱的共用石坊。

崇祯十二年，高则谦置祭田一顷，有碑记。乾隆初，族中公置茔田48亩。乾隆二十三年（1758年）置屋3间于茔西，守伺之，高鹏程有记。乾隆三十二年（1767年）茔西置庄基一处，茔前旧有地8亩余为族人开种。公议以旧坊石界，永远不得耕种。

一一〇、王铎墓

王铎墓位于偃师市山化乡石家庄村南高岭下，北枕邙岭南坡，南面洛河，与位于巩义市芝田东的宋陵隔河相望。王铎（1592～1652年），字觉斯，号嵩樵，孟津县老城人。明清之际著名书画家，工行草兼山水兰竹。曾官拜礼部尚书、东阁大学士。顺治九年（1652年）任礼部尚书，受遣祭华山，归京后病卒，享年61岁，谥号“文安”。王铎墓冢及墓前碑刻已被毁坏。墓区原有冢、石马、瓮仲、碑坊、牌楼。墓冢前原有清顺治九年（1652年）立的《顺治谕祭碑》和由兵部尚书张镜心撰铭、工部尚书张凤翔撰表的《神道碑》，均极为气派。光绪三十四年（1908年），修筑的陇海铁路线从墓冢穿过，20世纪50年代陇海铁路改线南移，后又加修复线，因而墓区大部分为铁路路基所占。现留瓮仲、石马、石羊及神龟各一对。石马身长2.95米，马背上装有鞍鞯、脚蹬，东侧马面目柔善，西侧马眼神刚暴，均气势轩昂，呈跃跃欲奔之状。瓮仲东西相向而立，头戴冕冠，身着朝服，左手捧笏板，右手端玉带，雍容安祥，雕刻极为精美。

一一一、耿介墓

耿介墓位于太室山之阳的登封城西南隅。耿介（1622～1693年），字介石，号逸庵，人称“嵩阳先生”。登封西关人。清朝著名理学家、教育家、方志家，嵩山本土文化名人。清顺治七年（1605年）中举，入选翰林院，初为庶吉士，后升检讨，出任福建巡海道。康熙元年(1662 年)任江西湖东道，后任直隶大名兵备道。还乡后，用自己的田产修建嵩阳书院，并致力于嵩阳书院的教学。卒后葬于此地。耿介墓前原有墓冢、墓碑、牌坊等，惜毁于“文革”期间。今存墓石碑 1 通，已移嵩阳书院保管。该墓碑高 1.6 米，宽 0.65 米，圆首。碑文记载耿介一生事迹。

一一二、景日昣墓

景日昣墓位于登封市区东 14 公里唐庄乡张村南景氏祖茔。景日昣(1661 ~ 1733)，字冬旸，号嵩崖，登封大冶人。清朝儒学家、修志家、刻书家，嵩山本土文化名人。进士出身，曾任广东高要县知县，后弃官从医，因给康熙皇后治愈虱风病，为皇帝所器重。曾九任御史，官居礼部尚书。所著医书《尊生》一书，系统阐明了病原、脉理、诊断、治疗和主方、药性等，成为后代从医必读的工具书，被称为医学珍品。后传入日本，享有盛誉。晚年寄身笔墨，搜集整理嵩山地域的名胜古迹，著有《说嵩》《嵩岳庙史》《嵩台学制》等书。特别是《说嵩》，详尽记述了嵩山的风景名胜及风土民情，对研究清代早期文物状况具有重要史料价值。景日昣墓地前沿有景日昣于清康熙五十三年(1714 年)秋建造的墓阙，阙身中部砌有圆拱门 3 孔；墓阙东部有“奉天敕命”碑 1 座，碑立于康熙四十二年(1703 年)，碑上部刻满文，下部刻汉文，文意是康熙皇帝嘉奖景日昣的父母，称其父是良吏，称其母是贤母。墓阙前的墓道两侧立石表、石人、石马、石羊、石猴、石牌坊、墓志铭等石刻，惜在“文化大革命”中被毁。

一一三、蔺挺达墓

蔺挺达墓位于偃师东北 6 公里邙山岭颠，山化乡蔺窑村北约 250 米处，人称蔺公墓，当地群众叫“蔺老官墓”。蔺挺达(1606 ~ 1681 年)，字金芝，号东崖，清代偃师蔺窑人。明崇祯六年(1633 年)举人，李自成攻占西安后，欲与为官，遂易姓名隐匿。清顺治六年(1649 年)中式会试，顺治九年成进士。康熙三年(1664 年)补吏科右给事中，康熙六年掌京察，提出官员升降的具体方案，得到康熙帝褒奖，康熙七年以疾告归。著有《存心堂文集》等。蔺挺达墓面南圆形墓冢，墓高约 3 米，周长 34 米。墓碑高 2.07 米、宽 0.77 米、厚 0.21 米，中间刻“敕授文林郎吏科掌印都给事中蔺公之墓”。碑文 5 行，竖行满 58 字。碑文、铭文由当时工部营膳司主事董之铭撰文并丹书。

一一四、钱九韶墓

钱九韶墓位于新密市区东南 10 公里超化镇南张风洼村。钱九韶(1731 ~ 1796 年)，又名九同，字太和，号南渟，嵩山密县(今新密市)人。清朝嵩山本土文化名人、乡野诗家。清乾隆五十年(1785 年)贡生，曾任镇平县教谕，晚年主讲桧阳书院。其诗赋名重一时，代表作《芦花诗》为世人称道。一生著述甚丰，有《葩经正韵》《四书正字》《研来斋杂记》《南渟诗集》《河岳集》等。钱九韶墓冢圆形，高 3 米，周长 25 米。

第三节　壁画墓

壁画用于墓葬，是和我国古代长期崇拜祖先实行厚葬的风俗分不开的。古代人相信灵魂不灭，死者在他永久的居室（墓穴）中，还要继续其生前的享受，或祈求福佑以飞升天国，所在墓壁上画出宅院、宴饮、庖厨、乐舞、百戏、出行、车马、侍卫、日月星辰、四神、云气等等，成为壁画中最能反映生活，富有研究价值的部分。一般说来，由于地下墓室特殊条件的限制，墓中壁画在艺术上的精细程度较差，却不乏生动之美，特别是那些飞驰的狩猎和出行图中的人物车骑，形象十分传神。

嵩山历史文化核心区发掘的古代壁画墓多达几十处，从不同历史时期的壁画内容来看，西汉墓壁画表现的内容主要是傩戏打鬼、羽化登仙、天文星象、历史故事、迎宾拜谒等。至新莽时期，打鬼的内容相对减少，而“天人感应”、谶纬迷信、封禅神祇等人格化、形象化的画面骤然增加。东汉“生有极养，死乃崇丧”，因此墓内壁画所绘内容主要是宴饮歌舞、车骑出行，偶然亦有生产、生活的场面。曹魏、北魏墓壁画仍然承袭了汉代的思想观念，墓顶多绘天象星宿，亦有表现墓主生前生活的内容。延及唐、宋、元时，壁画内容则多是反映家庭主仆生活及孝子事亲的场景。

嵩山历史文化核心区著名的汉代壁画墓有洛阳八里台墓、洛阳卜千秋墓、新密打虎亭墓、后士郭墓、洛阳烧沟壁画墓等。这些古代的壁画墓，不仅反映了当时高超的绘画艺术，而且所绘壁画深刻地反映了当时人们的思想、情感、意趣、观念，为研究古代的绘画艺术和各代的社会生活提供了难得的历史实物资料。

一、新密打虎亭汉墓

全国重点文物保护单位。新密打虎亭汉墓位于太室山东南、绥水之西、新密市西 6 公里处的牛店镇打虎亭村，是属于东汉晚期的两座墓葬。此墓为汉弘农太守张伯雅墓。张伯雅，名德，字伯雅，河南密县人。曾任汉弘农太守。1960 年 2 月～1961 年 11 月，进行发掘，系东汉晚期墓葬，规模较大，内容丰富，为中国汉墓所罕见。

新密打虎亭汉墓为两个东西并列又相连的夯筑土冢，坐北向南，相距约 30 米。西冢为 1 号墓，高 15 米，周长 220 米。东冢为 2 号墓，高 7.5 米，周长 113 米。两座墓的结构和形制基本相同，墓门前皆有斜坡墓道，墓室均为砖石混合结构，用白灰砌缝筑成。由甬道、墓门、前室、中室、后室、南耳室、东耳室和北耳室组成。1 号墓室略大于 2 号墓室，南北长 26.64 米，东西最宽处 20.68 米，券顶最高处 6.32 米，室内西部为祭台，置有石几石案。后室有放置墓主棺椁的地方。2 号墓南北长 19.8 米，东西最宽处 18.4 米，券顶最高处 6.72 米。1 号墓除前室甬道用砖筑外，其他各室全用青石筑成。2 号墓除门框、门扉、门楣和有的转角处用石筑外，各室全用砖筑成。两墓共用石料约 1000 立方米，大砖约 17 万块。靠西侧的 1 号墓的墓主经考证是不旮的东汉弘农郡（治所在河南灵宝北，辖境包括今河南黄河以南、宜阳以西及陕西东部一带）太守张伯雅，2 号墓墓主不详。

1 号墓以画像石为主，门框、门、墙壁及券顶上都雕刻有画像，称画像石墓。画像石墓全部用方形

青石砌筑，墓壁浅浮雕画像，面积约200平方米，有迎宾、车马、收租、庖厨、宴饮等图，雕刻古朴生动。除中室、后室外，其他各室内壁、甬道、石门上均有内容丰富、瑰丽多彩的画像石刻。以门上雕刻最为精致，大门的半圆形横额上刻浮雕和减地线刻十鹿图。门周围刻有朱雀、玄武、青龙、白虎4神组成的

打虎亭汉墓壁画

图案。甬道及前室刻大型人物画像《迎宾图》，作抬壶、执物、扫地、接待等。南耳室甬道两壁刻《车马图》，室内东西两壁刻侍者和车辆，另有喂马、喂牛和鸡、鸭、羊、鹿、猴、鸟、树木等图案。南耳室刻车、马、牛、羊及《收租图》，有歇山重檐仓楼，楼前上部有地主席地而坐，下部有几个农民交租。东耳室刻《庖厨图》，有杀鸡宰鸭、杀牛宰猪、负薪烧火、汲水酿酒、煮肉烹鱼。北耳室四壁刻贵族庭院内的摆设和《宴饮图》，室内悬帐，帐前几案箱柜，女主人宴饮，奴仆捧碗、抬壶、执灯等。各室顶券雕刻不同的藻井。

2号墓以壁画为主，除门框和门楣雕刻画像外，墓室墙壁上皆彩绘壁画，称壁画墓。壁画墓为砖砌，白灰粉壁，绘彩色和黑白壁画，面积约100平方米。门框架、门额和门扉的雕刻形式及内容与画像石墓相类。壁画均绘在白灰墙皮上。前室、南耳室、东耳室和北耳室皆为黑色壁画，内容与画像石墓基本相同。前室及甬道绘《迎宾图》，顶部有藻井图案，藻井两侧各有4幅壁画。中室为彩色壁画，色彩鲜艳，内容丰富，券顶绘莲花、方格、卷草和菱纹组成的藻井。藻井两侧各绘7幅壁画，内容有羽人、骑射、相扑、三株树及瑞禽神兽等。南壁右侧第三幅绘《猎骑图》。北壁右侧第二幅绘《相仆图》，2人赤膊角力竞技。中室南壁绘《车马出行图》，东有两排人物和家具，中有轺车两乘及导骑、从骑、卫队等，西有轺车两乘，上树华盖，每车各有从骑同列。北壁绘长7.34米、高0.70米的巨幅壁画《宴饮百戏图》。百戏图画面上能够清晰分辨出的人物多达78个，一个个表演跳丸、盘舞、奏乐等，场面宏大，很有气势，是一幅珍贵的表演艺术画卷。左边绘红地黑色幄幕，帷幕为长方形庑殿式顶，其后并列4旗，前面绘大案，案面绘朱色杯盘。画面上下两边各绘一排身着各色袍服的贵族，跽坐席上，宴饮作乐，观看跳丸、盘舞等百戏图像。南壁上亦有一幅横长卷，绘《车马出行图》。中室南、北两壁下部画有高约1米的侍从人物画，北壁西部绘有2个人物，中部绘4个人物。南壁与北壁相同。

这两座墓的石刻画像和壁画，题材广泛，内容丰富，真实地反映了东汉贵族奢侈豪华的生活，无论是雕刻技法还是着色技巧，充分表现了汉代的雕刻和绘画水平，是不可多得的珍贵资料，具有很高的研究价值。通过这些内容，我们也能够对东汉的社会风情有所了解。1973年，画像石墓的画像后门"迎宾墙""庖厨墙""收租墙""宴饮墙"等画像石拓片，曾参加"河南省碑刻画像石拓片展览"，并到日本展出。壁画墓的"宴饮百戏墙""车马出行墙""相扑墙"拓片及莲花藻井图案等彩色壁画摹本，于1974年参加"中华人民共和国汉唐壁画展"，到日本展出，深受日本人民的喜爱。其中"相扑墙"拓片

的展出，使日本现代相扑运动找到了源流。

二、苌村汉墓

全国重点文物保护单位。苌村汉墓位于河南省荥阳市王村乡苌村西。苌村汉墓为夯土墓冢，底部直径约57米，占地面积约2800平方米，最高处有12米。苌村汉墓不是黄土的堆积，而是用数层黄土层夹筑一层碎石层的方法夯筑而成的，相当坚硬，这是苌村汉墓历经约1800年，仍然存在的重要原因。

1994年10月28日，该墓被盗。经抢救性发掘，该墓为外石内砖结构，坐南向北，分别由甬道、前室、东侧室和3个后室组成，全为拱形顶。南北总长约17米，东西总长约20米，最高约5米。墓壁厚约1米，其中外层砌石块，厚70厘米，内层砌青砖，厚30厘米。甬道两侧和前室四壁及顶部满绘彩色壁画，色彩鲜艳，总面积达300平方米，保存较好的尚有100平方米。其内容包括楼阙庭院、车马出行、神话故事、珍禽异兽、乐舞百戏等。

苌村汉墓壁画

前室侧壁的壁画画面分上下4层，用赤线分界，多为车骑出行图。车骑队伍排列整齐，气势宏大，一些车辆有隶体墨书题榜。不少车骑、人物保存较好，构图多样，色彩十分鲜艳。画中人物的嘴唇，好似现代人刚抹过口红一样。前室南壁绘有伎乐人物。西壁为珍禽瑞兽，车马出行。上部用红色云带组成一方框，内绘两个半身人物像，南侧绘一珍禽，面向北，身体左上方有墨书题榜“凤凰”二字。半身人物像似为墓主人。

苌村汉墓墓葬形制、隶书题榜，以及壁画的内容、技法、人物服饰，特别是大量的表现墓主人仕宦经历和身份的车骑出行题材，具有东汉晚期特征。

车马出行图中马队、人物、车辆样式繁多，是研究汉代仪仗车马的重要资料，尤其重要的是在壁画中间写有“郎中时车”“巴郡太守时车”“济阴太守时车”等字样，似与墓主身份有关。河南省文物考古专家评价说该墓壁画是研究汉代建筑、绘画、风俗、官府仪仗等方面的百科全书。

三、后士郭壁画墓

全国重点文物保护单位。后士郭壁画墓位于新密市老城区西北4公里的后士郭村。该处墓地共为4个汉代土冢。1963～1964年，发掘了其中2座；1978年又发掘了1座。已发掘的3座墓均坐北向南,砖石结构,修筑方法和墓葬结构大致相同,都是由斜坡墓道、圆券形甬道、墓门、前室、中室、南耳室、北耳室、北主室和西侧室组成。北主室前壁正中树一棱柱,柱承一斗。

一号墓:石质墓门,半圆形门额上浮雕卧鹿,两门扉周边用减地线刻手法刻出青龙、白虎、朱雀、玄武"四灵"云形图案,中部为高浮雕衔铺首衔环。墓室前的门框、门楣和石柱上,多在云纹之间填刻张弓射鸟、骑马狩鹿、持矛刺兔,人面兽、人面鸟及龙、虎等画像。

中室北壁除门框为画像外,还有3幅石壁画分别镶嵌于北主室门西侧,北主室门和北耳室之间东侧。东西两侧各绘有菱形窗格和一男二女半身画像;中间部分绘有菱形窗格和斗鸡图,其右还有一儿童助兴,左有一青年在观看。该画面下有一倚墙方柱,上托斗。画面绘交颈鸳鸯,下凹面绘虎斗。墓内随葬器物有石羊头、镇墓罐、彩绘仓楼、圆桌、方桌、奁、杯、鼎等陶器,这些东西无滑实用价值,只作随葬用。

二号墓:画像和壁画的位置与一号墓相同,中室墓顶塌陷,画面被泥水冲坏,中室东壁绘出行图的前导仪仗部分。

三号墓:中室北壁绘头戴扎巾的两位老者对话,其中一人手执鸠仗,坐在步辇之上,另有执旗和跳舞者的形象,残破太甚。

在这三座墓的所有壁画中,尤以一号墓出土的陶仓楼所绘彩色收租图,描绘细致,形象生动,是一幅不可多得的壁画,是研究汉代社会生活和艺术的重要资料。

四、洛阳烧沟壁画墓

河南省重点文物保护单位。洛阳烧沟壁画墓位于洛阳市老城西北的烧沟村。1957年发掘。该墓为二人合葬墓,根据墓葬形制和出土器物分析,可知年代为西汉晚期,相当于元帝至成帝之间(前48~8年)。

烧沟壁画墓壁画

这是一座用空心砖和小砖混合建筑而成的砖室墓,墓向朝东,由墓道、墓门、主室和耳室构成。主室用空心砖建筑,顶为平脊斜坡状,四壁垂直,平面为长方形,东西长6.1米,宽2.3~2.35米,高2.3米。主室前端两侧各有一小砖砌成的耳室。

在该墓的顶部、门额、隔墙和后壁上都绘有内容丰富、色彩缤纷的壁画,有天象图、神话和历史故事。天象图绘于前室顶脊的12块砖上,其形象有日、月、星、云。打鬼图分别绘在墓室后壁隔梁和门额上方,包括"行飨图""打崽图""神鬼食旱魃图"。"升仙图"绘于隔梁后面。历史故事绘于隔梁前面下方,有"二桃杀三士",后壁上方绘有"鸿门宴"等。

这是第一座科学发掘的西汉壁画墓,这些壁画为研究、了解西汉时期人们的思想意识、宗教信仰和绘画水平提供了极为难得的实物资料,因而备受世人关注。该墓发掘后,即移至洛阳王城公园内复原保存并对外开放。1985 年建古墓博物馆时,又搬迁到洛阳古墓博物馆地下陈列大厅。该墓发掘后至今,壁画不同程度地出现了脱落、褪色等病害,其中部分壁画在发掘后即用化学药物封护,时至今日化学药物已老化、崩裂、起甲,并导致壁画颜料层脱落。该墓自搬迁至古墓博物馆后,因保存环境较差,壁画上已存在的各种病害不断加剧,古墓博物馆已作出壁画保护方案,并通过专家论证,以开展壁画的保护加固工作。

另外,该墓随墓物品丰富,有陶器、铜器、铁器等共计 456 件。

五、八里台壁画墓

河南省重点文物保护单位。八里台壁画墓位于洛阳市郊八里台。八里台壁画墓是嵩山地域最早发现的壁画墓。1916 年,在中国古董商刘鼎方的监督下,掘开此墓,将壁画拆卸下来,卖给了上海商人。后几经周折,经巴黎古董商卢木斋拍卖给美国波士顿美术馆。

从壁画的空心砖形制看,壁画是画在墓内前壁山墙(墓门上方)上。据此推测,其时代当属西汉中晚期。墓门内侧上横砌长条形空心砖两块,再上为 3 块不同形制的空心砖,一块正方形置中间,两侧各置对称三角形空心砖一块,形成梯形山墙,这种空心砖是根据整个墓室结构,预先设计烧制再入墓室安装而成。壁画高 0. 73 米,长 2. 4 米,空心砖厚 0. 13 米。整个画面共分四部分,上部中间方形砖上绘羊头。这与中华人民共和国成立后在烧沟发掘的壁画墓一样,是以祥(羊、祥通义)避邪、逢凶化吉的意思。在方砖两侧的三角形砖上画出画面,左侧绘三人一熊,右侧内容基本相同。这两个画面波士顿美术馆标明为“上林苑野兽格斗的景象”,实际上应是汉代流行的“傩戏驱鬼图”。在梯形山墙两块横置空心砖上即方形砖和对称三角形下边,绘人物横幅,右边绘 10 人,宽衣博带,形象各异,左边绘 14 人。此图波士顿美术馆注明“贵族生活写照”,实际上当是“迎宾拜谒图”。

六、卜千秋壁画墓

河南省重点文物保护单位。卜千秋壁画墓位于洛阳市场铁道北面粉厂院内,地处烧沟村之西,陇海铁路北侧约 150 米。1976 年发现,为西汉壁画墓。该墓墓门向东,墓室结构由墓道、墓门、主室、左、右耳室组成。整个墓室全用砖砌筑。外圹东西长 9. 5 米,南北宽 8. 6 米,最高处 1. 86 米。门顶上绘壁画。主室全用空心砖筑成,东西长 4. 6 米,南北宽 2. 1 米,高 1. 86 米。墓顶为平脊斜坡,其断面呈“几”形。平脊面上绘壁画。耳室在墓门两侧,有耳室长 3. 43 米,宽 1. 18 米,高 1. 15 米,四壁用小砖错缝砌筑,顶部起券。主室内有并列的两口木棺,已朽。骨架两具,头向东,北边的为男棺,长 2. 22 为,宽 0. 69 米,随身葬有“卜千秋印”1 枚,昭明镜 1 面,铜带钩 1 件,铁剑、小铁刀各 1 把,五铢钱数枚。南边的为女棺,尺寸与男略同,随身葬有已朽圆形漆奁盒 1 个,内盛“四乳四螭纹”铜镜 1 面,身上有五铢钱 10 枚。右主室和北耳室内共出土文物 60 件,其中铜器 8 件,铁器 5 件,陶器 47 件。铜器有洗、镜、带钩、印章、柿蒂花饰件、钱等。铁器有炉、釜、剑、小刀、簪等。陶器有壶、仓、奁、敦、罐、瓮、井、盆等。

此墓的壁画，在绘画之前，先在砖上涂一层白粉，然后着墨上彩。墓室壁画主要是墓主人卜千秋夫妇升仙图。升仙图开始为一男姓羽人持节前导，后随双龙、枭羊、赤豹、朱雀、白虎。卜千秋乘龙（蛇），其妻乘三头凤，双手托三足乌，羽衣仙女跪拜迎接，九尾狐跟后。由于三足乌是西王母的讯使，推测为西王母派一男一女率众神兽来迎接卜千秋夫妇到昆仑仙山的情景。该墓壁画绘制精细，色彩艳丽，保存完好。

据墓葬形制，出土器物及五铢钱分析，此墓年代约在西汉中期稍后，即昭帝～宣帝之间（前86～前49年）。

七、傩戏图壁画墓

傩戏图壁画墓位于洛阳市老城西北1公里处。为西汉元年至成帝之间（前48～前8年）的壁画墓。1957年，河南省文物工作队考古发掘，先复原于王城公园，后迁至洛阳古墓博物馆。

该墓用印花大空心砖和小砖砌成。墓门朝东，由墓道、墓门、耳室、前堂、后室五部分组成，墓东西长6.10米，南北宽2.55米，高2.30米。随葬品有陶器、铜兵器、车马器等，可知死者的身份较高，当为贵族或郡级官吏。

墓室壁画丰富多彩，门额画面，据考为“神虎吃女魃”图。图中一女袒露上体，肤色发紫，紧闭双目，旁有一树，枝叶干枯，上有二鸟，似箭而飞，漫天红光，呈天下大旱之象。树上挂一曳地红衣。女魃之右有双翼猛虎，前爪踏于女子双肩，张口欲食。另在同一砖上浮塑一羊头，象征吉祥。天象图画于墓顶平脊下，绘日月星宿。日中画一金乌，月中画蟾蜍。砖雕画彩《傩戏图》绘于隔梁上壁。中央为打鬼头领方相氏和打鬼队伍。傩戏图以下的隔梁上，绘“孔子师项橐”和“二桃杀三士”。画面人物有公孙接、田开疆、古冶子三武士。另有齐景公、晏婴和侍卫。“乘龙升天图”绘在“傩戏图”背面。图中间为天门，其上有象征水、木、金、火、土五行的五枚玉璧；两侧有墓主人乘龙飞升。

主室后壁绘一幅历史故事“鸿门宴”。举觥对饮的为刘邦和项羽，右侧二人在烧肉，左侧项伯作掩护之势，侍立者为张良、范增，持剑起舞者为项庄，意欲杀刘邦。背景为层峦叠嶂，以示鸿门地处险关。也有人认为这仍然是傩戏图的组成部分，即打鬼仪式的开始准备情景。

八、浅井头西汉壁画墓

浅井头西汉壁画墓位于洛阳市郊浅井头村南。属成帝至王莽之间（前32～6年）壁画墓。墓为长方形，由墓道、墓门、墓室和东耳室组成，空心砖结构。

浅井头西汉壁画墓中的壁画分别绘于墓顶平脊面和斜坡面上。斜坡面上壁画分别绘于东西第六至第十一块长方形脊砖面上，为对称的两组云气图，墨线勾勒，内涂白、赭石色。墓顶平脊面上壁画包括两部分：一为长卷式天空，绘于有编号的14块砖上；二为瑞云图，绘于7块砖上，紧连于第一部分之后。从外向里依次是：鹰首凤尾、展翅飞翔的朱雀，头戴冠、肩有红帔、八字胡、长须、人首蛇身的伏羲，中有疾飞金乌的太阳，昂首张口、大耳鼓目的白虎，龙首相对，曲尾相交的双龙，裸身长尾、披羽飘发的仙翁,鹰首凤尾的朱雀,曲尾穿璧、张口托璧的二龙穿璧,四肢伸张、向璧跳跃的蟾蜍,人首龙躯、头戴冠、身着交领衣、八字胡、长须的神人(伏羲),画有蟾蜍和玉兔的圆月,头戴冠、着交领红衫、人身蛇躯的女娲,流动的瑞云。

浅井头西汉壁画墓采用墨线勾勒,内填以色彩,线条流畅简练,布局紧凑而不零乱,多变的流云将整幅画统一为一体,表现出高超、纯熟的绘画技巧。壁画的内容丰富多彩,除继承以前的题材外,新增了“二龙交尾”“二龙穿璧”等内容,并为后代所继承。此墓的发现,填补了洛阳地区成帝至王莽时期壁画墓的空缺,为研究西汉历史、绘画艺术及哲学思想提供了珍贵、形象的实物资料。

九、金谷园壁画墓

1978 年,洛阳博物馆在洛阳火车站西边的金谷园村向阳旅社内,发现一个 12 米深的壁画墓。这是一座新莽时期封建贵族墓,平面为“丁”字形。墓南北长 7 米,东西宽 6. 10 米,共有 5 室,均以过道相通,壁画绘在前后主室。

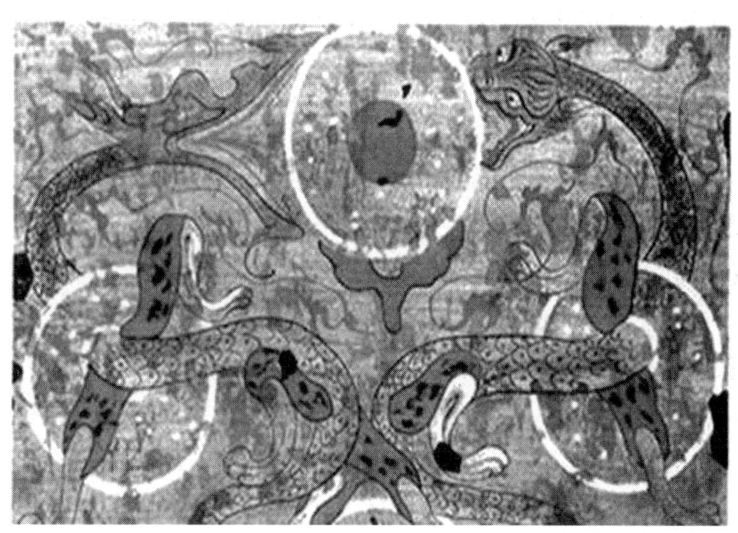

洛阳金谷园新莽墓壁画:太一阴阳图

前室为穹窿顶,顶绘天象图,四壁绘出梁架柱枋,兽面纹斗拱,整个墓葬鲜艳夺目,富丽堂皇。

后室仿木结构更加逼真,彩绘壁画更加引人注目。雕窗彩门,门额上方绘五色彩云,特制的空心砖仿木构件均涂黄色,梁、架、柱、枋,绘菱形花纹和兽面。墓顶平脊斜坡,顶和周壁绘神祇和朱雀等祥瑞图。平脊为藻井,前绘日,后绘月;中间 4 幅,前为太一图,后为天体图;左壁 4 幅,绘句芒、蓐收、凤鸟;右壁 4 幅,绘太白、白虎、岁星、青龙、风伯、荧惑、雷公;后壁 4 幅,绘祝融、玄冥、雨师、辰星、天马。壁画布局和谐,排列有序,绘画内容主要是神化了的天和传说中的人物,画面按“阴阳五行”布局,表现了一种尊天思想,是董仲舒“天人感应论”在墓室壁画中的反映。

金谷园壁画墓的壁画风格古朴,布局严谨,气势深沉而宏大,不但直接继承了秦汉壁画艺术的成就,而且在画面内容和格调等方面开创了东汉时期壁画艺术的新风,在我国绘画史上占有重要的地位。

十、偃师辛村壁画墓

偃师辛村壁画墓位于偃师市高龙乡辛村西南。属新莽时期壁画墓。墓为套榫结构的空心砖墓,由墓道、墓门、墓室及耳室等几部分组成,墓道向南。此墓壁画从前至后共计 8 处。

偃师辛村壁画墓两耳室门外北侧各绘一执棨戟门吏,画高89厘米,宽27厘米,门吏头戴冠,着宽袖长袍,紫蓝色领袖。前、中室之间的横额上绘常仪、羲和、方相图。中间为变形虎头方相氏,其状凶猛。常仪居左,手托月,月中有桂,头戴黑冠,人首蛇身,尾部有爪。羲和居右,手托日,日中绘金乌,束发,人首蛇身。

偃师辛村壁画墓中室东西两壁相对称各绘两幅宽约45厘米的壁画。西壁南侧一幅为《庖厨图》,北侧一幅为《六博宴饮图》。中室东壁南侧一幅为《宴饮对舞图》,北侧一幅为《宴饮图》。中、后室之间的横额之上正中画面上部两条黑色缎带束扎的紫色帷幔下祥云升腾,西王母端坐云端,其右侧绘一玉兔捣药,下部祥云笼罩着一蟾蜍,一背带双翼的狗状动物,画面右下角绘一男子,左下角绘一扭头作奔跑状的九尾狐。画面两侧各绘一口衔珠、展翅振羽的朱雀。

十一、石油化工厂壁画墓

石油化工厂壁画墓位于洛阳市火车站西约0.5公里、陇海铁路南侧约50米处。属新莽时期壁画墓。1982年,在洛阳市石油化工厂家属楼基建工程中被发现。墓室结构为双室穹窿顶,墓门朝南,由墓道、墓门、耳室、前堂、后室5部分组成。墓南北长6米,宽2.70米,高2.25米。后室内有木棺3具(已朽),头向北,随葬有铜镜、五铢钱、货泉等。在前室东西两侧耳室内出有壶、仓、奁、罐、瓮等陶器。

石油化工厂壁画墓的壁画分布于前室墓顶、墓门内两侧、后室甬道口及甬道内东西两侧。除前室墓顶部壁画保存较好外,其他因淤泥浸蚀损坏严重。画前先在砖上平涂一层白粉,然后落墨上彩。墓门内东西侧各画一门吏,门吏头戴红帻,身着黑色长衣立于门侧。在后室甬道口东西两侧各有一株以墨画的大树,树干粗大,树枝稀疏,在树干边缘以红色线条勾勒,在树枝间以不规则的朱点绘出树叶。后室甬道东西两壁,以红、黑、青色画出变幻的彩云,此画已不清晰。墓室穹窿顶部,绘以日月星辰天象图。墓顶东部画有一圆形赤红太阳,西部以红色线条勾勒一盈月,月中有蟾蜍及红线画出的桂树。在日、月的周围以红、黑、青三色画出缭绕萦回的云气,其间以星宿点缀。穹窿顶下部东壁画有一白虎,作奔跑状,以墨线勾勒轮廓,以红、黑二色相间画出虎身纹,线条奔放、简洁。西壁画一朱雀,作开屏状,以墨线勾勒轮廓,以红色平涂鸟身,尾部以青色粗直线表示,翎毛以红、黑、青三色粗短线条画出。南壁绘一飞鸟,作疾飞状,通身以黑色平涂,以红色线条勾勒轮廓,以红色点睛。

十二、洛阳北郊壁画墓

洛阳北郊壁画墓位于洛阳北郊史家屯和金谷园村之间、纱厂北路立交桥北西侧的石油家属院内。为东汉初期壁画墓。该墓为小砖砌多洞室墓,由墓道、前室与西耳室、中室与东西耳室、后室组成,随葬器物60余件。

洛阳北郊壁画墓的壁画绘于甬道和中室。甬道东、西两壁各绘一立人像,脸侧向墓门,作舞动状,为“御凶魅”的门神——神荼、郁垒。中室平面呈正方形,穹窿顶。壁与顶的结合处以一条宽5~5.50厘米的赫红色带相隔,把中室分为上下两部分。整个穹窿顶以流畅起伏的红云为底纹,上绘4组壁画:南为乘车驾龙图,北为乘车驾鹿图,东为伏羲擎日图,西为女娲擎月图。中室下部仅东、西壁有画,东壁东耳室门北侧为弓韣图,西壁西耳室门北侧为一恭立男子像。

墓内壁画画面左右对称,布局得当,绘画技法熟练,线条流畅自然,一方面承继了西汉末年新莽时期墓室壁画风格,另一方面也反映出东汉初期墓室壁画内容从神话向世俗生活过渡的特点。

十三、偃师市杏园村壁画墓

偃师市杏园村壁画墓为东汉壁画墓,位于偃师县城西南杏园村。1980 年春,考古工作者在配合首阳山电厂基建工程中发掘。1986 年,搬迁复原于洛阳古墓博物馆。

偃师市杏园村壁画墓由墓道、墓门、前甬道、前室、后甬道和后室六部分组成。墓道呈斜坡状,在墓道与前甬道之间有石门两扇。前甬道,拱形券顶,底部平铺长方砖。前堂平面呈长方形,四壁绘有壁画。前堂的西半部有棺床,其西半部有朽棺痕迹,人骨架变形。随葬品有铁镜、木盒、铜发饰等。后甬道的形状同前甬道。后室的平面呈长方形,墙壁上涂抹白灰,但无彩画。

偃师杏园村壁画墓壁画

偃师市杏园村壁画墓的前堂壁画内容前后顺序衔接,主要是墓主人车骑出行的场面。画长 12 米,共绘 9 乘鞍车,70 余人物,50 余匹奔马。另外,在前堂东部北墙上还有一小幅保存较差的作坊宴饮图。墓中出土有陶器、铜镜等随葬品多件。经鉴定,此墓葬为东汉晚期到三国时期的墓葬。

杏园村东汉壁画墓的发现,为研究汉代的墓葬和舆服制度提供了重要的实物资料。

十四、洛阳朱村壁画墓

洛阳朱村壁画墓位于洛阳市郊东北 6.5 公里的朱村,东距汉魏洛阳城 6.5 公里。为东汉壁画墓。墓为砖石结构,墓门朝北,由墓道、墓门、甬道、墓室及耳室等组成,墓葬平面呈“T”形。

洛阳朱村壁画墓内壁画系先在砖壁上涂抹一层薄泥皮,再以细笔勾勒出画面轮廓,然后填上红、黄、黑等色,颜色鲜艳,保存较好,共 3 幅,为墓主夫妇《宴饮图》《车马出行图》《吉祥动物图》。

墓主夫妇《宴饮图》绘于墓室北壁西部,画面东西长 2.50 米,高 1.46 米,上部绘一紫色幔帐,幔帐下墓主夫妇端坐于榻床之上,其前一大一小的两个案几上置放食物。男墓主左侧榻床下并立二男仆,一男仆右手执麈尾,左手执笏抱于胸前,另一男仆双手拢于袖中。女主人右侧榻床下并立二女仆,头梳双髻,扎红色的饰物,双手拢于袖中。

朱村东汉壁画墓壁画

《车马出行图》位于墓室南壁中下部，画面长4.76米，宽约0.33米。画面内容自东向西依次为：一男子双手执板形器，身体微前倾作迎接状；其前一男子双手捧盾于胸前，跪姿俯身作迎接状。被迎接的共有6辆马车和1单骑，6辆马车均1车1马。第1辆马车驾1红马，车上坐3人，御者居中；第2辆马车驾1黄马，车带伞盖，车上坐2人，御者居左；第3辆马车驾1黑马，车带伞盖，车上坐3人，御者居右，在该辆马车的右侧，1人骑白马手执兵器以作护卫；第4辆马车驾1红马，车盖白色伞盖，车上坐2人，御者居左；第5辆马车驾1黑马，车有厢和伞盖，御者坐车前部；第6辆马车驾1红马，已模糊不清。

《吉祥动物图》绘于耳室券门之上，画面约为0.44米×0.33米，为一卧鹿，黄色身躯，点白色鹿斑，黑眼，昂首，前腿伸，后腿坐，神态安祥。

洛阳朱村壁画墓中的壁画布局严谨，线条流畅，马昂首嘶鸣，形象生动，人物栩栩如生，充分表现了当时高超的绘画水平，为研究当时的绘画艺术、服饰等提供了珍贵的实物资料。

十五、唐宫路东汉壁画墓

唐宫路东汉壁画墓位于洛阳西工区唐工路南侧，西去约0.5公里为河南县城遗址，东去170米即为隋唐东都宫城西墙。这是洛阳地区首次发现的一座东汉晚期的壁画墓。该墓在新中国成立前被盗掘破坏。

唐宫路东汉壁画墓墓深9米，斜坡墓道长约20米，墓道南端为一条砖垒砌的甬道。甬道南为条砖垒砌的横堂墓室，长7米，宽3米，高2.90米。墓内壁画是在涂黄色底彩的白石灰面上绘制的，颜色有朱砂、紫红、黑墨等。因破坏和塌落，仅墓室东壁及南、北壁的东半部壁画保存较好。

北壁东端壁画长1.60米，宽1.78米，画面上端绘宽0.12～0.13米紫红色横栏1道，栏下绘主仆2人，均面向东作行走伏，主人居前，仆人随后，双手执一长柄华盖。东壁壁画画面满布，长3米，宽1.83米，画面上端绘有0.01米宽的朱红横栏，栏下高悬红色帷幕，幕下横列1床，床上坐夫妇2人，男左女右，互相注视。男者左手端1小盘，盘内置1耳杯，女者双手拱于胸前。床后屏风曲折，屏风后有1侍仆露头相侍。床前设1短榻，榻上自左至右置1圆盒，内盛5个耳杯的1圆盘，1小盘，榻前立1侍仆，左手端盘，右手持勺在衮内作舀食物状。南壁东端壁画残长4米，宽1.78米，画面有一宽0.12～0.13米的紫红色横栏，栏下面东端绘1侍女，双手端1圆盘于胸前，面朝东壁作行走状，侍女身后绘两匹马，左右并排，左边马上有骑士1人，双马之后有马车1辆，双辕双轮，套1黄色马，车上1人依稀可辨。

唐宫路东汉壁画墓现存壁画内容，均为当时上层社会现实生活的写照。壁画色彩鲜艳，笔画流畅，布局合理，已出现透视概念，充分体现了当时中原地区的绘画水平。

另外，墓中清理出随葬器物277件，计有陶器23件，铜、铁、铅器222件，骨、石器29件，带字砖3块。其中，有一骨尺尤为奇特，长条形，磨制光滑，正反两面皆线刻尺寸，全尺十等分，以圆圈表示寸，每寸中又以短线条十等分为分，又在半尺位置饰以4个圆圈。该尺完整无损，制作精工。尺长0.23米，宽0.14米，厚0.04米，完整无损，制作精工。它的出土为研究汉代度量衡制度提供了重要的实物资料。

十六、洛龙区壁画墓

河南省重点文物保护单位。洛龙区壁画墓位于洛阳市洛龙新区关林路与金城寨街西南，隋唐洛阳城遗址的定鼎门门址西南。2012年洛阳市文物考古研究院在配合龙盛小学基本建设时发掘清理一座五代壁画墓。该墓葬为长方形台阶式墓道砖券墓葬，方向180°。整个墓葬由墓道、甬道和墓室三部分组成。墓室为砖雕仿木结构，墓室壁上有砖雕的门、窗、桌子、椅子、灯擎、柜子、衣架。在砖雕以外的墓室及甬道壁上均为白灰抹壁。

墓葬壁画及砖雕结构被倚柱分成九幅画面。墓室内壁总共有四幅，用彩色线条在白灰壁上作画，色彩鲜明，分布于甬道东壁、西壁、墓室与甬道相接处的东西墓室壁上。

该墓葬共计出土遗物39件，包括有铜镜、铜熏炉、铜泡钉、铜锁和铜钱。未见墓志，对其具体年代的断定增加了难度。依据墓葬形制、绘画风格、服饰文化、许多鎏金器随葬品，考古人员初步确定为五代时期，且墓主人也是当时一位级别较高的官员。

该墓葬壁画整体保存状况较好，图案清晰，绘画色彩丰富，有靛蓝色、朱红色、黑色、豆绿色、粉红色等。对研究五代时期的墓葬形制、建筑结构、绘画、服饰等提供了极为珍贵的资料。壁画的线条粗、细、虚、实结合，色彩丰富，人物生动形象，是洛阳以往五代墓葬发掘中罕见的艺术表现力较高的精品，国内也实属少见。

十七、平陌砖雕壁画墓

平陌砖雕壁画墓位于新密市平陌村一民宅内。1998年2月，该村一村民在挖建房基础时发现。郑州市文物考古研究所和新密市博物馆联合对该墓进行了清理发掘。

平陌砖雕壁画墓坐北朝南，方向170°。由墓道、甬道、墓室三部分组成。甬道长0.72米，宽0.72米。墓门高1.56米，以条砖立砌封堵而成。墓室为仿木结构砖砌八角形单室墓，结构复杂，雕砌精致。墓室内径2.36米，南北两壁略宽，余六壁稍窄。棺床呈“凹”字形，高出墓底0.3米。墓室各壁垒森严转角处各施抹角倚柱，高1.15米，柱间以砖砌阑额、普柏枋相连。柱端各施转角斗拱一朵，均五铺作，高0.5米。墓顶分上下两部分，下部为八角形，自撩檐枋向上逐渐内敛，叠涩砌成圆形墓顶，上部则过渡为穹窿顶。墓顶、拱眼壁及所有建筑构件上均彩绘图案，色彩艳丽逼真，布局对称严谨。纹样有几何图案、旋子花及牡丹、海棠、兰草等花草图案。墓室内原绘壁画14幅，分上、下两层。现保存较好的12幅，下部6幅；西南及东北壁绘梳妆图，西壁绘家居图，西北壁及东南壁绘研习书画图，东壁绘“备宴图”。上部（墓顶）残存6幅；西壁墓顶绘“闵子骞行孝”，东壁绘“鲍子行孝”、“王祥卧冰”，东南壁绘“赵孝宗行孝”,西北壁、东北壁、北壁表现超度和升仙场面,南壁和西南壁损毁严重,不辨其详。

墓室内有人骨两具,随葬品仅白瓷碗一件,朱书买地券一方。买地券中载明了买地的经过,时间是北宋大观二年(1108 年),为北宋末年。该墓结构复杂,装饰华丽,是嵩山地域保存较为完好且有明确纪年的宋代砖雕壁画墓。

十八、南庄壁画墓

南庄壁画墓位于登封市城关镇南庄村西部一民宅内。1982 年 5 月,村民李世民建房挖根基时发现。5 月 7 日 ~26 日,河南省文物考古研究所、登封县文物保管所联合对该墓进行了清理发掘。

南庄壁画墓为八角形单室砖砌墓。坐北朝南,由墓道、甬道和墓室组成,全长 6.5 米。斜坡状墓道,坡面长 3.5 米。门前有 60 厘米一段平地。墓门两侧用白灰涂抹,为砖雕仿木结构门楼,由门框、椅柱、门墩、补间铺作、檐椽、砖雕板瓦和六角形门簪组成,门正上方有斗拱一组。各种构件涂以棕彩或黑彩,色画出云纹。墓室内各壁有彩绘和砖雕装饰家具。每个角柱设有斗拱一组。墓顶为八角形穹窿顶。室内直径 2.5 米,通高 2.9 米。壁高 1.13 ~ 1.22 米,宽 0.77 ~ 0.85 米。画面共上、中、下 3 层,下层仅西壁和西南壁有人物像,并叠涩垂幔一周,其余均为砖雕装饰家具。中层 7 幅壁画中,北壁上方一男仕盘膝而坐,双手合十,举过头顶,其余 5 人形态各异。上层(墓顶)彩绘牡丹花。

东南壁:浮雕三连灯、熨斗、剪刀、尺子。东壁:有砖雕桌子 1 件,桌下放一器物。东北壁:砖雕家具 4 层,近似食盒。北壁:为象征性门两扇,门面涂一层红颜色。门上部有柿蒂形门簪两个。西北壁:砖雕柜子(箱子),上挂 1 把锁。西壁:砖雕方桌,桌上正中放 1 酒壶,酒壶两侧各置 1 酒托,桌子两侧各有 1 把椅子,画夫妻宴饮图,中间有 1 侍女手端托盘,盘上放有果品。西南壁:砖雕衣架、梳妆台。画面为侍女正为女主人梳妆打扮。

南庄壁画墓为宋代遗存室内壁画,除下层部分脱落外,中层和上层保存较好,砖雕比较完整。

十九、箭沟壁画墓

箭沟壁画墓位于登封市大金店镇箭沟村小河东侧。1984 年 3 月,当地群众挖房基时发现。同年 4 月,河南省文物考古研究所、登封县文物保管所联合对此墓进行清理。该墓坐北朝南,为仿木结构,砖室平面呈八角形,由墓道、墓门、甬道、墓室 4 个部分组成。

箭沟壁画墓前部有阶梯式墓道和仿木结构的门楼,由站门框、倚柱、补间铺作、檐椽、板瓦和门簪组成。各种构件上或涂红彩,或勾画玄纹。甬道和墓室各壁绘彩色人物画面。室内 8 根施深蓝砖柱,每根柱头上安设一朵彩绘斗拱。室顶用砖叠涩收进为八角攒尖顶。

壁画主要分 8 个部分,通道两壁四马出行图,虽有部分脱落,但东壁尚残留马头和牵马人。西壁有仆人图,保存较好。墓内壁画,除南壁为墓门外,其余 7 幅壁画,依次绘“梳妆图”“散乐图”“宴饮图”“送盂图”“内侍图”“对饮图”和“取财图”。整个壁画展示了墓主人生前生活的场景。

箭沟壁画墓为宋代墓葬,壁画装饰趣味浓厚,人物造型准确,笔法娴熟,风格秀雅,在唐、五代注重写实的基础上又有所创新。

二十、王上宋代壁画墓

王上宋代壁画墓位于登封市大金店镇王上村南250米处。1993年4月郑州市文物考古研究所和登封市文物局联合对该墓进行了抢救性发掘。此墓为八角形砖砌墓，由墓道、甬道和墓室组成，全长8.4米。墓道为斜坡阶梯式，坡面长5.74米，宽0.75～0.85米，甬道高1.33米，拱形顶，墙面抹草泥和白灰，左右两侧绘彩。

王上壁画墓室平面八角形，直径2.48米，每壁宽1.06米。墓门南向，墓室北部为棺床，宽1.55米，高0.44米。棺床正央砌成束腰须弥座形。穹窿顶，顶中心砌一块八角形平砖。墓室通高3米。周壁绘有彩色壁画，壁画主要分布于墓室壁、甬道侧壁及墓室顶部。南壁墓门的上部绘红褐色卷曲纹装饰图案。其余每壁各绘一幅画，画面高1.2米，宽约1.05米，壁间以红褐色条带将画幅分开。

◆北壁梅竹双禽图

画面中绿竹红梅交映，前部是一褐色山湖石。两侧各绘一只瑞禽，高冠浅羽，细腿长尾，似为孔雀。右侧的瑞禽举足欲前行，左侧的回首顾盼。竹梅石禽相映成趣。

◆东北壁三鹤图

以翠竹和芦苇衬托一片青蓝水色，近岸处有三只鹤，丹顶、白羽、黑尾，一只低首啄食，一只顾步前行，另一只勾颈颔首，皆悠然自得。

◆西北壁三鹤图

画面以翠竹和芦苇衬托一片青蓝水色，三只鹤神态各异，一只昂首向天张喙似唳，一只正转颈回首梳翎整羽，另一只展翅腾空，引颈舞风。此图与东北壁的三鹤图相互呼应。

◆东壁论道图

远绘高山飞瀑、水雾卷云，近绘树木巨石、山间小路。一白衣人立于路间，头戴皂色软脚幞头，身着宽身左衽黑边白袍，腰束长带，足穿黑履，右手牵一头仰角黄牛，左手双指前指。与其相对一黄衣人蹲坐大石上，头戴皂色幞头，身穿黑边黄袍，腰束黑带，左手置于膝上，右手略抬，似与白衣人对话。

◆西壁升仙图

远绘青山白云，近绘古树山涧及两个人物。从衣饰上看应似和东壁绘的两个人物相同。左下方绘黄衣人，衣带随风飘起，拱手做相送姿态，白衣人足下踏一道云气，已飞升至半空中，神态安详，左手置胸前，右手拂袖，衣带微飘，回首下视黄衣人，情似道别。和东壁对照，两画似表现了论道和升仙的情景。

◆西南壁三仕女图

人物均面向左。前者身材高挑，着深色直领长褙子，白巾束髻，双手托一浅平盘，上置一细足小杯，恭敬而立。中间一女身材较矮，梳双垂鬟髻，发系红彩结，身着淡褐色长衫多褶裙，外着浅绿色半袖衫，双手托一果盘，上置放瓜果梨桃。后边的侍女身材居中，着浅黄色长裙，外着浅褐色半袖短衫，白巾束髻，发间斜插一簪，双手捧一长颈圆腹瓶。

◆东南壁与西南壁对应绘三个仕女图

人物均面向右。前边一人着深色直领长褙子，白巾束髻，发间斜插一双股钗，双手托盘，上置两盏，中一女着浅褐色长裙，外着浅绿色半袖短衫，双手执一长柄团扇，扇面绘有山峰、树木、房屋等。后一女白巾束髻，发间斜饰一簪，身着淡黄色长裙，外着浅褐色半袖短衫，双手捧持一葵花形大铜镜于腰间，其身后有一幼童，头顶抓双髻，戴大圆项圈，绿衣褐裤，左手执一玩偶，探身而视。

◆甬道东壁

绘一男侍，裹黑幞头，长须，身着浅蓝团领窄袖长袍，系黑腰带，足蹬乌靴，双手斜持一长柄慧，恭敬而立。

◆甬道西壁

亦绘一男侍，裹黑幞头，三缕须髯，身着浅蓝团领窄袖袍，系黑腰带，足蹬乌靴，叉手而立。

墓室顶部绘卷曲祥云，云间分 3 层有 20 只展翅飞翔的仙鹤，白羽黑尾十分醒目。卷云、飞鹤排列有序，汇成一幅很有气势的瑞鹤图，正顶的一块八角形平砖上绘一朵红彩莲花。

王上壁画墓中壁画，采用工笔与写意结合的手法，线条细腻流畅，色彩浓淡分明，其内容有表现墓葬主人日常生活的，如侍女图、男侍图；有反映墓主人信仰及对死后升仙境界向往，如论道图、升仙图、云鹤图、三鹤图、梅竹双禽图等。该墓壁画一改过去宋墓中常见的以反映墓主人生前生活场景为主题的惯例，而绘以山水壁画，给人以清新典雅之感，具有较高的考古和艺术价值。

二十一、白沙北宋壁画墓

白沙北宋壁画墓壁画

位于禹州市白沙镇北，北宋末年赵大翁及其家属的 3 座墓葬，习称白沙壁画墓。1951 年 12 月～1952 年 1 月配合禹县白沙水库工程发掘的。白沙北宋壁画墓是砖雕壁画墓中保存较好、结构最复杂、内容最丰富的一组墓葬。其中二、三号墓皆为单室，平面呈六角形。以赵大翁墓为一号墓，保存最为完整。

赵大翁建于元符二年九月，作前、后两室，结构复杂。墓南有阶梯式墓道，长 5.75 米，墓门为门楼形式，通高 3.68 米。甬道长 1.26 米，宽 0.91 米，高 1.5 米，东壁彩绘三人，西壁彩绘三人一马，人的手中或持筒囊，或拜捧酒瓶，当是向墓主人贡奉财物。前室平面为横长方形，顶部下，绘有女乐伎 11 人，其中 10 人手执拍板、(空)篥、排箫、琵琶、腰鼓、杖鼓、笛和笙等乐器，正中一人欠身扬袖起舞；西壁雕砖和绘画相结合，中间砖砌 1 桌 2 椅，桌上砌有注子、盏、小口盏托，墓主人夫妇各坐于椅上，背后后立有侍女 3 人。后之室平面为六角形，边长 1.26～1.3 米，高 2.60 米。东北和西北二壁中间砖砌棂子窗，两侧彩绘灯檠或剪刀、熨斗；北壁上给悬幔，下砌假门和妇人掩门。东南壁绘 3 女 2 男，作进奉状；南壁绘有 5 女，在侍奉主人化妆。该墓除雕砖和人物壁画外，还在墓门、甬道、过道和墓室内彩绘有大量的建筑彩画，其内容包括花卉、青草、果品、云朵、瑞禽等图案。墓内迁葬人骨两具，随葬品有陶瓮、瓷碗、铜钱、残铁器和一合砖质朱书买地券。从墓志和壁画中的银铤、银饼、钱贯和贡纳币市场面看,墓主人可能是地主兼营商业者。

白沙壁画墓甬道两壁画身背钱串和手持筒囊、酒瓶,以及牵马的侍者。前室墓门中间画宝相花,左右各画一鸟,周围有涡线连线图案。墓门两侧画持骨朵的护卫,东壁画女乐 11 人,西壁雕画墓主人夫妇对坐宴饮。后室北壁砌妇女启板门,西北、东北两壁砌破子棂窗,西南壁画对镜梳妆的妇人,东南壁画持物侍奉的男女婢仆,表现墓主人的内宅生活。画面已年久变色,色调暗淡。妇女头饰及帽子,样式繁多,形式繁多,形状奇特,在一般宋画所未见。仿木建筑上绘有彩画。另两座基并列于赵大翁墓北,壁画题材与赵大翁的相同。这种仿木建筑的雕砖壁画墓流行于北宋末年的中原和北方地区。

宋代的砖室墓流行于北方,历史并不久远,是唐代、五代才发展起来的墓葬形式。中原地区的宋代砖室墓有两个特点,一是仿木结构,二是壁画。仿木结构并不是单纯用绘画来表现木质构造部分,而是用砖雕加彩绘的形式来仿造木质的建筑构件和家具用品。

二十二、太古城宋代壁画墓

太古城宋代壁画墓位于登封市大冶镇太古城村北。该墓为宋代壁画墓,呈八角形,砖砌,墓壁和砖柱斗拱上绘制彩色人物壁画,轮廓清晰,服饰协调。

二十三、伊川元代壁画墓

伊川元代壁画墓位于伊川县南 15 公里的元东村北。此墓为长方形小砖券墓,墓门朝南,由墓道、墓门、墓室三部分组成。墓室由长方形小砖券砌而成,长 2. 74 米,宽 2. 2 米,高 1. 84 米。早年被盗扰,无随葬品。

伊川元代壁画墓墓顶、墓壁均在白灰面上彩绘壁画,先用墨线勾勒轮廓,然后着色,色彩主要有红、黑、绿、赭石等。由于此处地势较低,墓内下部已被淤泥填实,故部分壁画脱落,漫漶不清。

北壁为墓主夫妇对坐宴饮图。整幅画面为墓主夫妇端坐于一大厅内,淡青色帐幔,朱红幕额、组绶。东西两壁为礼乐供,各绘 6 人,男乐伎 4,女侍 2,后为漫漶不清的草枝花卉图案。东壁 4 男乐伎,均头戴黑色幞头,足穿黑靴,身穿圆领窄袖袍,腰系带,分别作以击鼓、吹笛、拍击节板、执槌击鼓状。两侍女均着华丽衣着,双手捧一物。西壁壁画漫漶不清,4 男乐伎衣着同东壁,分别作以弹拨琵琶、吹笙、吹笛、击鼓状。两侍女分别持瓶、端盘。

南壁壁画即墓门两侧壁画,墓门券上为朱线和墨线界边,内绘荷花、蔓草缠绕,蕊间点朱。墓门两边各绘一门吏,东者侧立,面向墓门,着红色长袍,双手持竹节状杖;西者仅存部分线条。

墓顶壁画绘于起棱脊的拱形顶上,较为潦草。正中圆形明镜高悬,内外圈间绘卷云纹,以镜为中心,两边各有牡丹 4 大朵,花蕊点朱,间绘小朵牡丹、祥云和展翅飞翔的仙鹤。

伊川元代壁画墓壁画构图准确,人物形象生动,姿态各异,服饰线条自然流畅,精细得当,色彩搭配恰当。特别是东壁所绘二女侍,体态优美,步履轻盈,是一幅具有较高艺术水平的仕女图。

二十四、原武温穆王壁画墓

河南省重点文物保护单位。原武温穆王壁画墓位于荥阳市东南二十里铺乡瓦屋孙村东南200米处。为明代周藩原武温穆王、朱元璋第8世孙朱朝伦和元配张太妃的合葬墓。该墓地表封土及神道早已不存，20世纪50年代再次被盗掘，此后对墓葬进行了发掘清理。

原武温穆王壁画墓为长斜坡墓道砖券洞室墓。墓室位于墓道之北，底至地表深12米。墓室正面为一高大的仿庑殿式门楼，其上砌有砖雕斗拱和檐椽、瓦垅，高4米，中下部为拱形洞口，内装两扇石门。门外两侧有八字墙。墓室平面为长方形，南北长6.3米，东西宽3米，高3.4米，小砖券砌拱形顶。墓室北壁有早期盗洞，随葬品被盗一空，仅留下石棺床、石供桌、2块墓志和满室壁画。2块墓志盖分别篆刻“明册封周藩原武温穆王圹志铭”、“明册封周藩原武温穆王元配张太妃合葬圹志铭”，墓志记述了原武温穆王的世系、他们夫妇的生平事迹及合葬情况。

原武温穆王壁画墓最重要之处，在于完好地保留了大面积的明代壁画。墓室除南壁外，其余各壁及顶部均绘满壁画。后壁正中绘释迦牟尼佛结手立于莲花座上，左右及下部绘护法灵禽、玉童和麒麟、白象。东壁和西壁所绘内容基本相同，主要是描绘出各类神仙、僧尼前来赴会，多种乐器齐鸣，为死者超度亡灵，迎接死者畅游天国的场面。墓顶绘有日月星辰和8只在云端飞舞的仙鹤。整个墓室壁画场面宏阔，人景配合适当，构图协调，场面宽阔，结构严谨，色彩鲜艳。人物、珍禽和异兽，无不栩栩如生。充分反映了明代高超的绘画技巧，具有较高的艺术价值。

为了保护这座壁画墓，1953年在墓上修了保护房，并在墓道外修有台阶通向墓室，向国内外游客开放。

二十五、卢店明代壁画墓

卢店明代壁画墓位于登封市卢店镇一居民院中。1988年1月郑州市文物考古研究所和登封市文物局联合进行了考古发掘。该墓由墓道、墓门、甬道、墓室四部分组成。墓道在南，因墓道、甬道均覆压在已建民宅下，无法清理，故墓道、甬道及墓门外侧情况不明，墓门系用条砖侧砌封堵而成。墓室为长方形拱顶砖券墓，长2.6米，宽2.44米，顶高2.2米，自1.6米处起券。墓壁均单砖错缝砌筑，墓底以条砖铺垫，墓室四壁及拱顶均先涂施白灰面，于其上直接绘制壁画。因无地仗层，故壁画保存较差，其中北壁还因建房施工遭破坏较甚而基本无存。东、西壁均绘“开芳备宴图”，其中西壁绘两女佣，东壁绘两男佣；从残余部分看，北壁所绘应是“家居图”；墓门两侧各绘一侍女，墓顶壁画仅绘太阳、月亮。壁画布局系精心设计，将明代的窑洞式墓葬形制与中国传统的四合院模式相结合，结构布局虽然简洁，却有着豪宅大院之气，别有特点。画面颜色艳丽，线条简洁流畅，具有一定水平。墓内出土有陶盆、铜钱、地券砖等物，铜钱均为宋钱，地券砖券文中则有“明嘉靖□年”的埋葬字样。参考其墓葬形制及人物形象、服饰等，其时代当为明代嘉靖初年（1522～1531年）无疑。卢店明代壁画墓对明代服饰、家具及墓葬形制研究具有一定价值。

第四节　砖雕墓

砖用于中国建筑，首先是作为一般的建筑构件和建筑材料，然后才是特殊的建筑构件与工艺材料。通常来说，砖雕的雕造工艺都经过制坯、烧炼、雕刻几道工序。用来烧造雕砖的泥土要比普通砖的细，一般还要经过水洗、沉淀之后再使用，使之提高纯洁度和黏合力。雕刻的手法多种多样，可以平面浮雕、半圆凸浮雕、高凸浮雕，也可以镂空雕刻。

中国古代砖雕的历史可以追溯至汉代或者更早。那时不但已有汉画像石，同时也有了汉画像砖。汉画像砖石，一般都用于墓葬。佛教传入中国后，砖塔随之逐渐在各地普遍出现。为了塔身各部位的装饰美化或者宗教内容上的要求，砖雕遂在建塔的过程中也大量出现。到唐宋时，中国民间建筑用砖开始普及，砖雕在民用建筑中也相应开始推广。明清以后，中国建筑用砖达到了高潮，砖雕艺术同时也达到了炉火纯青的阶段。

汉代砖雕

嵩山地域已发掘的砖雕墓葬的年代有汉、唐、宋、金、元、明、清，有代表性的砖雕墓葬为大隗汉画像砖墓、胡进砖雕墓、酒流沟砖雕宋墓、涧西砖雕金墓等。

一、大隗汉画像砖墓

位于新郑市大隗乡的回民沟、屈家沟、席家窝。

（一）回民沟汉画像砖墓

回民沟汉画像砖墓的墓门向北，墓室高 1.9 米，宽 2.2 米，深 1.9 米，马鞍形顶。其两壁、后壁、地面、顶部均用空心砖砌筑。两壁的空心砖上刻有画像，画像内容有朱雀、狮虎相斗、单骑武士、车马出行。

（二）屈家沟汉画像砖墓

屈家沟汉画像砖墓的墓门向南，墓室宽 1.99 米，深 4.55 米，高 1.27 米，拱形顶，顶部、地面、两壁及后壁全部用空心砖砌筑。西侧有耳室，深 1.55 米，宽 1.01 米，高 0.98 米。该墓室两侧空心砖上均有阳线刻画像，内容为材官蹶张、武士骑射和树木、楼阁、青龙、执戟门吏、虎猪相斗等。

(三)席家窝汉画像砖墓

席家窝汉画像砖墓的墓门向东,墓室高2.2米,宽2.34米,墓的建筑形式和结构与回民沟、屈家沟画像砖墓基本相同,两侧的空心砖上均有阳线刻图案画像。

二、胡进砖雕墓

胡进砖雕墓位于郑州市南关外。1955年10月河南省文化局文物工作队对此墓进行发掘。该墓坐北向南,由墓道、墓门、甬道和墓室4部分组成。墓道为斜坡阶梯形,前窄后宽,近墓门处宽1.64米,深3.66米。墓门系仿木结构,门券上的门楣中部有2个呈斜“卜”字形的门簪,再上砖砌有一斗三升的斗拱3组。甬道砖券,两侧壁上有1彩绘侍者和1马。墓室平面近方形,东西宽2.03米,南北长1.97米,高2.26米。四角砌砖柱,柱头上和每壁中间皆砌仿木结构的一斗三升斗拱,斗拱与斗拱之间以及普柏枋上,彩绘各种图案花纹。墓室四壁皆砌雕砖,东壁中间为一衣架,衣架下有剪刀1把、尺1把和熨斗2个,衣架南侧为梳妆台,北侧有箱和笔架。北壁中间为门,两侧各有一窗。西壁为桌椅和灯檠,桌上置放茶壶和茶杯。南壁的墓门两侧分别为盆架和“丁”字形架。墓室内砖砌棺床,有2具人骨,随葬品仅见白瓷罐1件、方砖墨书买地券1方。买地券记述北宋至和三年(1056年)胡进买地的经过。该墓是河南地区发现的4座有明确纪年的宋代砖雕墓之一。

三、酒流沟砖雕宋墓

酒流沟砖雕宋墓位于偃师市区西南的酒流沟水库西岸。1958年4月,在修水库施工中被发现。由原河南省文化局文物工作队驻洛阳工作组发掘,墓室后部有用小砖铺砌的长方形棺床,棺长2.34米,宽1米,高0.16米。人骨架已腐朽。出土物有瓷盘、铁铲。清理时墓顶已毁,墓室四壁东西相对称,南北两端有砖柱,正中有板门,门已被损,门楣上镶嵌两个方钉,门两侧均有棂窗,上有彩绘斗拱,斗拱红地上绘白色云纹。北壁下半部为6块近方形的砖雕,人物姿态各异,形象逼真,刻画精美,是所见宋墓中少有的雕刻艺术品。

按砖雕所雕内容大致可分为生活和杂剧两组,每组3块,在生活组中,每块有1女者,或站立案旁切鱼,或立于炉侧烹饪,或拜礼迎宾,场面十分生动。在杂剧组中,有5个人物,第1人手执轴卷展示,为引戏色;第2、3人执笏抱印,为装孤和末泥色;第4、5人托鸟笼、打口哨,为净和副末色。这5人3组杂剧演出场面,正反映了北宋杂剧演出的3段,即艳段、正杂剧和杂扮,这组杂剧雕刻对研究我国戏曲史有重要价值。

四、涧西砖雕金墓

涧西砖雕金墓位于洛阳市七里河村西北约750米处。1958年7月,中国科学院教研究所洛阳工作队对此墓进行了发掘。

涧西砖雕金墓为仿木建筑的砖室墓。斜坡墓道,墓门起券高 1.6 米。墓室平面呈八角形,边长 1.08 米。棺床高 0.41 米,床面用方形和长方形砖铺成。棺床上有 7 个壁面,壁上砌有须弥座,束腰,无饰,其座上每面转角处砌柱一根,有的柱下端刻有三四字。8 根角柱的柱头上各砌一朵单抄单下昂 5 铺作重双拱计心造斗拱,每朵斗拱全高约 0.73 米。墓顶系八角叠涩而上,5 层到顶,顶做小藻井。除墓门外的 7 面墓壁皆雕饰格子门,每面两扇,雕花各异,格眼纹地各不相同,以柿蒂纹为多,另有"亚"字、"万"字和龟背纹,腰花板均雕牡丹花。障水板壶门中的雕花有牡丹、芍药、菊花和莲花 4 种。墓室内有头西足东的人骨架 1 具,随葬品有铜镜,黑、白瓷罐,瓷碗和骨器等。

这种仿木建筑的砖雕在河南、山西,尤其是晋南一带,都曾发现过。洛阳涧西发掘的这座墓中,替木已消失,格子门流行,和晋南的砖雕金墓结构极为相似。该墓作为金代砖雕墓的典型代表,在嵩山历代墓葬文化序列中占有一席之地。

五、荥阳司村宋砖雕墓画

荥阳司村宋砖雕墓为六角形攒尖顶的仿木结构单室墓,由墓道、墓门、甬道、墓室组成。墓室内装饰砖砌家具、假门、假窗、斗拱等建筑构件。墓壁的铺作之上绘 16 组行孝故事图。画面以孝子人物为中心,旁边标有榜题。在孝子壁画上面还彩绘有文吏 12 人,身着粉红色长衫,双手执笏,文静端庄。

第五节　其他墓葬

嵩山地域发现的古墓葬除帝王陵墓、诸侯王墓、名人墓、壁画墓之外,更多的是其他墓葬。这些大量的上自新石器时代,下至明清的其他墓葬(包括个人墓和集体墓),范围很大,它们时代相连,内容丰富,形式多样,对我们了解研究古代各个朝代的社会下层、民间及其他各种人物的丧葬方面,具有重要的史料价值。

从考古界得知,对于帝王、诸侯、名人墓多半是以历史文献和考古调查加以印证,为了更好地进行文物保护,只有部分墓地进行了发掘,而其他墓葬则是全部进行了考古发掘,所以有许多重要考古发现。

嵩山地域的其他墓葬中,著名的有总数 800 余座的洛阳西周墓葬、东周王城内的千余座东周墓葬、孙旗屯秦墓、有 1000 多座的烧沟汉墓、有 522 座的偃师东汉刑徒墓、荥阳汉墓群、东汉殉人墓、新郑许岗战国墓以及魏晋北朝以后著名的洛阳晋徐美人墓、唐安菩夫妇墓、唐李延祯墓、唐登封的无名士墓、偃师酒流沟宋墓、洛阳涧西金墓、洛阳东花坛明墓等等,为研究嵩山地域古代政治、经济、军事、文化提供了丰富的实物资料。

一、裴李岗遗址文化墓地

裴李岗遗址文化墓地位于新郑市西北7.5公里的裴李岗村西部。1977年3月~1978年4月,开封地区文管会、新郑县文管会与郑州大学历史系联合进行考古发掘发现。墓地的规模较大,共清理墓葬114座。墓地分为3个墓区,彼此之间有一定距离。东部2个墓区较小,西部1个墓区较大。均为长方形竖穴土坑墓,绝大部分为小型墓。坑长2米多,宽约2米。都是单人葬。死者绝大多数为成年人。墓坑方向均头南足北,仰身直肢,骨架多保留完好。均未发现葬具。多数墓有随葬品,主要是石器和陶器,个别为骨器,少则1件,多则20余件。随葬品均以陶器为主。常见的器形有泥质红陶小口双耳壶、敞口三足钵、夹砂褐陶侈沿深腹罐。另外还有鼎、碗、钵、圈足壶、三足壶等。随葬陶器数量多的墓,往往增加几件三足钵。随葬生产工具不多,常见的有石铲、石磨盘、石磨棒、锯齿形石镰,也有随葬石斧和绿松石饰等。随葬品放置位置以头旁和下肢侧比较多,有的放于死者左侧,个别置于死者的两侧。值得注意的是,在单人墓葬中,凡随葬石磨盘、磨棒的墓内,均不见石斧、石铲、石镰等生产工具,反之亦然。两类生产工具不共存。经过人骨鉴定,可以看出随葬石磨盘、磨棒的墓主人是女性。随葬石铲、镰、斧的墓主人是男性,可见当时男、女分工比较明确,男的已成为农业生产的主要劳动者,女的则是以加工粮食和操持家务为主。

二、大河村遗址仰韶文化墓地

大河村遗址仰韶文化墓地是位于郑州市北郊大河村仰韶文化遗址西南部和东北部两处墓地。1972~1988年,考古工作人员从大河村遗址共清理成人墓184座,幼儿瓮棺葬170座。时代属于仰韶文化向龙山文化过渡期(大河村遗址第4期)的成年人墓葬116座,瓮棺葬136座。其中分布在东北部墓葬区的2个探方200平方米内,就有成年人墓葬53座,瓮棺葬88座。其中37座墓是成人墓皆为长方形竖穴土坑墓。墓坑长1.7~2.3米,宽0.4~0.7米,深0.3~0.9米。均为仰身直肢单人葬。一般排列整齐,其中24座墓,头向南偏西,余均头向西。骨架大都保存完好。经河南医学院人体解剖研究和上海自然博物馆鉴定,男性24具,女性7具,不明者7具。其中老年14人、中年5人、成年5人、青年7人、儿童4人、不明者2人。5座墓有随葬品,多为女性。随葬品甚少,多则3件,少则1件。分别置于腰部、足部和肩部。随葬品有鼎、碗、壶、纺轮、陶弹丸和骨针等,皆为实用品。

幼儿瓮棺葬88座,分布相当集中,形成一瓮棺群。都直接压在同期成人墓群之上。用1件葬具的79座,除1座口向东横放外,其余均口朝上竖放。葬具有罐、盆、鼎、缸等;有2件葬具的瓮棺葬9座,均为对口扣合,东西横放。葬具组合情况是大口尖底瓶与鼎、大口尖底瓶与豆、罐与盆、罐与罐等。大多数幼儿骨骸已朽。墓内填满灰土或草木灰。不见随葬品。这批仰韶文化向龙山文化过渡期的墓葬,生动地反映了原始社会末期的埋葬习俗。

三、大河村遗址龙山文化墓地

大河村遗址龙山文化墓地是在大河村遗址发现的一座墓地，遗址中出土的“木骨整塑陶房”F1－4，是目前我国出土同时期房屋中保存最好的一处。发掘时，1号房基北墙残高近1米。据碳14测定距今5040±100年。它是一组两面坡式的排房建筑，它的出现奠定了中国北方传统居民建筑的基本形制。

大河村遗址龙山文化墓地在1972～1980年的考古发掘中先后被发现，属河南龙山文化早期（大河村遗址第5期）。其中13号、14号墓，墓坑长仅1.3～1.4米，宽0.5米，边沿清楚，未发现打破现象，骨架都没有下肢，应是“割体葬仪”。这是原始社会一种非常野蛮的葬俗。在其他新石器时代晚期遗址中也曾出现过这种埋葬仪式，如豫西的庙底沟遗址。大河村遗址龙山文化早期的窖穴中，不断发现完整的或者零碎的人骨架，这此骨架有的曲缩一起如捆缚状，有的呈不规则姿势，显然是被处死后随便丢弃的，这种现象反映了一种原始宗教的迷信活动，即所谓“人祭”。我国原始社会，这种“人祭”习俗一直延续流行到商代。据研究，多跟奉献“粟米之神”，以祈求食物等生活资料的农事祭祀活动有关。

四、前户大张西周墓群

前户大张西周墓群位于临汝市前户、大张村附近，主要分布在莉河两岸。墓地不断发现西周时期的青铜器和成组的器物。如圜底铜爵、铜簠、蹄足铜鼎、铜觯、铜鎊、铜簋、柱足铜鼎、铜觥。大部分器物有铭文。属西周、春秋时期墓地。

五、庞家沟西周墓群

洛阳庞家沟西周墓群，是在1964年制作砖瓦时取土中发现的。墓群位于洛阳市老城北郊地方国营砖瓦厂内。从1952年发现到1972年止，陆续发掘西周墓葬361余座。

这批西周墓葬其形制均为长方形竖穴土坑墓，有2座墓带南北墓道。墓室有的呈直壁，有的口大于底呈下斗形，有的口小于底呈覆斗形。墓内很少有二层台和腰坑；有腰坑者，腰坑内只发现有殉狗现象。

由于这处墓群破坏严重，因而葬具不很清楚。但从各墓残存的情况看，有棺有椁或有棺无椁的墓葬很少，而无棺无椁的墓居多。其葬式为仰身直肢葬。

这批墓葬，虽经盗掘，出土遗物仍十分丰富。据统计有1万余件。其质地有青铜器、瓷器、石玉器、陶器、骨蚌器等。青铜器中礼器60余件，兵器560多件，生产工具45件，车马器2600多件。

青铜器有供贵族生前享用的食器和酒器。种类有鼎、樽、觯、簋、壶、盉、方彝、鬲、觥、勺、匕、觚等。纹饰有饕餮纹、鸟纹、回纹、云纹、夔龙纹、云雷纹。铜器上的重要铭文有“太保”“召公宗”“蔡叔”“康伯”“丰伯”“毛伯”“女妊”“荣种”“方伯”等，他们都是西周时期的高级贵族。原始青瓷器，共出土300

多件，种类有垒、豆、尊、簋、钵、瓮等。这批青瓷器，无论从瓷胎和施釉等都达到了较高的水平，从而把我国生产瓷器的历史向前提了1500多年。陶器有100余件，主要有鬲、簋、罐、豆、盆、瓮等。玉器雕琢十分精美，种类主要有虎、鸮、刀、柄形器，还有蚕、鱼等。这些精美的西周遗物，无疑为研究我国西周时期的政治、经济、军事、文化等提供了重要的实物资料。

六、阳城春秋贵族铜器墓

阳城春秋贵族铜器墓位于登封市告成镇袁窑村。1995年4月~1996年6月，郑州市文物考古研究所、登封市文物局联合进行了发掘。共清理4座春秋铜器墓。出土一批重要青铜器及其他遗物。其中有：铜鼎、铜簋、铜盘、铜壶、海贝、玛瑙项链以及玉戈、玉琮、金虎饰件等文物833件。这是嵩山地域目前发现价值最高、数量最多的一批春秋早期文物。

其中一件铜鼎高40厘米，其腹壁刻有"郑伯公子耳，作盂鼎，其万年眉寿无疆，子子孙孙永宝用"铭文。方壶内铸有"鲁侯作壶"四字。金虎，高5.7厘米，长14厘米，上阴刻花纹。阳城是春秋时期郑国重要的城邑，这里发现的郑国铭文铜器和鲁国铭文铜器，为研究嵩山地域历史提供了重要的实物资料。由于其墓葬集中及出土器物特殊，因此，有学者认为这是春秋时期贵族墓地。

七、唐户遗址两周墓地

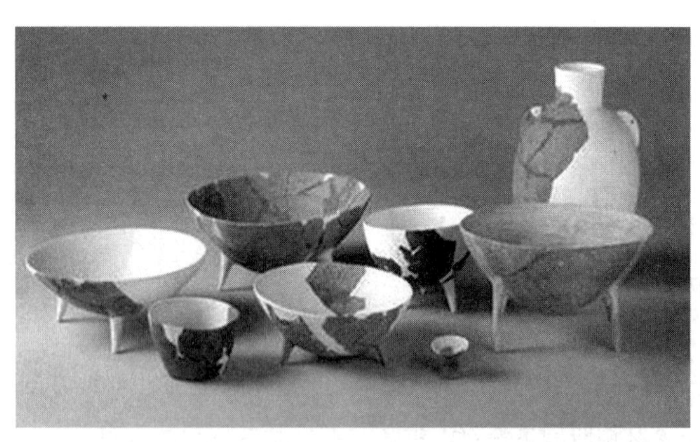
唐户遗址出土的部分陶器

唐户遗址两周墓地位于新郑市南13公里的观音寺乡唐户村南的唐户遗址上。1976年开封地区文管会、新郑县文管会进行试掘。共发现39座墓葬，其中西周墓12座、春秋墓19座，其余8座时代不明。西周墓葬为长方形竖穴土圹墓。出土铜、陶、玉、石等遗物306件。另外清理车马坑1座，车马坑内葬马4匹，车马器分布在坑中部，共计15件。春秋墓葬为长方形竖穴土圹墓。其中铜器墓9座，陶器墓10座。铜器墓中M9坑内殉1只狗，随葬青铜器有鼎3、簋4、匜1、壶2，另有铜戈1、銮铃4及蚌、玉饰品。时代为春秋早期。墓中春秋早期的陶器组合是鼎、鬲、豆；春秋中期的陶器组合是鼎、鬲、豆、壶、盘、匜、三足器。唐户两周墓地的发掘，对了解郑州地区西周晚期与春秋早期的文化，提供了重要实物资料。

八、周庄墓地

周庄墓地位于新郑市西大周庄村。1994年10月~11月，河南省文物考古研究所在该墓地中部进行了发掘，其清理墓葬231座，车马坑6座。其中春秋墓9座，战国墓137座，汉墓67座，唐墓2座，另有时代不明的16座。墓葬形制亦分竖穴土坑和空心砖室两种。春秋墓多是小型竖穴土坑墓，长2.7米，宽1.45米，深2.5米左右；单棺，仰身直肢葬；陶器组合为鬲、盂、豆、罐。战国墓分中、小两型，中型墓长3.8～5.9米，宽3.6～4.65米，深5.2～8.5米，一般是一棺一椁，个别一棺二椁，多被盗。小型墓长2.1～3米，宽0.72～0.82米，深0.8～1.7米，单棺，个别有椁。陶器组合一般是鼎、豆、壶、盘、匜、鼎、豆、壶或是鼎、盒、壶三种。空心砖墓一般长2.6米，宽1.28米，深2.5米，极少随葬品。汉墓中亦分竖穴土坑和空心砖两种形式，多被盗扰，随葬品多是陶器，有鼎、灶、盒、甑、樽、壶、盆、杯等。战国车马坑中有马坑2座，分别葬马2匹、4匹；车马坑4座，其中3座各葬车一辆，马2匹，另一座葬车2辆，马4匹。

周庄墓地出土的战国车马坑，是首次发现，对于研究战国陪葬制度和交通工具史具有重要意义。另外，从中出土的数百枚包金铜贝，也为研究韩国货币增加了新的资料。

九、李马东周墓地

李马东周墓地位于新郑市和庄镇李马村附近。1994年8月～10月，河南省文物考古研究所在其南部进行了发掘，共清理古墓葬166座，其中春秋墓13座，战国墓89座，另有汉墓4座和因盗掘而时代不明者60座。春秋墓均为长方形竖穴，分中、小两型。中型墓一般长3～4米，宽2～3米，深2～5米，葬具多单棺，个别有椁。随葬品以陶器为主，常见组合有鼎、鬲、舟、盘、匜等；小型墓长2.2米，宽1米，深0.9米左右，单棺，屈肢葬，随葬品为鬲、盂、豆罐等陶器。战国墓葬有竖穴土坑和空心砖两种形制。土坑墓又分中、小两型，中型一般长3～5.7米，宽2.9～4.8米，深3.5～8.6米，多有棺有椁，个别单棺；随葬品中铜器有鼎、盘、舟、匜、盆、戈等，陶器有鼎、壶、釜、匜、豆等。小型墓长2.15～2.9米，宽1.3～2.8米，深0.64～3米，有棺无椁；随葬品简单，仅一两件陶器。空心砖墓长2.76米，宽1.4米，深2.66米，随葬品极少。李马东周墓地为研究郑、韩两国葬制，解决郑、韩墓葬分期提供了新资料。

十、二里岗战国墓地

二里岗战国墓地位于郑州市管城区二里岗。1953年河南省文化局文物工作队进行了发掘，共清理墓葬212座。墓葬排列密集，其形制可分为土坑墓和竖穴空心砖墓两种。其中土坑墓186座，墓口长2.05～3.8米，宽1～2.87米，均有二层台，葬品多置于壁龛内。空心砖墓26座，椁室系用12块空心砖构成。葬式中直肢葬158座，屈肢葬48座。除13座土坑墓、1座空心砖墓无随葬品外，余皆有随葬品，随葬品多则达56件，少则仅1件，一般为5～20件。计有陶器684件，多鼎、豆、壶、盘、匜等。铜器582件，多为兵器及装饰品。根据其陶器组合，可分为三个时期：战国中期97座，组合为鼎、豆、壶，有的还伴出盘、匜。战国中期偏晚的12座，组合为鼎、盒、壶，有的也伴出盘、匜等。战国晚期35座，组合为盒、碗或加壶、尊等。二里岗战国墓地发掘为揭示战国时期社会家族组织、经济生活等以及建立郑州地区战国墓葬年系表，具有重要意义。

十一、许岗东周古墓群

河南省重点文物保护单位。许岗东周古墓群位于新郑市西南10公里许岗村东部,共4座。1984年文物普查中由新郑县辛店乡文化站刘建业发现。河南省文物研究所新郑工作站于1985年对该墓地进行了钻探调查。这4座墓葬被一个东西长约250米、南北宽约100米的长方形清代土寨所包围。墓为南北向,东西排列。由东向西依次编为1～4号。每座墓都由两个墓道和一个墓室组成。1、2号墓为"中"字形,冢上已无封土。其中1号墓南北总长141米,2号墓南北总长117.5米。3、4号墓平面呈扁担形,形制与前两座墓明显不同。其中3号墓冢南北总长168米,墓上现存封土,4号墓南北总长121.5米,曾经被盗掘。除大型主墓外,另有车马坑陪葬坑、附墓坑、杀殉坑等重要遗迹。4座墓葬填土物均为五花夯土。在1号墓填土、3号墓封土中采集有陶鼎、筒瓦、板瓦、空心砖等遗物。其形制、纹饰与郑韩故城出土的相同。据已掌握的资料判断,许岗4座大型古墓为战国时期的古墓,这一发现不仅为寻找韩国国君陵墓提供了重要线索,而且对研究春秋战国时期,反映奴隶主贵族宗法关系的公墓制度的瓦解、家族墓地制度的形成,以国君陵墓为主体的陵寝制度的确定,都具有十分重要意义。

十二、韩王陵随葬马坑

全国重点文物保护单位。韩王陵位于新郑市西南约10公里王行庄村北岗地上,东西排列着4个大冢,大冢北侧有4个陪葬坑。墓均为南北方向,每座墓都由两个墓道和一个墓室组成。1987年11月,河南省文物研究所新郑工作站对最大的1号坑作了发掘。1号坑东西长31.9厘米,南北宽3.6～3.9米,深3.6米。坑内填土经过夯打,夯层厚9～15厘米,夯窝圆形,圜底近平,直径为5.5～6厘米。坑内共葬马56匹,马匹的摆放由西向东分14排,南北向排列。1.2排各2匹,3～10排、12排、13排各4匹,11排和14排各6匹。马头向东,腿朝北。未发现车马具,仅在一些坑壁和马骨上下发现有朽坏的苇席痕迹。

其中发掘的一座车马坑,殉马56匹,每排4匹。按当时制度,用4匹马拉一车,56具马骨架分14排,正好是14辆车的配套数。虽然坑内无车,但不能排除在其他坑中或在墓中随葬的可能性。坑内马匹摆放有序,且无挣扎和束缚迹象,表明是用药毒死后埋入的。56具马拉14辆车,排列30多米长,这么豪华陪葬,显示了墓主人较高的地位和巨额财富,反映了韩国国君墓葬的一般规律和特点。这在目前全国发现的王陵车马坑中,形制也算是比较大的。

韩王陵墓的发掘不仅为我们寻找韩国王陵提供了重要线索,而且对于研究春秋战国时期反映奴隶主贵族宗法关系的公墓制度的瓦解,家族墓地制度的形式,以国君陵墓为主体的陵寝制度的确定,都具有十分重要的意义。

十三、郑国大墓车马坑

郑国大墓车马坑

郑国大墓车马区位于新郑市郑韩故城东城区西南角即市区文化路南端，总规划面积270亩，内有春秋墓葬3000余座，大中型车马坑18座，其中6米以上的大型墓近180座，长宽均超过20米的特大型墓4座。这片地一旦开挖，地下的墓地之间密集度连将一头牛的地方都没有。目前一期工程已经完成，占地面积为54亩，主要内容为已发掘的一号车马坑展示厅、三号坑车马坑展示厅、郑公“中”字型大墓、郑国大夫墓部分大中型墓葬马坑地上展示区、眺望台、休闲广场、廊架及反映东周时期文化特色的景墙。其中，1号车马坑于2001年4月发掘，内葬多种豪华实用车辆20辆和许多马骨；郑公墓和郑大夫墓仍在发掘之中。

十四、洛阳中州路东周墓群

郑州市中州路是1955年修筑的贯联洛阳市新旧市区的一条干道，其西工路段穿过东周王城遗址，长2100米。1954年秋~1955年春，中国科学院考古研究所在该路段发现了260座东周墓，文物工作人员将其称为洛阳中州路东周墓群。

洛阳中州路东周墓群分属春秋、战国两个时期。

春秋墓的结构承袭西周，为长方形竖穴土坑墓，无墓道。墓室之上为经过夯打的填土，填土之下为放置棺椁的墓室，无腰坑。少数中晚期墓有壁龛。其葬式多为单人仰身直肢葬，少数为单人屈肢葬。随葬品多为成组的陶器，少数墓内随葬成组的铜器，也有无随葬品的。陶器的基本组合早期为鬲、盆、罐，晚期为鼎、豆、罐。铜器的基本组合为鼎、簋、舟、盘、匜及兵器和车马器等。随葬陶器的墓，墓坑较小，有的有棺无椁，有的单棺单椁，墓深多为6~7米。随葬铜器的墓，墓坑较大，一般有棺有椁，墓深在7~11米。

战国墓的结构与春秋墓相近。春秋中晚期出现的壁龛，此时十分流行。墓葬仍以长方形土坑墓为主，但出现了洞室墓。单人直肢葬很少，95%以上为单人屈肢葬。随葬陶器的墓最多。随葬铜器的墓，早期较多见，到了中期以后很少。陶器的基本组合：早期是鼎、豆、壶；晚期为鼎、敦、壶。铜器的种类有鼎、甗、豆、壶、舟、盘、匜等。此外，还有无随葬品或只有少量石饰的墓葬。

1955年以后又陆续在中州路两则发掘了数百座东周墓，说明此处是一处较大的东周墓地。

十五、铁岭墓地

河南省重点文物保护单位。铁岭墓地位于新郑市，距郑韩故城仅2.5公里。墓地处在双洎河北岸，其东、西各有一条季节性河流向南注入双洎河，三河相依，是古来建墓理想之所在。墓地南北长650米，东西宽450米，面积近30万平方米，西部为南水北调主河道通过区域。

铁岭墓地是郑韩故城外围一处新发现的墓地，面积巨大，墓葬排列密集而有规律，不同区域的墓葬，其方向、形制、出土物均不同，具有强烈的时代性。其中众多的东西向墓随葬小型陶制明器是郑州地区东周墓的地方特色。

为配合南水北调中线工程郑州段的顺利开展，2006年5月铁岭墓地的发掘工作正式开始。新郑铁岭墓地考古发掘一期工程结束，发现近60座战国古墓，其中2座为明清墓，其他为战国墓。墓地内几座特大型墓葬，规模均超过郑韩故城内的郑公大墓。该墓地出土的陶器有罐、瓮、盆、豆、豆盘、罍、鬲、簋、爵、缸、瓦、器盖等。考古人员还发现土坑墓中有一例四壁对称建设的四个象征性壁龛，一例壁龛中水平设一横隔梁，这对研究战国时期的葬制有重要研究价值。专家称，这些考古发现对研究战国时期的文化有重要价值。

十六、碧沙岗东周墓葬

碧沙岗东周墓葬位于郑州市旧城西今碧沙岗公园内外，是一个东西长600米、南北宽400米、高约5米的土岗。《郑县志》上称“黄土岗”，又称“猴岗”。这个土岗，被纵横两条大路交叉通过，将土岗分割成四块。1955年2月，原河南省文化局文物工作队派人配合基本建设，对该遗址进行了勘探和试掘，发掘地点是在东西公路以北两块最高的岗地上，开探沟54条。遗址的分布主要在东岗北部靠近西十里铺村和西岗南部靠近大路的地方，这两处遗址灰坑分布都很密集，清理灰坑45个。墓葬也较集中，最密集处在100平方米内就有13座墓，西岗有南、北两个墓群，东岗南部有墓群。共清理古墓葬149座，除4座为唐、宋墓以外，其余145座墓葬与遗址同属战国时代。

墓地共分三群。其中西岗分为南北两群，东岗为一群。这些墓葬均为长方形竖穴土坑墓，最大者长3.9米，最小者长1.2米。其中10座墓有腰坑，殉狗。均为单人葬，其中直肢葬110座，屈肢葬25座，葬式不明者10座。墓主头向多朝北，达128座。

碧沙岗墓葬遗址的文化层堆积一般厚0.2米左右，土色黄褐，含物不多。灰坑多在文化层下面，圆形或近于圆形，口径多在1~2米，深多在1米以下。长方形的灰坑只有3个，深3米左右，出土物均相同，主要有陶豆、陶盂、陶碗、陶纺轮、陶网坠、陶拍子、铜镞、石镰、石铲、石斧、骨刀、骨针、骨笄、兽骨、鹿骨、蚌壳、螺丝壳以及砺石、陶片等。墓的形制都是长方形土坑竖穴，一般墓穴长2~3米，深3~5米。在145座墓中，10座有“腰坑”（人骨架腰部下面的小坑），坑内都有一只殉葬小狗。

随葬品多置于墓主人头前，其中103座墓有随葬品，而陶器墓就有89座，以带钩或装饰品随葬者4座，随葬者10座。墓的方向大多数南北向，大部分墓底发现棺或椁腐朽的“灰板”。有棺有椁的很少，有棺无椁的最多，还有少数没有棺椁的。有3座墓的棺灰下面发现朱砂，可能是涂在棺上的。各墓都是单身葬，葬式以直肢为最多，屈肢葬次之。大部分墓都有随葬品，无随葬品的墓很少。随葬品绝多为陶器，有的出土有贝币、铜带钩、铜带圈、刻花骨牌、玉带钮等，还有的用祭肉随葬，祭肉留下的骨头有猪、牛、羊三种。各墓出土的随葬陶器有陶鬲、陶豆、陶盂、陶罐、陶尊、陶匜、陶盘、陶杯、陶鼎、陶壶、陶罍和陶碗等，还有铜匜、铜带钩、铜带圈、铜簪以及玉带钮、贝币、刻花骨牌等。碧沙岗东周墓地为研究嵩山地域东周时期社会经济、家族政治以及建立河南东周墓葬编年都具有重要意义。

十七、孙旗屯秦墓

孙旗屯秦墓位于洛阳市西郊孙旗屯村附近。1986 年 10 月 ~ 1987 年 3 月，洛阳市第二文物工作队在此发掘 3 座秦墓。

这 3 座秦墓均为洞室墓，依其形制不同，可分为两类。属于第一类的 1 座，为大墓道小墓室的上洞墓，由墓道、壁龛、墓室三部分组成。墓道为长方形土坑竖穴，四壁整齐，略向内收。墓道东南角的东壁和南壁上各有 3 个三角形脚窝。壁龛位于墓道底部西北角的西壁下，龛口上宽下窄，平顶，底呈圆角长方形，低于墓道底部 10 厘米。墓室在墓道的北端，为一长方形土洞。室内中部北侧顺置一骨架，仰身直肢，两手交叉置于腹部，头向东北，面向西南。无棺椁，在骨架四周和上下均有席子的痕迹。随葬品有铜带钩、石圭和陶器，分置于墓室及壁龛内。属于第二类的有 2 座墓，均为墓道略小于墓室的长方形土洞墓，墓道底部为斜坡形，墓室在墓道南端，有棺，葬式不明。在墓室西北角的西壁下设一壁龛，龛顶呈弧顶。随葬品皆为陶器，有壶、盒和鼎等。

3 座秦墓中出土的随葬品有陶器、铜器和石器等 19 件。陶器均为泥质灰陶，轮制，纹饰主要有弦纹和暗纹，特别是在壶、豆的表面常饰有人字形纹。

据《史记·周本纪》载，周赧王五十九年（前 249 年），秦昭王灭西周。“西周君尽献其邑三十六，口三万”，“后七年（前 249 年），秦庄襄王灭东周，东、西周皆入秦”。孙旗屯位于洛阳王城西南 3 公里，战国时属西周国。这说明自公元前 256 年起，王城以西皆归于秦，此时距公元前 221 年秦始皇一统六国还有 35 年。从孙旗屯 3 座墓中随葬的陶器组合看，应为战国晚期的秦墓。

十八、人民公园秦墓

位于郑州市二七区铭功路街道办事处铭功路东侧、金水路南、人民公园内的西北角，现在为郑州市杂技馆占压。2001 年 1 月至 3 月，由郑州市文物考古研究所进行发掘。共发掘秦代墓葬 8 座，墓葬均为宽墓道窄墓室的土洞墓，墓道多在墓室南侧，为口小底大的长方形竖坑穴土坑，坑壁斜面平整。多数墓道有生土二层台。墓室均为土洞，平面近长方形，一般南北长 3.26 ~ 1.8 米，宽 1.6 ~ 0.8 米，高 0.7 ~ 1.62 米。有些墓室北端带有小龛。葬具均为木棺，葬式有仰身直肢和曲肢葬。随葬物品有铜器、铁器、陶器、贝器，器形有铜鍪、铜釜、陶甑等。

十九、烧沟汉墓

洛阳烧沟汉墓发掘报告

烧沟汉墓位于今洛阳市老城西北约 1.5 公里，在邙山南坡。南临陇海铁路，往北地势逐渐增高，进入层层台地。邙山为一土岭，由于数千年的雨水冲刷，形成很多南北走向的大沟，烧沟即为其中之一。烧沟发现汉墓是从 1952 年 11 月开始钻探，先后共探出汉墓 1000 多座，并发掘了其中的 255 座。由中国科学院考古研究所编辑，以洛阳区考古发掘队的名义编制的发掘报告《洛阳烧沟汉墓》，于 1959 年由科学出版社出版。

该书将这批汉墓分作六期：第一、二期相当于西汉中期；第三期（前期）相当于西汉晚期，第三期（后期）约相当于王莽时期；第四、五、六期分属东汉早、中、晚三个时期。从墓形来看，烧沟汉墓均为洞室墓。但就建筑材料的不同可分作砖室墓（空心砖墓和小砖墓）和土圹墓，土圹墓的形制效法同时期的砖室墓。第一、二期流行平顶墓室的空心砖墓和土圹墓，第三期（前期）流行多耳室的弧顶砖室墓和土圹墓，墓道与墓室间出现甬道，第三期（后期）流行“四面结顶”的单穹窿顶墓。以上诸期墓道几乎全是长方形竖井式。第四期仍沿用第三期（后期）的墓形，但斜坡或斜坡阶梯式墓道已流行并至东汉末期。第五期流行双穹窿顶的砖室墓和抛物线顶的土圹墓，第六期则多为墓道与墓室在半面上呈“丁”字形的横堂墓。

从随葬品来看，多系陶器，也有铜器和铁器等，时代愈晚随葬品愈丰富。第一、二期随葬陶器多为鼎、盒、壶、罐，第三期流行用仓、井、灶等模型明器随葬。第四期出现陶案方盒等。第五、六期流行用鸡、犬俑类及猪舍、房屋模型的铸造花纹，五铢钱的字体等，均可作为判断墓葬时代的依据。墓中随葬的各种俑类，铁制生产工具，彩绘壶及带有文字的器物等，均系汉代的珍贵文物。

1957 年在烧沟村发掘的西汉傩戏图壁画墓是目前所发现的壁画内容最丰富、绘画技巧最高的墓葬。该墓为西汉后期墓葬，由墓道、墓门、平室、前堂和后室组成，主室为空心砖砌筑，小砖券耳室，壁画在主室内，共有 6 组。墓内门上额绘有一双翼神虎吃女魃图，另塑一羊头。前后室隔墙横梁上绘两幅历史故事，右为“孔丘拊掌师项橐”，左为“二桃杀三士”。上部三角砖彩绘透雕傩戏打鬼图，背面绘两扇门，门额绘 5 个玉璧，两边各雕有翼龙，上骑羽人。墓顶彩绘日月星云图，图中有常见的主要星座，是重要的天文资料库。后墙彩书三个“恐”字，字下绘一横幅，中为怪兽，两侧各站数人，郭沫若认为是历史故事片《鸿门宴》。该墓已复原迁至洛阳市古博物馆。

二十、九洲城西汉墓

位于郑州市西太康路与铭功路交叉口东北隅（人民公园西南角外侧）。1995 年 8 月，郑州市文物局考古研究所配合郑州市九洲城房地产公司基建项目工程，发掘清理西汉时期墓葬 3 座，出土一批随葬品和画像空心砖。

3 座墓葬形制各不相同，M1 为空心砖洞室墓，平面呈长方形。南端略窄，北端略宽。长 3.75 米，宽 0.95 ~ 1.1 米，墓室高 1.24 米。墓底中部出土陶釜、陶罐各 1 件。

M2 竖穴空心砖墓，墓穴口呈长方形，南北长 4.8 米，宽 3.4 ~ 3.6 米。四壁向内斜收，距墓口 3.8 米处留有二层台。墓室分南北两部分，平面呈“凸”字形，南部较大。墓室底砖为柿蒂纹，四壁空心砖均为画像砖。壁砖正背面均有画像，边框以绳纹、连续曲折纹、菱形纹各一周作装饰图案，中部印有朱雀张佩剑吏。朱雀头部高仰，羽翅展开做飞翔状；吏体态健壮，做行走状，栩栩如生。该墓因被扰严重，无随葬品。

M3 长方形竖穴土坑墓，口部略大，底略小，墓壁斜收，东西两壁下部留有二层台。墓口南北长 5.28 米，南北宽 4.3 ~ 4.4 米，距地表深 0.5 米。墓坑内填土局部经过夯打，较为坚硬。该墓被盗严重，仅在墓北部出土彩绘陶器 9 件。有陶釜、罐、鼎、盒、钫、壶、盆等。

3 座汉墓的发掘，为研究郑州地区汉代早期墓葬提供了较好的资料。尤其是 M3 的彩绘陶器和 M2 的画像砖，一方面反映了汉代厚葬之风，另一方面也反映了古代匠人的艺术成就。M2 的画像均采用阴刻线条来表现，更是嵩山地域画像砖所少见，且最长砖达 2.61 米，为出土空心砖所仅见。

二十一、偃师东汉姚孝经墓

偃师东汉姚孝经墓位于偃师市城关镇北窑村东砖厂。1990 年 1 月，偃师商城博物馆对该墓进行了抢救性发掘。

姚孝经墓由墓道、墓门、甬道和后室五部分组成。随葬器物百余件，除大部分漆器腐朽无法采集外，共取回随葬品 45 件，其中陶器 44 件，五铢钱 1 枚，陶器中模型器 21 件，实用器 22 件，瓦当 1 件，方形字砖 1 块。尤其是位于前室入口处的字砖，边长 40 厘米，厚 5 厘米，正面阴刻隶书 6 行，行 6 ~ 8 字不等，笔画挺直，字体大小排列不匀，刻有“永平十六年(73 年)四月廿二日，姚孝经……”等 40 余字。此方字砖，已初具墓志特征。

新中国成立后，河南范围内发掘的汉墓约万座，但保存有纪年文字或纪年铭刻的东汉墓，约有 8 座，而姚孝经墓建于东汉永平十六年(73 年)则为所见最早者，其形制和器物群保存也较完整，对东汉墓分期断代具有重要价值，而且对东汉墓随葬器物的演变轨迹，也增加了一些新的认识。

二十二、东汉墓园

东汉墓园位于汉魏洛阳城内城西，东汉时雍门外 2.5 公里处，即今陈屯新村村东的一片平地上。1987 年下半年和 1988 年春，中国科学院考古研究所洛阳汉魏城队对其进行了大面积发掘。

东汉墓园平面呈长方形，东西长 190 米，南北宽 135 米，四周有夯筑土垣，其转角处增设附属建筑。墓园之内，分为东、西二区，西区修造墓园主人墓，东区营建墓侧建筑群。墓南向，砖筑，由墓道、甬道、横前室、耳室、后室五部分组成，是一座有横前室的多室砖券墓。封土夯筑，平面呈圆形，直径 48 米。由于多次被盗，墓中出土随葬品甚少，有铜铺首、铜铃、圭形器和玉片等。

墓侧建筑群面东，由东、西毗连的三进院落组成。其东西长90米，南部为公路所压。1号院落居建筑群最西部，由一大型殿基及其以北的3道墙壁围成，南北残长49米，东西宽28米。院内有5座建筑基址，大型殿基居南，东西两侧和北部各有2座房基。诸建筑间的方形空间，为天井。2号院落位于1号院落东侧，南北残长36米，东西宽20米，由3道墙壁围成。天井位于院落中心部位，其南侧是一座以石铺地面为中心的方形建筑，北侧有一较大型殿堂基址。3号院落位于2号院落东侧，东西24.5米，南北残长28米，由3道墙壁围成。院落中心为一块夯土，其东、西、北三面各建房舍一座。

根据墓中出土遗物推断，此墓年代约当东汉桓帝至献帝时期，接近年代约为公元147~160年。墓葬年代如此，整个墓园的建造年代亦然。至于墓园主人的身份，根据《洛阳伽蓝记》、《水经注》和《元河南志》记载，推想东汉皇帝的早殇稚女应埋葬于此。

二十三、东汉刑徒墓地

东汉刑徒墓地位于汉魏洛阳故城南郊，洛河南岸，今偃师市西大郊村附近的一片高地上。这里埋葬着一大批东汉时期的刑徒。

东汉刑徒墓地发掘现场

刑徒墓地的整个面积约有5万平方米。1964年，文物考古工作者在墓地的一角进行了发掘，在不到2000平方米（约占总面积的4%）的范围内，就密密麻麻地分布着刑徒522座。墓为长方形竖穴式，长1.3~2.3米，宽0.4~0.5米，最深不到1米。除了一些刻有简略文字的墓志砖以外，几乎没有任何随葬品。

在发掘中共出土墓志砖820余块。从砖上所刻铭文得知，这批刑徒的墓葬年代，起自东汉永元十五年（103年），迄于延光四年（125年），其中以永初元年（107年）和元初六年（119年）的人数最多。从地域看，除益、凉、幽、交四州外，其余中原地区以及长江中下游各州刑徒，如豫、兖、司隶、冀、青、徐、荆、并等州的刑徒，皆被征调至洛阳服役。其中豫州最多，约占1/3，兖州次之。若以县统计，则共有167县。

铭砖上还刻有刑徒的姓名、刑名、部属、狱所名、死亡日期等简略内容。所见刑名共四种：一为"髡薪"，是五年刑；二为"完城旦"，是四年刑；三为"鬼薪"，是三年刑；四为"司寇"，是二年刑。其中以"髡薪"为最多，约占56%。部分铭砖上刻有"无任""五任""勉刑"等字样，"无任"指无技能，"五任"指有技能，"勉刑"即"驰刑"，指免戴刑具。

刑徒大多是无辜的劳动农民，被封建政府判罪后罚来京师，成为官府手工业的主要劳动力，他们被迫从事修建宫殿，营建陵墓，修筑城池，治水挖河，修路架桥，冶铸铜铁，烧造砖瓦，伐木漕运等繁重劳动，过着牛马不如的生活。苛酷的劳役，恶劣的生活条件，致使其中许多人刑期未满就被折磨死亡。

刑徒墓砖拓片

死后仅仅可以得到一个葬身的浅坑。还有的是被活活砍死的，尸骨上残留的刀痕，至今清晰可见。垒垒白骨，块块铭砖，提示了东汉时阶级压迫的历史真相。

二十四、东汉肥致墓

东汉肥致墓位于偃师市首阳山镇南蔡庄村砖厂西部。墓主肥致，字苌华，东汉梁县人，卒于东汉建宁二年（169 年）。肥致是一位蜚声海内、群士景仰的道家人物，因擅方术而被诏入宫，受封“掖庭侍诏，赐钱千万”。

肥致墓由偃师县文管会发掘。肥致墓为长斜坡墓道砖室结构，由墓道、甬道、前室、二侧室和后室组成。墓道位于前室西侧，甬道在墓道之东，其东又为前室。北侧室在前室之北，南侧室在其南，后室在其东，其间均以甬道相连。在南侧室和后室发现乱骨。随葬有陶质罐、盒、魁以及铜圈饰、铁剑等。尤其是南侧室中出土墓碑《河南梁东安乐肥君之碑》1 通。该碑主要是记载了章和二帝与道教徒的交往，故颇为道教研究者重视。

肥致墓的发现，具有纪年断代的意义。其中所出墓碑，不仅为研究东汉道教与宫廷政治提供了重要资料，而且具有较高的书法艺术价值。

二十五、东汉殉人墓

1971 年 1 月，在洛阳市东关发掘了一座东汉晚期砖石混合结构的多室券顶墓。墓门向东，墓的后室砖券顶距今现存地面深 2. 5 米，墓道墓顶之上的残存封土，均经过分层夯实。全墓分墓道、墓门、通道、前室、后室、南耳室和车马室等部分。墓葬所用砖石是特制的，砖为水磨砖，其中最重者每块达 27. 5 千克。整个墓葬结构严密，用材特殊。

东汉殉人墓在 1949 年前曾多次被盗掘，墓内随葬器物已较少。出土有陶仓楼、陶俑、车马饰、陶风车和米碓,米碓在左侧,前端为一个外方内圆的臼窝,后部为杵架,上有长杠杆的杵臼,杵臼头放置在臼窝中。右侧为风车,车的上部有一个装御粮食用的长方漏斗形高栏,栏的两侧各有两个斜腿,便于固定高栏。风箱为长方形,风车正面中间下部,有长方形出粮口。风箱穴尾无档,是出灰尘糠秕之口。风车和米碓比济源泗涧沟西汉晚期墓内的风车米碓又有了一些改进。墓内还出土玉片,残存42片,其大小、形状、厚薄和颜色各不同。有长方形、方形、梯形3种,每块的四角各钻有孔。

东汉殉人墓最特殊的是在墓门券顶上的夯土层内有人殉葬,殉葬者骨架保存完好,纵横交错层层叠压,互相拥挤,姿态混乱,有的直肢,有的蜷曲,看来是被强制活埋生殉的。殉人处下面夯土层内,还发现一只完整的狗骨架,屈身侧卧。据鉴定,这10具殉人骨架,5~6岁的4具,10~15岁的2具,30~40岁的4具。其中包括5男5女。人殉制度流行于殷代,周代也有一些实例。东汉晚期,封建制度已存在了数百年之久,并且已有了相当高的发展。但在东汉晚期的墓葬中仍有殉人的现象,这是奴隶制的残余,在汉代考古中也是罕见的孤例。

二十六、汉代墓群

位于临汝市区以北,张庄以南的一大片开阔地带。这里发现有大面积排列密集汉墓群。形制有穹窿顶墓,墓室近方形,底铺有小青砖,墓道多斜坡状,三方均有长短不同的拱券耳室;有空心砖墓,长2.3米,宽0.45米,墓的一侧砌有耳室;另外还有小形长条拱券墓、土洞墓等。汉墓随葬品有陶壶、陶仓、陶奁、折腹瓮、陶灶、陶缸等。有些器物表面饰有一层绿釉。

二十七、白沙汉墓群

白沙汉墓群是禹州城西郊直到白沙一带汉代官民集中留下的墓葬群。禹州是战国时期的韩国都会,秦汉时期又为颍川郡首府,贵族阶层人物较多,城周围也就相应地出现了集中的墓葬区,尤其禁沟以西,地面保留下来的汉代墓冢很多,地下埋藏的墓室也不少,所以称为“汉墓群”。该汉墓群总面积67万平方米。墓室为青砖结构,青砖人们叫汉砖,上刻有各种图案,系空心烧制而成。从出土的汉墓来看,墓主上有王公贵族,下有黎民百姓;这些墓室形制不一,各有特点,为全国所罕见,对研究古代葬俗和汉代文化具有很高的历史和艺术价值。

二十八、西晋北朝墓葬

西晋墓在嵩山已发掘近200座。按其规模可分为大、中、小三种类型。大型墓多为砖结构,有宽大的、分阶内收的长斜坡墓道和制作规整的石门。墓道长可达35米以上,墓室长宽5米以上。四壁呈外凸的弧线,四角或砌出曲折状砖柱。随葬品丰富,主要包括生活用具、模型明器和俑类,并出现了圭首式石墓志。中型墓的基本特点与大型墓雷同,但规模小得多。一般墓道长10米左右,墓室长宽3米左右。随葬品较少,无墓志。小型墓多为形制很小的竖穴土坑墓,随葬品极少。

北朝墓主要分布在洛阳邙山一带的瀍河两侧，已发掘的共30多座，墓分大、中、小三种，大型墓如北魏皇陵形制，中、小型墓多为单室土洞墓。

二十九、偃师杏园曹魏墓

1984年夏季，考古工作者在配合偃师首阳山电厂基建中发现偃师杏园曹魏墓。该墓由墓道、前甬道、前室、南北耳室、后室六部分组成。全墓长28米，墓底至地表9米。墓道呈长斜坡状，全长12米。前甬道为过洞式，墓道与甬道之间砖砌封门墙一堵。前室连接前后甬道，左右两侧有狭窄过道与南北耳室相通。四壁顺砖错缝垒砌，顶部已坍塌。后甬道呈窄长条形，券顶已坍塌无存。后室为长方形土洞，四壁保留矮墙。

墓中随葬品虽经盗扰，但仍出土近200件遗物，遗物种类有陶器、铜器、石器3种。陶器51件，种类有瓮、带盖罐、仓、奁、方盒、圆案、方案、灶、壶、猪圈、甑、小罐、鼎、盒、勺、耳杯、鸡、盘、人俑、瓦当。铜器共6种，有镜、管形器、衔镳、盖弓帽、钱币等。石器共3件，有猪、砺石、砚。

三十、偃师杏园西晋墓

1984年夏季，考古工作者在偃师市杏园村发掘了一座西晋墓。该墓为前室土洞、后室砖券墓，全墓总长33.2米。自西向东可分为墓道、前甬道、前室、后甬道、后室五个部分。墓道呈斜坡状，石门两扇，位于甬道中部。前室为一拱形土洞，平面长方形，长3.9米，宽3.46米，四壁残留砖砌的矮墙。前室南部有白灰残迹，并有头骨、尺骨和棺钉等遗物。后甬道中间加石门一道。后室平面方形，长宽均2.9米，穹窿顶，中部有一直径0.9米的盗洞。后室南部保留棺痕两处，在白灰底上留棺钉数枚。墓志被盗者打碎，残缺不全。

墓中随葬品器物有陶器、瓷器、铜器和墓志碑，而以陶器为主要随葬品，陶器的种类有四系罐、罐、多子盒、樽、空柱盘、扁壶、盘、盆、碗、耳杯、圆案、灯、仓房、碓、水井、水斗、磨盘、灶、博山炉、兽形帐座、牛、牛车、武士俑、女仆俑、男仆俑、镇墓兽、马俑、鸡、羊狗、猪。其他遗物有小瓷罐、五铢钱等。

三十一、正始八年墓

正始八年墓位于洛阳矿山厂厂区内，涧河西岸。1956年7月河南省文化局文物工作队第二队进行了清理。

正始八年墓深10.3米，方向260度，由前室、后室、耳室、甬道和墓道组成，建筑时为大揭顶开挖后以小砖并列交错砌成双层墓壁，顶作拱势，上填花土。前室平面近正方形，东西长3.38米，南北宽3.25米，券顶被盗掘者所破坏。前室东部，向南、向北各有一耳室，用小砖砌成双层拱券，并在券顶的上部，用薄青石片填缝，高1.5米，北耳室进深1.42米，东西宽1.36米，南耳室进深1.6米，东西宽1.36米。前室的东西二面分别有甬道与墓道和后室连接，甬道结构与耳室略同。东侧甬道高1.88

米,长1.62米,甬道正中装置墓门,墓门为长方形素面青石板,高1.23米。门板外围并有青石制作的门框。石门外用小砖以“人”字形封闭两层,再东即为斜坡墓道。墓道全长23.5米,上口宽2.8米。向下每隔0.9米或1.5米内收一级,留一宽0.15或0.25米的台阶,在墓门以东15米处向上起25度的斜坡。两侧甬道高1.36米,长1.02米,宽1.06米,与后室连通。

因正始八年墓曾被盗扰,墓内器物已乱,葬具和骨架也已不见痕迹,只有两耳室的内器物保存完好。出土文物以陶器为主。器形有罐、盘、灯、奁、俑、井、磨、灶、碗、鸡、狗、猪圈等共43件。铜器有锅、博山炉等5件。铁器有帷帐架、灯共10件。另外还有玉杯和石板各1件。出土物中以9件铁帐架和1件玉杯最为重要。玉杯高13厘米,口径5厘米,白色,制作精美,十分光滑,是罕见的古代艺术品。

1.Ⅲ式罐(35∶30)

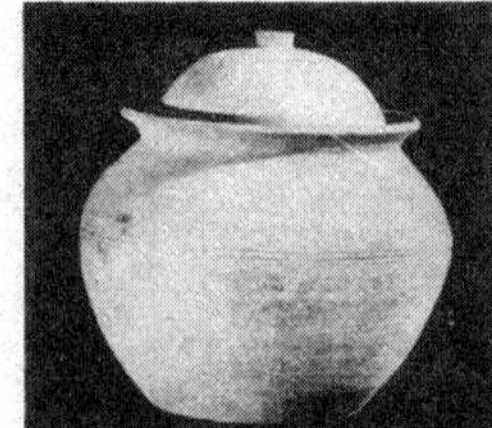
2.Ⅳ式罐(35∶19)

3.猪圈(35∶30)

4.奁(35∶36)

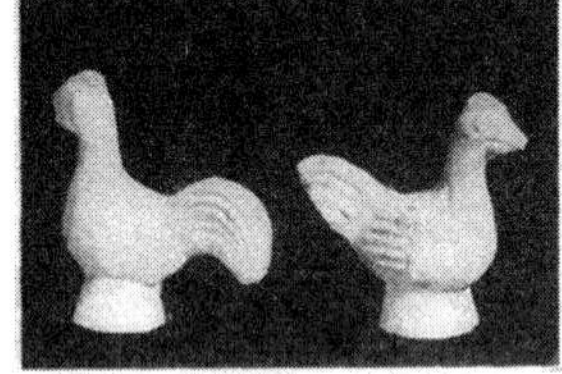
5.鸡(35∶5)

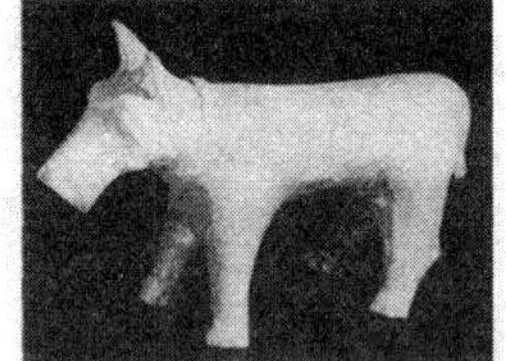
6.狗(35∶2)

正始八年墓出土的陶器

其中,帷帐架是以圆铁棒制成三柱和四柱的拐角形状,各柱长16厘米,直径4厘米。其中四个为三柱,各柱成90度直角,一柱直立,两柱成直角平伸,恰似一个方立体形。另外,有四个为四柱,除一柱垂直两柱平伸外,还在两个平伸柱之间又加向外倾斜的一柱,与立柱成109度。另一个亦为四柱,状如四足外伸的青蛙,并在顶部正中镶一铁饼,各柱端均制成库,库内有木质痕迹,器身有细布纹,在上角一器的库上刻有“正始八年八月……”铭文。把9件器物联系起来,三柱者置于下部四角,四柱者置于上部四角,另一蛙状者置于上部正中作顶,其间连接以木柱,即成为长方形立方体锥顶架子,四周用布围之,恰成一个完整的帷帐,这为考证汉魏时期的帷帐形制及其制作方法提供了重要的资料。

三十二、洛阳市公路总段重油库西晋墓

洛阳市公路总段重油库西晋墓位于瀍河以西的洛阳市郊苗沟村北路。1990年6月,洛阳市文物工作队在配合洛阳市公路总段基建工程中发掘。

该墓为一方形单室砖券墓,由墓道、甬道和墓室三部分组成。墓道位于甬道以南,呈斜坡状,宽1.02米,因遭破坏,长度不详。墓道与甬道之间有两道砖砌封门。封门以北即为甬道。墓室平面近方形,东西长3.12米,南北宽3.08米。墓顶已毁,高度不详。墓壁用条砖错缝平砌。墓室四隅有角柱,各角柱之上横放两块大砖。然后向上逐层内收,墓室及甬道底部平铺一层呈“人”字形排列的小砖。葬具及人骨均腐朽,仅在墓室东北部发现一人头骨。在甬道内发现有少量家畜骨骼残块。

在墓室和甬道内发现随葬品86件,主要集中在墓室东部。随葬品中陶器居多,其有少量铜、铁器。陶器中的种类有四系罐、碗、空柱盘、耳杯、勺、多子盒、灶、甑、磨盘、井、水斗、灯盏、仓、猪圈、猪、

鸡、狗、马、牛、车、仆俑、俑头、镇墓兽、帐座、瓦当。其他随葬品有铁镜、东汉五铢钱、石片等。

三十三、徐美人墓

徐美人墓位于今洛阳市老式城北郊邙山下,东距瀍河约1公里。1953年10月洛阳区考古发掘队对该墓进行了发掘。

徐美人墓由墓道、甬道和墓室等部分组成,方向6度。墓道为斜坡形,规模甚大,斜长达37.36米,上口宽5.1米,两侧自上而下递减5层,形成台阶,深12.2米,折合土约1000立方米。墓道以南是砖筑甬道和墓室。甬道长237米,其前设有两道石门,石门为素面石板。墓室平面呈方形,平列错缝砌成双层墓壁,并在平列之内加砌竖砖。四面结顶,墓室四隅砌成曲折的砖柱,砖柱顶上还有仿木结构的斗拱,墓室长5.3米,宽5.9米。墓室内偏东部和西南角各有一砖铺的棺床,前者长2.8米,宽1米;后者长2米,宽0.7米,高0.4米。出土器物近20件,器形有铜洗、铁刀、陶碗、陶罐、石器座、铜钱和墓志。墓志为石质圭首方趺,志高8.65米,宽0.52米,厚0.85米,正背两面均刻字。字迹佳丽,当为珍品。

徐美人系晋惠帝贾皇后(贾南凤)乳母,在官闱中颇受尊遇。大将军杨骏图谋篡政,宫人在面临“倾覆之祸于斯须”之际,徐美人“设作虚辞”得使贾皇后脱险,故其死后殡葬甚隆。墓志与史传可互为校证。

三十四、裴祇墓

1936年夏天,洛阳城北乡安驾沟村史某,在周公庙北墙外盗掘晋墓,盗出石质裴祇墓志一块和金质女头饰数件,铜质镶玉腰带一根。头饰和腰带当即卖掉,墓志一直存放到1969年,捐献给洛阳博物馆。1979年于此地建楼,复将此墓探出,并进行了发掘。

裴祇墓的墓门向东,斜坡向东,斜坡墓道(没挖),根据钻探,墓道长26米,宽1.12米,墓门距今地表深12米。墓门用石条横砌封堵,进墓门过甬道(盗洞在甬道左侧)为前堂,再进为主室,北有侧室,侧室之中靠东壁又挖出一土洞。前堂平面为方形,东西长3.1米,南北宽3米,高3米。墓顶为四面起坡式券顶(砖长0.27米,宽0.15米,厚0.05米),四隅转角处,用数砖突出呈斗状,以此承托墓顶。但因墓顶跨度较大,致使上顶下塌。后室用磨光大砖(砖长0.38米,宽0.19米,厚0.19米)券成(纵连式),长4.44米,宽1.76米,高2米。北室以小砖券成,长4.7米,宽2.1米,高2.2米;侧室之中靠东壁又掏挖一土洞,长2米,宽1.56米,高1.2米。全部都用小砖铺地。墓志载:“太夫人柩止简东人。”墓形与志载正合。

裴祇墓志

裴祇墓志为长方形,下有榫,应置于石座上(未发现石座),碑高0.43米,宽0.2米,厚0.04米,正背两面刻字,面有字 6 行,行 12 字,字行之间有界格。墓志载"晋故大司农关中侯裴祗,字季赞,河东闻喜人也,春秋六十有七,元康三年七月四日癸卯薨",字体苍劲规整,近似"大晋龙兴皇帝三临辟雍碑",结体上承汉隶,下开魏碑之先河,是晋碑中的精品。

三十五、岗北从葬墓地

岗北从葬墓地位于汉魏洛阳城外郭城内,即今寺里碑村东景阳岗上,分别处于岗之北部和中部。1988 年夏,中国科学院考古研究所洛阳汉魏城队对其进行了发掘。

岗北从葬墓地东西长约 6 米,南北宽约 7 米,有 20 余座墓葬,发掘 13 座;岗中部墓地东西长约 7 米,南北宽约 9 米,有墓葬 40 余座,发掘了其中的 15 座。两处丛葬墓地布局大体一致,墓葬排列有序,均南北成行,皆竖穴土坑墓,每穴一棺。随葬品以"五铢"铜钱最多,有 388 枚,其次为小件玉、石器及铜器,另有小件银器、铁器、漆器和陶器等,共计 51 件。

值得注意的是,在岗中部墓地发掘两块完整的朱书文字砖,文皆隶书,颜色有些脱落,多数文字尚可辨出,其砖铭分别为"南头第十九西人故在□东北头第一柱间□□□□头"、"南头第廿西人故在东□□北头第一柱间□□□□□故在东南□□"。结合《汉书·地理志》、《宋书·胡藩传》和《资治通鉴》卷一一三等文献记载可知,"西人"即"义故西人"的简称,是指东晋时期执掌朝廷大权的荆楚望族桓氏从老家带来的一大批亲信及其追随者,世代受桓氏厚恩,成为桓氏政治、军事势力的一支中坚力量。东晋穆帝永和十二年(356 年),桓温曾率军进行过一场以收复故都洛阳、修复西晋五陵为目的的北伐战争。汉魏洛阳城东郭城内的丛葬墓,应是桓温北伐时"义故西人"在洛阳附近战死或因其他原因死亡的葬地。

岗北从葬墓地的发现,对于研究历史上的桓温北伐以及西晋帝陵的破坏和修复,都是极为难得的实物资料。

三十六、十六国砖棺墓

十六国砖棺墓位于涧西洛阳轴承厂 15 号街坊 86、87 号楼西端。1986 年 12 月,洛阳市第二文物工作队发掘。

十六国砖棺墓为长方形竖穴圹,墓室南北向。棺作长方梯形,南宽北窄,棺长 1.40 米,北宽 0.19 米,南宽 0.26 米,高 0.65 米。用汉代空心砖和汉魏时期的大砖垒砌,空心砖上兼用小砖平铺垒砌。南北两端各用一块东汉晚期的楔形大砖挡堵。墓顶用板瓦和小砖封盖。棺底土筑,距地表深 4、40 米。棺内仅存两根呈黑色的腿骨,应为经为烧后的二次迁葬墓。随葬品有白陶罐、铜镯和铜钱等。

十六国砖棺墓的形制与辽宁朝阳北燕墓相似,墓中出土的素面矮身陶罐也是北燕一代最常见的器型。延环钱和小五铢钱,均为魏晋、十六国时期常见的货币。该墓的发现,为研究洛阳在十六国时期的历史,第一次提供了实物资料,同时也丰富了洛阳古代墓葬考古学文化序列的内容。

三十七、北魏梁华墓

北魏梁华墓位于偃师市区城关镇杏元村通往邙岭杨庄村的公路东侧约300米处,南距陇海铁路约100米。1990年秋,偃师商天博物馆进行了抢救性发掘,出土了一批较为珍贵的随葬器物。

梁华墓是一座墓道向南的土洞墓,由墓道、过洞、天井、封门、甬道和墓室等六部分组成。墓道位于墓室最南部,平面为长方形,剖面呈斜坡状;其北为过洞,长方形天井位于过洞之北,封门在天井与甬道相接处;甬道位于墓室南壁中间偏东处,墓室为土洞穴,穹窿顶。平面略呈方形,四壁微向外弧出,南北长4.84米,东西宽4.64米,由于墓室塌顶,高度不详,墓底距地表深11.6米。墓室西部置单棺,棺木已朽,无棺床,大多数随葬器物摆放于墓室内的东半部。随葬品共计63件,主要为陶器和瓷器。随葬器物的组合比较明显,有镇墓兽、武士俑,有表示墓主出行的牛车及仪仗俑群,有表现墓主家居生活状况的男女侍俑、舞俑和乐俑,有庖厨明器、家具模型和家畜、家禽等。陶器多泥质灰陶,制作以全模、半模、浮雕和轮制相结合的方法。陶俑多身、首分别模制,插合而成,外施粉彩。瓷器以轮制为主,胎质呈白色,施豆青色釉,釉色纯净,开片均匀。

另外,在通道内出土墓志一合。青灰色石灰岩制成,表面磨光,正方形,边长58.50厘米。盖呈盝顶,素面无文。志石磨光,阴线界格,阴刻楷书,志文25行,行25字。首题"惟大魏孝昌二年岁次丙午十一月丙申朔十四日已酉故镇将军射声校尉染府君墓志"。梁华,《魏书》《北史》均无传。墓志云"君讳华,字进乐,魏郡内黄人也……不例外,太和廿年(496年)除皇子北海王常侍,稍迁镇远将军、射声校尉"。在"正光五年(524年)十月卅日构疾,崩于京都(洛阳)",卒年60岁。北魏孝明帝"孝昌二年(526年)岁次丙午十一月丙申朔十四乙酉"葬于洛阳城东。

梁华墓是一座有明确纪年的北魏晚期墓,随葬器物组合较为完整,是研究北魏晚期丧葬礼仪制度的重要资料。

三十八、涧水东岸北周墓

涧水东岸北周墓位于洛阳市中州路南750米的涧水东岸。1983年12月洛阳市文物工作队发掘。此墓分为墓道、甬道和墓室。土圹斜坡式墓道位于墓葬的最南部,北有拱形顶的甬道,其入口处有横列平砌封门土坯17层。墓室分为相互贯通的东、西二室,底部距地表4.6米。西室平面近方形,边长约1.4米,周壁弧面,自下而上逐渐内收,结顶作穹窿状,东室是由西室向东扩挖而成,平面近似长方形,南北长1.9米,东西宽1.1米。墓室内葬死者3人,均仰身直肢。西室北侧为一头西足东的成年男性,东室葬一成年女性和一幼童,头南足北,东西并列。女性头侧放置陶罐、碗,腰部有铜带钩、铜饰件、铁削,手处有"五行大布"铜钱,另二人尸骨附近未见随葬品。

三十九、芝田晋唐墓葬群

芝田晋唐墓葬群位于巩义市芝田镇西。1988 年 5 ~6 月，郑州市文物考古研究所会同巩义市文物保管所联合进行发掘，共清理了 83 座墓葬，其中除 3 座汉墓外，有晋墓 24 座，唐墓 31 座，晚唐北宋未迁葬墓 21 座，小儿墓 4 座。这些不同时期的大、中、小型墓葬均为土坑洞室墓。出土各类文物 1300 余件，其中以唐墓出土文物最为丰富，其次是晋墓。出土文物以陶、瓷器为主，唐三彩器占相当大的比例，有盘、杯、瓶、猪、狗、羊、多子盒、灯、砚、牛车、房舍、仓、磨、杵、臼等；瓷器主要是青瓷和白瓷，有盂、壶、盘、杯、碗等。铜器以镜为多，其次有高足杯、簪、戒指、环和钱币；铁器有剪、剑、地券；石器有砚和帐础等。这批文物中，晋代的盘龙石砚，唐代的绞胎瓷盘、鸭衔梅花杯、三足炉、长颈青瓷瓶及高达 90 多厘米的武士俑等，都具有较高的科学、历史和艺术价值。

四十、偃师隋墓

偃师隋墓位于偃师市商城博物馆院内。1985 年秋，偃师县文管会发掘。此墓为土洞墓，分为墓道、墓室两部分。墓道位于墓室之南，斜坡式，土坯垒砌的封门。墓室平面略呈梯形，长 2.7 米，南宽 1.38 米，北宽 0.7 米。南部近墓门处高 1.6 米，北部高 0.42 米。葬具已朽，保存有骨架 1 具，头南足北，仰身直肢葬。左手握"隋五铢"铜钱 3 枚，右手握 2 枚。墓室东南角随葬瓷质高足盘、碗和陶罐等 6 件器物。

嵩山地域发现的隋墓较少，墓中所出白中泛青的瓷碗、瓷盘，也为研究白瓷起源问题增添了新的实物资料。

四十一、郑开明二年墓

1975 年，洛阳博物馆在洛阳市凯旋东路南侧，清理了一座唐武德三年，郑开明二年(620 年)墓。

郑开明二年墓为长方形土洞墓，带有竖穴墓道，墓顶已塌，墓内尸骨已朽，仅见牙齿 1 枚。墓内出土有白瓷唾盂、瓷钵、红陶各 1 件，三角缘四神铜镜 1 面、小金饼 1 块。特别是墓内出土墓志一合，长、宽均为 35 厘米，厚 6.5 厘米。志盖素面，志文墨书，17 行，每行被字数不等，字迹漫漶不清。从间断的字迹中，可知死者是裴氏。志文中的"开明二年"为隋末王世充割据洛阳时所建年号。

四十二、关林 59 号唐墓

1965 年以来，洛阳博物馆先后在洛阳关林附近清理唐墓 300 余座。其中 59 号墓保存比较完整，随葬品较为丰富。这是一座"刀"形土洞墓，分墓室和墓道两部分。墓室平面，南宽北窄成梯形。墓道北接墓室，为竖井式。墓顶呈拱形，四壁平整。人骨架和葬具由于被盗，多已扰动，人骨残渣见于墓道，残留的棺灰见于墓室的西侧。

随葬品共38件。主要是唐三彩，种类有文吏俑、天王俑、男女俑、镇墓兽、马、骆驼。其次是黄色釉陶器，种类有男俑、跪拜俑、狗、猪、羊、鸡、鸭、灶、井梁、磨、碓。另外，还有玉石罐、绿釉猪、灰陶罐等。据对遗物分析，此墓年代为盛世唐中期。

四十三、安菩夫妇墓

安菩夫妇合葬墓位于洛阳市南郊13公里处的龙门东山北麓，西距伊水约1公里。

1981年4月，洛阳市文物工作队在洛阳龙门东山北麓发现了一座唐代定远将军安菩夫妇合葬墓。安菩夫妇是西域古安息国人，其墓中的随葬品也与其他墓中的随葬品在种类上和数量上都要多。

安菩夫妇墓出土的部分唐三彩

安菩夫妇古墓保存完好，未被盗过。安菩墓中，考古发现出土了100多件随葬品文物，其中唐三彩种类繁多，有天王俑、参军俑、镇墓兽、马、驼等，部分精品被列为国家一级文物。安菩死时，手中还握了一枚金币，为东罗马帝国福克斯时期所铸，这是唐代中西方商贸繁盛的见证。

安菩夫妇墓葬由北向南，以墓道、墓门、甬道、墓室四部分组成。墓道为竖井式。墓门石构、门坎、门楣及两侧门框均为长条形青石，相互以榫卯相连接。门坎的两端分置于两块凹字形门墩内。两扇石门的轴柱各置于两门墩和门楣两端的臼窝中。门洞高0.92米，宽0.82米，门楣之上立一半圆形门额。石门通高1,73米。甬道为一土洞，长0.94米，宽1.13米，高度不明。甬道北接墓门，南连墓室中部，墓室平面略呈长方形，弧顶，墓壁基本平整，个别地方有镢痕。墓室长2.95米，宽3.55米，后壁高1.90米。墓室的东西两侧各有一高0.35米的棺床。棺床上筑外包石边，长2.4米，宽1.3米左右。

安菩夫妇墓共出土文物140余件，出土器物十分丰富，依质料可分为三彩器、单釉器、陶、瓷器、金、铜、玛瑙及石刻等类。

三彩器形制较大，造型精美。主要器形有文吏俑、天王俑、镇墓兽、马、骆驼、牵驼俑、骑马俑、男女立俑、男女侍俑等。这批三彩器，胎质坚硬，施釉匀润，色彩鲜艳，具有较高的艺术价值。而且量多类聚，堪称洛阳“唐三彩”的代表作品，它表明洛阳的唐三彩艺术，早在初唐阶段的中宗景龙年间已达到十分成熟的程度了，这就为今后的唐三彩的断代分期提供了可靠的依据。

墓中出土瓷器制作精细。主要器形有：唾盂、瓶、带流瓶、罐等。除Ⅲ式罐施豆青色釉外，其他均为白釉，其造型和施釉均可称为唐代瓷器中的佳品。

金币一枚,直径22厘米,重43克,正同为一戴王冠的男像,北面为有翅膀的胜利女神像,两面均有铭文。据考古研究所所长夏鼎先生鉴定,此系东罗马皇帝福克斯的铸币。这枚金币是洛阳出土的第一枚外国金币,它与1955年在涧西发现的波斯萨珊王朝银币,无疑都应是丝绸之路的遗物。

出土文物中的石刻,有安菩石质墓志一合,边长0.45米,志盖上楷书“大唐定远将军安君志”九字。包括墓门构件,棺床石和墓志。花纹为线描阴刻和减地平雕。内容有:门吏、鸟、兽、花草及十二辰。特别是安菩墓志,不但提供了墓葬的确切年代(唐中宗景龙三年,即公元709年)和墓主的国属,家世及其身世情况,而且对中西交通史的研究亦具有重要的参考价值。

四十四、唐李延祯墓

唐李延祯墓位于偃师市区西约4公里的杏园村南地。1984年春,中国社会科学院考古研究所河南二队,配合首阳山电厂基建对此墓进行了清理。

李延祯墓坐北朝南,是一座土洞单室墓,由墓道、甬道和墓室三部分组成。墓道长7米,宽约1米,底呈斜坡状。甬道位于墓室南壁中部偏东,拱顶,墓室平面呈长方形,南北长3.15米,东西宽2.55米,室顶坍塌。室内葬具较为特殊,四壁先用椁板围绕,室中加隔板,把椁室分为东西两部分,椁室西部有砖砌棺床,上置木棺(已朽)棺内人骨全朽,但仍可看出头向南,椁室东部置陶俑等随葬品。因为该墓未遭盗扰,随葬品基本保持了原来的次序。最前列是面对甬道的镇墓兽、武士俑、文官俑。其后是侍人骑马俑、男女侍从俑和牛车,最后是高大的骆驼俑和胡人牵驼俑。还有鸡、鸭、猪、狗、羊等动物和井、灶、磨、碓等生活用具模型散布其间。椁室西部有陶罐、铜钵、漆盘、铁片等。墓志放在甬道与墓室相交处。

墓志系青石雕刻,长、宽均为0.72米。志盖为盝顶,盖面上阴刻楷书“大唐故李君墓志之铭”9个字。四周依次刻十二生肖,四刹上刻缠枝卷叶花卉,中间刻以怪兽点缀。志石四周刻剔地卷云花鸟纹。志面阴刻楷书“唐故士陇西李君墓志并序”,志文27行,行27字。志文记述了墓主人的生平。

李延祯(658~685年),陇西成纪人。曾祖道丘,为隋工部侍郎;祖父宗默任隋殷州司马;父嗣本,任唐宁州录事参军。祯,工草隶,好琴棋,无官职。其六姐夫为润州延陵县令,因此俱游江表,于垂拱元年死在延陵县令官舍,享年27岁。同年由其三兄右台监察御史延祥,亲领灵榇迁殡一东都邙山尚书谷之北。后其二兄朝议郎行洛州汜水县上柱国延祖于景龙三年(709年)十二月葬于偃师县。

李延祯墓形制虽不大,但它有景龙三年确凿年代。出土器物相当考究,陶俑制作规范化,且技法娴熟。武士俑、镇墓兽身贴金箔,造型威武。胡人骑马俑、牵驼俑形象生动,表情逼真。女侍俑,高髻左倾,身材秀美。这些随葬品是研究唐代葬俗和雕塑艺术的珍贵资料,确凿的纪年对河南唐墓断代提供了实物资料。墓志中记载了“西亳”及其相关的地理位置,为今已发现的早期商城“西亳”提供了新的依据。

四十五、唐齐国太夫人墓

唐齐国太夫人墓位于河南伊川县城西北约10公里的鸦岭乡杜沟村。1991年3月,一村民在其地窖中发现,随即多人参与盗掘。县人民武装部接到群众举报,立即追缴文物,保护现场,后经公安部门立案侦破,并查获部分文物。洛阳市第二文物工作队会同伊川县文管办联合进行抢救性发掘。墓葬位于东西向的黄土梁缓坡处,北为杜沟村民居,南为横贯东西的黄土冲沟,周围是低山丘陵地带,海拔240～345米。附近为晚唐至宋代墓葬集中区。该墓葬为单室土洞墓,由墓道、过洞、天井、雨道、墓室组成,长45.5米,方向185度。墓道位于墓葬南部,长斜坡式,坡度12度。共清理出文物1618件,加上县武装部移交的21件和县公安局移交的20件,共计1659件。其中包括金银器、金银饰、玉石器、宝石饰、骨雕、铅饰、铜器、铁器、钱币、陶瓷器和石刻。“墓主人是齐国太夫人濮阳吴氏,是唐成德军节度使王承宗之母,王士真之妻,按志文生于公元763年,卒于824年”。这座墓规模较大,结构复杂,随葬品丰富,在嵩山地域较少发现。

出土于齐国太夫人墓中的酒杯、碗、陶器

其中,出土于该墓的提梁银罐和提梁带盖银锅这两件银器尤为珍贵。根据其铸造工艺及其特征,应为唐肃宗至宪宗时期(756～820年)的银器。这一时期的银器,无论是在形制上还是在数量上都超过了前期。银罐的工艺采用锤揲、焊、铆等技法,其铆钉做成造型优美的小花形状,简洁自然,特征鲜明,装饰性强。上腹部铆钉两行,并在其右侧各有一条刻槽,起到了对称与呼应的作用。弧形的罐底与腹部有一周花铆钉,增加了装饰的节奏、韵律,从而使人产生了一种律动感,充分表现了唐代金银匠们丰富的艺术想象力和创造力。提梁银锅的造型同样采用了锤揲、焊、铆等技法,通体素面无纹饰,但宽折沿、S形的提梁与宝珠形钮,共同达到了装饰器物的目的。

四十六、唐李存墓

唐李存墓位于偃师市区西约1公里的杏园村南地。墓坐北面南,为土洞墓,由墓道、甬道和墓室三部分组成。墓道在墓室之南,呈长方形,底呈南高北低的斜坡状。甬道位于墓室的南壁偏东,券顶,甬道南由两扇石门封堵,甬道冯端还有两扇木门,但已腐朽,留有铁门环及卯钉。墓室平面为长方形,南北长3.3米,东西宽2米,顶部坍塌,复原高度约为1.75米,墓室底亦呈南高北低状。木棺已腐朽,其中骨骼一具,腐朽较甚。

隋葬器物有玉器、石器和银、铜、铁、瓷、陶等器。玉石器有羊、猪、牛模型及杯、罐、盘、熏炉、紫石砚、励石等。银器有筷、勺。铜器有印章、印盒、刀、匜及“开元通宝”钱数枚。铁器有牛、猪和犁。瓷器有白瓷罐和唾盂,有圆形漆盒等。在甬道中部有一合墓志,志盖顶其上阴刻楷书“唐故渤海李参卿墓铭”9字,四刹刻花卉图案。志文21行,每行字数不等。

李存(816～845年),曾祖父揖,曾任户部侍郎,同州刺史,山南西道采访使,赠户部尚书。祖父严,曾任饶州乐平县尉。存,10岁,通礼乐,读九经三史,曾选补庐州参军事。会昌五年病死于亳州,时年29岁，葬于河南府偃师县北土楼村。

李存墓虽然是一般土洞墓，但出土了许多雕刻精细的银、玉、铁、铜、瓷等多种珍贵的器物，尤其是“渤海图书”铜印，是目前我国发现最早的图书印章。该墓有明确纪年，这对嵩山地域的唐墓断代，提供了实物资料。

四十七、后梁高继蟾墓

后梁高继蟾墓位于洛阳瀍河东岸北窑村东邙山坡下。该墓平面呈甲字形，由墓道、甬道和墓室三部分组成，深7.2米，全长8.1米。墓道平面呈梯形，甬道以小砖封墙。长方形弧顶土洞墓室长3.6米，宽2米，高2米。骨架、葬具已朽，仅存花朵形鎏金铜冠铁棺钉数十枚。出土文物20余件，有陶罐、“风”字形砚、壶、银碗、瓷枕、铁牛、玉珠等，还有石质墓志1合。志、盖边长为58厘米，盖为顶，上篆书“人故渤海高公墓志铭”。墓志楷书26行，行26字。据墓志所记，高继蟾，字绍辉，生前为后梁教坊使、银光禄大夫、检校工部尚书、前守右卫将军兼御史大夫上柱国。卒于开平三年(909年)，终年51岁。

五代后梁建都洛阳时间仅7年，至今发现的后梁墓葬极少。高继蟾墓的发掘，为研究五代时期的墓葬形制及内容，提供了重要的参考资料。

四十八、洛阳东郊后唐墓

洛阳东郊后唐墓位于洛阳机车工厂东墙外约300米处的制砖厂内。1985年夏，农民在取土时发现此墓，时已遭到破坏，洛阳市文物工作队对其进行了调查和清理。

该墓为长方形竖穴土坑墓，深约2.5米。墓坑中央有一砖棺，北向，用长方形青砖铺摆而成，无泥灰粘合。青砖横铺于地作为棺底，四面立砖，棺顶以立砖内倾相接成人字形。墓中出土了一件瓷罐和一张雕印经咒。瓷罐直口，圆满唇、弧肩、鼓腹、平底假圈足稍内凹。肩部有两个对称的双条形附加耳，饰有凹纹。胎质粗厚，呈灰色，施青黄色半釉，布满冰裂纹。经咒为雕版印制而成，丝麻质纸，纸色发黄，长38厘米，宽29.5厘米，四角有少许破损。经咒内容分为两部分，右侧为经文及画像，左侧有3行126字题记，后有“天成二年正月八日徐殷弟子依佛记”墨书题记。经考证，此经咒为五代后唐明宗天成二年(930年)雕印。

四十九、涧西九·七·二号宋墓

九·七·二号宋墓位于洛河以北，涧河以西的平地上。该墓发现于1954年、1955年年初河南省文物工作队对该墓进行了清理。该墓坐北朝南，方向15度，墓底距地表深11米。墓前有券门，高1.65米，宽0.9米。门外用单层小砖砌成“人”字形封闭。墓门以南为墓道，以北有甬道与墓室相通。墓道作斜坡阶梯形，长10.5米，北宽1.32米，南宽0.92米，中部有竖井式气眼两个，各长0.3米，宽

0.2 米,距 1.55 米。甬道平面为长方形,长 1.2 米,宽 0.9 米弧形顶。

墓室以小砖构筑,平面呈八角形,窟窿形顶。室内各拐角处均有三块砖竖立砌成的砖柱,为了表示整个柱子为八角形,还特意削去了两旁砖的角,柱高 1.03 米,宽 0.14 米。柱顶砌有仿木建筑的砖雕斗拱。在墓门内两侧还砌有两组补间铺作,斗拱上下有枋,再上是小砖雕成的房檐,分檐椽、飞檐椽和仰瓦。檐椽为方形椽头,边长 0.05 米;飞檐券为圆形,直径 0.45 米,结合在二瓦之间。瓦宽 0.11 米,厚 0.15 米。檐上逐渐收杀,开始起券,墓底以方砖铺地,砖边长 0.31 米。墓室周边均镶嵌有砖制浮雕和各种优美的花饰图案,如桌、凳、椅、壶、杯、窗棂及牡丹花、莲花等。

墓中出土物有瓷瓶 3 种,分别施以乳白色、棕色和黑色釉,高 0.25 米,口径 0.035 米左右。白座黑盘豆 1 件,高 0.06 米,口径 0.58 米。铁牛 2 件,高均 27 件,长分别为 0.15 和 0.18 米。另外,还出土有铜钱 76 枚,包括“开元通宝”“太平通宝”“至道通宝”“祥符通宝”“天禧通宝”“感平元宝”“天圣元宝”“明道元宝”“皇宋通宝”“嘉祐通宝”等 14 种。此墓已于 1959 年复原在关林仓库大院东北角。

五十、元朝王述夫妇墓

元朝王述夫妇墓位于洛阳老城北关化工仓库院内。1969 年 12 月,洛阳博物馆发掘。墓主为元代怀庆府路总管。该墓为土洞砖室墓,由墓道和墓室组成。墓道为竖井式,在室壁正中,残长 1.5 米,宽 1.4 米。墓室近正方形,四角圆满弧,长 3 米,宽 2.8 米,为弧顶,南北向。室内放置三棺,棺木和骨架已朽。随葬有 40 余件器物,均置于室内东侧的一块长方形空心砖上。除 1 件瓷器外,余皆陶器。陶质青灰,火候极高,其中盘、灯、盒子、香炉和瓷碗等为日常用具,鼎、敦、罍、尊、豆和爵为仿古礼器。

出土石质墓志一方。正方形,楷书,32 行,每行 30 字,儒学教授赵允迪撰文,阴阳学教授李章书丹。墓志刻于元代至正十年(1350 年)。

五十一、司鼐墓

司鼐墓位于新郑市城区北 30 公里大司村北部,墓冢高约 2 米,底周长约 15 米。冢前有墓碑 1 通,青石,外砌砖牌楼,通高 2 米。碑额大字楷书“司氏祖茔”。碑正面中央大字楷书“明故始祖文林郎直隶沙河县知县司公讳鼐字和平之墓”。两侧刻碑记,为其十二世侄孙司自修所撰,十三世孙司廷桂书丹。清嘉庆八年(1803 年)清明节前建。该墓《司鼐墓碑》碑文,主要记述了明代新郑大司庄始迁祖自山西洪洞断桥河迁民到新郑的过程,该碑记载较详,为其他碑刻所少见,有重要史料价值。

五十二、东花坛三座明墓

东花坛三座明墓位于洛阳东花坛立交桥处。1983 年春,洛阳市文物工作队清理。该墓有 3 座墓呈“品”字形排列,均为坐北朝南。其墓葬结构基本相同,由墓道、封门砖、门洞、石门、甬道、墓室和棺床等部分组成。墓道形制各异,而封门砖均是青色小砖。门洞位于封门砖与石门之间,甬道则在墓门和墓室之间。墓室平面呈长方形,小砖铺地,弧顶,顶中用小砖3覆3券。长方形棺床置于墓室正中。3座明墓因多次盗掘,出土遗物不多,主要有金质压胜钱、“万历通宝”银钱、铜环、铁饰和刻铭砖等。

结合传世的《明福藩妃王氏圹志铭》的记载,以及墓中出土金银币和刻有福王府瓦匠姓名的铭砖看,这3座墓应是属于福王家族墓葬,其地当为福王府墓地的一隅。这3座明墓的发现,为进一步寻找福王墓提供了新的线索。

五十三、史家湾明墓

史家湾明墓位于洛阳市东郊史家湾村北。1980年3月,洛阳市文物工作队发掘。

史家湾明墓为砖室墓,由斜坡墓道、封门石、门楼、甬道和墓室五部分组成。墓室平面呈长方形,拱券顶,附壁龛3个。室后半部设砖砌棺床,前置石案。棺床上置木棺2具,已朽。墓主人头北足南,男性居左,女性在右,棺床东北部有带“嘉靖”年号的买地券1块。石案上放置青花碗、盘、绿釉、酱油瓷罐、铜鼎、铜觚、铜壶、铜钉、铅爵和童男、童女铜质铸像。在墓室的两个附龛中,出土1件瓷罐和10余枚铜钱。

这是一座夫妇合葬墓,根据刁地券提供的纪年,墓主当葬于明嘉靖年间。随葬品种类丰富,制作精美。特别是青花瓷盘,与江西、浙江等地的青花瓷器不同,具有北方磁州窑系的风格。有关北方青花瓷窑,史书未载,这批青花瓷盘的出土,为研究北方青花瓷器史,提供了新的实物资料。

第十章　石　刻

石刻是以岩体、石材为载体，经雕凿、镌刻和琢磨而成的各类文物。根据其形式和内涵，可分为石窟、摩崖造像、摩崖题记、碑刻、墓志、画像石、造像碑、刻帖、刻经、石雕、线画、经幢等各类文物，它们是中华民族优秀的文化遗产的重要组成部分。

嵩山地域现存大量石窟及摩崖造像、碑刻、造像、墓志、画像石等。从时代上来看，上起东汉、三国，历经西晋、北魏、东魏、西魏、北齐、隋、唐、五代、宋、金、元，下至明清，各代绵延不断，反映了2000年来历代石刻艺术创作的伟大成就。

嵩山地域这些珍贵的石窟石刻中，影响最大的是石窟艺术。石窟，是佛教寺院建筑的一种，主要有两种形式：其一称作毗河罗或精舍（即寺院之意），其规模较大，窟室内的各壁面上多开凿出小龛，内雕造佛像或其他造像；另一种规模较小，内室作塔形崖柱（塔心柱），置于窟室中心或靠近后壁处，塔体各面作佛龛造像，其他各面也均有雕刻，这种称作支提。此两类石窟形式，嵩山地区均有实例，从规模上看可分为大型、较大型和中小型三类，从时间上看从北魏经隋唐至于宋代。

除石窟之外，嵩山地域佛教题材的石刻，主要有摩崖石刻、题诗、题记等艺术形式。摩崖题记是以文字题记形式展示出各种名人书法，记录着不同时期的特点，有着重要的书法与史料价值。登封告成镇石淙河石林间的唐石淙河摩崖题记，记载了唐武则天及其大臣名宦会饮石淙河并赋诗的盛况。

另外，嵩山地域还保留有多种形式的石刻艺术品，如后晋、唐至金代的经幢，著名的碑、铭、墓志等，特别是一些碑刻记录了当时祭祀、造庙、建学、防旱、名宦等内容，具有很高的史料价值。遗憾的是，在20世纪的“文化大革命”中，有些碑刻遭到了破坏，如禹州市五代石经幢被彻底损毁，偃师市唐代大唐三藏圣教序碑仅存部分残块。

由于本书篇幅有限，在石刻一章里，主要介绍石窟、碑碣与造像碑及其他石刻品。

第一节　石　窟

石窟，是佛教寺院建筑的一种，也是佛教崇佛、礼佛，进行佛事活动的场所。主要有两种形式：其一称作毗河罗或精舍（即寺院之意），其规模较大，窟室内的各壁面上多开凿出小龛，内雕造佛像或其他造像；另一种规模较小，内室作塔形崖柱（塔心柱），置于窟室中心或靠近后壁处，塔体各面作佛龛造像,其他各面也均有雕刻,这种称作支提。此两类石窟形式,嵩山地域均有实例,从规模上看可分为大型、较大型和中小型三类,从时间上看从北魏经隋唐至于宋代。

龙门石窟中的卢舍那大佛

石窟多是依山凿洞,洞前多有木构窟檐以遮风雨。窟内平面为马蹄形、方形、长方形等。窟顶多采用覆斗或穹窿形,有中形方柱的为平棋顶。造像一般正壁雕本尊及2弟子2菩萨,侧壁雕佛龛、千佛、化生、佛传故事和经变故事。壁基雕神王、力士,顶部雕藻井、飞天,门内雕礼佛图,门外两旁雕护法天王、金刚力士或狮子等。窟内大都饰绘彩。石窟造像本为外来艺术,但在中国文化影响和中国匠师的实践中,其风格则逐渐中国化、世俗化,最后完全形成中国化的佛教艺术风格。

嵩山地域的石窟与摩崖造像多为北魏、南北朝、隋唐时代所凿,大都是在主要洞窟雕凿以后,后代又陆续增雕一些小窟和佛龛,而在同一个时期内雕凿完成的石窟,主要是一些小型石窟,多在依山傍水、环境优美的地方,其中最著名的有龙门石窟、巩义石窟。这些丰富多彩的石窟与摩崖造像艺术,为研究我国古代的历史,特别在雕刻、绘画、建筑、服饰、乐舞、图案纹样以及社会风尚等方面,提供了大量宝贵的形象资料。

嵩山石窟的代表作品是龙门石窟。龙门石窟与山西云冈石窟、甘肃敦煌莫高窟并称为中国佛教石刻艺术的三大宝库。龙门石窟以佛龛雕饰著称于世,规模宏伟,时代早而全,艺术水平极高。最引人注目的大像是建成于唐高宗上元二年(675年)十二月的奉先寺(原名大卢舍那佛龛),该寺是龙门造像之精华,早已成为龙门石窟的标志性造像。嵩山地域较大型的石窟还有位于巩义市东北9公里寺湾村大力山南麓的巩县石窟,其石窟中的帝后礼佛图早已闻名于世,具有重要的文物价值。偃师市的水泉石窟、洛阳的万佛山石窟、伊川的寨子石窟为小型石窟,在造像上各有特点。

一、龙门石窟

世界文化遗产。全国重点文物保护单位。龙门石窟位于洛阳市城东南12.5公里伊水两岸的山阙间。是中国四大石窟之一(另外三大石窟为:甘肃敦煌莫高窟、山西大同云冈石窟、天水麦积山石窟)。这里两山相对,如斧劈开,伊水从中北流,形似门阙,故古称“伊阙”。因古代地处隋唐都城之南,又称“龙门”。龙门石窟规模宏大,南北绵长1公里。20世纪50年代后对石窟进行过多次整修,1961年龙门石窟成为全国重点文物保护单位,2000年11月,被联合国列为世界文化遗产。

龙门石窟外景

龙门石窟开凿于北魏孝文帝迁都洛阳的公元493年前后,历经东魏、西魏、北齐、隋、唐、五代、北宋等朝代,连续营造400多年之久,南北长达1公里。北宋以后虽也有雕凿,但为数甚少。北魏和唐代是龙门石窟营造史上的鼎盛时期。北魏和唐代开窟最多,艺术性也最高,北魏洞窟约占30%,唐代洞窟约占60%,其他时代的窟龛造像约占10%。据统计,东、西两山现存窟龛2345个,佛塔78座,造像近11万尊,是我国古代雕刻艺术的典范之作。其中最大的造像卢舍那佛高达17.14米,而最小的则仅有0.02米。主要的洞窟有古阳洞、宾阳三洞、莲花洞、路洞、药方洞、潜溪寺、敬善寺、奉先寺、万佛洞和看经寺等。

龙门石窟中的历代造像题记和碑刻2870余品,其中有纪年者700余品,是中国石窟题记最多的一处。既是造像年代的重要佐证,又是中国传统书法艺术作品。其中,久负盛名的《龙门二十品》和《伊阙佛龛之碑》,为龙门石窟书法碑刻艺术的精华。另外,唐代僧人开凿的“新罗像龛”、中亚古国吐火僧人宝隆造像铭龛以及唐代3次出使印度的王玄策造像佛龛等,反映了古代中外文化交流和友好往来。龙门石窟延续时间长,跨越朝代多,以大量的实物形象和文字资料从不同侧面反映了中国古代政治、经济、宗教、文化等许多领域的发展变化,对中国石窟艺术的创新与发展做出了重大贡献。

1000多年来,龙门石窟受到自然风化和人为破坏,特别是在中华人民共和国成立前,帝国主义同国内反动分子勾结,盗走了宾阳中洞著名的北魏《帝后礼佛图》,其他造像多为残首断臂,被盗痕迹有720余处。新中国成立以后,龙门石窟得到了妥善保护,成了中外人士的游览胜地。龙门石窟于2000年11月30日被联合国教科文组织列入世界文化遗产。

(一)重要洞窟

在北魏时期雕凿的众多洞窟中,以古阳洞、宾阳中洞和莲花洞等最有代表价值。古阳洞是龙门石窟中开凿最早的一个窟,公元495年魏宗室丘慧成开始在龙门山开凿古阳洞,经50多年的营造,集中了北魏迁都洛阳初期的一批皇室贵族和宫廷大臣的造像,大佛姿态也由云岗石窟的雄健可畏转变为龙门石窟的温和可亲。这些石刻作品代表着石窟艺术流入洛阳以后最早出现的一种犍陀罗佛教美术风格,因此,他们是中国传统文化与域外文明交汇融合的珍贵记录。除此以外,这里还有丰富的造像题记,为人称道的“龙门二十品”,有十九品都集中在这里。宾阳洞于公元500年魏宣武帝时开始开凿,前后用了24年才完成,是开凿时间最长的一个洞窟。洞内有11尊大佛像。主像释迦牟尼像,高鼻大眼、体态端祥,是北魏中期石雕艺术的杰作。这些石窟的造像典型地反映出北魏王朝举国佞佛的历史情态。

唐代石窟中,武则天执政时期开凿的石窟占大多数,这与她长期身居洛阳有关。历时四年时间修建的奉先寺,其规模之大,在龙门石窟中堪称第一。唐代龙门石窟的重点洞窟中,以卢舍那像龛一组尺度宏伟的艺术群雕最为著名。洞窟中的卢舍那佛像,丰颐秀目,嘴角微翘,头部稍低,姿态可人,宛若一位睿智而慈祥的中年妇女,令人敬而不惧。整个奉先寺的雕塑群是一个完美的艺术整体。卢舍那大佛侧旁还有其弟子阿难、迦叶、胁侍菩萨和力士、天王的雕像。这样的一组雕像有机地组合起来,形成了一个艺术整体,完美地烘托了佛教气氛。

1. 北魏洞窟

龙门北魏洞窟在形制上主要表现为马蹄形平面,穹窿顶,佛像皆为面容清秀、眉目开朗、神采飘逸的“秀骨清像”型。其中以古阳洞、宾阳中洞和莲花洞为代表。

◆古阳洞

位于西山南部。开凿于公元495年,是龙门石窟中开凿最早、内容最丰富、北魏皇室贵族造像最集中的一个洞。古阳洞是由一个天然的石灰岩溶洞开凿成的。洞深13.5米,高11米,宽6.90米,平面呈马蹄形,穹窿顶,正壁雕1佛2菩萨,主尊为释迦牟尼,高4.8米,高于2菩萨。菩萨上部各雕一屋形龛,南北对峙。主像释迦牟尼,着双领下垂式袈裟,面容清瘦,眼含笑意,安详地端坐在方台上,侍立在主佛左侧的是手提宝瓶的观音菩萨,右边的是拿摩尼宝珠的大势至菩萨,他们表情文静,仪态从容。古阳洞是北魏王室、贵族发愿造像最集中的一处洞窟,两壁布满小龛,并多有造像记。洞内造像题记700多个,有纪年的110个左右,著名的《龙门二十品》,仅该洞就占有19品。

◆宾阳三洞

位于龙门西山北部,由中、南、北3洞组成。中洞为宾阳三洞中间的一个洞窟,南洞在宾阳中洞南边,北洞在宾阳中洞北边。宾阳洞一般是指中洞而言,始凿于景明初年(500年),系宣武帝仿代京灵岩寺(即云冈石窟)为孝文帝和文昭皇太后造石窟2所。宾阳中洞进深1200厘米,宽10.9米,高9.3米,穹窿顶,马蹄形平面,地面饰以莲花图案,窟顶为莲花宝盖。主像释迦牟尼高8.4米,2弟子侍立于莲台上。窟内前壁有4层浮雕,第3层左为孝文帝、右为文昭皇太后礼佛图。这此浮雕大部分被偷走,其中“帝后礼佛图”于1934年被美国人普爱伦勾结古玩奸商岳彬所盗走。“皇帝礼佛图”现存纽约艺术博物馆,“皇后礼佛图”现存萨斯纳尔逊艺术博物馆。据文献记载,宾阳洞原名“灵岩寺”,明清时期始有“宾阳洞”之称。宾阳中洞是北魏孝文帝迁都洛阳后开凿的最有代表性的洞窟。

◆宾阳北洞

建于永平年间(508~512年),进深12.6米,宽10米,高10米,穹窿顶,地面饰以莲花图案,造像为1佛、2弟子、2菩萨、2天王。本尊阿弥陀佛,高7.55米。洞口门槛两端为狮头门墩。宾阳南洞为同期工程,进深11.8米,宽8.70米,高9.8米。造像为1佛、2弟子、2菩萨,雕造年代说法不一,有说隋代,有说唐贞观十五年魏王李泰在原像基础上续成。三洞营造历时24年。

◆莲花洞

在龙门西山中部偏南。以其窟顶藻井为一朵精美的高浮雕大莲花而得名,是龙门窟顶装饰的最佳作品。因窟外有明代书刻“伊阙”2字,故又名伊阙窟。

除以上洞窟外,北魏重要的大中型洞窟还有火烧洞、魏字洞、普泰洞、皇甫公窟、路洞等。

2. 北朝与隋代的窟龛

北朝晚期,洛阳成为东魏和西魏、北齐和北周相继争夺的战场,这一时期龙门有纪年的窟龛和造像屈指可数,且多为小龛。

◆药方洞

位于奉先寺与古阳洞之间,为北魏开凿,至北齐时才初步完成。洞高 4 米,宽 3. 65 米,深 7. 6 米,平面方形。窟顶作莲花藻井,周围环刻 4 个飞天。窟内造 1 佛、2 弟子、2 菩萨,五尊佛像,身躯硬直少曲线,脖子短粗,身体硕壮,菩萨头冠两旁的带子很长,下垂到胳膊上部。这都是北齐造像的特征。洞正壁画尊大像可能为北齐时期所雕造。窟门两侧刻有药方 140 多个,所用药物多是植物、动物和矿物药。药方涉及内科、外科、小儿科、五官科等,所涉及药材在民间都能找到,很大程度上方便了老百姓。药方洞的药方是中国现存最早的石刻药方,对研究中国医药学起重要的作用。

隋代造像在龙门石窟中甚为罕见,仅在宾阳南洞有若干不加龛饰的纪年小龛。其中《伊阙佛龛之碑》北侧有开皇年间小龛,宾阳南洞北壁有大业十二年(616 年)像龛。

3. 唐代洞窟

龙门石窟的最盛期是唐朝,占石窟总数的 60% 以上,武则天执政时期开凿的石窟占唐代石窟的多数,与她长期有在洛阳有关。唐代多凿双室窟,前室敞口,入深较浅,主室一般为方形或椭圆形,除穹窿顶外尚有平顶或券顶。唐代造像比例协调,面容丰满,技法日趋纯熟,也更加世俗化,但窟龛装饰有所减弱。代表性的洞窟有西山的奉先寺、宾阳南洞和北洞、潜溪寺、万佛洞、惠简洞、摩崖三佛龛,东山的看经寺、擂鼓台中洞、千手千眼佛龛、高平郡王洞、四雁洞等等。

◆奉先寺

位于龙门西南南部山腰,是龙门石窟中最大的摩崖佛龛,即大卢舍那像龛,佛龛进深约 38. 7 米,南北宽约 33. 5 米。主像卢舍那大佛通高 17. 14 米。面容丰腴饱满,修眉长目,嘴角微翘;头饰螺纹发髻,身披通肩式袈裟,双手及双腿早已毁掉,结跏趺坐束腰须弥座上。卢舍那为佛的报身形象,译为“光明普照”。这是龙门石窟最大的造像,开凿在唐高宗时期。这是龙门规模最大、雕刻技法最精湛的一级石刻艺术品,是龙门大型造像之精华,也是龙门石窟的标志性造像。奉先寺整个场面的 11 尊大像,形象各异,身份不同,神情各异,达到了以形写神、形神兼备的效果,反映了唐代极盛时期雕刻艺术的高度成就,在中国美术史上占有重要地位。

◆看经寺

是东山诸窟中最大的洞窟,造像气势宏大,开凿年代约在武则天时期。擂鼓台中洞本名“大万伍佛像龛”,因其左右还有两个同期开凿的洞窟,故统称擂鼓台三洞。该洞的一个显著特点是窟内 3 个壁画上刻满了密密麻麻的小千佛像,其总数当在 1. 5 万尊以上,与西山万佛洞有异曲同工之妙。洞顶有浮雕莲花藻井和环绕的 4 个飞天,洞口外两侧各有一高浮雕力士,窟楣有 3 个飞天,已模糊不清。窟内高浮雕罗汉 29 尊,高 180 厘米左右,是龙门石窟中现存最完整的一组群像雕刻。三壁基作“门”形饰带。该窟造像艺术风格与禅宗有关。西壁门内西侧刊有后秦鸠摩罗什译《阿弥陀经》及北魏菩提流支译《金刚般若波罗密经》各 1 部,这是佛经流传的又一方式。

◆万佛洞

是为高宗和武则天及其诸子祈福而造,属典型的皇家洞窟。因洞内南北两侧雕有整齐排列的 1. 6

万尊小佛像而得名。洞窟呈前后室结构，前室造 2 力士、2 狮子，后室造 1 佛 2 弟子 2 菩萨 2 天王，是龙门石窟造像组合最完整的洞窟。窟顶有一朵精美的莲花，环绕莲花周围的为一则碑刻题记："大唐永隆元年十一月三十日成，大监姚神表，内道场运禅师，一万五千尊像一龛"。它说明了该洞窟是在宫中二品女官姚神表和内道场智运禅师的主持下开凿的，完工于唐高宗永隆元年(680 年)。洞内主佛为阿弥陀佛，端坐于双层莲花座上，面相丰满圆润，两肩宽厚，简洁流畅的衣纹运用了唐代浑圆刀的雕刻手法。主佛施"无畏印"，表示在天地之间无所畏惧，唯我独尊。

◆摩崖三佛龛

是一个依山凿石开放式的露天造像龛，凿造于武周时期。摩崖三佛龛共有七尊造像，其中三身坐佛，四身立佛，这种造像组合在中国石窟寺中极为罕见。这项工程因武周政权结束而被搁置，所留下的半成品，是研究雕刻工序的重要实物资料。

◆北市彩帛行净土堂

是龙门石窟中一个规模不大的洞窟，位于龙门石窟西山南部路洞南部半山腰处，开凿年代约在武则天时期。窟楣上刊刻"北市綵帛行净土堂"8 个楷书大字。大字后边，还有楷书小字："北市香行，王元翼、李谏言、刘义方、王思忠、张□□"。这些成员可能是作为股东参加彩帛行开窟活动的。洞内主要造像已毁，坛基上有明显凹下的八角形造像遗迹，中间五个，南北两侧各有两个，造像约为一佛二弟子二菩萨二天王二力士的布局。净土堂，作为当时手工业者开龛造像的活动，表明唐代商业已有了行会组织。同时，也使我们了解到佛教对各行各业的影响及封建统治者与行会组织之间的关系。

另外，西山宾阳中洞与南洞之间刊刻的一通高大的《伊阙佛龛之碑》，系岑文本撰文、褚遂良书丹。如此两位大家合作，该碑自然文采斐然，书艺高超，在中国文学、艺术史上占有不容忽视的地位。

◆潜溪寺

是龙门西山北端第一个大窟。它高、宽各九米多，进深近七米，大约建于一千三百多年前的唐代初期。窟顶藻井为一朵浅刻大莲花。主佛阿弥陀佛端坐在须弥台上，面颐丰满，胸部隆起，衣纹斜垂座前，身体各部比例匀称，神情睿智，整个姿态给人以静穆慈祥之感。主佛左侧为大弟子迦叶，右侧为小弟子阿难。两弟子旁边分别为观世音菩萨与大势至菩萨。特别是南壁的大势至菩萨，造型丰满敦厚，仪态文静，在故宫博物院有 1 比 1 的复制品陈列。阿弥陀佛与两侧的两位菩萨共称为西方三圣，即掌管西方极乐世界的三位圣人，是佛教净土宗信仰的对象。

◆老龙洞

是就着自然山洞开凿而成的，其平面呈长马蹄形，顶部近似穹隆顶。该洞因不是由专人出钱开凿的，所以没有造出主要的一铺大佛。全窟密布小龛 54 处，其中较大的有 12、32、33、50 号龛，俱有永徽元年的造像题记。老龙洞因为多人开凿，都是以祈福、求功德为主，并无突出主题，所以附带了浓郁的生活气息，为研究初唐的民间造窟风气、特色提供了有力地考证。

4. 五代与宋代窟龛

五代梁建都于洛阳，龙门仅有个别小龛出现。宋代造像也仅有数个小龛，艺术价值更不可与前同日而语。

龙门石窟是宣扬佛教思想的场所，来这里进行依山凿洞、佛教造像的除了当朝政府以外，还汇集了社会各个界层的方方面面的人物。纵观整个龙门石窟的造像，可以看出，佛教造像多为皇室权贵发愿祈福之作，但也有民间商会、平民百姓，还有少量外国佛教徒留下的作品。它虽然是佛教文化的艺术表现形式,但却折射出洛阳的兴衰,反映了王朝的重大政治动向以及当时的社会、经济、文化等各个层面,是研究中国历史不可多得的实物资料,堪称为一座大型石刻艺术博物馆。

(二)龙门二十品

所谓“二十品”,是指选自龙门石窟中北魏时期的20块造像题记,其中19品在古阳洞,另1品在老龙窝崖壁上的慈香窟内。

二十品的名称,一般认为始于清代德林的《德砚香集拓》,他曾在河南做过知府。古阳洞有一则拓碑题记为“大清同治九年(1876年)二月,燕山德林,祭告山川洞佛,立大木,起云架,拓老君洞魏造像,选最上乘者标明曰龙门十品”。计有孙保(在洞顶,碑高0.38米,宽0.25米,现称高太妃)、侯太妃(在洞顶,碑高0.51米,宽0.37米)、贺兰汗(现称侯太妃)、慈香(在慈香窟内,碑高0.38米,宽0.38米)、元燮(在南壁,碑高0.24米,宽0.38米)、大觉(北壁,碑高0.20米,宽0.45米,现称比丘道匠)、牛橛(北壁,碑高0.65米,宽0.33米,现称尉迟)、高树(北壁,碑高0.38米,宽0.27米)、元详(北壁,碑高0.75米,宽0.4米)、云阳伯(在洞顶,碑高0.5米,宽0.34米,现称郑长猷)。以后又经人选入杨大眼(北壁,碑高0.75米,宽0.4米)、魏灵藏(北壁,碑高0.73米,宽39厘米)、一弗(北壁,碑高0.12米,宽0.34米)、惠感(北壁,碑高0.17米,宽0.39米)、元祐(南壁,碑高0.33米,宽0.34米),解伯达(北壁,碑高0.12米,宽0.34米)、孙秋生(南壁,碑高1.04米,宽0.49米)、始平公(现称慧成)、法生、优天(填)王,合称二十品。

康有为的《广艺舟双辑》及方若的《校碑随笔》都认为“优天(填)王为唐刻故删去”。顾燮光的《梦笔簃石言》始易马振拜题记(在窟顶,碑高0.49米,宽0.33米),由于这些作品是北魏书法艺术的精华,魏碑书体的代表,故为世人所重视。

二十品的碑文,由于年代距今久远,以往拓帖者不加爱护,均有不同程度的风化和磨损。其最甚者莫过于解伯达碑与魏灵藏碑。郭玉堂《洛阳古物记》(手抄本)记载“解伯达碑、民国二十三年(1934年),夏,龙门街拓帖工多拓三百份损其石”。

二十品的名目最早出现在康有为的《广艺舟双辑》及方若的《校碑随笔》。康有为又把二十品分为四体:“杨大眼、魏灵藏、一弗、惠感、道匠、孙秋生、郑长猷,沈着劲重为一体;长乐王(尉迟)、广川王(侯太妃)、高树,端方峻正为一体;解伯达、齐郡王元祐,峻骨妙气为一体;慈香、安定王、元燮,峻岩奇伟为一体”(《广艺舟双辑·论第十九》)。但大多数人认为他的分类不免有过分牵强之处。

二十品的内容,一般是表现造像者为“皇道”、“国祚”、“君王”、“父母”,包括亡者、生者祈福禳灾的动机。而作为思想内容,则包含丰富的历史文化资料,是研究北魏统治阶级如何崇尚佛教巩固其统治的实物资料,又使我们看到佛教在当时社会中的广泛影响。

单就书法而论,它是一个历史时期特定社会条件下的产物,是在汉隶和晋隶的基础上有所改进而形成的具有独特风格的一种书体。字形端正大方,气势刚健质朴,既保留着隶书的遗风,又孕育着楷书的新因素。随着南北朝的统一,它就演变成为隋唐的楷书了,故在我国书法史上占有重要的地位。

(三)古代外国僧人的造像

“唐僧”玄奘自印度求法归后,在长安广译佛教经典,使中国的佛学进入鼎盛时期,吸引了许多外国僧人到中国求学,唐代的中国成了佛教的重要传播场所。其中涉足龙门的外国僧人有中天竺僧地婆诃罗,南天竺僧人金刚智、菩提流志,中天竺僧人善无畏,北天竺僧人不空(一说狮子国,今斯里兰卡)、般若刺,吐火罗僧人宝隆,日本僧人阿倍仲麻吕、晁衡、圆珍、奝然,以及新罗(朝鲜)僧人等。他们大都以宗教学者的身份,为中外佛教文化的交流万里孤征,在龙门有的开龛造像,有的礼佛,有的死葬于此。

唐代外国僧人在龙门的造像遗迹,因历代兵燹,年久失修,今已多不存在,尚存者仅有吐火罗僧宝隆及新罗僧人所开凿的石窟造像。

1. 吐火罗僧宝隆造像龛

位于洛阳市龙门东山看经寺上方偏北之山腰处。龛门面东北方向。高 0.92 米,宽 0.75 米,深 0.23 米。开凿于唐睿宗景云元年(710 年),造像布局为 1 佛(释迦牟尼)2 菩萨 2 力士,主佛通高 0.7 米,体躯较完好,唯左臂及两手残毁,身着通肩式袈裟,立于束腰仰覆莲圆台座上。左菩萨通高 0.69 米,右菩萨通高 0.66 米。2 菩萨上身袒露,斜披络腋,脖挂项饰,肩搭帔巾,手戴钏,下着裙,均立于束腰仰覆莲圆台座上。左菩萨左手垂握莲枝,莲茎上刻一人物像,右手举胸前,掂一小瓶;右菩萨左手平举胸前,托一经箧,右手下垂握帔巾。2 力士雕于龛外中部,体躯较小,仅及菩萨之半。龛下方刻供养人,左右两组,每组 2 人,左方外侧第 1 人为女供养,第 2 人着圆领束腰袍服,4 供养人呈跪状。该龛造像记位于龛左下方,字大都漫漶,幸存有“景云元年玖月一日,吐火罗僧宝隆造”。该造像记下方有一观音菩萨像龛,造像题记为“□□□□用心,景龙四年六月十五日供养”。宝隆造像龛下方,为前潞州□□造 49 尊佛像龛。着通肩式袈裟,立于束腰仰覆莲圆台座上。2 菩萨袒上身,斜披络腋,下身着裙。龛下方刻供养人,左右两组,每组 2 人,皆跪状。由造像题记可知,此龛为“北天竺三藏弟子”吐火罗(西域大夏国)僧人宝隆所造,为古代外国僧人在龙门礼佛造像的少数遗迹之一,是研究唐代和西域关系的实物资料。

2. 新罗僧人造像龛

位于洛阳市龙门西山北部珍珠泉南半山崖。龛门东北向。龛高 1.77 米,深 1.83 米,1.8 米。龛内造像今已无存,视其空龛遗迹,原可能为七躯造像,龛额阴刻“新罗像”四大字,楷书。从龛之形制、造像布局、题记等推测,此龛应系唐高宗、武则天时期(650 ~ 704 年)来中国参学的新罗僧人所雕造。为龙门石窟中古代外国僧人造像的少数遗迹之一,对研究佛教文化交流,特别是唐代中、朝人民之间的友好往来颇有价值。

二、巩义石窟

全国重点文物保护单位。巩义石窟位于嵩山之阴的巩义市东北 5 公里的大力山下伊洛河北岸,背山面水,风景秀丽。巩义石窟,原名希玄寺,唐代称十方净土寺,清改石窟寺。创自北魏孝文帝(471 ~499 年)时,至宣武帝景明年间(500 ~503 年)已形成规模,后经东魏、西魏、北齐、隋、唐、宋各代连续 400 多年相继凿窟造像,形成了巍然壮观的石窟群。

巩义石窟寺创建于北魏孝文帝时期,是北魏皇家开凿的大型石窟之一。东魏、西魏、北齐、隋、唐、宋历代相继在此凿龛造像,初名希玄寺,唐代改为净土寺,宋时称大力山十方净土禅寺,清代至今称石窟寺。石窟寺是北魏皇帝、皇后举办礼佛活动的场所,后来,唐太宗李世民及北宋皇室曾在此举行礼佛活动，留下了大量珍贵的造像、碑刻等。巩义石窟寺历经 1500 多年的风雨，现存洞窟 5 个，千佛龛 1 个，摩崖造像 3 尊，摩崖造像龛 255 个，碑刻题记 256 方，佛像 7743 尊。石窟多呈方形。除第五窟外，其余 4 窟都有中心方柱，柱四面均凿龛，内雕 1 佛 2 弟 2 菩萨。窟顶刻平綦或藻井。4 壁除第 1、3 和 4 窟门内两侧刻有"帝后礼佛图"外，其余均刻千佛及大佛龛。壁脚刻神王、怪兽和乐人等。巩义石窟造像雕刻细致，内涵丰富。翩翩飞天，自然生动，超凡脱俗；帝后礼佛图构图完美、保存完整，充分表现了北魏皇室前往礼佛的宏大场面，是北魏石刻艺术的代表作，堪称国家之珍宝、艺术之绝品。在这里，外来佛教文化同中原文化相结合，石刻造像既保留着北魏浓重的艺术特点，又孕育着北齐、隋代的雕刻艺术萌芽，形成由北朝向隋唐过渡的一种艺术风格，在雕刻艺术史上占有重要地位，具有很高的历史、艺术和科学价值。

巩义石窟寺

（一）第一窟

位于石窟寺最西边。门上有方形窗，门外东西两侧各雕力士 1 尊。西侧力士像上方刻罗汉两排，还有摩崖菩萨像 1 尊。东侧力士像上部残存 1 佛、1 菩萨，其东又有上摩崖大龛，龛内有高 530 厘米立佛和二菩萨。窟内平面为方形，窟高 6 米。窟顶雕方格平棋，中心方柱边宽 2. 8 米，四面各刻佛龛 1 个，龛内雕 1 佛、2 菩萨、2 弟子，下面佛座两侧各雕 1 狮子。中心方柱上部和平棋相接处各刻 4 个莲花化生。基座各面雕力士、神王等。

◆南壁

有天窗，上刻两只异兽。门东西两侧千佛龛下各雕 3 层礼佛图，保存比较完整，色彩隐约可见。图下有 1 列伎乐者，东起依次为弹琵琶、奏箜篌、吹横笛、鸣法螺和吹排箫。两边残损较甚，仅存 1 击鼓者。

◆东壁

有并列 4 个大龛，龛间有柱，龛楣间刻 2 飞天。4 龛壁脚刻供养伎乐 1 列，残损较甚。

◆西壁

也有 4 个并列大龛，第二龛内佛像较完整，南侧菩萨残损，龛楣上雕 7 佛，佛之间雕莲花。4 龛壁脚供养伎乐 1 列，依次为吹横笛、弹阮咸、吹排箫、击羯鼓、奏箜篌、弹阮咸、吹箫和吹法螺。

◆北壁

并列 4 大龛，西起第一龛保存较好。

窟门外两侧还雕有北魏、东魏、北齐和唐、宋各代造像龛 98 个，有的大龛下边刻供养人或题记。纪年有西魏大统四年（538 年）、北齐天保七年（556 年）、唐咸亨元年（670 年）和宋太平兴国八年（983 年）等。

(二)第二窟

北魏开凿,为半成品,窟前壁已全部崩塌。窟内除东壁1个龛为东魏时所雕外,其余10个龛为唐代开凿。中心柱南面上下排列3龛,最下面1龛较大,题记为唐龙朔年间(661~663年)。中心柱东壁共有4龛,皆雕于唐。上面1大龛,系唐乾封二年(667年)八月十日所刻。

(三)第三窟

窟为方形,窟顶雕方格平棋,中心有方柱。其下四面各雕大佛龛1个,内刻1佛2菩萨2弟子。

◆南壁

拱门两侧千佛龛下各雕礼佛图3层,其中东侧3幅损毁较甚。

◆东壁

中部主龛内残损有菩萨,龛楣两侧刻飞天。

◆西壁

中部主龛内残损有菩萨、弟子各1尊。

◆北壁

中部主龛内刻1佛、2弟子、2菩萨,头部均残。壁脚刻怪神像,筋肉突起,狰狞可怖。

(四)第四窟

窟内平面为方形,窟顶平棋保存完好。中心柱四面各刻两层佛龛,上龛内刻1佛2菩萨、2弟子,下龛内刻1佛、2菩萨。柱基座上雕力士、神王像。柱东面上、下层龛内皆刻1佛、2菩萨,柱基座上刻4神王像。柱北面佛龛与四面基本相同,唯残损较甚。窟内四壁顶端刻有垂幔一周。垂幔下除南壁门两侧上部刻4层千佛龛外,其他3壁上下各刻千佛龛16层,多残损。

◆南壁

门上方和平棋相接处凿1龛,内刻1佛、2菩萨。门东侧千佛龛下刻礼佛图两层。其下为一幅壁画,烟熏较甚,形象难辨。

◆东壁

中间主龛刻1佛、2弟子、2菩萨。

◆西壁

中间主龛与东壁基本相同,龛内雕像较完整,佛座两侧刻狮子。

◆北壁

中部主龛内刻1佛、2菩萨,龛楣两侧刻飞天,壁脚刻伎乐10人,西起依次为击腰鼓、击钵、击鼓、弹箜篌、弹琴、击磬、吹洞箫、吹竽、击铜钹和鼓瑟,损坏较重,隐约可辨。

(五)第五窟

窟平面近方形。窟顶为莲花藻井,周围环绕6身飞天,四角各刻1化生,东、西、北三壁各刻1龛,龛内刻1佛、2菩萨、2弟子。南壁,门楣上刻5尊坐佛,两侧刻卷草纹。门东西各有1尊立佛,站在莲花和莲梗上。

◆东壁

佛龛北部残损较甚,菩萨、弟子像素已被凿损。

◆西壁

西壁与东壁相同,除龛内北侧的菩萨像被盗凿外,一般保存尚完整。

◆北壁

龛楣上有5个唐代小龛,龛内菩萨与弟子之间有后代刻的4个小龛,龛边两侧各刻托山力士1人,窟内地面刻有与藻井中部相应的图案花纹,保存完好。

◆千佛龛

位于石窟最东边。历来称“千佛洞”,系唐乾封年间(666～668年)所凿。千佛龛实为1个大龛,高1.5米,宽2.12米。圆拱龛楣,后壁平直,除中间刻一较大的坐佛和题记外,后壁和两侧壁皆刻满排列整齐的小佛龛,共计999尊,加上中间坐佛共为1000尊。龛内两侧外边,有4个长方形龛,各刻一菩萨像。洞口两侧角又各雕天王像1躯,形象生动,洞外侧刻有小佛龛9个,其中有唐乾封年间题记。

巩义石窟中的帝后礼佛图

巩义石窟诸佛造像多为方圆脸型,神态文雅恬静,衣纹简练。礼佛图、飞天、神兽、佛教故事等是现存较完整的北魏浮雕造像。18幅“帝后礼佛图”浮雕为全国现存石窟中所仅有,其中最精美的为第一窟“帝后礼佛图”,构图分三层,东边是以皇帝为首的男供养人行列,西边是以皇后为前列的女供养人行列,各以比丘和比丘尼为前导,画面中仪态雍雅的贵族和身体矮小的侍从形象形成了尊卑鲜明的对照。第四窟的“帝后礼佛图”人物造型独具匠心,前呼后拥的礼佛仪仗队中供养人大腹便便,相貌森严,侍从瘦小低微,比主像小1/3。仪仗队中有的为帝后携提衣裙,有的执扇撑伞,有的手捧祭器,浩浩荡荡地簇拥帝后进香礼佛,表现了皇室宗教活动的盛大场面。构图简练生动,刻工细腻,为我国石窟浮雕艺术中罕见的杰作。

各窟雕刻的佛龛,大都是1佛、2弟子、2菩萨的固定格式。第一窟西壁的“涅槃变”龛、东壁的“维摩变”龛,其造像风格已脱离了北魏早期深目高鼻、秀骨清风的特点,而是面貌方圆、表情宁静的艺术形像。衣纹雕刻也趋于简单化。

寺内建筑多已不存,仅明代大殿和东西厢房尚存。新中国成立前,不法分子曾勾结帝国主义大肆盗劫巩义石窟的造像,现陈列在美国哈佛大学福格艺术博物馆的1尊菩萨像就是从第5窟西壁佛龛北侧盗凿的。中华人民共和国成立后,政府十分重视对巩义石窟的保护,对此不断进行加固维修,并把石窟前的东西两庑和大雄宝殿翻修一新。寺内建筑仅存明代大殿和东西厢房。

三、水泉石窟

全国重点文物保护单位。水泉石窟位于偃师市寇店乡水泉村万安山断崖上。石窟坐东向西，背山面水，呈拱形。深1.1米，宽6.3米，高7米，共刻大小佛龛400余个。开凿年代从北魏至唐，主要是北魏之作。窟内正中刻主佛两尊，左佛通高5米，右佛残高3米，两佛并列。

南壁上部有一大龛，高1.42米，宽0.95米，内刻1佛、2菩萨。主佛结跏趺坐高台上，两菩萨侍立左右，两侧刻护法雄狮1对。其左有1小龛，刻1佛、2菩萨，佛座两侧有狮2尊。佛座正中有1力士手托薰炉，左右为供养人。此龛之上有5个小龛，龛内各有佛1尊；龛门两侧各刻2个小龛，上小龛为2尊小坐佛，下小龛为2尊小立佛。

南壁二层中间，有1佛龛高1.94米，宽1.6米。内刻主佛，高1.25米，结跏趺坐，莲花背光，周有莲花童子；主佛两侧分立2弟子，其下有护法雄狮1对。该龛右侧有2层小佛龛，高0.6米，宽0.5米，内刻2佛、2菩萨，佛座左右有护法雄狮1对；中间有薰炉1个，供养人2个。

南壁二层大龛的左右遍刻大小不一、高低不齐、形状各异的小龛，龛内刻有形态不同的佛像，佛座下刻有金刚力士和蹲狮卧兽。

北壁东下层有1大龛，内刻主佛1尊，结跏趺坐于高台上，莲花背光，周有莲花童子。两边侧立两菩萨，佛座两侧有雄狮一对。龛门两侧分别刻3~5个小龛，其中一龛刻1小立佛，其余均为1坐佛。

窟门北壁上刻大小佛龛约百个，龛内多数为1佛、2弟子或1佛、2菩萨，六尊多为交脚弥勒佛。这些佛龛下面还有排列整齐上下9层小龛，每排27个小龛，右下角缺1，左下角缺3。每龛高0.8米，宽0.7米，其内各刻1坐佛。

石窟门外北侧，有1雕刻细腻的佛龛，刻1佛、2弟子、2菩萨，其面部丰满，体态雄健，属盛唐时期作品。石窟门外南侧，有摩崖碑记一通，记载石窟的营造历史，对了解石窟分布、造像及佛教兴盛情况有重要价值。水泉石窟的特点是造像集中，雕造工艺精美，有的可与龙门石窟相媲美，是研究古代雕刻、绘画、建筑及佛教发展的珍贵资料。

水泉石窟内两侧洞壁上的400余座大小佛龛内的造像多为1佛、2弟子、2菩萨，也有不少的交脚弥勒造像；龛楣及近侧多刻飞天、化生、莲花、帏幔、缨络；佛座下有金刚力士及蹲狮、卧兽等。造像刻工简朴硬直，体现了北魏石刻艺术的特点。

窟外北壁有唐代先天二年(713年)的造像1龛，为1佛、2弟子、2菩萨，面容丰满，体态有力，为盛唐艺术风格。窟外南壁，保存碑记一通，系依山而刻；其中有关于石窟历史的记载，字迹多已剥蚀不清。窟壁间雕大小佛龛400余个，龛内多雕1佛、2菩萨、2弟子或交脚弥勒佛等。龛楣及其近旁多刻有飞天、化生、莲花、帏幔、璎珞等。佛座下有金刚力士及形象生动的蹲卧狮兽等。雕刻技法简朴，系北魏造像风格。窟外北壁雕有唐代像龛，内雕1佛、2弟子、2菩萨，面容丰满。另存有北魏普泰二年(532年)及唐先天二年(713年)等造像题记。

四、万佛山石窟

全国重点文物保护单位。万佛山石窟位于洛阳市吉利区西北部6公里处的柴河村北山岭上。石窟群坐北朝南，东西排列，开凿在一宽敞的山谷北崖上，两端豁口呈喇叭状，下降近 10 米，与柴河水库相连。万佛山石窟开凿于北魏时期。万佛山石窟旧分上下两个寺院、五个洞窟，文物专家鉴定石窟为北魏孝文帝迁都洛阳前后开凿，其艺术风格更多地继承和保留了云岗、大同石窟的艺术特色，文物价值很高。由于石窟为粉灰色石灰岩质，质地疏松，加上人为因素，故而佛像破残得很厉害。万佛山石窟现存上下寺院，上寺有双窟、莲花洞、大佛龛，下寺有锣鼓洞、神游洞。

上寺双窟分左右二窟。左窟洞口高 1.5 米，宽 0.9 米，尖拱形门楣，洞门两侧各雕 1 高 1.2 米的力士。洞窟进深 1.58 米，高 1.65 米，北壁雕 1 佛、2 菩萨、2 弟子，西壁雕燃灯佛，东壁雕弥勒菩萨。东西壁雕帝后礼佛图。窟顶作莲花藻井。右窟主尊佛像高 1.13 米，尖拱形门楣之右上方刻有小千佛。

莲花洞进深 2.69 米，洞内高 2.6 米、宽 3 米。造像组合为 1 坐佛、2 弟子、2 菩萨、2 坐佛、2 菩萨、2 力士。

石佛山石窟

大佛龛，雕 1 佛 2 菩萨，立佛高 5 米，高肉髻，着褒衣博带式袈裟。佛座下雕护法狮子 1 对和莲花化生。

下寺锣鼓洞内残留高 1.75 米、宽 2.2 米的中心柱，雕刻帷幔、坐佛、化生、护法狮子等。

神游洞，进深 1.49 米，高 1.15 米，雕刻 1 佛、2 菩萨、2 弟子及 2 佛、2 菩萨。窟顶为莲花藻井。洞口内上方雕维摩变相，北壁佛下雕护法狮子和供养比丘。东西二坛壁浮雕礼佛图，保存完好，洞口内两侧浮雕 3 层礼佛图。

五、吕寨石窟

吕寨石窟位于伊川县城东南 25 公里酒后乡吕寨村北 0.5 公里处的虎头山腰处，西距伊河约 2 公里。吕寨石窟方向面西，石灰岩质地，共有 3 窟。根据造像的艺术风格分析，石窟可能开凿于北魏孝明帝时期。

（一）第一窟

空窟，外沿不规则，高 1.6 米，宽 2.47 米，深 1.75 米。可能是禅窟。

（二）第二窟

平面不规则，平顶，前部塌毁，高 2.02 米，宽 4.28 米，深 2.44 米。

◆南壁

南壁造一立佛像，通高 1.53 米，立于圆台上，双脚残，台座高 0.19 米。

◆正壁（东壁）

正壁造三铺像，均造 1 佛 2 菩萨，各起坛基。左则坛基高 0.84 米，深 0.25 米；中间坛基高 0.77 米，深 0.29 米；右则坛基高 0.89 米，深 0.17 米。没有共同的平面，为互相没有联系的 3 组造像。另在像龛周围刻有零星的小龛。

◆北壁

大部分残，仅存无规则台座，高 0.31 米，深 1.15 米。

（三）第三窟

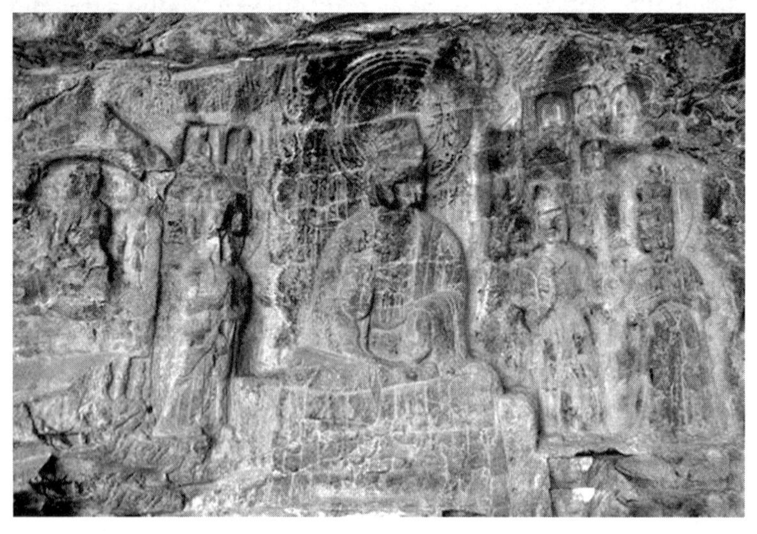

吕寨石窟

圆拱龛，外侧残，高 1.86 米，宽 1.85 米，深 1.6 米。正壁设坛，高 0.52 米，深 0.21 米。正壁刻 1 佛 2 弟子 2 菩萨。

◆左壁

内侧上层刻文殊说法像，中层刻 1 立佛和 1 侍佛者，立佛像右侧刻 2 个圆拱龛。左壁外侧刻尖拱坐佛龛，分 4 层，现存 7 个，龛间刻长茎莲花。

◆右壁

内侧上层刻维摩诘说法像，中层圆拱龛内刻一立佛像，通高 0.29 米，大部残毁，铣足于龛底。右壁其他壁面刻尖拱坐佛龛，分 4 层，现存 11 身，佛像雕饰同左壁坐佛像，龛间刻长茎莲花。

龛顶中间为莲花藻井，双层莲瓣，两侧存 2 身飞天残迹。飞天与侧壁顶部之间以忍冬纹饰相隔。

六、香峪寺石窟

香峪寺石窟位于新密市西北 38 公里国公岭上香峪寺北的山崖峭石上。东魏天平二年（535 年）雕凿。香峪寺石龛高 1.98 米，上宽 1.8 米，下宽 2.28 米，进深 1.3 米。龛内雕像 8 尊，本尊为卢舍那佛，两侧为阿难、迦叶 2 弟子及 2 肋侍菩萨和 2 力士。造像生动逼真，玲珑别致。佛像头部均损毁，本尊着通肩大衣，系裙跣足站立在莲花座上；2 弟子着通肩大衣，袒右臂，手及脚部残；菩萨饰帔帛着长裙，背上有莲化生，力士赤膊侧身站立。本尊上方刻 1 小佛像，上有造像题记，共 69 字："香峪寺沙门慧隐敬造卢舍那一尊……天平二年岁次甲寅二月乙卯朔七日庚申造，丙子再游此，郑圃杨祖德。"据考古专家鉴定，此石窟系东魏时期，距今 1500 余年。

七、邢河石窟

邢河石窟位于荥阳市贾峪镇大周山东麓老邢水库西崖绝壁上。北齐天统四年(568 年)刻造。窟高、宽、深度均约 2 米。窟门左右各刻 1 力士,窟内刻 1 佛、2 菩萨、2 弟子。这种方形石窟,单尊主造像,四壁无刻,与唐初洛阳以及山东益都、云门山等石窟相似。特别是门左右的力士浮雕,昂首瞪目,威严勇武,栩栩如生。从造型及雕刻方法来看,与龙门奉先寺、敬菩寺力士酷肖,属北魏时期造像。现石窟已没于水库中,当水库水位降落时,遥望石窟犹似一幅挂图。

八、王宗店石窟

五宗店石窟位于荥阳市崔庙镇王宗店织机洞北石崖壁。建于北齐天统四年(568 年)。石窟门高 1. 22 米,内高 1. 72 米,宽 1 米,深 1. 25 米。内刻造像 7 尊。窟内正中刻阿弥陀佛,赤脚立于二童子耸肩背负的莲花座上,旁刻有阿难、迦叶二弟子,左胁侍文殊菩萨,右胁侍普贤菩萨,菩萨座前有青狮、白象,青狮白象旁各有一看管力士,神态武勇,镌刻生动逼真。窟门外上方有宋世荣摩崖题名,宋世荣(世景)时以伏波将军正行荥阳太守之职。

九、王家门石窟

王家门石窟位于登封市少林寺东王家门村北约 150 米处小河沟东岸断崖上,刻于南北朝时期。石窟面西背东,有大小两龛石窟。大石窟高 2 米,宽 1. 75 米,深 1. 12 米。拱门顶窟内石壁平滑,雕 1 佛 2 弟子 2 菩萨。本尊释迦牟尼端坐佛台上,背后有佛光,双手结放腹前,通高 173 厘米。头、颈、手均残。2 弟子、2 菩萨侍立左右,背后均有佛光,通高 1. 19 米,头、手均残,但身体保存较好,无题记。根据雕像体态丰满、线条流畅的特点,似为唐代作品。

小石窟高 0. 73 米,宽 0. 63 米,深 0. 27 米。中间佛像盘膝端坐莲花瓣须弥座上,通高 57 厘米。左右各侍立 1 像,均高 0. 42 米。头、手均残。窟内雕像背后均有佛光,体态清瘦,工艺较为粗糙。无题记。

十、石佛寺石窟

石佛寺石窟位于伊川县鸦岭乡的石佛寺。该寺始建于北魏,依山而建,有 2 个洞穴比邻相连而成。北侧洞穴高 5 米,宽 4. 5 米。正面有坐佛一尊,身高 1. 5 米,为佛祖释迦牟尼像,慈眉善目,双臂垂膝,线条清晰。其南有 2 个壁,高 0. 4 米,中有产佛一尊。洞北有大坐佛一尊,佛像东西各有侍立之像,与正面坐佛结为一体,构成货界尊贵之众令观瞻者如入西方天庭,心灵为之净化。

北侧洞穴门口有明代碑碣一通，字迹多模糊不清，依稀有“万历四十六年九月十五日”之字样，似为重修之碑记。北窑洞穴内主佛之侧也有刻铭，上有“大明嘉靖二十七年十一月重佛释迦牟尼如来”字样，粗野无章。该洞窟高约5米，宽4.5米，面积较为狭小。走进洞窟内，正面有坐佛一尊，身高1.5米左右，为佛祖释迦牟尼像，慈眉善目，俯慰众生，双臂垂膝，佛气周身；洞南有两个壁龛，高0.40米，中有立佛一尊；洞北有大坐佛一尊，佛像东西各有侍立之像。南窟较小，仅为北窟一半，造像大体仿佛。据村民说，石佛头像早年有的被恶人盗去，村民哀痛，重新塑之，才有今日之模样。

第二节　石　雕

嵩山地域除发现有大量的汉代画像石刻及石阙以外，立体石雕也不断发现。登封市中岳庙山门外的一对石翁仲，虽经2000年的风雨肃蚀，仍显示出古朴深厚的艺术风格。洛阳出土的石辟邪、石蟾蜍，郑州出土的石棺等，皆为石雕的艺术品。尤其是石辟邪、天禄，仍不失其雄劲的气势。从造型看，两兽虽纯属传说中的神兽，世上并不存在，但古代匠师凭自己丰富的想象力，大胆创造，使并不存在的动物栩栩如生，有着很强的艺术魅力。

一、孙旗屯石辟邪

吕寨石窟

孙旗屯石辟邪于1955年出土于河南省洛阳孙旗屯，1980年迁移到洛阳古代石刻艺术馆。东汉遗物，石辟邪高1.09米，通长1.66米。头部略为残损。北颈部阴刻隶书“缑氏嵩聚成奴作”7字，可知作者是今偃师市缑氏镇人。缑氏，汉县名，古代属洛都京畿，嵩聚乃县属聚邑。

史载，东汉时宫阙和陵墓神道多置司护的神兽一天禄、辟邪。《后汉书·灵帝纪》注：“邓州南阳县北有宗资碑，旁有两石兽，镌其膊，一曰天禄，一曰辟邪。据此，即天禄。辟邪并兽名也。”又《汉书·西域传》载“乌弋有挑拔、狮子、犀牛”，孟康曰：“挑拔，一名符拔，似鹿长尾，一角者成为天鹿，两角者成为辟邪。”

天禄、辟邪原为王侯墓冢前的神道石刻，出土时原为一对。后独角天禄被调到中国历史博物馆。辟邪身若虎豹，头类狮子，头生双角，嘴大牙锐，下颌一束卷须，身生羽翼，它昂首斜侧，怒目眈眈，尤其是它那弧形的长尾撑住地面，大有用力一蹬，一跃而起之势。汉代艺术匠师凭借丰富的艺术想象力和用简洁明快的艺术手法，以形写神，着力刻画辟邪头部和矫健的身躯。四条腿的位置搭配非常自然舒适，加之撑地的弧形长尾，五个支点，显得更加稳定有力。这件凭借想象创造出来的禽兽合体的圆雕艺术形象，给人们以似曾相识的感觉，富有生命力。

在雕刻手法上，仍保持概括洗练的特点，羽翼是浮雕加强阴线刻。

二、伊川石辟邪

1963 年从伊川县彭婆镇东高屯村征得。1980 年迁移至洛阳古代石刻艺术馆。

伊川石辟邪，高 1.44 米，长 1.72 米。保存较完好。

伊川石辟邪具有洛阳孙旗屯出土石辟邪的基本特点，不同之处在于双角高竖，羽翼翘起，似欲飞扑向前，形象更为雄健凶悍，在艺术形象上较前者更臻于完美，雕刻技法是圆雕与浮雕相结合。

伊川石辟邪

三、东汉石像

河南省重点文物保护单位。《明一统志》载："象在河南府。东汉时西僧以象驮经来洛阳，后化为石，今有石象。"这个传说虽属神话，但却说明石象是东汉之物。是目前河南仅存的石雕"巨无霸"，其位置与邙山上东汉帝陵南北相对，故一般推断为东汉帝陵前神道石刻。

东汉石象用整块石灰岩石头雕刻而成，高 3.2 米、长 3.4 米、宽 1.5 米，与真象无异，系用整块石灰岩石雕刻而成。如此庞大的，在东汉及其以前的石雕中，十分罕见。石象呈站立行走状，头向东，象头硕大，象尾低垂，象眼显得小巧，睫毛线条清晰可见，象嘴两侧的象牙已不存，长鼻也不知所终，但紧贴象身的两只大耳朵保存相对完好，如扇面一样张开，耳上有 5 道凸起的水涡般的弧线，富有动感，皮皱的雕刻惟妙惟肖，尾部的尾骨和脊骨突出，质感极强。石象比例准确，动静自然，洗练传神，充满活力，汉代石质同类作品中罕有匹敌，艺术成就非常杰出。

象的形象早被人们所雕刻，商周青铜器中有象尊、象纹，汉画像石中屡见象刻，嵩山地域出土有象俑等，皆反映出象与当时人们生活有着相当密切关系。

四、石翁仲

全国重点文物保护单位。石翁仲位于登封市中岳庙中华门前。石翁仲相向而立，用青石雕凿而成，高 1.22 米。体形较粗犷原始，头颅硕大，约占整体高度的 1/3，直接安放在两肩。头顶平整如案，无冠戴装饰。五官端正，相貌质朴。双手紧握剑柄，矜持地拱护在胸前，长长的剑锋直垂地面。身穿长筒袍衫，腰间一条宽带，带头呈八字状撇在剑锋两侧。翁仲背后雕凿圆形洞眼 23 个。其中东翁仲 11 个，西翁仲 12 个。东翁仲头顶西北部刻一字径为 4 厘米的隶书"马"字，其用途和寓义不明。时代

中岳庙石翁仲

应和太室阙制造年代东汉元初五年(118 年)大致相同。

翁仲姓阮,秦朝临洮人,身躯高大,异于常人,随秦始皇征匈奴,为当时太室祠的象征性守门人。

五、静陵石翁仲

1976 年冬,洛阳市郊区邙山公社上寨大队平整土地时,在其村南大冢前挖出石人一躯,身高 314 厘米,据说是国内目前考古发现的最高的石翁仲。与此石人同时出土的还有一石人头,其面目相同,石人出土地点在冢南,距冢约 12 米,冢高约 15 米,直径约 30 米。因此推定此石人为冢陵前神道两侧的翁仲。

这尊石翁仲由整块石头雕刻而成,高大威武,身材比例适当,姿态端庄有力,有威武之风,身上衣纹刻画比例亦简洁流畅,充分体现出早期石刻艺术雕刻手法追求概括洗练之特色。该翁仲笼冠,夹领,短襦,裙服,双手按剑,目视前方,立于长方形石座上。石翁仲的艺术风格与北魏后期的造像更为接近,只是艺术水平达不到石窟寺雕刻艺术的程度。

经考古工作人员调查论定,石翁仲前的大冢为北魏孝庄帝静陵。孝庄帝名子攸,生于公元 507 年,528 年即位,530 年被杀,时年 24 岁。在位 3 年,为北魏第十代皇帝。静陵石翁仲当为皇家艺术品。

六、初祖庵舍利石函

出土于登封市祖师面壁之塔地宫内。石函由函和盖组成,平面近方形,长 0. 74 米,宽 0. 66 米,通高 0. 59 米。函盖呈盝顶形,上部线刻蟠龙戏珠图案,正面楷书题记“靖康元年……”,石函周围均为长方形画面,线刻佛教人物像。画幅中心处置 1 花瓶或香炉,两侧各为 2 人,前、左、右三面皆线刻 2 神王、1 侍者和 1 女供养人,后面线刻 2 护法神王和 2 侍者。石函在人物刻划上,线条繁缛而不失协调,简括夸张而不失准确,体现了北宋人物画谨严写实、丰盈多变的艺术风格。

七、北魏画像石棺

孝文帝迁洛,自瀍西为陵园之所,并下诏:迁洛之士死后不准迁茔还代,故而皇亲国戚世家大族,围绕孝文长陵、世宗景陵,形成了周围数十里的北魏皇陵区。新中国成立前洛阳盗墓成风,北魏墓志被盗出200多方。北魏墓被盗不下于500座，出土文物就更无法统计了。仅石棺一项，据不完全的统计也有10具之多，如章武王元融石棺（永平二年），贞景王元谧石棺（孝昌五年），东莞太守秦洪石棺（孝昌二年），林虑哀王元文石椁（永熙二年），元华光瓦棺（孝昌元年），宁懋石室（孝昌三年）。新中国成立后又出土了两具，一具是上窑村东出土的以墓主人升仙为内容的石棺，另一具是南平王元暐石棺（武泰三年）。据《洛阳出土石刻时地记》所载：东莞太守秦洪墓出石棺一具，“花纹极精，上海客人以五千元购去”；奉洛二州刺史王悦墓所出石棺“运上海”。其中有些精品已流出海外。

这些石棺多数周身雕刻有精美的花纹，其中以孝子列女故事，乘龙升仙，龙虎神兽为内容者较低者多，素面无纹饰者也有。伴随着石棺的出土，也出土了一些石棺床，棺床花纹为各种神奇的异兽灵禽和不同样式的图案花草，不有带项光的会乐天人、化生和护法的力士，面目狰狞的铺首等，这些精美的石棺不仅有重要的历史价值，更有着重要的艺术价值，也是研究了解北朝绘画风貌和水平以及民俗学的重要实物资料。

以孝子图为内容的北魏石棺，最少有2具，一具是元谧石棺（国内存有拓片，实物下落不明），郭玉堂《洛阳出土石刻时地记》载“元谧志石与宁懋石室同时出国”。元谧墓于1930年在城西东陡沟东北李家凹南地被盗出，宁懋石室于1931年在东北乡翟泉村北邙山南麓出土，出土不久即流失国外。宁懋石室现存美国波士顿艺术博物馆。另一具就是著名的孝子石棺，该石棺究属上述何人，暂存待考，现藏于美国堪萨斯城纳尔逊美术馆。这具画像石棺，长223.5厘米，高62.5厘米。孝子石棺左右两帮各刻绘3个孝子故事的图案，并有榜题。右方为“子舜”“子郭巨”“孝孙原谷”，左方为“子董永”“子蔡顺”“尉”。在刻画人物及山水上具有很高水平。“子舜”中的娥皇女英衣袂当风飘举，颇似传世顾恺之的《洛神赋图》中人物。“蔡顺”表现蔡顺在守灵时火势延及居室而不避，抚棺恸哭的背影与室外救火的紧张情节形成鲜明对比。“尉”（王琳）中刻绘了正面和背面的马匹，这一难度较大而颇为成功的表现，显示出匠师卓越的技巧。画中以山水连缀故事，山石树木与人物比例基本协调，反映了早期山水画发展面貌。

北魏画像石棺一侧

以升仙为内容的石棺最少也有2具。一具是新中国成立前出土，现存开封市博物馆。另一具是1977年4月在北窑村东砖瓦场出土，长2.33米，高1.02米，宽0.88米，由盖、左右两帮和前后档、底共六块石板按榫卯装配而成。石棺除盖外，周身、底均雕刻有精美的花纹，其雕刻技法和孝子石棺同，采用阳刻减地和阳刻加阴线，由于减低形外廓，而使画面浮出，再在浮出的画面上刻加以阴线，构成人物或景物的细部。

左右两帮是石棺雕刻的重点，其主题和西汉卜千秋墓夫妇二人升仙壁画近似，但后者构图更加繁密，主题更加突出，左右两帮布局基本一样，分前、中、后三部分。前部刻导引墓主人脱离人间、飞升仙界的方士，中部是墓主人乘龙翱云腾空，为画中的主题，后部是护送（或迎接）墓主人升仙的乐队和仪仗。

棺底前后刻青龙白虎，左右刻奇禽异兽。这具石棺在艺术上具有丰富的艺术想象力，充满浪漫主义的色彩，形象生动传神，艺术匠师把众多不同人物，乃至花鸟虫鱼、神兽祥云、树木山林都有机地组织到一起，既有显著的个性又有统一的主题，前后呼应，上下连贯，浑然一体，它和孝子石棺、宁懋石室有异曲同工之美。在雕刻技法上,从构图、用笔、下刀,与汉代艺术都有明显的渊源继承关系,同时又开启隋唐灿烂的文化艺术之先河。无论是艺术高度和雕刻内容,都已达到相当高的程度。

八、宁懋石室

宁懋石室于 1931 年 2 月在河南洛阳汉魏故城北,翟拉村邙山半坡出土,同时出土宁懋墓志一方。石室出土后不久,即售往上海,后流失海外,现藏美国波斯顿美术馆。

石室以数块石板及石质屋顶拼装而成,高 1.38 米,宽 2 米,进深 0.78 米。用 8 块石板以卯榫组装在台座上,石板厚约 0.2 米,台基是用两块大石平铺,有壁竖立台基上。前墙中布设一方门,宽 0.88 米,高 0.9 米,无门框、门扇,门的两侧竖立石板两块,上部承托着屋顶前面的房檐,后壁竖石一块,高度与前墙平齐。左右山墙上作三角形,顶端承托屋顶。石室的梁架均用减地线刻的技法表现于周壁。前面两壁石的上端各刻出“人”字拱,左右山墙的里、外两壁上边均刻出插手,中间的山花部分刻有悬鱼。

石室仿木结构,为单檐悬山顶、进深二架椽。屋顶正脊两端微翘,露出瓦当。在屋顶两坡第一和第二瓦垄之间刻出垂脊,在将尽头处用筒瓦以 45°伸向四角,外露出瓦当。四角略向上翘起,每坡瓦垄 18 行,在屋顶的两端作成“排山”瓦垄。椽头板瓦没有滴水,筒瓦有瓦法,纹饰不清。在挑檐枋上出大榴,又刻出椽头 18 根。椽头上承小连檐,椽头与瓦当的数量相当,上下对照,雕刻十分细致。石室建筑形式与山东孝堂山郭氏墓刻有相似之处。用途也可能相同。唯时代和一在地上、一在地下不同。

宁懋石室刻于北魏孝昌三年(527 年),是用石材雕筑成一悬山顶木构形式的房屋,内外壁匀线刻绘画,门外二侧线刻二武将,山墙内外线出行、庖厨、孝子故事,室内正壁刻三贵族人物画像,每人或回首、或拈莲花或玩鸟,均有一侍女陪同,形态雍容大度,动态刻画细微,是北朝晚期成熟的作品。

石室的画像共计 9 幅,武士 2 幅,刻在门的两侧。外壁故事画 2 幅,刻在左右山墙的外边,分上下两层,记故事有四:一幅上刻“刻木事亲”,下刻“帝舜”;第二幅上刻“董永孝子故事”,下刻“馆陶公主与董晏近幸”。第五、六幅为庖厨图;第七幅牛车出行图;第八幅铠马图;第九幅为宁懋夫妇画像。

宁懋墓志为正方形,高 39 厘米,宽 40 厘米,共 17 行,行 17 字,字行有界格,志曰:“魏横野将军甄官主簿宁君墓志,君讳懋,字阿口,济阴人也。”志载:“年三十五蒙获起中曹参事郎……至太和十七年,高祖孝(文)迁都中京,定鼎伊洛,营构台殿,以康永杞。复简使右,营戊极军。主宫房既就汛除横野将军甄官主簿。”

九、隋代石狮

隋代石狮 1965 年出土于洛阳市中州中路南建筑机械厂生活区北部,石狮出土不久,被洛阳博物馆收存,1980 年移至洛阳古代艺术馆。石狮高 0.96 米,除双耳略残,左侧上下大齿缺外,整体形象完好。

此狮蹲坐,昂首挺胸,颈部上面有规律地浅刻出图案化螺旋形毛卷,颈胸两侧各有一道浮雕装饰纹,形似云气,狮尾浮雕在狮腚背上。这种既追求写实效果,而又保留夸张变形装饰风格的艺术表现手法,正是汉魏石刻艺术向唐代石刻艺术过渡的时代特征。

十、石蟾蜍

上阳宫石蟾蜍

石蟾蜍于1980年于唐代上阳宫遗址出土,同年迁移至洛阳古代石刻艺术馆,唐武周时遗物。高0.45米,长1米,宽0.26米。石蟾蜍当为宫殿建筑或苑囿的排水设置,作蹲卧状,形似蛤蟆,嘴巴张开,腹中有孔,头肩部位有浮雕加阴线刻的凸眼和双角,末端有一卷曲小尾,造型敦厚,形象奇特,极具观赏价值。

自战国以降,蟾蜍一直被人们视作避五兵、镇凶邪、助长生、主富贵吉祥的神物。《太平御览》引《文子》曰"蟾蜍辟兵",又引《玄中记》云:"蟾蜍头生角,得而食之,寿千岁,又能食山精。"《抱朴子》《晋中州记》等史书均有类似记载。这件石蟾蜍,显然仍是上述思想指导下的产物。

十一、阿弥陀佛石像

阿弥陀佛石像于唐咸亨三年(672年)刻。原存巩义市文化馆,1961年运交河南省博物馆收藏。此像是用圆雕技法造成,通高1.07米,座高0.3米。阿弥陀佛结跏趺坐在八角束腰须弥座上,头饰螺髻,面容安详,头后有莲花项光,边沿刻化佛7个,内束裙,着僧祇支,肩披大衣垂于座下,右手已残,左手仰置足上。衣褶飘洒,垒褶突起,贴身衣物似透明薄纱,显露出丰满的肌肉,这种效果即当时流行的"曹衣出水"雕法。佛的后面有莲瓣形背光,周边刻火焰纹,纹中雕8个轻盈飞动的会乐人。须弥座下刻覆莲。正面镌铭文:"咸亨三年岁次壬申十一月戊子朔八日乙未,佛弟子阳隐□为亡父及见存母敬造阿弥陀像一区并二菩萨。上为皇帝下及法□众生共同斯福合家一心供养。"咸亨是唐高宗李治的年号,该造像应是唐代早期作品。

十二、孙窑造像石塔

孙窑造像石塔为一整块青石凿雕而成。方形,原有塔座、塔身、塔顶三部分,塔顶已列毁。石塔现在偃师市城西南寇店孙窑村西。

孙窑造像石塔座为正方形,每面宽0.79米,高0.55米,一面有题记,字迹多已漫漶,尚可辨识出的有"惟大唐神龙二年(706年)岁次丙午辛未朔卅日庚子"字样。塔身高1.79米,分6层,每面雕佛龛1个,共计24个,上5层每龛雕一坐佛,结跏趺坐于圆形仰覆莲座上,下层每龛雕1佛2菩萨,主佛结跏趺坐于圆形束腰高台仰覆莲座上,2菩萨一手下垂,一手半举,手握有物,侍立两侧。

全塔总计有佛像24尊,菩萨8尊,最小坐佛高0.065厘米,最大坐佛高0.18米,菩萨高19厘米。此塔小巧玲珑,刻工精湛,人物造像栩栩如生。

十三、开元寺石棺

天元寺石棺于1974年出土于郑州开元寺塔基,现存郑州市博物馆。石棺用青石雕凿,前高后低,上长1.05米,下长0.8米,前宽0.5米,后宽0.37米,前高0.53米,后高0.4米。可分为棺盖、石棺、棺座3部分。棺盖前后出檐,正中刻"匠人鱼继永",下刻"唯大宋开宝九年岁次丙子正月庚寅十一月戊寅制造毕工……"石棺四面皆有浮雕,前后皆雕假门,门旁有二力士,两侧棺板上浮雕释迦牟尼涅槃时十弟子嚎啕大哭痛不欲生的生动形象。棺底连雕力士柱,座四面刻12壶门。壶门内共有12伎乐人,所执乐器有笛、排箫、腰鼓等。棺座为束腰须弥座,长1.08米,宽0.55～0.5米,高0.34米。四角雕4力士,棺雕上刻铭文,记述修塔人员、施主姓名等。石棺雕刻精致,生动感人,是石棺浮雕中的精华,显示了宋代民间雕刻家鱼继永的聪明才智和高超的艺术技巧。

十四、杂剧石棺

杂剧石棺于1978年出土于荥阳市豫龙镇槐西村,现存河南省博物馆。石棺用青石雕凿而成,长1.93米,宽1.02米,前高0.93米,后高0.62米。棺盖上面正中刻"大宋绍圣三年十一月初八日朱玉翁之灵、男朱允建"。棺盖前端正面浮雕与棺头正面扣合为四阿式建筑屋顶。棺前正面浮雕1座高台建筑门楼,棺两侧和后当皆用纤细阴线刻人物和动物花纹,两侧棺板的线画基本对称,下部均刻椽杖栏杆,中间有矮柱将栏杆分隔成3部分。右侧棺板线画自前至后分为3组:第一组为墓主人夫妇饮宴欣赏杂剧图,夫妇2人皆着长袍,端坐椅上,桌前4人在表演杂剧,杂剧表演的内容是宋诗人李义山的故事;中部一组3人为侍宴图;后部一组为庖厨图。石棺左侧线画,表现的是宅院向墓地送行的送葬场面,反映了宋代出殡的情况。该棺雕于北宋哲宗绍圣三年(1096年),且刻有李义山杂剧,是研究中国古代戏剧史的重要实物资料。

十五、元察罕帖木儿墓石翁仲

元察罕帖木儿墓石翁仲发现于洛阳市老城西北2.5公里东北邙山南麓的察罕帖木儿墓南。1983年7月,在冢南约50米处配合基建工程中,发现石翁仲一躯,距地表1米。石翁仲身高2.9米,背宽1米,身厚0.5米,头戴文冠,着褒服,面形上窄下圆,鼻梁稍高,双目平视,双手捧笏,姿态肃穆持重,端严虔诚,是汉代以来历代墓前翁仲和墓葬中文吏俑的基本传统造型,亦是元代墓前石雕艺术的精品。

元代的雕塑存世不多,尤其属于世俗石刻中的陵墓石刻更为少见。居庸关元代的浮雕带有浓厚的西洋风格,现存成吉思汗和忽必烈墓前的石雕像(一存内蒙,一存法国巴黎国家博物馆)则是意大利的风格。除此之外,山东历城龙洞和杭州飞来峰都还有一些元代佛教石刻。它们虽然保持着传统的风格,但显得草率呆板,雕刻手法也不甚流畅,和唐宋时期相比则相形衰落。然而察罕帖木儿墓前石翁仲却属例外,它不像元朝画那样忽略题材内容和现实生活的联系。这里却是独出匠心,雕刻家运用写实手法，雕琢细致而深厚，身体比例匀称，表情逼真而传神。雕刻家注重石翁仲的职能和身份，表现姿态肃穆庄严，衣着宽敞洒脱，显得非常绮丽俊秀，是元代雕塑艺术的洗练和造型写实手法理想运用的典范。

李健人《洛阳古今谈》载："元赠颍川王察罕帖木儿墓，旧志在县西五里万福寺西，今寺已废，墓在城西北八里石碑凹金谷园村北邙山下，高 8 丈，占地 9.8 亩，墓前翁仲，石兽存焉。"旧志所记地点方位与察罕帖木儿墓相符。今出土翁仲属其中之一。

十六、明福王府石狮

河南省重点文物保护单位。明福王府石狮出土于洛阳市老城区青年宫文化广场南侧。石狮是一雄、一雌，原为明福王府门前左右之石狮。由汉白玉雕刻而成。整体由蹲座狮和狮座两部组成。两石狮昂首挺胸，各长 1.03 米，宽 0.8 米，高 2.12 米，狮背上各有 2 狮仔嬉戏。雄狮右前脚踩球，口微张；雌狮左前脚抚要 1 狮仔，口微张，左前小腿部现已损五分之二。狮座离地高 0.9 米，整座为反"工"字形，上平面长 1.60 米，宽 1.26 米，上层四周阳雕莲花托瓣，下层四周皆阳雕 2 狮戏球，凹部四周阳雕花卉。

十七、二仙洞石雕

河南省重点文物保护单位。二仙洞石雕位于登封市区北部的嵩山太室山南麓三皇口东约 400 米处的二仙洞内。是商末古孤竹国君两个儿子伯夷、叔齐隐居栖身的地方，后人称为"二仙洞"。

二仙洞处在三面环高崖，一面临险壑之地，有一山间蜿蜒曲折陡峭的小径可达西崖石洞，穿过石洞，眼前深壑数丈，两崖上横一独小桥，过桥需手攀岩石，吸起肚子，屏住呼吸，此地乃嵩山山路上的独木桥，取名"吸肚崖"。过了吸肚崖，迎面耸立的高崖上，有汝南吴同春题的"高登崖"3 字。崖下的天然石洞就是俗称的二仙洞，洞东侧的山崖立陡如削，崖间石缝荆棘横空，常有云雾缭绕，俗称云崖。

二仙洞为天然形成，后经人工开凿的两个坐北向南的山洞。东洞为不规则半圆形，洞深约 5 米，宽约 5 米，高 2.2 ~ 3.8 米，洞内的西北部有一股雨季流淌、旱季滴水的山泉，天旱时节，泉水仅够二至三人饮用，紧临洞的后壁，有一天然石台，上奉三尊雕像及两童子像，中为观音菩萨，东为文殊菩萨，西为普贤菩萨。其中，普贤菩萨端坐在石雕的大象背上，象高 28 厘米，长 54 厘米，在其象的腰间刻有一段铭文："巩县提东一里西左村施主男善人费其禄室人曹氏造男费大池佛一尊。石匠张名。"共 35 字，铭文中没有雕刻年月，根据其雕刻艺术风格，断为明代，具有较高的艺术价值。西洞宽约 10 米，深约 4 米。两洞前历史上均建有小型殿宇一所，后因年久失修倒塌。20 世纪 90 年代，由信士们出资在洞前恢复了黄琉璃瓦顶的殿宇，并有塑像，供信士们顶礼膜拜。

第三节 造像经幢

在古代石刻类的文物中，造像碑、经幢等，是佛教传入中国后，尊崇、宣扬与传播佛教的一种重要形式,它的出现与盛行,基本与凿造石窟的时代相同。然而,登封崇唐观造像是我国现存最早的老君造像,这是十分少见的道教造像。

嵩山地区的石刻很多,除寺、庙、宫、观、院、阙、坛等文物古迹部分简介外,还有很多散存的石刻,他们都是古代石刻艺术的重要组成部分。

一、禹贡九州图

任昉《述异记》云:太室山有鲁班《禹贡九州图》刻石。现不知其具体地点。

二、摩崖画像

《摩崖画像》位于巩义市东北 10 公里石窟寺西的山崖底部土窑洞内。洞深约 5 米,高约 2 米,洞内后壁为黄砂岩石,面积 4 平方米。上面阴刻 1 只高冠朱雀,昂首挺立,展翅翘尾。其下刻 1 五头鸟,五头鸟下刻 1 条 3 尾的鲤鱼画像。该画像具有浓厚的装饰味道,雕刻简练,线条流畅,具有高度的概括力和丰富的想象力。由画像附近诗刻可知,画像可能是东汉末年的作品。

三、新密汉墓画像石题记

《新密汉墓画像石题记》于 1975 年于七里岗乡甘寨村汉代墓中出土,现存新密市文物保管所。石高 0. 65 米,宽 0. 97 米,厚 0. 12 米。文字和画像刻于石块中上部。画像为减地浅浮雕,右雕一阙,下为三角形基座。座上有直立的圆柱,柱上为长方形阙身,上置三角形阙顶。阙左有题记 1 则,隶书,残存 12 行,行 7 字,计 74 字。行间有阴线格,有些字模糊难认。题记文字体宽博,厚朴古拙,为石匠随意写刻,毫无造作之态,是研究汉隶书法的重要实物资料。

四、汉寿亭侯画像碑

《汉寿亭侯画像碑》现存嵩山东麓的荥阳市西 13 公里的汜水上街村。碑为明万历年间(1573 ~ 1620 年)汜水县令张应春摹绘。碑高 1. 24 米,宽 0. 9 米。画为青石平雕,阴线刻,线条圆润有力。手正面有"汉寿亭侯"4 字。画面刻方帻美髯、手执大刀、跨马徐行的关羽,群众将此画称之为"关公勒马听风图"。图上张应春题"夏至之晚,约三鼓,梦关公勒马面前曰:'余汉之寿亭侯也,尔为我一像如何?'即惊起援笔而成"。

五、画像石题记

1975 年，密县（今新密市）老城东南 5 公里郜沟村收集画像石题记。该石出土后断成 3 块，收集到 2 块。现存新密市博物馆。为汉代题记。

《画像石题记》高 0.65 米，宽 0.97 米，厚 0.12 米。画像和文字刻于石上部，画像为减地浅浮雕，右刻一阙门，下为三角形基座，上有圆柱，柱上为长方形阙身和三角形阙顶。左刻题记 1 则，隶书，残存 12 字，行 7 字，行间有阴线界格。文中有“合天之道”“先古之恩德”“字孙而终”“死生论言”“宗辛慎无”等名，可见是埋于墓中的。

六、扈豚造像

《扈豚造像》现存郑州市博物馆。1981 年于郑州市西红石坡一处寺院废址内出土。造像龛外形雕作四阿顶建筑式样，高 0.34 米，宽 0.17 米，厚 0.085 米。座高 0.0085 米，檐下雕帷幔，龛内 1 佛 2 菩萨。本尊居中，高肉髻，内着僧祇支，外穿通肩大衣，右手举起，左手下垂，轻拂衣带，掌心向外，作说法相。结跏趺坐于长台上，两边二菩萨合十侍立，头戴高冠，身饰帔帛，帛带于腹前交错穿于臂内，腰系长裙，神态恭谨。底座正面线刻盆花，两旁刻供养人。

造像两侧亦凿帷幔式佛龛，龛内各雕 1 佛。左侧龛内雕交脚弥勒，头戴冠，身帔长帛；右侧龛内雕无量寿佛，结跏趺坐，高肉髻，内着僧祇支，外着通肩大衣，两侧底座上各刻二供养人。

造像北面上部刻铭记，内容为“大魏正光二年岁次辛丑，七月丁酉二日戊戌。清信士佛弟子扈豚为家口石象造一躯，合门大小，上升龙天，逢遇如来，误落三途，速令解脱，因缘眷属，恒会善居，所要如愿愿从心”。下部和基座刻两排 13 个供养人，并分别题有姓名。

七、大海寺弥勒造像碑

《大海寺弥勒造像碑》于 1976 年 3 月于荥阳县（今荥阳市）城大海寺旧址出土，1997 年入藏河南博物院。北魏孝昌元年（525 年）雕造，高 1.35 米，宽 0.98 米，厚 0.44 米。石灰岩质，四面环刻，青石雕成。

《大海寺弥勒造像碑》是河南现存保存最完好的造像碑之一，碑底部有榫，座已失。碑正面雕尖楣圆拱形大佛龛，龛楣为莲瓣形，本尊为弥勒佛，头戴宝冠，饰项圈，长帛从双肩搭下，百褶长裙贴于腿部，交脚坐在长方座上，脚踩莲台，左手下垂，右手半举，掌心均向外，作说法相。两侧立二弟子、二菩萨。迦叶、阿难合十面向本尊，左边观音菩萨头部残，手持净瓶和莲花。右边为大势至菩萨，宝冠残，手执摩尼珠和莲花。本尊背光内呈莲花纹饰，其外环绕 7 个体态轻盈的供养飞天，最外边是火焰纹。背光两边，左刻维摩诘，右刻文殊师利，其旁及下方有听法比丘多人，左右构成“维摩经变”图。龛内座下刻二比丘供养，左为“邑师道哈”，右为“比丘道胜”。佛龛上方，左右各有比丘、比丘尼 8 人，合掌作法相。龛额雕坐佛 7 尊，当为“过去佛”，即毗婆尸佛、尸弃佛、毗舍浮佛、拘留孙佛、拘那含牟尼佛、迦叶佛和释迦牟尼佛。佛两旁各有一供养化生,龛楣雕交层蟠龙,龛外左右各雕力士,长须瞪目,面向龛内,力士下有4比丘侍佛供养。

碑阴雕双龙盘首。其下分3层,上层有5个小龛,从左至右为:第1龛雕1释迦主像;第2龛雕1菩萨思维像;第3龛雕释迦、多宝说法相;第4龛主佛1尊;第5龛雕"龙浴太子"。

中层是造像题记,记述185人于魏孝昌元年七月十日供养佛事情况。下层雕供养人5排。碑左侧面,上刻庑顶小龛,内雕结跏坐佛1躯,下层刻供养人。碑右侧面,雕"释迦降生"图,右边为塔形龛,龛内雕1佛像,结跏趺坐。

此碑整体雕工精致,线条优美,布局匀称。此碑雕刻技法,主要运用平直刀法,间以阴线,人物雕造精细,秀骨清像,是北朝时期的典型作品。

八、回郭镇造像碑

《回郭镇造像碑》原立于巩义市回郭镇小訾殿村,现存巩义市文物局。碑高2.15米,宽0.74米,厚0.4米。用青石雕成。碑额近似圭形,4螭盘绕,中凿一高0.38米、宽0.3米的小龛,内雕石佛像1尊,下部凿佛龛两层,上层1佛2弟子2菩萨,菩萨上部各刻1婆娑起舞的飞天。飞天面部圆润,为少年比丘的形象,这在北朝石刻中尚属仅见。碑阴凿4个小龛,上龛雕1佛2菩萨,座下刻1莲花2狮子6个供养人。二层小龛雕1佛2弟子,座下刻1莲花2狮子和6供养人。最下层两角各凿1小龛,内雕1比丘。由于石质风化,像的头部多模糊不清,但仍能看出刀法流畅、造型生动,是东魏时期碑刻造像中的佳品。

九、三堂寺造像碑

《三堂寺造像碑》于1961年由郑州市文化局在新郑县(今新郑市)三堂寺征集,现藏郑州市博物馆。碑高0.97米,宽0.47米,厚0.125米。

碑首为6龙盘绕,中有小龛,内有一佛二菩萨,龛下铭文为"伏波将军白水□山堪张永洛为亡父母造龛一区(躯)"。碑身为1大龛,龛内一佛二菩萨,佛身着通肩式袈裟结跏趺坐,施与愿印,二龛下有3供养人。碑侧有二龙戏珠图,左侧题记:"开大像光明□比丘僧显,愿师生父母为边地众生具登佛果。左相菩萨主母黄奴为亡父母愿愿从心,右相菩萨主张六伯为亡父愿愿从心。"佛座下有一化生力士,一金刚力士。

碑阴,额中间刻一圭形,通额楷书"皇帝万岁",两侧近边沿饰忍冬纹,碑文上段为题记:"大魏武定元年岁次癸亥二月辛酉朔三日合等敬造石像一区(躯),夫灵元凝湛,唯佛现会真容,绀□经像,训世无今,□大道倍等,故能异人,同契敬造石像一区(躯),上为全家祚隆万代,中为师僧父母,下为边地众生,□□除门佛果,□□□□□时见性。"下段为明代后刻重修三堂寺前殿碑文:"大明□河南开封府钧州新郑迤东北治三十余里,阳合等保田村古□三堂寺前佛殿前深崩废神像所□,有各郡人民同□处,轮随圣会,置贾颜色,补塑金妆□,古佛、金刚、罗汉一堂,新川各色动此之观衣,每蒙默佑之此,仁□皇图巩□□下祈,雨顺风调,五谷道泰,一境清平,□全首杨德才,杨宝,杨氏……本寺首僧周永、周恩洪、裴洪、张洪来，主持僧洪选门徒□□。”下款为“嘉靖三十八年岁次已未秋孟月十五日密县石匠李尚仁做”。碑两侧和上边均为二方连续云气纹。在雕刻技法上，多用漫圆刀法相结合的手法，具有东魏时期的艺术风貌。

十、洪宝造像记

《洪宝造像记》，又称《张法寿造像记》，位于登封市少林寺内。东魏天平二年(535)四月刻。字体正书，9 行，行 27 字。书法端庄圆润。

十一、惠庆造像记

《惠庆造像记》位于巩义市石窟寺第 103 造像龛下方，东魏天平二年(535 年)九月五日刻。正书，6 行，58 字。其中有 5 字漫漶。这是一则佛弟子惠庆为亡弟僧贤造释迦像龛的题记。字体浑厚苍劲，为不书墨稿而用铁笔直接凿就，撇捺特长，力感较强。文字中出现“为”“属”等简化字。

十二、许昌郡中正督府长史造像记

《许昌郡中正督府长史造像记》位于巩义市石窟寺后坑崖，刻于大齐天保二年(551 年)。正文右题 5 行：自第 2 行至第 5 行，石拓片显有镌界线。观第一行“许昌郡中正督府长史”九字在界线外。

该造像题文的造像人为官吏“许昌郡中正督府长史”，全文表达了虔诚礼佛的供养之意：“愿托生西方妙洛国土，供养诸佛，及愿一切众生同获此福，愿愿从心。”

十三、梁弼造像记

《梁弼造像记》位于巩义市石窟寺西一窟门侧，刻于大齐天保八年(557 年)十二月廿五日。文正书，12 行，行 11 字、10 字、9 字不等。《梁弼造像记》是佛弟子梁弼造像供养的信仰与祈愿：“造观世音像一躯，愿使亡父托生西方妙乐国土后，为阿娘兄弟姊妹家□见存德福后为国王帝主众生具登彼岸。”

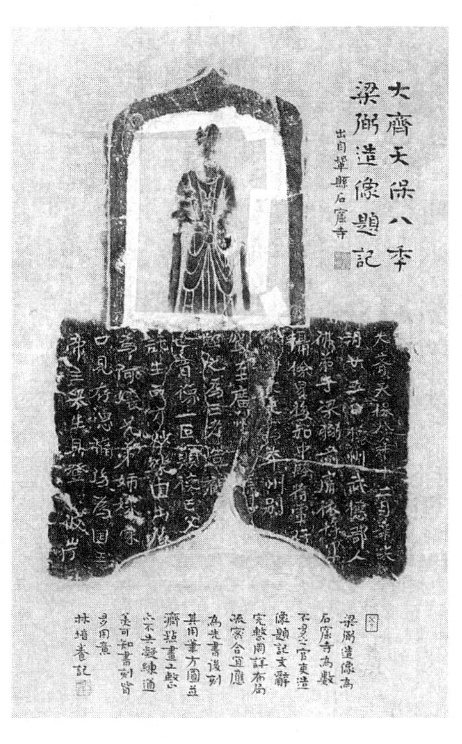

梁弼造像记拓片

十四、大代华岳庙碑

《大代华岳庙碑》位于登封市。北魏太延五年(439年)五月立。正书22行,行50字,此碑与《中岳嵩高灵庙碑》同为寇谦之立,文大同小异,字体亦相似,而整齐严谨过之。书法犹存隶意。唐欧阳询正书之体格,始从此碑而来。

十五、天保三年造像碑

《天保三年造像碑》现存新郑市文物保管所,原出土于新郑县小乔乡罗桐水库溢洪道西侧。该碑刻于北齐天保三年(552年)。青石,横长方形,毛边。高0.285米,宽0.47米,厚0.09米。正中有一佛龛,拱形龛楣,上为莲瓣形浮雕。本尊为释迦说法像,平肉髻,身著褒衣博带式袈裟,内著僧祇支,结跏趺坐于须弥座上,座下为覆莲。两胁侍菩萨,头戴宝冠,身着长裙,披帛下垂莲座上,圆形项光。正面除佛龛外满刻题记,是刘绍安及其子于大齐天保三年三月刻立的,此造像原镶嵌在塔上。

十六、北齐庆祖造像碑

《北齐庆祖造像碑》现存洛阳古代艺术馆。该碑为黄砂岩。高1.26米,宽0.68米,厚0.18米。刻于北齐天保五年(554年),略有残损。碑首为交相蟠绕的六螭,正中上方有一摩尼宝珠,下方为一尖拱龛,内刻菩萨弥勒,善跏趺坐于座上,足踏莲台。莲台向左右各伸出一朵莲花,花上分立二胁侍菩萨。龛外左侧刻榜题“弥勒主赵庆祖”。

碑身造像分为3层:上层并列3龛,以四株树相间隔,枝叶构成龛楣。中龛为释迦、多宝并坐,佛间刻2弟子,两侧为二胁侍菩萨。右龛主像为菩萨装。旁有2弟子2菩萨,皆在莲座上。左龛分为两小龛,右为裸上身,骨瘦形削的释迦结跏趺坐苦修像,像下有2长跪的供养人;左为地藏菩萨,半结跏趺坐于束腰座上。中层并列3龛,中龛为一敲钟比丘,钟挂在右龛建筑物上,旁座3排比丘,击钟比丘下方有一建筑物,似塔座,上雕3佛龛,其上置并列的3座4层塔,两侧刻忍冬纹。左右龛为“维摩变”,右龛雕帷幔流苏,文殊菩萨结跏趺坐,左右有4女侍,左龛为一歇山顶建筑,脊两端有鸱尾,檐下为一启开的帐幔,维摩诘在榻侍几而坐,左手执麈尾,姿态安详持重,身后立1双髻侍女。下层为1大龛,龛楣由10个飞舞弹奏的伎乐天组成。主像为结跏趺坐释迦,后有莲花背光,两侧为2弟子2菩萨2主佛2力士,下身皆残。2菩萨宝冠上有若双翅的宝缯,饰有下垂的长帛,碑左右两侧各有上下4层小龛。

碑阴刻题记和发愿172人的名字,纪年是“大齐天保五岁岁在甲戌十一月甲申朔八月辛卯就”。

十七、道邕造像记

《道邕造像记》位于巩义市石窟寺第一窟西侧37龛下方。北齐天保九年(558年)三月九日刻。正书,8行41字。其中2字残毁。这是一则比丘道邕为亡师造弥勒佛龛的题记。陕西同州石匠武遇和河南府石匠□福所刻。字体楷书,宽博浑厚,似铁笔挥就。

十八、天保十年造像碑

《天保十年造像碑》现存新郑市文物保管所。原出土于新郑县小乔乡罗垌水库溢洪道西侧。刻于北齐天保十年(559年)。青石,通高0.59米,宽0.245米,厚0.09米。碑额有6条螭龙相盘,昂首分别在左右两侧。正中有1圭形龛。龛上饰火焰纹,佛像为阿弥陀佛坐像。碑身为1大龛,龛楣作拱形,拱形上为莲瓣形,龛内为释迦说法像,结跏趺坐于须座上。座下为覆莲,佛著褒衣博带式袈裟,两肩敷褡,内穿僧祇支,圆形项光,中为1朵莲花,边饰火焰纹。两侧为弟子,身著袈裟。龛门两胁侍菩萨分立两侧,背依龛门,立于圆形覆莲座上。头戴宝冠,身着长裙,披帛从双肩下垂交于腹,上折搭于肘。像外各有一比丘,比丘后有一组菩提树。向外各有1只护法狮子。碑阴上部中间题额“像主刘绍安刊石记愿”。左边刻题记“大齐天保十年九月十一日造”。碑阴右部及下部均刻供养人及题榜。

十九、超化寺造像碑

《超化寺造像碑》原存新密市超化寺,现存新密市文物局。北齐河清三年(564年)刻。红石,碑通高1.41米,宽0.61米,厚0.35米。碑额上有6蟠螭,背刻佛龛1个,内有佛像1尊。碑身高1.06米,正面刻佛像25尊,左右两侧各有佛龛7个,龛内各刻佛像1尊,佛像大部分已残。碑阴刻碑文18行,中部和下部因风雨剥蚀,不易辨认,现存351字,有“大齐河清三年二月八日”等字。

二十、超化寺唐塔造像碑

《超化寺唐塔造像碑》原在新密市超化寺唐塔基内,现存新密市文物局。碑残高1.39米,宽0.93米,厚0.18米。蟠螭四绕,正背各有1个佛龛,正面龛内有3尊佛像,背面刻1尊佛像。碑身残成三角形,龛上部有垂幔和浮雕,雕4个飞天供养,中间2个飞天手托葫芦,左右2个飞天手捧桃子。碑阳有碑文8行,每行1~18字不等,计261字。铭“北齐武平七年”纪年。

二十一、观音寺造像碑

《观音寺造像碑》于1964年出土于新郑市小乔镇。于北齐河清三年(564年)四月十三日造。碑已裂为5块,正面镌诸菩萨像及4比丘名。据观音寺破损的佛教造像碑推测,此碑的前后两面应是各雕出二或三层的佛龛,龛中雕出一佛二菩萨或一佛二弟子二菩萨,龛楣雕有飞天伎乐及天幕等。碑阴刻题记,题记隶书,505字。书法有汉魏遗风,内容记述北豫州都白水王府行参军兼别驾毛义"不惜出千金之货",由寺中僧人道政等率当地僧徒40余人,"在垣涧寺所",义务建造像碑林苑。

二十二、董洪达造像记

《董洪达造像记》,亦称"少林寺碑"。董洪达、冯久宝等造像,位于登封市少林寺。北齐武平元年(570年)正月刻。题记楷书,24行,行13字。题记前题名2列,列2行。题记下题名3列,首列13行,次列28行,第3列15行,有方界格。书法坚韧爽利,多含隶意,结体亦有奇妙之趣。

二十三、北齐平等寺造像碑

河南省重点文物保护单位。《北齐平等寺造像碑》位于汉魏洛阳城东300米,寺里碑村南(郑潼公路)120米处,有露出地面的四通造像碑首,即为北齐洛阳平等寺遗迹所在地。1999年11月搬至偃师商城博物馆保存。

平等寺初建于北魏,历经北齐诸朝,是座著名的寺院。北齐高姓封建统治,自文宣帝高洋仅有近30年的历史,笃信佛教,把北魏末年洛阳城内外毁于兵燹的一些寺观,重加修葺,平等寺就是其中之一。千百年来,由于这四通碑半截被埋入地下,故见著于介绍平等寺造像碑的材料大都欠详。1984年11月,偃师县进行文物普查时,清除了该碑周围的积土,四通碑中,其中纪年有天统三年(567年),武平二年(571年)、三年(572年)的三通,这三通纪年造像碑,均见著于武亿《金石萃编》和《偃师县志》,但所录碑文多有错讹,尤以后者为甚。此四通碑,其中二通前后都有内容丰富、雕刻精湛的造像,一通为一面造像,一通碑阴为造像记。

这四通碑首均为6龙伏绕的龙螭纹,龙首分垂两侧,造型各异,生动别致,富于变化,线条简练流畅。首身一体,2方座、2龟座,兹按时间先后,自西而东分别是:

◆第一通　天统三年邑主韩永义等造像碑

该碑高3米,宽1.07米,厚0.29米,方座,座高0.54米,长1.18米,宽1.14米。

碑首正中刻一高0.51米、宽0.57米的尖楣拱龛,门楣饰忍冬纹,从龛下题记"弥勒菩萨"可知,龛中善跏趺坐者是弥勒。弥勒高0.35米,戴冠,宝缯下垂,平肩挺胸,躯体健壮,有项饰璎珞,斜披络腋,外着袈裟,束腰带,跣足,似作施无畏印。左右胁侍高25厘米,形体修长,细腰挺胸,上披络腋,肩搭披巾,下着长裙。左胁侍双手拱于胸前,作供养状,右胁侍一手掂披巾,一手下垂,恭谨侍立。

碑身上部有6个尖楣拱龛一字排列，每龛高0.25米，宽0.17米，龛内佛高0.16米，6佛均结跏趺坐于仰覆莲须弥座上，圆形背光，分别着袒右肩袈裟和双领下垂式袈裟，作禅定印和施无畏印。6佛龛之下自左至右的题记是"毗婆尸佛、尸叶佛、毗叶罗佛、拘留孙佛、拘那含佛、迦叶佛"。此六佛加上碑首弥勒，就是碑下造像记中说的"敬造七佛宝龛"。

碑身中部刻一高0.88米、宽0.89米的屋形龛，龛额上饰以垂幔，间饰以幡带，两侧柱下为莲花柱础。龛内为1佛2弟子2菩萨，释迦高0.40米，结跏趺坐于仰覆莲须弥座上，着袒右肩袈裟，圆形背光，施无畏印。二弟子，身披袈裟，下腿裸露较长。二菩萨头戴宝冠，宝缯垂肩，身躯修长，胸脯微袒，细腰，上披络腋，佩项饰，下着紧身短裙，下腿裸露亦较长。弟子和菩萨均为圆形背光，跣足侍立在仰覆莲上。该龛左侧榜题"释迦牟尼佛，像主齐洪超供养"。右侧为"比丘昙尚、比丘法味、都邑师太上公寺普珍法师"。

碑身下部为造像记，铭记之上，中间线刻一花篮，花篮左右各线刻一像主和神王。左题："像主王小贵供养"、"迦毗罗神王"；右"像主朱汲贺供养"、"那罗延神王"。以花篮为中心，二像主相对跪拜在地，头戴笼冠，分别着圆领或双领下垂长袍，胸间打结，手捧供果或持一薰炉，表现出虔诚的礼佛心情。二神王，上披络腋，有项饰臂钏，结跏趺坐。

北齐平等寺造像碑

造像记为魏碑书体，19行，满行16字，计360余字。铭记前和后为施主姓名，字体较小，前6行，满行30字，后6行，满行25字，计230字。书法整正，疏朗方折。

文中"在于定光像背，敬造七佛宝龛"句，即指平等寺门前高2丈8尺的铜像后竖此碑，说明此碑原在寺门外铜像后。

碑阴、碑首正中凿磨有圭形题额面，碑身亦光洁，但没有字迹可寻。

该碑左右侧面，雕刻有忍冬纹、火焰纹、饕餮纹组成的变形花纹，繁缛美观，实为罕见。

◆第二通　崔永仙等人造像碑

因此碑没有造像记，故未见于著录。今依碑身左上侧榜题"弥勒佛主崔永仙"定名。此碑高2.75米，宽1.05米，厚0.235米。龟趺，龟高0.73米，长1.5米，宽1.25米，龟四肢弯曲蹲伏，五爪分明，造型生动逼真。

碑首为并列两龛，左龛高0.4米，宽0.29米。龛楣由菩提双树构成弧形，龛内正长方形石上站立一人，高0.25米，裸露上身，下穿过膝短裤，石台两侧分别蹲坐一着长裙的侍女，龛上正中下垂一龙首，九条龙张口对准站立之人。此画面是佛传故事"九龙浴太子"，俗称"九龙灌顶"。按佛经说法悉达多非同凡俗，故诞生之后，顷刻间化作高大之人，并有九龙为其洗浴。"九龙浴太子"龛下两侧，各有一高0.12米、宽0.08米的半弧形龛，龛内趺坐一身披袈裟的坐禅僧。北朝佛教提倡禅观，故在造像碑上多刻此一内容的小龛。右龛高0.28米，宽0.23米，内雕一肥胖的大象，象背上铺一华丽的坐毯，毯上坐一头戴宝冠，身着长裙，并有圆形背光的天神，卷起的象鼻上站立一人，此人一手下垂，一手半举。象鼻上有两个手持花束，衣带飘扬，凌空翱翔的飞天，象尾的上中下各有一飞天。从整个画面看充满着欢乐的气氛。此龛内容，当是另一佛传故事"乘象投胎"，骑象者是天神，象鼻上站立之人为悉

达多。

碑身上部刻高0.54米、宽0.57米的尖楣拱龛，正中弥勒结跏趺坐仰覆莲须弥座上，莲花背光，着通肩式袈裟，衣纹半附座前，似作降魔印。左右侍立菩萨均着长裙，跣足侍立在仰覆莲上，桃形背光。左菩萨左手下垂，手掂净瓶，右臂半举，手握锁状物；右菩萨双手置腹前，左手握锁形物，右手掂净瓶。该龛左右各有一龛，左为屋形龛，龛楣左右各刻一手捧供果的飞天，龛内文殊，头戴宝冠，上披络腋，下着长裙，结跏趺坐，两臂半弯胸前，作比画手势。右侧立一侍者。右为维摩箕踞宝帐内，头戴笼冠，着褒衣博带服，左手持蒲扇，右手托膝，表现了张口奋髯，从容论道的姿态。帐前恭谨侍立一着长裙的侍妇。此左右对称二龛是维摩变中的"问疾品"。这里表现的正是维摩和文殊辩论的场面。此二龛下，分别伏卧和蹲坐一护法雄狮。

崔永仙等人造像碑拓片

碑身正中为一屋形龛。龛中弥勒善跏趺坐，两肩齐亭较宽，身躯修长，上披络腋，下着长裙，腰带从腹部打结，双手施无畏印。莲花背光，外施弦纹。两侧侍立菩萨衣着同弥勒，唯戴宝冠，火焰宝珠形背光。该龛左右各有一株枝叶茂密的菩提树，树下菩萨半结跏趺坐，着菩萨装，火焰宝珠形背光，内施弦纹，一手托腮，一手抚膝，作思维状。身侧恭立一侍者。左侧思维像榜题"弥勒佛主宋天□、□□□、弥勒佛主崔永仙"；右侧："思维佛主"。

屋形龛下，有界格三，中间正方形格内雕一博山炉，炉后有一护法神，头顶扁平，腮颊丰圆，二目圆睁，大耳，六臂外伸，最下左右两手持似钹的圆形物，蹲坐，两腿呈弓形，两腿间二童子相对盘坐，相互抚摸脸蛋，似在嬉戏。此一躯体粗壮的护法神名阿修罗，亦名阿素罗，意译为非天。古印度神话中恶神名，曾与帝释争权，佛书列为天龙八部之五。昙曜的《大吉义神咒经》里，把阿修罗解释为佛的守护神。左手举日，右手托月。居须弥山下，云冈10窟门部，6、7、9窟顶均有此种内容。这里阿修罗腿间的二童为化生。阿修罗两侧分别侍立的迦叶和阿难，不在龛内释迦两侧，而是放在护法的位置上，此种布局尚属少见。二弟子两侧的长条界格内，分别为一头戴盔，着甲胄，饰璎珞，一手持金刚杵，一手握剑的天王。左天王胸前并列二人面护；右天王除二人面护外，腹部还一人面护。二天王均为火焰宝珠形背光。右天王侧榜题"齐□□，杨怀□，□主杜思"。

碑阴、碑首有一大一小二龛，左大龛又有三个小龛组成的半弧形龛，右小龛为单檐斜坡屋形龛，龛内均为一佛二菩萨。右龛之下正中雕力士承托的博山炉，炉两侧分别侍立一天王。

碑身上部为两层，每层四个相同的尖拱龛，龛内均为一佛二菩萨，主佛弥勒皆结跏趺坐，着双领下垂式袈裟，衣纹垂于座前，多数作禅定印，少数为说法印。

碑身下部正中为一尖楣拱龛，门楣饰忍冬纹，龛内为一佛二弟子二菩萨。龛下正中雕一莲花，其上有一虎头，两侧的界格内分别为一力士和护法雄狮。

该碑左右侧镌刻捐资者的姓名。左右两侧，可辨姓名者130余名，其中有邑主、维那、邑师、中正等职，可知此碑为一庞大的群众性佛教团体捐资所刻。

◆第三通　武平二年邑师比丘僧道略等三百人造像碑

该碑造像记中有“邑师比丘僧道略等300人造神碑一所”句，邑师为佛教组织中教养较高的僧徒指导者。

该碑高2.75米，宽1米，厚0.24米。龟趺，高0.56米，长1.2米，宽1.03米。碑首正中刻一高0.5米、宽0.3米的尖楣拱龛，龛楣饰以饕餮纹，龛两侧柱下各有一夜叉承托。龛内为一佛二菩萨，弥勒结跏趺坐于仰覆莲须弥座上，内着僧祇支，外着双领下垂式袈裟，双手施无畏印，火焰宝珠形背光。两侧侍者上披络腋，下着长裙，跣足，龛左榜题“堪主洛州仓督李普贤，堪主□□□国许□”，右“堪主□□□供养”。

碑身上部为并列两屋形龛，各高0.65米，宽0.41米，龛上垂帐饰以交错花绳和幡带，龛两侧圆柱为仰覆莲柱础。两龛内均为1佛2弟子2菩萨，释迦结跏趺坐，着袒右袈裟，躯体圆浑。2菩萨半弧形的衣纹极为细密，表现出规律化的圆刀法，两龛之间题记3行。

两龛下刻一长方形龛，正中界格内雕一蹲坐三力士双臂托举的博山炉，博山炉的基部为一缠绕昂首腾飞的龙，看上去整个博山炉似乎是随着龙的腾飞而在疾速旋转。此博山炉造型奇特，独具匠心，充分表现了雕刻者的大胆想象和娴熟技艺。博山炉的两侧的界格里，分别蹲坐一护法雄狮，狮子昂首侧视，前胸鼓起，鬃毛分披，长尾高翘。二狮尾后界格内的边台上，分别侍立一天王。

碑身下部为魏碑书体的造像记，全文29行，满行21字，计600余字，字迹清晰，有界格。书法古拙有隶意，挺拔渊雅，气势开张，为造像中之上品。

碑阴、碑首正中为一尖楣拱龛，龛内为一佛二菩萨，弥勒善跏趺坐，上披络腋，下着长裙，跣足，禅定印。

碑身上部并列二屋形龛，龛额垂幔饰以花绳。两龛中释迦皆为结跏趺坐，着袒右袈裟，削肩挺胸，躯体圆浑，似作无畏印。左龛中的二弟子着紧身袈裟，双手拱于胸前；右龛中迦叶双手合十恭立，阿难一手置胸前，一手下垂，握锁状物，两龛的菩萨均是上披络腋，肩搭披巾，下着紧身长裙，衣纹和两裆的波状纹饰十分细密。弟子和菩萨均是跣足侍立在莲台之上。两龛下的长条龛内，正中为一夜叉顶立的博山炉，炉两则分别蹲坐一护法雄师，二狮以胸中为界，鬃毛分披上卷，长尾高翘。狮后各侍立一身着甲胄，手持金刚杵和握剑的天王。护法龛左榜题“比丘道略供养”；右“比丘法义供养”。此龛左右及下部镌刻捐资者的姓名。

碑阴可辨姓名者60余人，加之碑身的近30人，这就是该碑造像记中“邑师比丘僧道略……遂能共邑义三百余人等”中的一部分。众多的善男信女“捐资造像”无疑反映了佛教在北齐时的广泛流传。

该碑的左右侧面，自上而下分别有三到四层小龛，这些小龛高0.22米，宽0.15米。左侧面三层，龛内均为一佛二菩萨，释迦结跏趺坐，二菩萨侍立两侧，唯最下层一龛，佛座两侧各蹲一狮，龛下题“解识元，常遂舍家珍仰，为亡父母敬造释迦像”。左侧面为四层龛，龛内为一佛二菩萨，上龛佛座两侧各蹲一狮。第2层龛下题“□□□敬造释迦佛一区，二菩萨，仰为皇帝陛下，师僧父母、法界众生、□□□□□佛□。”第三层龛下，正中刻一博山炉，炉两侧各蹲一狮，龛左题“武平七年□□□月朔九日”；龛下题“丁寻宝至心陪颖，解识元，常遂舍家珍仰，为父母敬造释迦像”。第四龛下题“武平七年十月廿三日，清信弟子韩叔子，敬造迦像一区并二菩萨，仰为七世父母，因缘眷属，使毒树枯，登正觉”。右题“七世父母并□愿诸有形同登彼岸，□□□□□，有伦(轮)莫转，应侍千尊，同登正觉”。

从右侧面题记纪年可知,碑身前的造像为北齐后主(高纬)武平二年(571 年)。5 年之后,即武平七年(576 年)解识元、常遂等借用该碑左右侧面的空白再次造像,其中"韩叔子"之名也见于碑阴"天宫主韩叔子"。说明韩叔子于武平二年和七年两次参与造像活动。

◆第四通　武平三年冯翊王高润平等寺碑

此碑阴部有冯翊王高润平等寺造像,为高润修平等寺歌功颂德所立。高润,字子泽,神武皇帝(高欢)之第十四子。天保初封冯翊王。文襄(澄)、文宣(洋)、孝昭(演)、武成(湛)四帝之爱弟。高润位高爵显,《北齐书》有传。

此碑高 3.15 米,宽 1.16 米,厚 0.26 米。方座,座高 0.59 米,长 1.2 米,宽 0.99 米。碑首正中刻高 0.38 米、宽 0.37 米的尖楣拱龛。龛内为一佛二菩萨,弥勒善跏趺坐,内着僧祇支,外着双领下垂式袈裟,双手似作施无畏印。二菩萨跣足侍立莲台上,上披络腋,下着紧身长裙。佛和菩萨躯体圆浑,衣纹细密。

碑身上部为一长条形龛,龛内并排结跏趺坐七佛于仰覆莲须弥座上,着袒右袈裟,分别作禅定印和施无畏印。七佛座两侧侍立二菩萨,佛和菩萨均有圆形背光。龛额为盝形装饰,中间雕一鸟头人身的迦陵频伽鸟,其下帷幔饰以波斯纹和连珠纹。

碑身下部原有造像铭记,因风雨剥蚀,仅可看出"妙"、"邑"2 字。铭记之上正中刻一盛满鲜花的香炉,香炉左依次为一比丘、四佛徒、一天王,右侧依次为一比丘、三佛徒、一天王。右侧比丘目视手中捧的经书,其他比丘、佛徒跪地静听,从其庄重肃穆的人物表情看,当是善男信女在聆听比丘僧讲经。

碑阴、碑首正中刻高 0.57 米、宽 0.54 米的火焰纹尖楣拱龛。弥勒头戴冠,上披络腋,项饰璎珞,下着长裙,胸间束一小带,善跏趺坐,跣足,施无畏印。佛坐两侧分别蹲一护法雄狮。弥勒左侍立菩萨,右手置胸前,左手下垂掂一物(残缺);右菩萨,左手置胸前,右手下垂掂一锁状物,佛和菩萨均为火焰纹背光,菩萨背光内为莲花。该龛左右各有高 33 厘米,宽 15 厘米的平面,作篆额题字,左题"齐冯翊王",右题"高润之碑"。

碑身全部为碑文,魏碑书体,28 行,满行 53 字,计 1400 字左右,可辨识者 900 余字,碑文上部因露出地面(占碑文 2/5),字迹几乎全部风化。书法俊丽疏朗,颇多隶意。

高润碑中叙述了北魏末年洛阳频遭战火的惨状,以及平等寺的兴废变迁和位置,特别是描述了"相好端严,常有神验。国之吉凶,先炳祥异"的原寺门外高 2.80 丈的铜像由寺外移入寺内。这些都可以与《洛阳伽蓝记》相印证。

碑文中高润官"河阳道大行台",可纠《北齐书》本传中"河南道行台"之误。又碑中"永平中造定光铜像一区",可纠周祖谟先生《洛阳伽蓝记》引文中"永安中造定光铜像一躯"之误。

北齐平等寺即《洛阳伽蓝记》所载"广平武穆王舍宅所立",是北魏时期兴盛不衰的一座佛寺。北魏末年,京都洛阳遭到空前浩劫,"城郭崩毁,宫室倾覆,寺观灰烬,庙塔丘墟……京师表里,凡一千余寺,今日寥廓,钟声罕闻"。北齐武定年间,高润又对平等寺加以修葺。现平等寺四通造像碑是清末移此。据《洛阳伽蓝记》所载,平等寺的位置可能在今汉魏洛阳城东南义井村附近。

二十四、超化造像碑

《超化造像碑》现存嵩山东麓的新密市超化寺塔墓中。北齐武平六年(575 年)三月十二日立。碑高 1.40 米，宽 0.93 米，厚 0.18 米。碑额四龙盘扭，正、背面各有佛龛，前三后一。铭文 18 行，206 字。

二十五、等慈寺造像塔铭

《等慈寺造像塔铭》原在荥阳市等慈寺后殿窗壁下，寺毁后，该碑移入郑州市博物馆，20 世纪 50 年代被砸碎。北齐武平五年（574 年）十月刻。铭文楷书，19 行，行存 12 字。末行有清道光二年（1822 年）邵堂等题款。书法安雅，带有隶书真髓，微有篆意，此法非他人所能及，狄平子称此书"为邓完白（邓石如）楷书本"。碑阴刻"邑子刘监女等题名"。

二十六、孟阿妃造像碑

《孟阿妃造像碑》原在偃师市南董家村老君洞。后入偃师商城博物馆保存。北齐武平七年（576 年），清信弟子孟阿妃撰词。此碑是典型的佛教与道教融会合流的作品，也是民族合流的产物。此碑首身一体，高 0.82 米，宽 0.31 米，厚 0.15 米。碑首 4 龙伏绕，龙身与龙爪交盘，构成一龛。龛高 0.15 米，宽 0.11 米，龛内老君像高 0.09 米，跣足趺坐。碑身为一大龛，高 0.42 米，宽 0.33 米，龛上部刻老君像，像高 0.18 米，肩宽 0.07 米，盘膝正襟危坐于蒲团上，左手平放膝上，右手平伸向上，二弟子跣足侍立于左右莲座上。老君像下，有二雄狮对蹲，头仰尾翘。座下正中，有博山炉残迹。下部造像 7 个，均为供养人，五女二男，女像居中，男居两侧，男像手持莲花。龛顶上部有璎珞垂幔，幔之正中为一兽头，口眼鼻耳分明，口衔串珠，神态安详。

孟阿妃造像碑

碑阴上部为造像记，文共 10 行，行 10 字。碑文书法为魏体，书法工整，在楷隶之间。记中谓："大齐武平七年岁次丁酉二月甲辰朔二十三日丙寅，清信弟子孟阿妃敬为亡夫……等敬造老君像一区……"按北齐后主高纬武平七年（576 年），应为丙申而非丁酉，丙申二月即改元隆化元年，丁酉应是幼主高恒承光元年（577 年）。

这组造像碑最奇特之处，是把道教鼻祖的老君像，模仿佛教造像形式来雕造，老君像趺坐于蒲团上，脚前有护法狮，左右两侧有弟子侍立于莲座上，供养人、龛楣装饰璎珞等都是佛教造像所特有。这通碑上都为老君所借用，可以说是典型的佛教与道教融合汇流。从这通造像碑上可以看出，南北朝时期，不仅是汉族与少数民族大融合的时期，也是中国儒、佛、道三教的融合时期。

二十七、都邑主丁思善造像碑

《都邑主丁思善造像碑》于1989年7月1日，在新郑市薛店乡南枣岗村采集，现存新郑市文物局，高1米，宽0.47米，厚0.15米，该造像6螭首，正面自上而下有3组造像，左右两边各有3组造像，背面是造像者的题名题记。正面下部为造像主龛，拱形龛楣，龛正中为释迦说法相，佛左右各立4弟子、1菩萨、1金刚；佛座下为1宝珠，其外各有1护法狮子，主龛上中央有1佛龛，龛顶呈起脊式屋，下分4龛，龛内各有1佛，龛上有菩提树，佛左右每边1菩萨，有背光，两边菩萨左右对称，两边各有1背光菩萨，其后每边各有4个弟子。正面上部为1菩萨、2弟子，佛结跏趺坐，有舟形背光，2弟子各有圆形背光，其下为卷云纹。左侧立壁上有3组造像，下组为供养人造像，右侧2人平头髻，左手端于胸前，左侧1人高发髻，双手垂直。中组为4个供养人像，自右而左，第1人戴冠双手合十于胸前，表情谦恭；第2人深目高鼻，阔面，无冠，注目直视；第3人探首向第1人，左手提袍于胸前；第4人在第3人后，也探首向第1人。上组为2个飞天造像，均为高发髻，赤身。右侧也有上中下3组，下组为羯鼓造像，拱形龛内2人，高发髻，上身赤裸，双手均拿一桶形鼓，曲身侧目；中组是一佛二胁侍，佛有发髻，桃形背光，佛座下每边1护法狮；上组为地藏菩萨，并排两拱形龛，中间有1明柱相隔，每龛内有1地藏菩萨，均为平头，双手抱于胸前，端坐，侧目而视。碑背面为题记，题记自上而下3排人名，“都邑主、都唯那、邑子正中”等130个字刻铭(多数字漫漶不清)。是南北朝时期的造像碑，残为两段。

该造像碑前后左右均刻满了造像、题记，在1平方米范围内雕出48个栩栩如生、神态各异的形象，还有130个字的刻铭。总体设计严谨，雕刻细腻，线条流畅。文字楷书，略带魏体风格，是南北朝后期的作品，具有一定的历史、艺术价值。

赵安香造像

二十八、赵安香造像

《赵安香造像》现存郑州市博物馆，1981年于郑州市西红石坡一处寺院废址内出土。

该造像呈莲瓣形，通高0.95米。底座已失，莲瓣顶部雕交尾螭首，正面浮雕本尊为阿弥陀佛，高肉髻，大耳，面容慈祥。外穿通肩大衣，内有僧祇支，束带于胸前打结，左手下垂，右手上举，掌心向外，作说法相。结跏趺坐在方形座上，裙褶下垂，覆盖座前，头后有圆形莲花背光。佛两侧侍立2菩萨，跣足立仰莲上。左为观世音，头戴花冠，身帔长帛，斜交于腹前，下着裙，左手握净瓶，右手执花蕾；右为大势至菩萨，右手提善锁，左手持花蕾，2菩萨头后均有圆形背光。造像身后雕火焰纹背光，背光上刻5尊莲花化生坐佛。

该造像背面为减地雕刻。正中为1菩提树，树上立迦棱频迦鸟，树下刻悉达多赤足打坐，头戴花冠，上身袒露，下穿裙，俯首欲言。右下方刻1马，伸舌舔悉达多脚部，应是“与白马惜别”的佛传故事。前立菩萨和供养人，旁刻“赵安香侍佛时”和“邑子程世兴”的题记。佛的周围，上刻2翱翔的飞天，前刻1大象和持勾的训象人，整个画面烘托出了悉达多出家成佛的庄严气氛。背后刻一狮和供养人，榜题“张虎威”造像，从两侧刻法看，该造像应是北魏时期的作品。

二十九、菩萨造像

《菩萨造像》现存郑州市博物馆，1981年在郑州市磨盘街居民黄金辉家地下室内发现。造像上部已残，现存高0.72米，宽0.56米。正面雕3菩萨，形象大体相同，头均戴宝冠，后有圆形项光。上身着帔帛，帛带于腹前臂内交错穿过，腰系长裙，颈饰项链，腕着手镯。中间菩萨较高大，右手上举，已残，左手下垂握善锁。二胁侍菩萨形体稍小，一手上举持善锁，一手下垂提宝囊。3菩萨之间均刻宝相花，上坐小佛，合掌作吟诵状。座下两旁各刻2供养菩萨。从整体造像风格看，应是北朝时期的作品。

三十、韩克智造像

《韩克智造像》现存郑州市博物馆，1981年于郑州市磨盘街黄金辉家地下室发现。

造像刻于北齐天保七年(556年)，上部已残，高0.75米，宽0.47米。正面浮雕1佛2菩萨，本尊居中，坐覆莲座上，右腿下垂，脚踩莲蓬，左腿曲放右膝上。高肉髻，后有圆形火焰纹项光，身着通肩大衣，内穿僧祇支，束带于胸前作结。右手上举，掌心向外(指残)，左手抚膝上，作说法相。两旁二胁侍菩萨侍立于莲台上。头梳高髻戴冠，有圆形火焰纹项光。身饰帔帛，系裙，颈有项链、璎珞。本尊两旁雕莲花化生佛两个，似在听说法。上有帷幔及2飞天，均已残缺。幔下有1佛2菩萨立于莲台上。

座上正面镌题记，文曰“天保七年六月十日，佛弟子韩克智为亡母王敬造石像一所，愿亡者托生西方妙乐国土，合家眷属同登正觉”。

三十一、北齐姜纂造像碑

《北齐姜纂造像碑》是北齐天统元年(565年)姜纂为亡息姜元略所造，现存偃师商城博物馆。碑高0.76米，宽0.33米，厚0.13米，首身一体。碑首呈半圆形，6龙伏绕，龙身和龙爪巧妙交织，在碑首正中形成一龛，龛高0.15米，宽0.12米，龛内刻一高12厘米的老君像，结跏趺坐，有背光。

碑身为一大龛，龛高0.49米，宽0.29米。龛内亦刻一老君像，结跏趺坐于须弥座上。双手已残，头后有圆形背光，二胁侍跣足立于两侧。龛底部正中为一金刚力士双手向上托须弥座，力士左右各雕一雄狮，相向对蹲，狮身内侧各刻一株带莲蓬的莲花，二胁侍即站在莲台上。雄狮两侧各有一供养人，左侧供养人左手持宝盒，高举于头顶，铭题曰“孙女娥皇献宝时”；右侧供养人双手捧食盒于胸前，铭题曰“姜元略供养时”。供养人面向内，微侧身躯，表情虔诚。

龛上方有莲花朵朵，组成帷幔，中间有狮头，顶部和上方有串珠垂持，珠粒清晰可数。

碑阴为碑文。碑文凡15行，行20字，书法为魏碑体，书法笔力雄健，方正端庄，结体较长，为唐欧阳询结体之前驱。碑文简要记述了姜元略生平和姜纂立碑的虔诚之意。重要的是融佛道为一体。姜纂造像碑真正有特点的是其背后的造像记书法艺术，与一般的北朝造像记不同，一般来说北朝造像记大多体势紧结、雄强刚健，过分强调刀法，书法过多受刀法的影响和异化。但此碑刻工精细，更能分毫毕现地体现毛笔书写本身的特点和情趣，殊为可贵。在北朝碑刻中独具特色。

三十二、天统二年造像

《天统二年造像》现存新郑市文物保管所。造像刻于北齐天统二年（566年），青石质，高0.37米，为一尊立像，圆形项光，头戴宝莲，有项饰，著长裙，帔帛交于腹，再下垂折搭于肘，立于覆莲座上。座下为长方墩，墩正面题记云“清信士佛弟子刘绍安侍佛时，妻宛侍佛时，妻高侍佛时”。座右侧题记“吴益兰侍佛时”，右侧题记“天统二年七月十六日造像一区”。书法为魏碑又近于楷书，大部分字结构保留着魏碑特点，小部分字已变成楷书，该题记为研究书法由魏碑体转化为楷书的重要资料。

三十三、少林寺北齐造像

《少林寺北齐造像》现存登封市少林寺内，1975年在寺后和尚柏树坟地里发现。造像底座长0.43米，宽0.3米，厚0.14米，座上浮雕一佛二菩萨，雕像后依附着高0.63米、宽14厘米的圆形背光。本尊直立，高0.42米，宽0.13米。身着袈裟，颈饰璎珞，右手合掌，当为阿弥陀佛；左右两菩萨，高0.32米，宽0.09米，脚踏莲座，双手下垂，分别为观世音和大势至。本尊局部虽有残损，但面庞及衣纹线条依然清晰。造像底座前沿和左右两侧及背光左侧有文字，内容多为敬造佛像的施主姓名，其中有“□统二年□月廿五日”字样。从雕刻朴实规整、线条粗放有力、结构比例匀称、书法瘦劲等特点看，都和嵩山会善寺、刘碑寺北齐造像碑相似，可知此造像当为北齐后主高纬天统二年（566年）作品。

三十四、天统四年造像

《天统四年造像》现存新郑市文物局。造像为青石质，为一莲瓣形。大背光，本尊释迦说法像。身著褒衣博带式袈裟，内有僧祇支，结跏趺坐于长方座上。两胁侍菩萨头戴宝冠，身穿长裙，披帛立于座上。左者在腹部穿环下垂又折上搭于肘，右者于腹部打结下垂折上搭于肘，立于方座上。佛座前，中间有一摩尼宝珠，两侧各有1只护法狮子。背光阴题记云“天统□子年七月十五日，佛弟子刘陆（虎）造石像一区，愿使夫妻眷属长命延康，无诸病，吉，善愿从心。”书法为魏碑而近楷书，大部分字结构是魏碑，少部分已变成楷书。题记中“□子”当为“戊子”，系北齐天统四年。

三十五、寺沟造像碑

河南省重点文物保护单位。《寺沟造像碑》原存于偃师市山化乡寺沟村孟家祠堂院内，系清末孟氏家族修建祠堂时在后院挖出。1996 年 9 月，曾被盗窃未遂，案破后经文物部门与村里多方协商，将其拉回偃师商城博物馆保存。为北魏遗物。

碑首身一体，高 3.07 米，宽 1.08 米。碑首有浮雕六龙伏绕，中间上方有一塔形浮雕，中部横 3 小龛，每龛内有一小坐佛，塔顶两角刻有 2 飞天，塔形浮雕下有一方形龛，内雕 1 佛 2 弟子 2 菩萨。

碑身凿龛 3 层。上层并列 3 龛，中间龛上刻缨络纹，内刻 1 佛 2 弟子 2 菩萨；右侧为一层形龛，龛右下方雕 1 坐佛；左侧为一方形龛，刻造像 3 躯，左上角为 1 坐佛，下角中间为 1 坐佛，两侧分别跪一侍者；左边为 1 立像。中层亦并列 3 龛，中间龛雕 1 佛 2 弟子 2 菩萨，右边一龛为 1 立佛，左边为 1 尖拱龛，中间为 1 立佛，2 菩萨侧身侍立两旁。下层为一大拱龛，龛楣左右二角各有飞天 4 个。中间 1 佛结跏趺坐于束腰高台上，2 弟子、2 菩萨和侍者共 8 个分别站立两侧。再下中间为一博山炉，两旁各雕一蹲狮守护，蹲狮后边各有供养人 4 个。

碑阴上部凿一火焰形龛，内刻 2 坐佛，皆坐于高台上，一个右手托腮，若有所思，另一个剥蚀不清。其下碑身原刻有榜题，现字迹已不可辨识。

三十六、北魏翟兴祖等人造像碑

1984 年 11 月，在偃师县宋湾村收集到北魏正光四年(523 年)的《翟兴祖造像碑》。该碑虽然已出土 20 年，但保存较完好，造像艺术精湛，内容丰富，题材新颖。对于研究北魏洛阳寺院的分布、佛教造像、书法艺术、民族融合等方面有一定价值，现藏偃师商城博物馆。

碑高 1.11 米，宽 0.4 米，厚 0.11 米，呈长方形，青石灰岩质。碑顶有 0.26 米、宽 0.05 米、深 0.04 米的卯槽，说明该碑原有碑首，碑下有长 0.27 米、宽 0.08 米、高 0.08 米的榫，说明原有碑座。

该碑前后左右均有画像，分别为高浮雕和阴线刻佛像及施主肖像。碑身正面分三层两种内容，第一层即上部，刻一高 0.3 米、宽 0.34 米、深 0.05 米的屋形龛，龛中为高浮雕一佛二弟子二菩萨像。主佛释迦牟尼，高 24 厘米，结跏趺坐，叠涩式羊肠衣纹垂于须弥座前，其鼻、手略残缺，头梳螺髻，二目俯视，眉作微弧，外着褒衣博带式袈裟，内着僧祇支，胸脯微露，右手半举，五指伸展向下，掌心向外；左手置于膝上，五指伸展向下，掌心向外，双手施无畏愿心印。身后有圆形头光和火焰纹背光，释迦形象庄重，仪态安详。其左侧弟子，光头胖脸，眉目清秀，微露笑意，身着褒衣博带式袈裟。左手下垂，握一锁状物，右手半举，紧握莲花蓓蕾，文静温顺，从形象看当是阿难。左侧弟子前额凸起，眼窝内凹，右袒，露着栉比的肋骨，身披右袒式袈裟，面目表情老诚刚毅，应是迦叶。释迦弟子在造像上一般都是迦叶侍左，阿难在右，而此造像碑上则是迦叶和阿难的位置颠倒。菩萨均头戴宝冠，面部清癯，身躯修长，袒上身披巾，下穿长裙，赤足立在莲台上。左菩萨，左臂下垂，手提净瓶，右手托摩尼宝珠；含睇微笑，身躯微扭，体态轻盈潇洒，仪表妩媚。此龛中五尊造像，精巧细致，均富有内在的含蓄美，艺术风格和世俗化了的龙门石窟宾阳洞造像十分近似。

北魏翟兴祖造像碑

此龛帷幕左右两角对称各刻一个头梳高髻的飞天,袒上身,下穿紧身裙,赤足,手捧供果,衣带飘扬,凌空翱翔。帷幕之上的幔帐分层饰以长方形、三角形、葵花瓣连续图案,十分华丽。

龛下刻一细颈鼓腹瓶,瓶内插一朵盛开的莲花。按碑下题榜"香花主支僧安",此花当是供佛之香花。花瓶两侧分别蹲一线刻的护法狮子,2 狮作回首状,胸毛分披似羽翼,尾巴翘起,长舌下垂,形象生动。

碑身第二层,即中部,为造像记,魏碑体 20 行,满行 11 字。

第三层,即下部,为上下三排,每排 8 人的线刻人物,是该碑的捐资者。人物高 11 厘米,都整齐划一地刻在长 0.12 米、宽 0.032 米的长条界格内,以中间两行题榜为界,左右各 4 人,相向对站。这 24 人为男性,从衣冠上看,可分两种:少数人头戴平顶圆冠,冠下面有玉饰,冠下插发簪,身著短袖襦长裙,腰束带,在腹部打结,足登云头履,多数人物头戴锐顶小帽,插有发簪。部分人物颔下有几根短髭。所有人物均拱手腹前,持一枝长茎莲花或蓓蕾,形象肃穆,虔诚恭谨。每个人物肖像都有题榜姓名,碑身正面下部三排人物自上而下,自左到右题榜是:邑子翟阿兴、菩萨主王明洛、师子主邑正徐珍贵、大像主赵灵德为亡父母、邑主石灵凤为亡父母,维那翟兴祖、加叶主沮渠显遵,邑子兰优奴、邑主阳成文欣、邑子负显明。邑子郭显树、邑子谦兴盛、邑子马清奴、邑子王安平、邑子朱灵珍、邑子阳成阿戊、邑子贾昙端、邑子赵武庆、邑子施虎龙、邑子郎阿各仁、香花主支僧安、邑子斛斯康德、邑子张天生,邑子阳成羊奴。

碑左侧面,上下线刻七层佛像和人物,第一层是释迦思维,画面是一株高大茂密的菩提树,树下释迦半结跏趺坐,头戴宝冠,宝缯下垂,佩项饰,袒上身,下穿长裙,披巾交叉腹前,左手披巾搭于臂肘,右手二指指鼻,赤足,左足着地,右足踏在莲花上,圆形头光。第二层、三层分别相对站立 2 男、2 女施主肖像,题榜:思维主宋老德、邑子侯法生,清信女施阿妃、清信女刘罗姬。该碑所有女性,均是扎巾束发,并插有两串玉珠步摇。衣履同男性一样。第四层,吴丑妃清信女余妙信,余身后有 1 男 2 女侍者,男的手擎宝盖,3 人均梳丫髻,男侍者上着右衽窄袖短衣,腰束带,下穿长裤。第五层,清信女周灵陵、清信女殷僧妃。第六、七两层各为二女施主,未题名。

碑右侧面上下为八层佛像和施主肖像,第一层亦是释迦思维像,与左侧思维像不同,左手食指指鼻,右腿翘压在左腿上,足踏莲花。没有菩提树,背光亦不同,可能是释迦菩萨和无上正觉的不同。第二层,画面是线刻 1 间两面起坡,单檐歇山顶,屋面上有 11 道瓦垄,屋脊两端饰以鸱尾的亭子,亭内悬挂一钟,钟右立一身着褒衣博带式袈裟,足登云头履的比丘,比丘在撞钟。第三、四层是清信女姬僧胜钟主、清信女韩明姬思维主、清信女刘阿姨、清信女毕清罗的肖像。第五、六层各两人,只有题榜:清信女孙洛朱,其余 3 人,未刻题榜姓名。第七、八层各为一施主,她们是清信女刘难姬、清信女刘阿香,身后分别有两个或一个侍者。其中一人手擎宝盖。

碑阴全是线刻佛像和施主像，上部正中为结跏坐佛，螺形发髻，褒衣博带式袈裟，束腰，衣纹垂座前，双手拱小腹前，作禅定，身后有火焰纹背光和头光。左侧刻一高 6 厘米、宽 4.5 厘米的尖拱形龛，龛上有一朵宝相花，龛内坐一结跏趺坐比丘，作禅定；右下侧刻一莲花化生佛。禅定佛和化生佛两侧分别刻一株枝叶茂密的菩提树，两棵树顶部枝叶交集，树上有朵朵流云，树间有几只自由飞翔的小鸟。2 菩提树两侧另有浓郁的树林和起伏叠嶂的山峦，左山题“树主清信女温姬供养。檀特山”。右山题“此檀特山，树主施深愿”。

檀特山亦称善特山，此山是须达拿太子栖隐处。《太子须达拿经》云“檀特山嵚崟嵯峨，树木繁茂，百鸟悲鸣。流泉清池，美水甘果，太子入山，山中禽兽皆大欢喜”。碑阴上部表现的正是须达拿在檀特山苦修成道的场面。

其下为上下七排施主肖像，每排 6 ~ 7 人（不包括侍者）不等。第一排为 6 人，中间释迦像，下刻一蹲坐力士，头顶博山炉，即供佛之香炉。碑阴除二女施主外，余皆为男施主，男女衣冠如前。七排人物的题榜姓名自左至右分别是：禅师主徐玄明、后面像主刘伏生、邑师比丘僧法润、邑师比丘僧谨、化生主宋老德、邑子杨敬显、邑子石永贵、佛弟子贾荣兴、佛弟子兰天锡、香炉主朱敬虎、像夫主乙弗苌洛为父母、邑子卢显庆、佛弟子任显达、佛弟子齐善玉、邑子白买奴、邑子陈那侯、佛弟子曹九周、邑子赵洛州，一菩萨主施树生、佛弟子赵敬远、佛弟子陶买兴、卢显庆为亡父母、佛弟子桑俭、邑子纥豆陵俊地拔。纥身后有一擎宝盖者，佛弟子陈显珍、佛弟子高天赐、扫虎将军京邑东市司马王安兴、邑子程延庆、邑子张阿明（王、程、张 3 人身后，均有侍者擎宝盖）、佛弟子吴道丰、邑子赵双欢、佛弟子石子恭、邑子郭德奴、邑子周显宗、邑子张显贵、邑子左阿迁、清信女翟阿妃、清信女□□玉、高阳王典祠令□百姓、邑子刘仲达、佛弟子金小眼、邑子张还。第六排 6 个施主，除张、金 2 人外，其余翟等 4 人身后，均有侍者擎宝盖。第七排，即最后一排，左 2 人未刻题榜姓名，从第 3 人开始，殄寇将军苏景茂、邑子栗天生、邑子请思祖、邑子尹天亮。

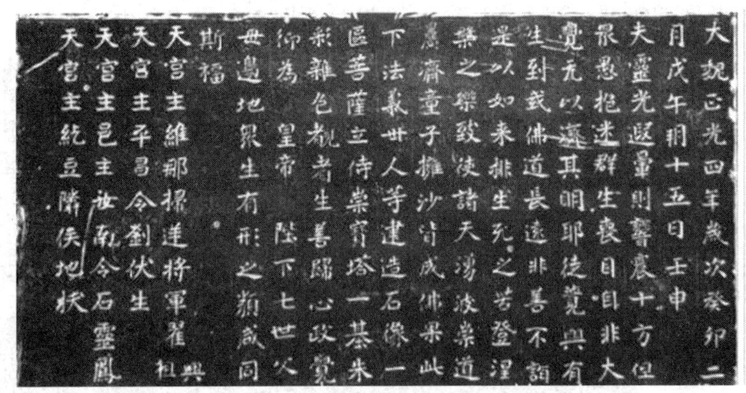
大魏正光四年歲次癸卯二
月戊午朔十五日壬申
夫靈光遐曜則響震十方但
衆愚抱迷群生喪目自非大
覺无以還其明耶徒覺與有
生到哉佛道長遠非善不詣
是以如來排生死之苦登涅
槃之樂致使諸天蕩滌業道
慈齋童子擁沙皆成佛果此
下法義卅人等建造石像一
區菩薩立侍衆寶塔一基朱
彩雜色觀者生善歸心政覺
仰為皇帝陛下七世父
毋邊地衆生有形之類咸同
斯福
天宮主維那掃逆將軍翟興祖
天宮主平昌令劉伏生
天宮主邑主汝南令石靈鳳
天宮主紇豆陵俟地拔

北魏翟兴祖造像碑造像记

这通碑中有官衔者，如扫逆将军、扫虏将军、殄寇将军、平昌令、汝南令，按《魏书》载皆从八品，典祠令则从九品。有官衔者 9 人，《魏书》均不见传。碑中人物绝大部分是平民百姓。可以说，该造像碑是一些下级官员和多数百姓联合捐资所刻。

该碑除碑身上正面上部龛中，高浮雕 1 佛 2 弟子 2 菩萨外，其余佛像及人物等全部为线刻。其中释迦及思维、禅定、化生 5 个，比丘撞钟、狮子 2，有姓名的男施主肖像 70 名；除去宋老德、卢显庆 2 人名字重出外，实有 68 名；女施主肖像 14 名。全碑前后左右共刻人物 120 名（包括无题榜姓名的 9 名，侍者 15 名），这些人物布局有序，男女分明，线条流畅，构图简练，刀法娴熟，因此，可以说该造像碑是一幅造诣高超的素描画卷。

三十五、刘根造像

《刘根造像》，清光绪年间（1875～1908年）出土于汉魏洛阳城内韩旗屯，后被开封古董商买去，1936年收藏于河南省博物馆。刘根造像出土后造有二赝品，一在开封市博物馆，一在日本大理教大学资料馆。赝品石材较薄，刻线较粗，题纪缺“董珍”一行。原作现收藏于河南省博物馆。

刘根造像，用青石雕成，横长方形，高0.36米，宽1.44米，厚0.16米。刻于北魏正光五年（524年），正面中部为线刻画像，右为佛弟子刘根等敬造刊记，左为题名。四侧和背面皆为毛茬，刊记中有“敬造三级砖浮图一区”等语，可见是镶嵌在砖塔上的铭记。

《刘根造像》局部

线刻画内容是释迦牟尼佛，高肉髻，面孔沉静，圆项光。身着通肩大衣，内着僧祇支，手作降魔印，结跏趺坐在长方束腰须弥座上，衣襟叠褶垂于须弥座前，背后有莲瓣形背光，周边刻火焰纹。本尊上部刻伞形华盖，周悬绣幔，正面垂长飘带。左右两侧有四胁侍菩萨，头上饰蝶式发髻，圆项光，手提善锁，上身倾斜立于莲座上。菩萨后有2弟子，左为阿难，右为迦叶，另有10个身着长衣拱手站立的比丘。华盖左右有枝叶茂盛的4株菩提树。“敬造记”楷书，19行，316字。“刘根”2字为铲去它字后刻，铲痕可见。左段为“廿一人”等题名，见于史书记载的有3人：“侍中车骑大将军仪同三司左卫将军御史中尉领左右武阳县开国公侯刚；前将军武卫将军领细作令宁国伯乞伏宝；武卫将军景明寺都将元衎”。

侯刚，死于孝昌二年（526年），洛阳出土有“魏侍中车骑大将军仪同三司武阳公志”，关于侯刚的生平记载甚详，其官职与刘根造像题记相符。《魏书·侯刚传》与墓志互为详略。

乞伏宝，《魏书》有传。新中国成立前洛阳出土有乞伏宝墓志，志文与题记相符。题记中“领细作令”，传、志均无记载。《魏书·官氏志》有“将作大匠”，无“领细作令”官职，当是“将作大匠”别名。南朝设置有细作令，北齐和隋设有细作署令，系管理工程建筑方面的职官。

元衎，《魏书》有传，传云“颐弟衎，字安乐。赐爵广陵侯，位梁州刺史……”，头衔中无“武卫将军景明寺都将”。题记可补史书之阙。

该造像铭记的书法，工整茂密，俊逸爽朗，当出文人之手。其隶书的特点已大为减退，而楷书的意味趋于浓厚，是研究我国楷书形成的重要参考资料。

三十六、王婆造像碑

《王婆造像碑》，1984 年 12 月发现于偃师县李村乡上庄村，现藏于洛阳古代艺术馆。

该造像碑为青石灰岩石质，高 0. 55 米，宽 0. 3 米，厚 0. 12 米，弧顶，分上中下三层。

上层为一佛二菩萨。主佛释迦，通高 23 厘米。螺纹高肉髻，双耳垂肩，头部稍低，身着圆领通肩式袈裟，结跏趺坐于束腰须弥座上，胸腹隆起，衣纹稀疏简练。双手施无畏印。火焰纹背光内施莲花。两侧菩萨均头梳高髻，上披络腋，下著紧身长裙，腰间束带，跣足侍立仰覆莲须弥台上，火焰形背光。左侧菩萨戴有项饰，披巾自双肩折入肘内，缠绕臂膊之上再下垂于地，左手下垂掂一锁状物，右手置胸前握摩尼珠；右侧菩萨亦戴项饰并佩璎珞，左手置胸前，右手掂净瓶。

中层为一长方形界格，正中雕一博山炉，炉下有一四肢撑地的夜叉承托。两侧各有一只侧视的护法雄狮，相对而蹲。狮后又各有一赤膊袒胸、肌肉突起的护法金刚力士。

下层为造像题记。楷书，12 行，每行 5 字，记曰“乾封二年十二月八日，清信女王婆为男寇士忩（聪）征辽愿得归还；又为男士通，女大娘、二娘、三娘，孙□（休）贞合家等敬造像一铺；又愿七代先亡俱令离苦”。这里的“辽”指辽东郡，征辽即征伐高丽。唐太宗、高宗曾多次征辽，据《新唐书 · 高宗本纪》载：乾封元年“十二月巳酉，李勣为辽东道行台大总管，率六总管兵以伐高丽”。二年九月“李勣及高丽战于新城败之”。高宗为了征服高丽，广募兵源，大动干戈，给人民带来了沉重的灾难。清信女王婆所以捐资造像，正是由于听到征辽连连失利的消息，担心其子寇士聪丧命于前线，故祈求佛祖保佑儿子平安归来。由造像记可知，唐代不仅称夫母为“婆”，子女称其母亦为“婆”。又妻为“娘子”，女儿亦称“娘”。

据当地群众讲，王婆造像碑是陈昌寺塔上的遗物。上庄村距著名的龙门石窟约 5 公里。和造像同时征集到的还有唐代半截观音造像和《□□寺□□德□□禅师塔铭》，塔铭为武则天万岁通天元年（696 年）刻。

三十七、天王菩萨造像

《天王菩萨造像》现存郑州市博物馆。1976 年 3 月于荥阳市城东大海寺旧址出土。天王菩萨高 230 厘米。束发戴火焰宝珠冠，衣饰华丽，上身斜披缨络，帔帛从双肩披至腿间，颈饰璎珞，束腰带，着长裙，玉环结花与璎珞下垂，足着草鞋，立于束腰圆莲花座上。座下正面镌刻铭文：“比丘玄政装成天王菩萨一尊，为国界安宁，皇□万临，过往师僧，父母、神生净土。又愿自身康吉，小师门徒并□平安，无诸灾障，水为供养。侄僧智实、院主僧文锐。长安元年五月七日记吕正书。”此像造型高大，雕工精细，是唐代石刻艺术中的精品。

三十八、弥勒菩萨造像

《弥勒菩萨造像》现存郑州市博物馆。1976 年 3 月于荥阳市城东大海寺旧址出土。此像高 233 厘米，双手残缺，身着通肩袈裟，腰系长裙，发髻带宝缯，饰火焰宝珠，有项圈，垂璎珞，跣足立于束腰莲花座上，座下有题铭："弥勒菩萨一躯，庚子之年十月戊午朔五日壬戌建。"造像身体修长，肌肤丰腴，比例合度，刀法纯熟，应是唐代的作品。

三十九、崇唐观造像

全国重点文物保护单位。《崇唐观造像》位于登封市区东北 3 公里的太室山南麓逍遥谷中的崇唐观内。《崇唐观造像》雕于武周长寿二年（693 年），青石质，通高 2.8 米。饰发髻，面部丰满，神态沉静，安详自若，呈说法状端座于莲花须弥座上。须弥座上浮雕 5 伎乐，自左至右分别为弹琵琶、吹笛、舞蹈。座上方刻有隶书铭文"大周隆唐观敬造元始天尊像并左右二真人，长寿二年十月十五日毕功谨记"。长寿为武则天年号，即造像的年代为 693 年。

崇唐观造像是我国现存最早的道教老君石造像，尤其是有确切记年，使其更加珍贵。

四十、邢河摩崖造像

《邢河摩崖造像》位于荥阳市贾峪乡邢河石窟北面。刻立佛 1 尊。长方面孔，身披袈裟，华服下部敞开，双手执衣作飞翔状，肢体匀称，法相庄严。往北又一大石窟，龛中刻阿弥陀佛，肩披袈裟坐于须弥座上，作说法状，妙相庄严；两旁刻二胁侍菩萨，身着帛衣，胸挂璎珞，龛外二力士与邢河石窟力士相同。该石窟摩崖造像具有初唐风格。

阿弥陀佛造像

四十一、阿弥陀佛造像

《阿弥陀佛造像》现存郑州市博物馆。1976 年 3 月于荥阳市城东大海寺旧址出土。唐高宗显圣二年（762 年）刻。像高 0.66 米，头已不存。身着通式袈裟，内系裙，结跏趺坐在长方束腰莲座上，衣褶垂于座下，右手上抬，已残，左手伸平膝上。座下铭记为"显圣二年，造阿弥陀像一躯"。

四十二、居正觉浮图铭

《居正觉浮图铭》，全称《幽楼寺居正觉浮图铭》。出荥阳市汜水多宝院，曾归吉林长白人端方。唐开元六年(718 年)刻。楷书。15 行，行 13 字，有方界格。书法方正流动，有隶意。铭左方有道光建元重立，汜水令邵堂等同观题记。

四十三、老君造像碑

《老君造像碑》位于荥阳市高村乡高村寺。碑高 0.75 米，宽 0.5 米，上部为拱形，中间刻“大唐老君之像”6 字，两侧刻二龙戏珠，下部刻老君造像，盘足而坐，两旁名立 1 侍者。碑座已佚。

四十四、佛顶尊胜陀罗尼经幢

《佛顶尊胜陀罗尼经幢》现存新郑市文物局。清乾隆四十一年(1776 年)的《新郑县志》记载：“幢在卧佛寺浮屠北，永淳二年(683 年)建立。上大书‘上为开元神武皇帝’8 字。经行书。”该经幢为青石制成。民国时期卧佛寺被毁，经幢被推倒。幢顶、幢座毁坏无存，仅存幢身。经幢身高 2.24 米，6 棱 6 面，每面宽 0.3 米，幢端直径 0.53 米。经文行书，每棱面经文款式分 8 节排列，每节长 23 厘米。经文字迹因风雨剥蚀，残损极甚，大部分不可句读。

四十五、妙法莲花经石幢

《妙法莲花经石幢》现存新郑市文物局。清乾隆四十一年《新郑县志》记载，该经幢为青石制成，8 棱 8 面，满刻经文，原在卧佛寺山门东侧。因风雨剥蚀严重，经文字迹残损极甚，不可句读。从可辨字迹看，楷书，字体刚劲工整，字体甚古，但不知何代人书写，其风格应在唐代以前。民国时期卧佛寺被毁，该经幢被推倒，幢顶、幢座毁坏无存，仅存幢身。高 1.96 米，直径 0.5 米，每棱面宽 0.2 米。

四十六、桃花峪经幢

《桃花峪经幢》原立于荥阳市广武乡桃花峪村东。又称“唐昭成寺僧朗谷果园庄地亩幢”。唐贞元八年(792 年)三月十日制造。8 棱柱体，高 1.4 米，每边宽 0.12 米。6 面刻文，每面 6 行，满行 79 字。僧朗谷即今桃花峪，僧朗是晋时高僧，为魏到隋唐间人所敬重，在中国佛教发展上起着重大作用。这座果庄园是洛阳昭成寺置的田产。幢文详细记述了果园庄田产发展的经过，由广德二年(764 年)

的30亩,18年间,竟达到1791亩。这一地亩幢为研究唐代寺院经济提供了有价值的资料。此幢现存荥阳县文物保管所。

四十七、道教经幢

河南省重点文物保护单位。《道教经幢》,全称《太上洞玄灵宝无量度人上品妙经》,因刻有道教经典而得名。现存郑州市博物馆。唐会昌六年(846年)正月十五日刻立。该幢初立何处不详,后立郑州开元寺。青灰石质,8棱柱状。底座及顶盖已失,高1.6米,面宽0.225米。从第1面起至第7面止,各面分别刻“太上”、“洞玄”、“灵宝”、“无量”、“度人”、“上品”、“妙经”等字样。经文楷书,太原王维度刻字,除少部分残毁外,大都清晰可辨。第8面侧刻立日期。佛教石刻经典始于北魏,而道教石刻经典则始自唐代,故此幢相当珍贵。

四十八、佛顶尊胜陀罗尼真言幢

《佛顶尊胜陀罗尼真言幢》位于荥阳市广武乡广武小学内,原立于金山寺。唐咸通六年(865年)刻造。幢身8棱柱状,高1.48米,每边宽0.1米,座高0.3米。上端线刻佛像,每面1尊,形象各异。幢身开头题曰“佛顶尊胜陀罗尼真言石幢”,下有“梵译本”3字。文为楷书。字稍残缺,第4幅和第6幅刻赞扬佛陀波利的语句,下为覆莲座。

四十九、郑州尊胜陀罗尼经幢

河南省重点文物保护单位。《郑州尊胜陀罗尼经幢》原存郑州开元寺,现存郑州市博物馆。唐中和五年(885年)六月十一日刻立。此幢为青石雕凿,由底座、幢身、华盖、佛顶造像和顶盖5部分组成。通高350厘米,基座分上下两层,下层呈八棱形,每面有减地浮雕瑞兽1只,上层为圆形仰莲座盘。幢身为8棱柱状,正面篆刻“尊胜幢”3字,右侧刻后唐天成三年(928年)移幢于开元寺的题记。各面刻陀罗尼以文,下部已剥蚀。幢身顶部置八角形华盖,形若僧帽,棱角处均雕兽首衔带图像。在斜出的8面上均浮雕坐佛、会师问弟子、取经图和飞天等。华盖上置仰莲盘,上置八棱柱。柱身8面有4面各凿1龛,龛中浮雕1佛。另4面各有1刻佛像,每面还刻有造像施主姓名,最上为八角形仿木结构平顶凉亭式盖,盖上雕瓦垄,檐下雕椽、檩、斗拱等。檐边于1960年已毁。

这件唐代的郑州陀罗尼经石幢,是目前国内传世较早、保存较好的石幢之一,为研究我国石经幢的演变和发展提供了宝贵的实物资料。

五十、盂兰盆经摩崖

《盂兰盆经摩崖》在巩义石窟寺第 141 龛下,刻于唐代,楷书。残存 35 行,行 17 字,共残存 333 字。无书人姓名,字间界方格,字体方正,笔势刚健,有刀凿痕迹,保留魏碑体遗风。

五十一、十一面观音造像

《十一面观音造像》现存郑州市博物馆。1976 年 3 月于荥阳市城东大海寺旧址出土。造像膝以下残缺。现存高 1.71 米,高发髻,面相丰满圆润,蛾眉秀目,共 11 面。发髻正面刻 8 个小头像,高发髻化作 1 佛 7 菩萨,最上面的是高肉髻佛像头,其下 7 个作菩萨装束。双耳后又分出(左善右恶)两面相,左耳后刻凶相面,右耳后刻善相面。观音身着上衫下裙,饰项圈,戴臂钏、手镯,腰束长裙,挽结于腹前。肩雕六臂,其中上双臂做说法状,中双臂两手合于胸前,下双臂下垂于体侧。雕刻细致,肌肤丰满,质感强烈,形象准确,端庄大方,衣纹皱褶清晰,线条阴阳相间层次分明,过渡自然而又严谨。实为雕刻艺术的精品。根据同出的菩萨有唐长庆年号,此造像也就为唐代作品。

据《成菩提集》记载:“十一面观音,密宗称‘变异金刚’,六观音之一。三面当前,面作慈悲相,右边三面作威怒相,左边三面利牙出相,后有一面作暴笑容,最上一面作如来相(阿弥陀佛),冠中有化佛。”该造像与记载基本相符,密宗造像现存不多。此像对研究密宗造像艺术具有重要价值。

十一面观音造像

五十二、禹县石经幢

河南省重点文物保护单位。《禹县石经幢》原位于今禹州市城内古钧台南街。此经幢于 20 世纪 60 年代“文化大革命”初期即被砸碎,后由文物部门抢救回经幢的两节残部件,现存禹州市文物管理处。

此经幢由多块青石(石灰岩)雕琢,采取统一设施,分段制作,最后组装而成。因其整体外形有点类似塔状,所以民间称之为“小石塔”。通高 4.3 米,腰部的正方平面直径 1.6 米。

此经幢制作工艺精美绝伦,其旁原树立的一通明代碑文中,惊呼经幢的制作者为“神乎! 仙乎”,可见其工艺之高超。

五十三、扁担王石幢

《扁担王石幢》位于荥阳市二十里铺镇扁担王村西部。金泰和五年(1205 年)刻立。幢高 600 厘米,8 棱 7 级,青石镌刻。由幢座、覆莲、幢身、幢刹组成。幢座为须弥座,上浮雕兽头,幢身高 2.1 米,8 棱,边宽 0.19 米,周长 2.1 米。刻隶体经文"佛顶尊圣陛罗尼经"。经文每面字 4 ~5 行,行 52 字。其上为八面华盖狮头,上有 4 尊佛龛。幢顶由重檐、宝珠刹、宝壶组成。

五十四、朱氏宗族图记

《朱氏宗族图记》位于荥阳市二十里铺镇石柱岗村西,八棱柱形,高 6 米余,每面宽 0.26 米,座高 1.4 米。座刻覆莲狮子,上有华盖,上部龛中浮雕佛像,再上是云环和宝座,顶有宝壶。石柱中部楷书"朱氏宗族图记"6 个大字,其余小字漫漶不清。相传此处为明藩周王府花园。石柱为明代遗物。

五十五、石柱岗经幢

《石柱岗经幢》原位于荥阳市豫龙镇石柱岗村,现存荥阳市文物局。宋大观三年(1109 年)刻立。八棱柱体,高 1.55 米,每边宽 0.16 米。每面刻文 3 行,满行 50 字,内容为佛经。幢正面刻"婆婆贺"、"大宋国□□□荥阳县孰义乡东李村大观三年四月初八日立经幢一座五十八勾","朱□妻王氏生八男四女佛顶尊胜陀罗尼启清"。

郑州市博物馆中的武士造像

五十六、开元寺武士、力士造像

1974 年在郑州市开元寺宋代塔基发掘出土两件武士、两件力士造像,即《开元寺武士、力士造像》,现藏郑州市博物馆。武士高 80 厘米,宽 46.5 厘米,系高浮雕,身着铠甲,腰系战裙,帛带飘动,脚蹬草履。一武士手执金刚杵,一武士手执宝剑(已残断),石像原饰金彩,皆已剥落,略有残痕,形象刚健勇武。力士高 0.75 米,宽 0.44 米,系高浮雕。挽髻束发,瞠目张嘴,袒上身,披长帛,着裙赤脚站立,左手反持杵,饰项圈、手镯、脚环等,筋肉勃张,形体刚健，原饰金带彩，已剥落。

五十七、朱熹手迹刻石

《朱熹手迹刻石》藏于偃师市西南李村镇李村南街王振德家。共 4 通。每通长 1.52 米，宽 0.33 米，厚 0.88 米。两面刻字，一至七面为朱熹手迹，行书，每面 2 行，共 111 字；第八面为陈炜题跋，凡 7 行，计 260 字。朱熹虽不以书法名，而此书却神韵妍华潇洒俊美，圆润流畅，遒劲有法。此系宋乾道三年（1167 年），朱熹在长沙时所写，后人刻之于石。元代延祐六年（1319 年）字划已经湮没，有人进行修涤，砌于湖南常德儒学之明伦堂西壁。明成化五年（1470 年），原石刻剥落更甚，陈炜求得拓片善本，命工凿石重锻于河北大名郡庠。刘元定刻石，除改原刻“逆行”为“顺行”外，余皆因其旧。李村王氏所藏，显然是成化刻石之复制品，年代无考。

刻石文曰：“易有太极，是生两仪，生四象，生八卦，生大业。古者伏羲氏之王天下也，仰观象于天，俯则观德于地，观鸟兽之文与地之宜，于是始作八卦，天地通位，山泽通气，雷风相薄，水火不相躬，八卦相错，数往者顺，知来者逆，是故易，逆数也。”

五十八、汉寿亭侯画像碑

《汉寿亭侯画像碑》位于荥阳市西 13 公里的上街村，明万历三十八年（1610 年）立。碑高 1.24 米，宽 0.9 米，青石质，阴线刻。画面为方帻、美髯的关公手执偃月刀，跨赤兔马，称“勒马听风图”。图上有汜水县令张应春题“长至之晚，约三鼓，梦关公勒马而前曰：‘余汉之寿亭侯也，尔为我笔一像如何？’即惊起援笔而成。”碑阴是明万历年间汜水县儒学生员、医官等歌颂张应春功德的颂词。

第四节　碑　碣

碑碣之作，始于东汉，系在石上镌刻文字记功叙事，或刻定文告，作为纪念物与标志等。碑文内容十分丰富，涉及社会生活的各个方面，可为正史补史之用。且碑碣书法荟萃，从一个侧面展示出我国书法艺术的演变过程。

墓碑（包括墓志），为记述墓主人生平履历之作，始于秦，北朝时臻于定型，隋唐时达到鼎盛，至宋元明清不衰，是正史之外的传记。内容涉及当时的历史事件及风土人情，保存了不少名人的撰文和手迹，可纠史之误和补之缺，具有重要的历史、艺术价值。

嵩山地域的古代碑碣上启东汉，中经曹魏、西晋、北魏、隋唐、五代，下至宋、金、元、明、清，历代都有，涵括了整个中国的书法史，展示了中国书法艺术形变神异、一脉相承的发展脉络。嵩山地域的古代碑碣分布广泛，数量众多，源远流长，具有很高的艺术和史料价值。

一、东汉侍廷里父老僤买田约束石券

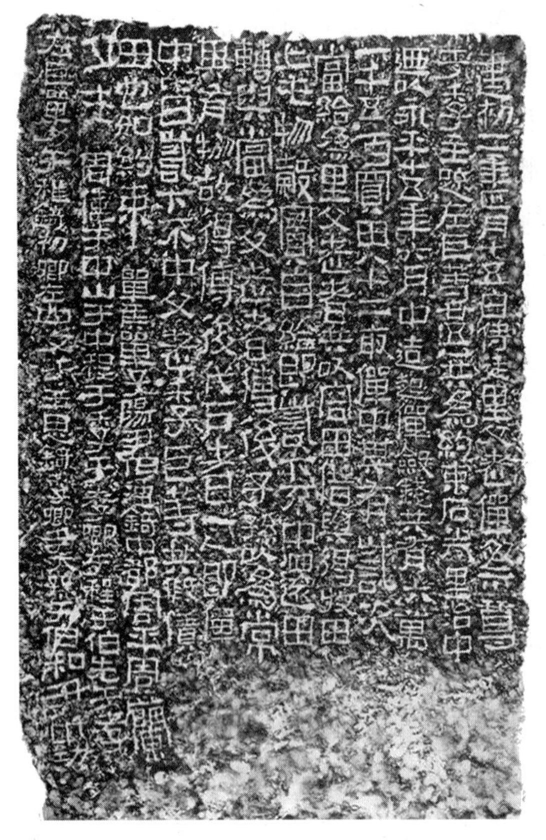
东汉侍廷里父老僤买田约束石券

《东汉侍廷里父老僤买田约束石券》,1973 年出土于偃师县缑氏镇郑瑶大队南村,村民平整土地时在地下约 70 厘米深出土。后运至第六生产队仓库院内。1977 年 12 月文物普查时发现此石券,随运至县文管会,现存商城傅物馆。全石未经打磨,券文刻在粗糙的自然石面上。

东汉建初二年(77 年)正月十五日刻。石券呈长方形,高 1.54 米,宽 0.8 米,厚 0.12 米。左下角斜收,上宽下窄。券文用汉隶书写,字刻在粗糙的石面上,且集中于上部,下部仍为自然石面。石券底部呈不规则的三角形,正面阴刻隶书 12 行,213 字,字大小不等,最大者 6 ~8 厘米,最小者 2 ~5 厘米。字行排列不整齐,每行字数最多 27 字,最少 14 字,字迹基本清楚,可通读。券文记述了侍廷里的居民 25 人,在东汉明帝永平十五年(72)年六月组织了一个名为“父老僤”的团体,集钱六万一千五百,买地 82 亩之事,并且记述了这块土地的使用、管理办法和这个僤社组织成员资格以及支配僤内经济、物资的资格等。正面右侧下部裂纹长 40 厘米。

石券中的“僤”,是一种民间团体。汉代的基层行政组织“里”的父老,是由具有一定数量以上家产的人户轮流充任的,它以一个侧面反映了先秦到汉的社会变化,也表明东汉时期土地除国有、私有外,还有集体所有制。另外,石券刻文为研究汉代书法提供了新的资料。

二、东汉袁安碑

原碑出土地点不详,此碑在明代就已被人们发现并移置到偃师县辛家村牛王庙中作了供案。1929 年夏,一小孩仰卧石案下乘凉,发现石上刻有字迹,村人任继斌遂以拓本行世,1934 年收归县教育局保存,1938 年移交县战时古物保管委员会保管。1961 年 8 月再次发现于县扒头乡政府院内,后由河南省博物馆收藏。

《东汉袁安碑》汉永元四年(92 年)立,碑残高 1.53 米,宽 0.73 米,厚 0.21 米,碑上部有一圆孔(穿)。碑文共 10 行,稍有残缺。对所缺文字,不少研究者作过考证,根据史传已基本补齐。碑文:“司徒公汝南女(汝)阳袁安、召公授《易》孟氏学,永平三年二月庚午以孝廉除郎中,四年十一月庚午除给事谒者,五年正月乙□(亥、酉、未,三字中一)迁东海阴平长。十年二月辛巳迁东平任城令。十三年十二月丙辰拜楚郡太守。十七年八月庚申征拜河南尹。建初八年六月丙申拜太仆。元和三年五月丙子拜司空。四年六月己卯拜司徒。孝和皇帝加元服,诏公为宾。永元四年三月癸丑薨,闰月庚午葬。”

袁安(? ~92 年),《后汉书》有传。东汉时河南郡汝南人。东汉的大官僚、大门阀,袁绍的四世祖。袁氏四世三公,门生故吏遍于天下。碑文所载姓氏、籍贯、官阶升迁情况及死葬年月与传记基本相符。个别文字可补传记之缺。

碑文书体为小篆,但字形却不像一般小篆那样写得滚圆,而是把它微微加方,增加了稳重的效果。其书法特点是结构宽博,行笔苍劲,布白均匀,使转流畅,结体平整,厚重维茂,与1923 年偃师县出土的袁敞(袁安第三子)碑上的书法如出一人之手。该碑拓片于1973 年曾出国到日本展出。

东汉袁安碑

三、东汉袁敞碑

《袁敞碑》,全称《汉司徒袁敞碑》,1923 年在偃师县西南20 余里辛村、闫楼村间发现,地处汉魏故城东南,距袁安碑1. 5 公里,现藏辽宁省博物馆。

《袁敞碑》立于东汉安帝元初四年(117 年),高 0. 75 米,宽 0. 63 米。该碑斜断为三,上下残缺,右下角已佚。篆书 10 行,每行 5 ~9 字不等,计为 70 余字不少研究者曾对碑文标点及所缺字进行考补。将碑文还原为:

君讳敞,字叔平,司徒公之第三子,□□□□月庚子,以河南伊子,除天子舍人。□□□□五月丙戌,除郎中,九年□□□黄门侍郎,十年八月丁丑,□□□十月甲申,拜郎中,□□□步兵校尉,延平元年,□□将作大匠,其年丁丑,拜东郡太守,□□□□□丙戌征拜太仆,五年,□□□□,元初二年十二月庚戌拜司空,□年四月戊申薨,其辛酉葬。

《后汉书·袁安传》载:“安子京,敞最知名。”“敞字叔平,少传《易经》教授,以父任为太子舍人。和帝时,历任将军、大夫、侍中,出为东郡太守,征拜太仆、光禄勋。元初三年,代刘恺为司空。明年,坐子与尚书郎张俊通,漏泄省中语,策免。敞廉劲不阿权贵,失邓氏旨,遂自镣。”朝廷由此“薄敞罪而隐其死,以三公礼葬之,复其官”。从《后汉书·袁安传》可知,袁敞系袁安之子。

此碑书体为小篆,书法厚重雄茂,婉转多姿,以方折之笔作篆法,不失流畅,是小篆书体中不可多得的珍品。汉代以小篆书体入碑者不多见,且此碑与 1930 年出土的《袁安碑》年代相近,笔迹亦极相似,故尤为世人瞩目。

四、汉故安乡侯张禹碑

《汉故安乡侯张公碑》,简称《张禹碑》。东汉永初七年(113 年)立,墓碑主人为东汉安乡侯、太傅张禹。1993 年春,偃师商城博物馆在偃师市西南 20 公里的高龙镇发掘了一座西晋墓,此墓以汉安乡侯、太傅张禹墓碑作封门。碑的顶部被打成圆弧形,用作墓门,以合于弧顶甬道形状。现存部分高 120 厘米、宽 72 厘米、厚 6 厘米。正面阴刻隶书 16 行,满行 25 字,碑侧和碑阴无字。全碑除右上角残损 6 字、右下角残损 1 字、左上角及左侧末行残损 51 字外,现存 331 字基本清晰可辨。张禹碑是目前已知两汉碑刻中官职最高者的墓碑,现存偃师商城博物馆。该碑文字精简,以四字为句而押韵,刻工手法粗犷,隶书风格古朴典雅。

五、嵩岳太室神道石阙铭

太室阙铭局部

属“天地之中”历史建筑群,世界文化遗产。全国重点文物保护单位。《嵩岳太室神道石阙铭》位于登封市区东 4 公里的太室山南麓中岳庙前 500 米处的太室阙上。此阙有铭记和画像,东汉安帝元初五年(118 年)阳城县长吕常造。阙通高 4. 1 米(露出地面 382 厘米),宽 2. 13 米,厚 0. 7 米。两阙之间如门,相距 6. 75 米。阙身刻有车骑出行、马戏、斗鸡、舞剑等汉代画像 60 多幅。阙额刻在西阙南向,文曰“中岳太室阳城神道阙”9 字,仅存前 6 字,阳刻篆书,字径 10 × 6 厘米。刻铭处于题额下,剥蚀不清,约 44 行,满行约 10 字,行间有阴刻竖线界格,今仅能辨者 66 字,前段为铭,后段为辞。文中有延光四年(125 年)题款,当为后刻。书体篆隶参半,结体偏长而不方正,为信笔书写。北面阙铭阴刻隶书,27 行,行 9 字,惟第 3、4 行 10 字。铭文前段是赞颂岳神灵异功德无量的颂辞,后段题刻官职姓名。每段之前均以圆圈作标识,为汉代石刻中之罕见。

《嵩岳太室神道石阙铭》笔画匀称,结构方正,疏密有致。虽已变圆为方,削繁成简,但在转折处用笔仍保留有明显的篆书意味,为研究我国书法艺术提供了宝贵资料,自宋代以来备受金石学家的重视。其中杨守敬《评碑记》云:“汉隶之存于今者,多砖瓦之文,碑碣皆零星断石,惟《太室》、《少室》、《启母》三阙字数稍多,且雄健古雅,自‘琅玡台’漫漶不得其下笔之迹,应惟此为篆书科律,世人以郑文宝《峄山碑》为真,从李斯出而秦为楷模,误矣。”清王虚舟跋此阙云:“此碑每作波法皆双勾,尤汉碑所仅见者,不可详识之也。”

六、嵩岳启母庙神道石阙铭

属"天地之中"历史建筑群,世界文化遗产。全国重点文物保护单位。《嵩岳启母庙神道石阙铭》位于太室山南麓的万岁峰下、启母石南、今登封市城北2.5公里、汉代启母庙前神道两侧的启母阙上。该阙建于汉安帝延光二年(123年),阙高355厘米,制式同太室阙。铭记为小篆,字经0.04米,堂溪典撰书。另一段铭记刻于汉灵帝熹平四年(175年),为堂溪典嵩高山石阙铭。阙身浅浮雕幻术、马技、蹴鞠、斗鸡、驯象、狩猎、虎逐鹿、夏禹化熊等画像60余幅。

《嵩岳启母庙神道石阙铭》内容分两部分,前12行为题名,满行7字;后24行为四言颂辞和仿楚楚动人辞体裁的赋,满行12字。阙铭前一部分记述了鲧、禹治理洪水的情况,赞颂了禹为征服洪水三过家门而不入的精神,以及随着岁月流逝,禹的事迹逐渐被湮没的经过。后一部分记述了汉朝的圣德,为护佑众生在这里建祠立祀立阙刻铭。该铭系颍川太守朱宠等为启母庙所制的神道阙铭记。长州潘仲端评其书曰:"其笔势圆满,顿折其可推寻,足为学者之楷法。"康有为评其书云"茂密浑劲"。

七、嵩岳少室神道石阙铭

属"天地之中"历史建筑群,世界文化遗产。全国重点文物保护单位。《嵩岳少室神道石阙铭》位于登封市西5公里十里铺西1公里、汉少姨庙前神道两侧的少室阙上。东汉安帝延光二年(123年)三月,由颍川太守朱宠建造。制式同太室阙,高3.72米,东西阙间距7.6米。少室阙题额在西阙北面三层中部,刻"少室神道之阙"6字为阴刻篆书。阙铭为篆书,55行,行4字,每行之间有阴刻界线格。除最后三行刻于西侧外,其他均刻于南面2、3层。因风化严重,前36行大都漫漶无存,后19行较完整。东阙北面4层,有江孟等人题名,4行,行6字。阙铭为颍川郡主簿堂溪协书丹。

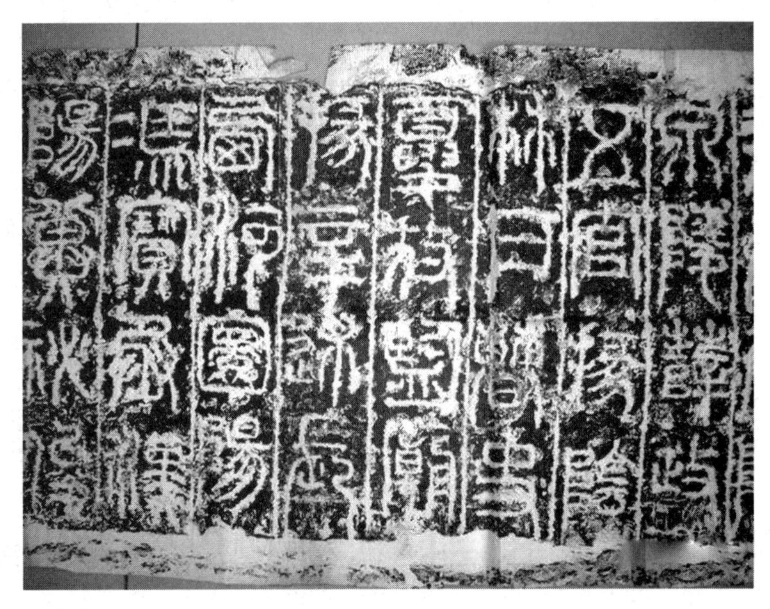

少室阙铭局部

《嵩山少室神道石阙铭》书法朴茂而存古意。少室阙铭中的官职姓名与启母阙相同。阙身浮雕宴饮、击剑、犬逐兔、绞龙穿壁、蹴鞠、羊头等画像60余幅。该阙保存较太室阙略差,阙顶损坏较甚,铭记大部剥蚀,已不可读。康有为称其"茂密浑劲……可谓之鸿宝,篆书之上仪也"。王澎跋云:"石甚粗劣,篆事亦未尽善,然刻虽未工而字殊朴茂。商彝周鼎、清庙、明堂,可以寻常耳目间洞巧之物同日语乎?"

八、堂溪典请雨嵩高庙铭

《堂溪典请雨嵩高庙铭》,又名《嵩高山石阙铭》、《季度铭》,欧阳辅《集古求真》谓“季度”为堂溪协字,协为典父,故《季度铭》系误称。东汉熹平四年(175年)刻。在登封市城北2.5公里处,刻于启母阙第3层。隶书,16行,行5字,前6行已泐毁,现存11行,55字,且残蚀过多。其铭笔画劲健,如《熹平石经》残字。

九、河南梁东安乐肥君(致)之碑

《河南梁东安乐肥君(致)之碑》于1991年7月,由偃师县文物管理委员会在偃师南蔡庄乡北邙山南坡砖瓦窑厂东汉墓中经发掘出土,现藏偃师商城博物馆。该碑刻立于东汉建宁二年(169年)五月。碑首身一体,青色石灰岩石质,圆首晕纹。有长方形覆斗形座,座前部刻出一排三个圆盘,盘内分别刻一耳杯。碑高0.98米,宽0.48米,厚0.095厘米。座长0.74米,宽0.44米,高0.123米。一般说来,碑首为碑额,碑额当题碑名,此乃汉碑惯例。而《肥致碑》的碑额正中“孝章皇帝孝和皇帝”,左为“孝章皇帝太岁在丙子崩”,右为“孝和皇帝太岁在己丑崩”,刻隶书6行,共28字,却不是碑额,可以说是特例。碑身无穿,碑身有界格、碑文隶书,竖行。碑身刻19行、满行29字,共484字,有界格。除倒数第2行最后1字有残损外,其余文字均完好。首行“河南梁东安乐肥君之碑”。该碑由于出土较晚,保存极为完好,字口锋芒宛如新发于硎,清晰逼真,没有太多剥蚀风。

从《肥致碑》所记述的人和事看,该碑是为曾任掖庭待诏的肥致而立的。墓主肥致,东汉梁县(今河南临汝)人,是一位蜚声海内、群士景仰的道家人物,因擅方术而被诏入宫,受封“掖庭待诏,赐钱千万”。《肥致碑》碑文主要是记载了章和二帝与道教徒的交往,介绍了肥致作为方士的事迹,通篇充满了神秘的道教色彩。

该碑系东汉后期遗物,其时隶书书体已完成了规范化的进程,显现出既生动活泼又古拙稚朴;既不失隶书字体规范,又有独到之处的面貌,具有较高的书法艺术价值。该碑现存偃师商城博物馆。

十、汉循吏故闻熹长韩仁铭

河南省重点文物保护单位。《汉循吏故闻熹长韩仁铭》现存荥阳市文物保护管理所汉碑亭内。《汉循吏故闻熹长韩仁铭》,简称《韩仁铭》,东汉熹平四年(175年)刻。金正大五年(1228年)荥阳县令李天翼(字辅之)发现。清康熙时才被刘青藜收录于《金石续录》,曾一度散佚,后又发现,移置今址。

碑文左侧刻金正大五年赵秉文和正大六年李天翼跋语和李献能题铭,详述该碑出土情况。此碑圆首,两侧浮雕6条螭龙,方趺,通高2.23米,碑身高1.85米,宽0.97米,厚0.21米。篆额“汉循吏故闻熹长韩仁铭”10字,额下正中有穿,碑身右侧为正文,左侧有金人之题记,碑身右下部残缺。碑文隶书,凡8行,满行20字,共154字,现残缺、漫漶严重者17字。

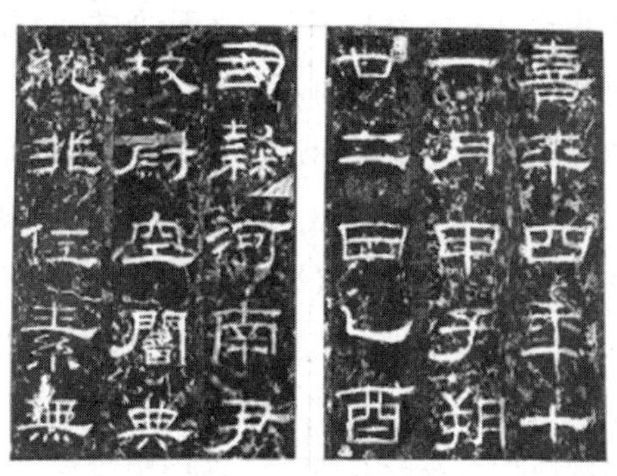

《汉循吏故闻熹长韩仁铭》书法

碑文记述韩仁做官的政绩和不幸短命,上级官下令地方以少牢祠之,以示褒杨的情况。字体疏朗,行笔遒劲,为汉隶书体另一流派。清杨守敬评其书云"清劲秀逸,无一笔尘俗气"。碑额篆书结体长短随字结构,行间茂密,和而能变,与碑文隶书同出一人之手,可称双绝。

十一、巩义摩崖诗刻

巩义摩崖诗刻位于巩义市西北7.5公里石窟寺西侧土窑洞崖壁上。从字体内容和用词看,属东汉末年作品。诗刻面积高0.4米,宽0.7米,隶书11行,前5行每行4字,后6行每行5字。书法字体茂密苍劲,且带篆意。诗云:"诗说七言甚无忘,多负官钱石工作。椽史高迁二千石,椽史为吏甚有宽。兰台令史于常侍,明月之珠玉现珥,子孙万代尽你吏。"诗中"椽史""常侍""兰台令史"等均是官职名称,属地方官署中的办事人员。在诗旁另刻有朱雀、五头鸟、三尾鱼画像。

十二、熹平石经

石经,即刻在石上的儒家经典。东汉灵帝熹平四年(175年)至光和元年(183年),派经学大师蔡邕等人校正儒家经典——六经(也有五经、七经之说),并把校正的六经经文刻在46块石碑上,立于太学讲堂的东侧,作为太学的官定标准教材,以校正五经文字,统一诸家经本,这就是著名的《熹平石经》。它是我国历史上最早的一部石刻文献。因仅用隶书一种字体书写,后世又称"一体石经"、"一字石经"或"汉石经"。《熹平石经》所刻内容有《鲁诗》

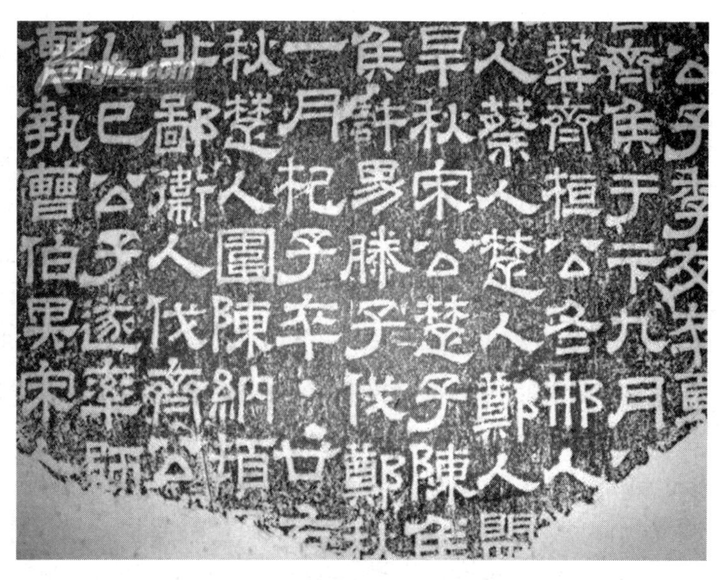

《熹平石经》残碑

《尚书》《周易》《仪礼》《春秋》《公羊传》《论语》等七种，由著名学者蔡邕书写。为标准的八分体隶书，方正严整，体法多变，书法价值极高。据王国维考证，每碑一面约35行，每行75字左右。汉末董卓毁洛阳宫庙，熹平石经屡遭破坏，后经西晋永嘉之乱、十六国之乱等多次破坏迁徙，到宋代已所剩无几。

自20世纪20年代以来，在河南偃师太学村一带陆续有石经残石出土并得到学者的重视。先后出版了马衡辑《集拓新出汉魏石经残字》、《汉石经集存》和罗振玉辑《汉熹平残字集录》等。早期出土的熹平石经残块大多已流散到各地，其中最大的一块约0.05厘米见方，内容为《春秋》，已被锯为两半，流落到了美国。此外，在日本京都国立博物馆、台北历史博物馆、北京中国历史博物馆、西安碑林博物馆、上海博物馆、天津历史博物馆、北京图书馆和洛阳博物馆等都有收藏。新中国成立以后，通过科学发掘出土的熹平石经残石近700块，其中有文字的百余块，可惜为碎片。洛阳博物馆收藏有熹平石经残石拓本。

十三、正始石经

《正始石经》是继《熹平石经》之后的又一洛阳太学的石刻经书。正始，意为一为正其始；二为合乎礼仪、法则之始；三为三国魏齐王芳的年号。当时玄风渐兴，士大夫唯老庄是宗，竞尚清谈，世称“正始之风”。当时诗人嵇康、阮籍等的诗，称为“正始体”。曹魏文帝黄初元年(220年)，又恢复太学于洛阳。三国魏齐王(曹芳)于正始二年(241年)，立《正始石经》于太学讲堂西侧。因经文皆用古文、小篆和隶书三种字体书写，故《正始石经》又称《三体石经》。《正始石经》共立碑石28块，刻《尚书》《春秋》两部经文。碑面有纵横界格，每碑单面约33行，行60字。三种字体对照刊刻，成为研究文字沿革变迁的绝好资料，也是我国书法艺术的经典之作。《正始石经》残石在清光绪年间已有出土。1922年12月在偃师碑楼庄出土迄今发现最大的一块，约90厘米见方，惜被商贩锯为两段。

洛阳博物馆收藏《正始石经》残石一件。该石残高0.85米，残宽0.5米，厚0.15米，记录了《春秋》僖公三十二年(前628年)至文公二年(前759年)的部分内容。

十四、甘陵相尚府君碑

按郭玉堂《洛阳出土石刻时地记》载：“汉甘陵相残碑，折残无年月。民国十一年(1922年)阴历十一月十四日洛阳城北獐羊村北陵出土，地在元诲、元怀墓东一里，碑石折为四，殆六朝时不知珍惜，裂为墓门。此仅得其前二片；他二片未见字，中有穿，偃师孙经、武桓卿购得之，出土处并发现魏世陶器。”从而知道汉甘陵相碑石，在北魏墓中出土，北魏时将碑凿毁用作墓内门楣和门坎。这就是郭玉堂先生记载的“此仅得其前二片”，而“他二片未见字”。这有两种可能，此碑在汉时尚未刻完，如曹魏《王基墓碑》，到北魏时旧物新用，故“他二片未见字”。或者“他二片未见字”与“前二片”根本不是一石，所以“他二片”也许有朝一日重见天日。

第一、二片(前二片)用作墓室门楣和门坎。第一片残高1.52米，宽0.22米，厚0.2米，存文5行，存143字；第二片残高1.81米，宽0.24米，厚0.2米，上部连额，额文篆书“□甘陵相尚□□府君之碑”2行，存8字，应为“汉故甘陵相尚书□府君之碑”12字，上中部有一直径10厘米的穿孔，碑文残存字6行、行172字。全碑高约2.1米,宽0.7米。碑文隶书,约18行,500字左右。碑文载,碑主讳博,字季智。碑文除记述其历任职官和溢美之词外,未言其具体政绩。无刻制年月,从字体看,当在东汉晚期。原存偃师商城博物馆,今藏河南博物院。

《甘陵相尚府君碑》碑文隶体,书体规整秀美,字体浑厚,笔法雄健,字势舒展,开狂放恣肆之魏书体先河,为汉隶书法艺术的珍品(《观堂集林》)。此碑书法精整,骨力雄强。罗振玉氏谓其精劲之至,为汉刻中上品。传世拓本稀少。

十五、曹魏王基残碑

据郭玉堂《洛阳石刻出土时地记》一书载:《曹魏王基残碑》清时于洛阳市城北15瑞安驾沟筑寨掘得之,藏洛阳文庙中。1980年移至洛阳古代艺术馆。该碑立于魏元帝曹奂景元二年(261年),碑残高1.37米,宽0.99米,厚0.22米。长方形青石,隶书,19行,前3行每行22字,余为21字。字行之间有界格,全石共计369字,碑石前三行上端各有空格一,后有空格二;下端均有空格五。又因上下文理不通,因而昔日有人认为上缺几字(下文不缺),上半截"出土时朱字宛然,因无人辨识,磨拭而灭"。故而称其为"断碑"、"残碑"。又因内容是叙述其世系、官职及薨葬年月,所以又称为"墓碑"。碑文中有"进爵常乐亭,安乐乡东武侯","以景元二年辛丑薨"等语。考唯三国魏曹奂建号景元,故知其为魏人,据官爵又知其人为王基,《三国志·魏书》有传。由于志石裂痕很多,在两次搬运中均有损伤。现已断为4块,字体亦有剥损。

在碑石末尾有石刻小字3行:"右东武侯王基碑,诸家考证详矣。惟王容甫先生据装本以碑字裁刻下方,上方尚示开凿,大谬。此石上方未刻者,前3行每行1字,后每行2字;下方则每行各缺5字,麟惧后人误信,述学一语,致有膺此石者,因详志焉,并代木作盖,以防损伤。"光绪八年冬,河南府训导汝州杜梦麟谨跋"。无疑墓碑出土时间下限不晚于光绪八年(1882年)。郭玉堂的《洛阳石刻出土时地记》中有"清洛阳城北十五瑞安驾沟村筑寨时掘得之"。洛阳农村筑寨时间多在清同治年间,这是因为捻军西征(1862年8月)曾路过洛阳,当地地主豪绅为了抵御捻军,纠集村民修寨筑垒。而据杨殿珣编《石刻刻跋索引》中著录的洛阳王基墓碑者,就有10家之多。其中《金石存》记有《王基碑》,此书作者是吴玉晋,自序时间是乾隆三年(1738年);洪颐煊《平津读碑记》中有"东武侯王基碑在洛阳县近年始出土"。此书是嘉庆七年(1802年)编,由此看王基墓碑出土时间,上限不超过乾隆三年(1738年)。

王基墓碑未具书丹者姓名,就其字体看,应出自当世的大手笔。此碑字形方整,结构疏朗,笔法峻劲,波磔飞动,风神秀逸,与东汉《熹平石经》等均显出同一特点,据此可窥探魏隶的真貌。魏祚虽短,然魏隶于汉、晋之间,实起承前启后的作用,无疑王基墓碑是研究我国隶书嬗变的极其珍贵资料。

十六、皇女残碑

《皇女残碑》为曹魏时期所立墓碑,清咸丰五年(1855年)出土于汉魏洛阳故城遗址。金村人张喜臣将其售给收藏家建德人周进,其后人捐碑于故宫博物院。和《尚博碑》一样,纵折为数段,此其前段。

隶书，存首3行，行22字，第3行字仅存大半。书法朴厚古茂，温润典雅，是隶书由东汉灵活多姿的神韵，逐步走向方板规整体式的代表性作品。字势方劲俊逸，为三国时期技巧高度娴熟的典型之作。

十七、当利里社碑

《当利里社碑》，俗称《后土碑》，西晋时当利里居民建立社祠时所立，民国二十五年（1936年）洛阳雷明德发现，后归周进，移运时石裂为四，两面各损数字，现存故宫博物院。碑残高70厘米、宽64厘米。碑阳隶书，存15行147字，内容为立社记铭缘由，文字多蚀泯。碑阴存24行295字，是立碑者的题名，上刻冠帻坐像8人，上下两行各4人，旁刻籍贯、官职、姓名，为当利里的社老、社正、社掾、社史等主持人，是研究当时里社组织的重要史料。该碑隶书法灵活多变，在西晋反对厚葬，墓碑多毁的形势下，社碑更显珍贵。

十八、临辟雍碑

全国重点文物保护单位。《临辟雍碑》于1931年在偃师佃庄镇太学村北太学遗址出土。碑立于晋咸宁四年（278年）十月。该碑出土时，有碑无座。碑座于1963年在太学遗址发掘出土，其上刻有孔子及其弟子等8人像。后与碑身合为一体保存于偃师佃庄镇东大郊村，现已盖房保护。1996年11月，合并于“汉魏洛阳故城”，成为全国重点文物保护单位。

《临辟雍碑》碑额

《临辟雍碑》立于西晋武帝咸宁四年（278年）十月二十日，碑首和碑身用整块青石雕凿而成，高3.23米，宽1.1米，厚0.3米。碑首约占碑身的1/3，碑首两侧浮雕蟠龙伏绕，额题隶书“大晋龙兴皇帝三临辟雍皇太子又再莅之盛德隆熙之颂”23字，字径0.08米。碑阳隶书30行，行55字，字径0.03米，无撰书人姓名。刻工精细，保存完好。

碑文记载了晋武帝司马炎及太子司马衷数次到辟雍视察的经过，举行大射礼和行乡饮酒礼的情况，考察了太学生的“德行”、“通艺”，并进行了赏赐，赞颂了西晋统治者能“敦礼明化，以庠序为先”，规定学生必须“勤学务礼，遵修旧典”，颂扬了晋王朝重视文教的功德。碑阴分排依次刻有行政学官如太常、散骑，教职人员博士、助教、主事、司成，以及礼生、弟子、门人、散生、寄生等学员的郡籍、姓名，多达400余人。这对于研究我国1600多年前晋代的教育制度和教育内容以及考察学生的分布情况，都是极为珍贵的资料。特别是碑记载当时在太学求学的4个西域学生（即朱乔尚建、王迈世光、瑰景大卿、瑰元君凯），证明当时西域与内地关系的密切和往来的频繁，是研究丝绸之路的重要实物证据。

《临辟雍碑》碑文隶书,书法灵活,是晋隶中的佳品,对探讨古代书法艺术具有重要价值。

十九、晋武帝贵人左棻墓碑

该碑于民国十九年(1930年)阴历十二月,在偃师城西7.5公里蔡庄村由鲍姓村人自地中掘出,出土地在洛阳汉魏晋故城东5公里。后被转卖。几经周折,《晋武帝贵人左棻墓碑》现存偃师商城博物馆。碑主系西晋著名文学家左思之妹。左棻永康元年(300年)四月二十五日葬,墓碑为长方形,高0.273米,宽0.143米。阴阳两面刻字,碑阳较之碑阴字大,碑阳4行,前3行10字,后1行9字。碑阴7行,行12字,俱隶书。

《晋书·后妃传》:"左贵嫔名棻。兄思别有传。棻少好学,善缀文,名亚于思,武帝闻而纳之,泰始八年拜修仪,后为贵嫔。姿陋无宠,以才德见礼"。传中还说:"帝每游华林,辄回辇过之,言及文义,辞对清华,左右侍听莫不称善。"又说:"帝重棻词藻,每有方物异宝,必诏为赋颂,以是获恩赐焉。"

志书棻卒年而不书葬年,传称"泰始八年拜修仪",志称"永康元年薨",由泰始八年下逮永康之元,凡29年,棻入宫时年若17岁,至永康元年薨,则享年47岁。又《左思传》:"思字太冲",志作泰冲,知"太"乃"泰"之古文也。

《晋武帝贵人左棻墓碑》"葬峻阳陵西徼道内"一句至关重要,它和荀岳墓志一样为确定西晋皇陵的位置提供了线索。晋武帝葬峻阳陵,故棻"祔葬于峻阳陵西徼道内"。志石出土于偃师南蔡庄,由此可知晋陵也当在首阳山之阳的南蔡庄一带。

《晋武帝贵人左棻墓碑》保存完好,字迹清晰,隶书用笔出锋入锋起止明快富有节律性,字形稍小,书法风格工整庄严,偏汉隶,但有向楷过渡的变化,是晋志中文字最佳刻石。

二十、西晋韩寿墓表

据有关史料记载,清代嘉庆年间,《西晋韩寿墓表》在一处古井中被发现。现存洛阳关林石刻艺术馆。

《西晋韩寿墓表》为青石质圆柱形,高1.13米,直径0.33米。底平,顶有榫头。柱上下有沟漕圆弧线,通体纵刻24条半圆形凸棱,石柱上下两端各雕一道缠绳纹。石柱上下有沟漕圆弧线。表铭为一外凸的方形石面,横于石柱中部偏上处,面高0.48米,残宽0.32米。上刻隶书4行,行5字,隶书。仅中间2行完整"侍骠骑将军南阳堵阳韩"10字。两旁两行泐损,但残存有笔画,依残存字形和史载韩寿生前官爵以及卒后追谥,据《八琼室金石补正》所载,全碑文应是"晋故散骑常侍骠骑将军南阳堵阳韩府君墓神道",4行共20字。韩寿卒于惠帝元康初。古人云:"墓前开道建石柱以为标,谓之神道。"即华表,通常称它为"墓表"。一般由三部分组成,下为

《西晋韩寿墓表》拓片

础，上立柱，柱顶榫头置带座的雕兽。韩寿墓表仅保留了中间的圆柱，但以其形制稀见而弥足珍贵。

《西晋韩寿墓表》书体承汉魏风格，书法隽美，颇近《西狭颂》，结构疏朗，笔画俊逸，波磔浑敛，并有缪篆笔意，为西晋书法艺术中之杰作。晋代的大字隶书传世无多。韩寿生前是朝廷高官，为其书写墓表者应是当代书法名家，韩寿墓表书体结体方整，波磔分明，横画起锋逆笔，平硬如折刀头，行笔平直，收笔处锋芒毕露，是西晋时期京畿地区最为流行的书风，体现了标准晋隶的特点。

二十一、晋故处士成君之碑

郭玉堂《洛阳出土石刻时地记》载："民国十四年阳历十二月，洛阳东吕庙及左寨两村人在凤凰台及莫家沟二村之东，左寨村之西，南距刘家坡村一里盗掘出土，后归新安张伯英千唐志斋。"《晋故处士成君之碑》现存千唐志斋博物馆镶嵌于窑洞南壁。

此碑刻立于西晋元康元年(291 年)七月十六日。碑圆首晕纹，左右显露二龙头。碑首与碑身一石刻成，高 0.69 米，宽 0.29 米。额题"晋故处士成君之碑"8 字。碑文无标题，隶书 11 行，除第 7 行 2 字、末行为 18 字外，余均 16 字。碑石完整光洁，字迹清晰。碑额题晃为"处士"，即不为官之文人，其名不见于《晋书》。成晃，字叔明，阳平人，少为人贞洁，笃实言行，履信义，有德才而隐居不仕。此碑为晃之女婿训所刻立。

该碑形体矮小，当出墓圹中。性质与墓志相同，其形制与西晋徐美人墓志近似，均不同于后来的呈长方形墓志。由此可见，其时的墓志多仿地上丰碑而为之，从面为研究墓志形制的演变提供了实物资料。晋代碑文书法隶意尚浓，笔势生动，堪称上承汉隶，下启魏碑书法之佳品。

二十二、中岳嵩高灵庙之碑

《中岳嵩高灵庙之碑》局部

全国重点文物保护单位。《中岳嵩高灵庙之碑》所在的中岳庙为"天地之中"历史文化建筑群之一，世界文化遗产。

中岳嵩高灵庙之碑现存于登封中岳庙内峻极门前东侧，现用玻璃罩护，另按碑复制一通，并列于原碑西侧。刻于北魏太安二年(456 年)，一说刻于太延年间(435 ~440 年)。该碑龙首方趺，高 2.84 米，宽 0.99 米，厚 0.23 米。崔浩撰，无书者姓名。碑额篆书"中岳嵩高灵庙之碑"，额下有穿。碑文楷书，碑阳正文 23 行，行 50 字。碑阴题名 7

列，皆楷书阴文。由于风化浸蚀和古董商人的破坏，已剥落大半，幸存580余字。碑文概述嵩山地理形势，上古至秦汉魏晋十六国历代统治者奉祠嵩山始末，记述中岳庙及其前身太室祠的兴衰，以及北魏表彰天师寇谦之勾通人神，辅佐真君成太平之化，而为之复修嵩岳祠庙之功德的道行。这篇碑文印证了史书、道典的记述，为今人研究北魏天师道发展的历史提供了珍贵的实物见证。

《中岳嵩高灵庙之碑》，碑文字体古拙，介于隶、楷之间，属魏碑珍品，为历代金石家、书法家所称赞。杨震方《碑帖叙录》评曰："字体古拙，介乎隶、楷之间，虽放纵，但风格极高浑雄大，笔力沉静，具有一种森严之妙趣。"康有为《广艺舟双揖》卷四列此碑碑阳为高品，碑阴为神品，称其书法"如浑金朴玉，真正书之极则，得其指甲，可无唐宋人矣。"侯镜昶《书学论集》称"碑额之篆书分意，锋如悬针，尤为神似"。故为历代金石学家所推重。

中岳嵩高灵庙之碑堪称道教立碑之始，其文物价值和艺术价值都非常重要。

二十三、郑道忠墓志

《郑道忠墓志》出土于荥阳市。北魏正光三年（522年）刻。志文楷书，23行，行23字。石甚完好，唯首行志铭"铭"字全缺。书稍瘦，但雅健畅达，与《郑文公上下碑》相近，北朝书之正体，当属此种。杨守敬《平碑记》云："小字难于宽绰有余，此独疏宕纵逸，似奇反正。碑近年始出，笔画细瘦，石亦剥落。"

二十四、元怿墓志铭

《元怿墓志铭》于1948年前夕，在洛阳市城北2公里邙山南麓一座俗称"青菜冢"、"司马懿冢"冢内出土，现藏洛阳古代艺术馆。北魏孝昌元年（525年）十一月二十日葬。志高0.95米，广0.99米。志文楷书，32行，行32字。首行题"魏故使持节、侍中、假黄钺、太师、丞相、大将军、都督中外诸军事、录尚书事、太尉公、清河文献王墓志铭"。

元怿（487~520年），字宣仁，北魏孝文帝元宏的第四子。幼年敏惠，姿貌美，孝文帝很喜欢他。元怿博涉经史，兼综群言，有文才，善谈理，宽仁容裕，喜怒不形于色。太和二十一年（497年）封清河王。宣武帝元恪继位，拜侍中，转尚书仆射。元怿和三哥元愉对司空高肇专权不满，元愉被杀。熙平元年（516年）孝明帝元诩即位，年仅7岁，其母灵太后胡氏临朝。元怿迁太尉，灵太后逼幸元怿，总揽朝政。太后之妹夫领军元乂，恃宠骄盈。元怿多次惩戒他，元乂告元怿谋反，禁元怿门下，左右朝贵都给元怿作证清白。正光元年（520年）七月，元乂与宦官刘腾策划发动宫廷政变，将灵太后幽禁于北宫宣光殿，囚元怿于门下省。诬元怿谋反，将他杀害。此后四年之中，统治大权落入腾、乂之手。正光四年（523年）三月刘腾死，不久"太后反政，追夺爵位，发其冢，散露骸骨，没入财产"。元乂被杀后，元怿得到平反谥号文献。元怿长子元亶继承爵位。

《元怿墓志铭》载"神龟三年岁次庚子，春秋三十有四，七月癸酉朔三日乙亥。害王于位，遂隔绝二宫"，是知史载与志相符。该墓志还间接地记载了当时广大百姓起义的浪潮，"自此灾旱积年，负雨愆节。岁频大饥，京师尤甚。四方愤惋，所在兵兴。七镇继倾，二秦覆没，百姓流离，死者大半"。所谓

“七镇继倾”是指当时著名的六镇各族人民的大起义，而“二秦覆没”，当指稍晚的关陇地区爆发的百姓大起义。这方墓志不仅对研究北魏统治阶段内部斗争提供了资料，对研究当时的农民起义也有一定的历史价值。该墓志内容文笔严谨。书法颇佳，为魏碑书法的精品。

二十五、中岳嵩阳寺碑记

《中岳嵩阳寺碑记》局部

《中岳嵩阳寺碑记》，又称《嵩阳寺伦统碑石铭》，位于登封市会善寺戒坛旧址。原立嵩阳寺，后因唐高宗李治营建奉天宫，于唐麟德元年（664 年）移立会善寺。2001 年 10 月登封市文物局又从会善寺西戒坛移复嵩阳寺旧址，即今嵩阳书院。

东魏孝静帝天平二年（535 年）刻立。碑高 3.05 米，宽 1.1 米，厚 0.26 米。碑圆首方趺，首雕六盘龙和佛像，龙爪扭结成一个拱形龛，内浮雕独佛一尊。碑阳上半部佛龛正中，雕有一尊大佛像，周围数座小佛像，额下左右有向内飞翔的小飞天。碑阳上半部刻佛像，下半部刻铭记。铭文隶书，39 行，行 38 字，阴刻题名，额篆书阳文“嵩阳寺伦统碑”6 字。首行“中岳嵩阳寺碑铭序”。

无撰书人姓名，文辞美好而笔法颇含风致。书法方正宽博，不甚精工，间有篆、隶意韵。有人评为汉以后唐以前隶之冠，亦不为夸张。碑阴雕刻佛像 12 层，共 94 佛。碑侧浮雕缠枝花卉。

二十六、北齐刘碑寺造像碑

全国重点文物保护单位。《北齐刘碑寺造像碑》位于登封市东南 20 公里的大冶镇西刘碑村东北的刘碑寺。北齐文宣帝天保八年（557 年）豫州刺史刘碑集刘氏居士等筹资立碑，故名“刘碑”。后人因碑兴建佛寺，因名“刘碑寺”。为保护此碑又筑碑楼，又称为“碑楼寺”。《北齐刘碑寺造像碑》纯用黑色律石雕造，立于刘碑寺内佛祖殿正

《北齐刘碑寺造像碑》局部

中,坐北向南。碑体通高398厘米,是河南现存造像碑中体量最高大的一通螭首扁体造像碑。由碑首、碑身、碑座三部分组成,碑首碑身连为一体,用整块石材雕成。碑首高1.15米,宽1.58米,厚0.45米;碑身高2.03米,宽1.44米,厚0.45米;座高0.8米,宽1.98米,厚1.26米。碑首雕盘龙6条,中间尖拱龛内雕一佛二弟子二菩萨。碑首造像左右三列,上下四层。雕人物64个,狮子3对以及莲花、山石、菩提树等。刻有题榜4行,分别为"阳(城)大像主前□授豫州刺史刘碑"、"发心造像主前奉朝□洛州平正刘方兴"、"大都邑主阳城县功曹刘声闻、坩主刘明炽、大都邑主横野将军刘□□"和"大都邑主前阳城郡□□刘子云"。

碑阴上部雕刻佛像7尊,供养人18躯。下刻造像碑记,正书,共42行,每行13字,泛言造像求福之意。其下有题名7例,列49行。石质细腻,碑文魏体,书法精湛,俊秀挺拔,圆浑遒凝,与东魏《敬史君碑》如出一人之手。碑两侧上雕一佛二弟子站像,下刻精美的盘绕龙纹。碑趺前面和两侧雕12个高浮雕力士,凸目鼓腹,刚健凶猛,形象生动。碑趺后面浅浮雕山林射猎图,为执弓、执叉、执刀的骑士和猎犬、狮、虎、鹿、兔以及其他动物在山林中横冲直撞、互相追逐的图案。这幅图即是佛教故事"睒子本生"图。右上角有"岁在丁丑"刻字(即北齐天保八年)。碑座雕刻风格明显与碑不同,金刚士像颇具宋代风格,应为宋代后配。

《北齐刘碑寺造像碑》是嵩山地域现存体量最大的造像碑,其高大的碑体采用了中国传统纪事碑的形式,美观大方,气势雄伟。该碑不论其高大的碑体,还是艺术成就,堪称造像碑中之最,其精美的造像艺术体现着明显的时代特征。虽然造像头部多已残毁,但其华丽的装饰和丰富的雕刻内容以及鬼斧神工般的雕刻技艺,成就了这座艺术丰碑。其造像风格和艺术成就主要表现在均匀对称的构图、华丽的龛楣装饰、多种服饰样式并用以及运用高浮雕、浅浮雕、平面减地浮雕、阴线刻等中国传统的雕刻技法和多变的刀法,对不同物像进行不同的艺术表现。

《北齐刘碑寺造像碑》还有一个珍贵之处,就是其刻写精美的书法艺术。铭文篇幅之大,刻写之精,在同时代造像碑中尚属罕见。其书法精湛,浑圆遒凝,与东魏《敬史君碑》如出一人之手。

二十七、观音寺碣

《观音寺碣》现存荥阳市王村镇一所小学内。唐武德五年(622年)刻立。碑青石质,碑高63厘米,宽60厘米。陆德明撰,无书丹人姓名。碣文楷书。12行,行14字。碑文不满百字,记述唐太宗平定王世充、窦建德凯旋还师,建寺立碣,以记其事。

二十八、少林寺金刚经刻石

《少林寺金刚经刻石》位于登封市少林寺院内,王知敬奉敕书,唐咸亨三年(672年)刻。楷书。55行,惜石质劣下,刻亦未精,上下皆残,故不能全窥王知敬用笔之妙。张怀瓘《书断》评知敬书云:"肤骨兼有,戈戟足以自卫,毛翮足以飞翻,若冀大略宏图,摩霄殄寇,则未奇也。"《评书贴》云:"王知敬书妥适过北海,然不及北海开展流逸,有天马行空之之致。"

二十九、少姨庙碑

《少姨庙碑》原在少室山东麓、邢家铺西南少姨庙。今庙不存,碑亦不见。《金石录》载:杨炯撰文,永淳元年(682 年)十二月立。文曰:少姨庙,即《汉书·地理志》所云:崇高少室之庙也。其神为妇人像者,则启母涂山氏之妹也。庙为涂山氏妹之庙,碑述其事。

三十、启母庙碑

《启母庙碑》原在嵩山太室山之阳启母庙内。今庙不存,碑亦失。《金石录》云:崔融撰文,沮渠智烈书。永淳二年(683 年)正月立。文述禹治洪水,化为熊,开凿轘辕山,涂山氏闻鼓饷夫,惭而去,化石生启之事。

三十一、大周封祀坛碑记

全国重点文物保护单位。《大周封祀坛碑记》位于登封市中岳大街西段万羊岗封祀坛遗址上。唐万岁登封元年(696 年)刻立。天册万岁元年(695 年),武则天命人在登封市嵩山上下建有登封、封祀二坛,同年腊月她带领百官来此举行封禅大典。她先到太室山中峰上的登封坛行祭天之礼,礼毕亲自撰文立《大周升中述志碑》于峰顶(坛、碑早毁)。后她于初三日来到少室山下的封祀坛行祭地之礼,礼毕命武三思撰文、薛曜书碑,立于坛上。此坛上圆下方,以象征天地,至今仍可看出其大致轮廓。其碑存留至今,实属可贵。

《大周封祀坛碑》在封祀坛中心向南约 28 米处,青石质地,碑早已倒伏并被土掩压。碑圆首,方形碑趺弃置在距碑身西约 2 米处。碑阴上仰素面,碑首朝南。碑首和碑身由整石凿成,通高 4.49 米,宽 1.48 米,厚 0.06 米。碑府在碑身西侧 3.5 米处,长方形,长 2.8 米,宽 1.45 米,高 1 米。座身有裂纹,已风化剥蚀。碑额题刻篆书“大周封祀坛碑”6 字。碑文楷书,共 37 行,行 71 字,首行题曰“大周封祀坛碑并序”,因碑身下部剥蚀,每行碑文仅存 40 字左右。文中有武则天新制之字,文义难辨。

碑文剥落较多,从现存部分看,其内容首论天地的重要和历代国君对封禅大典的重视,说天地可“张三光,而到五岳”,是“皇地大宝”,自伏羲、神农、黄帝直至商汤等国君,举行过封禅典礼的就有“七十二人”;列举各种祥瑞景象,阐述举行封禅典礼可以使“皇猷永固”、“帝祚长隆”;描绘了封禅典礼的盛大规模和庄重肃穆的气氛以及颂扬武则天执政时期的升平景象等功德,诸如说武则天临朝以后,“皇威远举”,“万方翘首”,“烟尘息,九区静,文轨同而万方泰”,等等。

薛曜的《大周封祀坛碑》书法与他所书《夏日游石淙诗并序》和《秋日宴石淙序》两碑的字体相比,其结构更为遒密,堪称薛书之上品。

三十二、唐太宗龙潜教书碑

《唐太宗龙潜教书碑》所在的少林寺为全国重点文物保护单位,世界文化遗产。《唐太宗龙潜教书碑》,全称《大唐太宗文武圣皇帝龙潜教书碑》,又称告柏谷坞少林寺上座书,李世民书,现藏少林寺慈云堂院内西碑廊,嵌装在(0.69×0.37×0.16)立方米的碑座上。碑高1米,宽0.45米,厚0.1米。高祖武德四年(621年)四月三十日立。碑首身一体,首半圆形,碑额篆刻"大唐太宗文武圣皇帝龙潜教书碑"14字。正文隶书,15行,满行24字,字间有界格。正文第二行有"世民"二字,草书。碑身有斜形裂纹二道,分为三截,断裂处字多损。该碑与《皇唐嵩岳少林寺碑》上方的教书碑文完全相同,字体与赵明诚《金石录》记载,并于实物对照,该碑实属"教书碑"原版。碑文是唐太宗李世民颁予少林寺十三棍僧的诏书。李世民大战王世充于洛阳失利后,幸得少林寺十三和尚相救。李唐政权建立后,于武德四年下诏表彰。碑阴为金章宗明昌三年(1192年)摹刻的观音像。

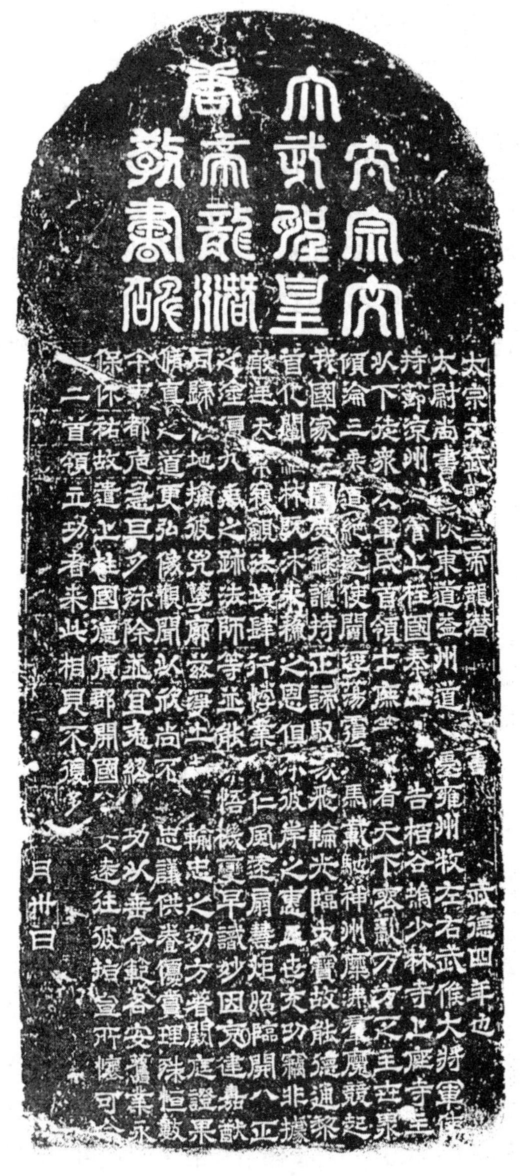
唐太宗龙潜教书碑

《唐太宗龙潜教书碑》文是唐太宗李世民颁予少林寺十三棍僧的诏书。碑文首曰:"太尉尚书令陕东道益州道行台雍州牧左右武侯大将军使持节凉州总管上柱国秦王(王字为后人镌去)世民告柏谷坞少林寺上座寺以下徒众及军民士庶等"。隋朝末年,"天下丧乱,万方乏主","神州糜沸,群魔竞起"。李渊父子起兵晋阳反隋,武德三年(620年)李世民率兵攻洛阳王世充。武德四年四月二十七日少林寺僧志操、惠玚、昙宗等13人助李世民攻洛阳,翻城拎王世充侄仁则以归。李世民嘉其义烈,于同年四月卅日下诏表彰。此书原文后刻于石,即《秦王告少林寺教碑》。碑文中"世民"二字特大,系太宗李世民亲签。碑阴为金章宗明昌三年(1192年)摹刻的观音像和《东坡居士苏轼稽首赞》文。

三十三、大唐皇帝等慈寺之碑

《大唐皇帝等慈寺之碑》原在荥阳汜水镇赵村南等慈寺,惜1950年5月建汜水火车站附近汜河桥时被毁,残石存郑州市博物馆。该碑高 4.7 米,宽 1.53 米。篆书阳文碑额“大唐皇帝等慈寺之碑”9 字,共分 3 行,每行 3 字。正楷,碑身正文为正楷而多魏碑之意,共 32 行,满行 65 字,无刻立年月。该碑为颜师古奉敕撰或书,或撰书(因碑文“敕”后损字)。据历史学家考证,此碑为唐代书法家颜师古撰文并书丹,当立于贞观二年(628 年)。碑文内容记述了唐太宗李世民破王世充窦建德后在战处敕建等慈寺,超度阵亡将士之灵,颂扬战功。该碑为纪念唐初“武牢之战”胜利而建,碑文是研究这场战争的实物资料,具有珍贵的历史价值。

《大唐皇帝等慈寺之碑》的撰文与书丹者颜师古,唐初著名儒学大家,经学家、语言文字学家、历史学家。字籀,以字行,唐著名书法家颜真卿之祖。祖籍琅邪临沂(今属山东)人,后迁为京兆万年(今陕西西安市)人。颜师古是名儒颜之推的孙子,父亲为颜思鲁。少传家业,遵循祖训,博览群书,学问通博,擅长于文字训诂、声韵、校勘之学;他还是研究《汉书》的专家,对两汉以来的经学史也十分熟悉。颜师古的书法规整俊秀但不靡丽浮华,有规矩而不僵化,笔画流畅而不轻飘油滑,既有北碑遗意又初具唐楷风范,保持着隋碑的基本特色,结构严谨,行笔健劲,剥蚀极少,可为实用书法之范本。

三十四、大唐三藏圣教序碑

河南省重点文物保护单位。《大唐三藏圣教序碑》原在偃师市东南招提寺内,后移至老城文庙,现已搬迁至偃师商城博物馆。刻于唐显庆二年(657 年)十二月十五日。贞观十九年(645 年),唐代三藏法师玄奘从天竺(今中印度)取经回到长安,住锡弘福寺和慈恩寺,开始翻译佛经。次年,他将译好的部分汉文佛经呈送太宗,求他作序。太宗与太子即先后撰写了《序》和《记》。至高宗永徽四年(653 年)十月,由著名书法家褚遂良将《序》和《记》分书于两碑,刻嵌于长安慈恩寺雁塔两侧,即《慈恩寺圣教序》碑。今存西安碑林。显庆二年,王行满又将《序》《记》合书于一碑,刻立于玄奘的家乡缑氏县招提寺中。该碑于 20 世纪 60 年代的“文化大革命”期间被砸毁,现仅存碑首和约三分之一的碑身。

《大唐三藏圣教序碑》通高 2.44 米,宽 1.04 米。碑额正中刻一坐佛,佛像左右分刻“大唐二帝圣教序碑”8 个篆字,两侧雕有伏绕的蟠龙。碑文分两部分:前半部分为唐太宗李世民所撰之《大唐三藏圣教序》,计 780 字;后半部分为太子李治所撰之《大唐皇帝述三藏圣教序记》,共 579 字。《大唐二帝圣教序》碑的碑文内容,集中宣扬阐释了佛教的哲理和教义,高度评价和赞扬了玄奘法师不畏艰险,长途跋涉到天竺取经及献身佛经翻译事业的精神,同时颂扬了唐太宗提倡佛教的政策。

碑文楷书,其篆额书丹者为唐代著名书法家王行满。《序》《记》两文均刻于碑之正面,字体结构严整,笔法瘦硬俊逸。《宝刻类编》评价此碑书法“用笔端正紧密,绰有姿致,不在褚遂良之下”。

三十五、大唐纪功颂碑

《大唐纪功颂碑》原在荥阳市汜水镇等慈寺内,20 世纪 50 年代被毁,1961 年将残块移至郑州市博物馆保存。此碑由唐高宗李治撰文并书丹,显庆四年(659 年)八月刻石,立于荥阳汜水镇赵村南等慈寺内,该碑题额“大唐纪功颂”5 字,飞白书。碑高 4.55 米,宽 1.99 米。正文行草,共 35 行,行 70 至 72 字不等,计 2400 余字。碑阴刻有唐玄宗李隆基东封过汜水诗。

《大唐纪功颂碑》与《大唐皇帝等慈寺之碑》一并叙述了隋末社会动荡和经济崩溃的局面，记述了武德四年(621 年)虎牢之战的经过。高宗亲自撰文并书丹，笔力雄健挺拔，运笔便捷，气势疏朗，笔画刚柔相济。书风卓伟雄强，体势宽博。额飞白书，矫若游龙。碑文纵逸潇洒，颇得晋人风韵。同时加之石质润实，书写佳丽，刻凿精细，被誉为“三绝碑”，历来为人们摹拓、学习的书法模板。

三十六、孝敬皇帝叡德之纪

《孝敬皇帝叡德之纪》位于偃师市缑氏镇东北 3 公里景山恭陵之前。恭陵因是唐高宗李治太子李弘的陵墓，故称“太子冢”。此碑由唐高宗李治亲撰并书，立于唐高宗上元二年(675 年)八月十九日。碑通高 6.10 米，宽 1.95 米，厚 0.4 米，首身一体，圆首龟趺，碑首额题外廓马蹄形双弧线。碑额刻飞白书“孝敬皇帝叡德之纪”八字；碑文楷书，自右至左竖排 33 行，行 82 ~ 89 字不等，全文近 3000 字。清代王昶《金石萃编》据拓本著录有碑文，但因碑下部泐蚀严重，故其录文不全，以“下阙”标示，其录 1663 字，又以□不识者 319 字，二者相加为 1982 字。所以“下阙”损字为 700 ~ 800 字。由于年代久远，碑文大部分已漫漶不清，碑额“孝敬皇帝叡德之纪”已难以识别，而碑文小字泐蚀尤甚，尽管有些字尚可辨识，但难以句读。

李弘，唐高宗李治第五子，武则天长子。655 年，被封为代王；656 年，原本的太子李忠被废，改立李弘为皇太子。《旧唐书・李弘传》：“上元二年，太子从幸合璧宫，寻薨。”皇太子李弘因死于突然，备受历代史学家的关注。李弘“天资仁厚，孝心纯确”，有治国之德才，朝廷寄以厚望。李弘与高宗、武后同赴合璧宫时暴卒，时人多认为是武后毒杀他，但有说法是他因本来就病弱而早夭，历史上存在多种说法。

李弘死后，高宗将他谥为“孝敬皇帝”，颁《赐谥皇太子宏孝敬皇帝制》，通报全国。《旧唐书》云，“葬于缑氏县景山之恭陵，制度一准天子之礼，百官从权制三十六日降服”，举行隆重的国葬，开创了太子死后追谥为皇帝的先例。

太宗李世民笃好书法，购藏右军(王羲之)真迹多卷，太子李治时临摹之，故高宗李治书艺上佳，赐书近臣，以为殊宠。观此碑书法，笔意连贯，结构紧密，遒劲妍丽，气度高雅，故朱长文曰：“高宗雅善真、草、隶、飞白。”亦有唐帝王书法名家之风。

三十七、王征君临终口授铭

《王征君临终口授铭》，全称《大唐中岳隐居太和先生琅邪王征君□授铭并序》，原在嵩山逍遥谷崇唐观老君殿前檐下东侧，现置登封城隍庙。王征君弟王绍宗甄录并书，唐垂拱二年(686 年)四月刻。碑圆首方趺，高 1.67 米，宽 0.64 米，厚 0.21 米，现已移至登封城隍庙历史博物馆碑林中。篆额“唐王征君之碣”，碑文题目为“大唐中岳隐居太和先生琅邪王征君临终口授铭并序”。铭文楷书，共 20 行，行 40 字。石仍完好。

王绍宗，官至秘书少监，尤工草隶，其书端雅可观，为世所称。此铭楷法圆劲，结体似褚遂良，锋颖不露，确为唐刻佳品。杨守敬《评碑记》云：“绍宗两代工书，自拟永兴(虞世南)，可观其作，果是妙笔，其结体则易方则扁，可谓独树一帜。”《潜研堂金石文跋尾》云：“绍宗长于书，当时以虞伯施比之。绍宗自言‘闻虞复中书腹，与余正同’，其自负亦不浅矣。今观此碑楷法圆劲，结体似褚河南，而锋颖不露，殊得永兴三昧，询唐刻之极佳者。”《中州金石记》亦谓“其书实端雅可观”。

三十八、潘师正碑碣

全国重点文物保护单位。《潘师正碑碣》位于登封市崇唐观。唐圣历二年（699年）刻立，额题隶书“潘尊师碣文”。《潘师正碑碣》全称《唐默仙中岳体元先生大中大夫潘师正碑碣》。碑残，仅见两截，残高3.1米，宽1.05米，厚0.32米。碣文隶书，23行，“司马承祯”4字署名作篆体。由王适撰文，司马承祯八分书。书丹者用篆、隶、籀三体合一的“金剪刀”书法，这种字体为一般碑碣所少见。

潘师正，唐初道教骨干人物，在嵩山南麓逍遥谷修炼20余年，唐高宗到嵩地赐建崇唐观。他卒后，高宗赐谥他为“体玄先生”。司马承祯，潘师正弟子，亦是唐代道学名家之一。《碑帖叙录》云：“司马承祯”4字署名作篆体，用笔稍肥，姿致遒媚，诡异不合古法。该碑是研究唐代道教史的重要资料。

三十九、升仙太子碑

《升仙太子碑》局部

全国重点文物保护单位。《升仙太子碑》位于偃师市府店镇南缑山上，即升仙观旧址。武周圣历二年（699年）六月刻立。大周圣历二年（699年）二月初四，武则天由东都洛阳去登封封禅，途中留宿缑山，游览刚刚竣工的升仙太子庙，遂撰此碑文，记述周灵王太子晋升仙的故事，以此附自身，六月立碑。碑龙首龟趺，高6.7米，宽1.55米，厚0.55米，全碑通高8米。碑额题“升仙太子之碑”6字，以“飞白体”书就，笔画呈鸟形，丝丝露白，似以枯笔写成，故称“飞白体”。碑阳首行题“升仙太子碑并序”。碑阳正文33行，每行66字。此碑由武则天撰文并书丹，弥足珍贵。碑文借太子晋升仙的故事，描绘缥缈瑰丽的仙境，以赞美武周盛世。

碑文书法为章草（小草），行草相间，笔画流畅。洋洋洒洒2700余言，内容丰富，典故林立，显示了女皇武则天惊人的才能，被国外专家学者喻为“天下女子第一书”。

碑阴上部为武则天诗《游仙篇》和从臣题名，下部为相王李旦题记和人臣题名，另有宋人题记及题名等。碑阳正文上下款和碑阴的《游仙篇》杂言诗、题名等，分别出自当时书法名家薛曜、钟绍京之手。字体神韵研华，遒劲有力，被前人评为书法珍品。

该碑是研究武周盛世难得的宝贵资料，其书法被中外书法爱好者所喜爱。

四十、伊阙佛龛之碑(摩崖)

《伊阙佛龛之碑》位于洛阳市龙门石窟宾阳中洞与南洞之间石壁上,是龙门石窟中形制最大的摩崖碑刻。碑文镌刻时间为贞观十五年(641 年)十一月。碑通高 3.65 米,宽 1.9 米,因碑额篆书有“伊阙佛龛之碑”6 字而得名。碑文由中书侍郎岑文本撰文,谏议大夫褚遂良书丹并篆额。正文楷书,全文 33 行,行 51 字(宋拓本,32 行后有“五年岁次辛丑”等字),凡 1600 余字。

碑文内容是唐太宗第四子魏王李泰,为已故生母文德皇后长孙氏开窟造像的一篇发愿文。碑文略曰:“文德皇后,道高轩曜,德酌坤仪,淑圣表于无壃,柔明极于光大……忠谋着于房闼,孝敬申于宗祀。”“疏绝壁于玉绳之表,而灵龛星列。雕□石于金波之外,而尊容月举。”“善建佛寺,以报鞠育之慈,广修福田,以弘菩提之业。非纯孝者,其孰能与于此也?”这既是为其母歌功颂德,愿她早成妙果,实则也是为李泰树碑立传。

《伊阙佛龛之碑》凿岩而成,蟠螭碑首,形状略方,上方原有仿木结构的屋檐建筑,正脊两端残留鸱尾,脊正中有迦陵频伽鸟。龟趺座首已残毁。宾阳中洞右侧力士的飘带刻入龟趺座腹下,说明《伊阙佛龛之碑》和宾阳中洞为同一期工程,应为开凿宾阳洞的造像记碑。

该碑的书丹者褚遂良,字登善,钱唐人。曾任起居郎、谏议大夫、中书令,后封河南郡公,因此也称为“褚河南”。他少年学书于虞世南门下,长大后以王羲之书法为师,所以他的楷书甚得媚妍情趣。褚遂良同欧阳询、薛稷、虞世南并称为“唐初四杰”。《伊阙佛龛之碑》是早期传世褚书的代表作。为目前国内所见褚遂良楷书之最大者。字体清秀端庄,瘦劲有力,宽博古质,点如垂金,是标准的初唐楷书,堪称书法精品,历代金石典籍多著录之。

该碑虽说是碑,实际上却是摩崖刻石。两者功用相同,都是为歌功颂德的。但在创作时条件不同,一个是光平如镜,而另一个则是凹凸不平,书写的环境也不会那么优游自在。于是,摩崖书法的特征也就不言而喻。因无法近观与精雕细琢,于是便在气势上极力铺张,字形比碑志大得多,舒卷自如,开张跌宕,韵致飞扬。褚遂良的《伊阙佛龛之碑》,正是这样一种典型的摩崖书风。

四十一、殷履直夫人颜氏碑

《殷履直夫人颜氏碑》全称《有唐故杭州钱塘县丞殷府君夫人颜氏碑》,唐颜真卿撰并书。颜氏为颜真卿姑母,唐玄宗开元二十六年(738 年)葬,此碑是其孙立于代宗大历末年。碑于清代乾隆年间出土,原在洛阳玉虚观,抗日战争时期藏于地下,再没面世。碑高 190 厘米、宽 54 厘米、厚 24 厘米,四面环刻,正背面各 9 行,两侧各 4 行,行 29 字。额篆书横列刻,前后连 12 字。字体端正安详,雄强遒劲。颜氏碑为颜真卿书法名碑,拓片流传稀有。

四十二、大唐二帝圣教序碑

《大唐二帝圣教序碑》又称《招提寺王行满圣教序碑》,刻于唐显庆二年(657 年)。碑高 244 厘米、宽 104 厘米。碑文分两部分,前为唐太宗李世民所撰之《大唐三藏圣教序》,凡 780 言,后为唐高宗李治为太子时所撰之《大唐皇帝述三藏圣教序记》,凡 579 言。《序》、《记》两文均刻于碑之正面,著名书法家王行满楷书。字体结构严谨,笔法瘦硬,俊逸挺秀,类似唐欧阳询书体。该碑原在偃师东招提寺中,乾隆二十五年(公元 1760 年)移置偃师县学,清末断为六块。20 世纪“文革”期间被砸毁,仅余碑首及约三分之一的碑身,藏于偃师商城博物馆。此帖整拓非常少见。

四十二、大唐嵩阳观纪圣德感应之颂碑

全国重点文物保护单位。《大唐嵩阳观纪圣德感应之颂碑》,简称“大唐碑”,位于登封市嵩阳路北段嵩阳书院大门前西 10 余米处。该碑原在嵩阳书院大门西南 200 米处,因地基不固,碑身严重倾斜,故于 1984 年迁至现址,原址立石,以作标识。

《大唐嵩阳观纪圣德感应之颂碑》局部

该碑立于唐天宝三年(744 年)二月五日。全碑由基座、碑身、碑额、云盘、碑脊五层雕石组成。通高 9.02 米。碑身高 3.83 米,宽 2.04 米,厚 1.05 米,雄伟壮观,为河南省最大的石碑。碑额题“大唐嵩阳观纪圣德感应之颂”12 个篆字。碑文末行“天宝三载二月五日建”9 字亦作篆体。《金石萃编》说此“碑本八分书,独题年处作小篆,亦它碑所罕有也”。碑文 25 行,行 53 字,内容主要记述唐玄宗李隆基为寻求“长生不老”之术,命嵩阳观道士孙太冲炼丹九转的故事。被世人骂为“口密腹剑”的奸相李林甫撰文,著名书法家徐浩八分隶书,字态端正,一丝不苟,堪称唐隶上乘作品。清代景日昣《说嵩》评此碑“笔法遒雅,姿态横生”,“世状其法,怒猊抉石,渴骥奔泉”。

碑阴和两侧刻有 23 条金代至民国游人题名和唾骂李林甫的诗文。其中以碑阴宋熙宁辛亥年(1071 年)张琬等人和宣和乙年(1125 年)卢汉杰等人题名最为有名。《说嵩》谓“卢汉杰书秀逸有法,为宋刻之冠”。

此碑还以雕刻精美而称著。长方形碑座四面刻有 10 个壁龛,前后各三,两侧各二。龛内各有一座高浮雕武士像,均高举一手,另一手或握蛇,或提鱼,或执蟾,或拿兵器……鼓目凸腹,开裆丁步,筋肌突暴,姿态威武。龛外平面上线刻童子与卷草。碑首分三层:下层为额文,额文两边浮雕双龙和麒麟;中层为两石并砌承托龙珠的云盘,盘身遍刻大朵云气图案;上层为碑脊,雕有巨大工细的二龙戏珠,此装饰既调和

了碑首的氛围,又平衡了碑顶的重心,使整个碑身牢固稳健。该碑石质细腻,虽历经1250多年的阳光暴晒,风雨侵袭,至今碑面依然光滑,乌黑发亮。唐代的文化艺术自开元盛世以后,发展到成熟阶段,而嵩阳书院大唐碑的雕刻艺术正处在这一成熟阶段的顶峰,因而在唐代石刻中,更具有广泛的代表性。

四十四、大唐天后御制诗书碑

《大唐天后御制诗书碑》位于少林寺慈云堂院内西碑廊。该碑由唐武则天皇后撰文,王知敬正书,唐永淳二年(683年)九月二十五日刻立。碑首与碑身浑为一石,高1.49厘米,宽0.63米,厚0.19米。碑文楷书,有字18行,行满26字。首行题“大唐天后御制诗一首,并序五言”。碑今已风化,字尚可识。碑首雕刻四龙盘顶,从侧面看,每面二龙垂首含碑。龙体造型浑圆单调,龙爪扭成一个拱形额,额篆“大唐天后御制诗书”8字。该碑所雕刻的龙的躯体,肌质丰实,形象逼真,表现了盛唐的石雕艺术。该碑阴为大金大安元年(1209年)所刻祖昭绘之线雕儒、释、道三教圣像图。碑侧线刻花草,双龙垂首,活龙活现。

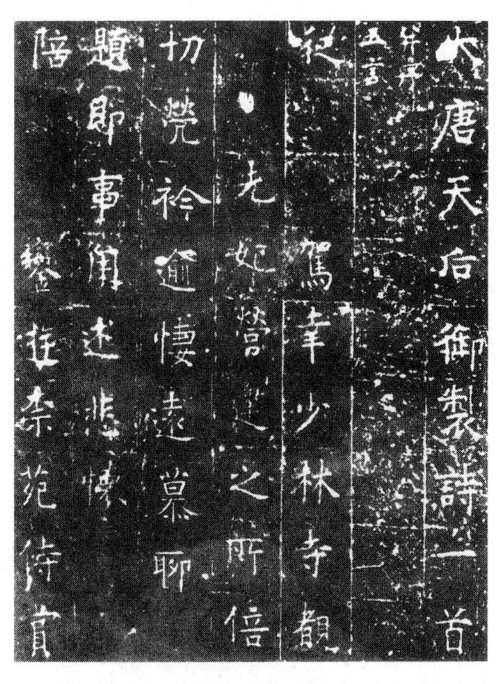

《大唐天后御制诗书碑》局部

碑中所说“先妃”为天后之母杨氏,以咸亨元年九月甲申薨,追封鲁国,谥忠烈。俄又赠士获太原郡王,鲁国忠烈夫人为妃,此所以有先妃之称。永淳二年(683年)二月,武后随高宗幸少林寺,见其母杨氏14年前在少林寺营建之所未就而亡,触景伤怀,追慕作诗,复遣其侄三思赍金绢等物,乃继续资助“终此功德”。诗序由寺僧摹勒上石。

《大唐天后御制诗书碑》的书丹者王知敬,唐代著名书法家,河内(今河南沁阳县)人,善隶草、工画,武后时为麟台少监。王知敬书有名于世,字迹苍劲古朴,柔中有刚。笔法颇近欧阳询,而较为平易,最便初学,清翁方纲取入《唐碑选》中。

四十五、中岳沙门释法如行状

《中岳沙门释法如行状》位于嵩山少林寺塔沟村的法如禅师塔内。碑高1.39米,宽0.8米。碑圆首方趺,碑首凿一佛龛,内雕一佛二菩萨,龛两侧线刻二天王。《中岳沙门释法如行状》碑文隶书,字径0.03米,23行,行37字,共821字。保存状况基本完好。陆耀通撰《金石续编》卷6收录了全文。

《中岳沙门释法如行状》提出了中国禅宗史上第一个传承系列表,即禅宗在印度的传承为:“如来—阿难—末田地—舍那婆斯……在中国的传承是:菩提达摩—惠可—僧粲—道信—弘忍—法如……”从中可以看出,释法如与慧能、神秀齐名,同尊为禅宗六祖。

佛教界讲“禅宗六祖”,通常被理解为“南能北秀”。但事实上,惠能在弘忍门下3年,只是一位“行者”(在寺院中干活的人),还没有剃度出家;神秀在弘忍门下“服勤六年”,早早就离开了弘忍。始终服侍弘忍16年,至弘忍去世才离开的,只有法如。然而这位当年赫赫有名的“定门之首”法如禅师很有些不幸。撰写《续高僧传》的道宣,早于法如22年而亡,故法如事迹不可能收入《续高僧传》;而宋代赞宁(919~1001年)撰《宋高僧传》时,不知有意无意,竟漏掉了这位大师。所以许多研究佛教史的人,甚至不知道有法如这么个人物。

《中岳沙门释法如行状》不仅是研究有关禅宗历史较早的资料,书法也具有重要价值。碑文字体方正,秀雅雄浑,书法甚佳。虽无撰书者姓名,观其笔意非出凡辈之手。

四十六、石淙河摩崖题记

河南省重点文物保护单位。石淙河摩崖题记包括《夏日游石淙诗并序》和《秋日宴石淙序》。

1. 夏日游石淙诗并序

《夏日游石淙诗并序》局部

《夏日游石淙诗并序》位于登封市城东南20公里石淙河车厢潭北石崖上。唐久视元年(700年)五月十九日刻。高3.65米,宽3.7米。正文楷书。39行,行42字。分3层写刻:上层首行题“夏日游石淙诗并序”,其后为薛曜的衔名、姓名,再后为武则天的诗序和诗;中、下层为16位从臣的诗各1首;末行为刻碑年月,文中有武则天新制之字;最后有金隶书“大定癸卯(二十三年)栖云挈家再游”10字题名。碑名上部有成排的洞眼24个,可证原筑有屋檐状建筑,以遮蔽风雨。

久视元年(700年)夏,武则天带领群臣巡游嵩山,至石淙河时在河中大石上饮宴,即兴作诗,并命从臣奉和,尔后,将诗作刻于石壁上。后人称之为“石淙会饮”。碑成之五月,改元久视,故此碑纪年称“久视元年”。武则天在此宴饮群臣,两唐书《武后本纪》失载,此碑可补其缺。诗作已收入《全唐诗》,刻本文字稍异之处,可据碑文勘正。

该碑的书丹者薛曜,为唐代书法家,其书体瘦劲,而顿挫之处犹如胛节,出自褚(遂良)法,而自成一格。杨守敬《评碑记》中评其书“为宋徽宗瘦金之祖”。诗并序因刻于石谷崖壁,下临深潭,拓印不易,故直到清顺治初年叶封任登封知县时始录于《嵩阳石刻集记》中。

2. 秋日宴石淙序

《秋日宴石淙序》位于登封市东南20公里石淙河车厢潭南石壁上,唐久视元年(700年)刻立(一说大足元年,即公元701年)。高2.25米,宽2.7米。碑文楷书25行,行41字,首行题“秋日宴石淙序”,张易之撰,薛曜书。文字大部完好,文末有宋至和二年(1055年)范纯仁、熙宁三年(1070年)张绘弟琬、宣和七年(1125年)等人题名以及宣和六年(1124年)王绩的题诗。

碑文除描绘石淙河山水景物和宴会盛况外,更多的笔墨则是援引班超、嵇康等古人立功建勋的事例,倾吐为官有"劳筋苦骨,风火日夜"和"伤神溃心"之苦,但名利却"似刻舟访宝剑"之不可得,于是意识到"钟鼎不可以久视",拟脱身"樊笼之鉴",追求修道穷欲,寄志于山林之乐。这是借寻幽探胜和寻仙访道之文,发泄对仕途追求未遂的不满与牢骚。此篇序文中很少有颂扬武则天的语辞,诗题曰"秋日",当是武则天将离开石淙河返回洛阳之前张易之奉武则天之命而作。

该碑所处山势,同《夏日游石淙诗并序》一样,也十分险峻,直到明万历间傅梅作登封知县时,才架木栈命人拓印,并录于《嵩高志》中,其后叶封《嵩阳石刻集记》、景日昣《说嵩》、顾炎武《金石文字记》、刘青黎《金石续录》、王昶《金石萃编》等书中均有著录。清康有为《广艺舟双楫》评曰:"《石淙序》瘦若屈铁,犹有鬲曾矩镬。"

四十七、汉忠烈纪公碑

《汉忠烈纪公碑》位于郑州市邙山区古荥镇纪公庙村。唐长安二年(702年)刻。碑高302厘米,宽109厘米。碑身与碑头为一石,头为半圆形高浮雕6条蟠龙,额篆书"汉忠烈纪公碑"。卢藏用撰文并书丹。隶书。23行,行41字。碑文记述纪信为救高祖刘邦,而遭项羽火焚的忠烈事迹。碑阴下部亦有隶书碑文,因时间久远而字迹不清。卢藏用书法,宋姜夔《读书谱》中有"润露妍花,凝烟修竹"之评,为当时书法名家。

四十八、赐卢正道敕碑

《赐卢正道敕碑》原在荥阳县(今荥阳市)署前,修东关大桥时被毁。据拓片知碑原高2.06米,宽1.15米。唐神龙三年(707年)刻。中宗皇帝李显敕并书。碑文楷书。6行,行11字,字大如掌。唐历代帝王均善书,各擅一体,中宗行意者为正书,此敕笔法劲拔雄秀,冠冕堂皇。碑阴刻"卢正道清德颂碑",唐神龙三年(707年)刻。刘穆之撰文,王守泰书丹。颂文隶书,34行,行61字。碑首题"大唐洛州荥阳县头陀逸僧识法师上颂圣主中兴得贤令卢公清德之文",碑文甚绵丽,字体亦极齐整,但乏古意。

四十九、少林寺戒坛铭

《少林寺戒坛铭》位于登封市少林寺院内。唐开元三年(715年)刻立。铭字楷书。21行,行18字,释文净撰文,李邕书丹,伏灵芝刻字。书法谨严朗润,与李邕书全异。又据此铭题"括州刺史",而史书载李邕为括州司马、陈州刺史,故此当是后人所托。都穆《金薤琳琅》则谓此碑乃南馆学士张杰书。清王昶《金石萃编》亦附和都穆之说云:"字迹秀润,不类北海生平书。"《增补样碑随笔》有著录。

五十、道安禅师碑

《道安禅师碑》嵌于登封市会善寺山门外东墙。唐开元十五年(727 年)十月刻,宋儋撰文并书丹。碑文行书。28 行,行字数无考。额隶书题“唐嵩山故道安禅师碑”9 字。明万历年间为雷火所击,断成两截,已漫漶而不可读。宋儋书法学钟繇,颇得其意,称名手。北宋黄庭坚《山谷题跋》云:“儋书清劲姿媚,惜不多见。”《金石录补》云:“书法遒紧赡,如暮春花发,夏柳枝低,盖仿钟繇,而侧戾放纵者。”傅梅云:“遒劲多骨,风致超逸,出李北海上。”《金石萃编》、《嵩阳石刻记》有著录。

五十一、盂兰盆经摩崖

《盂兰盆经摩崖》在巩义石窟寺第 141 龛下,刻于唐代,楷书。残存 35 行,行 17 字,共残存 333 字。无书人姓名,字间界方格,字体方正,笔势刚健,有刀凿痕迹,保留魏碑体遗风。

五十二、大唐故光禄少卿虢县开国子姚公之碑

《大唐故光禄少卿虢县开国子姚公之碑》,简称《姚彝碑》,位于伊川市彭婆乡许营村北,万安山南麓的姚氏家族墓。距北宋范仲淹墓之东北约 150 米处。该碑由崔沔撰,徐峤之书,刻立于开元五年(717 年)四月。碑为青灰色石灰岩石质,身首一体,龟趺,碑首半圆,高 1.1 米,宽 1.3 米,厚 0.37 米。上刻六龙盘绕,尾上头下,张口衔碑。圭形额,额高 56 厘米,宽 44 厘米,额题篆书“大唐故光禄少卿虢县开国子姚公之碑”4 行 16 字。碑身高 2.62 米,宽 1.21 米,厚 0.34 米。碑文楷书,32 行,满行 49 字。碑身由于年久风化,中下部文字已基本剥落,上部保存较好,现存 667 字。王昶《金石萃编》中《姚彝神道碑》录文有 1181 字。

碑载:“嗣祖善意,皇朝银青光禄大夫硖州刺史,嶲□二州都督,长沙县开国男,赠吏部尚书。”“父崇,紫微令兼兵部尚书、梁国公,开府仪同三司。”姚崇,唐玄宗时期名相,两《唐书》有传。《旧唐书·姚崇传》载:“姚崇,本名元崇,陕州硖石人也。父善意,贞观中任嶲州都督。”“督宗即位,召拜(崇)兵部尚书。”先天二年,“复迁紫微令,避开元尊号,又改名崇,进封梁国公”。“崇长子彝,开元初光禄少卿;次子异,坊州刺史;少子弈,少而修谨,开元末为礼部侍郎。”碑传对照,知姚彝为姚崇之长子。同在此墓地的姚崇墓是河南省文物保护单位。

《姚彝碑》的撰文者崔沔,两《唐书》有传,沔“博学有文词”,“睿宗时,征拜中书舍人”。碑载崔沔官居“朝议郎检校秘书少监”,可补史传之缺。

《姚彝碑》的书丹者徐峤之,徐浩之父,父子二人均为唐代书坛大家。该碑书法雄健宽博,方整劲挺,由刚入柔,寓蝓挺于柔韧之中,既有虞世南之姿美遒劲,又有褚遂良之瘦硬若屈铁和高僧矩矱的风韵。该碑《寳刻类编》《通志·金石略》《中州金石记》《金石萃编》《河南省文物志》《洛阳新护墓志》等均有著录。

五十三、皇唐嵩岳少林寺碑

《皇唐嵩岳少林寺碑》局部

《皇唐嵩岳少林寺碑》位于登封市少林寺院钟鼓楼前。唐开元十六年(728年)刻立。碑高3.6米,宽1.32米,厚0.19米。螭首龟趺,边框饰缠枝牡丹。碑额隶书“太宗文皇帝御书”7字,为开元神武皇帝李隆基书。碑阴分两栏,上栏刻“太宗文武圣皇帝龙潜教书”碑文,唯少刻“武德四年”4字;下栏为“银青光禄大夫守吏部尚书上柱国正平县开国子裴漼”撰文并书丹的“皇唐嵩岳少林寺碑”。碑文楷书。39行,行60字(不等),记载少林寺的开创年代、地理位置、环境风貌以及著名高僧跋陀、僧稠、惠光、达摩等在少林寺的行迹功德。同时还记载秦王李世民与隋将王世充大战洛阳时,秦王失利,少林寺僧志操、惠玚、昙宗等“率众以拒伪师”,“执充侄仁则以归本朝”的史实。

该碑书法颇秀劲而媚美,深得褚遂良之劲俊,能充分反映中唐书法之特色。碑阴亦分两栏,上栏为“皇唐太宗文皇帝赐少林寺柏谷庄御书碑记”,即武德四年(621年)“太宗文皇帝龙潜教书”碑文。后刻敕牒;下栏为“敕牒”及唐武德四年太宗文皇帝敕授少林寺柏谷庄立功僧名。额隶书“太宗文皇帝御书”7字。唐玄宗李隆基亲书。

五十四、景贤大师身塔记

《景贤大师身塔记》位于登封市会善寺内,全称《唐嵩山会善寺故景贤大师身塔石记》。羊愉撰文,僧温古书丹。唐开元二十三年(735年)八月刻。行书。30行,每行21字。《古泉山馆金石文编》谓“温古书结构可法,盖能书者也”。温古是唐代大诗人,王维的族人。

五十五、郑曾碑

《郑曾碑》位于荥阳市广武乡广武镇广武村北,唐开元二十四年(736年)刻立,全称《唐故慈州刺史光禄卿郑公之碑》。碑高3.56米,宽1.4米。碑首盘龙戏珠,中间篆刻“唐故慈州刺史光禄卿郑公之碑”。梁升卿撰文、书丹并篆额。碑文隶书。24行,行54字。郑曾,两唐书无传。碑载郑曾字景参,郑曾曾祖为北周行台左,郑曾任职慈州、怀州刺史,加散大夫,追赠光禄卿。撰书人梁升卿,据《新唐书》载“涉学工书,于八分尤工”,所写《东封朝碑》被称为当时绝笔。此碑《金石录》《金石萃编》《宝刻类编》均有著述。

五十六、赵冬曦墓志

《赵冬曦墓志》1980 年出土于荥阳刘河乡任湾村。青黄石质。墓志盖为宝盒形,斜坡凸面阴文篆书“唐故国子祭酒赵君圹”。墓志正方形,边长 91 厘米,志盖为盝顶,志厚 15 厘米。志文 28 行,行 30 字。隶书。铭文记述赵冬曦的生平。赵冬曦,字仲爱,博陵鼓城人。生于唐上元元年(674 年),天宝九年(751 年)二月,逝于西京善和里第,终年 74 岁。进士出身,先后任校书郎、左拾遗、监察御史、集贤院学士、考功员外郎、中书舍人、国子祭酒等职,又任眉、濮、亳、许、宋等州刺史,及华阴、荥阳等郡守。其继夫人为荥阳郡崔氏,于开元二十年(732 年)病故,与原夫人牛氏于天宝十年合葬于此。志铭,浅镌卷叶周边。唐天宝十年(751 年)刻石。志文笔力遒劲,结构谨严,一改汉代隶书之苍老古拙,堪称秀丽端庄的唐代新隶书法之精品。现存郑州市博物馆内。

五十七、净藏禅师塔铭

《净藏禅师塔铭》位于登封市会善寺西净藏禅师塔上。唐天宝五年(746 年)刻。无撰书人姓名,行书。22 行,行 21 字。书法精美。塔铭内容记述了净藏禅师的生平事迹。

净藏(675 ~46 年),唐朝嵩山著名高僧。是开佛教南宗北传先河的禅师。俗姓戚氏,山东济阴郡(今山东陶县)人。长寿二年(693 年),19 岁的净藏落发出家。圣历二年(699 年),到嵩山会善寺从道安国师求法习禅,亲承谘问,10 年有余。道安国师圆寂后,景龙三年(709 年),净藏又到岭南从慧能求法参禅,亲承五载,获惠能印可,付法传灯。后来在慧能禅师的许可下,于开元二年(714 年),回归嵩山会善寺弘扬南宗禅法,住西塔院(即道安塔院),主持会善寺 30 年,在此造写藏经 50 余卷。净藏先从师道安,后从师惠能,自称禅宗“七祖”。

《净藏禅师塔铭》(《金石萃编》卷八七)云:“师乃如如生象,空空烈迹。可、粲、信、忍、宗旨密传;七祖流通,起自中岳。师亦心苞万有,慧照五明;为法侣津梁,作禅门龟镜。于是化流河洛。屡积岁辰,不惮劬劳,成崇盛教。”在中国禅宗南北分争中,净藏北归,为南宗后来取得正统地位立下了不可磨灭的功劳,也使嵩山地区成为南宗禅法在北方最早传播的基地。

位于嵩山会善寺的净藏禅师的墓塔,是一座单层八角开砖塔。因该塔造型独特,颇受古建筑专家的重视。著名建筑学家梁思成先生写的中国第一本建筑史《中国建筑史》(1944 年),称“唐代仅此一例而已”。

五十八、永泰寺碑

《永泰寺碑》位于登封市永泰寺内前院西侧、近永泰井。由龙兴寺沙门靖彰撰文，颍川处士荀望书丹，刻立于唐天宝十一载(752 年)闰三月。碑螭首方趺，高 2.35 米，宽 0.9 米，厚 0.24 米。碑额篆刻“唐永泰寺之碑”6 字。碑文楷书。25 行，行 55 字。字体工整，结构茂密，刚劲俊逸。

《永泰寺碑》碑清景日昣《说嵩》评：“书法肥肿，不甚雅驯。”清毕沅《中州金石记》评：“荀望书法结体茂密，可谓唐代楷书之佳品。”碑文记载该寺自北魏正光二年(521 年)，孝明帝之妹入道为尼及唐神龙二年(706 年)僧道莹奏建永泰公主置寺 1 所，寺以永泰为名的历史事实。永泰公主即孝明帝之“贤妹”，世宗宣武皇帝之女。

碑阴两侧为线刻画，额阴刻 1 佛于云朵之上作说法相，刻火焰背光和火光。碑身上半部刻 1 佛、2 弟子 2 菩萨，主佛释迦牟尼结跏趺于圆形胡床上，施无畏印，顶部一华盖，装饰繁华。左右各刻 1 供养飞天。弟子、菩萨皆立于覆莲座上。碑身下部刻 2 天王，披甲戴胄，形象凶悍，中间刻 4 个供养童子，或蹲或伏于毯子上嬉戏。两侧面又刻 2 天王、2 力士与阴面衔接。整个画面构图繁密，富丽堂皇，线条流畅，形象优美，为盛唐线画艺术之代表作。

五十九、敕戒坛碑

《敕戒坛碑》位于登封市会善寺西，全称《河南府登封县嵩岳□□□戒坛牒》。唐大历二年(767 年)十一月刻立。碑额“敕戒坛碑”4 字，碑高 1.5 米，宽 0.7 米，厚 0.18 米。碑文为大历二年白马寺等寺院众僧上表修建的牒文及唐代宗李豫的批答。碑作 3 层书：上层刻中书奉敕牒，中层刻沙门乘如谢表，下层刻代宗御书批答 24 字。上牒 26 行，行 16 字；中谢表 24 行，行 10 字，并正书；下批答文 6 行，行 4 字，行书大字。

大历二年(767 年)十一月，会善寺僧沙门乘如因请允，抽东都白马寺 7 人，赴戒坛洒扫讲律，具表称谢，代宗特敕 24 字答之。敕曰：“戒律分仪，释门弘范。用申奖导，俾广胜因。允在严持，烦于申谢。”这是官方对佛教戒律的规范。字体为行书流畅俏丽而不失庄重，字形丰满而不显臃肿，体现了作者深厚的真草篆书法功底，以及构书结字的驾驭能力。

六十、会善寺戒坛记

《会善寺戒坛记》位于登封市会善寺。唐贞元十一年(795 年)刻。碑高 1.4 米，宽 0.67 米。陆长源撰文，陆郢书丹并撰额，弘农扬诚刻石。隶书。16 行，行 28 字。陆郢，《唐书》无名，元陶宗仪《书史会要》称其善书，明袁宏道《游嵩记》称其书法遒逸。《金石萃编》有著录。

六十一、大德大证禅师碑

《大德大证禅师碑》局部

《大德大证禅师碑》全称《大唐东京大敬爱寺故大德大证禅师碑铭并序》。唐大历四年(769 年)三月二十四日刻,立于大唐东京大敬爱寺,今在登封市嵩岳寺塔院内的中轴线路之西侧。碑龙首龟趺,顶端刻莲花纹,两侧为6条龙盘绕。连同龟座通高3.47米,其中身高1.97米,宽0.95米,厚0.24米。碑文由王维之弟为王缙所撰,徐浩书丹,刘英模勒石,屈集臣镌刻。碑额篆书“唐故大德大证禅师碑”3行9字。碑文楷书25行,满行52字。首行“大唐东京大敬爱寺故大德大证禅师碑铭并序”。由于石质不佳,碑文大部剥落,可识者600余字,完全者320余字。碑文已载入宋代《文苑英华》。

碑文记述了大德大证禅师的生平事迹及死丧情况和佛教禅宗自达摩至大证北宗七祖的传法世系,以及撰写此文的缘由和对大德大证禅师的热情颂扬。

书者徐浩,字季海,为当时书坛名家,其书结构整赡,秀逸天然。清叶封在《嵩阳石刻集记》中评道:“黄山谷尝云,季海长处正是用笔劲而心圆,《书史》称其锋藏画心,力出字外,得意处往往似王羲之,其妙在楷法,今观此书结构整赡,秀逸天然,当与《感应颂》隶书并垂不朽”。

六十二、薛巽、崔蹈规夫妇墓志铭

《薛巽、崔蹈规夫妇墓志铭》出土于巩义市芝田镇官庄村的薛巽、崔蹈规夫妇合葬墓。一为柳宗元为其外甥女崔蹈规撰写的墓志;一为柳宗元的外甥雍为其姐丈薛巽所写的墓志。

柳宗元撰《唐朗州员外司户薛君妻崔氏墓志》,志高4.45米,宽0.45米,志文楷书,24行,行45字。志盖呈覆斗形,四周线刻牡丹花纹,正中篆额3行,行3字,为“大唐故崔夫人墓志铭”。墓志记载崔蹈规的简单生平,及崔、薛两家世系。据史料记载,柳宗元有两个姐姐,崔简地其大姐丈,崔蹈规是柳宗元的大姐之女。元和十四年(819 年)二月葬崔氏于北邙。她受柳宗元之命“归于薛”。薛巽祖居河东,与柳宗元是同乡。根据柳宗元是在柳州任所写的这篇志文,并于元和十四年(819 年)十月五日,病逝于柳州,此墓志当是元和十三年下半年所写。

崔雍所撰《唐故鄂州员外司户薛君墓志铭》,志高0.43米、宽0.44米,志文楷书,24行,行24~27

字不等。志盖呈覆斗形，四周线刻牡丹花纹，正中篆额3行文字，为“薛公之墓志铭”，志文详细记载了薛巽的生平事迹。元和十五年（820年）葬薛巽于先人之茔。

薛巽、崔蹈规夫妇墓志的发现，为我们研究崔、薛两族世系，以及柳宗元的活动都有极为重要的历史价值。特别是柳宗元撰写的墓志，不仅文章出自大手笔，而且书法也是上乘之作，字体大小匀称，全篇一气呵成，具有较高的艺术价值。

六十三、独孤及八阵图记碑

《密县志》载：碑在嵩山东麓、密县（今新密市）云岩宫。《独孤及八阵图记碑》由唐代独孤及撰文，刘道源书丹，靳野夫篆额。碑龙首龟趺，通高4.33米，碑身2.13米，宽0.92米。碑文楷书，18行，50字，书体工整，刚劲俊逸。刻立于唐代宗大历二年（767年），位于密县云岩宫武定湖北岸的黄帝宫殿前。此碑由于它重要的军事、学术和文物价值，在历史上历经磨难。宋仁宗庆历三年（1043年），枢密使曾公亮专程到黄帝宫考察《风后八阵图记》碑。他在黄帝宫留宿七日，深读细研碑文，将此文收录于他主编的北宋王朝军事巨著《武经总要》。南宋末年，金兵侵犯中原，当地百姓为保护《风后八阵图记》碑，将其埋入地下。金兀朮率兵窜入黄帝宫，动用千余金兵将碑挖出，抄记碑文后，把碑砸毁。元至元二十七年（1290年），元朝官兵在云岩宫重建“风后八阵图记”碑，将其立于黄帝宫山门内的轩辕门、讲武祖洞前。

独孤及（725～777年），唐朝文学家。字至之。河南洛阳人。天宝末年考取进士，而出任华阴尉。唐代宗李豫承帝位后，召独孤及入朝，任左拾遗。历任礼部、吏部员外郎，出为濠、舒两州刺史，有善政。独孤及对历史和兵法颇有研究，做文彰明善恶，长于论议。与李华、萧颖士等以古文齐名，为古文运动先驱作家。他在任常州刺史期间，曾多次到新密云崖宫考察、研究黄帝文化和风后八阵兵法，并在此见识了风后八阵图。兴趣至之，便挥笔写下了不朽名著——《风后八阵图记》，并出资在黄帝宫人祖洞前立“风后八阵图记”碑。

六十四、状嵩高灵胜诗刻石

“状嵩高灵胜诗刻石”位于登封市中岳庙内，全称《府尹王侍郎准制拜因状嵩高灵胜寄呈三十韵》。唐大和三年（829年）刻立。楷书。26行，行19字。后有宋人《移置记》2行。其书法《潜研堂金石文跋尾》谓曰：“真书视抚虞永兴，尤精妙。”

六十五、唐故邠宁节度使裴适墓志铭

《唐故邠宁节度使裴适墓志铭》于1973年出土于新郑县小乔乡东张寨村，现存新郑市文物局。志石长0.9米，宽0.88米，厚0.16米。志盖篆刻“唐故邠宁节度使赠司空河东裴公墓志铭”。因年代久远，志石剥蚀极甚，绝大部分文字不可辨识。墓志铭的作者是其“从表侄大中大夫守尚书右丞上柱国”,而姓名不可辨。墓志全文43行,每行43字,共约1700字。裴适系唐名臣裴度第三子,字通理,咸通四年(863年)卒。该墓志出土,证明了裴度墓的确切地址。

六十六、宋故赠中书令良僖李公神道碑

河南省重点文物保护单位。《宋故赠中书令良僖李公神道碑》原位于洛阳东南25公里偃师市李村镇之南4公里袁沟村西、马庄村南,现存于洛阳古代艺术馆。此碑由冯元撰文,王瓘书丹,嘉祐四年(1059年)刻立。此碑通高6.25米,宽1.6米,厚0.5米。碑首雕6龙,雄浑劲健,窍曲蟠绕,戏一珠。额题“大宋故赠中书令良僖李公神道之碑”篆书3行,行5字。横楣线刻6个对称的飞天,形象丰满,衣带飘逸,生动传神。其余三边线刻卷草纹。趺座高70厘米,深埋土中。正文作楷书,凡39行,满行108字。惜此碑石质疏松,字迹剥泐较甚。但碑文字数颇多,涉及内容丰富,对李昭亮家世与事迹记述详备,内容涉及了宋代的党争、边事、官职、地名、税制、灾情等问题,具有重要的补史证史价值。

六十七、大宋新修会圣宫碑铭

全国重点文物保护单位。《大宋新修会圣宫碑铭》位于偃师市山化乡寺沟村凤凰山上。宋景祐元年(1034年)九月十三日立。会圣宫碑通高920厘米,高大雄伟,雕刻精美,螭首,龟趺,下设赑屃座。碑帽高290厘米,宽222厘米,厚72厘米。两侧浮雕舞龙4条,龙尾盘向顶端,龙首伸向四角。正面偏下有圭形题额,阴刻篆书“新修西京永安县会圣宫铭”11个大字。碑身高4.9米,宽2.19米,厚0.55米,四周饰以线刻龙形和流云纹,两侧浮雕云鹤图案。碑文36行,行84字。

碑文记述了宫内陈设的宋太祖、太宗、真宗以及仁宗的4帝画像,为4帝歌功颂德,美化“太平盛世”;碑文还详述了建筑会圣宫的由来和经过,描绘了会圣宫的地理位置、建筑的宏伟、壮观和“奉安”、“圣容”礼仪的隆重,以及“士庶朝谒”的盛况。其主旨乃在颂扬宋初诸帝太祖、太宗、真宗以及仁宗的武功、圣德、教化、政绩。

该碑由翰林学士石中立撰文、翰林院待诏御书院祗侯李孝章书并篆额,文字端庄工整,有欧虞之风。

六十八、北宋永泰陵采石记碑

《北宋永泰陵采石记碑》位于偃师市缑氏镇永庆寺旧址上。宋元符三年(1100年)刻石。碑质为青石,碑高2.6米,宽1.29米,厚0.27米。碑额“永泰陵采石记”篆书六字,碑文楷书,22行,满行26字。

该碑是一通修筑宋哲宗(赵煦)陵墓采石的境况和事实。赵煦于1086年执政,共当了15年皇帝。碑文首句记载:“大行哲宗皇帝以今年正月十二日己卯奄弃万国”,说的正是元符三年(1100年)正月,哲宗赵煦驾崩。按照丧葬礼仪,立即开始浩繁的陵墓建筑工程。据碑文记载,规模十分惊人。遣官采

石,派文武官员 26 名,组成采石领导管理机构,于元符三年(1100 年)二月十日开山,至王月十一日毕功,历时 3 个月,采石 2.76 万余块,征用士兵役匠 9744 人。其间又“募近县民夫五百人”,“俾悉挽巨石以讫其事”。碑文中详细地记述了他们劳动的繁重,生活的困苦,劳动环境的恶劣,以至出现了“由是病者千七百余人”,“前此兴作而死者,皆留瘗山中,及功毕,往往不复完掩”的悲惨景象。

该碑是立于古缑城永庆寺大殿台阶前左侧的。永庆寺是一座古刹,历史悠久。早在唐代就很兴盛。到了宋代,缑氏永庆寺和宋陵区都属永安县。在位置上说,缑氏距著名的青石矿区南山谷口较近,来往又是行车大道,交通便利;加之永庆寺院落内宽大,拥有数万亩土地,寺僧腰缠万贯,房舍较多,财富殷实,皇陵采石的指挥所设在该寺,完工后采石记碑也就立在该寺。这里除立有《永泰陵采石记》外,还有北宋其他帝陵和后妃陵墓采石记碑,亦多数立于该寺,但都遭到损毁。刻立于宋建中靖国元年(1101 年)三月的二陵采石之碑(一为神宗钦圣宪肃向皇后,一为钦慈陈皇后,并陪葬永裕陵者)也出土于这里。永泰陵采石记碑保存甚好,只字未损,为后人提供了修筑宋陵的采石具体而翔实的情况,对研究宋史具有重要的史料参考价值,是一通重要的碑刻文物。

詔同文思使羅充和宮苑副使
及部役等二十有六貟以二月
六百有餘視元豐八年蓋增多
夥懼役兵疲困而功不時集復
都逮於四方人多疾疲而況大
覆籍之具無一不備仍分敕太

《永泰陵采石记碑》局部

六十九、龙泉寺碑

《龙泉寺碑》位于荥阳市城关镇寺后村,原立龙泉寺大佛殿。后梁贞明六年(920 年)刻立。碑上圆下方,高 1.05 米。碑额刻 3 尊佛像,斜披袈裟,盘膝而坐。碑文正楷。24 行,行 38 ~ 48 字不等,记述后梁贞明年间修建龙泉寺的经过。经千余年风雨,左上部已漫漶不清。

七十、御制中岳醮告文幢

《御制中岳醮告文幢》位于登封市中岳庙内。宋天禧三年(1019 年)刻。幢高 2.27 米,围径 1.7 米。幢上饰柱状花纹,石雕宝珠幢刹,下为仰莲弥座。宋真宗赵恒撰文,刘太初书丹,行书。32 行,行 38 字。碑文颂历代帝王朝觐中岳、封岳神的情景。其书极似王羲之,或王羲之集字,或为刘太初善学王羲之所为。石完好,文与白宪书《北岳醮告》相同。

七十一、冯京墓志

《冯京墓志》现存新密市,1981 年出土于密县曲梁乡五虎庙村南。墓志长 1. 31 米,宽 1. 29 米,厚 0. 295 厘米。盖为盝顶形,正中镌“宋故宣徽南院使太子太保致仕赠司徒谥文简冯公墓志铭”。盖为阴刻篆书,志盖四周 0. 3 米宽的斜边上,分别刻青龙、白虎、朱雀、玄武等四灵阴线画像。墓志四周有阴线刻人物画像,每边刻 3 人,头戴高冠,身着袍服,手执笏板,分别坐于垂帐之下。志文 53 行,行 62 字。首行题“宋故宣徽南院使检校司空太子太保致仕上柱国始平郡开国公食邑八千七百户食实封二千七百户赠司徒谥文简冯公墓志铭”。彭汝励撰文,王古书丹,乔执中篆盖,刑肃刊石。志文记载了冯京的生卒年月及生平事迹。

七十二、大宋新修嵩岳中天王庙碑

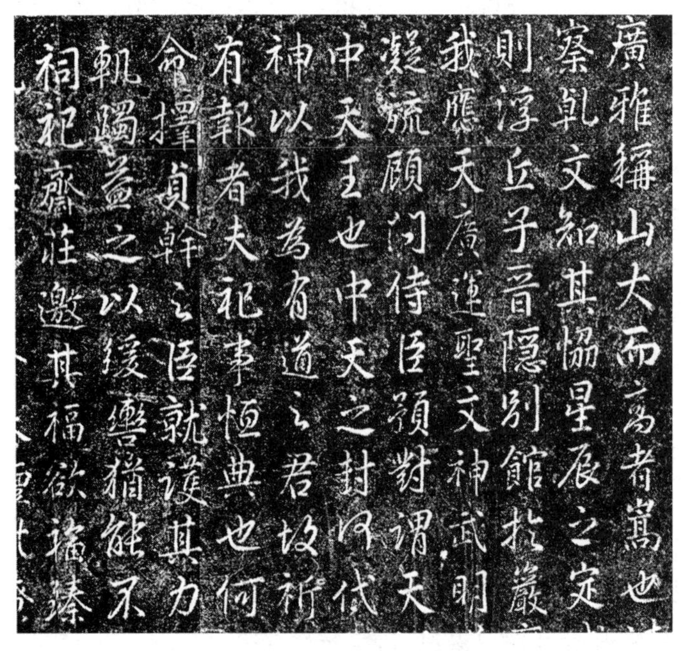

《大宋新修嵩岳中天王庙碑》局部

《大宋新修嵩岳中天王庙碑》位于登封市中岳庙院内。刻于宋开宝六年(973 年)十二月。碑高 3. 94 米,宽 1. 82 米。卢多逊撰,孙崇望书。行书。25 行,行 64 字。碑文记载嵩山之雄伟及此天王庙重修经过,碑阴为后人补刻,记载河南道按察使马提福到庙焚香事。孙崇望入宋后,书名尤著,奉敕巨碑,多出其手,唯其书自唐吴通微,过于圆熟,未能免俗,当世称“院体”,柔糜无骨,实不足传。明王世贞《弇州山人四部稿》论其书云:“运笔圆熟,毋及通微院体之遗耳。”《中州金石记》则以为尚有唐人风格,不似后来逞姿作势,致临书者未尽其长,先受其弊。

七十三、屯田员外郎辛惟庆墓志

1984 年出土于新郑市小乔乡岗东村的《屯田员外郎辛惟庆墓志》,现保存于新郑市文物局。志石呈正方形,长宽各 0. 74 米,厚 0. 18 米。志盖上篆刻“宋故赠工部侍郎辛公墓志铭”。墓志铭是赵良规所撰,王植书丹并篆盖,彭文进刻石。全文楷书。37 行,每行 37 字,共约 1300 字。根据墓志铭的记述可知,辛惟庆之妻吕氏是宋宰相吕夷简的妹妹,而吕氏又是该墓志铭的作者赵良规的姨母。

七十四、冯京妻富氏之妹墓志

《冯京妻富氏之妹墓志》现存于新密市，1981 年出土于曲梁乡五虎庙村南。全称《宋故安化郡夫人富氏墓志铭》。呈长方形，边长 0.92 米，厚 0.27 米。蔡驷撰文，王仲修书丹，邓忠臣篆盖，刑肃刊石。志文 28 行，行 40 字。志文记载安化郡夫人富氏为富弼之女、太和县郡富氏之妹。生于仁宗宝元元年(1038 年)，死于哲宗元祐三年(1088 年)，享年 50 岁。

七十五、欧阳修夫人薛氏墓志

全国重点文物保护单位。《欧阳修夫人薛氏墓志》和欧阳翾、欧阳辩、欧阳愻墓志，都是“文化大革命”期间出土于新郑欧阳寺村欧阳修墓之中，现保存在新郑市文物局。《欧阳修夫人薛氏墓志》石长 0.74 米，宽 0.72 米，厚 0.22 米。志盖上篆刻“宋安康郡太夫人薛氏墓志铭”。铭文为北宋著名文学家、翰林学士苏辙撰，刑部侍郎赵群锡书丹并篆盖，少府监玉册官王幡刻石。全文楷书 36 行，每行 37 字，共约 1300 字。

薛氏为欧阳修继配第三夫人。此墓志的出土，为我们研究欧阳修的生平事迹提供了佐证材料，且墓志铭出于名家苏辙之手，具有一定的文学价值。

七十六、赵頵墓志

《赵頵墓志》现存巩义市文物局，1961 年由河南省文化局文物工作队发掘出土。志盖为覆斗形，高 0.95 米，宽 0.9 米。盖面篆书“宋皇叔故魏王墓志铭”。4 斜面刻 4 神，志石宽度上下一致，厚 0.28 米，4 侧面下下垂直，每面刻人物 3 个，形象相同，志文楷书。45 行，行 44 字。首行“宋皇叔故成德荆南等节度管内观察处上置等使守尉开府仪同三司真定尹兼江陵尹上柱国荆王食一万二千三百户食实封二千三百赐替拜不名赠太师尚书令荆州牧追封魏王墓志铭并序”。由翰林学士范祖禹奉敕撰文，由左朝桧郎于伋奉敕书丹并篆盖，翰林艺学兼皇弟祁国公阁掌章奏祗侯王宗仪模勒，翰林书艺局镌字应曹惠良奉圣旨刻。

志文记载了魏王的家世、生平及任官事迹。赵頵墓志文，《范氏文集》中未收。集中有《故魏王追封记》一篇，当是墓前神道碑记，已佚。因此赵頵墓志具有不可替代的证史、补史价值，且志文书法工整秀丽，笔势有力，为宋志中之佳品。

七十七、太子宾客林潍墓志

《太子宾客林潍墓志》出土时间与地点不详，现存新密市文物局。志石长宽各 0.78 米，厚 0.17

米。立石年代为宋祐八年(1063 年)。志盖上篆刻“宋太子宾客致仕林公墓志铭”。宋吏部侍郎刘夔撰铭文,颍川陈知默书丹,南阳李遵道篆盖,彭文(将媾左旁女换成走字旁)刻石。墓志铭题“宋朝散大夫太子宾客致仕上柱国南康郡开国公食邑二千四百户赐紫金鱼袋林公墓志铭并序”。志文楷书。39行,行 39 字,共约 1400 字。林潍是宋代名臣林特的长子。《宋史》林特有传,而潍无传。该墓志可弥补史书之缺。

七十八、宣仁圣烈皇后山陵采石之记

《宣仁圣烈皇后山陵采石之记》原立偃师市缑氏永庆寺后殿之西,因年深日久,碑身上部残裂,剥蚀严重,碑身断裂。为了妥善保护,偃师县文物管理委员会将其移至商城博物馆。该碑由吴安持记文,杨仲卿书丹,刻立于宋元祐八年(1093 年)。碑半圆形首,首身用一块巨石雕成,长方座。通高2. 79 米,宽 1. 04 米,厚 0. 31 米。额题楷书“宣仁圣烈皇后山陵采石之记”12 字。碑文颜体楷书,19行,满行 43 字。碑文亦详细说明了此次采石的经过,用工人数及采石数量(1 万余块),是研究北宋帝后陵寝石料来源的可靠证据。

碑文记载了圣烈皇后陵的采石地点在缑氏西南 20 里的粟子岭。宋代帝后建造陵墓都从这里取石。“按东汉《和帝纪》称:‘永元十六年十一月乙丑,行幸缑氏,登百岯山。’注云:‘即柏岯山也,在洛州缑氏县南。’又今缑氏之南二十里,山名柏崖,以此考之,则粟子岭诸山,即昔所谓‘百岯者’也”。“本朝烈圣及母后登遐,例遣官采石于山下,崇奉陵寝,自乾兴元年(1022 年)以来始有碑刻可考。”这说明宋代帝后建造陵墓,都从这里取石。但自乾兴元年建造真宗墓起,才有碑刻可考。自乾兴元年至元祐八年,70 多年间的采石碑,多已不复存在,除“永泰陵采石记”碑埋于缑氏小学花池内,现存最早的宋代采石碑,以该碑最早,是研究宋史和宋陵采石情况的重要资料。

七十九、赵颢墓志铭

《赵颢墓志铭》现存巩义市文物局,1985 年发掘出土。墓志盖盝顶,边长 1. 37 米,厚 0. 3 米。盖题3 行,行 3 字,篆书。盖面边饰蕙草纹,四刹以云纹作地,分别刻以青龙、白虎、朱雀、玄武四神图案。墓志志文周边刻以减地缠枝牡丹纹,志文楷书。53 行,行 55 字,共 2500 余字,龙图阁直学士蒋之奇撰,知客武骑尉盛琦书并篆盖。翰林艺学皇弟祁国公睴祇候臣王宗仅摹勒,镌字祇应臣曹惠良放石。志文记述了燕王赵颢的生平事迹。该石书体遒劲流畅,具有较高的艺术价值。同时,此墓志也是宋陵出土墓志中形制最大、字数最多的墓志,实为宋志之冠。

八十、会食宁神院题名碑

《会食宁神院题名碑》原立于巩义市芝田镇八陵村宁神寺,现存巩义市文物局。该碑平面呈长方形,碑高 1. 79 米,宽 1. 31 米,厚 0. 28 米。正面题字 7 行,行 6 ~ 11 字不等,行书。此碑刻于绍圣二年

(1095 年)六月,是北宋官员监护怀、昌二王西葬时,朝拜永裕陵、会食宁神院的题名。据民国《巩县志》载,此碑为蔡京所书。其字迹洒脱遒劲,具有极高的艺术研究价值。

八十一、深公碑

《深公碑》位于巩义市石窟寺大殿前檐下,全称《宋西京巩县大力山十方净土寺住持宝月大师碑铭并序》,宋绍圣三年(1096 年)十二月二十二日刻立。李洵远撰文,许巽德篆额,李宗立立石。碑文楷书。31 行,行 61 字。碑额篆书"有宋法师深公碑铭"。碑文记述了宋代高僧深公的生平事迹和十方净土寺的修缮情况,记述甚详,对研究佛学史有重要价值。字体结构严谨,笔势雄健,有魏体及颜体之风韵。

八十二、圣竹林寺罗汉洞记

《圣竹林寺罗汉洞记》原在罗汉洞外,后立于嵩岳寺阶下。《嵩阳石刻记》云:《罗汉洞碑记》,崇宁元年(1102 年)释有挺撰文,王道书。碑破坏大半,字亦模糊。后重刻于金大定二十九年(1189 年),僧净浩跋,广真书,在会善寺。今碑不见。

八十三、面壁之塔题字

《面壁之塔题字》位于登封市少林寺内,宋宣和四年(1122 年)刻立。蔡京书,范致虚立石。行书"面壁之塔"4 个大字,款 2 行。书法雄放遒健。清陆增祥《八琼宝金石补正》有著录。

八十四、黄庭坚诗书碑

《黄庭坚诗书碑》位于今登封市嵩阳书院。原立于登封县衙。全碑共有 5 石组成。北宋元符二年(1099 年)刻立,黄庭坚撰文并书丹。碑横长 6.72 米,宽 0.34 米,厚 0.14 米。行草字体。字径 0.04 ~0.1米不等。字体舒张,整体劲健雄浑。内容为黄庭坚借写春、夏、秋、冬四季之景物来抒发怀念故乡的幽情。诗为:

相望六千里,天地隔江山。十书九不到,何日一开颜。
霜降水迈壑,风落木归山。冉冉岁华晚,昆虫皆闭关。
冷淡病心情,喧和好时节。故园意情断,元郡亲宾绝。
山廓灯火稀,峡天星汉少。年光东流水,生计南枝鸟。
啧啧雀引雏,稍稍笋成竹。时物感人情,忆我故乡曲。
若雨初入霉,瘴云稍含毒。涯秋水畦稻,灰种余四粟。

轻纱一幅巾,小簟六尺床。无客吟诗静,有风终夜凉。

黄庭坚诗书碑

八十五、三十六峰赋石刻

《三十六峰赋石刻》位于登封市少林寺,宋建中靖国元年(1101 年)九月十三日刻。宋楼异撰,释参寥书,寺僧宗证题额。住持少林寺传法沙门清江上石,洛阳张士宁刻。碑高 2. 25 米,宽 0. 88 米,厚 0. 17 米。行书。26 行,行 66 字。字学苏轼,遒劲古雅。明王世贞竟误指为苏轼书,且误指赋亦轼作。《金石萃编》有著录。

八十六、辛友直夫妇墓志

《辛友直夫妇墓志》同出土于新郑市小乔镇岗东村辛惟庆墓域,出土时间也相同。辛友直墓志无盖,现存新郑市文物局。志石长 0. 59 米,宽 0. 57 米,厚 0. 12 米。立石于宋建中靖国元年(1101 年)。铭文为宋承议郎前知陇州开元县郭拱撰,承议郎庆州通判陈龙仁书丹,朝散大夫知凤州军州事潘行篆盖。墓志铭的标题是"宋故朝奉郎致仕云骑尉绯鱼袋辛府君墓志铭并序"。志文楷书。28 行,每行 29 字,共约 800 字。

陈氏墓志,志石长 0. 66 米,宽 0. 65 米,厚 0. 2 米。盖与铭同为一石,正面楷书"故金华县陈氏墓志",背面刊刻墓志铭。宋韩城知县元□撰,书丹与题盖人姓名因志石磨损太甚,无法辨认。志文楷书。34 行,每行 33 字。立石于宋大观四年(1110 年)。辛友直,字益之,管城人,辛惟庆之孙。夫人陈氏,宋代名相陈尧佐之曾孙女。

八十七、大观圣作之碑

《大观圣作之碑》系大观元年(1107 年)宋徽宗赵佶所撰并亲书的"八行取士"诏书。原立于偃师县老城东街宋代学宫。民国年间，伊洛河决堤，水灌老城，碑倒，卧埋地下。1999年10月，运至洛阳商城博物馆。碑体高大，刻工精细，盘龙碑首，碑身高3.24米，宽1.28米，厚0.3米。碑之四缘阴刻缠枝牡丹，间饰绕龙。碑文27行，满行72字。太师蔡京奉勅题额“大观圣作之碑”行书6字。碑文楷书，由李时雍摹写上石。惜刻字太浅，石质松软，泐蚀较重。清乾隆年间编纂的《偃师县志》记载“有二十四字缺”。今视碑文，损字则数倍有畸。

该碑碑文所载八行取士法的内容，较史书为详，是研究宋代教育和科举制度的重要资料。碑文书体是宋徽宗赵佶承袭了唐代书坛大家薛曜的清劲丰肥、横轻竖重，巧妙地运用藏锋、中锋、裹锋，结体方严整齐，庄重正大，布局严谨茂密，大小兼施，瘦劲奇伟，进一步创造了瘦劲挺拔，横画收笔带钩，下收笔带点，撇如匕首，捺如切刀，竖钩细长，个别边笔则如游如丝线飞空的所谓“瘦金体”的大幅之作，体现了这种书体的风格，是书法艺术研究的重要资料。

八十八、晋王庙宋真宗书碑

《晋王庙宋真宗书碑》位于郑州市东郊晋王庙村东北晋王庙故址上，留有宋、金年间的石碑各1通。宋碑为宋真宗赵恒书写，文前有“御制御书并篆”字样，大中祥符四年(1011年)立。碑高2.60米，宽0.1米，厚约0.3米，碑额有“灵显王之赞”5个篆字，碑文称赞李靖“功存于国，惠泱于民”等。现在碑身部分剥落，崩裂严重。金碑是金明昌二年(1191年)立。高约2米，宽1米，厚0.2米。碑文完整，字迹清晰。正面四周刻细致的图案，碑额为“有唐忠臣李卫公庙碑”9个大字。据碑文载，李靖为唐代名将，官至中书尚书右仆射，封卫国公。五代后晋天福年间(936~943年)，追封李靖为晋王，所以李卫公庙又称“晋王庙”。

八十九、李孝基墓志

《李孝基墓志》于20世纪90年代后期，出土于洛阳市南郊龙门石窟西侧土岭上。该墓志为青石质，方形，边长0.73米，0.2米。正文楷书40行，实书1545字。墓志刻立熙宁九年(1076年)七月，由北宋著名理学家程颢撰文，官僚王慎言书丹并篆盖，可谓名人、名撰、名书，刻工亦名匠，故十分难得。

九十、王拱辰墓志

《王拱辰墓志》于1976年3月在伊川县窑底村西约200米处的王拱辰夫妇墓出土，现藏伊川县文物局。元丰八年(1085年)十二月刻。志高1.42米，宽1.41米，厚0.27米。文彦博篆盖，安焘撰文，苏辙书丹，张士宁刻石。志文楷书，67行，行69字，全文共4184字。志盖书“宋彰德军节度使、北京留守赠开府仪同三司，谥懿恪王公墓铭”。首行题“宋故彰德军节度、相州管内观察处置等使、检校持节相州诸军事、相州刺史、充大名府安抚使、马步军都总管、知大名府兼北京留守司公事、畿内劝农使、上柱国、太原郡开国公，食邑九千三百户实封三千四百户，赠开府仪同三司，谥懿恪王公墓志并序”。

王拱辰墓志形制之大、字数之多、内容之丰富、涉及面之广,亦为唐、宋墓志中所少见。尤其是安焘撰文,畅如流水,浩如汪洋,生动细腻,详略得当。苏辙楷书,浑厚稳重,雍容端庄。文彦博篆书,正整遒劲,结构谨严,间架匀称,很见功夫。张士宁镌刻,一丝不苟,技术娴熟,雕刻精美。四者合而为一,使之成为我国文物宝库中难得的珍品。

九十一、泉男生墓志

《泉男生墓志》,唐代正书石刻。1921 年在洛阳城北东岭头村出土。曾归陶北溟,北溟欲转售日本人,为张风台以千元截回。后藏河南开封市博物馆。

《泉男生墓志》由王德贞撰文,欧阳通书,调露元年(679 年)刻。墓志为青石质,高 0. 92 米,宽 0. 91 米,厚 0. 12 米,其上篆书“大唐故特进泉君墓志”。志文正书,有方界格。首题“大唐故特进行右卫大将军兼检校右羽林军仗内供奉上柱国卞国公赠并州大都督泉君墓志铭并序”。文凡 46 行,满行 47 字。书法严整峻美,恣肆奇倔,有其父欧阳询之风。此刻晚于《道因法师碑》16 年,故书益臻苍劲。有中华书局石印本,原石现藏河南省图书馆。

《泉男生墓志》内容着重论述了志主泉男生一生所历其事其迹。泉男生本为高丽国人,入唐后高丽国亡,唐帝国在此设郡立县,故志中称其为“辽东郡平壤人也”。泉男生 28 岁时继位莫离支兼授三军大将军。32 岁时,加莫离支,总录军国,阿衡元首。后其弟男产、男建相互嫉恨,各树朋党,阴斗争权,男生被二弟所逐,遂“遣子献诚”入唐求援。唐高宗命男生为“平壤道行军大总管、兼使持节安抚大使”,并派铁靳人契必何力及李勣等出兵援助,迫使其弟男产投降,男建被俘,从而使大唐帝国在高丽设置“都督府九、州四十二、县一百,又置安东都护府以统之”。泉男生也是因之晋为右卫大将军兼校右羽林军、上柱国、卞国公,赠并州大都督。

九十二、唐二品宫人墓志

《唐二品宫人墓志》在洛阳出土,出土的具体时间不太详细,现藏千唐志斋博物馆。墓志资料上记载,故二品宫是在显庆五年(660 年)七月廿七日下葬的。志高、广各 0. 5 米,楷书,15 行,行 16 字,石面微有剥蚀,字迹可辨。墓志资料上记载:“故二品宫人者,不知何许人,莫详其氏族。窃以恭承青琐,陪厕丹墀;妙简良家,兹盛列。且宫人温柔俭素,明敏早谦;虚心以待物,尽礼而事上,周行惟见恭顺之容,侪伍不睹喜愠之色。夙希景仰,早预宫班;椒庭共号女师,彤管咸书悦美,以斯淑慎;冀享遐年,与善无徵,歼良俄逮,春秋若干。以大唐显庆五年七月二十日辰时,卒于坊所,呜呼哀哉! 即以其月二十七日葬于洛阳之北原,礼也。但葬事供须,令官给。虑其岸谷生变,舟壑有迁,勒石幽扃,庶传不朽。”

宫女是皇帝搜掠而来的良家妙龄少女,一旦入宫便背井离乡、断绝父母,并失其氏族、籍贯和年龄。她们对于主子只能是百依百顺,唯命是从,除了因年老色衰或疾病残废不能被使役者外,许多都是被幽闭终身而不能越出宫墙半步。尽管她们心中有着无限的辛酸和痛苦,还得粉黛蛾眉,“虚心以待物,尽礼而事上。周行惟见恭顺之容,侪吾不睹喜愠之色”。宫女们被驱使,由此志可体察其一斑。

古代宫女的数量自汉代始,随着朝代的更替不断增加。西汉初年,宫女只有十几人。汉武帝时,宫女则突破1000名。东汉桓帝时，后宫聚集美女达五六千人。晋武帝司马炎将宫女数量突破1万。唐开元、天宝年间，后宫人数跃升至4万。时至明代，宫女的数量为9000。宫中每年仅花费的脂粉钱便达到40万两银子。历史上，各朝各代从民间挑选宫女已是一件经常性的工作了。

该志是“千唐志斋”60余方唐宫人墓志中年代最早、品级最高的一方，有一定的代表性。就志文书法风格颇似褚（遂良）体，清艳流畅，为“千唐志斋”中褚体之上品。

九十三、明昌重修唐忠臣李卫公庙记

《明昌重修唐忠臣李卫公庙记》位于郑州市郊区东晋王庙村，全称《郑州重修有唐忠臣李卫公庙记》。金明昌二年（1191年）十一月十五日刻立。碑高2.25米，宽1.03米，厚0.21米。额篆书“有唐忠臣李卫公庙记”，3行9字。马逢辰额，□疏撰文，游总书丹，碑文行书。22行，行40字。笔力清劲，结体旷逸，有赵孟頫书《百泉虚观记》之笔意。碑文记载郑州重修唐忠臣李卫公（李靖）庙的情况。

九十四、大金重修中岳庙碑

《大金重修中岳庙碑》位于登封市中岳庙内。金大定二十二年（1182年）十月刻立。碑圆首龟趺，通高5.6米，宽1.74米，厚0.6米。黄久约撰文，郝史书，党怀英撰额。正文楷书，33行，行70字。正文楷书，共33行，行满70字。碑文记载重修中岳庙所需工料、民工消费、完成数目、时间等。清景日昣《说嵩》赞此碑“唯此书结法遒劲，苍古可观”。此碑与宋代卢多逊撰文、孙崇望书丹的《大宋新修嵩岳中天王庙碑铭》，王曾撰文、白宪书丹的《大宋中岳中天崇圣庙碑铭》，陈知徽撰文、邢守元书丹的《宋增修中岳中天崇圣帝庙碑铭》体制丰崇相等，今列立于登封县中岳庙崇圣门外，与左右各二，人呼“四状元碑”。

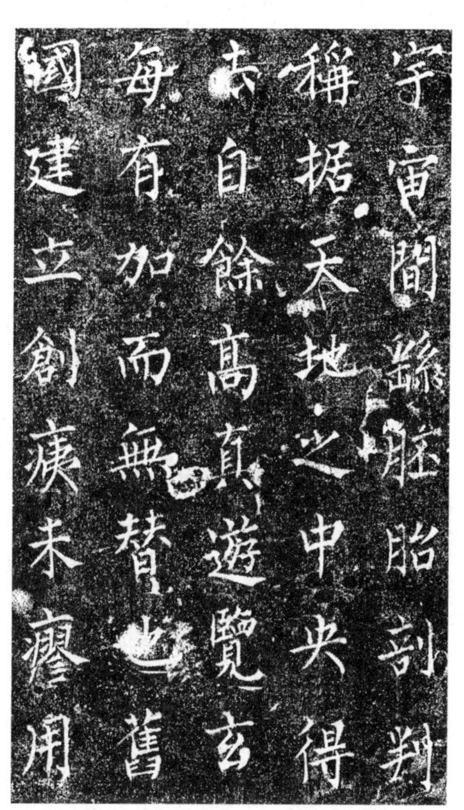

《大金重修中岳庙碑》局部

九十五、承安重修中岳庙图碑

《承安重修中岳庙图碑》位于登封市中岳庙内。刻立于金承安五年（1200年）。以青石雕刻，通高1.26米，宽为0.73米，厚为0.21米。碑圆额方趺，周边阴线刻缠枝牡丹纹，额刻“大金承安重修中岳庙图”10个行书大字，碑右边缝镌刻行书“尚书省委差监修太中大夫同知河南尹事梁襄”19字，碑左边缝刻行书“修庙接手官忠勇校尉汝南府录事宋元立石”、“承安五年三月中旬休日”。碑身阳线镌刻中岳庙全图。从图中可以看出，中岳庙的金代建筑形制，既保留宋制，又有皇宫气派。此碑为研究中岳庙的历史提供了详尽的史料，具有较高的研究价值。

九十六、重修面壁庵记

《重修面壁庵记》由金代著名文学家、诗人李纯甫撰文，宝应禅寺木庵性英书丹。该碑于兴定四年(1220年)应少林寺住持东林志隆之请而撰写，刻于金兴定六年(1222年)二月，嵌于少林寺初祖庵大殿后西亭内墙壁。碑高0.5米，宽1.09米。碑文楷书，共46行，行满22字。李纯甫由儒入佛，参学少林，《重修面壁庵记》内容主要是畅谈佛学要旨，论证儒、佛得失，阐弘达摩西来之旨最为精妙绝伦。

九十七、新修雪亭西舍记

《新修雪亭西舍记》由李纯甫撰文，德月书丹，刻于金兴定六年(1222年)，少林寺住持东林志隆立石，嵌于少林寺初祖庵大殿后西亭内墙壁。该碑高0.46米，宽0.8米。正文楷书，全文32行，行满19字。碣文为李纯甫的论佛、儒二者的论文，述说了孔子、董仲舒、韩愈、老庄、荀况和信佛者李翱、王介甫、吕意卿等人的情况。碑文为楷书，笔力遒劲。碑石保存完好。

九十八、程震墓碑

《程震墓碑》全称《金故少中大夫御史程君墓碑》，现存于偃师市缑氏乡程村东约100米处。该碑由河东元好问撰文，东胜李微书丹，栾城李冶题额，立于元氏祖中统四年(1263年)秋七月，其弟程恒建。碑龙首龟趺，通高4.18米，宽1.06米，厚0.39米。墓碑保存基本完好，字迹也较为清晰。碑立墓前未移动，墓碑的附近散存有原墓前的石翁仲、石羊、石狮等遗物。碑额篆书“金故少中大夫御史程君墓碑”12字。碑文首行题“两程□□之后”次行与碑额雷同。楷书24行，满行64字。碑阴刻“程氏先茔之图”和“两程世系图”。

程震墓碑的撰文者元好问，是金代作家、诗人、史学家。字裕之，号遗山。太原秀容(今山西省忻县)人。系出北朝魏代鲜卑族贵族拓跋氏，为唐诗人元结后裔。著作有《中州集》、《南冠录》、《壬辰杂编》等等。篆额者李治(1192～1279年)，即李敬斋，字仁卿，栾城人。是金末元初的一介名士。金末进士，后为蒙古国学士。授高陵主簿，辟知均州事。书丹者李微，史虽无传，但字写得也很好，笔力遒劲，风神秀逸。文与字均佳。

九十九、元洛京缑山改建先天宫记碑

河南省重点文物保护单位。《元洛京缑山改建先天宫记碑》现仍立于偃师市缑氏山南麓(距缑氏山约1公里)的先天宫旧址。此碑由真大道门人崇道广演大师休庵老人前进士杜成宽撰文。元朝至元十五年(1278 年)建。碑龙首龟趺,形体高大厚重,通高 3. 95 米,宽 1. 11 米,厚 0. 39 米。身首一石雕成,碑额“先天宫记”4 字,隶篆结合,双线浅刻。碑文四缘饰以线刻图案,文 38 行,满行 102 字,字为楷书,近柳体。

先天宫久圮,清《偃师县志金石录录先天宫记碑在缑山下先天宫》,从而知道先天宫旧址,就在立碑之处。又从碑文中得知,先天宫原名宾天观(碑载“始创元庙,赐号宾天”),是为供奉周灵王太子(名晋,字乔)而建的(传说缑氏山是太子升仙处)。未详建于何时,但到了元世祖忽必烈至元年间,已成为一片废墟。真大道教信徒在旧址上再置新居,自至元十三年(1276 年)动工十五年而蒇事,世祖改赐“先天宫”。此碑冠称《洛京缑山改建先天宫记》,洛阳在唐为东都,在宋为西京,金为中京,元代建国后,并未以京命名,该碑称“洛京”当系沿袭古称。

一〇〇、贞祐重修清凉禅院记

《贞祐重修清凉禅院记》现存于登封市西 10 公里的清凉寺内。金贞祐四年(1216 年)刻立。碑高 2. 1 米,宽 0. 82 米,厚 0. 25 米。孔昭书丹,碑文叙述重修清凉寺的经过,是研究该寺沿革的重要资料。

一〇二、有元敕赐伊川书院碑

《有元敕赐伊川书院碑》位于于伊川书院内大成殿前。元延祐三年(1316 年)春三月刻立,碑高 7 米,宽 2. 8 米。由薛友谅撰文,赵孟頫书丹,郭贯篆额,额题“有元敕赐伊川书院碑”。正文为赵孟頫所书,其字轻盈婉转,疏朗俊秀,具有很高的艺术价值。遗憾的是,由于年代久远,该碑体已经断裂,后人用水泥予以重新固定,但上面的文字仍然清晰可辨。

该碑碑文内容记述克烈士希父子两人修建书院的事迹,延祐三年(1306 年),对“二程”学术深为仰慕的元朝驻鸣皋总兵克烈士希自筹资金,招募民工,在破败不堪的伊皋书院旧址修建大成殿、立礼殿、讲书堂等房屋百余间。其子慕颜铁木耳复建稽有古阁,藏书达万卷。仁宗皇帝大为感动,认为“力役之大,材用之广,成于一家,诚不易得也,宜赐额,曰‘伊川书院’”,并命翰林直学士薛友谅撰文、集贤学士赵孟頫书丹、参知政事郭贯篆额,刻石立碑,永远纪念。

一〇二、重修测景台碑

《重修测景台碑》位于登封市告成镇观星台。该碑刻立于明嘉靖七年(1528 年),由伦文叙撰文,王晋卿书丹,碑圆首方趺,高 1. 5 米,厚 0. 15 米。正文楷书,总 24 行,行 51 字。测景台又名“周公测景台”(古时“景”、“影”通用)。测景台的方向是正南正北,表与圭成直角,日中测量日影。测景台由表和圭两部分组成。表(直立的石柱)高 267 厘米,圭是与表相连的台座。台座上小下大,呈梯形锥体,四边稍有偏斜,各边宽窄不等,台底最宽面长 1. 88 米,最窄面长 1. 68 米。台座上沿边各长 0. 96 米,石柱置于中间,高 1. 96 米,宽 0. 46 米,厚 0. 22 米,连同台座通高 3. 91 米。石表距台座北沿 70 厘米。

用测景台观测日影,实际上有很高的科学原理。八尺之表,夏至之日,影长一尺五寸,从而算出当时测影所在地的纬度为34.3度,这一天的影长正好与石座北上沿的长度吻合。石座下部四周看不到影子,好像这一天无影。故俗称此台为“没影台”。反之,冬至日的日影则最长。利用土圭观测日影,就能比较准确地测定二至二分(冬至、夏至、春分、秋分),测定出太阳年的长度,这为历法的制定提供了可靠的依据。在周初分封诸侯国时,周公还根据各地夏至时的日影长度来确定“诸侯受封土地的疆界”。

一○三、重修法王寺记

《重修法王寺记》位于嵩山法王寺天王殿后。该碑刻立于明嘉靖十年(1551年),碑高2.3米,宽0.99米,厚0.23米。碑圆首,六龙盘首,额篆“重修法王寺记”,字径16×10厘米,周围饰云气图案。由李时用撰文,郑已楷书,总16行,行满51字,字径0.03米。法王寺位于登封嵩山之太室山南麓,嵩岳寺之东北。相传建于汉明帝永平十四年(71年)。法王寺据嵩阳之胜,为天下名刹之一。该碑记叙了法王寺的历史。

一○四、少林寺圣旨碑

《少林寺圣旨碑》在乾隆十五年(1750年)被埋于大雄殿前地下,1980年被发现,1988年重立。碑六龙盘首,碑座为1米高的巨龟。全碑通高3.775米(其中,碑额高0.78米,碑身高2.48米,龟座高0.515米),宽1.18米,厚0.325米。元延祐元年(1314年)孟冬吉日,少林寺住持古岩请人将四道圣旨合刊一石,置于少林寺大雄宝殿前站台下西侧。该碑刻书写的文字为汉字和蒙古畏兀儿字(也称回鹘式蒙古文)、八思巴蒙古字。

元代有独特的蒙文碑刻和白话碑。蒙文碑刻包括蒙古畏兀儿字碑和八思巴蒙古字碑,这两种碑刻都是研究元代历史、宗教、寺观的重要资料。蒙古畏兀儿字系成吉思汗时所创。1204年,成吉思汗征讨乃蛮人之时,乃蛮掌印官回鹘人塔塔统阿虽然遭逮捕,依然守着国家的印信。成吉思汗非常嘉许他忠于自己国家的行为,遂命令他掌管蒙古国的文书印信,并命令他教授太子、诸王畏兀字以书写蒙古语。蒙古人至此时便采畏兀字以书写蒙古语,学界称为回鹘式蒙古文。八思巴蒙古字为元世祖忽必烈时所创。其内容多为皇帝圣旨、皇子与诸王令旨和帝师法旨,这些碑刻通常同刻蒙、汉两文。白话碑,是元代以八思巴蒙古字书写的官方文书,用汉语白话直译为汉文后,所刻诸碑石的通称。其内容十分丰富,尤其对研究元代专名译语有特殊价值。

一○五、清河郡侯张思忠神道碑

《清河郡侯张思忠神道碑》原立于巩义市东南5公里站街镇大黄冶村西岭上,1979年运至巩县文物保管所保存,后调河南博物院。《清河郡侯张思忠神道碑》,全称为《大元敕赐河南行省参知政事张公神道碑》。此碑是张思忠之孙张惟敏任吏部侍郎时奉敕而立,于元至元六年(1340 年)九月建。由欧阳玄撰文,康里巎巎书丹,张起岩篆额。碑身三处断裂,碑之两侧边字一行残损。通高 4.2 米,宽 1.1 米,厚 0.31 米。额书“大元敕赐河南行省参知政事张公神道碑”3 行,17 字。碑文行书,28 行,行 70 字。碑文详尽记述了张思忠生平世系、历官事迹及其功德。

《清河郡侯张思忠神道碑》撰文、书丹、篆额皆为元朝之名家,文辞清丽流畅,朗朗上口,书法亦结构疏朗,笔法峻劲,风神秀逸,颇见功力,篆额清俊秀逸,实为上品。尤其是此碑书丹者康里巎巎,字子山,《元史》称其“善真、草、行书,识者皆谓其得晋人笔意,草犊片纸,人多宝之,不翅金玉”。《书史会要》中云:“巎巎刻意翰墨,正书师虞永兴,行草师钟太傅、王右军,笔画遒媚,转折圆劲,名重一时,评者谓国朝以书名世者,自赵魏公后,便及公也。”康有为在《广艺舟双楫》中云:“元康里子山,明王觉斯,笔鼓而势峻密,真元、明之后劲。”均对其书法作出了较高评价。

张思忠等人不见于《元史》,但都在当时有一定的地位和影响。此碑的发现,为研究元史增添了史料,具有较高的历史和艺术价值。

一〇六、中岳投龙简诗碑

《中岳投龙简诗碑》位于登封市中岳庙内。元皇庆二年(1313 年)五月立。碑高 1.3 米,宽 0.72 米。吴全节诗,玄逸法师谢君与书。碑文行楷。18 行,行 26 字。碑文前段为序、后段为五言诗一章,记载了当时为祈雨将金龙玉简投入诸嵩洞之事。书体楷书兼行,流畅秒羁。

一〇七、少林寺裕公道行碑

《少林寺裕公道行碑》位于登封市少林寺院内。元延祐元年(1314 年)十一月刻立。龙首,龟趺,通高 3.85 米,宽 1.4 米,厚 0.43 米。郭贯篆额,程矩夫撰文,赵孟頫书丹,耶律德思镌刻。僧慧庆普就等人立石,额题篆书“皇元赠大司空晋国公少林大宗师裕公道行碑铭”碑广行书。31 行,行 70 字。首行题“大元赠大司空开府仪同三司追封晋国公少林开山光宗正法大禅师裕公之碑”;碑阴。额题楷书“少林开山雪庭宗派”,额下刻嗣法门人重发孙、落发师等人的法名,小楷,刘庭秀刻。碑身两侧,有明代隆庆元年(1567 年)陕西监察副使于惟一及他人未署纪年的游历题记 3 则。碑文记述了裕公禅师的生平及住持少林寺前后备受元朝皇帝推崇和多次受到奖赏的情况。

裕公即福裕,山西文水人,幼从休林大师学法,后元世祖命其往少林。后加封他“光宗正法”名号,赠封“大司空开府仪同三司”,死后追封“晋国公”、“少林开山光宗正法大禅师”。裕公在少林寺度化门徒千余人,名声极大,在中国佛教史上享有盛名。

此碑书丹者赵孟頫(1254 ~ 1322 年),为元代著名书画家。《元史》本传称其“篆、籀、隶、真、行、草书无不冠绝古今,遂以书名天下”。对此碑明安世风《墨林快事》中评曰:“惟恐奇之不外见,固是书之一法,然亦发扬盛矣。其长处遂与北海争长,而其弊处遂浸浸乎凝式,即之之靡。”此碑在赵崡《石墨镌华》、盛时泰《苍润轩碑跋记》、清叶封《嵩阳石刻集记》、刘青藜《金石续录》、景日昣《说嵩》、李光映《观妙斋藏金石文考略》和钱大昕《潜研堂金石文跋尾》等书中均有著录。

一〇八、清河郡侯张恩神道碑

《张恩神道碑》,全称《大元故巩义县尹赠嘉议大夫礼部尚书轻车都尉追封清河郡侯张公(恩)神道碑铭》,原立于巩县县城东5公里大黄冶村西岭上,后调巩义市文管所,后存河南博物院。碑龙首龟趺,高2.9米,宽1.08米,厚0.28米;龟趺高0.76米,长2.1米,宽1.06米。额篆"元赠嘉议大夫礼部尚书清河郡侯张公神道碑铭"4行20字。碑文楷书,26行,满行54字,首行"大元故巩县尹赠嘉议大夫礼部尚书轻车都尉追封清河郡侯张公神道碑铭"。翰林直学士奉训大夫知制诰同修国史曹元用撰文,翰林学士承旨荣禄大夫知制诰兼修国史郭贯篆额,光禄大夫蔡国公知经筵事张珪书丹。致和元年(1328年)嗣孙张毅刻立。

一〇九、大藏经碑

《大藏经碑》位于荥阳市贾峪镇寺河洞林寺内。刻立于元至正二年(1342年)。蛟龙碑首,高2.4米,宽1米,厚0.31米。正面刻《大藏经记》。行书。700字,背面刻洞林历代派分图。

一一〇、照公和尚塔铭

《照公和尚塔铭》,全称《显教圆通大禅师照公和尚塔铭并序》,位于登封市少林寺塔林菊庵长老灵塔上,元代至元五年(1339年)正月刻立。铭石高0.87米,宽0.63米,日本僧人邵元撰文并书丹,共25行,行40字,楷书。另题塔额"菊庵长老灵塔",照公即菊庵。额石方形,边长均0.42米,楷书。此碑文义简洁,语言流畅,感情真挚,书法亦佳。邵元为日本国山阴道但州正法禅主持,至元五年曾在少林寺担任首座僧职。他写的碑文洋溢着中日两国人民的友情,为两国文化交流做出了贡献。1973年郭沫若挥毫为之题诗一首:

邵元撰写照公塔,仿佛唐僧留印年。花落花开沤起灭,何缘衰痛着陈言。

一一一、息庵禅师道行碑

《息庵禅师道行碑》,全称《河南府路登封县嵩山祖庭大少林禅寺第十五代住持息庵禅师行实之碑》,位于登封市少林寺慈云堂院内东碑廊。元至正元年(1341年)三月刻立。碑通高232厘米,碑身高2.15米,宽0.9米,厚0.18米,半圆首,方趺,周边刻卷草纹。僧吉益祥篆额,额题"息庵禅师行实之碑",日本僧人邵元撰文,僧法然书丹,僧法容等立石。碑文楷书,24行,满行51字。碑阴刻楷书"息庵禅师宗派之图",下刻嗣法及落发小师名字多人,再下刻明万历年间游人题诗。碑文详尽记述了息庵祖师的生平世系及功德,撰者将其对佛教的贡献同曹洞宗的投子义青、雪庭福裕等少林寺高僧相比。

撰文者邵元(1295～1364年),字古源,日本越前人,少入日本京都,于东福寺师事双峰宗源。元泰定四年(1327年)来华留学,在中国长达21年,足迹遍及华北及东南的名山巨刹,尤以居少林寺息庵祖师门下最久,并担任过首座僧职,其声望见重于佛教界。至正七年(1347年)回到日本,时年53岁。在中国期间所撰写碑文和塔铭5种,现有3种,除此碑外还有山东长青县灵岩寺《息庵禅师道行碑记》和少林寺《照公和尚塔铭》。邵元所撰写的碑文都是元代中日两国僧人友好往来和文化交流的历史见证。

一一二、达摩大师碑

《达摩大师碑》位于登封市少林寺院内藏经阁站台下甬道西侧。《达摩大师碑》,全称《大元重建河南嵩山少林禅寺萧梁达摩大师碑叙》,由梁武帝萧衍撰文,赵世安篆额,欧阳玄撰叙,康里巎巎书丹,元至正七年(1347年)少林寺住持淳拙等人立。碑龙首龟趺,通高5.7米,碑身高3.33米,宽1.50米,厚0.43米。额题篆书"大元重建萧梁达摩大师碑叙"。碑文楷书30行,满行94字。碑阳有游人所刻题记4则。碑文主要记述达摩来中国的情况,感叹梁武帝为其所建巨碑之泐毁,赞扬元太皇太后命诸臣重建此碑的功德。梁武帝对达摩精通佛学作了高度评价和赞颂,并说明达摩死后为其建碑之由,也对达摩生前的业绩作了总结性评述。

碑阴刻"初祖菩提达摩不往实迹之记"一文,淳拙文才裒辑,侍锡行密书丹,正书36行,行100字。文中详细叙述了达摩从印度来中国时的情景,和到中国后从事传教活动及死葬情况,与宋代道原编《景德传灯录》中所记达摩故事情节基本相同。该碑撰文者欧阳玄,《元史》有传,传中说欧阳玄的文章道德卓然名世,书者康里巎巎,字子山,官至翰林学士承旨,善真、行、草书。历代评论者以为元代以书名者,自赵孟頫后是康里巎巎,其书法刻石,为数寥寥,十分珍贵。此碑在清景日昣《说嵩》、李光映《观妙斋金石文考略》和武亿《金石三跋》等书均有著录。

一一三、圣旨碑

《圣旨碑》位于荥阳市洞林寺内。碑高2.4米,宽1米,厚0.31米。碑蛟龙碑首,碑文为非汉语文法,圣旨分两道,一道懿旨,一道法旨。碑前后有羊、鼠、鸡、牛等年次,大意指洞林寺的一切归寺院所有,土地田园等可以不纳税。

一一四、淳拙禅师塔铭

《淳拙禅师塔铭》,全称《嵩山祖庭少林禅寺住持淳拙禅师才公塔铭有序》,位于登封市少林寺院内。明洪武二十五年(1392年)五月立。碑圆首方趺,通高1.56米,宽0.75米,厚0.15米。这是一通中日僧人合作的石碑,中国僧人蒲庵来复撰文,日本僧人无初德始书丹,碑额篆书"淳拙禅师道行之碑”。碑文楷书23行,满行45字。碑文对淳拙禅师给予高度评价,详尽记述其出生及落发受戒情况,并讴歌其生前功德,充分表达出撰文者对淳拙禅师的深厚感情。

淳拙文才(1273～1352年),山西人,曾二主少林,诠释有《楞严法界观》《般若心经》等佛学著作,并修建少林寺最高建筑钟楼。此碑书丹者无初德始(？～1429年),字天初,日本信州(今长野)神化人。初从该州天宁大比丘一公祝发为沙弥,后到山城(今日本京都)诸寺居住,明洪武七年(1374年)随日本国使宣闻溪来到中国南京天界寺拜见季潭宗泐,并受请为书记。十一月游北京,初住庆寿寺,该寺住持释道衍称之为“法门犹子”。洪武二十三年(1390年)巡游峨嵋至成都,曾在大随院等处住持达十多年。永乐二年(1404年)被释道衍(姚广孝)如回北京,先后为平坡寺和龙泉寺住持。此碑撰于洪武二十年(1387年),立于洪武二十五年,则德始书此碑当在他未去峨嵋之前。字体工整匀称,平正圆润,具有明初“台阁体”风格。

此碑不仅是研究少林寺历史的重要资料,而且填补了日本佛学史籍中关于德始的记载,是中日两国古代民间往来和文化交流的实物见证。

一一五、古孤竹国碑

《古孤竹国碑》于1980年左右,嵩山之阳的登封安庙村群众在村北破土崖修公路时发现,现镶嵌在嵩阳书院西碑廊壁上。石碑高1米余,宽0.6米,正面阴刻“古孤竹国”楷书大字,署名为明朝登封知县丁应泰。发现此碑前,群众称此地为“咕咕虫儿”地,可能因长期口传将“孤竹城儿”音念转的缘故。《古今图书集成·嵩山考》有“在少室山西南三十里,颍水穿流城北,盖古孤竹国所在地”的记载。碑的发现,为研究孤竹国城、界提供了实物资料。

一一六、周王旨谕碑

《周王旨谕碑》位于荥阳市贾峪镇寺河村洞林寺内,刻立于明嘉靖二十年(1541年)十月。蛟龙碑首,碑高2.4米,宽0.95米,厚0.38米。碑正面刻周王旨谕,文首有明代周王序。楷书。旨谕是为防范附近群众侵扰寺院而颁发的。

一一七、敕赐洞林大觉禅寺历代序碑

《敕赐洞林大觉禅寺历代序碑》在荥阳市贾峪乡镇寺河村洞林寺内,刻立于明嘉靖二十七年(1548年)。蛟龙碑首,碑高2.4米,宽0.95米,厚0.36米。正面刻序文,背面刻序图。碑文刻周藩王沈丘王雪庵撰《游洞林寺》诗一首:

宝刹经年久,乾坤第一奇。法楼晴掩映,飞阁影参差。
松柚凌霄汉,山川紧护持。古今多少客,乘兴赋新诗。

一一八、重修少林寺记

《重修少林寺记》原立于登封市少林寺慈云庵(今碑廊)西墙外,1984 年移置少林寺碑林。明嘉靖三十一年(1552 年)刻立。碑龙首方趺,高 3. 1 米,宽 1. 05 米,厚 0. 26 米。共 20 行,行字数不等。碑文为楷书,书体近颜字《多宝塔碑》,工整严谨,笔力遒劲。从碑文中可知,此碑的撰文与书丹者都是徽王首阳子。碑文记载徽王捐资命少林住持悟万于于嘉靖三十一年(1552 年)至次年重修少林寺之事。碑文还记述了徽王游览中岳之感叹及重修少林寺之经过。文笔流畅,书体近颜真卿《多宝塔碑》,工整严谨,但不及前者之功力。

一一九、鄢陵端僖王妃李氏合葬圹志

《鄢陵端僖王妃李氏合葬圹志》现存荥阳市文物局。圹志正方形,青石质,边长 0. 7 米,刻于明嘉靖三十七年(1558 年)。楷书。34 行,满行 40 字。李蓁撰并书丹、篆盖。圹志记述了李氏生前之功德,志书书法工整,字体严谨。

一二〇、小山禅师行实碑

《小山禅师行实碑》位于登封市少林寺院内。少林寺住持小山宗书曾应召三次挂帅出征,率领少林僧兵为保家卫国,赴东南沿海抗击倭寇,屡建战功,被皇帝封为“大将军”,其名气之大,在明代独一无二。嘉靖三十七年(1558 年),“领礼部显(衔),……住持少林寺”。嘉靖三十八年(1559 年),在少林寺“大开法席,四方学徒,众盈五百,升堂距座,日无虚席。嗣其法者,不可胜数”。小山宗书住持嵩山少林寺 10 年,使“曹洞宗风复振,少林禅宗复新”,有“启后鼎新之功”。隆庆元年(1567 年),腊月十六日圆寂在北京宗镜庵。灵骨一分为三,一留北京宗镜庵,一回南和开元寺,一归祖庭少林寺。分别起塔,树碑志实。《小山禅师行实碑》由明藩王郑德庆王撰,郑恭王朱厚烷的长子、明太祖朱元璋的九世孙,后来被公认为世界音乐家的朱载堉书丹,嘉靖四十四年(1565 年)三月刻立。特别值得一提的是,书丹者朱载堉不同于一般的皇子王孙,他不愿意继承王位,小时候跟随其舅父何塘学习天文、术算等。后来

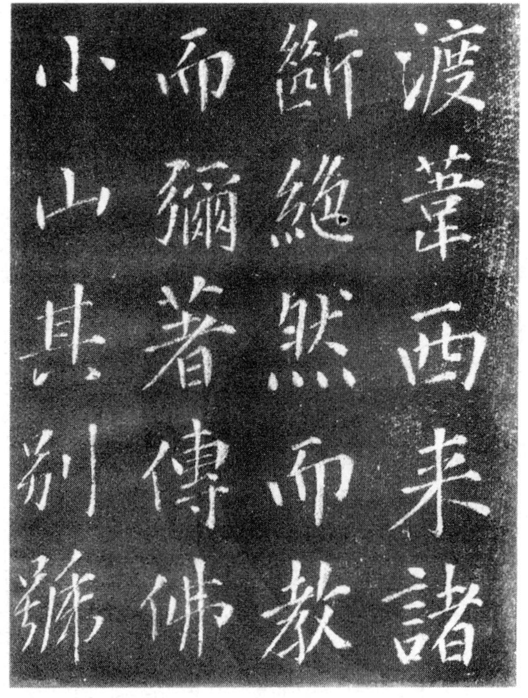

《小山禅师行实碑》局部

他的父王因性格刚直，反对皇上铺张浪费而遭排斥，在同另一门贵戚（他父王的伯父）闹别扭的家族之争中，被皇上迁怒无罪下狱，王位也被革除了。所以，朱载堉就搬出王府，在王宫门外建了一处坯房，每天痴心于各门学问。过了几年，其父冤案平反，又恢复了爵位，可朱载堉不愿回王宫了，一直就在其土坯房里住了 19 年。他的父王去世后，朱载堉数次面呈皇上文书，要把父王的爵位让给前些年同他家斗争过的那位皇亲。朱载堉一生在艰苦的条件下，做出了一般人连想也不敢想的成就，成为我国古代著名的天文学家、数学家、画家、音乐家，被誉为“世界乐圣”。《小山禅师行实碑》高 2. 3 米，宽 1. 08 米。碑文楷书。23 行，行 50 字。碑文文笔流畅，用词极妙，详细记述了小山禅师的生平行迹。书法工整中见俊逸，楷中稍行，丰润净洁，点画匀称，枯润互映，劲气内敛，有精华蕴蓄之态。

一二一、混元三教九流图赞碑

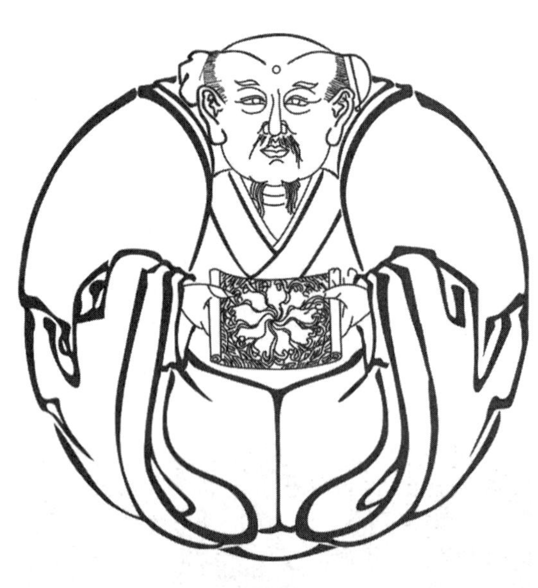
混元三教九流图

《混元三教九流图赞碑》位于登封市少林寺《小山禅师行实碑》的碑阴。此碑的内容是一幅画像。画像上部是由朱载堉书写的画像赞文，下部是少林寺曹洞宗的传承谱系，也是类似于家谱的文字，十分简洁。在《混元三教九流图赞碑》的图中，朱载堉艺术地将佛、道、儒三教祖师释迦牟尼、老子和孔子三人于一图之中，图中央的图像是“三人一身”，即“三教一体”。整体看为一人，分开看为三人。从正面看，中间头像秃顶、须髯，盘膝而坐，是佛教创始人释迦牟尼，代表释家；若遮画像右面，单看左侧，左面侧是一人侧身侧脸，头戴儒巾，屈身站立，乃儒教创始人孔子，代表儒教（家）；若遮画像左面，单看右侧，右面侧是一人侧身侧脸，发髻带簪，屈身站立，一幅道士的模样，乃道教始祖老子，代表道教（家）。画面上，孔子的右侧脸与老子的左侧脸共同构成了释迦牟尼的脸，三人幻化成一人，艺术地组合在一起，浑然一体，别具情趣。碑中间最小的圆圈应称作“九流混元图”，置于祖师手中的画轴中间。此图由九片轮状叶片（或花瓣）绕圆心组成，呈逆时针旋转。“九流”即儒家、道家、阴阳家、法家、名家、墨家、纵横家、杂家、农家。图上部刻有朱载堉所书的《混元三教九流图赞碑》，赞文为楷书，书风自由独特。整幅画构思巧妙，内涵深刻，寓意深远。画面寓儒、释、道三教于一体，形象准确表达了三教一体（源）的深刻含义，其思想性和艺术性达到了高度的统一。很多嵩山文化学者评价：《混元三教九流图赞碑》集中反映了少林寺深厚的文化底蕴与融通三教、合会百家的博大襟怀。即使在全民构建和谐社会的当今，仍然有着极强的历史意义和现实意义。

一二二、五岳真形之图碑

《五岳真形之图碑》位于嵩山中岳庙峻极门东侧,有大小两通刻制奇特、内容奥妙的石碑,碑额各有篆书大字“五岳真形之图”,下边分刻东、西、南、北、中岳图画,并各有文字说明。小碑《五岳真形之图碑》圆首方趺,高165厘米,宽80厘米,厚18厘米。由登封知县孙秉阳刻立于明万历二年(1574年)春日,位于中岳庙峻极门东掖门北廊里。大碑《五岳真形之图碑》圆首方趺,宽1.4米,厚0.32米,碑身高2.9米,帽高1.46米,通高4.36米,刻于明万历三十二年(1604年)二月,是赐进士第巡按河南监察御史方大美书,立在峻极门东掖门外阶下。碑上的五个造型美妙的图案,既不像是文字,也不像是绘画,它就是流传很久而神秘莫测的《五岳真形之图》。

对于《五岳真形之图》的真实含义,历来是人们探究的焦点,争议颇多,见解各不相同。有说表示五岳形状特征的:东岳形大而有延续,如人坐一般,故有“泰山如坐”之说;西岳高峻陡峭,如人立一般,故有“华山如立”之说;北岳高且有两翼,如人行一样,故有“恒山如行”之说;南岳形如鸟翼,故有“南岳如飞”之说;中岳东西走向长,如人卧一样,故有“嵩山如卧”之说。五岳的真形图就是根据每个岳的这些不同的形状特征绘制而成的象形图。

一二三、为乞怜分豁丈地均粮碑

《为乞怜分豁丈地均粮碑》,全称《河南府登封县为乞怜分豁丈地均粮以免逃窜事》,位于少林寺碑林。明万历九年(1581年)刻,碑方首方趺,碑高1.3米,宽0.61米,厚0.14米,撰书者不详,楷书,字径2厘米,有字14行,行满35字。该碑文清晰地记载了明代少林武僧抗击倭寇的事迹及地方官府对其的呵护。

一二四、为肃清规杜诈害以安丛林事照

《为肃清规杜诈害以安丛林事照》原置于嵩山少林寺藏经阁站台下东南角,后置少林寺碑廊。明万历二十三年(1595年)刻,碑圆首,碑高1.48米,宽0.72米,厚0.22米。正文楷书,共12行,行字数不等,一般为行31字。碑文为登封县知县丁应泰发布的一则处治违规寺僧办法及保护少林寺土地不受侵犯的告示。此碑乃寺僧录知县告示而刻于石上。这是寺院保存较好的一则明代告示碑。碑阴额刻“院衍明文”,首行刻“河南府登封县为乞恩照旧存恤事”。

一二五、慈云寺石刻

全国重点文物保护单位。慈云寺石刻位于巩义市大峪沟镇南8公里的慈云寺旧址内。据碑刻记

载,慈云寺建于东汉明帝永平七年(64 年),相传印度僧人摄摩腾、竺法兰二僧在此译经。据登封法王寺《重修大法王寺碑记》云:“嵩阴慈云,洛阳白马,嵩阳法王,乃中国作寺之始”。唐贞观二十三年(649 年),玄奘法师奉敕重修,后经宋、元、明、清历代多次重修,现存明、清两代 52 通碑刻和元至清代的和尚塔铭 43 方,另外出土了大量的宋、元、明、清时代的建筑构件和泥塑佛像、一座佛龛及宋代摩崖像。慈云寺所存碑刻多为重修记,其中重要碑刻有:

刻于明天顺四年(1460 年)的《释迦牟尼双足灵相碑》,碑身上部刻双足灵相图,下为刻图之来历,高 1. 2 米,宽 0. 6 米,厚 0. 2 米。

刻于明天顺四年(1460 年)的《重修青龙山慈云禅寺碑铭》,碑高 2. 22 米,宽 1. 07 米,额楷书“重修慈云禅寺”,河南知府汉中虞迁玺撰文,广东左参议洛阳杨铭书丹并篆额。碑文楷书。27 行,行 52 字。书法工整秀雅,碑文记载青龙山慈云禅寺的地理环境风貌和重修寺院的情况。

刻立于明天顺四年(1460 年)四月的《青龙山重修慈云寺碑铭》,碑高 2. 04 米,宽 0. 96 米。由慈云寺僧南宗顺撰文,无书丹人姓名,碑文楷书,20 行,行 15 字。书法工整秀丽。文后有俗徒题名 16 列,列 8 行,行 3 字。碑阴刻捐施人姓名。

刻立于明嘉靖四十二年(1563 年)的《嘉靖重修慈云寺碑记》,碑高 3 米,碑身高 2. 14 米,宽 1. 05 米。由张洪极撰文并书丹。碑文楷书。24 行,行 55 字。其书法方正宽博,笔力敦厚。记载了慈云寺的地理位置、环境风貌和历史沿革及嘉靖四十二年的重修经过。

刻立于明万历四十年(1612 年)的《万历重修慈云寺千佛殿碑记》,碑高 2. 4 米,宽 0. 9 米。由赵景星撰文,烦庵书丹。楷书,23 行,行 41 字。碑文记载了慈云寺大殿因年久失修、殿宇圮颓的情况和重修该殿的经过。碑文书法方正,笔势有力。

明万历十七年(1589 年)重刻的《青龙山慈云禅寺五十三峰圣境之图》碑,圆首,碑身上部线刻慈云寺殿堂布局状况,周围 53 峰的名称,塔林及寺祖活动地址等,下刻《卧云禅师赞慈云圣境》偈诗,高 1. 8 米,宽 0. 78 米,厚 0. 15 米。

慈云寺所存碑刻内容包括寺院的兴衰、佛教宗派沿袭与变迁、农民起义活动情况、古代工商管理、兵役制度、行政建制、官吏制度、寺院管理机构与职务名称、自然地理记述、诗文佳作、历史灾害等重要内容,对研究古代佛教文化、历史沿革、行政建制等都提供了重要的资料。

一二六、解五岳图赠少林僧洪川广令歌碑

《解五岳图赠少林僧洪川广令歌碑》位于登封市中岳庙内。明代万历二年(1574 年)刻立。陈文烛撰。碑高 1. 4 米,宽 0. 67 米。碑文行书。9 行,行 17 字,为七言诗歌 1 首,字体行中有草,纤细流畅。碑文诗:

解五岳图赠少林寺洪川广令歌

夜坐不厌山中月,昼行不厌山中云。云飞月落兴无尽,披图指点岗峦分。

此图真形号最古,天壤名山惟有五。芙蓉日观在东南,莲花仙掌开西土。

太行峨峨碧玉间,一到嵩丘是中宇。携来傍我亦有年,何人赠之郭次甫。

高僧况是惠远流,卜居它日谁为主。好勒达磨第一峰,寒林夜半生风雨。

一二七、游卢岩瀑布诗碑

《游卢岩瀑布诗碑》位于登封市中岳庙内，明万历三十年(1602 年)九月七日刻立。黄辉撰书。碑高 1.4 米，宽 0.7 米。碑文行书。7 行，满行 17 字。书法行而不俗，媚丽中见刚劲，功力深厚。碑文内容为七言律诗一首：

游卢岩瀑布诗

太室少室莲花中，大熊小熊巢父邻。喜从黄社遭贤令，笑过青山阅过人。

茶灶煮来秋月苦，芒蓝提去夕阳炎。卢岩已不知鸿一，名姓何劳着片珉。

一二八、唐太师颜鲁公真卿墓碑记

《唐太师颜鲁公真卿墓碑记》位于偃师市颜真卿墓前。该碑刻立于明万历三十三年(1605 年)，由偃师知县吕纯如主持重修颜真卿墓时所撰，并刻石。碑高 1.75 米，宽 0.6 米，厚 0.15 米。位于偃师的颜真卿墓始建不明，民间传说原墓在南洛河水边“许颜庄村”，原址已在洛河床底被淹。许颜庄村的“许”意即唐臣许远在叛军逃离时被杀害于此地，墓葬在离村相邻西头约五里的西寺庄村，“颜”意即真卿公葬于此地，此村取名纪念两位先人之寓意。该村后因鲁公墓北迁走，村人现习惯称“许庄村”至今。

现存的偃师市山化乡汤泉村西南的颜真卿墓是迁移而至，村民称之为“颜鲁公坟”。颜真卿墓北倚邙山，南坐洛水，墓长宽均为 16 米。宋代米芾《鲁公仙真记》文中归葬偃师北山先茔洛都偃师县北小颜家。《偃师县志·文物》载：“颜真卿墓在县城东山化乡邙山之麓，汤泉学校之后。”明《一统志》载颜真卿墓在偃师县北邙山。吕纯如，进士出身，是读书人。他肯定这是颜真卿的真墓，认识到颜真颜墓的重要，在此将颜真卿墓重修一新，并立了此碑。碑记曰：“余不佞，承乏西亳(指偃师)，搜求往代故迹，而公墓在城(指老城)北一里许，乃为愚民所蹂躏，第见荒烟白草，孤冢岿然而已。因为剪其蓁芜，树之贞珉。而因制不腆，以识九京于不忘云”，为当地政府祭祀及远近拜谒颜真卿的人们提供了一个真实的颜真卿墓。

一二九、题达摩面壁诗碑

《题达摩面壁诗碑》位于登封市西北 15 公里五乳峰下达摩洞外，明万历二十六年(1608 年)刻立。巡按河南监察御史金忠士撰书，登封县知县傅梅立石。碑高 1.93 米，宽 0.85 米，碑文草书。7 行，行 16 字，《题达摩面壁》为七言诗一首：

渡江一苇浪花飞，九载跏趺坐翠微。面壁已知僧入定，巢肩亦是鸟忘机。

无生色相俱成幻，有漏人天总悟非。何事宋云葱岭见，少林风雨怅西归。

金忠士所书碑文书法为大草，结构严谨，笔画有章，有龙凤飞舞之势，为草书之佳品。

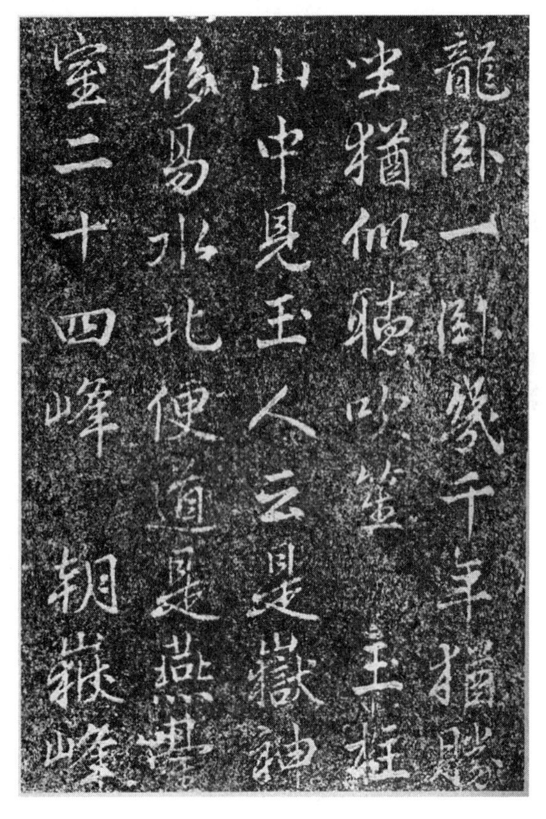
《嵩山六十峰诗》局部

一三〇、嵩山六十峰诗

《嵩山六十峰诗》位于登封市少林寺碑廊。明万历三十七年(1609年)刻,少林寺住持正道立石。碑圭首方趺,高1.99米,宽0.89米,厚0.15米。碑文为明代登封县令傅梅所撰的《嵩山六十峰诗》,文用诗词形式描述太室山24峰、少室山36峰的名称、来历、传说、形态、景色等,每峰一诗。碑文为王正民行书并篆额,书法流畅,妍美自然,颇具功力,不失为行书中的精品。额首篆书“嵩山六十峰诗”6个大字。正文共27行,行满61字。此碑能使人识别嵩山诸峰,具有较高的文物和史料价值。

一三一、登太室诗碑

《登太室诗碑》位于登封市少林寺院内。明万历年间刻立。傅梅撰书。碑高1.35米,宽0.67米。碑文行书。7行,行13字,为七言律诗一首:

峻极名山称地主,振衣二十四峰高。遥看海口生朝曙,下见河水卷暮涛。

古寺空传龙游水,仙坛犹有鹤鸣皋。自从汉武登封后,多少盘游置驿劳。

碑文流畅自如,笔势险峻。

一三二、谒中岳诗碑

《谒中岳诗碑》位于登封市少林寺院内。明巡抚河南监察御史丘兆麟撰书。碑高1.38米,宽0.65米碑文行书。5行,行13字。碑文为五言律诗一首:

九有不堪睇,登高信怆神。封经方言事,宇宙空无人。

国事坏子竞,臣心患不真。此来荐祷岳,为事在生申。

其书法行、草兼有,字体宽博苍劲。

一三三、道公禅师行实碑

《道公禅师行实碑》,全称《明钦命道公无言禅师行实碑》,位于少林寺慈云堂院内,与裕公道行碑并列。碑龙首龟趺,明万历三十七年(1609年)正月刻立。碑身高2.75米,宽1.48米,厚0.28米,通高 4.45 米，是嵩山地域较大的碑刻之一。碑阳额上部刻仁宗皇帝赞文和达摩坐像，碑文行书，24 行，行 51 字。董其昌撰文、书丹并篆额。额题“明钦命道公无言禅师行实碑”。碑文首行“嵩山少林寺赐紫住持、曹洞正宗、第二十六代禅师道公碑铭”。左边空隙处，有明朝登封县令傅梅撰、戚伯坚书隶体跋语 15 行。碑文内容主要是宣称少林寺禅宗祖庭追述曹洞宗的创立并阐发其教义与家风，简述道公禅师之籍贯、家世，颂扬其道行及住持少林寺时之功德。

碑阴刻达摩坐像。碑身上部刻“曹洞正宗”，下部刻碑文，楷书 46 行，行 122 字。

该碑的撰文、书丹、篆额者皆为董其昌，是研究少林洞宗历史和董其昌书法的宝贵资料。董其昌（1555～1636 年），字玄宰，号思白，官至南京礼部尚书。董其昌能诗善画，长于书法，擅长楷书、行草，也有画名。其字落笔苍浑，用笔华滋，有清润明秀之韵味。清叶封《嵩阳石刻集记》、景日昣《说嵩》、施奕簪《少林寺志》等均有著录。

中国佛教中，禅宗分成的 5 个宗派，除临济、曹洞两宗得到盛传外，其余 3 宗均于宋代衰落失传。此碑是研究少林曹洞宗历史的宝贵资料。同时也是研究董氏书法的珍贵资料。

一三四、少林观武诗碑

《少林寺观武诗碑》位于登封市少林寺常住院内。明天启五年（1625 年）刻立，程绍撰书。碑高 1.9 米，宽 0.69 米。碑文行书。6 行，行 16 字。其书法流畅，刚柔相济。碑文为七言律诗一首：

暂憩招提试武僧，金戈铁棒枝层层。刚强剩有降魔力，习惯轻挟搏虎能。

定乱策勋直证果，保帮靖世即传灯。中天缓急无劳虑，忠义毗卢演大乘。

该碑是研究古代少林寺武术发展的重要资料。

一三五、天仙白松图碑

《天仙白松图碑》原立于新密市东南 3 公里天仙庙内，庙内原有千年白松 1 株，传为黄帝三女精灵所化。《徐霞客游记》中曾记述其状曰：“松大四人抱，一本三千，鼎鼎霄汉，肤如凝脂，皓逾傅粉，盘枝虬曲，绿鬣舞风，昂然玉立半空。”历代来此游赏白松的人很多。清康熙年间白松为暴风所摧，根株尽拔，乾隆时在原地修筑白松楼，白松树干即存于此。《天仙白松图碑》一在白松楼东墙下，残高 0.5 米，宽 0.7 米。正面刻白松 1 株，该碑现存郑州市博物馆；一立老城关帝庙，为明崇祯八年（1635 年）重刻。碑高 1.8 米，宽 0.87 米，厚约 0.2 米。正面刻白松一株，一本三千，枝叶繁密，盘枝错节。碑周刻阴线界栏，右上部刻“崇祯八年密县知县文林郎天雄苗之庭似闻甫重立”。白松周围篆刻赞白松诗 3 首。此碑现存新密第一中学。

一三六、夏侯募习壮勇保城御寇碑记

《夏侯募习壮保城御寇碑记》原位于偃师西郭外堤下大道傍，清代乾隆年间移入偃师县学宫。该碑由王铎撰文并书丹,刻立于明崇祯九年(1636 年)。当时就因风雨剥蚀,字迹不清。碑文记述了崇祯九年(1636 年)偃师知县夏士誉募习壮勇 5000 人守城,负隅顽抗,使县城未被李自成领导的农民起义军攻破之能事。但从侧面可以看出当时起义军发展迅速,势不可挡。该碑为研究明代民间御寇、社会平安情况提供了具体的史料。

该碑的撰文和书丹者王铎,为明末清初大臣、著名书法家、嵩山历史本土文化名人。此碑不但成为研究明代嵩山地域寇贼流窜及民间抗御,维护城池安定的史料,而且还留下了他的文章与书法,故此碑十分珍贵。

一三七、一峰园石刻

《一峰园石刻》位于荥阳市王村镇留村,为清康熙年间廪生禹祥年集当时著名文人墨迹,镌刻为一峰石刻供赏玩。系采用书画四折屏形式,用楷、行、草三体写成。第一块石长 1.06 米,宽 0.34 米,厚 0.08 米。刻“一峰园石图”正文为周天辰等题诗、题词等。第二块石长 1.18 米,宽 0.33 米,厚 0.11 米,上刻“胎息经”“酒赞”“文箴”等诗。第三块石长 1.09 米,宽 0.34 米,厚 0.1 米,上刻诸家评书,有东晋女书法家卫铄、唐代欧阳询、明代董其昌等对书法的精辟见解。第四块:石长 1.24 米,宽 0.34 米,厚 0.12 米,也是诸家评书。石多模糊不清。

禹祥年,字履倩,号一峰,清汜水人。康熙二十三年(1684)廪生,能诗善文,长于书画,风流儒雅,名噪三河。初任宁陵训导,雍正年间补直隶满城、唐县知县。

一三八、禹汤王庙碑

《禹汤王庙碑》位于禹州市城内西北隅的汤王庙。清顺治十八年(1661 年)再肇造之,该庙落成之时,由清代禹州郡守史廷桂作诗题壁代碑,说明了禹州禹王庙、古钧台、汤王庙的历史渊源。碑文内容是禹州原建有禹王庙、汤王庙、古钧台,后毁。

钧台又名夏台。《竹书纪年》载:“夏启元年帝即位于夏邑,大飨诸侯于钧台。”夏朝末年,桀暴虐无道,把商契后裔成汤囚禁在夏台。后桀在夏台放汤,汤发动了一场颠覆夏朝统治的革命,成就了殷商霸业,终结了夏王朝 471 年的统治。桀谓人曰:“吾悔不遂杀汤于夏台,使至此。”《史记 · 夏本纪》载:“帝桀之时,自孔甲以来诸侯多畔夏,桀不务德而武伤百姓,百姓弗堪……汤遂率兵以伐夏桀。”夏台所在地后建汤王庙。钧台原在禹州西南的三峰山,后建在禹州城内。

史料记载,汤王庙的前身就是禹王庙,因此“古钧台”与汤王庙的遗存山门一个模样(台上的楼阁系清光绪十九年禹州知州黄璟增建),又同是汤王庙门,也说是禹王庙门,所以禹王庙、汤王庙、古钧台三者于一处,为后人于明、清两代修建。明嘉靖十年(1531 年),知州刘魁将汤王庙建在城内西北隅,后毁。清顺治十八年(1661 年),再肇造之。康熙十八年(1679 年),禹州知州于国壁在禹王庙、汤王庙前建大门一座(即古钧台),题额“古钧台”。

一三九、重建嵩阳书院记

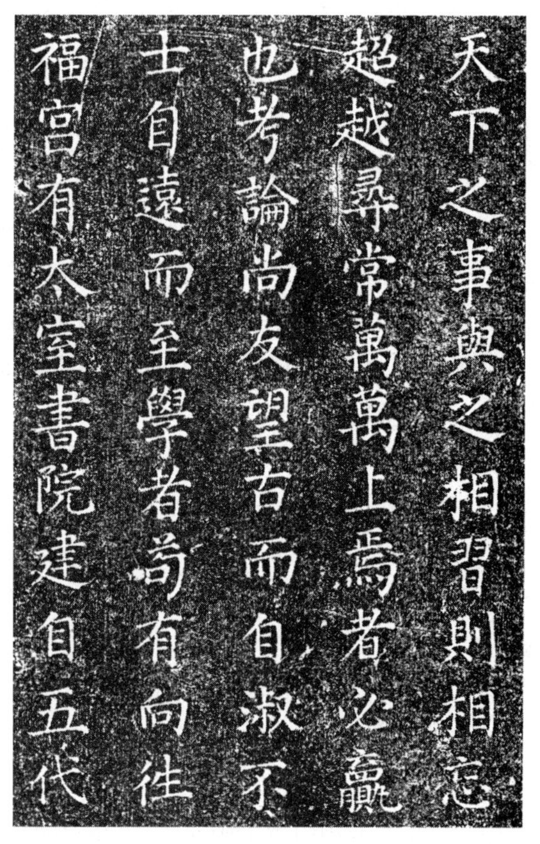

《重建嵩阳书院记》局部

《重建嵩阳书院记》于康熙十二年(1673 年)秋九月刻,竖立于嵩阳书院碑林。碑方首方趺,两侧浮雕花卉,高 1.46 米,宽 0.84 米,厚 0.18 米。该碑为当时登封县知县叶封为重建嵩阳书院而撰文,正文楷体,共 18 行,行满 48 字。邑庠后学焦钦宠书丹,常养诰镌石。碑文叙述了“太室书院建自五代周时,宋至道间赐九经,景祐间重建,改称嵩阳书院”。

嵩阳书院位于登封市城北 3 公里的峻极峰下,因坐落于嵩山之阳故而得名。嵩阳书院创建于北魏太和八年(484 年),当时称嵩阳寺,隋大业年间,更名为嵩阳观,到五代时周代改建为太室书院。嵩阳书院是中国古代著名高等学府,在历史上以理学著称于世。北宋儒教洛派理学大师程颢、程颐在此聚众讲学,使书院名声大振,时与河南睢州的应天书院、湖南的岳麓书院、江西的白鹿洞书院并称为宋代四大书院。北宋名儒司马光、范仲淹、韩维、李刚、朱熹、吕晦等也曾在此讲学。嵩阳书院的建制古朴雅致,大方不俗,现有房舍百余间,面积一万多平方米。嵩阳书院大门外西南侧竖立的《大唐嵩阳观纪圣德感应之颂碑》,为唐玄宗天宝三年(744 年)刻立,在中国书法史上有很高价值,是河南省现存最大碑刻。

一四〇、桧阳书院碑记

《桧阳书院碑记》位于密县治西(新密市城关镇东街村)的桧阳书院内。该碑刻立于是康熙二十二年(1683 年),由时任密县(今新密市)县令衷鲲化撰文,《桧阳书院碑记》实际上是一篇创建桧阳书院的碑文。显然这是一所县办书院,创建人为时任密县县令衷鲲化。

衷鲲化在《桧阳书院碑记》中写道:“尝诵《大雅·崧高》之篇,而叹山岳之钟灵远也。汉魏以来,颍川郡名贤接踵,殆难更仆数,至宋程氏二子出,倡明理学,孔子之道赖以不坠。”于是,就有了“于西街置地,创建桧阳书院,讲堂、斋房、廊庑、庖湢俱备,为学子肆业之地。又置田,岁收租入以充延师膏火之资”,即创建桧阳书院的由来与过程。

一四一、醉翁亭记刻石

《醉翁亭记刻石》现存郑州市博物馆。宋欧阳修撰，苏轼书，清康熙三十年（1691年）新郑高有闻刻。共24方，其中13方《醉翁亭记》，5方为苏轼记述写此文的缘由与落款。另6方为赵孟頫、宋广等人题跋。前18方每方长约0.6米，宽0.4米；后6方长0.6~0.9米，宽0.4米。

醉翁亭在安徽省滁县城西琅琊山麓，北宋庆历年间欧阳修任滁州太守时常来此饮宴，自称“醉翁”，命其亭为“醉翁亭”，《醉翁亭记》一文即此时所作。文中描绘了山林景色之美和宾主游宴之乐，是脍炙人口的散文名作。宋元祐六年（1091年）苏轼应开封刘季孙之请，以楷、行、草3体兼用的书体写了《醉翁亭记》，到明代被宰相高拱所得，命鄢陵刘巡请人刻于石，置于刘氏家祠。其后苏轼所书墨迹长卷被焚，鄢陵刻石又磨损不清，高拱的后裔高有闻于康熙三十一年（1692年）出其家藏旧拓命工重刻，置于高氏祠堂内。赵孟頫评其书曰“短长有度，玉环飞燕”“如绵裹针，外柔内刚”。欧阳修名篇，加之苏轼妙书，真可谓珠联璧合，堪称上品。

一四二、洛京白马寺释教源流碑记

《洛京白马寺释教源流碑记》位于白马寺内清凉台毗庐阁前东侧，由如琇和尚撰文并书丹，立于清康熙五十二年（1713年）。碑通高3.05米，宽1.03米，螭首龟趺，依碑筑有青砖碑亭。碑文上下分7段，横排竖写，每段20行，每行7、8、9字不等。额篆书《洛京白马寺祖庭记》，首行题《洛京白马寺释教源流碑记》。此碑因仿宋代苏易简《断文碑》格式，故又称清代《断文碑》。所谓《断文碑》，是碑文非自上而下行行通写，而是将碑文书写成横排短行若干段，故称断文碑。

该碑的撰文并书丹者是清朝高僧如琇，世籍洛阳，字颖石，俗姓潘。传临济正宗第35世法嗣。自幼多疾，依本师培之剃染。攻内外典，了无障义。兼善诗文，工书画，着有《名瞿诗集》及白马、白云语录。曾任白马寺和风穴寺主持。雍正九年（1731年）圆寂，灵塔在白马寺东邻荣校医院院内。

一四三、轩辕故里碑

《轩辕故里碑》位于新郑市城北门外（今轩辕故里处）街道路北。刻于清康熙五十四年（1715年），由新郑县令许朝柱立。碑高约2米，宽约1米。碑之中央刻有楷书“轩辕故里”4个大字，每字一尺见方。新郑古为有熊氏部落所居，其首领少典娶有蟜氏之女，生黄帝于轩辕之丘（今新郑北关外），故称轩辕氏。轩辕之时，神农氏世衰，各氏族部落之间互相侵伐，暴虐百姓，而神农氏不能征讨。轩辕黄帝乃修德振兵，讨伐强暴，先后战胜炎帝、擒杀蚩尤，平服凶顽。各部落咸尊轩辕为天子，代神农氏而有天下，是为黄帝。所以新郑为轩辕黄帝之故里。清代邑令许朝柱根据以上事实，立轩辕故里碑于县城北门外之路旁，使过往官员和行人知道新郑乃轩辕黄帝之故里。

一四四、孔子入周问礼碑

孔子入周问礼碑

河南省重点文物保护单位。《孔子入周问礼碑》位于洛阳市东关大街文庙旧址前，仍然保留着这样一块牌坊式的石碑，此碑为清代雍正五年（1727 年）河南府尹张汉和洛阳县令郭朝鼎重修文庙时所立。碑有碑楼，悬山式顶，两侧各一拱形券门，中间镶嵌丰碑一通，上书“孔子入周问礼乐至此”9 个大字。碑首刻弧形二龙戏珠纹饰，并有篆文为“重修文庙碑记”。碑身为长方形，碑座为龟形。中间是青石，四周青砖围砌。碑楼高 5. 8 米，宽 5. 4 米，厚 0. 9 米。碑身高 2. 2 米，宽 0. 9 米。碑首高 1. 15 米，宽 0. 96 米。这块迟立的石碑，不但记载了 2000 年前孔子入周问礼于老子的史实，也记载了中国历史上儒道两位大师惟一的一次会晤。

生于春秋末期的老子博学多闻，曾任周朝的征藏史（相当于国家图书馆馆长），掌管图书典籍。当时的孔子虽远在鲁国，但他醉心于周公所制之礼乐，对于老子，更是抱有深深的敬意。周敬王二年（前 518 年），孔子千里迢迢来到洛阳，专程拜见老聃问礼乐之事。当时孔子 33 岁。面对这位年轻的学者，老子讲了这样一番话：“子所言者，其人与骨皆已朽矣，独其言在耳。且君子得其时则驾，不得其时则蓬累而行。吾闻之，良贾深藏若虚，君子盛德，容貌若愚。去子之骄气与多欲，态色与淫志，是皆无益于子之身。吾所以告子，若是而已。”也就是要孔子去掉骄气和奢望，审时度势，守拙归真，大智若愚。孔子临行前，老子又给了他这样的临别赠言：“聪明深察而近于死者，好议人者也。……为人子者毋以有己，为人臣者毋以有己。”用今天的话来讲，就是：观察问题很透彻、言辞犀利善辩的人，如果遭遇到危及自身生命的事，主要原因就在于他好议论人、揭人的短处！作为子女和人臣，言语和行动都不能只考虑到自己！

孔子到洛阳后，拜访了老子（李耳）和周大夫苌弘，向他们请教礼乐制度。他游览了王城内的殿堂社观，参观了举行国家大典的明堂以及祭祀祖先的太庙和祈祷天地的神坛等。他在明堂看到“圣王”唐尧、虞舜的画像，又看到“暴君”夏桀、商纣的画像，也看到周公负抱成王、朝会诸侯的图像，很有感触地说：“此周公之所以盛矣。”经过访问和考察，孔子对制定西周礼乐制度的周公十分敬仰，不胜感叹地说：“吾乃知周公之圣，与周之所以王也。”这次入周问礼之行，使孔子大开了眼界，大长了见识，对其儒家思想的形成有着重要的作用。孔子回到鲁国，招收了不少弟子，并终成一代大儒。孔子入周问礼碑就记载了这个史实。《孔子家语 · 观周篇》和《史记 · 孔子世家》等都有记载，说孔子曾于公元前 518 年到东周的国都洛阳观看“先王之制”，考察“礼乐之源”，学习“道德之规”。

一四五、虎牢关碑

《虎牢关碑》位于荥阳市西15公里虎牢关前三义庙左侧,清雍正九年(1731年)刻立。碑高2米,宽0.7米。下为莲花方趺,碑上刻楷书“虎牢关”3个大字,刚劲醒目。

一四六、乾隆诗石

清乾隆庚午年(1750年)高宗爱新觉罗·弘历到嵩山游览,曾写诗十多首,其中《中岳庙》诗刻石两处,一石在中岳庙三仙殿院西墙上,一在嵩山金银洞沟滴水棚巨石上。石大如屋,横空崖畔,字大如碗,依石竖排。虽经年久苍苔遍布,然诗石依然如故。

东亭叫玉香亭,内存刻于清乾隆十五年(1750年)高宗弘历诗书碑一通,诗曰:

明禋亲举备官悬,德并高峰峻极天。秩视三公伊古重,名尊五岳匪今然。

会重有极神如在,允建于中道岂偏。肸蠁愿陈心所愿,笃生申甫佐蕃宣。

西亭叫玉帛亭,内存刻立于清乾隆四十九年(1783年)高宗弘历诗书碑一通,诗曰:

庚午禋回心每悬,嵩云南望德参天。卅年以久事宜作,此日维新理合然。

庙镇中州崇莫并,殿临黄道正无偏。敬吟长律当碑泐,希佑黔黎惠泽宣。

这是乾隆皇帝游中岳庙时留下记载两首诗的两通碑刻。

一四七、乾隆重修中岳庙碑

《乾隆重修中岳庙碑》位于登封市中岳庙内。清乾隆二十五年(1760年)刻立。碑高2.45米,宽1.1米。陈大复撰书。楷书。25行,行64字。碑文记述乾隆皇帝曾游中岳庙,为庙题匾额,10年后又重修中岳庙之经过。书法近欧,结构严谨,工整而俊逸,造诣较深。

一四八、重修嵩山中岳庙碑记

《重修嵩山中岳庙碑记》位于中岳庙内。乾隆十五年(1750年),为迎接乾隆寻幸嵩山,中岳庙再次进行维修。中岳庙现存规模即为这期间以北京故宫为蓝本予以整修而成。整修后的中岳庙前起太室阙,后止御书楼,是五岳中现存规模最大,保存较为完整的古建筑群。因工匠用料多来自南阳,竣工后,南阳府知府崔应阶撰文记载此事。崔应阶(? ~公元1789年),字吉升,湖北江夏人,清朝大臣。父相国,官浙江处州镇总兵。凭借上代余荫取得的监生资格,初授顺天府通判,迁西路同知。雍正中,所擢山西汾州知府。后改任河南陈州府知府。乾隆十五年,授河南驿盐道,擢安徽按察使。三十四年(1768年),召授刑部尚书,调左都御史。四十五年,以原品休致。

碑文为正楷，用笔凌利劲健，点画顿挫规整，骨力内含，法度严谨，字体规整刚健中见秀媚。该碑记录了中岳庙的沿革、整修情况及殿宇位置，由于年代不甚久远，风化剥蚀较轻，现保存完好，具有较高的史料价值。

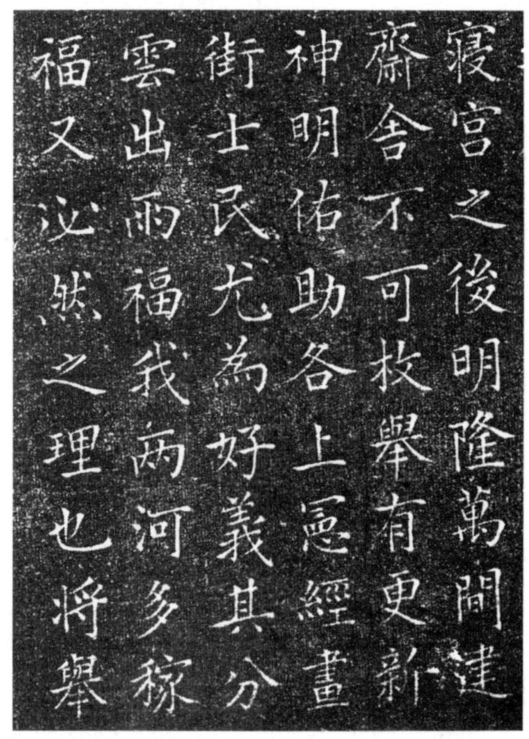

《重修嵩山中岳庙碑记》局部

一四九、题初祖面壁石偈语

《题初祖面壁石偈语》是如如居士何煟过少林寺瞻仰初祖面壁石后所题的一则偈语。偈语，即预言的话，佛经中的唱词。著名偈语有唐代高僧慧能大师《无相偈》："菩提本无树，明镜亦非台。本来无一物，保处惹尘埃。"何煟（？～1774 年），字谦之，浙江山阴人，先世籍湖南靖州，清朝大臣，著名治水专家，一生治河功绩卓著。乾隆三十九年（1774 年），加总督衔，领河南巡抚。卒后赠太子太保，祀贤良祠，赐祭葬，谥恭惠。碑文为正楷，清秀方整，疏朗开阔，端正秀丽，寓圆厚于清刚之内，且品相完好，不失为嵩山碑中楷书之精品。

一五〇、重修欧阳寺碑记

《重修欧阳寺碑记》原立新郑市西欧阳寺内，年久寺废，现存新郑市文物局。碑高 1.8 米，宽 0.6 米，厚 0.17 米。立石于清乾隆四十一年（1776 年）六月。碑文由白星所撰，白泰义书丹。碑文楷书，7 行，每行 51 字，共约 310 字。碑文记述了重修欧阳寺的经过。

一五一、司鼐墓碑

《司鼐墓碑》现存新郑市小乔镇大司村司氏祖茔中。碑高 2 米，宽 0.67 米。顶部及四周均刻饰花纹，碑额大字楷书"司氏祖茔"。正面中央大字楷书"明故始祖文林郎直隶沙河县知县司公讳鼐字和平之墓"。左右两侧刻碑记，楷书。碑文 15 行，满行 55 字，共约 580 字。碑文系其十二世侄孙布政司理问司自修所撰，十三世孙司迁桂书丹。此碑建立于清嘉庆八年（1803 年）清明节前王日。碑文对明时山西洪洞移民河南的经过记载较详，为其他碑刻所少见。

一五二、祈雨碑

《祈雨碑》位于嵩山汝州县(今汝州市),由汝州同知张凤冈撰文,立于清嘉庆十四年(1809年)。清朝时期祈雨活动无论在官方还是民间都很盛行。此《祈雨碑》是一篇官方祈雨文,撰文者汝州同知张凤冈遍告本州城隍及山川、社稷、风云、雷雨诸神:一是表述旱情;二是祈求诸神下雨。“遣官遍告惟神阴骘,默相转祸为福,普施霖雨,救此一方,使涂炭之民,复有更生之望,则精爽昭于不昧,佑锡于无穷,而报赛之物亦可安享于永久矣,官民幸甚,地方幸甚,为此激切,祈恳之至。”

一五三、贾峪地震碑

《贾峪地震碑》位于荥阳市贾峪镇西半公里谷山顶祖师庙东山墙外侧。1979年发现,清嘉庆二十年(1815年)三月刻立。长方形,高0.41米,宽0.6米,周边刻有蔓草纹。楷书。凡23行,前8行为正文,字较大,满行14字,后3行记当时粮价,再后为捐资修庙人姓名及立碑年月。字较前8行为小,每行字数不等。无撰书人姓名,亦无标题。石刻完好,文字清晰。碑文记述了荥阳地震的详尽情况和由此而引起的灾荒和粮价高昂的情况。此碑是珍贵的地震史料,同时对于研究当时的社会经济生活有相当高的参考价值。

一五四、修嵩山少林寺碑

《修嵩山少林寺碑》位于登封市少林寺院内。清道光九年(1829年)刻立。杨国桢撰,潘江书。碑高2.56米,宽1.26米。碑文楷书,19行,满行49字。碑文记述道光年间修缮少林寺的经过。其书评为颜体,近似《多宝塔铭》,工整严谨。

一五五、公议断坡碑

《公议断坡碑》现存巩义市核桃园镇平定寺中。碑高0.98米,宽0.48米,厚0.1米。楷书。正文10行,行30字,题目刻在碑额,上写“公议断坡碑”,下刻正文,第一行未抵格。清咸丰五年(1855年)立。

文中首先提到护林的重要性,继而谈到“草木之植,皆缘人为盛衰”,因此要求大家保护森林,不要搞人为破坏,接着又追述了过去这里曾是“林麓荟蔚”,但现在却“与昔异焉”。树被人砍光了,长此下去,林木无复生理,就要濒于毁灭了。为此,大家商讨立订罚规,以保护林木的再生和繁茂。文章虽短,而语言恳切,现在读起来,犹觉亲切感人。该碑不仅具有历史价值,而且有现实意义。

一五六、白氏世谱石碣

《白氏世谱石碣》1984 年文物普查时，在巩义市区东北约 9 公里的南河渡镇原白氏祠堂大殿发现。该石碣长 1.17 米，宽 0.77 米。青石质。楷书。清咸丰八年（1858 年）三月由白永清刻立。碑文记述了白氏起源以及唐代著名大诗人白居易的世系。白氏族谱延记至清代。

一五七、马宽夫马大老爷永禁开设车行碑

《马宽夫马大老爷永禁开设车行碑》，全称《诰授朝议大夫调署禹州正堂马宽夫马大老爷永禁开设车行碑》，为禹州暨药商会立碑，清同治二年（1863 年）刻，立于禹州市药帮山西会馆，今存禹州市博物馆院内。

禹州是全国中医药材之都，盛产动、植、矿物药材 1084 种，蕴藏量达到 12 万吨。在禹州药材交易的鼎盛时期，药材交易规模非常之大，“内至全国 22 省，外越西洋、南洋，东极（通‘及’）高丽（今朝鲜），北际库伦（今蒙古人民共和国乌兰巴托），皆舟车节转而至”。往来车脚、驮帮延伸数里，货堆如山，登至垛顶，可眺望四周山川河流。从事药材经营的辅助性行业，如打包、拣药、荆编、吹瓶、糊盒以及从事搬运的脚行，也相应崛起。京广杂货、饮食服务、钱庄票号等都应运而生。此碑就是药商会所做的一个关于管理车行方面的一个决定：“马宽夫马大老爷永禁开设车行”，并立碑公告，碑文的结尾处都列有商号的名称。此碑见证了禹州药材市场在历史发展进程中曾经出现过的问题。

一五八、荥泽大工纪功碑

《荥泽大工纪功碑》郑州市北郊花园口，现今碑自中部断作两段。刻立于清同治八年（1868 年）。碑原高 1.75 米，宽 0.64 米。正面四周雕刻花纹图案，碑额篆书“荥泽大工纪功碑”8 个大字。碑文楷书，工整俊秀。满 18 行，行 68 字，约 1000 字均清晰可认，唯断裂处缺 20 字。

该碑记述了同治七年（1868 年）夏黄河花园口一带漫溢决口的情形，同时主要记述了河督苏公等人于同治七年（1868 年）十月至同治八年（1869 年）正月间，率领荥郑官兵、民众抵御洪，合拢黄河决口的经过，褒扬了苏公等人抗击河患，造福百姓的历史功德。此碑为研究黄河历史提供珍贵的历史资料。

一五九、海上桥大劫文石碑

《海上桥大劫文石碑》位于巩义市大峪沟镇海上桥村，现藏巩义市文物保管所。此碑刻立于清光绪六年（1880 年）十二月，碑高 1 米，宽 0.52 米，厚 0.3 米。碑文 10 行，下部残缺 0.25 米。撰文刻石

人不详,碑文用韵文写成,脍炙人口,文采洋溢。碑文记载了清光绪元年至五年河南、河北、山东、陕西等省遭受灾荒的悲惨情况。碑文记载的这次惨绝人寰的灾荒情景,是宝贵的历史资料。

一六〇、堤东正俗碑

《堤东正俗碑》位于巩县西村镇堤东村小学院内。高 1.52 米,宽 0.52 米。楷书。14 行,字迹清晰,保存完整,主要记载清光绪年间堤东村的村民约之规定。碑文历数赌博之害,对赌博严厉禁止,另外还禁止砍伐树木。

一六一、崔继泽墓表

《崔继泽墓表》现存巩义市孝义镇白沙村崔姓祠堂西厅。《崔继泽墓表》,简称《钦加五品衔□□拔补千总崔继泽墓表》,由袁世凯撰文并书丹,立于清光绪十八年(1892 年)五月。碑身高 1.50 米,宽 0.75 米,厚 0.16 米;趺束腰,雕莲瓣。高 0.35 米,宽 0.79 米,厚 0.43 米。碑文楷书,计 18 行,满行 42 字。1958 年因用作机器底座毁为两段,上凿四孔,故损四字,碑首遗失下落不明。1995 年始将两段合一,移至祠堂,保存基本良好。

一六二、十三帮创始碑记

《十三帮创始碑记》光绪二十年(1894 年)刻,立于禹县(今禹州市)十三帮会馆内。由丁以静撰文,赵立敬、田倬、高临瀚书丹。

据有关史料记载,在清代乾隆年间,城内外经营中药材的商户有 400 多家,居民十之七八以此为生。《十三帮创始碑记》碑文就记录了"药交会"从密县移向禹州的历史。该碑记载:"禹郡药材会之兴也,盖始于乾隆二十七年(1762 年)。"原设于密县的洪山庙"药交会",因其交通不便而迁到禹州西关,"定议每年夏孟、秋仲、冬十一月"为会期,碑文还记载了十三帮会馆的创建过程。该碑对研究禹州清代的商业会馆提供了宝贵的史料,对研究禹州商业发展的脉络及流通概况有着重要的历史价值。

一六三、瘗鹤铭并序

《瘗鹤铭并序》碑在郑州市博物馆。1986 年 4 月从郑州市管城回族自治区磨盘街收藏。清光绪丙申年(1896 年)刻石。共 25 块,现存 23 块,缺 7、9 号石刻。刻石均为竖写,大部分石刻中下部有小字编号。其中 1 号石刻有"空碧草堂石墨"篆书。3 号石刻有"瘗鹤铭并序华阳",4 号石刻有"真逸撰,鹤寿不知",5 ~21 号,每块刻 8 字,4 行,行 2 字,字体多行书,兼草、隶、篆三种字体,22 号有"江阴真宰",23 ~25 刻题跋,25 号右部有乙方篆书无廓印,"李国治印"及"叟子一号自修居士"。瘗鹤铭原刻于江苏镇江焦山壁上,宋以后崩落江中。清康熙申午(1714 年)年陈鹏年募工挽出江中石刻,原为楷书。清光绪二十二年(1896 年)李国治刻,置铁厂庵。这批刻石中,行、草、隶、篆四种字体俱体,书法自然流畅,字势强秀,是一批不可多得的书法艺术珍品。

一六四、后周皇陵御制祭文碑

《后周皇陵御制祭文碑》位于新郑县城北约 20 公里郭店西南的高家村、陵上村一带。后周皇陵包括:嵩陵(周太祖郭威墓)、庆陵(周世宗柴荣墓)、懿陵(柴荣妻符皇后墓)、顺陵(周恭帝柴宗训墓)。其中以庆陵享名最盛。柴荣代其姑父郭威嗣帝位后,对国内政治经济进行改革,又进行了统一中国的战争,先后战胜北汉、后蜀、南唐和辽国,史称“五代第一名君”,故为明清历代皇帝所推崇。每遇新皇帝登基或重大战役胜利,皇帝即派遣专人来庆陵祭祀以告,并勒石记之。这些御制祭文(亦称祝文)碑数目原来很多,有些已经流失或损坏,至今收集到 28 通碑。

一六五、防旱碑

《防旱碑》原在偃师市西南大口乡马村马氏家庙里。后马村兴建水利,将其镶嵌在村南渡槽上。拆下后现存偃师商城博物馆。清光绪二十八年(1902 年)立。碑高 1.47 米,宽 0.57 米,厚 0.13 米,楷书,首行题曰“防旱碑记”。马鸣銮撰文,董桂芳书,共 16 行,行 37 字。碑文记述了光绪二年(1876 年)九月九日至四年(1878 年)三月三日 18 个月间缺雨少雪造成土地干旱而终成凶年的悲惨景象。

碑文载“斯时也,五容不登,岁转成凶,物贱如粪,粟贵似珠,一百多个钱一斛面,铜不要新,三十余两银子一石米,色还得足。由是盗贼峰起,昼截夜抢,路断行人,道不能商。日中市坏,不行织纺,凹地每亩仅值钱三百,大房三间只卖银六钱。……更有揭榆皮以糊口,食麻饼以充肠。鸡犬杀而不留,牛羊食之净尽。最可惨者,人食人肉,人爨人骨。总计死者,十有八数。此诚十五族长亭公所亲见者,因勒石以志。俾后世子孙闻而知惕,庶几耕三余一,耕九余三,量入为出,思患而预防之,其于后之天灾流行者,未必而无小补云尔。”

第十一章　行政历史建置沿革

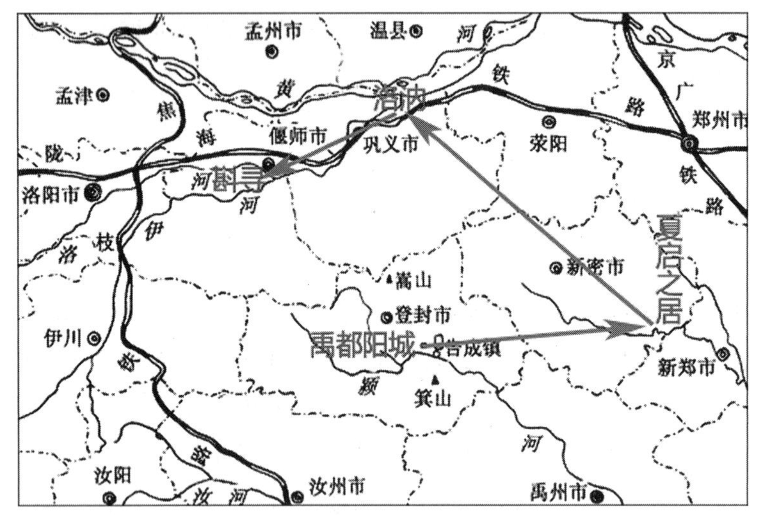

嵩山历史文化核心区

嵩山地域的行政建置，在历史上随着朝代的变更，也有着不同的变更。嵩山地域的行政建置主要从三个方面叙述：一是嵩山地域与古代都城，二是嵩山地域与陪都，三是各市县行政区划建置沿革。

通过嵩山地域行政历史建置沿革，可以看出，嵩山地域在历史上，是一个非常重要的地域。追溯中华民族的历史，从黄帝时期的部落开始，到夏商周时期的诸侯分封，诸侯国非常密集地林立在嵩山地域。有了国家，就有了都城。从黄帝都新郑开始，嵩山地域中的新郑、阳城、阳翟、偃师、洛阳、郑州等地相继为都，后又以洛阳为陪都，在中国文明的发展史上，占有重要的地位。特别是通过市县的行政历史建置沿革，可以看出，在嵩山地域中的现今的九个县级市及郑州市和洛阳市，无论行政区划怎么变更，但在自然形成的地理位置和环境上，它们永远是不变的。就像是现在洛阳市和郑州市所编的碑刻集一样，里面有着大量的重复，就因为它们在历史上，曾经在行政历史建置中变来变去，但在地理上永远也分不开来。所以说，要谈嵩山的历史和文化，就要谈嵩山地域的自然地理位置，因为这是自然形成、无法分割的一个完整的地域，单纯地讲一个市或县的历史或文化，都会不可避免地存在局部的局限性和片面性。只有了解一个完整的嵩山地域，才能感受历史文化的全面和厚重。

第一节　嵩山地域与都城

都城是国家出现后的产物。都城具有一个国家或政权核心的含义，是国家和政权的象征。通常情况下，一个国家或一个政权只建一个都城，习称首都，在我国古代典籍中又称都、京师、京都。历史上，嵩山地域是一个都城集中的地域。

嵩山地域已发现新石器时代的裴李岗文化、仰韶文化和河南龙山文化等的遗址，证明远在9000～4000年以前就有人类在此活动，建立渔猎及农业文化。在郑州惠济区古荥镇孙庄村发现郑州西山仰韶文化城址，距今5300～4800年，这是被证实的中国最古城址之一，证明中原地区5000年以前已开始步人文明社会。史料还记载，“人文初祖”黄帝故里“轩辕之丘”就位于今郑州南的新郑和新密一带。黄帝都有熊，居轩辕之丘，其地在嵩山东端的新郑、新密境内。按历史学家将黄帝时代对应考古学文化主要是仰韶文化中、晚期的说法，距嵩山不远的郑州西山仰韶文化古城应为黄帝时代古城，在新密境内发现有龙山文化时期的古城，城墙建筑技术与郑州西山古城似有承袭关系。

夏朝是在原始社会制度的废墟上建立起来的我国第一个部落联盟形式的国家。夏族的十一支姒姓部落与夏后氏中央王室在血缘上有宗法关系，政治上有分封关系，经济上有贡赋关系，大致构成夏王朝的核心领土范围。夏西起河南西部、山西南部，东至河南、山东和河北三省交界处，南达湖北北部，北及河北南部。这个区域的地理中心是今嵩山的偃师、登封、新密、禹州一带。夏族的首领夏禹因治水有功，受帝尧封为夏伯，封地在阳翟（今禹州市），这个地方古时候盛产夏翟鸟，即山雉，所以称夏地，禹的部族因此称为夏。在此之前，禹之父鲧被尧封于崇地，崇指崇山而言。崇山即嵩山，故崇地当在今登封嵩山附近。禹在确立王权后，就在崇地建立了阳城（今登封市告成镇）作为都城，后又迁往阳翟（禹州）。据《竹书纪年》记载，禹都阳城、启都阳翟，以及太康、夏桀所都的斟鄩，都在嵩山地域。

商、周、汉、魏诸朝都有多次迁都的历史，这些朝代的都城从历史纵向看可能不止一个，嵩山地域中的郑州、洛阳都是其中的一个。例如商就先后多次迁都，所以安阳、郑州、洛阳都曾经是商的都城，也是当时政治、经济、文化中心。

古代都城选址主要的条件有三点：一是自然条件，也就是山水条件，选都城背山面水。讲究有利于宏观战略地位，进可以攻，退可以守。二是古代建都的法则为居中。据《吕氏春秋·知度》载：“古之王者，择天下之中而立国，择国之中而立宫，择宫之中而立庙。”法则反映了中原王朝帝王以“天子”自居而必须立于“天下之中心”的指导思想。三是人文和经济发展条件。人文经济条件主要指发家、规划、建设与发展而言。对嵩山地域而言，这三个条件在当时来说，都很符合。嵩山地域中自然条件来说，嵩山系列山脉连绵起伏，河流纵横交错，这里有颍河流域、伊洛流域、汝河流域、双洎河流域，应该说各方面的农业生产条件相当好。其自然因素包括地质、水文、气候的因素，在地形上首先考虑的是封闭性的地形，具体来说，都城最好是处在盆地中，若不是典型的盆地，地形也应有封闭性的特征，地势必形成四方辐辏之势。嵩山地域位居天地之中，有着“位居中央，统领四方”的天然优势。

以嵩山地域中的洛阳为例，地形是一个典型的盆地，“前直伊阙，后据邙山，左瀍右涧，洛水贯其中，以象河汉，此紫微垣局也”。洛阳地形具有典型的风水模式，是封闭性的地形。伊洛盆地有关河之固，具备凭险以守的建都条件，土地虽不如关中广袤，却靠近物产丰富、经济发达的黄河下游平原地区，兼有水陆转输之便，少有乏粮之忧。隋唐两代营建洛阳为东都，以居洛为常，被时人戏作“逐粮天子”，正是由于洛阳地理适中，便于集聚贡赋。伊洛盆地的优势还不于形胜、居中，更主要的是有利于南进，凡有南窥江汉，欲吞诸夏之势者（如曹氏、拓跋魏）必都洛阳。但是洛阳偏离西北边防，难于照应，使东汉、西晋对西北的经略总有鞭长未及之感。

嵩山地域中的新郑、登封、阳翟（今禹州市）、偃师、郑州、洛阳在历史上，从黄帝时期开始，从中国第一个王朝夏朝建都，先后有商、西周、东周、东汉、曹魏、西晋、北魏、隋、唐、后梁、后唐、后晋等朝代相继在此建都，是中国建都最早、朝代最多、地点最密集、都城历史最长的一个地域。

一、新郑黄帝都城

黄帝建都

新郑古为有熊氏之国，轩辕黄帝降于轩辕之丘，定都于有熊。黄帝一统天下，奠定中华，肇造文明，惜物爱民，被后人尊为中华人文始祖。

“新郑市在远古称有熊，为黄帝之都”之说，在史书与碑刻都有明确记载：战国时期《竹书纪年》：“黄帝轩辕氏，元年帝即位，居有熊。”有熊在什么地方？《史记·五帝本纪·解集》说：“谯周曰：‘（黄帝）有熊国君，少典之子也。’皇甫谧曰：‘有熊，今河南新郑是也。’”北魏郦道元《水经注》说：“或言新郑县，故有熊氏之墟，黄帝之所都也。”唐杜佑《通典·州郡典七》说：“新郑县，汉旧县，有溱洧二水，祝融之墟，黄帝都于有熊亦在此，本郑国之地。”1931 年版《中国古今地名大辞典》说：“有熊，黄帝之都，即今河南新郑县。”1986～1993 年版《汉语大辞典》说：“有熊，古地名，传说黄帝所建之都。故址在今河南省新郑县。”明代至民国年间的《大明一统志》《大清一志》《河南通志》《开封府志》《新郑县志》都一致记载新郑古为有熊。另有金代刘文饶的《修德观问道碑记》曰：“郑，古有熊之国，黄帝所都。”明正德十二年《重修太清观志》：“河南新郑，古有熊氏之国也。”

考古专家认为，新郑在新石器时代，可能有许多熊。少典氏族是以熊为图腾，所以这里叫有熊。少典氏族生活年代，有许多学者认为是在裴李岗文化时期，如考古学家许顺湛在给《新郑县文物志》作序时说：“依据古史文献来看新郑的历史地位，如果对照《新郑县文物志》，我们就会更加清楚，距今 8000 年前后的裴李岗文化遗址，是少典族阶段的遗留，距今 5000 年至 7000 年的仰韶文化遗址，是黄帝族阶段的遗留……”考古学家李友谋、马世之等皆持相同观点。至于“有熊”称至何时，汉代司马迁《史记·周本纪第四》说：“帝纣乃囚西伯于羑里。闳夭之徒患之，求有莘氏美女，骊戎之文马，有熊九驷。”《史记·正义》：“《括地志》云：‘郑州新郑县本有熊氏之墟也。’”由此可见，在商朝末，新郑还称为“有熊”。当代著名历史地理学家谭其骧 1982 年编制的《中国历史地图集·商》在商代，仍称新郑为“有熊”。

二、夏　都

（一）夏朝简史及建都概况

夏朝是中国古代有完整帝王世序记录的第一个奴隶制王朝，首次统一中原。夏代以前已建立部落式的奴隶制国家,但均系"城邦"或"酋邦"式。自夏代起开始统一进程,尽管统一的范围还有局限性,但却具有划时代意义。夏代是中国国家形成的标志,是中国历史上出现的第一个王朝,也是中国都城出现的开端。《太平御览》卷八二引《古本竹书纪年》称:"自禹至桀,17 世,用岁 471 年。"据范文澜《中国通史》,相当于公元前 2033 ~ 公元前 1562 年,用约数为公元前 21 世纪至前 16 世纪之间,有 470 多年的历史,历经 17 位帝王。夏朝是我国历史上最早的一个朝代,是中国国家建立之始,文化与经济都有长足的进展,开辟了我国阶级社会的政治制度与物质文明的先河。

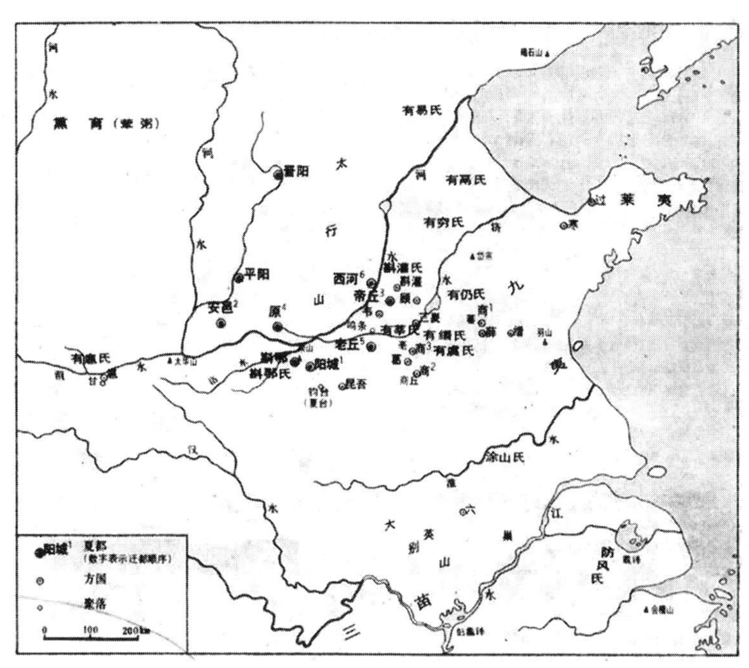

夏朝地图

《尧典》"蛮夷猾夏"。可见唐虞之时,这个民族就存在。《说文》:"夏,中国之人也。"段注"中国之人谓,以别于北方狄,东方貉,南方蛮,西方羌,西南焦烧,东方夷也。"夏部族是黄帝后裔,居住在嵩山地区,公元前 2100 年前后建立了夏王朝,这标志着我国历史进入到文明时代,华夏族的名称也随之产生。史料记载,嵩山地域是夏王朝的中心地区。诸如《逸周书·度邑篇》载:"自洛汭延于伊汭,居易无固,其有夏之居。"《史记·夏本纪》《索隐》引《连山易》载"鲧封于崇",《国语·周语下》称其为"崇伯鲧"。崇即嵩山,禹亦都此。《国语·周语上》:"昔有夏之兴,融降于崇山。"《左传·昭公十七年》载:"郑,祝融之墟也。"可知春秋时的郑国,即今新郑一带,曾为祝融族居地。韦昭注:"崇,崇高山也,夏居阳城,崇高所近。《国语集解》:段玉裁曰:《太平御览》引此,解云:崇、嵩古通用,夏都阳城,嵩山在焉。"

禹是中国历史上传说中的治水英雄,曾"疏通九河",足迹东到会稽(今浙江绍兴一带),南达衡岳(今湖南湘中南一带),西达黄河中上游,北达塞外。传说虽非完全可信,但禹治水,发展农业生产,使部族得以强大,为建立夏王朝奠定基础仍有可信性。传因治水有功,舜禅位于禹。"禅位"之说亦不太可信。实际上是部族内部争夺王位的一种饰称。

早期部落式国家王位尚未确立世袭制,故王位的承袭在统治机构内有权势的人物间进行。禹治水有功,可博得部族首领的支持,得以顺利夺得王位,成为夏代的开国君主。禹死,子启废除"禅让"制,确立父传子的世袭制,承袭了王位。"夏传子,家天下",改贵族承袭为家族世袭也是社会制度的重大变化。这一变化触动贵族集团利益,导致王朝内部激烈争权斗争。夏启在战胜反对者伯益和有扈氏之后,在阳翟(今河南禹州)进行邦国首领朝会,宴于钧台(即阳翟或阳翟的礼仪式建筑),确立对王朝的统治,故史称夏启有"钧台之享"。启传至太康发生东夷族叛乱,后羿攻人夏都,夺取了王位,史称"太康失国"。不久后羿又被寒浞消灭。整个叛乱持续了 40 年之久。夏王相的遗腹子少康起兵复国,灭寒浞,恢复夏王朝,史称"少康中兴"。夏自少康起生产力有很大发展,国势日强,子杼曾征服东夷。到十四世孔甲时,王室开始腐败,内乱不止。至最末一个王履癸,亦称夏桀,荒淫无道,"好方鬼神,事淫乱”,“不务德,而武伤百姓”,致民不堪命,是中国历史上第一个著名的暴君。这时,商族从东方崛起,商汤起兵伐夏,大战于鸣条,最终商汤放逐桀于南巢(今安徽中南部,当时是蛮荒之地)死,夏亡。

夏是一个频繁迁都的朝代,据各种史料综合统计,自禹至桀都城凡14证。《世本》及《竹书纪年》均称“禹居阳城”。阳城是夏朝的第一个都城。但《世本》又说“夏禹……又都平阳,或在安邑”。《左传·昭公四年》“夏启有钧台之享”,如前述“钧台”古释在阳翟。《史记·夏本纪》载:“太康居斟鄩,羿亦居之,桀又居之。”(“斟鄩”今偃师)“夏后帝启崩,子帝太康立。帝太康失国,昆弟五人,须于洛汭,作五子之歌。”史料记载,夏代第一个帝王大禹在嵩山地域治理洪水,辟山筑道,开拓了夏朝统治的基地,而且夏启、太康、胤甲、孔甲、帝皋、夏桀6个帝王先后都居于此,同时连后羿、寒浞、少康都攻占过这里。

按《纪年》夏朝先后曾建都阳城、阳翟、斟鄩、斟灌、帝丘、原、老丘、西河,最后又回到斟鄩。考虑其他异说,夏建都及迁都情况为:禹都阳城(今河南登封东南告成镇王城岗),也可能暂居安邑(今山西夏县西);启迁阳翟,又迁安邑;太康迁斟鄩,后又迁阳夏(今河南太康)以避后羿之乱;相亦曾避居于斟灌(今河南清丰南)及帝丘(今河南濮阳南);少康都康城(今河南禹州西北);杼迁原(今河南济源西北),又迁老丘(今河南开封东);廑居西河(今河南汤阴东18千米,一说在今山西河津南,今暂取前说);皋迁渑池(今河南渑池);桀又居斟鄩。

夏代频繁迁都与早期奴隶制王朝疆域不太固定有关,也可能受当时政治、经济和自然条件变化的影响。如后羿、寒浞作乱,相及少康多有迁居。因年代过于久远,很难确证。夏的政治中心,初期多位于疆域西部,那里是夏部族发祥之地。晋西南古称为“夏墟”。中期因动乱移向东部。最后回到中部,当是受商族人崛起的影响。都城迁移总的范围东西长约700千米,南北宽约600千米,包含黄河中游南北两岸,实质上这就是夏朝统治地的核心地带,也是最强盛时的疆域,周边当为方国占据。夏代统治地域面积约50万平方千米,面积不算很大,与后世统一王朝不能相比。但在约4000年以前的世界上也许已经可算是最大独立王国之一了。夏都14迁共涉及12个都城,嵩山地域是夏王朝建都时间最长、都居帝王最多的地方。

由于夏年代久远,史料多不详,有赖于考古发掘证实。河南登封王城岗发掘出龙山文化中晚期夯土城址,可能属夏都“阳城”,时代由前23世纪至前20世纪之间,其晚期与夏代早期时间相合,可能属夏文化。在河南偃师西南二里头村发现一处含大型宫殿的遗址,时代由前21世纪至前17世纪,与夏代早中期正相吻合。其文化层称为“二里头文化”,是现知有代表性的重要夏文化遗迹。该遗址被认定为夏都斟鄩。史料记载与后来的考古发掘可有力证明“有夏之居”即在嵩山周围。

(二)禹都阳城

《竹书纪年》称夏之先祖为“崇伯”,这是说夏部族早期的首领就在崇(嵩)山地区。《国语·周语上》说:“昔夏之兴也,融降于崇(嵩)山。”韦昭注:“夏居阳城,崇高所近。”《御览》引韦昭注说:“崇嵩古通用,夏都阳城,嵩山在焉。”古本《竹书纪年》则直接说:“禹居阳城。”这说明夏禹初都阳城的地望与嵩山是联在一起的,而且说明夏发迹于嵩山地带。

据史籍记载,阳城是夏禹开国建立的第一个都城,其地望大约在河南登封境内。《太平御览》引韦昭注:“夏都阳城,嵩山在焉。”唐张守节《史记正义》引《括地志》说:阳城在箕山北十三里,在嵩山南二十三里,所指正是今天登封告成镇的位置。1977~1980年在告成镇西约1千米的滨河台地上发现两座东西并列的小城址。绝对年龄初期测定为距今4000±65年,近年测定为距今4405±109年,使用年限至少约400年，城址晚期已进入夏代，但主要部分属于先夏，是一座龙山文化城址(参见第47条)。这是否禹居的阳城，值得研究。此外，在告成镇东北隅发现另一古城，经考古发掘证实，这是一座春秋、战国时期的城址，城垣南北长约2000米，东西宽约700米，墙体残高8米。城内外散布大量春秋战国时期的板瓦、筒瓦、陶器遗物，城内有战国时房基，南墙外附近有战国时期的铸铁和制造铜器的手工业作坊遗址。由于城内外出土不少印有"阳城"或"阳城仓器"陶文戳记的战国陶量、陶釜和陶豆等，可知这里是春秋战国的阳城城址。《史记·郑世家》曾载："郑君乙立……十一年，韩伐郑，取阳城。"《史记·秦本纪》："秦昭襄王十一年将军摎攻韩，取阳城。"所记均指这座古城址。考虑地望、年代及春秋战国时期确有"阳城"，故王城岗城址既是一座先夏城址又是禹居的阳城的可能性很大。

大禹建立夏朝

(三)启都阳翟

夏朝第二个国王启的都城阳翟。夏王朝的第三个帝王太康(启之子)都斟鄩。太康都城阳翟，后迁斟鄩。

今禹州古名阳翟，相传为夏禹之国。禹子启在此继承王位，开始实行"夏传子，家天下"。故史书称"夏启有钧台之享"(《左传·昭公四年》)。钧台，古释名阳翟。

《竹书纪年》说：启"即位于夏邑"，"大飨诸侯于钧台"。夏邑、钧台即古时阳翟，今之禹州市。《汉书·地理志》载：颍川郡属县"阳翟，夏禹国"。又据《左传·昭公四年》："夏启有钧台之享"，而"钧台"古释名"阳翟"。故夏禹及其子启均有建都(或临时居留)阳翟的记载。古阳翟即今河南禹州。禹州亦得名于禹，主要名胜古迹与夏有关。市内遗存有关于禹及启的纪念性建筑，如禹王庙、禹王锁蛟井、古钧台或夏台等。

(四)太康、仲康、夏桀都斟鄩

二里头遗址位于偃师西南9千米的二里头村，西距洛阳的汉魏故城5千米，东距偃师商城6千米，介于伊河、洛河之间，是著名的二里头文化的典型遗址所在地，也是夏代重要都城斟鄩的所在地。古本《竹书纪年》记载："太康居斟鄩。"今本《竹书纪年》又载："仲康即帝位，据斟鄩。"《史记·夏本记》云："太康居斟鄩、羿亦居之，桀又居之。"夏朝有三世帝王建都于斟鄩，且基本上含夏早中期及末期，在夏文化中具有相当的代表性。三世帝王建都的年限应在百年以上。

斟鄩原为夏方国，约前20世纪，启之子夏王太康因避后羿之乱曾迁居于此。羿即后羿，为东方夷族的一个首领，他乘太康无道、夏民怨愤，攻下斟鄩，赶走太康，夺取王位。太康卒，扶仲康即王位，仍居斟鄩，后被其亲信寒浞杀死。约公元前16世纪，末代夏王桀又迁回旧都斟鄩。商王成汤在此攻灵灭夏桀，建立商王朝，斟鄩在商代使用一段时间后废弃，成为废墟。

斟鄩究竟在何处？《括地志》说："故鄩城在洛州巩县西南五十八里，盖桀所居也。"《逸周书·度邑解》说:“自洛汭延于伊汭,居易无固,其有夏之居。”《尚书·序》“太康失邦,居于洛汭”,洛汭即洛水入黄河口一带,亦在巩义市境内。《史记·吴起传》说:“夏桀之居,左河济右泰华,伊阙在其南,羊肠在其北。”伊洛河地区正在其中。《国语·周语上》载:“昔伊、洛竭,而夏亡。”证明斟鄩在伊洛区内。

二里头遗址发现于1959年,考古发掘一直持续至今。1959年,中国考古研究所在洛阳辖区偃师二里头进行考古发掘,发现二里头一带是一座大型都城遗址,定名为“二里头文化”。经碳14测定,其绝对年代相当于夏代,距今有4000多年的历史,是一座夏代的大型都城遗址。总面积为3.75平方公里。考古工作者先后在遗址处发现了宫殿、宗庙、墓葬、手工业作坊和其他建筑遗址,发现了大批的各种各样的文物,夏商周断代工程认定二里头文化遗址就是夏代都城遗址,即夏都斟鄩的所在地。夏代太康、仲康、夏桀三帝王曾建都于此。《帝王世纪》记载:太康在位29年。《通鉴外纪》记载:仲康在位52年,夏朝都斟鄩94年。夏朝都城斟鄩,城址在偃师二里头。

三、商　都

(一)商朝简史及建都概况

商朝是继夏朝之后在中国中原地区建立的中国历史上第二个王朝,史籍亦称殷或殷商。商族始祖为契,而商朝的开国君王为汤。据《史记·殷本纪》集解引《古本竹书纪年》称:“汤灭夏以至于受(纣),二十九王,用岁四百九十六年。”(裴骃《集解》引蜀汉谯周说则作十七世,三十一王,六百余年)。根据范文澜《中国通史》,这相当于公元前1562~公元前1066年。即大约由前16世纪至前11世纪。

商是一个古老部族,始祖契传为帝喾高辛氏的后裔,约在夏立国前后封于商,因以名族。《诗经·商颂》:“天命玄鸟,而生商”。因此,“玄鸟”(燕子)被认为是商族的图腾。由契至成汤,商族经历了十四世,约三四百年的发展,由一个普通部族形成一个强大的方国,为最终灭夏打下坚实的基础。

商也是中国奴隶制社会高度发展的时期。商本是黄河下游的一个古老的部落,为东夷族的一支。夏朝时属于夏王朝的一个诸侯国。开国君王成汤,子姓,原名履,古籍中亦作成汤、武汤、商汤、天乙、天乙汤,甲骨文和周金文中称作唐、成、成唐、太乙、天乙、商祖乙。最后三个称呼是商族后人祭祀汤时所称的庙号。在某些古书中汤还被尊为武王。商族发展到十三世主癸时,已经是一个强大的诸侯国。成汤继承王位后,任用伊尹为相,励精图治,国势更为强大。时夏桀无道,汤趁机起兵联合诸侯伐夏。先攻灭夏的与国葛、韦、顾、昆吾等,剪除其羽翼。这些方国地域分布在商族发祥地的周围,是商起兵必须首先扫除的障碍。攻灭这些国家也巩固和壮大了自己的阵地。与此同时,商选定新址建立都城,即今所指北亳。灭夏准备完成后,成汤在伊尹的辅佐下在北亳誓师伐夏。双方首战于有娀之墟,桀大败。又会战于鸣条,夏军溃亡。桀被流放于南巢(今安徽中南部)死。汤灭夏后攻人夏都,将夏朝传国的九鼎迁到亳都,建立商王朝。

汤建商朝后,减轻征敛,鼓励生产,安抚民心,政权得到巩固,成为一个强大的奴隶制王朝,为数百年的长期国祚打下坚实基础。汤传三世至太甲,因暴虐无道被大臣伊尹放逐于桐宫(今偃师),以后真心悔过后复位(一说是伊尹夺位,后太甲复国杀伊尹)。复位后的太甲是一代明君,朝政修明,国泰民安,后太甲被尊为太宗。至五世九王雍己,国势已衰。第十王太戊时国家曾经中兴。太戊传仲丁,仲丁死后,王朝发生内乱,国势又中衰,至七世十四王祖乙才有好转,故祖乙在甲骨文中被尊为“中宗”。十世二十王盘庚即位,商王朝已是百孔千疮,面临崩溃边缘。盘庚毅然舍弃旧都,辗转迁徙到祖先曾居住过的殷，改革弊政，发展经济，商朝恢复生机，殷也发展为上古最繁华的大都市。此后273年（一说253年或275年），商朝的都城一直在殷，故史书上商朝亦称殷朝或殷商。盘庚三传至武丁，商朝发展达到鼎盛时期，成为世界东方最大王国。后世尊称武丁为高宗。约在前11世纪，商代最后一个国王帝辛（亦称纣或商纣）是中国历史上著名暴君之一，他荒淫无度，大建离宫别馆供个人享乐，对人民则横征暴敛，滥施酷刑，王室内部矛盾日益尖锐，分崩离析。这时，周族人从西面的关中平原崛起，经过数十年的征战，基本统一关中、河曲、河内一带，逼近商朝政权的中心地带。约公元前1066年，周武王姬发会诸侯于盟津（孟津，今河南孟津东北），与西南诸方国联军伐纣，大战于牧野（今河南淇县西南），消灭商军后破商别都朝歌（今河南淇县），纣王登鹿台自焚死，商亡。

商朝地图

商朝是一个发展达到顶峰的奴隶制王朝，在商代统治约500年间，中原地区经济及生产有很大发展，文化及科学技术也达到前所未有的水平。城邑的建设水准达到相当的高度，出现一批大型都城；青铜器的使用无论在数量上、铸造技术上还是艺术成就等方面都达到极高水平，处于当时世界领先地位。汉文字有了质的飞跃，甲骨文已是一种相当成熟的文字。甲骨文研究还证明商代在农业生产以及军事学、医药学、天文学、地理学等科学技术的发展上均有一定成就。

商族是一个频繁迁居的部族，从契至汤14世，共迁徙8次。大概说来，商的先世（早商）迁徙情况为：契居于商丘（今河南虞城谷熟镇或其附近），契又迁番（今山东滕州北，或说在今河北平山境）。二世昭明迁砥石（今河北元氏境），后又迁商（河北南部漳河一带）。三世相土先居相（今安徽淮北相山），以后又居东部商（今山东泰山附近），此时夏太康失国，无力东顾，商族乘机发展，估计此时已建成部落式国家。相土又迁回祖居商丘。八世上甲微迁殷（今河南安阳殷墟一带），以后再迁商丘。某些文献在上甲微之前有“冥迁邺”和“王亥迁都”之说，二地大约均指“殷”，与上甲微迁殷也许是一回事，但时间较早。上甲微是商族先世中的重要首领，殷墟卜辞中商人祭祖即从上甲微开始，估计此时的商已是一方强国。

东汉张衡在《西京赋》载“殷人屡迁，前八而后五”。建国前的迁徙已如前述。建国后五迁从“汤始居亳”算起：仲丁迁于隞或嚣；河亶甲迁相；祖乙“圮于耿”，耿即邢，旋迁庇；南庚迁奄；盘庚迁殷。以上“五迁”实际涉及的不止五处，异说又甚多，具体地点简述于下。

“汤始居亳”，历史上亳有南亳、北亳、西亳之说。《史记正义》称“汤即位都南亳，后徙曲亳也”，故汤所居的亳有两处。南亳较早认为即今河南虞城谷熟镇，也有说是今安徽亳州。1995年6月在“中国商都文化研究会”成立大会上比较一致认为，这个“亳都”应位于今山东省曹县东北18千米的梁堌堆，实为“北亳”而非南亳。西亳则位今河南偃师西，考古已证实商城址的存在。因此，“汤始居亳”实际上是灭夏前居于北亳，灭夏后迁都西亳。仲丁为商六世十一王，迁于隞或嚣，应位今郑州，已发掘出规模宏大的郑州商城址及小双桥遗址。《古都安阳》一书引古籍认为商五世十王太戊即已迁居相亳（今河南内黄西南12千米亳城），仲丁是从相迁隞的。以后六世十三王河亶甲复都相，十四王祖乙嗣位于相。故相前后建都历三王。

祖乙“圮于耿”，耿即邢，指今河北邢台，已发现重要的商文化遗存。因“圮于耿”故旋迁于庇。庇位今山东郓城北。九世十八王南庚迁奄，位今山东曲阜境。十世二十王盘庚迁殷，今称殷墟，位河南安阳西北郊。殷墟的发现是中国重大考古发现之一。《古本竹书纪年》记载，“自盘庚迁殷至纣之灭，二百七十三年更不徙都”。也就是说殷是商代最后一个都城。但“盘庚迁殷”有一个较复杂的过程。《史记·殷本纪》载：“帝盘庚之时，殷已都河北，盘庚渡河南，复居成汤之故居，乃五迁，无定处。”古籍又有“盘庚帝自奄迁于北冢”之说。估计盘庚不是直接迁于殷，至少还回居商丘及北冢。北冢被认为就是殷，或称北蒙。有人指认在今安徽蒙城，那里有北冢山和故城址。

考古证实盘庚迁殷后不再徙都已为殷墟。但文献又有武乙（或帝乙）迁朝歌之说，所指应为别都。甲骨文及金文均称商后期的都城为“大邑商”。有专家研究，这实际上是以殷为中心的“王畿”，王畿内有大量离宫别馆，含多个别都，除朝歌外还有“阑”，就是郑州商城。

据上述，商建国后涉及的都城有九个之多，因年代过于久远，各都城建都年限除殷墟外均记载不详。商迁都涉及的范围基本上在黄河中下游两岸，但统治范围西已入关中平原，北达河北平原中部，东已近海，南至淮河以北，东西长约1000千米，南北宽约700千米，面积约70万平方千米，是当时世界上最大的奴隶制王国。商人迁都频繁与生产力低下、地力迅速耗尽有关，也受到政治、军事形势的影响。汤迁居西亳是为了更好控制夏王朝统治的核心地区，稳定了约百余年。仲丁时王室内部发生权力之争，促使迁都以避，都城向东迁移。商中后期，因国境西及北方崛起众多方国，为抗击侵扰，又转而向西及北迁移，最终稳定于殷。

和夏代一样，因年代久远，商代都城遗迹很难找寻，经考古发掘证实的嵩山地域有两座：偃师商城（西亳）、郑州商城（隞或嚣，含小双桥遗址）。

（二）偃师商城亳都

约公元前16世纪夏亡商立。商汤攻开夏都斟鄩之后，决定在夏都附近另建新都。新都建成后，商汤从南亳迁此，史称西亳。

偃师商城经考古工作者十几年的调查和发掘，结合文献资料，已确定证明偃师商城遗址就是商汤灭夏之后新建的首座都城西亳，并把城址内的小城定为考古学上夏商年代分界的“界标”。1983年，中国社科院考古研究所在洛阳偃师尸乡沟、大槐树、塔庄一带进行了考古发掘，发现了这座商城遗址。

偃师商城遗址位于位于河南省偃师市城西约1公里处的大槐树村南尸乡沟，北靠邙山，南临洛水。城址覆盖在地面下1～4米。城址大体为长方形，总面积为190万平方米。范围与二里头遗址相仿，较郑州商城略小。除南面城墙已被洛河改道冲毁外，其他三面城墙遗址都基本保存完整。城址内发现有大城、小城、宫城、三重城垣多组宫殿建筑基址、民房、作坊及墓葬等遗迹。大城四周城墙均已发现，皆埋在今地表之下，残高一般在1.5至3米左右；已发现城门多座，城外有护城河；小城位于大城内西南部，其西城墙、南城墙与大城西城墙、南城墙重合；宫城位于小城中央偏南。

偃师商城由外城、内城、宫城三重构成。外城平面上略呈长方形，南北长约1700米，北宽1215米，中宽1120米，南宽740米，总面积近200万平方米，规模较大。宫城的中南部的宫殿建筑遗址，大约占据了宫城的三分之二;大体分为东西两区:东区大概主要为宗庙建筑;西区为一座互相联通的三进院落组成的宫殿建筑群,它应是商王施政、处理国家大事的宫殿建筑,即所谓"朝",朝堂后面的建筑则为"寝"。这种宫庙分离、前"朝"后"寝"的布局,对后世有深远影响。城内南中部有宫殿遗址。大殿之后,有几座宫殿建筑,东西对峙,系王宫所在地。有多组宫殿建筑基址、民房、作坊、城门、道路及墓葬等遗迹。遗址出土了大量商代早期遗物,主要有陶器、骨器、石器、蚌器、铜器、玉器等,有相当多的器物是同时代、同类器物中的精品。从已发现的遗迹来看,偃师商城城址规模宏伟,宫殿成群。既有大型宫殿建筑,又有军事防御设施,具备了早期都城的规模和特点。

商汤攻夏建都

据碳14测定的绝对年代,偃师商城遗址就是商都西亳的所在地,商在此建都历九王约120年。根据地层叠压关系及经树轮校正的年代测定,偃师商城年代为公元前1680～公元前1650年,早于郑州商城而与商代开国时期年代相合。偃师商城的发现,与《春秋繁露·三代改制质文》说的商汤"作宫邑于下洛之阳"的记载基本一致。宫城的建造遵循"对称布局""择中立宫""宫庙分立"和"前朝后寝"的严格宫室布局,奠定了此后几千年中国宫廷建筑的基本形制。

偃师商城遗址是一处商代早期二里岗文化时期的都邑级遗址,为商汤灭夏后所都。"河南偃师为西亳,帝喾及汤所都,盘庚亦徙都之"。《竹书纪年》载:"汤居西亳,仲丁元年辛丑即王位,自亳迁于嚣。"《史记·殷本纪》又载:"帝盘庚之时,殷已都河北,盘庚渡河南,复居成汤之故居。"又云"帝庚丁崩,子帝武乙立,殷复去亳徙河北。"从此可以看出,商朝曾两次都西亳。第一次商都西亳,约在公元前1711年至公元前1482年,计230年,历经成汤、外丙、仲壬、太甲、沃丁、太庚、小甲、雍已、太戊、仲丁10帝。第二次商都西亳,约在公元前1310年至公元前1140年,计170年,经盘庚、小辛、小乙、武丁、祖庚、祖甲、禀辛、庚丁、武乙九帝王。商朝两次都西亳,共19帝,400余年。

偃师商城的发现与发掘除证实商王朝最早都城的存在而外,还具有其他重大学术研究价值。中国筑城始于6000年前,但远古城址比较原始,形制并不完备。偃师商城形制则比较完善:城有三重,内城位外城之内,宫城又位内城之内,宫城并位内城中轴线上;宫殿布局坐北朝南并有一定对称关系;城内道路沿南北及东西向布置,构成棋盘状;城门有门阙建筑基址,并有地下排水道通向宫城。所有这些特点均开中国平原型都城建筑形制之先河,较原知肇始于周公早了至少500年。最新查明商城的内城和第一期宫殿最早修建,且建于商初,其时代可作为夏末商初断代的标准,对"夏商周断代工程"的完成具有重要价值。

(三)郑州商城隞都

郑州市区有两座商代都城遗址,一个是位于市中心的郑州商城遗址,一个是位于郑州市西北的石佛乡双桥村西南的小双桥遗址，均是商代中晚期都城遗址。两片遗址规模都很大，造存极其丰富，都应是当年隞都的组成部分。

约前15世纪，商朝十一王仲丁将都城从相（或称相亳，今河南内黄西南）迁于隞或嚣，即今天的郑州一带，是郑州建都、建城之始，距今3400余年。商朝在郑州建都历仲丁、外壬和河亶甲三王，约近40年。

二里岗遗址年代测定为距今3500年，与仲丁迁隞时间大体相合，而去“汤居亳”年代较远。但商隞都的统治中心在何处，是“郑州商城”还是小双桥遗址，两遗址的关系和隞都的中心位置还不能确定，有待于深入研究。

1. 郑州商城遗址

通常所说的“郑州商代遗址”，一般是指郑州市中心的郑州商城遗址，因首先发现于郑州东南的二里岗，又称二里岗遗址。它是中国商代中期都城遗址，占地约25平方公里，由一座商城址和众多墓葬、手工业作坊等构成。

郑州商城遗址发现于1950年。1952年开始发掘，根据出土遗物，按地层的上下堆积关系，发现有两个相迭文化层，下层多卷唇的鬲和短颈的大口尊，上层多折唇的鬲和长颈的大口尊。其时代早于安阳小屯殷墟文化，约商代前中期，是从二里头文化发展而来，并命名为商代二里岗期文化。

二里岗遗址的文化层所代表的时代被称为“二里岗期”，属商代早中期。时代晚于二里头文化第四期，而早于安阳殷墟第一期。二里岗期本身，根据地层关系又可分为“二里岗期下层”及“二里岗期上层”两段。二里岗遗址的内涵基本包括上下二层，但局部地段还有稍早的洛达庙期（相当于二里头文化）和商代南关外期，以及稍晚的郑州人民公园期（相当于安阳殷墟商代晚期），说明城市聚落的形成很早，可能出现于夏末，使用时间也很长，一直延续到商代晚期，前后达四五百年之久，但主要使用期在商代早中期。

二里岗文化上下层中包含的遗物有明显的变化规律，最明显的反映是在陶器的形制与纹饰的变化上，可作为划分与对比层位的依据。下层陶鬲为卷沿、腹略鼓、袋状足瘦细。陶甗为卷沿、细腰、袋状足瘦细。陶爵为前有流后有尾，椭圆形口。陶大口尊为匾唇短颈。上层陶鬲为卷沿、折唇、腹微鼓、袋状足瘦细。陶甗为卷沿、折唇、腹微鼓、细腰、袋状足瘦细。陶斝为敛口带鼻，袋状足。陶豆为圈足，上部圆鼓。陶爵为有流无尾，圆口。陶大口尊为斜直方唇，长颈。

1955年秋在商代遗址中部的白家庄，发现商代夯土层。经沿着夯土的走向钻探调查，在今郑州老城及北关一带，发现了长方形的南北向的商代城址。城墙周长近7公里，残存高度1～5米，墙底宽20～30米。这在当时成为我国发现最大的一座商城遗址。此后，河南省文物部门多次进行发掘。经考古发掘证明，该城早于安阳殷墟。

据中国考古学院的最新碳14数据显示，郑州商城外城墙的始建年代为前1500年左右，可以推算内城和宫城的时间年代要不晚于前1500年。郑州商代都城遗址的布局由内至外分为宫城、内城和外城，外城面积约17平方公里，内城面积约3平方公里，宫城面积约1平方公里。

遗址中部是城墙环绕的城址，城墙上有11个缺口，可能是当时的城门。城内北部和东北部为宫殿区，已发掘出3座大型宫殿的夯土基址，宫殿区东部还有蓄水池和输水管道等贮水设施。城中还有小型房址和水井遗址。城外有居民区、墓地、铸造青铜器作坊遗址、制陶制骨作坊遗址等。小型墓的随葬品以陶器为主；中型墓多随葬青铜礼器、玉石器及象牙器，一座墓中有殉人。外城城垣和宫城城垣都埋于地下，只有内城还有周长约5公里的城垣屹立于地面，都城遗址内分布着极其丰富的商代社会遗存，是典型的三重城垣结构，宫殿区遗址中发现的供水系统严密科学，首开城市供水系统的先河。城内还发现许多农业生产工作，由此推测，在郑州商城内可能有若干空地进行农业种植，这正是中期城市的特点。

郑州商城遗址中出土大批文物，以陶器为最多，青铜器、玉器、骨器次之，并有原始瓷器、蚌器、白陶器、象牙器等。最突出的是青铜器大方鼎、大圆鼎、尊等。除墓葬有出土外，还在遗址上发现了3个埋藏铜器的窖藏。内有杜岭方鼎及圆鼎、提梁卣、牛首尊等，被认为是商王宣的礼器。遗址中还出土原始瓷器和刻辞卜骨等。大多数考古专家认为郑州商城应为仲丁隞都。

郑州商城的三重城池和宫殿区的整体形制奠定了中国都城发展的基础，它巨大的历史文化价值震惊了社会各界：1961年国务院公布第一批全国重点文物保护单位时，将其列为城池遗址序列第一名；“十一五”期间全国重点保护的100项大遗址中郑州商代都城遗址再列其中。

2. 小双桥商代遗址

在郑州商城西北20公里处的郑州石佛乡的小双桥，又发现了年代相当于郑州商城晚期的王室祭祀遗址，出土了大型夯土建筑、青铜建筑构件、丛葬坑和大量人骨架，以及埋有牛头或牛角的祭祀坑等。小双桥的发现曾被评为1995年“中国十大考古发现”之一。有人认为小双桥遗址应当是郑州商城遗址的一个有机组成部分。如果确实是这样，那么郑州商城遗址的规模应更为巨大。

小双桥商代遗址发现于1989年。1990年河南省文物考古研究所对其进行了调查和发掘，并于1995～2000年进行了数次再调查、复查及大规模的发掘。

小双桥商代遗址面积达120万平方米，清理商代高台型夯土建筑基址、祭祀坑及铸铜作坊等。出土文物除陶器外，有两铡刃涂朱的铲形石器等，尤以甲骨文一脉相成的陶缸表面朱书文字引人注目。遗址年代属商前期晚段的白家庄期，与二里岗商文化之间具有前后相接关系。

小双桥城垣剖面为梯形，下面挖有基槽，两侧有护坡，全部用土分段分层夯筑。每层面上有密集的圆形尖底或圆形圆底的夯杵印痕，城墙还留有版筑的痕迹。周长近7公里，其中北墙长约1690米，西墙长约1870米，南墙和东墙均长约1700米。墙基宽20～32米，地面残存最高为5米左右。城周共发现11个缺口，有些是城墙废弃后损毁的，有些可能是城门。

城内为宫殿区和一般居住区。城郊有多处手工业作坊区、多个墓葬区和铜器窖藏。宫殿区在城内中部偏北和东北一带，发现夯土建筑基址20多处，面积100～2000平方米不等。发掘主要集中在遗址的中心区域，发现有夯土墙、大型高台夯土建筑基址、宫殿建筑基址、小型房基、大型祭祀场、祭祀坑、奠基坑、灰沟、与冶铜有关的遗存等文化遗迹及大批质料各异、种类繁多的文化遗物，出土了陶器、铜器、原始瓷器等丰富的文化遗物。其中尤以与甲骨文一脉相承的陶缸表面朱书文字引人注目。

小双桥遗址面积大，文化内涵丰富而重要，具有都邑遗址的规模和性质；遗址地处黄河南岸古敖地范围内，其文化年代属白家庄期，接郑州商城而繁荣，同时历时较短，合于仲丁迁隞的历史记载；遗址中大量岳石文化因素地出现，可以和仲丁征蓝夷的历史相对应。所以小双桥遗址是目前所发现的处于郑州商城和安阳洹北商城之间的惟一一个白家庄期的、具有都邑规模和性质的遗址，是夏商周考古学上的一个新突破。

四、周　都

周王朝是中国历史上最长的一个朝代，经历了37代天子，西周、东周共约814年。到公元前256年，才被秦国灭掉。周都简史与建都概况分周族起源、西周和东周三部分记述：

（一）周朝简史与建都概况

周族原是活动于我国中原西部黄土高原的一个古老部落，与夏、商两族同称为我国原始社会末期的三大部族。夏、商两朝时期，周是它们的属国。

1. 周族的起源与发展

周族是起源繁衍于姬水，以后以姬为姓。不窋孙公刘迁居于豳（今陕西旬邑西或在长武），继承后稷之业，兴修水利，发展农业，在高亢处营建都邑，建立军队，设立宗庙。《史记》称“周道之兴自此始”，周族进入建立国家的阶段。

公刘后六世传到高圉、亚圉和公叔祖类时期，周国进一步发展，成为商朝西于中国北方山陕黄土高原上的古老部族。据《史记·周本纪》，传说该部族起源于黄帝族，黄帝曾孙帝喾的元妃有邰氏女姜嫄生后稷名弃，是周的始祖。弃在帝舜时担任农师，号称后稷，教民耕稼有功，分封于邰。所谓“封弃于邰，号曰后稷，别姓姬氏”。因此，周的始封地为“邰”。邰又称斄，位今陕西咸阳阳陵区南2000米的杜家坡村，东北距武功约1万米。弃精于农业，子孙世代为夏朝农官，故“后稷”成了农业官名，后世尊弃为农业之神。

传到不窋，逢夏末商初，因周为夏的与国，当商灭夏后，周人受到牵连，被迫西迁，“自窜于戎狄之间”（《国语·周语》），并与羌族联姻，组成强大方国，甚至已被商封为侯国。公叔祖类之子古公亶父即位后，鉴于豳处于戎狄之中，为求发展，乃向关中平原迁移，辗转徙至岐山下的周原定居下来，逐渐发展成一个新兴的西部势力，建立都城岐邑（位今陕西扶风、岐山之间）。古公在此兴建城郭宫室，建立宗庙，立国号为周，后世追认古公为周太王。从此，岐邑为周围的重要政治中心。即使后来迁都丰邑及镐，岐邑因系宗庙所在地，仍为重要的政治、文化中心。周在岐邑活动持续约400年之久。

太王死，传位于幼子季历。季历的两个哥哥泰伯、仲雍为让位于幼弟。乃南逃江南，建立句吴国。季历娶商朝畿内的挚国任姓女为妻，并曾朝商，加强了与商朝的关系。季历在与商王朝保持良好关系的同时，修行道义，发展生产，向东及西征服诸戎，驱逐夷狄，周王季历曾一次消灭22个翟王，使得力量更为强大，势力深入今山西境，可能已对商构成威胁。季历被商王太丁所杀。季历儿子姬昌继位，后世追认为周文王。姬昌号称西伯，仁慈爱民，礼贤下士，天下士人都来投奔。

周文王则是一个有作为的创业者，清明勤政，任用贤能，在渭水边请来高人姜尚委以重任。在他的治理下，周日益强盛。首先向西北及西南用兵征服西戎、密须、阮、共等小国，向东灭崇，占有关中核心要地。将都城从岐邑东迁于丰，建丰邑（今陕西长安西北），对商国形成钳形包围，三分天下已有其二，灭商条件已基本具备。

周的发展，使商纣感到威胁，于是将西伯昌囚禁于羑里七年。周人以珍宝和美女将西伯赎出，此后，在吕尚的辅佐下，西伯昌表面上耽于游乐，对殷纣十分驯服，实际上却更为积善修德，和悦百姓，大力发展生产，使更多的诸侯前来归附，进而征讨不驯服的诸侯和商的盟国，终于三分天下有其二，成为所谓的受命之主，而自称王，即周文王，并将都城迁到丰邑（今陕西长安西南沣水西岸）。

约公元前1050年，周文王逝世，其子姬发继位，称周武王。他继续以姜尚为师，周公旦为辅，召公、毕公等人为主要助手，继续文王未尽的事业。将都城扩至沣水以东的镐京（今陕西长安县境），积极作灭商的准备。商朝末年，纣王昏庸无道，信奸邪，远贤臣，滥用酷刑，筑鹿台等豪华宫殿以享乐，商朝的统治已达到崩溃的边缘。武王时，周的势力已很强大。武王继承父业，向腐朽的商朝发动军事进攻。

周武王克商

武王四年（前1066），武王在盟津召集一千诸侯会师盟誓。周文王受命第十一年十二月，武王兵出潼关，联合各方国诸侯，挥师东向，于次年二月甲子日早上，周戎车300乘，虎贲3000人，甲士4万5千人与巴、蜀和江汉流域诸方国联军渡黄河北上，与商纣王军会战于牧野（今河南淇县西南）。纣军败散，王登鹿台自焚死，商亡，史称“武王灭商”。

周武王进入商都朝歌和殷，分商王畿为邶（今河南汤阴东南邶故城）、鄘（今河南新乡西南鄘故城）、祭（今河南长垣东北18.5千米）三国，分别封给叔处（邶）、叔鲜（鄘）和叔度（祭），号称“三监”，以监视武庚为首的殷遗民。随后派兵征服商诸侯国和方国达99个之多。武王以商传国九鼎归，在丰邑的东面约10千米处建新都城镐京，此后该二城又合称丰镐或宗周。周以镐京为都城，宣布建立周王朝。

周代先世的发展一直局限在今陕西中西部，都城凡四迁：邰、豳、岐邑（周原）、丰邑。西周主建都丰镐，营建东都于洛邑，是为别都，但成王曾居洛阳成周数十年。懿王以犬丘（今陕西兴平东南）为临时都城。穆王筑柢宫，亦称郑宫，位今陕西凤翔南雍城遗址内，为秦大郑宫基础。有的文献提到一个“奠都”，也许就是指郑宫，古“郑”与“奠”通。

周王朝可分两个阶段：从公元前11世纪中叶至公元前771年称作西周；东周又可分作两个阶段：公元前770年至公元前476年为春秋时期，公元前475年至公元前221年为战国时期。周王朝的都城设置也可分作两个阶段：西周时期实行两京制，以镐京为宗周，以洛邑为东都。丰镐在西，洛邑在东，习惯上称公元前770年以前的周朝为西周；从公元前770年到公元前221年秦始皇统一中国称作东周。东周时期则放弃镐京，以洛邑为都。

2. 西周

由武王立国到平王东迁，史称西周。西周历11世12王，据范文澜《中国通史》为296年，约相当于公元前1066年至公元前771年。

周的统治范围较商朝相比又有了大的扩展，北部已达燕西，直达长江中下游，东近海，西至陕甘黄土高原的东缘，纵横均达1200千米，面积已超过百万平方千米，应是当时世界上最大的奴隶制王国。

由于面积广大,已超出中原范围,可以看成是中国第一个具有全面统一意义的王朝。周王室国祚极长,由公元前1066年武王建国到公元前256年赧王灭于秦止,年限长达810年,是中国历史上存在时间最长的中原王朝。在漫长的800余年中,疆域和政局有极大变化。

西周初期,国家的治理主要依赖于周公。武王灭商后二年而死,成王年幼,周公受命辅佐成王。成王元年(约前1063年),"三监"串同商遗族首领武庚和商的与国奄、蒲姑、东徐、熊、盈等发动叛乱。周公率军东征,于成王三年(约公元前1061年)将叛乱讨平,诛武庚、叔鲜,放逐叔度。周公执政期间政绩卓著。首先是"封邦建国"以巩固统治;其次是贯彻武王遗志,经营洛邑;还有就是创立礼乐典章制度,规划土地,推行井田制,使朝政统一,经济有所发展。

分封诸侯

据《左传·僖公二十四年》载,周大夫富辰叙述往事时说"昔周公吊二叔之不咸,故封建亲戚以蕃屏周"。"封邦建国"对拱卫王畿、巩固王朝边土起着积极作用,是一个重要决策。实际的分封始于武王时期。武王五年(约公元前1065年),除封"三监"外,还封姜尚于齐、周公于鲁、召公于燕、叔振铎于曹、舜后人胡公满于陈、禹后人东楼公于杞、仲雍曾孙周章于吴、周章弟虞仲于虞。周公平叛后的成王三年(约前1061年)又集中分封一次。《荀子·儒效篇》谓周公共分封(含武王时)71国,其中姬姓占53国。姬姓幽之中,属于文王弟的有东及西虢,属于文王之子的有管、蔡、郕、霍、鲁、卫、毛、聃、郜、雍、曹、滕,毕、原、酆、郇16国。属于武王之子的有邘、晋、应、韩4国。参与"三监"叛乱的叔鲜之后另封于管,叔度之子仲另封于蔡,叔处另封于霍。故文献有"管叔鲜""蔡叔度""霍叔处"之称。并灭蒲姑并于齐,灭奄以封周公长子伯禽,是为鲁国。为防患于未然,周公封其六子于商王畿,各派重兵驻守,即凡、蒋、邢、茅、胙、祭6国。除分封同姓诸侯及异姓亲戚以捍卫疆土外,还分封若干异姓民族首领,则有怀柔、安抚的意图,使其后继有人,如封商旧臣微子于宋以继殷祀。传"五帝"及夏禹之后裔都得到了分封。

周公之后,分封仍继续实行,差不多持续到周代之末,但分封数量大减。比较有名的是成王封熊绎于楚、康王封虞侯于宜、宣王封弟友于郑、孝王封非子于秦。周代封国是不折不扣的二级国家,拥有相当大的主权。随着一些国家国力的增强,事物的发展走向它的反面,诸侯国已不再起捍卫疆土的作用,不再听命于王室,成为真正的独立国家。东周时王室衰微,分封的性质由"蕃屏周"转化为权力再分配,且往往是被迫承认兼并与割据的现实。如公元前403年,威烈王册封韩、赵、魏为诸侯就是最典型的实例。东周末期还先后分封东、西两个"周君",导致整个周代有两个西周及两个东周。一是朝代名,一是封国名。朝代指西、东周王朝。公元前440年,东周考王封其弟揭于河南(今洛阳西),因位于王朝都城之西,史称西周君。公元前367年,西周威公死,少子根在东部争立,得赵、韩支持,迫周惠公封根于巩(今巩义市西康店,有故城遗址),是为东周君。小小的西周封国又分裂为两个更小的诸侯国。前256年,西周君阻塞阳城通路,秦派军灭西周君及东周王朝,西周君立国184年。公元前249年,东周君与诸侯国共谋伐秦。秦军入巩,灭东周君。东周君立国118年。至此,周王室政权全部结束。

周公另一重大政绩是“营周居于洛邑”。在今洛阳建王城与成周驻重兵，以加强对中原的控制。从此，今西安与洛阳形成东、西二都之制，历汉至隋唐延续达2000年之久。1963年陕西宝鸡出土《何尊》铭文证实建都洛邑及成王五年（约公元前1059年）迁都于此的史实。

营建洛邑

周公摄政7年，又佐成王4年始卒，国家大治，到康王时达到鼎盛，史称“成康之治”，为尔后昭王、穆王的军事扩张奠定了基础。“昭王南征”是为了征服荆楚；“穆天子西征”曾征服犬戎，俘五王，世传《穆天子传》记其事，其足迹可能达中亚。穆王还曾出征淮夷，征服强大的徐国。昭王南征时，为了加强对南部边疆的控制，将部分姬姓诸侯国自山陕一带迁到南方，因位汉水之北或东，故史书称“汉阳诸姬”或“汉东诸姬”。据何光岳的研究，大致同时迁移的有随、霍、蓼、应、息、唐、曾、申、蒋，据说还有鄂、沈、黄等国。这些诸侯国负有镇抚荆楚，隔断荆楚与淮夷、徐夷和群舒诸国联系的职责，也是为了开发南部边土，使西周王朝对南及东南方的控制达到最大规模。

自武王八传至厉王。厉王暴虐无道，国人暴动。前841年，暴动者攻入王宫，厉王奔彘（今山西霍州），周公与召公的继承者共同主持行政，史称“共和”。中国历史有正确纪年自本年始。共和持续14年，厉王死于彘。公元前827年，宣王即位。时国势十分衰弱，以后略有起色，但终不能挽回颓势。幽王十一年（公元前771年），申侯引缯（鄫）及犬戎军攻破都城镐京，杀幽王，西周亡。

3. 东周

西周亡后，晋文侯、郑武公、卫武公、秦襄公共同拥立平王。公元前770年，周平王东迁洛邑，延续周朝，定都洛邑（今洛阳），史称东周，以别于西周。东周王朝开始。东周自平王起，东周共传25王，历时515年，相当于公元前770至公元前256年。东周的前半期，诸侯争相称霸，称为春秋时代；公元前453年，韩、赵、魏国三家联手灭了晋国最强大的智氏家族后，三家分晋，正式成为诸侯国，名列战国七雄。各诸侯相互征伐，称为战国时代。

东周分为春秋和战国。诸侯的力量远大于国君的力量。东周的前半期，诸侯争相争称霸，称为春秋时代；东周的后半期，周天子名存实亡，各诸侯相互征伐，称为战国时代。春秋与战国时期，是一个社会大动荡、大变革时期，周王室衰微，大国争霸，互相征战与兼并。春秋有五霸，齐桓公、晋文公、宋襄公、秦穆公、楚庄王，后来南方的吴越也分别称霸。东周后期及秦帝国建立期间，公元前475～公元前221年，是大国称雄的时代，社会发展完成由奴隶制到封建制的转变，史称战国。战国时期最大或最强的国家有齐楚燕韩赵魏秦，即“战国七雄”，其最大特点是国家间的连年战争与兼并，最终的结果是秦灭六国，秦始皇统一天下，东周结束。

东周国力远不如西周，诸侯国趋于兼并和独立，统一状态被打破，国家逐渐分裂，周王室的势力还不如一个较大的诸侯国。这一时期社会政治制度有极大变化，由奴隶制过渡到封建制。大约东周前期，由公元前770年到公元前476年，是诸侯大国称霸的时代，基本维持奴隶制，史称春秋。其时小国林立，最大的有12个。《史记》中列为12诸侯。

东周王室势力衰弱，全国处于诸侯国分裂割据状态，仅见于《左传》的大小国家即有200余个，最有势力的为“十二诸侯”，即晋、鲁、齐、燕、秦、楚、郑、卫、宋、陈、蔡、曹。春秋后期西南还崛起巴、蜀，江南崛起吴、越。此外邾、徐、杞、虢、薛、滕、莒等的势力也不小。与此同时，周王则下降至诸侯国地位，统治范围仅限于洛邑四周。各诸侯不再向周天子纳贡、述职。所谓天子已是徒有虚名。通过诸侯国间的兼并战争，少数强国崛起，纷纷称霸。经诸侯会盟，先后得到霸主地位的有齐桓公、晋文公、宋襄公、秦穆公和楚庄王，史称“五霸”。但宋襄公称霸并未完成，以后晋悼公复霸，吴王夫差及越王勾践是最后两个霸主。因此，终春秋之世不只五霸。从国家分裂及诸侯称霸、兼并来看，春秋是一个乱世。但从文化及科学技术的发展来看，春秋又是一个开始大繁荣的年代。其时诸子百家学说兴起，儒家创始人孔子主要著述均完成于春秋时期。

平王东迁以后，管辖范围大减，形同一个小国，加上有弑父之嫌，在诸侯中的威望已经大不如前。据《左传》记载，春秋时共有140多诸侯国。面对诸侯之间互相攻伐和兼并，边境的外族又乘机入侵，天子不能担负共主的责任，经常要向一些强大的诸侯求助。在这情况下，强大的诸侯便自居霸主，中原诸侯对四夷侵扰则“尊王攘夷”口号团结自卫。

周襄王十七年（前635年），襄王弟叔带为篡夺王位，联络戎人，攻入周都王城（今河南洛阳王城公园一带）。襄王不能平，求救于晋文公，文公诛叔带，遂为伯而得河内地。周襄王二十年（前632年），襄王为晋文公所迫，于河阳践土会盟。

通过春秋战争，原有小国逐渐消失，至战国初大约只剩约三分之一了。这些国家中，最强大的有七国，即齐、楚、燕、赵、韩、魏、秦，史称“战国七雄”。二等国家有宋、中山，西南的巴、蜀，均先后称王。周王朝已成为一个小国，常向大国摇尾乞怜。其他小国还有鲁、卫、东周、滕、薛、邹、费、孤竹、无终等，只能在强国的夹缝中生存。且最终均为七雄所灭，最后剩下的七雄也进行着激烈的兼并战争。

周赧王时，国势益弱，同时内部争斗不休，以至分为东周国和西周国。赧王迁都西周。周赧王八年（前307年），秦借道两周之间攻韩，周人两边都不敢得罪，左右为难。东西两周位于诸强国之间，不能同心协力，反而彼此攻杀。至赧王五十九年（前256年），西周国被秦所灭，同年赧王病死，西周国覆亡。七年后，东周国亦被秦所灭。

战国时期，战争频繁，且往往规模空前，一次动员兵力数十万是常事。长平之战，秦即坑赵降卒达40万之多。经过200多年的较量，僻处关中一隅的秦国迅速壮大，势力超过6国。在前3世纪20年代期间先后灭韩、魏、楚、齐等国，统一中国。战国时期结束，秦帝国时期开始。

这一时期的诸国政治经济改革显示了巨大威力，成为一个时期的特点。突出的如魏的李悝、楚的吴起、齐的邹忌、韩的申不害、燕的乐毅、秦的商鞅和李斯等，他们的改革与变法都收到巨大成效。此外，始于春秋的诸子百家学说进入大发展时期。除以孔、孟为代表的儒家外，还有墨子、老子、庄子、荀子、韩非子等，形成儒、墨、道、法、名、阴阳、纵横、杂、农等诸家争鸣的局面。诸子学说一直流传2000余年至今，对中国历史发展有着巨大影响，是中国也是世界人类社会思想智慧结晶的一部分，也是中华民族古代文化的宝贵遗产。

周平王东迁洛邑，东周500余年一直未迁都。成周与王城两城相距2000米左右。据古文献记载分析，平王居王城，历14世至景王，共251年。公元前519年，敬王避王子朝内乱入成周，历10世至赧王，共204年。公元前315年，赧王迁回王城，到公元前256年灭于秦止，共59年。

(二)周朝洛邑

1. 西周东都洛邑成周

周武王克商后并没有马上回镐京,而是居洛阳察看地形,嵩山祭天、营建周人之居、迁九鼎等。为巩固周朝对东方的统治,计划在伊、洛二水一带夏人故居地建设新的都邑,但未及实现,武王就在灭商后的第二年在镐京病故。

周代徙都图

成王执政那年,先派周公和召公勘定建邑位置。周公和召公在距洛阳附近的登封告成用一种叫做“土圭”的简陋仪器,于夏至之日测量日影,证明洛邑居于“天下之中”,的确适合建造王城,并以地图及占卜,找到两处可以建都之处:一处被确定在涧水和洛水的交汇处。位于伊洛盆地中心,南望龙门山,北倚邙山,群山环抱,地势险要。另一处被确定在北至邙山、南达洛河、东及偃师寺里碑、西距今白马寺三里许。他们将结果报告成王。由此,周公奉旨在这两个地方营建东都成周,成周之意是为了表周之成,包括王城(王宗庙宫寝所在)和所迁殷“顽民”所居之城的下都。前者即汉河南城所在,在西;后者即汉洛阳城所在,在东。

史料记载,东都洛邑共建两座城,以瀍水为界,瀍水之西为王城,瀍水之东为成周。具体位置是王城位于今瀍河以西、涧河以东,今洛阳市老城区和西工区东半部一带;成周城位于今瀍河以东,今洛阳市白马寺西和西北一带。东都洛邑成周城建成后,西周有两座都城。西方的镐京称为宗周,东方的洛邑称为成周。成周分为王城与下都,下都后称成周。著名河洛文化专家史善刚说:成周者,周统一大业之始成也;宗周者,周宗族之源也。”

周公营建洛邑的目的主要有两个:一是洛邑居“天下之中,四方入贡道里均(《史记·周本纪》)”,为此要把新邑建成全国的政治和经济中心;二是周王朝接受三监和武庚叛乱的教训,决定迁殷商遗民于洛,并屯兵“八师”,以加强对殷民的统一监管和统治。因此,两座城的性质和作用不同,王城是诸侯朝见国王和西周贵族居住的地方,是政治、经济中心;成周城为附属城,是驻防军队、安置殷商遗民的地方。东都洛邑城的选址和兴建,是周天子“要在天下中央,治理天下所有民众”的成功体现和实践,洛邑也是史书明确记载的第一座国家层面详细规划建设的都城。

成王执政五年即迁都成周的王城。《何尊》铭文中记载:“惟王初迁宅于成周,复禀武王礼,福自天惟王五祀。”周自成王始,除康王外,其他诸王都经常居洛处理国事,来成周居位施政。这在周器铭文中有所记载,其中记载成王的有 8 器、昭王的 7 器、穆王的 1 器、恭王的 14 器、懿王的 4 器、孝王的 3 器、夷王的 1 器、厉王的 15 器、幽二王的各 2 器,康王未发现铭文记载。

《国语·周语》说:“周之兴也,鸣于岐山。”这是周族发迹的地方。但是《史记·封禅书》却说:“三代之居,皆在河洛。”因此后人说,西周虽然建都在陕西,但周初在洛阳营建了东都成周城。西周实行一国两都制,但是法定的国都是镐京,洛阳只作为陪都存在。洛、镐二都均没有中央最高官署卿事察,周公居洛、召公居镐。周公死后,他的儿子君陈又承袭周公的职位,继续镇守在这里。洛阳作为西周的东都城,从成王五年至平王二年的295年中,历经成王、昭王、穆王、恭王、懿王、孝王、夷王、厉王、宣王、幽王10帝王居洛执政,历时262年。

2. 东周国都洛邑王城与成周

西周末期,周宣王卒,周幽王立。关中发生大地震,灾难严重。《诗小雅·十月之交》云:“三川竭、岐山崩。百川沸腾、山冢崩,高岸为谷,深谷为陵。”加之内政腐败,社会黑暗,宫廷分裂。周幽王宠爱褒姒废申后及太子宜臼,立褒姒为皇后,以褒姒子伯服为太子,导致朝政混乱,诸侯叛离。申侯联合犬戎等部,发兵进攻宗周。公元前771年西周受到犬戎的侵略,幽王被杀,西都镐京被抢劫一空。平王即位第二年(前770年),在内忧外患的交迫下,周平王决定迁都于成周,都居王城,史称东周。

东周王城,为东周时期的都城,在今洛阳市王城公园一带。史料记载,公元前770年周平王东迁的地点,就是西周王城之所在。《括地志·洛州·河南县》载:“故王城,一名河南城,本郏鄏,周公所筑,在洛州河南县北九里苑内东北隅。自平王以下十二王皆都此城,至敬王乃迁都成周,至赧王又居王城也。”根据大量文献同一种记载,经过发掘遗址,发现了内外两重城相套的城址,位于涧河东岸内侧的小城被认为是汉河南县城址,外侧的大城则被推定为周平王东迁后的东周王城。王城始建于春秋初年,延续使用至战国晚期,后改建为河南城。秦汉时曾多次修补,西汉后期城池开始荒废。

东朝王朝在春秋时期是以东周王城为国都的,但在战国时期,形势发生了变化。公元前516年周敬王即位,因王城内王子朝势大,由王城迁都于成周。杜预《春秋左传集解》:“子朝之乱,其余党多在王城,敬王畏之,徙都成周。成周狭小,故请城之。”晋国率诸侯为周敬王于公元前510年在西周下都成周的基础上扩建成周城为国都。位于今白马寺以东,汉魏洛阳城故址一带的东周成周城与瀍河两岸的西周成周城存在一兴一废的关系,瀍河两岸的西周成周城废弃后,异地营建了新的成周城,即敬王徙都之成周。据考古发掘证明,东周成周城范围只限于汉魏晋故城中部和北部,其面积应小于王城。从周敬王居都成周,一直到东周最后一位国王周赧王时,才迁回王城旧都。成周城战国时改名雒阳。之后,东汉、曹魏、西晋、北魏四个朝代又在东周成周城基础上改扩建,并作为都城。

自周平王东迁,都洛邑,居王城,王城成为东周的政治中心,虽东周时也曾将中心移至成周城,但王城为东周都城的时间长于成周城。王城作为东周都城有310年,从周平王开始,历经桓王、庄王、釐王、惠王、襄王、顷王、匡王、定王、简王、灵王、景王、悼王、赧王14帝王。成周作为东周都城有205年,历经周敬王、元王、贞定王、哀王、思王、考王、威烈王、安王、烈王、显王、慎靓王11位帝王。洛阳作为东周都城有515年,历经25位帝王。

公元前256年秦灭周后在洛阳置三川郡,是天下36郡之一。公元前206年,申阳受项羽封为河南王,都洛阳,次年降汉。公元前202年汉灭项羽,高祖初都洛阳,置河南郡.仅三个月即迁都长安。公元8年,王莽代汉称帝后,以洛阳为东都,常安(长安)为西都。公元23年,汉宗室刘玄被立为帝,国号“汉”,年号“更始”,“北都洛阳”,公元24年迁至长安。此后,周朝洛邑逐渐废弃。

五、春秋战国时期郑韩都

春秋战国时期，郑国、韩国先后在新郑建都，所建都城规模宏大，是春秋至战国著名都会。公元前765年，郑武公开始筑城，以旧号命名新城，故称新郑，距今已有2800余年的历史。韩建都后又更名南郑。两国在此立都达539年之久。新郑最重要的文化古迹就是郑韩故城。故城在韩亡后逐渐废弃，但历代县城均建在故城的部分基础上，今故城尚存遗址。

1. 郑国都新郑

郑国，别名奠国，国君为姬姓，伯爵。春秋时期重要诸侯国之一。周宣王二十二年（前806年）封周厉王幼子姬友于郑（今陕西华县的东方），史称郑桓公。历史上最早的郑国在陕西棫林（今陕西华县一带），开国君主是周宣王之弟郑桓公姬友。周幽王时期，郑桓公身为周王室的司徒，看出西周马上就要灭亡，于是，在太史伯的建议下，于桓公三十三年（前774年）将郑国财产、部族、宗族连同商人、百姓迁移到东虢国和郐之间（今嵩山以东），号称新郑（今新郑一带），这是郑国历史上有名的大迁移。

桓公三十六年（前771年），犬戎之乱中，犬戎杀死周幽王和郑桓公，桓公之子郑武公即位，郑武公等人辅佐周平王东迁洛邑有功，任为王卿士，是朝中重臣。郑由关中东迁中原是一个大胆而正确的战略政策，郑从此由由一个小国发展为位居中原核心的强国。郑人到新地后“二年而灭郐”，为公元前769年；“四年而灭虢（东虢）”，为公元前767年。约在公元前765年，在新占领的溱水和洧水之间建立了实际独立的郑国，定新都为新郑（今新郑市）。

以后郑的势力不断发展，到郑庄公时（前743～前701年），侵陈伐许，破息攻宋，大败北戎，以至同周王室交换世子，抗击周统帅的陈、蔡、卫联军的进攻，成为春秋初相当活跃的一个小霸主。约公元前724年，庄公在栎邑（麽，今禹州）建宫室以为别都。《春秋·桓公十五年（前697年）》有“郑伯突（厉公）入于栎”的记载，杜预注为：“栎，郑别都也，今河南阳翟县。”郑厉公入居栎，是避内乱。尽管郑庄公死后公室内部争权不断，但因占有中原重要地位，在政治上始终占有显著地位，《史记》列入12诸侯。春秋晚期，贤臣子产执政，改革弊政，实行新政，加强军备，铸刑鼎加强法治，在大国争逐中维护本国权益，国势长期不衰，受到晋、楚诸霸主的尊重。进入战国后，郑国内有君臣的权益角逐，外受韩国的为断蚕食，国势急剧衰弱。公元前375年，韩兵破新郑，郑国亡。郑立国431年，在关中旧都郑邑建都33年，东迁中原后在虢、郐之间过渡8年，新郑390年。

郑国的主要都城实际上只有两个，一是始封地郑邑，另一为新郑。据《中华人民共和国地名词典·陕西省》载，郑邑位于今陕西华县城关镇附近，郑国分封前已有城邑，称棫林或咸林。秦国占据关中平原后，武公十一年（前687年）设郑县，是中国最早设县之一。后又在今华县境置武城县。西汉合二县为沈阳县。东汉复为郑县。西魏始设华州歉华山郡，以后又曾多次改称太州，州县治所也先后迁移到许多地方。唐永泰元年（765年），州治移于今城关镇。清代华州先为直隶州，后又降为散州。1913年废华州设华县。郑的新都新郑后来又成为韩国的都城，其遗址名曰“郑韩故城”。

2. 韩国都阳翟，后迁新郑

韩是古国名，东周战国七雄之一。

约公元前11世纪武王灭商后的西周时期,周朝实行分封制,大封诸侯。周成王时,周公旦摄政,平息了商纣王子武庚和管叔、蔡叔的叛乱。周成王再次分封,封其弟于韩原,国在燕国之西,即今山西河津县东北,立韩氏。公元前458年,韩宣子与智氏和赵、魏共灭范氏和中行氏,尽分其地。后晋国称霸,韩氏中衰。至韩厥,为晋悼公正卿,晋悼公复霸,韩厥之力颇多。后韩起执政晋国27年,韩氏显贵。

西周至春秋战国时期的韩国,起源于三家分晋:春秋末年,晋国大夫赵襄子、魏献子和韩宣子于公元前433年先行暗杀智伯,然后再将晋的领地瓜分,成为三个诸侯国。换言之,中原地区的晋国三分为韩、赵、魏三家。周威烈王二十三年(前403年),韩、赵、魏三家得到周威烈王的承认,正式封韩景侯(韩虔)与赵、魏位列于诸侯,韩国建立。开国君主是晋国大夫韩武子的后代——韩景侯,建都于阳翟(今嵩山禹州)。后世历史学家将韩、魏、赵三国与秦、楚、燕、齐合称战国七雄。

韩国最初疆域在今山西东南中,以后逐渐扩大到今河南中部。晋悼公十年(前563年),韩宣子由韩原徙居州(今河南温县东北)。晋定公十五年(前497年),韩贞子迁平阳(今山西临汾西南)。战国早期,韩向东南进取。约在公元前470年,韩武子迁都宜阳(今河南宜阳西韩城镇)。至韩景侯时又徙都阳翟(今禹州市)。韩景侯在位由公元前408年至公元前400年。韩景侯九年(前400年),郑军曾围阳翟,说明韩已迁都至此。此时韩的领域已基本转移到今河南西部和陕西东部,阳翟成为韩进取中原的经营中心,即使后来迁都,阳翟仍保持长期繁荣。后世建都阳翟者亦多称韩王。

公元前375年,韩哀侯灭郑,将国都从阳翟迁于南郑(今新郑市),从此韩的统治中心就完全移到了中原地区。

战国时期韩国所处位置正当“四战之地”,东有魏,南有楚,西有秦,北有赵,强国环伺,势力一直未能得到发展。公元前355年,韩昭侯用申不害为相,实行政治改革,国势有所发展。战国中后期,秦国向东扩张,对韩的威胁日益严重。公元前335~公元前301年,秦攻取宜阳、鄢、石章、武遂、穰等地。但韩亦不示弱。公元前296年,韩与齐、魏联军攻入秦函谷关,迫秦归还河外及武遂等地,但不久诸地又被侵占。公元前3世纪是秦国日益强大、不断攻韩、屡败韩军、蚕食其疆域的过程。至公元前3世纪30年代,秦领域已逼近韩都。公元前230年,秦派内史腾攻韩,掳韩王安,以韩地设颍川郡,韩亡。

韩由封韩原算起历500余年,自公元前403年策命为诸侯算起为173年,由公元前332年称王算起为102年。500年之间韩都凡6迁;都于韩原约200年,州66年,平阳27年,宜阳70年,阳翟25年,南郑(郑韩故城)145年。

六、汉都洛阳

汉朝简史(前202~220年),汉分两段,西汉、东汉。西汉初定都洛阳,后迁都于长安(今西安),东汉定都洛阳。

(一)西汉都洛阳

史料记载:西汉都洛阳,时间为公元前202~公元前199年。秦末年,项羽、刘邦拥立楚怀王与秦朝抗争。经过几年的征战,刘项军夺取天下,项羽废怀王自立为西楚霸王,分封天下土地于王侯数十人,其中刘邦被封为汉王,都南郑。在“楚汉相争”中,刘邦在谋士张良、萧何,大将军韩信等人的帮助下，打败了项羽，于公元前202年定鼎天下。公元前202年二月初三，汉高祖刘邦在山东定陶称帝，定国号为“汉”，史称西汉或前汉。西汉初都洛阳，群臣拥护，认为“其固足可恃也”。刘邦称帝的当月，从山东定陶来到雒（洛）阳《资治通鉴》记载：“帝置酒洛阳南宫。”评功论赏，文臣武将，皆大欢喜，遂定都洛阳。五月间，齐人娄敬路过洛阳，劝说刘邦迁都长安。刘邦的文武大臣，多系关东人，不愿意西迁。经过一场辩论，刘邦才决定将都城西迁至长安。

西汉都城洛阳城址在洛阳白马寺东的汉魏故城遗址处。

（二）东汉都洛阳

西汉末期由于土地兼并剧烈，奢侈腐败盛行，导致社会矛盾日趋激化，被王莽所建的“新”朝所取代，但王莽也在绿林赤眉起义的浪潮中被杀。公元25年，刘秀重建汉朝，在河北柏乡称帝，是为汉光武皇帝。同年，刘秀攻下洛阳，改洛阳为雒阳，定雒阳为都城，史称东汉。光武帝刘秀又经过十多年的征战，完成了统一全国的大业。东汉时期的雒阳，是全国政治、经济、文化的中心，也是全国最大的工商业都市。

刘秀建东汉都洛阳

东汉从公元25年刘秀始创，至公元220年献帝刘协止，共196年。东汉有洛阳、许昌、长安3个都城。其中以洛阳为都的有165年，以许昌为都的有26年，以长安为都的有5年。在洛阳的有光武帝、明帝、章帝、和帝、殇帝、安帝、前少帝（刘懿）、顺帝、冲帝、质帝、桓帝、灵帝、少帝（刘辨）、献帝14位皇帝。

东汉都城址在现今洛阳市白马寺东侧即汉魏故城遗址处。

七、曹魏都洛阳

汉献帝初平元年之后，天下分崩离析，军阀割据，连年混战，东汉王朝名存实亡。魏、蜀、吴三国鼎立的局面在逐渐形成。曹操在军阀混战和镇压起义军时，势力逐渐壮大，最后掌握了东汉的大权，挟天子以令诸侯。公元207年曹操基本上统一了中国的北方。公元213年，汉献帝封曹操为魏公。公元216年，又封曹操为魏王。公元220年，曹操病死在洛阳，其子曹丕继位。不久，曹丕逼迫汉献帝刘协禅让帝位，自立为帝，是为魏文帝，改汉为魏，定都洛阳。史称曹魏。

曹魏从公元220年至公元265年司马炎灭魏为止，以洛阳为都46年之久，是中国汉朝末期三国之中最强大的一个政权。历经魏文帝（晋丕）、魏明帝（曹叡）、魏少帝（曹芳）、高贵乡公（曹髦）、魏元帝（曹奂）共5帝。

曹魏都城址在今白马寺东侧即汉魏故城遗址处。

八、西晋都洛阳

西晋(265~316年)是中国古代历史上短暂的大一统封建王朝。公元265年司马炎继晋王位,接着重演曹丕代汉的把戏,迫使曹奂让位,正式取代曹魏权而建立,自立为帝,是为晋武帝,改国号为晋,史称西晋。西晋仍都洛阳。西晋为时仅51年,如果从灭吴开始算起,则仅立朝37年。

公元280年,三国鼎立的局面完全结束了。晋武帝司马炎灭东吴,终于统一了全国,结束了长达80年的分裂局面。西晋承袭曹魏领土,统一后领有孙吴疆域。疆域北至山西、河北及辽东,与南匈奴、鲜卑及高句丽相邻;东至海;南至交州(今越南北部);西至甘肃、云南,与河西鲜卑、羌及氐相邻。

曹魏后期,政治黑暗,曹魏走向衰落。公元311年,刘聪领匈奴军队攻占了西晋的都城洛阳,俘获晋怀帝,西晋军队则在长安拥立愍帝,延续西晋政权。5年后,即公元316年,刘曜又率领匈奴军攻破长安,愍帝献城投降,西晋结束。而匈奴控制了几乎整个中原,长达100多年的大动乱开始。

西晋都洛阳51年,历经晋武帝、惠帝、怀帝、愍帝4帝。

西晋都城址在白马寺东的汉魏故城遗址处。

九、北魏迁都洛阳

北魏孝文帝迁都洛阳

北魏(386~557年),是由鲜卑族拓跋氏建立的封建王朝,是第一个由少数民族建立的政权,是南北朝时期北朝第一个朝代,又称北魏、拓跋魏、元魏。早期国语鲜卑语,初称代国,公元386年,拓跋部首领拓跋珪建立,改国号为大魏,建都平城。公元439年,统一北方。公元490年,冯太后死,北魏孝文帝亲政,继续进行汉化改革。北魏太和十八年(494年),孝文帝拓跋宏把都城由山西平城迁到洛阳,皇帝改姓元。公元534年,北魏分裂为东魏与西魏。北魏时期,佛教兴起,佛教得到空前发展,迁都洛阳和移风易俗,促进了北魏的封建化和民族融合。东魏武定八年(550年),高洋废孝静帝,代东魏自立，建立北齐。西魏于恭帝三年被权臣宇文护逼迫禅位于其侄宇文觉，北魏历史正式宣告结束。

北魏太和十八年(494 年)，北魏占领中原，统一北方，把都城由平城迁到洛阳。迁都改变了过去对中原遥控的形势，有利于整个国家的控制和政策的继续进行，也摆脱了 100 多年来鲜卑贵族保守势力在平城形成的羁绊和干扰。

北魏孝文帝是个大有作为的皇帝，他坚持改革，整顿吏治，严惩贪官污吏，恢复经济，发展生产。提倡学汉文、说汉话、穿汉服，促进了北方民族的大融合。被破坏的洛阳，得到了恢复和发展。北魏都洛阳 41 年，历经魏孝文帝、宣武帝、孝明帝、孝庄帝、长广王、节闵帝、安定王、孝武帝 8 帝王。

北魏都城址在白马寺东的汉魏故城遗址处。

十、隋朝建东都洛阳

随着南北朝在政治、经济上的逐步衰落，身为北周的辅政大臣的杨坚于公元 581 年 2 月迫使年轻的周静帝让位，自立为帝，是为隋文帝。杨坚定国号为“隋”，定都大兴(今西安)。并于开皇八年(588 年)南下灭陈朝，统一中国。隋朝是五胡乱华后汉族在北方重新建立并进而统一全国的王朝，结束了自西晋末年以来近 300 年的分裂局面。隋文帝在位期间，社会民生富庶、人民安居乐业、政治安定，开创了开皇之治的繁荣局面。隋炀帝在位时期修建了贯通南北的大运河，但因过度消耗国力，引发隋末民变和贵族叛变。618 年，宇文化及等人发动兵变，杀隋炀帝；隋恭帝杨侑禅让李渊，李渊称帝，建立唐朝。619 年，皇泰主杨侗被迫禅位王世充，隋亡，国祚 38 年。

隋炀帝在位期间，有两件功在当代、利在千秋的大事：

一是修建洛阳城。从统治国家的战略考虑，当时首都长安在西北面，往东的路不太畅通，影响了国家政令的传达。洛阳则处在国家的中心地带，可以有效的治理江南，控制北方，巩固国家。还有，在长安的时候，各地的粮食运往长安要费时费力，白白浪费。到了洛阳便可以很方便的取得粮食，也相应的减轻了百姓的负担。新建东都洛阳城，一时洛阳富商聚集，冠盖如云，百业俱兴，热闹非凡。为了充实城市，繁荣市场，大量迁入城市人口，又使得城市的粮食供应严重紧缺，为此，隋炀帝又在东都新建了含嘉仓、兴洛仓和回洛仓来储备粮食。兴洛仓和回洛仓的规模之大也是前所未有的。这种迁徙，不仅使国都处在国家的中心地带，又增进了洛阳的繁荣。

二是开凿大运河，是由广通渠，永济渠、通济渠、山阳渎和江南运河组成的隋唐大运河，长达 2700 余公里。洛阳位居运河中心，西接长安，南通杭州，北通涿州，成为天下货物集散地；江都形成江南货物集散地，成为隋唐经济重心；运河沿岸也如雨后春笋般的发展出数座商业城市。隋朝时洛阳由于水路畅通，居天下之中，四通八达，加之隋炀帝调迁全国大量商贾和百姓入住洛阳城，洛阳人口达到百万以上。隋唐大运河为经济发展起到很大的促进作用，建成后六百余年时间之内成为沟通南北双方的重要政治，经济和文化的纽带。

隋炀帝继位不到一年，于大业元年(605 年)三月，开始动用大批民力，营建东都洛阳。到大业二年(602 年)正月，东都洛阳的新城正式竣工，前后历时仅十个月。之后，隋朝的政治中心从长安转移到了东都洛阳。

隋朝前后仅文帝、炀帝两代，是我国历史上存在较短的朝代之一。隋朝都洛 15 年(605 ~ 619 年)，历炀帝、恭帝 2 帝，城址在今洛阳市隋唐故城遗址处。

十一、唐末移都洛阳

从公元618年唐朝建立到907年被朱温灭掉,大唐王朝共存在了289年。唐朝一般分为两个时期,即前期和后期。中间以安史之乱为界限,前期是昌盛期,后期则是衰亡期。建立唐朝的是唐高祖,而领兵用十年时间完成统一大业的则是唐太宗李世民。玄武门之变,李世民登位之后,经过励精图治,使唐朝在中国封建社会空前繁荣,出现了"贞观之治",在政治、经济、文化等各方面都居于当时世界领先地位。此后的唐玄宗时期又出现了"开元盛世",国强民富,升平之世再次出现。但也是在唐玄宗时期,发生了安史之乱,从此唐朝走向了衰亡。

唐代洛阳城复原模型图

公元618年,李渊建唐,都是长安。唐太宗李世民,下令修葺洛阳城,号称洛阳宫。他曾三次来洛阳处理政务及外事,在洛阳宫居住两年之久。唐贞观二十三年(649年),高宗李治即位。永徽六年(655年),高宗与武则天一同来到洛阳,在此处理国家大事,以洛阳为东都。实际上唐朝的都城已从长安徙至洛阳了。唐玄宗在位44年,都洛阳10年。安史之乱之后,唐中央的权力大大削弱,节度使的权势越来越大。公元904年,宣武节度使朱温发兵长安,挟持唐帝(昭宗)迁都洛阳。公元907年,朱温废掉唐帝(哀宗),唐亡。此后,中国历史上出现了五代十国的分裂局面。

唐朝时期,虽然洛阳作为唐朝的陪都,但东、西二都并重,洛阳与长安都是世界上的名都。唐朝都洛阳历经唐高宗、中宗、睿宗、玄宗、昭宗、哀宗6帝,前后30余年,城址在今洛阳隋唐故城遗址处。

十二、武周都洛阳

武周(690～705年),是武则天建立的朝代。武则天是中国历史上唯一获普遍承认的女皇帝,前后正式掌权23年。弘道元年(683年),唐高宗病逝,太子李显即位,是为唐中宗,"尊武后为皇太后,政事咸取决焉"。公元684年,太后废黜中宗为庐陵王,立中宗弟豫王李旦为帝,是为睿宗,改嗣圣元年为光宅元年,改洛阳为神都,由太后临朝改制。

唐载初元年(690年)九月九日,唐睿宗等6万多人上表请改国号,武则天遂改唐为周,自立为帝,加尊号为圣神皇帝,袭用周朝国号,改国号为周,将东都洛阳改为神都洛阳。把睿宗改为皇嗣,赐姓武。于神都洛阳立武氏七庙,改置社稷。改载初元年为天授元年,史称武周。神龙元年(705年),张柬之等人发动宫廷政变,武则天在病中被迫宣布让位给唐中宗李显,恢复国号唐。中宗复位,恢复唐朝旧制。同年十二月,武则天于洛阳上阳宫去世,享年82岁。

武则天执政期间,国家较贞观时期有更大的发展,史称贞观遗风。均田制的继续推行促进了农业生产,户口数由公元652年的380万户,增长到公元705年武则天退位时的615万户。武周时期科举制度进一步发展,武则天开创了殿试和武举,政治上,前期曾任用酷吏打击反对派,后期知人善任。武则天一朝号称“君子满朝”,娄师德、狄仁杰等著名的贤臣均在其列,后来的“开元贤相”姚崇和宋璟也是武则天时期提拔起来的。军事上,收复安西四镇、置北庭都护府。历史学家郭沫若给予武周很高的评价,称其“政启开元,治宏贞观”。

大周皇帝武则天

武则天以美貌闻名,14岁入宫,立为才人。唐高宗李治即位后,封为皇后。李治患高血压病,武后参政决事。群臣并称帝后为“二圣”。武则天执政50年,居皇帝位15年,史称“武周”,以洛阳为都城。

武周都城城址在今洛阳隋唐故城遗址处。

十三、后梁迁都洛阳

后梁(907~923年)是中国历史上五代十国时期建立的第一个皇朝。自公元907年梁太祖朱温篡唐称帝建国至公元923年11月梁末帝亡国于后唐,历时17年。

开平元年(907年)国号为“梁”,史称“后梁”。朱全忠原为唐僖宗在位时代爆发的黄巢之乱将领,原名朱温。降唐后赐名全忠,任宣武军节度使,踞汴州(今河南开封),逐渐成为唐末最强大的藩镇,并受封为梁王。天祐元年(904年)闰四月,自西京长安劫持唐昭宗李晔至东都洛阳,又于八月加害,并另立年仅13岁的李祝为帝,即唐哀帝。

唐天祐四年(907年6月)四月,朱全忠废唐哀帝,自行称帝,改名为晃,以其封爵“梁王”(“梁”之得名来自其祖居砀山为战国时梁国故地),改国号为梁,史称后梁。建元为开平,定都开封,以洛阳为西都。开平三年(909年),后梁由开封迁都洛阳,以开封为东都,五代十国的历史便从此开始。公元912年,朱温的第三子朱友圭为争夺帝位,杀死朱温,自立为帝,仍都洛阳。公元913年二月,朱友贞杀死朱友圭,自立为帝,后迁都开封。后梁都洛阳4年(909~913年),历朱温、朱友圭2帝。

后梁都城城址在洛阳隋唐故城遗址处。

十四、后唐迁都洛阳

后唐(923~936年)是五代政权之一,李存勖(即后唐庄宗)所建,都洛阳,历3世4帝,共13年。它取代了后梁,后不久为后晋所取代。

后唐的前身是唐末五代十国初期的晋国,公元891年,河东节度使李克用被册立为晋王,建立晋国,定都太原。公元907年,朱温篡唐建立梁朝,晋国至此全面独立,成为北方最大的割据政权。公元908年,李克用去世,子李存勖即位。后梁龙德三年(923年),李存勖消灭了开封的后梁政权,自立为帝,帝号唐庄宗。李存勖以继唐而有天下,故国号唐,史称后唐。后唐初都开封,同年(即同光元年)十二月,迁都洛阳,改西都为洛京。唐庄宗称帝之后,恢复唐制,有所作为。后来大修宫室,广选美女,骄奢淫逸,不理政事,苛捐杂税,民不聊生。公元936年,太原节度使石敬塘称帝,建立后晋,并以燕云十六州为代价,借助契丹30万大军,攻占洛阳,后唐灭亡。

后唐都洛阳13年(923~936年),历庄宗、明宗、闵帝、末帝4帝,城址在洛阳隋唐故城遗址处。

十五、后晋都洛阳

后晋(936~947年)是中国历史上五代十国时期的一个朝代,也是中国历史上最早出现的少数民族政权册立的傀儡政权。

后唐清泰三年(936年)夏,太原留守、河东节度使石敬瑭勾结契丹,认契丹皇帝耶律德光为父,并以幽云16州为代价,借助契丹30万大军,攻占洛阳,灭后唐。辽太宗耶律德光册石敬瑭为大晋皇帝,于洛阳登基,号晋高祖,国号为晋,史称后晋。后晋的建立造成了燕云16州大片领土的丢失,为日后北宋边患埋下了祸根。后晋建国后一直处于动乱状态,石敬瑭割地称儿的做法受到许多人的反对,包括他自己过去的亲信。石敬瑭死时,立石重贵为继承人。石重贵登基后,决定渐渐脱离对契丹的依附,他首先宣称对耶律德光称孙,但不称臣。公元944年契丹伐晋,双方在澶州(今河南濮阳南)交战,互有胜负。公元945年契丹再次南征,石重贵亲征,再次战败契丹。公元947年,契丹第三次南下,后晋重臣杜重威降契丹,这样后晋的主力就丧失了。石重贵被迫投降,全家被俘虏到契丹。后晋灭亡。

从后晋高祖石敬瑭于公元936年灭后唐开国到契丹公元947年灭后晋一共经历了两个皇帝,12年。后晋建都洛阳为西京,后迁都开封。后晋亡后,河东节度使北平王刘知远在太原称帝,建立后汉。

后晋都洛阳约两年(936~938年),城址在洛阳隋唐故城遗址处。

第二节　嵩山地域与陪都

中国部分朝代的首都不止一个。出于政治、地理原因或战略和经济上的需要,历史上一些巨大王朝会在正式首都之外,选择特定地理位置另立都城,设立辅助性首都,这在历史上称为陪都、辅京。以加强对全国的控制,对首都起补充或拱卫作用。帝王经常居此,使之成为一个国家的第二政治中心。这是中国历代建都史上的一个重要特点。

"陪都",又叫"两京制度",是我国历史上在政治制度上的重大创举,在古代历史上均有陪都的设置。据文献研究,已知最早设陪都始于商朝。商中后期建都于殷,同是以沫(朝歌,今河南淇县),阑(郑州商城)为别都。从此以后,历代王朝继踵相袭,基本不断,至唐、五代和两宋(含辽金)期间达到高潮。按陪都的作用与功能和某些设陪都的原因,陪都有着多种类型,如辅京型、留都型、行都型、离宫型、重镇型、基业型等,在休制上有两都制、三都制等。

中国历史上陪都位置的分布变化受首都位置迁移的影响,京都位置作东西轴向摆动时,陪都亦呈东西对应分布;京都东移近海时,京都同别都位置常常南北互置,以有所照应。别都则多环置首都四围以示拱卫。别都的出现对所在地区政治、经济、文化的发展和地方行政区划的设置与废离产生一定的影响。

一、西周洛邑

商朝末年,"武王伐纣"商亡周兴,史称西周。西周建都城在关中的镐京,称为宗周(西周),周武王为了加强对东方诸地的控制和防止商朝残余的复辟,同时营建东都于洛邑。洛邑即今天洛阳的古称,亦称东方的洛邑为成周(东周),即周成于此的意思。成周与丰镐形成相互制约的东西"两都制",以弥补丰镐过于偏西的缺陷。

西周初年设立的洛邑是我国最早出现的陪都。西周都此后,历代的大小王朝等,无不模仿周朝的两京制度,且许多王朝或政权不只两京。

详文见本书前周代部分的西周洛邑。

二、新莽东都洛阳

新莽(8～23年),是中国历史上继西汉之后出现的朝代,为西汉外戚王莽所建立。

王莽是西汉元帝王皇后的侄子,汉平帝的老丈人。公元6年,汉平帝刘衎病逝,年仅2岁的孺子婴继位,王莽辅政,自称假皇帝,居摄三年后,公元8年12月,王莽废西汉最后一位傀儡皇太子孺子婴(刘婴)为安定公,自立为帝,改国号为新,取自其最初受封的新都侯。因为新朝为建兴帝王莽所建,故世称"新莽"。建都长安(今西安),并更名为常安。王莽称帝后根据《周礼》《仪礼》《礼记》所记载的三代王治进行了多项改革,主要包括:推行王田制,限制私有土地持有,超出部分为国有,无土地者由国家分配,一夫百亩,目的是解决西汉后期以来土地兼并严重的问题,但是完全无法执行;禁赏奴婢;推广国营事业;改革币制等。唯新莽政令繁琐,且朝令夕改,改革最终失败,导致新莽急速灭亡。

新莽始建国四年(12年)以称常安(新莽改长安为常安)为西都,"以洛阳为新室东都"。并准备迁都洛阳,但未实行。

地皇四年(23年),新莽被绿林军推翻。新莽经历1帝,共16年国祚。

三、隋唐东都洛阳

隋朝上承南北朝、下启唐朝的一个重要的朝代,史学家常把它和唐朝合称隋唐。隋朝以大兴(长安)为国都,洛阳为东都。隋炀帝即位后,令宇文恺营建东都洛阳,并于606年颁布诏书迁都洛阳。唐朝定都长安,但仍重视洛阳,以洛阳为陪都,史称东都洛阳。

隋唐洛阳城,隋炀帝大业元年(605年)营建,城址北据邙山,南抵伊阙之口,洛水贯穿其间。唐武德二年(619年)王世充废隋皇泰主自立,在洛阳称帝。武德四年(620年)唐平王世充,毁洛阳宫阙,废隋东都。至唐高宗显庆二年(657年)恢复东都。武则天光宅元年(684年)改称神都,天授元年(690年)建都神都。神龙元年(705年)唐中宗复位,复称东都。安史之乱中,安禄山、史思明等先后在洛阳称帝,战乱中宫室焚烧,十不存一,坊市皆空 。唐天复三年(903年)昭宗从长安迁都洛阳,曾修缮城郭宫室。五代时梁、唐、晋以洛阳为都,沿用此城。北宋末年金兵南下,洛阳城毁于战乱。

唐朝的东都洛阳,是隋朝后期的首都。隋朝基本奠定了东都的形制,到唐高宗时又对东都略作整修,唐朝对东都城作的较重要的改革是修建了上阳宫,上阳宫成了东都的主要宫殿。和长安的大明宫一样,避开了洛阳的原来宫城的布局。上阳宫选地傍皇城,开门的方向又以东为上,这是为了继续使用洛阳皇城的设备,有意地和皇城组成一体,这是都城建设方面的一个创举。

隋唐洛阳城是隋、唐两代的东都,是丝绸之路的东方起点以及隋唐大运河的中心。它主要由宫城、皇城、郭城、东城、含嘉仓城、上阳宫、西苑、离宫等8部分组成,占地47平方公里。隋朝文帝时,以洛阳为东都。炀帝时,颁布诏书迁都洛阳,后在洛阳13年,直到他去世;唐朝时高宗、中宗、睿宗、武则天、玄宗、昭宗、哀宗都将其作为帝都,暂时移居洛阳前后共40余年。特别是唐高宗以后,武则天称帝,以周代唐,一度迁都洛阳15年。隋唐两代的最高统治者先后居洛阳城半个多世纪。隋唐洛阳城是中国中古时代世界最大的都市之一。隋唐洛阳城也是隋、唐、五代和北宋时期都城的核心区域所在地,当时中国的政治、经济、文化中心,前后沿用530年之久。

安史之乱后,长安和洛阳都受到巨大创伤。唐朝后期,长安曾多次被外族或农民起义军占领及受战乱的破坏,丝绸之路也经常被隔断。关中和北方的战乱使长安越来越依赖于江淮的供应,一旦中断就无法维持。天祐元年(904年),朱温逼唐昭宗迁都洛阳,给了长安最后一击。城内的宫殿民居拆毁殆尽,木材顺流运往洛阳,居民也大多东迁。从此长安丧失首都地位,再未恢复。而三年后,洛阳也为更靠近经济发达的东南地区、水运条件更便利的开封所取代,结束了建都的历史。

四、五代十国西都、西京洛阳

公元907年,朱温废唐称帝,国号梁,史称后梁。此后50多年,黄河流域先后建立了后梁、后唐、后晋、后汉、后周五个朝代,称为五代。于此同时,南方地区先后出现了吴越、南唐等九个政权,连同山西的北汉,史称十国。五代十国是唐末藩镇割据的继续和发展。

五代十国时期,后梁以开封为首都,称东都开封府,以洛阳为西京河南府。后迁都洛阳,以开封为东都,五代十国的历史便从此开始。后唐定都洛阳,后晋、后汉、后周定都开封,都曾以洛阳为西都、西京。

历史上还有将陪都仅仅作为一种形式，如按方位设东西南北四京四辅，并不都起陪都的作用，其选择亦随首都位置的转移而变换。后唐同光元年(923年)都魏州(今河北大名东北)，建东京兴唐府，以东原府为西京，升镇州(今河北正定)为真定府，建北都；后又以太原为北都，以洛阳为西京；迁都洛阳以后，改西都为洛京，又称东都。

五、北宋西京、西都洛阳

公元959年，周世宗柴荣死，时任后周殿前都点检、归德军节度使的赵匡胤握有实权。公元960年春，镇州(今河北正定)和定州(今河北定县)报称北汉和辽国的军队联合南下，攻打后周，声势很大，请求派兵援助。后周王朝遂命赵匡胤率兵北上抗敌。赵匡胤在出兵途中，军队行至陈桥驿(今河南封丘东南陈桥镇)时，发动兵变，迫使周恭帝退位。赵匡胤即位后，改国号为宋，改元建隆元年，定都开封，史称北宋，这就是史书上记载的“陈桥兵变”。

当时，除了刚建立起来的宋朝之外，还同时存在着后蜀、南汉、南唐、吴越、北汉等割据势力。北宋建立后，宋太祖进行了统一南北的战争，于公元964年、965年、970年先后消灭了荆湘、后蜀、南汉三地，又于公元974年击败了势力较为强大的南唐。此后，吴越与福建漳、泉等地的地方势力纷纷“纳土”于宋王朝，使纷乱的时局逐渐结束。公元979年，宋太祖的弟弟宋太宗消灭了最后一个割据政权北汉，结束了五代十国的分裂局面。北宋建立后，统治者在政治、经济、军事各方面加强了中央集权。与北宋并立的有北方的辽和西北的西夏等少数民族政权，北宋与他们发生过多次战争，后来通过和议维持了和平局面，和民族之间进行着文化交流。北宋中期，出现了财政困难等危机。为了克服统治危机，1069年，宋神宗任用王安石实行变法。变法取得了一定的成效，然而由于触动了大官僚、大地主的利益，招致了他们强烈的反对，最终归于失败。北宋时期，社会经济有了较大的发展，在农业、手工业和商业各方面都取得了引人注目的成就。

女真族于11世纪勃兴于白山黑水之间。女真族首领完颜阿骨打于1115年称帝，建立金朝。金朝崛起后，占领了辽国的许多土地，后来，金和北宋联合起夹攻辽，辽国灭亡。金灭辽以后，看到北宋腐朽，防备空虚，就在灭辽的当年冬天，挥师南下，大举进攻北宋。1127年，金军攻陷东京，掳走宋徽宗、宋钦宗以及后妃、宗室、大臣3000余人，前后历167年的北宋王朝最终被金国所灭，同时也开启了外族统治中国的先河。

北宋以开封为首都，称为东京，立河南府(今洛阳)为西京，应天府为南京，大名府为北京，合称四京。因洛阳在开封西，也称洛阳为西都。

六、金朝的中京金昌府洛阳

金朝是满族先民女真族建立的王朝。女真族勃兴于今黑龙江、松花江流域及长白山地区。唐朝时称黑水靺鞨，生活在黑龙江一带，以渔猎为生。辽朝统治者长期向女真人索要珍珠和狩猎用的“海东青”(一种猛禽)。川流不息地穿过女真部落，鱼肉女真百姓，终于导致女真族叛乱。1115年1月28日，女真领袖完颜阿骨打称帝建国，国号大金，定都会宁(阿城)。

金国建国后,展开以辽五京为战略目标的灭辽之战。五京一下,辽朝随即灭亡。金灭辽后,与北宋遂成敌国。金太宗完颜晟即位后,挟灭辽之威,很快席卷而南,于天会五年(1127 年)灭亡北宋。女真在消灭辽朝和北宋后,统一了包括黄河流域在内的广大北方地区,并与南宋长期对峙。金朝在实行猛安谋克等独特制度的同时,也采纳了内地的很多政治制度。完颜亮在位期间,对南宋发动大规模战争,但以失败告终。金在与南宋、西夏并立期间,迫使西夏臣附、南宋屈辱求和,始终维持其霸主地位。金朝后期,统治集团极其腐朽,各民族起义风起云涌,同时又受到蒙古帝国军队的不断打击,岌岌可危。天兴二年(1234 年),蒙宋联军攻破蔡州城,在战火中继位的金末帝完颜承麟则死在乱军之中,金国灭亡。

从 1115 年阿骨打建国称帝到 1234 年完颜承麟在蔡州身亡,金代历经了 10 帝 119 年的历史。金朝最初以会宁府为首都,称上京;临潢府为北京;辽阳府为南京;大定府为中京;大同府为西京。金贞元元年(1153 年)首都迁往燕京,即今北京市,称中都大兴府。并改原南京为东京,废去临潢府北京名号,改原中京大定府为北京。又立开封为南京。金兴定元年(1217 年),改河南府为金昌府(治所洛阳,即今洛阳市),立洛阳为中京金昌府,并河南县入洛阳县。

第三节　市县行政区划建置沿革

国以民族为根本,民族以国为生。我国的国家起源应该从夏朝开始算起,自夏,有了国,且民族不衰,直至今日,“中国”二字由来以久。什么是文明古国,一曰古,二曰文明,国再次之。只要文明不断,起点又够古老,从第一个王朝的建立一直到最后一个王朝的灭亡,都是这个国家的历史。中国是世界四大文明古国之一,有着悠久的历史,距今约 5000 年前,以中原地区为中心开始出现聚落组织进而形成国家,后历经多次民族交融和朝代更迭,直至形成多民族国家的大一统局面。说我国文明史,主要从两个方面说起:一是近年来由于夏商周断代工程取得突破性成就,专家公布的《夏商周年表》,确定了夏代始年约为公元前 2070 年。黄帝事夏 1000 年左右。这样算来,从黄帝至今已有 5000 年的历史。二是一般讲文明史,是以城、青铜和文字为标志的。实际上,史学家将“龙山文化时代”(前 3000 ~ 前 2000 年)视作“五帝时代”与炎黄、颛顼、帝喾、尧、舜活动的时代开始的。现在的文史工具书一般都把黄帝的年代定在公元前 26 世纪,即距今约 4600 年(最近出版的《现代汉语词典》已改为距今约 5000 年)。

无论从以上哪一方面说,嵩山地域都是一个迄今拥有 5000 多年文明史的地域。在漫长的历史发展中,这个地域中的市县行政历史区划建置,也是随着各个朝代管理的需要而建置与变化。通过本节中市县行政历史区划建置沿革,可以明显看出,无论这些市县区划建置怎样划分与变化,但有一点是固定的,那就是它所在的嵩山地域的自然地理位置是永远不变的。所以说,作为嵩山历史文化的核心区中的市县来说,几千年的历史发展与变化,都在这个地域的市县历史上留下了深深的烙印,这也许就是作为中华民族发祥地和中华文明摇篮的嵩山历史文化核心区,所具有独特的地域内涵与魅力。

一、地级市行政区划建置历史沿革

（一）郑州市行政区划建置历史沿革

郑州简称“郑”，是河南省会，地处华北平原南部，河南省中部偏北，黄河下游。北临黄河，西依嵩山，东南为广阔的黄淮平原。郑州是中国中部内陆交通枢纽、重要工业中心，著名的全国历史文化名城，又是中原地区的重要古都。

◆商

商朝中期，“仲丁迁隞”的隞都。

◆春秋战国

西周王朝建立后，武王曾封弟叔鲜于管，管在古管城建都287年。西周初周公曾封其子之一于祭（今河南长垣东北），约在前10世纪（周昭王时）南迁今郑州西北，大约在春秋初与管一起灭于郑。郑灭管、祭后，郑州地区为郑管邑。战国时期先属韩，后属魏。秦属三川郡，郡治曾设于今郑州西的古荥镇。

◆秦汉

郑州地区始置荥阳、巩、京、新郑等县。之后，历代先后在郑州地区设置荥阳郡、北豫州、荥州等。

◆魏晋

魏晋以后，荥阳正式成为郑州地区的政治、经济中心。

◆隋

隋开皇三年（583年）改荥州置，州治成皋，辖成皋、荥阳、密、内牟、苑陵等县。开皇十六年（596年），改称管州，置管州治所。大业初年（605年），复称郑州，州治管城，辖管城、汜水、广武、圃田、新郑、荥阳等县。大业三年（607年）改郑州为荥阳郡，大业十四年（618年）复改郑州，州治在今郑州市管城区。

自隋朝起，管城地区的地位逐渐上升，并取代荥阳成为郑州、管州州治，成为郑州地区政治、经济中心。

◆隋唐

隋唐以后，郑州的政治、经济中心移至管城。

◆宋

北宋建都汴京后，郑州属京畿路（今开封市），崇宁四年（1105年），建为西辅，成为宋代四辅郡之一。

◆金朝

金贞祐四年（1216年），管城更名故市，后复名管城县。金朝以后，郑州由隶属洛阳转为归开封管辖。

◆明清

明初，郑州划归开封府。清朝，郑州为郑县。雍正二年（1724年）郑州升为直隶州，隶河南省。

◆中华民国

1913年设郑县，比当时开封、洛阳，甚至安阳、许昌的地位要低得多。

郑州地区行政区划图

民国十七年(1928年)郑州废县设市。

◆新中国成立以后

1948年月10月22日,中国人民解放军解放郑州。1949年设郑州市,由河南省直辖。1954年,河南省人民政府由开封市迁驻郑州市,郑州成为河南省省会。1958年原属开封专区的新郑、密县、登封、巩县(驻东站镇)、荥阳等5县交由郑州市领导。1961年,省委决定将新郑、密县、登封、巩县、荥阳5县划归开封专区管辖。1984年版《河南年鉴》:"1983年9月1日,国务院批准河南部分地、市合并,实行市管县体制的报告,将开封地区的巩县、新郑、密县、登封、中牟五县划归郑州市管辖。"

(二)洛阳市行政区划建置历史沿革

洛阳古称雒阳、豫州,因地处洛水之阳而得名,是国务院首批公布的历史文化名城,也是中部地区重要的工业城市。洛阳位于河南西部黄河南岸的伊洛河盆地,盆地四周群山环绕,伊、洛、瀍、涧四河贯流其间,土地肥沃,地形险要,自古就是帝王建都的首选之地。洛阳因地处洛水之阳而得名,是国务院首批公布的历史文化名城。

洛阳市东西长约179公里,南北宽约168公里。横跨黄河中游南北两岸,东邻郑州,西接三门峡,北跨黄河与焦作接壤,南与平顶山、南阳相连。

◆五帝时期

帝喾都亳邑。

◆夏商

禹划九州,河洛属古豫州地。洛阳是夏王朝立国和活动的中心地域,太康、仲康、帝桀皆以斟鄩(今偃师二里头)为都。公元前1600年,商朝建立。商汤建都西亳(二里头遗址东北约6千米)。商汤之后的数代帝王均以此为都,前后累计200余年。

◆西周

周成王时周公营洛邑,此为成周城所在,是西周王朝的东都,直属于周天子。当时洛阳称洛邑、新邑、大邑、成周、天室、中国等,亦称周南。郡治雒阳,辖今三门峡市(除灵宝外)、洛阳市(栾川西部除外)、巩义市、荥阳市、郑州市区、中牟县、原阳县。

◆东周

周平王元年(前770年),周平王东迁洛邑,是为东周。东周时期,洛邑为首都,有23个国王都居洛阳,前后历经500余年之久。

◆秦

秦庄襄王元年(前249年),秦在洛阳置三川郡,以河、洛、伊三川为名,郡治洛阳成周城,辖今三门峡市(除灵宝外)、洛阳市(栾川西部除外)、巩义市、荥阳市、郑州市区、中牟县、原阳县。

◆西汉

汉高祖五年(前202年),刘邦建汉,初都洛阳,后迁长安,改秦三川郡东部为东都洛阳为中心的河南郡,西部属弘农郡。从这一时期开始,“河南”正式成为行政区划中的一个地理名词,直到清朝。在这两千多年的历史里,“河南郡”、“河南尹”或者“河南府”一直特指此以洛阳为中心的地区。此时的河南郡,辖今偃师市、孟津县、巩义市、荥阳市、郑州市区、中牟县、新郑县、新密市、原阳县、汝阳县、伊川县、汝州市。汉武帝置十三州部刺史,河南郡属司隶。西汉末年,王莽篡政,改洛阳为宜阳,设“新室东都”和“中市”。

◆东汉

汉光武建武元年(25年),刘秀定都洛阳,改洛阳为雒阳,建武十五年(39年),更河南郡为河南尹。汉永和五年(140年),河南尹“有户二十万八千四百八十六,有口一百零一万零八百二十七”。嵩山地域的建制与西汉时期基本相同,只是河南郡改为河南尹,辖区不变。

◆三国

三国时期属曹魏。黄初元年(220年),魏文帝曹丕定都洛阳,变雒阳为洛阳,设司隶校尉部。行政建制基本上沿袭东汉。河南尹有所扩大,此时的河南尹包括今天的偃师市、孟津县、巩义市、荥阳市、郑州市区、中牟县、新郑县、新密市、原阳县、汝阳县、伊川县、汝州市、登封市、禹州市、嵩县。跟两汉时期相比,多了登封、禹州、嵩县。

◆西晋

泰始元年(265年),西晋代魏,仍以洛阳为都。西晋时期,大体仍然沿袭两汉旧制。不同之处在于,河南尹又改回河南郡,同时东部析置荥阳郡,包含今天的荥阳市、郑州市区、中牟县、新郑市、新密市、原阳县。同时河南尹向西有所扩展,包含了新安县和宜阳县东部。此时,河南郡包含的地区有偃师、孟津、巩义、登封、汝州、伊川、汝阳、禹州、嵩县、新安。

◆东晋

东晋十六国时期,天下大乱,行政区划已不可考。唯一可以肯定的是,河洛地区仍为以洛阳为中心的河南郡。附近的其他各郡基本没有变化。

◆南北朝

太延二年(436年),北魏在洛阳置洛州。北魏统一北方后,太和十八年(494年)孝文帝迁都洛阳,又改河南郡为河南尹。另置渑池郡,其他各郡无变化,但新设了很多县。东魏复曰洛州,改河南为洛阳郡(西魏得之,又改司州。北齐复曰洛州)。后周曰东京(大象初,以洛阳为东京,治洛阳宫)。

东汉、曹魏、西晋、北魏建都洛阳,共计330余年。

◆隋

隋朝统一天下,开皇元年(581年),在洛阳置东京尚书省;次年,置河南道行台省;三年(583年),废行台,以洛州刺史领总监;十四年(594年),于金墉城别置总监。大业元年(605年),隋炀帝迁都洛阳,在东周王城以东,汉魏故城以西9公里处,新建洛阳城。同年,改洛州(东魏改司州置)为豫州。大业三年(607年)复改河南尹为河南郡,以东都洛阳为中心。辖今偃师、孟津、巩义、登封、伊川、嵩县、宜阳、新安、渑池、陕县等地。汝州、汝阳该属襄城郡,郡治从襄城迁到汝州。大业十四年(618年)复置洛州,辖河南、洛阳、偃师、缑氏、阌乡、桃林、陕、熊耳、渑池、新安、巩县、宜阳、寿安、陆浑、伊阙、兴泰、嵩阳、阳城等18县。

◆唐

唐朝洛阳的行政区划变化很大。唐初，为洛州置都督府。显庆二年(657年)，建东都。光宅初(684年)，改神都。神龙初(705年)，复曰东都。武德四年(621年)，置洛州总管府，辖洛州、郑州、熊州、榖州、嵩州、管州、伊州、汝州、鲁州等9州，洛州辖洛阳、河南、偃师、缑氏、巩县、阳城、嵩阳、陆浑、伊阙等9县。贞观元年(627年)，分全国为十道，洛阳属河南道。显庆二年(657年)置东都。开元元年(713年)，改洛州为河南府。开元二十一年(733年)，于洛阳置都畿道河南府，仍以洛阳为中心。辖区比隋朝的河南郡有所扩大，加入了今禹州市、新密市、洛宁县、济源市、温县、孟州市。天宝年间，改东都为东京。洛州、河南府均治洛阳。

武则天光宅元年(684年)始，改东都为神都，对都城进行扩建，修建了明堂、万国天枢等。武则天称帝后，改国号为周，定都洛阳，以更大的规模开凿龙门石窟，奉先寺卢舍那大像龛便是盛唐雕刻艺术的辉煌代表。

◆五代

唐天祐四年(907年)，唐室亡祚，其后中原地区相继出现了后梁、后唐、后晋、后汉、后周五个短暂的王朝，史称五代。其中，后梁、后唐、后晋均曾建都洛阳，后汉、后周以洛阳为陪都。这一时期洛阳仍是全国政治、经济、文化的中心。五代十国又是天下大乱，河南府的辖区很可能又回到隋朝河南郡的范围。

以上计夏、商、西周、东周、东汉、三国魏、西晋、北魏、隋、唐(含武周)、后梁、后唐、后晋等十三朝以洛为都，洛阳成为中国建都时间最长的城市。此外，新莽末年更始帝、隋末王世充、唐中叶安禄山都曾在洛阳立国。

◆宋

北宋时期，洛阳为西京河南府，以洛阳为中心，辖今日巩义、登封、渑池、偃师、孟津、伊川、新安、宜阳、洛宁、嵩县。南宋时期，金国河南府辖区有所缩小，辖今日巩义、登封、渑池、偃师、孟津、新安、宜阳大部、伊川小部分地区。

◆金

洛阳地区行政区划图

金废西京，而府如故，兼置德昌军。兴定初(1217年)，定洛阳为中京，改河南府曰金昌府，并河南县入洛阳县。金国河南府辖区有所缩小，辖今日巩义、登封、渑池、偃师、孟津、新安、宜阳大部、伊川小部分地区。

◆元

自元朝始，洛阳不复为京，降为河南府治。元朝设河南江北行省，从此以后，“河南”所指代的范围不再限于河洛地区。元代置河南府，下领1州(陕州，治所在今三门峡市)12县(洛阳县、偃师县、宜阳县、永宁县、孟津县、新安县、巩县、登封县、灵宝县、阌乡县、陕县、渑池县)。以洛阳为中心的河南府一直存在到清朝末年，只是作为河南江北行省或者河南省的次级行政区。此时的河南府路向西扩展，收纳了灵宝、陕县、洛宁。

◆明

明置河南府，下辖洛阳、偃师、巩县、孟津、登封、新安、渑池、宜阳、永宁、嵩县等10县，后进一步扩大，又加了卢氏、栾川、嵩县、伊川大部。

◆清

清朝洛阳仍为河南府治，从原河南府析置陕州，包括今天的陕县、灵宝、卢氏，以及栾川一部分地区。雍正二年（1724年）后，下辖10县：洛阳县、偃师县、孟津县、巩县、登封县、渑池县、新安县、宜阳县、永宁县、嵩县。

◆中华民国

民国1年（1912年），民国建立，废河南府，设河洛道，道尹公署驻洛阳，辖洛阳、偃师、孟津县、新安县、渑池县、陕县、灵宝县、阌乡县、卢氏县、宜阳县、洛宁县、临汝县、郏县、宝丰县、鲁山县、巩县、登封县、嵩县、伊阳19县。

民国九年（1920年），直系军阀吴佩孚盘踞洛阳，在洛阳设置了两湖巡阅使公署和陆军第三师司令部。民国十二年（1923年），河南省长公署迁于洛阳，洛阳成为河南省会。民国二十一年（1932年），日军进攻上海，国民党政府定洛阳为行都，并一度迁洛办公。“七七事变”后，华北大部分地区沦陷，洛阳成为北方抗日前哨，国民党第一战区长官司令部驻洛阳。民国二十七年（1938年）秋，河南省政府再次迁洛，洛阳第二次成为河南省会。

1948年，洛阳解放，洛阳市人民民主政府成立，以洛阳县城区为市，与洛阳县并置。

◆新中国成立后

1948年，洛阳解放，洛阳市人民民主政府成立，析洛阳县城区为市，与洛阳县并置。次年12月，洛阳市人民民主政府改称洛阳市人民政府。1954年，洛阳市升格为河南省直辖市。次年，洛阳县撤销，一部分并入洛阳市，其余部分划入偃师、孟津、宜阳等县。1956年，相继建成洛阳市老城区、西工区和郊区，次年成立瀍河区。1982年，经国务院批准，新成立吉利区。1983年，新安、孟津、偃师改隶洛阳市。1986年，洛阳地区撤销，洛宁、宜阳、嵩县、栾川、汝阳、伊川亦改属洛阳市。1993年，偃师县改为偃师市。2000年6月，经国务院批准，洛阳郊区更名为洛龙区，辖8个乡镇、1个办事处。至2012年，洛阳市共辖县（市）区19个（1市8县6区、1个洛阳新区、1个国家级高新技术开发区、2个省级开发区）。

追溯历史，可以看出，民国以前，特别是古代京畿洛阳辖域很大，而新中国成立以后之洛阳，辖域范围明显缩小。

二、县级市行政区划建置历史沿革

嵩山地域中的9个县、市的行政历史区划沿革，随着朝代更换，也发生了多次变更。西汉时的河南郡辖今偃师市、孟津县、巩义市、荥阳市、郑州市区、中牟县、新郑县、新密市、原阳县、汝阳县、伊川县、汝州市。东汉、三国时的河南尹，辖区有所扩大，包括今天的偃师市、孟津县、巩义市、荥阳市、郑州市区、中牟县、新郑县、新密市、原阳县、汝阳县、伊川县、汝州市、登封市、禹州市、嵩县。而后河南府、河南尹在历史发展中不断变更，治所大都在洛阳。唐朝时有洛州总管府，辖区面积也很大，有洛州、郑州、熊州、穀州、嵩州、管州、伊州、汝州、鲁州等九州，洛州辖洛阳、河南、偃师、缑氏、巩县、阳城、嵩阳、陆浑、伊阙等九县。元朝设河南江北行省，从此以后，“河南”所指代的范围不再限于河洛地区。以洛阳为中心的河南府一直存在到清朝末年，只是作为河南江北行省或者河南省的次级行政区。因此，我们说，历史上的洛阳，与现在的洛阳在概念与辖区面积上是不同的。

嵩山地域中的9个县级市在历史上行政区划的建置是多变的，有的县在这个朝代属洛阳管辖，换了朝代可能就属郑州管辖，也有可能属禹州管辖，属开封管辖，或者属许昌管辖……还有嵩山地域历史上曾经设置而又取消的一些古县，如梁县、管县、承休县、颍阳县、永安县……都反映出了各朝代在嵩山地域的行政区划建置的历史沿革情况。

（一）新郑市行政区划建置历史沿革

新郑市位于河南省中部，北靠郑州，南连长葛，东邻中牟尉氏，西接新密市。隶属省会郑州。面积873平方公里，人口78.6万，辖14个乡（镇）、337个行政村。新郑地势西高东低，西部为浅山丘陵区，东部为平原，西北部为丘岗地。双洎河贯穿全市，境内长30余公里。

◆五帝时期

新郑在上古称“有熊”，华夏民族的祖先轩辕黄帝就出生在这里，并在新郑建都，国号有熊，后称这里为“有熊之墟”。帝喾时代，新郑为祝融氏之国。

◆夏商

新郑属豫州。

◆西周

西周时期，新郑为郐国。

◆春秋战国

春秋时期，新郑属郑国，为国都。郑，原为邑名，在今陕西华县，是周宣王弟郑桓公的食邑。东周初年，郑武公率师灭东虢（今荥阳市东北）、郐（今新密市东北），建立郑国。为了区别于陕西华州的郑国，将郑国之都改为新郑。郑国历395年，称郑。公元前375年，韩哀侯灭郑，将国都自阳翟迁于郑城。韩国在此立都长达145年。韩人定都郑后在此设郑县，治所在外廓城内。因此，考古学家称之为“郑韩故城”。

◆秦汉

秦王政十七年（前230年），秦灭韩国，新郑开始置县，治所在新郑，并在今新郑东北置苑陵县，治所在苑陵城。公元前221年，秦王政二十六年（前221年），秦始皇统一六国，实行郡县制。为了区别陕西之郑县，将韩之郑县改为新郑县，置新郑、苑陵二县，属颍川郡。汉承秦制，新郑县、苑陵县属司隶部河南郡。新朝改苑陵县为左亭县，治所苑陵。东汉建安十七年（212年），复改左亭县为苑陵县，与新郑县均属司隶校尉部河南尹。

◆三国两晋南北朝

三国河南属魏。新郑、苑陵属司州河南尹。晋泰始二年（226年），设荥阳郡，新郑并入苑陵县，治所苑陵，属司州荥阳郡。东魏天平初年，分荥阳郡，设广武郡，苑陵县属北豫州广武郡。北齐、北周，苑陵县改属荥州。

◆隋唐五代

隋开皇十六年（596年），恢复新郑县，隋炀帝大业初年（605年），废苑陵县，并入新郑县，治所新郑,属豫州荥阳郡。唐武德四年(621 年),分新郑县为新郑、清池二县,属管州。唐贞观元年(627 年),清池县并入新郑县,治所新郑,属河南道郑州荥阳郡。五代,新郑县属郑州。宋熙宁五年(1072 年),废郑州,新郑县属开封府。

◆宋金元明清

宋元丰八年(1085 年),恢复郑州,新郑县改属郑州。金,新郑县属南京路钧州。元,设行中书省,新郑县属河南省汴梁路。明初,新郑县属钧州,隆庆五年(1571 年),改属河南开封府。清初,新郑属钧州。雍正二年(1724 年),钧州改禹州,新郑属河南禹州。雍正十三年(1735 年),升许州为府,新郑改属许州府。乾隆六年(1741 年),又属开封府。

◆中华民国

新郑市地图

民国二年(1913 年),新郑县属豫东道。民国三年(1914 年),豫东道改名开封道,新郑县属开封道。民国十六年(1927 年),废道,改设行政区,县署改为县政府,新郑县属第一行政督察区。

◆新中国成立后

中华人民共和国成立后,新郑县属郑州专区。1955 年改属开封专区,1958 年属郑州市,1961 年属开封地区行政公署,1983 年又改属郑州市。

1994 年 5 月,“经国务院批准,同意撤销新郑县,设立新郑市(县级),以原新郑县的行政区划为新郑市的行政区划”。

(二)荥阳市行政区划建置历史沿革

今天的荥阳由历史上的东虢、京、荥阳、成皋、汜水、荥泽、武泰、河阴、广武等县和地区分合演变而成,其所辖的地域,在郑州城区以西、汜水虎牢关以东、嵩山山脉东段浮戏山以北、黄河中下游分界处的广武山以南。荥阳市地势西、南、北部稍高,自西向东逐渐倾斜,形如簸箕,属半平原半丘陵地形。荥阳隶属省会郑州,东距郑州 15 公里,是河南省距省会最近的县级市,下辖 9 镇 3 乡 2 个街道办事处和 1 个风景区管理委员会,人口 59 万(2013 年),面积 908 平方公里。

◆先秦

夏代属豫州,大禹导河治水于此,荥阳也由此得名。商代帝仲丁(商汤以后第十王)迁都于嚣(音敖),城址在广武西北古敖山上,今已沦入黄河。西周初,武王封其弟虢叔于制,称东虢国。东虢故城在今上街附近。春秋属郑国。战国韩哀侯灭郑后,属韩国。当时称今郑州古荥镇为荥阳,称今荥阳为成皋。

◆秦汉

公元前 249 年,秦伐韩取成皋后,属三川郡,置有敖仓。公元前 221 年,秦始皇统一全国建立秦朝后,在荥阳设置三川郡,辖荥阳、巩、京等县;西汉初,改三川郡为河南郡,辖荥阳、成皋(今荥阳汜水镇）、故市（今郑州西北）、密县、中牟、新郑、苑陵等县。又在京襄城置京县，虎牢置成皋县，均属河南郡。东汉废成皋县为关。

◆三国两晋

三国魏正始三年（242 年）分河南郡置荥阳郡，复置成皋县，属河南郡。西晋泰始元年（265 年），改河南郡为荥阳郡，郡治仍在荥阳。

◆南北朝

北魏太和年间（477 ~ 499 年）荥阳郡、县移治至大索城（即现在的荥阳县城）。北魏太和中，在武牢（即虎牢关）设北豫州部，置荥阳郡。北周灭北齐后，将荥阳及其附近地区组成的北豫州改为荥州，州治所设在成皋（即武牢关、虎牢关）。东魏改置北豫州，辖有荥阳、成皋、广武三郡。北齐改荥阳郡为成皋郡，废京县并入荥阳县。北周复置荥阳郡。

◆隋

开皇元年（581 年），隋文帝杨坚建立隋朝后，将北周时的荥州改名为郑州，下辖荥阳、成皋、密、内牟（即中牟）、苑陵（今新郑东北）等县，郑州州府治所仍设在成皋（即虎牢）。开皇四年（584 年）置广武县，仁寿元年（601 年）又改名为荥泽县。

◆唐

郑州的行政建置有所变化，其辖区变为密县、汜水、荥阳、荥泽、成皋等县。高祖武德四年（621 年），在虎牢置郑州荥阳郡，以汜水县附郭，并分置成皋县。贞观初，又废成皋县并入汜水县。唐太宗贞观七年（633 年），郑州州府治所从成皋移至管城（今郑州市管城区）。武则天时，改荥阳为武泰县，改汜水为广武县。中宗神龙元年（705 年）复旧名。玄宗开元二十二年（734 年）从汜水、荥泽、武陟三县划分出河阴县，管河阴仓，属河南郡。

◆五代

荥阳、汜水、河阴、荥泽四县因袭仍旧，分属郑州和孟州管辖。

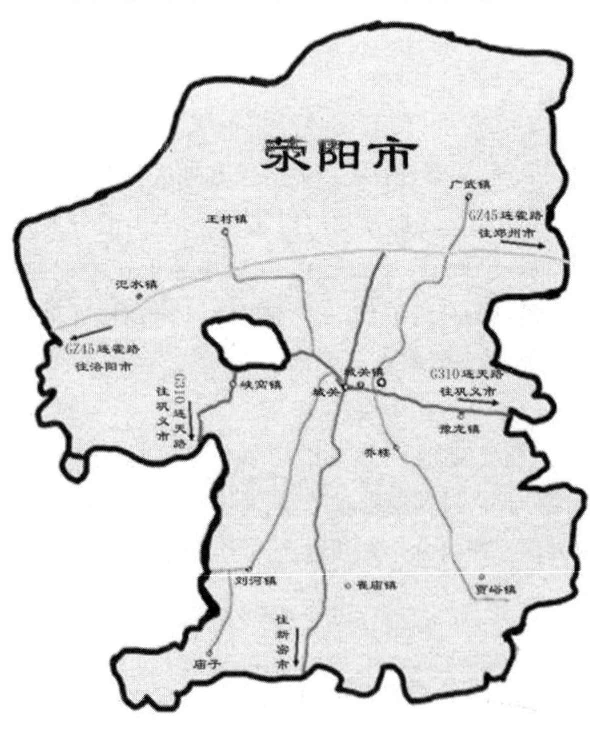

荥阳市地图

◆宋金元

北宋时，属京西北路。仁宗庆历三年（1043 年）改汜水县为引庆关，为巩县东境。南宋时，属金南京路。元代属河南省汴梁路。

◆明清

明代属河南布政司开封府郑州管辖。太祖洪武初（1368 年）复置汜水县。三年（1370 年）因受水患，河阴县治由大峪口徙于广武城。清代初属开封府。雍正二年（1724 年）升郑州为直隶州，辖荥阳、汜水、荥泽、河阴四县。十三年（1735 年）改归开封府。光绪二十九年（1903 年）仍升郑州为直隶州。辖县同前。

◆中华民国

民国二十年（1931 年）并荥泽、河阴二县为广武县，治于广武城。

◆新中国建立前后

1949 年 1 月，豫西四分区改组为中共郑州地委与郑州专员公署（开封专区前身），由登封大金店迁来荥阳，辖新郑、郑县、密县、登封、巩县、荥阳、成皋 7 县，办公地点设在荥阳。1949 年 8 月解放。年底汜水县、广武县合并为成皋县，县政府设在广武，1950 年迁至汜水。1954 年 2 月，中共郑州地委和郑州专员公署由荥阳迁开封，改称开封专区。荥阳、成皋合并为荥阳县，县政府设在荥阳城。现荥阳县，由原荥阳、荥泽、成皋（汜水）、河阴、京县等演变来。

（三）新密市行政区划建置历史沿革

新密市在西周灭商之后是密国和郐国所在地。密国是以密山为名，密山以“密”为名，是因为这里山的形状像座宏大的殿堂，古代山形如堂者称为“密”。后来郑国灭掉了郐国，并将原来的密国故城更名为新密邑。韩国灭郑后，拥有此地。从春秋战国到秦朝灭亡，一直沿用“新密”这个地名。新密市隶属省会郑州，位于嵩山东麓，距东北省会郑州 40 公里处，总面积 1001 平方公里，辖 13 个乡镇、3 个街道办事处，人口 79.7 万（2010 年）。

◆三皇时期

三皇之世初为伏羲女娲之故里，后为炎帝所伐之补遂。炎帝时，新密名“补国”。现在新密仍有“补国”“羲国”遗存。位于县西的伏羲山和补国，都是羲皇及其后裔重要活动之地。

◆五帝时期

《史记·五帝本纪》中把黄帝、颛顼、帝喾、尧、舜时期称为五帝时期，黄帝为五帝之首。五帝之初为黄帝之都轩辕丘，新密溱洧流域、古城寨城址就是黄帝所居轩辕丘。帝喾时期为祝融氏之墟，新密古城寨城址为祝融之族的都城，是其政治、经济、文化中心所在。帝尧之后居郐国之都城所在地。

◆西周至春秋战国

西周初到春秋为郐、密二国并存。春秋时为郑国都城并设新密邑，战国时属韩国，又曾为楚所辖。郑国建都于溱洧后，郑文公因交流寨一带“土狭而险”“山居谷汲”，不适合越来越发展的郑国，就在密国东部 20 余里的开阔地带建一新都城（今新郑的“郑韩故城”）。战国时属韩国，又曾为楚所辖。

◆秦汉

秦统一六国后，在全国设立 36 郡。郡下辖县，随设密县，属颍川郡。汉袭秦制仍置密县，属河南郡，治在大隗。东汉光武帝建武十五年（39 年），改河南郡为河南尹，密县仍属河南尹所辖。

◆三国

魏曹还称帝后，全国设 12 州，68 郡，新密邑属魏国司州河南郡。

◆两晋

晋泰始二年（266 年）置荥阳郡，密，故周畿内。晋代新密属司州荥阳郡。

◆南北朝

南朝刘宋时期，密属荥阳郡。《宋书州郡志》：武帝（刘裕）北平关、洛，河南底定，置司州判史，沿虎牢，领河南、荥阳、宏农实土三郡；荥阳领京、密等九县。北朝北魏孝文帝初属荥阳郡，后分治武陵城曲梁城，属广武郡。《魏书·地形志》：“荥阳郡密，二汉属河南，晋属。治密城，有承云山、青烟台、开赐山、大龟山、子产墓、卓茂冢、祠。又广武郡，领县五。曲梁于孝昌（北魏孝明帝）中分密置，有武陵城、曲梁城。”北朝北齐复置密县，属荥阳郡。治故密城（今大隗镇）。《隋书·城理志》：“荥阳郡：城。注：后魏置曲梁，后齐（北齐）废。”北周时密属荥州，寻政荥州又为郑州。后周置荥州。《太平寰宇记》：

“后周建德六年(577 年)灭齐,是年统于周宇文氏。属荥州。”

◆隋唐

隋朝密隶属仍和北周一样,县、省入焉。寻置管州,后仍属郑州,复置密县,治迁古法桥堡城。唐朝武德三年(620 年),置密州,并置零水(县治在今新密刘寨镇故县)、洧源(县治在今登封市大冶镇西)二县,寻废省,复制密县,隶属郑州:寻改属河南道河南府河南郡。《唐书·地理志》:“河南省河南郡,密、畿。”《说嵩》:“府郡并设,始于此,府以统郡。”

◆五代

《通志》载,五代密县仍属河南府,府治洛阳。《职方考》称:洛阳在后梁、后唐、后汉、后周时经常作为都城。

◆宋

宋朝,《宋史·地理志》:“河南府、洛阳郡,因梁、晋之旧为西京。宋熙宁五年(1072 年)分隶京西北路,河南府洛阳郡。密,畿。宋崇宁四年(1105 年),割隶郑州。宋宣和二年(1120 年)还隶河南府。”

◆金

新密市地图

密属南京(汴梁)路郑州。《金史·地理志》:“南京初曰汴京,贞元元年(1153 年)更号南京。郑州,(中),防御。宋荥阳郡奉宁军节度(使)。密有大隗山、溱水、洧水。元朝,密属汴梁路郑州,后割隶钧州改为密云县。”

◆明

明朝,复为密县。属开封府钧州,又称禹州。于洪武九年(1376 年)隶河南承宣布政使司。

◆清朝

雍正二年(1724 年),升禹州为直隶州,密属直隶禹州。十三年(1735 年)升许州为府,以密属焉。乾隆六年(1741 年)府废,密改属开封府。

◆中华民国

民国版《密县志》:“民国二年(1913 年)废州府,将豫省划为东、西、南、北四道。豫东道辖 38 县,密与焉。”“民国三年(1914 年)内务部颁发行政区划一览表,复将豫东道改称开封道,属县悉仍其旧。”《中国地名词典》:“国民政府成立,道废,直属河南省。”1946 年《河南省行政区划表》:“第四区辖:郑县、广武、汜水、密县、禹县、长葛、新郑。”1946 年《河南省行政区划表》:“第一区辖:荥阳、汜水、密县、禹县……开封专区、郑州市、开封地区、郑州市。”

◆新中国成立后

《河南省地名词典编纂简讯》:1952 年陈留专区和郑州专区合并,命名为郑州专区,密县属郑州专区。1955年郑州专员公署由荥阳迁驻开封市，更名为开封专员公署，称其管辖的地区为开封专区。1985年版《郑州年鉴》："1958年12月经河南省人民委员会37次会议通过并报国务院批准，将原开封专区西部的荥阳、密县等五县划归郑州市管辖。""1961年12月10日，省委决定将荥阳、密县等五县划归开封地区管辖。"1982年8月13日，经国务院批准，密县来集乡和城关镇的惠沟、五里店、楚沟、杨寨、高沟、甘砦六个大队(村)划出，成立新密区，属郑州市管辖。1984年版《河南年鉴》："1983年9月1日，国务院批准河南部分地、市合并，实行市管县体制的报告，将开封地区的巩县、新郑、密县、登封、中牟五县划归郑州市管辖。"1987年3月11日，国务院决定撤销郑州市新密区，原所属的来集、七里岗乡划归密县。1994年4月5日经国家民政部报国务院批准，撤销密县，设立新密市(县级)。

(四)禹州市行政区划建置历史沿革

禹州市位于河南省中部，地处伏牛山余脉与豫东平原的过渡地带，东接许昌、长葛，北靠新郑、新密，西北邻登封，西及南部连汝州、郏县、襄城县，颍河自西至东横贯全境。禹州隶属许昌市。总面积1461平方公里，总人口125.96万人(2011年)。禹州整个地势由西北向东南倾斜。以横贯西北、东南的颍河为界，构成北(具茨)、南(箕山)两大山系，环抱颍川平原。

◆夏

据《史记·夏本纪》载：禹在此受封为夏伯，夏者：帝禹封国号也。《水经注》载："河南阳翟县有夏亭城，夏禹始封于此，为夏国。"《竹书纪年》载："夏禹之子夏启，即位夏邑，大享诸侯于钧台，诸侯从之。"即禹的儿子启又于此创建了第一个奴隶制王朝，并大飨诸侯于钧台，举行开国典礼。

夏帝相失国后，少康中兴，也由夏众灭浞，奉少康归于夏邑，诸侯始闻之，立为天子，而都于此。故在史籍中，早期多称禹州为夏邑。

◆商朝

商朝置禹州为历国。

◆西周

西周以禹州为历邑。

◆春秋

禹州在春秋时，为郑国别都栎邑。周襄王十六年(前636年)，北方翟人(亦称狄人)入据栎地，因其地在嵩山之阳，改称阳翟(音狄)。周威烈王十八年(前408年)，韩景侯虔将韩国国都自平阳迁至阳翟。韩哀侯二年(前375年)，韩灭掉郑，遂迁都郑(今新郑市)。五年之后，在周烈王六年(前370年)，韩懿侯将国都复迁阳翟。

◆战国

战国初期，周威烈王十八年(前408年)，韩景侯虔在禹建都。史籍上自此称禹为阳翟。韩哀侯二年(前375年)，韩灭掉郑，遂迁都新郑。五年之后，在周烈王六年(前370年)，韩复迁都阳翟。

◆秦

秦始皇十七年(前230年)，秦使内史腾灭韩，虏韩王安，以其地置颍川郡，郡治首府设在阳翟。秦二世二年(前208年)，项梁立韩公子成为韩王，仍置都于阳翟。

◆汉

高祖六年(前201年)，刘邦立故韩王信为韩王，置都阳翟。高祖六年(前201年)徙韩王信于太原，复以韩国之地为颍川郡，郡治首府设在阳翟，领20个县(阳翟、昆阳、颍阳、定陵、长社、新汲、襄城、郾城、郏县、舞阳、颍阳、高、许昌、鄢陵、临颍、父城、成安、周承休、阳城、纶城）。

◆新莽时期

王莽复古改制，在天凤年间（9～14年），将颍川改为左队郡。东汉光武帝建武元年（25年），改左队郡为颍川郡，治所仍置阳翟，领县18个。

◆两晋南北朝

西晋时罢郡设阳翟县。东晋十六国时，阳翟曾先后属前后赵、前后秦及前后燕。南北朝时期属魏。北魏孝明帝孝昌二年（526年），分阳翟、阳城部分地区，在阳翟境内的“少康城”设县，称康城县，该县划归阳城郡领属。东魏孝静帝兴和元年（539年），又划阳翟东部部分地区，在黄台村设县，并于阳翟，设置阳翟郡，领阳翟、黄台2县。

◆隋唐

隋朝，隋文帝开皇三年（583年），撤销阳翟郡治。隋炀帝大业元年（605年），黄台县撤销。至唐太宗贞观三年（629年），康城县也被废掉，恢复了原阳翟县的辖区。唐朝以后地方建制不再设郡，但阳翟县名一直被沿用。

◆金

在金代伪齐刘豫统治时期，金朝在阳翟县设颍川军。金大定二十年（1180年），改军为州，称颍顺州。阳翟县仍为其附郭。金大定二十四年（1184年），因州有古“钧台”遗迹，改颍顺州为钧州。辖阳翟、新郑2县和郭店镇。

◆元

元顺帝至正元年（1341年），钧州改领阳翟、新郑、密县3县。

禹州市地图

◆明

明洪武初年（1368年，），撤销阳翟县制并入钧州州治（沿用1700余年的阳翟县名，至此告终），仍辖密县、新郑2县。明神宗万历三年（1575年），为避神宗朱翊钧名讳，改钧州为禹州。闯王李自成曾一度将禹州改为均平府。

◆清

清初沿袭明制，清初仍改为禹州，属开封府。至雍正二年（1724年）升禹州为直隶州，雍正十二年（1734年）降为散州，乾隆六年（1741年）复隶属开封府。

◆中华民国

民国二年（1913年），禹州改为禹县，隶豫东道。民国三年（1914年），改隶开封道。民国二十一年（1932年），改属河南第一行政督察区。民国三十五年（1946年）河南又划成12个区，禹县属第一区。

◆另记

1945年以后，共产党曾分别在禹县、郏县交界设禹郏县；在城北扒村一带设禹北县；在禹县、密县和新郑交界设密禹新中心县;1948 年在许昌、禹县交界设许西县。存在时间较短,多未形成真正的建置和辖区。

◆新中国成立后

中华人民共和国成立后仍设禹县,先后隶属河南省许昌专署和许昌市。1988 年 6 月 25 日,国务院批准禹县改为禹州市,为省直辖县级市,计划单列。目前由许昌市代管。

(五)巩义市行政区划建置历史沿革

巩义市位于嵩山北麓,西距古都洛阳市 76 公里,东距郑州 82 公里。东与荥阳为邻,西和偃师、孟津接壤,南与登封、新密依嵩山为界,北和孟州、温县隔黄河相望。巩义地势东南高西北低。东南部为高山区,中部为浅山丘俊,北部为邙岭。伊洛河自偃师入境,向东北流入黄河,形成东北—西南向的冲积平原。巩义市隶属省会郑州,总面积为 1041 平方千米,总人口为 81.994 万人(2014 年)。

◆夏

夏代曾建都斟鄩(今巩义市稍柴、罗庄一带)。

◆商

称阙巩。

◆西周春秋

巩为巩伯国。

◆春秋

巩仍为巩伯国。

◆战国

巩义为东周。周显王二年(前 367 年),西周惠公封其少子班于巩以奉王,号“东周”。此时巩伯国属韩国辖治。

秦庄襄王元年(前 249 年),秦灭东周,韩献巩,始置县,属三川郡,郡治在洛阳。

◆秦

巩县属三川郡,郡治在洛阳。

◆两汉

汉承秦制。西汉属河南郡,郡治在洛阳。东汉属河南尹,尹治在洛阳。巩县以“山河四塞、巩固不拔”而得名,历代因之。又因地扼古都洛阳,故史有“东都锁钥”之称。

◆三国

巩县属魏河南尹,尹治在洛阳。

◆西晋

巩县属魏河南尹,尹治在洛阳。

◆东晋

初同西晋。后改属河南郡,郡治仍在洛阳。晋《太康地记》杜预注“入晋,偃师分入洛、巩”,偃至东魏始复,故其时巩境包括偃师东部。十六国时,巩县先后隶属前赵、后赵、前燕、前秦、后燕、后秦,皆属河南郡,郡治均在洛阳。

◆南北朝

巩县北魏属荥阳郡,东魏属成皋郡。北齐废巩县,入成皋县。

◆隋

隋开皇十六年(596 年)复置巩县,属河南郡,郡治在洛阳。

◆唐

初属洛州。开元初(713 年)复巩县,属河南府,治所在洛阳。

◆五代属之。

巩县皆属河南府,府治在洛阳。

◆宋

巩县属河南府,府治在洛阳。景德四年(1007 年)划巩县西部、偃师东部等地,设永安县以护宋陵,同时在汜水设行庆关,汜水地半属巩。治所在永安东部等地,设永安县以护宋陵,同时在汜水设行庆关,汜水地半属巩。治所在永安镇(今芝田镇),初属河南府,于政和三年(1113 年)改为永安军(直属京师禁军),南宋理宗时曾改永安县为庆寿县,端平元年(1234 年)后,一度称奉先县。

◆金

巩县属河南府,治所在洛阳。贞元元年(1153 年)改永安县为芝田县。

◆元

巩县属河南府,治所在洛阳。后,废芝田县,复入巩、偃。至正二十年(1360 年)曾一度升巩县为军州万户府。

巩义市地图

◆明

巩县属河南郡,治所在洛阳。

◆清

巩县属河南府,治所在洛阳。

◆中华民国

巩县属豫西道河南府,治所在洛阳。民国五年(1916 年)废府存道,巩县属河南道。民国十六年(1927 年)废道,省直辖县,受河南省第十行政区督察专员公署(在洛阳)督导,省会在开封。

◆中华人民共和国成立后

巩县始属郑州专员公署,公署设在荥阳县。1955 年改属开封专员公署。1958 年 12 月,划归郑州市管辖。1961 年 12 月,复归开封地区。1983 年 9 月,国务院批准河南部分地、市合并,实行市管县体制的报告,将开封地区的巩县、新郑、密县、登封、中牟 5 县划归郑州市管辖。1991 年 6 月经国务院批准,撤销巩县,设立巩义市。即取巩县孝义之意。

(六)登封市行政区划建置历史沿革

登封市位于河南省中西部,登封市地形复杂,北有嵩山山脉,南有箕山、熊山山脉,均为东西走向,地势由南北向中间逐渐降低为丘陵河川,依地形大致可分为深山、浅山、丘陵和平地。登封市隶属省会郑州。市境东西长 56 千米,南北宽 35. 5 千米,总面积 1220 平方千米,总人口 65 万人(2013 年)。

登封境内的轘辕古道是古代洛阳与东南地区连接的通道,因交通、军事等因素使登封成为洛阳东南的门户,故登封自古就归洛阳管辖。

◆黄帝时期

《禅通纪》载:仓帝史皇氏姓侯冈,名颉,治百有十载,都于阳城。

◆夏

夏王朝最早在阳城(今登封市告成镇)建都,“禹都阳城”即此地。

◆春秋

春秋时,周公在嵩山置测影台,观察日影,测量天文,将嵩山定为“天地之中”,登封为东周都洛邑(洛阳)的东部屏障之一。

◆西汉

西汉武帝刘彻游嵩山,正式设立崇高县。

◆隋唐

隋朝,大业初年(605 年)改为嵩阳县。唐朝,万岁登封元年(696 年),武则天登嵩山、封中岳,以示大功告成,改嵩阳县为登封县,改阳城县为告成县。

◆金

金朝将登封与告成两县合并为登封县。

◆元

登封县属河南府,治所在洛阳。

◆明

登封县属河南郡,治所在洛阳。

◆清

登封县属河南府,治所在洛阳。

◆中华民国

民国前期登封县属河洛道,治所在洛阳。民国十六年(1927 年)废道,省直辖县,受河南省第十行政区督察专员公署,治所在洛阳县,省会在开封。

◆新中国成立后

登封县始属郑州专员公署,公署设在荥阳县。1955 年郑州专员公署由荥阳迁驻开封市,更名为开封专员公署,称其原管辖的地区为开封专区。1958 年 12 月,登封归郑州市管辖。1961 年 12 月,登封复归开封地区管辖。1983 年 9 月,国务院批准河南部分地、市合并,实行市管县体制的报告,将开封地区的巩县、新郑、密县、登封、中牟 5 县划归郑州市管辖。1994 年 5 月 30 日,经国务院批准登封县撤县设市。

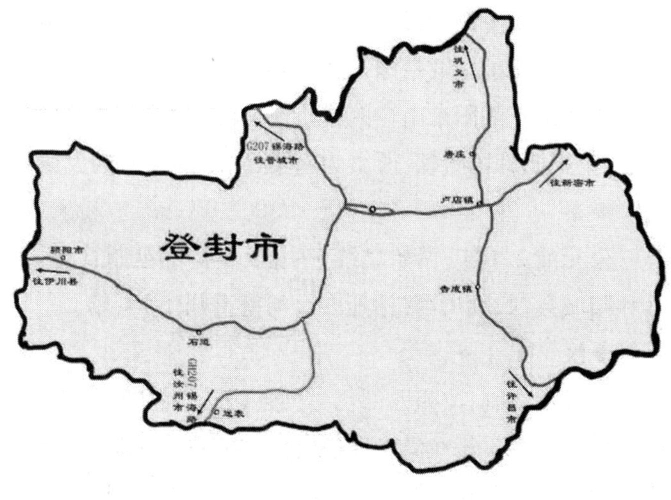

登封市地图

(七)汝州市行政区划建置历史沿革

位于河南省中西部,北靠巍巍嵩山,南依茫茫伏牛,西临古都洛阳,东望黄淮平原,北汝河自西向东贯穿全境。汝州市隶属省直辖。总面积1573平方公里,总人口105.6万(2011年末)。在漫长的地质时代,汝州市经历了海洋、陆地、浅海、冰川、海湾、内陆湖沼、陆地等沧海桑田的变化,形成了两山(伏牛、嵩山)夹一川,汝水流中间的地理格局。

◆五帝时期

轩辕黄帝在新郑称帝,曾带人两次到汝州西部的崆峒山向广成子求教治国和养生的道理。之后把当时最富饶的汝河流域封给他和正妃嫘祖的第二个儿子昌意,昌意的儿子高阳,在黄帝死后,继承了帝位,就是五帝的第一帝颛顼。

◆夏朝

夏朝后期,汝州为霍国,是商汤的儿子霍侯的封地,国都在今河南省汝州市汝河南古城一带,是夏西南部政治经济文化中心。

◆商

商朝,霍作为灭夏有功的侯国,地位得到巩固,管辖南到伏牛山,东到禹州,西至嵩县,北至登封的广大地区。

◆西周

公元前1027年,周武王带大军打败商纣后,挥师包围霍都。霍侯开城投降,周武王封霍侯的儿子为新的霍侯。霍在整个西周相对平安,经济得以长足发展。

◆东周

周平王迁都洛阳后,汝州的战略地位显得十分重要,就将霍地封给自己的儿子姬唐,改霍为梁,迁霍后人至杨楼一带,建小霍城安置,为梁小邑。

梁国西南曼氏国兴起,一度将梁和霍纳入自己的版图。曼氏国后被楚国所灭,汝州成为楚的北部边地。再后郑国打败楚国,把汝州地纳入郑国的版土。

梁城位于洛阳东南户的战略地位被军事家们所看重,梁地区成为诸侯争夺的中心地带,韩国灭郑国后,梁地归韩国管辖,改梁为南梁,以区别开封的大梁和山西的西梁。

◆秦

公元前221年,秦始皇统一中国,实行郡县制管理。在汝州西部置梁县,归三川郡管辖,东部置郏县和阳城县,归颍川郡(治所在今河南禹州市)管辖。

◆汉

西汉承秦制,汝州西部仍为梁县,公元前206年将三川郡改为河南郡,梁县归属河南郡,治所在洛阳。公元前113年在尚庄乡榆庙村一带置承休国,安置周的后人姬嘉。公元前112年在小屯一带置成安国。东汉时期,改河南郡为河南尹,梁县属河南尹,治所在洛阳。

◆三国

三国时期,汝州仍为梁县,为魏国的司州河南尹管辖,东南部的小屯一带归豫州的颍川郡管辖。

◆两晋

西晋时,将河南尹分为河南郡和荥阳郡,汝州仍为梁县,归河南郡管辖,治所在洛阳。东部小屯一带归襄城郡管辖。东晋十六国时期隶属频繁改动。公元317年,属东晋,后归前赵;公元365年属前燕,隶河南郡;公元 369 年属前秦,隶豫州河南郡;公元 395 年属后燕,隶豫州河南郡;公元 409 年属后秦,隶豫州河南郡;河南郡治所在洛阳。公元 417 年属东晋。

◆南北朝

公元 420 年,历史进入南北时期,政府为扩大自己的虚名滥设州县。汝州的建制随北朝的变迁而变动。北魏时,汝州属司州归中央直辖,公元 494 年在今汝州城设南汝原县;公元 527 年在今杨楼梁故城置汝北郡;后在今庙下东注人城置治城县,在霍城置石台县,在今小屯成安城置东汝原县。汝北郡从西到东共领石台、梁县、治城、南汝原、东汝原 5 个县。公元 534 年,北魏分裂为西魏和东魏,汝州属东魏。同年改南汝原县为汝原县。公元 539 年,恢复汝北郡,在承休国旧地置承休县,移郡治至承休县;公元 543 年,改汝北郡为汝阴郡,废治城县入梁县。公元 577 年改汝阴郡为和州。

◆隋

隋文帝开皇四年(584 年)置伊州,隋炀帝大业初(605 年),改伊州为汝州,治梁县城。大业八年(612 年),移承休县至汝原县,废汝原县。改汝州为襄城郡,治承休县城,领承休、梁、阳翟、东汝原、汝南、鲁、城 8 县。

◆唐

唐朝汝州建制多变:公元 621 年,改襄城郡为伊州,领承休、梁、郏 3 县;公元 627 年,移梁县衙于承休县,撤承休县,把鲁山划为伊州;公元 634 年,改伊州为汝州,领梁、郏城、鲁山 3 县;公元 695 年,在今宝丰置武兴(后改龙兴)县;公元 712 年在今临汝镇置临汝县;公元 738 年,划许州襄城县来属,改汝州为临汝郡,属都(指东都洛阳)畿道,领叶、襄城、郏城、鲁山、龙兴、临汝 7 县。公元 758 年,改临汝郡为汝州。唐时汝州为东都洛阳东南门户,设东都畿都防御使,驻有重兵防守。

◆五代

五代时汝州先后归梁、唐、晋、汉、周五个朝代,建制随唐制,仍为军事要地。周显德三年(956 年)改临汝县为临汝镇,入梁县,汝州领 6 县。

◆宋

宋朝,汝州建制仍袭唐制,1105 年划郏县归颍昌府。宋政和五年(1115 年)升汝州为陆海军节度,属京西北路,领梁县、襄城、叶县、龙兴、鲁山 5 县。

◆金

1127 年,汝州被金占领。汝州属南京路,金中央直辖,领梁(含今汝阳)、郏城、鲁山、宝丰、叶县、襄城 6 县。1207 年,划襄县属许州;1208 年,划叶县属裕州。

◆元

1271 年,忽必烈建立元朝,形成了军政合一的省一级地方建制。汝州属河南江北省南阳府管辖,领梁、郏县、鲁山 3 县,宝丰废县为镇,归梁县管辖。

◆明

明洪武元年(1368 年),朱元璋对元行省作了大的改革,改省为“承布宣政司”,只管民政,但人们习惯上仍叫行省,简为省,省下设郡(州)、县。汝州仍为南阳府管辖,将梁县入汝州,领郏县、鲁山 2 县。明成化十一年(1475 年),在汝州东南设宝丰县,汝州领郏县、鲁山、宝丰 3 县。成化十二年(1476 年),时任兵部左侍郎的汝州人滕昭,以汝州距南阳太远给群众生活带来不便为由,同好友河南布政使原杰联名奏请宪宗皇帝朱见深,将汝州从南阳分出由省直辖,汝州成为河南唯一一个由省直辖的直隶州,由县级州升格为府级。同年 12 月,在汝州西部今汝阳县城附近置伊阳县,划原嵩县、鲁山、汝州的部分地区为伊阳地，汝州领鲁山、宝丰、郏县、伊阳4县。明中央掌管吏治的按察使司在地方设立41个按察分司，叫巡道，河南有二，分别叫河南道、河北道，河南道驻汝州。

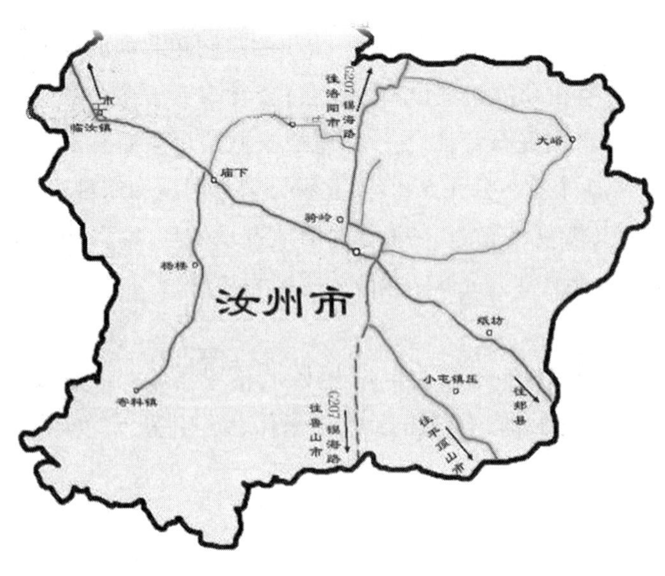

汝州市地图

◆清

清沿袭明制，汝州直隶州的地位没有改变，领鲁山、宝丰、郏县、伊阳4县。

◆中华民国

民国元年(1912年)，汝州隶河洛道，仍领鲁山、宝丰、郏县、伊阳4县。民国二年(1913年)，地方实行省、专区、县三级管辖，改直隶汝州为临汝县，隶属许昌专区。民国三十六年(1947年)属豫西五专区。

◆新中国成立后

1949年临汝县仍隶属许昌专区。1951年将大小张庄和磨冢营村划归宝丰县管理辖。1954年10月临汝县隶属洛阳专区管辖。1986年，撤专区建制，实行市(地)管县，临汝县隶属平项山市。1988年8月改临汝县为汝州市，属省直辖，计划单列，由平顶山市代管。2011年6月1日正式实施省直辖，财政直接和省对接，市委书记和市长属副厅级编制。

(八)偃师市行政区划建置历史沿革

偃师市位于河南省中西部地区的洛阳盆地东隅，南屏嵩岳，北临黄河，偃师市南北高中间低，地貌景观略呈槽形，地表形态复杂多样，大体可分为山地、丘陵、坡地、平原4种类型。偃师因公元前11世纪周武王东征伐纣，回师西亳，在此筑城“息偃戎师”而得名，先后有夏、商、东周、东汉、曹魏、西晋、北魏等7个朝代在此建都。偃师隶属洛阳市，面积668.58平方公里，人口61万(2013年)。

◆五帝时期

帝喾以亳邑(此后偃师西亳)为都城。《括地志》载：“偃师为西亳，帝喾及汤所都，盘庚亦徙都之。”

◆夏

公元前2070年，夏禹在河洛地区建立了中国第一个奴隶制王朝——夏朝。夏代太康、仲康及帝桀相继建都斟鄩。《逸周书度邑》载：“自洛汭，延于伊汭，居易无固，其有夏之居。”古本《竹书纪年》称：“太康居斟鄩，羿又居之，桀亦居之。”今本《竹书纪年》记“仲康居斟鄩”。其地就在今偃师境内伊、洛二水汇流处上游的二里头村一带。偃师二里头遗址的发掘已经证实，二里头遗址就是夏都斟鄩。

◆商

西亳为商汤之都，即今偃师尸乡商城遗址。

约在公元前16世纪最后经鸣条之战灭掉了夏。商汤攻克夏都斟鄩之后，决定在夏都附近另建新都。新都建成后，商汤从南亳迁此，史称西亳。《史记·殷本纪》正义云：“亳，偃师城也。汤即位居南亳，后徙西亳也。”《汉书·地理志》云：“汤即位居南亳，后徙西亳。在偃师西十四里。”又云：“河南偃师为西亳，帝喾及汤所都，盘庚亦徙都之。”这西亳在今洛阳偃师尸乡沟。洛阳偃师尸乡沟的商文化遗址,就是商都西亳的所在地。

《史记·殷本纪》又载:“帝盘庚之时,殷已都河北,盘庚渡河南,复居成汤之故居。”又云:“帝庚丁崩,子帝武乙立,殷复去亳徙河北。”由此可以看出,商朝曾两次都西亳。第一次商都西亳,约在公元前1711年至前1482年,计230年,历经成汤、外丙、中壬、太甲、沃丁、太庚、小甲、雍己、太戊、中丁10帝。第二次商都西亳,约在公元前1310年~公元前1140年,计170年,经盘庚、小辛、小乙、武丁、祖庚、祖甲、廪辛、康丁、武乙9帝王。商代两次都西亳,共19帝,400余年。

◆春秋战国

春秋时,偃师名尸氏,缑氏之名亦见于典籍。战国时,偃师、缑氏为畿内邑。

◆秦汉

公元前221年,秦统一中国,推行郡县制,置偃师、缑氏2县,均属三川郡。西汉,高祖二年(前205年),仍置偃、缑2县,又有平县(故城在偃师西北25里),同属河南郡,郡所在洛阳。新莽元年(9年),改偃师为师氏县,缑氏为中亭县,平县为治平县。东汉,公元25~220年,恢复西汉建置。

◆三国

三国(220~265年)沿东汉建置,属魏国。

◆东西晋

西晋,省偃师入洛阳,又省平县。单设缑氏县,属河南郡,郡所在洛阳。东晋因之。

◆南北朝

北魏,孝文帝太和十七年(493年),缑氏并入洛阳。东魏,孝静帝天平元年(534年)复置缑氏,仍属洛阳郡,郡所在洛阳。

◆隋唐

隋开皇十六年(596年),废缑氏置偃师,属河南郡。大业初(约605年)复置缑氏县。

◆唐朝

武德元年(618年),诸州县因地位是否重要和人口多寡,分为赤、畿、望、紧、上、中、下七等,偃师为畿县,缑氏为次赤县。贞观十八年(644年),省缑氏。上元二年(675年)复置缑氏县。偃、缑两县初属洛州,州、县均属陕东道大行台,后属都督府。开元元年(713年)后属东都河南府。

◆五代

五代时,沿袭唐置。

◆宋

北宋庆历二年(1042年)废偃师县,留缑氏县。庆历四年(1044年)复置偃师县。熙宁五年(1072年)降偃师县为镇,再入缑氏县。熙宁八年(1075年)恢复偃师县,降缑氏县为镇,归属西京河南府,治所在洛阳。

◆金

金统治洛阳,建金昌府。金太祖收国

偃师市地图

元年(1115 年)置偃师、缑氏 2 县,偃师属中京金昌府。

◆元

公元 1271～1368 年,偃师属河南江北行中书省河南府路。

◆明清

明洪武元年(1368 年)撤缑氏县,其地并入偃师县,属河南行中书省河南府。此后,缑氏一直为偃师县下属乡镇,不再独置。洪武九年(1376 年)改行中书省为承宣布政司,属河南布政司河南府。清朝(1644～1911 年),沿明建置。

◆中华民国

民国初年(1912 年)实行道尹制,偃师属河南省河洛道。民国十四年(1925 年)属道尹公署。民国十六年(1927 年)道尹制废,属河南省政府豫西行政长官公署。民国二十二年(1933 年)省下置督察区,隶属河南第十行政督察专员公署。民国三十三年(1944 年)33 年日军入侵豫西,偃师沦陷。是年 10 月 22 日,八路军豫西抗日先遣支队在县南建立偃师县抗日民主政府,隶属豫西一专区。民国三十四年(1945 年)九月,抗日先遣支队南下,中共领导的地方武装撤回太岳区,县南一带仍归国民党管辖。

◆新中国成立前后

1948 年 4 月偃师解放,偃师县人民政府成立,隶属太岳五专区。6 月改太岳五专区为豫西一专区。1949 年 2 月改豫西一专区为洛阳行政区。1952 年 3 月改洛阳行政区为洛阳专区。偃师随之改变隶属关系。

1967 年 11 月 28 日,偃师县革命委员会成立,隶属洛阳地区革命委员会。1980 年恢复县人民政府,隶属洛阳地区行政公署。1983 年 9 月 1 日实行市管县,偃师县归洛阳市人民政府管辖。1993 年偃师撤县设市。

(九)伊川县行政区划建置历史沿革

伊川县北依洛阳城区,南接嵩县,东临登封,西望宜阳,东北与偃师接壤,东南与汝州市毗邻。伊川地形复杂多样。整体地貌可概括为“二山一川七分岭”,总的地势是东、西高中间低。伊川隶属洛阳,总面积 1243 平方公里,总人口 75.7 万人(2010 年)。

◆三皇五帝

相传神农时,伊川县地域即有一国之称,唐尧时称伊侯国,虞舜时称伊川。

◆夏商周

伊川县地域的西南大部(今城关、鸦岭、常川、高山、平等、鸣皋、酒后、葛寨、白元、水寨、彭婆等乡镇),夏代称豫州伊阙地。周襄王时名伊川,战国时称伊阙,后改新城。

伊川县地域的东部:伊川县地域的东部(今江左、吕店、半坡、白沙等乡),夏时名纶国,春秋时曰纶氏,属郑国。战国时复为纶国,属韩地。东汉章帝时设纶氏县。

◆南北朝

北魏,改纶氏县为颍阳县,后析颍阳县西部置堙阳县。后堙阳县改武林县,又改纶氏县。

◆西汉

西汉惠帝四年(前 191 年)置新城县,属三川郡,后三川郡改为河南郡。

◆晋

晋,河南郡改河南尹,领陆浑、新城 2 县,治所在洛阳。东魏改新城县为伊川郡。

◆隋

隋开皇初,郡废,改置伊州,又废洛阳郡,析置伊川县。大业初,大业初纶氏县并入嵩阳县,伊川县并入洛阳县。

◆唐

唐睿宗时,分登封、伊阙、河南3县各一部分建武林县。唐开元年间,改武林县为颍阳县。

◆宋

宋初,置伊阳、伊阙两县,属河南府,治所在洛阳。北宋神宗熙宁年间,废伊阙县为镇,并入伊阳县。南宋绍兴九年(1139年),改伊阳县为顺州,后改顺州为嵩州。

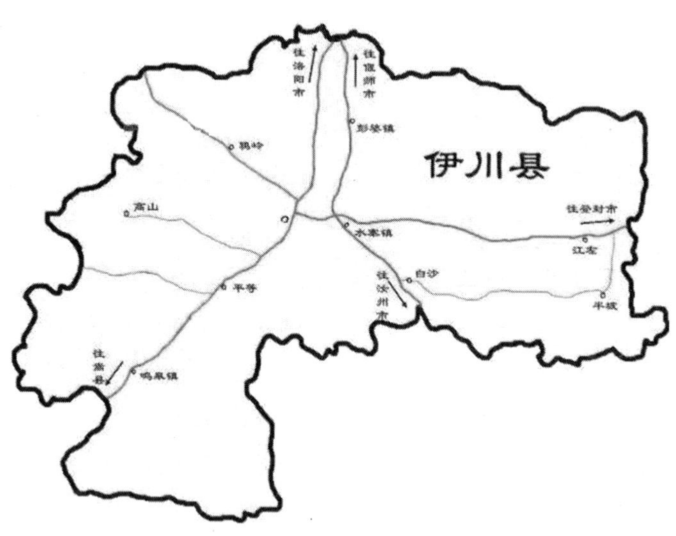

伊川县地图

◆金元

金兴定元年(1218年)颍阳县西部(今江左、白沙等乡)归洛阳县。元沿袭金置。

◆明清

伊川县南部属嵩县,清朝沿用明制。

◆中华民国

民国十六年(1927年),析洛阳、登封、伊阳(今汝阳)、临汝(今汝州市)等县各一部,置自由县;析洛阳、嵩县、伊阳、宜阳等县各一部,置平等县。民国二十一年(1932年),平等、自由两县合并,成立伊川县。伊川县成立后,原临汝县划给自由县部分,仍归临汝县。原伊阳县划给自由县部分,仍归伊阳县。为便于对龙门山的管理,又将魏湾划归洛阳县。民国三十四年(1945年),划伊河以西、龙门山以南、嵩县田湖以北的伊川地区及宜阳县的石、南留、白杨等地,成立伊西县。抗日战争胜利后撤销。民国三十六年(1947年),析伊川县伊河西部与宜阳县之穆册、赵堡、城关、程屋、白杨诸乡成立宜南县;又划伊阳县之陶营、蔡店、蟒庄一带归伊川县。

◆新中国成立前后

1949年2月,撤销宜南县,原属伊川县之鸦岭、平等、鸣皋诸区复归伊川,蔡店、蟒庄一带仍属伊阳。伊川、伊阳两县各恢复原辖区,均属洛阳专区。1960年3月,嵩县的田湖、阎庄、黄庄、寺庄、城关5个人民公社及桥头牧场划归伊川县。1961年9月,原嵩县的5个公社及桥头牧场复归嵩县。1986年2月,洛阳地区撤销后,伊川县归洛阳市管辖。

后 记

在中华民族的文明发展史上，从黄帝统一中原部落始起，到夏、商、周的部族文化；从秦始皇建立大一统的中央集权制，到嵩山地域长期成为我国古代政治、经济和文化的活动中心，嵩山地域都占有不可取代的的源头与核心地位。在此地域产生的嵩山文化，是指孕育、产生、繁衍于以嵩山为中心及其周围的黄河、伊河、洛河、颍河上游流域，经历了距今100万~1万年之间的旧石器时代，经历了距今1万年~3600年之间的新石器时代的距今9000~7000年的裴李岗文化、距今7000~5000年的仰韶文化、距今5000~4000年左右的龙山文化、距今4000~3600年二里头文化的发展序列，以华夏先祖尊奉的“山”文化和“中”文化为渊源，以轩辕黄帝、华夏部族以及后来商周部族的文化系统为先导，涵盖了古代各历史时期的地质文化、山水文化、中原神话、神祇信仰、礼乐制度、三教源流、古国古城、行政区划、军事战争、文学艺术、文献典籍、民俗风情、少林武术以及姓氏、帝王、名人、建筑、教育、科技、青铜器、陶瓷、风水、灵异、碑刻、考古等多种传统文化元素的根基文化。

因此说，嵩山文化不是一般的地域性文化，而是中华民族传统文化的源头与核心，是构成中国传统文化最重要的组成部分，在中华民族的文明发展史上占有源头和先导地位，因为它对中华民族文化的形成和发展起着巨大的作用。这样一个地域性文化，对周围既有吸引作用，又有辐射作用。它既有强大的吸收、包容、凝聚的力量，把周围的文化吸纳过来；又有把自己的文化传播出去，渗透出去，影响周围地区的力量。

在中华民族的文明发展史上，自黄帝统一华夏部落与征服东夷、九黎族而统一中华到黄帝治国，从夏朝开国到商周的部族文化，从秦始皇建立大一统的中央集权制到两汉三国，从汉魏两晋南北朝到盛世隋唐，北宋以前，嵩山地域长期是我国古代政治、经济和文化的中心。当历史的繁华散去，这里的遗存便真实地记录了华夏民族的先祖们在这里繁衍生息、生产活动和后来炎黄子孙自强不息、发展壮大的历史足迹。

当然，被誉为一种有着华夏五千年文明的源泉与主脉的地域文化，它的形成与发展，肯定是在嵩山地域范围内长期形成的历史遗存、文化形态、建筑理念、社会习俗、生产生活方式等各类文化的结果，而最能使人一眼看到历史本来面目的就是历史遗存。而简单地理解遗存，就是人类各种活动在这里留下的遗迹和遗物。嵩山地域号称是“举手摸到秦文化，抬脚踢到汉砖瓦”的“文物之乡”，古文化遗存数量之多，分布之密，为全国之冠。对于这样一个古文化遗存分布密集的重要地域，编撰《嵩山古遗存》十分必要。

很久以来，我们在阅读嵩山地域有关文化史料时，一直有一个遗憾，那就是在市与市之间、市与县之间、县与县之间、县与区之间的一些史料中，对同一古遗存的介绍、宣传多有重复，而且从各县、区的本地文化资源考虑，说法也不尽相同。长期以来，这种繁杂不同的介绍和传播，造成了人们对嵩山地域同一古遗存的不同认识和理解，也造成了人们对嵩山古遗存整体概念的模糊，对某一古遗存的所在地存在争议，究其原因，多为行政区划变更所致。

在嵩山历史文化核心区内，现有的行政区划有登封、巩义、偃师、伊川、汝州、新密、新郑、禹州、荥阳九个县(市)以及相邻的郑州市和洛阳市。这两个大市和九个县(级)市在历史上都有着分开、合并、拆分、重组的变更沿革史，随着行政区划的变更，其中古文化遗存的隶属关系也随之变化。如某一古文化遗存的所在地以前是归哪个市的，现在又划归其他县；还有以前是这个县的，以后又划归到那个县了，等等，因此就有了古文化遗存所在地隶属关系的不确定性。但是每个行政区划在宣传本地的古文化遗存时，都是按着历史发展的真实情况，每个地方都有充分的理由去宣传介绍这些古文化遗存，这本是理所当然的好事，但同时也出现了以上所说的市、县(市)宣传介绍古文化遗存的重复和雷同，甚至有些地方出现了为一些名人、重要史迹和遗址等出自于本地的文化资源考虑而据理相争，发生矛盾。

照此想来，正是因为嵩山地域各市县的区划在各历史时期的变更，使本来博大精深的嵩山文化，在多种地方性的史料中反倒被分割、单一或重复介绍、宣传，如嵩山历史文化核心区中的郑州、洛阳和各县(市)史料对一些古遗存的推介宣传中，都或多或少地存在相同的问题，这些问题的存在极大地影响了嵩山地域文化的整体传播与发展。为清晰嵩山古遗存在人们心目中的整体概念，我们从大嵩山文化的大局考虑，无论市县行政区划怎么变更，无论这些古遗存曾经划归到哪个行政区划之内，嵩山地域的地理位置是不变的，历史留给我们的古遗存是不变的，古遗存的所在地也是真实不变的。为此，“嵩山文化大系”这套书的编写，为大家提供了一个集中展示嵩山地域文化的契机。

鉴于嵩山地域文化在我国传统文化中的重要作用，我们于2008年6月，确立了编纂《嵩山文化大系》的指导思想，以大嵩山的地域文化为大目标，打破行政辖区的界限，尽量避免现有史料记载中的片面性和局限性，在嵩山历史文化核心区的自然地域上谈古论今，发掘整理出完整有序的嵩山文化，共同营造一个资源共享、优势互补的人文环境，为传承、弘扬、发展嵩山文化提供可靠的历史依据，力求全面表现嵩山地域文化的完整性，具体反映嵩山文化的形成与发展，强调突出嵩山文化的源头和先导作用，集中展示嵩山地域文化的真实与厚重。

编写此书的过程是一个学习的过程，编写工作首先要从了解开始。通过考古界的发现可知，在嵩山历史文化核心区内，无论是地上的或地下的古遗存都非常稠密，其密集程度明显地高于与之相邻的周边地区。嵩山历史文化核心区是华夏民族的根脉所在，是华夏5000年文明的源泉与主脉，是中国传统文化的源头与核心。从旧石器文化到新石器文化，从夏、商、周到秦汉，从三国两晋南北朝到隋唐五代十国，从宋金到元明清，嵩山文化在历史长河中的演变与发展，全都在这个地域中留下了不可磨灭的史迹遗存。单看嵩山地域中的一个市或县所拥有的古文化遗存毕竟有限，如果将这些古文化资源全部集中在一起，就会使人看到嵩山文化在整个嵩山地域中发展的全过程，能纵横华夏民族在历史长河中的发展壮大，全面观览嵩山文化的源渊流长和博大精深。

作为嵩山人来说，对于嵩山地域各市县著名的古文化遗存都不陌生，但要准确的叙述下来，并非易事。同是一个遗址或名胜，各种史料的写法不一样，撰写文字有详有略，说法不同，有些遗存甚至是空缺，或因某些不确定因素，要查找很多资料，最后经过反复对比、论证，才能得出一个正确的结论。对于一些无法在史料中确定的古遗存，我们到本地实际调查，观览取证，力求真实无误。尽管我们在编写过程中，付出了艰辛的劳动，但古遗存所涉及的范围很大，有关政治、经济、军事、民俗、建筑、冶铁、文学、艺术、陶瓷、酿酒、墓葬、碑刻等各种专业，因受本人水平和资料方面的限制，对书中存在的疏漏和不足，真诚希望各位专家老师、四方朋友赐教、指正。

编写《嵩山古遗存》，我们主要参考引用了河南省、郑州市、洛阳市以及九个县市编印的地方志、文物志、大辞典和各市县有关部门整理的有关文物考古的资料以外，还参考引用了我省考古界、文物界、史学界、修志界等学术界的众多专家和学者多年来，在考古领域的工作和研究中连续不断的新发现、新成果。特别是本书的第三章，主要参考并引用了著名考古学家马世之先生的《中原古国历史与文化》。为此，在《嵩山古遗存》问世之时，我们特别向以上提到的各学术界前辈、专家和学者，以及所有给于这本书关心、支持、帮助的领导、老师和朋友们表示衷心地感谢，并致以崇高的敬礼！

编　者

2017 年元月 21 日